Windows XP Home Edition Kompendium

Peter Monadjemi

Windows XP Home Edition

Konfiguration, Kommunikation, Profitipps

KOMPENDIUM
Arbeitsbuch
Nachschlagewerk
Praxisführer

Markt+Technik Verlag

Bibliografische Information Der Deutschen Bibliothek

Die Deutsche Bibliothek verzeichnet diese Publikation in der Deutschen Nationalbibliografie; detaillierte bibliografische Daten sind im Internet über <http://dnb.ddb.de> abrufbar.

Umwelthinweis:
Dieses Buch wurde auf chlorfrei gebleichtem Papier gedruckt.
Die Einschrumpffolie – zum Schutz vor Verschmutzung – ist aus umweltverträglichem und recyclingfähigem PE-Material.

10 9 8 7 6 5 4 3 2 1

07 06 05 04

ISBN 3-8272-6720-X

ein Imprint der Pearson Education Deutschland GmbH,
Martin-Kollar-Straße 10–12, D-81829 München/Germany

Coverkonzept: independent Medien-Design, Widenmayerstraße 16,
80538 München
Coverlayout: Sabine Krohberger
Titelillustration: IFA
Lektorat: Sylvia Hasselbach, shasselbach@pearson.de
Herstellung: Kunigunde Huber, khuber@pearson.de
Satz: reemers publishing services gmbh, Krefeld (www.reemers.de)
Druck und Verarbeitung: Bercker, Kevelaer
Printed in Germany

Inhaltsübersicht

Inhaltsverzeichnis

Einleitung

Mit Windows XP steht seit dem 25.10.2001[1] allen Anwendern ein Windows zur Verfügung, das auch bei objektiver Betrachtung als das beste Windows aller Zeiten bezeichnet werden darf. Kein auf die Schnelle zusammengestelltes Update für das Vorweihnachtsgeschäft der PC-Hersteller wie damals Windows ME, keine »Zwischenversion« wie Windows 2000, das in erster Linie für die Bedürfnisse professioneller Anwender konzipiert war und im Heimbereich nicht allzu viel zu bieten hatte, sondern ein rundum erneuertes und für alle Anwender attraktives Betriebssystem, das als indirekter Nachfolger von Windows 98 und Windows 95 zum ersten Mal auf einem wirklich soliden Fundament aufsetzt. Das Schöne an diesem Windows XP ist, dass es sich innerhalb relativ kurzer Zeit zu einem Standard in der Computerindustrie entwickelt hat. Das bedeutet nicht nur, dass es auf praktisch jedem neuen PC und Notebook vorinstalliert wird, es bedeutet auch, dass kein Zubehörgerät mehr über den Ladentisch gehen dürfte, für das es keine auf Windows XP abgestimmten Gerätetreiber gibt. Nicht nur DigiCam und Scanner, praktisch jedes Peripheriegerät wird nach dem Motto „Anschließen, und los geht's“ in Betrieb genommen. Keine kryptischen Einstellungen in einer Dialogbox, keine veralteten Treiberdisketten und schon gar nicht ein Einstellen irgendwelcher Schalter beim Erweiterungsgerät sind notwendig, um es in Betrieb zu nehmen. Man steckt in vielen Fällen das neue Gerät in den USB-Port ein und nimmt einen Augenblick später befriedigt zur Kenntnis, dass das neue Gerät in Betrieb genommen werden kann. Oder man legt die CD mit den Gerätetreibern ein, von denen sich der Geräte-Manager selbstständig die benötigten Treiber holt, ohne den Anwender mit Dialogboxen zu nerven. Damit hat sich die mit Windows 95 (lange ist es her) geprägte Vision (damals eher noch mit einem leicht verzweifelten Unterton) vom Plug&Play, dem Einstöpseln und Loslegen in die Realität umgesetzt.

Natürlich ist auch Windows XP noch nicht perfekt. Wem dem so wäre, dann würden Sie dieses Buch nicht in den Händen halten. Windows XP besitzt viele Einstellungen in der Oberfläche, die in der Hilfe nur kurz und knapp erklärt werden, einige Systemprogramme sind ebenfalls erklärungsbedürftig, es gibt nach wie vor viele Tricks und Kniffe für den Alltag mit Windows XP, und auch ein kleines Netzwerk oder ein WLAN nehmen sich

1 Und damit genau 808 Tage bevor diese Einleitung entstand.

nicht von alleine in Betrieb. Und dass Windows XP zwar von der Theorie her sicher sein könnte, in der Praxis aber leider ohne entsprechende Maßnahmen teilweise haarsträubende Sicherheitslücken aufweist, werden Sie sicherlich bereits gehört oder den Medien entnommen haben. Es gibt also nach wie vor viele gute Gründe für ein umfassendes Handbuch für den Praxisalltag mit Windows XP Home, den dieses Buch zur Verfügung stellen soll.

Warum Windows XP? Gründe für einen Wechsel von Windows 98

Einiges klang im letzten Absatz bereits an. Windows XP basiert auf Windows NT (Microsoft spricht von NT-Technologien, da es ein Windows NT als Produkt nicht mehr gibt) und damit auf einem sehr leistungsfähigen Betriebssystem. Windows XP-Anwender müssen nicht mehr neidisch auf jene schielen, die auf ihrem Computer Windows NT 4.0 oder Windows 2000 installiert haben. Das alles kann Windows XP jetzt auch, und zwar auch (natürlich gibt es gewisse Unterschiede) in der Home-Edition. Bedingt durch eine gewisse Update-Müdigkeit (zu der auch Microsoft mit den zuletzt nicht gerade »atemberaubenden« Updates beigetragen hat) und einer durch die wirtschaftliche Lage (der Schock des Dot.com-Absturzes dürfte einigen die Freude an Hightech-Spielzeug etwas verdorben haben) bedingte Zurückhaltung beim Kauf neuer Computer scheint Windows XP nicht so glanzvoll zu sein, wie, hätte man vor einigen Jahren ein Ausblick auf dieses »Super-Windows« gegeben, eigentlich zu erwarten gewesen wäre. Hinzu kommt, dass mit Windows 2000 bereits seit über einem Jahr ein Windows erhältlich ist, dass zu mindestens 80% die Highlights von Windows XP wie Stabilität und Sicherheit vorwegnahm und dabei offenbar keine Verkaufsrekorde gebrochen hat. Windows XP als ein weiteres »müdes« Update zu sehen wäre jedoch völlig falsch. Für Windows 98-Anwender gibt es so viele Gründe für einen Umstieg, dass es nicht ganz einfach ist, eine Reihenfolge aufzustellen. Hier einige dieser wichtigen Gründe:

- Windows XP wurde, was den Umgang mit Gerätetreibern angeht, weiter perfektioniert. In vielen Fällen besteht die Inbetriebnahme eines Gerätes darin, das Gerät anzuschließen. Um den Rest kümmert sich Windows. Die Inbetriebnahme verläuft oft so zügig, dass noch nicht einmal ein Dialogfeld erscheint. Stattdessen erscheint ein dezenter Hinweis über dem Infofeld der Taskleiste, der Sie auf das neue Gerät hinweist.
- Der Umgang mit Gerätetreibern ist sehr viel sicherer geworden. Es ist sehr unwahrscheinlich, dass ein falscher Gerätetreiber zu Problemen führt. Mit der Installation eines Gerätetreibers wird automatisch ein Systemwiederherstellungspunkt gesetzt, so dass sich die Systemkonfiguration per Mausklick auf jenen Stand bringen lässt, auf dem sich Windows XP vor der Installation eines wider Erwarten nicht funktionierenden

Treibers befand. Wer ganz auf Nummer sicher gehen will, stellt ein, dass nur noch signierte (das heißt von Microsoft geprüfte) Gerätetreiber zugelassen werden. Damit sollten Treiberprobleme im Grunde ausgeschlossen sein.

- Windows XP ist deutlich robuster als Windows 98. Auch wenn Abstürze auch bei Windows XP nicht völlig ausgeschlossen werden können, treten sie sehr viel seltener auf. Und die Wahrscheinlichkeit, dass eine fehlerhafte Anwendung auch das Betriebssystem mit in die »Tiefe« reißt, ist sehr gering. In 90% der Fälle startet ein [Strg]+[Alt]+[Entf] den Taskmanager, über den sich die Anwendung oder der Prozess, der sich gerade daneben benimmt, sauber beenden lässt. Und wer es genau wissen will oder muss, erfährt über den Ereignisdienst, wann welche Probleme aufgetreten sind und welcher Anwender sie verursacht hat.

- Windows XP ist wirklich sicher, wobei diese Sicherheit allerdings vom Anwender bzw. Administrator eingerichtet werden muss. Eine Anmeldung ist bei Windows XP Pflicht, das Wegklicken des Anmeldedialogs wie bei Windows 98 ist nicht möglich. Ohne Anmeldung kein Zugang zum System und bei einem NTFS-Laufwerk auch kein Zugriff auf die Daten (das Booten mit DOS-Diskette in diesem Fall nicht möglich). Anwender, die sich nicht als Computeradministrator anmelden, besitzen nur eine eingeschränkte Bewegungsfreiheit und dürfen zum Beispiel viele Konfigurationsänderungen nicht durchführen und keine Festplatten formatieren.

- Die Benutzeroberfläche von Windows XP stellt eine deutliche Verbesserung dar, insbesondere gegenüber Windows 98 (mit Windows ME und Windows 2000 wurden bereits gewisse Neuerungen vorweggenommen, die in Windows XP noch einmal verfeinert wurden). Fast alle Optionen sind übersichtlicher, einige unnötige Modi, etwa die Webansicht, die nun Standard ist, allerdings ohne einige der etwas übertriebenen Auswüchse, und der Suchendialog ist um Größenordnungen komfortabler als bei seinen Vorgängern. Auch wenn viele bekannte Einrichtungen nicht mehr an ihrem gewohnten Platz zu finden sind (unter Umständen blicken Sie nach der Installation von Windows XP erst einmal auf einen vollkommen leeren Desktop), werden Sie sich nach einem Umstieg schnell zurechtfinden. Dafür sorgen die neuen Aufgabenlisten, die in einem Ordnerfenster die in diesem Fenster naheliegenden Aufgaben und Orte übersichtlich präsentieren.

- Spiel und Spaß sind bei Windows XP kein Widerspruch – anders als man es vielleicht vermuten könnte, ist Windows XP kein Betriebssystem für ausschließlich »ernsthafte« Angelegenheiten. Dafür sorgt bereits der »neue« (mit Windows ME bereits eingeführte) Windows Media Player, der bei Windows XP in der Version 8.0 vorliegt. Er kann nicht nur Audio-, Videoclips und DVDs abspielen (Letzteres setzt allerdings einen separaten MPEG-Decoder voraus) und Audio-Tracks (im Windows Media-Format) auf eine CD brennen, er besticht auch durch wirklich eindrucksvolle Visualisierungen. Auch der kleine Windows Movie Maker ist mehr als nur ein Spielzeug. Geben Sie ihm eine Chance, und Sie werden feststellen, dass Sie in kürzester Zeit in der Lage sind, eine angeschlossene Webcam als Digitalkamera zu benutzen und bewegte Bilder direkt von der Kamera auf die Festplatte aufzunehmen und diese anschließend auf Ihre Homepage zu kopieren.

Alleine diese Aufzählung sollte deutlich gemacht haben, dass Windows XP in der Tat das beste Windows aller Zeiten ist und es viele gute Gründe gibt, die für einen Umstieg von Windows 98 sprechen. Wer bereits mit Windows 2000 arbeitet, hat es dagegen etwas schwerer, sich für einen Wechsel zu entscheiden, denn Dateisystem, Stabilität und Sicherheit gibt es hier bereits auch. Hier hängt die Entscheidung für einen Wechsel vermutlich in erster Linie von der Frage ab, wie wichtig einem die netten, letztendlich aber nicht lebensnotwendigen »Spielereien« und die neue Benutzeroberfläche, die auch gegenüber der von Windows 2000 einen deutlichen Fortschritt darstellt, sind.

Das lesen Sie in diesem Buch

Dieses Buch soll alle wichtigen Aspekte von Windows XP anschaulich, übersichtlich und umfassend beschreiben. Es ist in folgende Teile und Kapitel unterteilt:

Kapitel 1: Windows XP im Überblick

In diesem Kapitel geht es um einen ersten Überblick über die Benutzeroberfläche und ihre »Bewohner«. Außerdem wird die allgemeine Aufgabe eines Betriebssystems beschrieben.

Kapitel 2: Windows XP im täglichen Einsatz

Dieses Kapitel soll Sie auf den täglichen Umgang mit Windows XP vorbereiten. Es stellt die wichtigsten Arbeitsschritte vor.

Kapitel 3: Den Desktop einrichten

In diesem Kapitel geht es um die verschiedenen Einstellmöglichkeiten rund um den Desktop und die Benutzeroberfläche.

Kapitel 4: Die Ordnerfenster

In diesem Kapitel werden die Ordnerfenster, die verschiedenen Ansichtsmodi und der Windows-Explorer, der bei Windows XP lediglich als eine Explorerleiste in Erscheinung tritt, vorgestellt.

Kapitel 5: Der Umgang mit Dateien und Ordnern

Auch bei Windows XP werden die meisten Anwender 80% ihrer Zeit damit verbringen, Dateien zu kopieren, zu verschieben, zu löschen und suchen, Ordner anzulegen, Verknüpfungen anzulegen und einiges mehr. Alle diese Arbeitsvorgänge werden in diesem Kapitel beschrieben.

Kapitel 6: Die Zubehörprogramme von A bis Z

In diesem Kapitel werden die Zubehörprogramme von Windows XP kurz vorgestellt.

Kapitel 7: Spaß mit digitalen Medien

Ein Schwerpunkt beim Arbeiten mit Windows XP ist der Umgang mit den digitalen Medien, sprich dem Abspielen und Kopieren von Musikdateien von CD und auf CD, dem Abspielen von Spielfilm-DVDs, dem Überspielen von Videos auf den Computer zwecks Nachbearbeitung und einiges mehr. In diesem Kapitel werden mit dem Windows Media Player 9.0 und dem Windows Movie Maker 2.0 bereits zwei aktuelle Versionen vorgestellt, die nicht zum Original-Zubehör von Windows XP gehören, die Sie sich aber problemlos und kostenlos von der Microsoft-Webseite besorgen können.

Kapitel 8: Einfache Konfigurationsaufgaben schnell gelöst

In diesem Kapitel steht die Durchführung einfacher Konfigurationsaufgaben mit Hilfe der Systemsteuerung im Mittelpunkt.

Kapitel 9: Hardware in Betrieb nehmen

In diesem Kapitel geht es um die Inbetriebnahme frisch eingebauter Hardwaregeräte, ein Bereich, in dem es bei Windows XP gegenüber Windows 9x deutliche Fortschritte gegeben hat.

Kapitel 10: Arbeiten mit mehreren Benutzern

Windows XP ist von Anfang an für das Arbeiten mit mehreren Benutzern ausgelegt. Der Computeradministrator legt für jeden Benutzer ein Benutzerkonto an, so dass sich dieser mit seinem eigenen Kennwort anmelden kann und einen eigenen Bereich für seine persönlichen Daten erhält. In diesem Kapitel werden alle Arbeitsschritte vorgestellt, die beim Umgang mit mehreren Benutzern eine Rolle spielen.

Kapitel 11: Der Weg ins Internet

Am Prinzip des Internet-Zugangs hat sich bei Windows XP im Vergleich zu seinen Vorgängerversionen zwar grundsätzlich nichts geändert, allerdings ist das Anlegen einer DFÜ-Verbindung einfacher geworden, und mit der Möglichkeit, auch Breitbandverbindungen anzulegen, werden ADSL-Zugänge, wie zum Beispiel über T-DSL von T-Online, von Anfang an unterstützt.

Kapitel 12: Der Internet Explorer

Der Internet Explorer ist der Internet-Browser von Microsoft, der auch bei Windows XP ein fester Bestandteil des Betriebssystems ist. In diesem Kapitel geht es um die wichtigsten Arbeitsschritte mit dem Internet Explorer 6.0.

Kapitel 13: E-Mail und Newsgroups mit Outlook Express

In diesem Kapitel geht es um Outlook Express, das bei Windows XP in der Version 6.0 vorliegt, und um das Versenden und Empfangen von E-Mail-Nachrichten sowie um den Zugang zu den Newsgroups im Internet.

Kapitel 14: Das Kommunikationstalent Messenger

Der Windows Messenger ist kleines Kommunikationstalent, das seit der Version 4.0 ein fester Bestandteil von Windows XP ist, inzwischen aber in der Version 6.0 vorliegt, so dass Sie sich zunächst die aktuelle Version besorgen sollten (das dauert lediglich ein paar Minuten). Messenger zeigt nicht nur an, wer gerade online ist, sondern ermöglicht Chat, Telefonieren, das gemeinsame Bearbeiten von Dokumenten und Videokonferenzen über das Internet. Außerdem ist es für die Remote-Support-Funktion zuständig, mit der eine andere Person über das Internet Ihren Desktop auf ihrem Computer einblenden und sich so bewegen kann, als säße sie direkt an Ihrem Computer. Das ist eine der wichtigen Neuerungen von Windows XP, die es zum Beispiel ermöglicht, dass eine fachkundige Person Konfigurationsänderungen auf Ihrem Computer durchführt.

Kapitel 15: Die Systemprogramme von A bis Z

In diesem Kapitel werden die Systemprogramme von Windows XP vorgestellt.

Kapitel 16: Vorgänge automatisieren

In diesem Kapitel wird gezeigt, wie sich mit Hilfe des Windows Scripting Hosts (WSH) und einer Skriptsprache wie VBScript Vorgänge, wie zum Beispiel das Anlegen oder Kopieren von Ordnern, automatisieren lassen, so dass mehrere Arbeitsschritte durch einen einfachen Mausklick ausgeführt werden können.

Kapitel 17: Windows XP im Netzwerk

In diesem Kapitel geht es um den Einsatz von Windows XP in einem Netzwerk. Dabei steht der Netzwerkassistent im Vordergrund, der alle notwendigen Einstellungen vornimmt und zum Beispiel das Einrichten der Internetverbindungsfreigabe (etwas) vereinfacht.

Kapitel 18: Administratortätigkeiten

In diesem Kapitel geht es um die Frage, welche typischen Aufgaben ein Administrator besitzt, welche Rolle Freigabeberechtigungen für den Zugriff auf Freigaben über das Netzwerk spielen und wie sich Ordner vor dem Zugriff durch andere Benutzer auf einem Windows XP-Computer schützen lassen. Bei ??? wird ausschließlich auf die leider etwas künstlich begrenzten Möglichkeiten von Windows XP Home eingegangen.

Kapitel 19: Laufwerksverwaltung

Die Laufwerksverwaltung steht im Mittelpunkt dieses Kapitel. Sie umfasst jene Arbeiten wie zum Beispiel das Defragmentieren oder die Überprüfungen, die in regelmäßigen Abständen mit einem Laufwerk durchgeführt werden sollten. In diesem Kapitel wird auch die Datenträgerverwaltung vorgestellt, die bei Windows XP als Nachfolger von FDisk zum Beispiel für das Einrichten von Partitionen und logischen Laufwerken zuständig ist.

Kapitel 20: Die Registrierung durchleuchtet

In diesem Kapitel wird die Registrierung vorgestellt, die praktisch sämtliche Konfigurationsdaten eines Windows XP-Computers enthält.

Kapitel 21: Die Eingabeaufforderung

Auch im Jahre 2004 ist die Eingabeaufforderung kein Überbleibsel vergangener Tage, sondern eine wichtige Einrichtung des Betriebssystems, mit der erfahrene Anwender zum Beispiel Dateioperationen schneller und umfassender erledigen können als mit den Möglichkeiten der Benutzeroberfläche. Die Eingabeaufforderung ist das, was das MS DOS-Fenster bei Windows 9x war. In diesem Kapitel werden der Umgang mit der Eingabeaufforderung sowie die wichtigsten Kommandos vorgestellt.

Kapitel 22: Systemtuning und Problemlösung

In diesem Kapitel geht es um die verschiedenen Möglichkeiten, die Windows XP für die »Beschleunigung« bestimmter Vorgänge und vor allem für die Fehlersuche bereithält.

Kapitel 23: Sicherheit unter Windows XP

Dieses Kapitel ist dem sehr wichtigen Thema Sicherheit gewidmet. Sie erfahren alles Wissenswerte darüber, wie Sie Ihren Computer mit wenig Aufwand und ohne technische Detailkenntnisse relativ sicher machen. Für alle Leserinnen und Leser, die es etwas genauer wissen möchten, gibt es eine kurze Einführung in TCP/IP und damit so spannende Themen wie Portscanner und Trojaner. In diesem Kapitel wird auch die Konfiguration der in Windows XP eingebauten Internetverbindungs-Firewall beschrieben.

Kapitel 24: Tipps & Tricks

Das (beinahe) obligatorische Tipps-Kapitel schließt das Buch. Hier wird eine Reihe von Abkürzungen und Kniffen vorgestellt, die nicht in der Hilfe zu finden sind. Außerdem lernen Sie in diesem Kapitel mit TweakUI einen der nützlichsten Helfer für Windows XP kennen, der Ihnen nicht nur stundenlanges Suchen in der Registrierung erspart, sondern auch Eingriffe ermöglicht, von denen viele Anwender nicht einmal wussten, dass sie überhaupt möglich sind.

Für wen wurde dieses Buch geschrieben?

Das Buch ist für alle gedacht, die über Windows XP Home umfassend informiert werden möchten und die ein leicht verständliches Arbeitsbuch für die tägliche Praxis mit Windows XP Home benötigen. Das Buch fängt nicht bei null an, sondern setzt gewisse Kenntnisse im Umgang mit einem Windows-Computer voraus. Idealerweise kennen Sie bereits Windows 98 oder Windows ME und sind nun gespannt zu erfahren, was der Nachfolger zu bieten hat. Vor allem wollen Sie sich nicht mit oberflächlichen Beschreibungen zufrieden geben und haben vielleicht keine Zeit, durch die unendlichen und nicht immer ganz übersichtlichen Weiten des Internets zu surfen, um an Informationen heranzukommen. Ein wichtiges Element in diesem Buch, das es im Web im Allgemeinen nicht gibt, sind die Arbeitsschritte, mit deren Hilfe Sie Schritt für Schritt zum Ergebnis kommen.

Windows 9x = Windows 95 + Windows 98 + SE + ME

Hier noch eine kurze Formalität. An einigen Stellen in diesem Buch lesen Sie den Begriff Windows 9x. Hierbei handelt es sich nicht um eine geheimnisvolle Windows-Version, sondern lediglich um eine Abkürzung, die für die Windows-Versionen Windows 95, Windows 98, Windows 98 zweite Ausgabe (SE) und Windows ME steht. Windows XP Home ist der gemeinsame Nachfolger aller dieser Versionen.

Für alte Bekannte

Leserinnen und Leser, die bereits eine ältere Auflage des Windows XP-Kompendiums kennen, wird es interessieren, dass dieses Buch einmal komplett durchgesehen wurde. Ausgetauscht wurden die Kapitel 7 (Spaß mit digitalen Medien) und 23 (Sicherheit). Zum Service Pack Nr. 2 (SP2) für Windows XP finden Sie in diesem Buch noch nichts, da es zum Zeitpunkt, als dieses Buch in den Druck gehen musste, noch nicht erschienen war. SP2 sollte ab Sommer 2004 erhältlich sein.

Und wie geht es mit Windows weiter?

Kein Windows-Kompendium ohne einen Blick in die Kristallkugel und einen kurzen Ausblick auf die nächste Windows-Version. Genau wie es (zum Glück) alle vier Jahre eine Bundestagswahl gibt, gibt es (ebenfalls zum Glück) alle paar Jahre eine neue Windows-Version. Es wird daher auch einen Nachfolger von Windows XP geben, der nicht nur besser, bunter und beeindruckender sein wird, sondern bei dem vieles wieder einmal ganz anders sein wird als bei seinen Vorgängern. Wie der Ausgang der nächsten Bundestagswahl sind auch die Eckdaten der nächsten Windows-Version praktisch allen klar, so dass, wenn es so weit ist, niemand überrascht sein dürfte. Lediglich mit dem einen oder anderen Detail wird wie immer keiner gerechnet haben. Doch verlassen wir die kleine Anspielung zur Politik[2] und blicken gespannt in die nähere Zukunft von Windows. An dem Nachfolger von Windows XP Home und Professional wird unter dem Codenamen *Longhorn* bereits fleißig gearbeitet[3], auch eine erste Vorabversion ist seit dem Herbst 2003 im Umlauf, so dass ein paar Glückliche bereits die Zukunft gesehen haben[4]. Zu den wichtigsten Neuerungen werden gehören:

- Eine komplett neu gestaltete Oberfläche mit supermodernen Bedienelementen, die ein wenig an die neue Benutzeroberfläche des Apple Macintosh (was sonst) erinnert.
- Eine nahtlose Integration von E-Mail, Terminkalender, Adressbuch und anderen Elementen, die dem Zusammenarbeiten von Menschen in kleinen Gruppen behilflich sein können.
- Ein intelligentes Dateisystem, das für ein paar wirklich erstaunliche Eigenschaften von Longhorn verantwortlich ist.
- Ein neues Treibermodell, das unter anderem dazu führt, dass ausschließlich signierte Treiber eingesetzt werden dürfen. Longhorn sollte damit so robust sein, dass Hardwarekomponenten keine Abstürze mehr verursachen können.
- Eine neue und erheblich erweiterte Kommandoeingabe (Codename »Monad«), die erheblich mehr kann als der bisherige Kommandointerpreter.
- Eine noch engere Integration von Musik, Film, DVD, HDTV, Msn, ARD, ZDF, Beckmann, Kerner und allem, was uns in der Wohnstube bis dahin lieb und teuer sein wird.

2 Die noch verbliebenen treuen Anhänger der Regierungskoalitation mögen dies verzeihen.

3 Das Lange Horn ist der Name einer (relativ unspektakulären) Bierkneipe am Fuße eines Skiliftes mitten in einem bei Skifahrern und Millionären sehr populären und daher auch sehr ansehnlichen Ortes mit dem Namen Whistler am Fuße des gleichnamigen Gebirges im tiefen Südwesten Kanadas, etwa 4 Autostunden entfernt vom Microsoft-Hauptquartier.

4 Allerdings fehlten in dieser Vorabversion noch wesentliche Bestandteile des geplanten Produkts, wie das neue Dateisystem.

Und wann wird man dieses Wunderbetriebssystem kaufen können? Auch wenn derartige Details bis kurz vor der Auslieferung geheim gehalten werden, soll Longhorn laut inoffiziellen Berichten wie immer gut informierter Quellen nicht mehr 2005 kommen, sondern irgendwann 2006 (damit dürfte sich auch bereits mit Windows 2007 der im Moment wahrscheinlichste Produktname abzeichnen). Übrigens: Ebenfalls unbestätigten Gerüchten zufolge soll der empfohlene Arbeitsspeicher bei 1 GByte liegen. Aber das kann bei den heuten Speicherpreisen sicher niemanden mehr erschrecken.

Falls Sie sich über die aktuelle Entwicklung in diesem Bereich auf dem Laufenden halten, stets das Neueste über Longhorn erfahren und damit schlauer als der Autor werden möchten: Unter `http://www.winsupersite.com` informiert der stets bestens informierte *Paul Thurrott* exklusiv Sie und die halbe Welt über das Neueste aus dem Hause Microsoft. Lediglich herunterladen können Sie den neusten Build an dieser Stelle nicht.

Über den Autor

Peter Monadjemi ist ein passionierter »Schreiberling«, der bereits seit 1985 Bücher veröffentlicht (damals noch zu anderen Themen) und dessen Windows-Kompendium bereits mit Windows 95 startete. Ihm macht es (nach wie vor) Spaß, auch komplexere Zusammenhänge anschaulich zu erklären und so zu beschreiben, dass beim Leser der berühmte Aha-Effekt entsteht (das eine oder andere Mal soll ihm das auch gelungen sein). Er lebt seit kurzem wieder in München, der Stadt, die im Sommer immer noch das bietet, was als die einzig wahre Biergartenkultur in Deutschland bezeichnet werden darf.

Wir möchten von Ihnen hören

Autor und Verlag freuen sich, von Ihnen, dem hochverehrten (und leider auch etwas seltener gewordenen) Leser, zu erfahren. Schreiben Sie uns daher, wenn Sie Kritik zum Buch, Lob, Anregungen loswerden möchten oder gar einen Fehler gefunden haben. Der Autor beantwortet gerne auch Fragen zu Windows XP, weist aber an dieser Stelle darauf hin, dass er als fairer und sozialer Mensch die Microsoft-Supportabteilung nicht arbeitslos machen möchte. Auch kann er nicht immer sofort antworten (je kürzer die Frage, desto höher ist die Wahrscheinlichkeit für eine Antwort), freut sich aber über jede Nachricht, die er verspricht, gewissenhaft zu lesen. Sie erreichen den Autor entweder direkt unter `peterm@xp-zone.de` oder über den Verlag unter `peter.monadjemi@mut.de` (unter dieser Adresse erhält der Lektor des Buches eine Kopie der Nachricht).

Die Webseite des Autors, auf der Sie Ergänzungen zum Buch und allgemeine Infos rund um Windows XP finden, lautet:

`http://www.xp-zone.de`

Hier finden Sie auch ein kleines Forum für Fragen rund um Windows XP und eine (ebenfalls kleine) Wissensdatenbank.

Wenn Sie Probleme mit der Buch-CD und ihrem Inhalt haben oder ganz allgemein dem Verlag etwas schreiben möchten, wenden Sie sich bitte an die allgemeine Adresse `support@pearson.de`.

Danksagungen

Ein Buch dieser Größenordnung ist immer das Ergebnis der Zusammenarbeit vieler Menschen, von denen im Rahmen einer solchen Danksagung leider immer nur wenige genannt werden können. Daher zunächst der herzliche Dank an die vielen »namenlosen« Menschen, die an der Herstellung dieses Buches beteiligt waren. Da dies bereits die zweite Überarbeitung des Buches ist, gilt diese Danksagung für alle Menschen, die bereits in der ersten Auflage genannt wurden. Hinzugekommen ist meine Lektorin *Sylvia Hasselbach*, bei der ich mich für die gute Zusammenarbeit bedanken möchte.

Die persönliche Widmung dieses Buches ist für meinen Sechser im Lotto, den fast jeder Mensch im Leben eines Tages gewinnen wird (oft sehr unverhofft), sofern er die Augen aufmacht und ihn (sie) nicht übersieht. Und sollte dies bei Ihnen noch nicht passiert sein, heißt es, fest daran glauben, dass es passiert (denken Sie stets daran, diese Dinge passieren ganz unverhofft).

Viel Spaß beim Entdecken der vielen guten Seiten von Windows XP Home wünscht Ihnen

Peter Monadjemi,

München, Januar 2004

Teil 1 Windows XP kennen lernen

1 Windows XP im Überblick

Windows XP ist das komplexeste und leistungsfähigste Windows, das es jemals gegeben hat. Das bedeutet weniger, dass Windows XP besonders kompliziert zu bedienen wäre – eher das Gegenteil ist der Fall, da die Benutzeroberfläche ein paar echte Verbesserungen zu bieten hat und die Bedienung insgesamt konsistenter ist als bei den Vorgängerversionen. Trotz zahlreicher Neuerungen, die vor allem jene deutlich spüren werden, die bislang nur Windows 9x kannten, hat sich die Herstellerfirma Microsoft große Mühe gegeben, dass vertraute Arbeitsschritte auch bei Windows XP nicht neu erlernt werden müssen. Nach einer kurzen Eingewöhnungsphase wird auch bei Windows XP das meiste vertraut erscheinen. Dieses Kapitel hat zwei Aufgaben. Es soll einen kurzen Überblick über Windows XP und die wichtigsten Unterschiede zu Windows 9x geben und zum anderen, für alle, die Windows noch nicht so lange oder vielleicht gar nicht kennen, enthält es einen kurzen Überblick über die wichtigsten Elemente der Benutzeroberfläche.

Die Themen dieses Kapitels:

- Die Aufgaben eines Betriebssystems
- Die Architektur von Windows XP im Vergleich zu Windows 9x – ein Überblick in 10 Minuten
- Der Desktop und seine Bewohner
- Tipps für ein unkompliziertes Kennen lernen

1.1 Die Aufgaben eines Betriebssystems

Ein *Betriebssystem* (engl. »operating system«) ist ein Programm, dessen Aufgabe es ist, die »Betriebsmittel« eines Computers zu verwalten. Diese allgemeine Aussage könnte man vermutlich in jedem Computerlexikon in dieser oder anderer Form finden. Windows ist ein solches Betriebssystem, das Mitte der Achtziger Jahre auf den Markt kam, damals niemand so recht begeistern konnte, Anfang der 90er Jahre mit der Version 3.0 seinen Durchbruch feierte, mit Windows 95 einen erneuten Höhepunkt erlebte und sich inzwischen zum Standard unter den Betriebssystemen für PCs, Notebooks und andere »Tischcomputer« entwickelt. Ohne ein Betriebssystem wäre auch ein

High-End-PC mit 1.8 GHz-Prozessor und 256 Mbyte Arbeitsspeicher eine zwar interessante, letztlich aber vollkommen wertlose Kiste, vollgestopft mit hochintegrierter Elektronik, deren Leistungsfähigkeit die sämtlicher NASA-Computer in den 70er Jahren vermutlich um ein Vielfaches übertrifft. Dass ein Betriebssystem kein festes Zubehör eines PCs ist, merkt man spätestens dann, wenn man seine »Kiste« selber zusammenschraubt. Nach dem Einschalten meldet sich das obligatorische BIOS (das in die Hardware »eingeschweißte« Betriebssystem des PCs), das gerade einmal in der Lage ist, das aktuelle Datum anzuzeigen und eine Aufstellung der angeschlossenen Peripheriegeräte gibt. Enthält die Festplatte kein Betriebssystem und befindet sich keine bootfähige CD oder Diskette in dem dafür vorgesehenen Laufwerk, geht es schlicht und ergreifend nicht weiter.

Erst das Betriebssystem, das mit dem Einschalten des Computers von der Festplatte in den Arbeitsspeicher geladen wird (diesen Startvorgang nennt man booten – ausgesprochen wie »buuhten«), versetzt den Computer in die Lage, die Dinge zu erledigen, die wir von ihm gewohnt sind:

- Das Verwalten der angeschlossenen Hardwarekomponenten (z.B. Drucker, Tastatur und Maus)
- Das Starten von Programmen
- Die Bereitstellung einer Reihe Dienst- und Service-Programme, mit denen sich wichtige Aufgaben erledigen lassen, wie zum Beispiel die Inbetriebnahme einer neuen Hardware oder das Formatieren einer frisch eingebauten Festplatte.
- Das Anbieten einer Benutzeroberfläche, mit der wir »dummen« Anwender in die Lage versetzt werden, unsere Wünsche der Blechkiste mitzuteilen.

Das sind die wichtigsten Aufgaben, die das Betriebssystem übernimmt (in Wirklichkeit sind es 1001 und kleine Aufgaben, die aufzuzählen aber unmöglich ist, da sie so speziell sind, dass es auf der Welt nur eine Handvoll Personen wirklich interessieren würde). Wie komplex eine Software wie Windows XP ist, macht die eindrucksvolle Zahl von über 30 Millionen Befehlszeilen deutlich, die das Betriebssystem angeblich umfassen soll, und die die Größe der an Board eines Space Shuttle befindlichen Software um Größenordnungen übersteigt[1].

1 Solche Zahlen lassen sich schwer belegen oder widerlegen. Ob es nun 20 oder 30 Millionen sind, dürfte den meisten Anwendern relativ egal sein. Tatsache ist, dass Windows XP ein Konglomerat aus mehreren Tausend Dateien ist, und dass es selbst bei Microsoft keine einzelne Person geben dürfte, die einen kompletten Überblick über alle Aspekte des Betriebssystems besitzt.

1.1.1 Aus zwei wird eins

Die Zwischenüberschrift bezieht sich auf den Umstand, dass bis zur Einführung von Windows XP der Windows-Clan in zwei Familienstammbäume unterteilt war. Da gab es die von einfachen Bauern abstammende Linie Windows 9x, die etwas ungehobelt und schwerfällig daher kam, keinerlei blaues Blut, Bildung und Weltgewandtheit besaß, dafür aber enorm erfolgreich war und mit einfachen Mitteln viel erreichte (außerdem war sie sehr geschickt darin, mehr vorzugeben, als sie in Wirklichkeit war, und hatte keinerlei Skrupel, gutgläubige Anwender durch unvorhersehbare Abstürze in Angst und Schrecken zu versetzen). Und da gab es das imposante Geschlecht der NTs, die von Anfang an mit allem, was Erfolg und Macht verspricht, ausgestattet war, mit sehr viel Fanfaren seinen Thron bestieg und sich von Anfang an wie die künftigen Herrscher des Universums fühlten. Trotz der imposanten Größe musste sich NT jedoch lange gedulden, bis die Welt endlich vor ihm erzitterte, und sich zu allem Überfluss auch eine Namensänderung gefallen lassen, indem es von NT in 2000 umbenannt wurde und sein alter, ehrfurchtseinflössender Adelstitel nur noch als Namenszusatz (»basiert auf NT-Technologie«) genannt wurde. Was sich lange als Gerücht und von Mund zu Mund getragene Legende hielt, wurde im Jahre 2001 Wirklichkeit. Beide Stammbäume wurden vom mächtigen Herrscher William Gates dem Dritten vereinigt. Um die historische Bedeutung dieses unerhörten Vorgangs zu unterstreichen, wurde das neue Geschlecht XP getauft. In Zukunft wird es kein Windows 9x, kein Windows NT und kein Windows 2000 mehr geben, es wird nur noch Windows XP geben, das für die Computer aller Untertanen die beste Wahl sein soll.

1.2 Windows XP im Vergleich zu Windows 9x

Windows XP, das hat der letzte Abschnitt hoffentlich deutlich gemacht, ist ein Betriebssystem, dessen Entwicklung Mitte der 90er Jahre mit Windows NT begann, mit Windows 2000 fortgesetzt wurde und nun mit der aktuellsten Version XP seinen vorläufigen Höhepunkt gefunden hat. Die früher sehr populäre Linie bestehend aus Windows 95, Windows 98, Windows SE und Windows ME lief mit dem Erscheinen von Windows XP aus. Windows XP ist, wie es in der Einleitung bereits erwähnt wurde, der direkte Nachfolger von Windows ME bzw. 9x als auch Windows 2000. Windows 98, als der sicherlich am weitesten verbreitete Vertreter der 9x-Linie, mit Windows XP zu vergleichen reduziert sich auf den Vergleich von Windows 98 mit Windows NT bzw. Windows 2000, der schon unzählige Male angestellt wurde, denn gegenüber Windows 2000 hat es bei Windows XP keine wirklich signifikanten Verbesserungen gegeben. Für Windows 2000-Anwender, das inoffiziell als »Windows NT 5.0« firmiert, ist Windows XP eine 5.1-Version, die sich in erster Linie durch eine aufgepeppte Benutzeroberfläche und die Übernahme sämtlicher Eigenschaften auszeichnet, die es bis dato nur bei Windows ME (wie etwa die Systemwiederherstellung oder der Windows Media Player), nicht aber bei Windows 2000 gab. Die folgende Übersicht stellt die wichtigsten Eigenschaften beider Betriebssysteme gegenüber.

1.2.1 Betriebssystemkern

Für Windows 9x-Anwender wurde mal eben der komplette Motorblock ihres gemütlichen (und manchmal ein wenig pannenanfälligen) Mittelklassewagens gegen einen Formel-1-Motor ausgetauscht.[2] Nehmen Sie Platz, machen Sie es sich gemütlich und genießen Sie die Fahrt. Die Neuerungen bedeuten mehr Geschwindigkeit beim Umfang mit großen Datenmengen, reaktionsfreudigere Anwendungen, mehr Robustheit und endlich jene Sicherheit, die für ein Betriebssystem im 21. Jahrhundert selbstverständlich sein sollte. Allerdings werden Sie diese Fortschritte nur indirekt spüren, denn bei einem 1.4 GHz-Prozessor mit 256 Mbyte RAM Arbeitsspeicher und einer Grafikkarte mit 64 Mbyte liefe auch ein Betriebssystem, das zuletzt die Volkszählung von 1958 erledigt hat, mit akzeptabler Geschwindigkeit. Dennoch ist es wichtig festzuhalten, dass sich die Kerne von Windows 9x und Windows XP grundlegend unterscheiden. Während Windows 9x auf eine Art »Aufsatz« auf das Uralt-Betriebssystem MS-DOS zurückgeht und lange Zeit noch 16-Bit-Anteile mit sich herumschleppen musste, die sowohl die Performance herabsetzten als auch die Stabilität gefährdeten, wurde Windows NT Ende der Achtzigerjahre von einigen der fähigsten Softwareingenieuren der Branche am Reißbrett komplett neu entworfen und musste auf keinerlei Altlasten Rücksicht nehmen. Allerdings ist der reine und kompakte Kern, der ursprünglich das Markenzeichen des New Technology-Betriebssystems war, längst unter Bergen von »Systemschichten« verschwunden, die unter anderem Plug&Play und eine schnelle Grafik für Spiele ermöglichen sollen (Dinge, an die die Erfinder von Windows NT damals vermutlich nicht im Traum dachten), so dass die Frage erlaubt ist, wie viel von der ursprünglichen Schlankheit und Kompaktheit Windows NT im Laufe der Jahre eingebüßt hat.

Tabelle 1.1: Die wichtigsten Unterschiede beim Betriebssystemkern

Windows 9x	Windows XP
Kein eigentlicher Kern, sondern verschiedene Systemdateien, die durch den virtuellen Systemmanager (Vmm32) zusammengehalten werden.	Kompakter Betriebssystemkern, der modular aufgebaut ist und seine Dienste den darüber liegenden Schichten über Objekte anbietet, wobei die strenge Trennung in verschiedene Ebenen die Sicherheit und Robustheit erhöht.

2 OK, Sie haben natürlich Recht. Solche übersimplifizierten Vergleiche bergen auch ihre Tücken in sich. Zum einen möchte sich kaum jemand freiwillig in das Cockpit einer solchen Rennmaschine quetschen, zum anderen hat der »Blitzstart« von David Coultard anlässlich des Formel-1-Rennen deutlich gemacht, dass auch ein millionenteueres High-Tech-Gefährt nicht vor peinlichen Blamagen schützt.

Tabelle 1.1: Die wichtigsten Unterschiede beim Betriebssystemkern (Forts.)

Windows 9x	Windows XP
Der adressierbare Arbeitsspeicher beträgt 4 Gbyte, wobei 2 Gbyte für das System reserviert werden.	Der adressierbare Arbeitsspeicher lässt sich durch Ausnutzen eines Adressierungstricks der Pentium-Prozessoren auf 2^{36} Bytes erweitern und ist bei einem echten 64-Bit-Windows XP praktisch »endlos«.
Die Möglichkeit des Prozessors, einzelne Speicherbereiche vor einem Zugriff durch andere Prozesse zu schützen, wird nicht genutzt.	Ein Prozess besitzt einen geschützten Speicherbereich, der nicht von anderen Prozessen überschrieben werden kann.
Die Möglichkeit des Prozessors, Systemprogramme auf einer höheren Sicherheitsstufe ausführen zu können, wird nur ansatzweise genutzt.	Die unterschiedlichen Privilegebenen des Prozessors (Ringe genannt) werden konsequenter genutzt, so dass Systemsoftware und Gerätetreiber besser geschützt sind.

1.2.2 Dateisystem

Windows XP arbeitet wie seine Vorgänger NT und Windows 2000 mit NTFS als wichtigstem Dateisystem, unterstützt aber aus Kompatibilitätsgründen auch FAT32, so dass Windows 9x-Anwender beim Wechsel nach Windows XP das Dateisystem nicht umstellen müssen, aber umstellen sollten. Windows 9x arbeitet dagegen ausschließlich mit FAT32 und dem 16-Bit-Vorläufer FAT, welche sich vor allem durch den Umstand unterscheiden, dass es praktisch keine Sicherheit gibt und die Größe einer Datei auf 4 Gbyte beschränkt ist.

Tabelle 1.2: Die wichtigsten Unterschiede beim Dateisystem

Windows 9x	Windows XP
Dateien können maximal 4 Gbyte groß werden, was sich angesichts der zunehmenden Popularität von auf die Festplatte kopierten Spielfilm-DVDs als Barriere erweist.	Sowohl bezüglich der Größe einer einzelnen Partition als auch einer einzelnen Datei gibt es praktisch keine Beschränkung (die Partitionsbegrenzung liegt im Exabyte-Bereich, konkret 2^{64} Bytes[3]). NTFS arbeitet bezogen auf eine einzelne Partition mit Zuordnungseinheiten variabler Größe (bis zu 512 Bytes), so dass der Plattenplatz sehr effektiv genutzt wird.

3 Das Exabyte ist die Größenordnung, die auf das Terabyte folgt. Es steht für die Größenordnung Billiarde (10 hoch 15) und ist damit eine ganze Menge. Eigentlich sogar unvorstellbar viel.

Tabelle 1.2: Die wichtigsten Unterschiede beim Dateisystem (Forts.)

Windows 9x	Windows XP
Beschädigte Ketten von Zuordnungseinheiten führen genauso zu sofortigem Datenverlust wie das Speichern einer Datei in einen Bereich, der defekte Sektoren enthält.	Zugriffe auf das NTFS-Dateisystem werden von einem Transaktionsmonitor in Kombination mit einer Log-Datei überwacht, so dass sich das Dateisystem jederzeit (etwa nach einem Stromausfall) in einen definierten Zustand zurückführen lässt.
Es gibt keine Möglichkeit, den Zugriff auf ein Verzeichnis oder eine Datei in Abhängigkeit vom angemeldeten Benutzer zu begrenzen.	NTFS bietet eine große Auswahl an Sicherheitseinstellungen, die den Zugriff auf einzelne Dateien oder Verzeichnisse begrenzen. Ohne die erforderliche Erlaubnis (die einen Benutzernamen und ein Kennwort voraussetzt) ist ein Zugriff auf Dateien nicht möglich.
Die Komprimierung von Dateien wird auf der Ebene des Laufwerks durch ein Zusatzprogramm unterstützt, allerdings nicht mehr bei Windows ME. Für die Verschlüsselung von Dateien wird ein Zusatzprogramm benötigt, das nicht zum Lieferumfang von Windows 9x gehört.	NTFS unterstützt sowohl die Komprimierung als auch die Verschlüsselung von Dateien und Verzeichnissen (Letzteres allerdings nicht unter Windows XP Home). Verschlüsselung bedeutet, dass es nicht möglich ist, die NTFS-Dateien mit einem Low-Level-Disk-Tool zu lesen.
FAT32 ist ein reines und sehr einfaches Dateisystem, bei dem die Zuordnung zwischen Dateien und den Zuordnungseinheiten, in denen der Dateiinhalt abgelegt wird, über einfache Tabellen hergestellt wird.	NTFS ist sehr viel mehr als ein Dateisystem, es bietet eine Reihe zusätzlicher Möglichkeiten. Dazu gehören u.a. die Möglichkeit, ein Laufwerk als ein Verzeichnis eines anderen Laufwerks »einzublenden«, um so die Kapazität des Laufwerks dynamisch und ohne Neupartitionierung oder Neustart erhöhen zu können. Eine andere Verbesserung ist die Möglichkeit der Kontingentbegrenzung (engl. »disk quotas«), durch die ein Systemadministrator den einem Benutzer zur Verfügung stehenden Festplattenplatz begrenzen kann. Diese Möglichkeiten stehen unter Windows XP Home allerdings nicht zur Verfügung.
FAT32 kann Disketten formatieren. Eine FAT32-Festplatte kann daher auch nach Booten mit Diskette angesprochen werden.	NTFS kann keine Disketten formatieren. Ein NTFS-Laufwerk kann nur durch Booten über die Wiederherstellungskonsole angesprochen werden.[4]

4 Auch in diesem Fall muss immer der Hinweis erfolgen, dass die Firma SysInterals schon seit den Tagen von Windows NT 4.0 einen NTFS-Treiber für DOS und Windows 9x anbietet.

1.2.3 Hardware

Sowohl Windows 9x als auch Windows XP unterstützen Plug&Play, das heißt die automatische Installation einer frisch eingebauten Hardware. In diesem Punkt werden Windows 9x-Anwender wenige Unterschiede feststellen. Eine der wichtigsten Verbesserungen betrifft den Umgang mit Treibern. Microsoft propagiert bei Windows XP die Verwendung signierter Treiber. Dies sind Gerätetreiber, die von den Herstellerfirmen bei Microsoft eingereicht und mit einer digitalen Signatur zertifiziert werden. Diese garantiert, dass der Gerätetreiber funktionstüchtig und für Windows XP geeignet ist. Arbeitet Windows XP ausschließlich mit signierten Treibern sollte es eigentlich keine Probleme mehr mit der Hardware geben.[5]

Tabelle 1.3: Die wichtigsten Unterschiede bei der Hardware-Unterstützung

Windows 9x	Windows XP
Windows 9x erlaubt die Installation praktisch aller Gerätetreiber.	Windows XP wird nur mit signierten Gerätetreibern ausgeliefert und kann so eingestellt werden, dass nur signierte Gerätetreiber zugelassen sind.
Windows 9x unterstützt nur USB 1.x.	Windows XP unterstützt bereits USB 2.0
Windows 9x bietet keine Unterstützung für funkgesteuerte Geräte.	Windows XP unterstützt den wireless-Standard *Bluetooth* als auch funkgesteuerte Netzwerkadapter nach dem aktuellen IEEE 812.11b-Standard.
Es ist relativ schwierig nach der Installation eines falschen Gerätetreibers den alten funktionierenden Zustand wiederherzustellen.	Windows XP setzt bei der Installation eines Gerätetreibers einen Wiederherstellungspunkt, so dass sich der alte Zustand problemlos wiederherstellen lässt.

1.2.4 System- und Zubehörprogramme

System- und Zubehörprogramme sind bei weitem nicht mehr so kritisch wie in den Anfangsjahren, da es für die meisten Anwender selbstverständlich geworden ist, fehlende oder eingeschränkte Programme durch das reichhaltige Angebot an Shareware-Programmen und kommerziellen Werkzeugen zu ergänzen. Der wichtigste Unterschied bei den System- und Zubehörprogrammen besteht darin, dass es zwischen Windows XP und Windows ME praktisch keine Unterschiede gibt. Das ist insofern erwähnenswert, da es bei Windows NT 4.0 und auch bei Windows 2000 einige Lücken gab und die beiden Betriebssysteme wiederum Systemprogramme enthielten, die es bei

5 Gerüchtweise soll es beim Nachfolger von Windows XP nur noch signierte Gerätetreiber geben.

Windows 9x nicht gab. Windows XP hat keine neuen Systemprogramme erhalten, dafür einige der Zubehörprogramme aus Windows ME (wie zum Beispiel den *Windows Movie Maker*). Umgekehrt verfügen Windows 9x-Anwender nun über jene Systemprogramme, wie zum Beispiel die komfortable Datenträgerverwaltung, die bei Windows NT schon lange selbstverständlich waren.

Tabelle 1.4: Die wichtigsten Unterschiede bei den System- und Zubehörprogrammen

Windows 9x	Windows XP
Spiele und Internet-Spiele	Gibt es auch bei Windows XP.
ScanDisk	Wird durch die Fehlerüberprüfung ersetzt, die unauffällig im Hintergrund arbeitet und keine Einstellmöglichkeiten bietet.
Defragmentierung	Gibt es in einer Version, die auch mit NTFS klar kommt und dezent im Hintergrund arbeitet.
Paint, WordPad&Co	Gibt es praktisch unverändert bei Windows XP.
HyperTerminal	Gibt es praktisch unverändert bei Windows XP, wenngleich es hier fast ausschließlich als Telnet-Client gedacht ist.
PC-Direktverbindung	Gibt es nicht mehr.
Fax	Faxsoftware, die als Druckertreiber ausgesprochen wird.
Es gibt keine speziellen Verwaltungsprogramme.	Die Programmgruppe Verwaltung enthält eine Reihe spezieller Dienstprogramme, bei denen die Computerverwaltung im Mittelpunkt steht.
Alle Systemprogramme sind unabhängige Programme mit einer eigenen Benutzeroberfläche.	Praktisch alle Systemprogramme sind Snap-Ins der Computer Management Konsole.
Systemwiederherstellung und Schutz von Systemdateien durch Überschreiben gibt es nur bei Windows ME.	Diese Eigenschaften bietet auch Windows XP.
IR-Verbindung ist ein Zubehörprogramm.	IR-Verbindung ist wie die PC-Direktverbindung ein fester Bestandteil einer Netzwerkverbindung.
Editor	Der Editor (Notepad) zeigt endlich Zeilen- und Spaltennummern an und zeigt sich damit sehr viel besser für die Erstellung von WSH-scripts.
DriveSpace	Die Komprimierung von NTFS-Partitionen ist ein fester Bestandteil des Betriebssystems.

1.2.5 Netzwerkunterstützung

In dieser Kategorie gibt es natürlich die meisten Unterschiede, wenngleich sich diese bei Windows XP Home kaum bemerkbar machen, da diese Variante wie Windows 9x allenfalls für superkleine Netzwerke mit selten mehr als zehn Computern eingesetzt werden wird.

Tabelle 1.5: Die wichtigsten Unterschiede bei der Netzwerkunterstützung

Windows 9x	Windows XP
Praktisch alle Änderungen an der Netzwerkkonfiguration erfordern einen Neustart.	Nur ganz wenige Änderungen erfordern einen Neustart.
NetBEUI ist das wichtigste Protokoll für kleine Netzwerke.	TCP/IP ist das wichtigste Protokoll auch für kleine Netzwerke, NetBEUI muss nachträglich installiert werden.
Windows 9x kann nur Peer-To-Peer-Netzwerke verwalten. Als Limit gelten im Allgemeinen 20-30 Computer.	Windows XP Home kann ebenfalls nur Peer-To-Peer-Netzwerke verwalten, jedoch gibt es für deren Größe offiziell keine Limitierung.
Windows 9x enthält als Webserver den Personal Web Server.	Windows XP Home enthält als Webserver ebenfalls den Personal Web Server.
Kennwörter für den Zugriff auf Freigaben (d.h. freigegebene Ordner und Drucker auf anderen Netzwerk-PCs) werden (verschlüsselt) in Pwl-Dateien gespeichert.	Windows XP Home arbeitet, wie alle NT- und Windows 2000-Varianten, mit einer Benutzerdatenbank.
Windows 9x bietet für die Freigabesicherung wahlweise eine Sicherheit auf Benutzerebene (hier muss jeder Benutzer über ein Kennwort auf seine Freigaben zugreifen) und Freigabeebene (hier muss sich der Benutzer an einem Windows NT/2000-Server anmelden) an. Echte Sicherheit beim Zugriff auf Freigaben lässt sich bei Windows 9x nur im Zusammenspiel mit einem Windows NT/2000-Server realisieren.	Windows XP Home bietet nur eine einheitliche Form der Benutzerverwaltung. Jeder Windows XP Home-Computer arbeitet mit seiner eigenen Benutzerdatenbank, die festlegt, wer was darf. Zugriffe auf freigegebene Ordner über das Netzwerk werden ebenfalls an dieser Benutzerdatenbank kontrolliert.
Windows 9x kennt keine unterschiedlichen Benutzerrechte – alle Benutzer besitzen grundsätzlich die gleichen Rechte. Lediglich Freigaben im Netzwerk lassen sich per Kennwort schützen.	Windows XP Home unterscheidet von Anfang an zwei Benutzerkontentypen mit unterschiedlichen Rechten: Computeradministrator und eingeschränkter Benutzer. Zusätzlich gibt es noch ein Gastkonto mit noch weniger Rechten, das aber erst aktiviert werden muss.

1.2.6 Benutzeroberfläche

Diesen Aspekt kann man sehr gelassen sehen, denn eine unterschiedliche Bedienerführung ist im Allgemeinen das Wenigste, über das sich Anwender Gedanken machen müssen. Bei Windows XP ist die Benutzeroberfläche eine Mixtur aus Windows ME und Windows 2000. Wer nur Windows 98 kennt, wird sehr viel Neues zu entdecken haben, das für Windows ME-Anwender längst Alltag geworden ist. Neben einer Überarbeitung, die wichtige Funktionen noch etwas übersichtlicher präsentiert (das sicherlich markanteste Beispiel ist das neue zweispaltige Startmenü), bietet die Windows XP-Oberfläche auch einen völlig neuen Look (der Codename dieses Looks lautet »Luna«), der darin besteht, dass alle Fenster und Bedienelemente einen leicht »verwässerten« Eindruck machen und sich sehr viel farbenfroher präsentieren, als es in der Vergangenheit der Fall war. Über sog. *Designs* lässt sich der Look der gesamten Benutzeroberfläche komplett austauschen. Windows XP umfasst von Haus aus lediglich zwei Designs – über ein Plus!-Zusatzpaket stehen jedoch weitere zur Verfügung.[6]

Tabelle 1.6: Die wichtigsten Unterschiede bei der Benutzeroberfläche

Windows 9x	Windows XP
Alle Desktopsymbole sind von Anfang an zu sehen.	Die Desktopsymbole werden am Anfang ausgeblendet.
Das Startmenü enthält eine einfache Liste von Einträgen.	Das Startmenü erscheint zweispaltig, da über die zweite Spalte die Desktopelemente angeboten werden. Das Startmenü kann im Klassikmodus aber gewohnt einspaltig betrieben werden.
Die Schnellstartleiste ist sichtbar.	Die Schnellstartleiste ist zunächst nicht sichtbar.
Pro Ordner kann festgelegt werden, ob dieser mit einem Webhintergrund angezeigt werden soll oder nicht.	Der Webhintergrund ist ein fester Bestandteil eines jeden Ordnerfensters, wenngleich dieser sparsam eingesetzt wird. Das klassische Windows 95/NT4-Fenster gibt es nicht mehr. Es kann lediglich festgelegt werden, ob in den Ordnerfenstern die Aufgabenleiste eingeblendet wird oder nicht.
Die Taskleiste kann nicht fixiert werden.	Die Taskleiste kann fixiert werden, so dass sie in der Größe nicht variiert werden kann. Mehrere Fenster des gleichen Typs werden zu einem Symbol zusammengefasst und eine Zahl zeigt an, wie viele Fenster es sind.

6 Das Plus!-Paket zu Windows XP enthält neben einigen wirklich ausgefallen Designs und Bildschirmschonern auch neue Spiele, aber keine »lebensnotwendigen« Dinge.

Windows 9x	Windows XP
Der Infobereich der Taskleiste zeigt stets alle Symbole an.	Inaktive Symbole im Infobereich der Taskleiste können ausgeblendet und bei Bedarf automatisch eingeblendet werden.
Wenn das Programme-Menü größer wird als die Bildschirmhöhe, muss es gescrollt werden.	Wenn das Programme-Menü größer wird als die Bildschirmhöhe, wird es mehrspaltig angezeigt.
Der Anwender muss wissen, was er in einem Ordner durchführen kann und was nicht.	Die wichtigsten in Frage kommenden Arbeitsschritte in einem bestimmten Ordnerfenster werden in einer Aufgabenliste zusammengestellt.
Die Eigenschaften eines Ordners oder einer Datei werden nur im Eigenschaftendialogfeld des Objekts angezeigt.	Die Eigenschaften eines Ordners oder einer Datei werden im Detailbereich der Aufgabenliste angezeigt und als QuickInfo-Feld eingeblendet.

Tabelle 1.6: Die wichtigsten Unterschiede bei der Benutzeroberfläche (Forts.)

1.2.7 Internet

Das Internet ist natürlich kein Teil eines Betriebssystem, ein Betriebssystem kann sich scheinbar nur dadurch hervortun, dass der Zugang zum Internet möglichst einfach gestaltet wird, und dass neben dem obligatorischen Browser auch das eine oder andere ausgefallenere Internet-Programm mit dabei ist. Das ist aber nur der eine Aspekt. Mindestens genauso wichtig ist das, was sich unter der Haube abspielt und was aus einem leistungsfähigen TCP/IP-Protokollstapel besteht, der Unterstützung aktueller Standards und wichtiger Extras, wie der Unterstützung für virtuelle private Netzwerke über das Internet, einer Firewall für die Sicherheit oder der Möglichkeit, den Internet-Zugang über das Netzwerk zugänglich zu machen. Hier hat sich, auch wenn es von außen erst auf den zweiten Blick sichtbar wird, bei Windows XP einiges getan.

Windows 9x	Windows XP
Eine Verbindung zum Internet wird über eine DFÜ-Verbindung eingerichtet.	Eine Verbindung zum Internet wird ebenfalls über eine DFÜ-Verbindung eingerichtet, wobei unter anderem auch Breitbandverbindungen über ADSL (z.B. T-DSL) unterstützt werden.
Eine Internet-Verbindung ist nicht durch Angriffe von außen geschützt.	Eine Internet-Verbindung wird standardmäßig durch eine eingebaute Firewall-Software geschützt, die eintreffende Pakete und Anfragen abblockt.
Internet Explorer 5.x	Internet Explorer 6.0, der sich durch eine verbesserte Cookie-Verwaltung auszeichnet.

Tabelle 1.7: Die wichtigsten Unterschiede beim Internet-Zugang

Tabelle 1.7: Die wichtigsten Unterschiede beim Internet-Zugang (Forts.)

Windows 9x	Windows XP
Outlook Express 5.x	Outlook Express 6.0, das abgesehen von der Benutzeroberfläche keine signifikaten Verbesserungen aufweist.
NetMeeting 3.x	Ist bei Windows XP nicht mehr dabei und wurde durch Windows Messenger ersetzt.
FrontPage Express	Ist bereits seit Windows 98 SE nicht mehr dabei. Auch Windows XP enthält keinen HTML-Editor.

1.2.8 Sicherheit

Auch dieses sehr wichtige Thema darf natürlich nicht fehlen, zumal es kaum einen Bereich geben dürfte, in dem sich Vorgänger und Nachfolger so stark unterscheiden: Auf der einen Seite Windows 9x als Papiertiger, auf der anderen Seite Windows NT/2000 als kleiner Hochsicherheitstrakt. Es darf allerdings nicht vergessen werden, dass sich auch Windows XP Home am Anfang mit einer großen offenen Tür präsentiert, da das Standardkonto das des Computeradministrators ist, das sämtliche Möglichkeiten bietet. Die Sicherheitsstufe ist am Anfang Null und muss Schritt für Schritt erhöht werden, was allerdings gewisse Kenntnisse voraussetzt und daher von vielen Anwendern gar nicht genutzt werden wird. Die Sicherheit ist daher auch bei Windows XP eine eher relative Größe.

Tabelle 1.8: Die wichtigsten Unterschiede bei der Sicherheit

Windows 9x	Windows XP
Keine Anmeldung erforderlich	Anmeldung mit Benutzernamen und Kennwort zwingend erforderlich, wenngleich der Anmeldedialog übergangen werden kann und der Benutzer ohne einen Benutzernamen und ein Kennwort eingeben zu müssen unter einem Standardkonto angemeldet werden kann.
Alle Benutzer besitzen lokal die gleichen Rechte.	Das Benutzerkonto entscheidet, wer was darf, wenngleich diese Möglichkeiten bei Windows XP Home nur ansatzweise genutzt werden.

Windows 9x	Windows XP
Alle Dateien und Verzeichnisse sind lokal ungeschützt.	Unter NTFS lässt sich der Zugriff auf einzelne Verzeichnisse (ab Windows XP Professional auch bei Dateien) in Abhängigkeit des angemeldeten Benutzers im Detail festlegen.
Es gibt keine Möglichkeit die Aktivitäten einzelner Benutzer zu überwachen.	Der erfolgreiche wie nicht erfolgreiche Zugriff auf Verzeichnisse und Dateien kann überwacht werden und wird im Systemlog protokolliert, das über den Ereignisdienst verwaltet wird.

Tabelle 1.8: Die wichtigsten Unterschiede bei der Sicherheit (Forts.)

1.2.9 Spaß, Spiel und digitale Medien

Auch dieses Thema darf nicht unter den Tisch fallen, denn ein Computer wird zu Hause nicht nur zum Arbeiten eingesetzt. Wenn er als Spielgerät nicht in Frage kommt, ist er praktisch uninteressant.

Tabelle 1.9: Die wichtigsten Unterschiede beim Thema Spaß, Spiel und Digitale Medien

Windows 9x	Windows XP
DirectX 6.x bzw. 7.x (DirectX ist die Systemerweiterung für Spiele und Multimedia-Anwendungen)	DirectX 8.0; wird bei Spielen, die DirectX 8.0 voraussetzen, einfach mitinstalliert.
CD-Player	Wird durch den Windows Media Player ersetzt.
Windows Media Player 7.0 (Windows ME)	Windows Media Player 8.0
DVD-Player (Windows ME)	Wird durch den Windows Media Player 8.0 ersetzt, erfordert aber nach wie vor einen MPEG-2-Decoder voraus.
Spiele	Keine Änderungen (sorry). Oh ja, mit Spider Solitaire ist eine neue Solitaire-Variante dabei.
Internet Spiele (Windows ME)	Keine Änderungen.
Windows Medienwiedergabe, die »uralt« Version 6.x	Wird durch den Windows Media Player 8.0 ersetzt.
Windows Movie Maker (Windows ME)	In der Version 1.1 dabei, 1.2 als Update erhältlich.

1.3 Der Desktop und seine Bewohner

Windows XP ist eine kleine Stadt, wo der Desktop den Marktplatz darstellt, an dem sich das ganze Geschehen abspielt. Unmittelbar nach dem Start präsentiert sich diese Stadt aber eher als Wild-West-Dorf im Stile von High-Noon. Die Main Street ist völlig menschenleer und ausgestorben, bis auf den Papierkorb ist auf dem Desktop niemand zu sehen. Und wo stecken sie alle mit an Sicherheit grenzender Wahrscheinlichkeit? Natürlich im Saloon, der bei Windows XP über die Startschaltfläche betreten wird. Auf einmal sind sie alle zu sehen, der *Arbeitsplatz*, die *Netzwerkumgebung*, die *Systemsteuerung* und der Ordner *Eigene Dateien*. In diesem Abschnitt lernen Sie den Desktop und seine Bewohner (allerdings wieder mit einer seriösen Beschreibung) der Reihe nach kennen.

1.3.1 Der Desktop

Der Desktop ist der Name der gesamten Fläche, die Windows XP von Anfang an präsentiert, und die stets den gesamten Bildschirm ausfüllt. Der Desktop ist eine Ablagefläche, auf der beliebige Dateien abgelegt werden können. Außerdem gibt es noch eine Reihe von Spezialobjekten, wie den Arbeitsplatzordner, hinter denen keine Datei, sondern ein Eintrag in der Registrierung steht. Bei Windows XP ist der Desktop im Vergleich zu seinen Vorgängerversionen sehr viel aufgeräumter. Am Anfang enthält der Desktop noch keine Symbole. Lediglich der Papierkorb wird angezeigt. Die prominenten Bewohner der Vorgängerversionen, der *Arbeitsplatz*, die *Netzwerkumgebung* oder die eigene Dateien, stehen bei Windows XP über das Startmenü zur Verfügung. Erst im Laufe der Zeit werden Icons für Anwendungen und Dokumente, bei denen es sich meistens um Verknüpfungen handelt, auf dem Desktop erscheinen. Auf Wunsch lässt sich die alte Anordnung (in den Eigenschaften der Startschaltfläche) wieder herstellen (siehe Abbildung 1.1).

Wie aufgeräumt sich der Desktop präsentiert, hängt vor allem davon ab, ob Windows XP über ein Windows 9x installiert wurde. In diesem Fall werden alle bereits vorhandenen Symbole natürlich übernommen und der Desktop sieht aus wie eh und je.

Die zwei Gesichter des Desktops

Sollte sich der Desktop bei Ihnen am Anfang auffällig leer präsentieren und z.B. weder der *Arbeitsplatz*-, noch der *Eigene Dateien*-Ordner sichtbar sein, so geht alles mit rechten Dingen zu. Es liegt daran, dass das Startmenü in zwei Ansichten angezeigt werden kann, die auch die Darstellung auf dem Desktop betreffen. Folgende beide Einstellungen stehen zur Auswahl:

- Startmenü
- Klassisches Startmenü

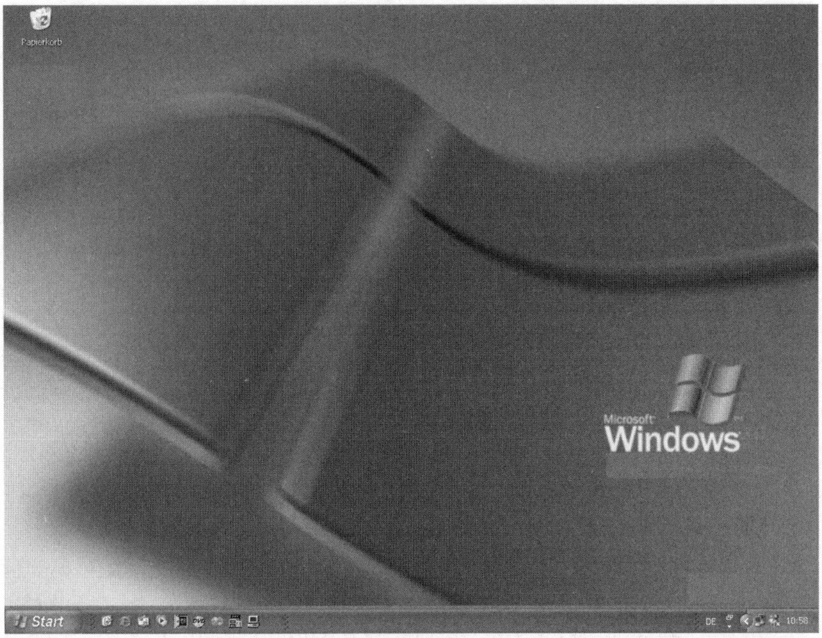

Abbildung 1.1: Der Desktop ist bei Windows XP eine große Ablagefläche und am Anfang noch sehr aufgeräumt – am unteren Rand ist lediglich die Taskleiste zu sehen

Standardmäßig ist *Startmenü* eingestellt, wobei auf dem Desktop keine Symbole angezeigt werden. Die entsprechenden Symbole erscheinen dafür im Startmenü, was gerade für unerfahrenere Anwender die bessere Variante sein dürfte. Anwender früherer Windows-Versionen kennen nur die klassische Version. Hier besteht das Startmenü aus einem einfachen Menü, während Arbeitsplatz&Co über den Desktop geöffnet werden.

Umschalten der Startmenü-Ansicht

STEP

1. Klicken Sie die Schaltfläche *Start* mit der sekundären Maustaste an.
2. Wählen Sie EIGENSCHAFTEN.
3. Wählen Sie zwischen *Startmenü* und *Klassisches Startmenü*, wobei der gewählte Modus bereits in einer Vorschau dargestellt wird.

Welchem Modus der Vorzug gegeben werden sollte, ist in erster Linie eine Geschmacksfrage. Die neue Variante bietet den Vorteil, dass alle wichtigen Symbole in einem Bereich relativ übersichtlich präsentiert werden und man nicht auf dem Desktop etwa nach der Netzwerkumgebung suchen muss. Die klassische Variante ist für jene Anwender gedacht, die sich nicht gerne an etwas Neues gewöhnen, mit der bisherigen Variante prima klar gekommen sind oder aufgrund restriktiver Richtlinien (etwa in einem Unternehmen) ohnehin keine Wahl haben.

1.3.2 Die Taskleiste

Die Taskleiste ist der Balken am unteren Rand des Bildschirms. Sie erfüllt gleich mehrere Funktionen:

- Sie enthält die Startschaltfläche.
- Sie zeigt jedes geöffnete Anwendungsfenster durch ein Symbol an, wobei ein Anklicken des Symbols das Anwendungsfenster öffnet.
- Sie kann beliebige Ordnerinhalte auf der Taskleiste in Gestalt einer Explorerleiste anzeigen. Eine Explorerleiste ist ein eigenes Fenster, das den Inhalt eines Ordners anzeigt, und entweder direkt in die Taskleiste integriert wird oder auf dem Desktop angezeigt wird. Zu den fest vorhandenen Explorerleisten gehört auch die Adressleiste, die aus einem Eingabefeld für die Eingabe eines beliebigen Verzeichnispfades oder einer URL besteht und damit den Ausführen-Befehl im Startmenü ein wenig abkürzt.
- Sie zeigt in seinem Infobereich (am rechten Rand) verschiedene Symbole an, die bestimmte Bereiche des Systems (etwa eine aktive LAN-Verbindung oder den Windows Messenger) symbolisieren. Jede Anwendung kann hier ein Symbol eintragen, weswegen dieser Bereich bei Windows 9x sehr schnell übervölkert wurde. Bei Windows XP kann im Detail eingestellt werden, welche Symbole angezeigt werden und welche nicht.

NEU

Die Taskleiste kann fixiert werden, so dass sie sich nicht über den Bildschirm bewegen lässt. Über eine Gruppierung (die standardmäßig aktiv ist) lässt sich erreichen, dass gleiche Fenster (etwa Ordnerfenster oder die Dokumentfenster von Microsoft Word) zu einem Symbol zusammengefasst werden. Außerdem ist es möglich, Symbole im Infobereich der Taskleiste auszublenden, wenn sie nicht aktiv sind (siehe Abbildung 1.2).

Abbildung 1.2: Die Taskleiste ermöglicht das schnelle Umschalten zwischen den aktiven Anwendungsfenstern – über die Schnellstartleiste links stehen häufig benutzte Programme zur Verfügung

1.3.3 Die Startschaltfläche und das Startmenü

Die Startschaltfläche ist, als fester Bestandteil der Taskleiste, das Tor zu etwa 90% der Funktionalität von Windows XP. Ein Klick öffnet das Startmenü, das bei Windows XP standardmäßig zweispaltig angezeigt wird und das viele wichtige Einträge enthält:

- Das für Internet und E-Mail zuständige Programm
- Die sechs zuletzt aufgerufenen Programme
- Der Zugang zu den Ordnern *Eigene Dateien, Eigene Bilder, Eigene Musik, Netzwerkumgebung* und *Systemsteuerung*
- Die Liste der zuletzt verwendeten Dokumente
- Die Systemprogramme der Programmgruppe *Verwaltung*
- Die angelegten DFÜ-Verbindungen
- Den Ordner der Drucker und Faxgeräte
- *Hilfe und Support*
- Den *Suchen*-Befehl
- Den *Ausführen*-Befehl
- Das Abmelden (Umschalten zwischen angemeldeten Benutzern) und Ausschalten (inkl. Standby-Modus).

NEU

Das Startmenü wird von Anfang an zweispaltig angezeigt (siehe Abbildung 1.3) – dafür werden die im Startmenü angebotenen Symbole nicht mehr auf dem Desktop angezeigt, was dazu führt, dass auf dem Desktop außer dem Papierkorb am Anfang keine Symbole angezeigt werden. Über die Eigenschaften der Startschaltfläche kann der alte, klassische Look des Startmenüs reaktiviert werden. Dann erscheinen auch wieder die vertrauten Desktopsymbole.

1.3.4 Der Arbeitsplatz

Die Grundidee dieses »virtuellen« (d.h. nicht als Verzeichnis existierenden) Ordners ist die, alle wichtigen Einrichtungen an einem zentralen Platz zur Verfügung zu stellen. Bei Windows XP gehören zum Arbeitsplatz:

- Die Laufwerkssymbole, über die ein Zugriff auf die Verzeichnisstruktur des jeweiligen Laufwerks erfolgt.
- Spezielle Ordner, wie z.B. gemeinsame Dokumente, die allen Benutzern des Computers zur Verfügung stehen, oder der Dokumenteordner des angemeldeten Benutzers.

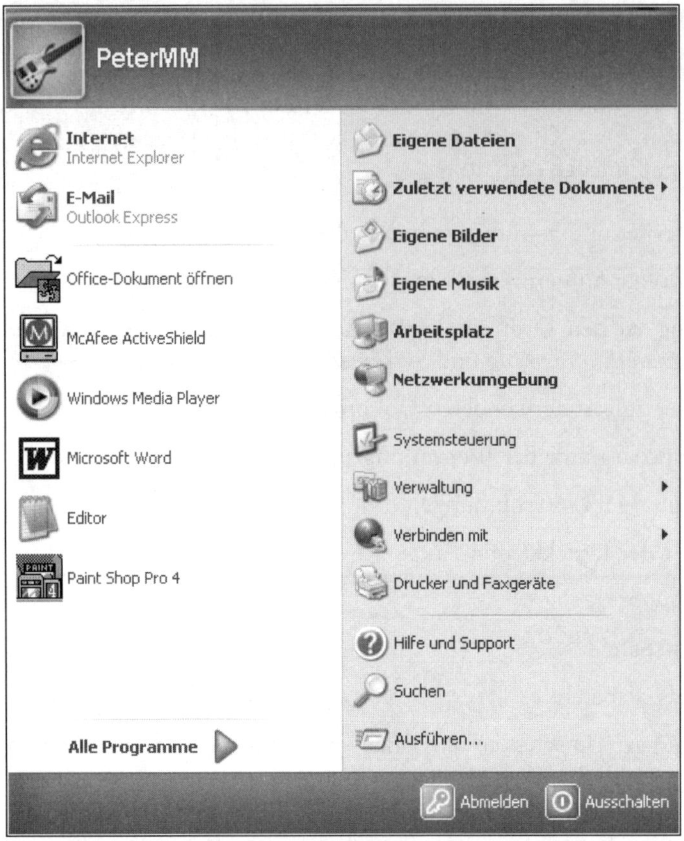

Abbildung 1.3: Die Startschaltfläche ist bei Windows XP der Mittelpunkt der Benutzeroberfläche

- Die Ordner für installierte Digitalkameras und Scanner. Dadurch, dass dieser Ordner an »prominenter« Stelle angeboten wird, wird es etwas bequemer möglich Bilder von einer Digitalkamera zu übernehmen.

Der exakte Inhalt des Arbeitsplatzes kann von System zu System variieren.

1.3.5 Die Netzwerkumgebung

Die Idee der *Netzwerkumgebung* ist es, die auf den im Netzwerk freigegebenen Verzeichnisse, sowie zusätzlich eingerichtete Verbindungen, etwa zu einem Ftp-Server im Internet, in einem Ordner als sog. *Netzwerkverknüpfungen* zu präsentieren. Wurde noch keine Netzwerkverbindung angelegt, ist die Netzwerkumgebung leer, denn die Computer der Arbeitsgruppe werden im Ordner Arbeitsgruppencomputer angezeigt.

NEU

Gegenüber Windows 9x enthält die Netzwerkumgebung nicht mehr die Computer der Arbeitsgruppe, da diese Ansicht dem Anwender nicht viel bringt, weil es beim Arbeiten meistens um den Zugriff auf einzelne Freigaben und nicht um eine komplette Übersicht geht. Außerdem werden über das Eigenschaftendialogfeld der Netzwerkumgebung nicht mehr die Eigenschaften der einzelnen Netzwerkkomponenten, wie etwa die der Netzwerkkarte, angezeigt. Diese findet man im Ordner Netzwerkverbindungen. *Hier wird für jede Netzwerkkarte ein LAN-Verbindungssymbol angezeigt, in dessen Eigenschaftendialogfeld die einzelnen Elemente der Netzwerkverbindung konfiguriert werden können.*

1.3.6 Die Systemsteuerung

Die Systemsteuerung ist seit jeher das Kontrollzentrum von Windows. Sie enthält eine Reihe von sog. Applets (dieser Name ist allerdings nicht hochoffiziell, wobei ein Applet für einen Assistenten, ein Eigenschaftendialogfeld oder einfach nur einen andern Ordner steht). Die Systemsteuerung wird über das Startmenü geöffnet.

NEU

Die Systemsteuerung ist offiziell kein Teil des Arbeitsplatzes mehr, kann aber über die Aufgabenliste im Arbeitsplatzordner geöffnet werden. Außerdem kann die Systemsteuerung (wie bereits bei Windows ME) in zwei Ansichten angezeigt werden: Unterteilt nach Funktionsgruppen und alle Symbole auf einmal.

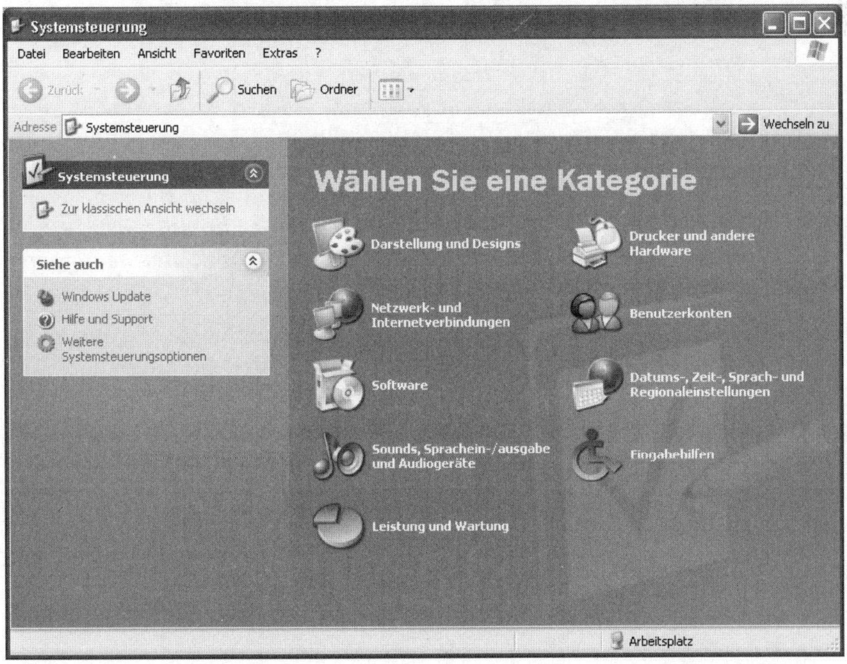

Abbildung 1.4: Die schicke Optik darf nicht darüber hinwegtäuschen, dass bei der Systemsteuerung von Windows XP fast alles beim Alten geblieben ist

1.3.7 Die Systemeigenschaften

Unter diesem wichtig klingenden Begriff werden bei Windows XP einfach nur jene Eigenschaften und Einstellungen zusammengefasst, die im Eigenschaftendialog des Arbeitsplatzes angezeigt werden. Die Systemeigenschaften können alternativ über das *System*-Applet der Systemsteuerung angezeigt werden.

Abbildung 1.5: Die Systemeigenschaften sind die erste Anlaufstelle, um mehr über das »Innenleben« des Computers zu erfahren

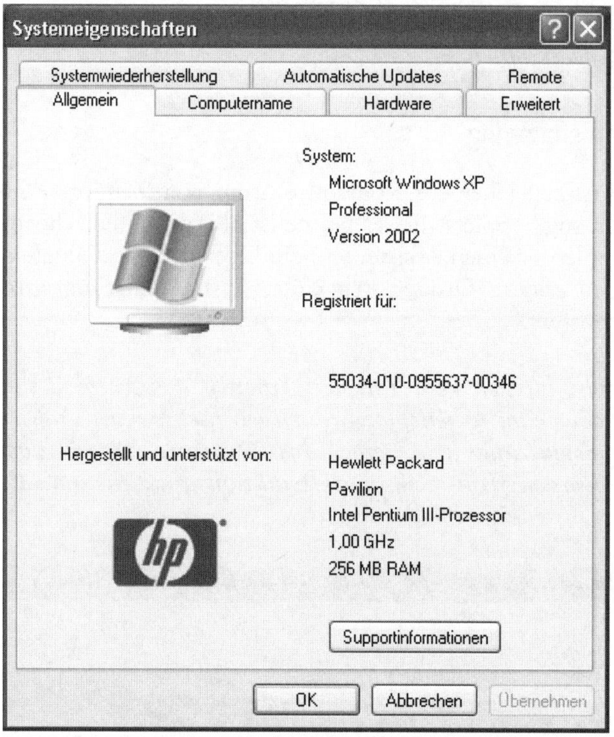

:-) TIPP

Der schnellste Weg, um an die Systemeigenschaften zu kommen ist, [WIN] *+* [Pause] *zu drücken oder Sie klicken* ARBEITSPLATZ *mit der sekundären Maustaste wählen und* EIGENSCHAFTEN.

1.3.8 Der Ordner Eigene Dateien

Der Ordner *Eigene Dateien*, den es seit Windows 98 gibt, ist ein normaler Ordner. Besonders ist lediglich seine herausragende Position, und dass sein Verzeichnispfad Teil des Benutzerprofils ist, das heißt jeder Benutzer arbeitet mit seinem Ordner *Eigene Dateien*. Außerdem ist dieser Ordner jener Ort, an dem bevorzugt alle persönlichen Dokumente abgelegt werden sollen, und aus diesem Grund auch direkt über das Startmenü zugänglich.

Eine weitere Besonderheit von *Eigene Dateien* ist, dass er als Unterordner *Eigene Bilder* und *Eigene Musik* enthält. Auch hier handelt es sich um allgemeine Ordner, nur dass bei Windows XP bereits eine bestimmte Ordneransicht voreingestellt ist. Während *Eigene Bilder* seinen Inhalt in der Miniaturansicht anzeigt, die unter anderem eine Diashow des Ordnerinhaltes umfasst, ist bei *Eigene Musik* eine Ordneransicht aktiv, in der die Albumcover kopierter CDs im Ordnersymbol angezeigt werden. Ansonsten handelt es sich, wie bereits erwähnt, um normale Dateiordner.

1.3.9 Der Papierkorb

Der *Papierkorb* (engl. »recycle bin«) kann für sich die besondere Ehre in Anspruch nehmen, das einzige Symbol zu sein, was nach der Installation von Windows XP auf dem Desktop angezeigt wird. Der Papierkorb enthält alle Dateien, die vom Anwender entfernt wurden. Er stellt damit eine Art Sicherungsfunktion dar, denn wenn eine Datei gelöscht wird, wird sie normalerweise nicht endgültig entfernt, sondern erst im Papierkorb zwischengelagert. Hinter dem Papierkorb steckt ein Verzeichnis mit dem Namen *Recyled*, das auf dem Laufwerk angelegt wird, und das automatisch einen bestimmten Prozentsatz des Speicherplatzes auf diesem Laufwerk erhält. Mehr zur Konfiguration des Papierkorbordners in Kapitel 8.

1.3.10 Die Programme-Gruppe

Das Startmenü ist das Tor zu den installierten Programmen. Allerdings werden diese nicht direkt im Startmenü angezeigt – hier sehen Sie bei Windows XP nur die sechs zuletzt aufgerufenen Programme sowie eine Reihe von Programmen in exponierter Position am oberen Rand des Startmenüs. Alle übrigen Programme werden in der *Programme*-Gruppe aufgelistet, die durch den Eintrag ALLE PROGRAMME im Startmenü geöffnet wird. Hier finden Sie etwa die Zubehörprogramme, zu denen auch die Systemprogramme gehören. Hinter der *Programme*-Gruppe steckt das gleichnamige Verzeichnis. Es ist wichtig zu verstehen, dass es bei Windows XP das *Programme*-Verzeichnis zweimal gibt. Einmal im Verzeichnispfad *%allusersprofile%\Startmenü*. Hier werden alle Programme aufgeführt, die bei allen Anwendern in der *Programme*-Gruppe erscheinen. Darüber hinaus besitzt jeder Benutzer im Verzeichnispfad *%userprofile%\Startmenü* sein eigenes *Programme*-Verzeichnis. Hier erscheinen nur die Einträge des jeweiligen Benutzers. Die anderen Benutzer sehen diese Einträge nicht.

Wurden neue Programme installiert, erscheint beim Öffnen des Startmenüs ein entsprechender Hinweis oberhalb des Eintrags ALLE PROGRAMME.

NEU

1.4 Tipps zum unkomplizierten Kennen lernen

Windows XP ist eines der ersten großen Updates des 21. Jahrhunderts. Gleichzeitig ist es die aktuellste Version des immerhin »erfolgreichsten« Softwareproduktes der Welt.[7] Das bedeutet, dass sich der Hersteller einige Mühe gemacht hat, den Wechsel von Windows 9x so angenehm wie möglich zu gestalten. Dennoch wird es eine gewisse Umgewöhnungsphase geben, die nicht immer völlig »schmerzfrei« verlaufen wird. Die folgenden Tipps sollen den Wechsel so angenehm wie möglich gestalten:

- Beschäftigen Sie sich ausführlich mit dem Startmenü. Dies ist der Schlüssel zu der neuen Benutzeroberfläche.
- Schauen Sie sich die Eigenschaften der Taskleiste in Ruhe an. Hier finden Sie unter anderem die Möglichkeit die Zusammensetzung des Infobereichs zu konfigurieren. Das ist eine der netten Kleinigkeiten von Windows XP.
- Werfen Sie einen Blick in die Systemsteuerung. Sie werden feststellen, dass sich hier kaum etwas geändert hat.
- Machen Sie eine Tour durch Windows XP. Der Eintrag WINDOWS XP-TOUR in der *Zubehör*-Programmgruppe startet ein gut gemachtes Video, das Sie über die wichtigsten Neuerungen bei Windows XP aufklärt.[8]

---

7 Wobei man über die Umstände, wie dieser Erfolg zustande kam, durchaus geteilter Meinung sein kann. Aber um diese Details kann es in einem Anwenderhandbuch natürlich nicht gehen.

8 Auch wenn es Ihnen vorkommen mag wie in einem nicht enden wollenden Werbefilm, erfahren Sie vieles.

2 Windows XP im täglichen Einsatz

Oder: Was Sie über den Umgang mit Windows XP unbedingt wissen sollten. Die Frage, ob für ein Betriebssystem des 21. Jahrhunderts tatsächlich noch ein Buch mit gut 1.000 Seiten benötigt wird, ist durchaus berechtigt. Eigentlich sollte doch alles selbsterklärend sein. Microsoft geht in dieser Beziehung mit »gutem« Beispiel voraus und liefert sein Betriebssystem lediglich mit einer kleinen Broschüre aus, da alle wichtigen Funktionen in der umfangreichen integrierten Hilfe beschrieben werden. Ganz so einfach geht es dann in der Regel aber doch nicht, d.h. ohne einen Überblick über die wichtigsten Funktionen und Arbeitsschritte wird die Einarbeitung in eine im Grunde mit jeder Version etwas komplexer werdende Benutzeroberfläche unnötig erschwert. In diesem Kapitel erhalten Sie einen Überblick über jene »Basic Steps«, die jeder Anwender, der mehr oder weniger regelmäßig mit Windows XP arbeitet, beherrschen sollte.

Die Themen dieses Kapitels:

- Die Anmeldung am System
- Das Anmeldekennwort ändern
- Die Anmeldeform ändern
- Das Abmelden eines Benutzers
- Windows XP herunterfahren
- Umgang mit Anwendungen
- Die Systemleistung überprüfen
- Anpassen der Benutzeroberfläche
- Einfache Systemaufgaben
- Anfertigen einer Bootdiskette
- Arbeiten mit Dokumenten
- Die Rolle von *Eigene Dateien*
- Drucken von Dokumenten
- Windows und die Tastatur

- Die Eingabehilfen
- Hilfe und Support

2.1 Das An- und Abmelden am System

Anders als bei Windows 9x (und genau wie bei Windows NT 4.0 und Windows 2000) ist bei Windows XP stets eine An- und Abmeldung erforderlich. Die Anmeldung übernimmt eine echte Sicherheitsfunktion und dient gleichzeitig der Auswahl eines Benutzerprofils. Bei Windows 9x konnte die Anmeldung durch Anklicken von *Abbrechen* problemlos umgangen werden, bei Windows XP ist ohne Anmeldung kein Arbeiten mit dem Betriebssystem und damit (unter dem Dateisystem NTFS) auch kein Zugriff auf die Laufwerke des PCs möglich (FAT32-Laufwerke sind dagegen beim Booten des PCs mit einer Startdiskette nach wie vor frei zugänglich). Ob ein Anmeldedialog erscheint, hängt von Systemeinstellungen ab. Der Umstand, dass dieser nicht angezeigt wird, bedeutet nicht, dass keine Anmeldung am System erfolgte und damit die Sicherheitseinstellungen außer Kraft gesetzt wurden. In diesem Fall wird lediglich ein vorher vereinbarter Benutzer angemeldet, was ein bisschen der Bequemlichkeit entgegenkommt und dem Umstand gerecht wird, dass z.B. zu Hause ein permanentes An- und Abmelden nicht unbedingt notwendig ist.

Beim Anmelden werden zwei Angaben benötigt: Ein Benutzername und ein Kennwort. Der Benutzername richtet sich nach den Namen, für die bereits ein Benutzerkonto angelegt wurde. Bei dieser Gelegenheit wurde auch ein Kennwort vergeben. Windows XP bietet zwei unterschiedliche Anmeldedialoge an. Die standardmäßig verwendete Willkommenseite soll vor allem den »Heimanwender« ansprechen. Hier werden alle vergebenen Benutzerkonten optisch sehr ansprechend präsentiert, so dass sich ein potenzieller Anmelder nur sein Konto aussuchen und gegebenenfalls sein Kennwort im Eingabefeld unterhalb des Kontennamens eingeben muss.

INFO

Zwei Benutzerkonten, die bei Windows XP immer existieren, sind das Computeradministrator- und das Gastkonto. Das Gastkonto ist aber am Anfang aus Sicherheitsgründen deaktiviert.

Sollte Ihnen das Kennwort partout nicht mehr einfallen, geben Sie zunächst kein Kennwort ein und bestätigen Sie die Eingabe des Benutzernamens mit OK. *Sie erhalten nun die Gelegenheit, das aktuelle Kennwort über eine Kennwortrücksetzdiskette zurückzusetzen. Diese Diskette müssten Sie aber zuvor angelegt haben. Um für solche Situationen gewappnet zu sein, sollten Sie diese Diskette möglichst bald anlegen. Wie das geht, erfahren Sie in Kapitel 10, in dem es um die Benutzerverwaltung bei Windows XP geht.*

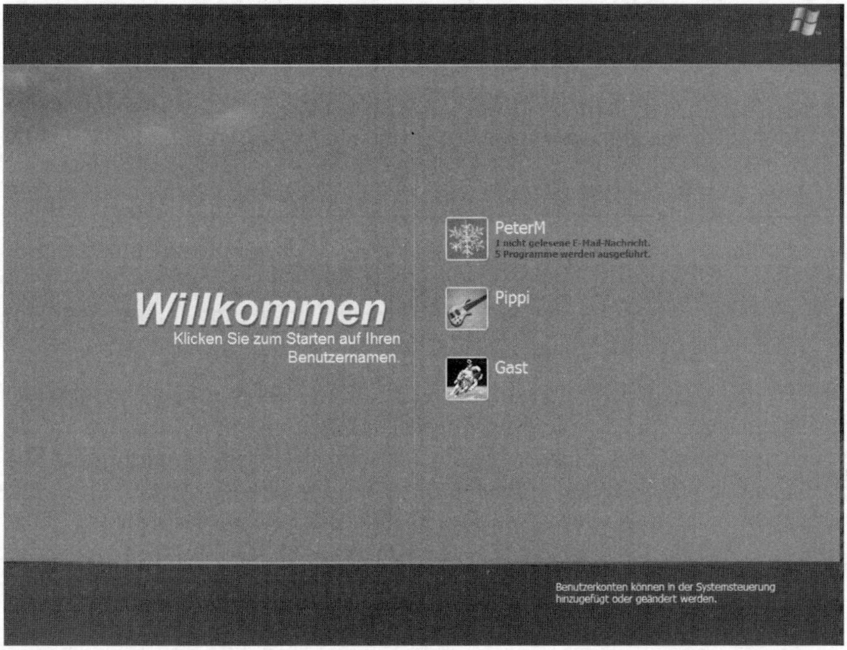

Abbildung 2.1: So heißt uns Windows XP normalerweise willkommen – als erstes muss ein Benutzerkonto ausgewählt und ein Kennwort eingegeben werden

Die Alternative zu dem hübschen Anmeldedialog aus Abbildung 2.1 ist der klassische Anmeldedialog, bei dem der Anmelder seinen Namen und sein Kennwort eintippen muss. Letzteres ist etwas »sicherer«, da ein potenzieller Anmelder nicht aus einer Reihe bereits vorgegebenerer Benutzer wählen und dann »nur« noch das Kennwort erraten muss. Im Heimbereich, wo im Allgemeinen keine so hohen Sicherheitsstandards existieren, dürfte dies keine Rolle spielen. Das Umschalten zwischen den beiden Anmeldedialogen geschieht über das Applet *Benutzerkonten* in der Systemsteuerung.

Umschalten des Anmeldedialogs

1. Öffnen Sie das Applet BENUTZERKONTEN in der Systemsteuerung.
2. Klicken Sie auf ART DER BENUTZERANMELDUNG ÄNDERN.
3. Wählen Sie die Option WILLKOMMENSEITE VERWENDEN (das ist der Standard) an oder ab.
4. Bestätigen Sie die Auswahl mit OPTIONEN ÜBERNEHMEN und schließen Sie das Applet-Fenster.

War das Anmelden am System erfolgreich, werden die benutzerspezifischen Einstellungen geladen und der Desktop des Benutzers angezeigt.

Mehr zum Thema Benutzerverwaltung in Kapitel 10. Dort geht es auch um die Frage, wie neue Benutzerkonten angelegt und vorhandene Konten gegebenenfalls geändert werden.

Wie erfahre ich den aktuellen Anmeldenamen?

Die Anmeldung geht oft so schnell bzw. erscheint gar nicht mehr, dass man nicht immer wissen kann unter welchem Namen man sich angemeldet hat. Diesen Namen können Sie auf mindestens zwei Arten in Erfahrung bringen:

- Er wird an oberster Stelle im Startmenü angezeigt, sofern nicht das klassische Startmenü angezeigt wird.
- Ist das klassische Startmenü aktiv, erfahren Sie den aktuellen Anmeldenamen z.B., in dem Sie im Startmenü Beenden auswählen und in der Auswahlliste des *Beenden*-Dialogs nach oben scrollen. Dort wird der aktuelle Name in der *Abmelden*-Option angezeigt.

2.1.1 Das Anmeldekennwort ändern

Jeder Benutzer muss sich (direkt oder indirekt) mit einem Kennwort anmelden. Dieses Kennwort kann in dem Applet *Benutzerkonten* der Systemsteuerung (siehe Kapitel 10) geändert werden.

STEP

Ändern des Anmeldekennwortes

1. *Öffnen Sie das Applet* BENUTZERKONTEN *der Systemsteuerung.*
2. *Wählen Sie das zu ändernde Konto aus.*
3. *Wählen Sie die Option* EIGENES KENNWORT ÄNDERN.
4. *Es erscheint ein Dialogfeld, in dass Sie das alte Kennwort und das neue Kennwort mit einer zusätzlichen Bestätigung eingeben müssen. Außerdem können Sie einen Kennworthinweis als Gedächtnisstütze eingeben. Dieser wird vor der Anmeldung angezeigt (so dass ihn alle anderen Benutzer auch sehen können) und soll Ihnen die Erinnerung an das Kennwort etwas erleichtern.*
5. *Klicken Sie auf* KENNWORT ÄNDERN, *um das Dialogfeld wieder zu schließen (siehe Abbildung 2.2).*

2.1.2 Das Abmelden eines Benutzers

Der Unterschied zwischen dem Abmelden eines Benutzers und dem Ausschalten des PCs ist, dass sich nach dem Abmelden ein anderer Benutzer anmelden kann.

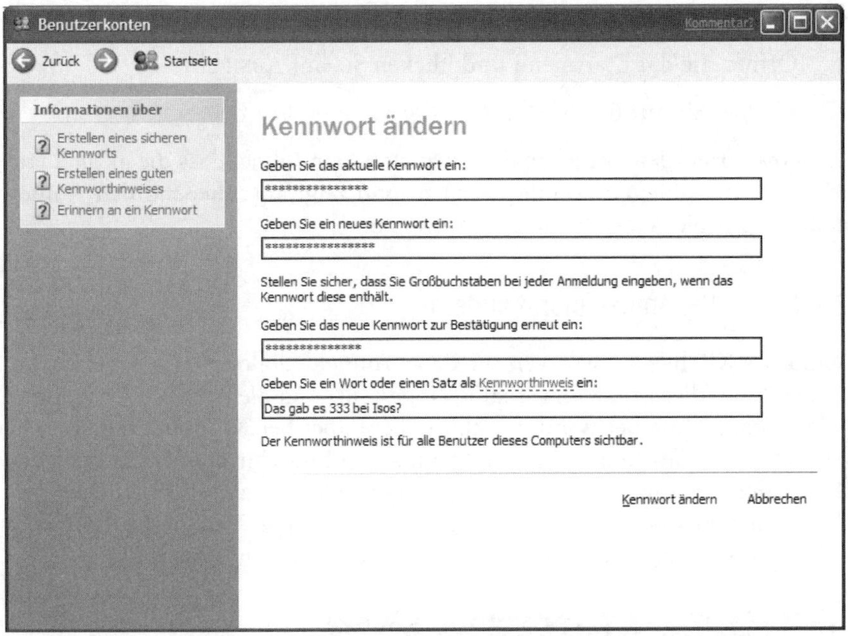

Abbildung 2.2: In diesem Dialogfeld wird das neue Kennwort festgelegt – Voraussetzung ist, dass das alte Kennwort zuvor eingegeben wurde

Abmelden eines Benutzers

1. Öffnen Sie das Startmenü und klicken Sie auf ABMELDEN (sofern nicht der Classic-Modus gewählt wurde, in diesem Fall heißt es »Anmeldename abmelden«).
2. Klicken Sie erneut auf ABMELDEN.

Windows beendet daraufhin alle Anwendungen und zeigt anschließend den Anmeldedialog für die Auswahl eines anderen Benutzers an. Das Abmelden und anschließend Neuanmelden ist ein relativ schneller Weg, um alle Anwendungen zu beenden und die benutzerabhängigen Einstellungen zurückzusetzen.

2.1.3 Umschalten zwischen angemeldeten Benutzern

Man muss nicht alle Anwendungen schließen, um sich abzumelden damit sich ein anderer Benutzer anmelden kann. Windows XP ermöglicht das Umschalten zwischen verschiedenen Benutzern, wobei die vor dem Abmelden aktiven Anwendungen lediglich »eingefroren« werden, so dass man nach dem erneuten Anmelden mit ihnen weiterarbeiten kann.

Auch wenn das Umschalten (zwangsläufig) ein wenig länger dauert als das Abmelden und erneute Anmelden ist es doch eine sehr praktische Angelegenheit.

Umschalten auf einen anderen Benutzer

STEP

1. Öffnen Sie das Startmenü und klicken Sie auf ABMELDEN.
2. Klicken Sie auf BENUTZER WECHSELN.

Windows friert den aktuellen Systemzustand ein (ohne, dass die aktuell laufenden Anwendungen beendet werden) und zeigt anschließend den Anmeldedialog für die Auswahl eines Benutzers an.

2.1.4 Die Anmeldeform ändern

Windows XP bietet zwei verschiedene Anmeldedialoge: Die vereinfachte Anmeldung (dies ist standardmäßig eingestellt) und die normale Anmeldung (die es auch schon bei Windows 2000, nicht aber bei Windows 9x gab). Die vereinfachte Anmeldung zeigt einen hübschen Bildschirm, auf dem für jeden Anwender ein vom Anwender ausgewähltes Bildchen zu sehen ist. Die Standardanmeldung besteht aus einem Dialogfeld, in dem sowohl der Name des Anwenders als auch sein Kennwort eingegeben werden müssen.

Abbildung 2.3: Der Standardanmeldedialog von Windows XP wird nur auf Anfrage angezeigt

Normalerweise spricht nichts dagegen, den voreingestellten vereinfachten Anmeldedialog beizubehalten. Wer auf etwas mehr Sicherheit Wert legt, modischen »Schnickschnack« grundsätzlich ablehnt oder Windows XP auf die gleiche Weise wie Windows 2000 einsetzen will, muss den Anmeldedialog einfach nur umschalten.

Umschalten der Benutzeranmeldung

STEP

1. Öffnen Sie die Systemsteuerung (über das Startmenü) und öffnen Sie dort das Applet BENUTZERKONTEN.
2. Wählen Sie als Aufgabe *Art der Benutzeranmeldung ändern.*
3. Deaktivieren Sie die Option WILLKOMMENSEITE VERWENDEN (dadurch deaktiviert sich auch die Option SCHNELLE BENUTZERUMSCHALTUNG VERWENDEN).
4. Bestätigen Sie die Auswahl mit *Optionen übernehmen.*

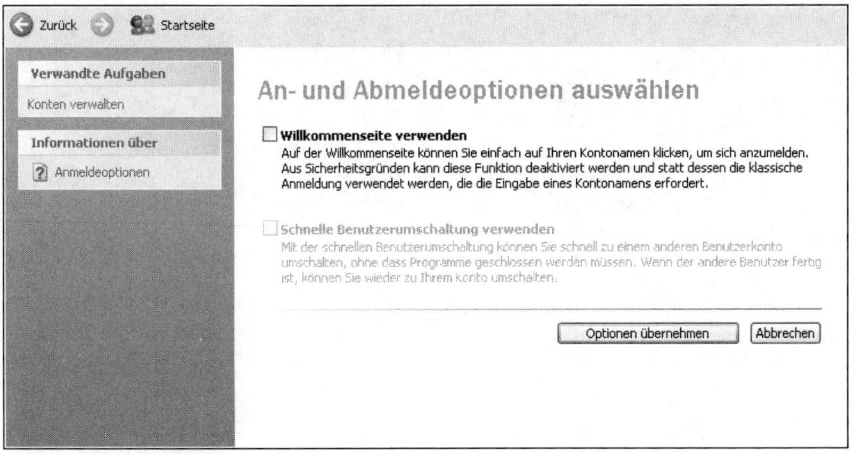

Abbildung 2.4: An dieser Stelle des Benutzerkonto-Applets kann die Art der Anmeldung geändert werden

INFO

Welche Anmeldeart aktiv ist, beeinflusst auch das Dialogfeld, das nach Drücken von Strg+Alt+Entf *erscheint. Ist die vereinfachte Anmeldung aktiv, erscheint lediglich der Task-Manager. Ist dagegen die Standardanmeldung aktiv, erscheint der allgemeine Dialog* Windows-Sicherheit, *in dem u.a. auch der Task-Manager aufgerufen werden kann.*

2.1.5 Den Windows-Sicherheitsdialog aufrufen

Ist die Standardanmeldung aktiv (siehe Kapitel 2.1.5), erscheint nach dem Drücken von Strg+Alt+Entf nicht der Task-Manager, sondern der Sicherheitsdialog von Windows XP. Hier stehen die folgenden Möglichkeiten zur Verfügung:

- Den Computer sperren
- Anmelden
- Herunterfahren
- Kennwort ändern
- Task-Manager

Bis auf die Computersperre und das Ändern des Kennworts stehen alle angebotenen Aktionen auch anderweitig zur Verfügung.

Den Computer sperren

Den Computer zu sperren bedeutet, ihn nicht herunterzufahren, sondern lediglich zu verhindern, dass eine andere Person Zugriff erhält. Nach Auswahl dieser Option erscheint ein Dialogfeld, das das Arbeiten mit dem Computer blockiert, und erst durch Eingabe des Kennwortes wieder verschwindet.

Abbildung 2.5: Der Sicherheitsdialog von Windows XP

Abbildung 2.6: Dieses Dialogfeld erscheint wenn der Computer gesperrt wurde

Das Kennwort ändern

Die Option *Kennwort ändern* ermöglicht dem aktuell angemeldeten Anwender sein aktuelles Kennwort zu ändern. Dazu muss dieses Kennwort aber bekannt sein, ansonsten ist eine Änderung nicht möglich.

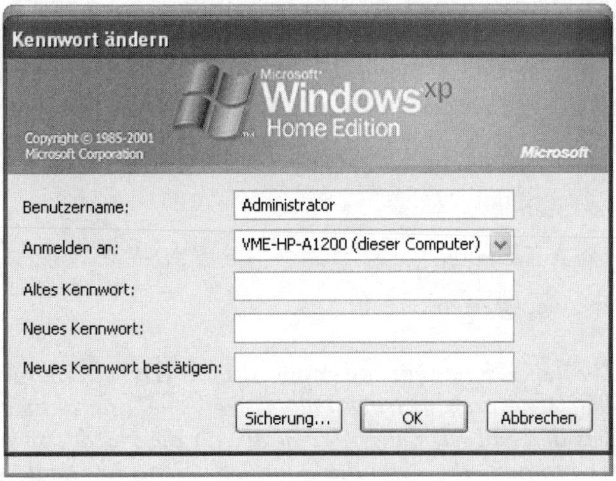

Abbildung 2.7: In diesem Dialogfeld wird das alte Kennwort gegen ein neues ausgetauscht

Kennwort vergessen – was nun?

Wurde das Kennwort für ein Benutzerkonto vergessen, gibt es zunächst keine Möglichkeit es wiederherzustellen (das Löschen der Pwl-Dateien, wie unter Windows 9x üblich, ist bei Windows XP keine Option, da die Sicherheit auf einem ganz anderen Konzept basiert und Pwl-Dateien nicht mehr existieren). Der Administrator muss in diesem Fall das Benutzerkonto löschen und erneut anlegen.

Die restriktive Sicherheit bei Windows XP ist ein »Erbe« von Windows NT, bei dem dies von Anfang eine der wichtigsten Forderungen war, und für ein Betriebssystem für den Heimgebrauch eher unüblich.

Sie sollte aber nicht dazu führen, dass man das Kennwort auf einem PostIt-Zettel an den Monitor klebt, wenngleich dies für den Heimgebrauch noch machbar wäre. Die beste Strategie ist es, Kennwörter »intelligent« zu vergeben, so dass sie sich anhand nur Ihnen bekannter Ereignisse oder Gegebenheiten rekonstruieren lassen. Wird der PC allerdings nur für den Heimgebrauch eingesetzt und werden keine sensiblen Daten gespeichert (das kann z.B. auch ein per Textverarbeitung geführtes Tagebuch sein), kann man vielleicht sogar ganz auf ein Kennwort verzichten.

2.2 Windows XP muss heruntergefahren werden

Einen Windows XP-PC sollte man nicht einfach abschalten (auch wenn dies im Allgemeinen keine negativen Folgen hat – Sie müssen nur damit leben, dass nach dem nächsten Start erst einmal ScanDisk die Festplatten überprüfen will, was sich stets abbrechen lässt), er wird über den AUSSCHALTEN-

Befehl im Startmenü vielmehr »ordnungsgemäß« heruntergefahren. Das stellt unter anderem sicher, dass eventuell offene Dateien geschlossen und Änderungen am Benutzerprofil auf den Server zurückgespeichert werden. Im *Computer ausschalten*-Dialogfeld stehen folgende Optionen zur Auswahl:

- Standby
- Ausschalten
- Neu starten

INFO

Zusätzlich kann ein sog. Ruhezustand *(Hypernate-Modus) angeboten werden, der durch gedrückthalten der* [⇧]*-Taste aktiviert werden kann. Ob dies der Fall ist, hängt davon ab, ob die Hardware diesen speziellen Ausschaltmodus (bei dem der komplette Systemzustand »eingefroren« und auf die Festplatte gesichert wird) unterstützt (und natürlich, ob Windows dies auch erkannt hat).*

STEP

Windows XP herunterfahren

1. Öffnen Sie das Startmenü und wählen Sie AUSSCHALTEN.
2. Wählen Sie aus dem Dialogfeld die Option AUSSCHALTEN.

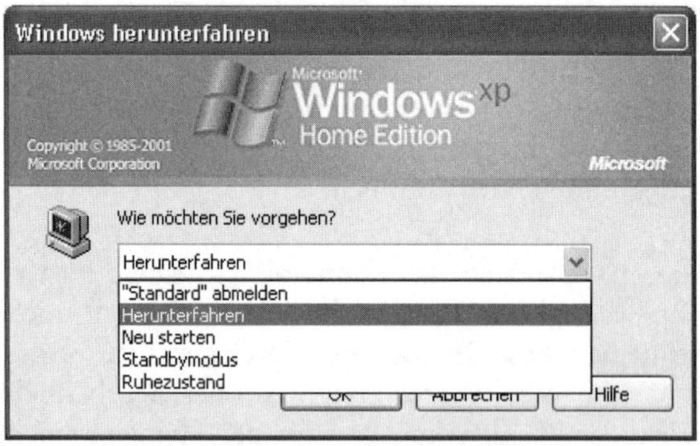

Abbildung 2.8: Aus diesem Dialogfeld wählen Sie aus, auf welche Weise Windows XP beendet werden soll

Windows XP beendet beim Herunterfahren alle aktiven Anwendungen, sichert die benutzerabhängigen Systemeinstellungen und fragt selbstverständlich nach, ob ungesicherte Dokumente gespeichert werden sollen. Je nach dem, ob der PC über eine moderne Stromsparvorrichtung verfügt, wird der PC einfach ausgeschaltet. Ansonsten sehen Sie den »Gute Nacht«-Bildschirm mit der Aufforderung, den PC jetzt auszuschalten.

2.3 Das Starten von Anwendungen

Das Starten von Anwendungen ist nach wie vor die wichtigste Aufgabe eines Betriebssystems. Hier bereits das Wichtigste in aller Kürze:

- Alle installierten Programme werden normalerweise (eine Garantie gibt es dafür allerdings nicht) in der *Programme*-Untergruppe des Startmenüs aufgelistet. Bei Windows XP müssen Sie dazu aber auf ALLE PROGRAMME klicken (das ist das neue Startmenü).
- Für geübte Anwender ist es manchmal etwas bequemer, ein Programm über den *Ausführen*-Befehl im Startmenü durch Eingabe des Programmnamens zu starten (etwa »Calc« für den Rechner), als das Programm aus den Untermenüs der *Programme*-Gruppe auszuwählen.
- Der schnellste und sicherste Weg, um die Lieblingsanwendungen zu starten, ist das Anlegen von Verknüpfungen in der Schnellstartleiste der Taskleiste. Dadurch ist jedes Programm immer nur einen Mausklick entfernt.

2.3.1 Die Auswahl des Programms über das Startmenü

Das Startmenü bietet einen direkten Zugriff auf alle installierten Programme. Klicken Sie nach dem Öffnen des Startmenüs auf ALLE PROGRAMME, öffnet sich eine Auswahlliste aller bereits installierten Anwendungen. Es handelt sich um den Inhalt des *Programme*-Ordners, der sich am schnellsten öffnen lässt, in dem Sie die Startschaltfläche mit der sekundären Maustaste anklicken und ÖFFNEN oder EXPLORER wählen. Dadurch öffnet sich der *Startmenü*-Ordner, in dem der *Programme*-Ordner enthalten ist. Da der *Programme*-Ordner Teil des Benutzerverzeichnisses ist, arbeitet jeder Benutzer mit seinem eigenen Ordner. Lediglich den *Alle Benutzer*-Ordner teilen sich alle Benutzer. Je nach Typ der Anwendung ist diese entweder direkt im *Programme*-Ordner enthalten oder befindet sich in einem Unterordner. Für jeden Unterordner wird ein Untermenü eingeblendet.

Abbildung 2.9: Über Alle Programme öffnet sich die Programme-Gruppe

2.3.2 Wo sind die frisch installierten Programme abgeblieben?

Als kleine Gedächtnisstütze zeigt Windows XP (sofern das Startmenü nicht im Classic-Modus betrieben wird) nach dem Öffnen des Startmenüs einen kleinen Hinweis an, falls kürzlich neue Anwendungen installiert wurden.

Außerdem werden, was wirklich sehr ausgefallen ist, die Einträge der neu installierten Programme im PROGRAMME-Menü farblich so lange hervorgehoben bis sie wenigstens einmal gestartet wurden.

Abbildung 2.10: Über einen kleinen Hinweis tut Windows XP kund, dass neue Programme an Bord sind

Da der Hinweis im Startmenü manches Mal etwas lästig sein kann und oft gar nicht benötig wird, lässt er sich in den Eigenschaften des Startmenüs abschalten.

STEP

Ein- und Ausschalten des Hinweises auf neu installierte Anwendungen

1. Klicken Sie die Startschaltfläche mit der sekundären Maustaste an und wählen Sie EIGENSCHAFTEN.
2. Klicken Sie auf ANPASSEN.
3. Wählen Sie das Register ERWEITERT.
4. Wählen Sie die Option *Zuletzt installierte Programme hervorheben* entweder an oder ab.
5. Schließen Sie das Dialogfeld wieder.

2.3.3 Der Aufruf der Zubehörprogramme

Auch die Windows-Zubehörprogramme werden über das ALLE PROGRAMME-Menü aufgerufen. Dazu gibt es den Eintrag ZUBEHÖR, nach dessen Auswahl sich ein Untermenü öffnet, in dem alle Zubehörprogramme, unterteilt nach Kategorien, aufgeführt werden (siehe Abbildung 2.11).

Ob eine Anwendung über das ALLE PROGRAMME-Menü zur Verfügung steht, hängt vom Installationsprogramm der Anwendung ab. Auch wenn die überwiegende Mehrheit der Anwendungen Verknüpfungen in den *Programme*-Ordner einträgt, gibt es dafür keine Garantie.

Auch kann es passieren, dass eine Verknüpfung versehentlich gelöscht wurde und die Anwendung scheinbar nicht mehr zur Verfügung steht. Aber nur scheinbar, denn durch erneutes Anlegen der Verknüpfung (dazu muss lediglich der Name der Programmdatei bekannt sein), lässt sich der alte Zustand wiederherstellen.

Abbildung 2.11: Alle Zubehörprogramme verbergen sich in dem gleichnamigen Untermenü

2.3.4 Der Ausführen-Befehl im Startmenü

Über den AUSFÜHREN-Befehl im Startmenü lassen sich beliebige Programme starten, Ordner öffnen, Webseiten aufrufen, Ftp-Verbindungen herstellen und Kommandozeilenkommandos ausführen. Was sich zunächst nach einer eher überflüssigen Einrichtung anhören mag, da sich alle diese Aufgaben auch regulär über die Benutzeroberfläche erledigen lassen, erweist sich für geübte Anwender schnell als eine praktische Abkürzung, zumal das *Ausführen*-Dialogfeld die zuletzt aufgerufenen Namen speichert, so dass sie sich komfortabel aus einer Auswahlliste auswählen lassen.

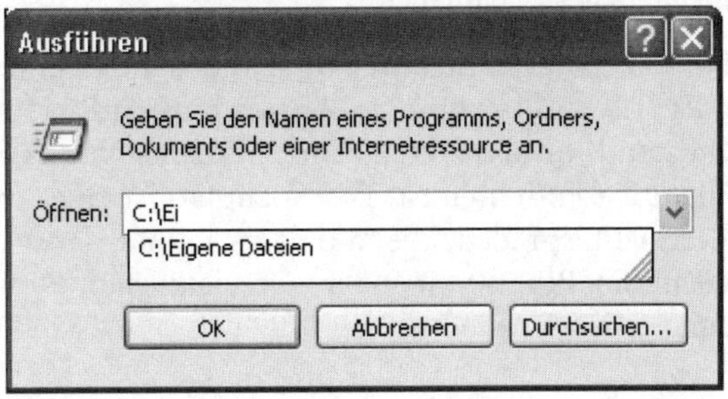

Abbildung 2.12: Das Ausführen-Dialogfeld ist oft der schnellste Weg, um ein Programm zu starten oder einen Ordner zu öffnen

2.3.5 Programm- und Verzeichnisnamen werden automatisch vervollständigt

Windows XP bietet beim AUSFÜHREN-Befehl eine praktische Einrichtung. Bei der Eingabe eines Namens versucht Windows diesen zu »erraten«, in dem es in einer Auswahlliste alle bereits eingegebenen Namen auflistet, die mit den bereits eingetippten Buchstaben übereinstimmen. Das ist vor allem bei der Eingabe längerer Verzeichnisnamen sehr praktisch.

2.3.6 Wann findet Windows einen Namen und wann nicht?

Sie geben in den AUSFÜHREN-Dialog »Calc« ein und der Windows-Rechner wird gestartet, Sie tippen »Recent« ein und der Verlaufordner öffnet sich, Sie probieren es mit »Programme« oder mit »CChat« und Windows meldet sich mit einem verständnislosen »Wie, bitte?«. Der Grund dafür, dass manche Namen sofort gefunden werden, andere aber zu einer Fehlermeldung führen, liegt einfach daran, dass zu jedem Programm-, Verzeichnis- oder Dateinamen ein vollständiger Verzeichnispfad gehört. In einem Fall kennt Windows den Verzeichnispfad, in einem anderen Fall nicht. So befindet sich der Windows-Rechner *Calc.exe* im *System32*-Verzeichnis von Windows, wo alle Programme gefunden werden. Der Ordner *Recent* befindet sich im Pfad des Benutzerprofils, der ebenfalls automatisch durchsucht wird. Das Verzeichnis Programme oder das Chat-Programm *CChat.exe* befinden sich nicht in einem solchen Suchpfad, so dass sie ohne die vollständige Eingabe des Verzeichnisnamens nicht gefunden werden.

INFO

Die Durchsuchen-*Schaltfläche startet nicht eine Suchfunktion nach einem scheinbar nicht auffindbaren Dateinamen, sondern öffnet lediglich einen Auswahldialog, über den die Datei lokalisiert werden kann (vorausgesetzt, man besitzt eine ungefähre Ahnung davon, wo sich die Datei befinden könnte).*

Die Rolle des Suchpfades

Ob ein Programm durch Eingabe seines Namens gestartet werden kann, oder ob der komplette Verzeichnispfad erforderlich ist, bestimmt der Umstand, ob das Verzeichnis, in dem sich das Programm befindet, im sog. *Suchpfad* enthalten ist. Der Suchpfad ist eine Ansammlung von (beliebigen) Verzeichnispfaden, die Windows immer dann der Reihe nach durchsucht, wenn ein Programm- oder Verzeichnisname ohne seinen kompletten Pfad eingegeben wurde.

Der Suchpfad wird bei Windows XP in der Umgebungsvariablen Path abgelegt (mehr zur Rolle von Umgebungsvariablen in Kapitel 8). Den Wert von PATH können Sie sich im Eigenschaftendialogfeld des Arbeitsplatzes anschauen, indem Sie das Register ERWEITERT wählen und anschließend auf

Umgebungsvariablen klicken. Ein wenig einfacher geht es, indem Sie in der Eingabeaufforderung den SET-Befehl ausführen (z.B. durch Eingabe von *Command /k Set*). Dadurch werden die Werte aller Umgebungsvariablen in einem Eingabeaufforderungsfenster aufgelistet.

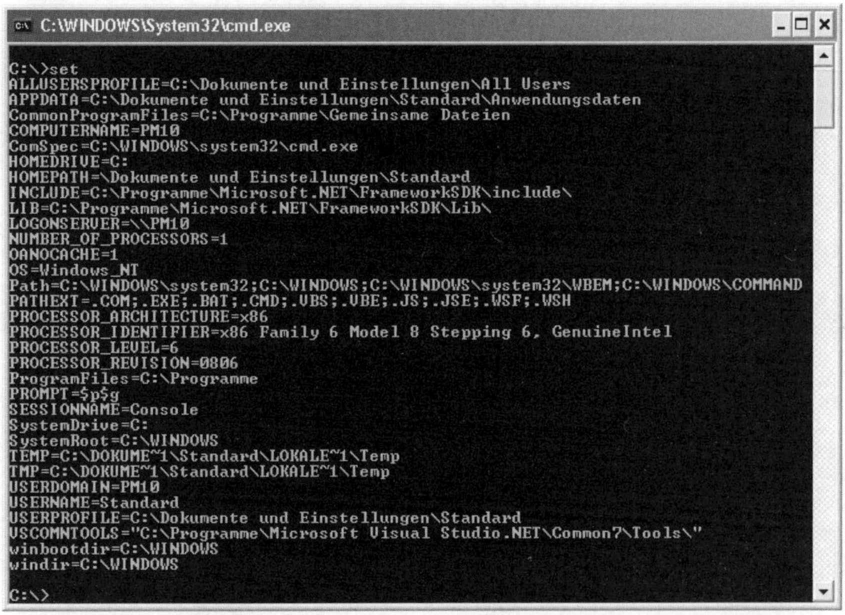

Abbildung 2.13: Der SET-Befehl gibt in der Eingabeaufforderung die aktuellen Inhalte aller Umgebungsvariablen aus

Wie wird der Suchpfad erweitert?

Das Erweitern des Suchpfades erfordert bereits ein wenig Geschick, auch wenn es nicht kompliziert ist. Soll ein weiteres Unterverzeichnis eines bereits im Suchpfad vorhandenen Pfades in den Suchpfad aufgenommen werden, müssen Sie den Pfad entsprechend erweitern. Soll ein neuer Pfad in den Suchpfad aufgenommen werden, müssen Sie diesen, immer getrennt durch ein Semikolon, an das Ende des Suchpfades hängen.

Erweitern des Suchpfades

STEP

1. Öffnen Sie das SYSTEM-Applet in der Systemsteuerung (oder klicken Sie den Arbeitsplatz-Ordner mit der sekundären Maustaste an und wählen Sie EIGENSCHAFTEN)
2. Wann immer in diesem Buch von der Systemsteuerung die Rede ist, wird davon ausgegangen, dass die »klassische« Ansicht aktiv ist[1].
3. Wählen Sie das Register ERWEITERT.
4. Klicken Sie auf UMGEBUNGSVARIABLEN.

1 Vereinfachungen sind schön und gut, doch in diesem Fall wurde etwas »übervereinfacht«.

5. Wählen Sie im Bereich der Systemvariablen den Eintrag »Path« aus und klicken Sie auf BEARBEITEN. Es erscheint ein Eingabefeld, in dem Sie den Wert von Path editieren können. Zwar ist es auch möglich, PATH (wie jede Umgebungsvariable) über die Eingabeaufforderung zu editieren, doch ist dieser Weg sehr umständlich.

Abbildung 2.14: In diesem Dialogfeld erhält die Umgebungsvariable Path einen neuen Inhalt

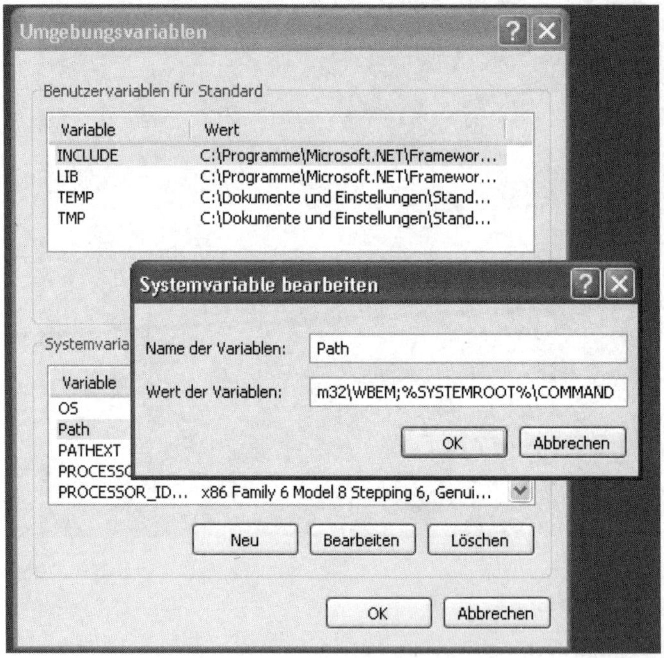

:-) TIPP

Möchten Sie sich in einem Pfad z.B. auf das Windows-Verzeichnis oder das Verzeichnis mit den Benutzereinstellungen beziehen, sollten Sie die dafür vorgesehenen Umgebungsvariablen, z.B. %systemroot% *oder* %userprofile% *verwenden. Eine Aufstellung der wichtigsten Umgebungsvariablen erhalten Sie in Kapitel 8.*

Den Programmpfad über die Registrierung setzen

Eigentlich sollte ein Hilfsmittel wie die *Path*-Umgebungsvariable nicht mehr notwendig sein, denn für jede Anwendung kann in der Registrierung ein individueller Suchpfad festgelegt werden. Der zuständige Zweig heißt Zweig *HKLM\Software\Microsoft\Windows\CurrentVersion\App Paths.* Für jede Anwendung ist ein Unterzweig vorhanden, dessen Standard-Wert den Verzeichnispfad der Anwendung enthält. Indem Sie an dieser Stelle einen neuen Unterzweig einfügen (der Name ist jener Name, der später für den Aufruf verwendet wird. Es muss nicht der echte Programmname sein, aber er muss mit der Erweiterung *.exe* enden) und den Verzeichnispfad eintragen, lässt sich auch diese Anwendung durch Eingabe ihres Programmnamens, etwa über den AUSFÜHREN-Befehl, starten. Mehr zum Umgang mit der Registrierung in Kapitel 20.

2.3.7 Der Programmstart über eine Verknüpfung

Verknüpfungen sind eine universelle Möglichkeit, Programme zu starten und Dateien zu öffnen. Die *Programme*-Gruppe, die über das Startmenü geöffnet wird, enthält im Allgemeinen für jede aufrufbare Anwendung eine Verknüpfung. Solche Verknüpfungen lassen sich auch an anderen Stellen der Benutzeroberfläche, etwa in der Schnellstartleiste, oder direkt auf dem Desktop anlegen. Für ein und dieselbe Programmdatei lassen sich beliebig viele Verknüpfungen anlegen. Ein weiterer Vorteil von Verknüpfungen ist, dass jeder Verknüpfung andere Kommandozeilenparameter, ein anderes Arbeitsverzeichnis, eine Tastenkombination und ein individuelles Symbol zugeordnet werden können. Das kann z.B. praktisch sein, wenn eine Anwendung mit einem bestimmten Dokument gestartet werden soll.

Mehr zum Anlegen von Verknüpfungen in Kapitel 5.

2.3.8 Der Programmstart über eine Tastenkombination

Besonders attraktiv werden Verknüpfungen durch den Umstand, dass sie sich mit einer Tastenkombination verbinden lassen. Das bedeutet, dass sich ein Anwender für seine Lieblingsprogramme Tastenkürzel zuordnen kann, die den Start dieser Programme noch bequemer werden lassen. Voraussetzung dafür, um eine beliebige Anwendung über ein Tastenkürzel, wie etwa [Alt]+[Strg]+[T], starten zu können ist lediglich, dass für das Programm bereits eine Verknüpfung entweder auf dem Desktop oder im Startmenü angelegt wurde.

Zuordnen eines Tastenkürzels zu einer Anwendung

STEP

1. Lokalisieren Sie die Programmdatei in ihrem Ordner – zum Beispiel über den SUCHEN-Befehl im Startmenü.
2. Legen Sie für die zu startende Programmdatei eine Verknüpfung auf dem Desktop oder im Startmenü an (z.B. indem Sie das Programmsymbol mit der Maus auf das Startmenü ziehen).
3. Klicken Sie das Symbol der Verknüpfung mit der sekundären Maustaste an und wählen Sie aus dem Kontextmenü den Eintrag EIGENSCHAFTEN.
4. Wählen Sie im Eigenschaftsdialogfeld das Register VERKNÜPFUNG.
5. Setzen Sie die Textmarke in das Eingabefeld TASTENKOMBINATION, indem Sie das Feld einmal anklicken.

6. Drücken Sie jetzt eine Taste, z.B. [T], über die das Programm später einmal gestartet werden soll. Die Tastenkombination, sie besteht aus den Tasten [Alt], [Strg], sowie der von Ihnen gedrückten Taste, wird daraufhin in dem Eingabefeld angezeigt.
7. Klicken Sie auf die OK-Schaltfläche, um das Dialogfeld wieder zu schließen.

Wenn Sie jetzt die Tastenkombination drücken, sollte das Programm starten. Voraussetzung ist, dass kein Anwendungsfenster im Vordergrund aktiv ist (Verkleinern Sie das Fenster sonst auf Symbolgröße), denn ansonsten bezieht sich der Tastendruck unter Umständen auf dieses Programm und nicht auf den Desktop (viele Programme reichen jene Tastenkombinationen, die sie nicht erkennen, automatisch an das Betriebssystem weiter).

2.3.9 Der Programmstart über die Adressleiste der Taskleiste

Die Adressleiste in der Taskleiste ist eine universelle Starthilfe von Programmen, Webseiten, Dokumenten, Verknüpfungen (etwa mit dem Vorsatz mailto:, um Mail-Nachrichten zu versenden), und anderen Dingen. Man gibt die Adresse bzw. den Programmnamen ein, drückt die [↵]-Taste und um den Rest kümmert sich Windows!

Abbildung 2.15: Die Adressleiste nimmt Programmnamen und URLs entgegen

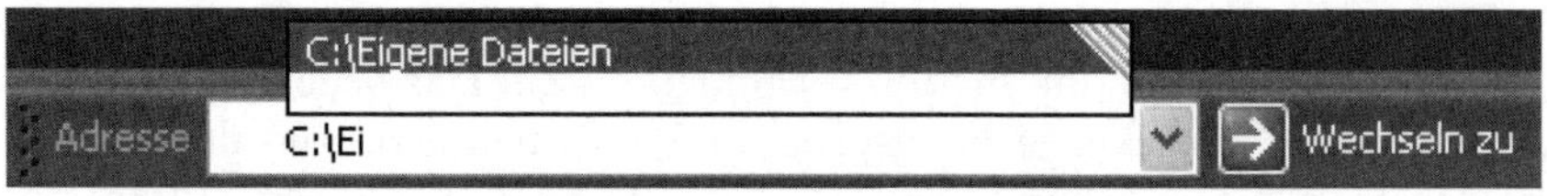

TIPP

Die Eingabe eines Programmnamens in das Adressfeld entspricht der Eingabe über den AUSFÜHREN-*Befehl. Das gilt auch für die Frage, wann ein Verzeichnispfad eingegeben werden muss, und wann die Eingabe des Dateinamens genügt.*

INFO

Die Adressleiste lässt sich nicht verschieben, wenn die Taskleiste fixiert wird.

2.3.10 Der Programmstart über die Schnellstartleiste

Die Schnellstartleiste ist eine Symbolleiste, die in der Taskleiste angezeigt werden kann (standardmäßig wird sie bei Windows XP nicht eingeblendet), und in der die »wichtigsten« Anwendungen über Symbole angeboten werden. Die Auswahl ist allerdings nicht »fest verdrahtet«, statt dessen erscheint hier lediglich der Inhalt des Ordners *Quick Launch* (mit Leerzeichen im Namen). Dieser ist ein Unterordner im Verzeichnis *%userprofile%\Anwendungsdaten\Microsoft\Internet Explorer\Quick Launch*.

Es gibt mehrere Möglichkeiten, die Schnellstartleiste zu erweitern, da es sich ja um einen normalen Ordner handelt.

Hinzufügen eines Eintrags in der Schnellstartleiste

STEP

1. Klicken Sie die Schnellstartleiste an einer freien Stelle mit der sekundären Maustaste an und wählen Sie ORDNER ÖFFNEN.
2. Klicken Sie die Innenfläche des Ordners an einer freien Stelle mit der sekundären Maustaste an und wählen Sie NEU und VERKNÜPFUNG.
3. Geben Sie den Namen der Programmdatei an und der Verknüpfung einen Namen. Die neu angelegte Verknüpfung erscheint unmittelbar danach in der Schnellstartleiste.

2.3.11 Indirekter Programmstart durch Öffnen eines Dokuments

Die Fähigkeit, eine x-beliebige (Daten-) Datei mit einem ausführbaren Programm zu verknüpfen, bot Windows bereits »ewig«. Dahinter steckt eine simple Zuordnung zwischen einer Dateierweiterung und einem Dateityp, der wiederum mit einem x-beliebigen ausführbaren Programm verknüpft ist. Bei Windows XP hat sich an diesem simplen Prinzip nichts geändert, es ist nur etwas komfortabler geworden, eine solche Zuordnung zu ändern. Dies soll am Beispiel der HTML-Dateien demonstriert werden.

Ändern der Programmzuordnung zu einer Dateierweiterung

STEP

1. Öffnen Sie in einem Ordnerfenster die Ordneroptionen über den Menübefehl EXTRAS|ORDNEROPTIONEN und wählen Sie das Register DATEITYPEN.
2. Scrollen Sie die Liste, um den Eintrag »HTML« (daneben ist als Dateityp »HTML Document« aufgeführt) auswählen zu können. Sie sehen nun den Dateityp aller Dateitypen mit der Erweiterung *.html*.
3. Klicken Sie auf ÄNDERN. Es erscheint ein Auswahldialogfeld, mit allen Programmen, die bislang für das Öffnen von Dateien dieses Dateityps in Frage kommen. Sollte das Programm, mit dem die Dateien künftig geöffnet werden sollen, etwa ein anderer HTML-Editor, nicht aufgeführt sein, klicken Sie auf die Schaltfläche DURCHSUCHEN.
4. Wählen Sie z.B. den Editor und klicken Sie einmal auf OK (lassen Sie das Dialogfeld aber noch geöffnet).
5. Öffnen Sie einen anderen Ordner, in dem sich eine Datei mit der Erweiterung *.html* befindet. Öffnen Sie diese Datei per Doppelklick, wird nun der Editor anstelle des Internet Explorer (bzw. des bis dahin eingetragenen Programms) gestartet.

Wenn das alles nur eine Übung war, sollten Sie den Dateityp wieder mit dem Internet Explorer verknüpfen.

Abbildung 2.16: In diesem Auswahldialog werden alle Programme angeboten, mit denen Dateien des ausgewählten Dateityps geöffnet werden können

NEU

Im Unterschied zu Windows 9x kann eine Datei eines bestimmten Dateityps auch mit mehreren unterschiedlichen Programmen geöffnet werden, ohne dass der Dateityp dazu modifiziert werden muss. Das Kontextmenü einer Datei bietet dazu den Eintrag ÖFFNEN MIT *an, in dem alle Programme aufgelistet werden, mit denen Dateien dieses Dateityps bereits geöffnet wurden. Das ist eine sehr praktische Neuerung. Mehr zum Thema Dateitypen und deren Registrierung in Kapitel 8.*

2.3.12 Der automatische Programmstart nach dem Start von Windows

Soll eine Anwendung automatisch mit jedem Start von Windows gestartet werden, gibt es dazu mehrere Alternativen:

- Es wird eine Verknüpfung in dem *Autostart*-Verzeichnis des Anwenders oder des gemeinsamen *Autostart*-Verzeichnisses aller Anwender eingetragen. Das *Autostart*-Verzeichnis ist ein Unterverzeichnis im Verzeichnis *%userprofile%\Startmenü\Programme* oder *%allusersprofile%\Startmenü\Programme*.
- Über den Schlüssel *Run* der Registrierung, der sich im Zweig HKEY_CURRENT_USER*\Software\Microsoft\Windows\CurrentVersion* befindet. Der *Run*-Schlüssel enthält für jedes Programm, das mit dem Windows-Start ausgeführt werden soll, einen Eintrag, der aus dem Programmnamen und dem vollständigen Pfad der Datei besteht.

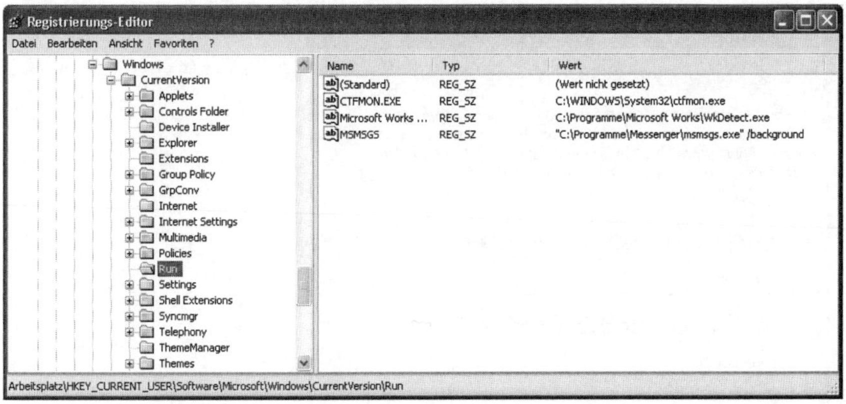

Abbildung 2.17: Über den Run-Schlüssel der Registrierung werden jene Programme festgelegt, die mit dem Windows-Start starten sollen

2.3.13 Programme im Kompatibilitätsmodus starten

Zum Schluss des Themenbereichs »Wie starte ich erfolgreich ein Programm?« (ohne, dass mir gleich alles um die Ohren fliegt) sollen Sie noch mit einer Variante vertraut gemacht werden, die Sie vermutlich relativ selten benötigen. Auch wenn Windows XP mit seinen Vorgängern immerhin den größten Teil des Namens gemeinsam hat, ist nicht gewährleistet, dass ein Programm, das für Windows 95 oder Windows NT programmiert wurde auch unter Windows XP läuft. Aus diesem Grund gibt es einen Kompatibilitätsmodus, der im Eigenschaftendialogfeld der Programmdatei aktiviert wird. Sie finden hier ein Register mit dem Namen KOMPATIBILITÄT, in dem der Kompatibilitätsmodus durch Setzen der Option *Programme im Kompatibilitätsmodus ausführen für* und *Auswahl des Betriebssystems* aktiviert wird.

Um ein und dasselbe Programm in verschiedenen Kompatibilitätsmodi ausführen zu können, empfiehlt es sich für jeden Modus eine Verknüpfung anzulegen. Mehr dazu in Kapitel 5.

:-) TIPP

2.4 Die Systemleistung überprüfen

Genau wie man bei seinem bereiften (und im Allgemeinen die Umwelt verschmutzenden) Liebling hin und wieder den Ölstand prüfen sollte, sollte man auch bei seinem Windows XP-PC hin und wieder nach dem Rechten schauen und z.B. prüfen, wie ausgelastet der Prozessor oder der Arbeitsspeicher zur Zeit sind. Auf die Weise lässt sich meistens ganz gut erkennen, ob irgendetwas schief läuft, und z.B. ein Prozess zwar 0% der Rechenleistung, aber 20 Mbyte im Arbeitsspeicher beansprucht. In diesem Fall liegt der Verdacht nahe, dass sich der Prozess verabschiedet hat oder zumindestens irgendetwas nicht stimmt. Für solche Routinekontrollen sind keinerlei Spezialkenntnisse notwendig, denn die notwendigen Betriebsdaten werden vom Task-Manager übersichtlich präsentiert.

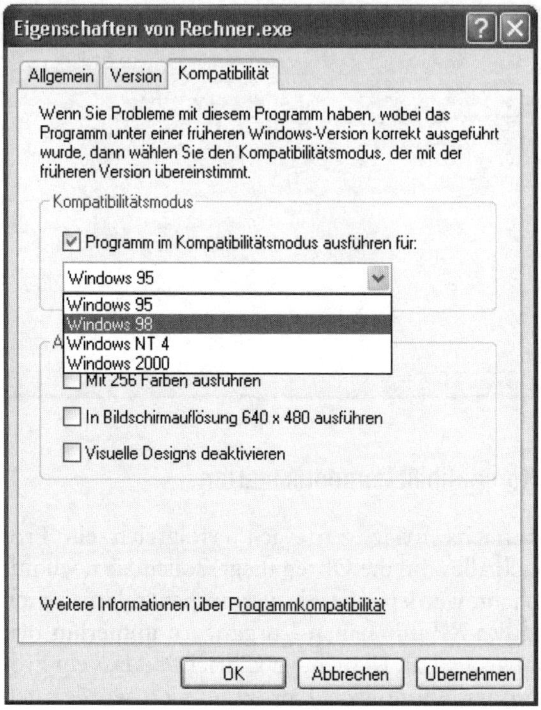

Abbildung 2.18: Im Register Kompatibilität kann das Betriebsystem ausgewählt werden, für welches Betriebssystem das Programm ursprünglich gemacht war

Feststellen der aktuellen Prozessorauslastung

1. Drücken Sie [Strg]+[Alt]+[Entf], um den Task-Manager zu starten.
2. Wechseln Sie auf das Register SYSTEMLEISTUNG.
3. Werfen Sie einen Blick in das linke obere Feld mit der Überschrift CPU-AUSLASTUNG. Hier wird die aktuelle Auslastung der CPU durch einen Balken angezeigt. Eine Auslastung von 100% ist durchaus normal und findet auch dann schon statt, wenn lediglich eine Anwendung geöffnet ist.
4. Schalten Sie auf das Register PROZESSE um und klicken Sie zwei Mal auf die Spalte CPU-AUSLASTUNG, um die aktuellen Prozesse nach dem Umfang ihrer CPU-Nutzung aufzulisten. Der Prozess, der die CPU zur Zeit am meisten beansprucht erscheint an oberster Stelle usw. Dies sind die aktiven Prozesse, meistens größere Anwendungen (wenn Sie einen Augenblick warten, werden Sie feststellen, dass die Liste laufend aktualisiert wird).

Natürlich gibt es eine Regel, anhand derer sich erkennen lässt, ab wann ein Prozess »aus dem Ruder läuft«. Sollte ein Name an einem der oberen Positionen auftauchen, der sich keiner Anwendung zuordnen lässt, ist die Annahme nicht völlig falsch, dass diese Anwendung »abgestürzt« ist. Ein besserer Indikator ist dafür die Speichernutzung.

Feststellen der aktuellen Arbeitsbelegung

1. Drücken Sie [Strg]+[Alt]+[Entf], um den Task-Manager zu starten.
2. Wechseln Sie auf das Register PROZESSE.

STEP

Sie sehen eine Aufstellung aller aktiven Prozesse. In der Spalte Speicherauslastung wird angegeben, wie viel Arbeitsspeicher der Prozess belegt. Die Summe kann sogar größer sein als die Menge des vorhandenen Arbeitsspeichers, da Windows grundsätzlich mit einer Auslagerungsdatei arbeitet, die den Arbeitsspeicher ergänzt. Die Größe und die aktuelle Auslastung dieser Datei wird im Register *Systemleistung* durch einen Balken angezeigt. Auf Computern mit »wenig« Arbeitsspeicher (256 Mbyte und weniger) ist der Arbeitsspeicher im Allgemeinen voll und die Auslastung der Auslagerungsdatei rückt in den Mittelpunkt.

Auch die Frage der CPU-Auslastung, die für jeden Prozess im Register PROZESSE angezeigt wird, ist lediglich ein Indikator, aber keine Bestätigung dafür, dass eine Anwendung sich »aufgehängt« hat. Eine hohe Speicherauslastung bei 0% CPU-Nutzung bedeutet, der Prozess hat sich im Arbeitsspeicher »breit« gemacht, ist aber nicht mehr aktiv. Hier liegt der Verdacht nahe, dass sich eine Anwendung verabschiedet hat. Sie können (bzw. müssen) sie über die Schaltfläche PROZESS BEENDEN im Register PROZESSE beenden.

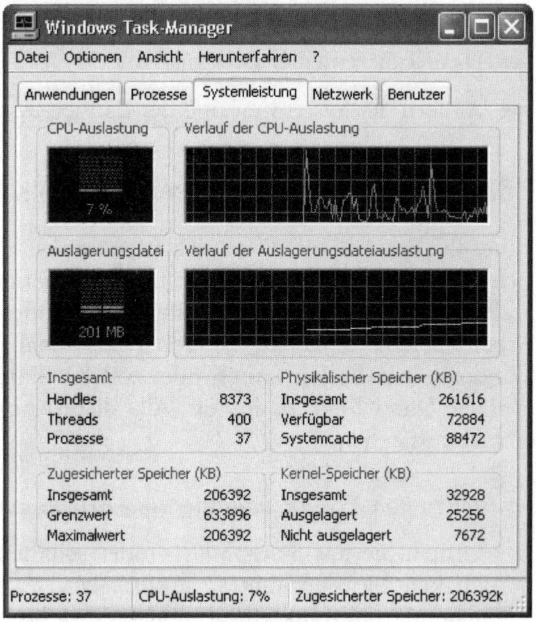

Abbildung 2.19: Sieht technisch aus – ist aber einfach zu verstehen. Das Register Systemleistung zeigt die Auslastung von Arbeitsspeicher und CPU an

2.5 Anpassen der Benutzeroberfläche

Die Benutzeroberfläche von Windows XP lässt sich auf vielfältige Weise anpassen. Sie können die *Designs* austauschen, ein anderes Hintergrundmotiv auswählen, dem Mauszeiger eine andere Gestalt geben oder einzelne Symbole auf dem Desktop ein- oder ausblenden. Alle diese Dinge werden über das Eigenschaftendialogfeld des Desktops durchgeführt, der entweder durch Anklicken des Desktops mit der sekundären Maustaste und der Auswahl des Befehls EIGENSCHAFTEN oder dem Aufruf des Applets ANZEIGE in der Systemsteuerung geöffnet wird. Mehr zu diesem Thema in Kapitel 3.

2.6 Einfache Systemaufgaben

Man benötigt zum Glück kein Technikerdiplom, um einfache Systemaufgaben durchführen zu können. Die folgende Auswahl der »Service-Tätigkeiten«, die jeder Anwender durchführen können sollte, ist mit Sicherheit nicht ganz vollständig. Im Einzelnen handelt es sich um:

- Einen Überblick über die Systemkonfiguration erhalten
- Herausfinden, welche Prozesse aktiv sind
- Anfertigen einer Notfalldiskette
- Formatieren einer Diskette
- Das Kopieren einer Diskette
- Ändern der Systemzeit und der Ländereinstellung

2.6.1 Einen Überblick über die Systemkonfiguration erhalten

Echte PC-Freaks kennen natürlich jeden der kleinen schwarzen Chips, die sich auf der Hauptplatine ihres Lieblings befinden, beim Vornamen. Normale(re) PC-Anwender wissen unter Umständen noch nicht einmal, wie viel Arbeitsspeicher eingebaut ist, geschweige denn wie die Seriennummer ihrer Windows-Installation lautet, oder welche Einträge die für den Start maßgebliche Datei *Boot.ini* enthält. Alle diese Angaben lassen sich aber relativ einfach feststellen.

Feststellen von Versionsnummer und Arbeitsspeichergröße

STEP

1. Öffnen Sie das STARTMENÜ (oder schalten Sie auf den Desktop um), klicken Sie den Eintrag ARBEITSPLATZ (bzw. das Symbol) mit der sekundären Maustaste an und wählen Sie EIGENSCHAFTEN.
2. Sie sehen das Dialogfeld mit den Systemeigenschaften, wo unter anderem auch die Versionsnummer Ihrer Windows-Version, die Seriennum-

mer (unterhalb jenes Namens, der bei der Registrierung angegeben wurde), der Typ des Prozessors und seine Taktfrequenz, sowie die Größe des Arbeitsspeichers angegeben sind.

Abbildung 2.20: In den Systemeigenschaften werden unter anderem auch die Versionsnummer und die Größe des Arbeitsspeichers aufgeführt

2.6.2 Herausfinden, welche Prozesse aktiv sind

Um sich einen Überblick über die aktuellen Systemaktivitäten zu verschaffen, oder um nachzusehen, ob ein Prozess überhaupt noch aktiv ist, muss man sich die Liste aller Prozesse im Task-Manager ansehen.

Anzeigen aller aktiven Prozesse

1. Drücken Sie [Strg]+[Alt]+[Ent], um den Task-Manager zu aktivieren (es wird davon ausgegangen, dass die *vereinfachte Anmeldung* aktiv ist, ansonsten muss der Task-Manager über die gleichnamige Schaltfläche aufgerufen werden).
2. Wählen Sie das Register PROZESSE. Sie sehen eine Liste aller aktiven Prozesse. Sollte ein Prozess nicht mehr reagieren, können Sie ihn über PROZESS BEENDEN beenden.

2.6.3 Das Formatieren einer Diskette

Das Formatieren einer Diskette bedeutet, eine logische Struktur anzulegen, die vom Betriebssystem als Dateisystem erkannt wird, und die das Abspeichern und Laden von Dateien, bestehend aus einzelnen *Zuordnungseinheiten* (engl. »cluster«) erlaubt. Da 3.5"-Disketten heutzutage praktisch immer vorfomatiert sind, wird das Formatieren nur dann erforderlich, wenn der Inhalt einer Diskette komplett gelöscht werden soll. Es geht in der Regel schneller, eine Diskette mit QuickFormat-Option zu formatieren, als alle Dateien im Explorer zu löschen.

Die Formatierung einer 3.5"-Diskette in Laufwerk A:

STEP

1. Legen Sie die Diskette in Laufwerk A:, öffnen Sie den ARBEITSPLATZ, klicken Sie das Laufwerksymbol mit der sekundären Maustaste an und wählen Sie den Eintrag FORMATIEREN.
2. Es erscheint das *Formatieren*-Dialogfeld, in dem Speicherkapazität, Dateisystem (bei Disketten nur FAT), die Größe einer Zuordnungseinheit (bei Disketten nur Standardgröße) und eine Datenträgerbezeichnung festgelegt werden kann. Außerdem kann die *QuickFormat*-Option aktiviert werden. Dies ist immer dann praktisch, wenn die Diskette bereits formatiert ist, und es nur darum geht, das Dateiinhaltsverzeichnis zu löschen (siehe Abbildung 2.21).

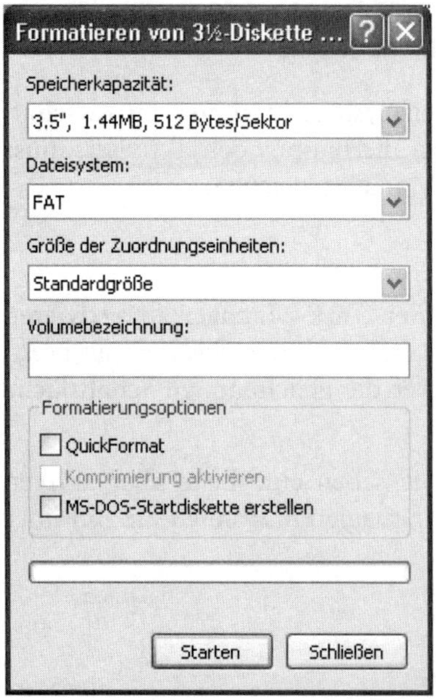

Abbildung 2.21: Im Formatieren-Dialogfeld werden die einzelnen Formatierungsoptionen eingestellt

Sind Sie mit den Einstellungen zufrieden, wird die Formatierung über *Starten* gestartet. Windows zeigt zunächst einen Warnhinweis (alle Daten werden durch die Formatierung gelöscht) und anschließend den Verlauf der Formatierung an.

Am Ende erhalten Sie eine kurze Bestätigung, sofern die Formatierung erfolgreich verlief (was bei Disketten aufgrund interner Abnutzungserscheinungen nicht immer selbstverständlich ist).

2.6.4 Das Kopieren einer Diskette

Das Kopieren einer Diskette bzw. allgemein eines Datenträgers wird über das Kontextmenü des Laufwerkssymbols durchgeführt.

Kopieren einer Diskette

1. Klicken Sie das Symbol des Diskettenlaufwerks mit der sekundären Maustaste an und wählen Sie aus dem Kontextmenü den Befehl DATENTRÄGER KOPIEREN. Es erscheint ein kleines Dialogfeld, in dem Quell- und Zieldiskette aufgeführt sind. Verfügt Ihr PC nur über ein Diskettenlaufwerk, was in der Regel der Fall sein sollte, handelt es sich sowohl bei der Quell- als auch bei der Zieldiskette um die Diskette in Laufwerk A:.
2. Klicken Sie auf STARTEN, um den Kopiervorgang zu starten. Windows fordert Sie, nachdem die Quelldiskette gelesen wurde, dazu auf, die Zieldiskette in das Laufwerk zu legen. Ist diese nicht formatiert, wird dies mit dem Format der Quelldiskette automatisch nachgeholt. Wie es bei einem kompletten Diskettenkopiervorgang üblich ist, wird der alte Inhalt der Zieldiskette vollständig gelöscht.

Das Kopieren funktioniert natürlich nur mit Disketten bzw. allgemein auswechselbaren Datenträgern (z.B. Zip-Laufwerken). Möchten Sie den Inhalt einer Festplatte »duplizieren« (man spricht in diesem Fall vom »Anfertigen eines Image«), müssen Sie ein Hilfsprogramm wie z.B. *Norton Ghost* verwenden. Geht es lediglich um das Kopieren einzelner Verzeichnisse ist das *Backup*-Zubehörprogramm dafür zuständig.

2.6.5 Ändern der Systemzeit

Hin und wieder kann es erforderlich sein, die Systemzeit einzustellen. Darauf zu achten, dass die Systemzeit akkurat ist, hat übrigens nichts mit übertriebener Pedanterie zu tun, denn Systemzeit und Systemdatum werden z.B. als Zeitstempel für Dateien verwendet und entscheiden unter anderem darüber, welche Dateien bei einem Backup berücksichtigt werden.

Das Umschalten auf die Sommer-/Winterzeit geschieht übrigens automatisch. Windows erkennt das »magische« Datum anhand der in der Registrierung die jeweilige Ländereinstellung gespeicherten Angaben.

Falls Sie die Uhrenanzeige aus irgendeinem Grund stören sollte, können Sie sie in den Eigenschaften der Taskleiste ausblenden.

Ändern der Systemzeit

1. Klicken Sie auf die Uhrzeit im Infobereich der Taskleiste mit der sekundären Maustaste und wählen Sie den Eintrag DATUM/UHRZEIT ÄNDERN. Es erscheint das *Datum/Uhrzeit*-Dialogfeld, das auch über das gleichnamige Applet in der Systemsteuerung geöffnet wird.
2. Stellen Sie das neue Datum und/oder eine neue Uhrzeit ein. Bei der Uhrzeit ist zu beachten, dass Sie die Textmarke in den Stunden-, Minuten- oder Sekundenanteil setzen müssen, um diesen über die kleinen Pfeilflächen verstellen zu können. Die Analoguhr dient übrigens nur der Verzierung, ein Anklicken der Zeiger hat keine sichtbare Wirkung[2].

2.6.6 Ändern der Zeitzone

Die angezeigte Uhrzeit bezieht sich stets auf jene Zeitzone, die bei der Installation von Windows XP ausgewählt wurde. Diese lässt sich nachträglich ändern, um beim Aufenthalt in einer anderen Zeitzone die für diese Zeitzone aktuelle Uhrzeit zu sehen.

Ändern der Zeitzone

1. Klicken Sie auf die Uhrzeit im Statusfeld der Taskleiste mit der sekundären Maustaste an und wählen Sie den Eintrag DATUM/UHRZEIT ÄNDERN.
2. Wählen Sie das Register ZEITZONE.
3. Wählen Sie die Zeitzone aus der Auswahlliste aus, wobei die Städtenamen nur eine Orientierung darstellen (nach der Auswahl der Zeitzone sollte sich auch die Weltkarte entsprechend verschieben).
4. Bestätigen Sie die Auswahl mit OK. Die angezeigte Uhrzeit sollte sich entsprechend der gewählten Zeitzone geändert haben.

Es gibt im Internet zahlreiche Tools, die die Zeitzone etwas netter anzeigen und z.B. auch die gleichzeitige Anzeige mehrerer Zeitzonen erlauben (dadurch erfahren Sie z.B. immer, wie spät es gerade in Karadschi ist, ohne die Zeitzone umstellen zu müssen).

2 Obwohl ich mir fast sicher bin, dass die Programmierer irgendeinen undokumentierten Trick eingebaut haben, durch den sich die Uhrzeit auch durch das Festhalten und Verschieben der Zeiger einstellen lässt. Leider habe ich diesen auch bei Windows XP noch nicht gefunden.

Die Auswahl der Städtenamen erfolgt eher willkürlich. Die Namen stammen aus der Registrierung. Wenn Sie daher möchten, dass Ihre Stadt etwa anstelle von Berlin angezeigt wird, ändern Sie den Eintrag im Schlüssel HKEY_LOCAL_MACHINE\SOFTWARE\Microsoft\Windows NT\Current Version\Time Zones. *Mehr zum Thema Registrierung in Kapitel 20.*

:-) TIPP

Abbildung 2.22: In dieser Auswahlliste kann eine andere Zeitzone ausgewählt werden

2.6.7 Anpassen der Systemzeit an die Internetzeit

Mit der Internetzeit ist in diesem Zusammenhang nicht die vor einiger Zeit von einem bekannten Uhrenhersteller eingeführte Standardzeit Beats gemeint, sondern vielmehr ein Zeitsignal, das von einem speziellen Internetserver (z.B. *time.windows.com*) zur Verfügung gestellt wird. Indem man seinen Computer mit diesem Signal synchronisiert, was eine Verbindung mit dem Internet voraussetzt, ist die Systemzeit auf dem aktuellen Stand. Diese Anpassung findet im Register INTERNETZEIT des Dialogfeldes *Eigenschaften von Datum und Uhrzeit* statt.

Falls die akkurate Uhrzeit eine wichtige Rolle spielt, ist es unter Umständen empfehlenswerter den Computer mit einer (preiswerten) Erweiterungskarte auszustatten, die das von der Physikalischen Bundesanstalt in Braunschweig ausgesandte Zeitsignal empfangen kann.

:-) TIPP

2.6.8 Ländereinstellungen

Die Ländereinstellungen spielen bei Windows XP eine wichtige Rolle. Nicht nur, weil Europa zusammenwachsen soll, sondern vor allem weil sich über die Auswahl eines Landes sämtliche Einstellungen, die für dieses Land spezifisch sind, ändern. Dazu gehört z.B. das Währungskürzel, das Format, in dem ein Datum angezeigt wird (in den USA ist es z.B. üblich, erst den Monat und dann die Tageszahl aufzuführen, so dass z.B. 07/01/2001 für den 1. Juli und nicht für den 7. Januar steht) und die Frage, ob 3 Uhr Nachmittags durch 3 PM oder 15:00 dargestellt wird).

STEP

Ändern der Ländereinstellung

1. Öffnen Sie das Applet REGIONS- UND SPRACHOPTIONEN in der Systemsteuerung.
2. Wählen Sie aus der Auswahlliste entweder ein Land aus, um damit alle für dieses Land gültigen Einstellungen auf einmal zu ändern oder klicken Sie auf ANPASSEN, um die für ein Land gültigen Einstellungen individuell zu ändern (sie werden allerdings nicht dauerhaft gespeichert, sondern gelten nur für diesen Benutzer).

2.6.9 Anfertigen einer Bootdiskette

Die klassische Bootdiskette, mit der sich das System immer dann starten lässt, wenn sich die Festplatte aus irgendeinem Grund nicht ansprechen lässt, gibt es bei Windows XP nicht mehr. Diese Aufgabe übernimmt die Wiederherstellungskonsole, die in Kapitel 22 vorgestellt wird. Aber es gibt einen kleinen Ersatz, denn beim Formatieren einer Diskette kann im Dialogfeld als Option *MS-DOS Startdiskette erstellen* angegeben werden. Das führt dazu, dass eine bootfähige MS-DOS-Diskette angefertigt wird, mit der sich der Computer in eine simple Eingabeaufforderung booten lässt. Als Betriebssystem steht eine frühere MS-DOS-Version mit einem minimalen Satz an Kommandos zur Verfügung. Diese Option ist vermutlich für jene Anwender gedacht, die über kein älteres Windows Mehr verfügen und eine Möglichkeit benötigen, den Computer überhaupt booten zu können.

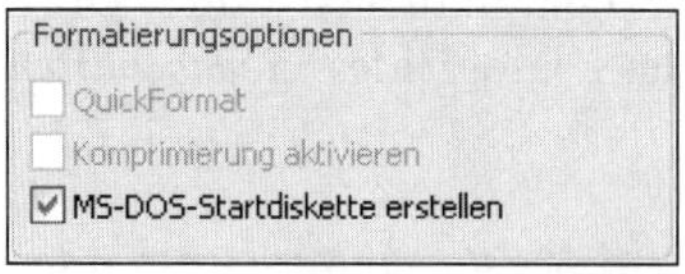

Abbildung 2.23: Durch Setzen einer Option wird aus einer Diskette eine MS-DOS-Startdiskette

2.7 Arbeiten mit Dokumenten

Das Arbeiten mit Dokumenten ist nicht unbedingt das Gleiche wie das Arbeiten mit Dateien, auch wenn jedes Dokument in einer Datei gespeichert wird. Beim Arbeiten mit Dokumenten geht es in erster Linie um den Inhalt und nicht darum, auf welche Weise und wo dieser gespeichert wird. Windows XP unterstützt das dokumentorientierte Arbeiten in zaghaften Ansätzen:[3]

- Durch den Ordner *Eigene Dateien* als zentrale Ablage für alle Dokumentdateien.
- Über das Menü ZULETZT VERWENDETE DOKUMENTE, das stets die 15 zuletzt geöffneten Dokumente anzeigt.
- Über die Möglichkeit, neue Dokumente über das NEU-Untermenü anlegen zu können.
- Durch die Möglichkeit, in einer Anwendung wie Word (oder auch WordPad) ein anderes Dokument (etwa eine Excel-Tabelle) einfügen und dieses Dokument in der anderen Anwendung bearbeiten zu können.
- Durch die Möglichkeit, ein Dokument direkt in einem Ordner betrachten und bearbeiten zu können.

2.7.1 Die Ordner Eigene Dateien, Eigene Bilder und Eigene Musik

Diese Ordner wurde schon in einem anderen Zusammenhang vorgestellt und sollen an dieser Stelle in erster Linie der Vollständigkeit halber erwähnt werden.

Hinter dem unscheinbaren Ordner *Eigene Dateien* steckt ein wichtiges Konzept. Microsoft möchte, dass Sie alle ihren privaten Dateien und Dokumente in diesem Ordner ablegen. Das ist eine sehr gute Idee, denn in der Vergangenheit (den Ordner *Eigene Dateien* gibt es allerdings schon seit Windows 98) war es so, dass wichtige Dateien über alle Laufwerke und über den Desktop verteilt abgelegt wurden. Nicht nur, dass es schwierig war, einzelne Dateien wiederzufinden. Wurde ein Laufwerk neu formatiert oder musste der Inhalt einer Festplatte umziehen, war es sehr umständlich, alle wichtigen Dokumente zu lokalisieren. Der Ordner *Eigene Dateien* bietet den unschätzbaren Vorteil, dass sich alles an einem Platz befindet und jeder Anwender automatisch mit seinem eigenen Ordner arbeitet. Möchten Sie z.B. auf einen anderen PC oder eine andere Festplatte »umziehen«, kopieren Sie einfach *Eigene Dateien*. Hinter *Eigene Dateien* steht ein normales Verzeichnis, das Sie über die Eigenschaften auch ändern können. Das bedeutet, dass hinter dem *Eigene Dateien*-Ordner beliebige Verzeichnisse stehen können.

3 Die sich leider seit Windows 95 nur unwesentlich verändert haben, was den vor mir einst propagierten Übergang zum dokumentzentrierten Arbeiten, bei dem ausschließlich das Dokument im Vordergrund steht, leider als völlige Fehleinschätzung erscheinen lässt.

INFO

Welcher Ordner der Zielordner für Eigene Dateien *(und damit auch für* Eigene Bilder *und* Eigene Musik *ist) wird über das Eigenschaftendialogfeld festgelegt (das Sie zum Beispiel öffnen, indem Sie im Startmenü den Eintrag* EIGENE DATEIEN *mit der sekundären Maustaste anklicken und* EIGENSCHAFTEN *wählen).*

Eigene Dateien ist in verschiedene Unterordner unterteilt: *Eigene Bilder* und *Eigene Musik*. Auch hier handelt es sich um normale Verzeichnisse, nur dass ihr Name bereits etwas über jene Dateien aussagt, die hier hauptsächlich abgelegt werden sollten. Außerdem ist in *Eigene Bilder* von Anfang an die optisch attraktive Miniaturansicht aktiv und bei Eigene Musik wird in den Ordnersymbolen die Hülle einer dort abgespeicherten CD angezeigt. Es spricht nichts dagegen, weitere »Eigene«-Ordner (z.B. Eigene Scripts) anzulegen, so dass sich die verschiedenen Dateitypen einheitlich ablegen lassen.

:-) TIPP

Nehmen Sie sich ein wenig Zeit, eine eigene Ordnerstruktur für Eigene Dateien *zu überlegen. Legen Sie z.B. die Ordner* Briefe, Rechnungen, Termine *usw. an. Das führt zu einer besseren Struktur der Festplatte und stellt sicher, dass Dokumente nicht so schnell verloren gehen, weil sie scheinbar nicht mehr auffindbar sind. Grundsätzlich ist es Windows XP allerdings »egal«, wo Sie ihre Dokumente ablegen.*

2.7.2 Das Menü Zuletzt verwendete Dokumente

Das Menü der ZULETZT VERWENDETEN DOKUMENTE zeigt stets die (max.) 15 geladenen Dokumente an (sofern die Anwendung, mit der das Dokument geladen wurde, diesen Eintrag vornimmt). Der Vorteil dieses Menüs besteht darin, dass ein Dokument leichter aufrufbar wird als wenn man zunächst die Anwendung laden oder das Dokument lokalisieren müsste.

:-) TIPP

In den Eigenschaften des Startmenüs kann die Dokumentliste jederzeit gelöscht werden.

2.7.3 Das Untermenü Neu

Auch diese Möglichkeit soll an dieser Stelle lediglich der Vollständigkeit halber erwähnt werden, da sie in Kapitel 5 ausführlicher besprochen wird.

2.7.4 Das Einfügen von Dokumentobjekten in ein anderes Dokument

Diese Variante des dokumentorientierten Arbeitens ist weniger eine Errungenschaft des Betriebssystems, als eine Fähigkeit, die jede Anwendung mitbringen muss (das Betriebssystem stellt lediglich die Grundfunktionalität zur Verfügung, die eine einzelne Anwendung verwenden kann). Die Grundüberlegung ist folgende: Wenn ich ein (beliebiges) Textdokument erstelle und in dieses Dokument eine (Excel-) Tabelle mit Berechnungen und ein dazu gehöriges (Excel-) Diagramm einfüge, möchte ich in der Lage sein, die Tabelle und das Diagramm in dem Textprogramm bearbeiten zu können. Oder anders herum: Es wäre unnötig umständlich, jedes Mal ein Tabellenprogramm (in diesem Fall Microsoft Excel) starten zu müssen, nur um Änderungen an der Tabelle oder dem Diagramm vornehmen zu können. Anstatt aber nun »Mega-Applikationen« einzuführen, die in der Lage sind, Textdokumente, Tabellen und alles Mögliche zu bearbeiten, arbeiten die einzelnen Anwendungen auf einer einheitlichen Grundlage zusammen. Diese Grundlage stellt Windows schon seit vielen Versionen in Gestalt von *OLE (Object Linking and Embedding)* zur Verfügung.[4] Dass der Begriff OLE weder in der Benutzeroberfläche noch in den Menüs einer Anwendung irgendwo auftaucht, ist kein Zufall, denn er muss nur die Entwickler solcher Anwendungen interessieren. Für die Benutzer gibt es das EINFÜGEN-Menü in Anwendungen wie Excel aber auch WordPad, in dem es einen OBJEKT-Befehl gibt. Die Auswahl dieses Befehls öffnet ein Dialogfeld, in dem alle einfügbaren Objekttypen angeboten werden. Wie beim NEU-Befehl im Kontextmenü eines Ordnerfensters hängt auch hier die angebotene Liste davon ab, welche Anwendungen bereits installiert wurden.

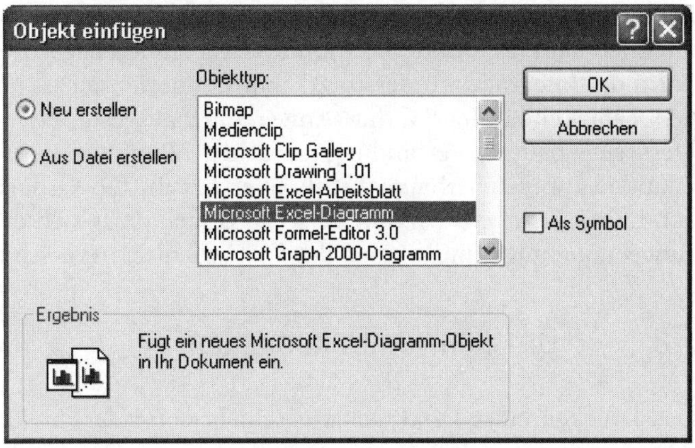

Abbildung 2.24: In diesem Dialogfeld wird ein einzufügendes Objekt ausgewählt

2.7.5 Ein Ordner als Dokumentbetrachter

Microsoft hat die Entwicklung der Office-Sammelmappe, die einst als Vorbote des »dokumentorientierten Zeitalters« angesehen wurde, bei Office 2000 eingestellt. Kein Wunder, denn die Fähigkeit der Sammelmappe, beliebige Office-Dokumente in ein und demselben Anwendungsfenster darstellen zu können, besitzt bei Windows XP im Prinzip jedes Ordnerfenster.

4 Für alle, die es etwas näher interessiert: OLE steht für einen Satz von Systemfunktionen auf der Basis des *Component Object Models* (COM).

Die folgende kleine Übung soll zeigen, dass der Internet Explorer nicht nur Webseiten, sondern auch Office-Dokumente anzeigen kann. Das Besondere dabei ist, dass die Menü- und Symbolleisten der jeweiligen Anwendung (z.B. Excel) mit der Menü- und Symbolleiste des Internet Explorer »verschmilzt«. Gehen Sie dazu wie folgt vor:

1. *Lokalisieren Sie eine beliebige Excel-Arbeitsmappe (zu erkennen an der Erweiterung .Xls) oder ein anderes Office-Dokument (z.B. eine Word-Datei).*
2. *Klicken Sie die Datei mit der rechten Maustaste an, wählen Sie Öffnen mit und anschließend Internet Explorer (sollte dieser Eintrag nicht angeboten werden, klicken Sie auf Programm auswählen und suchen Sie die Datei Iexplore.exe)*

Die Excel-Arbeitsmappe sollte daraufhin im Ordnerfenster dargestellt werden (bei dem es sich jetzt um den Internet Explorer handelt, wenngleich es bei Windows XP keine Trennlinie gibt). Die Menüleiste der Anwendung steht jetzt in der Menüleiste des Ordnerfensters zur Verfügung. Aus dem Ordnerfenster wurde ein Anwendungsfenster, in dem das Dokument bearbeitet werden kann.

Dies zeigt, wie nahtlos Office-Dokumente mit der Windows-Oberfläche integriert sind (es funktioniert grundsätzlich mit jeder Anwendung, die diese Form der Integration unterstützt). Ein Ordnerfenster ist natürlich nicht mit den Fähigkeiten einer Office-Anwendung ausgestattet, noch gibt es eine »fest eingebaute« Verbindung zwischen Windows und Microsoft Excel (Windows weiß überhaupt nichts über Excel). Ein Ordnerfenster ist lediglich in der Lage, ein Dokument so zu öffnen, dass sich der Rahmen seiner Anwendung mit dem Rahmen des Ordnerfensters »verschmelzen« kann.

2.8 Drucken von Dokumenten

Das Drucken eines Dokuments geschieht entweder direkt aus der Anwendung heraus, oder indem im Kontextmenü der Datei der Befehl DRUCKEN gewählt wird, der die Anwendung, die für das Drucken zuständig ist, (unsichtbar) startet und ihr dabei den Befehl zum Drucken des Dokuments übermittelt.

2.8.1 Einrichten eines Druckers

Voraussetzung, um überhaupt etwas drucken zu können ist, dass mindestens ein Drucker eingerichtet wurde. Das lässt sich über einen Assistenten, der im Ordner *Drucker und Faxgeräte* über das Symbol Drucker hinzufügen gestartet wird, in wenigen Minuten erledigen. Mehr dazu in Kapitel 8.

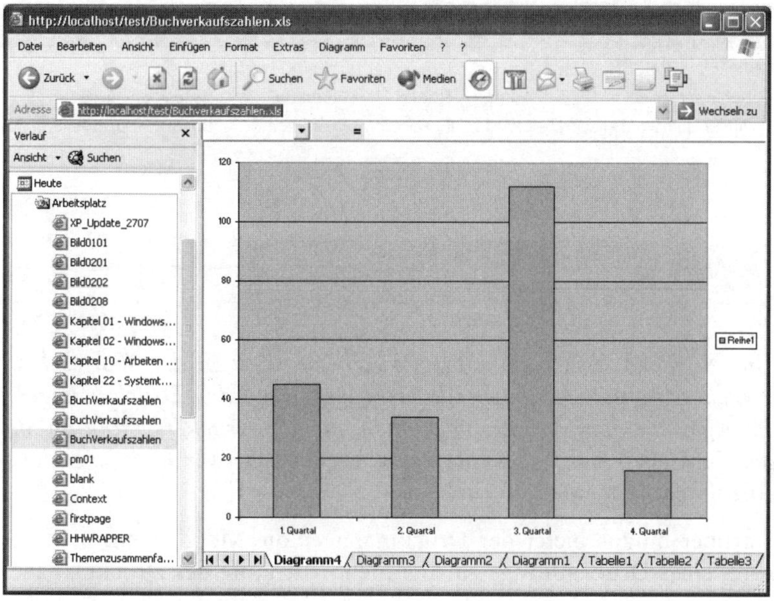

Abbildung 2.25: Ein Excel-Dokument wird in der rechten Hälfte des Ordnerfensters dargestellt

2.8.2 Der Druckmanager

Sobald eine Anwendung ein Dokument ausdrücken möchte, wird der Druckmanager aktiv. Dieser ist für Abwicklung und die Verwaltung der einzelnen Druckaufträge zuständig. Der Druckmanager ist in der Lage, mehrere Druckaufträge in einer sogenannten *Warteschlange* zu verwalten. Sie können also mehrfach hintereinander drucken und müssen sich nicht darum kümmern, ob der Drucker schnell genug mit dem Ausdrucken nachkommt. Hat eine Anwendung das Dokument vollständig an den Druckmanager geschickt, können Sie die Anwendung beenden, auch wenn der Druck noch nicht fertig ist. Der Druckmanager ist normalerweise »unsichtbar« im Hintergrund tätig. Möchten Sie aber nachschauen, welche Druckaufträge noch anstehen, einen Druckauftrag löschen oder die Reihenfolge der Druckaufträge ändern, müssen Sie ihn öffnen, was ganz einfach durch Öffnen des zuständigen Druckersymbols geschieht.

Wie bei allen Ordnerfenstern in der Detailansicht stellen Sie die optimale Breite einer Spalte ein, indem Sie die Spaltentrennlinie im Kopf der Spalte doppelt anklicken.

:-) TIPP

Über den Druckmanager erkennen Sie sofort, welche Druckaufträge sich zur Zeit in der Warteschlange befinden und in welchem Zustand sich diese Druckaufträge befinden. Dies ist besonders interessant, wenn es sich um einen Netzwerkdrucker handelt, der Druckaufträge auch von anderen Netzwerk-PCs annehmen kann.

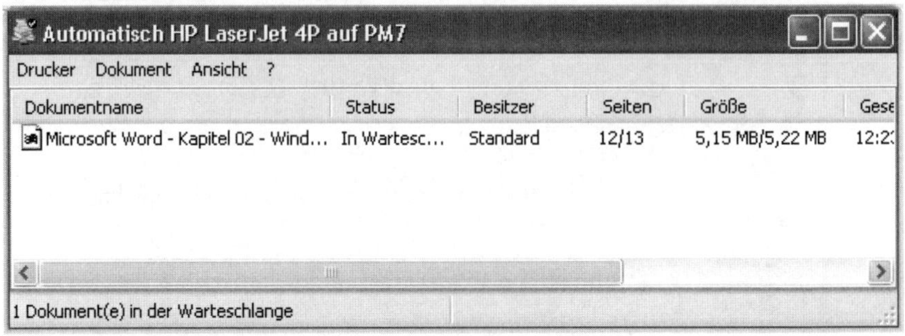

Abbildung 2.26: Der Druckmanager verwaltet alle anstehenden Druckaufträge

:-) TIPP

Um zu sehen, wie viele Aufträge sich zur Zeit in der Warteschlange des Druckers befinden, müssen Sie nicht unbedingt den Druckmanager öffnen. Bewegen Sie den Mauszeiger einfach auf das Druckersymbol im Statusfeld der Taskleiste und warten Sie einen Augenblick. Windows zeigt die aktuelle Anzahl dann in einem Infofeld an.

Darüber hinaus bietet der Druckmanager die Möglichkeit, in die Ausführung eines Druckauftrags einzugreifen. Mit Hilfe des Druckmanagers können Sie:

- Die Abarbeitung der Druckaufträge anhalten.
- Alle anstehenden Druckaufträge löschen.
- Die Reihenfolge der Druckaufträge ändern.
- Den aktuellen Drucker als Standarddrucker festlegen.
- Den aktuellen Drucker konfigurieren.
- Den aktuellen Drucker im Netzwerk freigeben.

Die wichtigsten Aktionen, das Anhalten eines Druckers und das Löschen aller Druckaufträge, stehen auch direkt über das Kontextmenü des Druckersymbols zur Verfügung. Das Öffnen des Druckmanagers ist daher nicht immer erforderlich. Mehr zu diesen Themen in Kapitel 5, in dem es um das Thema Drucken geht.

2.9 Windows und die Tastatur

Die Maus hat die Tastatur als Eingabemedium Nr. 1 nie ernsthaft gefährden können. Wenngleich sich selbstverständlich Texteingaben am allerbesten über die Tastatur eingeben lassen (auch wenn Windows XP über die Eingabehilfen eine per Maus steuerbare Tastatur zur Verfügung stellt), lassen sich gerade für erfahrene Anwender z.B. Dateioperationen oft schneller per Tastenkombination als über die Maus erledigen. Tabelle 2.1 gibt einen Überblick über die wichtigsten Tastaturshortcuts bei Windows XP.

Tabelle 2.1: Tastaturshortcuts bei Windows XP, die jeder kennen sollte

Tastaturshortcut	Was passiert?
Alt	Aktiviert in einem Ordnerfenster die Befehlleiste, so dass mit der nächsten Eingabe ein Menü geöffnet werden kann.
Strg + ↵	Öffnet das Eigenschaftendialogfeld des selektierten Objekts.
Strg + Esc	Öffnet das Startmenü.
Alt + Tab	Umschalten auf das nächste Anwendungsfenster.
Backspace	Wechselt in den zuletzt übergeordneten Ordner.
F1	Ruft die Hilfe auf.
F2	Schaltet ein Namensfeld in den Editiermodus.
F3	Blendet die Suchen-Explorer-Leiste ein.
Strg + ↵	Öffnet einen Ordner in einem eigenen Fenster.
Strg + ↵ + ⇧	Öffnet einen Ordner in einem eigenen Fenster mit eingeblendeter Ordneransicht.
⇧ + F10	Öffnet das Kontextmenü des selektierten Objekts.
Strg + Esc	Öffnet das Startmenü.
Windows-Taste + E	Startet den Windows-Explorer, d.h. öffnet das Ordnerfenster mit der Ordneransicht-Explorerleiste.

Kopieren einer Datei über die Tastatur

Der folgende Arbeitsschritt soll deutlich machen, dass sich auch elementare Arbeitsschritte über die Tastatur erledigen lassen.

1. Drücken Sie Strg + Esc, um das Startmenü zu öffnen.
2. Navigieren Sie die Auswahl mit den Pfeiltasten auf den AUSFÜHREN-Befehl und drücken Sie die ↵-Taste.
3. Geben Sie das Eingabefeld C:\ ein (oder ein beliebiges anderes Verzeichnis) und bestätigen Sie mit OK. Dadurch öffnet sich das ausgewählte Verzeichnis.
4. Je nach Ansichtsmodi befindet sich der Eingabefokus auf einem Element dieses Fensters. Drücken Sie sooft die Tab-Taste, bis sich der Eingabefokus auf einem Datei- oder Ordnersymbol befindet.
5. Selektieren Sie jetzt die zu kopierende Datei über die Pfeiltasten.

6. Drücken Sie [⇧] + [F10], um das Kontextmenü zu öffnen. Das gleiche Menü erhalten Sie, in dem Sie über [Alt] + [D] das DATEI-Menü des Ordnerfensters öffnen.
7. Wählen Sie die durchzuführende Aktion aus.

2.9.1 Das Tastatur-Applet

Über das *Tastatur*-Applet in der Systemsteuerung werden eine Reihe von Einstellungen vorgenommen, die die Verhaltensweise der Tastatur betreffen. Diese sind im Einzelnen:

- Die Verzögerung, nach der eine Zeichenwiederholung einsetzt. Je kürzer das Intervall ist, desto schneller beginnt nach dem Drücken einer Taste die automatische Wiederholung des Zeichens. Ein niedriger Schwellenwert ist im Allgemeinen praktischer.
- Die Wiederholrate, d.h. die Geschwindigkeit, mit der die Zeichen wiederholt werden.
- Die Blinkrate des Cursors, d.h. des Zeichens, das die Position der nächsten Eingabe markiert.

Keine dieser Einstellungen ist wirklich wichtig, so dass man sie im Allgemeinen auf den Voreinstellungen belassen kann.

2.10 Die Eingabehilfen

Die Eingabehilfen sollen Menschen mit einer Behinderung oder eingeschränkten körperlichen Fähigkeiten, etwa einer Sehschwäche, im täglichen Umgang mit Windows unterstützen. Es muss lobend hervorgehoben werden, dass (bereits mit früheren Windows-Versionen) seitens des Herstellers einige Anstrengungen (einige davon durchaus innovativ und einfallsreich) unternommen wurden, um diesen Menschen den Alltag mit Windows etwas einfacher zu gestalten.[5] Das reicht von einer Bildschirmlupe, die Ausschnitte des Bildschirms extrem vergrößert, bis zu einer Sprachausgabe, die z.B. Dialogtexte vorliest. Auch Anwender, die über den vollen Umfang ihrer physischen Fähigkeiten verfügen, profitieren von den Eingabehilfen. Etwa in Situationen, in denen nur eine Hand für die Eingabe zur Verfügung steht, lassen sich die einzelnen Tasten von Tastenkombinationen über die Tastaturmaus der Reihe nach eingeben.

---

5 Etwas zynisch veranlagte Mitmenschen könnten natürlich der Meinung sei, dass dies nicht aus reiner Menschenfreude geschah, da auch behinderte Menschen Kunden sind, die den Marktanteil einer Software vergrößern, und dass es ohne diesen wirtschaftlichen Aspekt vermutlich keine Eingabehilfen geben würde. In unserem kapitalistischen Wirtschaftssystem ist dies aber nur scheinbar ein Widerspruch.

Im einzelnen gehören zu den Eingabehilfen:

- Die Bildschirmlupe
- Die Bildschirmtastatur
- Der Eingabehilfen-Assistent
- Hilfsprogramm-Manager
- Das *Eingabehilfen*-Applet in der Systemsteuerung

Die Namensgebung ist teilweise nicht ganz konsistent und kann daher am Anfang etwas verwirren. So gibt es eine Programmgruppe *Eingabehilfen* und ein Applet mit diesem Namen, bei denen es sich aber um verschiedene Dinge handelt. Auch gibt es eine Tastaturhilfe, mit der sich Mehrfachtasten als Tastenfolge eingeben lassen, und eine Tastaturmaus, mit der sich Mausbewegungen über Tasteneingaben simulieren lassen.

INFO

Auch wenn es der Haupteinsatzzweck der Eingabehilfen ist, Menschen mit einer Behinderung den Umgang mit Windows zu erleichtern, profitieren auch Menschen, die Windows »normal« bedienen können, von den Eingabehilfen. So ist es z.B. in einigen Situationen enorm praktisch, wenn die Tasten ⇧ *und* Strg *und eine beliebige weitere Taste dank der Einrastfunktion nacheinander eingegeben werden können. Sehen Sie die Eingabehilfen daher weniger als ein weiteres Zubehörprogramm oder als einen speziellen Service für Behinderte, sondern als eine in das Betriebssystem integrierte Alternative der standardmäßig aktiven Eingaben.*

2.10.1 Die Bildschirmlupe

Mit Hilfe der Bildschirmlupe lassen sich bestimmte Bereiche des Bildschirms beliebig vergrößern und/oder kontrastreicher darstellen. Die Bildschirmlupe wird über die *Eingabehilfe*-Programmgruppe oder den Hilfsprogramm-Manager gestartet. Nach dem Start erscheint im oberen Bereich des Bildschirms ein rechteckiger Bereich, der sich in Größe und Position verschieben lässt, wobei der Bereich, in dem sich der Mauszeiger befindet, vergrößert dargestellt wird. Außerdem wird ein Dialogfeld angezeigt, in dem sich u.a. die Vergrößerung einstellen lässt.

2.10.2 Die Bildschirmtastatur

Die Bildschirmtastatur ist dazu da, Tastatureingaben durch Anklicken der Felder einer auf dem Bildschirm angezeigten Tastatur zu ermöglichen. Die Bildschirmtastatur wird entweder über die Programmgruppe EINGABEHILFEN oder über den Hilfsprogramm-Manager gestartet. Tasten, die eine Mehrfachtastenkombination einleiten, wie z.B. Alt oder Strg bewirken,

Abbildung 2.27: Die Bildschirmlupe zeigt den aktuellen Bildschirmausschnitt, in dem sich der Mauszeiger befindet, auf Wunsch stark vergrößert an

ein Einrasten, so dass Mehrfachtasten nacheinander eingegeben werden können.[6] Die Bildschirmtastatur macht die Tastatur als Bedienelement vollständig überflüssig, erfordert aber eine gewisse Einarbeitungszeit.[7]

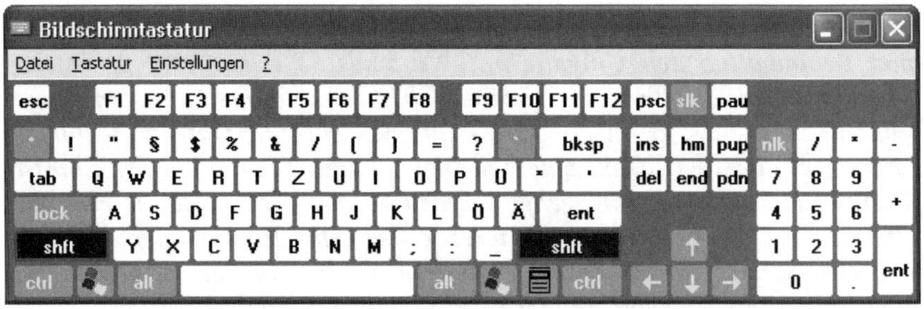

Abbildung 2.28: Die Bildschirmtastatur ermöglicht Tastatureingaben mit der Maus

2.10.3 Der Eingabehilfen-Assistent

Der Eingabehilfen-Assistent, der über die Programmgruppe EINGABEHILFEN gestartet wird, ist eine sehr schöne Einrichtung, denn er führt den Benutzer durch eine Reihe von Dialogfeldern, in denen sich alle für eine optimale Bedienung relevanten Einstellungen vornehmen lassen. Anstatt diese Einstellungen in den verschiedenen Hilfsprogrammen und Applets der Systemsteuerung suchen zu müssen, werden sie bequem in übersichtlichen und mit einer Erläuterung versehenen Dialogfeldern eingestellt. Alle getroffenen Einstellungen lassen sich in einer Datei (Erweiterung *.acw*) speichern, so dass sie schnell abrufbar sind (siehe Abbildung 2.29).

6 Allerdings scheint es nicht möglich zu sein, ein Menü über die [Alt]-Taste und den dafür vorgesehenen Buchstaben zu öffnen.

7 Der folgende Satz wurde komplett mit der Bildschirmtastatur geschrieben – haben Sie einen Unterschied gemerkt? Allerdings hat die Eingabe auch ca. 3 Minuten gedauert. Bei dem Tempo wäre das Buch vermutlich rechtzeitig zu »Windows 2005« fertig geworden.

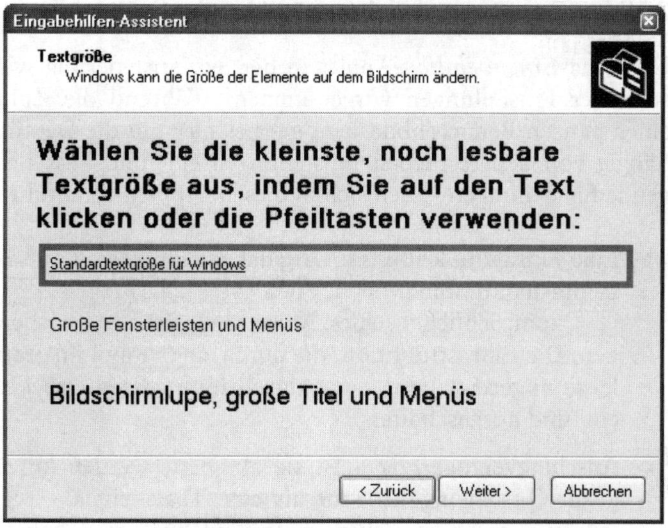

Abbildung 2.29: Der Eingabehilfen-Assistent ist der einfachste Weg, die verschiedenen Eingabehilfen den eigenen Bedürfnissen anzupassen

2.10.4 Hilfsprogramm-Manager

Der Hilfsprogramm-Manager, der über die Programmgruppe EINGABEHILFEN gestartet wird, ist lediglich dazu da, die verschiedenen Eingabehilfen, wie Bildschirmlupe oder den Narrator, zu starten. Außerdem lässt sich hier einstellen, dass die aufgeführten Hilfsprogramme automatisch mit dem Windows-Start starten.

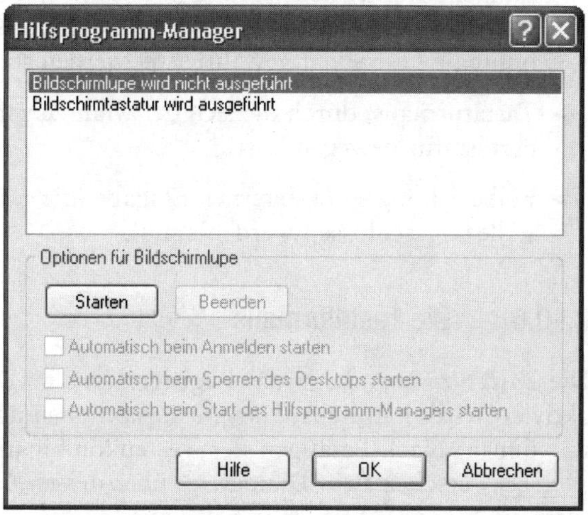

Abbildung 2.30: Der Hilfsprogramm-Manager startet die verschiedenen Eingabehilfen

2.10.5 Das Eingabehilfen-Applet in der Systemsteuerung

Über das *Eingabehilfen*-Applet in der Systemsteuerung werden eine Reihe spezieller Einstellungen vorgenommen. Während die Zubehörprogramme einen ganzen Bereich abdecken, geht es hier um die Details, die sich unabhängig von den restlichen Einstellungen ein- und ausschalten lassen. Folgende Einstellungen lassen sich in diesem Applet durchführen:

- Eine Einrastfunktion (im Original »sticky keys«), die es erlaubt, Mehrfachtastenkombinationen, etwa [Strg] + [Alt] + [Entf] oder [Alt] + [F4] zum Schließen eines Anwendungsfensters nacheinander einzugeben. Die Einrastfunktion, die durch ein Symbol im Statusfeld der Taskleiste angezeigt wird, wird durch fünfmaliges Drücken der [⇧]-Taste ein- und ausgeschaltet.
- Anschlagverzögerung – Ist sie aktiviert, werden kurz aufeinanderfolgende Tasteneingaben nur als eine Tasteneingabe registriert. In den, teilweise recht speziellen, Einstellungen lassen sich z.B. wiederholte Tastenanschläge ignorieren und die Wiederholrate für Tasteneingaben verlangsamen, so dass ein länger anhaltender Druck auf eine Taste nicht sofort zu einer Mehrfacheingabe führt.
- Statusanzeige, um das Einrasten der [CapsLock]-, [Rollen]- und [Num]-Taste akustisch anzuzeigen.
- Akustisches Systemsignale werden von einer Anwendung optisch (z.B. durch eine blinkende Titelleiste) sichtbar gemacht.
- Einfache Kontrasteinstellung (z.B. schwarze Schrift und weißer Hintergrund bei sehr niedriger Auflösung und großer Schrift), durch die eine optimale Lesbarkeit gewährleistet werden soll.
- Tastaturmaus, durch die sich der Mauszeiger über die Tasten der Zehnertastatur bewegen lässt.
- Einbeziehung einer externen Eingabe (die z.B. über die serielle Schnittstelle angeschlossen werden kann).

2.10.6 Die Tastaturmaus

Die *Tastaturmaus*, die in das Register *Maus* im Dialogfeld der Eingabehilfe aktiviert wird, hat die Aufgabe, Mausaktionen über die Tastatur ausführen zu können. Nach Betätigen der Tastenkombination [⇧](Links) + [Alt] + [NumLock] erscheint ein Dialogfeld, über dessen *OK*-Schaltfläche der Tastaturmaus-Modus aktiviert wird (eine eingeschaltete Tastaturmaus wird durch ein Maussymbol in der Taskleiste angezeigt). Über die Schaltfläche EINSTELLUNGEN wird die Tastaturmaus konfiguriert. Hier lassen sich Zeigergeschwindigkeit und Beschleunigung einstellen.

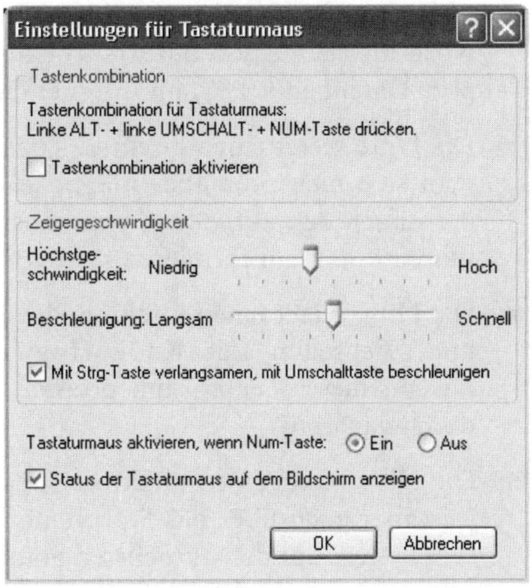

Abbildung 2.31: In den Einstellungen der Tastaturmaus wird unter anderem die Zeigergeschwindigkeit eingestellt

2.10.7 Weitere Informationen

Weder dieser Abschnitt, noch die Hilfe zu Windows XP können alle Fragen klären, die bei diesem recht komplexen Gebiet was die Vorstellungen und Bedürfnisse der einzelnen Anwender angeht, anfallen. Auf der Webseite `http://www.microsoft.com/enable` hat Microsoft weitere Informationen zur Verfügung gestellt.[8]

2.11 Hilfe und Support

Die Hilfe ist einer jener Bereiche, die bei Windows von Version zu Version verbessert werden, wobei sich die anfängliche Begeisterung schnell wieder legt, weil die Hilfe doch keine echte Hilfe ist, da sie einfach zu unhandlich zu bedienen ist oder die Hilfetexte neben allgemeinen Erläuterungen nicht viel zu bieten haben. Die Hilfe bei Windows XP ist anders. Zum einen heißt sie nicht mehr einfach Hilfe, sondern *Hilfe und Support*, zum anderen hat sich von einem simplen Fenster, das in Bücher organisierte Themen anzeigt und einen einfachen (aber für die meisten Zwecke vollkommen ausreichenden) Suchmechanismus bietet, zu einer richtigen Anwendung entwickelt. Die wichtigsten Eigenschaften der neuen Hilfe sind:

- Die Texte sind umfangreicher, wobei auch anspruchsvollere Themen nicht ausgespart werden.
- Die Hilfe ist sehr übersichtlich organisiert und so aufgebaut, dass sie auch unerfahrene (oder gar ängstliche) Anwender ansprechen sollte.

8 Zwar gibt es eine Newsgroup mit der Adresse *microsoft.public.enables.issues*, doch ist das Nachrichtenaufkommen hier offenbar gleich Null.

- Neben der Hilfetexte (die Hilfe führt dabei immer sowohl eine Indexwort- als auch eine Volltextsuche durch) kann auch die Microsoft-Support-Datenbank (PSS) im Internet durchsucht werden.
- Die Hilfe bietet einen direkten Zugang zu Systemprogrammen, so dass man sich nicht nur über mögliche Ursachen für Fehlfunktionen, sondern auch den aktuellen Systemzustand, der zu diesen Fehlfunktionen führen konnte, informieren kann.
- Die Hilfe bietet einen direkten Zugang zu Supportgruppen im Internet und Webseiten mit Know-How zu Windows XP (das technische Niveau dieser, leider zum größten Teil englischsprachigen Seiten, ist durchwachsen).
- Die Hilfe bietet einen direkten Zugang zur Windows-Update-Funktion (die aber auch über das Startmenü zur Verfügung steht), so dass man sein System auf den aktuellsten Stand bringen kann (auch hier gilt, dass offenbar viele Hersteller ihre Gerätetreiber direkt anbieten und nicht Microsoft zur Verfügung stellen, so dass man die aktuellsten Treiber über das Windows-Update nur selten erhält).
- Die Hilfe kann sich selber über das Internet aktualisieren, wobei aber nicht der Kern (also das eigentliche Handbuch) aktualisiert wird, sondern lediglich aktuelle Themen, in erster Linie aus der Microsoft-Supportdatenbank stammend, hinzugefügt werden. Damit sie nicht übersehen werden, werden neue Themen in der rechten unteren Ecke der Hilfeseite aufgelistet.
- Das ist eine kleine technische Sensation: Über den Windows Messenger ist es möglich, dass sich eine andere Person (natürlich mit Ihrer Erlaubnis und mit allen erforderlichen Sicherheitseinstellungen) auf Ihren Desktop einklinkt und z.B. die Konfiguration überprüft oder Einstellungen vornimmt. Diese Remote-Assistenz-Funktion steht direkt über die Hilfe zur Verfügung (siehe Abbildung 2.32).

2.11.1 Der Aufruf von Hilfe und Support

Der Aufruf von Hilfe und Support erfolgt entweder über das Startmenü oder ein wenig einfacher über die [F1]-Taste.

2.11.2 Suche nach einem Schlüsselwort

Geben Sie in das Suchenfeld einen beliebigen Begriff ein, klicken Sie auf die Schaltfläche und lassen Sie sich (hoffentlich angenehm) überraschen. Die Hilfe führt sowohl eine Indexsuche (hier wird eine Liste mit ausgewählten Wörtern durchsucht) als auch eine Volltextsuche (hier wird der komplette Text durchsucht) durch und zeigt das Ergebnis mehr als übersichtlich an.

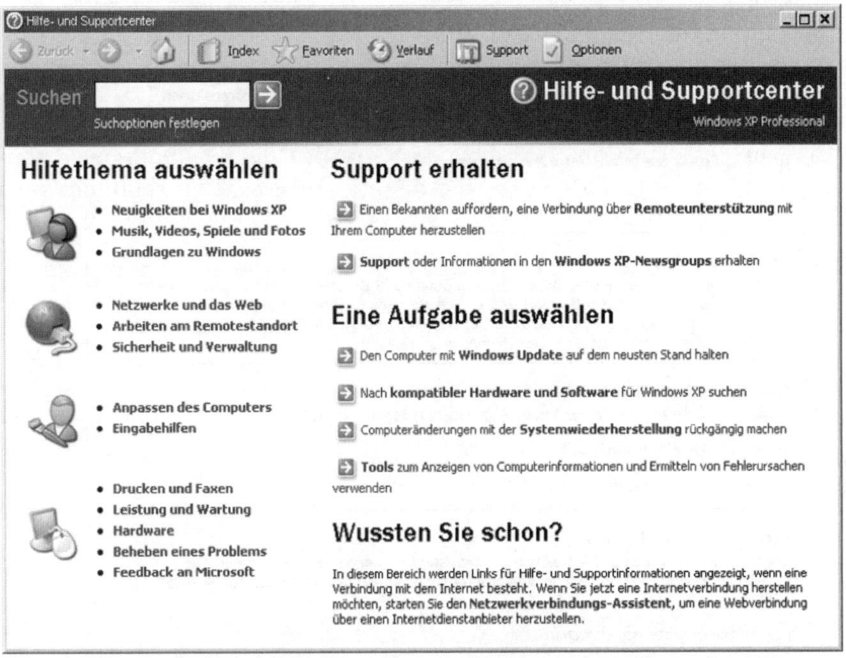

Abbildung 2.32: Die Hilfe und Support-Einrichtung von Windows XP bietet nicht nur eine ansprechende Optik, sondern ist auch sehr umfangreich

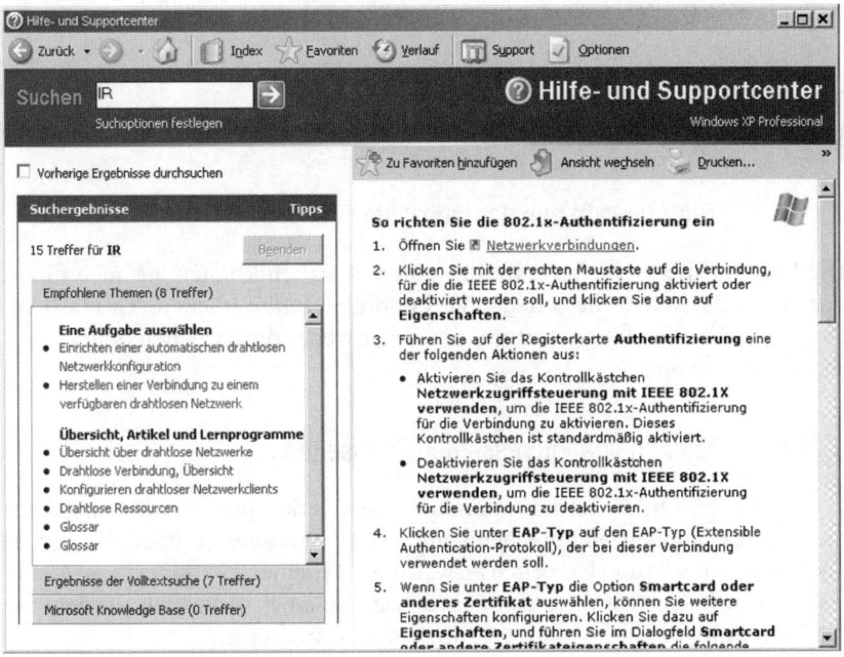

Abbildung 2.33: Das Ergebnis einer Suche wird übersichtlich präsentiert

Klicken Sie auf SUCHOPTIONEN FESTLEGEN, um die Art und Weise wie die Suche durchgeführt wird zu ändern.

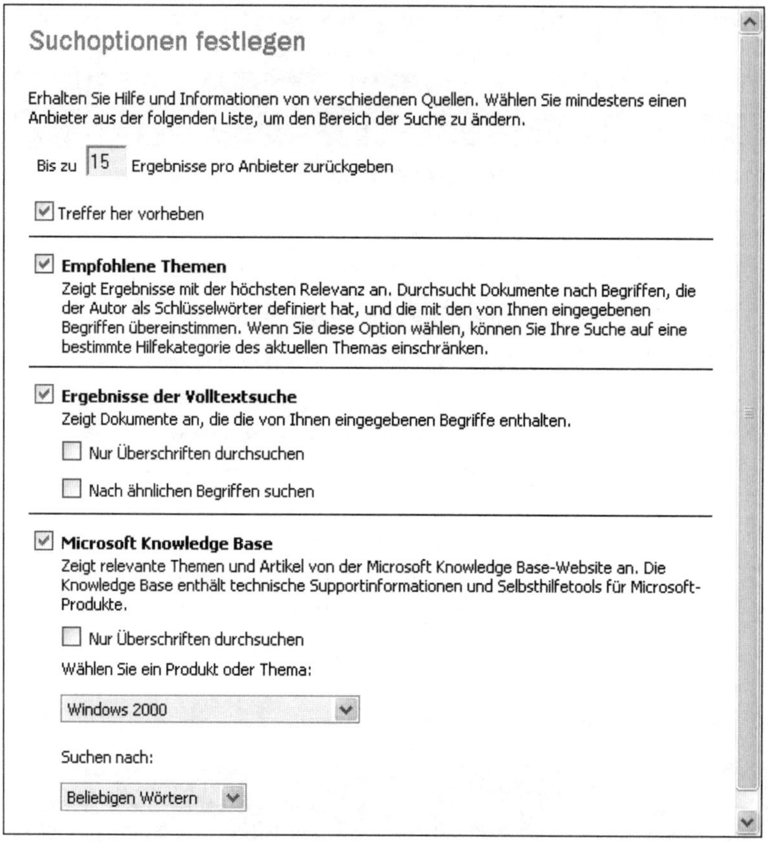

Abbildung 2.34: In diesem Dialogfeld wird die Suchmethode eingestellt

2.11.3 Die Auswahl aus der Indexliste

Die Liste für die Suche nach ausgewählten Begriffen können Sie auch direkt durchsuchen, indem Sie auf die Verknüpfung *Index* klicken. Es erscheint eine Liste mit allen Indexwörtern, die Sie entweder durchsuchen oder durchscrollen können.

2.11.4 Merken von interessanten Suchseiten

Da es sich bei Online und Support um einen verkappten Internet Explorer und den Hilfeseiten entsprechend um HTML-Dokumente handelt, gibt es auch eine eingebaute Favoritenverwaltung. Möchten Sie eine interessante Hilfeseite wieder ansteuern können, setzen Sie einen Favoriten, in dem Sie die Verknüpfung ZU FAVORITEN HINZUFÜGEN anklicken.

2.11.5 Bisher aufgerufene Hilfeseiten ansehen

Genau wie es eine Favoritenverwaltung gibt, haben Sie über die Verknüpfung *Verlauf* die Möglichkeit, die zuletzt aufgerufenen Hilfeseiten einzusehen.

2.11.6 Einstellen von Optionen

Die Optionen der Hilfe beziehen sich in erster Linie auf die Suchoptionen. So können Sie bei der Volltextsuche festlegen, dass nur die Überschriften durchsucht werden, oder dass bei der Suche ähnliche Begriffe berücksichtigt werden. Sehr interessant ist die Möglichkeit, die Hilfe für andere Personen im Netzwerk freizugeben, so dass die Hilfe auf deren PC nicht im gleichen Umfang installiert sein muss. Dieses Feature beschränkt sich aber auf den Umstand, dass neben der Hilfe zu Windows XP die Hilfe zu anderen aktuellen Microsoft-Produkten (etwa den Server-Produkten) installiert wurde.

2.11.7 Support-Angebote im Internet

Der größte Nachteil einer eingebauten Hilfe (oder eines Handbuchs) ist, dass sie praktisch mit der Auslieferung des Betriebssystems veraltet ist, da laufend neue Gerätetreiber entwickelt werden (in erster Linie weil laufend neue Hardware auf den Markt gebracht wird) und Fehler natürlich erst dann erkannt und gemeldet werden, nachdem eine Software offiziell erhältlich ist. Auch wenn es sehr praktisch und vor allem auch sehr naheliegend wäre, auch die Hilfe von Windows XP kann sich nicht komplett automatisch aktualisieren, diese Fähigkeit ist auf bestimmte Teilbereiche beschränkt. So werden Sie feststellen, dass nach einiger Zeit im rechten unteren Bereich der Hilfe aktuelle Themen angeboten werden (wundern Sie sich daher nicht, dass hier auf einmal englischsprachige Themen aufgelistet werden). Außerdem bietet die Hilfe einen direkten Zugang zu verschiedenen Support-Angeboten im Internet mit aktuelleren Informationen:

- Die Windows-Newsgroups
- Die MSN-Communities
- Microsoft Assisted Support

2.11.8 Systemreports in der Hilfe

Die Grenze zwischen der normalen und eher passiven Hilfe und einer aktiven Systemdiagnose ist bei Windows XP fließend. Wählen Sie z.B. im Bereich Support die Option Computer-Informationen, erhalten Sie einen Augenblick später die aktuelle Systeminformation ansprechend in einem Fenster präsentiert. Diesen Report können Sie sich ausdrucken und wegheften. Einen ähnlichen Report (allerdings nicht so hübsch formatiert) erhalten Sie über den Aufruf des Systemprogramms *Systeminformationen* (mehr dazu in Kapitel 22). Auch dieses Programm startet Hilfe und Support, allerdings mit einer anderen Optik, die sich diesmal an den erfahrenen Anwender richtet.

Abbildung 2.35: Auf Wunsch produziert Hilfe und Support eine ansprechend gestaltete Zusammenfassung der Systemkonfiguration

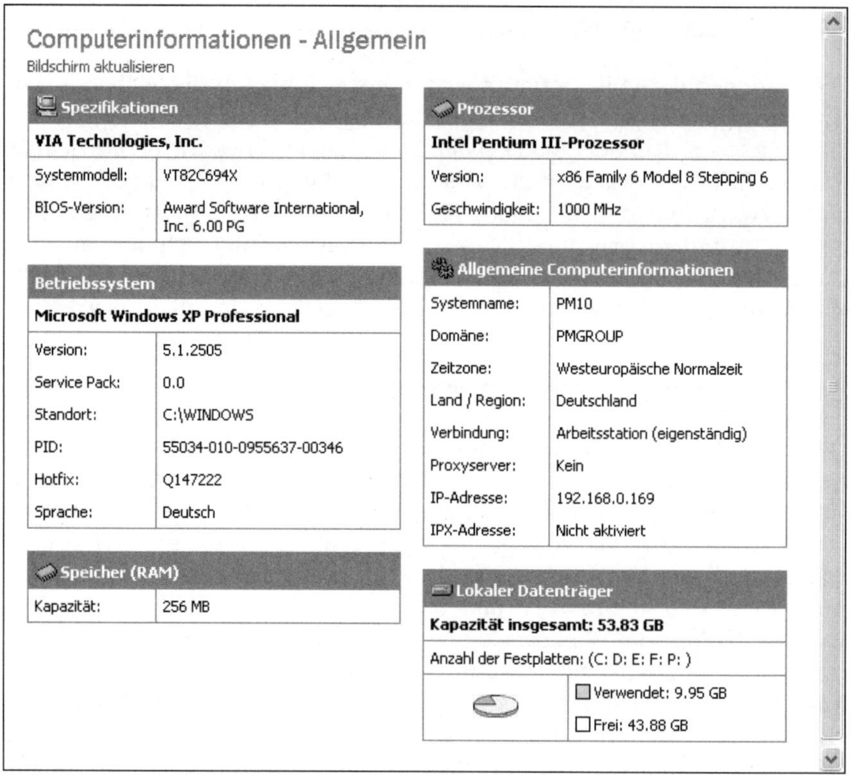

3 Den Desktop einrichten

Den Desktop einzurichten bedeutet bei Windows, verschiedene vom Hersteller »werkseitig« vorgenommene Einstellungen, wie z. B. das allgemeine Design, das Hintergrundbild, den Bildschirmschoner oder einzelne Desktopsymbole, zu ändern. Dies ist nicht nur ein rein technischer Vorgang, es hat auch etwas mit dem Wunsch nach einem gemütlichen »Zuhause« und dem zum Ausdruck bringen der eigenen Individualität zu tun. Die Parallele mit dem Einrichten eines Schreibtisches ist durchaus beabsichtigt. Genau wie sich viele Menschen erst dann richtig an ihrem Arbeitsplatz wohlfühlen, wenn eine Pflanze auf dem Schreibtisch steht oder das Urlaubsmotiv an der Wand hängt, fühlen sich viele Anwender erst dann auf dem Desktop wohl, wenn er eine persönliche Note aufweist. Übrigens, es kann auch Spaß machen, den Desktop für andere Anwender einzurichten. Windows XP bietet dazu vielfältige Möglichkeiten. Unter anderem ist es machbar, dass jeder Anwender nach der Anmeldung seinen individuellen Desktop erhält, den diese Person auch nicht mehr ändern kann.[1] Dieser Aspekt wird aber nicht in diesem Kapitel behandelt, denn das Thema Benutzerverwaltung ist in Kapitel 10 an der Reihe.

In diesem Kapitel geht es in erster Linie um jene »Handgriffe«, die im Prinzip jeder Anwender vornehmen kann. Speziellere Einstellungen, die den Umgang mit »Hacker-Tools« wie *TweakUI* oder gar einen Eingriff in die Registrierung, werden in diesem Kapitel noch nicht vorgestellt.

Die Themen dieses Kapitels:

- Das Prinzip der Designs
- Einstellen von Design und Styles
- Auswahl eines Hintergrundbildes
- Auswahl eines Bildschirmschoners
- Desktopsymbole austauschen
- Anordnen von Desktopelementen
- Das Einrichten des Startmenüs

1 Das wird zwar im häuslichen Bereich zu gewissen Diskussionen führen (unter Umständen den Entzug der Administratorrechte nach sich ziehen), doch einen Versuch ist es wert.

- Das Einrichten der Taskleiste
- Das Einrichten des Infofeldes der Taskleiste
- Der klassische Windows-Desktop
- Ordnerfenstern einen anderen Hintergrund geben

3.1 Wo wird der Desktop eingerichtet?

Das Einrichten des Desktops findet ausschließlich in seinem Eigenschaftendialogfeld statt. Dieses kann auf zwei verschiedene Weisen geöffnet werden:

- Über das Applet *Anzeige* in der Systemsteuerung.
- Durch Anklicken des Desktops mit der sekundären Maustaste und Auswahl von EIGENSCHAFTEN.

Welche Variante Sie wählen, spielt natürlich keine Rolle. In den Arbeitsschritten in diesem Kapitel wird dieser Schritt daher nicht mehr separat beschrieben.

Abbildung 3.1: Im Eigenschaftendialogfeld des Desktops werden alle Änderungen des Erscheinungsbildes vorgenommen

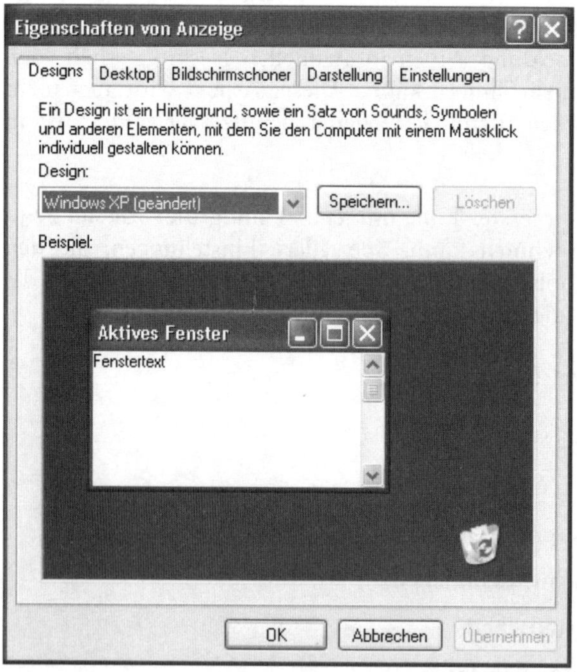

Änderungen, die das Startmenü, die Taskleiste und das Infofeld der Taskleiste betreffen, werden im Eigenschaftendialogfeld der Taskleiste vorgenommen. Mehr dazu in Kapitel 3.8.

3.2 Das Prinzip der Designs

Um bestimmte Einstellungen nicht jedes Mal erneut vornehmen zu müssen, gibt es die *Designs*. Sie stehen für einen ganzen Katalog von Einstellungen, die nicht nur die Farben und Schriftarten der einzelnen Elemente der Oberfläche betreffen (sofern Farbe und Schriftart einstellbar sind), sondern auch die Desktopsymbole, das Hintergrundbild und die mit verschiedenen Aktionen verbundene Soundclips. Windows XP bietet von Anfang an mehrere Designs (neben Designs für Windows XP mit der typisch neuen Optik sind hier auch die »Themen« früherer Windows-Versionen zusammengefasst[2]), Durch Auswahl eines Designs ändern sich alle Einstellungen, die mit diesem Design verbunden sind. Darüber hinaus erhalten Anwender die Gelegenheit, vorgenommene Einstellungen als neues Design zu speichern, um diese später wieder abrufen zu können (Windows speichert diese in einer Datei mit der Erweiterung *.theme*).

Alle Designs werden in der Registerkarte DESIGNS ausgewählt.

Lassen Sie sich durch die bunte Auswahl in der Auswahlliste nicht irritieren. Gut 80% der angebotenen Designs stammen noch aus der Ära von Windows 98 und bieten ein eher altmodisches Design. Ein aktuelles Design *trägt z.B. den Namen »Whistler«.*

Neben den Designs bietet Windows XP noch die sog. STYLES. Diese werden in der Registerkarte DARSTELLUNG ausgewählt. Die Unterscheidung ist etwas irritierend, da sich beide Bereiche überschneiden. Ein Style wirkt sich nur auf die Farben der Elemente der Benutzeroberfläche aus und umfasst z.B. kein Hintergrundbild.

Auswahl eines Designs

1. Öffnen Sie das Eigenschaftendialogfeld des Desktops und wählen Sie das Register DESIGNS
2. Wählen Sie das Design aus der Listenauswahl DESIGN aus. Nach Auswahl eines Eintrags wird das Design in dem Vorschaufenster angezeigt.
3. Bestätigen Sie die Auswahl mit OK oder ÜBERNEHMEN. Die Oberfläche passt sich an die verschiedenen Einstellungen des Designs an.

Das ist wichtig: In den Registerkarten DESKTOP und DARSTELLUNG lassen sich durch die Auswahl des Designs getroffenen Einstellungen ändern, etwa um ein anderes Hintergrundbild auszuwählen. Aus diesem Grund bietet das DESIGN-Register die Schaltfläche SPEICHERN an, mit der sich eine neue Zusammenstellung unter einem neuen Namen speichern lässt.

2 Es handelt sich aber um völlig unterschiedliche Paar Schuhe.

3.2.1 Die Einstellung von Sounds

Mit der Auswahl eines Designs ändern sich im Allgemeinen auch die mit den verschiedenen Windows-Ereignissen verbundenen Sounds. Leider ist diese Einstellung bei Windows XP nicht sehr gut gelöst. Zum einen lässt sich durch Auswahl eines Designs nicht nachvollziehen, welche Soundclips zugeordnet werden. Zum anderen wird in dem Applet *Sounds und Audiogeräte* nicht sichtbar, welches Design ausgewählt wurde. Möchte man die mit einem Design verbundenen Soundclips unabhängig von einem Design auswählen können, muss man im Applet *Sounds und Audiogeräte* die aktuellen Einstellungen separat speichern.

INFO

Die Sounddesigns werden nicht als eigene Datei, sondern für jeden Benutzer in der Registrierung gespeichert (der Schlüsselname lautet HKEY_CURRENT_USER\AppEvents\Schemes\Apps\.Default*).*

3.3 Die Auswahl eines Hintergrundbildes

Das Hintergrundbild ist jenes Bild, das auf dem Desktop angezeigt wird. In Frage kommt jedes Bild, das im BMP-, GIF- , JPEG- oder PNG-Format vorliegt.

STEP

Auswahl eines Hintergrundbildes

1. Öffnen Sie das Eigenschaftendialogfeld des Desktops und wählen Sie das Register DESKTOP
2. In der Auswahlliste HINTERGRUND werden alle in Frage kommenden Bilder im *Windows*-Verzeichnis (hier befinden sich auch bei Windows XP die stets vorhandenen Hintergrundbilder[3] – die Hintergrundmuster früherer Windows-Versionen wurden zum Glück abgeschafft), in EIGENE BILDER oder die bereits ausgewählten Bilder aufgeführt. Über die DURCHSUCHEN-Schaltfläche können Sie jedes andere Verzeichnis auswählen.

   Über die Auswahlliste AUSRICHTUNG stellen Sie die Ausrichtung des Hintergrundbildes ein. Diese Auswahl spielt immer dann eine Rolle, wenn das Bild kleiner ist als der Desktop (was in der Regel der Fall sein dürfte). Zur Auswahl stehen zentriert, nebeneinander und gestreckt.
3. Bestätigen Sie die Auswahl mit OK oder ÜBERNEHMEN. Das Hintergrundbild wird daraufhin eingeblendet.

3 Darunter auch Klassiker wie Rhododendron.bmp oder Seifenblase.bmp.

INFO

Die Auswahlliste Farbe *zur Auswahl einer Hintergrundfarbe spielt natürlich nur dann eine Rolle, wenn das Hintergrundbild nicht den Desktop vollständig abdeckt. Soll kein Hintergrundbild angezeigt werden, muss in der Liste der Eintrag »Kein« gewählt werden.*

:-) TIPP

An einigen Stellen der Windows-Oberfläche lässt sich das aktuell selektierte Bild ohne den Umweg über das Anzeige-*Applet zum aktuellen Hintergrundbild machen. So können Sie im Internet Explorer (fast) jedes Bild einer angezeigten Seite mit der sekundären Maustaste anklicken und den Befehl* ALS HINTERGRUNDBILD *(oder* ALS DESKTOPOBJEKT EINRICHTEN*) wählen, um das Bild zum Hintergrundbild zu machen. Falls das Bild aus dem Internet Explorer übernommen wurde, wird es (intern) unter dem allgemeinen Namen »Internet Explorer Wallpaper« abgelegt, so dass es oft praktischer ist, das Bild zunächst als Datei zu speichern, um es anschließend wie jedes andere Bild auch auszuwählen.*

3.4 Die Auswahl eines Bildschirmschoners

Ein Bildschirmschoner ist ein kleines Programm, das als Pausenfüller automatisch in Aktion tritt, sobald Tastatur oder Maus für eine (vorher festlegte) Zeitspanne nicht berührt werden.

Bildschirmschoner sind im Prinzip »normale« Programme, nur dass sie die Erweiterung *.Scr* besitzen und bestimmte Kommandozeilenparameter auswerten können und die Fähigkeit besitzen, sich in dem kleinen Vorschaufenster des Dialogfeldes einblenden zu können.

Die bei Windows mitgelieferten Bildschoner (Sie finden sie im Windows-Systemverzeichnis als Dateien mit der Erweiterung *.Scr*) zeigen meistens nur eine bewegte Grafik an, kommerzielle Bildschirmschoner können ganz andere Dinge vollbringen. Seinen Namen verdanken diese Programme dem Umstand, dass sie früher dazu benutzt wurden zu verhindern, dass ein feststehendes Bild dazu führte, dass sich die Bildpunkte in die Matrix des Monitors »einbrannten«. Die wichtigste Funktion des Bildschirmschoners ist heutzutage der Schutz vor neugierigen Blicken, denn wenn ein Anwender seinen Arbeitsplatz verlässt, kann der Bildschirmschoner bei Windows XP nur nach Eingabe des Anmeldekennwortes deaktiviert werden (merken Sie sich daher Ihr Kennwort gut, denn es gibt anschließend keine andere Möglichkeit, den Bildschirmschoner wieder zu deaktivieren – von der Möglichkeit, den PC abzuschalten und die Festplatte auszubauen einmal abgesehen).

3.4.1 Eine Diashow als Bildschirmschoner

Im Zusammenhang mit der Möglichkeit den Ordner *Eigene Bilder* in eine kleine Diashow umzufunktionieren, in der alle Bilder der Reihe nach im Vollbildmodus angezeigt werden, bietet Windows XP diese auch als Bildschirmschoner an. Wählen Sie den Eintrag »Diashow eigener Bilder« werden die Bilder in *Eigene Bilder* von alleine angezeigt, was einen netten Effekt ergibt.

Ansonsten hat sich bei den Windows-Bildschirmschonern auch bei Windows XP nicht viel getan. Der »originellste« Schoner ist nach wie vor »Marquee«, da sich hier ein origineller Spruch eingeben lässt, der in den Bildschirmpausen angezeigt wird. Falls Sie Ihren Namen gerne in 3D über den Bildschirm rotieren sehen möchten, wählen Sie den Schoner »3D-Text (OpenGL)«. Ansonsten ist das Angebot etwas mager. Durchsuchen Sie einmal das Internet. Gerade auf den Webseiten großer Firmen finden Sie häufig nett gemachte Bildschirmschoner (natürlich immer mit Werbung) zum kostenlosen Download.

Auswahl eines Bildschirmschoners

1. Öffnen Sie das Eigenschaftendialogfeld des Desktops und wählen Sie das Register BILDSCHIRMSCHONER.

2. Wählen Sie aus der gleichnamigen Auswahlliste einen Bildschirmschoner aus, wobei der aktuell gewählte Eintrag in dem Vorschaubildschirm angezeigt wird.

   Über die Schaltfläche EINSTELLUNGEN werden zusätzliche Einstellungen, wie z.B. der anzuzeigende Text, festgelegt, die vom Bildschirmschoner abhängen. Über die Schaltfläche TESTEN wird der Bildschirmschoner getestet. Die Eingabebox WARTEZEIT erlaubt das Einstellen der Zeitspanne, nach der der Bildschirmschoner aktiv wird.

Über die Option Willkommenseite, bei Wiederaufnahme *wird erreicht, dass der Bildschirmschoner nur durch erneutes Anmelden wieder deaktiviert werden kann.*

3. Bestätigen Sie die Auswahl mit OK oder ÜBERNEHMEN. Der Bildschirmschoner wird nach Ablauf der eingestellten Zeitspanne aktiv.

3.5 Desktopsymbole einblenden

Wird für das Startmenü der (voreingestellte) neue Darstellungsmodus gewählt, werden die Desktopsymbole *Arbeitsplatz*, *Eigene Dateien*, *Netzwerkumgebung* und *Papierkorb* zunächst nicht angezeigt. Sie lassen sich jedoch einzeln einblenden.

Abbildung 3.2: In diesem Dialogfeld wird ein Bildschirmschoner eingestellt

Einblenden der Desktopsymbole

STEP

1. Öffnen Sie das Eigenschaftendialogfeld des Desktops und wählen Sie das Register DESKTOP.
2. Klicken Sie auf DESKTOP ANPASSEN.
3. Im Register ALLGEMEIN können Sie jedes der insgesamt vier Desktopsymbole ein- oder ausblenden.
4. Bestätigen Sie die Auswahl mit OK oder ÜBERNEHMEN. Die gewählten Symbole werden daraufhin ein- oder ausgeblendet (siehe Abbildung 3.3).

3.5.1 Desktopsymbole mit der Desktopbereinigung automatisch aufräumen

Damit der anfänglich schön aufgeräumte Desktop sich nicht im Laufe der Wochen und Monate mit irgendwelchen Verknüpfungen oder zufällig abgelegten Dateien füllt, bietet Windows XP eine automatische »Putzkolonne« in Gestalt der *Desktopbereinigung*, die sich in regelmäßigen Abständen um das Aufräumen kümmert.

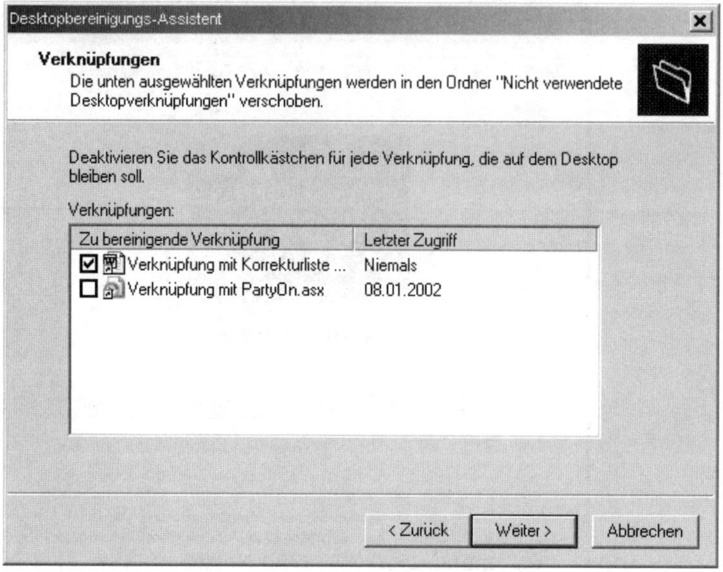

Abbildung 3.3: In diesem Dialogfeld werden die Desktopsymbole ein- oder ausgeblendet

Der Assistent löscht die Dateien allerdings nicht, sondern verschiebt sie lediglich in einen speziell dafür vorgesehenen Ordner mit dem Namen *Nicht verwendete Desktopverknüpfungen*, der auf dem Desktop angelegt wird (es ist daher problemlos möglich, die gelöschten Dateien wieder herzustellen). Der Assistent wird entweder alle 60 Tage oder auf Abruf aktiv.

Start der Desktopbereinigung

1. Öffnen Sie das Eigenschaftendialogfeld des Desktops und wählen Sie das Register DESKTOP.
2. Klicken Sie auf DESKTOP ANPASSEN.
3. Klicken Sie (im unteren Bereich) auf DESKTOP JETZT BEREINIGEN. Das startet den Desktopbereinigungs-Assistenten.
4. Klicken Sie auf WEITER und wählen Sie im nächsten Schritt die zu entfernenden Symbole aus. Als Orientierung zeigt der Assistent den letzten Zugriff auf die (stets) dahinter stehenden Dateien an.
5. Klicken Sie auf WEITER und bestätigen Sie die Auswahl durch Anklicken von FERTIG STELLEN. Die Dateien werden nun in den Ordner verschoben.

Abbildung 3.4: In diesem Dialogfeld werden die zu entfernenden Desktopdateien ausgewählt

3.5.2 Desktopsymbole austauschen

Was bei Windows 95 nur für »Eingeweihte« durch »komplizierte« Eingriffe in die Registrierung möglich war und bereits in die Kategorie »Spezialwissen« gehörte, ist seit Windows 98 ganz einfach. Möchten Sie den Desktopobjekten andere Symbole geben, etwa weil Ihnen die Standardsymbole auf die Dauer etwas zu fad werden (was bei Windows XP mit seinen etwas ausgefalleneren Symbolen so schnell nicht passieren sollte), dann tauschen Sie sie einfach durch (beliebige) andere Symbole aus. Die Einstellungen finden Sie, ein wenig versteckt, im Register DESKTOP, indem Sie auf DESKTOP ANPASSEN klicken.

Austauschen der Desktopsymbole

STEP

1. Öffnen Sie das Eigenschaftendialogfeld des Desktops und wählen Sie das Register DESKTOP.
2. Klicken Sie auf DESKTOP ANPASSEN.
3. Im Register ALLGEMEIN können Sie durch Anklicken von ANDERES SYMBOL jedem der in der mittleren Auswahlliste angezeigten Symbole eine neue Bitmap zuordnen.
4. Nach Anklicken von ANDERES SYMBOL erscheint zunächst eine Auswahl mit allen in der Datei *Shell.dll* (einer wichtigen Systemdatei der

Benutzeroberfläche) enthaltenen Symbole. Möchten Sie mehr Symbole sehen, klicken Sie auf DURCHSUCHEN und wählen Sie eine (Programm-) Datei aus, in der zusätzliche Symbole enthalten sind. Ein stets »heißer« Kandidat ist *Pifmgr.dll* im *System32*-Verzeichnis, wenngleich diese Symbole aus der Windows 95-Ära stammen und nicht den modernen Touch von Windows XP besitzen. Grundsätzlich können Sie jede Exe- oder Dll-Datei auswählen, wobei im Dialogfeld alle in der Datei enthaltenen Symbole angezeigt werden.

:-) TIPP

Alle typischen Windows XP-Symbole finden Sie in der Datei Shell32.dll %SystemRoot%\System32-*Verzeichnis.*

Abbildung 3.5: Welches Icon darfs denn heute sein – der Auswahldialog zeigt alle in der ausgewählten Datei enthaltenen Symbole an – es muss keine spezielle Systemdatei sein

:-) TIPP

Über Wiederherstellen *lässt sich der Originalzustand der Desktopsymbole wiederherstellen.*

3.6 Das Anordnen von Desktopelementen

Ein *Desktopelement* ist eine HTML-Seite (die aber nicht die Größe und den typischen Aufbau einer HTML-Seite besitzen muss), eine animierte GIF-Datei, in der eine Animation abgespielt wird, oder einfach nur eine schlichte GIF- oder JPEG-Datei, die an einer beliebigen Position auf dem Desktop angezeigt werden kann.[4]

4 Die Idee dieser Desktopelemente geht noch auf die damals etwas verunglückte Einführung des Active Desktops voraus, der seiner Zeit wieder einmal weit voraus war (um es einmal positiv zu formulieren) und daher von den Anwendern nicht angenommen wurde. Wenn sie richtig eingesetzt werden, können die Desktopkomponenten durchaus eine Bereicherung darstellen.

Es gibt keine echte Notwendigkeit, Desktopelemente auf dem Desktop zu platzieren. Folgende Gründe könnten dafür sprechen:

- Das Anordnen einer animierten GIF-Datei (die Sie zu Hundertausenden im Internet finden) ist eine einfache Möglichkeit, den Desktop um nette Animationen zu erweitern.
- Über ein Webelement lassen sich beliebige Bilder an einer bestimmten Stelle positionieren. Anders als über die Auswahl eines Hintergrundbildes lassen sich auch mehrere Bilder anordnen.
- Die eigene Homepage (oder eine beliebige andere Webseite) kann direkt und ohne die Umrandung des Internet Explorer auf dem Desktop positioniert werden, wobei sich diese auf Wunsch selbstständig in regelmäßigen Intervallen aktualisiert. Das ergibt natürlich nur dann einen Sinn, wenn die Webseite, um die es geht, aktuelle Informationen enthält, was bei einer Webseite mit Aktienkursen oder Sportinformationen der Fall ist. Die Möglichkeiten sind in diesem Fall nahezu unbegrenzt, man muss sich lediglich die Mühe machen, es einmal in Ruhe auszuprobieren.[5]

Anordnen eines Desktopelements auf dem Desktop

STEP

1. Wählen Sie das Register DESKTOP, klicken Sie auf DESKTOP ANPASSEN und wechseln Sie in das Register WEB.
2. Klicken Sie auf NEU, um ein neues Desktopelement oder einfach nur ein Bild hinzuzufügen.
3. In dem Dialogfeld müssen Sie im Eingabefeld *Ort* die Webadresse (URL für *Uniform Ressource Locator*) eintragen. Dabei kann es sich aber auch um einen normalen Verzeichnispfad einer lokal gespeicherten HTML- oder Grafikdatei handeln. Klicken Sie auf DURCHSUCHEN, um eine Datei auszuwählen (Sie sehen alle Dateitypen, die als Desktopelemente in Frage kommen) und wählen Sie z.B. eine Grafikdatei aus.
4. Bestätigen Sie die Auswahl mit ÖFFNEN. Die ausgewählte Datei wird in der Liste der Desktopelemente angezeigt. Bestätigen Sie auch diese Auswahl mit OK und schließen Sie das Eigenschaftendialogfeld des Desktops mit ÜBERNEHMEN oder OK. Kurz danach (es kann einen Augenblick dauern) erscheint das ausgewählte Bild auf dem Desktop, umgeben von einem speziellen Fensterrahmen.

5 Wobei der Umstand, dass sich an dieser Funktionalität praktisch seit Windows 98 kaum etwas geändert hat (und das im Internet-Zeitalter) dezent andeutet, dass sich für diese Möglichkeiten bisher kaum jemand interessiert hat.

Beachten Sie, wie flexibel sich die Desktopelemente auf dem Desktop verschieben und in ihrer Größe ändern lassen. Bewegen Sie dabei einfach den Mauszeiger auf den oberen Rand. Dieser wird dadurch etwas breiter und bietet nun die Möglichkeit, das Fenster als Ganzes zu verschieben. Wenn Sie genau hinschauen entdecken Sie in der Titelleiste kleine Schaltknöpfe, die die üblichen Fensterfunktionen zur Verfügung stellen.

INFO

Die harmlos klingende Schaltfläche GALERIE BESUCHEN *führt Sie (auch bei Windows XP) auf die Microsoft Web-Seite, auf der die von Microsoft angebotenen Desktopelemente (die »früher« einmal Active-Desktop-Komponenten hießen) zusammengestellt werden. Dabei handelt es sich um Nachrichtenticker und andere (meistens relativ nutzlose) Dinge, die durch den* Add to Active Desktop-*Button heruntergeladen werden (unter Umständen müssen Sie erst eine Komponente installieren und entsprechende Sicherheitsdialogfelder des Internet Explorer bestätigen). Möchten Sie erreichen, dass das Desktopelement automatisch aktualisiert wird, müssen Sie es auf die gleiche Weise wie eine Webseite synchronisieren (siehe Kapitel 12.8). In der Regel besitzt ein Desktopelement einen eigenen Zeitplan, der mit der Datei heruntergeladen wird.*

Im folgenden Arbeitsschritt wird anstelle einer animierten GIF-Datei, die sich direkt auswählen lässt, ein Videoclip in Gestalt einer Avi-Datei angezeigt. Damit sich eine solche Datei darstellen lässt, muss sie in einen kleinen HTML-Rahmen, d.h. in eine HTML-Datei, eingebettet werden, den Sie mit Notepad anfertigen.

STEP

Anordnen eines Videoclips auf dem Desktop

1. Als erstes benötigen wir eine kleine HTML-Seite, in die der Videoclip (oder die animierte GIF-Datei) eingebettet wird. Starten Sie dazu einen beliebigen HTML-Editor. Wenn Sie sich ein wenig mit HTML auskennen und den zusätzlichen Tippaufwand nicht scheuen, können Sie auch den Windows-Editor verwenden. Abbildung 3.6 zeigt den kompletten HTML-Code, der aber nur als Anregung dient – bitte beachten Sie, dass der Pfad und der Name der Avi-Datei gegebenenfalls angepasst werden muss.

2. Der HTML-Editor präsentiert Ihnen eine noch leere HTML-Seite. Geben Sie eine beliebige Überschrift ein, formatieren Sie diese mit dem Format »Überschrift 1«, zentrieren Sie sie in der Mitte und fügen Sie gegebenenfalls eine horizontale Trennlinie ein (das ist natürlich keine Voraussetzung, sondern dient lediglich der optischen Gestaltung). Fügen Sie, wenn Sie möchten, weitere Elemente oder Texte ein.

3. Fügen Sie über den dafür zuständigen Befehl des HTML-Editors eine (beliebige) AVI- oder eine animierte GIF-Datei ein. Falls Sie mit Notepad arbeiten, müssen Sie sich an dem HTML-Code aus Abbildung 3.6 orientieren.

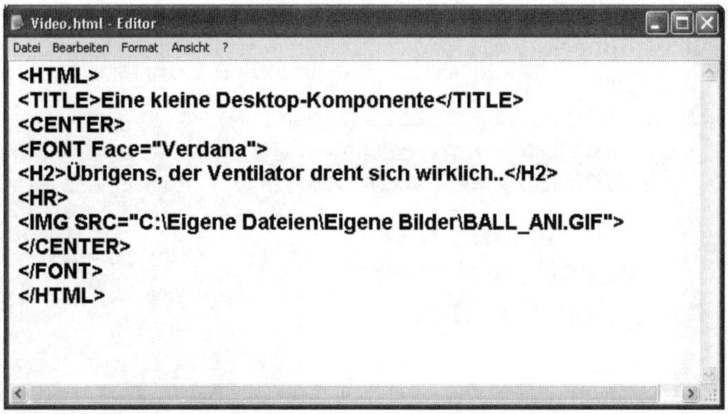


```
<HTML>
<TITLE>Eine kleine Desktop-Komponente</TITLE>
<CENTER>
<FONT Face="Verdana">
<H2>Übrigens, der Ventilator dreht sich wirklich..</H2>
<HR>
<IMG SRC="C:\Eigene Dateien\Eigene Bilder\BALL_ANI.GIF">
</CENTER>
</FONT>
</HTML>
```

Abbildung 3.6: Ein kleines HTML-Grundgerüst, aus dem ein Webinhalt werden soll

4. Speichern Sie die Datei unter dem Namen VIDEO.HTM (auch der Name kann frei gewählt werden) am besten im Ordner EIGENE DATEIEN ab.
5. Öffnen Sie das Eigenschaftendialogfeld des Desktops, wählen Sie die Registerkarte DESKTOP, klicken Sie auf Desktop anpassen und wechseln Sie in das Register WEB. Hier werden alle bereits eingerichteten Desktopelemente aufgeführt.
6. Klicken Sie auf die Schaltfläche NEU, um ein neues Desktopelement hinzuzufügen.
7. In dem Dialogfeld müssen Sie die URL (*Uniform Ressource Locator*), also die Adresse der HTML- oder Grafikdatei, eintragen. Klicken Sie auf DURCHSUCHEN, um eine Datei auszuwählen (Sie sehen alle Dateitypen, die als Desktopelemente in Frage kommen) und wählen Sie die zuvor gespeicherte Datei VIDEO.HTM aus.
8. Nach Bestätigen mit OK wird die ausgewählte Datei als neues Desktopelement im Register WEB aufgeführt.
9. Schließen Sie das Dialogfeld. Auf dem Desktop sollte nun die erstellte HTML-Seite angezeigt und der ausgewählte Videoclip abgespielt werden. Möchten Sie das Abspielen anhalten oder den Abspielmodus ändern, klicken Sie den Videoclip mit der sekundären Maustaste an und wählen Sie die entsprechenden Befehle im Kontextmenü.

Über die Option Desktopelemente fixieren *im Register* Web *lässt sich erreichen, dass die Desktopelemente nicht verschoben werden können.*

:-) TIPP

Die einfache Übung in diesem Abschnitt kann nur andeuten, welches Potential in den Desktopelementen steckt. Wer sich ein wenig mit HTML und der Scriptprogrammierung in JScript, VBScript usw. auskennt, kann sich kleine Erweiterungen der Benutzeroberfläche »basteln«, die z.B. über eine Menüauswahl verfügen, Programme starten können und vieles mehr.

Abbildung 3.7: Das neue Desktopelement bereichert den Desktop um ein Videoclip (und eine Newsticker-Komponente von der Microsoft-Webseite)

3.7 Das Einrichten des Startmenüs

Das Startmenü ist kein starre Liste, sondern überaus vielseitig anpassbar. Sie werden stauen, was sich im Startmenü alles anpassen lässt, zumal bei Windows XP gegenüber Windows 9x einiges an Möglichkeiten hinzugekommen ist. Die meisten Einstellungen werden im Eigenschaftendialogfeld des Startmenüs getroffen, die übrigen durch direktes Bearbeiten der jeweiligen Einträge.

STEP

Öffnen des Eigenschaftendialogfelds des Startmenüs

1. Klicken Sie die Startschaltfläche mit der sekundären Maustaste an und wählen Sie EIGENSCHAFTEN.
2. Klicken Sie im Register Startmenü auf ANPASSEN.
3. Es öffnet sich das Eigenschaftendialogfeld, das aus den Registern *Allgemein* und *Erweitert* besteht.

Im Einzelnen lassen sich hier einstellen:

- Ob große oder kleine Symbole angezeigt werden.
- Wie viele Einträge der zuletzt aufgerufenen Programme angezeigt werden.
- Welche beiden E-Mail- und Internet-Browser-Programme an der Spitze des Startmenüs zur Auswahl angeboten werden.

- Ob sich die Untermenüs durch Anwahl mit der Maus von alleine öffnen.
- Ob ein Hinweis erscheinen soll, wenn Programme neu installiert wurden (dieser Hinweis ist im Allgemeinen eher etwas störend).
- Welche Einträge im Startmenü auf welche Weise angeboten werden.
- Ob eine Liste der zuletzt verwendeten Dokumente erscheint.

Abbildung 3.8: Im Eigenschaftendialogfeld des Startmenüs werden eine Vielzahl von Einstellungen vorgenommen, die die Zusammensetzung des Startmenüs betreffen

3.7.1 Die Zusammensetzung des Startmenüs anpassen

Im Register ERWEITERT stellen Sie ein, welche Elemente im Startmenü erscheinen. Im Einzelnen können Sie einstellen, ob:

- Der Arbeitsplatz als weiteres Untermenü, als Eintrag, der den Ordner öffnet, oder gar nicht erscheint.
- Der Befehl AUSFÜHREN angeboten wird.
- Die Ordner *Eigene Dateien*, *Eigene Bilder* und *Eigene Musik* als weitere Untermenüs, als Einträge, die den jeweiligen Ordner öffnen, oder gar nicht erscheinen.
- Der Eintrag HILFE UND SUPPORT erscheint.
- Ein Untermenü mit den Favoriten erscheint.

- Der Eintrag NETZWERKUMGEBUNG erscheint, der den gleichnamigen Ordner öffnet.
- Der Eintrag NETZWERKVERBINDUNGEN erscheint, der den gleichnamigen Ordner öffnet.
- Die Systemsteuerung als weiteres Untermenü, als Eintrag, der den Ordner öffnet, oder gar nicht erscheint.

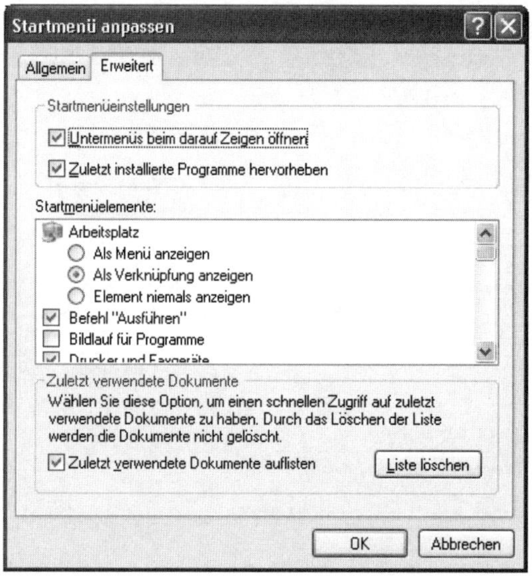

Abbildung 3.9: In der Auswahlliste »Startmenüelemente« wird eingestellt, welche zusätzlichen Einträge im Startmenü erscheinen

3.7.2 Festlegen, welche Einträge in der Programme-Gruppe erscheinen

Das Startmenü besteht im Wesentlichen aus einer Reihe von Verknüpfungen und Verzeichnissen, der Rest sind Einträge in der Registrierung.

:-) TIPP

Alle Einträge, bei denen es sich um Verknüpfungen handelt, lassen sich mit der sekundären Maustaste anklicken. Es öffnet sich das übliche Kontextmenü, in dem Sie z.B. den Namen ändern oder den Eintrag löschen können. Nicht möglich ist dies bei den Einträgen HILFE UND SUPPORT, SUCHEN *und* AUSFÜHREN, *da es sich hier nicht um Verknüpfungen handelt. Diese Einträge werden über die Registrierung festgelegt. Soll das Startmenü z.B. keinen* AUSFÜHREN-*Befehl anbieten, muss dies über die Gruppenrichtlinien für den aktuellen Anwender eingestellt werden.*

3.7.3 Einträge umbenennen

Klicken Sie den Eintrag mit der sekundären Maustaste an und wählen Sie den Befehl UMBENENNEN.

3.7.4 Einträge entfernen

Das funktioniert nur mit den Einträgen in der Liste der zuletzt aufgerufenen Programme in der linken Spalte des Startmenüs. Klicken Sie den Eintrag mit der sekundären Maustaste an und wählen Sie den Befehl AUS LISTE ENTFERNEN.

3.7.5 Programmeinträge in den oberen Teil des Startmenüs eintragen und wieder entfernen

Jeder Programmeintrag in der Liste der zuletzt aufgerufenen Programme lässt sich in dem oberen Bereich des Startmenüs »verewigen«. Klicken Sie den Eintrag mit der sekundären Maustaste an und wählen Sie den Befehl AN STARTMENÜ ANHEFTEN. Über den Befehl AUS LISTE ENTFERNEN wird der Eintrag wieder entfernt.

3.7.6 Die Verzeichnisstruktur des Startmenüs

Hinter dem Startmenü steckt ein Verzeichnis mit dem Namen *Startmenü*. Dieses Verzeichnis gibt es aber nicht einmal, sondern mehrfach. Da wäre zum einen das *Startmenü*-Verzeichnis im Verzeichnispfad *%allusersprofile%*. Dieses Verzeichnis enthält die Einträge für alle Benutzer. Die Einträge eines einzelnen Benutzers sind dagegen im Verzeichnis *%userprofile%/Startmenü* enthalten. In jedem Fall enthält das Startmenü aber nur das Unterverzeichnis *Programme* mit seinen Unterverzeichnissen und den Verknüpfungen, durch die die Programmgruppenstruktur gebildet wird.

:-) TIPP

Oft ist es einfacher, ein Verzeichnis über den AUSFÜHREN-*Befehl im Startmenü als über die Ordnerfensterhierarchie zu öffnen. Möchten Sie z.B. das Startmenü-Verzeichnis des aktuellen Benutzers öffnen, geben Sie »%userprofile%/Startmenü« ein, wobei es sich bei* %userprofile% *um die Umgebungsvariable handelt, die für den benutzerspezifischen Pfad von* C:\Dokumente und Einstellungen *steht. Die Umgebungsvariable für das Verzeichnis, das alle Benutzer sich teilen, lautet* %allusersprofile% *(eine Liste aller aktuell belegten Umgebungsvariablen erhalten Sie, wenn Sie im Eingabeaufforderungsfenster den* SET-*Befehl ausführen).*

3.8 Das Einrichten der Taskleiste

Die Taskleiste ist die (meistens) am unteren Rand angezeigte Leiste, die in mehrere Bereiche unterteilt ist:

- Den Bereich der Symbolleisten. Dieser Bereich ist beliebig um einzelne Symbole als auch ganze Symbolleisten erweiterbar. Bei diesen Einträgen handelt es sich um Verknüpfungen und Unterverzeichnisse. Die wichtigste Symbolleiste ist die Schnellstartleiste.
- Den eigentlichen Bereich der Taskleiste, in dem für jedes aktive Programm sein Programmsymbol angelegt wird. Dieser Bereich ist nicht erweiterbar, da sein Inhalt stets durch die aktuell geöffneten Programme bestimmt wird.
- Den Infobereich (im Original »systray« genannt) in der rechten Ecke. Hier tragen einige Anwendungen Symbole ein, über die das Programm oder ein Dialogfeld geöffnet werden kann. Die Zusammensetzung des Infobereichs kann bei Windows XP festgelegt werden.

:-) TIPP

Standardmäßig ist die Taskleiste fixiert, das heißt sie lässt sich nicht verschieben, was im Allgemeinen auch sinnvoll ist. Über den Menübefehl TASKLEISTE FIXIEREN *im Kontextmenü kann dies wieder aufgehoben werden.*

Im Infofeld werden nicht aktive Symbole normalerweise ausgeblendet, was im Allgemeinen auch sinnvoll ist. Falls es Sie irritiert, dass bestimmte Symbole scheinbar nicht vorhanden sind, blenden Sie diese Symbole wieder ein:

3.8.1 Einträge zur Schnellstartleiste hinzufügen

Die Idee der Schnellstartleiste, die im linken Bereich der Taskleiste angezeigt wird, ist es, die wichtigsten Programme ohne Umweg über das Startmenü direkt per einfachem Mausklick öffnen zu können. Hinter der Schnellstartleiste steht ein Unterverzeichnis mit dem Namen *Quick Launch* (mit Leerzeichen), das sich für jeden Benutzer (tief vergraben) in dem Verzeichnispfad *%userprofile%\Anwendungsdaten\Microsoft\Internet Explorer* befindet. Dieses Verzeichnis enthält für jeden angezeigten Eintrag eine Verknüpfung. Das Hinzufügen neuer Einträge besteht daher in dem Hinzufügen neuer Einträge in dieses Verzeichnis. Einfacher geht es, indem man das Dateisymbol mit der primären Maustaste auf die Schnellstartleiste zieht und, sobald der senkrechte Strich dies anzeigt, ablegt.

3.8.2 Erweitern der Taskleiste um Symbolleisten

Die Taskleiste ist um Symbolleisten erweiterbar. Eine Symbolleiste ist ein eigener Bereich in der Taskleiste, der stets den Inhalt eines Ordners anzeigt und der sich mit einem Trick auch in ein Fenster umwandeln lässt. Ziehen

Sie den Griff der Symbolleiste auf den Desktop – beim Loslassen wird automatisch ein Fenster daraus.

Symbolleisten lassen sich wieder schließen (ignorieren Sie den relativ überflüssigen Hinweis), sie lassen sich offenbar aber nicht entfernen (was a) ein wenig merkwürdig und b) auch ein wenig unpraktisch ist).

Einrichten einer Symbolleiste

STEP

1. Klicken Sie die Taskleiste an einer freien Stellen mit der sekundären Maustaste an und wählen Sie nacheinander die Einträge SYMBOLLEISTEN und NEUE SYMBOLLEISTE.
2. Wählen Sie den Ordner aus, der den Inhalt der Symbolleiste vorgeben soll, oder legen Sie an dieser Stelle einen neuen Ordner an.
3. Bestätigen Sie die Auswahl mit OK. Die neu angelegte Symbolleiste erscheint in der Taskleiste.

3.8.3 Eine Symbolleiste in ein Fenster umwandeln

Eine Symbolleiste lässt sich in ein (spezielles) Fenster umwandeln, indem Sie die Symbolleiste an ihrem »Griff« (der stets am linken Rand der Symbolleiste angezeigt wird) auf den Desktop ziehen und dort ablegen. Das Ergebnis ist ein Fensterrahmen, in dem der Inhalt der Symbolleiste angezeigt wird. Der umgekehrte Weg, d.h. das Zurückführen eines Fensters in eine Symbolleiste ist nicht möglich. In diesem Fall müssen Sie das Fenster schließen und die Symbolleiste erneut öffnen.

3.8.4 Öffnen einer geschlossenen Symbolleiste

Eine einmal geschlossene Symbolleiste lässt sich (leider) nicht wieder sofort öffnen, sie muss neu angelegt werden. Eine Ausnahme sind die Standardsymbolleisten, die von Anfang dabei sind. Klicken Sie dazu die Taskleiste (an einer freien Stelle) mit der sekundären Maustaste an und wählen Sie nacheinander SYMBOLLEISTE und die betreffende Symbolleiste aus.

3.8.5 Wenn eine Symbolleiste nicht alle Symbole anzeigt

Wenn eine Symbolleiste nicht alle Symbole anzeigt, wird am rechten Rand der Symbolleiste ein kleiner Doppelpfeil angezeigt. Klicken Sie auf den Pfeil, erscheint eine Auswahlliste mit allen nicht angezeigten Einträgen. Über den Griff am linken Rand einer Symbolleiste lässt sich ihre Breite verstellen.

3.8.6 Fixieren der Taskleiste

Über den Befehl TASKLEISTE FIXIEREN im Kontextmenü der Taskleiste wird die Taskleiste unbeweglich und mit einem dunklen Rand versehen, um diesen Zustand anzuzeigen. Dies kann praktisch sein, wenn die Taskleiste an den rechten Bildschirmrand verschoben wurde und diesen Platz beibehalten soll.

3.8.7 Gruppieren ähnlicher Elemente

Ein dicker Nachteil der Taskleiste vergangener Windows-Versionen war, dass nach dem Öffnen einiger Ordnerfenster die Taskleiste so voll wurde, dass die einzelnen Symbole kaum zu erkennen waren, was ein Umschalten zwischen den einzelnen Fenstern unnötig schwierig gemacht hat. Bei Windows XP werden ähnliche Elemente automatisch gruppiert, sobald fünf Elemente des gleichen Typs zusammengekommen sind. Das bedeutet, dass wenn z.B. fünf Ordnerfenster geöffnet wurden, diese nicht einzeln in der Taskleiste angezeigt werden. Statt dessen erscheint ein Eintrag mit dem Namen »Windows Explorer«, in dem die Anzahl der offnen Fenster angezeigt wird. Möchten Sie ein bestimmtes Ordnerfenster öffnen, klicken Sie den Eintrag an. Es öffnet sich eine Auswahlliste, aus der Sie das Ordnerfenster auswählen. Wundern Sie sich daher nicht, wenn ein Ordnerfenster oder das Ergebnis einer Suche scheinbar verschwunden sind.

STEP

Ein- und Ausschalten der automatischen Gruppierung

1. Öffnen Sie das Eigenschaftendialogfeld der Taskleiste.
2. Schalten Sie die Option ÄHNLICHE ELEMENTE GRUPPIEREN ein oder aus.
3. Bestätigen Sie die getroffene Auswahl mit OK oder ÜBERNEHMEN.

3.8.8 Das Einrichten des Infobereichs der Taskleiste

Der Infobereich ist der rechte Bereich der Taskleiste (sofern diese horizontal angezeigt wird), in dem neben der Uhr im Allgemeinen verschiedene Symbole angezeigt werden. Viele Programme legen hier ein Symbol an, damit der Anwender z.B. schnell ein Dialogfeld aufrufen kann. Ein Nachteil des Infobereichs bei früheren Versionen war es, dass es in diesem Bereich schnell eng wurde und die einzelnen Symbole nicht mehr besonders gut zu erkennen waren. Bei Windows XP kann der Infobereich individuell eingerichtet werden. Jedes einzelne Symbol lässt sich entweder dauerhaft oder sobald es inaktiv wird ausblenden. Dadurch zeigt der Infobereich nur die wichtigen Symbole an, während der Rest unsichtbar ist.

Ein- und Ausblenden von Symbolen im Infobereich der Taskleiste

1. Klicken Sie den Infobereich mit der sekundären Maustaste an und wählen Sie INFOBEREICH ANPASSEN.
2. Es öffnet sich ein Dialogfeld, in dem alle Symbole aufgelistet werden.
3. Zu jedem Objekt kann in der Auswahlliste einer von drei Zuständen ausgewählt werden: »Ausblenden, wenn inaktiv«, »Immer ausblenden« und »Immer einblenden«.
4. Bestätigen Sie Auswahl mit OK oder ÜBERNEHMEN.

Im Bereich Vorherige Elemente *werden Elemente aufgelistet, die bereits angezeigt wurden, im Moment aber nicht sichtbar sind, da z.B. die Anwendung, zu der sie gehören, nicht aktiv ist. Möchten Sie eines der Elemente wieder sichtbar machen, wählen Sie einfach den Zustand »Immer einblenden«.*

Abbildung 3.10: In diesem Dialogfeld wird eingestellt, wie mit inaktiven Symbolen im Infobereich der Taskleiste verfahren wird

3.9 Der klassische Windows-Desktop

Auch der klassische Windows-Desktop steht noch zur Verfügung. Er bietet zwei Vorteile: Eine vertraute Optik und einen etwas geringeren Ressourcenbedarf, was sich bei PCs mit »nur« 64 Mbyte positiv bemerkbar machen dürfte.

Aktivieren des klassischen Windows-Desktop

1. Öffnen Sie das Eigenschaftendialogfeld des Desktops und wählen Sie EIGENSCHAFTEN.
2. Wechseln Sie in die Registerkarte DARSTELLUNG.
3. Wählen Sie aus der Auswahlliste FENSTER UND SCHALTFLÄCHEN den Eintrag »Windows – klassisch«. Im Vorschaufenster wird die Auswirkung dieser Einstellung auf ein Windows-Fenster deutlich (sollten Sie sich bereits an den neuen »XP-Look« gewöhnt haben, werden da vermutlich wieder Erinnerungen wach).
4. Bestätigen Sie Auswahl mit OK oder ÜBERNEHMEN.

3.9.1 Einstellen von Farben und Schriftarten bei Fensterelementen

Wurde der klassische Windows-Look reaktiviert, lässt sich jedem Element der Benutzeroberfläche eine individuelle Farbe und Schriftart (sofern *Schriftarten* in dem Element angezeigt wird) zuordnen. Außerdem lässt sich bei Titelleisten ein Farbverlauf einstellen.

Ändern der Farbe bei Windows-Elementen

1. Öffnen Sie das Eigenschaftendialogfeld des Desktops und wählen Sie EIGENSCHAFTEN.
2. Wechseln Sie in die Registerkarte DARSTELLUNG.
3. Klicken Sie auf ERWEITERT.
4. Wählen Sie das Element, dessen Farbe und/oder Schriftart Sie ändern möchten, entweder aus der ELEMENT-Auswahlliste aus oder klicken Sie es in dem Vorschaufenster an (achten Sie darauf, welches Element daraufhin in der Auswahlliste angezeigt wird).
5. Stellen Sie nun Farbe, Schriftgröße, Schriftart usw. für das Element ein. Die Änderung wird daraufhin in dem Vorschaufenster angezeigt.
6. Bestätigen Sie Auswahl mit OK oder ÜBERNEHMEN.

Auch wenn es aufgrund des neuen »XP-Looks« nicht mehr ganz zeitgemäß ist, im Windows klassisch-Modus lassen sich über Farbverläufe in den Titelleisten interessante Effekte erzielen. Dazu wird für die Titelleiste einfach eine andere zweite Farbe ausgewählt. Da der dadurch eintretende Effekt in der Vorschau angezeigt wird, ist es relativ einfach, geschmackvolle Farbverläufe zu produzieren.

3.10 Spezielle Desktopeffekte

Zum Abschluss werden ein paar speziellere Desktopeinstellungen vorgestellt, die Sie vermutlich nur selten ändern werden. Im Einzelnen handelt es sich um:

- Übergangseffekte für Menüs und QuickInfo
- Kantenglätten von Bildschirmschriftarten
- Große Symbole
- Schatten unter den Menüs
- Fensterinhalte beim Ziehen anzeigen
- Unterstrichene Buchstaben für die Tastaturnavigation ausblenden, so dass sie mit der [Alt]-Taste eingeblendet werden

Eingestellt werden diese speziellen Effekte, in dem Sie in den Desktopeigenschaften auf die Registerkarte DARSTELLUNG wechseln und dort auf EFFEKTE klicken. Es öffnet sich ein Dialogfeld, in dem Sie oben aufgezählten Effekte einstellen.

Besonders herzuheben ist in diesem Zusammenhang die (relativ) neue *ClearType*-Technologie, die über die Option *Kantenglätten von Bildschirmschriftarten* eingestellt wird. Diese Technologie, die von Microsoft ursprünglich für elektronische Lesegeräte entwickelt wurde, sorgt dafür, dass Buchstaben sehr konturenscharf angezeigt werden, was die Lesbarkeit deutlich erhöht. Diese Option sollten Sie immer dann wählen, wenn Sie auf LCD-Bildschirm viele Texte lesen wollen.

3.11 Tipps für den Umgang mit dem Desktop

Auch wenn es sich beim Desktop um eine mehr oder weniger passive Oberfläche handelt, gibt es ein paar Tipps, die zu einem etwas effektiveren Umgang mit dem »Fenster-Schreibtisch« führen[6].

3.11.1 Umschalten auf den Desktop

Über das Symbol *Desktop anzeigen* wird der Desktop ein- und wieder ausgeblendet. Das ist sehr praktisch, da Sie auf diese Weise nicht zunächst Anwendungsfenster verkleinern müssen, um an die Symbole auf dem Desktop heranzukommen.

6 Die Übersetzung für den Begriff »Windows-Desktop«.

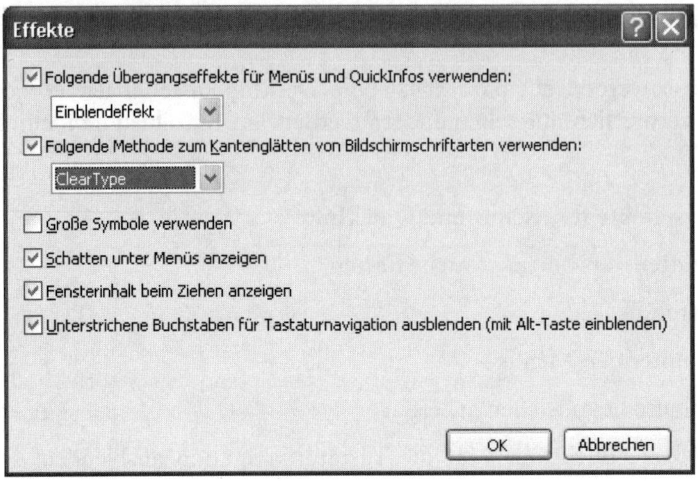

Abbildung 3.11: In diesem Dialogfeld werden die speziellen Desktopeffekte eingestellt

Hinter dem Icon steht eine Desktopkommandodatei. Es handelt sich um eine kleine Textdatei (Erweiterung. *.Scf*), die folgenden Inhalt besitzt:

```
(Shell)
Command=2
Icon File=explorer,3
(Taskbar)
Command=ToggleDesktop
```

Sollte das Icon verloren gehen, müssen Sie eine Textdatei mit diesem Inhalt und der Erweiterung .SCF in das Verzeichnis USERPROFILE\ANWENDUNGSDATEN\MICROSOFT\INTERNET EXPLORER\QUICK LAUNCH einfügen.

3.11.2 Die Eigenschaften des Desktops

Wie jedes Objekt in der Windows-Welt besitzt auch der Desktop Eigenschaften. Sie werden durch Anklicken der Desktop-Oberfläche mit der sekundären Maustaste und Auswahl von EIGENSCHAFTEN eingestellt. Es öffnet sich das gleiche Eigenschaftendialogfeld, das auch über das Applet ANZEIGE der Systemsteuerung geöffnet wird, und wo sich unter anderem der Bildschirmhintergrund auswählen oder die Auflösung einstellen lässt.

3.11.3 Wo sind die Symbole geblieben?

Erfahrene Windows-Anwender werden der neuen Sicht des Desktops bei Windows XP vermutlich mit gemischten Gefühlen gegenüberstehen. So schön es ist, auf einen aufgeräumten Desktop zu blicken, so lästig ist es, sich für das Öffnen des Gerätemanagers oder der Eigenschaften der Netzwerkumgebung jedes Mal durch Startmenüeinträge und Ordner hindurchklicken zu müssen. Es gibt einen einfachen Tipp für alle, die die neue Sicht beibehalten möchten. Legen Sie für jedes wichtige Symbol eine Verknüpfung in der Schnellstartleiste an (die allerdings erst einmal sichtbar gemacht werden muss, was durch Anklicken der Taskleiste mit der sekundären Maustaste und SYMBOLLEISTEN/SCHNELLSTART geschieht). Auf diese Weise sind alle wichtigen Einrichtungen, wie z.B. der Gerätemanager, nur einen Mausklick entfernt.

3.11.4 Programmeinträge im Startmenü vornehmen

Um ein beliebiges Programm direkt über das Startmenü aufrufen zu können gibt es eine etwas umständliche und eine sehr einfache Methode. Die umständliche Methode würde darin bestehen, das Verzeichnis zu öffnen, in dem sich die im Startmenü angezeigten Verknüpfungen befinden, und dort eine weitere Verknüpfung anzulegen. Die einfache Methode besteht darin, die Möglichkeiten der Benutzeroberfläche zu nutzen. Derer gibt es gleich zwei:

- Ziehen Sie ein beliebiges Programmsymbol mit der sekundären Maustaste auf die Startschaltfläche. Sie werden feststellen, dass sich kurz danach das Startmenü öffnet. Lassen Sie das Programmsymbol noch nicht los, sondern bewegen Sie es an jene Position, an der es eingefügt werden soll. Soll es Teil eines Untermenüs werden, bewegen Sie das Symbol über den Menüeintrag. Sie werden feststellen, dass sich auch dieses Menü öffnet. Dort, wo das Einfügen des Symbols möglich ist, wird ein schwarzer waagrechter Balken angezeigt. Nach dem Loslassen des Symbols im PROGRAMME-Menü erscheint eine Auswahlliste, aus der Sie den Eintrag VERKNÜPFUNGEN HIER ERSTELLEN wählen sollten. Wird ein Kreis mit einem diagonalen Balken angezeigt, bedeutet dies, dass sich das Symbol an der Stelle nicht anlegen lässt.
- Programmdateien besitzen in ihrem Kontextmenü den Eintrag AN STARTMENÜ HEFTEN. Wählen Sie diesen Eintrag, erscheint eine Verknüpfung auf dieses Programm in der linken Spalte des Startmenüs. Einfacher geht es vermutlich nicht mehr. Soll der Eintrag wieder verschwinden, wählen Sie den Eintrag VOM STARTMENÜ LÖSEN entweder im Kontextmenü des Startmenüeintrags oder in dem des Programmdateisymbols.

Abbildung 3.12: Über den Eintrag An Startmenü heften wird eine Programmdatei direkt in das Startmenü befördert

4 Die Ordnerfenster

Beim Arbeiten mit der Benutzeroberfläche stehen die Ordnerfenster im Mittelpunkt. Sie sind die universellen »Betrachter« für die unzähligen Ordner (Verzeichnisse) auf den Laufwerken des Computers und die vielen anderen »Behälter«, in denen z.B. die angelegten DFÜ-Verbindungen, die Laufwerke des Computers, die Applets der Systemsteuerung oder auch der Inhalt einer komprimierten Datei angezeigt werden. Unabhängig davon, was ein Ordner anzeigt, er ist stets gleich aufgebaut und wird auch auf die gleiche Weise bedient. Das macht den Umgang mit der Benutzeroberfläche relativ einfach und gestaltet ihn sehr angenehm.

Bei Windows XP hat sich im Vergleich zu Windows 9x zwar nichts am Prinzip der Ordnerfenster geändert. Allerdings wurden die Ordnerfenster einmal komplett »umgekrempelt«, was sich an vielen Kleinigkeiten, wie neuen Explorerleisten, geänderten Menüs, neuen Optionen und vor allem neuen Ansichtsmodi, wie etwa einer attraktiven Vorschau für Bilder oder Ordnersymbolen, in denen eine Vorschau auf den Ordnerinhalt enthalten ist, bemerkbar macht.

Die Themen dieses Kapitels:

- Überblick über die Ordnertypen
- Anatomie eines Ordnerfensters
- Die Elemente eines Ordnerfensters
- Die verschiedenen Ordneransichten
- Ordnerhierarchie und Laufwerkshierarchie
- Die Ordnerliste für die hierarchische Explorer-Darstellung
- Einstellen von Ordneroptionen
- Tipps für den Umgang mit Ordnern

4.1 Überblick über die Ordnertypen

Alle Ordner sehen zwar prinzipiell gleich aus, es ist jedoch nicht immer das gleiche drin. Windows kennt vielmehr verschiedene Typen von Ordnern:

- Dateiordner
- Systemordner
- Die Symbolleistenordner
- »Spezialordner«

Die aufgezählten Ordnertypen besitzen zwar geringfügige Unterschiede (sie können auch verschiedene Symbole besitzen), sie sind sich aber bezüglich ihres Aufbaus und ihrer Bedienung so ähnlich, dass die Verallgemeinerung »Alle Ordner sind gleich« nicht völlig deplaziert ist. Der wichtigste Ordnertyp ist der *Dateiordner*, in dem die Dateien und Unterverzeichnisse eines Verzeichnisses angezeigt werden, das physikalisch auf einem Laufwerk vorhanden ist. Auch die *Systemordner* sind Dateiordner, nur dass der Pfad des physikalischen Verzeichnisses, das hinter diesem Ordner steht, von Installation zu Installation verschieden sein kann. Ein Beispiel ist der *System32*-Ordner, dessen genauer Pfad von dem Pfad des übergeordneten Windows-Ordners abhängt, dessen Name wiederum bei der Installation geändert werden kann. Ein anderes Beispiel ist der Papierkorb, für den sogar auf jedem Laufwerk ein Verzeichnis mit dem Namen *Recycled* existiert.

Die *Symbolleistenordner* sind dagegen eine recht sonderbare Spezies. Sie treten selten direkt in Erscheinung, verhalten sich aber wie Ordner, so dass sie nicht unerwähnt bleiben sollen. Ein solcher Ordner entsteht, indem Sie eine Symbolleiste von der Taskleiste auf den Desktop ziehen oder (und diese Variante ist wirklich ein wenig seltsam) ein Ordnerfenstersymbol an den Bildschirmrand ziehen und dort ablegen. Das Ergebnis ist bei a) ein neues Ordnerfenster (allerdings sehr minimalistisch ohne Symbolleisten und dergleichen) und bei b) zusätzlich eine neue Symbolleiste.

Abbildung 4.1: Symbolleistenordner zeigen den Inhalt einer Symbolleiste der Taskleiste an

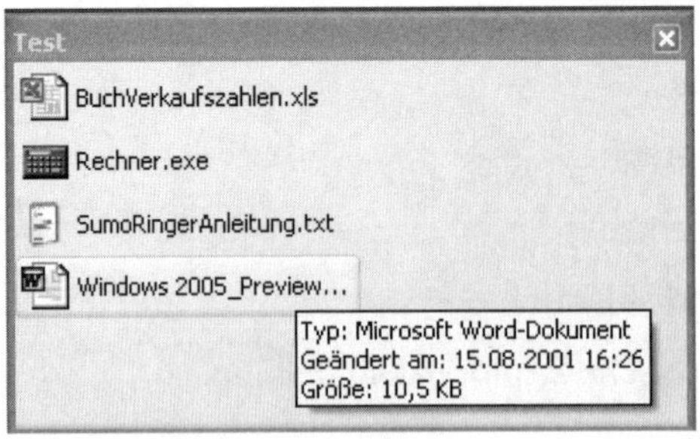

Schließlich wären da noch die Spezialordner. An ihnen ist spezial, dass sie keinem Verzeichnis auf einem Laufwerk entsprechen. Es handelt sich um »virtuelle« Ordner. Beispiele für Spezialordner sind die Systemsteuerung oder die Netzwerkumgebung. Auch der Inhalt einer Zip-Datei wird bei Windows XP in einem Ordnerfenster angezeigt, obwohl es nur eine Datei, nicht aber ein Verzeichnis gibt. Die Spezialordner verhalten sich zwar grundsätzlich wie »normale« Ordner, sie besitzen allerdings geringfügige Unterschiede im Aufbau der Symbolleiste und bezüglich der in den Menüs enthaltenen Befehle.

Egal, welchen Inhalt ein Ordnerfenster anzeigt, die Benutzeroberfläche behandelt sie alle gleich. Ob real oder virtuell, (fast) alle Ordner sind Teil einer großen Hierarchie (auch Namensraum, engl. »namespace« genannt). Diese Hierarchie können Sie sich jederzeit ansehen, in dem Sie in einem beliebigen Ordnerfenster den Menübefehl ANSICHT/EXPLORER-LEISTE/ORDNER ausführen. Es öffnet sich ein Ordnerfenster, in dem die komplette Ordnerhierarchie abgebildet wird. Es ist zu erkennen, dass diese beim Desktop beginnt und sich über den Arbeitsplatz in die einzelnen Laufwerke fortsetzt und z.B. auch die Netzwerkumgebung und die Systemsteuerung umfasst. Diese Vereinheitlichung ist eines der Pluspunkte von Windows.

4.2 Anatomie eines Ordnerfensters

Unter dieser vielversprechenden Zwischenüberschrift verbirgt sich nichts anderes als eine kurze Übersicht über die stets vorhandenen »Griffe« eines Ordnerfensters. Dabei geht es aber nicht um das Fenster selbst, sondern um die verschiedenen Bedienelemente. Im Einzelnen handelt es sich um:

- Die Titelleiste
- Die Symbolleiste
- Die Menüleiste
- Die Adressleiste
- Die Statusleiste
- Die Innenfläche

und die (mit Windows XP eingeführten)

- Aufgabenlisten

4.2.1 Die Titelleiste

Wird nichts anderes vereinbart, enthält die Titelleiste lediglich den Namen des Ordners, der bei einem Dateiordner dem Verzeichnisnamen entspricht. Möchte man den kompletten Pfad eines Dateiordners sehen, muss die Option *Vollständigen Pfad in der Titelleiste anzeigen* in den Ordneroptionen im Register ANSICHT aktiviert werden (siehe Kapitel 4.6). Diese Einstellung ist im Allgemeinen zu empfehlen, da der komplette Pfad eine gute Orientierung darstellt. Die Einstellung gilt global für alle angezeigten Ordner.

Abbildung 4.2: Die Titelleiste eines Dateiordnerfensters kann auch den vollständigen Pfadnamen enthalten

4.2.2 Die Symbolleiste

Jedes Ordnerfenster besitzt standardmäßig eine Symbolleiste. Diese besitzt nicht nur eine gewisse Ähnlichkeit mit der Symbolleiste des Internet Explorers, es ist die Symbolleiste des Internet Explorers, da dieser bereits mit Windows 98 mit den normalen Ordnerfenstern vereinigt wurde. Das bedeutet für die Praxis, dass Sie sich in der Ordnerhierarchie auf ähnliche Weise bewegen wie in der Hierarchie der Seiten einer Web-Site im *World Wide Web*. Möchten Sie in den Ordner wechseln, der sich in der Hierarchie auf der nächst höheren Ebene befindet, klicken Sie auf AUFWÄRTS. Möchten Sie wieder in den Ordner zurück, der zuletzt angezeigt wurde, klicken Sie auf ZURÜCK. Diese Form der Ordnernavigation ist in der Regel sehr viel praktischer als jene, bei der ein Ordner direkt aus der Hierarchie ausgewählt wird.

Tabelle 4.1: Die Symbolleiste eines Ordnerfensters und die Bedeutung der wichtigsten Schaltflächen

Symbol	Bedeutung
	Ruft in der Liste der bereits geöffneten Ordnerfenster den in der Reihenfolge davor stehenden Ordner wieder auf.
	Ruft in der Liste der bereits geöffneten Ordnerfenster den in der Reihenfolge nachfolgenden Ordner wieder auf.
	Zeigt den Inhalt des übergeordneten Ordners in dem Ordnerfenster an.
	Öffnet bzw. schließt die Suchen-Explorerleiste.
	Öffnet bzw. schließt die Ordner-Explorerleiste (Explorer-Ansicht).
	Öffnet bzw. schließt die Verlauf-Leiste.
	Verschiebt die markierten Objekte in einen anderen Ordner.
	Kopiert die markierten Objekte in einen anderen Ordner.

Tabelle 4.1: Die Symbolleiste eines Ordnerfensters und die Bedeutung der wichtigsten Schaltflächen (Forts.)

Symbol	Bedeutung
	Schneidet die markierten Objekte aus und überträgt sie in die Zwischenablage.
	Kopiert die markierten Objekte und überträgt sie in die Zwischenablage.
	Fügt die in der Zwischenablage enthaltenen Objekte in den Ordner ein.
	Macht die letzte Aktion im Ordnerfenster rückgängig.
	Löscht die markierten Objekte.
	Öffnet das Eigenschaftsdialogfeld des in dem Ordnerfenster aktuell selektierten Objekts bzw. der selektierten Objekte (in diesem Fall werden die Gesamtgröße und alle Eigenschaften angezeigt, die alle Objekte gemeinsam aufweisen).
	Öffnet eine Auswahlliste zum Einstellen der Ordneransicht.

Das Geheimnis der Symbolleiste eines Ordnerfensters besteht darin, dass diese »in Wirklichkeit« nur eine Fläche darstellt, in der sich einzelne Symbolleisten und die Menüleiste bewegen. Über den Menübefehl ANSICHT/SYMBOLLEISTEN stellen Sie ein, welche der drei Symbolleisten (Standard, Adressleiste, Links) angezeigt werden. Die wichtigste Symbolleiste ist die Standardsymbolleiste. Ihre Zusammensetzung wird über den Menübefehl ANSICHT/SYMBOLLEISTEN/ANPASSEN festgelegt.

:-) TIPP

Über den Menübefehl ANSICHT/SYMBOLLEISTEN/SYMBOLLEISTEN FIXIEREN *wird eingestellt, dass sich die Symbolleisten nicht verschieben lassen. Wird diese Option deaktiviert, erhalten die Symbolleisten am linken Rand einen kleinen Griff, über den sie sich verschieben lassen.*

4.2.3 Die Menüleiste

In den Menüs eines Ordnerfensters sind alle Befehle enthalten, die mit dem Ordnerfenster und seinem Inhalt durchgeführt werden können. Allerdings übernehmen die Menüs in erster Linie eine Ersatzfunktion, da die wichtigsten Befehle zum einen über die Symbolleiste angeboten werden und zum anderen meistens schneller mit den Kontextmenüs der einzelnen Objekte, über Tastenshortcuts oder direkt mit der Maus durchgeführt werden können. Anstatt für das Kopieren einer Datei den Befehl KOPIEREN aus dem BEARBEITEN-Menü auszuwählen ist es für den geübten Benutzer einfacher, Tastenkombination [Strg] + [C] zu betätigen oder das Dateisymbol mit der Maus an die gewünschte Destination zu ziehen. Lediglich für das Einstellen der Ordneroptionen muss stets das ANSICHT-Menü geöffnet werden, denn dafür gibt es leider weder ein Symbol in der Symbolleiste, noch einen Tastenshortcut.

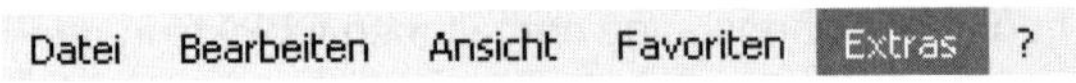

Abbildung 4.3: Die Menüleiste eines Ordnerfensters enthält stets die gleichen Menüs

:-) TIPP

Alle Menüs der Menüleiste lassen sich über einen Tastenshortcut öffnen (etwa [Alt] + [D] *für das* DATEI-*Menü). Die passenden Buchstaben werden mit dem Drücken der* [Alt]*-Taste sichtbar. Sollen sie permanent sichtbar sein, muss die Option* Unterstrichene Buchstaben für Tastaturnavigation ausblenden (mit [Alt]-Taste einblenden) *im Register* DARSTELLUNG/*Schaltfläche* EFFEKTE *im Eigenschaftendialog des Desktops deaktiviert werden.*

Das Datei-Menü

Das DATEI-Menü besitzt ebenfalls eine Alibifunktion, denn sein Inhalt steht auch über das Kontextmenü der aktuell selektierten Datei zur Verfügung.

Das Bearbeiten-Menü

Auch das BEARBEITEN-Menü wäre nicht zwingend notwendig, da sich seine Befehle im Allgemeinen schneller über die Tastatur ausführen lassen. Eine Ausnahme ist der Befehl MARKIERUNG UMDREHEN, der oft übersehen wird. Er dreht, wie es der Name bereits andeutet, die aktuell getroffene Selektierung um, was immer dann praktisch ist wenn es zu umständlich wäre, die Objekte, um die es gehen soll, einzeln zu selektieren. In diesem Fall selektiert man zunächst die Objekte, die eigentlich nicht selektiert werden sollen, und dreht anschließend die Selektierung um.

Bemerkenswert ist der RÜCKGÄNGIG-Befehl, mit dem Sie verpatzte Dateioperationen rückgängig machen können.

NEU

Anders als bei Windows 9x lassen sich auch mehrere Operationen rückgängig machen und nicht mehr nur die zuletzt durchgeführte Operation.

Das Ansicht-Menü

Dies ist das wichtigste Menü der Menüleiste. Folgende Einstellungen werden in diesem Menü vorgenommen:

- Die verschiedenen Ansichtsmodi, die in einem Ordnerfenster zur Verfügung stehen (mehr zu diesem Thema in Kapitel 4.4).
- Welche Symbol- und Explorerleisten angezeigt werden.
- Ob die Statusleiste angezeigt wird.
- Nach welchen Kriterien die Objekte im Innenbereich des Ordnerfensters sortiert werden.
- Die Spalten, die in der Detailansicht angezeigt werden.

Diesen Hinweis werden Sie auch an anderen Stellen des Buches lesen. Was in einem Ordnerfenster angezeigt wird und was nicht, hängt auch davon ab, ob in den Ordneroptionen eingestellt wurde, dass geschützte Dateien und versteckte Dateien und Ordner ausgeblendet werden.

:-) TIPP

Das Favoriten-Menü

Ein *Favorit* ist eine Verknüpfung, z.B. auf eine Internetseite. Da aber nichts dagegen spricht, die Verknüpfung auch auf »normale« Ordner einzurichten, passt das FAVORITEN-Menü auch in ein normales Ordnerfenster. Favoriten sind in diesem Zusammenhang einfache Navigationshilfen.

Das Extras-Menü

In diesem Menü befindet sich nur ein wichtiger Eintrag, der Eintrag ORDNEROPTIONEN, über den die Ordneroptionen aufgerufen werden. Das Verbinden und Trennen von Netzwerklaufwerken sollte in der Netzwerkumgebung erfolgen, das Synchronisieren von Ordnern dürfte nur selten eine Rolle spielen.

Im Unterschied zu Windows 9x werden die Ordneroptionen nicht mehr über das ANSICHT*-Menü aufgerufen.*

NEU

4.2.4 Die Adressleiste

Über die Adressleiste wird direkt festgelegt, welches Verzeichnis oder welche Webseite in dem Ordnerfenster angezeigt werden. Ob die Adressleiste nur den Ordnernamen oder den vollständigen Pfad anzeigt, wird in den Ordneroptionen eingestellt.

Abbildung 4.4: In der Adressliste wird die Adresse des anzuzeigenden Ordners festgelegt

:-) TIPP

Das Symbol links neben dem Ordnerpfad kann sowohl mit der primären als auch der sekundären Maustaste gezogen werden, um durch Ablegen »irgendwo« (z.B. auf dem Desktop) eine Verknüpfung auf den Ordner anzulegen.

Das Anklicken des rechten Pfeilsymbols öffnet eine Liste, in der Sie die hierarchische Struktur der bisher »besuchten« Ordner wieder finden. Durch Auswahl eines Listeneintrags wird der Inhalt des gewählten Objekts in dem Ordnerfenster dargestellt.

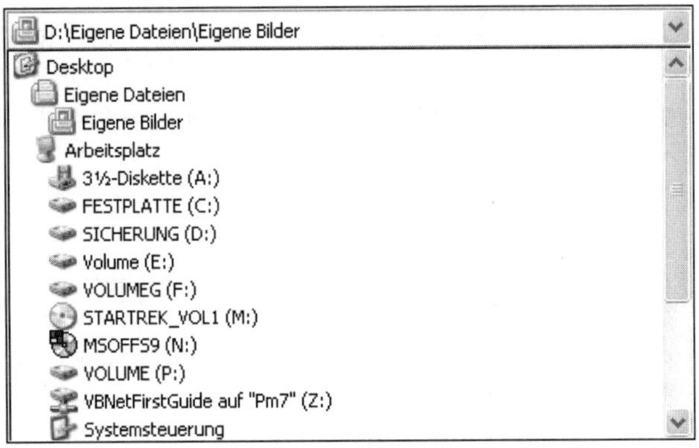

Abbildung 4.5: Über die Adressleiste kann ein Ordner in der Ordnerhierarchie ausgewählt werden

4.2.5 Die Statusleiste eines Ordnerfensters

Die Statusleiste zeigt, sofern Sie über den Eintrag STATUSLEISTE im ANSICHT-Menü aktiviert wurde, entweder die Anzahl der in einem Ordnerfenster enthaltenen Objekte oder die Anzahl der markierten Objekte an. Zusätzlich wird in einer weiteren Spalte die Gesamtgröße der enthaltenen bzw. markierten Dateien in Byte, Kbyte oder Mbyte aufgeführt (KB = Kilobyte = 1024 Byte, MB = Megabyte = 1.048.576 Byte). Sollte die erste Spalte den Zusatz *»n versteckt«* enthalten bedeutet dies, dass *n* Objekte das Attribut *Versteckt* besitzen und daher nicht angezeigt werden. Über die Ordneroptionen können Sie erreichen, dass auch diese Objekte angezeigt werden (siehe Kapitel 4.6).

Bei der Größenangabe ist zu beachten, dass diese die »wahre« Größe der Dateien angibt aber nicht den Platz, den diese Dateien tatsächlich belegen. Der Grund für diese Diskrepanz liegt in dem bekannten Umstand, dass eine Datei auf einem Laufwerk stets ein Vielfaches der Größe einer Zuordnungseinheit belegt. Die »tatsächliche« Größe erhalten Sie im Eigenschaftsdialogfeld, indem Sie alle Dateien markieren, eine Datei mit der sekundären Maustaste anklicken und den Eintrag EIGENSCHAFTEN wählen. Sie finden im Eigenschaftendialogfeld unterhalb der Größenangabe die Angabe Größe auf Datenträger. Die Größe eines Verzeichnisses wird nicht in die angezeigte

Größe einbezogen. Möchten Sie wissen, wie viele Bytes ein Verzeichnis belegt, erfahren Sie dies im Eigenschaftsdialogfeld des Verzeichnisses.

Zusätzlich zur Größenangabe finden Sie in der rechten Spalte der Statuszeile den ominösen Hinweis »Arbeitsplatz«. Hierbei handelt es sich um die sog. *Sicherheitszone*, in der sich der angezeigte Ordnerinhalt befindet. Prinzipiell ist es nämlich möglich, verschiedenen Web-Seiten verschiedene Sicherheitszonen zuzuordnen, um so zu erreichen, dass beim Aufruf einer Web-Seite automatisch bestimmte Sicherheitseinstellungen wirksam werden. Für Ordnerfenster hat dies jedoch keine Bedeutung.

Ein Doppelklick (!) auf das Symbol vor dem Namen der Sicherheitszone öffnet den Dialog mit den Sicherheitseinstellungen des Internet Explorer.

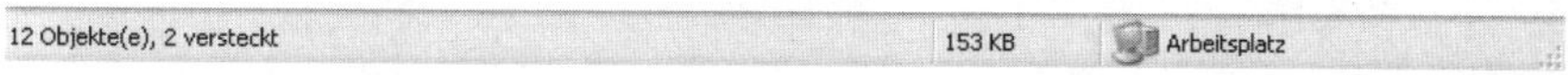

Abbildung 4.6: Die Statusleiste verrät, wie viele Objekte in dem Ordner enthalten sind oder markiert wurden

Der Hinweis auf versteckte Objekte (das heißt Ordner und Dateien) erscheint nur wenn diese über die Ordneroptionen nicht angezeigt werden.

4.2.6 Die Innenfläche eines Ordnerfensters

Auch die Innenfläche eines Ordnerfensters ist ein aktiver Bestandteil, denn über das Kontextmenü stehen eine Reihe häufig durchzuführender Operationen zur Auswahl. Streng genommen besitzt ein Ordnerfenster mehrere Kontextmenüs. Klicken Sie auf die Titelleiste, wird das Systemmenü angezeigt. Klicken Sie dagegen auf das Ordnersymbol in der linken Ecke der Titelleiste, erscheint das »wahre« Kontextmenü des Ordners (nicht des Ordnerfensters).

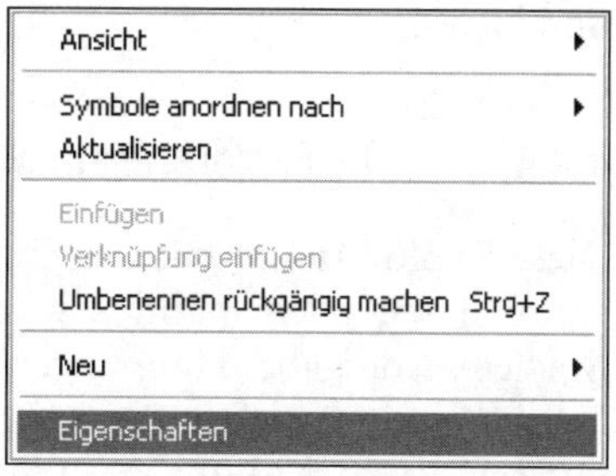

Abbildung 4.7: Das Kontextmenü der Innenfläche eines Ordnerfensters fasst die wichtigsten Befehle für den Ordner zusammen

4.3 Die Explorerleisten

Explorerleisten sind kleine Fenster, die nur in einem Ordnerfenster existieren können und in der Regel auf der linken Seite eingeblendet werden. Das macht sie zu sehr praktischen Erweiterungen, da sie ein Ordnerfenster funktional erweitern, ohne aber die Ansicht komplett zu verändern. Die Explorerleisten werden über den Menübefehl ANSICHT/EXPLORERLEISTE ausgewählt. Folgende Leisten stehen bei Windows XP zur Auswahl:

- Suchen [Strg] + [E] oder [F3]
- Favoriten [Strg] + [I]
- Verlauf [Strg] + [H]
- Media
- Kontakte
- Ordner

4.3.1 Die Explorerleiste Suchen (Strg) + (E) oder (F3)

Diese Explorerleiste ist das Suchenfenster, das bei der Suche nach Ordnern, Dateien oder anderen Dingen benutzt wird. Es wird in Kapitel 5 besprochen.

4.3.2 Die Explorerleiste Favoriten (Strg) + (I)

Hinter dieser Explorerleiste steckt die Favoritenverwaltung, die hauptsächlich im Zusammenhang mit dem Internet Explorer eine Rolle spielt.

4.3.3 Die Explorerleiste Verlauf (Strg) + (H)

Hinter dieser Explorerleiste steckt der Verlaufsordner, der die in den letzten Tagen und Wochen besuchten Webseiten, aber, in der Kategorie *Arbeitsplatz*, auch die geöffneten Ordner auflistet und sogar eine kleine Suchfunktion bietet.

4.3.4 Die Explorerleiste Media

Diese Explorerleiste mit dem vielversprechenden Namen enthält eine schicke und vor allem nahtlos in den Fensterrahmen integrierte Version der Medienwiedergabe. Hauptzweck dieser Explorerleiste ist es, über eine Verbindung zum Internet die Microsoft-Medienwebseite aufzurufen, auf der unter anderem Radioprogramme und Musiktitel zum Download angeboten werden.

4.3.5 Kontakte

Hinter dieser eher unscheinbaren Explorerleiste steckt eine Menge Funktionalität. Nicht nur, dass hier der Inhalt des Adressbuchs von Windows XP aufgelistet wird, den aufgelisteten Personen können aus dem Fenster heraus E-Mail- oder Kurznachrichten gesandt werden. Außerdem ist eine Anmeldung am Microsoft Passport-Authentifizierungsservice möglich, durch den der Anmender online »angemeldet« wird, so dass ihn andere Menschen, die sich ebenfalls über Passport angemeldet haben, finden können. Diese Funktionalität steht außerhalb eines Ordnerfensters über das Zubehörprogramm Messenger zur Verfügung.

4.3.6 Ordner

Die Ordner-Explorerleiste schaltet die hierarchische Darstellung der Ordner im Namensraum des Computers ein oder aus. Mehr dazu in Kapitel 4.5.

4.3.7 Tipps und Tricks

Diese nette Erweiterung bringt den Tipp des Tages aus den Zeiten von Windows 95 zurück.[1]

Abbildung 4.8: Die Explorerleiste Tipps und Tricks blendet im unteren Bereich eines Ordnerfensters mehr oder weniger nützliche Tipps ein

4.3.8 Diskussionen

Diese Explorerleiste setzt auf den mit Microsoft Office 2000 eingeführten Office Server-Erweiterungen auf, die mit Microsoft Office XP in Share Point Team Services umbenannt wurden. Da es kein offizieller Teil von Windows XP ist, wird diese Explorerleiste nur der Vollständigkeit halber erwähnt.

1 Damals hieß es natürlich noch »Tip des Tages«.

4.4 Die verschiedenen Ordneransichten

Wir kommen zu einem angenehmen Thema, denn die Palette der bei Windows XP zur Auswahl stehenden Ordneransichten wurde deutlich erweitert. Folgende Ansichtsmodi, die über das ANSICHT-Menü für ein einzelnes Ordnerfenster eingestellt werden, stehen zur Auswahl:

- Miniaturansicht
- Kacheln
- Symbole
- Liste
- Details
- Filmstreifen (nur im Ordner *Eigene Bilder* bzw. jedem Ordner, der über ANSICHT/ORDNER ANPASSEN diese Ansicht erhalten hat, verfügbar)

4.4.1 Miniaturansicht

In der Miniaturansicht wird jedes Objekt (Ordner oder Datei) durch ein überdimensioniertes Symbol dargestellt. Diese Ansicht ist vor allem für Bilddateien interessant, da jede Datei in einer kleinen Vorschau angezeigt wird, wenngleich die Ansicht *Filmstreifen* aufgrund ihrer zusätzlichen Möglichkeiten deutlich attraktiver ist.

Die in der *Filmstreifen*-Ansicht über Schaltflächen angebotenen Funktionen, wie z.B. Drehen, stehen teilweise im Kontextmenü einer Bilddatei zur Verfügung.

4.4.2 Kacheln

In der Kachelnansicht werden die einzelnen Objekte durch etwas größere Symbole dargestellt als in der Symbolansicht, so dass zusätzliche Informationen zu einer Datei (bei Bilddateien z.B. die Auflösung) angezeigt werden können (siehe Abbildung 4.10).

4.4.3 Symbole

Die Symbolansicht ist in Anbetracht der übrigen Modi relativ unspektakulär. Jedes Objekt wird durch ein (kleines) Symbol angezeigt, allerdings ohne zusätzliche Informationen (siehe Abbildung 4.11).

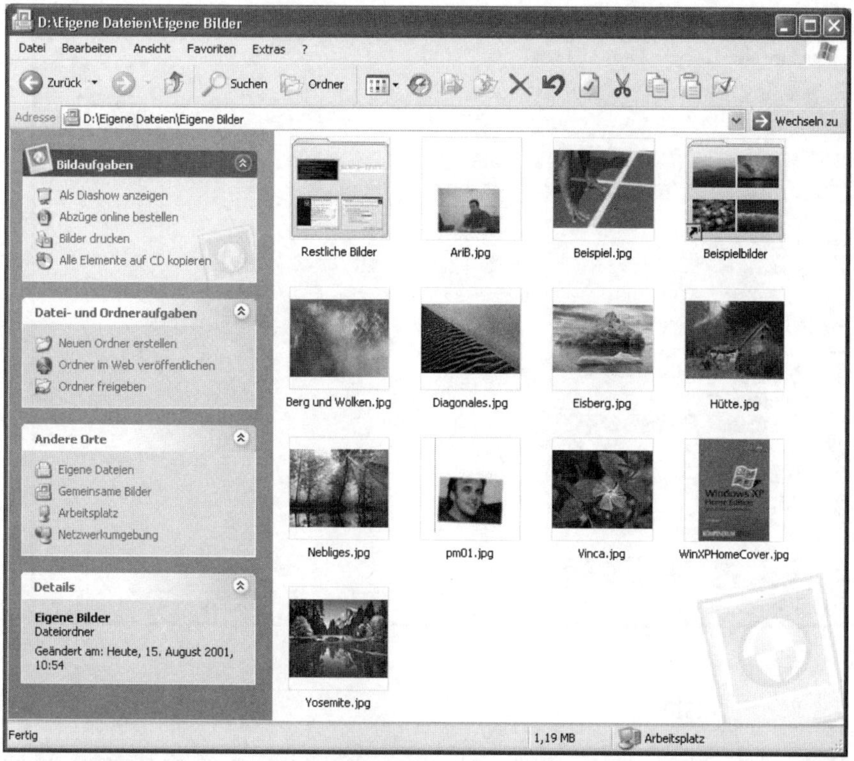

Abbildung 4.9: In der Miniaturansicht wird jedes Objekt durch ein überdimensioniertes Symbol dargestellt

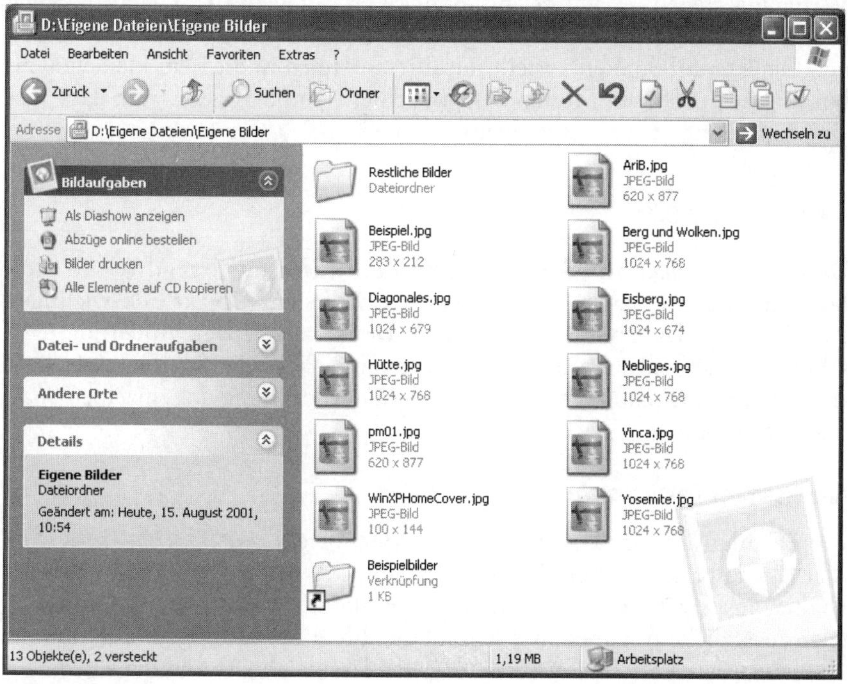

Abbildung 4.10: In der Kachelnansicht werden zu den Dateisymbolen zusätzliche Informationen angezeigt

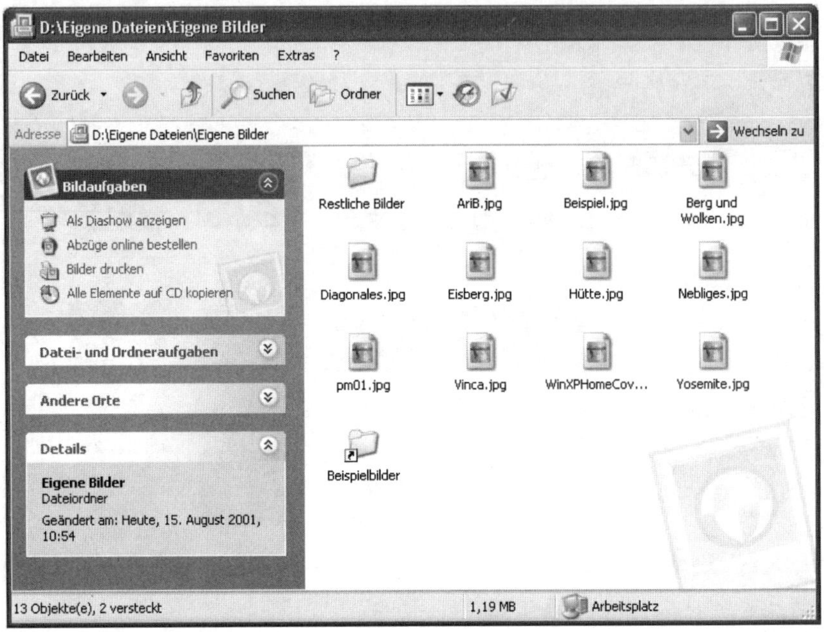

Abbildung 4.11: In der Symbolansicht wird jedes Objekt durch ein kleines Symbol dargestellt

4.4.4 Liste

Dieser Ansichtsmodus dürfte lediglich aus »historischen« Gründen noch zur Verfügung stehen (er wurde mit Windows 95 eingeführt), hat aber streng genommen keine Daseinsberechtigung. In diesem Modus werden die einzelnen Objekte auf Spalten verteilt mit ihrem Namen und einem kleinen Symbol angezeigt. Dieser Modus entspricht der Symbolansicht, nur dass hier eine Aufteilung in Spalten vorgenommen wird.

4.4.5 Details

Dies ist der Ansichtsmodus für »echte Kerle«. Anstatt irgendwelche Symbole interpretieren zu müssen, erscheinen zu jedem Objekt alle wichtigen Angaben, wie Dateiname, Größe, Typ, Datum der letzten Änderung usw. schön übersichtlich nebeneinander aufgereiht. Über die Spaltenköpfe lässt sich z.B. die Spaltenbreite einstellen oder die Anordnung der einzelnen Spalten vertauschen.

Anpassen der Detailansicht

Die Detailansicht lässt sich über den Menübefehl ANSICHT/DETAILS AUSWÄHLEN anpassen. Es erscheint ein Dialogfeld, in dem die anzuzeigenden Spalten ausgewählt werden. Das ist sehr praktisch, da sich so für Mediendateien zusätzliche Angaben, wie Anzahl der Bilder oder Klangqualität und für Dokumentdateien z.B. der Autor anzeigen lässt (siehe Abbildung 4.13).

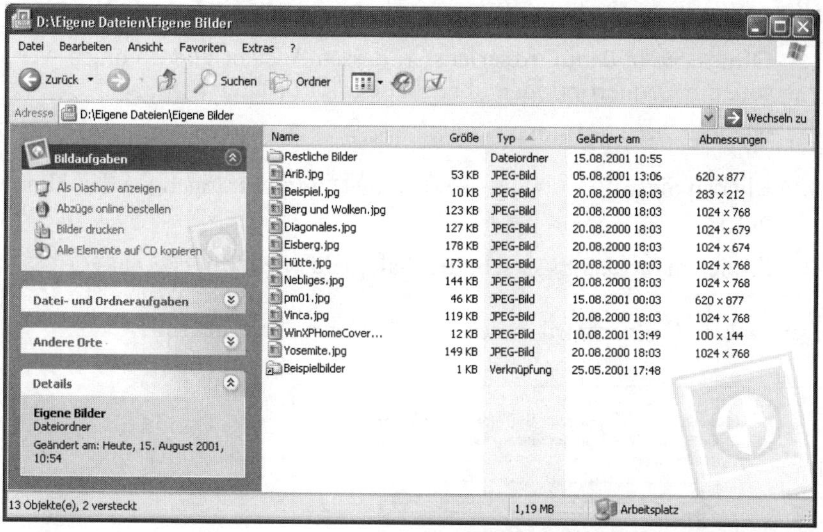

Abbildung 4.12: In der Detailsansicht werden die wichtigsten Daten eines Objekts auf Spalten verteilt angezeigt

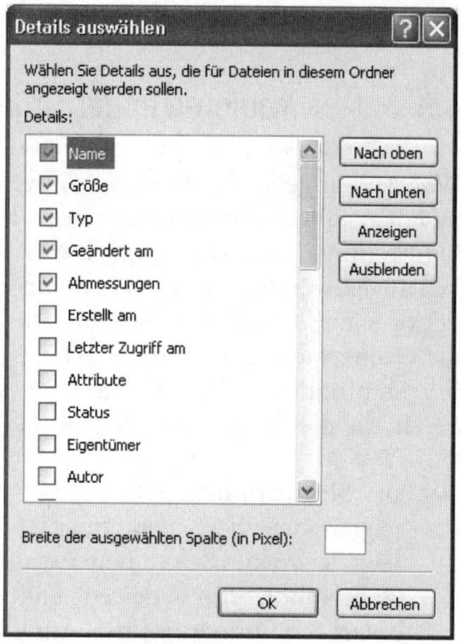

Abbildung 4.13: In diesem Dialogfeld wird eingestellt, welche Spalten in der Detailsansicht erscheinen sollen

4.4.6 Eine Ordneransicht für andere Ordner übertragen

Normalerweise gilt jede Ordneransicht nur für jenen Ordner, in der sie ausgewählt wurde. Das ist auch gut so, denn so lassen sich für jedes Ordnerfenster individuelle Einstellungen treffen. Manchmal ist es jedoch gewünscht, dass eine für ein Ordnerfenster getroffene Ansicht auch für alle übrigen Ordnerfenster übernommen wird. Dies kann über die Ordneroptionen erreicht werden.

Übertragen einer Ordneransicht auf alle geöffneten Ordnerfenster

STEP

1. Öffnen Sie in dem Ordnerfenster, dessen Ansicht übernommen werden soll, die Ordneroptionen über EXTRAS/ORDNEROPTIONEN.
2. Wechseln Sie in das Register ANSICHT.
3. Klicken Sie auf FÜR ALLE ÜBERNEHMEN und bestätigen Sie den Hinweis mit JA.
4. Schließen Sie das Eigenschaftendialogfeld wieder über ABBRECHEN.

Der nächste Ordner wird in der verordneten Ansicht geöffnet.

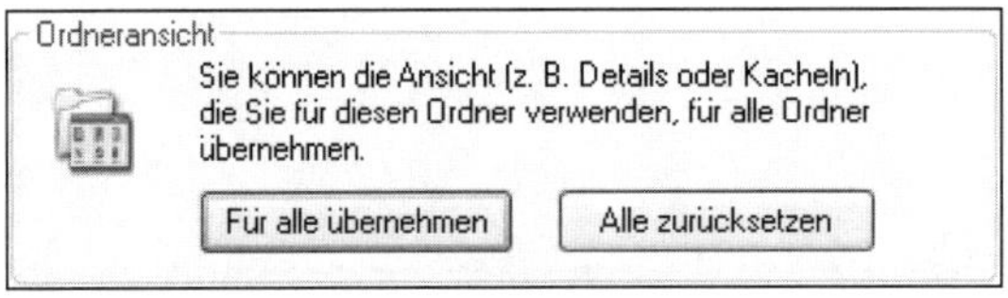

Abbildung 4.14: Über die Schaltfläche Für alle übernehmen wird die aktuelle Ansicht auf alle zu öffnenden Ordnerfenster übertragen

4.5 Navigieren in der Ordnerhierarchie

Während angehende Windows-Anwender in der Regel froh sind, wenn Sie mit dem (am Anfang zugegeben recht verwirrenden) Konzept der Ordner klar kommen und eine »irgendwo« abgespeicherte Datei auch ohne stundenlanges, verzweifeltes Suchen wiederfinden, kann es erfahrenen Anwender oft nicht schnell genug gehen. Das umständliche Hindurchklicken durch die Ordnerhierarchie, um eine Datei zu finden, wird beinahe als unzumutbar empfunden.[2] Zum Glück hält Windows XP ein paar Abkürzungen bereit, die die Wege durch das Ordnerlabyrinth deutlich abkürzen:

- Die Navigationsknöpfe *Zurück* und *Vor*, durch die die bereits angezeigten, wie bei einem Internet-Browser, Ordnerfenster erneut angezeigt werden. Beide Navigationsknöpfe besitzen rechts ein kleines Pfeilsymbol, durch dessen Anklicken sich eine Liste mit den zuletzt besuchten Ordnern öffnet. Auf diese Weise lässt sich ein Ordner gezielt aufrufen, ohne die Liste der bereits besuchten Ordner hindurchklicken zu müssen.
- Der *Aufwärts*-Knopf kann über die [←]-Taste abgekürzt werden.
- Den Navigationsknopf *Aufwärts*, der den Ordnerinhalt (bis hinauf zum Desktopordner als oberstes Element) auf der nächsten höheren Ebene bezogen auf die Ordnerhierarchie anzeigt. Denken Sie daran, dass Sie über den *Zurück*-Knopf genauso schnell wieder zurückgelangen.

2 Was es aus einem bestimmten Blickwinkel betrachtet auch ist.

- Über die Ordnerauswahlliste im Adressfeld (sie wird am schnellsten über [Strg] + [F4] geöffnet).
- Über die Explorerleiste Verlauf [Strg] + [H], die über den Eintrag *Arbeitsplatz* die in den letzten Tagen und Wochen geöffneten Dateien und Dokumente auflistet. Diese Option ist dann empfehlenswert, wenn ein Dokument gesucht wird, das vor einigen Tagen geöffnet wurde, dessen Aufenthaltsort aber in Vergessenheit geraten ist.
- Bei Windows XP über die Aufgabenliste, die in der Kategorie ANDERE ORTE die beliebtesten Ordner anbietet.

4.5.1 Die Ordner-Explorerleiste für die hierarchische Darstellung

Was unter Windows 95/98 noch als der Explorer bezeichnet wurde, ist bei Windows XP lediglich eine unscheinbare Leiste, die in jedem Ordnerfenster ein- und ausgeblendet werden kann. Diese Zurückstufung ist ein echter Fortschritt, da sich die Darstellungsform in dem Ordnerfenster durch Einblenden der Ordnerleiste nicht verändert, sondern lediglich eine weitere Leiste angezeigt wird.

Die Ordnerleiste wird über den Menübefehl ANSICHT/EXPLORER-LEISTE/ORDNER ein- und ausgeblendet (wenngleich das Ausblenden am schnellsten durch Schließen der Ordnerleiste geschieht). Einfacher geht es im Allgemeinen über die ORDNER-Schaltfläche in der Symbolleiste.

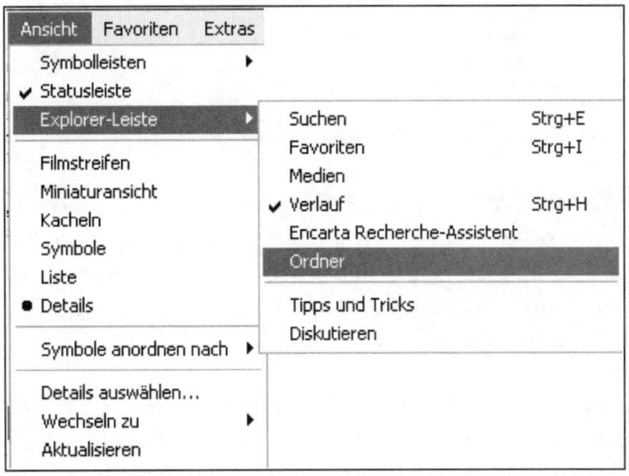

Abbildung 4.15: In diesem Menü wird die hierarchische Ordneransicht aktiviert

Durch die hierarchische Darstellung lässt sich auf einen Blick erkennen, welche Unterordner ein Ordner enthält. Ordnern, denen ein »+«- oder »-«-Zeichen vorausgeht, sind geöffnet bzw. geschlossen (diese Symbole sind typisch für die Darstellung von Hierarchien unter Windows). Durch Anklicken des »+«-Zeichens öffnet sich der nächste Zweig der Ordnerhierarchie und aus dem »+«-Zeichen wird ein »-«-Zeichen, um diesen Umstand anzuzeigen. Um einen Ordner zu öffnen, muss der Name des Ordners angeklickt werden. In diesem Fall wird der Inhalt des Ordners in der rechten Fensterhälfte dargestellt und das Ordnersymbol durch einen geöffneten Ordner ausgetauscht. In der Statusleiste des Ordnerfensters wird angezeigt, wie viele Objekte in dem Ordner enthalten sind, und wieviel Platz diese Objekte auf dem Laufwerk belegen.

Abbildung 4.16: Die Ordner-Explorerleiste besitzt eine zweigeteilte Darstellung

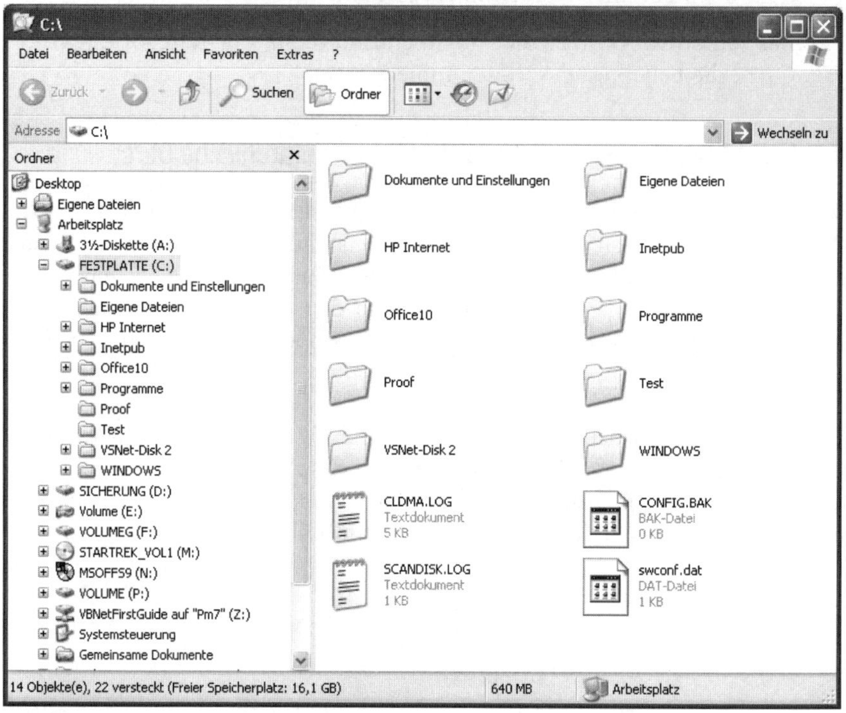

TIPP

Möchten Sie in der Ordnerleiste die komplette Ordnerhierarchie auf einen Blick sehen, müssen Sie die [*]*-Taste auf dem Nummernblock der Tastatur drücken. Es öffnen sich sämtliche Unterordner (was einen Augenblick dauern kann). Wenn Sie den Ordner das nächste Mal öffnen, wird wieder die komplette Ordnerhierarchie angezeigt.*

INFO

In erster Linie aus »historischen Gründen« kann die Ordner-Explorerleiste auch durch Anklicken des Ordnersymbols im Systemfeld des Ordners mit der sekundären Maustaste und Auswahl von EXPLORER *eingeblendet werden. Diese Methode ist jedoch so umständlich, dass sie niemand ernsthaft in Betracht ziehen dürfte.*

4.6 Einstellen von Ordneroptionen

Hinter den Ordneroptionen verbirgt sich eine Vielzahl von Einstellmöglichkeiten, die das Verhalten aller Ordnerfenster gleichermaßen betreffen. Die Ordneroptionen werden in jedem Ordnerfenster über den Menübefehl EXTRAS/OPTIONEN aufgerufen. Es erscheint stets dasselbe Dialogfeld, das die Einstellungen für sämtliche Ordnerfenster enthält.

NEU

Die Ordneroptionen werden nicht mehr über ANSICHT/ORDNEROPTIONEN *wie bei Windows 9x, sondern über* EXTRAS/ORDNEROPTIONEN *aufgerufen. Außerdem haben sich nicht nur die Optionen selbst, sondern auch die Namen der Optionen hier und da geändert.*[3]

:-) TIPP

Über den Menübefehl ANSICHT/SYMBOLLEISTEN/ANPASSEN *ist es möglich, die Schaltfläche für den Aufruf der Ordneroptionen in die Symbolleiste zu platzieren. Das ist etwas einfacher als jedes Mal das* EXTRAS-*Menü öffnen zu müssen.*

Die Ordneroptionen werden in einem Dialogfeld eingestellt, das (mindestens) aus den vier Registern besteht:

- Allgemein
- Ansicht
- Dateitypen
- Offlinedateien

4.6.1 Das Register Allgemein

In diesem Register wählen Sie die allgemeine Optik eines Ordners aus. Es dürfte nur wenige Gründe geben, an dieser Stelle etwas zu ändern. Im Einzelnen sind es folgende Einstellungen:

- Im Bereich AUFGABEN stellen Sie ein, ob die Ordner die neuen Aufgabenlisten von Windowx XP anzeigen oder nicht. Sofern nichts dagegen spricht, sollte man die Aufgabenansicht beibehalten, da diese nützliche Informationen zur Verfügung stellt und eine sehr gute Orientierung gerade in der Anfangsphase bietet.
- Im Bereich ORDNER DURCHSUCHEN legen Sie fest, ob jeder neue Ordner in einem eigenen Fenster angezeigt wird oder nicht (dies ist der Default). Die Option JEDEN ORDNER IN EINEM EIGENEN FENSTER ÖFF-

3 Es gehört zu den Spielchen, mit denen sich Windows-Kenner ihre Zeit vertreiben, bei einer neuen Windows-Version erst einmal festzustellen, wie sich denn dieses Mal z.B. neue Dateitypen registrieren lassen.

NEN ist im Allgemeinen nicht zu empfehlen, da so sehr schnell der Bildschirm voller Ordnerfenster ist, ohne dass dies etwas bringt.

- Im Bereich MARKIEREN VON ELEMENTEN stellen Sie ein, ob das Öffnen eines Objekts (d.h. genauer die Durchführung der Standardaktion) mit einem Doppelklick (das ist der Default) oder wie in einer HTML-Seite mit einem einfachen Klick möglich sein soll. Die Option ÖFFNEN DURCH EINFACHEN KLICK ist zwar nett gemeint, bringt aber in der Praxis eher Nachteile, da sie die Bedienung unnötig erschwert.
- Über die Schaltfläche WIEDERHERSTELLEN werden die Standardeinstellungen (Defaults) reaktiviert.

Abbildung 4.17: Im Register Allgemein werden lediglich die Aufgabenlisten aus- und wieder eingeschaltet

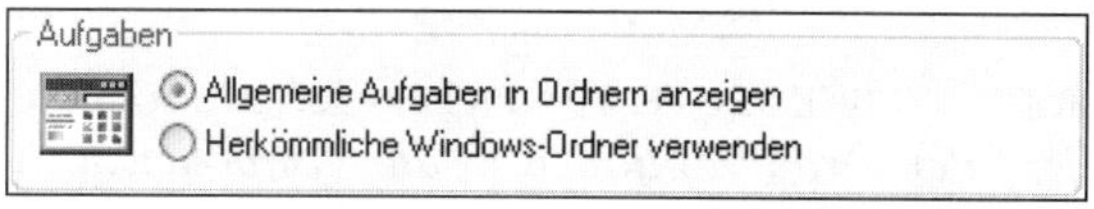

4.6.2 Das Register Ansicht

Hier werden die meisten Einstellungen vorgenommen. Anstatt die Einstellungen der Reihe nach durchzugehen (viele Einstellungen gab es schon bei Windows 98, einige sind durch Windows 2000 und Windows ME hinzugekommen, so dass es nicht ganz einfach ist den Überblick zu behalten); werden sie in der Tabelle 4.2 (hoffentlich) übersichtlich zusammengestellt. Die Spalte mit den Empfehlungen soll eine Orientierung für die Wichtigkeit einer Einstellung geben. Im Allgemeinen spricht nichts dagegen, die Voreinstellungen erst einmal beizubehalten.

:-) TIPP

Wenn Sie den Erklärungstext der Windows XP-Hilfe (sofern vorhanden) zu einer Einstellung sehen möchten, machen Sie von dem Fragezeichen in der rechten oberen Ecke Gebrauch, in dem Sie erst das Fragezeichen und anschließend die Einstellung anklicken.

Tabelle 4.2: Alle Einstellungen des Registers Ansicht auf einen Blick

Einstellung	**Was hat eine gesetzte Option zu bedeuten?**	**Empfehlung**
Ansichtsoptionen für jeden Ordner speichern	Die für einen Ordner getroffenen individuellen Einstellungen werden für jeden Ordner gespeichert.	Sollte gesetzt sein.
Automatisch nach Netzwerkordnern und Druckern suchen	Windows sucht in regelmäßigen Abständen selbstständig nach neuen Netzwerklaufwerken und Druckern und zeigt diese in der Netzwerkumgebung an.	Hängt von der Umgebung ab.
Dateigrößeninformationen in Ordnertipps anzeigen	Die Größe einer Datei oder eines Ordners (bei kleinen Ordner auch sein Inhalt) werden auch dann als QuickInfo angezeigt, wenn die Webansicht nicht aktiv ist.	Sollte gesetzt sein.
Erweiterungen bei bekannten Dateitypen ausblenden	Bei registrierten Dateitypen wird keine Erweiterung angezeigt.	Gerade für erfahrenere Anwender kann es irritierend sein, wenn die Erweiterung nicht angezeigt wird.
Einfache Ordneransicht in der Ordnerliste des Explorers anzeigen	Ist diese Option gesetzt, bewirkt das Anklicken eines Ordnernamens in der Ordneransicht, dass der Ordner geöffnet und der bis dahin geöffnete Ordner automatisch geschlossen wird.	Dürfte für den Umgang mit Windows XP keinen großen Unterschied machen.
Geschützte Systemdateien ausblenden	Zeigt alle jene Dateien nicht an, bei denen die Attribute *Versteckt* und *System* gesetzt sind. Diese werden bei Windows XP als geschützte Systemdateien bezeichnet.	Im Allgemeinen ist es sinnvoll, dass diese Dateien nicht angezeigt werden. Dies gilt allerdings auch für die Suche, was manchmal etwas irritierend sein kann.
Ordnerfenster in eigenem Prozess starten.	Jedes neu geöffnete Ordnerfenster wird in einem eigenen Prozess mit eigenem Speicherbereich gestartet.	Erhöht die Systemsicherheit, geht aber zu Lasten der Ressourcen und Performance.

Tabelle 4.2: Alle Einstellungen des Registers Ansicht auf einen Blick (Forts.)

Einstellung	**Was hat eine gesetzte Option zu bedeuten?**	**Empfehlung**
Popupinformationen für Elemente in Ordnern und auf dem Desktop anzeigen	Bewirkt, dass ein QuickInfo-Feld auch bei nicht aktivierter Webansicht erscheint.	Im Allgemeinen empfehlenswert.
Systemsteuerung unter *Arbeitsplatz* einblenden	Im *Arbeitsplatz*-Ordner erscheint auch die Systemsteuerung.	In erster Linie eine Frage der Gewohnheit. Wer die Systemsteuerung dort noch nie geöffnet hat, wird sie auch nicht vermissen. Am einfachsten ist der Zugriff über das Startmenü.
Verschlüsselte oder komprimierte NTFS-Dateien in anderer Farbe anzeigen	Auf NTFS-Laufwerken erhalten Spezialordner eine eigene Farbe.	Im Allgemeinen sinnvoll.
Alle Dateien und Ordner anzeigen	Dateien und Ordner mit den Attributen *Versteckt* und *System* werden angezeigt.	Im Allgemeinen sinnvoll, sofern man sich für diese Dateien und Ordner interessiert.
Versteckte Dateien und Ordner ausblenden	Das Gegenteil zur obigen Option.	Siehe oben.
Vollständigen Pfad in der Adressleiste anzeigen	Der komplette (und teilweise recht lange) Pfad eines Ordners wird in der Adressleiste angezeigt.	Für erfahrenere Anwender sinnvoll, für Anfänger eher irritierend.
Vollständigen Pfad in der Titelleiste anzeigen	Der komplette (und teilweise recht lange) Pfad eines Ordners wird in der Titelleiste angezeigt.	Auch für Anfänger eine sinnvolle Ergänzung, da die Pfadangabe dort niemanden stört.
Vorherige Ordnerfenster bei Anmeldung wiederherstellen	Beim nächsten Anmelden werden alle Ordnerfenster wieder geöffnet, die vor dem Abmelden geöffnet waren.	In erster Line eine Geschmacksfrage.

Die Schaltfläche Wiederherstellen

Auch das ANSICHT-Register besitzt eine WIEDERHERSTELLEN-Seite, durch die sich die werkseitigen Einstellungen wiederherstellen lassen.

Die Schaltfläche Für alle übernehmen

Legt fest, dass alle Ordner jene Einstellungen für die Ansicht der Symbole übernehmen, die für den aktuellen Ordner getroffen wurden.

Die Schaltfläche Alle zurücksetzen

Setzt die Ansicht für alle Ordner auf die ursprünglichen Einstellungen zurück.

4.6.3 Das Register Dateitypen

Im diesem Register geht es nicht um Ordnereinstellungen. Hier werden die Dateitypen registriert und bearbeitet. Mehr zu diesem (in erster Linie für fortgeschrittenere Anwender) wichtigen Thema in Kapitel 8.

4.6.4 Das Register Offlinedateien

In diesem Register werden die Einstellungen für die sog. Offline-Synchronisation eines Ordners vorgenommen. Das bedeutet konkret, dass sich ein Ordnerinhalt automatisch in den Ordner auf einem anderen PC (oder Notebook) übertragen lässt, der über ein Netzwerk (es kann auch eine IR-Verbindung sein) angeschlossen ist. Die in diesem Register getroffenen Einstellungen gelten für alle Ordner und nicht nur für den aktuellen Ordner. Mehr zu diesem Thema in Kapitel 12.

4.7 Tipps für den Umgang mit Ordnern

Zum Abschluss dieses wichtigen Kapitels ein paar Tipps, die Ihnen den Umgang mit den bei Windows »unverzichtbaren« Ordnerfenstern[4] ein wenig erleichtern soll:

- Halten Sie nur so viele Ordnerfenster auf wie nötig, da zu viele Ordnerfenster die Übersicht unnötig erschweren (auch wenn Windows XP mit der Zusammenfassung von mehreren Ordnerfenstern zu einem einzigen Symbol in der Taskleiste die Angelegenheit bereits deutlich entschärft).
- Denken Sie daran, dass Sie mit [Alt] + [Tab] auch zwischen den offenen Ordnerfenstern umschalten können.

4 Sofern Sie sich zur Eingabeaufforderung konvertieren, was nicht die schlechteste Entscheidung wäre.

- Über [Strg] + [F4] wird die Ordnerauswahlliste geöffnet, über [Alt] + [F4] das Ordnerfenster geschlossen. Das ist meistens der schnellste Weg, um ein Fenster zu schließen.
- Halten Sie beim Öffnen eines Ordners die [⇧]-Taste gedrückt, wird der Ordnerinhalt in einem neuen Ordnerfenster angezeigt.
- Sie müssen einen Ordner nicht öffnen, um einen Eindruck von seinem Inhalt zu erhalten. Bewegen Sie den Mauszeiger über das Ordnersymbol und warten Sie einen Augenblick, werden die Namen der ersten Dateien in dem Quickinfo-Feld angezeigt. Ist der Ordner leer, wird dies ebenfalls angezeigt.
- Die Anordnung der einzelnen Spalten in der Detailansicht lässt sich sehr einfach durch Verschieben der Spaltenköpfe ändern. So kann es z.B. sinnvoll sein, dass das Datum der letzten Änderung vor der Dateigröße angezeigt wird.
- Ein Doppelklick auf den Spaltenrand in der Detailansicht passt die Spaltenbreite optimal an. Halten Sie die [*]-Taste (numerische Tastatur) gedrückt, passen sich durch einen Doppelklick auf einen Spaltenrand alle Spalten optimal an.

5 Der Umgang mit Dateien und Ordnern

Auch bei Windows XP dreht sich (fast) alles um Ordner und Dateien, auch wenn die ultramoderne Benutzeroberfläche darüber am Anfang ein wenig hinwegtäuschen mag. Wer also sich seit Windows 95 kein weiteres Windows-Update mehr gegönnt hat, wird zumindest in diesem Punkt nicht umlernen müssen. In diesem Kapitel werden alle wichtigen Operationen, die mit Dateien und Ordnern denkbar sind, in kurzen Schritt für Schritt-Anleitungen vorgestellt. Im Grunde ist eine Unterscheidung zwischen Dateien und Ordnern nicht notwendig, denn fast jede Dateioperation kann auch mit einem Ordner durchgeführt werden.

Der gute, alte Explorer, der mit Windows 95 sein Debüt gab, ist bei Windows XP deutlich in den Hintergrund getreten, wenngleich er natürlich noch existiert und die eigentliche Benutzeroberfläche darstellt. Er tritt aber nicht mehr als eigenständiges Programm in Erscheinung, sondern ist ein Teil eines jeden Ordnerfensters. Das, was bei früheren Windows-Versionen noch als Explorer bezeichnet wurde, ist bei Windows XP lediglich eine weitere Leiste, die sich in einem Ordnerfenster beliebig ein- und ausblenden lässt, und die eine hierarchische Ansicht der Laufwerke und Ordner des Computers und seiner Umgebung anzeigt. Aus diesem Grund wird dem Explorer in diesem Buch auch kein eigener Abschnitt gewidmet. Wenn Sie den Windows Explorer über die Zubehörgruppe oder über den AUSFÜHREN-Befehl im Startmenü durch Eingabe von »Explorer.exe« aufrufen. wird lediglich der Ordner *Eigene Dateien* mit eingeblendeter Ordner-Explorer-Leiste geöffnet.

Die Themen dieses Kapitels:

- Ein Wort zur Desktop-Hierarchie
- Dateien betrachten
- Dateien drucken
- Kopieren und Verschieben
- Ziehen und Ablegen durchleuchtet
- Dateien umbenennen
- Dateien löschen

- Dateien neu anlegen
- Eigenschaften anzeigen und ändern
- Datei- und Ordnerattribute
- Dateien und Ordner verstecken
- Suchen nach Dateien, Ordnern und anderen Dingen
- Das Anlegen von Verknüpfungen
- Tipps und Tricks für den Umgang mit Dateien und Ordnern

5.1 Ein Wort zur Desktop-Hierarchie

Für erfahrene Anwender ist es klar, dass der Desktop lediglich ein Ordner ist, dessen Inhalt auf eine spezielle Weise (nämlich ohne die ansonsten übliche Umrandung) angezeigt wird. Wer neu bei Windows ist, benötigt erst einmal eine gewisse Orientierung. Also, passen Sie bitte gut auf. Ein PC arbeitet mit Laufwerken, jedem Laufwerk wird (aus historischen Gründen) ein Buchstabe zugeordnet. Das Diskettenlaufwerk ist A:, Laufwerk B: gibt es in der Regel nicht (nur, wenn der PC zwei Diskettenlaufwerke besitzen würde) und das erste Festplattenlaufwerk ist Laufwerk C: usw. Ein Windows-PC kann daher max. 26 Laufwerke besitzen, wobei auch Netzwerkverzeichnisse wie ein Laufwerk angesprochen werden können. Jedes Laufwerk besteht aus Verzeichnissen, die sich als Ablagen (oder Kartons[1]) vorstellen können. Eine solche Ablage kann Dateien, aber auch weitere Ablagen enthalten. Die Ablagen (Verzeichnisse) sind also in einer Hierarchie angeordnet sind. Stellen Sie sich einfach aufeinandergestapelte Kartons vor, wobei an der Spitze dieser »Pyramide« nur ein Karton stehen darf. Dies ist das oberste Verzeichnis, das auch als *Stammverzeichnis* (engl. »root directory«) bezeichnet wird (es trägt bei Windows, ebenfalls aus historischen Gründen, den etwas eigentümlichen Namen »\«). Das Stammverzeichnis kann eine beliebige Anzahl an Verzeichnissen enthalten, die wiederum jedes für sich eine beliebige Anzahl an Unterverzeichnissen enthalten können usw. Für die Anzahl der Unterverzeichnisse pro Unterverzeichnis gibt es bei Windows XP (offenbar) keine Grenze. Diese Gesetzmäßigkeit gilt auf jedem Windows-PC soweit sich die Menschen zurückerinnern können (also schon seit mehr als drei Jahren[2]). So weit, so gut. Betrachtet man den Windows-PC aber aus dem Blickwinkel der Benutzeroberfläche, steht der Desktop an oberster Stelle. Dann folgt der *Arbeitsplatz*-Ordner, der sich bei Windows XP aber nicht mehr auf dem Desktop befinden muss, dann folgen

1 Ich hoffe, dass diese Übersimplifizierung nicht als mangelndes Vertrauen in die Abstraktionsfähigkeit meiner Leserinnen und Leser aufgefasst wird, aber dieser Punkt ist wirklich von zentraler Bedeutung für das Verständnis von Windows.

2 Tatsächlich wurde dieses hierarchische Verzeichnisprinzip bereits mit MS-DOS 2.11 im Jahre 1982 (?) eingeführt. Damals gab es noch kein Windows.

die Laufwerksordner, die sich bei Windows XP im Arbeitsplatz befinden. Nun kommt der entscheidende Punkt. Jeder Laufwerksordner zeigt den Inhalt des Stammverzeichnisses des Laufwerks an, also die oberste Ebene der Laufwerkshierarchie. Wichtig ist diese Unterscheidung nur für diejenigen Anwender, die sich bereits besser mit dem PC auskennen und sich unter Umständen wundern, wo eine Datei zu finden ist, die sie in das Stammverzeichnis eines Laufwerks kopiert haben.

Das Desktop-Verzeichnis befindet sich tief in der Verzeichnishierarchie als Unterverzeichnis des Verzeichnisses *Dokumente und Einstellungen*. Hier ist für jeden Benutzer, für den unter Windows XP ein Benutzerkonto angelegt wurde, unter anderem auch ein Desktop-Unterverzeichnis angelegt.

5.1.1 Verzeichnisse und Ordner – wo liegt der Unterschied?

Da wir gerade beim Thema sind. Jedes Laufwerk ist in Verzeichnisse unterteilt, die Dateien und andere Verzeichnisse enthalten. Jedes Verzeichnis ist bei Windows ein Ordner. Für jeden Ordner gibt es aber nicht automatisch ein Verzeichnis, da einige Spezialordner, wie der Arbeitsplatz oder die Systemsteuerung nur »virtuell« existieren. Für diese Ordner existiert kein Verzeichnis.

5.2 Dateien betrachten

Das Betrachten von Dateien war in der Vergangenheit keiner besonderen Erwähnung wert, denn um eine Datei zu betrachten, d.h. ihren Inhalt anzuzeigen, musste die Datei lediglich mit der Anwendung, mit der sie ursprünglich angelegt wurde, geladen werden. Ganz so einfach liegen die Verhältnisse heutzutage nicht mehr. Zum einen dauert es unverhältnismäßig lange, eine große Anwendung zu laden, nur um einen Blick in ein Dokument zu werfen (wenngleich dies bei den modernen PCs fast kein Argument mehr ist), zum anderen kann es sein, dass die Anwendung auf dem Computer gar nicht vorhanden ist. Konkret, jemand schickt Ihnen per E-Mail eine PowerPoint-Datei (d.h. eine Präsentationsdatei, die mit Microsoft PowerPoint erstellt wurde), doch auf Ihrem Computer ist kein PowerPoint installiert. Oder, Sie möchten eine Datei öffnen, zu der es keine Anwendung gibt, die eindeutig zugeordnet werden kann, wie dies z.B. bei vielen Grafikformaten (etwa Png-Dateien) der Fall ist. Kurz und gut, für diesen Fall benötigt man einen Betrachter, der die Datei lediglich anzeigt und es ermöglicht, sie auszudrucken, ansonsten aber keine Möglichkeit bietet, die Datei zu bearbeiten.

Windows XP bietet einen Dateibetrachter, der vor allem zahlreiche Bilddateien anzeigen kann. Er wird aber nicht direkt aufgerufen, sondern tritt stets indirekt Erscheinung. Zum Beispiel in der Webansicht eines Ordners, oder, indem aus dem Kontextmenü einer Datei, deren Format vom Dateibetrachter unterstützt wird, der Befehl VORSCHAU gewählt wird.

Abbildung 5.1: Der Dateibetrachter zeigt den Inhalt einer Bilddatei an

Und was ist mit den zahlreichen Word, Excel, PowerPoint oder Pdf-Dateien, die mir z.B. im Internet überall begegnen? Auch für diese Standarddokumentformate gibt es kostenlose Betrachter. Sie sind allerdings kein Bestandteil von Windows XP, sondern müssen von den Webseiten der Hersteller heruntergeladen werden.

5.2.1 Betrachter für Excel-, PowerPoint- und Word-Dokumente

Einen kostenlosen Betrachter für die Microsoft-Office-Dokumente gibt es unter der Adresse:

`http://www.microsoft.com/germany/office`

Anschließend wählen Sie das Download-Center und in der Produktauswahlliste z.B. Word 2000 aus. Die für die gewählte Anwendung verfügbaren Downloads, zu der auch der Viewer gehört, werden daraufhin aufgelistet.

Auch wenn der Betrachter noch die Versionsnummer '97 trägt, lassen sich mit ihm auch Office 2000- und XP-Dokumente betrachten, sofern diese keine Elemente beinhalten, die erst nachträglich eingeführt wurden.

5.2.2 Betrachter für Pdf-Dateien

Das Pdf-Format von *Adobe Acrobat* (der Anwendung der Firma Adobe, mit der Pdf-Dateien erstellt werden) entwickelt sich immer mehr zu einem Standardformat für Dokumente im Internet. Sein Vorteil ist, dass es bessere Layoutfunktionen bietet als etwa Word und sich z.B. Zeitschriftenartikel (offenbar) oder Buchseiten 1:1 in Pdf-Dateien umwandeln lassen, so dass eine sehr viel bessere Qualität resultiert. Da das Pdf-Format von Windows nicht direkt unterstützt wird, muss man sich den kostenlosen Acrobat-Viewer herunterladen (mit knapp 9 Mbyte Umfang ist er aber nicht gerade schlank, doch der Download lohnt sich). Die Adresse lautet:

`www.adobe.de/products/acrobat/readstep.html`

5.3 Dateien drucken

Dieses Thema lässt sich schnell abhandeln, denn dafür steht im Kontextmenü einer Datei der Befehl DRUCKEN zur Verfügung, nach dessen Ausführung die Datei an den Standarddrucker geschickt wird. Im Statusfeld der Taskleiste erscheint kurz darauf das Druckersymbol, durch dessen doppeltes Anklicken Sie sich alle aktuellen Druckjobs und ihren Status anschauen können. Möchten Sie einen anderen Drucker als Standarddrucker einstellen, müssen Sie diesen im Druckerordner lokalisieren und in seinem Kontextmenü den Befehl ALS STANDARD DEFINIEREN ausführen. Mehr zum Thema Drucken in Kapitel 8.

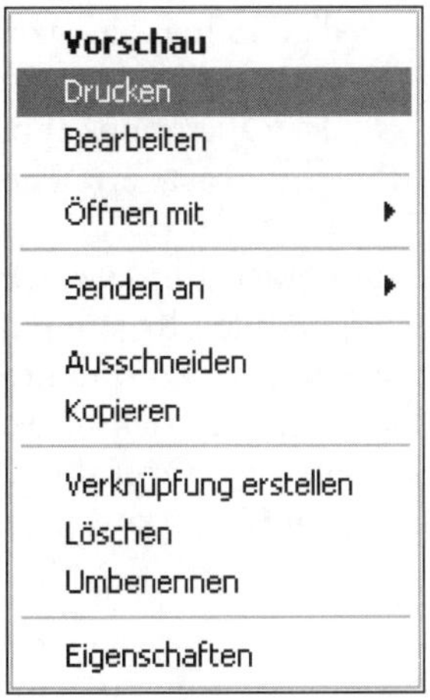

Abbildung 5.2: Das Ausdrucken einer Datei übernimmt der Drucken-Befehl im Kontextmenü

5.4 Kopieren und Verschieben

Die Standardoperationen bei Dateien und Ordnern sind Kopieren und Verschieben. Beim Kopieren wird im Zielordner eine Kopie angelegt, beim Verschieben wird zwar ebenfalls im Zielordner eine Kopie angelegt, doch wird das Original im Ursprungsordner anschließend gelöscht. Beide Operationen lassen sich rückgängig machen, was bei einer Kopieroperation aber zu der (auf den ersten Blick) etwas merkwürdigen Nachfrage führt, durch die Sie das Löschen der angelegten Kopie bestätigen müssen. Mit anderen Worten, das Rückgängigmachen einer Kopieroperation führt zwangsläufig zu einer Löschoperation, die unter Umständen (je nach Einstellung) bestätigt werden muss.

Kopieren und Verschieben können Sie auf mindestens drei verschiedene Weisen erledigen:

- Ziehen und Ablegen mit der primären Maustaste. Hier wird zunächst die Standardoperation ausgeführt und die lautet Verschieben. Soll statt dessen kopiert werden, müssen Sie beim Verschieben die [Strg]-Taste gedrückt halten.
- Ziehen und Ablegen mit der sekundären Maustaste. Dies ist die empfehlenswerteste Variante, denn was nach dem Ablegen passieren soll muss stets aus einem Kontextmenü ausgewählt werden. Auf diese Weise kann es nicht passieren, dass aus einem Kopieren versehentlich ein Verschieben wird.
- Über die üblichen Tastenkombinationen [Strg] + [C] für das Kopieren in die Zwischenablage oder [Strg] + [X] für das Ausschneiden in die Zwischenablage und [Strg] + [V] für das Einfügen im Zielordner. Wer mit der Tastatur geübt ist, kopiert und verschiebt auf diese Weise am schnellsten. Ein Abbruch dieser Operationen ist übrigens nicht notwendig. Sollten Sie Dateien mit [Strg] + [X] ausgeschnitten haben, werden diese lediglich markiert aber noch nicht wirklich gelöscht. Möchten Sie die Operation abbrechen, können Sie dies z.B. durch Drücken der [Esc]-Taste erreichen.

Wie immer gibt es noch eine weitere Variante. Über die Eingabeaufforderung und den Kommandozeilenbefehl *Copy* und *Move* lassen sich ebenfalls Dateien und Verzeichnisse nach Herzenlust kopieren und verschieben. Auch hier gilt: Wer sich in der Eingabeaufforderung heimisch fühlt kann gerade komplexere Operationen deutlich schneller erledigen als mit der oft unhandlichen Maus. Mehr zur Eingabeaufforderung in Kapitel 21.

5.4.1 Dateien und Ordner »versenden« über Senden An

Für geübte Anwender kann die Standardvorgehensweise zum Kopieren einer Datei auf die Dauer etwas umständlich werden, da dazu der Zielordner immer geöffnet oder zumindestens als Symbol offen sein muss. Doch Windows wäre nicht so beliebt, wenn es nicht auch dafür eine Abkürzung gäbe. Diese steht in Gestalt des SENDEN AN-Eintrags im Kontextmenü einer Datei und eines Dateiordners zur Verfügung. Nach Auswahl dieses Eintrags erscheint ein Untermenü, in dem eine Reihe von Einträgen aufgeführt sind, die als Ziele eines Versendens in Frage kommen. Zu diesen Einträgen gehören unter anderem das Diskettenlaufwerk A: (sofern eines vorhanden ist), der Desktop (in diesem Fall wird eine Verknüpfung angelegt), das Verzeichnis *Eigene Dateien* (was sehr praktisch ist), aber auch der E-Mail-Empfänger (mailto-Protokoll). Das Senden an den Web-Publishingassistenten startet einen Assistenten, mit dessen Hilfe Sie eine Datei etwas einfacher in ein Verzeichnis eines Webservers kopieren können (etwa Ihr Homepage-Verzeichnis bei Ihrem Provider).

Die nach Auswahl von SENDEN AN angezeigten Einträge wurden (selbstverständlich) nicht willkürlich zusammengestellt, es handelt sich um den Inhalt des Verzeichnisses *SendTo*. Indem Sie hier neue Einträge einfügen, erweitern Sie das SENDEN AN-Menü. Wenn Sie Dateien häufiger in ein bestimmtes Verzeichnis kopieren möchten, legen Sie einfach eine Verknüpfung auf dieses Verzeichnis im *SendTo*-Verzeichnis an.

Vor allem beim Kopieren von Dateien auf eine Diskette ist es im allgemeinen bequemer, nacheinander den Eintrag SENDEN AN und das Diskettenlaufwerk auszuwählen, als den Arbeitsplatz zu öffnen und die Datei auf das Laufwerkssymbol zu ziehen.

Abbildung 5.3: Der Senden An-Befehl ist oft der kürzeste Weg, um eine Datei an einen anderen Ort zu befördern

5.4.2 Kopieren mit Namensänderung

Sollte beim Kopieren einer Datei in ein anderes Verzeichnis in diesem Zielverzeichnis bereits eine Datei mit dem Namen der zu kopierenden Datei vorhanden sein, zeigt Windows ein Dialogfeld an, in dem Sie festlegen können, dass die bereits vorhandene Datei entweder überschrieben oder die Operation abgebrochen wird (sind mehrere Dateien betroffen, steht zusätzlich die Option ALLE ERSETZEN zur Auswahl). Sie möchten aber weder die bereits vorhandene Datei überschreiben noch die Operation abbrechen. Sie möchten die Datei einfach unter einem anderen Namen im Zielordner ablegen. Nun, die Möglichkeit einer Datei beim Kopieren auch einen anderen Namen zu geben, gibt es bei Windows XP nicht. Sie müssen einen Zwischenschritt anlegen und die zu kopierende Datei zuerst innerhalb des Quellverzeichnisses kopieren, um die Kopie, die durch das Kopieren einen anderen Namen erhalten hat, in das Zielverzeichnis zu kopieren.

STEP

Datei kopieren mit Namensänderung

1. Selektieren Sie die zu kopierende Datei mit der sekundären Maustaste, bewegen Sie sie ein Stück zur Seite und lassen Sie sie wieder los.
2. Windows präsentiert Ihnen die übliche Auswahlliste. Wählen Sie die Option »Hierher kopieren«. Windows legt im gleichen Verzeichnis eine Kopie der Datei mit dem Namen »Kopie von...« an.
3. Kopieren Sie jetzt die Kopie in das Zielverzeichnis und nennen Sie sie dort um.

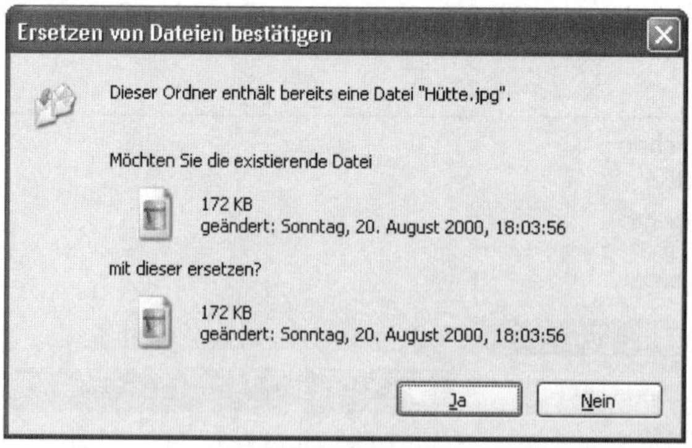

Abbildung 5.4: Diese Meldung erscheint, wenn im Zielverzeichnis eine Datei mit dem Namen der zu kopierenden Datei bereits existiert

5.4.3 Ziehen und Ablegen durchleuchtet

Im Grunde bedarf das Ziehen und Ablegen keiner weiteren Erläuterung. Windows wäre jedoch nicht so, wie wir es kennen und lieben gelernt haben, wenn es nicht gewisse Ausnahmen und Spezialfälle gäbe. Diese bestanden bei früheren Versionen darin, dass es einen Unterschied machte, ob eine

Programmdatei oder eine Dokumentdatei im Spiel war, oder ob der Zielort ein Diskettenlaufwerk oder ein Festplattenlaufwerk war. Windows versuchte nämlich »mitzudenken« und die jeweils wahrscheinlichste Operation als Default anzubieten, was gehörig schief ging und manches Mal reichlich Verwirrung stiftete. Bei Windows XP herrscht in diesem Punkt wieder mehr Klarheit. Was eine Ziehen und Ablegen-Operation mit der primären Maustaste bewirkt hängt (bis auf eine Ausnahme beim Kopieren auf ein Diskettenlaufwerk) weder von dem ab, was gezogen wird, noch davon, von wo nach wo es gezogen wird.

Tabelle 5.1: Die möglichen Varianten einer Ziehen- und Ablegen-Operation mit Dateien und Ordnern

Operation	Primäre Maustaste	Sekundäre Maustaste
Datei von einem Ordner in den anderen ziehen	Datei wird verschoben	Auswahlmenü mit DATEI VERSCHIEBEN als Voreinstellung
Datei von einem Ordner auf ein Diskettenlaufwerk ziehen	Datei wird kopiert	Auswahlmenü mit DATEI KOPIEREN als Voreinstellung
Datei von einem Ordner in den anderen ziehen bei gedrückter [Strg]-Taste	Datei wird kopiert	Auswahlmenü mit DATEI KOPIEREN als Voreinstellung
Datei von einem Ordner auf ein Diskettenlaufwerk ziehen bei gedrückter [Strg]-Taste	Datei wird kopiert	Auswahlmenü mit DATEI KOPIEREN als Voreinstellung
Datei von einem Ordner in den anderen Ziehen bei gedrückter [Alt]-Taste	Es wird eine Verknüpfung anlegt	Sollte funktionieren, doch das Auswahlmenü mit VERKNÜPFUNGEN HIER ERSTELLEN als Voreinstellung schließt sich stets sofort wieder

:-) TIPP

Auch die in der Auswahlliste ANDERE ORTE *angezeigten Lokalitäten (mit Ausnahme von Arbeitsplatz und Netzwerkumgebung, da sich hier keine Dateien anlegen lassen) kommen als Ziel für eine Ziehen und Ablegen-Operation in Frage.*

5.5 Rückgängig machen von Dateioperationen

Bei Windows XP können die letzten Dateioperationen (in der Regel) wieder rückgängig gemacht werden. Dazu bietet ein Ordnerfenster im BEARBEITEN-Menü bzw. das Kontextmenü des Desktops den RÜCKGÄNGIG-Befehl an, mit dessen Hilfe auch gelöschte Objekte wiederhergestellt werden.

INFO

Das Rückgängig machen einer Kopieraktion wird als Löschvorgang durchgeführt. Das ist zwar sachlich korrekt, dürfte aber viele Anwender zunächst irritieren, wenn Sie eine Löschaktion bestätigen sollen.

Sollte sich eine Aktion nicht rückgängig machen lassen, steht der RÜCKGÄNGIG-Befehl nicht zur Verfügung.

Soll ein Kopierbefehl rückgängig gemacht werden, macht Windows daraus eine Löschoperation. Wundern Sie sich daher nicht über ein Dialogfeld, das Sie fragt, ob Sie die zuvor kopierten Objekte wirklich löschen möchten.

5.6 Dateioperationen in Dialogfeldern

Datei- und Verzeichnisoperationen lassen sich auch in den Dialogfeldern zum Öffnen und Speichern von Dateien bei vielen Anwendungen durchführen. In einem solchen Dialogfeld können Sie z.B. neue Verzeichnisse anlegen, Dateien umbenennen, Löschen oder in ein anderes Verzeichnis kopieren. Sie können sogar eine Datei, die Sie gerade öffnen möchten, mit einem anderen Programm öffnen (etwa um die Datei einem Virencheck zu unterziehen). Dieser Fall dürfte häufig vorkommen: Sie möchten eine Datei speichern, stellen aber fest, dass eine Datei mit dem vorgesehenen Namen bereits existiert. Kein Problem, klicken Sie die bereits vorhandene Datei an, drücken Sie die [F2]-Taste und nennen Sie die Datei in dem Dialogfeld um. Mit solchen »Tricks«, die allerdings ganz offiziell sind, können Sie eine Menge Arbeit sparen und werden beim Arbeiten mit Anwendungen nicht sooft aufgehalten (siehe Abbildung 5.5).

:-) TIPP

Für den Fall, dass Sie diesen Tipp mehrfach lesen werden. Einige Dialogfelder lassen sich bei Windows XP in der Größe variieren.

5.7 Umbenennen

Jede Datei oder jeder Ordner kann jederzeit umbenannt werden (bei Dateien geht dies nicht, wenn sie gerade in Benutzung durch eine Anwendung sind). Das geschieht entweder über den Umbenennen-Befehl im Kontextmenü des Objekts, durch Drücken der [F2]-Taste, nach dem das Objekt selektiert wurde oder durch einen Doppelklick auf das Namensfeld.

Letztere Variante wird nicht empfohlen, da man nicht genau weiß, ob dadurch nicht die Datei geöffnet wird (umgekehrt führt mancher Doppelklick wider Erwarten dazu, dass das Namensfeld in den Editiermodus geht und die Datei nicht geöffnet wird). Das macht den Umgang mit Windows so reizvoll, man weiß nie so genau, was als nächstes passiert.

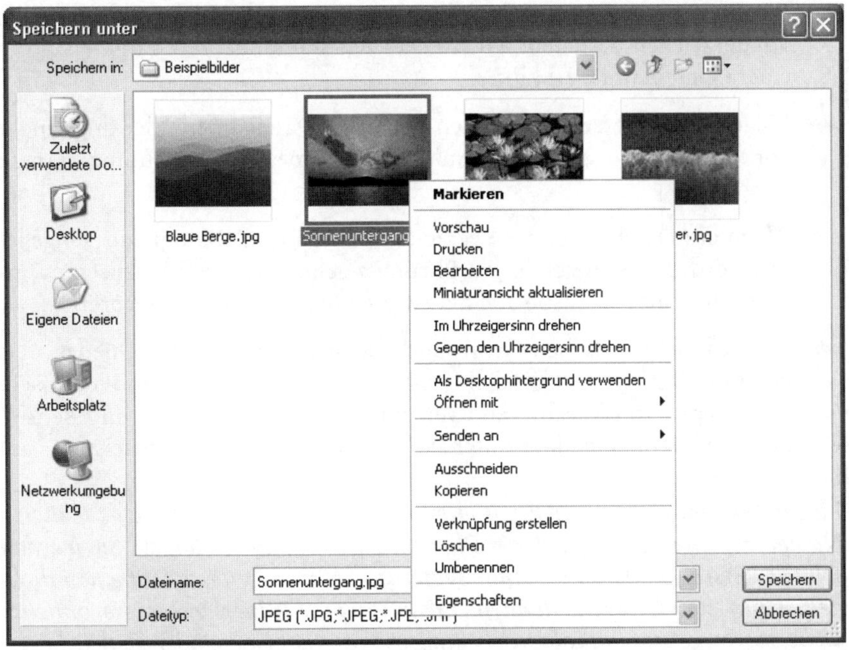

Abbildung 5.5: Die meisten Dialogfelder (hier am Beispiel des Zubehörprogramms Paint) bieten die Standardfunktionen des Explorers und noch einiges mehr

Beachten Sie, dass das Dateinamensfeld eine Art Mini-Editor ist. Wenn Sie das Feld mit der sekundären Maustaste anklicken, öffnet sich das typische Kontextmenü für Texteingabefelder.

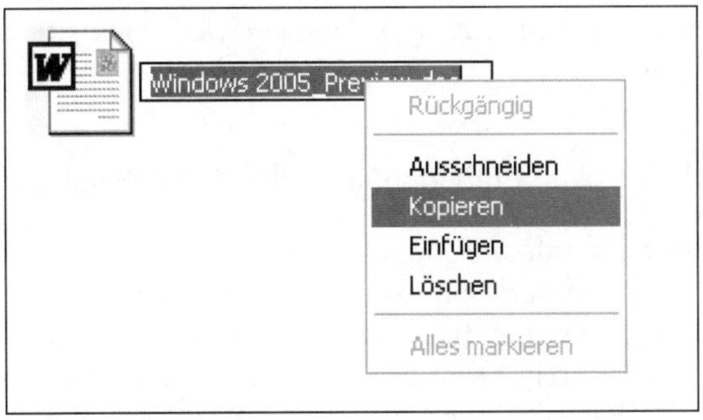

Abbildung 5.6: Das Namensfeld einer Datei oder eines Ordners ist editierbar

5.7.1 Die Regeln für einen Dateinamen

Der Dateiname kann bei Windows XP aus bis zu 256 Zeichen bestehen, wobei auch Leerzeichen und einige Sonderzeichen erlaubt sind. Auch wenn 256 Zeichen für die meisten Situationen mehr als ausreichend sein sollten, gibt es bei der Vergabe eines Dateinamens eine paar kleinere Regeln zu beachten:

- Ein Dateiname kann aus Buchstaben, Umlauten, Ziffern und einigen Sonderzeichen bestehen. Auch Leerzeichen und mehrere Punkte sind in einem Dateinamen erlaubt.
- Folgende Sonderzeichen dürfen in einem Dateinamen allerdings nicht vorkommen, da sie für Windows eine spezielle Bedeutung haben: \ ? : * » < > |
- Wenn ein Dateiname, der Leerzeichen enthält, in Dialogfelder eingegeben wird, muss dieser in Anführungszeichen gesetzt werden, da Windows die Eingabe ansonsten als zwei getrennte Namen interpretiert.
- Es wird nicht zwischen Groß- und Kleinschreibung unterschieden, das heißt die Dateinamen »Geheim.txt« und »GEHEIM.TXT« sind identisch. Allerdings kann es sein, dass verschiedene Programme ein und denselben Dateinamen in einer unterschiedlichen Schreibweise anzeigen.

:-) TIPP

Lassen Sie Dateinamen nicht zu lang werden, auch wenn es die großzügige Namensregelung gestattet, Ihrer Phantasie freien Lauf zu lassen. Sie werden schnell feststellen, dass überlange Dateinamen auch gewisse Unbequemlichkeiten mit sich bringen, denn wenn in einem Ordnerfenster die ohnehin nicht sehr großen Symbole noch mit einer aus drei oder vier Zeilen bestehenden Unterschrift versehen werden, leidet natürlich die Übersichtlichkeit. Und noch einen kleinen Nachteil können überlange Dateinamen mit sich bringen. Stellen Sie sich vor, Sie haben einen Ordner mit Briefen angelegt, deren Namen stets mit »Brief an...« beginnt. Kann, was häufig der Fall ist, nicht der komplette Dateiname angezeigt werden, sehen Sie einen Ordner mit einer Vielzahl von Dateien, die scheinbar alle den gleichen Namen tragen.

5.7.2 Umbenennen mit Dateierweiterung

Der harmlose Vorgang des Umbenennens einer Datei wird durch den Umstand verkompliziert, dass die Erweiterung der Datei eine Rolle spielt. Windows zeigt normalerweise bei Dateien, die zu einem registrierten Dateityp gehören, keine Erweiterung an. Wird beim Umbenennen jetzt aber doch ein Dateityp angegeben, hängt Windows diesen lediglich an den Namen an, ohne aber den Dateityp zu ändern, da dieser an den neuen Namen angehängt wird. Aus der Datei *Brief.txt* (die Erweiterung *.txt* wird normalerweise nicht angezeigt), wird durch Umbenennen in »Brief.doc« der Name in »Brief.doc.txt« geändert. Auch wenn die Datei nun scheinbar wie eine Word-Datei aussieht, ist sie nach wie vor eine Textdatei. Das kann immer dann zu Überraschungen führen, wenn man meint, durch Ändern der Erweiterung den Dateityp zu ändern.

TIPP

Das eigentümliche Verhalten einiger Zubehörprogramme, etwa dem Windows-Editor, dass beim Abspeichern einer Datei mit einer anderen Erweiterung (etwa »Brief.xml« beim Notepad) die Standarderweiterung einfach an den Namen gehängt (und die Datei z.B. unter dem Namen »Brief.xml.txt« gespeichert wurde), gibt es bei Windows XP nicht mehr.

Die empfehlenswerteste Variante ist, in den Ordneroptionen die Option DATEINAMENERWEITERUNG BEI BEKANNTEN DATEITYPEN AUSBLENDEN zu deaktivieren. In diesem Fall wird bei jeder Datei (Ausnahme sind Verknüpfungen und andere Spezialfälle) die Erweiterung angezeigt und man weiß, woran man ist.

5.8 Löschen

Dateien und Ordner werden entweder über den LÖSCHEN-Befehl in ihrem Kontextmenü oder durch ein konsequentes Drücken der [Entf]-Taste, nach dem die zu löschenden Objekte selektiert wurden, gelöscht. Windows XP unterscheidet zwischen dem richtigen und dem nicht richtigen Löschen. Im letzteren Fall werden die betroffenen Dateien und Ordner lediglich in den Papierkorb (einem Spezialordner der Benutzeroberfläche) verschoben, also nicht wirklich gelöscht. Dort verbleiben sie solange, bis sie endgültig gelöscht werden, was entweder durch den Anwender oder nach Ablauf einer Zeitspanne automatisch geschieht. Oder, die Objekte werden gleich richtig gelöscht, was z.B. durch Drücken der [⇧]-Taste beim Löschen geschieht. In diesem Fall werden die Dateien endgültig gelöscht und lassen sich ohne Spezialwerkzeuge, die aber nicht Teil von Windows XP sind und daher separat erworben werden müssen, nicht wiederherstellen.

INFO

Eine eingebaute Wiederherstellfunktion für versehentlich richtig gelöschte Dateien gibt es bei Windows XP nicht. Wurde eine Datei gelöscht, ist sie zunächst wirklich weg. Sie sollten in diesem Fall keine Anwendungen mehr starten und schon gar nicht andere Dokumente speichern (es sei denn, es lässt sich nicht vermeiden, weil ansonsten wichtigere Daten verloren gehen würden) und sich möglichst schnell eines der gängigen Wiederherstellungsprogramme besorgen, die meistens auf diese Weise gelöschte Dateien nahezu vollständig wiederherstellen können. Eine Garantie gibt es dafür aber nicht.

INFO

Der Papierkorb wirkt nur bei Dateien, die innerhalb der Benutzeroberfläche gelöscht werden. Werden Dateien innerhalb der Eingabeaufforderung oder direkt durch eine Anwendung gelöscht, werden sie nicht in den Papierkorb übertragen, sondern sind tatsächlich gelöscht. Ein Wiederherstellen ist dann nur mit Hilfe spezieller »Datenretter«, wie etwa den Norton Utilities, möglich.

Normalerweise muss das Löschen von Objekten bestätigt werden. Möchten Sie diese umgehen, müssen Sie beim Löschen entweder die [⇧]-Taste gedrückt halten oder die Option Dialog zur Bestätigung des Löschvorgangs anzeigen im Eigenschaftsdialogfeld des Papierkorbs deaktivieren.

5.8.1 Das Löschen eines Ordners

Das Löschen eines Ordners geschieht in der Regel durch Auswahl des Löschen-Befehls aus dem Kontextmenü des Ordners. Möchten Sie einen geöffneten Ordner vollständig löschen, müssen Sie das Ordnersymbol in der Titelleiste des Ordnerfensters mit der sekundären Maustaste anklicken und dort den Löschen-Befehl auswählen. Dadurch wird der komplette Ordner entfernt.

:-) TIPP

Dieser Tipp wird mit der mit an Sicherheit grenzenden Wahrscheinlichkeit bezogen auf die Annahme erteilt, dass ihn mind. 80% der Leser und Leserinnen ignorieren werden. Dennoch: Spielen Sie das Szenario »Herstellen einer versehentlich gelöschten wichtigen Datei« an einem harmlosen Beispiel durch. Sie benötigen dazu ein Wiederherstellungswerkzeug, wie z.B. die Norton Utilities 2001 von Symantec (www.symantec.de). Sie sind so für den Ernstfall vorbereitet. Machen Sie sich über dieses wichtige Thema nicht dann erst Gedanken, wenn es wieder einmal zu spät ist.[3]

5.8.2 Die Rolle des Papierkorbs

Beim *Papierkorb*-Ordner handelt es sich um ein Verzeichnis mit dem Namen *Recycled*, das auf jedem Laufwerk angelegt wird, und in dem alle gelöschten Dateien »zwischengelagert« werden. Da sich der Papierkorb-Ordner (normalerweise) auf dem Desktop befindet, ist er in die Ordnerhierarchie eingebunden und verhält sich wie ein Dateiordner. Lediglich ein etwas anderer Darstellungsmodus in der Detailansicht und zwei zusätzliche Befehle im Datei-Menü (Wiederherstellen und Papierkorb leeren) unterscheiden ihn von den übrigen Dateiordnern. Der in der Detailansicht angezeigte Ursprung einer Datei legt fest, wo die Datei nach Ausführung des Wiederherstellen-Befehls verschoben wird. Und noch eine kleine Änderung existiert gegenüber einem Dateiordner: Anstelle des Datums der letzten Änderung zeigt der Papierkorb-Ordner das Löschdatum der Datei an.

3 Mir ist es an einem Samstagabend passiert, dass ich beim Ausprobieren neuer Funktionen versehentlich gleich ein paar Kapitel meines damals in Arbeit befindlichen Windows 2000-Buches gelöscht habe, für die ich keine Sicherung angelegt hatte. Mir gelang es zwar, das Wiederherstellungstool eines bekannten Herstellers über das Internet herunterzuladen, das ich zuvor natürlich per Kreditkarte bezahlen musste, doch leider stellte sich heraus, dass diese Version noch nicht unter Windows 2000 lief. Ich habe den Kaufpreis zwar zurückerstattet bekommen, die Dateien waren aber futsch.

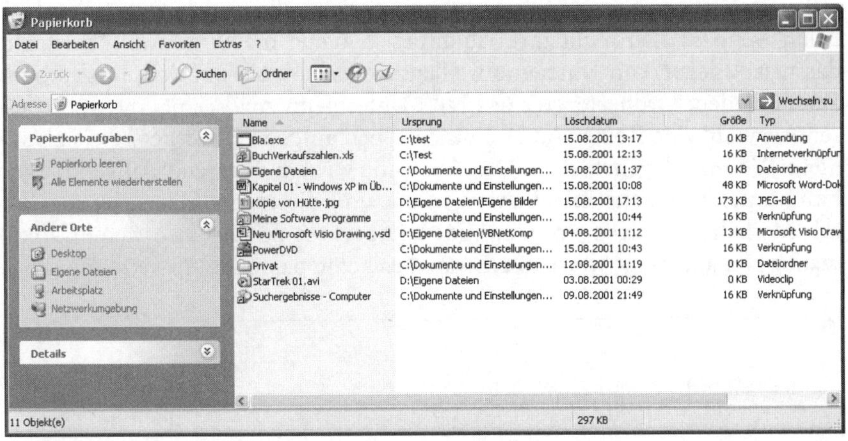

Abbildung 5.7: Im Papierkorb-Ordner werden alle gelöschten Dateien »zwischengelagert«

:-) TIPP

Windows XP reserviert am Anfang 10% des Laufwerks für den Papierkorb-Ordner. Das ist in der Regel zu viel (bei einem 10-Gbyte-Laufwerk wären das immerhin 1-Gbyte und damit fast das Zehnfache einer kompletten Windows 95-Installation). Falls es auf dem Laufwerk zu eng werden sollte, sollten Sie diesen Anteil deutlich verringern.

5.8.3 Das endgültige Löschen von Dateien

geschieht auch bei aktivierter Bestätigungsoption entweder über den Befehl PAPIERKORB LEEREN oder indem Sie bei der Ausführung des LÖSCHEN-Befehls oder dem Betätigen der [Entf]-Taste die [⇧]-Taste gedrückt halten. Eine letzte Sicherung gibt es hier nicht, denn der RÜCKGÄNGIG-Befehl im BEARBEITEN-Menü lässt sich in diesem Fall nicht anwenden.

5.8.4 Das Wiederherstellen gelöschter Dateien

Für das Wiederherstellen einer Datei (oder einer Gruppe von Dateien) gibt es eine Reihe von Möglichkeiten. Am einfachsten ist die Ausführung des WIEDERHERSTELLEN-Befehls im Kontextmenü der Datei. Dieser Befehl sorgt dafür, dass die Datei an ihrem Ursprung wiederhergestellt wird. Eventuell beteiligte Verzeichnisse werden automatisch wieder angelegt. Alternativ können Sie eine Datei aus dem Papierkorb an jene Stelle ziehen, an der sie wiederhergestellt werden soll.

5.9 Dateien neu anlegen

Das neu Anlegen von Dateien ist nicht Aufgabe des Betriebssystems, sondern der einzelnen Anwendungen. Ein Textdokument wird von einer Textverarbeitung, eine Bilddatei von einem Grafikprogramm anlegt usw. Eine gewisse Ausnahme sind jene Dienstprogramme des Betriebssystems, wie

z. B. der allgegenwärtige Editor, der natürlich selbst auch Dateien anlegt. Auch wenn es also nicht ihre Aufgabe ist, bietet die Windows-Oberfläche das neu Anlegen von Dateien an. Dazu stehen sowohl auf dem Desktop als auch in jedem Ordnerfenster das NEU-Untermenü zur Verfügung, nach dessen Auswahl eine Reihe von Dokumenttypen aufgelistet werden, die sich auf diese Weise anlegen lassen. Die Auswahl wird durch jene Anwendungen bestimmt, die bereits installiert wurden, und die in der Registrierung den erforderlichen Eintrag vorgenommen haben (es sollten also keine Dokumenttypen angezeigt werden, zu denen es keine passende Anwendung gibt).

Abbildung 5.8: Das Neu-Menü listet alle Dokumenttypen auf, die sich direkt anlegen lassen

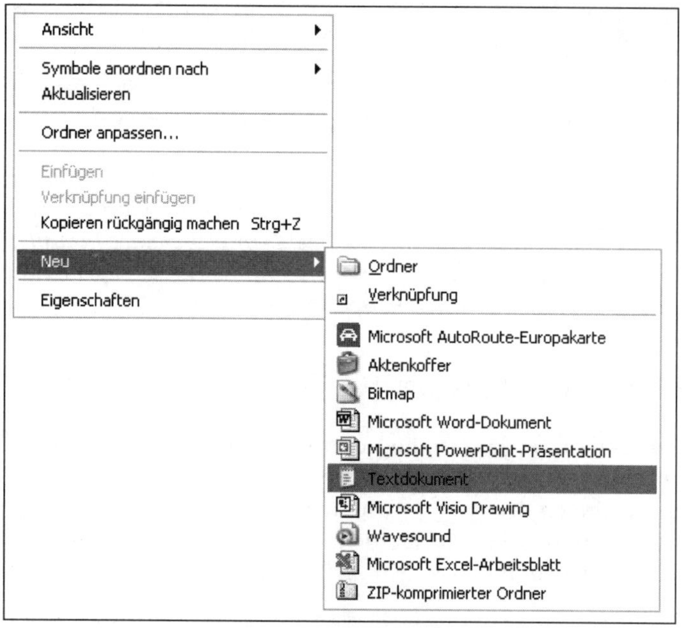

Der (einzige) Vorteil des NEU-Menüs besteht darin, dass sich ein auf diese Weise angelegtes Dokument bereits an der richtigen Stelle befindet und Sie nicht über die Anwendung den Ordner lokalisieren müssen (ein weiterer Vorteil könnte sein, dass diese Herangehensweise eher einer Arbeitsweise entspricht, bei der das Dokument und nicht die Anwendung im Vordergrund steht). Ein Nachteil ist z. B., dass sich bei Word nicht die Dokumentvorlage auswählen lässt.

STEP

Neu anlegen einer Datei

1. Klicken Sie den Ordner, in dem die Datei angelegt werden soll, mit der sekundären Maustaste an.
2. Wählen Sie den Eintrag NEU. Es erscheint ein Untermenü mit Dokumenttypen.

3. Wählen Sie einen Dokumenttyp aus. Es wird eine neue Datei von dem ausgewählten Dateityp angelegt. Ob diese Datei bereits einen Inhalt besitzt, hängt von der im *ShellNew*-Ordner (einem Unterordner des Windows-Ordners) hinterlegten Vorlagendatei ab.
4. Öffnen Sie die Datei wie gewohnt. Dadurch wird jene Anwendung gestartet, die über den Dateityp mit der Datei verknüpft ist. Ob die neu angelegte Datei bereits einen Inhalt besitzt, hängt von der jeweiligen Vorlagendatei ab.

5.10 Eigenschaften anzeigen und ändern

Jede Datei und jeder Ordner verfügen über einen Satz von Eigenschaften. Dazu gehören im Einzelnen:

- Der Name
- Der Dateityp (bei Dateien)
- Der Ort (also der Ordner, in dem sich die Datei oder der Ordner befinden)
- Die Größe (bei Windows XP wird zwischen der wahren Größe und der Größe, die die Datei auf dem Datenträger belegt, unterschieden)
- Der Zeitpunkt, an dem das Objekt erstellt wurde
- Der Zeitpunkt, an dem das Objekt zuletzt geändert wurde
- Der Zeitpunkt, an dem zuletzt ein Zugriff auf das Objekt erfolgte
- Die Spezialattribute Schreibgeschützt, Archiv und Versteckt

Alle Eigenschaften des Objekts werden in seinem Eigenschaftendialogfeld angezeigt. Es wird entweder über den (stets vorhandenen) Eintrag EIGENSCHAFTEN im Kontextmenü des Objekts oder, meistens ein wenig schneller, über die Tastenkombination [Alt] + [↵] geöffnet.

INFO

Der Dateityp wird durch das Programm festgelegt. Auch Windows XP orientiert sich bei der Einstufung einer Datei nahezu ausschließlich an der Dateierweiterung, die entweder von der Anwendung oder (in Ausnahmefällen) vom Benutzer beim Abspeichern, Anlegen oder Umbenennen der Datei vergeben wird.

Welche Eigenschaften im Eigenschaftendialogfeld erscheinen, hängt vom Typ des Objekts und bei Dateien auch vom Dateityp ab. Einige Dateitypen geben nur ihre Eckdaten preis, andere Dateitypen sind dagegen sehr auskunftsfreudig, so dass das Eigenschaftendialogfeld gleich mehrere Register umfasst.

INFO

Ob im Eigenschaftendialogfeld zusätzliche Informationen angezeigt werden, hängt zwar von der Anwendung ab, die den Dateityp registriert hat. Dennoch scheint Windows XP bei vielen Dateien das Register DATEINFO *einzufügen, in denen sich z.B. ein Titel für das Dokument eintragen lässt.*

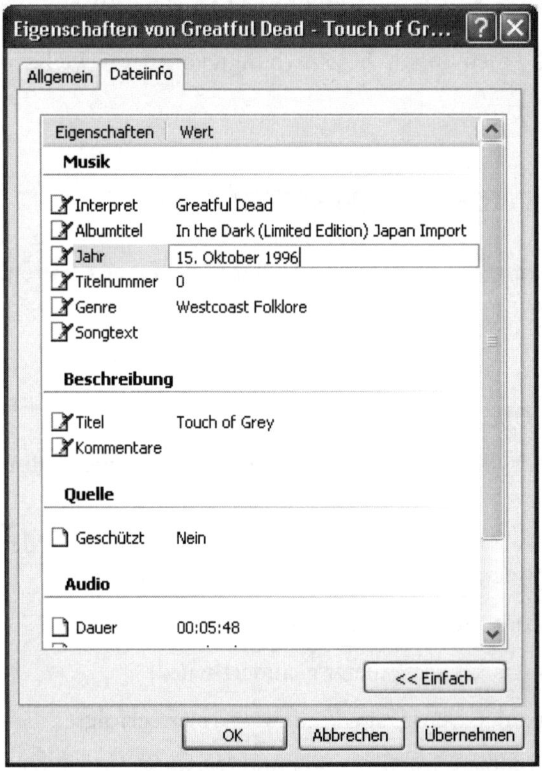

Abbildung 5.9: Das Eigenschaftendialogfeld eines Objekts zeigt alle Eigenschaften an, von denen die meisten an dieser Stelle auch geändert werden können

:-) TIPP

In den Ordneroptionen können Sie für jeden Dateityp einzeln einstellen, ob die Dateierweiterung angezeigt werden soll oder nicht. Sie finden die Einstellung in der Registerkarte DATEITYPEN, *indem Sie den Dateityp auswählen, auf* ERWEITERT *klicken und die Option* ERWEITERUNG IMMER ANZEIGEN *wählen.*

5.10.1 Die zusätzlichen Eigenschaften einer Programmdatei

Programmdateien sind »normale« Dateien mit dem Unterschied, dass sie keine Daten, sondern ausführbare Programmbefehle beinhalten (Programmdateien erkennen Sie an der Dateierweiterung *.exe*). Programmdateien besitzen in ihrem Eigenschaftendialog eine zusätzliche Registerkarte mit dem Namen VERSION. Hier finden Sie zusätzliche Angaben über das Programm, wie zum Beispiel die Versionsnummer, den Namen der Firma, die das Programm hergestellt hat, oder die verwendete Landessprache. Anhand dieser

Informationen können Sie zum Beispiel schnell erkennen, um welche Version es sich bei der Programmdatei handelt, ohne das Programm starten zu müssen.

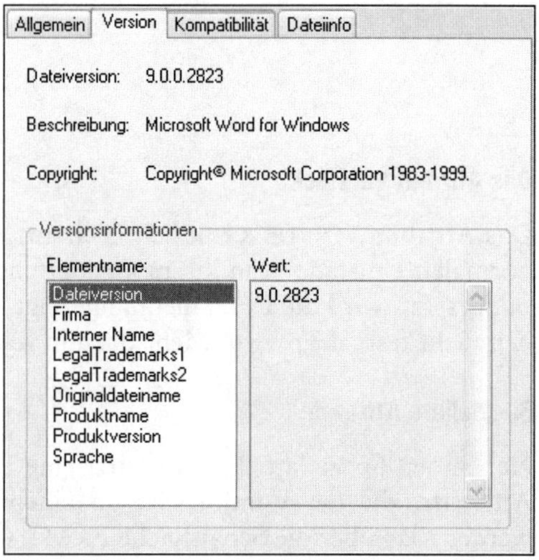

Abbildung 5.10: Programmdateien besitzen bei Windows in der Registerkarte Version zusätzliche Versionsinformationen

5.10.2 Datei- und Ordnerattribute

Dateien und Ordner besitzen etwas, das sehr wichtig, aber normalerweise nicht sichtbar ist. Die Auflösung dieses kleinen Ratespielchens heißt Attribute (im letzten Abschnitt wurden sie auch Spezialattribute genannt, um sie von den allgemeinen »Attributen«, wie Name oder Größe, zu unterscheiden). Die Attribute einer Datei legen z.B. fest, ob die Datei gelöscht oder überschrieben werden kann, oder ob die Datei als Systemdatei geführt und damit im Rahmen der Oberfläche eine etwas andere Behandlung erfährt. Auch ein Ordner besitzt diese Attribute.

Zu den Datei- und Ordnerattributen gehören:

- Schreibgeschützt
- Versteckt
- Archiv
- Inhalt für schnelle Indexsuche verwenden

Das Attribut Schreibgeschützt

Besitzt eine Datei das Attribut SCHREIBGESCHÜTZT bedeutet dies lediglich, dass sie durch eine Anwendung nicht überschrieben werden kann. Sie kann sowohl gelöscht als auch durch eine gleichnamige Datei aus einem anderen Ordner beim Kopieren überschrieben werden.

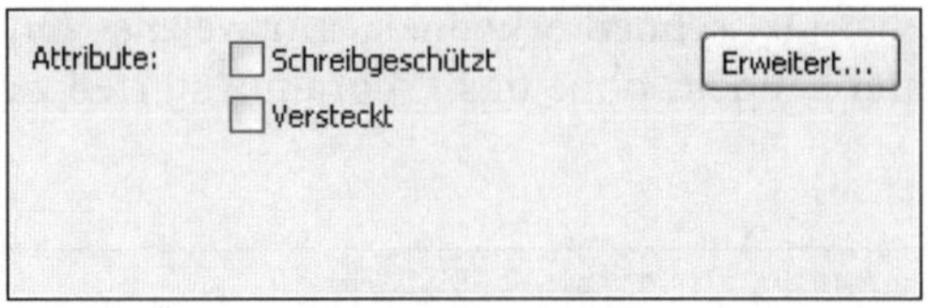

Abbildung 5.11: Im unteren Bereich des Eigenschaftendialogs werden die Spezialattribute angezeigt – sie können an dieser Stelle auch geändert werden

Das Attribut Versteckt

Das Attribut VERSTECKT bezieht sich auf den Umstand, ob die Datei unter normalen Umständen in ihrem Ordnerfenster angezeigt wird. Ist das Attribut gesetzt, wird die Datei nicht angezeigt, solange dies in den Ordneroptionen nicht festgelegt wird. Mehr dazu in Kapitel 5.10.4.

Speziellere Attribute

Neben den Spezialattributen besitzt eine Datei zwei noch etwas speziellere Attribute, die bei Windows XP in einem weiteren Dialogfeld angeboten werden, das über die Schaltfläche ERWEITERT geöffnet wird. Es handelt sich um:

- Datei kann archiviert werden
- Inhalt für schnelle Dateisuche indizieren

Datei kann archiviert werden

Das Attribut Archiv hat keine unmittelbare Bedeutung. Es wird automatisch gesetzt, sobald an einer Datei oder einem Ordner eine Änderung durchgeführt wurde. Backup-Programme können dieses Attribut dazu benutzen, um festzustellen, ob die Datei gesichert werden muss. Anschließend setzen sie das Attribut zurück, um die Datei als »archiviert« zu kennzeichnen.

Inhalt für schnelle Dateisuche indizieren

Über dieses Attribut, das standardmäßig gesetzt ist, wird angegeben, dass der Dateiinhalt vom Indexdienst, der die Suche nach Worten innerhalb einer Datei stark beschleunigen kann, berücksichtigt wird.

INFO

Die Komprimierungs- und Verschlüsselungsattribute besitzen für Windows XP Home keine Bedeutung.

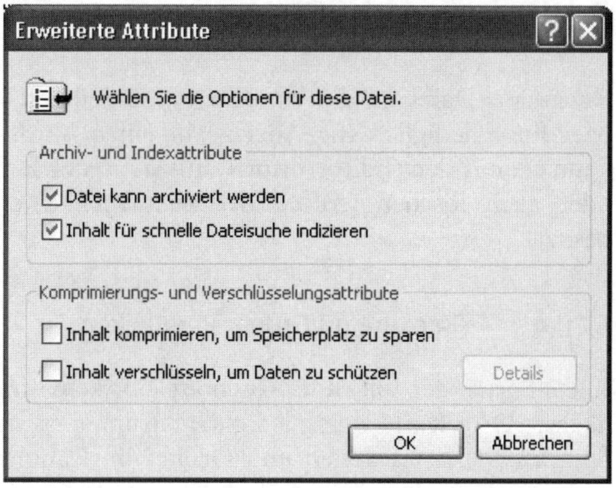

Abbildung 5.12: Die erweiterten Attribute werden in einem eigenen Dialogfeld eingestellt

5.10.3 Die Rolle der geschützten Systemdateien

Eine geschützte Systemdatei ist eine Datei, bei der sowohl das Attribut VERSTECKT als auch das Attribut SYSTEM gesetzt sind. Moment, welches SYSTEM-Attribut? Nun, Dateien besitzen (schon immer) ein Systemattribut, es kann bei Windows XP nur nicht mehr über die Oberfläche eingestellt werden und wird daher auch nicht im Eigenschaftendialogfeld einer Datei angezeigt. Damit sollen Dateien, bei denen diese beiden Attribute (durch eine Anwendung) gesetzt wurden, einen besonderen Schutz vor versehentlichem Überschreiben erfahren.

Geschützte Systemdateien werden in einem Ordnerfenster nur dann angezeigt, wenn in den Ordneroptionen die Option GESCHÜTZTE SYSTEMDATEIEN AUSBLENDEN nicht aktiv ist (zusätzlich zur deaktivierten Option VERSTECKTE DATEIEN UND ORDNER AUSBLENDEN). Ist diese Option aktiv, was normalerweise der Fall ist, werden diese Dateien nicht angezeigt und auch durch den SUCHEN-Befehl nicht gefunden. Ein Beispiel für eine geschützte Systemdatei ist *Boot.ini.* Um diese Datei auch in einem Ordnerfenster sehen zu können, muss die Option GESCHÜTZTE SYSTEMDATEIEN AUSBLENDEN deaktiviert werden. Zwar erscheint dabei eine Warnung, die den Benutzer vor den möglichen Folgen seines Handelns warnt, doch selbstverständlich ist das bloße Anzeigen von geschützten Systemdateien völlig harmlos. Es besteht lediglich die Gefahr, dass sie versehentlich gelöscht werden, was in der Tat negative Auswirkungen auf die Funktionsfähigkeit des Betriebssystems haben kann. Wird die Option deaktiviert, erscheint in der Statusleiste des Ordnerfensters ein Hinweis auf die Anzahl der versteckten Dateien. Sollen die Dateien auch angezeigt werden, muss auch die Option VERSTECKTE DATEIEN UND ORDNER AUSBLENDEN deaktiviert werden.

INFO

Das Deaktivieren der Option GESCHÜTZTE SYSTEMDATEIEN AUSBLENDEN *ist nur für Administratoren möglich.*

Dass eine Datei in die Kategorie »Schreibgeschützte Systemdatei« fällt, beeinflusst lediglich die Anzeige in einem Ordnerfenster. Jeder Benutzer kann sie mit dem Editor öffnen und sie in der Eingabeaufforderung suchen oder auch löschen (sofern der Benutzer die erforderliche Berechtigung besitzt).

5.10.4 Dateien und Ordner verstecken

Keine Sorge, der folgende Abschnitt gibt keine fragwürdigen Tipps für das nächste Osterfest. Es geht lediglich darum, dass sich durch Setzen des Attributs VERSTECKT Dateien und Ordner im Rahmen der Benutzeroberfläche unsichtbar machen lassen. Sie werden dadurch normalerweise weder in einem Ordnerfenster angezeigt noch bei der Dateisuche berücksichtigt. Normalerweise heißt, sofern die Option ALLE DATEIEN UND ORDNER ANZEIGEN in den Ordneroptionen nicht gesetzt ist, oder bei der Suche die versteckten Elemente einbezogen werden. Das Verstecken von Dateien und Ordnern ist damit weniger eine Sicherheitsfunktion (auch wenn man dadurch unbedarfte Anwender durchaus davon abhalten kann, eine Datei oder einen Ordner zu öffnen), sondern vielmehr dazu da, dass selten benötigte Dateien oder Systemdateien nicht in der normalen Ordneransicht angezeigt werden, da sie den normalen Anwender nicht zu interessieren haben.

STEP

Verstecken eines Ordners

1. Klicken Sie das Ordnersymbol mit der sekundären Maustaste an und wählen Sie EIGENSCHAFTEN.
2. Setzen Sie die Option VERSTECKT und bestätigen Sie mit OK oder ÜBERNEHMEN.

Versteckte Dateien und Ordner werden im Ordnerfenster leicht abgeblendet dargestellt (man muss aber schon genau hinsehen).

INFO

Soll ein versteckter Ordner bei einer Dateisuche berücksichtigt werden, muss im Suchenfenster die Option VERSTECKTE ELEMENTE DURCHSUCHEN *gesetzt werden.*

:-) TIPP

Über das Attrib*-Kommando der Eingabeaufforderung lassen sich Attribute etwas schneller abfragen und setzen. Auf diese Weise lässt sich auch das Systemattribut setzen und zurücksetzen, was im Rahmen der Benutzeroberfläche nicht möglich ist.*

5.11 Suchen nach Dateien, Ordnern und anderen Dingen

Die Suche nach einer Datei auf einem durchschnittlichen Windows-PC kann sehr schnell zur berühmten Suche nach der Nadel im Heuhaufen ausarten. Berücksichtigt man den Umstand, dass ein durchschnittlicher Windows-PC über 30.000 Dateien beherbergt, wird schnell deutlich, dass eine Suche nicht darin bestehen kann, alle Ordner der Reihe nach zu durchforsten.[4] Zum Glück besitzt Windows XP eine leistungsfähige und vor allem schnelle Suchfunktion mit der sich jede Datei (auch auf Netzwerklaufwerken und sogar auf Ftp-Servern) auf der neuen 75-Gbyte-Platte in wenigen Sekunden lokalisieren lässt.

Langjährige Windows 9x-Kenner werden sich vermutlich ein wenig verwundert die Augen reiben, wenn sie zum ersten Mal erleben, was aus der in der Vergangenheit doch recht nüchternen (aber zweckmäßigen) Suchfunktion geworden ist. Der Suchendialog wurde nicht nur optisch komplett renoviert, sondern auch erweitert und mit dem Indexdienst (den es bei Windows NT/2000 aber auch schon gab) um eine sehr leistungsfähige Volltextsuche ersetzt, die blitzschnell den Inhalt von Dateien durchsucht. Als kleines optisches Highlight präsentiert der Suchendialog einen kleinen, süßen Hund, der alleine schon deswegen Pluspunkte sammelt, da er sich dezent im Hintergrund hält und nicht ständig im Weg herumtapst (neben Fido, dem Hund, stehen als weitere Assistenten Susy, Dennis und Merlin, der Zauberer zur Auswahl).[5]

Die Suche findet bei Windows XP nicht mehr in einem eigenen Suchendialogfenster, sondern in einer Aufgabenliste eines Ordernfensters statt, die über die [F3]-Taste (oder etwas umständlicher über den Menübefehl ANSICHT/EXPLORER-LEISTE|SUCHEN) ein- und ausgeblendet wird. Der Suchendialog ist damit ein fester Bestandteil eines jeden Ordnerfensters. Die Ergebnisse der Suche werden in einem Spezialordner mit dem Namen *Suchergebnisse* angezeigt. Da es sich um ein Ordnerfenster handelt, stehen z.B. die üblichen Ansichtsmodi zur Verfügung.

Unmittelbar nach dem Start einer Suche sollen Sie erst einmal angeben, was genau Sie finden möchten. Dadurch sollen vor allem weniger erfahrene Anwender ermutigt werden (langjährige Windows-Kenner werden vermutlich nicht so recht begeistert sein – sie können über die bevorzugten Einstellungen erreichen, dass von Anfang an die »normale« Auswahl für die

4 Im Allgemeinen enthält ein Windows-PC mehr Dateien als die Suchfunktion verkraften kann, so dass die Suche nach allen Dateien (dazu lassen Sie einfach den Suchnamen leer) nur selten zu Ende gebracht wird oder mit einer Fehlermeldung von Windows (»Sorry, ich geb auf, ächz«) quittiert wird.

5 Der aber, wie erst kürzlich bekannt wurde, kein richtiger Zauberer, sondern ein verkrachter Straßenkünstler ist, der seinen Umhang und den albernen Hut in einem Second-Hand-Laden erworben hat.

Eingabe eines Dateinamens erscheint). Die Unterteilung in Kategorien wie Bilder, Dokumente oder einfach nur Dateien und Ordner hat nicht zur Folge, dass unterschiedliche Suchläufe durchgeführt werden. Die Auswahl führt lediglich dazu, dass zunächst Suchoptionen angeboten werden, die für den ausgewählten Dateityp am besten geeignet sind. Sie müssen also nicht wissen, dass Musikdateien vielleicht einmal mit *.mp3* und ein anderes Mal mit *.Wma* enden, und dass es für Bilddateien vielleicht ein halbes Dutzend möglicher Erweiterungen gibt. Eine Einschränkung bedeutet die Voreinteilung auch nicht, denn die Suche nach einem beliebigen Dateinamen ist selbstverständlich nach wie vor möglich. Egal, welche Voreinstellung gewählt wird, es wird stets eine Suche nach Dateien durchgeführt.

INFO

Die Suchvorauswahl erscheint nicht, wenn Sie das klassische Startmenü eingestellt haben. In diesem Fall wird die Aufgabenliste als erstes mit dem Eingabefeld für den Dateinamen und einem optionalen Suchbegriff angezeigt (siehe Abbildung 5.13).

Abbildung 5.13: Der Suchendialog besteht bei Windows XP aus einer Aufgabenliste, die direkt im Ordnerfenster eingeblendet wird

Suchen Sie lediglich »irgendeine« Datei, ohne sich schon am Anfang bezüglich ihres Typs festlegen zu wollen, wählen Sie die Kategorie ALLEN DATEIEN UND ORDNERN. Geben Sie nun einen Teil des Dateinamens (mehr zu den erlaubten Platzhaltern in Kapitel 5.11.2) und wenn Sie das Gefühl haben, dass dies die Trefferwahrscheinlichkeit erhöhen könnte, auch ein Wortfragment ein, das in der gesuchten Datei enthalten sein könnte. Anders als unter Windows 9x wird das Durchsuchen von Dateien nach Wortfragmenten so schnell durchgeführt, dass es die Suche kaum behindert.[6]

Nach erfolgter Suche zeigt das Suchenfenster alle gefundenen Dateien in der rechten Fensterhälfte an. Über das ANSICHT-Menü lassen sich nicht nur die bekannten Ordneransichten einstellen, mit den im Suchordner enthaltenen Objekten lassen sich selbstverständlich auch alle Standardoperationen, wie Kopieren, Öffnen, Löschen oder Umbenennen, ausführen.

:-) TIPP

Wenn Sie wissen möchten, in welchem Verzeichnis sich eine gefundene Datei befindet, wählen Sie aus dem Kontextmenü der Datei den Eintrag ÜBERGEORDNETEN ORDNER *öffnen. Dieser Befehl steht auch über das* DATEI-*Menü zur Verfügung.*

INFO

Das ist ein wichtiger Hinweis: Die Suche findet auch bei Windowx XP nur dann versteckte Dateien oder geschützte Systemdateien (hier sind sowohl die Attribute SYSTEM *als auch* VERSTECKT *gesetzt) wenn die entsprechende Option in den Ordneroptionen gesetzt wurden. Ansonsten kann der kleine Hund auch noch so niedlich mit dem Schwanz wedeln: Eine Datei wie* Boot.ini *wird nicht gefunden, da sie die Attribute* SYSTEM *und* VERSTECKT *besitzt. Die erweiterte Option* VERSTECKTE ELEMENTE DURCHSUCHEN *im Suchendialog hat darauf keinen Einfluss. Sie bezieht sich nur auf den Umstand, dass auch versteckte Ordner durchsucht werden, bedeutet aber nicht, dass versteckte Ordner und Dateien auch gefunden werden.*

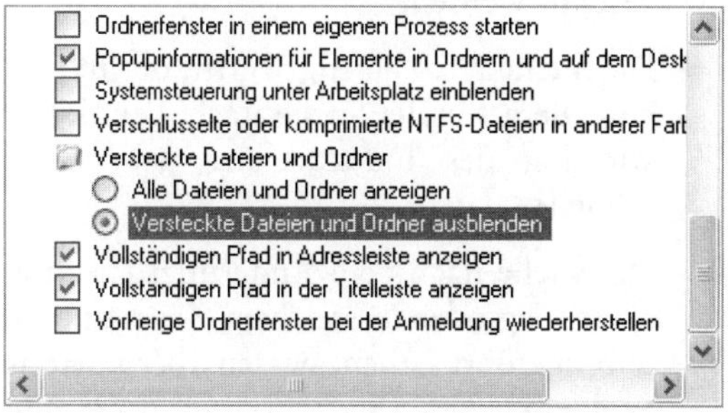

Abbildung 5.14: Diese Option darf nicht gesetzt sein, wenn die Suchfunktion auch Systemdateien finden soll

5.11.1 Die bevorzugten Sucheinstellungen ändern

Windows XP erlaubt es, die Sucheinstellungen ein wenig abzuändern. Klicken Sie dazu in der Aufgabenliste auf BEVORZUGTE EINSTELLUNGEN ÄNDERN. Im Einzelnen lässt sich hier einstellen:

6 Diese neuen Möglichkeiten verleiten natürlich zu unkonventionellen und völlig unnützen Experimenten. Was glauben Sie z.B., in wie vielen unverfänglich klingenden Systemdateien das Wort »Sex« vorkommt.

- Ob und welche animierte Figur verwendet wird[7]
- Ob der Indexdienst die Suche unterstützt. Diese wichtige Option wird in Kapitel 5.11.11 beschrieben.
- Ob unmittelbar nach dem Aufruf der Suchfunktion zunächst die Vorauswahl mit den Dateitypen angeboten oder gleich der erweiterte Suchdialog für die Eingabe des Dateinamens angeboten wird.
- Ob Hinweise in einer Sprechblase angezeigt werden.
- Ob die automatische Vervollständigung von Suchbegriffen, die im Allgemeinen aber sehr praktisch ist, deaktiviert wird.

5.11.2 Suchen mit etwas mehr Komfort

Sobald Sie mit der *Suchen*-Aufgabenliste etwas vertrauter geworden sind, sollten Sie sich die speziellen Suchoptionen anschauen, die im unteren Bereich der Aufgabenleiste eingestellt werden können. Denn wenn eine große Anzahl an Dateien durchsucht werden soll, lässt sich auf diese Weise die Wahrscheinlichkeit für einen Treffer deutlich erhöhen. Zu den einstellbaren Optionen bei der Suche gehören:

- Die Suche nach einer Datei anhand eines Teilnamens. Diese Suchvariante ermöglicht es, ein Namensfragment anzugeben. Alle Dateien und Ordner, die dieses Namensfragment enthalten, werden aufgelistet. Über Platzhalter (mehr dazu gleich) kann nach ähnlichen Namen gesucht werden.
- Die Suche nach einem Begriff, der in der Datei enthalten ist. Dies spielt vor allem für die Suche nach Textdokumenten eine Rolle (unter Mitwirkung des Indexdienstes geht dieses Suchverfahren sogar sehr schnell).
- Die Suche nach dem Änderungsdatum einer Datei. Sie wissen, an welchem Tag oder in welchem Zeitraum Sie an einer Tabelle Änderungen durchgeführt haben, wissen aber partout den Namen nicht mehr. Kein Problem, diese Suchvariante listet alle Dateien auf, die in einem bestimmten Zeitraum, zum Beispiel innerhalb der letzten drei Monate, modifiziert wurden.

Alle Suchkriterien können kombiniert werden. Es ist also kein Problem, die Festplatte nach allen Dateien mit der Erweiterung *.doc* zu durchsuchen, die größer sind als 1 Mbyte und in den letzten zehn Tagen bearbeitet wurden.

7 Wer bringt es über das Herz, den kleinen Fido auszublenden?

:-) TIPP

Falls Sie in der Ordnerhierarchie von Windows XP noch gewisse Orientierungsprobleme haben, verwenden Sie einfach den Suchen*-Befehl, um eine bestimmte Datei, etwa eine Programmdatei, oder einen Ordner zu lokalisieren. Anstelle sich durch die Ordnerhierarchie zu klicken ist es manchmal einfacher, eine Datei zu suchen und den Ordner, in dem sie enthalten ist, über den Menübefehl* Übergeordneten Ordner öffnen *im* Datei*-Menü des Suchendialogfeldes zu öffnen.*

Die Eingabe eines Suchnamens

Die naheliegendste Suchangabe ist natürlich die des Dateinamens. Da Sie Datei- und Ordnernamen relativ frei vergeben können, sollte es nicht schwierig sein, sich zumindest noch an ein Fragment des Namens zu erinnern. Windows macht es Ihnen in dieser Beziehung sehr leicht, denn nach der Eingabe eines Wortfragments werden alle Ordner und Dateien aufgelistet, in denen dieses Wortfragment enthalten ist. So führt die Eingabe der Silbe »in« in das Sucheingabefeld dazu, dass sämtliche Ordner und Dateien gefunden werden, die in ihrem Namen die Silbe »in« enthalten. Obwohl dies im allgemeinen mehrere Hundert Dateien sind, dauert die gesamte Suche nur wenige Sekunden. Je genauer Sie den Datei- oder Verzeichnis-/Ordnernamen angeben, desto genauer ist das Suchergebnis.

INFO

Geben Sie in einem Dateinamen einen Punkt an, wird nicht mehr nach Ähnlichkeiten gesucht, sondern nach dem exakten Namen. Der Suchbegriff »Calc.ex« führt nicht dazu, dass die Datei Calc.exe *gefunden wird. Voraussetzung ist ferner, dass die Dateierweiterungen für bekannte Dateitypen angezeigt werden. Sonst werden diese bei einer Suche nicht berücksichtigt.*

:-) TIPP

Sie können das Suchergebnis vorübergehend zwischenspeichern, indem Sie das Suchfenster auf Symbolgröße verkleinern. Wie jedes andere verkleinerte Fenster steht es dann über die Taskleiste zur Verfügung. Über den Menübefehl Datei/Suche speichern *können Sie die Sucheinstellungen (nicht das Ergebnis) in einer Datei (Erweiterung* .Fnd*) dauerhaft speichern.*

Suchen mit Platzhaltern

Ein *Platzhalter*, in diesem Zusammenhang auch *Joker* oder *Wildcard* genannt, ist ein Platzhalter für ein einzelnes Zeichen oder ein Wortfragment. Windows kennt die beiden Platzhalter »*« und »?«, die immer praktisch sind, wenn Sie den exakten Namen eines Ordners oder einer Datei nicht kennen. Das »*«-Zeichen steht in dem Suchbegriff für noch folgende Zeichen. So findet Windows bei Eingabe von »Buch*« als Suchname alle Namen, die mit »Buch« beginnen. Folgen auf den Stern weitere Zeichen, so werden diese in den Suchnamen einbezogen. Der Platzhalter »?« steht dagegen für ein einzelnes Zeichen, wobei es zusätzlich genau auf die Position ankommt. So sucht Windows bei Eingabe von »?. ter Brief« nach allen Dateien, die mit einem beliebigen Zeichen beginnen, auf das die Wortfolge

». ter Brief« folgt. Beachten Sie, dass Sie die beiden Platzhalter auch kombinieren können, wobei nicht jede mögliche Kombination auch sinnvoll ist. So hat der »?«-Platzhalter in dem Suchausdruck »Antrag für Nr*?« keine Wirkung, da der erste »*«-Platzhalter bereits alle möglichen Zeichenkombinationen einschließt und so das folgende »?« als Suchbedingung zwangsläufig ignoriert wird.

Da es eine Vielzahl an Möglichkeiten gibt, die einzelnen Platzhalter mit Fragmenten eines gesuchten Namens zu kombinieren, und da man den Umgang mit den Platzhaltern am besten an Beispielen lernt, enthält Tabelle 5.2 eine Reihe elementarer Suchabfragen und ihr Ergebnis.

Tabelle 5.2: Beispiele für Suchabfragen mit Platzhaltern

Platzhalter	Suchergebnis
abc	Alle Namen, in denen die Zeichenfolge »abc« vorkommt.
*abc	Alle Namen, die mit der Zeichenfolge »abc« (vor der Erweiterung) enden.
Oca	Alle Namen, die als Erweiterung die Zeichenfolge »oca« besitzen.
Oca, *oca	Alle Namen, die als Erweiterung die Zeichenfolge »oca« besitzen oder in denen die Zeichenfolge »oca« vorkommt.
*x?	Alle Namen, bei denen der Buchstabe »x« an vorletzter Position im Dateinamen steht, aber nicht in der Erweiterung, d.h. Exe-Dateien werden nur gefunden, wenn sie an vorletzter Position im Namen ein »x« besitzen.
?x?	Alle aus drei Zeichen bestehenden Namen, in denen der Buchstabe »x« an zweiter Position vorkommt.
?x*	Alle Namen, an denen der Buchstabe »x« an zweiter Position vorkommt.
Text*.	Alle Namen, die mit der Silbe »text« beginnen, bei denen »text« aber nicht in der Erweiterung vorkommt.
*.?x?	Alle Namen, die eine aus drei Zeichen bestehende Erweiterung besitzen, an deren zweiter Position der Buchstabe »x« vorkommt.
?xx	Alle aus drei Zeichen bestehenden Namen, in denen an der zweiten Position die Zeichenfolge »xx« vorkommt.
b???f	Alle Namen, an denen an beliebiger Position der Buchstabe »b« vorkommt, gefolgt von drei beliebigen Zeichen, gefolgt vom Buchstaben »f«.

Tabelle 5.2: Beispiele für Suchabfragen mit Platzhaltern (Forts.)

Platzhalter	Suchergebnis
b???f*	Alle Namen, die mit dem Buchstaben »b« beginnen, gefolgt von drei beliebigen Zeichen, gefolgt vom Buchstaben »f«.
Ko*.txt, Br*.txt.	Alle Namen, die entweder mit den Buchstaben »Ko« oder »Br« beginnen, und deren Erweiterung »txt« lautet.
Buch Brief	Alle Dateien, in denen entweder das Fragment »Buch« oder »Brief« vorkommt.

5.11.3 Volltextsuche

Volltextsuche bedeutet, dass jede Datei als ein zusammenhängender »Text« betrachtet und vollständig durchsucht wird. Das ergibt auch bei Dateien, die keine Texte enthalten, einen Sinn. Ein Beispiel sind MP3-Dateien, die Informationen über den Künstler oder sogar den kompletten Liedtext am Ende enthalten können (aber nicht müssen). Für die Suche nach einem in einer Datei enthaltenen Namen geben Sie das Namensfragment ein (je kürzer, desto schneller wird die Suche durchgeführt).

INFO

Darauf wurde bereits in einem anderen Zusammenhang hingewiesen. Windows XP bietet (im Zusammenhang mit dem Indexdienst) eine Reihe zusätzlicher Suchoperatoren, die die Möglichkeiten einer Suche stark erweitern. Dazu gehört z.B. der Near-Operator*, durch den sich Wörter finden lassen, die sich in der Nähe eines anderen Wortes befinden. Eine Beschreibung dieser Suchoperatoren finden Sie in der Windows-Hilfe. Wenn Sie sich mit der (am Anfang etwas kompliziert wirkenden) Suchmethodik ausführlicher beschäftigen, werden Sie völlig neue Techniken entwickeln, um nach Textdokumenten suchen zu können, ohne diese einzeln der Reihe nach öffnen zu müssen.*[8]

5.11.4 Suchen über mehrere Laufwerke

Sollen sämtliche Laufwerke des PCs in einem Durchlauf durchsucht werden, muss in der Listenauswahl SUCHEN IN anstelle eines einzelnen Laufwerks oder Verzeichnisses der Eintrag LOKALE FESTPLATTEN eingestellt werden. Standardmäßig werden alle untergeordneten Ordner in die Suche einbezogen. In der Auswahlliste gibt es einen unscheinbaren Eintrag mit dem Namen DURCHSUCHEN. Wenn Sie ihn wählen, öffnet sich ein Ordnerauswahldialog, aus dem Sie einen beliebigen Ordner und auch die Freigaben der Netzwerkumgebung auswählen können.

8 Eine immer noch häufig anzutreffende Suchmethode, die leider nicht an Attraktivität verliert, da moderne GHz-PCs auch große Dateien im Handumdrehen öffnen. Es lohnt sich allerdings, über alternative Suchmethoden nachzudenken.

Abbildung 5.15: In der Suche in-Auswahlliste wird eingestellt, welche Laufwerke durchsucht werden sollen

Soll sich die Suche aus irgendeinem Grund nur auf den aktuellen Ordner, der im Eingabefeld SUCHEN IN eingestellt ist, beschränken, muss die Option UNTERGEORDNETE ORDNER DURCHSUCHEN in den Suchoptionen deaktiviert werden.

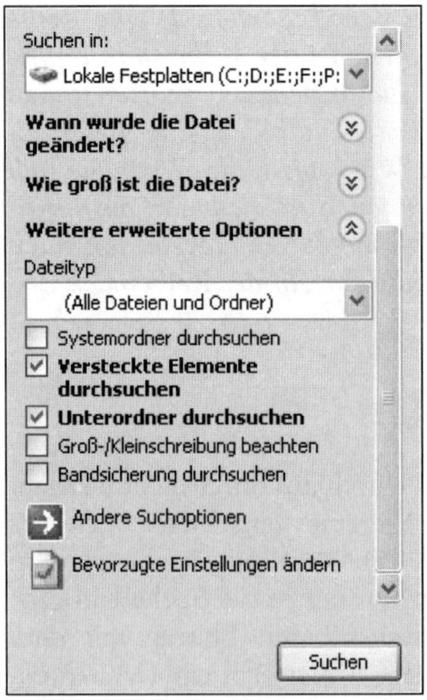

Abbildung 5.16: Zu den erweiterten Suchoptionen gehört die Suche in Unterordnern

5.11.5 Den aktuellen Ordner durchsuchen

Wenn Sie den SUCHEN-Befehl nicht über das Startmenü, sondern über das Kontextmenü des Systemfeldes eines Ordnerfensters starten (Ordnersymbol in der linken Ecke der Titelleiste), wird in der Auswahlliste SUCHEN IN automatisch der Pfad des aktuellen Ordners eingetragen. Sie können so sehr schnell den aktuellen Ordner durchsuchen, ohne dessen Namen noch einmal eingeben zu müssen.

5.11.6 Suchen im Netzwerk

Sollen einzelne Netzwerklaufwerke durchsucht werden, so muss in der SUCHEN IN-Auswahlliste zunächst der Eintrag DURCHSUCHEN..., aus der Ordnerauswahlliste die Netzwerkumgebung und schließlich entweder ein Netzwerk-PC oder ein auf dem Netzwerk-PC freigegebenes Verzeichnis ausgewählt werden. Bleibt die OK-Schaltfläche abgeblendet, kann der ausgewählte »Ort« nicht durchsucht werden.

5.11.7 Suche nach dem Datum der letzten Änderung

Sehr viel vielseitiger wird die Suche, wenn Sie zusätzlich oder alternativ zum Dateinamen einen Zeitraum festlegen, in dem die Dateien erstellt, geändert oder darauf zugegriffen wurden. Wählen Sie dazu als erstes die Option WANN WURDE DIE DATEI GEÄNDERT? Nun können Sie in der erweiterten Aufgabenliste entweder die letzte Woche, den letzten Monat oder das letzte Jahr angeben oder einen Von-Bis-Zeitraum eintragen. Möchten Sie zum Beispiel alle Dateien, deren Name das Wortfragment »Einladung« enthält, und die in den letzten 7 Tagen erstellt oder bearbeitet wurden, finden, muss lediglich die Option INNERHALB DER LETZTEN WOCHE eingestellt werden.

5.11.8 Die Suche nach der Dateigröße

Ein wichtiges Suchkriterium ist die Größe, denn durch diese lässt sich die Suche relativ stark eingrenzen. Wenn Sie wissen, dass sich Ihr gesuchtes Wort nur in einer Dokumentdatei befinden kann, ist es zum Beispiel sinnvoll, die Dateigröße auf 100 Kbyte zu begrenzen, damit nicht alle großen Dateien durchsucht werden. Dieses Kriterium kann selbstverständlich auch alleine stehen. Wenn Sie alle Dateien sehen möchten, die mehr als 5 Mbyte belegen, legen Sie lediglich die Dateigröße fest und lassen alle übrigen Suchkriterien offen.

Abbildung 5.17: Bei der Suche kann ein Zeitraum festgelegt werden, auf den die Suche begrenzt wird

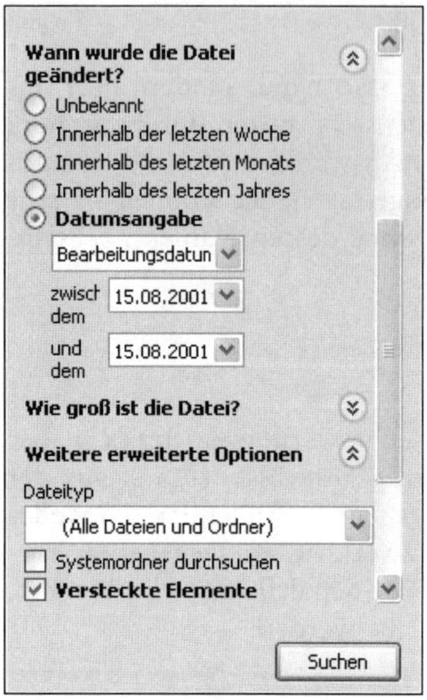

Abbildung 5.18: Bei der Suche nach einer Dateigröße wird entweder eine Kategorie ausgewählt oder eine Mindest- oder Höchstgrenze angegeben

5.11.9 Erweiterte Suchoptionen

Die erweiterten Suchoptionen müssen relativ selten geändert werden, in den meisten Fällen ist die Voreinstellung passend. Zu den erweiterten Suchoptionen gehören:

- Systemordner durchsuchen
- Versteckte Elemente durchsuchen
- Unterordner durchsuchen
- Groß-/Kleinschreibung beachten
- Bandsicherung durchsuchen

Die wichtigste Option ist VERSTECKTE ELEMENTE DURCHSUCHEN. Da sie standardmäßig nicht aktiv ist, werden bei einer Suche alle Ordner und Dateien nicht berücksichtigt, bei denen das Attribut *Versteckt* gesetzt ist (das kann z.B. dazu führen, dass Word-Dokumentvorlagen nicht gefunden werden, da sich diese in einem versteckten Ordner befinden).

5.11.10 Die Suche nach anderen »Dingen«

Im SUCHEN-Befehl ist nicht nur nach der Lage, Datei und dem Ordner nachzuspüren, im Suchendialogfeld besteht ferner die Möglichkeit, nach Computern, nach Begriffen, im Internet und nach Personen zu suchen.

Die Suche nach Computern

Die Suche nach einem Computer bedeutet nun nicht, dass sich Windows auf die Suche nach Ihrem verloren geglaubten Pentium-PC macht, es bedeutet lediglich, dass Windows einen Computer im Netzwerk lokalisiert, was bei großen Netzwerken eine Erleichterung bedeuten kann und bei kleineren Netzwerken anzeigt, dass ein Computer aktiv ist. Die Suche nach einem Computer wird durch Auswahl der Verknüpfung COMPUTERN ODER PERSONEN gestartet. Es erscheint ein Eingabefeld, in dem der (vollständige) Name des Computers eingegeben werden muss. Konnte dieser im Netzwerk lokalisiert werden, wird er mit Angabe des Ortes (z.B. Name der Domäne) aufgelistet.

Die Suche im Internet

Könnte ich die Datei nicht im Internet vergessen haben? Sicher nicht, und selbst wenn, dann würde Ihnen diese Suchoption nicht weiterhelfen. Auch wenn es spezielle Suchseiten gibt, die sog. Ftp-Verzeichnisse (auf diesen Verzeichnissen im Internet werden beliebige Dateien abgelegt) in Bruchteilen einer Sekunde durchsuchen (eine solche Dateisuchmaschine ist `www.ftpsearch.ntu.no` oder `http://archie.is.co.za/ftpsearch`, wenn Sie eine etwas schlichtere Oberfläche bevorzugen) wird diese Form der Suche über die Verknüpfung DAS INTERNET DURCHSUCHEN nicht angeboten. Sie führt lediglich dazu, dass ein relativ nüchterner Rahmen für die Eingabe eines Suchbegriffes erscheint und *Msn Websearch* aufgerufen wird, um nach dem Begriff zu suchen.

Durch Anklicken auf die ANPASSEN-Schaltfläche wird eine Webseite abgerufen, in der sich weitere Suchmaschinen auswählen lassen. Voraussetzung ist allerdings eine aktive Internetverbindung. Die Auswahl ist leider recht begrenzt, so dass es im Allgemeinen sinnvoller ist, populäre Suchmaschinen wie *Google* (`www.google.de`) direkt aufzurufen. Das geht schneller und man ist nicht auf das sehr begrenzte Eingabefeld beschränkt.

Wie bei einer Suchmaschine üblich, werden nach der Eingabe eines Begriffs alle gefundenen Seiten im Suchenfenster aufgelistet. Mehr zu diesem Thema in Kapitel 12 wenn es unter anderem auch um die Suche im Internet geht.

Die Suche nach Personen

Über einen sog. VERZEICHNISSERVER lässt sich die Suche auch nach Personen (allerdings nicht nach Dateien) im Internet ausdehnen. Wählen Sie im Suchenfenster die Verknüpfung PERSONEN. Es erscheint der Suchendialog des Adressbuches, in dem Sie in der Auswahlliste SUCHEN IN als erstes einen Verzeichnisdienst (z.B. BigFoot oder WhoWere) auswählen müssen.[9] Nach der Eingabe des Namens und Anklicken der Schaltfläche SUCHEN wird (eine aktive Internetverbindung immer vorausgesetzt) der Verzeichnisserver durchsucht und wenig später erscheint eine Liste mit E-Mail-Adressen, deren Namen mit dem Suchnamen übereinstimmen (zumindestens nach Meinung des Verzeichnisservers).

Abbildung 5.19: Der Suchen-Befehl ist im Zusammenspiel mit dem Adressbuch und einem LDAP-Verzeichnisserver in der Lage, die E-Mail-Adresse beliebiger Personen herauszufinden

5.11.11 Suchen mit dem Indexdienst

Hinter dem unscheinbaren Namen INDEXDIENST steht eine sehr leistungsfähige Erweiterung für die Dateisuche. Der Indexdienst ist ein internes Programm (eben ein Dienst, der bei Windows NT/2000/XP zu einer eigenen Kategorie von Systemprogrammen gehört), das im Hintergrund (sozusagen in den Leerlaufzeiten des Computers) ausgeführt wird und nichts anderes tut, als die Dateien auf der Festplatte zu katalogisieren. Neben dem Dateinamen und den zusätzlichen Attributen, wie z.B. der Name des Autors bei Word-Dokumenten, wird auch der Inhalt des Dokuments erfasst. Der Indexdienst speichert automatisch alle Indexinformationen in den System- oder Webkatalogen. Die genauen Hintergründe sind in der Hilfe sehr schön beschrieben. Dort finden Sie auch eine detaillierte Beschreibung der Suchfilter, mit denen sich die Arbeitsweise des Indexdienstes einstellen lässt.

9 Es gibt allerdings keine Garantie, dass diese Einträge immer zur Verfügung stehen.

Über das Systemprogramm DIENSTE, *das im Ordner* VERWALTUNG *der Systemsteuerung enthalten ist, werden alle unter Windows XP installierten Dienste aufgeführt. Zu jedem Dienst wird angezeigt, ob dieser gerade gestartet ist oder nicht. An dieser Stelle können Sie einzelne Dienste starten, anhalten oder beenden, wenngleich dies meistens an anderen Stellen, z.B. in der Computerverwaltung, geschieht.*

INFO

Der große Vorteil des Indexdienstes ist, dass eine Suche nach Dateiinhalten dank Indexdienst sehr viel schneller durchgeführt werden kann, da eine Inhaltsangabe der Dateien schon vorliegt. Um den Indexdienst für Ihre Suche nach Dateien nutzen zu können, müssen Sie gar nicht viel tun, sondern den Dienst lediglich in den bevorzugten Sucheinstellungen aktivieren.

Aktivieren des Indexdienstes

STEP

1. Öffnen Sie den Suchdialog über die [F3]-Taste.
2. Scrollen Sie die Liste ein wenig nach unten und klicken Sie auf BEVORZUGTE EINSTELLUNGEN ÄNDERN.
3. Klicken Sie auf INDEXDIENST VERWENDEN (FÜR SCHNELLERE LOKALE SUCHVORGÄNGE).
4. Es öffnet sich ein weiterer Bereich, der speziell für die Einstellungen des Indexdienstes da ist. Selektieren Sie die Option JA, INDEXDIENST AKTIVIEREN und bestätigen Sie mit OK.

An dieser Stelle erhalten Sie die Gelegenheit, weitere Informationen über den Indexdienst aus der Hilfe abzurufen. Außerdem können Sie über die Option CHANGE/INDEXDIENSTEINSTELLUNGEN(ERWEITERT) *den Indexdienst konfigurieren und u.a. festlegen, welche Verzeichnisse durch den Indexdienst durchsucht werden (was für die Suche nicht unwichtig ist). Diese Einstellungen sind allerdings so speziell, dass sie in diesem Buch nicht behandelt werden (es sei ein weiteres Mal auf die Hilfe verwiesen, die diesen Aspekt ausführlich erklärt).*

INFO

5.11.12 Den Indexdienst direkt benutzen

Der Indexdienst wirkt entweder als »Suchbeschleuniger« passiv im Hintergrund, er kann aber auch aktiv für die Textsuche benutzt werden. Das funktioniert nach einem ähnlichen Prinzip wie die Suche im Internet. Der Indexdienst stellt eine Art Suchmaschine zur Verfügung, die nach erfolgter Suche in einer HTML-Ergebnisseite alle Dokumente in Gestalt von Verknüpfungen auflistet, in denen der Suchbegriff enthalten ist.

Direkte Textsuche mit dem Indexdienst

STEP

1. Sollte der Indexdienst nicht aktiviert sein, selektieren Sie ihn zunächst im normalen Suchendialog ([F3]-Taste) und klicken den Hyperlink BEVORZUGTE EINSTELLUNGEN ÄNDERN. Klicken Sie auf INDEXDIENST VERWENDEN. Und im nächsten Schritt auf JA, INDEXDIENST AKTIVIEREN. Dadurch wird der Indexdienst gestartet. Sie können den Suchendialog jetzt wieder schließen.
2. Öffnen Sie über das Startmenü das Untermenü SYSTEMSTEUERUNG/VERWALTUNG/COMPUTERVERWALTUNG die COMPUTERVERWALTUNG.
3. Öffnen Sie zunächst den Zweig DIENSTE UND ANWENDUNGEN, anschließend den Zweig INDEXDIENST/SYSTEM und öffnen Sie den Eintrag KATALOG DURCHSUCHEN. Das öffnet ein HTML-Dokument, das den Suchendialog für den Indexdienst enthält.
4. Geben Sie eine Freitextabfrage, d.h. eine beliebige Abfrage ein (der Indexdienst bietet eine komplexe Abfragesprache, die unter anderem reguläre Ausdrucke und sog. Vektorraumabfragen umfasst, die in diesem Buch aber aus Platzgründen, und weil es sehr speziell werden würde, nicht vorgestellt werden können – Sie finden eine ausführliche Beschreibung der Möglichkeiten aber in der Hilfe) und klicken Sie auf SUCHEN. Einen kurzen Augenblick später erhalten Sie eine Liste aller Dokumente, die vom Indexdienst erfasst wurden, in denen der Suchbegriff enthalten ist (siehe Abbildung 5.20).

Der Indexdienst geht bei der Erfassung der Dokumente durchaus intelligent vor. So versucht der Indexdienst die verwendete Landessprache zu erkennen, um anhand einer vorgegebenen Ausnahmeliste auch jene Wörter erfassen zu können, die nicht allgemeinen Regeln entsprechen. Alle erfassten Wörter, sowie die speziellen Dokumenteigenschaften, wie Name des Autors, werden im Katalog gespeichert. Der Indexdienst läuft vollautomatisch im Hintergrund. Sollte das Betriebssystem stark ausgelastet sein oder die in unregelmäßigen Abständen auftretenden Festplattenaktivitäten nicht erwünscht sein, muss der Indexdienst wieder deaktiviert werden.

5.12 Das Anlegen von Verknüpfungen

Verknüpfungen sind eine praktische Angelegenheit, so dass Sie jeder Anwender nicht als eine Eigenheit von Windows, sondern als ein wichtiges Hilfsmittel beim Umgang mit Dateien, Ordnern und anderen Objekten der Benutzeroberfläche betrachten sollte.[10]

10 Soviel wieder einmal zum Thema »Leserbelehrung«.

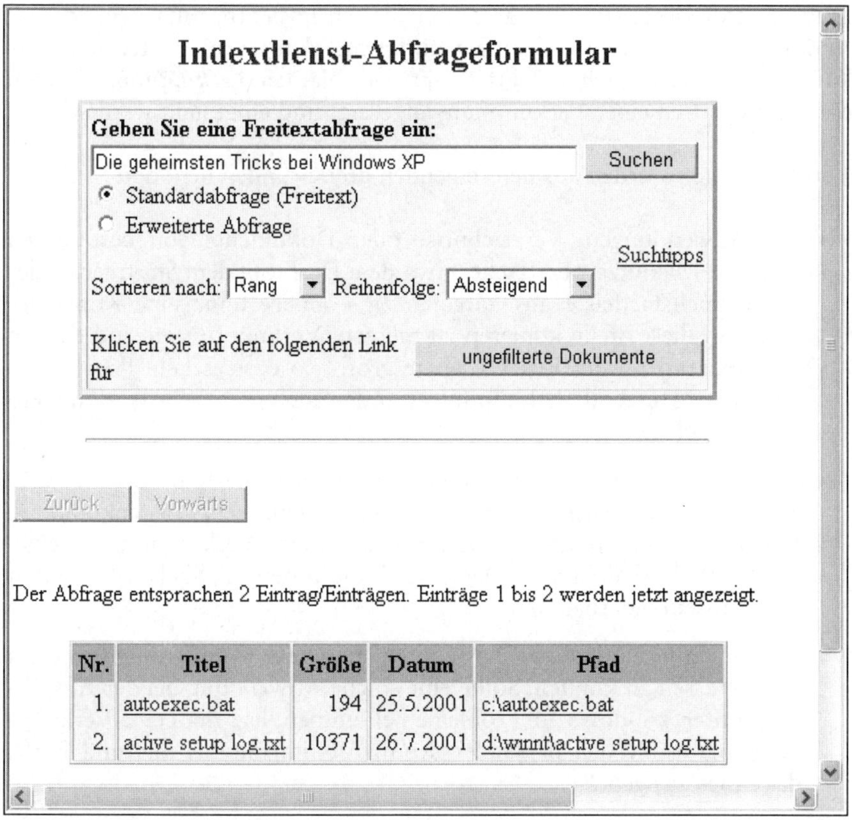

Abbildung 5.20: Der Indexdienst erlaubt auch eine Volltextsuche der erfassten Dokumente – das Ergebnis kann in diesem Fall aber wohl nicht stimmen

Eine Verknüpfung ist eine Datei (sie trägt in der Regel die Erweiterung *.lnk*, die aber innerhalb der Benutzeroberfläche nie in Erscheinung tritt), die den Namen einer Datei, eines Verzeichnisses oder einer anderen Verknüpfung enthält. Darüber hinaus sind folgende zusätzliche Informationen gespeichert:

- Ein Arbeitsverzeichnis
- Ein Programmsymbol
- Eine Tastenkombination
- Die Anfangsgröße des Anwendungsfensters (Maximal, Normal oder als Symbol in der Taskleiste).
- Ein Kommentar
- Ein Kompatiblitätsmodus für Verknüpfungen auf ausführbare Dateien (das ist neu bei Windows XP).

Ob es sich bei einem Dateisymbol um eine Verknüpfung handelt, zeigt Windows durch einen kleinen Pfeil in der linken unteren Ecke an (über einen

Eingriff in die Registrierung lässt er sich auch unsichtbar machen, so dass Verknüpfungen optisch nicht mehr auffallen). Außerdem besitzt eine Verknüpfung ein zusätzliches Register mit dem Namen *Verknüpfung*, in dem die Eigenschaften einer Verknüpfung angezeigt und eingestellt werden.

Verknüpfungen werden aus den folgenden drei Gründen benötigt:

- Um Anwendungen, Verzeichnisse oder Dokumente von bestimmten Orten der Benutzeroberfläche, etwa dem Desktop, dem Startmenü oder der Schnellstartleiste aus aufrufen zu können, ohne eine Kopie der Datei an diese Stelle kopieren zu müssen. Verknüpfungen sind extrem platzsparend (in der Regel 1 Kbyte groß), so dass es kein Problem ist ein halbes Dutzend Verknüpfungen (oder auch mehr) für eine Anwendung anzulegen.
- Um eine Anwendung mit unterschiedlichen Startparametern, d.h. Kommandozeilenargumenten, Arbeitsverzeichnissen, Tastenkombinationen oder Fenstergrößen aufzurufen. Da jede Verknüpfung ein eigenes Symbol erhalten kann, lassen sich die unterschiedlichen Varianten leicht auseinanderhalten.
- Um eine ältere Windows-Anwendung in einem Kompatibilitätsmodus laufen lassen zu können. Sollte eine solche Anwendung bei der Ausführung unter Windows XP Probleme bekommen, legt man eine Verknüpfung an, wählt den passenden Kompatibilitätsmodus aus und hofft, dass alles gut geht.

5.12.1 Das Anlegen einer Verknüpfung

Verknüpfungen werden auf verschiedene Weisen angelegt. Am einfachsten und schnellsten durch Ziehen eines Objekts mit der sekundären Maustaste an den gewünschten Ort und Auswahl von »Verknüpfungen hier erstellen« nach dem Ablegen des Objekts.

Abbildung 5.21: Nach dem Ablegen eines Ordners oder einer Datei kann immer eine Verknüpfung angelegt werden

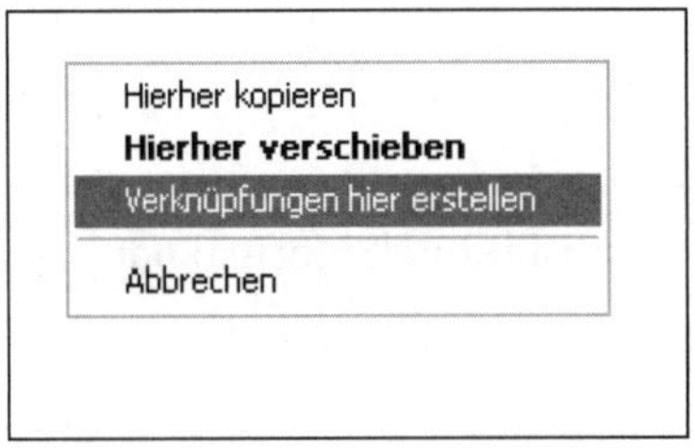

Es gibt aber auch einen Assistenten, der Sie durch die einzelnen Schritte führt. Der Assistent tritt immer in Aktion, wenn die Verknüpfung in einem Ordner oder auf dem Desktop über das NEU-Untermenü angelegt werden soll.

Anlegen einer Verknüpfung

STEP

1. Klicken Sie die Innenfläche des Ordnerfensters oder des Desktops mit der sekundären Maustaste an und wählen Sie nacheinander NEU und VERKNÜPFUNG.
2. Wählen Sie den Verzeichnispfad auf die Datei oder den Ordner aus, für die eine Verknüpfung angelegt werden soll. Es kann sich selbstverständlich auch um einen Netzwerkordner, ein Web- oder ein Ftp-Verzeichnis auf einem Internet-Server handeln. Klicken Sie auf WEITER.
3. Geben Sie der Verknüpfung einen passenden Namen und klicken Sie auf FERTIG STELLEN. Dadurch wird eine Lnk-Datei in dem aktuellen Ordner angelegt.

INFO

Beim Anlegen von Verknüpfungen auf DOS-Anwendungen (d.h. Dateien mit der Erweiterung .Com*) erhalten Sie am Ende die Gelegenheit, ein Symbol auszuwählen.*

5.12.2 Die Eigenschaften einer Verknüpfung

Eine Verknüpfung besitzt zusätzliche Eigenschaften, die in Tabelle 5.3 zusammengefasst sind. Die wichtigste Eigenschaft ist *Ziel*, denn sie steht für das Objekt, das mit der Verknüpfung verknüpft ist.

Tabelle 5.3: Die Eigenschaften einer Verknüpfung

Eigenschaft	Bedeutung
Ausführen in	Das Arbeitsverzeichnis einer Anwendung. Einige Anwendungen benötigen zur Ausführung weitere Dateien, die sich in der Regel im gleichen Verzeichnis befinden müssen wie die Programmdatei. Über diesen Parameter kann ein anderes Verzeichnis festgelegt werden. Bei Microsoft Word hat diese Einstellung z.B. keine Bedeutung und es ist nicht möglich, auf diese Weise jenes Verzeichnis festzulegen, dessen Inhalt vor dem Öffnen eines Dokuments angezeigt wird. Dies wird intern in den Optionen eingestellt.
Ziel	Verzeichnispfad der Datei, für die die Verknüpfung steht.
Tastenkombination	Tastenkombination, über die die Verknüpfung und damit die Datei, für die die Verknüpfung steht, geöffnet wird. Es kommt nicht jede Tastenkombination, sondern nur eine Kombination aus [Alt] + [Strg]-Taste und einem weiteren Zeichen in Frage.
Ausführen	Legt fest, ob das Anwendungsfenster in normaler Größe, im Vollbildmodus oder auf Symbolgröße verkleinert startet.

Tabelle 5.3: Die Eigenschaften einer Verknüpfung (Forts.)

Eigenschaft	Bedeutung
Kommentar	Eine beliebige Anmerkung, die in der Detailansicht in der optionalen Kommentarspalte angezeigt wird. Ansonsten ist der Kommentar das Verzeichnis, in dem sich das Objekt der Verknüpfung befindet.
Kompatibilitätsmodus	Ist diese Option angekreuzt, lässt sich für die Anwendung, die mit der Verknüpfung gestartet wird, ein Kompatibilitätsmodus festlegen (zur Auswahl stehen Windows 95, Windows 98, Windows NT 4.0 und Windows 2000-Kompatibilität).

5.12.3 Das Löschen einer Verknüpfung

Eine Verknüpfung wird wie eine normale Datei gelöscht. Das Löschen einer Verknüpfung hat keine Auswirkung auf das Objekt.

5.12.4 URL-Verknüpfungen

Windows XP arbeitet mit unterschiedlichen Verknüpfungstypen, die sich allerdings aus Sicht des Anwenders nahezu gleich verhalten. Auch Favoriten oder die Links, die in der Linkleiste des Internet Explorers angezeigt werden, sind Verknüpfungen, allerdings gehören sie zur »Gattung« der *Internetverknüpfungen*. Sie werden nicht als Lnk-, sondern als URL-Dateien gespeichert. Eine URL-Datei ist eine Textdatei, d.h. sie lässt sich mit dem Windows-Editor öffnen und bearbeiten. Das ist allerdings gar nicht so einfach, da sich die Windows-Oberfläche beharrlich weigert, den ÖFFNEN MIT-Eintrag im Kontextmenü anzuzeigen. Möchte man den Inhalt einer URL-Datei einsehen oder verändern, muss dies in der Eingabeaufforderung geschehen (siehe Abbildung 5.22).

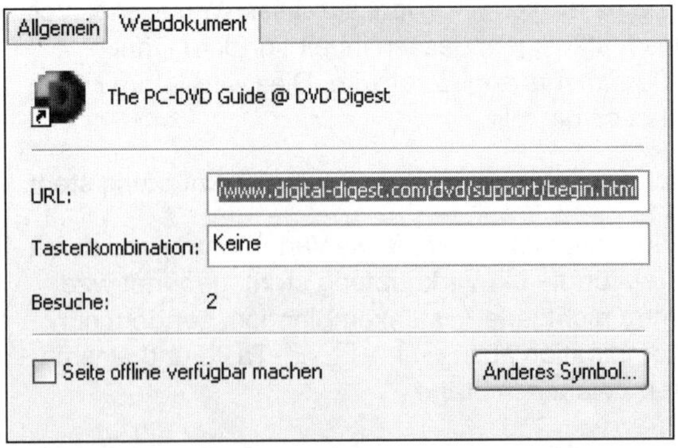

Abbildung 5.22: Das Eigenschaftendialogfeld einer Internetverknüpfung besitzt andere Eigenschaften als eine normale Verknüpfung

5.13 Tipps und Tricks für den Umgang mit Dateien und Ordnern

Die Tipps in diesem Abschnitt sollen Ihnen den Umgang mit Dateien, Ordnern und den übrigen (manchmal etwas schrägen) Bewohnern in der Windows-City etwas erleichtern.

5.13.1 Schnelles Umbenennen von Dateien und Ordnern

Machen Sie sich nicht die Mühe und klicken Sie eine Datei, die Sie umbenennen möchten, erst mit der sekundären Maustaste an. Schneller geht es meistens, in dem Sie die Datei selektieren und die [F2]-Taste drücken.

5.13.2 Kopieren ohne den Zielordner zu öffnen

Der Zielordner einer Kopier- oder Verschiebeoperation muss nicht geöffnet sein, um dort Dateien ablegen zu können. Es genügt, die Dateien (am besten mit der sekundären Maustaste) auf dem Ordnersymbol abzulegen, um die Kopier- oder Verschiebeoperation zu beenden. Falls Sie die Dateien per [Strg] + [C] kopiert haben, ist der Eintrag Einfügen im Kontextmenü des Zielordners aktiv, damit sich die in der Zwischenablage befindlichen Dateien einfügen lassen.

5.13.3 Eigenschaften einer Datei anzeigen

Auch die Eigenschaften einer Datei sehen Sie oft schneller, wenn Sie die Datei selektieren und [Alt] + [↵] drücken.

5.13.4 Mehrere Dateien und Ordner markieren

Mehrere Dateien und/oder Ordner selektieren Sie am schnellsten, in dem Sie bei gedrückter primärer Maustaste einen Rahmen um die Objekte ziehen. Steht die Maus nicht zur Verfügung und/oder sind die Objekte nicht benachbart, klicken Sie die einzelnen Objekte bei gedrückter [Strg]-Taste nacheinander an. Möchten Sie auch alle dazwischenliegenden Objekte markieren, drücken Sie die [⇧]-Taste. Sie können beide Methoden auch kombinieren, also z.B. erst mit der [⇧]-Taste einen Bereich markieren und anschließend einzelne Objekte mit der [Strg]-Taste hinzunehmen.

5.13.5 Mehrere Dateien unterschiedlichen Typs gemeinsam markieren

Angenommen, ein Ordner enthält viele Bilder, zusätzlich aber auch ein paar Anwendungen, Textdateien usw. und Sie möchten alle Bilddateien markieren, die aber unterschiedliche Erweiterungen besitzen, so dass sie beim Sortieren nach dem Typ nicht untereinander angeordnet werden. Dann ist es unter Umständen einfacher, erst jene Dateien zu selektieren, die nicht zur Auswahl gehören sollen und dann die Auswahl über den Menübefehl Bearbeiten/Markierung umdrehen umzudrehen. Auf diese Weise sind auf einmal alle Bilddateien markiert, ohne dass Sie sie einzeln haben markieren müssen. In manchen Situationen geht diese Form der Markierung schneller.

:-) TIPP

Die neue Gruppierungsfunktion von Windows XP kann ebenfalls sehr nützlich sein. Wählen Sie dabei zunächst den Menübefehl Ansicht/Symbole anordnen nach/In Gruppen anzeigen. *Dadurch werden alle Dateien in dem Ordner in Gruppen angezeigt. Nun können Sie über* Ansicht/Symbole anordnen nach *festlegen, ob die Dateien nach ihrem Namen, ihrem Typ, ihrer Größe oder ihrem Datum der letzten Änderung gruppiert werden sollen. Eine Gruppierung nach ähnlichem Dateityp, etwa eine Zusammenfassung aller Bilddateien, nimmt Windows XP dabei aber leider nicht vor.*

5.14 Operationen mit Laufwerken

Laufwerke sind Objekte, die im *Arbeitsplatz*-Ordner »aufbewahrt« werden. Öffnen Sie diesen Ordner auf dem Desktop, sehen Sie alle aktuell »angemeldeten« Laufwerke. Allerdings, Laufwerk ist nicht gleich Laufwerk. Windows unterscheidet vielmehr folgende Laufwerkstypen:

- Festplattenlaufwerke (Partitionen)
- Wechsellaufwerke (zum Beispiel Diskettenlaufwerke)
- CD-ROM- und DVD-ROM-Laufwerke
- Netzwerklaufwerke
- »Virtuelle Laufwerke« (RAM-Disk)

Die verschiedenen Laufwerkstypen unterscheiden sich durch ihr Kontextmenü. Allen ist jedoch gemeinsam, dass sie (auch bei Windows XP) über einen Buchstaben angesprochen werden.

:-) TIPP

Normalerweise weist Windows jedem Laufwerk in Abhängigkeit seines Typs ein Symbol zu. Über den Eintrag »Icon=« in der Datei Autorun.inf, *die sich im Stammverzeichnis eines Laufwerks befinden muss, kann ein Laufwerk ein anderes Symbol erhalten.*

Alle angemeldeten Laufwerke sind als Laufwerksobjekte im *Arbeitsplatz*-Ordner enthalten. Aus historischen Gründen besitzen Laufwerke bei Windows keine Namen wie Dateien (es gibt lediglich die Laufwerksbezeichnung, doch hat diese eine andere Bedeutung), sie werden vielmehr über Buchstaben angesprochen, denen ein Doppelpunkt folgt. Das erste Diskettenlaufwerk erhält den Namen A:, das zweite Diskettenlaufwerk den Namen B:, die erste Festplatte den Namen C:, ein logisches Laufwerk auf dieser Festplatte den Namen D:, das CD-ROM-Laufwerk den Buchstaben E: usw.

Welche Aktionen ein Laufwerk in seinem Kontextmenü anbietet, hängt vom Laufwerkstyp ab. So bietet das Kontextmenü eines Diskettenlaufwerks den Befehl FORMATIEREN an, den es bei einem CD-ROM-Laufwerk naturgemäß nicht gibt. Dafür wird hier ein Befehl mit dem Namen AUSWERFEN aufgeführt, der wiederum bei einem Diskettenlaufwerk keinen rechten Sinn ergeben würde.[11]

5.14.1 Die Eigenschaften eines Laufwerks

Auch wenn ein Laufwerk ein technisch gesehen kompliziertes Gebilde ist, besitzt es nur wenige Eigenschaften, die innerhalb der Oberfläche eine Rolle spielen. Dazu gehören:

- Bezeichnung
- Typ (z.B. Lokaler Datenträger)
- Dateisystem
- Belegter Speicher/Freier Speicher/Speicherkapazität

Bei der *Bezeichnung* handelt es sich um die Datenträgerbezeichnung. Im allgemeinen spielt der Name eines Laufwerks keine wichtige Rolle. Dennoch sollte man einen aussagekräftigen Namen vergeben, was im Register ALLGEMEIN geschehen kann. Typ und Dateisystem (FAT32, NTFS oder FAT bei Disketten und Wechselmedien) sind keine passiven Eigenschaften. Das gilt auch für die Speicherkapazität, wenngleich hier zwischen wahrer Kapazität und jener verfügbaren Kapazität unterschieden werden muss, die sich indirekt aus dem Dateisystem ergibt.

11 Nicht, weil ein solcher Befehl nicht praktisch wäre. Sondern eher, weil keines der für ein »paar Mark« in Fernost hergestellten Laufwerke über einen solchen Auswurf-Mechanismus verfügt.

Wie viel Platz ist auf dem Laufwerk noch frei?

Auch im Zeitalter der 77,5-Gbyte-Festplatten möchte man hin und wieder wissen, wie viel Platz denn noch auf einem Laufwerk zur freien Verfügung steht. Dieser lässt sich am schnellsten herausfinden, wenn sich der Arbeitsplatzordner in der Webansicht befindet. In diesem Fall wird die aktuelle Belegung des selektierten Laufwerks in der linken Leiste angezeigt.

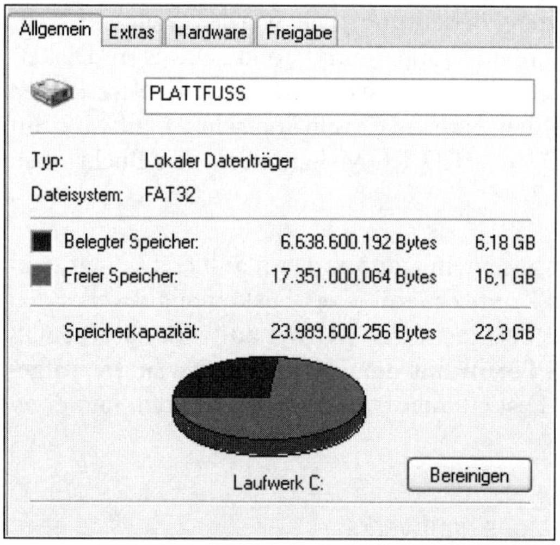

Abbildung 5.23: Das Eigenschaftendialogfeld eines Laufwerkobjekts gibt auch über die Belegung des Laufwerks Auskunft

Die verschiedenen Serviceprogramme für Laufwerke (Fehlerprüfung, Sicherung und Defragmentierung) stehen im Register *Extra* zum Abruf bereit. Diese Dinge werden in Kapitel 19 besprochen, wenn es um das Thema »Laufwerkspflege« geht.

5.15 Laufwerksoperationen

Welche Operationen mit einem bestimmten Laufwerk durchgeführt werden können, erfahren Sie, in dem Sie das Laufwerksymbol mit der sekundären Maustaste anklicken, um das Kontextmenü zu öffnen.

INFO

Anders als bei Windows XP, wo sämtliche Laufwerksoperationen entweder über das Kontextmenü des Laufwerkssymbols oder über den Eigenschaftendialog angeboten wurden, gibt es bei Windows XP eine Art zentrales Dateiverwaltungsprogramm. Es ist die Datenträgerverwaltung.

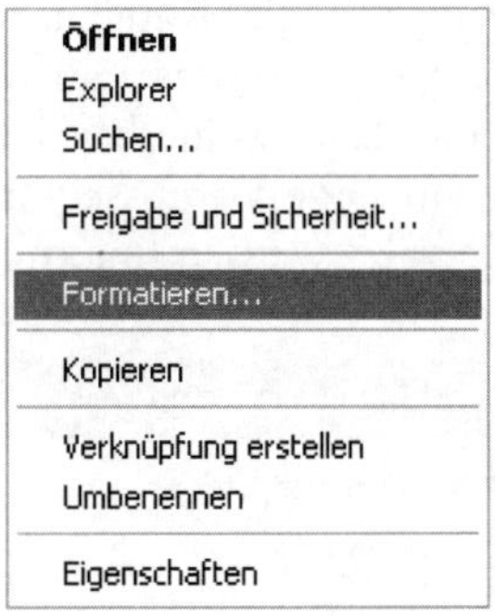

Abbildung 5.24: Das Kontextmenü eines Laufwerkssymbols enthält die Befehle, die mit dem Laufwerk durchgeführt werden können

5.15.1 Disketten formatieren und kopieren

Unter der *Formatierung* eines Laufwerks versteht man, das Laufwerk für die Abspeicherung von Dateien vorzubereiten. Sowohl Disketten als auch Festplatten sind heutzutage häufig bereits vorformatiert. Das Formatieren von Laufwerken spielt daher in der Regel nur dann eine Rolle, wenn die logische Laufwerksstruktur neu aufgebaut werden soll, wobei im Allgemeinen alle Daten auf dem Laufwerk oder der Partition, die formatiert wird, verloren gehen.

Das Formatieren einer Diskette geschieht über den FORMATIEREN-Befehl im Kontextmenü des jeweiligen Laufwerksordners. Allerdings ist Windows intelligent genug, diesen Befehl nicht bei CD-ROM-Laufwerken und allen anderen Laufwerken, bei denen eine Formatierung nicht möglich ist, anzubieten. Eine kurze Arbeitsanleitung finden Sie in Kapitel 2.6.

Formatierungsoptionen

Vor der Formatierung können in einem Optionsfeld eine Reihe von Optionen eingestellt werden. Zu den einstellbaren Optionen gehören:

- Die Disketten- bzw. Laufwerkskapazität
- Das Dateisystem (bei Disketten nur FAT)
- Die Größe einer Zuordnungseinheit
- Die Datenträgerbezeichnung (Volumenbezeichnung)
- Ob die QuickFormat-Formatierung verwendet werden soll
- Ob auf dem Datenträger eine Komprimierung verwendet werden soll

Die Diskettenkapazität ist im allgemeinen keine Option. Das von Windows voreingestellte Format können Sie in den allermeisten Fällen übernehmen. Die QuickFormat-Option beschleunigt die Formatierung deutlich, da die einzelnen Zuordnungseinheiten nicht physikalisch gelöscht werden und lediglich die Dateizuordnungstabelle neu aufgebaut wird. Es setzt aber voraus, dass das Laufwerk bereits einmal formatiert wurde. Die Vergabe einer Datenträgerbezeichnung (auch Volume-Name genannt) ist zwar keine zwingende Voraussetzung, sollte aber der guten Gewohnheit wegen sinnvoll gewählt werden (maximal 11 Zeichen sind hier erlaubt).

Abbildung 5.25: Bei der Formatierung eines Festplattenlaufwerks ist neben dem Dateisystem auch die Größe einer Zuordnungseinheit einstellbar

INFO

Das Formatieren einer Diskette mit QuickFormat-Option ist in der Regel der schnellste Weg, den Inhalt einer Diskette zu löschen.

INFO

Auch wenn man es erfahrungsgemäß immer eilig hat und die QUICK FORMAT-*Option mit Abstand am schnellsten ist, nicht vergessen werden darf, dass eventuell bereits vorhandene Dateien nicht gelöscht werden. Wer auf Datenschutz Wert legt oder einfach sichergehen möchte (oder muss), dass die Diskette keine Daten mehr enthält, muss beim Formatieren die Option* VOLLSTÄNDIG *verwenden.*[12]

INFO

Bei der ZUORDNUNGSEINHEIT *handelt es sich um die kleinste Einheit, die auf einem Laufwerk beim Abspeichern einer Datei angelegt wird. Mit anderen Worten, selbst wenn eine Datei nur 1 Byte umfasst, belegt sie mindestens eine Zuordnungseinheit. Bei einer 1.44-Mbyte-Diskette umfasst eine Zuordnungseinheit stets 512 Byte, bei einer Festplatte hängt die Größe*

12 Ich bin mir allerdings nicht sicher, ob die ehemaligen Dateien mit Nullen überschrieben werden, oder ob lediglich die logische Struktur der Diskette Spur für Spur neu angelegt wird.

einer Zuordnungseinheit dagegen vom verwendeten Dateisystem ab. FAT, FAT32 oder NTFS kann was den durchschnittlichen »Verschnitt« auf einer Partition angeht bereits eine Menge ausmachen. Mehr zu diesem wichtigen Thema in Kapitel 19.

:-) TIPP

Wie lässt sich die Größe einer Zuordnungseinheit (Clustergröße) für ein Laufwerk feststellen? Zum Beispiel, in dem man die Defragmentierung startet. Im Abschlußbericht ist auch die Clustergröße aufgeführt.

5.15.2 Ein Wort zum Diskettenformat

Auch wenn Disketten mit einer Kapazität von sagenhaften 1.2 Gbyte (und mehr) heutzutage bereits häufiger anzutreffen sind, unterstützt auch Windows XP nach wie vor nur das uralte 1.44-Mbyte-Format (das vor vielen, vielen Jahren mit MS-DOS 5.0 eingeführte 2.88 Mbyte-Format konnte sich nie durchsetzen). Wer größere Datenmengen auf einem austauschbaren Datenträger speichern will (und wer will das im Internet-Zeitalter nicht), muss in den PC ein zusätzliches Laufwerk, wie zum Beispiel das *Iomega Zip*-Laufwerk, einbauen. Windows XP kommt mit diesen Laufwerken prima klar, da sie an eine Standard-Schnittstelle des PCs (EDI, SCSI, USB oder den Parallel-Port) angeschlossen werden. Die moderneren Varianten lassen sich ohne, dass ein Gerätetreiber installiert werden muss, in Betrieb nehmen. Der einzige Nachteil ist, dass jeder, der diese Disketten lesen soll, ebenfalls ein solches Laufwerk benötigt.[13]

Für den Windows-Benutzer hat die mangelnde Vielfalt bei den Diskettenformaten auch seine guten Seiten, denn alle Disketten bleiben lesbar. Irgendwelche Konvertierungen bleiben Ihnen also erspart. Aus diesem Grund finden Sie in der Auswahlliste SPEICHERKAPAZITÄT bei einem 3.5"-Laufwerk lediglich die Formate 1.44 Mbyte und 720 Kbyte (letzteres wird heutzutage aber nicht mehr verwendet).

5.15.3 Wie werden die Daten einer Festplatte wirklich gelöscht?

Sie möchten eine Festplatte verkaufen oder aus einem anderen Grund sicherstellen, dass sämtliche Daten auf der Festplatte gelöscht werden. Die Formatierung unter Windows XP löscht die Daten nicht wirklich, sondern setzt das Dateisystem so zurück, dass es wie eine leere Festplatte aussieht und beim erneuten Speichern von Dateien jene Zuordnungseinheiten überschrieben werden, die vor der Formatierung von Dateien belegt wurden. Ein echtes Löschen der Daten findet dabei nicht statt, auch wenn sich keine der vor der Formatierung vorhandenen Dateien mit normalen Mitteln aufrufen lässt. Wer die Daten wirklich entfernen will, muss auf Zusatzprogramme zurückgreifen (zum Bei-

13 Und auch die USB-Version des Iomega-Laufwerks ein eigenes Netzteil und einen eigenen Stromanschluss benötigt.

spiel das Shareware-Programm *DP Killer 2001* von *Niklas Olmes*, das die Inhalte ausgewählter Dateien überschreibt, so dass diese nach dem Löschen nicht mehr zusammengefügt werden können – `http:/source.gejagt.de/shareware/killer.html`), welche die Daten auch physikalisch (zum Beispiel mit Nullen) überschreiben.[14]

5.16 Umgang mit komprimierten Zip-Archiven

Bei Zip handelt es sich praktisch um den Standard, wenn es darum geht, eine oder mehrere Dateien in komprimierter Form zusammenzufassen, so dass die resultierende Datei sehr viel kleiner ist als es die einzelnen Dateien wären. Angenommen, Sie möchten drei Bitmaps und ein Word-Dokument per E-Mail übertragen, so werden Sie im Allgemeinen die vier Dateien nicht einzeln übertragen, sondern sie zunächst zu einem sog. *Zip-Archiv* zusammenfassen. Das ist eine Datei (sie trägt die Erweiterung *.zip*), in der die vier Dateien in komprimierter Form vorliegen, und die daher nur einen Bruchteil der Größe besitzen, die die vier Dateien einzeln belegen würden (wie stark ein Zip-Archiv komprimiert wurde, hängt von der Art der zu komprimierenden Dateien ab – BMP-Dateien lassen sich im Allgemeinen extrem komprimieren, MP3-Dateien dagegen kaum, da sie bereits komprimiert vorliegen).

Der Empfänger erhält eine Zip-Datei, die er öffnen kann, um die einzelnen Dateien zu extrahieren.

Bei Windows XP ist der Umgang mit Zip-Archiven nahtlos in die Benutzeroberfläche integriert (Sie benötigen dazu also nicht das Shareware-Programm WinZip, wenngleich dieses Programm zusätzliche Vorteile bietet und daher nach wie vor empfehlenswert ist).

Zusammenfassen mehrerer Dateien zu einem Zip-Archiv

1. Markieren Sie alle Dateien oder Ordner, die Teil des Archivs sein sollen.

2. Klicken Sie eine der markierten Elemente (allerdings ohne die Markierung dabei aufzuheben) mit der sekundären Maustaste an und wählen Sie aus dem Kontextmenü SENDEN AN/ZIP-KOMPRIMIERTEN ORDNER. Dadurch werden alle Objekte zu einem Zip-Archiv zusammengefasst, das den Namen der letzten Datei der Liste der zu komprimierenden Dateien trägt (und dessen Namen Sie daher gegebenenfalls noch ändern müssen).

14 Eine 100%-Garantie scheint es auch in diesem Fall nicht zu geben, denn es gibt Spezialfirmen, die auch mehrfach überschriebene Sektoren wiederherstellen können. Das ist zwar nicht ganz billig, aber anscheinend technisch machbar.

Öffnen eines Zip-Archivs

STEP

1. Klicken Sie die Zip-Datei doppelt an (oder wählen Sie ÖFFNEN aus dem Kontextmenü). Sie wird dadurch in einem eigenen Ordnerfenster angezeigt.

Extrahieren von Dateien aus einem Zip-Archiv

STEP

Im Unterschied zum letzten Arbeitsschritt werden in diesem Fall die Dateien extrahiert, d.h. in nicht komprimierter Form abgelegt.

1. Klicken Sie das Zip-Archiv mit der sekundären Maustaste an und wählen Sie ALLE EXTRAHIEREN. Das startet einen Assistenten, der sich um den Rest kümmert. Klicken Sie auf WEITER.
2. Geben Sie das Verzeichnis an, in das die Dateien aus dem ZipArchiv extrahiert werden sollen. Voreingestellt ist stets ein Verzeichnis, das den gleichen Namen trägt wie das Zip-Archiv. Wenn Sie mit dem Namen einverstanden sind, klicken Sie auf WEITER.

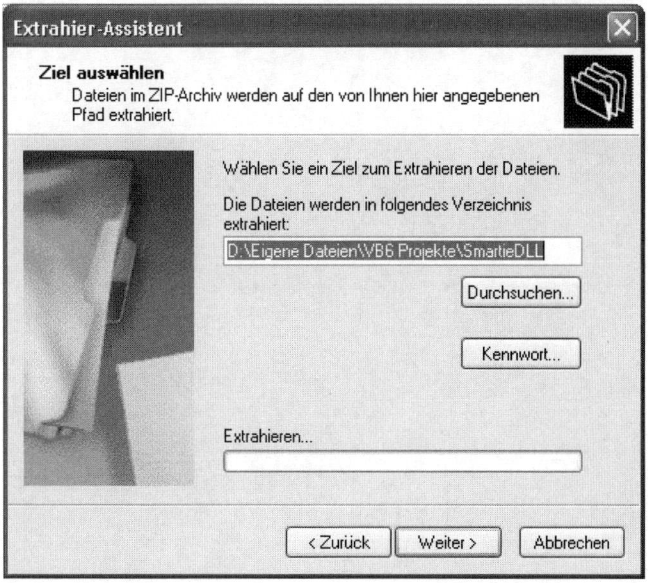

Abbildung 5.26: Der Extrahier-Assistent kümmert sich um das Extrahieren von Dateien aus einem Zip-Archiv

Falls das Zip-Archiv durch ein Kennwort gesichert wird, muss dieses über KENNWORT festgelegt werden.

3. Im letzten Schritt bietet der Assistent über eine voreingestellte Option an, das neu angelegte Verzeichnis mit den extrahierten Dateien zu öffnen. Klicken Sie auf FERTIG STELLEN, um den Assistenten zu beenden.

6 Die Zubehörprogramme von A bis Z

Das Zubehör von Windows ist so etwas wie eine kostenlose Beigabe, die ein wenig den Reiz steigern soll, die im Grunde aber verzichtbar wäre. Es ist bzw. war immer schon eine Eigenheit von Windows, dass wirklich wichtige und »unentbehrliche« Programme nicht dabei waren (die anderen Softwarehersteller sollen sich ihre Nischen suchen dürfen) und separat erworben werden mussten. Windows XP Home setzt diese für den Anwender nicht ganz so erfreuliche Tradition fort, in dem man etwa ein Antiviren-Programm, eine wirklich komfortable Adressverwaltung oder ein Programm zur Dateisicherung vergeblich sucht. Der positive Aspekt dieses Verzichts ist allerdings, dass man von den anderen Herstellern eine sehr viel leistungsfähigere Variante erhält als jene, die die Rolle der kostenlose Beigabe spielen dürfte. Zum Grundpreis von Windows muss also immer noch der Preis für unverzichtbare Accessoires (dazu zählt neben dem praktisch obligatorischen Antiviren-Programm vor allem ein Backup-Programm zur Sicherung von Dateien) gerechnet werden.

In diesem Kapitel wird das typische Zubehör von Windows XP vorgestellt. Da es sich durchweg um kleine und »harmlose« Programme handelt, die keiner tiefer gehenden Erläuterungen bedürfen, werden die einzelnen Zubehörprogramme in alphabetischer Reihenfolge vorgestellt. Zu den Zubehörprogrammen gehören übrigens auch die Spiele, die in diesem Kapitel ebenfalls an der Reihe sind.

Die Themen dieses Kapitels:

- Zubehörprogramme über die Schnellstartleiste starten
- Adressbuch
- Audio-Recorder
- Editor
- Internet-Spiele
- HyperTerminal – komfortabler Telnet-Client
- Paint – Malen mit einfachen Mitteln
- Rechner

- Spiele
- WordPad – die kleine »Textverarbeitung«

In diesem Kapitel werden nur die offiziellen »Zubehörprogramme« vorgestellt. Auch wenn es natürlich keine offizielle Trennlinie gibt und die Einteilung eher willkürlich geschieht, werden die Systemprogramme (bei denen es sich natürlich auch um Zubehör handelt) in Kapitel 15 vorgestellt.

6.1 Zubehörprogramme über die Schnellstartleiste starten

Dieser Tipp gilt grundsätzlich für alle Programme, die im Startmenü und seinen Untermenüs zur Verfügung stehen. Möchten Sie eines der Zubehörprogramme über die Schnellstartleiste starten, ziehen Sie das Symbol aus dem Menü einfach auf die Schnellstartleiste (die bei Windows XP aber unter Umständen erst über das Kontextmenü der Taskleiste und den Eintrag SYMBOLLEISTEN sichtbar gemacht werden muss). So einfach geht das bei Windows.

STEP

Platzieren eines Programms in der Schnellstartleiste

1. Öffnen Sie das Startmenü und lokalisieren Sie das Zubehörprogramm (oder ein beliebiges anderes Programm) in den Untermenüs des Startmenüs.
2. Lassen Sie die Maustaste los, so dass das Menü geöffnet auf dem Bildschirm stehen bleibt.
3. Klicken Sie den Menüpunkt mit der sekundären Maustaste an und ziehen Sie ihn auf die Schnellstartleiste. Sie werden feststellen, dass in der Schnellstartleiste ein senkrechter Balken erscheint. Dieser gibt die Position an, an der das Symbol angeordnet wird.
4. Lassen Sie die sekundäre Maustaste los. Die Schnellstartleiste sollte nun über ein weiteres Symbol verfügen, über das Sie das Programm von nun an etwas bequemer starten können (das funktioniert natürlich auch mit Verknüpfungen, Verzeichnissen und Systemordnern, wie zum Beispiel der Systemsteuerung).

Wenn die Schnellstartleiste nicht sichtbar ist

Bei Windows XP ist die Schnellstartleiste nicht von Anfang sichtbar. Sie muss durch Anklicken der Taskleiste an einer freien Stelle mit der sekundären Maustaste und Auswahl von SYMBOLLEISTEN/SCHNELLSTART sichtbar gemacht werden.

6.2 Adressbuch

Das *Adressbuch* ist der zentrale Ort, in dem bei Windows Adressen ablegt werden. Es stellt diese Adressen allen Programmen zur Verfügung, die mit Adressen arbeiten. Dazu gehört vor allem Outlook Express, das beim Versenden von E-Mail-Nachrichten auf die im Adressbuch enthaltenen Adressen zurückgreift (und nicht mit einem eigenen Adressbuch arbeitet). Das Einfügen der Adressen geschieht bei Outlook Express in den Feldern AN, CC und BCC im Nachrichtenfenster über eine Schaltfläche, die das Adressbuch öffnet, um die Empfängeradressen direkt aus dem Adressbuch übernehmen zu können.

Das Adressbuch wird entweder über die Programmgruppe ZUBEHÖR oder über die jeweilige Anwendung gestartet. Hinter dem Adressbuch steckt eine Datei, die den Namen des Benutzers und die Erweiterung *.Wab* trägt. Pro Benutzer legt Windows ein eigenes Adressbuch an.

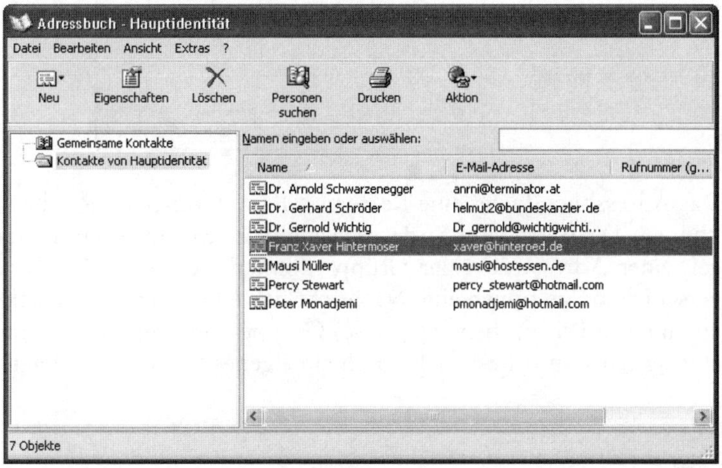

Abbildung 6.1: Das Adressbuch zeigt alle bereits angelegten Einträge an

Unmittelbar nach dem Start sehen Sie alle bereits angelegten Einträge, wobei Sie über das ANSICHT-Menü, wie in einem Ordnerfenster, verschiedene Ansichten einstellen können. Über die Schaltfläche NEU wird wahlweise ein neuer Kontakt (Adressbucheintrag), eine neue Gruppe (Verteiler) oder ein neuer Ordner angelegt. Beim Anlegen eines neuen Adressbucheintrags erscheint ein Dialogfeld mit einer Vielzahl von Einstellmöglichkeiten (einige sind wirklich sehr speziell). Wirklich benötigt werden aber nur der Name, unter dem der Eintrag im Adressbuch erscheinen soll, und in der Regel auch der E-Mail-Name des Empfängers. Angaben, wie Telefonnummer oder private Anschrift, werden für den E-Mail-Verkehr nicht unbedingt benötigt. Wird bei Outlook Express (oder jedem anderen E-Mail-Programm, das diese Möglichkeit unterstützt, die vCard-Option aktiviert, stellt Windows die Informationen für die vCard aus den Angaben im Adressbuch zusammen.

Abbildung 6.2: In diesem Dialogfeld wird ein neuer Eintrag angelegt

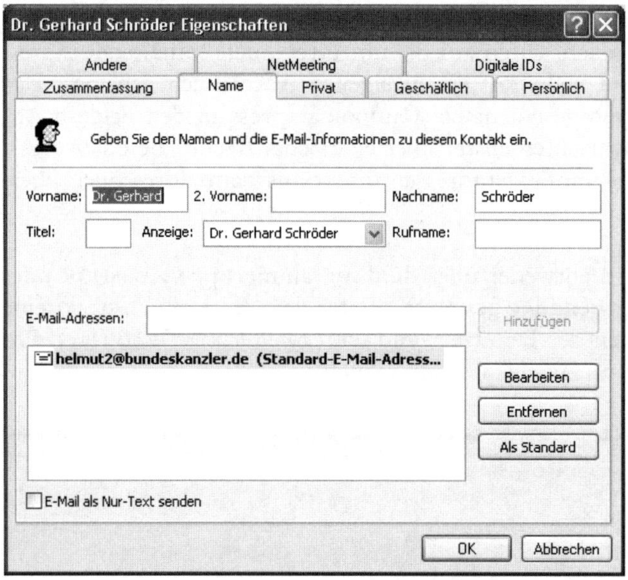

Das Adressbuch bietet eine Reihe von Erweiterungen, die sehr nützlich sein können. Dazu gehört z.B. das Anlegen von Gruppen. Durch das Hinzufügen einer Adresse zu einer Gruppe können Sie per E-Mail Rundschreiben verschicken. Sie tippen eine Nachricht nur einmal und verschicken Sie dann an eine (im Prinzip beliebig große) Gruppe von Empfängern. Ein Gruppeneintrag wird im Adressbuch durch ein eigenes Symbol angezeigt.

Abbildung 6.3: Beim Erstellen einer Nachricht kann die Empfängeradresse aus dem Adressbuch ausgewählt werden

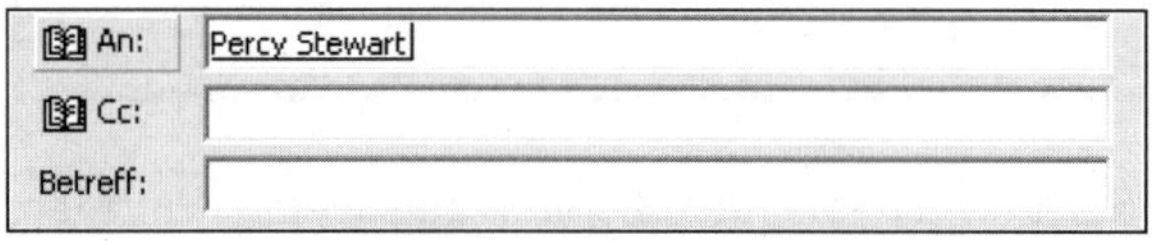

:-) TIPP

Wenn Sie in Outlook Express eine E-Mail-Nachricht erhalten haben, können Sie die Adresse des Absenders in das Adressbuch übernehmen, in dem Sie die Adresse mit der sekundären Maustaste anklicken und den Eintrag ABSENDER ZUM ADRESSBUCH HINZUFÜGEN *wählen.*

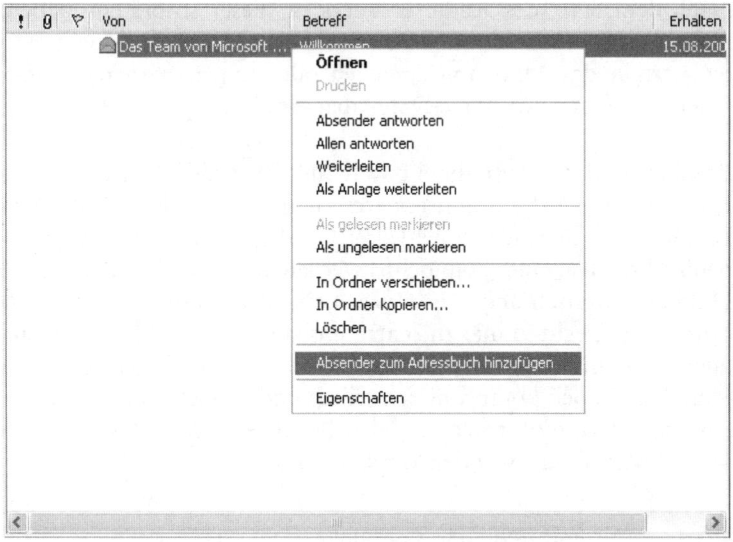

Abbildung 6.4: Die Adresse eines Absenders lässt sich per Mausklick in das Adressbuch übernehmen

6.3 Audiorecorder

Der Audiorecorder ist dazu da, über ein Mikrofon aufgenommene Stimmen, Geräusche usw. in eine Wave-Datei zu speichern. Damit lassen sich zum Beispiel E-Mail-Nachrichten mit einer kurzen Sprachnotiz versehen, Ansagetexte für den integrierten Anrufbeantworter besprechen und andere Dinge erledigen. Der Audiorecorder ist ein kleines Programm, das noch aus den Tagen von Windows 3.1 stammt, seit dem nicht mehr verändert wurde und in Gestalt der Datei *Sndrec32.exe* vorliegt. Voraussetzung ist natürlich, dass an den Mikrofonanschluss der Soundkarte ein Mikrofon oder an den Line-In-Eingang ein CD-Spieler angeschlossen wurde.

Abbildung 6.5: Der Audiorecorder ermöglicht die Aufnahme von Wave-Dateien, wobei auch einfache akustische Effekte zur Verfügung stehen

Nach dem Start des Audiorecorders ist dieser sofort einsatzbereit. Durch Anklicken der AUFNAHME-Schaltfläche wird die Aufnahme gestartet. Wenn Sie jetzt in das Mikrofon sprechen oder singen wird das aufgenommene »Geräusch« in einer Wave-Datei abgelegt.

Beendet wird die Aufnahme durch Anklicken der BEENDEN-Taste. Um das Ergebnis dauerhaft zu konservieren, wird es über den SPEICHERN-Befehl im DATEI-Menü in einer Wave-Datei abgelegt. Bei der Aufnahme, wie auch beim Abspielen, eines Soundclips werden Sie feststellen, dass der Verlauf der Hüllkurve optisch angezeigt wird. Ist in dem Bereichsfenster lediglich eine grüne, waagrechte Linie zu sehen, enthält die Sounddatei keinen Inhalt. Ist auch diese Linie nicht sichtbar, kann dies daran liegen, dass die geladene Sounddatei noch komprimiert vorliegt und zunächst durch Umwandlung in ein anderes Audioformat über den Befehl AUDIOEIGENSCHAFTEN im BEARBEITEN-Menü umgewandelt werden muss.

6.3.1 Bearbeiten von Soundclips

Aufgenommene Soundclips oder bereits vorhandene Wave-Dateien können mit dem Audiorecorder ein wenig »nachbearbeitet« werden. So ist es möglich, Wave-Dateien an eine beliebige Stelle innerhalb des aktuellen Soundclips einzufügen oder zu überlagern und Teile des Soundclips ab der aktuellen Position oder bis zur aktuellen Position zu löschen. Auf ein Beispiel für das Bearbeiten eines Soundclips muss allerdings verzichtet werden, da dafür zum einen ein gewisses musikalisches Gespür unabdingbar ist und zum anderen jeder musikalisch Interessierte auf ein etwas komfortableres Programm zurückgreifen dürfte. Es sei lediglich erwähnt, dass sich die jeweils letzte Änderung, die an einem Soundclip gemacht wurde, über den WIEDERHERSTELLEN-Befehl im DATEI-Menü wieder rückgängig machen lässt.

6.3.2 Arbeiten mit »Special Effects«

Im Rahmen seiner eher bescheidenen Möglichkeiten bietet der Audiorecorder eine Reihe von Effekten an, die im EFFEKTE-Menü eingestellt werden. Damit können Sie eine Wave-Datei

- schneller oder langsamer ablaufen lassen
- lauter oder leiser ablaufen lassen
- rückwärts wiedergeben

und

- mit einem Echo versehen

6.3.3 Das Einstellen der Aufnahmequalität

Unterschätzen Sie den Platzbedarf einer Wave-Datei nicht. So legt bereits eine mit Radioqualität aufgenommene Datei mit knapp 3 Sekunden Abspieldauer knapp 500 Kbyte. Durch Auswahl einer anderen Aufnahmequalität (Soundcodec) lässt sich der Platzbedarf unter Umständen deutlich reduzieren. Über den Befehl EIGENSCHAFTEN im DATEI-Menü des Audiorecorders wird das Eigenschaftsdialogfeld der aktuellen Klangdatei angezeigt.

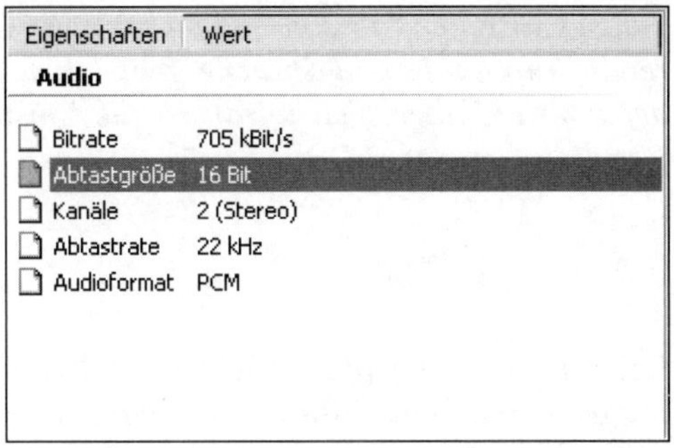

Abbildung 6.6: Das Eigenschaftsdialogfeld einer Wave-Klangdatei

In der Kategorie AUDIOFORMAT wird das Aufnahmeformat der Klangdatei angezeigt, das zur Zeit vorliegt. Die gleichen Daten allerdings in einem anderen Format werden angezeigt, nach dem der EIGENSCHAFTEN-Befehl im DATEI-Menü des Soundrecorders gewählt wird. Über die JETZT KONVERTIEREN-Schaltfläche besteht die Möglichkeit, das aktuelle Format in ein anderes Format umzuwandeln (zum Beispiel, um die Datei platzsparender zu speichern).

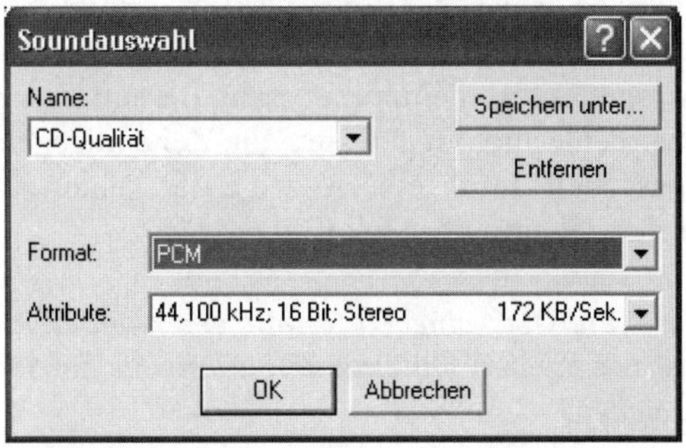

Abbildung 6.7: In diesem Dialogfeld wird ein Audioformat zusammengestellt

Beachten Sie, dass die in der Listenauswahl NAME aufgeführten Bezeichnungen für ein beliebiges Audioformat stehen, das vom Audiorecorder für die Aufnahme verwendet wird. Dass z.B. CD-QUALITÄT für den PCM-Codec und eine Samplingrate von 44.100 Hz bei 16-Bit-Stereo steht, ist eine Voreinstellung, die jederzeit geändert werden kann. Möchten Sie eine Sounddatei möglichst platzsparend speichern, sollten Sie den Audiocodec »IMA ADPCM« ausprobieren, der eine Samplingrate von nur 8 KHz bei 4-Bit-Mono anbietet.

Ein Soundclip von ca. 3 Sekunden Länge belegt bei dieser Einstellung gerade einmal 11 Kbyte anstelle von 480 Kbyte im 16-Bit-Stereo-PCM-Format. Über die SPEICHERN UNTER-Schaltfläche wird die aktuelle Einstellung unter einem neuen Namen gespeichert.

:-) TIPP

Falls es lediglich um eine möglichst naturgetreue und gleichzeitig platzsparende Aufnahme von Sprache geht (etwa für einen Anrufbeantwortertext, der vom PC abgespielt wird), ist die Einstellung TELEFONQUALITÄT *in der Regel die beste Wahl.*

6.4 Editor

Der *Editor* (*Notepad.exe*) ist einer der echten Klassiker unter den Zubehörprogrammen. Ein Editor ist allgemein ein Programm zum Erstellen und Bearbeiten von Textdateien, das über keinerlei Formatierungsmöglichkeiten, etwa zum Einstellen der Schriftart oder Ausrichten eines Absatzes, verfügt. Der Editor wird immer dann verwendet, wenn einfache Textdateien, Konfigurationsdateien bzw. Texte erstellt werden sollen, bei denen das Format keine Rolle spielt. Der Windows-Editor wurde seit »Generationen« nicht bzw. minimal verändert. Zu den kleinen Verfeinerungen zählt bei Windows XP die Unterstützung des Unicode-Formats, der Wegfall der lästigen Limitierung auf 64 Kbyte große Dateien und eine Ersetzen-Funktion. Außerdem, und das muss bereits als eine gewisse »Sensation« bezeichnet werden, zeigt der Editor bei Windows XP endlich auch die Zeilen- und Spaltenummern an. Damit kommt er auch zum Erstellen kleiner Scripts in Frage. Die Zeilenummer ist in diesem Zusammenhang nämlich wichtig, da bei Fehlermeldungen stets die Zeile angegeben wird, in der sie auftreten, so dass sich durch eine Anzeige der Fehlernummer die Zeile mit dem Fehler sehr viel einfacher lokalisieren lässt.

:-) TIPP

Möchten Sie eine Datei mit einer anderen Erweiterung als .txt *speichern, setzen Sie den Dateinamen (inklusive der Dateierweiterung) in Anführungszeichen.*

6.5 Eingabehilfen

Unter dem Sammelbegriff EINGABEHILFEN werden bei Windows eine Reihe von Vorrichtungen zusammengefasst, die es Benutzern, die aufgrund einer Behinderung Maus und Tastatur nur eingeschränkt oder gar nicht benutzen, Bildschirmausgaben nur eingeschränkt oder gar nicht wahrnehmen können, dennoch ermöglich soll, alle Eingaben durchzuführen. Zur Programmgruppe der Eingabehilfen gehören:

- Bildschirmlupe
- Bildschirmtastatur
- Eingabehilfen-Assistent
- Hilfsprogramm-Manager

Das Highlight unter den Eingabehilfen ist die Sprachausgabe, die beliebige Texte mit einer vom Computer synthetisch erzeugten Stimme hinterlegt – konfiguriert und getestet wird die Sprachausgabe über das Applet SPRACH-EIN-/AUSGABE in der Systemsteuerung. Die Eingabehilfen sind aber auch dann interessant, wenn man z.B. Mehrfachtastenkombinationen, wenn nur eine Hand frei ist, nicht zusammen, sondern als eine Folge von Tasten eingeben möchte. Mehr zu diesem wichtigen Thema in Kapitel 2.10.

6.6 FreeCell

FreeCell ist ein Kartenspiel, das mit Solitär große Ähnlichkeit besitzt. Allerdings kommt es bei FreeCell sehr viel mehr auf Geduld und Geschicklichkeit an. Anders als bei Solitär sind von Anfang an alle Karten aufgedeckt, was das Spiel aber keineswegs einfacher macht. Gezogen wird, indem Sie die zu ziehende Karte mit der Maus anklicken und anschließend auf die Position klicken, an der die Karte gesetzt werden soll. Ein Doppelklick führt dazu, dass die Karte auf der Zwischenablage abgelegt wird, sofern dort ein Platz frei ist. Ist der Spielzug ungültig und wurde die Option MELDUNGEN ÜBER UNGÜLTIGE SPEILZÜGE ANZEIGEN im Menü SPIEL unter dem Befehl OPTIONEN gesetzt, erhalten Sie einen Hinweis. Um einen angefangenen Zug wieder rückgängig zu machen, klicken Sie nochmals auf die hervorgehobene Karte. Gewonnen haben Sie dann, wenn alle Karten, wie bei Solitär, von nach Kartentyp sortierten Straßen auf den vier Ablagen in aufsteigender Reihenfolge, beginnend mit dem As, abgelegt wurden. Sie haben das Spiel verloren (das dürfte am Anfang das häufigste Spielende sein), wenn es keinen gültigen Zug mehr gibt. Sobald es nur noch einen einzigen gültigen Zug gibt, blinkt die Titelleiste des FreeCell-Fensters mehrfach, um Sie zu warnen. Haben Sie ein Spiel verloren, können Sie dasselbe Spiel (das heißt dieselbe Spielnummer) erneut versuchen, ohne dass es in die Statistik eingeht. Um dasselbe Spiel erneut zu spielen, wählen Sie aus dem Menü SPIEL den Befehl SPIEL NEU STARTEN aus.

FreeCell-Profis wählen ein Spiel über seine Nummer (zwischen 1 und 32.000) mit dem Befehl SPIEL WÄHLEN ([F3]-Taste) aus, denn einige Spiele gelten als besonders knifflig (z.B. die Spiele Nr. 178 oder 11982). Über den Befehl STATISTIK ([F4]-Taste) erhalten Sie eine Statistik über die bereits durchgeführten Spiele. FreeCell zu gewinnen erfordert vor allem Geduld und Voraussicht. Gerade am Anfang werden Sie es oft erleben, dass es kein Zurück mehr gibt und das Spiel aufgegeben werden muss. Durch das geschickte Austauschen von Karten im Kartenstapel mit einer Karte auf der Zwischenablage, lassen sich scheinbare Pattsituationen oft noch auflösen. Geben Sie ein Spiel nicht zu schnell verloren, denn nur so lernen Sie die Tricks kennen.

6.7 Hearts

Hearts ist ein Kartenspiel, das entweder alleine gegen drei Mitspieler, die vom Computer übernommen werden, oder gegen echte Mitspieler in einem Netzwerk gespielt werden kann. Die Regeln sind sehr einfach. Herz ist immer Trumpf. Gewonnen hat man, wenn man entweder alle Stiche macht (in diesem Fall benötigt man relativ viel Herz) oder keinen einzigen. Wie beim Skat müssen am Anfang zwei Karten geschoben werden, d.h. man wählt zwei (entsprechend der gewählten Strategie) möglichst ungünstige Karten aus und erhält dafür von einem Mitspieler zwei (aus dessen Sicht ebenfalls ungünstige) Karten, mit deren Hilfe das Spiel gewonnen werden muss. Hearts ist deswegen ganz reizvoll, weil es über das Netzwerk gespielt werden kann und die Regeln sehr einfach sind.

6.8 HyperTerminal – komfortabler Telnet-Client

Bei HyperTerminal handelt es sich um ein sog. Terminalprogramm. Was bei Windows 95 noch eine echte Bedeutung besaß, fällt im Jahre 2001 bereits in die Kategorie »Programme, die heute niemand mehr benötigt«. Der Grund für diese reichlich negativ klingende Einstufung ist einfach der, dass HyperTerminal in erster Linie für den Zugang zu Mailboxen über ein Modem gedacht ist, und dass, bedingt durch das Internet, Mailboxen praktisch keine Rolle mehr spielen (von »sehr speziellen« Anwendungen einmal abgesehen). Aus diesem Grund wird auch ein Programm wie HyperTerminal nicht mehr benötigt, zumal es in seiner Kategorie nicht unbedingt zu den Spitzenprodukten zählte. Dass es bei Windows XP dennoch mit von der Partie ist, dürfte einen einzigen Grund haben: Es kann als relativ komfortabler Telnet-Client benutzt werden.

6.9 Internet-Spiele

Internet-Spiele? Cool, das hört sich nach viel Spaß und High-Tech-Feeling an. Nun, nicht ganz, denn die Internet-Spiele sind ungefähr so aufregend wie die Übertragung eines Schachturniers im Radio. Aber, ausprobieren sollte man sie dennoch, denn es ist schon etwas Besonderes gegen einen (unsichtbaren) Gegner in Backgammon anzutreten, der sich vielleicht auf den Fidschi Inseln, vielleicht aber auch in Klein Pinzenau befinden kann. Zu den Internet-Spielen gehören:

- Backgammon
- Dame
- Hearts
- Reversi
- Spade

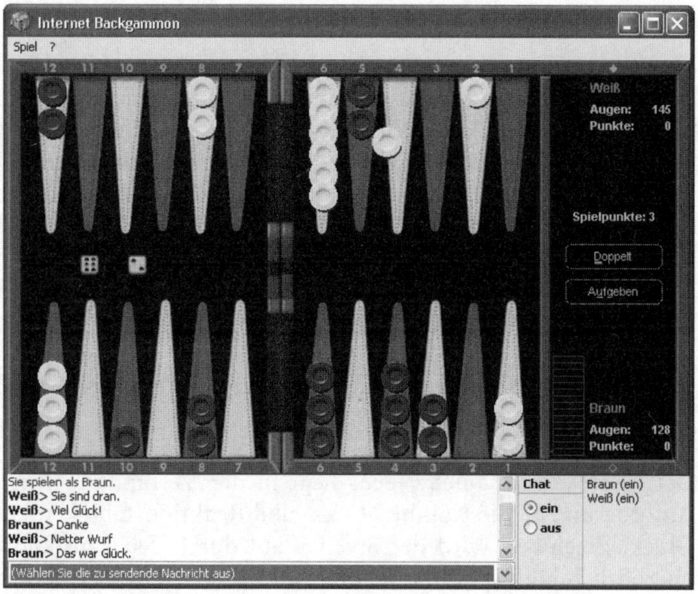

Abbildung 6.8: Wer mag wohl der Gegner sein? Dieses Backgammon wird über das Internet gespielt

Um ein Spiel bestreiten zu können, muss man sich im Internet an einem Spielserver der Microsoft Gaming-Zone anmelden und bekommt dann einen (stets anonymen) Kontrahenten automatisch zugeteilt. Die Spielzüge erfolgen abwechseln. Leider beschränkt sich die menschliche Kommunikation, die das Spiel wesentlich reizvoller gestalten würde[1], auf das Austauschen mehr oder weniger belangloser vordefinierter Floskeln, was aber für die meisten Zwecke vollkommen ausreichend ist.

1 Je nach dem, oder stellen Sie sich einmal vor, Sie würden von einem unfairen Verlierer in Mandarin-Chinesisch beschimpft werden.

6.10 Lautstärke

Die Lautstärkeregelung regelt die Lautstärke (der Name legt das irgendwie nahe) für die Aufnahme und Wiedergabe der verschiedenen Audiokanäle, die mit dem PC (in der Regel über die eingebaute Soundkarte) verbunden sind. Mit Hilfe der Lautstärkeregelung können Sie während der Aufnahme einer Wave-Datei durch den Soundrecorder die Lautstärke einstellen, wobei die Aussteuerung optisch angezeigt wird. Sie wird im Allgemeinen und am einfachsten über das Lautsprechersymbol im Statusfeld der Taskleiste aufgerufen.

6.11 Minesweeper

Bei MINESWEEPER kommt es darauf an, in einem quadratischen Spielfeld möglichst viele Felder in kürzester Zeit freizumachen, ohne dabei auf eine »Mine« zu stoßen. MineSweeper ist allerdings kein reines Glücksspiel, da Sie in jedem Feld, in dem sich keine Mine befindet, eine Zahl sehen, die über die Gesamtzahl an Minen auf allen der acht benachbarten Felder Auskunft gibt. Auf diese Weise kann man durch geschicktes Kombinieren schnell herausfinden, auf welchen Nachbarfeldern sich Minen befinden müssen und diese mit der sekundären Maustaste »entschärfen«. Gewonnen hat man, wenn alle versteckten Minen durch Anklicken mit der sekundären Maustaste entschärft wurden. Trifft man allerdings auf eine Mine, ist das Spiel sofort verloren.

Der »Reiz« von MineSweeper liegt in der Verbindung von Strategie, der Anforderung an die Kombinations- und Reaktionsfähigkeit, sowie natürlich Glück. Erschwert wird der Spielverlauf durch den Umstand, dass die Uhr unerbittlich läuft, und Sie sich nur als echter Gewinner betrachten können, wenn Sie das Feld in einer neuen Bestzeit räumen. Der erste Schritt, unmittelbar nach dem Start, ist gefahrlos. Je mehr Felder Sie freimachen, desto besser. Beim Anklicken eines Feldes mit der primären Maustaste gibt es grundsätzlich drei Möglichkeiten:

1. Das Feld enthält eine Mine und alles ist vorbei.
2. Weder das Feld, noch seine acht Nachbarfelder enthalten eine Mine. In diesem Fall wird die gesamte Fläche aufgedeckt, die durch Felder definiert ist, in deren Nachbarschaft sich eine oder mehrere Minen befinden. Diese Felder werden mit Zahlen versehen, die über die Anzahl an Minen in der Nachbarschaft Auskunft geben.
3. Das Feld besitzt auf seinen acht Nachbarfeldern eine oder mehrere Minen. In diesem Fall wird in das Feld eine Zahl eingetragen, die für die Anzahl der Minen steht. Ein Nachbarfeld ist ein Feld, das waag-

recht, senkrecht oder diagonal an ein Feld angrenzt. Enthält ein Feld zum Beispiel die Zahl 1, bedeutet dies, dass eines der maximal acht Nachbarfelder eine Mine enthält.

Beginnen Sie nun die Felder abzugehen, die nur einen Nachbarn besitzen, da sich hier die minenfreien Felder relativ einfach identifizieren lassen. Entscheidend ist, mit welcher Maustaste Sie ein Feld anklicken. Verwenden Sie die primäre Maustaste, wenn Sie der Meinung sind, dass das Feld minenfrei ist. Handelt es sich um Felder ohne Minennachbarn werden alle anderen Felder aufdeckt, die ebenfalls keine Nachbarn mit Minen enthalten. Glauben Sie dagegen, eine Mine erkannt zu haben, klicken Sie das Feld mit der sekundären Maustaste an. Die absolute Gewissheit erhalten Sie erst am Spielende, wenn alle Felder markiert aber noch nicht alle Minen entdeckt wurden. Einen besonderen Fortschritt erzielen Sie dann, wenn Sie die für ein Nachbarfeld in Frage kommenden Minen eindeutig identifiziert haben und nun davon ausgehen können, dass die übrigen Nachbarfelder minenfrei sind.

6.12 Paint – Malen mit einfachen Mitteln

Bei Paint handelt es sich um ein einfaches Malprogramm, mit dem sich vor allem kleine Kinder stundenlang beschäftigen können. Für die Erwachsenen verliert es schnell seinen Reiz, da es praktisch keinerlei Spezialeffekte zu bieten hat und es im Shareware-Bereich unzählige attraktivere Alternativen (etwa PaintShop Pro) gibt. Dennoch ist Paint nicht völlig überflüssig.[2] Für folgende Einsatzzwecke kommt es in Frage:

- Anfertigen einfacher Skizzen (etwa einer Anfahrtsbeschreibung, die Sie anschließend per Fax oder E-Mail jemanden schicken).
- Anfertigen von Bildschirmfotos (mehr dazu gleich).
- Anfertigen von Symbolen, die etwa als Dateisymbole oder über das Benutzerkonto eingesetzt werden.
- Zeichnen simpler Bilder.

:-) TIPP

Oft lassen sich Grafikdateien am schnellsten öffnen, indem Sie sie mit der Maus in die Zeichenfläche von Paint ziehen.

2 Abgesehen davon, dass sich die Kleinen am PC damit offenbar wirklich gerne beschäftigen. Es muss also nicht unbedingt die XBox sein.

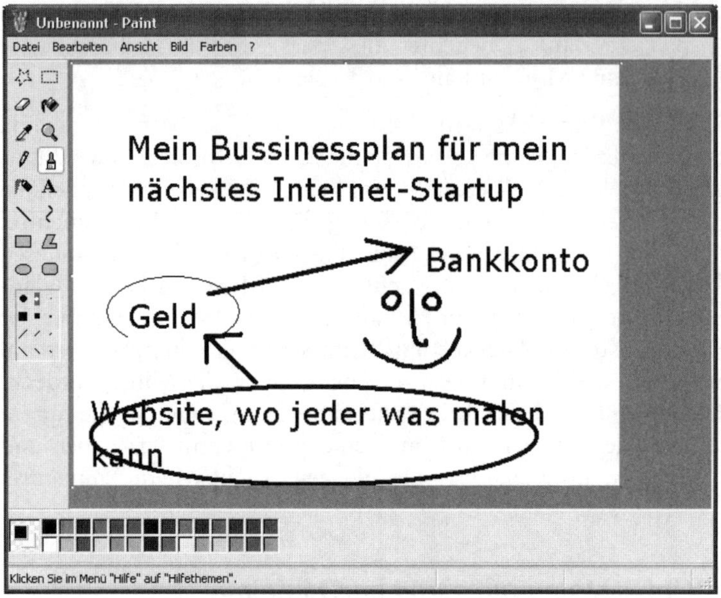

Abbildung 6.9: Steckt in Ihnen vielleicht ein großer Künstler? Mit Paint werden Sie es vermutlich auch nicht herausfinden

6.12.1 Unterstützte Grafikformate

Paint unterstützt auch bei Windows XP nur wenige Grafikformate (in erster Linie das BMP-Format, das den Nachteil bietet, dass die Bildinformationen unkomprimiert gespeichert werden und die Dateien dadurch relativ voluminös werden und sich z.B. überhaupt nicht für den Einsatz auf Webseiten eigenen). Allerdings gibt es eine offenbar undokumentierte Eigenheit, die dieses Manko beseitigt. Sind auf dem Computer z.B. Microsoft Word oder ein anderes Microsoft-Programm installiert, das mit den gemeinsam genutzten Grafikfiltern arbeitet, stehen diese Grafikformate auch für Paint zur Verfügung. Auf einmal kann Paint z.B. TIFF- oder PNG-Dateien sowohl lesen als auch abspeichern. Und auf einmal eignet sich Paint auch als Grafikonverter, mit dem sich z.B. BMP-Dateien als GIF- oder JPEG-Dateien abspeichern lassen.

6.12.2 Anfertigen von Bildschirmfotos

Bildschirmfotos müssen vor allem Autoren von Computerbüchern »schießen«.[3] Doch auch wer nicht vor hat, schriftstellerisch tätig zu werden, kann hin und wieder in die Verlegenheit kommen, ein Bildschirmfoto schießen zu müssen (z.B. um auf der Webseite eine Schrittfolge zu illustrieren). Das Anfertigen von Bildschirmfotos geht sehr einfach. Sie drücken die `Druck`-Taste, wenn Sie den kompletten Bildschirm als Bitmap in die Zwischenab-

3 Praktisch alle Abbildungen in diesem Buch sind Bildschirmfotos, die im TIFF-Format gespeichert wurden.

lage übertragen möchten, Sie drücken [Alt] + [Druck] wenn Sie nur an dem aktiven Fenster interessiert sind. Befindet sich die Bitmap in der Zwischenablage, fügen Sie sie in Paint ein und speichern Sie z.B. im GIF-Format (vorausgesetzt, der entsprechende Filter ist vorhanden) ab.

6.12.3 Anfertigen von Symbolen (Icons)

Die kleinen Symbole, auch »Icons« genannt, sind in der Windows-Welt allgegenwärtig. Ihre wichtigste Aufgabe besteht darin, Dateien und Ordner in einem Ordnerfenster und auf dem Desktop zu symbolisieren. Sie finden Symbole aber auch an vielen anderen Stellen, wie zum Beispiel im Startmenü oder im Systemfeld eines Ordnerfensters. Auch bei den Symbolen handelt es sich um (Bitmap-) Grafiken. Das Besondere an ihnen ist, dass sie eine einheitliche Größe besitzen (z.B. 32 mal 32 Bildpunkte).

Es ist ein sehr beliebtes Hobby von Windows-Anwendern, den einzelnen Objekten des Desktops neue Symbole zu geben. Während dies bei Verknüpfungen und den Standardobjekten des Desktops sehr einfach über ein Dialogfeld möglich ist, muss dies in anderen Fällen, etwa bei Ordnersymbolen, noch unter Einbeziehung von Zusatzprogrammen (z.B. dem sehr empfehlenswerten Shareware-Programm *MicroAngelo*) oder durch einen Eingriff in die Registrierung erfolgen. Haben Sie den Entschluss gefasst, ein Symbol auszutauschen, benötigen Sie einen Ersatz. Diesen finden Sie entweder in den verschiedenen Systemdateien (z.B. *Shell32.dll*), in unzähligen Icon-Sammlungen, die Tausende von Symbolen mit allen möglichen und unmöglichen Themen enthalten, oder aber, in dem Sie ein Symbol selber erstellen. Auch wenn es nicht den Anschein haben mag, ist dazu auch Paint geeignet. Der »Trick« besteht lediglich darin, dass Sie

- über den Menübefehl BILD/ATTRIBUTE eine Bildgröße von 32x32 Pixel einstellen.
- über den Menübefehl ANSICHT/ZOOMFAKTOR/ENUTZERDEFINIERT eine Größe von 800% einstellen.
- über den Menübefehl ANSICHT/ZOOMFAKTOR/RASTER ANZEIGEN ein Raster einblenden.

Anschließend können Sie jeden einzelnen Punkt des Symbols setzen oder mit Hilfe der Zeichenwerkzeuge kleine Figuren einzeichnen. Abgespeichert wird das Ganze als BMP-Datei, wobei Sie als Farbtiefe über die Auswahlliste DATEITYP eine 256-FARBEN-BITMAP auswählen sollten.

Abbildung 6.10: Wer geschickt ist, kann mit Paint auch Symbole anfertigen – alle anderen sollten lieber die Finger davon lassen

6.13 Pinball

Bei Pinball handelt es sich um ein optisch attraktiv gestaltetes Flipper für bis zu vier Mitspieler (allerdings nicht über das Netzwerk). Das Schöne an dem Spiel ist, dass es praktisch keiner Erläuterungen bedarf. Sie müssen lediglich wissen, dass Sie über die [F8]-Taste die Flippertasten belegen (die Voreinstellung ist die [Y]-Taste für den linken und die [M]-Taste für den rechten Flipper). Über die [F2]-Taste wird das Spiel gestartet, wobei die Kugel über die [Leer]-Taste sowohl beschleunigt als auch gestartet wird. Mit den Tasten [X] und [N] können Sie dem Flipper-Automaten einen Stoß von der rechten bzw. linken Seite geben. Aber Vorsicht damit, wenn Sie zu oft diese Tasten betätigen, dann »tilt« der Flipper.

INFO

Die eigentlichen Regeln bei dieser Flippervarianten sind etwas komplizierter, werden aber in der Hilfe erklärt.

6.14 Solitär

Solitär ist der unbestrittene Klassiker unter den Windows-Spielen. Es ist ein Kartenspiel, das von einer Person gespielt wird. Gewonnen hat man, wenn man alle 52 Spielkarten nach Kartenfarben geordnet in aufsteigender Reihenfolge, das heißt beginnend mit dem As, auf vier dafür vorgesehenen Stapeln abgelegt hat. Je nach benötigter Zeitdauer beendet man das Spiel mit einer Punktzahl, die der eigentliche Gradmesser für den Erfolg ist. Die Schwierigkeit des Spiels besteht darin, dass Sie die anzulegenden Karten entweder einzeln oder (was schwieriger ist) in Dreiergruppen von einem Kartenstapel aufdecken und dabei zwangsläufig auf einem der sieben Ablagen ablegen müssen. Auf diesen Ablagen befinden sich aber bereits Karten, so dass Sie eine gezogene Karte nur dort angelegen können, wo sie nach einer absteigenden Reihenfolge und aufgrund ihrer Kartenfarbe hinpasst. Das bedeutet, an eine rote Karte kann nur eine schwarze Karte angelegt werden und umgekehrt.

Eine besondere Rolle spielt der König, denn Sie können diesen nicht an eine Zwischenablage hängen, da der König immer die erste Karte einer Ablagenreihe sein muss. Erscheint auf dem Kartenstapel daher ein König, kann dieser nur dann untergebracht werden, wenn auf dem Stapel seiner Kartenfarbe bereits die entsprechende Dame liegt oder wenn eine Zwischenablage leer ist. Es ist daher von Zeit zu Zeit notwendig, die Zwischenablagen umzugruppieren um eine oder mehrere Zwischenablagen leer räumen zu können. Bei Solitär gibt es keine Gewinn-Garantie, denn es kann passieren, dass Sie das Spiel nicht beenden können. Am Ende des Spiels werden Sie mit einer hübschen Animation belohnt.

Solitär-Optionen einstellen

Über den Befehl OPTIONEN im SPIEL-Menü können folgende Optionen eingestellt werden:

- Ob eine oder drei Karten auf einmal aufgedeckt werden.
- Ob die verstrichene Spielzeit angezeigt wird.
- Nach welchem Punktesystem gezählt wird.

Zusätzlich können Sie über den Befehl DECKBLATT im SPIEL-Menü ein anderes Deckblatt auswählen. Standardmäßig werden alle umgedrehten und auf der Ablage angeordneten Karten mit Punkten belohnt, wobei aber im weiteren Verlauf des Spiels stetig zwei Punkte abgezogen werden. Im alternativen »Vegas-Punktesystem« im Menü SPIEL unter dem Befehl OPTIONEN beginnen Sie mit einem Minusgeldbetrag und arbeiten sich Karte für Karte in die Gewinnzone. Hier besteht zusätzlich die Möglichkeit, den Punktestand für die nächste Runde zu übernehmen. Am Ende des Spiels erhalten Sie, je nach Geschicklichkeit, einen zusätzlichen Bonus.

Wählen Sie als Deckblatt einmal das Motiv mit dem Arm eines Kartenspielers und achten Sie in Ruhe auf die Animation (Sie müssen allerdings etwas Geduld haben).

:-) TIPP

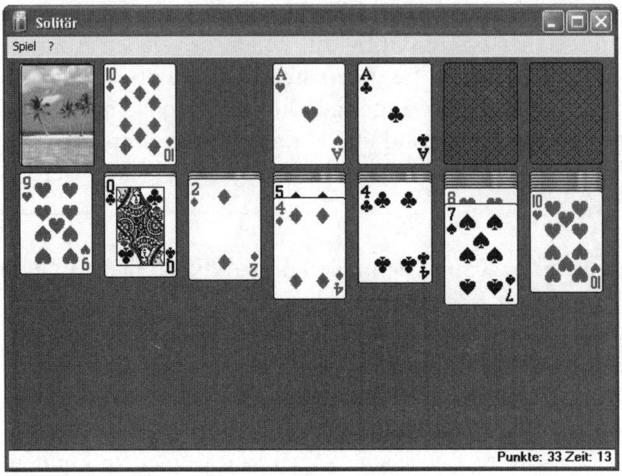

Abbildung 6.11: Etwa das beliebteste Spiel aller Zeiten? Solitär ist auch ein fester Bestandteil von Windows XP

Solitär verwendet bei Windows XP neue Deckblätter.[4]

NEU

6.15 Spider-Solitär

Spider-Solitär ist eine (von vielen) Solitär-Varianten, die allerdings etwas abwechslungsreicher erscheint als das Original. Anstatt einen Kartenstapel auf vier Ablagen in der richtigen Reihenfolge verteilen zu müssen, müssen mehrere Kartenstapel (je nach Schwierigkeitsgrad gibt es verschiedene Kartenfarben – im einfachsten Level gibt es nur Pik) über insgesamt 10 Ablagen in der richtigen Reihenfolge angeordnet werden. Für jedes Verschieben wird ein Punkt abgezogen (man beginnt mit 500 Punkten), für jede fertige Reihe gibt es 100 Punkte dazu. Es lohnt sich, wenigstens ein Spiel zu Ende zu spielen, denn am Ende gibt es ein kleines Feuerwerk als Belohnung.

6.16 Windows XP-Tour

Die Windows XP-Tour ist ein kleines aber gut gemachtes Programm, das Sie durch die wichtigsten neuen Bereiche von Windows XP und die wichtigsten Elemente der Benutzeroberfläche führt.[5]

4 Das wurde aber auch Zeit.

5 Wenn Sie sich die komplette Tour einmal »reinziehen«, müssen Sie vermutlich dieses Buch nicht mehr lesen. Aber einmal im Ernst, die Tour ist gar nicht so schlecht, da sie einen guten Gesamtüberblick über die vielen Möglichkeiten von Windows XP gibt.

6.17 Rechner

Der Rechner gehört zu den »Klassikern« im Zubehörprogramm. Es handelt sich um einen kleinen »Taschenrechner«, den Sie auf dem Bildschirm mit der Maus oder über die Tastatur bedienen können. Wann immer Sie zum Beispiel beim Schreiben eines Textes eine kleine Berechnung durchführen müssen, steht der Rechner zur Verfügung. Über den Befehl KOPIEREN im Menü BEARBEITEN wird das Resultat in die Zwischenablage übertragen, über den Befehl EINFÜGEN wird der Inhalt der Zwischenablage in die Anzeige eingefügt, wobei ein bereits vorhandener Inhalt überschrieben wird. Der Rechner kennt zwei Modi: STANDARD und WISSENSCHAFTLICH, in dem eine Reihe mathematischer Funktionen angeboten wird und die Umrechnung zwischen verschiedenen Zahlensystemen möglich ist.

Möchten Sie wissen, welche Funktion eine Taste besitzt, klicken Sie sie mit der sekundären Maustaste an und wählen Sie den Eintrag DIREKTHILFE. *Über die* [Esc]*-Taste wird die Anzeige gelöscht.*

:-) TIPP

6.17.1 Umrechnen von Hexadezimalzahlen

Einen wirklichen Nutzen erfüllt der Rechner immer dann, wenn Sie sogenannte *Hexadezimalzahlen* in Dezimalzahlen umwandeln möchten. Eine Hexadezimalzahl ist eine Zahl, bei der eine einzelne Ziffer nicht zehn (0-9), sondern sechzehn verschiedene Zustände annehmen kann. Doch wie soll man »Zustände« größer 9 darstellen? Ganz einfach, über sechs Buchstaben. Aus diesem Grund lauten die Ziffern 0, 1, 2, 3, 4, 5, 6, 7, 8, 9, A, B, C, D, E und F. So handelt es sich bei 10AB um eine »normale« Hexadezimal. Normalerweise müssen Sie sich als Windows-Anwender natürlich nicht mit Hexadezimalzahlen beschäftigen. Falls Sie sich aber etwas, was grundsätzlich keine schlechte Idee ist, intensiver mit dem Gerätemanager beschäftigen, werden Sie feststellen, dass einige Angaben wie zum Beispiel E/A-Port- oder Speicheradressen nicht dezimal, sondern hexadezimal angegeben werden. Hier kommt der Rechner ins Spiel, mit dem Sie diese Adressen blitzschnell umrechnen können. Eine kleine Kostprobe gefällig? Welchen dezimalen Wert besitzt die Adresse 3E8?

Umrechnen einer Hexadezimalzahl in eine Dezimalzahl

STEP

1. Starten Sie den Rechner.
2. Schalten Sie den Rechner über den Befehl WISSENSCHAFTLICH im ANSICHT-Menü in die wissenschaftliche Darstellungsweise.
3. Schalten Sie den Rechner über die Option HEX in den Hexadezimalmodus. Im Eingabefeld erscheinen nun zusätzlich Buchstabentasten.

4. Geben Sie die Zahl 3E8 ein.
5. Schalten Sie den Rechner über die Option DEZ in den Dezimalmodus. In der Anzeige erscheint der dezimale Wert von 3E8. Dieser sollte 1000 lauten.

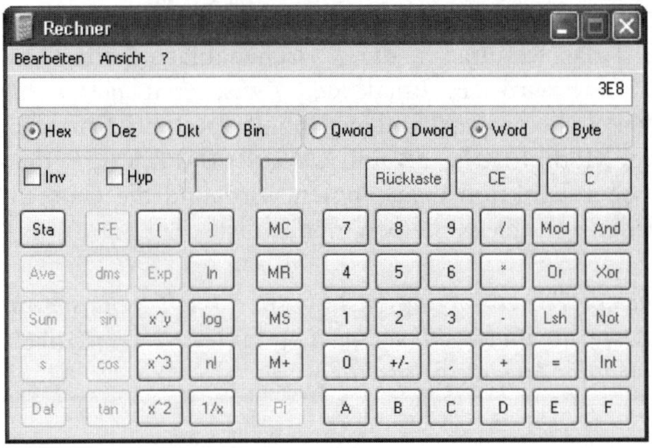

Abbildung 6.12: Der Rechner ist der reinste Virtuose, wenn es um das Rechnen in andern Zahlensystemen geht

6.18 Spiele

Alle Spiele werden in der gleichnamigen Programmgruppe zusammengefasst. Hier stehen die Spiele FreeCell, Hearts, MineSweeper, Pinball, Solitär und SpiderSolitär zur Verfügung, sowie eine Reihe von Internet-Spielen.

6.19 WordPad – die kleine »Textverarbeitung«

Das Attribut klein ist für WordPad vermutlich ein wenig unpassend, weil maßlos übertrieben. WordPad aber mit Attributen wie »mini« oder gar »winzig« zu belegen, würde das Programm über Gebühr aufwerten. WordPad ist keine Textverarbeitung, sondern ein besserer Texteditor, der einfache Zeichen- und Absatzformatierungen ermöglicht, ansonsten aber keinerlei Komfort bietet. Einen Pluspunkt kann WordPad aber für sich verbuchen: Es kann Word-Dokumente lesen, was manchmal ganz nützlich ist. Speichern sollten Sie diese Dokumente aber nur unter Vorbehalt, denn praktisch sämtliche anspruchsvolleren Formatierungen gehen beim Abspeichern verloren.

:-) TIPP

Wenn Sie Word-Dokumente möglichst originalgetreu betrachten und ausdrucken möchten, ohne aber Word zu besitzen, verwenden Sie dafür nicht WordPad, sondern den kostenlos erhältlichen Word-Viewer. Die Downloadadresse für die Viewer für die Microsoft-Office-Programme Excel, PowerPoint und Word ist `http://www.microsoft.com/germany/office`.

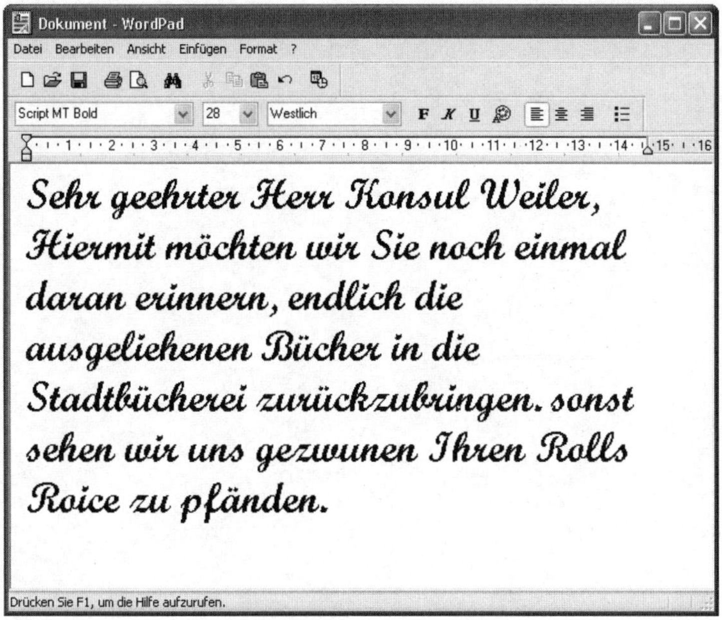

Abbildung 6.13: WordPad eignet sich für das Eintippen kleiner Texte, Briefe und Gedichte und bietet minimale Formatierungsmöglichkeiten

7 Spaß mit digitalen Medien

Digitale Medien war noch vor Jahren eines jener Schlagwörter, das gerne und häufig mit Windows in Verbindung gebracht wurde, ohne dass sofort klar gewesen sein dürfte, was damit gemeint ist. Dies hat sich im Jahre 2004 grundlegend geändert. DVD-Laufwerke gehören praktisch zur Grundausstattung eines PC, Digitalkameras und DigiCams sind auch bei den »Hobbyleuten« im Begriff, ihre mit Filmen arbeitenden Vorgänger zu verdrängen, und DVD-Rekorder mit allen Schikanen, mit denen sich Fernsehsendungen direkt und digital auf eine DVD speichern lassen, befinden sich inzwischen in Preisregionen, die sie als Alternative zu einem herkömmlichen VHS-Rekorder interessant erscheinen lassen. Mit *Windows Media Center Edition* steht seit Herbst 2003 außerdem eine neue Windows-Variante zur Verfügung, die DVD-Brennlaufwerk und TV-Karte unter einen Hut bringt und den »Traum« von einem intelligenten »Mediencenter« im Wohnzimmer, das die »Programmzeitschrift« über das Internet lädt und so die gezielte Suche nach beliebigen Fernsehprogrammen anhand von Kategorien und Stichwörtern erlaubt und diese auf Wunsch auf die Sekunde exakt getimt aufzeichnet, Wirklichkeit werden lässt. Windows Media Center Edition, das auf einem regulären Windows XP Professional basiert und lediglich um ein paar Programme und eine an das Wohnzimmer angepasste Bedienoberfläche erweitert wurde, gibt es jedoch nur mit einem neuen PC (bei dem DVD-Brenner und TV-Karte bereits voreingebaut sind – der Umstand, dass diese Geräte nicht im Hi-Fi-Studio, sondern beim Lebensmitteldiscounter um die Ecke verkauft werden, ist ein weiteres Indiz dafür, dass »Multimedia« in seiner ursprünglichen Wortdefinition nun endlich Realität geworden ist). Wer kein Media-Center unter dem Weihnachtsbaum vorgefunden hat, wird von dem digitalen Spaß natürlich nicht ausgeschlossen, denn Windows XP ist als leistungsfähige Plattform leicht ausbaufähig. Wer DVD-Brenner, TV-Karte und vielleicht ein 5.1-Lautsprecherset nachrüstet, kommt ebenfalls im Handumdrehen zu seinem persönlichen Mediencenter, wobei es die Software (allerdings nicht von Microsoft) auch extra gibt (ein Tipp ist *myHTPC*, das dem Windows Media Center erstaunlich ähnlich sieht – nähere Infos unter `http://myhtpc.net/`). Doch auch ohne irgendwelche Erweiterungen lässt sich mit einem Windows XP-Computer bereits eine Menge anstellen. Sie können unter anderem Audio-CDs abspielen und auf die Festplatte kopieren (sofern diese keinen Kopierschutz besitzen), Musikstücke auf CDs brennen (etwa um sie im Auto abspielen zu können), Internet-Radio hören, Bilder von einer Digitalkamera und Filme von einer DigiCam übertragen und diese auch ein wenig nachbearbeiten und noch einiges mehr. Lediglich für das Abspielen von Spielfilm-DVDs muss nach wie vor ein MPEG-Decoder nachinstalliert werden, wenngleich der Windows Media Player davon abgesehen alle Voraussetzungen bietet. Windows XP Professional bietet in diesem Bereich übrigens keinerlei Vorteile gegenüber dem vermeintlich kleineren »Bruder« Windows XP Home Edition.

Da Windows XP bereits aus dem Jahre 2001 stammt, liegen inzwischen wichtige Updates vor, die in diesem Kapitel anstelle der Originalprogramme berücksichtigt werden (wie Sie an diese kostenlosen Updates kommen, erfahren Sie am Ende des Kapitels). Folgende neuere Programme sind für praktisch jeden Windows XP-Anwender interessant:

- Die Version 9.0 des *Windows Media Player* als Nachfolger des Windows Media Player 8.0/XP.
- Die Version 2.0 vom *Windows Movie Maker* als Nachfolger der Version 1.0 bzw. 1.2.
- Das Zusatzprogramm *Microsoft Producer*, das für Anwender von Microsoft Office XP/2003 (und leider nur für diese – mit älteren Versionen lässt sich das Programm nicht ausführen) kostenlos zur Verfügung steht und mit dessen Hilfe sich mit dem Präsentationsprogramm *Microsoft PowerPoint* erstellte »Folienvorträge« mit Ton- und Bildsequenzen ergänzen und in eine Streaming-Media-Datei umwandeln lassen, die zum Beispiel über das Web aufgerufen werden kann.

Besorgen Sie sich die aktuellen Versionen des Windows Media Players und des Movie Makers, da sie gegenüber ihren Vorgängerversionen deutlich verbessert wurden. Das gilt besonders für den Movie Maker, der in der Anfangsversion praktisch »unbrauchbar« war.

Die Themen für dieses Kapitel:

- Der Windows Media Player stellt sich vor
- Die wichtigsten Neuerungen der Version 9.0 auf einen Blick
- Überspielen von Audio-CDs auf die Festplatte
- Überspielen von MP3- und wma-Audio auf eine CD
- Abspielen von Spielfilm-DVDs
- Windows Movie Maker 2.0
- Daten-CDs anfertigen
- Bilder von einem Scanner oder einer Digitalkamera übertragen
- Ein Blick auf das Windows Media Center
- Windows XP auf den aktuellen Stand bringen

Der Windows Media Player, der bei Windows XP von Anfang an installiert wird, weist (mindestens) eine Sicherheitslücke auf, die den Computer für Angriffe aus dem Internet anfällig macht. Microsoft hat nach der Auslieferung von Windows XP ein Sicherheits-Update über das Windows-Update zur Verfügung gestellt, das Sie unbedingt installieren sollten.

Die aktuelle Version des Windows Media Players erhalten Sie unter `http://www.windowsmedia.com` *(es wird automatisch auf die entsprechende Landessprache umgestellt).*

7.1 Der Windows Media Player 9.0 stellt sich vor

Der Windows Media Player ist die »Medienzentrale« bei Windows XP. Auf der Windows XP-CD ist die Version 8.0 enthalten, die sich von ihrem Vorgänger 7.1 in erster Linie durch den integrierten »Audio-Brenner« und zusätzliche Visualisierungen unterscheidet (der alte und gar nicht schlechte Media Player 6.4 steht nach wie vor zur Verfügung – die Datei *mplayer2.exe* muss über die Kommandozeile aufgerufen werden). Inzwischen gibt es bereits die Version 9.0, die sich nicht nur durch eine angenehmere Benutzerführung auszeichnet, sondern auch durch viele raffinierte Kleinigkeiten (wie die Möglichkeit, Liedtexte eingeben zu können, die synchron zur Musik angezeigt werden), die sich oft erst bei genauem Hinsehen zu erkennen geben. Auch die Version 9.0 ist bezüglich ihrer Bedienerführung sicherlich noch nicht perfekt und immer noch ein wenig zu umständlich zu bedienen (hilfreich sind in diesem Zusammenhang die verschiedenen Tastatur-Shortcuts sowie die kleinen Bediensymbole an den verschiedenen Stellen des Players, die am Anfang oft nur schwer auszumachen sind), doch auf alle Fälle eine deutliche Verbesserung gegenüber der Vorgängerversion und ein großer Schritt in die Richtung eines universellen und intuitiv zu bedienenden »Multimedia-Players und -Rekorders«. Zwei Dinge kann leider auch die aktuelle Version 9.0 nicht:

- Film-DVDs auf die Festplatte kopieren
- Internet-Radio aufnehmen

Für beide Aufgaben gibt es natürlich eine reichhaltige Auswahl an Softwaren von anderen Herstellern. Ferner wird für das Abspielen von Spielfilm-DVDs auch beim Windows Media Player 9.0 ein MPEG-Decoder benötigt, das heißt, von Haus aus kann Windows XP keine Spielfilm-DVDs abspielen. Da die gängigen DVD-Player, wie WinDVD, praktisch zur Grundausstattung eines Computers mit DVD-Laufwerk gehören und diese einzeln sehr preiswert sind, ist dies nur ein theoretischer Nachteil.

Die größte Stärke des Windows Media Players ist unter der Oberfläche verborgen. Das Programm fasst die gegenüber ihren bereits sehr leistungsfähigen Vorgängern noch einmal verbesserten *Windows Media 9-Codecs* (u.a. für die Übertragung von Musik in Dolby-Qualität und Sprache über Internet-Verbindungen) in einer optisch attraktiven und trotz gewisser Eigenheiten bedienerfreundlichen Benutzeroberfläche zusammen. Die beiden wichtigsten Formate der *Windows Media 9-Codecs* sind:

- WMA – *Windows Media Audio* (der »Konkurrent« zu MP3)
- WMV – *Windows Media Video* (der »Konkurrent« zu MPEG-4)

INFO

Die Windows Media 9-Formate sind kompatibel zu ihren Vorgängern.

INFO

Irgendwo muss er ja erklärt werden – ein Codec ist ein Softwaremodul, das für die Umwandlung der (bereits digital vorliegenden) Sound- oder Videodaten in ein spezielles, in der Regel stark komprimiertes Format zuständig ist. Je besser und ausgeklügelter der Codec, desto stärker die Komprimierung und desto geringer der Qualitätsverlust. Der Windows Media Player arbeitet mit seinen Codecs nach dem »Plug-In«-Prinzip zusammen, das heißt, die verfügbaren Codecs werden systemweit installiert und stehen dann unter anderem auch dem Windows Media Player zur Verfügung. Von Anfang an ist eine Reihe von Codecs an Bord, von denen die MPEG-Codecs am wichtigsten sind. Für das Abspielen von MP3-Musik wird ein entsprechender Decoder benötigt, für das Umwandeln in das MP3-Format entsprechend ein Encoder. Die vorhandenen Codecs werden übrigens wie Hardwaregeräte über den Geräte-Manager aufgelistet – installiert werden sie dagegen durch eine Anwendung (oder im Ausnahmefall – wie beim Lame-ACM-Codec – über eine begleitende Inf-Datei) (siehe Abbildung 7.1).

:-) TIPP

Falls es Sie stört, dass auch im Normalmodus die Menüleiste nicht sichtbar ist und erst über die Alt*-Taste eingeblendet werden muss – über den Menübefehl* ANSICHT/VOLLMODUSOPTIONEN/MENÜLEISTE ANZEIGEN *(oder per* Strg M*) wird sie permanent sichtbar gemacht.*

:-) TIPP

Und auch auf diesen Tipp kommt man nicht unbedingt von alleine. Die attraktivste Ansicht ist, neben dem Vollbildmodus, in dem ausschließlich die Visualisierung zu sehen ist, jene, in denen neben der Visualisierung und den Titeln auch das Albumcover zu sehen ist. Diese Ansicht stellen Sie über ANSICHT/WIEDERGABEOPTIONEN *ein.*

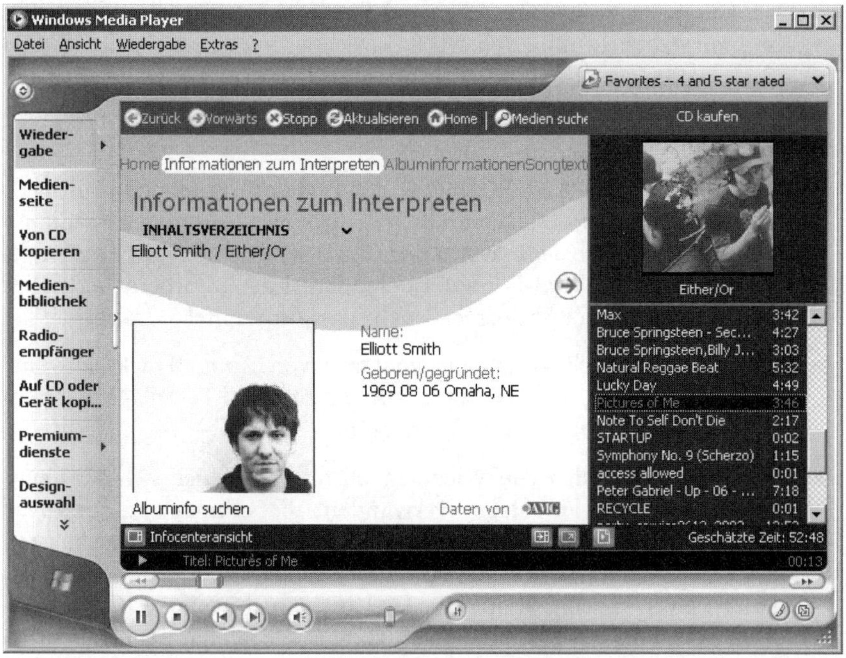

Abbildung 7.1:
Das neue Infocenter ist für Musikfans eines der Highlights des Windows Media Players 9.0.

7.1.1 Funktionsübersicht des Windows Media Players

Der Windows Media Player 9.0 bietet folgende Funktionen:

- Das Abspielen von Sounddateien, wobei die meisten, aber leider nicht alle Formate unterstützt werden. Die gängigsten Formate sind *.wav* (das klassische Windows-Format für Sounddateien), *.mid* (MIDI-Dateien), *.wma* (das Windows Media Audio-Format von Microsoft) und *.MP3* (MP3-Sounddateien). Nicht unterstützt werden (auch in der aktuellen Version 9.0) das RealAudio-Format (*.ra*-Dateien) sowie aktuellere Apple QuickTime-Formate (*.mov*-Dateien). Es sei an dieser Stelle lediglich erwähnt, dass dies weniger technische Gründe hat.
- Unter dem Namen *SRS WOW* bietet der Windows Media Player eine ausgeklügelte Technologie, die das Hörerlebnis und vor allem die Wirkung der Bässe verbessert und auch mit normalen Lautsprechern einen »Surround-Sound«-Effekt erzielt. Probieren Sie diesen Effekt unbedingt einmal aus, da er selbst bei »schäbigen« Lautsprechern zu einer hörbaren Verbesserung führt.
- Über einen optisch recht attraktiven Grafik-Equalizer lässt sich die Aussteuerung einzelner Frequenzbereiche an die Art des abgespielten Musikstücks anpassen. Das erfordert zwar Feingefühl und Ausdauer, macht aber Spaß und führt, wie beim WOW-Effekt, zu hörbaren Verbesserungen.

- Das Abspielen von Audio-CDs und Spielfilm-DVDs (allerdings nicht ohne zusätzlich installierten MPEG-Decoder – mehr dazu in Kapitel 7.2.7), wobei die Albuminformationen für eine Audio-CD automatisch aus dem Internet heruntergeladen werden (dieses Verhalten lässt sich aber abstellen).
- Das Kopieren von Audio-CDs auf die Festplatte (dies wird auch als »Rippen« bezeichnet). Die einzelnen Tracks werden standardmäßig im *Windows Media Format* (wma) auf der Festplatte abgelegt (wer stattdessen Dateien im MP3-Format möchte, muss den erforderlichen MP3-Codec nachträglich installieren – mehr dazu in Kapitel 7.2.4).
- Das Kopieren (auch »Brennen« genannt) von Audio-Tracks auf eine beschreibbare CD, so dass diese z.B. in einer Hi-Fi-Anlage oder im Auto-CD-Player abgespielt werden kann.
- Das Zusammenstellen von Wiedergabelisten, mit denen sich der Computer in eine »Hi-Fi-Anlage« verwandelt, die stundenlang ein zuvor zusammengestelltes Musikprogramm abspielen kann. Wiedergabelisten lassen sich auch komplett auf eine CD kopieren, wobei der Windows Media Player anzeigt, wenn ein Titel nicht mehr auf die CD passen sollte. Wiedergabelisten lassen sich zudem in Dateien exportieren, so dass jemand, der über die gleichen Lieder verfügt, eine CD brennen kann, ohne dass er die Lieder noch einmal zusammenstellen muss (dazu müssen allerdings die Dateinamen exakt übereinstimmen).
- Das Anzeigen von Titel- und Albuminformationen zu einer eingelegten Audio-CD, die vom Windows Media Player über eine Internet-Abfrage erkannt wurde (wer will, kann die CD auch gleich über das Internet kaufen).
- Radio hören über das Internet. Selbstverständlich sind auch Bildübertragungen möglich, und es gibt (nach wie vor) einige Fernsehsender, die ihr Programm über das Internet »streamen« (z.B. der Nachrichtensender *ntv24* unter WWW.N-TV.DE[1]).
- Sich auf der Microsoft-Medienwebseite über aktuelle Angebote informieren.
- Eine digitale Rechteverwaltung. Dies ist vor allem für die Anbieter digitaler Inhalte wichtig. Beim Windows Media Player lässt sich durch einen eingebauten Kopierschutz z.B. erreichen, dass ein von einer Audio-CD kopierter Titel nur auf dem Computer abgespielt und nicht auf einen anderen Computer oder eine andere CD kopiert werden kann (über die Option *Kopierschutz für Musik* im Register *Musik kopieren* der Optionen kann dies beim Kopieren von nicht geschützten Audio-CDs verhindert werden).

1 Wie es der Zufall will wird hier das Konkurrenzprodukt zum Windows Media Player eingesetzt.

Der Windows Media Player bietet, sieht man von dem fehlenden MPEG-Decoder für das Abspielen von Spielfilm-DVDs, dem fehlenden MP3-Encoder für das Schreiben von MP3-Dateien auf eine Audio-CD, der fehlenden Unterstützung für ein beliebtes Audioformat und ein ebenfalls beliebtes Videoformat, der fehlenden DVD-Brennfunktionalität und der leider nach wie vor fehlenden Möglichkeit, Streams, die über das Internet empfangen werden, auf die Festplatte speichern zu können, einmal ab, alle wichtigen Grundfunktionen.

7.1.2 Auswahl des abzuspielenden Mediums

Auch beim Windows Media Player 9.0 ist es am Anfang nicht ganz so einfach herauszufinden, wie eine eingelegte DVD abgespielt wird oder wie man vom Abspielen der DVD auf eine Wiedergabeliste oder eine eingelegte Audio-CD umschaltet. Dies alles geschieht am einfachsten über die Medienauswahlliste am rechten oberen Rand.

7.1.3 Neuerungen beim Windows Media Player 9.0

Die aktuelle Version des Windows Media Players, die im Allgemeinen nachträglich installiert werden muss, bietet ein paar wichtige Neuerungen gegenüber ihrem direkten Vorgänger, den bei Windows XP (meistens) fest eingebauten Windows Media Player XP (8.0):

- Verbesserte Codecs für *wma* (Audio) und *wmv* (Video), die zum Beispiel die Qualität beim Übertragen von Audio-CDs in *wma*-Dateien verbessern.
- Als Alternative zu den Visualisierungen bietet der Windows Media Player ein auskunftsfreudiges Infocenter-Fenster, das alle Informationen über das aktuelle Stück anzeigt.
- Die Bedienerführung wurde in vielen kleinen Punkten ein wenig verbessert (die Vorgängerversion hat in diesem Punkt die Nerven manchmal arg strapaziert und trotz der modern wirkenden Visualisierungen und der schon damals sehr leistungsfähigen Codecs keinen echten Spaß aufkommen lassen).
- Eine sehr viel komfortablere Wiedergabelistenverwaltung (Sie können zum Beispiel jede Musikdatei im Explorer über ihr Kontextmenü zu einer Wiedergabeliste hinzufügen).
- Die Möglichkeit, Album- und Titelinformationen zu einer einzelnen Musikdatei (z.B. Albumcover), die sich bereits auf der Festplatte befindet, nachträglich hinzuzufügen. Damit wird die eigene Musiksammlung (etwa bestehend aus MP3-Stücken, die nicht unbedingt von einer käuflich erworbenen CD stammen müssen) enorm aufgewertet.

- Für Texteingaben (etwa beim Bearbeiten eines Albumtitels) steht eine Autovervollständigung zur Verfügung, so dass z.B. die Namen der Interpreten nicht immer wieder komplett neu eingegeben werden müssen.
- Es besteht die Möglichkeit, Titel nach eigenem Geschmack zu bewerten (mit eins bis fünf Sternen), was später zum Beispiel beim Zusammenstellen von automatischen Wiedergabelisten berücksichtigt werden kann.
- Es gibt eine Schnellvorlauf-Taste (die Geschwindigkeit kann beim Abspielen zwischen normal, schnell und langsam eingestellt werden).
- Über einen Miniplayer-Modus integriert sich der Player als Symbolleiste in die Taskleiste, so dass nur die absolut notwendigen Bedienknöpfe zu sehen sind – dazu muss die neue Symbolleiste *Windows Media Player* über das Kontextmenü der Taskleiste eingeblendet werden (dieses wirklich nette Feature steht aber nur unter Windows XP zur Verfügung).
- Die Farbe des Players lässt sich stufenweise ändern (dafür gibt es einen kleinen, unauffälligen Button in der rechten unteren Ecke des Players oder den Menübefehl ANSICHT/ERWEITERUNGEN).
- Es steht ein überaus komfortabler und gegenüber der Vorgängerversion umfassend erweiterter Tag-Editor für wma-Audiodateien zur Verfügung, mit dem es sogar möglich ist, Songtexte (sofern bekannt) mit der Musik zu synchronisieren. Dies ist ein sehr spezielles Feature für Menschen, die sehr viel Zeit haben, da die Zuordnung praktisch auf die Zehntelsekunde genau getroffen werden kann. Aber es könnte sich lohnen, da auf Partys so endlich ein Mitsingen im Stile einer Karaoke-Maschine möglich wird.
- Über *automatische Wiedergabelisten* lassen sich Wiedergabelisten nach bestimmten Kriterien zusammenstellen, zum Beispiel Musik der 80er-Jahre oder Lieder, die mit fünf Sternen bewertet wurden und auf eine CD passen. Diese Lieder muss der Anwender aber nicht umständlich zusammensuchen, sondern wählt sie (und das ist wirklich sehr innovativ gelöst) über eine Art »Abfrageeinrichtung« aus, die ähnlich wie der Regelassistent bei Outlook Express funktioniert und daher leicht zu bedienen ist. Nach Auswahl der Kriterien erstellt der Windows Media Player eine Wiedergabeliste, zu der automatisch alle Titel der Medienbibliothek gehören, die den festgelegten Kriterien entsprechen. Das ist sehr praktisch, wenn man nur bestimmte Titel auf CD kopieren möchte, aber keine Zeit hat, diese alle einzeln zusammenzusuchen. Der Windows Media Player kommt bereits mit einer Liste vordefinierter automatischer Wiedergabelisten daher (das Anlegen neuer automatischer Wiedergabelisten ist nur unter Windows XP möglich).

- Microsoft nimmt den Kopierschutz für Musik nach wie vor sehr ernst, hat aber den Vorgang für den Anwender transparenter gemacht. Dieser kann nun etwas einfacher festlegen, ob z.B. Informationen über abgespielte Musiktitel an den Microsoft-Server übertragen werden (diese Dinge werden unmittelbar nach der Installation eingetragen). Außerdem wird die Lizenzverwaltung vereinfacht. Der Anwender kann vor dem Übertragen von Audio-Tracks einer CD auf die Festplatte entscheiden, ob die Lizenzinformationen »erworben« werden sollen. Das bedeutet keine zusätzliche Ausgabe, sondern lediglich (das ist aber bereits eine Menge), dass Microsoft die wma-Datei mit einer Lizenzinformation versieht, die dazu führt, dass, wenn die Datei auf einem anderen Rechner abgespielt werden soll, die Lizenzinformation zuvor auf diesen Rechner überspielt werden soll. Der Microsoft-Server spielt dabei die Rolle der Schiedsinstanz, die bestimmt, ob dies erlaubt ist oder nicht.
- Wie im letzten Absatz erwähnt wurden alle Einstellungen zum Thema Datenschutz transparenter gemacht und im Register *Datenschutz* der Optionen auch kursiv zusammengefasst.
- Es gibt neue Visualisierungen und Designs. Besonders ausgefallene Designs stehen über die Microsoft-Website zum Download bereit.
- Nicht vergessen werden darf natürlich die nahtlose Integration in die großen (kommerziellen) Musikdatenbanken des Internets, die für Musikfans ein stundenlanges Stöbern durch ein riesiges Angebot an Musik erlaubt. Neben Hörproben und Kritiken renommierter Musikmagazine werden häufig auch komplette Videoclips geboten, so dass das Surfen durch dieses vielfältige Angebot wirklich Spaß macht. Auch diese Neuerung sollten Sie unbedingt in Ruhe ausprobieren.

Dies sind bei weitem nicht alle Neuerungen (viele Neuerungen sind recht speziell oder beziehen sich auf die internen Codecs). Es ist wichtig anzumerken, dass der Windows Media Player 9.0 ein Teil eines großen Ganzen sein soll, das Microsoft *Windows Media 9 Series* nennt und das sich als Multimedia-Plattform versteht, zu der z.B. auch der Windows Media Server gehört, der Teil von Windows 2003 Server ist und auf dem ein Anbieter Mediendateien ablegt, die über das Internet oder nur im lokalen Netzwerk zur Verfügung gestellt werden.

Die Elemente der Windows Media 9-Serie:

- Windows Media 9 Services – die aktuelle Version des Windows Media Servers, der Bestandteil von Windows 2003 Server ist.
- Windows Media 9 Codecs – die eigentliche »Intelligenz« der Windows-Medientechnologie.

- Windows Media 9 Encoder – ein Werkzeug zum Erstellen von Mediendateien.
- Windows Media 9 Digital Rights Management (DRM) – Autoren von Mediendateien können ihre Erzeugnisse digital signieren, so dass sie nur mit Vorhandensein des »Erlaubnisschlüssels« abgespielt werden können.
- Windows Media 9 Software Development Kit – Werkzeuge und die stets benötigte Dokumentation für Entwickler.

INFO

Einige der Eigenschaften des Windows Media Player 9.0, wie das Infocenter, das alle Angaben zum Titel anzeigt, oder ein Miniplayer-Modus, in dem sich der Player in die Taskleiste integriert, stehen nur unter Windows XP zur Verfügung. Zwar gibt es den Windows Media Player 9.0 auch für Windows 2000, Windows 98 usw., aber mit weniger Funktionen.

Abbildung 7.2: Immer ein dickes Plus: die ausgefallenen Designs des Windows Media Players (dieses stammt von The Skin Factory und wird über die Microsoft-Website angeboten)

:-) TIPP

Auf der Microsoft-Website `http://www.wmplugins.com` *steht eine große Auswahl an Designs, Visualisierungen und Plug-Ins zum Download bereit (u.a. das nach wie vor sehr coole »Zurück in die Zukunft«-Design). Hier finden Sie auch das TweakMP PowerToy for Windows XP, mit dessen Hilfe sich ein paar zusätzliche Einstellungen vornehmen lassen. Alle Plug-Ins werden über das Menü* ANSICHT/PLUG-INS *aufgerufen.*

7.1.4 Ein Wort zur Installation

Die Installation des Windows Media Player 9.0 ist in wenigen Minuten erledigt, allerdings muss am Anfang eine Reihe von Einstellungen gemacht werden, die Sie sich gut überlegen sollten. Dies betrifft vor allem die Erlaubnis, »Verwendungsdaten« über den Player zur »Verbesserung von Microsoft-Software und -Diensten« an Microsoft zu senden. Auch wenn diese Option harmlos klingt und deaktiviert ist, sollten Sie sie nicht aktivieren, da man grundsätzlich mit persönlichen Daten äußerst umsichtig umgehen sollte.

Abbildung 7.3: Das neue Infocenter für alle, die mehr sachliche Informationen bevorzugen

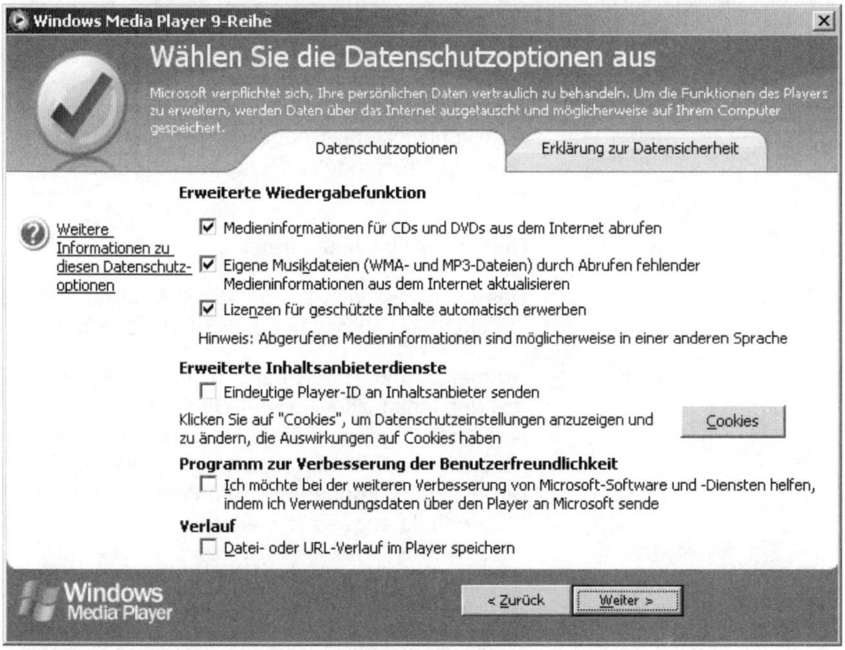

Abbildung 7.4: Vor der Installation des Windows Media Player 9.0 müssen einige Einstellungen vorgenommen werden.

7.2 Der Windows Media Player in der Praxis

Ein Programm wie der Windows Media Player sollte keine Einarbeitung erforderlich machen. Es tritt vielmehr in Aktion, sobald es etwas abzuspielen oder aufzunehmen gilt, und erklärt sich dann von alleine. Aus diesem Grund sind die Erläuterungen in diesem Abschnitt auch knapp gehalten, wenngleich es ein paar Besonderheiten gibt, die sich nicht unbedingt von alleine erklären.

7.2.1 Überblick über die Medienformate

Gleich zu Beginn ein Überblick über die vom Windows Media Player unterstützten Medienformate (siehe Tabelle 7.1). Anders als es vielleicht zu erwarten wäre, werden nicht alle Formate unterstützt, die im Internet anzutreffen sind. Neben dem populären Real Audio-Format fehlt auch Apple QuickTime, das nur bis zur (inzwischen stark veralteten) Version 3.0 unterstützt wird. Wer zum Beispiel Kinotrailer abspielen will, die es nur im QuickTime-Format gibt (die Trailer der „Herr der Ringe"-Trilogie sind sicherlich das prominenteste Beispiel), benötigt dazu den aktuellen (und ebenfalls kostenlos erhältlichen) QuickTime-Player von Apple (`www.apple.de`).

Tabelle 7.1: Die vom Windows Media Player unterstützten Medienformate

Format	Erweiterungen	Welche Rolle spielt es?
AIFF	.aif, .aifc, .aiff	Audio Interchange File Format. Von der Firma Apple entwickeltes Sound-Format, das auch vom Workstation-Hersteller Silicon Graphics übernommen wurde.
AU	.au, .snd	Unter Unix übliches Format.
AVI	.avi	Das klassische Videoformat unter Windows. Wird in Zukunft durch das neue ASF-Format abgelöst.
CD-Audio	.cda	Normale Audio-Tracks auf einer CD. Wer sich einmal den Inhalt einer Audio-CD mit dem Explorer angeschaut hat, wird für jedes Musikstück eine Datei mit der Erweiterung *.cda* gesehen haben. Diese Dateien können mit dem Windows Media Player direkt abgespielt werden.
DVD-Video	.vob	Standardformat für Video-Tracks auf einer DVD.
Indeo	.ivf	Indeo, das Audio- und Video-Kompression bietet, wurde von der Firma Intel entwickelt und für das Video für Windows, dem »Vorläufer« von DirectX, bei Windows 3.1 benutzt. Indeo gibt es in verschiedenen Versionen, die aktuellste ist Version 5, spielt bei Windows aber keine so große Rolle mehr, dafür aber umso mehr beim Apple Macintosh.

Tabelle 7.1: Die vom Windows Media Player unterstützten Medienformate (Forts.)

Format	Erweiterungen	Welche Rolle spielt es?
Microsoft Media Technologie	.afx, .asx	Die Microsoft-Streaming-Formate, die eine »Live-Übertragung« von Video- und Audioinhalten über das Internet ermöglichen.
MIDI	.mid, .midi; .rmi	Musical Instrument Digital Interface. Die Alternative zum Wave-Format, das vor allem bei professionellen Musikern dominiert. Bei MIDI werden die Klanginformationen nicht digitalisiert, sondern in einer Abspielfolge abgespeichert.
MOV	.mov, .qt	QuickTime-Format der Firma Apple. QuickTime galt zu Zeiten von Windows 3.1/95 dem Microsoft AVI in einigen Punkten als überlegen, spielt aber von einigen Ausnahmen abgesehen keine große Rolle (auch wenn die Hilfe zum Windows Media Player kein Wort zum Thema QuickTime-Formate enthält, werden nur ältere Versionen unterstützt).
MP3	.MP3, .m3u	Nach wie vor populäres Format für die Speicherung von Musik, da es Platz sparend ist und gleichzeitig eine sehr gute Qualität bietet. Das Abspeichern von MP3-Dateien auf Audio-CD ist mit dem Windows Media Player nur über ein Plug-In möglich, das zusätzlich erworben werden muss.
MPEG	.m1v, .mpa, .mp2, .mpg, .mp, .mpe .mpeg	Videoclips im MPEG-Format, das vor allem für die Wiedergabe in TV-Qualität aufgrund der guten Kompressionsmöglichkeiten eine Rolle spielt. Die Windows Media-Codecs enthalten mit dem wmv-Codec eine sehr gute Alternative zum weit verbreiteten MPEG-4-Codec, der bei hohen Bandbreiten überlegen sein soll.
Windows-Sound (»Wave«)	.wav	Das klassische Format für Sounddateien bei Windows, das es bereits seit der Version 2.11 gibt. Es bietet eine gute Klangqualität, ist aber sehr speicherplatzintensiv.

7.2.2 Abspielen von Mediendateien

Auch wenn sich über den Menübefehl DATEI/ÖFFNEN alle Mediendateien direkt auswählen lassen, tritt der Windows Media Player fast ausschließlich indirekt durch Öffnen einer Mediendatei oder Auswahl des WIEDERGABE-Befehls im Kontextmenü einer solchen Datei in Aktion.

:-) TIPP

Auf die Windows Welcome Music (sie ist in der Datei Title.wma tief verborgen in einem Unterverzeichnis im System32-Verzeichnis zu finden) dürften jene Anwender vermutlich nur per Zufall stoßen, die Windows XP auf Ihrem Computer bereits vorinstalliert erhalten haben. Das Abspielen lohnt sich, denn dieses eigens für Windows XP komponierte Musikstück besitzt eine sehr beruhigende Wirkung, die gerade nach einer nervenaufreibenden Neuinstallation als Balsam für die eigene Psyche wirken kann.

Abspielen über Wiedergabelisten

Der Umgang mit Wiedergabelisten ist beim Windows Media Player 9.0 wirklich gut gelöst. Eine Wiedergabeliste ist eine Liste mit Titeln, die der Reihe nach abgespielt werden. Sie können beliebig viele Listen zusammenstellen, wieder löschen und exportieren, um sie auf einen anderen Computer zu übertragen.

- Eine neue Wiedergabeliste wird über [Strg] [N] angelegt. Geben Sie ihr einen passenden Namen. Anschließend fügen Sie alle Titel hinzu.
- Wiedergabelisten werden als Dateien mit der Erweiterung *.wpl* gespeichert (es handelt sich um Textdateien in einem leicht abgewandelten XML-Format, die sich daher prinzipiell auch mit anderen Programmen bearbeiten lassen).
- Ob und welche Wiedergabeliste abgespielt wird, wird über die Medienauswahlliste in der rechten oberen Ecke festgelegt. Hier werden die Wiedergabelisten zusammen mit einer Reihe von »Favoritenlisten« aufgelistet, die nach und nach mit Inhalten gefüllt werden (z.B. mit all jenen Titeln, die mit vier oder fünf Sternen bewertet wurden), was am Anfang recht unübersichtlich wirkt.

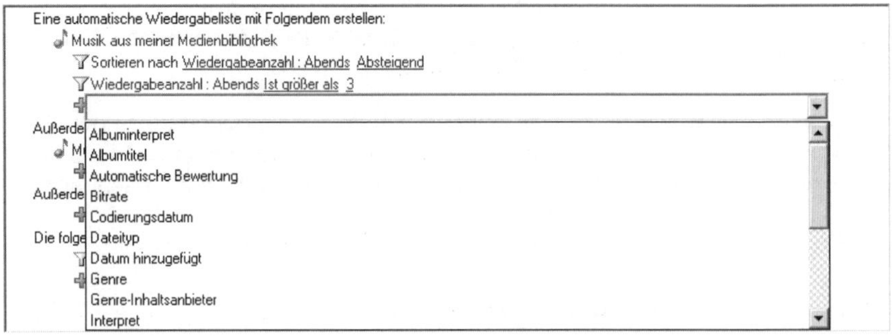

Abbildung 7.5: Wiedergabelisten werden sehr komfortabel in einem Dialogfeld zusammengestellt und bearbeitet.

Abspielen von Mediendateien in einem Ordner

Bei früheren Windows-Versionen erschien (falls sich der Ordner in der Webansicht befand) unmittelbar nach der Auswahl einer Mediendatei eine kleine Abspielleiste zum Abspielen der Datei. Bei Windows XP gibt es diese Leiste nicht mehr. Stattdessen gibt es die *Medien*-Explorer-Leiste, die sich optisch sehr viel attraktiver darstellt und die zusätzliche Möglichkeiten bietet. Sie wird über den Menübefehl ANSICHT/EXPLORER-LEISTE/MEDIEN ein- und ausgeblendet.

:-) TIPP

Über den kleinen (und sehr unscheinbaren) Button PLAYER ABDOCKEN *lässt sich aus der Abspielleiste ein eigenes Fenster machen.*

7.2.3 Verbessern der Klangqualität

Der Windows Media Player bietet, ein wenig versteckt allerdings, Möglichkeiten, die Klangqualitäten zu verbessern:

- Über *TruBass* und *SRS WOW*-Effekt. Während *TruBass* die Bässe stärker hervorhebt, sorgt der für den Windows Media Player lizenzierte *SRS WOW*-Effekt dafür, dass eine Art Surround-Effekt auch mit einem normalen Boxenpaar hörbar wird.
- Über einen grafischen Equalizer, der nicht nur eine optische Spielerei ist, sondern mit dessen Hilfe sich die Aussteuerung der verschiedenen Frequenzbereiche an das zu spielende Stück anpassen lässt.

Beide Effekte werden während der Wiedergabe eines Musikstücks über den Menübefehl ANSICHT/ERWEITERUNGEN eingeschaltet.

7.2.4 Überspielen von Audio-CDs auf die Festplatte

Nach dem Einlegen einer Audio-CD startet der Windows Media Player normalerweise automatisch (unter Umständen erscheint zunächst eine Dialogbox, aus der Sie auswählen können, welches Programm sich um die Audio-CD kümmern soll). In der Regel ist die Option *Audio-CD wiedergeben* die beste Wahl, da auf diese Weise der Windows Media Player gestartet wird, wo die Kategorie *Von CD kopieren* zur Verfügung steht.

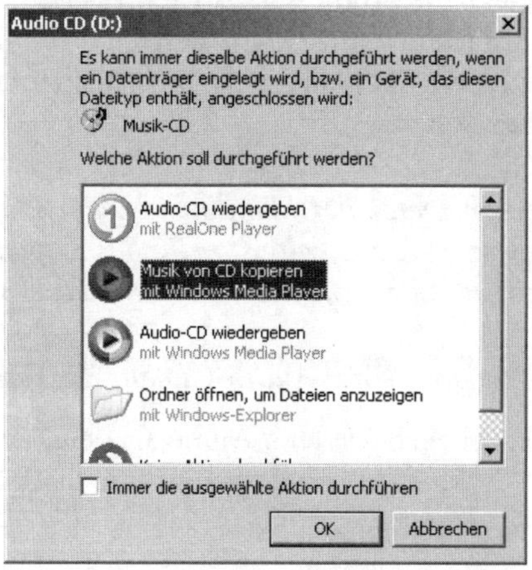

Abbildung 7.6: Wurde kein Programm zum Abspielen vereinbart oder der Inhalt der Medien-CD nicht eindeutig erkannt, erscheint eine Auswahl.

Abrufen von Titelinformationen

Im Internet-Zeitalter möchte man zu jedem Titel (auch wenn er nicht unbedingt von der Original-CD stammt) den Albumtitel, das Jahr, den Namen und das Alter des Bassgitarristen und andere essenzielle Angaben sehen. Das ist beim Windows Media Player 9.0 sehr einfach machbar. Klicken Sie dazu den Titel mit der rechten Maustaste an, und wählen Sie *Albuminformationen abrufen* oder *Albuminformationen suchen*. Unter Umständen müssen Sie auf einer kleinen Webseite noch weitere Angaben machen – die Wahrscheinlichkeit, dass zu einem beliebigen Titel auch das passende Album gefunden wird, ist jedoch relativ groß.

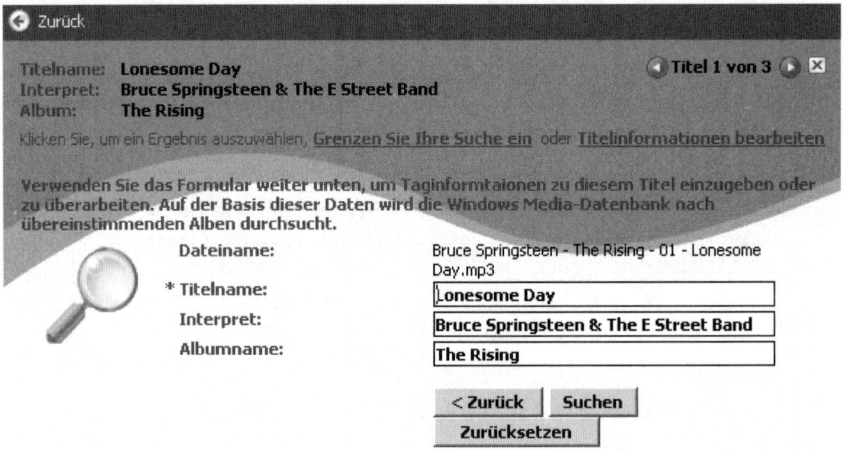

Abbildung 7.7: Zu jedem Titel lassen sich nachträglich die Albuminformationen abrufen.

7.2.5 Audio-CD auf die Festplatte kopieren

Liegt die Audio-CD im Laufwerk und wurde der Windows Media Player gestartet, kann sie im Bereich *Von CD kopieren* auf die Festplatte kopiert werden. Wählen Sie dazu gegebenenfalls jene Titel ab, die nicht kopiert werden sollen.

:-) TIPP

Auch wenn der Windows Media Player beim Kopieren von Audio-Tracks diese auch abspielt, ist es für das Kopieren nicht notwendig. Das Kopieren geht sogar etwas schneller, wenn die Tracks nicht gleichzeitig auch gespielt werden.

STEP

Kopieren einer Audio-CD auf die Festplatte

1. Legen Sie eine Audio-CD ein, starten Sie gegebenenfalls den Windows Media Player, und wählen Sie *Von CD kopieren*.

2. Überprüfen Sie die bereits angekreuzte Auswahl. Sollen nicht alle Titel kopiert werden, entfernen Sie bei den entsprechenden Titeln das Kreuzchen. Je nachdem, ob eine Verbindung zum Internet besteht, hat der Windows Media Player bereits die Namen der Titel heruntergeladen. Sollte dies nicht der Fall sein, können Sie den Namen jedes einzelnen Titels auch manuell ändern, indem Sie den Titel mit der rechten Maustaste anklicken und *Bearbeiten* wählen oder die [F2]-Taste drücken.

:-) TIPP

Über den Button Albuminformationen suchen erhalten Sie die Gelegenheit, erneut im Internet nach den Albuminformationen zu suchen.

3. Steht die Auswahl, klicken Sie auf *Musik kopieren*. Die einzelnen Titel werden nun der Reihe nach auf die Festplatte kopiert (standardmäßig im Windows Media Format – Erweiterung *.wma* abgelegt).

4. Jetzt kommt der rechtliche Teil, der sich beim Windows Media Player 9.0 nicht vermeiden lässt. Unabhängig von einem aktiven Musikkopierschutz müssen Sie das Kopieren der CD-Titel auf die Festplatte Ihres Rechners noch einmal in einer Dialogbox bestätigen. Durch den Kopierschutz, den es nur bei Audio-Tracks im Windows Media-Format (wma) gibt, kann eine Weitergabe auf andere Rechner verhindert werden, da sich die Dateien auf einem anderen Computer nicht mehr abspielen lassen (auch wenn Sie die CD regulär erworben haben), wenn nicht die Lizenzinformationen (etwa über den Microsoft-Server im Internet) auf den anderen Rechner übertragen werden konnten. Versuchen Sie, diese Datei auf einem anderen Computer abzuspielen, erscheint ein entsprechender Hinweis, und der Windows Media Player (auch die Vorgängerversionen) versucht, über den Microsoft-Server die Lizenzinformationen zu überspielen.

Im Register *Musik kopieren* der Optionen des Windows Media Players kann der Kopierschutz durch Abwählen der Option *Kopierschutz für Musik* dauerhaft deaktiviert werden. Die Festplattentitel können dadurch auch auf andere Computer kopiert werden. Für das Abspielen auf dem eigenen Computer hat diese Option keine direkte Bedeutung (siehe Abbildung 7.8).

Wird in den Optionen nichts anderes eingestellt, werden die Audiodateien im Verzeichnis *%Benutzerprofil%\Eigene Dateien\Eigene Musik* abgelegt. Besonders hervorzuheben ist dabei, dass in den einzelnen Ordnersymbolen für ein angelegtes Album das Albumcover in der Miniaturansicht angezeigt wird, was das Anlegen einer CD-Sammlung auf der Festplatte auch optisch sehr attraktiv macht. Bei dem Albumcover handelt es sich um die Datei *Folder.jpg*, die auch nachträglich eingefügt werden kann (siehe Abbildung 7.9).

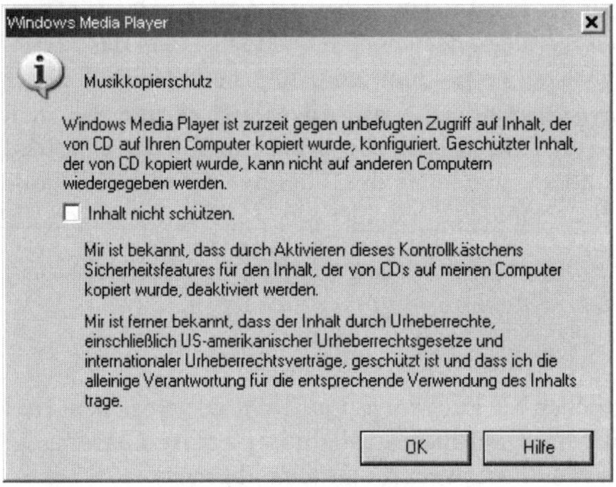

Abbildung 7.8: Diese Meldung erscheint beim Abspielen auf einem anderen Computer, wenn beim von Kopieren von CD die Option Kopierschutz aktiv war.

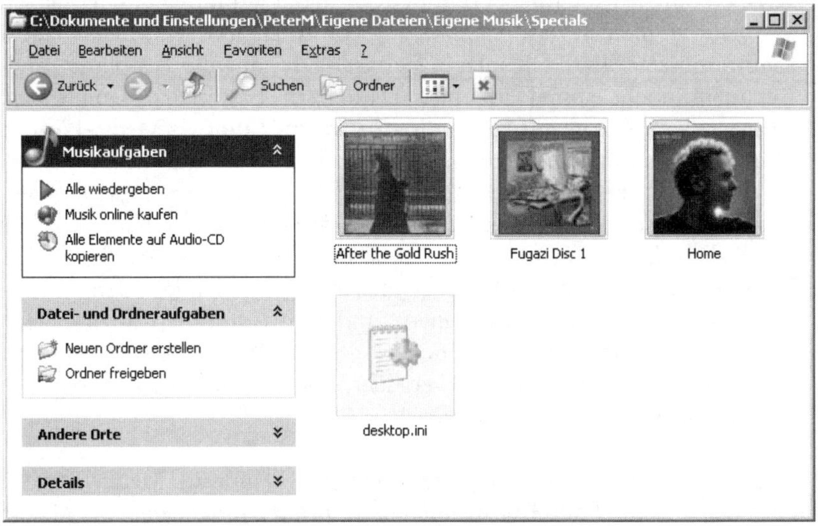

Abbildung 7.9: In der Miniaturansicht wird das Albumcover im Ordnersymbol angezeigt, was einen sehr guten Eindruck macht.

Einstellen der Aufnahmequalität

Im Register *Musik kopieren* der Optionen des Windows Media Players lässt sich die Aufnahmequalität über einen Schieberegler einstellen. Zur Auswahl stehen Samplingraten zwischen 48 Kbit/s (fast CD-Qualität) und 192 Kbit/s (bestmögliche Klangqualität). Die Wahl der Qualität wirkt sich natürlich unmittelbar auf den Platzbedarf aus, der bei ein und derselben Audio-CD zwischen 22 (64 Kbit/s) und 86 (192 Kbit/s) MByte liegen kann. 192 KBit/s ist im Allgemeinen die beste Wahl, 64 Kbit/s sollte aufgrund der hörbaren Qualitätseinbußen nicht mehr verwendet werden.

Die in der Auswahlliste *Format* angebotenen Formate hängen von den installierten Codecs ab – MP3 wird nur nach der Installation eines Plug-Ins angeboten.

Abbildung 7.10: Beim Überspielen einer Audio-CD gibt es verschiedene Einstellungen für die Klangqualität.

Versprechen Sie sich nicht zu viel von dem Link `Weitere Informationen zu MP3-Formaten` *– Sie gelangen damit auf eine Website, wo Sie die erforderlichen Plug-Ins kaufen können. Ohne an dieser Stelle »Werbung für Unbekannt« machen zu wollen, es lohnt sich, den relativ kleinen Betrag zu investieren, da sich die Einsatzmöglichkeiten des Windows Media Players damit deutlich erweitern.*

Audio-Tracks im MP3-Format kopieren

Ohne eine entsprechende Erweiterung (wie z.B. das *MP3 Creation Pack* von *Cyberlink*) speichert der Windows Media Player die von einer Audio-CD kopierten Tracks im wma-Format. In der Auswahlliste *Format* im Register *Musik kopieren* werden normalerweise nur wma-Formate angeboten. Wurde ein entsprechendes Plug-In installiert, kann an dieser Stelle auch MP3 ausgewählt werden. Ansonsten müssen die wma-Dateien zuerst in MP3 konvertiert werden, oder anstelle des Windows Media Players müsste ein anderes Programm zum »Rippen« der Audio-CD zum Einsatz kommen.

Wie bereits angedeutet (und unter Berücksichtigung des Umstands, dass es unter Umständen auch kostenlose Alternativen geben mag), sind die ca. 10 € für das MP3-Plug-In gut investiert, da MP3 (auch wenn es inzwischen in die Jahre gekommen ist und es technisch bessere Alternativen gibt, zu denen auch das wma-Format gehört) immer noch sehr weit verbreitet ist.

Auch wenn der Artikel mit der Nr. 306494 der Microsoft-Knowledgebase (`http://support.microsoft.com` *und dann nach der Artikelnummer suchen) beschreibt, wie man durch das Hinzufügen von ein paar Registry-Einträgen einen neuen MP3-Encoder (etwa den kostenlosen Lame-AMC, der ab Version 3.92 der Lame-DLL alternativ zur Verfügung steht – z.B. im Download-Bereich von* `www.chip.de`*) zur Auswahlliste hinzufügen kann, scheint dies in der Praxis leider nicht zu funktionieren. Die 10 _ werden sich daher wohl nicht vermeiden lassen, wenn man Musik von der Audio-CD alternativ im MP3-Format und nicht im Windows Media-Format encoden (also in MP3 umwandeln) möchte.*

Tag-Informationen nachträglich editieren

Audiodateien lassen sich mit umfangreichen Zusatzinformationen (Tags genannt) ausstatten, die einfach an die Datei gehängt werden. Für das Editieren dieser Informationen stellt Windows Media Player 9.0 für wma-Dateien (also nicht für MP3-Dateien) einen komfortablen erweiterten Tag-Editor bereit.

Der erweiterte Tag-Editor wird über den Befehl ERWEITERTER TAG-EDITOR im Kontextmenü einer Mediendatei aufgerufen.

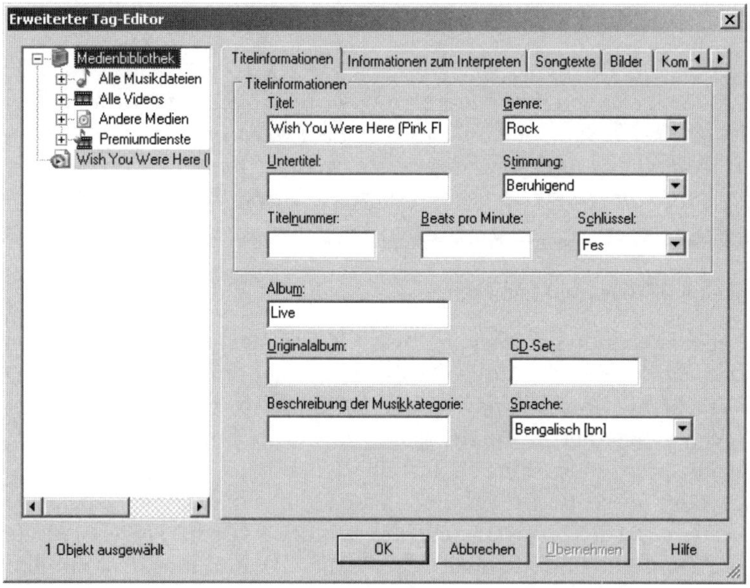

Abbildung 7.11: Windows Media Player 9.0 bietet auch einen komfortablen Tag-Editor.

Automatische Wiedergabelisten anlegen

Eine besonders clevere Einrichtung bietet der Windows Media Player 9.0 über seine *automatischen Wiedergabelisten*. Hierbei handelt es sich um Wiedergabelisten, deren Inhalt über einfache Regeln festgelegt wird, die vom Anwender angelegt werden. Die Regeln basieren dabei auf Kriterien, die ein Musikstück besitzt, wie z.B. das Genre, die Bewertung, die Länge, das Jahr, das Album, zu dem es gehört, usw., oder die sich im Laufe der Zeit ergeben wie die Abspielhäufigkeit. Von Anfang steht eine Reihe von automatischen Wiedergabelisten zur Verfügung. Wählen Sie in der Kategorie *Medienbibliothek* zuerst *Wiedergabelisten* und anschließend *Neue automatische Wiedergabeliste*, um eine neue automatische Wiedergabeliste anzulegen. Das startet ein Dialogfenster, in dem Sie die Regeln für die Wiedergabeliste festlegen.

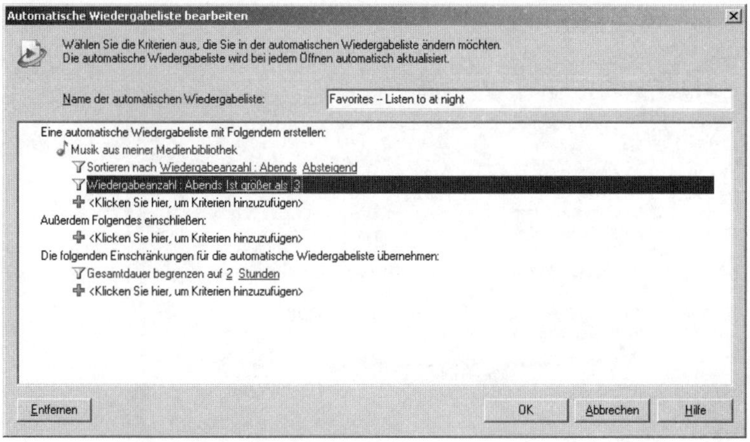

Abbildung 7.12: Automatische Wiedergabelisten werden über einfache Regeln zusammengestellt.

Anzeigen von Informationen über den Musiktitel

Unabhängig vom Windows Media Player können Sie sich zu jeder MP3- oder wma-Datei zusätzliche Informationen wie z.B. den Titel, die Aufnahmequalität, die Länge oder sogar den Songtext (sofern vorhanden) anzeigen lassen. Alle diese Informationen werden im Eigenschaftsdialog der Datei angezeigt. Sowohl bei MP3- als auch bei wma-Dateien hängt es allerdings davon ab, ob diese Informationen »irgendwann« einmal hinzugefügt wurden, etwa beim Abrufen der Informationen aus einer Titeldatenbank. Sie werden nicht automatisch von Windows ergänzt.

Die im Register *Dateiinfo* angezeigten Informationen wie Albumtitel, Genre und natürlich Songtext lassen sich auch editieren, da sie lediglich als Anhang der jeweiligen Datei gespeichert werden.

Festlegen des Dateinamens

Eine von einer Audio-CD auf die Festplatte kopierte Datei erhält keinen zufälligen Namen. Dieser wird vielmehr aus der Titelnummer und dem Songtitel gebildet. Zusätzlich lassen sich weitere Angaben, wie z.B. die Bitrate, hinzunehmen.

Einstellen, auf welche Weise der Dateiname für einen Audio-Track gebildet wird

STEP

1. Öffnen Sie die Optionen-Dialogbox über EXTRAS/OPTIONEN, und wählen Sie das Register *Musik kopieren.*
2. Klicken Sie auf ERWEITERT.
3. Wählen Sie die Bestandteile des Dateinamens aus (empfehlenswert ist, z.B. die Bitrate einzutragen).
4. Bestätigen Sie die Auswahl mit OK, und schließen Sie die Dialogbox wieder.

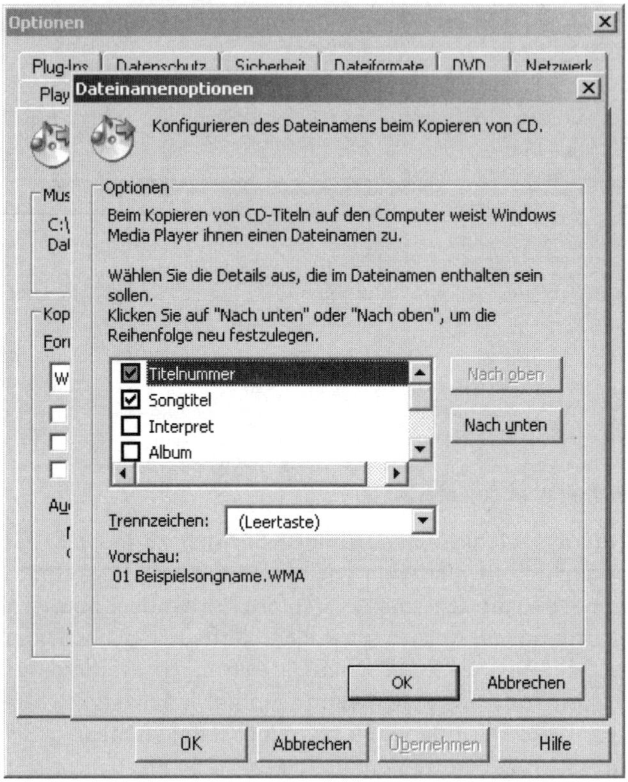

Abbildung 7.13: In dieser Dialogbox werden die Bestandteile eines Dateinamens für einen Audio-Track ausgewählt.

7.2.6 Überspielen von Audiodateien auf eine CD

Damit Audiodateien, die im MP3- oder wma-Format auf der Festplatte vorliegen, auf eine CD kopiert werden können, die in einer herkömmlichen Hi-Fi-Anlage (ohne MP3-Funktion) abgespielt werden kann, müssen die Dateien in Audio-Tracks (im Explorer werden sie als Dateien mit der Erweiterung *.cda* angezeigt) konvertiert werden. Dies geschieht beim Windows Media Player beim Kopieren auf die CD automatisch. Anders als bei populären Brennprogrammen, etwa Nero, verzichtet der Windows Media Player praktisch auf sämtliche Einstellmöglichkeiten, was das Dateiformat oder Parameter wie die Übertragungsrate (Brenngeschwindigkeit) betrifft. Für das Brennen von Audio-CDs, an die keine ausgefalleneren Ansprüche gestellt werden, ist dies vollkommen ausreichend.

STEP

Überspielen von Audio-Tracks auf eine CD

1. Stellen Sie als Erstes sicher, dass sich im Laufwerk des CD-Brenners eine beschreibbare CD befindet.
2. Stellen Sie eine Wiedergabeliste zusammen, die alle Titel enthält, die auf die CD kopiert werden sollen. Diese Wiedergabeliste kann auf ver-

schiedene Weisen zusammengestellt werden. Eine Möglichkeit ist es, eine neue Wiedergabeliste anzulegen und die einzelnen Titel aus der Medienbibliothek (z.B. mit Ziehen und Ablegen) in die Wiedergabeliste zu übertragen. Die zu kopierenden Titel müssen jedoch nicht Teil der Medienbibliothek sein. Sie werden feststellen, dass jede wma- und MP3-Datei in ihrem Kontextmenü den Eintrag AUF CD ODER GERÄT KOPIEREN enthält. Wählen Sie diesen Eintrag, wird die Audiodatei zur Wiedergabeliste hinzugefügt.

3. Wiederholen Sie das Hinzufügen von Audiodateien, bis die Wiedergabeliste komplett ist – sollte der zur Verfügung stehende Platz von ca. 74 Minuten (für eine herkömmliche CR-R, bei den modernen Varianten sind es ca. 80 Minuten) überschritten werden, erfolgt ein entsprechender Hinweis.

4. Klicken Sie auf MUSIK KOPIEREN. Die einzelnen Titel werden nun der Reihe nach konvertiert (und dabei auf der Festplatte zwischengespeichert) und anschließend auf die CD gebrannt. Das kann eine Weile dauern. Sie können den Fortschritt anhand der *Status*-Spalte verfolgen. Hier wird angezeigt, wie viele Prozent eines Audio-Tracks bereits auf die CD kopiert wurden.

Am Ende erhalten Sie eine neue Audio-CD, auf der alle Audio-Tracks der Wiedergabeliste enthalten sind. Diese CD können Sie jetzt in jedem CD-Spieler abspielen.

7.2.7 Abspielen von Spielfilm-DVDs

Nach dem Einlegen der Video-DVD (in das DVD-Laufwerk) startet entweder automatisch der Windows Media Player, oder Sie wählen aus einer Dialogbox jenes Programm aus, das die DVD abspielen soll. Wie bei einer Audio-CD wird das Abspielen der DVD über die Funktionsschaltflächen des Players gesteuert. Ohne einen passenden MPEG-Decoder kann auch der Windows Media Player 9.0 keine Spielfilm-DVDs abspielen. Wurde ein solcher Decoder installiert, klappt alles in der Regel vollkommen problemlos. Einen passenden MPEG-Decoder erhalten Sie zum einen im Zusammenhang mit einer der populären DVD-Player-Software wie WinDVD oder PowerDVD. Speziell für Windows XP bieten verschiedene Hersteller in Zusammenarbeit mit Microsoft ein Paket an, das diese Funktionalität enthält. Falls Sie lieber eine sparsamere (sprich kostenlose) Lösung bevorzugen, können Sie sich auch auf die Suche im Web begeben. Die Alternative scheint es aber nicht zu geben, da das Entwickeln eines MPEG-Decoders eine aufwändige (und zudem lizenzrechtlich heikle) Angelegenheit ist und eine große Nachfrage naturgemäß eher den kommerziellen Gedanken fördert. Hier empfiehlt es sich, zunächst bei einer der großen Ratgeberseiten (z.B. `www.chip.de`, `www.nickles.de`, `www.tomshardware.de` usw.) vorbeizuschauen, weil dort in der Regel wertvolle Tipps zu finden sind. Ein weiterer empfehlenswerter Ausgangspunkt ist `http://www.doom9.org/`. Die einfachste und sicherste Variante ist es, eines der kommerziellen DVD-Player-Programme zu erwerben, die oft auch einem DVD-Laufwerk beiliegen.

Abbildung 7.14: Der Windows Media Player spielt eine DVD ab.

:-) TIPP

Wie bei den Musiktiteln gibt es auch für DVDs über den Menübefehl ANSICHT/DVD FEATURES/DVD-INFORMATIONEN AKTUALISIEREN *die Möglichkeit, Informationen zu einer DVD (wie ein Bild der Hülle) über das Internet abzurufen.*

:-) TIPP

Das Abspeichern einzelner Bilder während einer DVD-Wiedergabe ist beim Windows Media Player 9.0 offenbar nicht möglich. Dieses nette Feature bietet z.B. der DVD-Player WinDVD.

Ändern des Ländercodes

Anders als bei den meisten Audio-CDs gibt es bei kommerziellen DVDs in der Regel einen eingebauten Abspielschutz. Es handelt sich um den Ländercode, der sicherstellen soll, dass eine z.B. für den US-Markt hergestellte DVD nicht in Europa abgespielt werden kann (in den USA erscheinen häufig Kinofilme auf DVD, die in Deutschland noch nicht einmal im Kino angelaufen sind). Es sei an dieser Stelle lediglich erwähnt, dass der Ländercode kein echtes Hindernis darstellt – für weitere Informationen sei auf das Internet verwiesen.

Tabelle 7.2: DVD-Ländercodes

Code	Region
1	USA und Kanada
2	Europa und Japan
3	Südostasien
4	Lateinamerika und Australien
5	Russland, Afrika und das restliche Asien
6	China
7	Nicht spezifiziert
8	Besondere Vorführungen, z.B. an Bord von Flugzeugen

Der Ländercode bewirkt, dass eine für Region 1 herausgegebene DVD nicht auf einem Laufwerk mit einem Code für die Region 2 abgespielt werden kann. Damit kann eine in den USA (bzw. über das Internet) gekaufte DVD nur auf Laufwerken mit Regionscode 1 abgespielt werden.

Wie so oft existiert eine gewisse Diskrepanz zwischen Anspruch und Wirklichkeit. So gibt es offiziell zwei Sorten von DVD-Laufwerken für Computer, was den Umgang mit dem Regionscode betrifft. Da wären zum einen die (älteren) Laufwerke, bei denen der Regionscode keine Rolle spielt. Hier könnte theoretisch jede DVD abgespielt werden. Allerdings übernimmt Windows die Verwaltung des Regionscodes, so dass dieser (legal) nur begrenzt oft geändert werden kann. Diese Laufwerke werden als *RPC Phase 1*-Laufwerke bezeichnet. Es sind hauptsächlich Laufwerke, die vor dem 1.1.2000 hergestellt wurden. Alle neueren Laufwerke sollten in die Kategorie *RPC Phase 2* fallen. Hier wird der Regionscode über die Software (auch Firmware) des DVD-Laufwerks verwaltet. Der Regionscode kann offiziell bis zu fünf Mal geändert werden. Danach nicht mehr (möchte man den Code ein weiteres Mal ändern, müsste das Laufwerk an den Hersteller zurückgeschickt werden, was aber auch nur bis zu fünf Mal möglich sein soll, oder auf eine andere Weise zurückgesetzt werden, die normalerweise dem reinen Anwender nicht zur Verfügung steht).

Der Regionscode eines DVD-Laufwerks wird bei Windows XP in den Eigenschaften des Laufwerks im Geräte-Manager geändert. Diese Änderung wird immer dann notwendig, wenn Sie eine DVD abspielen möchten, die einen anderen Regionscode besitzt als jener, der für das DVD-Laufwerk (vor-)eingestellt wurde.

STEP

Ändern des Regionscodes eines DVD-Laufwerks

1. Öffnen Sie den Geräte-Manager, indem Sie zuerst über das Startmenü den Arbeitsplatz öffnen, auf SYSTEMINFORMATIONEN ANZEIGEN klicken, den Geräte-Manager öffnen, das DVD-Laufwerk im Gerätebaum mit der rechten Maustaste auswählen und auf EIGENSCHAFTEN klicken.
2. Wechseln Sie auf das Register *DVD-Region*. Hier werden sowohl der aktuelle Ländercode (in der Regel 1) als auch die Anzahl der noch verbleibenden möglichen Änderungen angezeigt. Außerdem können Sie aus einer Auswahlliste das Land auswählen, auf das der Regionscode umgestellt werden soll.
3. Überlegen Sie sich es gut, ob Sie den Regionscode wirklich ändern wollen, denn es ist nur begrenzt oft möglich. Wenn Sie sich sicher sind, bestätigen Sie das ausgewählte Land mit OK. Der Regionscode des DVD-Laufwerks wird dadurch geändert.

Tipps rund um das Thema DVD

Das Internet ist »randvoll« mit Tipps rund um das Thema DVD (starten Sie einfach eine Suchmaschine wie `www.google.de`, und geben Sie die entsprechenden Suchbegriffe ein, oder besuchen Sie die beliebten Hardware-Ratgeber wie `www.nickles.de` oder `www.tomshardware.de` oder spezielle DVD-Seiten wie `www.doom9.org`. Sie enthalten neben allgemeinen Tipps und hochinteressanten Hintergrundinformationen, etwa zu dem auf dem MPEG-4-Format basierenden *DivX-Codec*, der festlegt, auf welche Weise DVD-Dateien decodiert werden, auch nützliche Tools, mit denen sich z.B. der Laufwerkstyp feststellen oder die vob-Dateien auf einer DVD in MPEG 4-Dateien umwandeln lassen, auch ohne einen Decoder installieren zu müssen. Natürlich gibt es auch zahlreiche Tools, die sich in der Grauzone zwischen Legalität und Illegalität bewegen. Mit diesen Tools lassen sich Regionscodes umgehen und DVDs (sogar unter Umgehung des Kopierschutzes) auf die Festplatte kopieren, so dass sie sich einfach weitergeben lassen (auf eine moderne 100-GByte-Festplatte sollten sich rein theoretisch über 100 Spielfilm-DVDs im MPEG-4-Format kopieren lassen). Hier muss jeder selber entscheiden, ob er den Einsatz solcher Tools vertreten kann. Prominente Beispiele für DVD-Tools sind *DVDGenie*, mit dessen Hilfe sich die Regionscode-Sperre bei einigen DVD-Laufwerken aufheben lässt, *VobDec*, das verschlüsselte VOB-Dateien von der DVD auf die Festplatte kopiert, und *Flask Mpeg*, das MPEG-2- in MPEG-4-Format umwandelt. Bei aller Euphorie über die neuen Möglichkeiten darf nicht vergessen werden, dass die Konvertierung einer DVD in MPEG-4 sehr viel Rechenleistung erfordert (ein 1-GHz-Prozessor erscheint das Minimum) und den Rechner schon einmal einen ganzen Tag beschäftigen kann. Dennoch ist es ein hochinteressantes Gebiet.

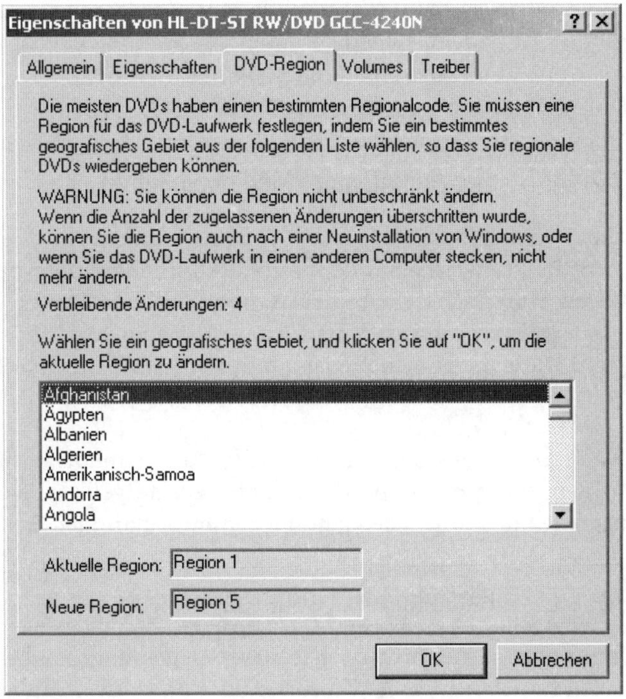

Abbildung 7.15: In diesem Register im Eigenschaftsdialog eines DVD-Laufwerks wird der Regionscode geändert.

7.2.8 Umgang mit Wiedergabelisten

Bei den Wiedergabelisten des Windows Media Players hat sich einiges getan. Wie bei einem populären Musikwiedergabegerät einer bekannten Konkurrenzfirma mit »einer biblischen Frucht« als Logo und anderen Playern sind die Wiedergabelisten bei der Version 9.0 »intelligent« geworden und entstehen praktisch von alleine aus Kriterien, die in der Medienbibliothek enthaltene Stücke gemeinsam haben. Von Anfang an ist eine Reihe von automatischen Wiedergabelisten vorhanden, darunter auch eine mit dem vielversprechenden Namen » Favorites – Listen to at Night«. Was man nachts hören sollte, ist natürlich individuell verschieden, für die einen muss es Mozarts Nachtmusik sein, die anderen können nur bei Metallica einschlafen. Wie kann eine solche Liste daher Ihren Geschmack treffen? Ganz einfach, indem sich der Windows Media Player merkt, zu welchen Tageszeiten ein Musikstück abgespielt wird. Stücke, die Sie häufiger abends hören, landen daher automatisch in dieser Liste. Wählen Sie sie aus, oder kopieren Sie sie auf CD, und Sie besitzen eine individuelle Sammlung von Liedern, die Ihnen garantiert den Abend verschönern. Wie oft ein Stück gespielt werden muss, damit es auf die Liste gerät, und welche anderen Kriterien eine Rolle spielen sollen, stellen Sie nach Belieben ein, indem Sie die automatische Wiedergabeliste mit der rechten Maustaste anklicken und BEARBEITEN wählen.

Auch wenn es für die automatischen Wiedergabelisten natürlich Grenzen gibt (es ist zum Beispiel nicht möglich, Musikstücke zusammenzustellen, die man nur unter Wasser hören sollte), stehen auf diese Weise einige interessante Möglichkeiten zur Verfügung.

7.2.9 Der Aufbau einer Medienbibliothek

Unter dem Namen *Medienbibliothek* werden alle Mediendateien zusammengefasst, die sich auf der Festplatte Ihres Computers tummeln. Nach dem ersten Start bietet Ihnen der Windows Media Player an, alle Dateien zur Medienbibliothek zusammenzustellen, die als Mediendateien in Frage kommen. Diese Suche kann jederzeit über den Menübefehl EXTRAS/MEDIENDATEIEN SUCHEN (oder einfacher über die [F3]-Taste) wiederholt werden.

Nach abgeschlossener Suche werden die gefundenen Mediendateien nach Album, Interpreten und Genre unterteilt aufgelistet, wobei die Einordnung nach den in den Dateien gefundenen Informationen erfolgt.

7.2.10 Radio hören über das Internet

Was vor einigen Jahren noch futuristisch geklungen haben mag, gehört inzwischen zum Alltag vieler Websurfer. Es gibt weltweit Hunderte von Radiostationen, die ihr Programm (einige sogar exklusiv[2]) über das Internet übertragen. Das bedeutet, dass Sie die Webseite der Radiostation auswählen, auf die entsprechende Verknüpfung klicken, gegebenenfalls angeben, ob Sie den Windows Media Player oder den RealPlayer von Real Audio bevorzugen, und kurz danach das Programm der Radiostation empfangen. Dabei spielt es natürlich keine Rolle, ob es sich um eine Radiostation aus Riemerling (ein Vorort von Ottobrunn) oder aus Rio de Janeiro (Stadt in Brasilien) handelt. Die Qualität ist davon unabhängig. Da das Radioprogramm in der Regel über die Website der Radiostation gestartet wird, sind keine besonderen Vorbereitungen notwendig. Dennoch bietet der Internet Explorer eine Radioleiste, durch die sich die Auswahl einer Radiostation etwas vereinfacht.

Um Radio über das Internet zu hören, gibt es zwei Möglichkeiten. Entweder Sie rufen die Webseite der Radiostation direkt auf (die Adressen ergeben sich meistens, aber nicht immer, direkt aus dem Namen der Radiostation, etwa `www.hr3.de` für den beliebten hessischen Sender HR3), oder Sie wählen im Windows Media Player die Kategorie *Radioempfänger* und wählen eine Station über die Medienseite aus, wobei auch eine einfache Suchfunktion zur Verfügung steht. Das eigentliche Hören der Station entspricht dem Abspielen einer Mediendatei über das Internet und wird daher auch auf die gleiche Weise über die Abspielleiste gesteuert.

---

2 Wobei hier leider auch das große »Dotcom-Sterben« zu einer deutlich übersichtlicheren Programmvielfalt geführt hat.

Abbildung 7.16: Der Windows Media Player bietet eine große Auswahl an Radiostationen an.

Radioprogramme aus dem Internet aufnehmen

Lassen sich Radioprogramme, die über das Web ausgestrahlt werden, auch aufnehmen? Das wäre doch sehr nett, weil sich dann z.B. die teilweise sehr hörenswerten Programme konservieren oder auf eine CD kopieren ließen, um sie etwa im Auto hören zu können – es muss nicht nur um Radio gehen, auch Schulungen und Vorträge werden in zunehmendem Maße über das Internet ausgestrahlt, so dass es wichtig sein könnte, diese dauerhaft zu speichern. Nun, die Antwort lautet im Prinzip Ja, denn was digital auf Ihrem Computer eintrifft, lässt sich auch digital weiterverarbeiten und damit auch speichern. Leider geht dies sowohl beim Windows Media Player als auch beim Real Audio Player nicht ohne zusätzliche Software. Zum einen liegt es in der Natur des Streaming-Formats, dass bei einer Übertragung keine komplette Datei heruntergeladen wird, sondern einzelne Datenpakete eines nach dem anderen empfangen werden, die vom Windows Media Player unmittelbar nach ihrem Eintreffen ausgewertet, aber nicht erneut zu einer Datei zusammengesetzt werden. Zum anderen gibt es wie so oft auch rechtliche Gründe, denn die Hersteller möchten damit Ärger mit den Anbietern vermeiden, der vorprogrammiert wäre, wenn sich jede Musikübertragung einfach per Mausklick mitschneiden ließe.

Zum Glück gibt es findige Programmierer, welche die von den Großen der Branche (nicht ganz freiwillig) gelassene Lücke füllen, ohne dabei aber in den Verdacht zu geraten, die Raubkopiererszene zu bedienen, denn für den privaten Gebrauch ist das Aufnehmen von Radioprogrammen nach wie vor erlaubt. Eine von mehreren Alternativen ist das Programm *Total Recorder* von *HighCriteria* (Info: `www.highcriteria.com` – und Buch-CD). Dieses Programm klinkt sich in den Übertragungsweg zwischen Windows und dem Soundkartentreiber, so dass es alles, was über die Soundkarte dem Lautsprecher zugeführt wird, aufnimmt. Damit ist zum Beispiel das Mitschneiden von Internet-Radio problemlos möglich. Auch wenn das Programm nicht kostenlos ist (die kostenlose Probierversion erlaubt das Aufnehmen von jeweils 30 s Länge), sind die ca. 12 US-$ für die Standard-Edition für Radiofreunde gut investiert. Auch wenn das Programm anfänglich nur Dateien im wav-Format speichern kann (was aufgrund des hohen Platzbedarfs kaum praktikabel ist), lässt sich mit wenig Aufwand die kostenlos erhältliche Lame MP3-DLL einbinden (dazu muss die Datei *Lame-enc.dll* lediglich in das Verzeichnis kopiert werden, in dem sich auch der Total Recorder befindet). Anschließend können die Audiodaten auch im platzsparenden MP3-Format gespeichert werden.

:-) TIPP

Den für das Aufnehmen im MP3-Format erforderlichen Encoder gibt es unter `http://lame.sourceforge.net/` *zum Download.*

Abbildung 7.17: Der Total Recorder erlaubt das Mitschneiden von Internet-Radio.

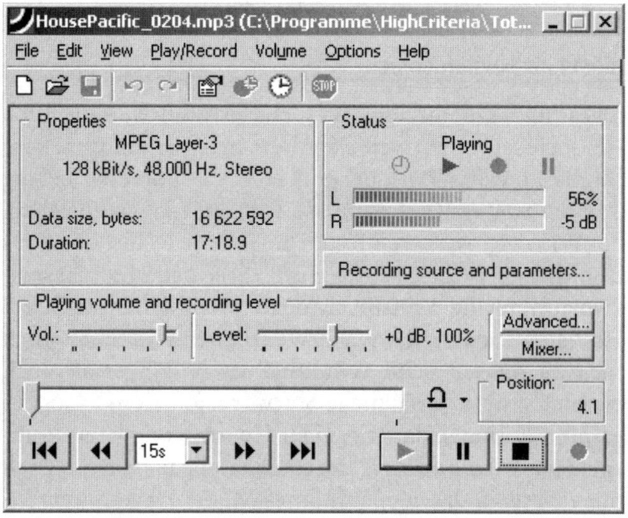

- Eine andere und sehr attraktiv wirkende Alternative ist die kleine Anwendung *Phonostar*, die von ihren Autoren nicht nur kostenlos zur Verfügung gestellt wird, sondern auf der Webseite auch noch verspricht, dass das Aufnehmen von Internet-Radio noch einfacher ist als früher das Aufnehmen per Kassettenrekorder. Infos und Download: `http://www.phonostar.de/services/download/playerdownload.php`. Für das Aufnehmen im MP3-Format muss lediglich die Lame-DLL *Lame_enc.dll* in das Programmverzeichnis von Phonostar kopiert werden.

:-) TIPP

Damit der Phonostar auch wirklich etwas aufnimmt, muss über die Optionen die passende Quelle eingestellt werden – für den Radiomitschnitt über das Internet kommt z.B. »Waveausg.-Mix« in Frage.

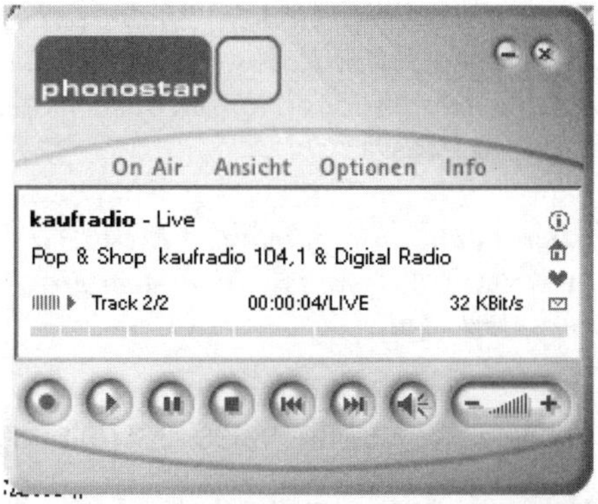

Abbildung 7.18: Mit dem kostenlosen Phonostar wird das Aufnehmen von Internet-Radio so einfach wie der Radiomitschnitt mit einem Kassettenrekorder.

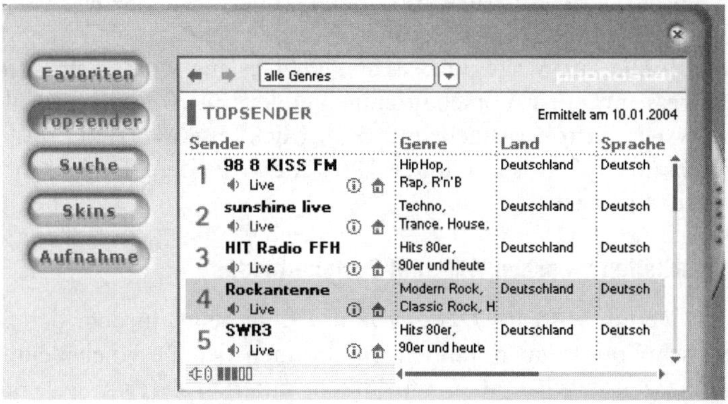

Abbildung 7.19: Über eine Senderliste stehen bei Phonostar attraktive Radiostationen in Deutschland und der ganzen Welt zur Auswahl.

:-) TIPP

Nach wie vor ein kleiner »Geheimtipp« ist das Freeware-Programm Asf-Recorder, mit dem sich die Microsoft-Streaming-Formate asf und wmf direkt über ihre URL abspeichern lassen. Leider hat der (anonyme) Programmierer schon vor langer Zeit das Projekt eingestellt, so dass das (inzwischen etwas betagte) Programm nur noch auf wenigen Webseiten zu finden ist. Phonostar oder Total Recorder dürften damit die attraktiveren Alternativen sein.

7.2.11 Einstellen von Visualisierungen

Eines der wahren Glanzstücke beim Windows Media Player sind die *Visualisierungen*, die während des Abspielens einer Audiodatei eingeblendet werden. Es sind kunstvolle Gebilde, die sich entsprechend den Frequenzen der Audioclips ändern und daher ständig in Bewegung sind. Um eine andere Visualisierung einzustellen, klicken Sie die Abspielfläche mit der rechten Maustaste an, und wählen Sie zunächst ein Thema und anschließend eine Visualisierung aus. Es lohnt sich, alle Visualisierungen der Reihe nach auszuprobieren. Besonders eindrucksvoll sind die Visualisierungen der Kategorie »Ambience« oder »Alchemie« (probieren Sie sie unbedingt auch im Vollbildmodus aus).

:-) TIPP

Über die beiden kleinen Pfeiltasten können Sie die Visualisierungen der aktuell gewählten Kategorie schnell durchprobieren. Über den kleinen Stern wird entweder das Albumcover (sofern vorhanden) angezeigt oder eine Kategorie ausgewählt.

INFO

Über den Menübefehl ANSICHT/VISUALISIERUNGEN/VISUALISIERUNGEN DOWNLOADEN *lassen sich weitere Visualisierungen aus dem Internet herunterladen.*

7.2.12 Auswahl eines Erscheinungsbildes

Neben beeindruckenden Visualisierungen bietet der Windows Media Player auch eine größere Auswahl witziger und ausgefallener Erscheinungsbilder (manchmal auch Skins genannt). Wählen Sie dazu die Kategorie *Designauswahl*. Die zur Verfügung stehenden Designs werden im Innenbereich des Players mit einer Vorschau eingeblendet. Ein Design wird über den ÜBERNEHMEN-Button ausgewählt. Ein Klick auf WEITERE ruft dagegen eine Webseite auf, auf der unter Umständen weitere Designs heruntergeladen werden können.

Umschalten zwischen Voll- und Designermodus

Ein Design wird im *Designermodus* angezeigt, in dem der gesamte Player verschwindet und nur noch im Rahmen der Designelemente zu sehen ist. Gleichzeitig wird aber im linken unteren Bereich des Bildschirms ein *Anchorfenster* eingeblendet, über das sich der Player unter anderem wieder in den normalen *Vollmodus* zurückschalten lässt. Das Umschalten zwischen Voll- und Designermodus geschieht am schnellsten über die Tastatur. Über [Strg]+[2] wird auf den Designmodus umgeschaltet, über [Strg]+[1] kommt man zum Normalmodus zurück. Als dritte Variante gibt es den *Vollbildmodus* (er wird über [Alt]+[Eingabe] aktiviert), bei dem die aktuelle Visualisierung den gesamten Bildschirm ausfüllt (dieser Modus ist aber nicht bei allen Visualisierungen möglich).

7.2.13 Einstellen von Optionen

Der Windows Media Player erlaubt das Einstellen zahlreicher Optionen, die aber nur relativ selten eine Rolle spielen. Die Optionen werden (wie üblich) über den Menübefehl EXTRAS/OPTIONEN eingestellt.

7.2.14 Optionen, die Sie prüfen sollten

Auch wenn keine der Optionen unbedingt geändert muss, gibt es eine Reihe von Optionen, die Sie zu mindestens kritisch prüfen sollten:

Automatisches Prüfen auf Updates (Register Player)

Ganz abschalten lässt es sich (offenbar) nicht, dass der Windows Media Player selbstständig prüft, ob Updates vorhanden sind. Die Einstellung *Einmal pro Monat* sollte genügen (besser wäre eine »Einmal alle paar Jahre«-Einstellung). Die Option *Codecs automatisch downloaden* sollte aktiviert bleiben, da der Windows Media Player am besten »weiß«, wo ein für das Abspielen einer unbekannten Mediendatei benötigter Codec zu finden ist, und diesen vor allem selbstständig aktualisiert (dafür gibt es ansonsten keinen Menübefehl).

Eindeutige Player-ID an Inhaltsanbieter senden (Register Datenschutz)

Diese Option ermöglicht es anderen Websites zu erkennen, welche Version des Windows Media Players auf Ihrem Computer installiert ist. Wer nicht will, dass solche Details abfragbar sind, sollte die Option nicht aktivieren.

Lizenzen für geschützte Inhalte automatisch erwerben (Register Datenschutz)

Diese etwas mysteriös klingende Option sollten Sie deaktivieren, damit keine Missverständniss entstehen können.

Player auf Medienseite starten (Register Player)

Diese Option bewirkt, dass der Windows Media Player nach dem Start automatisch die Microsoft-Medienseite aufruft, was a) eine Internetverbindung voraussetzt und b) nicht erforderlich ist. Diese Option sollten Sie daher deaktivieren.

Bildschirmschoner während der Wiedergabe zulassen (Register Player)

Diese Option sollte im Allgemeinen deaktiviert bleiben.

Speicherort für Musikdateien (Register Musik kopieren)

Wird im Register *Musik kopieren* nichts anderes eingestellt, werden alle Audiodateien im Ordner *Eigene Musik* abgelegt.

Kopierschutz für Musik (Register Musik kopieren)

Wird diese Option gesetzt, lassen sich von einer Audio-CD kopierte Titel im wma-Format nicht auf andere Computer kopieren und auch nicht mehr nach einer Neuinstallation von Windows (oder unter einer anderen Windows-Version auf dem gleichen Computer) abspielen, ohne dass zuvor die Lizenzinformationen vom Microsoft-Server übertragen wurden. Dies bedeutet nicht, dass zum Abspielen Lizenzen von Microsoft oder einer Plattenfirma erworben werden müssen. Es bedeutet, dass die Person, die den Audio-Track von der CD auf die Festplatte überspielt, die Weitergabe einschränkt und Microsoft als neutraler Mittelsmann die Zwischenspeicherung der Lizenzinformation übernimmt.

Audioqualität (Register Musik kopieren)

Im Register *Musik kopieren* stellen Sie ein, in welcher Qualität Audio-Tracks von der CD auf die Festplatte kopiert werden. Empfehlenswert sind mindestens 160 Kbit/s.

Ordner überwachen (Register Medienbibliothek)

Im Register *Medienbibliothek* können Sie Ordner auswählen, die überwacht werden sollen, so dass, wenn in diese Ordner Musikdateien kopiert werden, diese automatisch zur Medienbibliothek hinzugefügt werden.

Grß e von Visualisierungen (Register Visualisierungen)

Im Register *Plug-Ins* können Sie für einzelne Visualisierungen die Abspielgröße sowohl im Vollbildmodus als auch im Player einstellen. Außerdem können Sie an dieser Stelle weitere Visualisierungen hinzufügen, die aus dem Internet heruntergeladen, aber nicht automatisch installiert wurden.

Windows Media Player auf bestimmte Dateiformate beschränken (Register Dateiformate)

Im Register *Dateiformate* können Sie einzelne Dateiformate abwählen, die nicht automatisch vom Windows Media Player wiedergegeben werden sollen. Soll sich zum Beispiel ein anderes Wiedergabeprogramm um das Abspielen von MP3s kümmern, muss das Dateiformat abgewählt werden.

Pufferung von Streaming-Dateien (Register Leistung)

Normalerweise sollte es keinen Grund geben, im Register *Leistung* die Standardpufferung zu deaktivieren und einen anderen Wert in Sekunden einzutragen, der gepuffert wird, bevor das Abspielen der Datei beginnt. Das Gleiche gilt für die Videobeschleunigung, die nur in Ausnahmefällen vom voreingestellten Maximalwert herabgesetzt werden muss.

Damit ist die kurze Übersicht zum Windows Media Player 9.0 beendet. Wie schon mehrfach erwähnt, ist es ein Zubehörprogramm, das man nicht von der theoretischen Seite betrachten sollte. Probieren Sie die zahlreichen Funktionen am besten alle aus. Sie werden feststellen, dass, auch wenn diese Version noch nicht perfekt ist (ohne mäkeln zu wollen, lässt auch bei der Version 9.0 die Bedienerführung noch ein wenig zu wünschen übrig), sie einen großen Schritt nach vorne getan hat. Insbesondere die neuen Wiedergabelisten machen richtig Spaß.

7.3 Der Windows Movie Maker 2.0

Der *Windows Movie Maker* ist ein kleines Zubehörprogramm, mit dem sich Videoclips im Windows Media-Format erstellen lassen. Die Quellen können bereits vorliegende Avi- oder MPEG-Videoclips sein, die bereits auf der Festplatte vorliegen. Die Quelle kann aber auch eine direkt angeschlossene Digital- oder Webkamera oder eine DigiCam sein, die über die FireWire-Schnittstelle angeschlossen wurde. Außerdem ist es möglich, Einzelbilder (etwa aus einer JPEG-Datei) einzufügen, was sich zum Beispiel für Zwischentitel und andere erläuternde Elemente (etwa Karten, welche die verschlungene Route der letzten Sahara-Durchquerung enthalten) gut eignet.

INFO

Der Windows Movie Maker gab sein Debüt bereits mit Windows ME und wurde bei Windows XP geringfügig überarbeitet. Inzwischen bietet Microsoft eine Version 2.0 zum kostenlosen Download an, die vor allem mit einer großen Auswahl an Überblendeffekten und einem Editor für Titel und Abspann sowie einer Aufgabenleiste ausgestattet wurde. In diesem Kapitel wird die Version 2.0 vorgestellt, die Sie sich unbedingt von der Microsoft-Download-Seite (mehr dazu am Ende des Kapitels) herunterladen sollten, da die von Anfang an vorhandene Version auch bei wohlwollender Betrachtung lediglich das Prädikat »Praktisch unbrauchbar« erhält.

Abbildung 7.20: Der Windows Movie Maker 2.0 nach dem Start

7.3.1 Was genau macht der Windows Movie Maker?

Der Windows Movie Maker ist ein (auch in der Version 2.0) kleines Zubehörprogramm, mit dem Sie mehrere Clips zu einem einzigen Clip zusammenfügen, Teile aus den zusammengefügten Clips wieder herausschneiden, zwischen einzelnen Clips Übergänge einbauen, Titel- und Abspanntexte einfügen, vielleicht noch eine Musikdatei oder einen Sprechtext hinzufügen und das Ganze als Platz sparende Streaming-Datei im Windows Media-Format abspeichern, so dass Sie den Clip zum Beispiel auf Ihrer Webseite zum Donwload (oder Abspielen) zur Verfügung stellen oder als E-Mail verschicken können, ohne dass gleich das gesamte Internet zusammenbricht. Auch wenn der Begriff »Movie Maker« für das kleine Programm beinahe so (un-)passend ist wie der Begriff »Dinner Maker« für einen simplen Handmixer, lässt sich mit dem Windows Movie Maker 2.0 bereits einiges anfangen, und er eignet sich hervorragend für die ersten Schritte im Video-Editing. Wer weiß, vielleicht entdecken Sie so ein neues Hobby oder erfinden (im Stile von Lars von Trier) gleich einen neuen Filmstil für das Kino (kommen Sie aber nicht auf die Idee, sich beim ZDF zu bewerben).

INFO

Sie müssen sich nicht gleich für eine neue DigiCam verschulden (das Buch war sicher schon teuer genug). Viele (auch preiswertere) Digitalkameras bieten die Möglichkeit, kleine Bildsequenzen als Alternative zum Einzelbild aufzuzeichnen. Diese kleinen Clips sind oft auf 30 s begrenzt (was das Ganze aber sehr reizvoll macht) und werden im Avi-Format in der Kamera abgespeichert. Möchten Sie diese »Kurzfilmchen« neu zusammenstellen, bietet sich natürlich der Windows Movie Maker an.

7.3.2 In welchem Format liegen Videoclips vor?

Genau wie ein einfaches Textdokument werden auch Videoclips in Dateien abgelegt, allerdings in einem anderen Format. Die besondere Herausforderung beim Abspeichern eines Videoclips ist nicht nur die perfekte Synchronisation zwischen den Bildern und dem dazugehörigen Ton, sondern auch die möglichst Platz sparende Speicherung, ohne dass ein Qualitätsverlust spürbar wird. Die wichtigsten beiden Dateiformate für Videoclips sind AVI und MPEG-2. AVI-Dateien erkennen Sie an der Erweiterung *.avi*, MPEG-2-Dateien können unterschiedliche Erweiterungen besitzen (in erster Linie *.mpeg*, *.mpg* oder *.mp2*). Während AVI ein von Microsoft (bereits zu Zeiten von Windows 3.1) entwickeltes Dateiformat ist, das von vielen Anwendungen unterstützt wird, ist MPEG-2 das Ergebnis eines Konsortiums und kein Produkt einer einzelnen Firma. Auch wenn sich AVI und MPEG-2 aufgrund ihrer unterschiedlichen Zielrichtung nicht direkt miteinander vergleichen lassen, sind die beiden wichtigsten Unterschiede:

- MPEG-2-Dateien sind sehr viel Platz sparender.
- MPEG-2 kann als sog. Streaming-Media eingesetzt werden.

Da AVI diverse »Nachteile« bietet, hat Microsoft vor einigen Jahren einen Nachfolger ausgearbeitet, der in direkte Konkurrenz zu MPEG-2 tritt. Es ist das Windows Media-Format, das mit MPEG-2 vergleichbar ist. Dateien in diesem Format besitzen, je nach Typ und Inhalt, die Erweiterungen *.asf* (Streaming), *.wma* (Audio) oder *.wmv* (Video).

INFO

Der Windows Movie Maker unterstützt zwar für das Importieren (Strg+I) neben AVI und den Windows Media-Formaten auch MPEG-2, das Speichern eines Videoclips ist dagegen nur im Windows Media-Format möglich.

7.3.3 Windows Movie Maker 2.0 stellt sich vor

Der Windows Movie Maker ist ein einfaches, leicht zu bedienendes »Programmchen«, das für semiprofessionelle Ansprüche vermutlich nicht in Frage kommt. Zu seinen Möglichkeiten gehören:

- Videoclips können aus einer Datei importiert oder direkt von einer digitalen Videokamera übernommen werden.
- Verschiedene Videoclips können neu zusammengestellt und die Anordnung auf einem Storyboard oder einer Zeitachse Bild für Bild bearbeitet werden.
- Zwischen zwei Videoclips lässt sich ein Überblendeffekt einfügen, wobei die Version 2.0 des Movie Makers eine nette Auswahl an vorbereiteten Effekt zur Verfügung stellt (dazu muss allerdings die Zeitachse angezeigt werden).
- Ein Videoclip kann mit einer Sounddatei unterlegt werden, die parallel zum Videoclip abgespielt wird (es gibt allerdings keine Synchronisationsmöglichkeiten).
- Zum Abspielen eines Videoclips kann eine Sprecherstimme aufgenommen werden.
- Ein Clip wird am Ende als Streaming-Datei im wmf-Format gespeichert. Dieses Format eignet sich besonders gut für die Wiedergabe über das Internet (was in einem bekannterweise als sehr krisenfest geltenden Teil der Unterhaltungsbranche zu neuen Impulsen führen dürfte).

7.3.4 Windows Movie Maker kennen lernen

Das Kennenlernen des Windows Movie Makers ist relativ einfach, zumal sich ein Beispielprojekt bereits im Verzeichnis *\Eigene Videos* befinden sollte. Der Windows Movie Maker kann wunderbar am Beispiel einer »Resteverwertung« ausprobiert werden, denn Sie werden auf der Festplatte bestimmte einige AVI- oder MPEG-Videoclips finden. Laden Sie eine Reihe von Clips in das Programm, und ziehen Sie sie mit der Maus in den Storyline-Bereich. Hier wird festgelegt, in welcher Reihenfolge die Clips abgespielt werden. Das Abspielen geschieht über den Menübefehl WIEDERGABE/ GESAMTE(S) STORYBOARD/ZEITACHSE WIEDERGEBEN.

7.3.5 Die Rolle der Projektdatei

Da ein zu bearbeitender Videoclip aus vielen einzelnen Elementen bestehen kann und man beim Verlassen des Programms nicht jedes Mal den fertigen Film abspeichern kann, gibt es mit der Projektdatei eine einfache Möglichkeit, alle »Akteure« des zu drehenden Streifens unter einem Namen abzuspeichern, so dass sich das gesamte Ensemble beim nächsten Start von Windows Movie Maker wieder laden lässt. Mit dem Start des Programms wird automatisch ein Projekt angelegt, das sich aber erst dann (als Datei mit der Erweiterung *.mswmm*) abspeichern lässt, wenn etwas, zum Beispiel ein Videoclip, hinzugefügt wurde.

7.3.6 Die Rolle der Sammlungen

Sammlungen (engl. »Collections«) sind Aufbewahrungsorte für Gruppen von Audio- und Videoclips, so dass diese nicht jedes Mal neu einzeln in ein Projekt importiert werden müssen. Sie werden in Dateien mit der Erweiterung *.col* gespeichert. Sie werden feststellen, dass jede AVI-Datei eine eigene Sammlung eröffnet und dass der Windows Movie Maker einige AVI-Dateien eigenmächtig auf mehrere Clips verteilt.

7.3.7 Die ersten Schritte nach dem Start

Nach dem ersten Start werden in der linken Leiste mit dem Namen *Sammlungen* die bereits angelegten Sammlungen aufgelistet. Eine Sammlung ist nichts anderes als eine Zusammenstellung bereits importierter Video- oder Audiodateien, die in neu angelegte Projekte eingefügt werden können. Da die Sammlungsliste wie ein Ablagesystem hierarchisch aufgebaut ist, liegt es z.B. nahe, themenverwandte Videoclips in Untersammlungen einer Sammlung zusammenzufassen.

:-) TIPP

Oft ist es am einfachsten, eine AVI-Datei aus dem Explorer in den Arbeitsbereich des Windows Movie Makers zu ziehen.

Zwar ist es möglich, sowohl für eine Sammlung als auch für einen einzelnen Clip einen Titel und eine Beschreibung festzulegen, es ist leider nicht möglich, Sammlungen nach vergebenen Beschreibungen zu durchsuchen. Das Bearbeiten der Eigenschaften geschieht, indem Sie die Sammlung oder den Clip mit der rechten Maustaste selektieren und EIGENSCHAFTEN wählen.

7.3.8 Die Rolle der Storyline

Das wichtigste Element beim Windows Movie Maker ist die *Storyline*, denn sie legt fest, in welcher Reihenfolge die einzelnen Clips abgespielt werden. Die Storyline kann in einer Storyboard- und in einer Zeitachsendarstellung angezeigt werden. In der Zeitachsendarstellung wird am oberen Rand die Zeitachse eingeblendet, anhand derer der zeitliche Ablauf und die absolute wie relative Dauer eines einzelnen Clips zu erkennen ist. Die meisten Aktivitäten lassen sich nur mit der Zeitachse durchführen. Die Zeitachse ist immer dann wichtig, wenn es darauf ankommt, die exakte Länge der einzelnen Sequenzen feststellen zu können.

7.3.9 Besonderheiten beim Windows Movie Maker

In diesem Abschnitt geht es um etwas »fortgeschrittenere« Tätigkeiten mit dem Windows Movie Maker:

- Das Einfügen eines Überblendeffekts
- Das Einfügen von Einzelbildern

Das Einfügen eines Überblendeffekts

Ein Überblendeffekt besteht beim Windows Movie Maker darin, dass, während der eine Clip noch abgespielt wird, der nächste Clip bereits mit dem Abspielen beginnt und in den ersten Clip eingeblendet wird, so dass für den Betrachter ein nahtloser Übergang entsteht. Dieser Überblendeffekt kann mit einer Reihe vorbereiteter Effekte versehen werden.

1. Schalten Sie die Darstellung der Achse auf Storyboard um. Sie werden feststellen, dass zwischen den einzelnen Clips ein Kästchen angezeigt wird. Dieses ist für den Übergang zwischen zwei Clips zuständig.
2. Es liegt irgendwie nahe. Wählen Sie aus der Auswahlliste (rechts unterhalb der Menüleiste) den Eintrag *Videoübergänge* aus, so dass alle verfügbaren Übergänge angezeigt werden. Ziehen Sie den gewünschten Effekt auf jenes Kästchen, das den Übergang symbolisiert. Im Vorschaufenster können Sie sich anschauen, wie sich der Übergang im Videoclip auswirken wird.

Über [Strg] [W] (oder den Menübefehl WIEDERGABE/STORYBOARD WIEDERGEBEN) spielen Sie den Clip so ab, wie er im Moment gespeichert werden würde. Probieren Sie die zahlreichen Effekte unbedingt der Reihe nach aus, denn damit ergeben sich interessante Möglichkeiten.

Das Einfügen von Einzelbildern

Zu jedem »anständigen« Homevideo gehören natürlich Vor- und Abspann, auf dem zum Beispiel die Namen der Protagonisten in alphabetischer Reihenfolge aufgeführt werden. Auch das ist mit dem Movie Maker 2.0 ein Kinderspiel, denn unter Punkt 2 in der Aufgabenliste für das aktuelle Filmprojekt finden Sie den Eintrag *Titel oder Nachspann erstellen*, aus dem sich alles Weitere ergibt.

Abbildung 7.21: Der Abspann wird in einem eigenen Dialogfeld editiert.

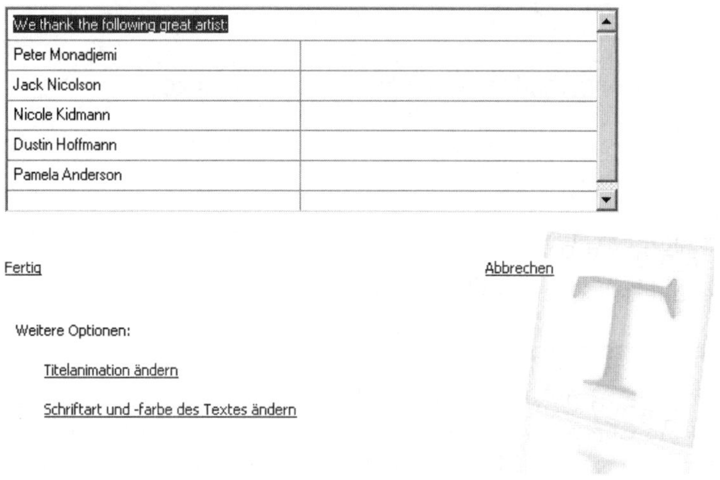

:-) TIPP

Über den Menübefehl DATEI/IN SAMMLUNGEN IMPORTIEREN *besteht die Möglichkeit, einzelne Bitmap-Dateien (etwa im JPEG-Format) zu importieren, die ebenfalls die Rolle eines Vor- oder Nachspanns übernehmen können. Allerdings gibt es hier nicht die tollen Effekte wie das Herunterspielen der Namen, so wie man es vom Fernsehen her kennt.*

7.3.10 Videoclips abspeichern

Sinn und Zweck des Windows Movie Makers ist es natürlich, dass irgendwann auch ein »Movie« entsteht. Ein Movie ist in diesem Fall eine Datei im Windows Media-Format (wmf-Format). Sind Sie mit dem Resultat Ihrer Arbeit am »Schneidetisch« zufrieden, speichern Sie das Ganze über den Menübefehl DATEI/FILMDATEI SPEICHERN (oder einfacher über [Strg] [P]) ab. Das aktiviert jedes Mal einen kleinen Assistenten, über den Sie als Erstes das Medium und damit indirekt auch die Qualität auswählen. Möchten Sie Ihr Filmchen per E-Mail versenden oder im weltweiten Web der »gesamten« Menschheit zur Verfügung stellen, müssen Sie sich über technische Fakten nicht den Kopf zerbrechen, sondern wählen einfach den entsprechenden Unterpunkt.

Wollen Sie im Detail einstellen, in welcher Qualität der Film gespeichert wird, wählen Sie im ersten Schritt *Arbeitplatz*, und klicken Sie auf WEITER, um den Namen und den Speicherort festzulegen. Mit dem nächsten Klick auf WEITER gelangen Sie zu einem Dialogfeld, in dem Sie über *Weitere Optionen anzeigen* und Anklicken von WEITERE EINSTELLUNGEN (der Windows Movie Maker versteckt die Einstellungen regelrecht) zu einer Auswahlliste mit einer Vielzahl an Einträgen gelangen. Wie beim Abspeichern einer Audio-CD muss auch hier ein Kompromiss zwischen Qualität und Dateigröße getroffen werden. Dank ausgeklügelter Kompressionscodecs reicht das Spektrum für ein und denselben Videoclip von sehr bescheiden (Video für Einwählverbindungen mit 160 x 120 Pixel bei 15 Einzelbildern pro Sekunde – dafür winkt eine sehr kleine Dateigröße) bis zu beeindruckenden 720 x 576 Pixel und 25 Einzelbildern pro Sekunde – der Platzbedarf ist dafür aber auch enorm.

In jedem Fall entsteht am Ende ein Videoclip im wmf-Format, der zum Beispiel mit dem Windows Media Player abgespielt werden kann.

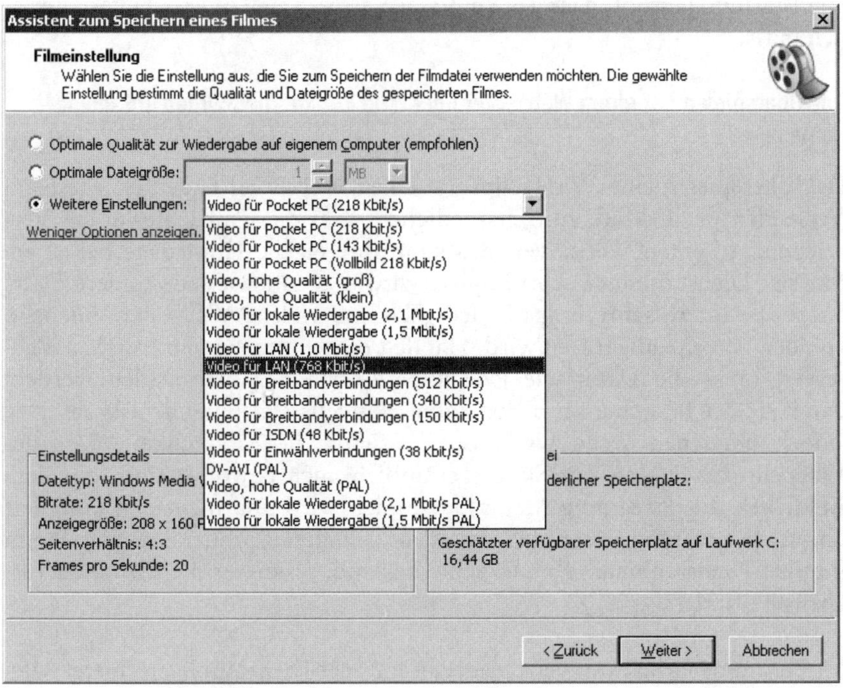

Abbildung 7.22: Beim Abspeichern eines Films kann die Abspielqualität eingestellt werden.

Es kann unter Umständen eine Weile dauern, bis Sie das optimale Format für einen Videoclip gefunden haben – es lohnt sich bzw. es ist schlicht notwendig, alle Formate der Reihe durchzuprobieren. Lassen Sie sich dabei nicht von den in der Auswahlliste enthaltenen Namen irritieren – am Ende zählen nur die Eckdaten Anzeigegröße und Frames pro Sekunde (15 Bilder/s sind oft vollkommen ausreichend, insbesondere wenn es sich nur um kleine Clips handelt, die nicht in voller Bildschirmgröße abgespielt werden).

7.3.11 Videoclips weitergeben

Für die Weitergabe eines Videoclips stehen Ihnen verschiedene Möglichkeiten zur Auswahl:

- Das Versenden per E-Mail
- Das Überspielen auf einen Webserver

Das Versenden per E-Mail

Das Versenden per E-Mail bedeutet lediglich, dass die produzierte wmf-Datei als Anhang einer Nachricht weitergegeben wird. Achten Sie besonders hier auf die Größe, denn die Freude am schönsten Urlaubsvideo wird durch den Umstand getrübt, dass der Empfänger erst einmal 20 MByte herunterladen muss.

Das Überspielen auf einen Webserver oder: Wie kommt mein Video auf meine Homepage?

Das Überspielen eines Videoclips auf einen Webserver bedeutet, wie beim Versenden per E-Mail, zunächst lediglich, dass die wmf-Datei in ein Verzeichnis auf einen Webserver (das kann Ihre eigene Homepage bei einem Internet-Dienstanbieter sein) kopiert wird – genau wie jede andere Datei auch. Die interessante Frage ist lediglich, auf welche Weise der Videoclip von der Website abgerufen wird. Handelt es sich um einen normalen Webserver, muss die Datei wie jede andere auch heruntergeladen werden, damit sie der Besucher abspielen kann. Handelt es sich bei dem Webserver jedoch um einen Windows-Server, bestünde die Möglichkeit, dass der Videoclip bereits, so wie Sie es vermutlich auch gewohnt sind, mit dem Anklicken (als Streaming Media) abgespielt wird und nicht erst komplett übertragen werden muss. Ob dies geht, hängt ausschließlich von Ihrem Internet-Dienstanbieter ab und dem Umstand, ob dieser die Media Server-Dienste offeriert.

Im Zusammenarbeit mit verschiedenen Internet-Dienstanbietern bietet Microsoft Anwendern des Windows Movie Makers die Möglichkeit, ihre Streaming-Media-Clips auf einen Server der Firmen zu überspielen und diese dort in eine Webseite einzubinden, die nach eigenen Vorstellungen gestaltet werden kann. Indem man auf seiner Homepage eine Verknüpfung mit dieser Webseite einfügt, lassen sich Streaming-Media-Clips auf einfache Weise und mit (vermutlich) sehr guter Performance auf der eigenen Homepage einbinden. Das ist natürlich nicht die einzige Möglichkeit. Entweder sucht man sich selber einen Provider, der den gleichen Service vielleicht etwas preiswerter oder gar kostenlos anbietet, oder stellt die komplette Datei dann doch lediglich als regulären Download zur Verfügung. Bei Dateigrößen von wenigen MByte (das ist nur ein ungefährer Richtwert) dürfte dies im Jahre 2004 keine Einschränkung bedeuten.

7.3.12 Videoclips auf CD brennen

Auch das Überspielen von Videoclips auf eine CD-R ist möglich und bei Windows XP besonders nett gelöst. Wenn Sie einmal den Ordner *Eigene Videos*, einem Unterordner von *Eigene Dateien*, öffnen, werden Sie feststellen, dass die Aufgabenliste den Eintrag *Alle Elemente auf CD kopieren* enthält. Klicken Sie diesen Eintrag an, werden die ausgewählten Elemente in einen temporären Ordner (den CD-R-Ordner) kopiert, von wo sie später auf eine CD-R kopiert werden können. Dass in dem Übergangsordner etwas bereitsteht, wird zusätzlich durch einen nicht zu übersehenden Hinweis im Infobereich der Taskleiste angezeigt.

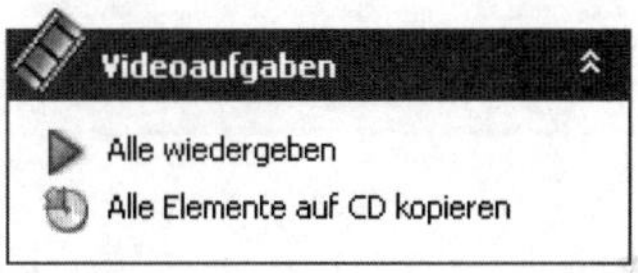

Abbildung 7.23: Im Ordner Eigene Videos besteht die Möglichkeit, Videoclips auf eine CD-R zu überspielen.

Der CD-R-Ordner ist ein temporärer Ordner, der immer dann angezeigt wird, wenn eine (leere) CD-R in das CD-Brenner-Laufwerk eingelegt wurde. Hier finden Sie in der Aufgabenliste den Eintrag *Dateien auf CD schreiben*, durch den der Inhalt des Ordners auf die CD-R gebrannt wird.

INFO

Klicken Sie nicht so ohne weiteres auf den Eintrag DATEIEN AUF CD SCHREIBEN, *denn das Brennen der CD beginnt, ohne dass eine weitere Bestätigung abgefragt wird.*

INFO

Offenbar erscheint der Eintrag in der Aufgabenliste nicht in jedem Fall. Auf IBM-Notebooks mit Windows XP und einem eingebauten CD-Brenner funktioniert das Brennen nur über das vorinstallierte Brennprogramm.

Unter Umständen muss das Ziehen und Ablegen von Dateien auf das CD-R-Laufwerkssymbol in den Optionen des Windows Media Players (Register *Geräte*) nachträglich aktiviert werden.

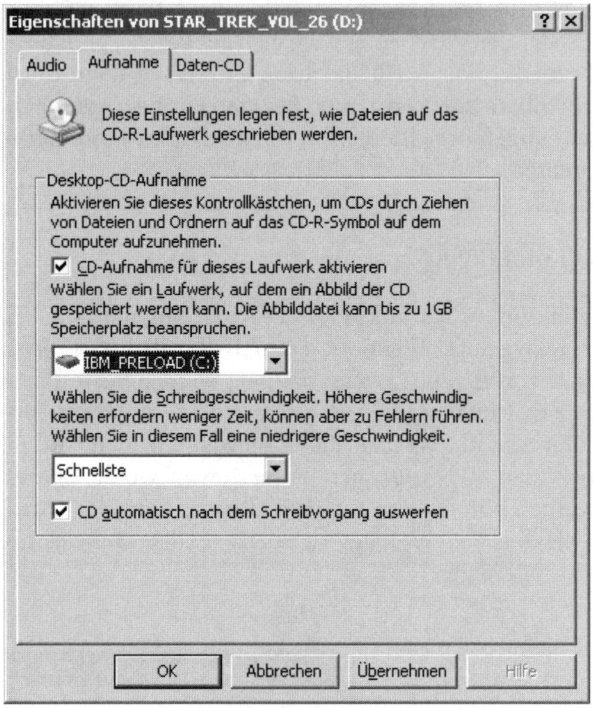

Abbildung 7.24: Unter Umständen muss das Ziehen und Ablegen von Dateien auf das CD-R-Laufwerkssymbol aktiviert werden.

7.4 Daten-CDs mit Windows XP anfertigen

Die in Windows XP integrierte Brennsoftware[3] lässt sich natürlich auch für das Anfertigen von reinen Daten-CDs benutzen. Eine Anwendung ist das Anfertigen von Backups, eine andere natürlich die bequeme Weitergabe von beliebigen Dateien. Anders als bei den Audio-CDs kann Windows XP eine Daten-CD mehrfach nacheinander beschreiben und dabei stets Dateien ergänzen (der Fachausdruck lautet »Multisession«), was natürlich sehr praktisch ist, da bei einem Schreibdurchlauf selten genügend Daten anfallen, um die CD zu füllen. Eine CD ist in diesem Fall ein mehrfach beschreibbares Medium mit einer Kapazität von 650 bis etwa 800 MByte. Anders als beim »Brennen« von Audio-CDs gibt es für Daten-CDs kein spezielles Zubehörprogramm. Windows XP behandelt das Laufwerk des CD-Brenners vielmehr als ein virtuelles Laufwerk, das wie ein Festplattenlaufwerk angesprochen wird. Hier werden die Dateien zwischengelagert, bevor sie endgültig auf die CD geschrieben werden. Alles das geschieht am einfachsten über die Aufgabenleiste eines Ordnerfensters oder, falls diese nicht zur Verfügung steht, durch das Kopieren der Dateien auf das Laufwerk des CD-Brenners.

3 Die von der Firma Roxio lizenziert wurde.

Anfertigen einer Daten-CD

STEP

1. Wählen Sie die zu kopierenden Dateien und Ordner aus, und kopieren Sie sie auf das CD-ROM-Laufwerk (die beschreibbare CD kann auch später eingelegt werden). Sollte in der Aufgabenleiste kein passender Eintrag angeboten werden, wählen Sie den Eintrag *Ausgewählte Elemente kopieren*, und wählen Sie in der Dialogbox das CD-ROM-Laufwerk aus oder ziehen die Dateien einfach mit der Maus auf das Laufwerkssymbol im Arbeitsplatz.

2. Die ausgewählten Dateien und Ordner werden in einen Ordner kopiert, der den CD-Inhalt repräsentiert. Außerdem erscheint über dem Infofeld der Taskleiste eine Sprechblase, die Sie auf das Vorhandensein von auf eine CD zu schreibenden Inhalten hinweist. Klicken Sie auf das Ausrufezeichen, um den Ordner zu öffnen. Sollte die Sprechblase wieder verschwunden sein, öffnen Sie den Ordner, indem Sie das CD-ROM-Laufwerk im Arbeitsplatz öffnen.

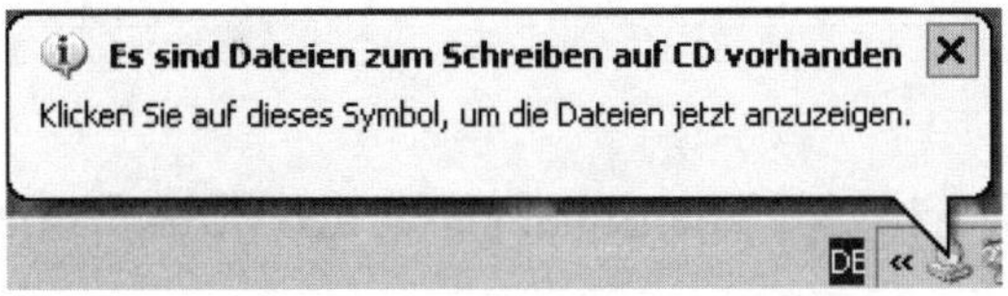

Abbildung 7.25: Der Hinweis erscheint immer dann, wenn Dateien auf die CD kopiert wurden.

3. Über den Eintrag *Dateien auf CD schreiben* in der Aufgabenleiste werden die Dateien mit Hilfe eines Assistenten auf die CD kopiert. Beim ersten Durchlauf erhalten Sie die Gelegenheit, den Namen (maximal 16 Zeichen) der CD festzulegen. Klicken Sie auf WEITER, werden die Dateien auf die CD geschrieben. Der ganze Vorgang geht relativ schnell über die Bühne (die Schreibgeschwindigkeit lässt sich in den Laufwerkseigenschaften einstellen – mehr dazu in Kapitel 7.4.1).

4. Am Ende wird die CD »ausgeworfen«. Sie können nun eine weitere CD beschreiben oder den Assistenten über *Fertig stellen* beenden. Die kopierten Dateien und Ordner werden aus dem Laufwerksordner entfernt. Mit zunehmender Erfahrung werden Sie auf den Assistenten und die Einträge in der Aufgabenleiste vermutlich verzichten und den CD-Brenner wie ein normales Wechsellaufwerk behandeln.

5. Auf die bereits beschriebene Daten-CD können jederzeit weitere Dateien kopiert werden, vorausgesetzt natürlich, es steht ausreichend Platz zur Verfügung. Dabei werden im Laufwerksordner die bereits vorhandenen als auch die zu schreibenden Dateien angezeigt.

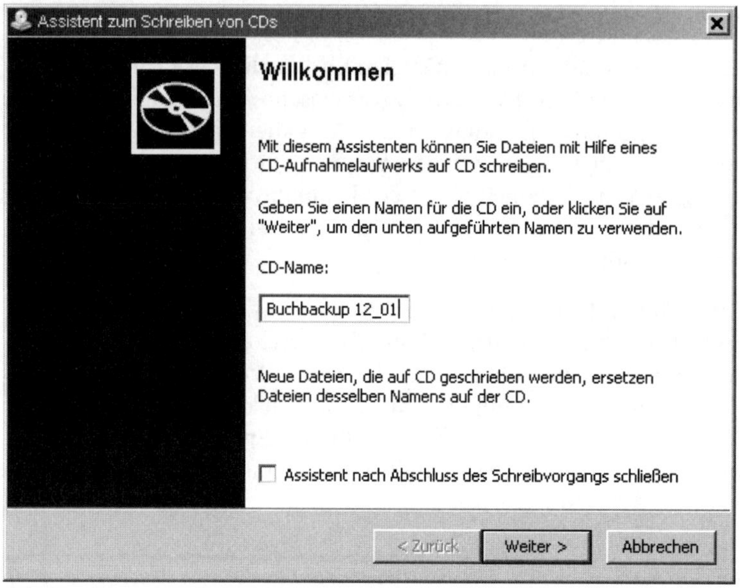

Abbildung 7.26: In dieser Dialogbox erhält die Daten-CD ihren Namen.

7.4.1 Eigenschaften für den CD-Rekorder einstellen

Im Register *Aufnahme* im Eigenschaftsdialog des CD-Brennlaufwerks lassen sich verschiedene Eigenschaften einstellen:

- Ob das Kopieren von Dateien grundsätzlich möglich ist – sollten mehrere CD-Brennlaufwerke in den Computer eingebaut sein, kann diese Option nur für ein Laufwerk eingestellt werden.
- Auf welchem Laufwerk das Abbild, d.h. die zu schreibenden Daten, zwischengespeichert wird. Auf diesem Laufwerk muss bis zu 1 GByte Platz frei sein.
- Mit welcher Geschwindigkeit die Daten geschrieben werden – voreingestellt ist »Schnellste«. Sollten beim Schreiben wider Erwarten Fehler auftreten, kann die Geschwindigkeit herabgesetzt werden.
- Ob die CD am Ende automatisch ausgeworfen werden soll (siehe Abbildung 7.27).

7.5 Bilder von einem Scanner oder einer Digitalkamera übertragen

Das Übertragen von Bildern von einem Scanner oder einer Digitalkamera bedarf im Grunde keiner besonderen Erklärungen, da, sobald Sie eine (USB-)Kamera bzw. einen Scanner anschließen, ein Dialogfeld erscheint, aus dem alles Weitere hervorgeht. Eine in diesem Zusammenhang angebotene Option ist der *Scanner- und Kamera-Assistent*, mit dem sich das Überspielen von Bildern noch etwas vereinfachen lässt. Der Komfort, den Windows XP zur Verfügung stellt, hängt davon ab, wie aktuell der Treiber ist, über den der Scanner oder die Kamera angesprochen wird. Handelt es sich um einen für Windows XP zertifizierten Treiber, wird das Gerät über den *Scanner- und Kamera-Assistenten* angesprochen, der eine Vorauswahl der zur Verfügung stehenden Bilder ermöglicht (siehe Abbildung 7.28).

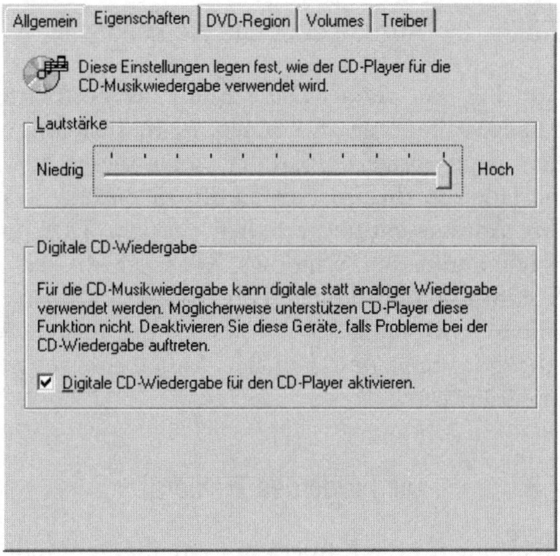

Abbildung 7.27: Im Eigenschaftsdialog des CD-Brennlaufwerks lassen sich verschiedene Einstellungen vornehmen.

Abbildung 7.28: Der Scanner- und Kamera-Assistent ist beim Überspielen von Bildern von einer Digitalkamera oder einem Scanner behilflich.

7.5.1 Überspielen von Bildern auf eine Webseite

Was vor einigen Jahren noch an vielen technischen Details hätte scheitern können, lässt sich bei Windows XP durch ein paar zusätzliche Mausklicks erledigen. Auf Wunsch bietet der Assistent nämlich auch die Möglichkeit, die ausgewählten Bilder im Web zu veröffentlichen (zum Beispiel auf der eigenen privaten Homepage im Rahmen der MSN Communities).

7.5.2 Abzüge über das Web bestellen

Von Bildern, die als Dateien auf der Festplatte Ihres Computer vorliegen, Abzüge anfertigen zu können, ist (natürlich) auch ohne Windows XP möglich, denn einige Fotolabors bieten diesen Service über ihre Webseiten an. Sie laden in diesem Fall die Bilder einzeln, wählen ein Format aus, geben Ihre Adresse ein und erhalten ein paar Tage später die Bilder per Post und Nachnahme. Bei Windows XP geschieht das Ganze mit ein wenig mehr Komfort, da Sie keine Webseite aufsuchen müssen, sondern lediglich mit einem Assistenten zu tun haben, der recht komfortabel über den Eintrag *Abzüge online bestellen* der Aufgabenleiste in den Ordner *Eigene Bilder* integriert ist.

7.5.3 Die Frage des Treibers

Steht nur für die Kamera nur ein älterer Windows 2000-Treiber zur Verfügung, gibt es den Komfort, dass die Kamera direkt über den Arbeitsplatz angesprochen werden kann, leider nicht. In diesem Fall müssen Kamera oder Scanner über die sog. TWAIN-Schnittstelle verschiedener Anwendungen oder über die mitgelieferte Software des Geräts angesprochen werden. Der Scanner- und Kamera-Assistent steht in diesem Fall nicht zur Verfügung.

INFO

Es lohnt sich unbedingt, auf der Webseite des Herstellers nach aktuellen Treibern zu forschen. Nach anfänglicher Zurückhaltung bietet inzwischen praktisch jeder namhafte und weniger namhafte Hersteller Treiber für Windows XP[4]*. Die Mühe lohnt sich deswegen, weil es deutlich komfortabler ist, eine Kamera über den Arbeitsplatz ansprechen und einzelne Bilder direkt im Ordnerfenster auswählen zu können, als jedes Mal die Software der Kamera laden zu müssen.*

4 Leider nicht immer für jedes Modell, so dass man schon einmal auf einer Kamera oder einem Scanner sitzen bleiben kann, für den es keinen Original-XP-Treiber mehr gibt.

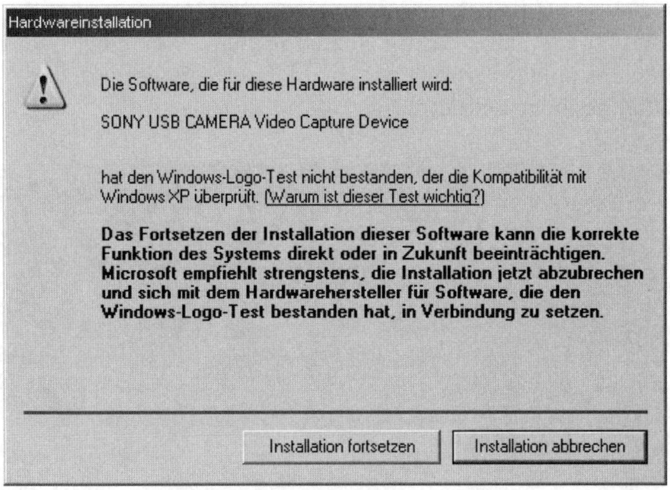

Abbildung 7.29: Dieser Hinweis erscheint immer dann, wenn ein unsignierter Gerätetreiber installiert werden soll.

7.6 Ein (kurzer) Ausblick auf das Windows Media Center

In der Einleitung zu diesem Kapitel war bereits von einem »neuen« Windows für das Wohnzimmer die Rede. Dabei handelt es sich um ein reguläres Windows XP Professional, das unter dem offiziellen Namen *Windows Media Center 2004* firmiert. Die Namensänderung geschah nicht ohne Grund. Zum einen bietet das Betriebssystem eine speziell für das Wohnzimmer entwickelte Benutzeroberfläche, bei der der »Betrachter« von einem angenehm gestalteten »Media Guide« begrüßt wird und in die zum Beispiel eine (Fernseh-)Programmübersicht integriert ist. Möchten Sie also wissen, wann Bruce Willis zum 123. Mal im Privatfernsehen ganz langsam stirbt oder Harry zum 6.253. Mal bei den öffentlich Rechtlichen den Wagen fahren soll, finden Sie es nicht nur über eine Suchfunktion in Sekundenschnelle heraus, sondern programmieren den eingebauten Videorekorder per Mausklick, so dass Sie diese Highlights der Kulturgeschichte garantiert nicht versäumen. Gespeichert werden alle Sendungen auf einer (ausreichend) dimensionierten Festplatte oder auf DVD. Damit das Medienerlebnis garantiert mit dem ersten Einschalten zustande kommt und nicht der Medienbeauftragte der Familie oder der gestresste Single erst konfigurieren, booten und schrauben muss, gibt es Windows Media Center nur zusammen mit einem neuen Computer (inklusive einer weiteren Fernbedienung). Abgesehen von den aufgezählten Besonderheiten handelt es sich um einen regulären PC. Und da Windows XP Professional Voraussetzung ist, erhält man auch ein ansonsten etwas teueres Betriebssystem zu einem recht günstigen Gesamtpreis (wenn da nicht Mutter wieder richtig Dampf macht). Leider zeigt Windows Media Center aber auch, dass die Kombination von PC mit den Unterhaltungsgeräten im Wohnzimmer nach wie vor keine Traumhochzeit ist. Glaubt man einzelnen Testern (z.B. *Paul Thurrott* auf *http://www.winsupersite.com/reviews/windowsxp_mce2004.asp*), so ist es selbst für einen geübten Anwender eine gewisse Herausforderung, etwa TV-Kabel und Hi-Fi-Anlage richtig anzuschließen. Von einer wirklich gelungenen Integration des Fernsehers in den PC oder umgekehrt sind wir auch im Jahr 2004 noch weit entfernt[5].

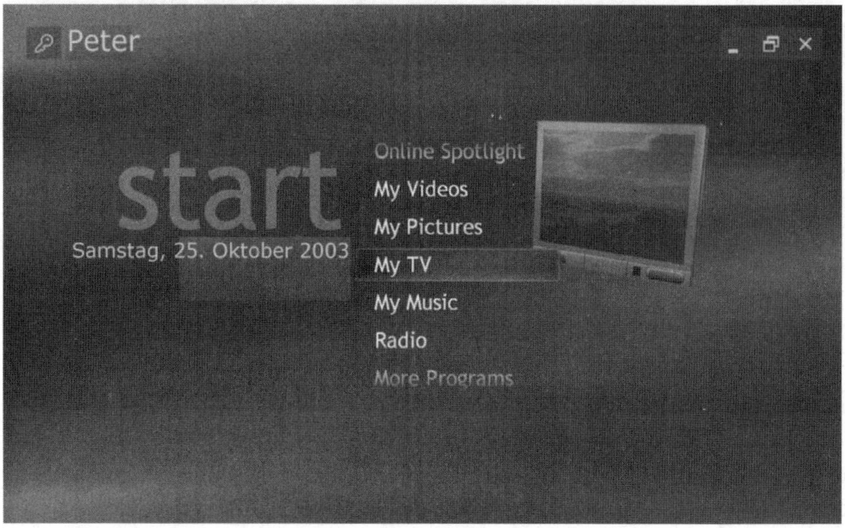

Abbildung 7.30: Windows XP Professional für die ganze Familie – ein Blick auf die neue Oberfläche von Windows Media Center Edition 2004

7.7 Windows XP aktualisieren

Wie es in der Einleitung zu diesem Kapitel bereits angesprochen wurde, sollten Sie sich unbedingt die aktuellen Versionen des Windows Media Players und des Windows Movie Makers besorgen. Beide Programme erhalten Sie kostenlos an den üblichen Orten im Internet, wie zum Beispiel Windows-Update oder die allgemeine Microsoft-Download-Site (`http://www.microsoft.com/downloads`).

STEP

Installieren von Windows Movie Maker 2.0

Führen Sie die folgenden Schritte aus, um an die Version 2.0 des Windows Movie Makers zu kommen (vorausgesetzt, Sie haben das Programm nicht bereits über das Windows-Update installiert).

1. Rufen Sie über das Startmenü und *Alle Programme* das Windows-Update auf.
2. Vorausgesetzt, Ihr Computer ist mit dem Internet verbunden, wird Ihre aktuelle Software-Konfiguration analysiert. Klicken Sie auf UPDATES SUCHEN, damit die zur Verfügung stehenden Updates angezeigt werden.

5 Meine Prognose ist, dass es eine solche »Medienkiste« nicht vor 2006 in einer Form geben wird, dass sie zum herkömmlichen Fernseher eine echte Alternative ist.

3. Den Windows Movie Maker finden Sie in der Kategorie Windows XP (dazu müssen Sie in der Liste gegebenenfalls nach unten scrollen).

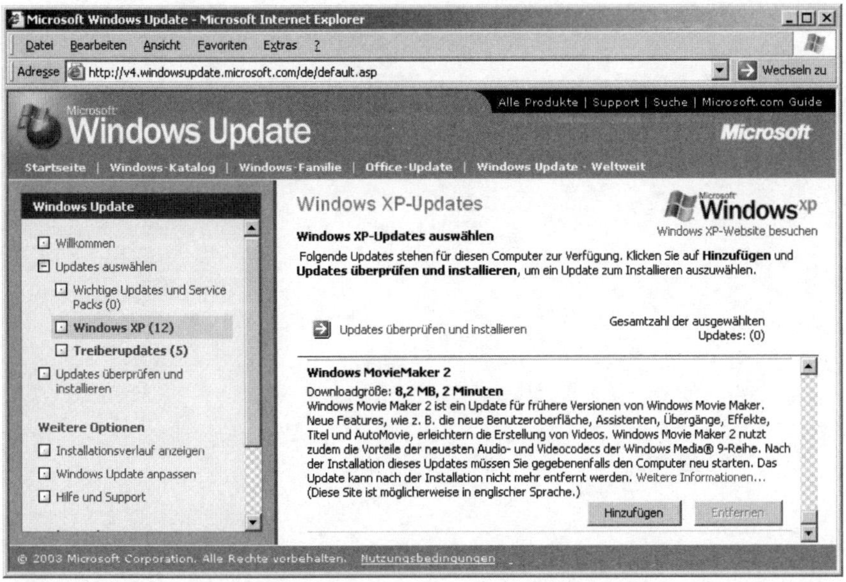

Abbildung 7.31: Hurra, der Movie Maker 2.0 wurde in der Liste der zur Verfügung stehenden Updates gefunden.

4. Klicken Sie auf UPDATES ÜBERPRÜFEN UND INSTALLIEREN und ein wenig später auf JETZT INSTALLIEREN – die Datei ist 8.2 MByte groß, so dass es nicht mehr als ein paar Minuten dauert, bis das Programm heruntergeladen und auf Ihrem Computer installiert ist. Da der Rest vollautomatisch abläuft, bleiben Ihnen weitere Erläuterungen erspart – am Ende wird der neue Movie Maker über das Startmenü aufgerufen. Viel Spaß, denn die Version 2.0 ist eine echte Verbesserung und wird dank der Überblend- und Spezialeffekte und der Möglichkeit, Titel und Abspann editieren zu können, dem Motto dieses Kapitels gerecht.

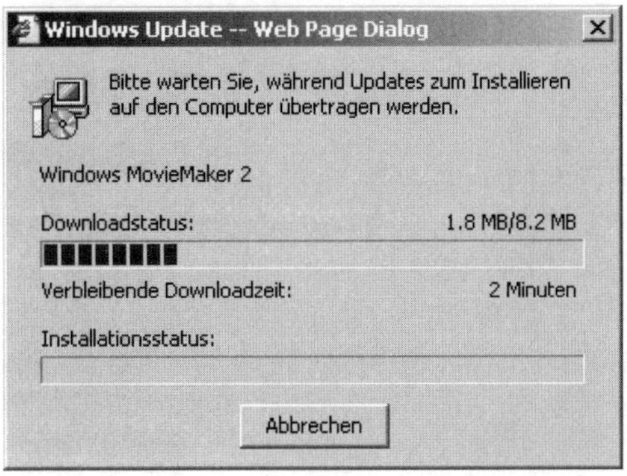

Abbildung 7.32: Der Windows Movie Maker 2.0 wird installiert.

Teil 2 Windows XP konfigurieren lernen

8 Konfigurationsaufgaben schnell gelöst

Den perfekten Computer, der alle Ansprüche seines »Herrn und Meisters« erfüllt und obendrein noch halbwegs bezahlbar ist, gibt es genauso wenig wie den perfekt konfigurierten Computer, bei dem alle Komponenten nahtlos aufeinander abgestimmt sind und sämtliche Einstellungen zur vollen Zufriedenheit durchgeführt werden. Auch wenn es am Anfang nur selten eine Notwendigkeit gibt, etwas an der Systemkonfiguration (unter dem Begriff *Konfiguration* wird die Summe aller zu einem Zeitpunkt getroffenen Einstellungen verstanden) zu ändern, hält dieser Zustand der »wunschlosen Zufriedenheit« nicht ewig. Je länger man sich mit seinem (neuen) Windows XP beschäftigt, desto stärker wird der Wunsch, hier und da gewisse Änderungen vorzunehmen. In diesem Kapitel geht es um die verschiedenen Konfigurationseinstellungen, die bei Windows XP auch ohne technische Vorkenntnisse in wenigen Schritten erledigt werden können. Im Mittelpunkt steht dabei die Systemsteuerung, die zu Beginn des Kapitels ausführlich vorgestellt wird. Einstellungen, die den Desktop und die Benutzeroberfläche im Allgemeinen betreffen, werden in Kapitel 3 behandelt.

Die Stichworte dieses Kapitels:

- Überblick über die Systemsteuerung
- Die Konfiguration der Maus
- Das Einrichten eines zweiten Bildschirms
- Einstellen von Energieoptionen
- Umgang mit Schriftarten
- Die Systemeigenschaften abfragen und einstellen
- Umgebungsvariablen bearbeiten
- Ändern des Computernamens
- Die Optik eines Ordners anpassen
- Einrichten eines Druckers
- Software installieren und wieder entfernen
- Dateitypen registrieren und bearbeiten

- Drucker einrichten
- Modem konfigurieren und in Betrieb nehmen
- Die Inbetriebnahme einer ISDN-Karte

8.1 Überblick über die Systemsteuerung

Die SYSTEMSTEUERUNG (engl. »control panel«) ist die Schaltzentrale Ihres Windows-Computers. Hier werden allgemeine Einstellungen vorgenommen, die sich sofort auf das Verhalten von Windows in bestimmten Bereichen auswirken, hier finden Sie auch die Assistenten, die Ihnen bei der Installation neuer Hardwaregeräte oder der Deinstallation einer Anwendung behilflich sind.

NEU

Am Prinzip der Systemsteuerung hat sich auch bei Windows XP nichts geändert (sie stammt noch aus der Ära von Windows 3.0 und ist damit schon »uralt«). Neu ist dagegen die optische Darstellung. Nicht nur, dass Applets neue, moderne Symbole erhalten haben, auch die Aufteilung ist neu. Neben der klassischen Gesamtansicht kann die Systemsteuerung auch in einer Ansicht angezeigt werden, bei der die einzelnen Applets in Funktionsgruppen unterteilt sind. Das ist gerade für Windows-Anfänger sehr praktisch, da sie über die Funktionsgruppen ein bestimmtes Applet etwas schneller finden.

8.1.1 Neue Etiketten für alte Töpfe

Bei Windows XP haben einige der vertrauten Applets neue Namen erhalten, auch wenn sich an deren grundsätzlicher Bedeutung nichts geändert hat. Das ist in etwa so, als wenn Sie nach zwei Jahren wieder einmal in der Stadtverwaltung vorbeischauen und die wichtigsten Stellen umbenannt wurden. Aus der Führerscheinstelle wurde vielleicht das Amt für mobile Services und der Schalter, an dem man früher seinen Reisepass verlängern konnte, befindet sich nun im Amt für Authentifizierung bei domänenübergreifenden Angelegenheiten.[1] So gibt es bei Windows XP kein MODEM-Applet mehr, der Nachfolger heißt TELEFON- UND MODEMOPTIONEN. Auch das Applet LÄNDEREINSTELLUNGEN ist verschwunden, es heißt nun REGIONS- UND SPRACHOPTIONEN. Das ist am Anfang ein wenig irritierend, legt sich aber mit der Zeit. Tabelle 8.1 stellt die Applets, die bei Windows XP im Vergleich zu Windows 9x eine Namensänderung erfahren haben, gegenüber (teilweise wurden diese Namen bereits mit Windows ME und Windows 2000 geändert, so dass einige nicht wirklich neu sind).

1 Offensichtlich hat der Amtsleiter häufiger an Microsoft-Kongressen teilgenommen.

Tabelle 8.1: Alte und neue Namen für Applets in der Übersicht

Alter Name	**Neuer Name**	**Anmerkung**
Akustische Signale	SOUNDS UND AUDIOGERÄTE	Wurde mit dem früheren MULTIMEDIA-Applet zusammengefasst.
Benutzer	BENUTZERKONTEN	Hat bei Windows XP einen ganz anderen Hintergrund auch wenn es oberflächliche Gemeinsamkeiten gibt.
Desktop-Motive	Gibt es nicht mehr.	Die Desktop-Motive wurden bei Windows XP durch die *Designs* ersetzt.
Drucker	DRUCKER UND FAXGERÄTE	Faxgeräte wurden schon vorher im Druckerordner aufgeführt.
Energieverwaltung	ENERGIEOPTIONEN	-
Infrarot	DRAHTLOSE VERBINDUNG	IR ist nur eine Möglichkeit, eine drahtlose Verbindung herzustellen. Bei Windows XP gibt es auch an dieser Stelle keine Möglichkeit mehr, Hardwareeinstellungen zu ändern.
Joystick	GAMECONTROLLER	An der grundsätzlichen Bedeutung hat sich nichts geändert.
Kennwörter	Gibt es nicht mehr.	Das Prinzip der Kennwörter wurde in die Benutzerverwaltung übernommen.
Ländereinstellungen	REGIONS- UND SPRACHOPTIONEN	An der grundsätzlichen Bedeutung hat sich nichts geändert.
Modem	TELEFON- UND MODEMOPTIONEN	Zwar können hier auch neue Modems installiert werden, offiziell sollte dieser Job aber über das HARDWARE-Applet erledigt werden.
Multimedia	SOUNDS UND AUDIOGERÄTE	Die Funktionen des Applets AKUSTISCHE KLÄNGE wurden integriert.
Netzwerk	Gibt es nicht mehr.	Das Applet NETZWERKVERBINDUNGEN listet alle angelegten Netzwerkverbindungen auf. Die Eigenschaften der Netzwerkkarte und der übrigen Netzwerkkomponenten werden in den Eigenschaften der LAN-Verbindung eingestellt.
Telefonie	Wurde mit TELEFON- UND MODEMOPTIONEN zusammengefasst.	-

8.1.2 Die Systemsteuerung öffnen

Die Systemsteuerung kann auf verschiedene Weisen geöffnet werden:

- Über den Eintrag im Startmenü (dies ist der gebräuchlichste Weg).
- Über die ANDERE ORTE-Liste in verschiedenen Ordnern (z.B. im Arbeitsplatz).
- Über den Aufruf von CONTROL.EXE über den AUSFÜHREN-Befehl im Startmenü (das ist zwar ungewöhnlich, kann manchmal aber praktisch sein).

8.1.3 Verknüpfungen auf die Systemsteuerung anlegen

Die Systemsteuerung kann von jedem beliebigen Punkt der Benutzeroberfläche geöffnet werden. Sie müssen dazu lediglich eine Beziehung anlegen. Dazu gibt es drei Möglichkeiten:

- Sie ziehen den Systemsteuerungsordner mit der sekundären Maustaste an die gewünschte Stelle und wählen VERKNÜPFUNGEN HIER ERSTELLEN.
- Sie legen an der Stelle ein neues Verzeichnis an und geben diesem den Namen »Systemsteuerung.{21EC2020-3AEA-1069-A2DD-08002B30309D}«. Bei der merkwürdigen »Zahl« handelt es sich um eine sog. IDENTIFIZIERUNGSNUMMER, die alle Objekte in der Windows-Welt besitzen, und die deswegen so lang ist, weil es sehr, sehr viele unterschiedliche Objekte geben kann (machen Sie sich um die Zahlenfolge selber keine Gedanken). Sie müssen bei dieser Variante auch die geschweiften Klammern und die Bindestriche eingeben und dürfen keine Leerzeichen miteingeben. Der Name vor dem Punkt spielt keine Rolle.[2]
- Sie legen eine Verknüpfung auf CONTROL.EXE an.

8.1.4 Der Inhalt der Systemsteuerung

Die Systemsteuerung enthält stets eine bestimmte Anzahl an »Bildchen«, d.h. Symbolen. Jedes Symbol steht für ein sog. APPLET. Der Name ist nicht offiziell und steht für »Mini-Anwendung«. Hinter einem Applet können folgende Windows-Elemente stehen:

- Ein Dialogfeld, das in der Regel aus mehreren Registern besteht, und in dem spezielle Einstellungen zu einem bestimmten »Themenbereich« (z.B. der Maus) möglich sind.

2 Anstelle von Systemsteuerung hätte man auch »Suppenhuhn« eingeben können.

- Ein Ordner, wie z. B. der Druckerordner, der auch anderweitig geöffnet werden kann.
- Ein Assistent, der den Anwender durch eine Reihe von Schritten führt. Das beste Beispiel ist der Hardwareassistent, der ein neues Gerät in Betrieb nimmt und dabei unter anderem auch die benötigten Treiber installiert.

Die Anzahl der Applets hängt vom Umfang der Windows-Installation ab. Auch andere Anwendungen können Applets in die Systemsteuerung einfügen.

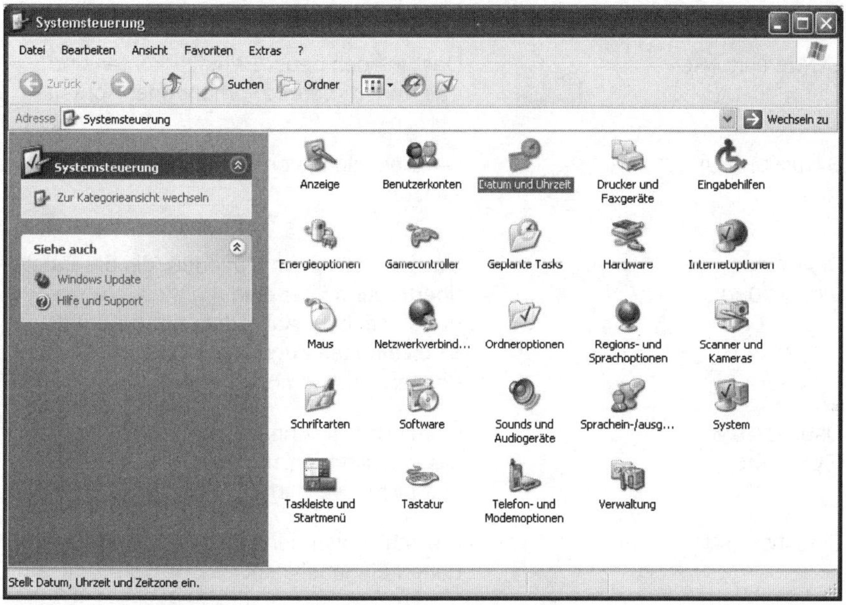

Abbildung 8.1: Die Systemsteuerung enthält eine Anzahl von Applets – der genaue Umfang kann von System zu System variieren

8.1.5 Die Rolle der Cpl-Dateien

Verschiedene Applets in der Systemsteuerung werden durch Dateien mit der Erweiterung *.Cpl* präsentiert.

8.1.6 Die Konfiguration der Systemsteuerung

Der Inhalt der Systemsteuerung ist ein Mix aus Einträgen in der Registrierung und verschiedenen Cpl-Dateien, die sich im Verzeichnis %SYSTEMROOT%\SYSTEM32 befinden. Ein Teil der Applets kann in der Registrierung über den Schlüssel HKEY_CURRENT_USER\CONTROL PANEL konfiguriert werden.

8.1.7 Die Applets von A bis Z

In diesem Abschnitt werden die Applets der Systemsteuerung von A bis Z vorgestellt. Es bleibt bei einer Schnellübersicht, denn die wichtigsten Konfigurationsaufgaben werden in diesem Kapitel, sowie in anderen Kapiteln des Buches, vorgestellt.

Tabelle 8.2: Die wichtigsten Applets der Systemsteuerung und ihre Bedeutung

	Symbol	**Ermöglicht...**
ANZEIGE		Die Einstellung von Desktop-Eigenschaften, wie Auflösung, Anzahl der Farben, Bildschirmschoner, Schriftgrößen oder Energiesparfunktionen des Monitors.
BENUTZERKONTEN		Das Anlegen neuer Benutzerkonten und das Ändern bereits vorhandener Konten.
DATUM UND UHRZEIT		Die Einstellung von Datum, Uhrzeit und Zeitzone.
DRAHTLOSE VERBINDUNG		Das Einstellen von Optionen, die die Dateiübertragung über eine drahtlose Verbindung erlauben. Außerdem ermöglicht es einen direkten Zugriff auf die Eigenschaften der verwendeten Hardware.
DRUCKER UND FAXGERÄTE		Öffnet den gleichnamigen Ordner in dem alle installierten Drucker und Faxgeräte aufgelistet werden.
EINGABEHILFEN		Die zahlreichen Einstellungen der verschiedenen Eingabehilfen.
ENERGIEOPTIONEN		Die Konfiguration der Energieverwaltung des PCs, die vor allem auf Notebooks eine Vielzahl von Einstellungen umfasst.
GEPLANTE TASKS		Öffnet den gleichnamigen Ordner, in dem alle angelegten Tasks aufgelistet werden.
HARDWARE		Startet den Hardwareassistenten.
INTERNETOPTIONEN		Öffnet das Dialogfeld mit den Internetoptionen.

Tabelle 8.2: Die wichtigsten Applets der Systemsteuerung und ihre Bedeutung (Forts.)

	Symbol	**Ermöglicht...**
MAUS		Einstellungen, die die Belegung der Maustasten und ihre Druckempfindlichkeit betreffen.
NETZWERK-VERBINDUNGEN		Öffnet den gleichnamigen Ordner.
ORDNEROPTIONEN		Öffnet das Dialogfeld mit den Ordneroptionen.
REGIONS- UND SPRACHOPTIONEN		Das Ändern regionaler Einstellungen, wie z.B. die Anzeige der Währung und des Datums, sowie Einstellungen, die die Spracheingabe von Windows XP betreffen.
SCANNER UND KAMERAS		Öffnet den gleichnamigen Ordner, in dem alle installierten Scanner und Kameras aufgelistet werden.
SCHRIFTARTEN		Öffnet den gleichnamigen Ordner, in dem alle installierten Schriftarten aufgelistet werden.
SOFTWARE		Öffnet das Dialogfeld, in dem die bereits installierten Anwendungen und Zubehörprogramme aufgelistet und neue Zubehörprogramme hinzugefügt werden.
SOUNDS UND AUDIOGERÄTE		Die Konfiguration der verschiedenen Audiogeräte, wie Lautsprecher, Soundkarte und die damit verbundenen Geräte. Außerdem wird an dieser Stelle die Sprachwiedergabe von Windows XP ausgewählt.
GAMECONTROLLER		Die Konfiguration der an den Computer angeschlossen Eingabegeräte für Spiele, wie Joysticks und Steuerräder.
SPRACHEIN-/AUSGABE		Die Auswahl einer computergenerierten Stimme für die Sprachausgabe.
SYSTEM		Öffnet das Dialogfeld mit den Systemeigenschaften (dem Eigenschaftendialogfeld des Arbeitsplatzes).
TASKLEISTE UND STARTMENÜ		Öffnet das Eigenschaftendialogfeld von Startmenü und Taskleiste.

Tabelle 8.2: Die wichtigsten Applets der Systemsteuerung und ihre Bedeutung (Forts.)

	Symbol	Ermöglicht...
TASTATUR		Das Einstellen der Zeichenwiederholrate und Wiederholgeschwindigkeit der Tastatur.
TELEFON- UND MODEMOPTIONEN		Bietet einen Zugriff auf die installierten Modems und ermöglicht das Hinzufügen neuer Modems. Außerdem werden in diesem Dialogfeld die Wählregeln festgelegt.
VERWALTUNG		Öffnet den gleichnamigen Ordner, in dem eine Reihe speziellere Verwaltungsprogramme enthalten sind.

Anzeige

Im Unterprogramm ANZEIGE werden alle Einstellungen, die das optische Erscheinungsbild des Desktops und die Arbeitsweise der Grafikkarte und des Monitors betreffen, durchgeführt. Im Einzelnen können Sie:

- Ein Design für die Benutzeroberfläche auswählen
- Ein Hintergrundbild auswählen
- Den Desktopobjekten andere Symbole geben
- Einen anderen Bildschirmschoner auswählen
- Zwischen dem Windows XP-Stil und dem klassischen Windows-Stil umschalten, sowie im klassischen Stil die Farbe und Schriftart der einzelnen Oberflächenelemente ändern
- Verschiedene Einstellungen treffen, die die Grafikkarte und den Monitor betreffen. Unter anderem wird hier auch der zweite Monitor hinzugefügt (mehr zu diesem Thema in Kapitel 8.2.2).

REF

Mehr zu diesen Themen in Kapitel 3, in dem es um das Einrichten der Benutzeroberfläche geht.

Benutzerkonten

Dies ist ein sehr wichtiges Applet, da hier neue Benutzer angelegt und die Konten vorhandener Benutzer bearbeitet werden. Das Thema Arbeiten mit mehreren Benutzern ist in Kapitel 10 an der Reihe.

Datum und Uhrzeit

In diesem Applet wird die Systemzeit eingestellt und eine Zeitzone ausgewählt. Außerdem kann an dieser Stelle die Systemzeit mit der Zeit eines speziellen Internetservers synchronisiert werden.

Drahtlose Verbindung

In diesem Applet werden weit weniger wichtige Einstellungen eingestellt, als es der Name unter Umständen vermuten lassen könnte. In erster Linie werden Einstellungen vorgenommen, die die Dateiübertragung per Infrarot (IR) betreffen. Zu den Einstellungen gehören:

- Ob das IR-Symbol im Infobereich der Taskleiste angezeigt wird.
- Ob ein Sound ertönt wenn ein IR-Gerät in die Reichweite gerät.
- Ob andere Benutzer Dateien an den Computer per IR senden dürfen.
- In welchem Ordner per IR empfangene Dateien standardmäßig abgelegt werden.
- Ob die drahtlose Übertragung von Bildern von einer Digitalkamera möglich sein soll, und in welchem Verzeichnis diese Bilder standardmäßig abgelegt werden.
- Die Hardwareeigenschaften der einzelnen Geräte, die für die drahtlose Übertragung verwendet werden (z.B. der IR-Adapter). Das Dialogfeld wird normalerweise über den Geräte-Manager angezeigt.

Drucker und Faxgeräte

Das Applet DRUCKER UND FAXGERÄTE öffnet den gleichnamigen Ordner, in dem alle bereits eingerichteten Drucker und Faxgeräte aufgeführt werden. Außerdem können hier neue Drucker und Faxgeräte eingerichtet werden. Mehr zu diesem Thema in Kapitel 8.8.

Eingabehilfen

Das Applet EINGABEHILFEN öffnet ein Dialogfeld, in dem die verschiedenen Eingabehilfen von Windows XP konfiguriert werden. Dazu gehört z.B. eine Einrastfunktion, durch die Tastenkombinationen nacheinander eingegeben werden können, und die Tastaturmaus, durch die Mausaktionen per Tastatur ausgelöst werden. Mehr zu diesem Thema in Kapitel 2.

Energieoptionen

In dem Applet ENERGIEOPTIONEN werden verschiedene Einstellungen vorgenommen, die die Stromverwaltung des Computers betreffen. Diese spielen in erster Linie bei Notebooks eine Rolle. Mehr zu diesem Thema in Kapitel 8.3.

Geplante Tasks

Dieses Applet öffnet den gleichnamigen Ordner, in dem alle zeitgesteuerten Aufgaben aufgelistet werden. Mehr zu diesem Thema in Kapitel 15.

Hardware

Dieses Applet startet den Hardwareassistenten von Windows XP, der für die Inbetriebnahme neuer Geräte zuständig ist. Mehr zu diesem Thema in Kapitel 9.

Internetoptionen

Dieses Applet öffnet das gleichnamige Dialogfeld, in dem die Internetoptionen des Internet Explorer eingestellt werden. Diese Themen werden in Kapitel 12 im Zusammenhang mit dem Internet Explorer vorgestellt.

Maus

Im Applet MAUS werden die verschiedenen Einstellungen vorgenommen, die die Handhabung der Maus betreffen. Mehr dazu in Kapitel 8.2.1

Netzwerkverbindungen

Das Applet NETZWERKVERBINDUNGEN öffnet den gleichnamigen Ordner, in dem alle angelegten Netzwerk- und DFÜ-Netzwerkverbindungen aufgelistet werden, außerdem neue DFÜ-Netzwerkverbindungen.

NEU

Der Ordner NETZWERKVERBINDUNGEN *ist der Nachfolger des Ordners* DFÜ-NETZWERKVERBINDUNGEN *bei Windows 9x.*

Ordneroptionen

Dieses Applet öffnet das gleichnamige Dialogfeld eines Ordnerfensters, in dem allgemeine Ordneroptionen eingestellt werden. Mehr zu den Ordneroptionen in Kapitel 4.

Regions- und Sprachoptionen

Das Applet REGIONS- UND SPRACHOPTIONEN öffnet ein Dialogfeld, in dem verschiedene Einstellungen vorgenommen werden, die regionale Einstellungen und die Spracheingabe betreffen. Außerdem wird an dieser Stelle die zusätzliche Sprachunterstützung, z.B. für osteuropäische Sprachen, eingestellt. Im einzelnen werden hier folgende Einstellungen vorgenommen:

- Eine Länderauswahl, die eine Reihe von länderspezifischen Einstellungen nach sich zieht. Über die Schaltfläche ANPASSEN lassen sich die einzelnen Einstellungen auch bearbeiten und so z.B. ein anderes Währungssymbol einstellen.
- Das Format, wie Zahlen, Währungen, Uhrzeiten, sowie Datumsangaben angezeigt werden.

- Eine Länderauswahl, die vom Internet Explorer dazu benutzt werden kann, länderspezifische Informationen (z.B. eine Wettervorhersage) abzurufen.
- Die Tastenkombinationen, mit denen zwischen den verschiedenen Spracheinstellungen umgeschaltet wird.

Scanner und Kameras

Öffnet den gleichnamigen Ordner, in dem alle installierten Scanner und Kameras aufgelistet werden. Mehr zu diesem Thema in Kapitel 7.

Schriftarten

Öffnet den gleichnamigen Ordner, in dem alle installierten Schriftarten aufgelistet und neue Schriftarten installiert werden. Mehr zum Thema Umgang mit Schriftarten in Kapitel 8.4.

Software

Öffnet das gleichnamige Dialogfeld, in dem alle installierten Anwendungen aufgelistet werden, neue Anwendungen installiert werden können, (wenngleich dies eine überflüssige Option ist, da an dieser Stelle nur das Setup-Programm der Anwendung aufgerufen wird, das normalerweise außerhalb des Dialogfelds gestartet wird) und Windows-Komponenten hinzugefügt und entfernt werden. Mehr zu diesem Thema in Kapitel 8.7, in dem es um die Installation von Anwendungen und Windows-Komponenten geht.

Im Vergleich zu Windows 9x wurde das SOFTWARE-*Applet komplett umgekrempelt. Es gibt keine Kategorie »Zubehör« mehr, sondern nur noch Windows-Komponenten. Durch Auswahl des Eintrags* ZUBEHÖR UND DIENSTPROGRAMME *lassen sich einzelne Zubehörprogramme (wie z.B. Spiele und die üblichen Zubehörprogramme) entfernen oder nachträglich installieren.*

NEU

Sounds und Audiogeräte

Dieses Applet öffnet das gleichnamige Dialogfeld, in dem verschiedene Einstellungen vorgenommen werden, die die verschiedenen Audiogeräte, in erster Linie Soundkarte, Mikrofon und Lautsprecher, betreffen. Die wichtigsten Einstellungen sind:

- Die (Gesamt-) Lautstärke der Soundkarte. Diese Einstellung kann aber auch im Zubehörprogramm LAUTSTÄRKE sowie an anderen Stellen der Benutzeroberfläche vorgenommen werden.
- Ob das LAUTSTÄRKE-Zubehörprogramm auch über das Infofeld der Taskleiste aufgerufen werden kann.

- Die Lautstärke der einzelnen Lautsprecher, sowie (über die Schaltfläche ERWEITERT) das Lautsprecher-Setup, sowie Einstellungen, die etwas mit der Systemleistung zu tun haben.
- Welches Gerät standardmäßig als Soundkarte, Mikrofon oder zur MIDI-Wiedergabe verwendet wird (eine Auswahl kann z.B. notwendig sein, wenn eine Digitalkamera an den Computer angeschlossen ist, die ebenfalls ein Mikrofon besitzt).
- Welches Gerät für die Sprachein- und -ausgabe verwendet wird.
- Ein Test des Aufnahmegeräts. Durch Vorsprechen eines Textes lässt sich die optimale Aufnahmeempfindlichkeit einstellen.
- Die verschiedenen Einstellungen der verschiedenen Multimediageräte, zu der neben den Hardwaregeräten (unter anderem DVD-Laufwerk, CD-ROM, Soundkarte) auch die einzelnen Audio- und Videocodecs gehören. Einstellungen müssen an dieser Stelle aber nur in Ausnahmefällen vorgenommen werden.

Gamecontroller

Dieses Applet erlaubt die Einstellung von Eigenschaften angeschlossener Spielgeräte, wie z.B. Joysticks oder Lenkräder. Auch das Hinzufügen neuer Geräte ist an dieser Stelle möglich. Dies wird im Allgemeinen aber entweder über den Hardwareassistenten oder direkt über das Setup-Programm des jeweiligen Geräts vorgenommen.

Sprachein-/ausgabe

Hinter diesem eigentlich recht vielversprechenden Namen verbirgt sich lediglich ein Dialogfeld, in dem eine »Computerstimme« für die Sprachausgabe und die Wiedergabegeschwindigkeit eingestellt wird.

System

Öffnet das umfangreiche Dialogfeld mit den Systemeigenschaften, das die Eckdaten des Computers (unter anderem die aktuelle Windows-Version) anzeigt, sowie wichtige Einstellungen, wie z.B. die Hardware, die Remote-Unterstützung oder das automatische Windows-Update. Die Systemeigenschaften werden in Kapitel 8.5 vorgestellt.

Taskleiste und Startmenü

Dieses Applet öffnet das Eigenschaftendialogfeld der Taskleiste und des Startmenüs. Mehr zu den einzelnen Einstellungen in Kapitel 3.8.

Tastatur

Über das TASTATUR-Applet wird die Verzögerung für die Zeichenwiederholung und die Wiederholrate beim Festhalten einer Taste festgelegt. Außerdem wird in diesem Dialogfeld die Cursorblinkrate eingestellt.

Telefon- und Modemoptionen

In diesem Applet werden die Wählregeln eingerichtet. Außerdem erlaubt es einen Zugriff auf alle installierten Modems. Auch wenn an dieser Stelle neue Modems hinzugefügt werden, wenngleich diese Aufgabe im Allgemeinen dem Hardwareassistenten oder dem Setup-Programm des Modems übertragen wird. Mehr zu diesem Thema in Kapitel 8.10.

Verwaltung

Dieses Applet öffnet den gleichnamigen Ordner, in dem verschiedene, spezielle Systemprogramme zusammengestellt werden. Diese Programme sind in Tabelle 8.3 aufgeführt und werden in Kapitel 15 vorgestellt.

Tabelle 8.3: Übersicht über die Systemprogramme der Verwaltung-Gruppe

Systemprogramm	Bedeutung
COMPUTERVERWALTUNG	Startet die (neue) Computer Management-Konsole, in der unter anderem ein Zugriff auf die Ereignisanzeige und die Benutzerverwaltung möglich ist.
DATENQUELLEN (ODBC)	Ermöglicht das Einrichten und Konfigurieren von ODBC-Datenquellen, die für den Zugriff auf Datenbanken durch Anwendungsprogramme benötigt werden.
DIENSTE	Listet alle internen Windows-Dienste auf und ermöglicht das Anhalten und Starten einzelner Dienste.
EREIGNISANZEIGE	Ruft die von Windows XP angelegten Protokolldateien auf, in denen z.B. Fehlermeldungen protokolliert werden.
KOMPONENTENDIENSTE	Startet die Computer Management-Konsole, in der die sog. Komponentendienste aufgelistet und konfiguriert werden. Für normale Anwender hat dies keine Bedeutung.
LEISTUNG	Ruft den Systemmonitor auf, der die Performance verschiedener Elemente des Betriebssystems anzeigt.

8.2 Allgemeine Konfigurationsaufgaben

In diesem Abschnitt werden allgemeine Konfigurationsaufgaben vorgestellt, die beim täglichen Umgang mit Windows XP häufiger anfallen können. Im Einzelnen handelt es sich um:

- Die Konfiguration der Maus
- Das Hinzufügen eines weiteren Monitors
- Einstellen von Energieoptionen
- Umgang mit Schriftarten
- Die Systemeigenschaften abfragen und einstellen

8.2.1 Die Konfiguration der Maus

Die Konfiguration der Maus ist nur selten notwendig, denn in den allermeisten Fällen wird an die Arbeitsweise der Maus keine besonderen Anforderungen gestellt. Sollte dies wider Erwarten der Fall sein, werden diese Einstellungen im MAUS-Applet der Systemsteuerung vorgenommen. Zu den wichtigsten Einstellungen gehören:

- Das Vertauschen der primären und sekundären Maustaste.
- Das Einrasten der Klick-Funktion, so dass bei Ziehen- und Ablegen-Operationen ein einfacher, anfänglicher (etwas längerer – die Länge kann eingestellt werden) Klick genügt, um die Operation zu starten und die primäre Maustaste nicht die ganze Zeit gedrückt sein muss.
- Die Doppelklickgeschwindigkeit, d.h. der zeitliche Intervall, nach dem zwei Einzelklicks als Doppelklick interpretiert werden.
- Das Festlegen, ob sich der Mauszeiger in einem Dialogfeld automatisch auf der Standardschaltfläche positionieren soll. Das macht das Bestätigen dieser Schaltfläche sehr viel einfacher.
- Die Auswahl der Mauszeigersymbole.
- Die Bewegungsgeschwindigkeit des Mauszeigers.

NEU

Im Vergleich zu Windows 98 hat es im MAUS-*Applet einige Änderungen gegeben. Neu sind unter anderem die Einführung der Begriffe primäre und sekundäre Maustaste, das Einrasten der Klickfunktion und das automatische Positionieren des Mauszeigers auf die Standardschaltfläche.*

Den Doppelklick abschalten

Der Doppelklick ist nicht so unzertrennlich mit Windows verbunden wie es vielleicht den Anschein haben mag. In den Ordneroptionen lässt sich einstellen, ob das Öffnen eines Dateisymbols einen einfachen oder den üblichen Doppelklick erfordert.

Umschalten von Doppelklick auf einfachem Klick

1. Öffnen Sie ein Ordnerfenster und wählen Sie EXTRAS/ORDNEROPTIONEN.
2. Wählen Sie im Register ALLGEMEIN eine der beiden Optionen ÖFFNEN DURCH EINFACHEN KLICK (MARKIEREN DURCH ZEIGEN) oder ÖFFNEN DURCH DOPPELKLICK (MARKIEREN DURCH EINFACHEN KLICK).
3. Bestätigen Sie die Auswahl mit OK oder ÜBERNEHMEN.

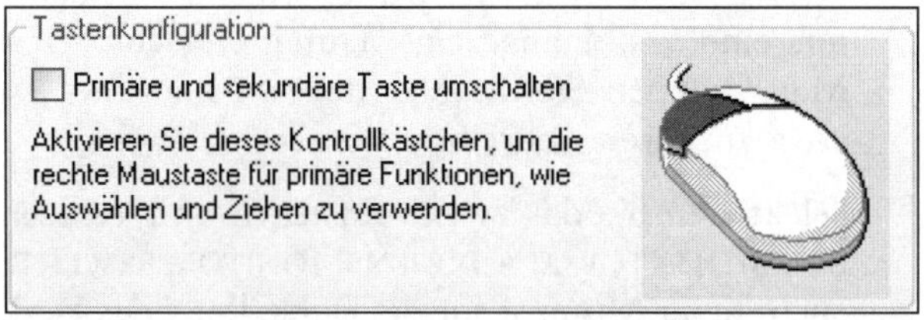

Abbildung 8.2: In diesem Bereich des Registers Allgemein erfolgt das Umschalten zwischen einfachem und Doppelklick

So unpraktisch der Doppelklick letzten Endes ist, auch der einfache Klick ist gewöhnungsbedürftig und nicht optimal, da ein versehentliches Anklicken zum Programmstart führt und es nicht immer ganz einfach ist zwischen dem Anklicken und dem Selektieren zu unterscheiden. Das Beste ist es, den Doppelklick beizubehalten, Dateien, Ordner und Programme aber über ihr Kontextmenü und den Eintrag ÖFFNEN zu öffnen.

8.2.2 Das Hinzufügen eines weiteren Monitors

Windows XP erlaubt das Arbeiten mit einem zweiten Monitor.[3] Dadurch wird der zur Verfügung stehende Bildschirmbereich vergrößert und Fenster können zwischen den beiden Bildschirmen hin- und hergeschoben werden, was z.B. bei Spielen sehr praktisch ist. Voraussetzung ist, neben dem zweiten Bildschirm, entweder eine weitere Grafikkarte oder eine Grafikkarte, die über zwei Monitorausgänge verfügt.

3 Was gegenüber Windows ME ein gewisser Rückschritt ist, da hier bis zu zehn Monitore unterstützt wurden – doch einmal ehrlich, wer schafft es, zehn Bildschirme auf den Schreibtisch zu stellen.

STEP

Inbetriebnahme eines zweiten Monitors

1. Schalten Sie den PC aus, bauen Sie die zweite Grafikkarte ein (es muss sich um eine PCI- oder AGP-Karte handeln, sofern der Slot nicht bereits belegt ist, wenngleich dies noch keine Funktionsgarantie ist, da sich nicht jede Grafikkarte mit einer anderen Karte zusammen betreiben lässt – bei moderneren Karten sollte es jedoch keine Probleme geben).
2. Nach dem Einschalten und dem erneuten Start von Windows sollte die zweite Grafikkarte erkannt werden. Sofern dies nicht automatisch geschah, müssen Sie für diese Karte die benötigten Treiber installieren.
3. Damit ist die zweite Grafikkarte betriebsbereit, an der Sie nun den zweiten Monitor anschließen können.
4. Die Konfiguration des Dual-Monitor-Betriebs erfolgt über das Applet ANZEIGE in der Systemsteuerung. Wechseln Sie hier auf das Register EINSTELLUNGEN. Hier wird für jeden der beiden Monitore ein Rechteck mit einer Zahl angezeigt. Durch Verschieben der Kästchen mit der Maus können Sie die Monitore so anordnen, wie es der Anordnung etwa auf Ihrem Schreibtisch entspricht.
5. Selektieren Sie das zweite Kästchen und kreuzen Sie die Option WINDOWS-DESKTOP AUF DIESEN MONITOR ERWEITERN an. Dadurch steht auch dieser Monitor für die Darstellung des Desktops zur Verfügung.

:-) TIPP

Über die Schaltfläche IDENTIFIZIEREN *werden auf den beiden Monitoren die Zahlen 1 und 2 eingeblendet, so dass Sie eindeutig feststellen können, welcher Monitor für das Kästchen mit der Zahl 1 steht.*

6. Bestätigen Sie das Dialogfeld mit OK. Sie sollten jetzt den Windows-Desktop auf beiden Monitoren sehen und in der Lage sein, einzelne Fenster von einem Bildschirm auf den anderen zu verschieben.

8.3 Einstellen von Energieoptionen

Die Energieoptionen betreffen die verschiedenen Stromsparmechanismen und spielen nicht nur bei Notebooks eine Rolle. Auch Desktop-PCs sollten im Allgemeinen nicht ständig bei voller Leistungsaufnahme laufen.[4] Die Energieverwaltung wird im Applet ENERGIEOPTIONEN vorgenommen. Im Einzelnen lassen sich hier einstellen:

- Ein Energieschema, das alle Einstellungen unter einem Namen zusammenfasst.

4 Nicht, dass Microsoft auch noch daran schuld ist, dass in 30 Jahren wieder neue Kernkraftwerke gebaut werden müssen.

- Nach welcher Zeitspanne bei Netz- und Batteriebetrieb sich Monitor und Festplatte abschalten.
- Nach welcher Zeitspanne der Computer in den Standby- und nach welcher Zeitspanne dieser in den Ruhezustand übergeht.
- Wie der Computer einen »Energiealarm«, d.h. das Unterschreiten eines eingestellten Energiestandes meldet, wobei zwischen einem niedrigen und einem kritischen Stand unterschieden wird. Dies kann von einer Meldung bis zum Start eines festgelegten Programms reichen.
- Ob die Batterieanzeige oder die Energieoptionen im Infofeld der Statusleiste erscheinen.
- Ob nach Reaktivieren des Computers das Benutzerkennwort eingegeben werden muss.
- Was beim Schließen des Notebooks und beim Ausschalten des Computers passieren soll (an dieser Stelle lässt sich z.B. einstellen, dass ein Zuklappen des Notebooks automatisch den Standby-Modus aktiviert und nicht zum Herunterfahren führt, oder dass das Drücken des Netzschalters den Desktop-PC herunterfährt, was bei der modernen Energieverwaltung nicht mehr selbstverständlich ist).
- Den Ruhezustand aktivieren, was zusätzlichen Platz auf der Festplatte erfordert (zwischen 200 und 400 Mbyte, je nach Größe des Arbeitsspeichers) (siehe Abbildung 8.3).

8.3.1 Die Rolle der Energieschemata

Damit nicht jede Einstellung einzeln getroffen wird, gibt es auch bei den Energieoptionen Schemata. Ein Schema steht für einen Satz von Einstellungen. Damit ein Schema leichter auswählbar ist, erhält es einen Namen. Von Anfang an dabei sind Schemata wie TRAGBARER COMPUTER/LAPTOP, ZUHAUSE/BÜRO oder MINIMALER ENERGIEVERBRAUCH, die für einen bestimmten Satz von Einstellungen stehen. Wurden die zu einem vordefinierten Schema gehörenden Einstellungen geändert, lassen sich diese über SPEICHERN UNTER unter einem neuen Namen speichern, so dass auch dieses Schema schnell wieder hergestellt werden kann (siehe Abbildung 8.4).

8.3.2 Aktivieren des Ruhezustandes

Computer, deren Energieverwaltung der Spezifikation *Advanced Configuration and Power Interface* (ACPI) entspricht, unterstützen einen speziellen Abschaltmodus, der als RUHEZUSTAND (im Original »Hybernation«-Modus) bezeichnet wird.

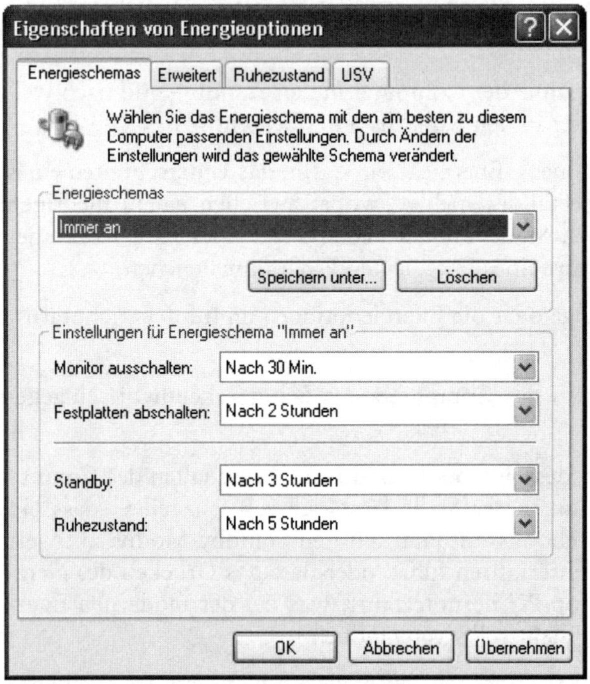

Abbildung 8.3: In diesem Dialogfeld werden die relativ umfangreichen Energieoptionen eingestellt

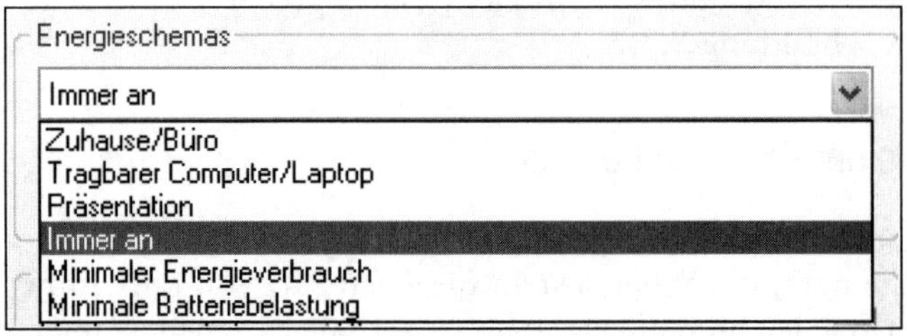

Abbildung 8.4: Aus der Liste der Energieschemas wird ein vordefinierter Satz an Einstellungen abgerufen

In diesem Modus wird vor dem Ausschalten der komplette Speicherinhalt in eine Datei auf die Festplatte übertragen. Dadurch können nach dem erneuten Einschalten alle Anwendungen mit ihren geladenen Dokumenten wieder so hergestellt werden, als wäre der Computer gar nicht ausgeschaltet worden.

Ob der Ruhezustand auf einem Computer genutzt werden kann, wird bei Windows XP dadurch angezeigt, dass in den Energieoptionen ein Register mit dem Namen RUHEZUSTAND angeboten wird. Wird in diesem Register die Option RUHEZUSTAND AKTIVIEREN aktiviert, steht der Ruhezustand sowohl in den Energieoptionen als auch beim Ausschalten des Computers als Option zur Auswahl.

Wie groß der Platzbedarf für die Auslagerung des Arbeitsspeichers in die Ruhezustandsdatei ist, wird in dem Dialogfeld angezeigt und hängt von der Größe des Arbeitsspeichers ab.

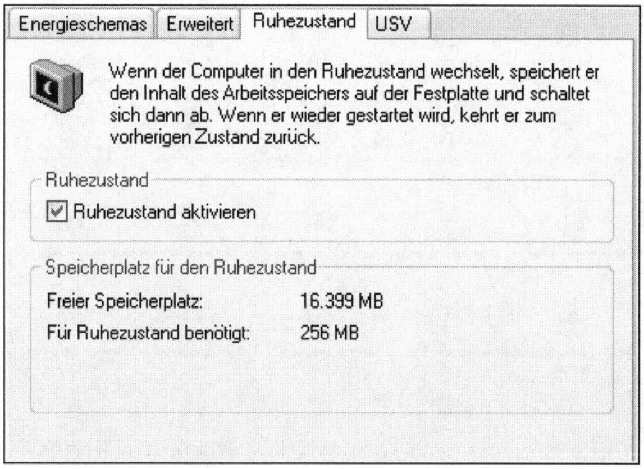

Abbildung 8.5: In diesem Dialogfeld wird der Ruhezustand als weitere Option für das Ausschalten des Computers ein- oder ausgeschaltet

8.4 Umgang mit Schriftarten

Alle unter Windows installierten Schriftarten werden im Ordner Schriftarten zusammengefasst. In diesem Ordner lassen sich

- Schriftarten, z.B. jene, die aus dem Internet geladen wurden, hinzufügen und wieder entfernen.
- eine Schriftart in verschiedenen Größen anzeigen, um einen Eindruck von den Eigenheiten der Schriftart zu erhalten.
- das Schriftbild einer Schriftart in verschiedenen Größen ausdrucken.
- Informationen über eine Schriftart erhalten (siehe Abbildung 8.6).

Nach dem Öffnen des Schriftartenordners, der auf der Festplatte in Gestalt eines Verzeichnisses mit dem Namen SCHRIFTARTEN vorliegt, werden alle installierten Schriftarten aufgelistet. Anhand der Symbole A und TT erkennen Sie, ob es sich um eine allgemeine Schriftart (Bitmap), die nur in bestimmten Größen vorliegt, oder eine frei skalierbare TrueType-Schriftart handelt.

8.4.1 Die Installation einer Schriftart

Der Schriftartenordner zeigt Ihnen alle bereits installierten Schriftarten an. Windows verfügt von Haus aus über eine Vielzahl von Schriftarten, durch die Installation von Office oder anderen Anwendungen kommen viele neue Schriftarten hinzu.

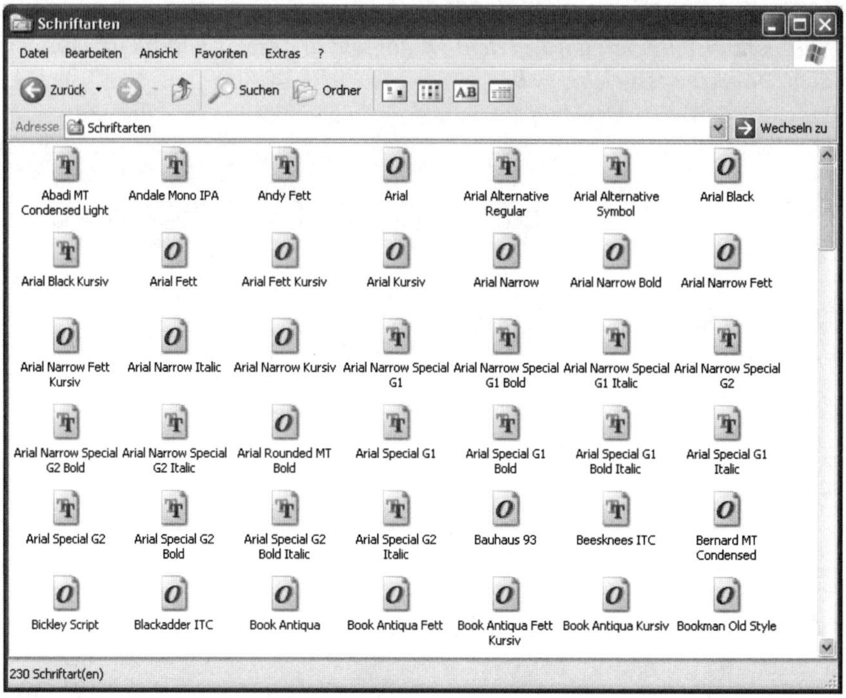

Abbildung 8.6: Im Schriftartenordner werden alle zurzeit installierten Schriftarten aufgeführt – in diesem Beispiel sind es 230

Möchten Sie eine weitere Schriftart (z.B. von einer Fonts-CD) installieren, geschieht dies stets im Schriftartenordner.

Installation einer neuen Schriftart

1. Öffnen Sie das Unterprogramm SCHRIFTARTEN in der Systemsteuerung.
2. Öffnen Sie das DATEI-Menü und wählen Sie den Befehl NEUE SCHRIFTARTEN INSTALLIEREN.
3. Wählen Sie aus dem Dialogfeld das Verzeichnis aus, auf dem sich die Schriftartendateien (zum Beispiel ein CD-ROM-Laufwerk) befinden. Sie müssen also keine einzelnen Fontdateien (Erweiterung .FON oder .TTF – für TrueType-Schriftarten) auswählen, sondern nur das Verzeichnis, in dem sich diese befinden.
4. Nach der Ausführung des Laufwerks (und gegebenenfalls dem Einstellen eines Verzeichnisses) sollten die vorhandenen Schriftarten erscheinen.
5. Durch Bestätigen mit der OK-Schaltfläche werden die Schriftarten installiert und stehen anschließend in allen Anwendungen zur Verfügung.

Besonderen Komfort bietet Windows bei der Anzeige der einzelnen Schriftarten. Durch das Öffnen eines Schriftartensymbols wird die Schriftart in einem separaten Fenster in einer Reihe von Schriftgrößen angezeigt (machen Sie sich bitte über den angezeigten Satz im Allgemeinen und Franz im Speziellen keine Gedanken, der Satz soll nur sämtliche Buchstaben enthalten). Außerdem erhalten Sie zusätzliche Informationen über die Herkunft der Schriftart (besonders wichtig für professionelle DTP-Anwender ist das Copyright) und die Größe der Fontdatei.

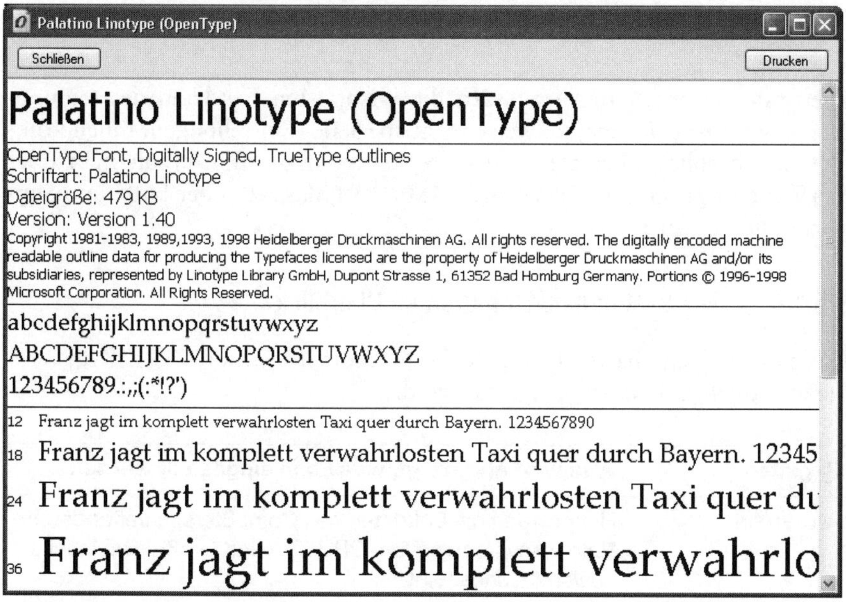

Abbildung 8.7: Für jede Schriftart zeigt Windows eine Vorschau an, die auf Wunsch auch ausgedruckt werden kann

:-) TIPP

Öffnen Sie einen Schriftartenordner, sehen Sie nicht die in diesem Verzeichnis enthaltenen Fontdateien, sondern statt dessen die in diesen Dateien enthaltenen Schriftarten.

INFO

Kopiert man den SCHRIFTARTEN-*Ordner in einen anderen Ordner, wird dieser automatisch als* FONTS-*Ordner behandelt. Das bedeutet zum Beispiel, dass das Löschen von Fonts im neu angelegten Ordner diese auch im* SCHRIFTARTEN-*Ordner selber löscht (d.h. in den Papierkorb überträgt). Dies ist allerdings ein Effekt, der nur selten erwünscht ist. Der Grund für dieses Verhalten liegt in der Datei* Desktop.ini, *die beim Kopieren des kompletten* SCHRIFTARTEN-*Ordners mitkopiert wird. Diese sorgt dafür, dass ein Ordner wie der* SCHRIFTARTEN-*Ordner behandelt wird. Löscht man diese Datei, bei der es sich um eine versteckte Systemdatei handelt (die Attribute* SYSTEM *und* VERSTECKT *sind gesetzt), wird aus dem Ordner wieder ein normaler Ordner.*

8.5 Die Systemeigenschaften abfragen und einstellen

Wir kommen nun zu einem sehr interessanten Abschnitt. Mit den Systemeigenschaften steht ein umfangreiches Dialogfeld zur Verfügung, in dem eine Vielzahl von Einstellungen vorgenommen werden. Die Systemeigenschaften können auf verschiedene Weisen angezeigt werden:

- Über das Eigenschaftendialogfeld des Arbeitsplatzsymbols (das allerdings nicht automatisch auf dem Desktop angezeigt wird).
- Über das SYSTEM-Applet der Systemsteuerung.

Die Systemeigenschaften umfassen die wichtigsten Eckdaten des Computers, sowie verschiedene, teilweise recht spezielle, Einstellungen. Einen kompletten Überblick über die aktuelle Systemkonfiguration erhält man über das Zubehörprogramm SYSTEMINFORMATION, das z.B. über Hilfe und Support gestartet wird.

8.5.1 Die Systemeigenschaften im Überblick

Das Systemeigenschaftendialogfeld besteht aus insgesamt sieben Registern, die in Tabelle 8.4 zusammengefasst sind.

Tabelle 8.4: Die Register im Systemeigenschaftendialogfeld

Register	Was wird angezeigt, was kann eingestellt werden?
ALLGEMEIN	Hier werden die Eckdaten des Computers, unter anderem Betriebssystemversion, CPU-Typ und Größe des Arbeitsspeichers angezeigt.
COMPUTERNAME	Hier kann der Computer einen anderen Namen erhalten, der in der Netzwerkumgebung anderer Computer im Netzwerk angezeigt wird, und dazu benutzt wird, den Computer im Netzwerk anzusprechen.
HARDWARE	Über dieses Register steht vor allem der Gerätemanager zur Verfügung. Außerdem werden an dieser Stelle die Hardwareprofile verwaltet, Einstellungen für den Umgang mit signierten Treibern getroffen und der Hardware-Assistent aufgerufen.
ERWEITERT	Dies ist ein recht umfangreiches Register, in dem eine Vielzahl unterschiedlicher Einstellungen möglich sind. Darunter eine umfangreiche Liste von Leistungseinstellungen, die Auswahl eines Benutzerprofils, das bei Windows XP an ein Benutzerkonto gekoppelt ist, sowie verschiedene Einstellungen, die den Systemstart betreffen.

Register	Was wird angezeigt, was kann eingestellt werden?
	In diesem Register werden auch die zahlreichen Umgebungsvariablen von Windows XP angelegt und mit Werten belegt, sowie eingestellt ob Fehler, die beim Arbeiten mit Windows XP auftreten, in Gestalt eines Fehlerberichts an Microsoft geschickt werden.
SYSTEM-WIEDERHERSTELLUNG	In diesem Register wird die Systemwiederherstellung von Windows XP ein- oder ausgeschaltet. Außerdem wird der für die Systemwiederherstellung zur Verfügung stehende Speicherplatz eingestellt.
AUTOMATISCHES UPDATE	In diesem Register wird eingestellt, auf welche Weise eine automatische Benachrichtigung über mögliche Updates für Windows XP erfolgen soll. Die Voreinstellung sieht vor, dass Updates (eine Internet-Verbindung natürlich vorausgesetzt) automatisch heruntergeladen werden und vor der Installation eine Benachrichtigung erfolgt).
REMOTE	In diesem Register wird die Remote-Unterstützung von Windows XP aktiviert und konfiguriert (es gibt lediglich zwei Einstellungen, so dass keinerlei technische Vorkenntnisse erforderlich sind), die es ermöglicht, dass ein anderer Benutzer über das Internet Einstellungen mit der Erlaubnis des Benutzers am lokalen Computer vornehmen kann.

8.5.2 Ändern des Computernamens

Der Computername spielt nur dann eine Rolle, wenn der Computer Teil eines Netzwerkes ist. In diesem Fall wird der Name dazu benutzt, den Computer im Netzwerk auszuwählen. Der Computername wird bereits beim Setup festgelegt, kann später aber wieder geändert werden.

Ändern des Computernamens

1. Öffnen Sie das Dialogfeld SYSTEMEIGENSCHAFTEN, in dem Sie z.B. das SYSTEM-Applet in der Systemsteuerung öffnen.
2. Wählen Sie das Register COMPUTERNAME.
3. Im Eingabefeld BESCHREIBUNG können Sie eine kurze Beschreibung des Computers eingeben (Beispiele werden in dem Dialogfeld angezeigt). Diese wird zusätzlich zum Computernamen in der Netzwerkumgebung aufgeführt.
4. Klicken Sie auf ÄNDERN (im unteren Bereich). Es erscheint ein Dialogfeld, in dessen Eingabefeld COMPUTERBESCHREIBUNG der bisherige Name des Computers angezeigt wird. Tragen Sie in das Eingabefeld den neuen Namen ein und bestätigen Sie mit OK.

INFO

Ein Computername darf in einer Arbeitsgruppe nur einmal vorkommen. Es ist üblich, die Namen innerhalb einer Arbeitsgruppe durchzunummerieren (z.B. ATEAM_01, ATEAM02 usw.) (siehe Abbildung 8.8).

Abbildung 8.8: In diesem Dialogfeld erhält der Computer einen anderen Namen

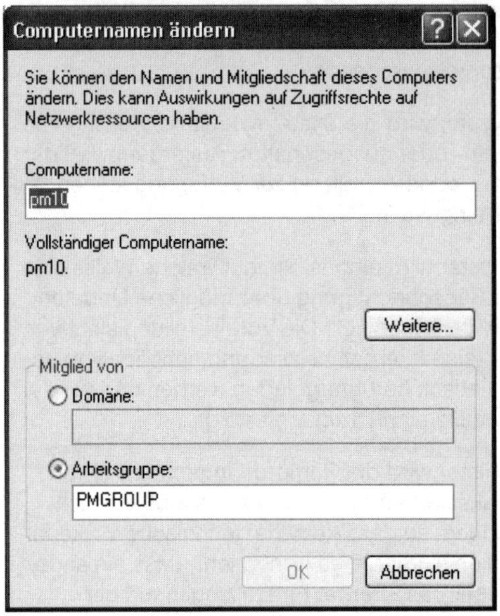

8.5.3 Den Systemstart konfigurieren

Windows startet nur scheinbar immer auf die gleiche Weise. Das, was hinter den Kulissen passiert, lässt sich (in geringem) Umfang im Dialogfeld STARTEN UND WIEDERHERSTELLEN einstellen. Folgende Einstellungen sind an dieser Stelle möglich:

- Welches Betriebssystem nach dem Einschalten des Computer oder einem Neustart automatisch bootet (sofern mehrere Betriebssysteme zur Auswahl stehen, was z.B. der Fall ist, wenn Windows XP parallel zu Windows 98 installiert wurde).
- Wie lange die Liste der zur Auswahl stehenden Betriebssysteme angezeigt wird (die Standardeinstellung sind 30s).
- Ob Systemfehler in das Systemprotokoll eingetragen werden, und ob diese automatisch zu einem Neustart führen.
- Ob und in welchem Umfang beim Absturz einer Anwendung die sog. Debugging-Informationen in eine Speicherdump-Datei (Erweiterung *.Dmp*) eingetragen werden.
- In welches Verzeichnis dieser Speicherdump abgelegt wird.

INFO

Alle Starteinstellungen sind in der Datei Boot.ini enthalten. Der Inhalt dieser Datei wird über BEARBEITEN *sichtbar gemacht.*

STEP

Anzeigen des Dialogfeldes Starten und Wiederherstellen

1. Öffnen Sie das Dialogfeld SYSTEMEIGENSCHAFTEN, in dem Sie z.B. das System-Applet in der Systemsteuerung öffnen.
2. Wählen Sie das Register ERWEITERT.
3. Klicken Sie im Bereich STARTEN UND WIEDERHERSTELLEN auf EINSTELLUNGEN.

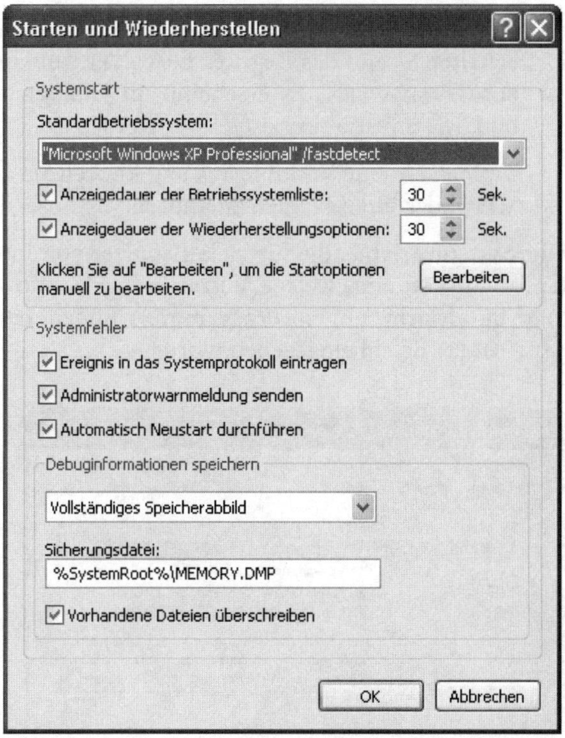

Abbildung 8.9: In diesem Dialogfeld werden Starteinstellungen und Einstellungen, die den Speicherdump nach einem Absturz betreffen, vorgenommen

8.5.4 Umgebungsvariablen anlegen und bearbeiten

Eine Umgebungsvariable ist allgemein ein (im Prinzip) beliebiger Name, der für einen (im Prinzip beliebigen) Wert steht. Das bekannteste Beispiel ist die Umgebungsvariable Path, die denVerzeichnispfad enthält, d.h. die Namen aller Verzeichnisse, die nach Eingabe eines Programmnamens durchsucht werden.

Während bei Windows 9x Umgebungsvariablen nur vereinzelt vorkommen, speichert Windows XP (als »Erbe« seines Vorgängers Windows NT) viele systemweite Einstellungen in Umgebungsvariablen, die auch unter dem Sammelbegriff UMGEBUNG (engl. »environment«) zusammengefasst werden. Bei den Umgebungsvariablen wird zwischen Benutzervariablen, die spezifisch für einen Benutzer sind (etwa den Verzeichnispfad des *Temp*-Verzeichnisses), und den Systemvariablen (z.B. die Anzahl der vorhandenen Prozessoren), die für das ganze System gelten, unterschieden. Die Umgebungsvariablen werden im Register ERWEITERT der Systemeigenschaften angezeigt, bearbeitet und neu angelegt.

Umgebungsvariablen bearbeiten

STEP

1. Klicken Sie den Arbeitsplatz auf dem Desktop mit der sekundären Maustaste an und wählen Sie EIGENSCHAFTEN.
2. Schalten Sie auf das Register ERWEITERT um und klicken Sie auf UMGEBUNGSVARIABLEN. Es erscheint ein Dialogfeld, in dem alle Benutzer- und Systemvariablen aufgelistet werden.
3. Wählen Sie eine Variable aus und klicken Sie auf BEARBEITEN, um ihren Wert oder ihren Namen zu ändern.

Eine Systemvariable, die für viele Benutzer von Interesse ist, ist PATH, denn ihr Inhalt bestimmt, welche Verzeichnisse Windows XP in welcher Reihenfolge durchsucht, um ein Programm zu finden, dessen Name z.B. über den AUSFÜHREN-Befehl eingegeben wurde.

Abbildung 8.10: In diesem Dialogfeld werden Umgebungsvariablen erstellt, bearbeitet und gelöscht

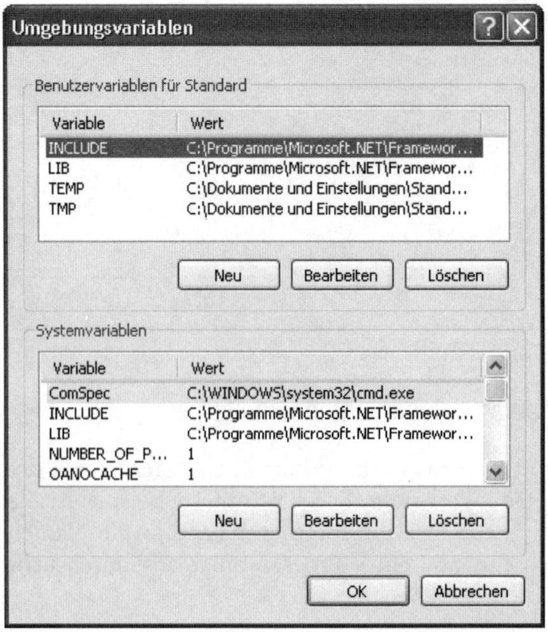

Damit Umgebungsvariablen allgemein gehalten werden können, verwenden sie bestimmte Abkürzungen, wie z.B. *%systemroot%*, die durch ihren aktuellen, auf dem System gültigen, Inhalt ausgetauscht werden. Bei *systemroot* wäre dies der Verzeichnispfad jenes Verzeichnisses, in das Windows 2000 installiert wurde. Damit diese Abkürzungen in einem Verzeichnispfad als solche zu erkennen sind, werden sie in Prozentzeichen eingerahmt. An dem Prozentzeichen erkennt Windows, dass der folgende Name durch einen aktuellen Wert ausgetauscht werden muss. Diese Abkürzungen (die wichtigsten sind in Tabelle 8.5 zusammengefasst), können Sie auch benutzen. Möchten Sie z.B. das *ShellNew*-Unterverzeichnis über den AUSFÜHREN-Befehl im Startmenü öffnen, geben Sie einfach »%systemroot%/shellnew« ein).

Tabelle 8.5: Abkürzungen in Umgebungsvariablen und ihre Bedeutung

Abkürzung	**Bedeutung**
%systemroot%	Steht für das Systemverzeichnis, z.B. *C:\Windows*
%systemroot%/system32	Spricht über die Umgebungsvariable das *System32*-Verzeichnis an.
%USERPROFILE%%	Steht für das Verzeichnis *\Dokumente und Einstellungen\<Benutzername>*, das für jeden Benutzer eingerichtet wird und alle benutzerspezifischen Dateien enthält.
%ALLUSERSPROFILE%	Steht für das gemeinsame Verzeichnis *\Dokumente und Einstellungen\All Users*, das sich alle Benutzer teilen.

TIPP

Über das Set-Kommando der Eingabeaufforderung lassen sich alle Umgebungsvariablen eines Benutzers auf einmal auflisten. Mehr zum Umgang mit der Eingabeaufforderung in Kapitel 21.

INFO

Falls Sie eine Eingabeaufforderung während des Änderns einer Umgebungsvariablen geöffnet haben, müssen Sie zunächst die Eingabeaufforderung wieder schließen, um den aktuellen Wert der Variablen sehen zu können.

8.6 Die Optik eines Ordnerfensters anpassen

Ein Ordnerfenster wird zwar immer rechteckig bleiben, doch bietet Windows XP die Möglichkeit den Ordnerinhalt auf unterschiedliche und teilweise richtig attraktive Weise darzustellen. Sicherlich ist Ihnen bei Windows XP bereits die besondere Optik der Ordner EIGENE BILDER und EIGENE MUSIK aufgefallen. Während EIGENE BILDER unter anderem eine kleine Vorschau für das aktuell selektierte Bild bietet, ist es in EIGENE MUSIK zum Beispiel möglich, dass in dem Ordnersymbol eines CD-Ordners das Cover der CD angezeigt wird. Dahinter stecken keine fest verdrahteten Spezialfunktionen, sondern ein einfaches Prinzip. Jeder Ordner besitzt einen individuellen Hintergrund, der aus einer Erweiterung von HTML, sowie einem »Anzeigenbaustein« besteht, der für die Anzeige des Ordnerinhalts und die Darstellung der verschiedenen Ansichtsmodi (Symbol, Details usw.) zuständig ist. Dadurch wird es möglich, den Hintergrund optisch relativ variabel zu gestalten und zu dem stets vorhandenen Ordnerinhalt zusätzliche Elemente, wie zum Beispiel die Vorschau, anzuzeigen. Und es kommt noch besser. Dies funktioniert nicht nur bei den Spezialordnern, sondern über den Menübefehl ANSICHT/ORDNER ANPASSEN in jedem Ordnerfenster.

Die Fähigkeit einen Ordnerhintergrund anpassen zu können hat sich bei Windows XP im Vergleich zu Windows 98/ME geändert. Es ist nicht mehr möglich, Htt-Vorlagen oder ein Hintergrundbild über einen Assistenten auszuwählen oder mit Notepad zu bearbeiten (was vermutlich nie ein Anwender gemacht haben dürfte). Statt dessen wählt man in einem Register einen Ordnertyp als Layoutvorlage und gegebenenfalls auch ein Symbol sowohl für die Miniaturansicht und die übrigen Ansichten aus.

Anpassen des Ordnerhintergrunds

1. Öffnen Sie das Ordnerfenster und führen Sie den Menübefehl ANSICHT/ORDNER ANPASSEN aus. Es öffnet sich das Register ANPASSEN.
2. Wählen Sie aus der Auswahlliste ORDNERTYP das generelle Aussehen des Ordners aus. Die Auswahl beschränkt sich auf jene Ordnertypen, die in den Spezialordnern EIGENE DATEIEN, EIGENE BILDER und EIGENE MUSIK zu finden sind.
3. Über die Option VORLAGE FÜR ALLE UNTERORDNER ÜBERNEHMEN legen Sie fest, dass die gewählte Ansicht auch für alle Unterordner übernommen wird.
4. Wählen Sie über BILD AUSWÄHLEN ein Bild aus, das immer dann in dem Ordnersymbol angezeigt wird, wenn der überordnete Ordner in der Miniaturansicht angezeigt wird. Bei Ordnern, die den Inhalt einer Audio-CD enthalten, wird das zum Beispiel das Albumcover sein, das Sie sich zuvor aus dem Internet (z.B. `www.cdnow.com`) geladen haben (mehr dazu gleich). Es kann sich natürlich um ein beliebiges Bild handeln, das von Windows brav an die Größe des Ordnersymbols angepasst wird.
5. Auch das Ordnersymbol können Sie über ANDERES SYMBOL auswechseln. Es wird immer dann angezeigt, wenn der übergeordnete Ordner nicht in der Miniaturansicht angezeigt wird.
6. Sind Sie mit dem Ergebnis zufrieden, bestätigen Sie das Dialogfeld mit OK oder ÜBERNEHMEN.

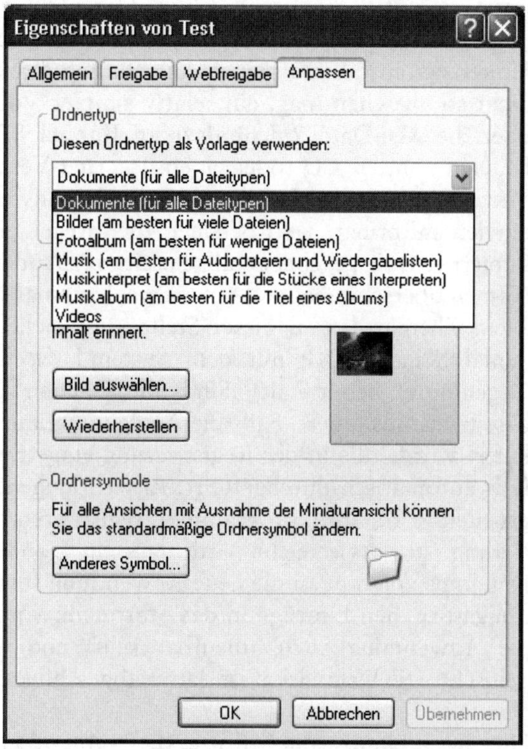

Abbildung 8.11: Im Register Anpassen wird das optische Erscheinungsbild des Ordnerhintergrunds und des Symbols variiert

8.7 Software installieren und wieder entfernen

Die Inbetriebnahme einer neuen Anwendung ist nur selten ein Problem, denn meistens genügt es, das zuständige Setup-Programm aufzurufen (sofern es nicht mit dem Einlegen der CD von alleine startet[5]).

Anders sieht es bei der Deinstallation aus, denn aus verschiedenen internen Gründen ist es im Allgemeinen nicht gewährleistet, dass eine Anwendung vollständig wieder deinstalliert wird. Windows XP versucht, dem Anwender das Leben so einfach wie möglich zu machen, indem es mit dem SOFTWARE-Applet eine zentrale Anlaufstelle für alle »Installations- und Deinstallations«-Angelegenheiten anbietet. Dieses Applet ist aber nur eine hübsche Fassade, die mit der eigentlichen Installation einer Anwendung nichts zu tun hat.

In diesem Abschnitt geht es um den Ablauf während der Installation, die Möglichkeiten eine Anwendung wieder zu deinstallieren und die Rolle der Registrierung.

5 Programme, die noch auf einer Diskette ausgeliefert werden, sollten im Jahr 2004 eine echte Rarität sein.

8.7.1 Was passiert bei einer Installation?

Hinter der Installation einer Anwendung steckt, auch wenn es manchmal nicht so aussehen mag, ein relativ simpler Vorgang. Das Setup-Programm oder die Msi-Datei (mehr dazu in Kapitel 8.7.2) kopiert alle benötigten Dateien von der CD (oder einem Internet-Verzeichnis) in ein ausgewähltes Verzeichnis auf der Festplatte. Falls die Anwendung ihre eigenen Systemdateien mitbringt, werden sie in der Regel in das SYSTEM32-Verzeichnis kopiert (wo sie gegebenenfalls bereits vorhandene Dateien mit dem gleichen Namen überschreiben, was manchmal zu unabsehbaren Folgen führen kann – ein Thema, das an dieser Stelle aber nicht weiter vertieft werden soll, zumal Windows XP mit dem Systemdateischutz ein halbwegs probates Gegenmittel bereit hält). Sind alle Dateien kopiert, ist die Anwendung bereits fast installiert. Falls die Anwendung mit Systemkomponenten ausgeliefert wurde, die in der Registrierung eingetragen werden, wird dies ebenfalls automatisch durchgeführt. Anwendungen, die mit eigenen Dateitypen arbeiten (z.B. Grafikprogramme), registrieren diese ebenfalls in der Registrierung, so dass erreicht wird, dass ein Doppelklick auf eine Datei dieses Dateityps von nun an die neue Anwendung startet. Zum Schluss werden die obligatorischen Einträge in das Startmenü vorgenommen (schließlich muss die Anwendung auch aufrufbar sein) und temporär angelegte Dateien gelöscht. Die Installation ist damit abgeschlossen.

Hier noch einmal alle Schritte, die während einer Installation durchlaufen werden, in der Übersicht:

- Das Setup-Programm (im Allgemeinen heißt es SETUP.EXE) wird gestartet.
- Die von der Anwendung benötigten Dateien werden von der CD auf die Festplatte kopiert. Die Dateien der Anwendung werden in einem neu angelegten Unterverzeichnis des PROGRAMME-Verzeichnis kopiert, die Systemdateien (sofern vorhanden) in das SYSTEM32-Unterverzeichnis.
- Falls die Anwendung mit eigenen Komponenten ausgestattet ist (das sind kleine Systemprogramme, die auch von anderen Anwendungen benutzt werden können), werden diese in die Registrierung eingetragen. Ein Beispiel ist das Zubehörprogramm IMAGING (das allerdings kein offizieller Bestandteil von Windows XP mehr ist), das eine Komponente installierte, mit der sich ein Scanner oder eine Digitalkamera direkt ansprechen ließen. Diese Komponente kann auch von einem Windows-Script aus angesprochen werden.
- Falls die Anwendung mit eigenen Dateitypen arbeitet, werden diese registriert oder bereits vorhandene Dateitypen werden erweitert.

- Die Anwendung wird in die Liste der installierten Anwendungen in der Registrierung aufgenommen, so dass sie über das SOFTWARE-Applet wieder deinstalliert werden kann.
- Es werden Verknüpfungen im Startmenü eingerichtet, so dass die Anwendung über das ALLE PROGRAMME-Untermenü aufgerufen werden kann.
- Alle nicht mehr benötigten Dateien, die vom Installationsprogramm auf die Festplatte kopiert wurden, werden gelöscht. Die Installation ist beendet, was im Allgemeinen durch eine kleine Erfolgsmeldung angezeigt wird.

8.7.2 Die Rolle der Msi-Dateien

Bereits mit Windows 2000 wurde ein komplett neuer Mechanismus für die Installation von Anwendungen zur Verfügung gestellt, der bislang hauptsächlich von Microsoft-Anwendungen (in erster Linie Microsoft Office ab Version 2000) benutzt wird. Bei diesem (inzwischen nicht mehr ganz so neuen) Mechanismus wird die Installation einer Anwendung von Windows sehr viel stärker betreut als es in der Vergangenheit der Fall war. Der Anwender profitiert davon, dass jede Anwendung, die diesen Service für ihr Installationsprogramm benutzt, sehr viel mehr Komfort (etwa eine sehr komfortable Auswahl der Installationsverzeichnisse) zur Verfügung stellen kann. Setup-Programme, die auf dem neuen Windows-Installer basieren sind an der Erweiterung *.Msi* zu erkennen. Wird eine solche Datei unter Windows XP geöffnet, wird dadurch die Installation gestartet.

8.7.3 Müssen Anwendungen installiert werden?

Warum muss eine Anwendung (relativ) umständlich installiert werden, genügt es nicht einfach die Exe-Datei auf die Festplatte zu kopieren und diese dann zu starten? Die Antwort lautet, wie sooft, im Prinzip ja. Die Notwendigkeit einer Installation ist kein Naturgesetz. Hinter jeder Anwendung steckt eine Exe-Datei. Sofern diese nicht in komprimierter Form auf der Installation-CD vorliegt (dies sollte heutzutage eine seltene Ausnahme sein), spricht nichts dagegen, diese Datei »irgendwo« hin zu kopieren, eine Verknüpfung im Startmenü anzulegen (siehe Kapitel 5) und die Anwendung zu starten. Das funktioniert immer dann nicht, wenn die Anwendung zur Ausführung zusätzliche Dateien benötigt, die sich noch auf der Installations-CD befinden. Da dies von Anwendung zu Anwendung vollkommen unterschiedlich sein kann, lässt sich die Frage, ob ein Anwendung grundsätzlich installiert werden muss, nicht pauschal beantworten.

:-) TIPP

Oft scheitert der Aufruf einer nicht oder unvollständig installierten Anwendung lediglich daran, dass die zur Ausführung benötigten Dateien nicht gefunden werden, da ihr Verzeichnis nicht Teil des Suchpfades ist. Falls Sie daher alle Dateien einer Anwendung in ein Verzeichnis kopiert haben und sich die Anwendung nicht starten lässt, kann das Erweitern des Suchpfades (z.B. über die Path*-Umgebungsvariable – siehe Kapitel 8.5.4) Abhilfe schaffen.*

8.7.4 Das Software-Applet in der Systemsteuerung

Das SOFTWARE-Applet in der Systemsteuerung listet alle bereits installierten Anwendungen auf. Zu jeder Anwendung listet es die Größe und die (relative) Nutzungshäufigkeit aus. Auf diese Weise lässt sich abschätzen, wie oft eine Anwendung bereits aufgerufen wurde, um sie gegebenenfalls wieder deinstallieren zu können.

Abbildung 8.12: Im Software-Applet werden alle bereits installierten Anwendungen aufgelistet

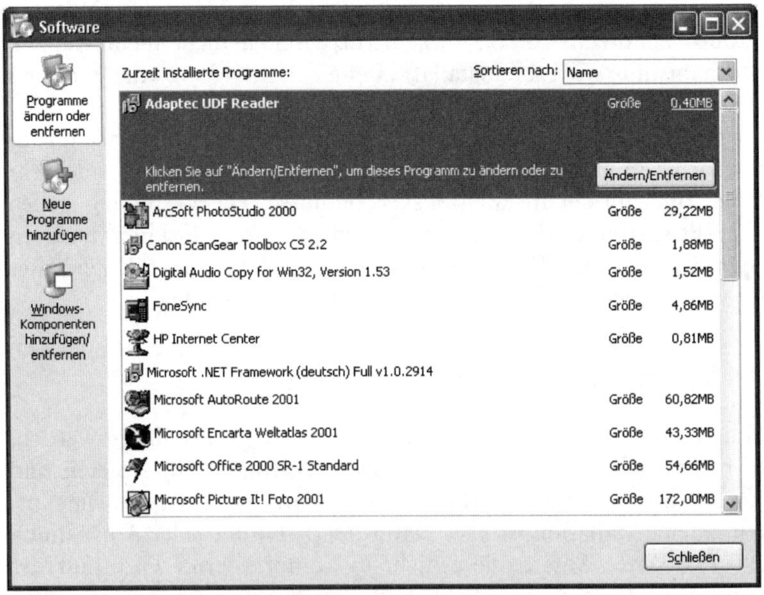

Das SOFTWARE-Applet soll folgende Aufgaben erfüllen:

- Das Installieren neuer Anwendungen
- Das Ändern oder Deinstallieren einer installierten Anwendung
- Das Hinzufügen oder Entfernen von Windows-Zubehör

8.7.5 Das Installieren neuer Anwendungen

Die Installation einer neuen Anwendung kann über das SOFTWARE-Applet erfolgen, sie muss es aber nicht. Wählen Sie nämlich NEUE PROGRAMME HINZUFÜGEN, erhalten Sie lediglich die Gelegenheit das Setup-Programm auszuwählen. Das geht auch direkt durch Aufruf des Setup-Programms bzw. ist nicht notwendig, da sich viele Programme »von alleine« installieren. Die Funktion wird daher lediglich der Vollständigkeit halber angeboten.

8.7.6 Das Ändern oder Deinstallieren einer installierten Anwendung

Anders als beim Installieren ist man beim Deinstallieren einer Anwendung auf die Mitwirkung des SOFTWARE-Applets angewiesen, da die Deinstallation einer Anwendung von Fall zu Fall unterschiedlich durchgeführt wird. Das SOFTWARE-Applet weiß auch nicht mehr als Sie, es ruft lediglich das Deinstallationsprogramm auf, das bei der Installation der Anwendung an die entsprechende Stelle in der Registrierung eingetragen wurde.

Deinstallieren einer Anwendung

STEP

1. Öffnen Sie das SOFTWARE-Applet.
2. Selektieren Sie die Anwendung in der Liste der installierten Anwendungen und klicken Sie auf ÄNDERN/ENTFERNEN.
3. Befolgen Sie die Anwendung des Deinstallationsassistenten, der daraufhin gestartet wird. Die weiteren Schrittfolge ist von Anwendung zu Anwendung verschieden.

INFO

Da die Deinstallationsfunktion von Windows nichts anderes macht als ein in der Registrierung eingetragenes Uninstall-Programm aufzurufen, gibt es leider keine Garantie, dass es immer funktioniert. Sollten merkwürdige Meldungen erscheinen oder Dateien von einem Laufwerk F: angefordert werden, das es auf Ihrem PC aber nicht mehr gibt, dann lässt sich vermutlich das Programm nicht mehr korrekt deinstallieren.

8.7.7 Eine Anwendung »zu Fuß« deinstallieren

Die Deinstallation ist kein magischer Vorgang, dessen Geheimnisse nur Eingeweihten vertraut sind. Er ist einfach das Rückgängigmachen jener Schritte, die bei der Installation vollzogen wurden. Sollte sich eine Anwendung über sein Deinstallationsprogramm nicht mehr rückgängig machen lassen, muss man selber aktiv werden und folgende Schritte der Reihe nach durchführen.

Deinstallation einer Anwendung ohne Deinstallationsprogramm

STEP

1. Lokalisieren Sie das Anwendungsverzeichnis, indem Sie den Eintrag im Startmenü lokalisieren, mit der sekundären Maustaste anklicken, EIGENSCHAFTEN wählen und im Register VERKNÜPFUNG auf ZIEL SUCHEN klicken. Dadurch wird jenes Anwendungsverzeichnis geöffnet, das im nächsten Schritt gelöscht werden muss. Das funktioniert nicht bei allen Anwendungen (bei den Verknüpfungen der Microsoft Office-Anwendungen ist die Schaltfläche ZIEL SUCHEN deaktiviert, auch wenn es sich offenbar um normale Verknüpfungen handelt).
2. Löschen Sie das Anwendungsverzeichnis mit seinen Unterverzeichnissen. Falls Sie sehr vorsichtig sind, sollten Sie die Verzeichnisse nach Dokumenten durchsuchen, die dort versehentlich abgelegt sein könnten. Normalerweise sollte dies aber nicht der Fall sein.
3. Entfernen Sie die Verknüpfung im Startmenü, indem Sie den Eintrag mit der sekundären Maustaste anklicken und auf LÖSCHEN klicken,
4. Jetzt müssen noch eventuell vorhandene Einträge in der Registrierung entfernt werden. Öffnen Sie den Registrierungs-Editor Regedit.exe über den AUSFÜHREN-Befehl im Startmenü und öffnen Sie den Zweig HKEY_LOCAL_MACHINE\SOFTWARE. Lokalisieren Sie dort einen Zweig, der dem Namen der zu entfernenden Software entspricht. Vergewissern Sie sich, dass dies auch der richtige Zweig ist, und keine aufgrund einer Namensähnlichkeit entstandene Verwechslung vorliegt. Entfernen Sie den kompletten Zweig, indem Sie ihn mit der sekundären Maustaste anklicken und auf LÖSCHEN klicken.
5. Manche Anwendungen, die mit benutzerspezifischen Einstellungen arbeiten, besitzen auch einen Eintrag in HKEY_CURRENT_USER\SOFTWARE. Dieser Eintrag muss ebenfalls entfernt werden.
6. Falls die Anwendung eigene Dateitypen registriert hat, müssen bzw. sollten die Verknüpfungen zu diesen Dateitypen entfernt werden. So sollte eine GIF-Datei standardmäßig (d.h. der Doppelklick) nicht mehr mit jener Anwendung geöffnet werden, die soeben entfernt wurde. Diese Zuordnung kann in den Ordneroptionen (Register DATEITYPEN) aufgehoben werden. Mehr dazu in Kapitel 8.8.
7. Entfernen Sie den Namen der Anwendung aus der Liste der zu deinstallierenden Anwendungen in der Registrierung. Der Zweig lautet: *HKEY_LOCAL_MACHINE\SOFTWARE*\MICROSOFT\WINDOWS\CURRENTVERSION\UNINSTALL. Lokalisieren Sie die Anwendung in der Liste der Unterschlüssel und entfernen Sie ihn.

Damit ist die Anwendung zu ca. 80% vom Rechner verschwunden. Nicht verschwunden sind Systemdateien, die eventuell in das SYSTEM32-Verzeichnis oder anderswo kopiert wurden. Diese zu lokalisieren und zu löschen ist in der Regel zu aufwendig, zumal sich diese Dateien auch nicht eindeutig erkennen lassen (sie tragen meistens sehr unscheinbare Namen).

8.7.8 Das Hinzufügen oder Entfernen von Windows-Zubehör

Das Hinzufügen und Entfernen von Windows-Zubehör ist neben der Installation und Deinstallation von Anwendungen die dritte Aufgabe des SOFTWARE-Applets. Sie wird in Kapitel 8.7.9 beschrieben.

8.7.9 Zubehör hinzufügen und entfernen

Anders als noch bei Windows 9x wird Windows XP praktisch vollständig installiert, die wenigsten Zubehörprogramme müssen nachträglich installiert werden. Auch dürfte es im Zeitalter der 80-Gbyte-Festplatten kaum noch jemanden stören, wenn Windows ein paar Programme mehr installiert, die vielleicht niemals aufgerufen werden (eine Vollinstallation von Windows XP belegt immer noch deutlich weniger als 500 Mbyte). Lediglich auf einigen älteren Notebooks, deren Besitzer sich von imposanten Taktfrequenzen blenden ließen und dadurch an der Festplatte sparen mussten, kann sich ein Platzproblem hin und wieder bemerkbar machen. Für das Gros der PC-Besitzer kommt es auf ein Dutzend Anwendungen mehr heutzutage nicht mehr an. Wie sich Zubehörprogramme über das SOFTWARE-Applet nachinstallieren oder gar wieder entfernen lassen, wird daher eher der Vollständigkeit halber aufgeführt.

Nachträgliches Installieren oder Deinstallieren eines Zubehörprogramms

STEP

1. Öffnen Sie das SOFTWARE-Applet und klicken Sie auf WINDOWS-KOMPONENTEN HINZUFÜGEN/ENTFERNEN. Es dauert stets einen Augenblick bis die Liste zusammengestellt ist.
2. Scrollen Sie in der Liste der Komponenten nach unten bis zu dem Eintrag »Zubehör- und Dienstprogramme«.
3. Selektieren Sie den Eintrag und klicken Sie auf DETAILS. Es erscheint eine Liste mit den einzelnen Kategorien.
4. Selektieren Sie Zubehör und klicken Sie erneut auf DETAILS. Es erscheint eine Liste mit allen Programmen in dieser Kategorie. Selektieren oder Deselektieren Sie nun jene Zubehörprogramme, die nachträglich installiert oder deinstalliert werden sollen.
5. Bestätigen Sie die Auswahl zwei Mal mit OK und klicken Sie auf WEITER.
6. Die ausgewählten Programme werden nun installiert oder deinstalliert, was im Allgemeinen eine Weile dauert. Irgendwann ist der Assistent aber fertig, was Sie noch einmal durch FERTIG STELLEN bestätigen müssen.

Abbildung 8.13: In der Liste der Komponenten erscheinen auch die Zubehör- und Dienstprogramme

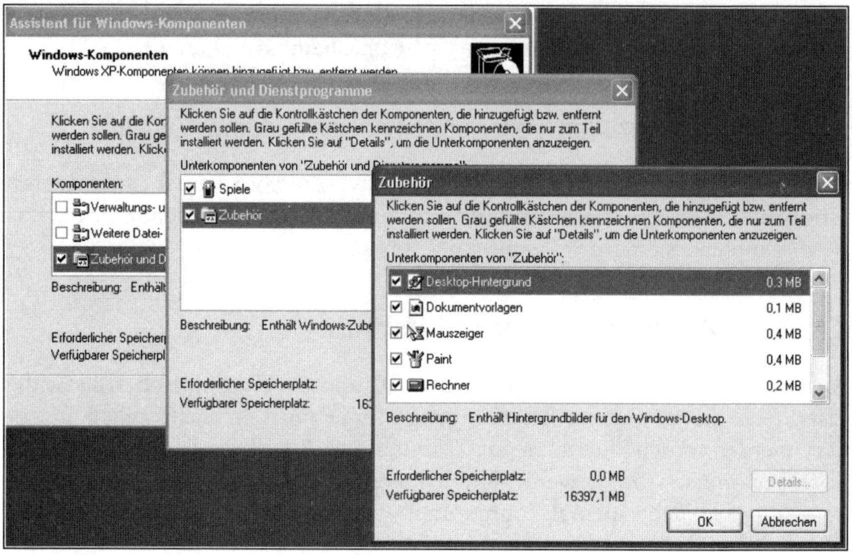

8.7.10 Die Rolle der Registrierung

Die Rolle der Registrierung wird im Allgemeinen (sofern sie überhaupt von den Anwendern zur Kenntnis genommen wird) überschätzt. Die Registrierung enthält keine »magischen« Einstellungen, deren Nicht-Vorhandensein verhindern könnte, dass eine Anwendung überhaupt gestartet werden kann. Viele Anwendungen können gestartet werden, ohne dass auf Einträge in der Registrierung zurückgegriffen werden muss (für große Anwendungen, etwa die Microsoft Office 2000-Anwendungen, trifft dies aber nicht mehr zu – diese Anwendungen fügen bei ihrer Installation Tausende von Einträgen in die Registrierung ein). Die Registrierung enthält vielmehr eine Reihe von Einträgen, die die Anwendung nach jedem Start abfragt, und die z.B. vom Benutzer getroffene Einstellungen darstellen. Außerdem enthält die Registrierung die von der Anwendung registrierten Dateitypen, sowie die Namen von Komponenten (d.h. speziellen Systemdateien, sie tragen im Allgemeinen die Erweiterungen *.dll* oder *.ocx*), die von der Anwendung über eine eindeutige Kennnummer und nicht über ihren Dateipfad angesprochen werden und daher in der Registrierung enthalten sein müssen. Tabelle 8.6 gibt eine Übersicht über die wichtigsten Einträge, die die Registrierung für Anwendungen enthält und gibt die Zweige (Schlüssel) an, unter denen diese Einträge zu finden sind.

Tabelle 8.6: Wichtige Einträge in der Registrierung, die die Ausführung einer Anwendung betreffen

Zweig	Bedeutung
HKEY_CLASSES_ROOT	Hier werden sämtliche Dateitypen registriert. Anwendungen, die mit ihren eigenen Dateitypen arbeiten, legen hier die Einträge für die neuen Dateitypen an.
HKEY_CLASSES_ROOT\CLSID	Hier werden sämtliche Komponenten abgelegt, die von Windows und seinen Anwendungen registriert wurden. Es ist praktisch unmöglich, anhand der Einträge eine Komponente einer Anwendung zuzuordnen.
HKEY_CURRENT_USER\SOFTWARE	Hier wird für jede Anwendung, die benutzerspezifischen Einstellungen verwaltet, ein Unterschlüssel mit dem Namen der Anwendung angelegt.
HKEY_LOCAL_MACHINE\SOFTWARE	Hier werden für jede Anwendung Einstellungen gespeichert, die alle Benutzer betreffen, ein Unterschlüssel mit dem Namen der Anwendung angelegt.
HKEY_LOCAL_MACHINE\SOFTWARE\MICROSOFT\WINDOWS\CURRENTVERSION\UNINSTALL	Unter diesem Schlüssel wird für jede deinstallierbare Anwendung ein Schlüssel angelegt.
HKEY_LOCAL_MACHINE\SOFTWARE\MICROSOFT\WINDOWS\CURRENTVERSION\INSTALLER	Im Unterschlüssel *Components* legt der Windows Installer für jede installierte Komponente einen Eintrag an.

8.7.11 Die Frage der Kompatibilität

Windows ist nicht gleich Windows, auch wenn es oberflächlich betrachtet den Anschein haben mag. Es gibt zwischen jeder Version genügend Unterschiede, die direkt oder indirekt bewirken, dass eine Anwendung den Dienst verweigert. Dabei lässt sich die Wahrscheinlichkeit für eine erfolgreiche Ausführung noch nicht einmal anhand der Verwandtschaft der Versionsnummern ableiten. Eine Anwendung, die für Windows 2000 programmiert, besitzt für Windows XP nicht automatisch eine höhere Ausführgarantie als eine Anwendung, die noch aus der Ära von Windows 95 stammt. Auch wenn Windows XP grundsätzlich kompatibel zu seinen Vorgängen Windows ME/SE, Windows 95/98, Windows NT/2000 ist, eine Garantie gibt es nicht. Es gibt drei Möglichkeiten, um herauszufinden, ob eine ältere Anwendung XP verträglich ist:

- Genaues Studieren des Karton (bzw. der Webseite) oder nachfragen beim Hersteller.
- Einen Blick in die von Microsoft veröffentlichte Kompatibilitätsliste werfen (sie ist z.B. auf der Windows XP-CD zu finden).
- Es einfach ausprobieren.

8.7.12 Der Kompatibilitätsmodus für ältere Anwendungen

Um sicherzustellen, dass Anwendungen, die für Windows 95/98/SE/ME bzw. Windows NT 4/2000 geschrieben wurden, auch unter Windows XP laufen, bietet das Betriebssystem einen speziellen Kompatibilitätsmodus. Um diesen nutzen zu können, muss für die Anwendung eine Verknüpfung angelegt werden. Anschließend kann der Kompatibilitätsmodus in den Eigenschaften der Verknüpfung eingestellt werden.

Einstellen des Kompatibilitätsmodus für eine ältere Anwendung

STEP

1. Lokalisieren Sie die Exe-Datei der Anwendung, das heißt öffnen Sie das Ordnerfenster, in dem sich die Exe-Datei befindet.
2. Ziehen Sie die Exe-Datei mit der sekundären Maustaste ein Stück im Ordnerfenster und selektieren Sie nach dem Loslassen den Eintrag VERKNÜPFUNGEN HIER ERSTELLEN. Dadurch wird eine Verknüpfung auf die Exe-Datei angelegt.
3. Klicken Sie die Verknüpfung mit der sekundären Maustaste an und wählen Sie EIGENSCHAFTEN.
4. Kreuzen Sie die Option KOMPATIBILITÄTSMODUS an und wählen Sie das Betriebssystem, für das die Anwendung ursprünglich gedacht war, aus der Auswahlliste aus.
5. Bestätigen Sie die Auswahl mit OK.

8.8 Dateitypen bearbeiten

Dateitypen spielen beim Arbeiten mit Windows eine sehr wichtige Rolle, auch wenn dies im Allgemeinen nicht so offensichtlich wird. Jede Datei gehört zu einem Dateityp, der unter anderem festlegt mit welchem Symbol die Datei angezeigt wird, was ein Doppelklick auf das Symbol bewirkt und welche Einträge im Kontextmenü der Datei erscheinen. Da dies alles Dinge sind, die »irgendwo« in der Registrierung versteckt sind, wird am Ende des Abschnitts gezeigt, wie sich Dateitypen direkt über die Registrierung bearbeiten lassen.

8.8.1 Was genau ist der Dateityp?

Jede Datei gehört automatisch zu einem DATEITYP. Die Zuordnung zu einem Dateityp wird über die Erweiterung des Dateinamens festgelegt. Alle Dateien mit der Erweiterung *.Doc* gehören automatisch zu einem bestimmten Dateityp. Erhält eine Datei eine andere Erweiterung wird sie automatisch einem anderen Dateityp zugeordnet. Zu einem Dateityp können auch mehrere Dateierweiterungen gehören. So sind mit dem Dateityp HTML DOCUMENT gleich vier Erweiterungen assoziiert: .HTM, .HTML, .STM und .HTW. Besitzt eine Datei eine dieser Erweiterungen, wird sie automatisch dem Dateityp zugeordnet. Es spielt keine Rolle, welchen Inhalt sie besitzt.

Der Dateityp einer Datei legt folgende Eigenschaften fest:

- Das Symbol, mit dem alle Dateien des Dateityps in einem Ordnerfenster dargestellt werden.
- Eine Liste von Aktionen, die im Kontextmenü aller Dateien des Dateityps erscheinen.
- Ob die Erweiterung immer angezeigt wird oder ausgeblendet wird, wenn die entsprechende Option in den Ordneroptionen gesetzt ist.

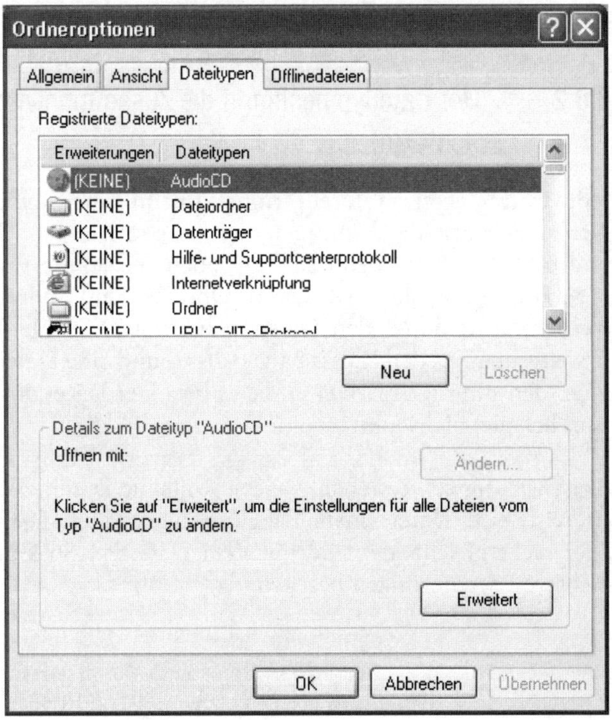

Abbildung 8.14: In diesem Dialogfeld der Ordneroptionen werden alle registrierten Dateitypen aufgelistet

Es ist wichtig den Zusammenhang zwischen dem Dateityp und den Erweiterung eines Dateinamens zu verstehen. Im Mittelpunkt steht der Dateityp, nicht die Erweiterung, wenngleich die Erweiterung in der Regel der einfachste Weg ist, einen Dateityp zu erkennen. Die Erweiterung *.Doc* steht nicht automatisch für den Dateityp »Microsoft Word Document«, der Dateityp ist vielmehr mit dieser Erweiterung assoziiert. Auch der Dateityp »WordPad.Document« ist mit der Erweiterung *.Doc* assoziiert, da Dateien, die mit WordPad abspeichert werden, die Erweiterung *.Doc* erhalten. Das Dumme bei Windows (daran hat sich auch bei Windows XP nichts geändert) ist, dass sich immer nur der zuletzt registrierte Dateityp über die Ordneroptionen bearbeiten lässt. Wird auf einem Windows-PC, auf dem sich bereits WordPad befindet, Microsoft Word installiert, wird dadurch unter anderem der Dateityp »Microsoft Word Document« registriert und mit der Erweiterung *.Doc* assoziiert. Da das Dialogfeld REGISTRIERTE DATEITYPEN zur jeden Erweiterung nur einen Dateityp anzeigen kann, lässt sich der Dateityp »WordPad-Dokument«, der nach wie vor existiert, nicht mehr auf diese Weise bearbeiten, sondern nur noch über die Registrierung – mehr zu diesem Thema in Kapitel 8.8.16.

NEU

Der Umgang mit Dateitypen wurde bei Windows XP deutlich komfortabler gestaltet. Eine der wichtigsten Neuerungen betrifft die Möglichkeit Dateien eines bestimmten Dateityps mit einer Auswahl unterschiedlicher Programme öffnen zu können.

8.8.2 Der Dateityp bestimmt die Zusammensetzung des Kontextmenüs

Jede Datei bietet in ihrem Kontextmenü eine Reihe von Einträgen an. Neben den Standardeinträgen, wie AUSSCHNEIDEN, KOPIEREN, LÖSCHEN und UMBENENNEN, gehören dazu auch speziellere Einträge wie BEARBBEITEN, DRUCKEN oder VORSCHAU. Ob diese und andere Einträge angeboten werden, wird durch den Dateityp bestimmt. So bietet eine Datei mit der Erweiterung *.gif* den Eintrag VORSCHAU und eine Datei mit der Erweiterung *.mp3* den Eintrag ABSPIELEN, die es bei einer Datei mit der Erweiterung *.txt* zum Beispiel nicht gibt.

Es ist wichtig zu verstehen, welche Rolle die Dateierweiterung spielt. Durch sie wird eine Datei einem Dateityp zugeordnet. Die Dateierweiterung ist aber nicht gleichbedeutend mit dem Dateityp. So kann ein Dateityp auch mehrere Erweiterungen besitzen.

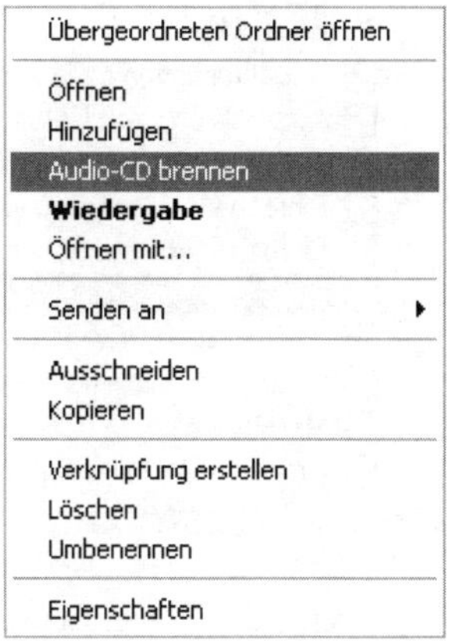

Abbildung 8.15: Je nach Dateityp werden zusätzliche Einträge im Kontextmenü einer Datei angeboten

8.8.3 Bekannte Dateitypen und der Rest

Jeder Dateityp wird in der Registrierung vermerkt. Hier erfährt Windows unter anderem, welche Einträge es im Kontextmenü bei allen Dateien des Dateityps anzeigen soll, und welches Symbol im Explorer angezeigt wird. Diese Dateitypen werden bei Windows XP auch als bekannte (registrierte) Dateitypen bezeichnet. Besitzt eine Datei eine Erweiterung, die zu keinem registrierten Dateityp passt, wird sie automatisch die Kategorie »Unbekannter Dateityp« gesteckt. Auch für diesen Dateityp gibt es eine Reihe von Festlegungen, die in der Registrierung unter dem Schlüssel HKEY_CLASSES_ROOT\UNKNOWN vermerkt sind (hier wird z.B. festgelegt, dass beim Öffnen einer Datei immer der Auswahldialog zur Auswahl des zu startenden Programms angezeigt wird).

8.8.4 Ändern der Dateierweiterung

Die Erweiterung einer Datei lässt sich nicht so ohne weiteres ändern. Da durch das Ändern die Datei unter Umständen einem anderen Dateityp zugeordnet werden würde und sich mit der Datei über ihr Kontextmenü auf einmal Aktionen durchführen ließen, die mit der Datei normalerweise nicht möglich sind (man kann z.B. eine Textdatei nicht abspielen – in diesem Fall würde der Windows Media Player mit einem Namen einer Textdatei aufgerufen, was natürlich nicht gut gehen kann), achtet Windows darauf, dass man einer Datei nicht so einfach eine neue Erweiterung geben kann. Normalerweise werden die Erweiterungen bei registrierten Dateitypen nicht angezeigt. Soll dies geschehen, muss in den Ordneroptionen die Option ERWEITERUNGEN BEI BEKANNTEN DATEITYPEN AUSBLENDEN deaktiviert werden. Ist diese Option deaktiviert, werden bei (fast) allen Dateien die dazu gehörigen Erweiterungen angezeigt (eine der wenigen Ausnahmen sind die Verknüpfungen – hier sorgt ein Flag in der Registrierung dafür, dass die Erweiterung *.lnk* nicht erscheint).

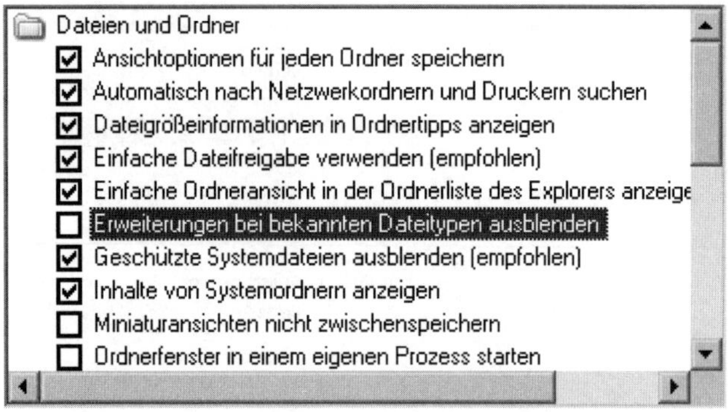

Abbildung 8.16: Diese Option in den Ordneroptionen bewirkt, dass bei allen Dateitypen die Erweiterungen angezeigt werden

Nur wenn die Erweiterung angezeigt wird, lässt Sie sich ändern. Würden Sie ansonsten etwa der Datei *Brief.doc* die Erweiterung *.txt* geben wollen, wird das Umbenennen nur scheinbar erfolgreich sein. Zwar wird der neue Name mit *Brief.txt* angezeigt, doch in Wirklichkeit heißt die Datei *Brief.doc.txt* – der Dateityp wurde dadurch nicht geändert.

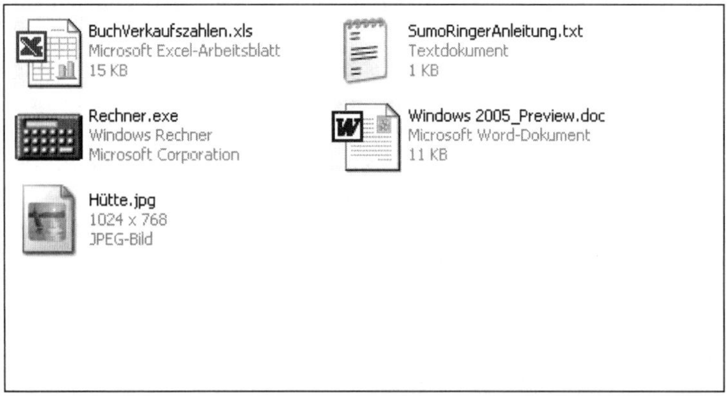

Abbildung 8.17: Zu jedem Dateityp wird die Erweiterung angezeigt

Wird die Erweiterung angezeigt, führt ein Ändern dieser Erweiterung (höchstwahrscheinlich) dazu, dass die Datei einem anderen Dateityp zugeordnet wird. Da dies mit einer Reihe von Konsequenzen für den Umgang mit Dateien dieses Dateityps verbunden wird und das Umbenennen häufig versehentlich geschehen dürfte, gibt Windows eine kleine Warnung aus.

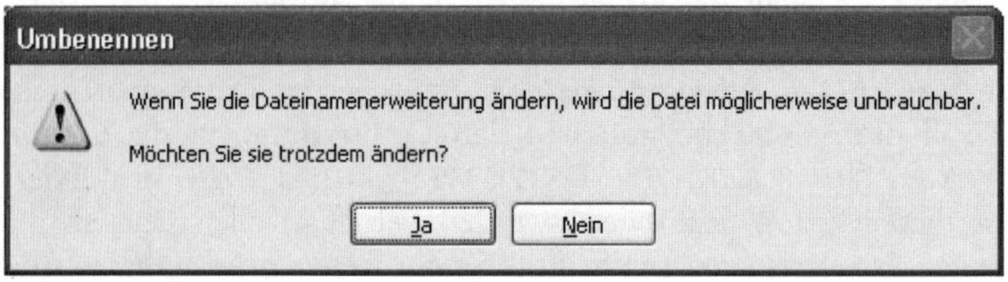

Abbildung 8.18: Diese Warnung erscheint, wenn eine Datei eine andere Erweiterung erhalten soll

8.8.5 Öffnen einer Datei eines bekannten Dateityps

Wird eine Datei eines bekannten Dateityps per Doppelklick geöffnet, wird stets jener Befehl ausgeführt, der im Kontextmenü als Standardaktion vereinbart wurde und daher fett hervorgehoben wird. Dies ist in den allermeisten Fällen entweder der ÖFFNEN-Befehl, der VORSCHAU- oder der ABSPIELEN-Befehl.

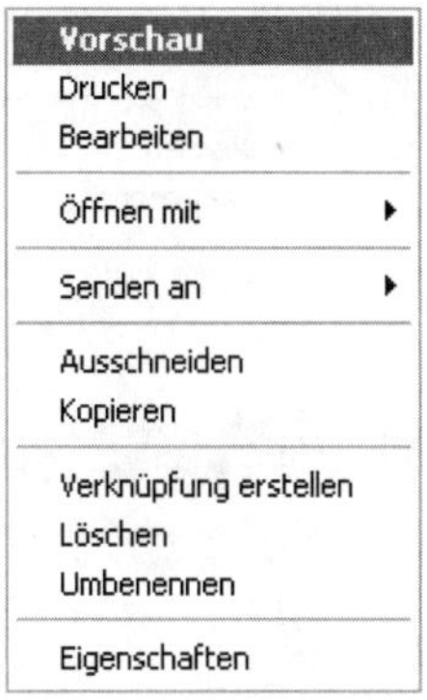

Abbildung 8.19: Die Standardaktion wird im Kontextmenü eines Dateityps fett hervorgehoben

Nicht immer soll eine Datei mit jenem Programm geöffnet werden, das über die Standardaktion mit dem Dateityp verknüpft wurde. Ein gutes Beispiel sind HTML-Dateien, die einmal mit dem Internet Explorer, einmal mit einem HTML-Editor und ein anderes Mal lediglich mit Notepad geöffnet werden sollen. Unter Windows 9x musste man das Kontextmenü des Dateityps um zusätzliche Einträge erweitern oder musste beim Öffnen des Kontextmenüs die [⇧]-Taste gedrückt halten, um das Programm über einen Auswahldialog auswählen zu können. Windows XP ist in dieser Beziehung flexibler. Jede Datei eines bekannten Dateityps besitzt in ihrem Kontextmenü einen ÖFFNEN MIT-Eintrag, der ein weiteres Untermenü öffnet. In diesem Untermenü sind alle Programme aufgelistet, mit denen das Programm geöffnet werden kann oder bereits geöffnet wurde (siehe Abbildung 8.20).

Ist das gewünschte Programm nicht dabei, muss man mit dem Eintrag PROGRAMM AUSWÄHLEN vorlieb nehmen. Dieser Dialog ist sehr übersichtlich gestaltet. Es enthält neben einer Liste von empfohlenen Programmen eine Liste mit in Frage kommenden Programmen. Ist das Programm in einer der Listen enthalten, muss es über DURCHSUCHEN ausgewählt werden. Es wird dadurch in die Liste der anderen Programme aufgenommen (siehe Abbildung 8.21).

Und nun kommt der besondere Clou, den Windows XP gegenüber Windows 9x voraushat. Öffnen Sie das nächste Mal das ÖFFNEN MIT-Menü, erscheint auch das zuletzt gewählte Programm in der Auswahlliste. Es muss daher beim nächsten Mal nicht erneut ausgewählt werden.

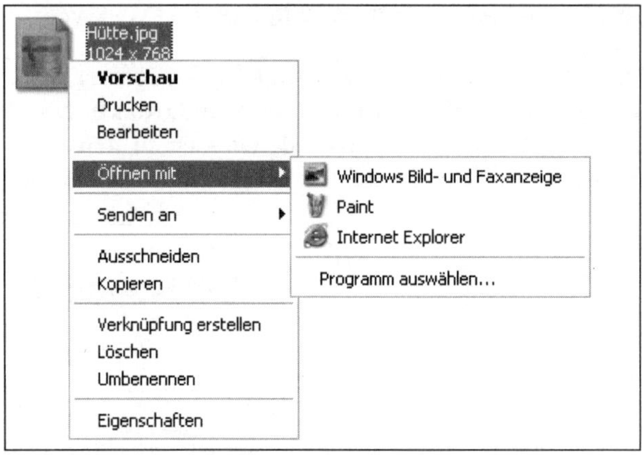

Abbildung 8.20: Das Öffnen mit-Menü bietet eine Auswahl an Programmen an, mit denen die Datei geöffnet werden kann

Abbildung 8.21: In diesem Dialogfeld kann ein anderes Programm zum Öffnen gewählt werden

8.8.6 Öffnen einer Datei eines unbekannten Dateityps

Bei Dateien, die zu keinem bekannten Dateityp gehören (sie fallen damit in die Sammelkategorie »Unbekannter Dateityp«) kann natürlich kein Programm angeboten werden, denn es gibt kein Programm, das für alle denkbaren Dateiinhalte gleichermaßen geeignet wäre. Statt dessen erscheint im Kontextmenü lediglich der Eintrag ÖFFNEN. Wird dieser Eintrag gewählt, erscheint bei Windows XP ein Dialog, der beim ersten Mal ein wenig irritierend wirken dürfte. Zwei Optionen stehen hier zur Auswahl:

- Webdienst für die Suche nach einem geeigneten Programm verwenden
- Programm aus einer Liste auswählen

Während die zweite Option keiner Erläuterung bedarf, klingt die erste Option reichlich mysteriös. Ein Webdienst ist ein (meistens kleines) Programm, das von einem Webserver zur Verfügung gestellt wird. Vielleicht wird es eines Tages Programme geben, die sich über einen Webdienst öffnen lassen. Im Jahre 2001 hat diese Option eine simple, aber nicht unbedingt zwingend erforderliche Funktion. Windows beauftragt einen Webdienst das Programm herauszufinden, das mit der Erweiterung verknüpft sein könnte. Hier ein einfaches Beispiel. Sie möchten eine Pdf-Dokumentdatei öffnen, die Sie z.B. von einer Webseite heruntergeladen haben, oder die Teil einer technischen Dokumentation war. Normalerweise kann Windows XP mit Pdf-Dateien nichts anfangen, da es über kein Programm verfügt, das diese Dateien lesen kann. Beauftragen Sie jetzt den Webdienst, erfahren Sie kurz danach, dass Sie für Dateien dieses Typs den Adobe Acrobat Reader benötigen und erhalten gleichzeitig eine Verknüpfung auf eine Webseite, von der Sie das (ca. fünf Mbyte große) Programm herunterladen können. Das ist sicherlich nicht unpraktisch, aber auch kein echter Durchbruch.

Etwas interessanter (weil praxisnaher) ist daher die zweite Variante. Sie öffnet ein Dialogfeld, in dem nicht nur das zu startende Programm ausgewählt werden kann, Sie können an dieser Stelle gleich einen Dateityp für die noch nicht zugeordnete Erweiterung festlegen, so dass aus der Datei ohne Dateityp eine Datei mit einem Dateityp wird. Wählen Sie dazu das Programm aus der Liste aus (oder wählen Sie ein ganz anderes Programm über DURCHSUCHEN aus), geben Sie für den neuen Dateityp eine Beschreibung ein (das Textfeld kann aber auch leer bleiben, falls Ihnen im Moment nichts passendes einfällt) und lassen Sie die Option DATEITYP IMMER MIT DEM AUSGEWÄHLTEN PROGRAMM ÖFFNEN aktiv (siehe Abbildung 8.22).

Wenn Sie eine Datei eines frisch registrierten Dateityps auswählen, erscheint im Kontextmenü zunächst lediglich der vertraute ÖFFNEN MIT...-Eintrag, nach dessen Auswahl weitere Programme, mit denen die Datei geöffnet werden soll, stets erneut aus einem Auswahldialog ausgewählt werden müssen. Den Komfort eines mit jeder Auswahl eines anderen Programms wachsenden ÖFFNEN MIT-Untermenüs gibt es erst dann, wenn zum Öffnen ein anderes Programm als jenes ausgewählt wird, das mit dem Dateityp bereits verknüpft ist.

8.8.7 Bearbeiten vorhandener Dateitypen

Alle Dateitypen werden im gleichnamigen Register der Ordneroptionen bearbeitet. Es spielt keine Rolle, in welchem Ordnerfenster der Befehl EXTRAS/OPTIONEN aufgerufen wird.

Abbildung 8.22: In diesem Dialogfeld wird ein Programm ausgewählt, mit dem Dateien des neu registrierten Dateityps künftig geöffnet werden

STEP

Bearbeiten eines Dateityps

1. Führen Sie in einem Ordnerfenster den Menübefehl EXTRAS/ORDNEROPTIONEN auf.
2. Wechseln Sie in das Register DATEITYPEN.
3. Wählen Sie aus der Liste der registrierten Dateitypen den gewünschten Dateityp aus und klicken Sie auf ERWEITERT. Es erscheint ein Dialogfeld, in dem die Eigenschaften des Dateityps bearbeitet werden.

INFO

Nicht alle unter Windows registrierten Dateitypen werden hier aufgelistet. Damit ein Dateityp hier erscheint, muss es in der Registrierung mindestens eine Erweiterung geben, dessen Standard-Eintrag (der Eintrag mit dem Namen »(Standard)«, über den jeder Schlüssel verfügt) den Namen dieses Dateityps enthält.

8.8.8 Ändern des Dateisymbols

Klicken Sie im Dialogfeld DATEITYP BEARBEITEN auf die Schaltfläche ANDERES SYMBOL. Es erscheint das übliche Dialogfeld, in dem zunächst alle Symbole in der dem Dateityp standardmäßig zugeordneten Datei (z.B. SHELL32.DLL) aufgelistet werden. Über DURCHSUCHEN können Sie eine andere Datei auswählen, in der ebenfalls Symbole enthalten sind.

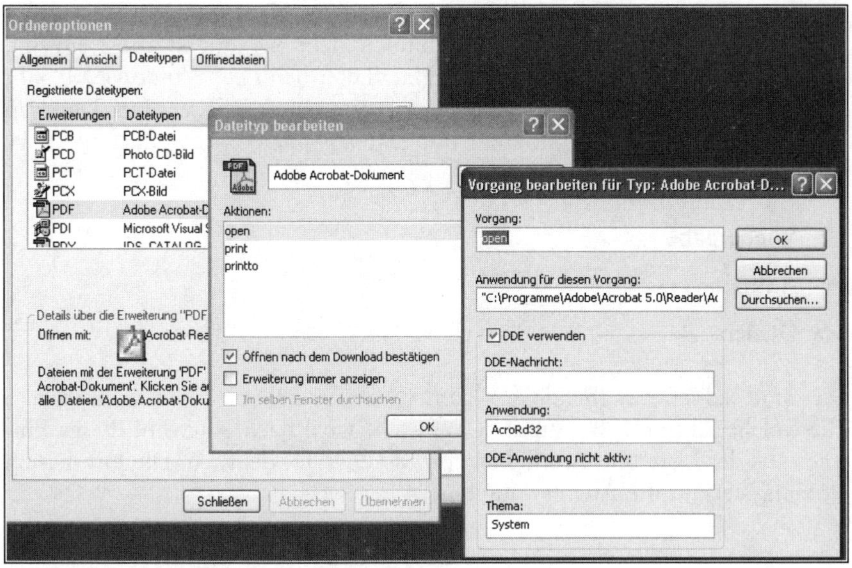

Abbildung 8.23: In diesem Dialogfeld werden die Eigenschaften des Dateityps bearbeitet

8.8.9 Eine neue Aktion hinzufügen

In der Auswahlliste AKTIONEN erscheinen alle Aktionen, die mit dem Dateityp verbunden sind, und die im Kontextmenü einer Datei des Dateityps aufgelistet werden. Über die Schaltfläche NEU wird eine Aktion hinzufügt. Es erscheint ein kleines Dialogfeld, in das zwei Dinge eingetragen werden müssen:

- Der Name des Vorgangs, der im Kontextmenü erscheint.
- Die Aktion, die nach Auswahl des Vorgangs, d.h. des Eintrags im Kontextmenü ausgeführt werden soll. Hier wird im Allgemeinen der Name einer ausführbaren Programmdatei eingetragen.

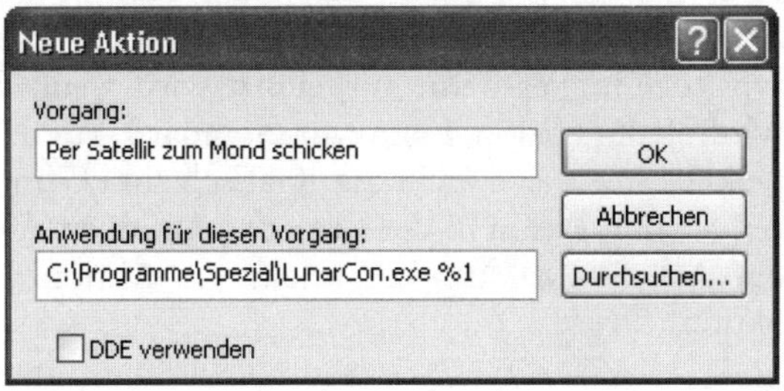

Abbildung 8.24: In diesem Dialogfeld wird eine neue Aktion definiert

Festlegen der zu öffnenden Dateien

Bei der Auswahl einer Aktion, die mit einem Dateityp durchgeführt werden soll, gilt es zu beachten, dass diese Aktion stets mit jener Datei durchgeführt werden soll, die zur Zeit selektiert ist. Da dieser Name zu dem Zeitpunkt, wo die Aktion definiert wird natürlich noch nicht bekannt ist, muss ein sog. Platzhalter eingesetzt werden. Dieser Platzhalter heißt bei Windows XP %L. Ein konkretes Beispiel macht diese Konventionen deutlicher. Der Dateityp WAVESOUND, der unter anderem mit Dateien mit der Erweiterung .WAV verknüpft ist, enthält folgende Aktionen:

- Wiedergabe
- Aufnehmen
- Öffnen

Dies sind jedoch nur (beliebige) Namen, die für beliebige Aktionen stehen. Für welche Aktion z.B. WIEDERGABE steht wird nach Auswahl dieses Eintrags aus der Liste und Anklicken von BEARBEITEN deutlich. Die mit diesem Vorgang verknüpfte Anwendung lautet:

```
"C:\Programme\Windows Media Player\wmplayer.exe" /Play "%L"
```

Wann immer also der Befehl BEARBEITEN im Kontextmenü einer Datei mit der Erweiterung *.Wav* aufgerufen wird, wird die Datei *Wmplayder.exe* (d.h. der Windows Media Player) gestartet. Welche Datei abgespielt werden soll, erfährt der Media Player über den Platzhalter *%L*. Dieser steht für den Namen der momentan selektierten Datei, aus dessen Kontextmenü der Befehl WIEDERGABE ausgewählt wurde.

INFO

Die Option DDE VERWENDEN *hat im Allgemeinen keine Bedeutung und wird nur dann selektiert, wenn dies aus der Dokumentation jener Anwendungssoftware, zu der der Dateityp gehört, hervorgeht,*

8.8.10 Eine Aktion zur Standardaktion machen

Ist Ihnen schon einmal aufgefallen, dass in der Regel ein Eintrag im Kontextmenü fett hervorgehoben wird. Dies ist der Standardeintrag des Dateityps, der immer dann ausgeführt wird wenn die Datei doppelt angeklickt wird. Jede Aktion kann zur Standardaktion gemacht werden, ein Doppelklick muss also nicht automatisch zum Öffnen der Datei führen. Selektieren Sie die Aktion in der Liste der Aktionen eines Dateityps und klicken Sie auf ALS STANDARD. Die selektierte Aktion wird dadurch zur Standardaktion.

8.8.11 Eine Aktion entfernen

Jede Aktion eines Dateityps kann auch wieder entfernt werden. Wählen Sie die Aktion aus und klicken Sie auf Entfernen. Sie wird dadurch aus dem Kontextmenü aller Dateien des Dateityps entfernt.

8.8.12 Erweiterungen für einen Dateityp anzeigen

Normalerweise werden die Erweiterungen für registrierte Dateitypen nicht angezeigt, d.h. lautet die Datei *Brief an eine Akademie.doc,* wird nur *Brief an eine Akademie* anzeigt. Dies wird über die allgemeine Option Dateinamenerweiterungen bei bekannten Dateitypen ausblenden in den Ordneroptionen erreicht. Soll die Dateierweiterung(en) eines Dateityps aber doch angezeigt werden, muss die Option ERWEITERUNG IMMER ANZEIGEN gesetzt werden.

8.8.13 Registrieren neuer Dateitypen

Es kommt selten vor, dass ein Anwender »händisch« einen Dateityp registrieren muss, denn normalerweise ist dies Angelegenheit einer Anwendung. Dennoch gehört auch das Registrieren eines Dateityps zum Grundwissen eines echten Windows-Kenners.

Registrieren eines neuen Dateityps

1. Führen Sie in einem Ordnerfenster den Menübefehl EXTRAS/ORDNEROPTIONEN aus.
2. Wechseln Sie in das Register DATEITYPEN.
3. Klicken Sie auf NEU.
4. Geben Sie die Dateierweiterung ein. Nun kommt ein wichtiger Punkt. Soll die neue Erweiterung lediglich einem bereits vorhandenen Dateityp zugeordnet werden, klicken Sie auf ERWEITERT und wählen den Dateityp aus der Liste der bereits vorhandenen Dateitypen aus. Ansonsten bestätigen Sie die neue Erweiterung einfach mit OK.
5. Der neue Dateityp ist damit bereits registriert, wobei Windows den Namen des neuen Dateityps nach einer einfachen Regel bildet: An die gewählte Dateierweiterung wird »-Datei« gehängt (die fiktive Erweiterung .*Xyz* wird zum Dateityp XYZ-Datei).
6. Der neue Dateityp ist zwar registriert, doch sind mit ihm weder ein spezielles Symbol, noch spezielle Aktionen verbunden. Selektieren Sie den neuen Dateityp in der Liste der registrierten Dateitypen und klicken Sie auf ERWEITERT. Sie erhalten nun Gelegenheit, ein Symbol auszuwählen und nacheinander (wie in Kapitel 8.8.9 beschrieben) Aktionen festzulegen.

7. Schließen Sie das Dialogfeld über die SCHLIESSEN-Schaltfläche. Wenn Sie nun, z.B. auf dem Desktop, eine neue Textdatei anlegen, dieser aber einen Namen mit der neuen Erweiterung geben, sollte die Datei (ignorieren Sie die Warnung, die Windows immer dann ausgibt, wenn eine Datei durch Ändern der Erweiterung einem neuen Dateityp zugeordnet wird) das zuvor gewählte Symbol erhalten und im Kontextmenü sollten die zuvor festgelegten Aktionen erscheinen.

8.8.14 Entfernen eines Dateityps

Die Verbindung eines Dateityps mit einer oder mehreren Dateierweiterungen kann jederzeit wieder aufgehoben werden, indem Sie den Dateityp entregistrieren, d.h. löschen.

STEP

Entfernen eines Dateityps

1. Führen Sie in einem Ordnerfenster den Menübefehl EXTRAS/ORDNEROPTIONEN aus.
2. Öffnen Sie das Register DATEITYPEN.
3. Wählen Sie den Dateityp aus und klicken Sie auf die ENTFERNEN-Schaltfläche.
4. Nach Bestätigen der obligatorischen Warnung wird der Dateityp aus der Registrierung entfernt und die Verbindung der einzelnen Dateierweiterungen mit dem Dateityp wird gelöst.

8.8.15 Spezialfälle im Zusammenhang mit Dateitypen

In diesem Abschnitt werden ein paar Spezialfälle behandelt, die im Zusammenhang mit den Dateitypen eine Rolle spielen können. Im Einzelnen geht es um:

- Die Rolle von Wiederherstellen im Eigenschaftendialogfeld eines Dateityps
- Eine Datei einem anderen Dateityp zuordnen
- Entfernen eines Dateityps
- Vorsicht vor Störenfrieden

Die Rolle von Wiederherstellen

Im Eigenschaftendialogfeld eines Dateityps erscheint meistens die Schaltfläche ERWEITERT, manchmal jedoch statt dessen die Schaltfläche WIEDERHERSTELLEN. Letzteres ist immer dann der Fall, wenn durch den Benutzer über den ÖFFNEN MIT-DIALOG ein weiteres Programm hinzugefügt wurde, mit dem Dateien dieses Dateityps alternativ geöffnet werden können. In diesem Fall wird durch Wiederherstellen die ursprüngliche Zuordnung wiederhergestellt – vorher lassen sich die mit dem Dateityp verbundenen Aktionen auch nicht bearbeiten.

Eine Datei einem anderen Dateityp zuordnen

Es ist sehr einfach, eine Datei einem anderen Dateityp zuzuordnen. Ändern Sie einfach die Dateierweiterung. Windows gibt zwar eine Warnung aus und weist darauf hin, dass die Datei »unbrauchbar« werden kann (keine Sorge, das bezieht sich nicht auf den Inhalt, sondern nur auf die Verknüpfung mit einer Anwendung), hat aber ansonsten nichts dagegen.

INFO

Das Ändern einer Dateierweiterung ist nur dann möglich, wenn in den Ordneroptionen die Option DATEIERWEITERUNG BEI BEKANNTEN DATEITYPEN AUSBLENDEN *nicht gewählt ist. Sonst wird die vermeintlich neue Erweiterung lediglich an den Namen angehängt, der Dateityp ändert sich nicht, da sich auch die Erweiterung nicht ändert.*

Tabelle 8.7: Häufig anzutreffende Dateierweiterungen und ihre Bedeutung

Erweiterung	Bedeutung
.avi	Videoclip
.bmp	Bitmap mit 16, 256 oder 16,7 Millionen Farben. Relativ speicherintensives Format
.dll	Systemdatei
.doc	Textdokument im Word-Format
.exe	Ausführbare Programmdatei
.gif	Grafikdateiformat, das auf Web-Seiten eine wichtige Rolle spielt
.hlp	Hilfedatei
.htm	HTML-Dokument (z.B. eine Webseite)
.inf	Installationsdatei. Textdatei, die die Installationsanweisungen für eine Hardware oder Software enthält
.jpg	Grafikformate, das auf Web-Seiten eine wichtige Rolle spielt
.js	Scriptdatei im Jscript-Format
.lnk	Verknüpfung (bei diesem Dateityp wird die Erweiterung nie angezeigt)
.log	Protokolldatei

Tabelle 8.7: Häufig anzutreffende Dateierweiterungen und ihre Bedeutung (Forts.)

Erweiterung	Bedeutung
.txt	Einfache Textdatei ohne Formatierung. Wird bei Windows auch für Protokolldateien verwendet
.vbs	Scriptdatei im VBScript-Format
.vxd	Gerätetreiberdatei
.wav	Soundclip im Wave-Format
.xs	Excel-Tabelle

Vorsicht vor »Störenfrieden«

Wahrscheinlich ist es Ihnen schon passiert, dass Sie z.B. GIF-Dateien per Doppelklick eine Zeitlang mit Ihrem Lieblingsbetrachter betrachten konnten und auf einmal diese simple Angelegenheit nicht mehr funktioniert. Schuld daran sind Programme, die bei ihrer Installation einfach eine getroffene Zuordnung zwischen einem Dateityp und einem Programm überschreiben, ohne sich um die aktuelle Einstellung zu kümmern. Können Sie z.B. unmittelbar nach dem Setup von Windows durch das Öffnen einer BMP-Datei Paint starten, öffnet sich nach der Installation des beliebten Shareware-Programms PAINTSHOP PRO auf einmal das neue Programm, das sich gleichzeitig auch für *GIF*- und *JPEG*-Dateien (und eine Reihe weiterer Grafikdateitypen) zuständig fühlt. Da es für die Mehrheit der Programme gilt und es keine befriedigende Lösung gibt, dies zu verhindern, müssen Sie sich noch so lange damit abfinden, bis alle Softwarehersteller ihre Programme entsprechend umgestellt haben.

Falls Sie sich bereits ein wenig mit der Registrierung auskennen, gibt es eine relativ einfache Lösung:

STEP

Rückgängigmachen einer Dateitypänderung

1. Stellen Sie sicher, dass sich der Doppelklick bei dem betreffenden Dateityp (z.B. GIF-Dateien) wie gewünscht verhält.
2. Starten Sie REGEDIT, um Änderungen an der Registrierung vornehmen zu können.
3. Suchen Sie über [Strg] + [F] den Schlüssel der Dateierweiterung (z.B. .GIF). Schauen Sie in der rechten Fensterhälfte nach, welcher Name für den (STANDARD-)Wert angezeigt wird (es sollte GIFFILE sein, es kann aber auch ein anderer Name hier stehen). Dies ist der so genannte ProgID-Wert einer Dateierweiterung.
4. Suchen Sie nun über [Strg] + [F] nach dem ProgID-Wert (in diesem Beispiel GIFFILE). Sie finden nun den Eintrag für den registrierten Datei-

typ in der Registrierung. Über den Unterschlüssel SHELL\COMMAND werden z.B. alle Befehle in den Kontextmenüs von Dateien des Dateityps festgelegt.

5. Führen Sie bei REGEDIT den Menübefehl REGISTRIERUNG/REGISTRIERUNGSDATEI EXPORTIEREN aus. Es erscheint ein Dialogfeld, in dem Sie den Namen einer Reg-Datei angeben müssen. Wählen Sie für den Namen z.B. *Gifdatei.reg* (der genaue Name spielt keine Rolle). Stellen Sie vor dem Abspeichern sicher, dass die Option GEWÄHLTER ZWEIG aktiv ist und der gewählte Schlüssel \HKEY_LOCAL_MACHINE\SOFTWARE\CLASSES\GIFFILE (oder jener Schlüssel, unter dem sich die von Ihnen gesuchte ProgID befindet) lautet. Speichern Sie die Datei im AUTOSTART-Ordner oder in einem anderen Verzeichnis ab.

6. Stellen Sie sicher, dass sich die abgespeicherte Reg-Datei im AUTOSTART-Ordner von Windows befindet. Auf diese Weise wird sichergestellt, dass nach jedem Start von Windows der exportierte Zweig wieder in die Registrierung eingefügt wird. Eventuell vorgenommene Änderungen den Dateityp betreffend werden auf diese Weise wieder rückgängig gemacht.

8.8.16 Ein Blick hinter die Kulissen

Ein Dateityp ist ein interne Festlegung, die automatisch allen Dateien zugeordnet wird, die eine der mit dem Dateityp assoziierten Erweiterungen besitzen. Alle Dateitypen werden in der Registrierung vermerkt. Dateitypen besitzen zwei Namen. Einen »internen« Namen, der z.B. in der Registrierung erscheint, und einen »sprechenden« Namen, der z.B. in der Liste der Dateitypen in den Ordneroptionen angezeigt wird. Nehmen Sie als Beispiel den Dateityp »Microsoft Word Document«. Dahinter steckt der Dateityp mit dem internen Namen »Word.Document.8«. Mit diesem Dateityp sind unter anderem. die Erweiterung *.Doc*, ein typisches Symbol und verschiedene Aktionen verbunden, die im Kontextmenü einer Datei dieses Dateityps aufgelistet werden.

Begeben wir uns daher einmal in die Tiefen der Registrierung, um dem »« der Dateityp auf die Spur zu kommen (mehr zu den Details der Registrierung in Kapitel 20). Damit das Ganze besser nachvollziehbar wird, sollen Sie zunächst (wie in Kapitel 8.8.13 gezeigt) einen fiktiven Dateityp anlegen, der die (höchstwahrscheinlich noch nicht vorhandene) Erweiterung *.xyz* erhalten soll. Alle Dateien mit dieser ungewöhnlichen Erweiterung sollen mit dem Windows-Editor geöffnet werden.

Schauen wir uns nun an, wie der neue Dateityp in der Registrierung abgelegt wurde.

STEP

Bearbeiten eines Dateityps in der Registrierung

1. Starten Sie den Registrierungs-Editor REGEDIT.EXE.
2. Öffnen Sie den Zweig HKEY_CLASSES_ROOT. Hier werden unter anderem. alle Dateierweiterungen und Dateitypen aufgeführt. Scrollen Sie soweit nach unten bis Sie zur Erweiterung .XYZ gelangen. Dies ist der Eintrag für die Dateierweiterung.

Abbildung 8.25: Im Schlüssel HKEY_CLASSES_ROOT ist auch die Dateierweiterung .xyz registriert

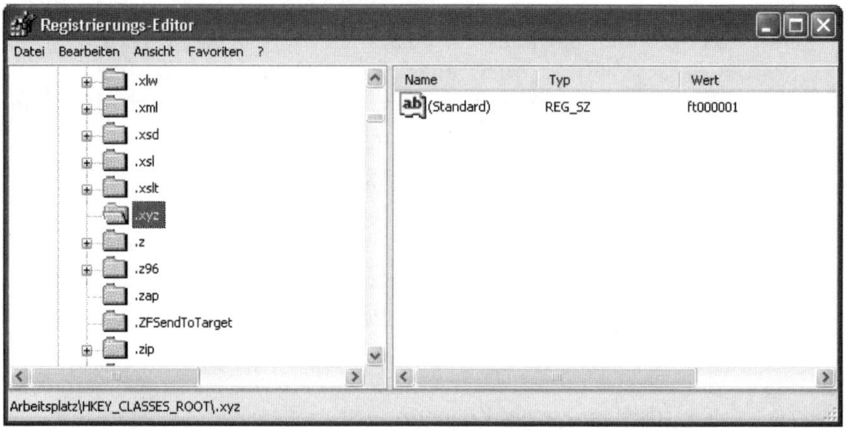

3. Die Dateierweiterung ist über den (STANDARD)-Eintrag mit dem Dateitypen verknüpft. Er lautet in diesem Beispiel »ft000001«, kann aber auch einen anderen Namen tragen. Als nächstes müssen Sie diesen Eintrag in HKEY_CLASSES_ROOT lokalisieren.
4. Scrollen Sie im Registrierungs-Editor solange nach unten, bis Sie zum Schlüssel HKEY_CLASSES_ROOT\FT000001 (das kann eine Weile dauern – Sie werden staunen wie viele Einträge alleine dieser Zweig enthält). Haben Sie den Eintrag lokalisiert haben, muss ein Untereintrag mit dem Namen »shell« hinzugefügt werden, der wiederum einen Untereintrag mit dem Namen »open« erhalten soll. Klicken Sie dazu FT000001 mit der sekundären Maustaste an, wählen Sie nacheinander NEU und SCHLÜSSEL und geben Sie dem neuen Eintrag den Namen »shell«. Wiederholen Sie das Spielchen, indem Sie nun OPEN mit der sekundären Maustaste anklicken und nacheinander NEU und SCHLÜSSEL wählen. Geben Sie diesem neuen Eintrag den Namen »open«.
5. Interessant ist der OPEN-Unterzweig deswegen, weil dies der erste Eintrag ist, der zusätzlich im Kontextmenü aller Dateien mit der Erweiterung *.xyz* erscheint. Was genau passieren soll, wenn dieser Eintrag später vom Anwender gewählt wird, muss über den Unterschlüssel COMMAND festgelegt werden, der im Folgenden eingefügt wird.

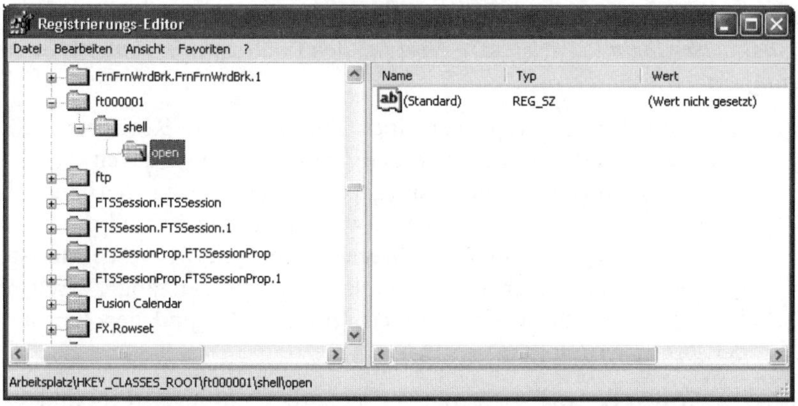

Abbildung 8.26: In dem Schlüssel ft000001 wurden zwei Unterschlüssel shell und open eingefügt

Klicken Sie dazu OPEN mit der sekundären Maustaste an und wählen Sie nacheinander NEU und SCHLÜSSEL. Geben Sie dem neuen Schlüssel den Namen »command«. Es ist eine interne Festlegung, dass der OPEN-Eintrag im Kontextmenü der Datei mit ÖFFNEN angezeigt wird. Dies muss also nirgendwo eingetragen werden.

6. Der Schlüssel COMMAND alleine genüg noch nicht. Nun muss über den (STANDARD)-Wert des Schlüssels (rechte Fensterhälfte) festgelegt werden, welches Programm über den ÖFFNEN-Eintrag im Kontextmenü ausgeführt wird. Selektieren Sie dazu zuerst in der linken Fensterhälfte COMMAND und anschließend mit der sekundären Maustaste in der rechten Fensterhälfte (STANDARD) und wählen Sie ÄNDERN. Es erscheint ein Dialogfeld, in dem Sie den Ausführungspfad, in diesem Beispiel »Notepad.exe %L« für den Aufruf des Editors, eingeben müssen (wobei »%L« der Platzhalter für den Namen der Datei ist, mit dem die Aktion später durchgeführt wird). Bestätigen Sie das Dialogfeld mit OK.

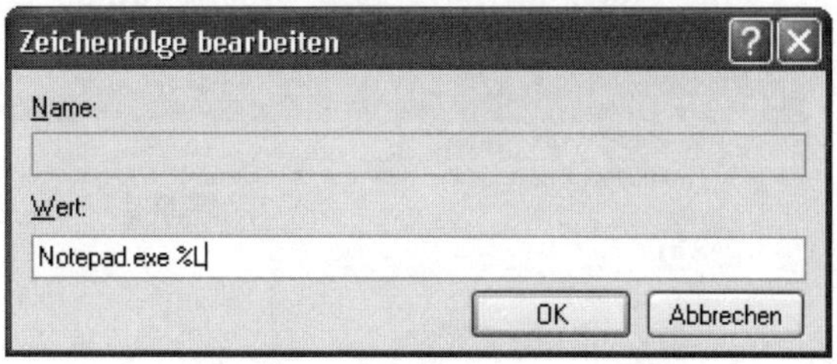

Abbildung 8.27: In diesem Dialogfeld wird das auszuführende Programm des Öffnen-Eintrags festgelegt

7. Jetzt ist es an der Zeit den neuen Dateityp zu testen. Legen Sie in einem Ordnerfenster eine Textdatei an, geben Sie ihr aber die Erweiterung ».Xyz« (achten Sie unbedingt darauf, dass die Dateierweiterungen auch bei den bekannten Dateitypen angezeigt werden, denn ansonsten kann es nicht funktionieren). Wenn Sie jetzt die Datei mit der sekundären Maustaste anklicken, sollte der Eintrag ÖFFNEN erscheinen, nach dessen Auswahl die Datei mit dem Editor angezeigt wird.

:-) TIPP

Soll statt ÖFFNEN *ein beliebiger anderer Name im Kontextmenü erscheinen, muss dieser beim* (STANDARD)-*Wert für den* OPEN-*Schlüssel in der Registrierung eingetragen werden.*

8. Jetzt soll der Dateityp über einen Eingriff in die Registrierung einen weiteren neuen Eintrag mit dem Namen »Ausdrucken« enthalten. Auch wenn dies über die Ordneroptionen etwas schneller ginge, bietet dieser Weg den Vorteil, dass er etwas lehrreicher ist und die Registrierung ein wenig von ihrem »Schrecken« verliert. Sie werden feststellen, dass es einen einfachen und direkten Zusammenhang zwischen den Einstellungen, die in den Ordneroptionen gibt, und den Einträgen in der Registrierung gibt.

Klicken Sie den Eintrag SHELL mit der sekundären Maustaste an und wählen Sie nacheinander die Einträge NEU und SCHLÜSSEL. Dadurch wird ein neuer Unterschlüssel angelegt. Geben Sie dem Schlüssel den Namen »print«.

9. Klicken Sie nun den Eintrag PRINT mit der sekundären Maustaste an und wählen Sie erneut nacheinander die Einträge NEU und SCHLÜSSEL. Dadurch wird ein weiterer Unterschlüssel angelegt. Geben Sie dem Schlüssel den Namen »command«.

10. Selektieren Sie zunächst PRINT und wechseln Sie in die rechte Fensterhälfte des Registrierungseditors. Klicken Sie den Eintrag »(Standard)« mit der sekundären Maustaste an, wählen Sie den Eintrag ÄNDERN, geben Sie in das Dialogfeld den Text »Flott drucken« ein und bestätigen Sie mit OK.

11. Selektieren Sie in der linken Fensterhälfte den Eintrag COMMAND, wechseln Sie in die rechte Fensterhälfte, klicken Sie dort den Eintrag »(Standard)« mit der sekundären Maustaste an und wählen Sie den Eintrag ÄNDERN. Geben Sie in das Dialogfeld den folgenden Aufruf ein: »Notepad.exe /P %L« und bestätigen Sie die Eingabe mit OK.

Abbildung 8.28: In diesem Dialogfeld wird die mit dem neuen Kontextmenüeintrag verbundene Aktion festgelegt

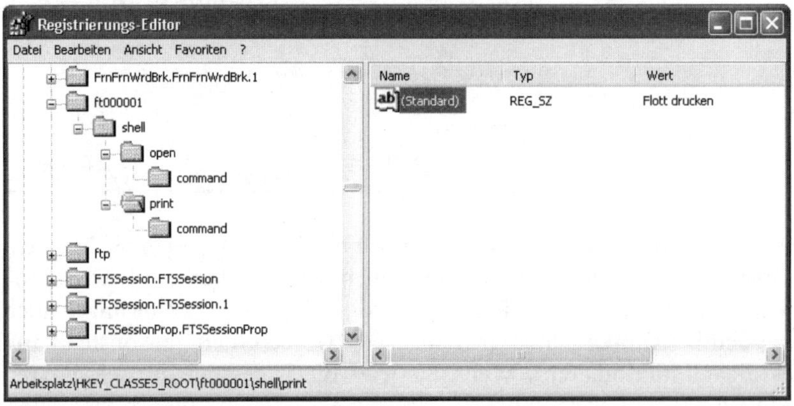

12. Nun wird es spannend – wird der direkte Eingriff in die Registrierung eine Auswirkung haben? Nun, finden Sie es heraus, in dem Sie eine Textdatei anlegen, ihr die Erweiterung *.Xyz* geben (ignorieren Sie die Warnung) und das Kontextmenü öffnen. In dem Kontextmenü sollte nun der Eintrag FLOTT AUSDRUCKEN erscheinen, nach dessen Auswahl die selektierte Datei gedruckt wird.

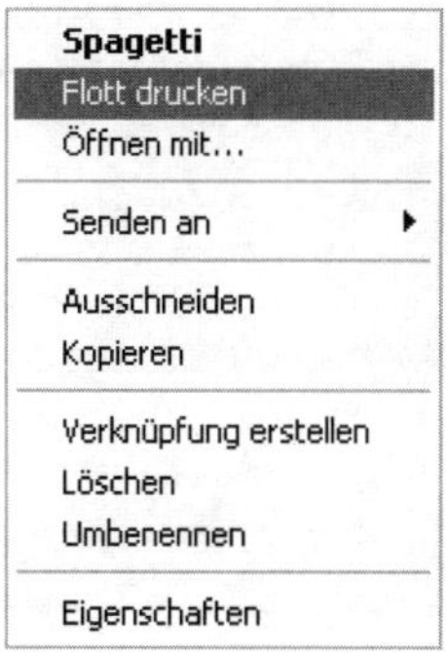

Abbildung 8.29: Das Kontextmenü der .Xyz-Dateien wurden um einen Eintrag erweitert

8.9 Den Drucker konfigurieren

Die Konfiguration eines Druckers gehörte schon immer zu den Glanzpunkten von Windows. Nicht nur, dass Windows bereits seit Windows 95 bildlich gesprochen fast jeden denkbaren Druckertyp unterstützt, auch die Konfiguration des Druckers lässt sich kinderleicht vornehmen. Wird dieser (was bei fast allen modernen Druckern der Fall sein sollte) nicht bereits mit dem Einschalten konfiguriert, kann dies jederzeit im Ordner DRUCKER UND FAXGERÄTE, der zum Beispiel über das Startmenü geöffnet wird, in wenigen Minuten nachgeholt werden (siehe Abbildung 8.30).

8.9.1 Das Einrichten eines neuen Druckers

Sie müssen keinen Drucker angeschlossen haben, um einen neuen Drucker installieren zu können. Manchmal kann die Installation bereits notwendig sein, weil ältere Versionen von Microsoft Word ansonsten keine Schriftarten anzeigen, oder weil man das Ergebnis eines »Probeausdrucks« am Bildschirm sehen möchte und dazu lediglich den passenden Drucker auswählen muss.

Das in diesem Abschnitt beschriebene Einrichten muss »heutzutage« nur noch in Ausnahmenfällen erledigt werden. Im Allgemeinen wird ein Drucker (sofern er eingeschaltet ist) unmittelbar nach dem Anschließen an den Parallel- oder USB-Port erkannt und Windows kümmert sich um den Rest.

INFO

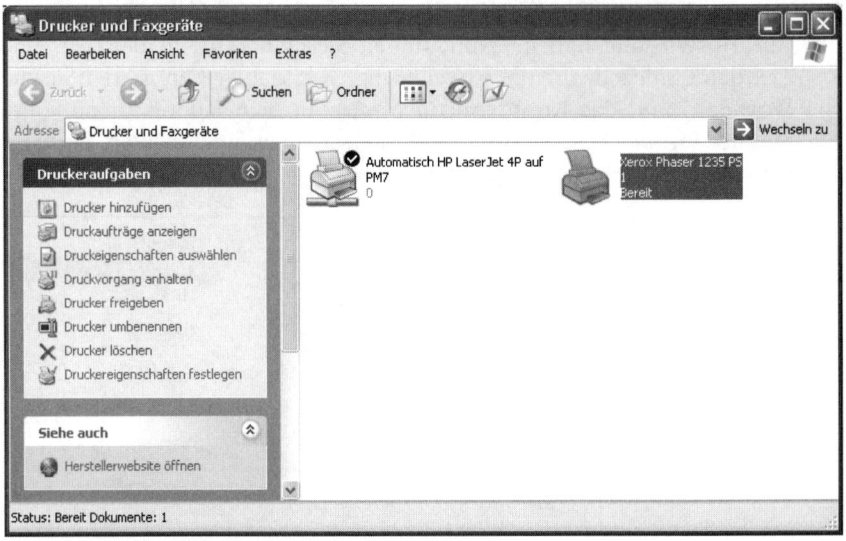

Abbildung 8.30: Im Druckerordner werden alle installierten Drucker und gegebenenfalls auch Fax-Geräte aufgeführt

STEP

Einrichten eines neuen Druckers

1. Öffnen Sie den Druckerordner DRUCKER UND FAXE und anschließend das Symbol DRUCKER HINZUFÜGEN.
2. Der Druckerassistent heißt Sie Willkommen. Klicken Sie auf WEITER, um fortzufahren.
3. Wählen Sie aus, ob Sie einen Drucker anschließen möchten, der direkt mit dem PC verbunden ist (lokaler Drucker) oder eine Druckerverbindung, d.h. eine Verbindung zu einem Drucker, der über das Netzwerk angesprochen werden soll, einrichten möchten[6]. In diesem Fall wird von einem lokalen Drucker ausgegangen. Klicken Sie auf WEITER, um fortzufahren.
4. Wurde die Option *Plug&Play-Drucker automatisch ermitteln* und installieren nicht deaktiviert, sucht der Assistent zunächst nach angeschlossenen Plug&Play-Druckern. Sollten diese nicht gefunden werden, erhalten Sie eine entsprechende Meldung. Klicken Sie auf WEITER, um fortzufahren.
5. Wählen Sie den Druckeranschluss aus (und bewundern Sie kurz die hübsche Optik des Dialogfeldes). Je nach Computertyp werden in der Auswahlliste unterschiedliche Einträge angeboten. In ca. 90% aller Fälle ist »LPT1« die richtige Wahl. Klicken Sie auf WEITER, um fortzufahren.

6 Der Begriff »Netzwerkdrucker« früherer Windows-Versionen taucht in diesem Zusammenhang nicht mehr auf. Ein Netzwerkdrucker ist ein Drucker, der über einen eigenen Netzwerkanschluss verfügt und daher direkt, d.h. ohne Umweg über einen anderen PC, betrieben werden kann.

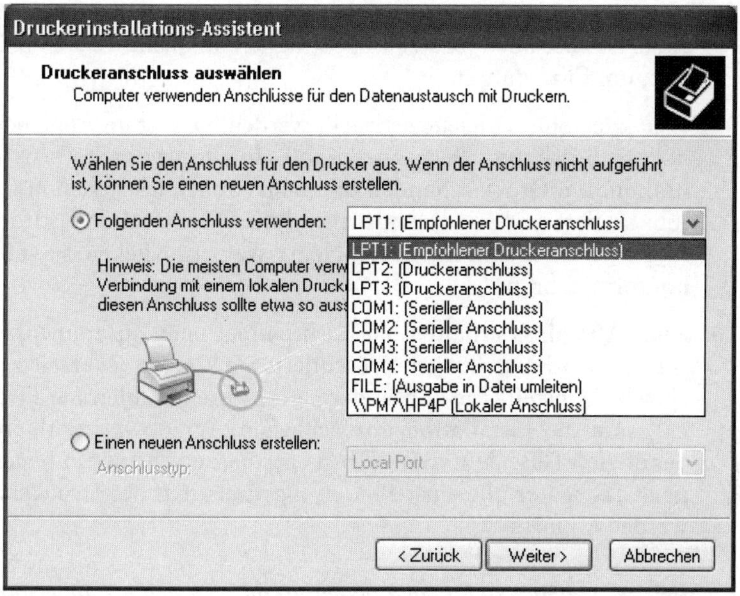

Abbildung 8.31: In diesem Dialogfeld wird der Druckeranschluss ausgewählt

Sollte ein Port wider Erwarten nicht in der Liste angeboten werden, können Sie in an dieser Stelle (virtuell natürlich) hinzufügen. Es kann z.B. passieren, dass ein COM-Port wie COM4 oder ein LPT-Port wie LPT3 nicht in der Liste angeboten, aber für den Druckeranschluss verwendet werden sollen (z.B. weil die übrigen Ports bereits belegt sind).

NEU

6. Wählen Sie den Druckertyp aus. Von Afga bis Xerox gibt es eine große Auswahl. Nach der Auswahl eines Herstellers werden in der rechten Auswahlliste die einzelnen Typen aufgelistet. Klicken Sie auf WEITER, um fortzufahren.

Wie bei allen diesen Anlässen bietet Ihnen Windows XP auch die Gelegenheit, einmal schnell im Internet nachzuschauen, ob es neue Treiber gibt. Über Datenträger können Sie an dieser Stelle einen aktuelleren Treiber von der CD des Herstellers auswählen.

NEU

Auch das wird an anderer Stelle noch erwähnt. Die meisten Treiber, die bei Windows XP von Anfang an zur Verfügung stehen, sind signiert (zu erkennen an dem speziellen Urkundensymbol, das Ihnen vorausgeht). Ein signierter Treiber besitzt eine spezielle Kennung, die als »Echtzeitszertifikat« verstanden werden kann.

NEU

7. Geben Sie dem neuen Druckersymbol einen Namen, unter dem es künftig angesprochen werden kann. Klicken Sie auf WEITER, um fortzufahren.

8. Legen Sie fest, ob der Drucker freigegeben werden soll oder nicht (die Standardeinstellung ist nicht freigeben). Freigegebene Drucker können

über das Netzwerk angesprochen werden. Das Freigeben eines Druckers ist aber auch jederzeit nachträglich möglich. Klicken Sie auf WEITER, um fortzufahren.

9. Nun kann eine Testseite gedruckt werden. Das ist im Allgemeinen nicht notwendig, kann aber ganz praktisch sein, wenn es sich um einen brandneuen Drucker handelt und man einfach feststellen möchte, ob er funktioniert und wie beeindruckend die Qualität des Ausdrucks ist. Im Allgemeinen sollten Sie aber »Nein« wählen. Klicken Sie auf WEITER, um fortzufahren.

10. Zum Abschluss erhalten Sie noch einmal eine Zusammenfassung der getroffenen Einstellungen präsentiert. Sie können jederzeit zurück, um einzelne Einstellungen zu ändern. Ansonsten wählen Sie FERTIG STELLEN, um die Installation abzuschließen. Windows installiert nun die benötigten Dateien und im Druckerordner erscheint ein neues Symbol, über das später alle einstellbaren Eigenschaften des Druckers geändert werden können.

INFO

Ein kleines schwarzes Häkchen bedeutet, dass es sich um den Standarddrucker handelt. Das ist der Drucker, der beim Ausdruck verwendet wird, wenn kein Drucker ausgewählt wurde. Sobald mehrere Drucker vorhanden sind, kann jeder Drucker über sein Kontextmenü zum Standarddrucker gemacht werden.

8.9.2 Drucken von Dateien

Jede Datei kann direkt aus einem Ordnerfenster gedruckt werden. Dazu wird in ihrem Kontextmenü der Befehl DRUCKEN ausgeführt.

Was steckt hinter dem Drucken-Befehl?

Natürlich kann (auch) Windows XP nicht zaubern und beliebige Dateiformate ausdrucken. Es ruft mit Hilfe einer einfachen Verknüpfung die zuständige Anwendung auf, die allerdings unsichtbar im Hintergrund bleibt. Diese Verknüpfung können Sie sich anschauen und falls erforderlich auch bearbeiten, so dass der Ausdruck von einem anderen Programm übernommen wird.

Anschauen der Verknüpfung des Drucken-Befehls im Kontextmenü einer Datei

Führen Sie die folgenden Arbeitsschritte aus, um die mit dem Drucken-Befehl verbundene Verknüpfung anzuzeigen:

1. Führen Sie in einem Ordnerfenster den Menübefehl EXTRAS/ORDNEROPTIONEN aus und wählen Sie das Register DATEITYPEN.

2. Lokalisieren Sie den Dateityp in der Liste, zu dem das Dokument gehört, dessen Druckbefehl gegebenenfalls geändert werden soll (z.B. Bitmap für *.bmp*).
3. Klicken Sie auf ERWEITERT.
4. Selektieren Sie in der Auswahlliste der Aktionen den Eintrag PRINT oder PRINTTO (sofern diese existieren) und klicken Sie auf BEARBEITEN.
5. In dem Dialogfeld *Vorgang bearbeiten für Typ* sehen Sie nun den Befehl der ausgeführt wird, wenn Sie aus dem Kontextmenü der Datei den DRUCKEN-Befehl wählen. In der Regel handelt es sich um einen Aufruf des Programms, mit dem der Dateityp erstellt werden kann, und der Option */p*. So bedeutet der Inhalt »Rundll32.exe C:\Windows\System32\shimgvw.dll, ImageView_PrintTo /pt »%1« »%2« »%3« »%4"«, dass Windows zum Ausdrucken das Programm *Rundll32.exe* aufruft, welches wiederum den internen Bildbetrachter startet, dem dabei die Anweisung »Drucke« (in Form des Schalters */pt*) und den Namen der zu druckenden Datei (in Form der Platzhalters *%1, %2* usw.) übergibt. Änderungen an dieser Stelle vorzunehmen, ist aber nur etwas für erfahrene Windows-Anwender.

Um einige Standardbildformate, z.B. BMP, kümmert sich bei Windows XP keine Anwendung, sondern der interne Bildbetrachter Shimgvw.dll. *Da es sich um eine Systembibliothek handelt, muss es über das Systemprogramm* Rundll32.exe *aufgerufen werden.*

INFO

Falls das Kontextmenü einer Datei den Befehl DRUCKEN *nicht enthält, bedeutet dies nicht, dass die Datei nicht ausgedruckt werden kann. Es bedeutet entweder, dass der Dateityp noch nicht registriert wurde (oder wieder aus der Registrierung entfernt wurde, weil die mit dem Dateityp verknüpfte Anwendung wieder deinstalliert wurde), oder dass in dem allgemeinen Kontextmenü des Dateityps noch kein entsprechender Eintrag vorgesehen wurde. Um die Datei zu drucken, müssen Sie entweder eine Anwendung starten, mit der das Dokument ausgedruckt werden kann, oder, den* DRUCKEN-*Befehl manuell in das Kontextmenü einbauen.*

INFO

8.9.3 Der Druckerordner

Alle installierten Drucker (und in der Regel auch Faxgeräte) werden durch ein eigenes Symbol im Druckerordner zusammengefasst (hier werden auch neue Drucker eingerichtet – mehr dazu in Kapitel 8.9.1). Der Druckerordner ist alles andere als passiv. Öffnen Sie eines der angezeigten Druckersymbole, öffnen Sie damit den Druckermanager für diesen Drucker, in dem Sie wichtige Operationen mit diesem Drucker durchführen können. Sobald eine Anwendung ein Dokument ausdrucken möchte, wird der Druckmanager aktiv. Der Druckmanager ist (unter Mitwirkung des sog. SPOOLERS) in der

Lage, mehrere Druckaufträge in einer WARTESCHLANGE zu verwalten. Die Anwendungen können daher mehrfach hintereinander drucken und müssen sich nicht darum kümmern, ob der Drucker schnell genug mit dem Ausdrucken nachkommt. Der Druckmanager ist normalerweise im Hintergrund tätig. Durch das Öffnen eines Druckersymbols im Druckerordner wird ein Ordnerfenster geöffnet, in dem alle zur Zeit vorhandenen Druckaufträge enthalten sind.

Wird ein Druckauftrag gestartet, enthält die Spalte »Dokumentname« den Namen des zu druckenden Dokuments, die Spalte »Status« den aktuellen Zustand und die Spalte »Besitzer« den Namen des Benutzers, der den Druckauftrag gestartet hat. Außerdem wird in der Spalte »Fortschritt« kontinuierlich angezeigt, wie viele Kbyte bereits gedruckt wurden, das heißt, wieweit der Druckauftrag vorangeschritten ist.

:-) TIPP

Ist der Druckmanager mit dem Ausdrucken eines Dokuments beschäftigt, erscheint im Statusfeld der Taskleiste das Druckersymbol. Möchten Sie sehen, wie viele Aufträge sich zur Zeit in der Warteschlange des Druckers befinden, bewegen Sie den Mauszeiger einfach auf das Druckersymbol. Die aktuelle Anzahl der wartenden Dokumente werden in einem Infofeld angezeigt. Enthält das Druckersymbol ein kleines Fragezeichen gibt es ein Problem beim Drucken.

8.9.4 Die Rolle des Druckersymbols

Es ist wichtig zu verstehen, welche Rolle das Druckersymbol im Druckerordner bzw. an den verschiedenen Orten der Benutzeroberfläche (etwa in der Schnellstartleiste) spielt. Es steht für einen bestimmten Drucker, dessen Eigenschaften und die von diesem Drucker zur Zeit bearbeiteten Druckaufträge. Dieses Symbol wird z.B. benötigt, um den Drucker als Standarddrucker festzulegen, Druckaufträge anzuhalten oder zu löschen oder die Geräteoptionen des Druckers einzustellen. Wird ein Druckersymbol geöffnet, wird der Druckmanager mit dem aktuellen Status des Druckers angezeigt.

8.9.5 Die wichtigsten Arbeitsschritte im Druckmanager

Zu den wichtigsten Arbeitsschritten im Druckmanager eines Druckers gehören:

- Das Anhalten, Fortsetzen und Abbrechen von Druckaufträgen
- Das Löschen von Druckaufträgen
- Die Reihenfolge von Druckaufträgen ändern
- Den Drucker zum Standarddrucker machen

Die wichtigsten Aktionen, das Anhalten eines Druckers und das Löschen aller Druckaufträge, stehen auch direkt über das Kontextmenü des Druckersymbols zur Verfügung. Das Öffnen des Druckmanagers ist daher nicht immer erforderlich.

Abbildung 8.32: Das Kontextmenü eines Druckauftrags enthält die wichtigsten Aktionen

Das Anhalten, Fortsetzen und Abbrechen von Druckaufträgen

Kleine Druckaufträge werden im allgemeinen nicht im Druckmanagerfenster angezeigt, da diese sofort an den Drucker weitergeleitet werden und daher nur eine kurze »Lebensdauer« besitzen. Möchten Sie grundsätzlich jeden Druckauftrag zunächst im Fenster des Druckmanagers sehen, müssen Sie den Drucker über den Befehl DRUCKER ANHALTEN im DRUCKER-Menü anhalten. Die Druckaufträge werden dann gesammelt und können durch erneutes Ausführen des Befehls an den Drucker geschickt werden.

Das Löschen von Druckaufträgen

Sollte es beim Drucken zu Problemen kommen, weil zum Beispiel der Drucker nicht einsatzbereit ist, ist es sinnvoll, den Druckauftrag abzubrechen und zu einem späteren Zeitpunkt neu zu starten. Selektieren Sie dazu den Druckauftrag im Druckmanager mit der sekundären Maustaste, und führen Sie den Befehl ABBRECHEN aus. Der Druckauftrag wird daraufhin, ohne eine Bestätigung zu verlangen, aus der Warteschlange entfernt. Möchten Sie alle Druckaufträge auf einmal löschen, muss statt dessen der Befehl Alle DRUCKAUFTRÄGE ABBRECHEN aus dem Menü DRUCKER ausgeführt werden.

Die Reihenfolge von Druckaufträgen ändern

Falls mehrere Druckaufträge in der Warteschlange warten und Sie einen Druckauftrag vorziehen möchten, müssen Sie den Dokumentnamen mit der Maus anklicken und bei gedrückter Maustaste an die gewünschte Position ziehen und dort loslassen (das funktioniert nicht, wenn der Drucker angehalten wurde oder sich das Dokument bereits im Ausdruck befindet).

Den Drucker zum Standarddrucker machen

Alle Aktionen, die Sie mit einem Drucker ausführen können, finden Sie entweder im DATEI-Menü (der Drucker muss selektiert sein) oder im Kontextmenü des Druckers. Hier finden Sie auch den Befehl ALS STANDARD DEFINIEREN, der den Drucker zum Standarddrucker macht (dies wird normalerweise bereits beim Einrichten des Druckers ausgewählt). Der Standarddrucker (es kann nur einen geben) wird im Druckerordner mit einem kleinen Häkchen versehen.

8.9.6 Die Eigenschaften eines Druckertreibers

Der Druckertreiber, der beim Einrichten des Druckers ausgewählt wurde, bestimmt zu einem Teil, welche Eigenschaften im Eigenschaftendialog des Druckers angeboten werden. So besitzt ein Farbdrucker in der Regel ein Register FARBVERWALTUNG mit entsprechenden Einstellmöglichkeiten, die es bei einem Schwarz/Weiß-Drucker im Allgemeinen nicht gibt. Das Eigenschaftsdialogfeld wird über den Befehl EIGENSCHAFTEN im Kontextmenü des Druckersymbols geöffnet (siehe Abbildung 8.33).

Abbildung 8.33: Das Eigenschaftsdialogfeld eines Druckers

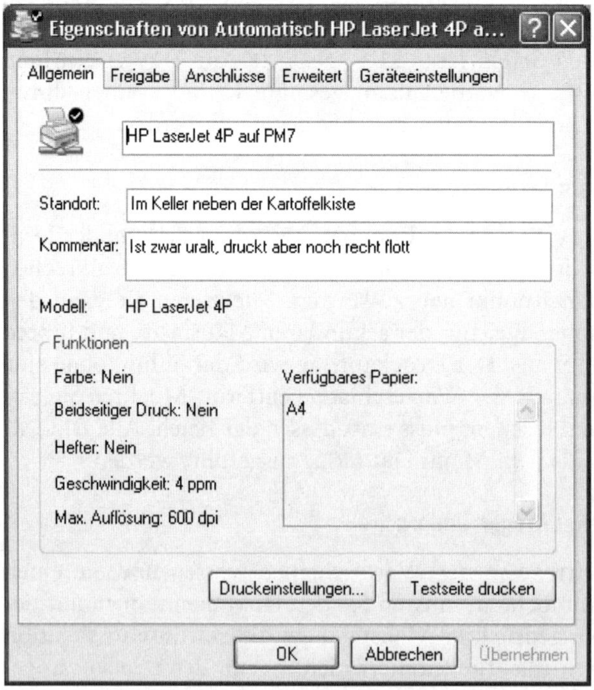

Im Folgenden sollen die wichtigsten Einstellungsmöglichkeiten bei einem Drucker kurz vorgestellt werden. Für eine erste Orientierung enthält Tabelle 8-8 die Bedeutung der einzelnen Register. Die Tabelle bezieht sich auf einen Standarddruckertreiber. Bei etwas exotischeren oder größeren Druckern oder bei PostScript-Druckern enthält das Eigenschaftsdialogfeld unter Umständen zusätzliche Register mit weiteren Einstellmöglichkeiten.

NEU

Im Vergleich zu Windows 9x wurden im Dialogfeld eine Reihe von Eigenschaften entfernt. Dazu gehört z.B. die Zeitspanne, nach der eine Fehlermeldung wiederholt wird.

INFO

Die angebotenen Einstellungen sind teilweise etwas verwirrend und teilweise auch redundant. Es gibt z.B. mehrere Stellen, an denen die Orientierung beim Ausdruck oder die Anzahl der Druckseiten eingestellt werden kann. Gegenüber Windows 9x wurde die Optik jedoch deutlich verbessert, da die meisten Einstellungen in einer Baumansicht angeboten werden. Sie öffnen einen Zweig und es erscheinen eine Reihe von Einstellungen, die entweder direkt eingegeben oder durch Auswahl aus einer Liste vorgenommen werden.

Tabelle 8.8: Die Register des Eigenschaftendialogfelds eines Druckers und ihre Bedeutung

Register	Bedeutung
ALLGEMEIN	Erlaubt die Eingabe eines Kommentars, das Einfügen von Trennseiten, das Drucken einer Testseite und verschiedene speziellere Druckereinstellungen, wie das Druckformat, den Druckerschacht oder die Papierqualität (z.B. bei Tintenstrahldruckern).
FREIGABE	Freigabe des Druckers im Netzwerk und die Festlegung eines Freigabenamens sowie eines Kennwortes. Greifen auf den Drucker Benutzer zu, die mit einer anderen Windows-Version arbeiten, lässt sich die Installation der erforderlichen Treiber an dieser Stelle veranlassen.
ANSCHLÜSSE	Ordnet dem Drucker einen Standardanschluss zu und ermöglicht die Konfiguration des Anschlusses an dieser Stelle. Sollte ein Anschluss nicht vorhanden sein, kann er an dieser Stelle auch eingerichtet und zur Systemkonfiguration hinzugefügt werden.
ERWEITERT	An dieser Stelle werden eine Vielzahl teilweise recht spezieller Einstellungen, wie z.B. die Verfügbarkeit des Druckers oder die Arbeitsweise des Spoolers betreffend, vorgenommen, die im nächsten Abschnitt besprochen werden.
FARBVERWALTUNG	Betrifft im Allgemeinen nur Farbdrucker. An dieser Stelle kann ein anderes Farbprofil geladen werden, dass (sofern vorhanden) eine andere Farbdarstellung veranlasst.
SICHERHEIT	Wie für »Windows NT« üblich, muss natürlich irgendwo eingestellt werden, wer was wann auf welche Weise darf.

Tabelle 8.8: Die Register des Eigenschaftendialogfelds eines Druckers und ihre Bedeutung (Forts.)

Register	Bedeutung
GERÄTE-EINSTELLUNGEN	In diesem Register werden in einer Baumstruktur spezielle Einstellungen, wie z.B. das Papierformat, vorgenommen.
DIENSTE	Ob dieses Register angeboten wird, hängt vom Druckertreiber ab. Bei den HP-Tintenstrahldruckern wird an dieser Stelle das Einstellen und Reinigen des Druckkopfes angeboten.

Die erweiterten Einstellungen

Im Register ERWEITERT werden eine Reihe relativ spezieller Einstellungen angeboten, die aber nur selten geändert werden müssen. Diese betreffen die Arbeitsweise des Spoolers (mehr dazu gleich), und spezielle Einstellungen, die die Behandlung von Druckaufträge betreffen.

Abbildung 8.34: Das Register Erweitert enthält Einstellungen, die den Spooler betreffen

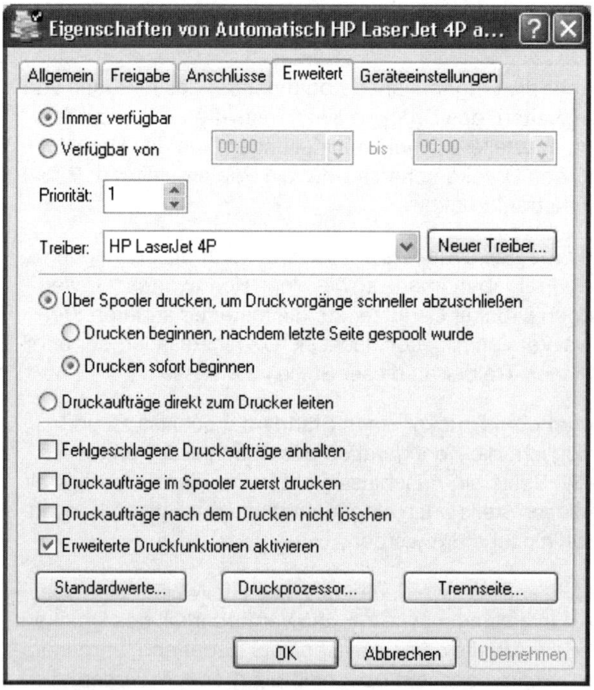

Die Arbeitsweise des Spoolers einstellen

Mit dem Begriff SPOOLER wird jener Teil des Druckmanagers bezeichnet, der dafür sorgt, dass der Druck im Hintergrund durchgeführt werden und sich Windows und vor allem der Anwender mit anderen Dingen beschäftigen kann. Im Idealfall schicken Sie, zum Beispiel innerhalb von Microsoft Word, den Druckauftrag durch Anklicken des Druckersymbols ab und möchten anschließend das nächste Dokument bearbeiten und vielleicht auch drucken können. Damit das sowohl bei einer Kurznotiz als auch bei einem 130-Seiten-Dokument funktionieren kann, lässt sich die Zusammenarbeit des Druckmanagers mit dem Spooler verändern. Folgende Einstellungen stehen zur Auswahl:

- Verwenden des Spoolers oder die direkte Ausgabe auf dem Drucker unter Umgehung des Spoolers.
- Wird mit dem Spooler gedruckt kann eingestellt werden, ob der Ausdruck sofort beginnen soll (das ist die Voreinstellung) oder erst dann, wenn die letzte Seite an den Spooler geschickt wurde.

Prinzipiell können Sie sich also entscheiden, ob der Druckauftrag erst in die (Spool-) Warteschlange gestellt oder gleich an den Drucker geschickt werden soll. Da der Spooler die zu druckenden Dokumente auf der Festplatte zwischenspeichert, kann dies eine gewisse Verzögerung bedeuten. Meistens gibt es dazu aber keine Alternative. Wenn man sich vor Augen hält, dass eine simple Word-Datei mit einigen Abbildungen schnell mehrere Mbyte umfassen kann, wird deutlich, dass »ein paar« Mbyte Druckerspeicher dafür nicht ausreichen und das direkte Ausdrucken (auch wenn es schneller gehen mag) nur dann eine Option ist, wenn der Druckerspeicher ausreichend groß ist. Im Allgemeinen wird man daher gezwungen sein, unter Einbeziehung der Festplatte über den Spooler auszudrucken. In diesem (keineswegs ungünstigen) Fall können Sie sich entscheiden, ob der Druck mit der ersten oder mit der letzten Seite begonnen werden soll. Bei der ersten Option beginnt der Drucker meistens sofort zu drucken. Zwar wird dadurch weniger Speicherplatz belegt, doch müssen Sie auch länger waren, bis Ihr Textverarbeitungsprogramm den Druckauftrag vollständig abgearbeitet hat und Sie mit dem Programm weiterarbeiten können. Entscheiden Sie sich für die zweite Option, wird der gesamte Druckauftrag zunächst in den Zwischenspeicher der Warteschlange übertragen. Das geht zwar relativ schnell, erfordert aber auch einen größeren Zwischenspeicher, der bei einer überfüllten Festplatte unter Umständen nicht zur Verfügung steht.

Einstellungen des Druckprozessors

Über die Schaltfläche DRUCKPROZESSOR wird eingestellt, auf welche Weise das zu druckende Dokument aufbereitet werden soll. Eine Entscheidung dürfte aber nur in den allerseltensten Fällen erforderlich sein. In der Auswahlliste erscheinen eine Reihe »seltsam« klingender Namen, deren genaue Bedeutung wohl nur absoluten Druckspezialisten bekannt sein dürften. Nur soviel: Die angebotenen Datentypen lassen sich in zwei Kategorien einteilen:

- NT EMF

und

- RAW

Im Allgemeinen verwendet Windows das *Extended Metafile Format* zur Zwischenspeicherung der Druckaufträge. Beim EMF-Format erhält der Drucker eine »Ausgabebefehlsfolge«, die der Druckertreiber interpretiert und umsetzt. Der Vorteil von »EMF« ist, dass es sehr kompakt ist und daher schnell generiert werden kann. Dafür kann es sein, dass der Druckertreiber die Befehlsfolgen nicht optimal umsetzt. Sollten Sie mit dem Druckergebnis nicht zufrieden sein, und sollte dies nur beim Ausdruck auf einem bestimmten Drucker der Fall sein, können Sie es mit der Einstellung »RAW« versuchen. Allerdings dauert in diesem Fall der Ausdruck vermutlich etwas länger.

Einfügen einer Trennseite

Über die Schaltfläche TRENNSEITE wird erreicht, dass zwischen jeder auszudruckenden Seite eine (im Prinzip beliebige) Trennseite eingefügt wird. Trennseiten sind an der Erweiterung *.Sep* (zu finden im *System32*-Verzeichnis) zu erkennen.

Da es sich bei Trennseiten um normale Textdateien mit speziellen Steuerzeichen handelt, lassen sie sich mit wenig Aufwand erstellen. Auf diese Weise kann jede Trennseite den Namen des Benutzers, ein Datum oder andere Informationen enthalten. Sie müssen lediglich wissen, dass die Trennseite mit dem sog. Escape-Zeichen beginnen muss. Das ist ein (im Prinzip beliebiges Zeichen – meistens wird das $-Zeichen verwendet), an dem der Druckertreiber erkennt, dass die folgenden Zeichen nicht ausgegeben, sondern interpretiert werden sollen. Eine Übersicht über die Steuerzeichen gibt Tabelle 8.9.

Tabelle 8.9: Die Steuerzeichen einer Trennseitendatei

Steuerzeichen	Was wird gedruckt?
\$N	Der Name des Benutzers, der den Druckjob gestartet hat.
\$I	Die Nummer des Druckjobs.
\$D	Das Datum, an dem der Druckjob gestartet wurde.
\$T	Die Uhrzeit, zu der der Druckjob gestartet wurde.
\$Lnnnn	Die folgenden Zeichen (nnnn). Damit lassen sich beliebige Meldungen (etwa »Immer schön fröhlich bleiben« oder »Der nächste Urlaub kommt bestimmt«) ausdrucken.
\$FPfadname	Den Inhalt der Datei, der durch Pfadname angegeben wird. Die Datei wird direkt an den Drucker geschickt, also nicht vom Druckertreiber aufbereitet (und kann daher auch keine weiteren Trennseiten enthalten).
\$Hnn	Ein spezielles Druckersteuerzeichen (nn).

Steuerzeichen	Was wird gedruckt?
$Wnnn	Druckt nichts, sondern stellt die Breite der Trennseite in Zeichen ein. Die Standardbreite ist 80, der Maximalwert 256.
$U	Druckt nichts, sondern schaltet die Ausgabe doppelt breiter Zeichen ab.
BS	Druckt alle Zeichen als Großbuchstaben einfacher Breite bis zum Auftreten von $U.
$E	Druckt nichts, sondern gibt eine leere Seite aus.
$n	Überspringt die über n angegebene Anzahl an Zeichen.
BM	Druckt alle Zeichen als Großbuchstaben doppelter Breite bis zum Auftreten von $U.

Tabelle 8.9: Die Steuerzeichen einer Trennseitendatei (Forts.)

Beispiel:

Das folgende Beispiel zeigt den möglichen Inhalt einer Trenndatei.

```
$
$N
$D
$L Ausdruecke mit mehr als 12 Seiten muessen vom Druckadministrator
$L für Kostenstelle X3/79B ausdruecklich genehmigt werden.
$L Der Vorstand dieses Hauses
$L
```

Da der Inhalt der Trenndatei direkt an den Drucker geschickt wird, sollten keine Umlaute vorkommen.

Spezielle Einstellungen

Ein wenig gut versteckt, bietet der Druckertreiber zusätzliche Einstellmöglichkeiten. Klicken Sie dazu im Register ERWEITERT zunächst auf STANDARDWERTE und anschließend erneut auf ERWEITERT. Es erscheint ein Dialogfeld, in dem sich speziellere Eigenschaften des Druckers recht übersichtlich einstellen lassen. Zu den Einstellungen, die teilweise redundant sind und sich auch im Druckerdialogfeld einer Anwendung einstellen lassen, gehören:

- Die Papiergröße (DIN A4, Letter usw.)
- Die Anzahl der zu druckenden Exemplare
- Die Druckqualität (z.B. 600x600 dots per inch)
- Die Farbmischung

- Spezielle Druckermodi, z.B. EconoMode
- Die Druckqualität (Hell, Mittel, Dunkel oder Standard)

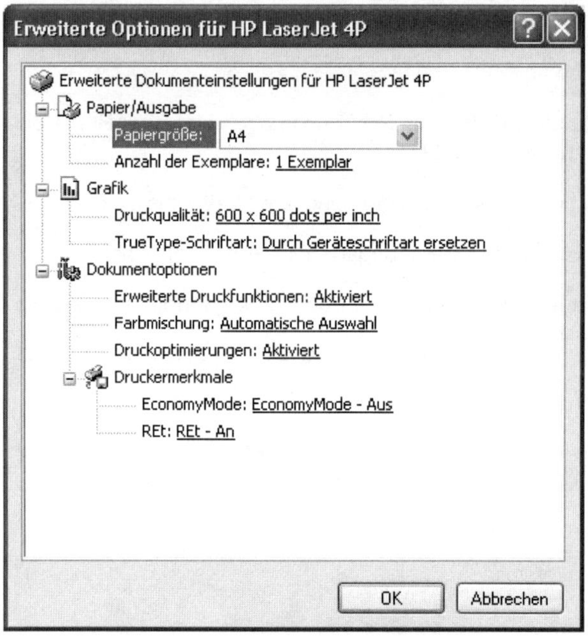

Abbildung 8.35: In diesem Dialogfeld werden die etwas spezielleren Eigenschaften des Druckers eingestellt

8.9.7 Spezielle Arbeitsschritte beim Umgang mit einem Drucker

In diesem Abschnitt geht es um etwas speziellere Arbeitsschritte beim Umgang mit einem Drucker:

- Einen installierten Drucker wieder entfernen
- In eine Datei drucken
- Offline drucken
- Druckerprobleme lösen

Einen installierten Drucker wieder entfernen

Ein installierter Drucker kann aus der Systemkonfiguration jederzeit durch Löschen des entsprechenden Symbols im Druckerordner wieder entfernt werden. Nachdem das Entfernen des Druckers bestätigt wurde, bietet Ihnen Windows gegebenenfalls die Gelegenheit, auch die nicht mehr benötigten Druckertreiber zu entfernen.

In eine Datei drucken

Steht kein Drucker zur Verfügung oder soll der Ausdruck später oder an einem anderen Ort erfolgen, kann ein Dokument alternativ in eine Datei gedruckt werden. Das geht in der Regel sogar schneller als das direkte Ausdrucken und kann daher immer dann eine Alternative sein, wenn die Warteschlange voll, der Arbeitsspeicher knapp oder die Mittagspause bevorsteht. Beim Drucken in eine Datei wird der vom Druckertreiber aufbereitete Inhalt nicht an den Drucker gespeichert, sondern in einer Datei gespeichert. Das bedeutet, dass der Inhalt dieser Datei (sie trägt in der Regel die Erweiterung *.Prn*) später direkt an den Druckerport kopiert werden kann. Dies könnte in der Eingabeaufforderung der folgende Befehl übernehmen:

```
Copy Druckdatei.prn LPT1
```

Das Drucken in eine Datei geschieht entweder aus einer Anwendung heraus, oder indem in den Druckereigenschaften anstelle eines Ports (Register ANSCHLÜSSE) der Eintrag »FILE« angekreuzt wird. Vor dem Ausdruck erscheint ein (einfaches) Dialogfeld, in das der komplette Pfad (einschließlich Erweiterung) eingetippt werden muss.

INFO *Wird bei einem Drucker die FILE-Option gesetzt, erhält das Druckersymbol ein kleines Diskettensymbol, das diesen Umstand andeuten soll.*

INFO *Soll der Dateiinhalt direkt in eine PostScript-Datei (Erweiterung* .Eps*) gedruckt werden, die später direkt in ein Grafikprogramm importiert werden kann, muss dazu kein PostScript-Drucker vorhanden sein. Es genügt einen physikalisch nicht vorhandenen PostScript-Drucker einzurichten (z.B. QMS-PS 800).*

Offline drucken

Ist an den PC kein Drucker angeschlossen, zum Beispiel, weil es sich um ein Notebook handelt und Sie sich unterwegs befinden, können Sie trotzdem wie gewohnt drucken, indem Sie den Drucker im Offline-Modus betreiben.

Verknüpfungen auf einen Drucker anlegen

Das Druckersymbol eines Druckers ist nicht an den Druckerordner gebunden, Verknüpfungen lassen sich an beliebigen Orten der Benutzeroberfläche, z.B. in der Schnellstartleiste oder direkt im Startmenü, anlegen. Dabei spielt es keine Rolle, ob es sich bei dem Drucker um einen lokalen Drucker oder einen über das Netzwerk verbundenen Drucker handelt.

Druckerprobleme lösen

Da es nie auszuschließen ist, dass ein angeschlossener Drucker nicht einsatzbereit ist, sind bei Windows entsprechende Mechanismen eingebaut. Stellt Windows fest, dass der Drucker nicht Online oder druckbereit ist, gibt es nach Ablauf einer Zeitspanne eine Meldung aus, die allerdings dezent im Infobereich der Taskleiste eingeblendet wird.

Abbildung 8.36: Der Problemratgeber der Windows-Hilfe nimmt sich Ihrer Druckerprobleme an

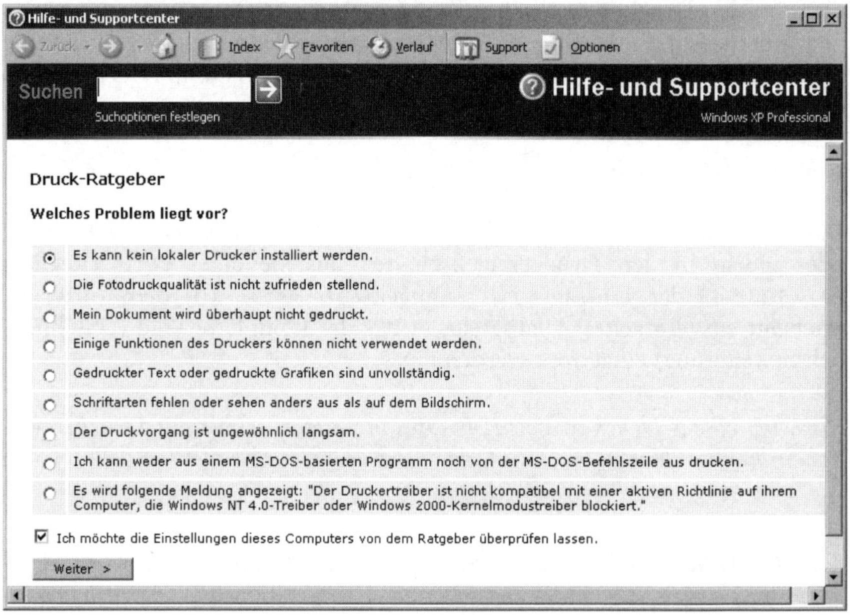

8.10 Ein Modem in Betrieb nehmen

Modems gehören, neben den Druckern, zu jenen Geräten, die bezüglich der Inbetriebnahme sehr anspruchslos sind. Es ist eine Seltenheit (wenn sicherlich auch keine besonders erfreuliche), dass sich ein Modem nicht beim ersten Durchlauf in Betrieb nehmen lässt. Dies liegt daran, dass Modems selbständig arbeiten, und der Computer sich auf das Übertragen der Daten über die jeweilige Schnittstelle (COM-Port oder USB-Anschluss) beschränken kann. Ohnehin ist die manuelle Inbetriebnahme eines neuen Modems über den Hardware-Assistenten eher eine seltene Ausnahme, da praktisch jedes Modem mit einem Setup-Programm ausgeliefert wird, das sich um die Inbetriebnahme kümmert.

Auch wenn sich Modems über das Applet TELEFON- UND MODEMOPTIONEN installieren lassen, sollten Sie dazu den Hardware-Assistenten benutzen (letzten Endes spielt es aber keine Rolle).

Inbetriebnahme eines Modems

1. Starten Sie den Hardware-Assistenten, klicken Sie auf WEITER, warten Sie einen Augenblick bis die Suche nach den Plug&Play-Geräten beendet wurde, wählen Sie »Neue Hardware hinzufügen«, klicken Sie erneut auf WEITER und wählen Sie die Option HARDWARE MANUELL AUS EINER LISTE WÄHLEN UND INSTALLIEREN.

2. Klicken Sie auf WEITER, wählen Sie aus der Liste der Hardwaretypen den Eintrag *Modems* und klicken Sie erneut auf WEITER. Sie sind jetzt an der Stelle, zu der Sie gelangen würden wenn Sie über das Applet TELEFON- UND MODEMOPTIONEN ein Modem hinzufügen würden.

3. Klicken Sie auf WEITER, wenn sich der Assistent um die Erkennung des Modems kümmern soll. Ist das Modem angeschlossen und eingeschaltet, sollte die korrekte Erkennung des richtigen Modemtyps in ca. 90% der Fälle keine Probleme bereiten. Kennen Sie den Modemtyp genau, können Sie natürlich auch die automatische Erkennung abkürzen und die Option MODEM AUSWÄHLEN wählen. In diesem Beispiel wird von der automatischen Erkennung ausgegangen. Klicken Sie auf WEITER, um zum nächsten Dialogfeld zu gelangen.

4. Die automatische Modemerkennung läuft und prüft alle in Frage kommenden Anschlüsse. Sollte ein Modem gefunden werden, wird dies im nächsten Dialogfeld angezeigt. Ansonsten erhalten Sie nun die Gelegenheit, den Modemtyp auszuwählen. Klicken Sie auf WEITER, um zum nächsten Dialogfeld zu gelangen.

5. Dieses Dialogfeld erscheint nur, wenn das Modem wider Erwarten nicht erkannt wurde. In diesem Fall müssen Sie in der linken Auswahlliste den Hersteller und in der rechten Auswahlliste den Typ des Modems auswählen. Die Liste der Hersteller ist bei weitem nicht so umfangreich wie sie sein könnte (und wie es bei früheren Windows-Versionen der Fall war[7]). Vor allem etwas ältere Modelle und Modelle von Herstellern, die inzwischen Konkurs gemacht haben oder übernommen wurden, sind nicht mehr dabei. Sollte Ihr Modem wider Erwarten ohne einen Treiber daherkommen (selbst bei Low-Cost-Modellen sollte dies nicht der Fall sein), müssen Sie sich auf der Webseite des Herstellers umschauen oder, falls diese nicht mehr existieren sollte, sich im Internet auf die Suche begeben. Klicken Sie auf WEITER, um zum nächsten Dialogfeld zu gelangen.

6. Falls es sich um ein Modem handelt, das noch an einen COM-Port angeschlossen wird, müssen Sie diesen nun auswählen (in 90% der Fälle wird dies der COM1-Port sein). Bei USB-Modems wird dieser

7 Dies dürfte damit zusammenhängen, dass nur noch signierte Treiber angeboten werden und jene Firmen, die nicht mehr im Geschäft sind, natürlich keine Treiber mehr programmieren können.

Schritt ausgelassen. Wählen Sie den Anschluss in der Liste aus und klicken Sie auf WEITER, um zum nächsten Dialogfeld zu gelangen.

7. Die Modemtreiber werden nun installiert. Damit wird die Installation abgeschlossen.

8.10.1 Die Eigenschaften eines Modems

Ein Modem ist ein relativ unkompliziertes und pflegeleichtes Gerät. Im Allgemeinen gibt es keine Notwendig Modemparameter einzustellen. Eine Ausnahme kann immer dann vorliegen, wenn zum Beispiel ein Internet-Dienstanbieter oder eine Mailbox eine bestimmte Initialisierungssequenz erwartet oder die werksseitig vorgenommenen Einstellungen aus irgendeinem Grund unpassend sind. In diesem seltenen Fall müssen Sie aktiv werden und die Änderungen in den Eigenschaften des Modems vornehmen.

STEP

Eigenschaften eines Modems ändern

1. Öffnen Sie den Ordner TELEFON- UND MODEMOPTIONEN in der Systemsteuerung und wählen Sie das Register MODEMS.
2. Sollten mehrere Modems vorhanden sein, selektieren Sie das gewünschte Gerät und klicken Sie auf EIGENSCHAFTEN.
3. Es öffnet sich ein recht umfangreich wirkendes Dialogfeld, das aber in erster Linie deswegen so erscheint, weil auch die von Windows vergebenen Hardwareressourcen angezeigt werden, auch wenn sie sich in der Regel nicht ändern lassen. Alle wichtigen Einstellungen finden Sie im Register ERWEITERT, indem Sie dort wahlweise auf ANSCHLUSSEINSTELLUNGEN oder auf STANDARDEINSTELLUNGEN klicken.

Folgende Eigenschaften lassen sich hier einstellen:

- Die Nutzung des internen Zwischenspeichers (FIFO-Speicher). Hier muss nur in seltenen Ausnahmefällen etwas geändert werden.
- Den Anschlussport des Modems (z.B. COM3), sofern es sich um ein internes Modem handelt (Windows XP unterstützt bis zu 256 COM-Ports).
- Die Übertragungsrate, das Datenprotokoll, die Komprimierung, die Flusssteuerung, aber auch Kleinigkeiten, wie die Anzahl Datenbits pro Datenwort. Auch hier gilt, dass diese Details nur in Ausnahmefällen geändert werden müssen.

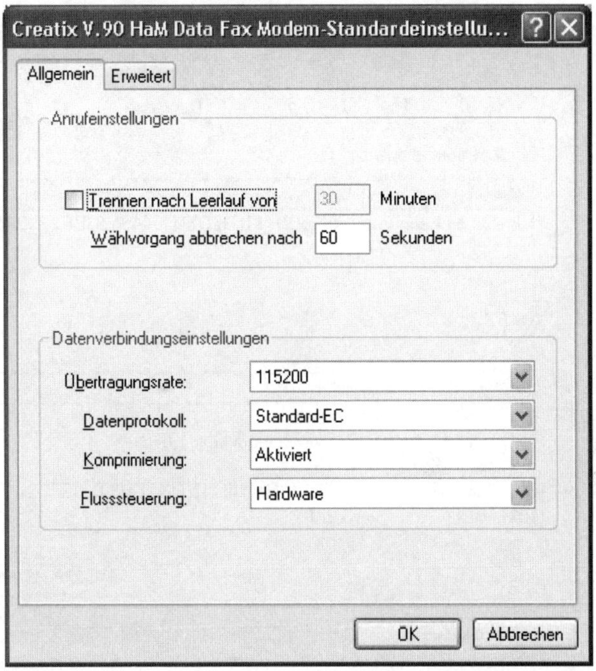

Abbildung 8.37: Die erweiterten Einstellungen eines Modems müssen nur in Ausnahmefällen geändert werden

8.10.2 Die Modemdiagnose

In den Modemeigenschaften finden Sie eine nützliche Funktion, über die Sie sehr schnell erfahren, ob das Modem überhaupt funktioniert. Es ist die Modemdiagnose.

Durchführen einer Modemdiagnose

STEP

1. Öffnen Sie das Eigenschaftendialogfeld des Modems.
2. Wählen Sie das Register DIAGNOSE.
3. Klicken Sie auf *Modem abfragen*. Dadurch werden ein paar Statusbefehle an das Modem geschickt, und die Diagnoseantwort des Modems kurz danach angezeigt. Sollte keine Antwort erscheinen ist das Modem mit hoher Wahrscheinlichkeit falsch konfiguriert, nicht angeschlossen oder gar defekt.

Über die Schaltfläche PROTOKOLL ANZEIGEN wird das Protokoll der Modemdiagnose im Editor angezeigt und Sie können sehen, welche Befehle auf welche Weise beantwortet wurden.

Abbildung 8.38: Im Register Diagnose der Modemeigenschaften kann geprüft werden, welche Diagnoseantwort ein Modem zurückgibt

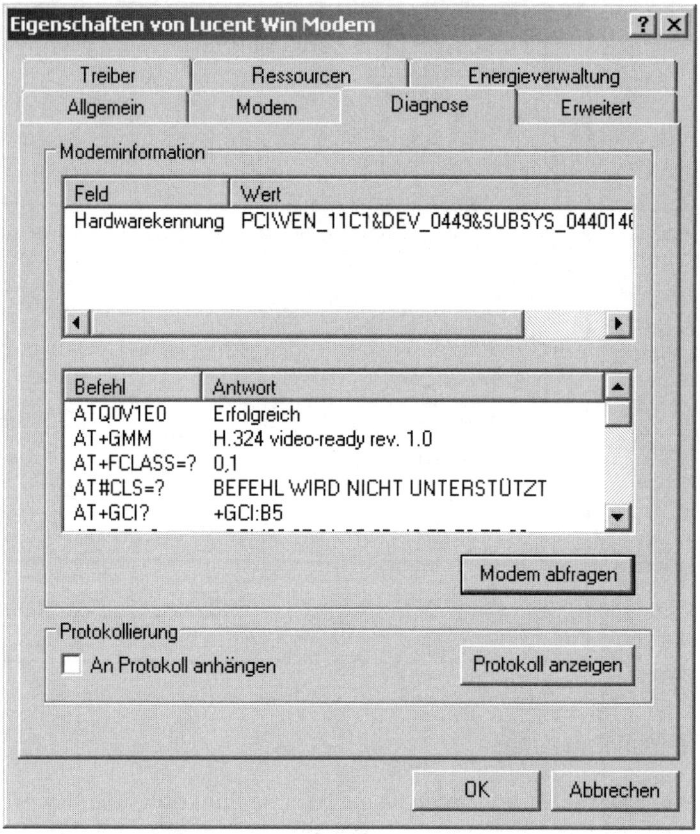

8.11 Die Inbetriebnahme einer ISDN-Karte

Die ISDN-Karte ist inzwischen zum Allerweltsgegenstand geworden, was sich auch in einer erheblich vereinfachten Installation bemerkbar macht. War die Installation einer ISDN-Karte unter Windows 95 noch eine echte Herausforderung, die an falschen Treibern oder nicht vorhandenen Interrupts scheiterte, so lässt sich eine populäre Fritz!-Karte heutzutage in wenigen Minuten in Betrieb nehmen. Im Idealfall wird sie eingebaut und kann nach dem Start von Windows XP in Betrieb genommen werden, ohne dass auch nur ein Dialogfeld bestätigt werden muss.[8] Sollte es wider Erwarten nicht ganz so einfach funktionieren, muss das mitgelieferte Setup-Programm ausgeführt werden, denn eine Einrichtung zur Inbetriebnahme einer ISDN-

8 Das musste ich jedenfalls überrascht feststellen, als nach dem Einbau der Karte nach dem erneuten Start Windows keinerlei Hinweise darauf gab, dass ein neues Gerät gefunden wurde. Woran lag's? Die ISDN-Karte war bereits fix und fertig konfiguriert. Das war zur Abwechslung einmal eine angenehme Überraschung.

Karte gibt es nicht. ISDN-Karten werden bei Windows XP wie Netzwerkkarten behandelt und daher im Prinzip auf die gleiche Weise in Betrieb genommen.

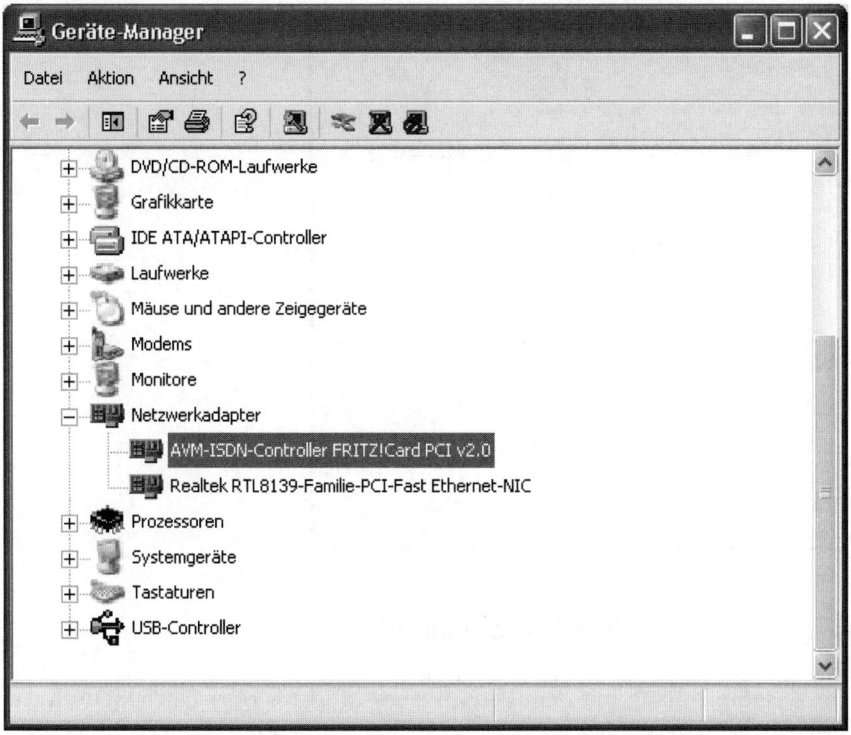

Abbildung 8.39: Eine ISDN-Karte wird bei Windows wie eine Netzwerkkarte behandelt

Auch wenn ISDN-Karten früher für Dinge, wie einen direkten Dateitransfer oder Videokonferenzen eingesetzt wurden, und für diese Zwecke die sog. CAPI-Schnittstelle benötigten, werden ISDN-Karten heutzutage vermutlich in 90% der Fälle für den Internet-Zugang eingesetzt. Da es sich hier um einen Netzwerkzugriff handelt, wird die ISDN-Karte auch wie eine Netzwerkkarte behandelt. Weil sich für eine DFÜ-Verbindung aber keine Netzwerkkarte auswählen lässt, sorgt der ISDN-Treiber dafür, dass eine Reihe virtueller Modems eingerichtet werden. Jedes dieser virtuellen Modems ermöglicht es einer Anwendung, die normalerweise nur mit Modems umgehen kann, die ISDN-Karte als Alternative zu benutzen. Das Einrichten einer DFÜ-Verbindung mit einer ISDN-Karte besteht darin, anstelle eines physikalisch vorhandenen Modems, ein von der ISDN-Setup-Software eingerichtetes Modem auszuwählen (siehe Abbildung 8.40).

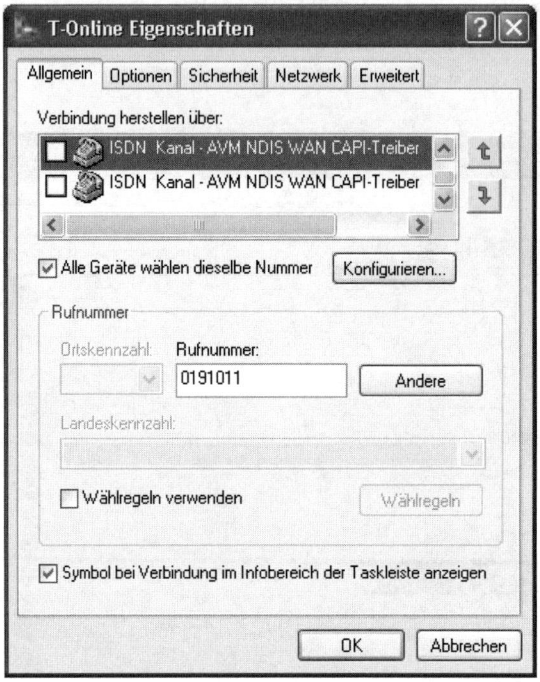

Abbildung 8.40: Nach der Installation der ISDN-Software stehen unter Windows eine Reihe virtueller Modems zur Auswahl

8.12 Eine Frage des Standorts

Im Zusammenhang mit dem Betrieb eines Modems oder einer ISDN-Karte spielen die sog. WÄHLREGELN eine Rolle, deren Einstellungen unter dem Begriff STANDORT zusammengefasst werden. Der Standort ist mehr als nur eine Option, die man gewöhnlich wegklickt. Das Einrichten eines Standorts kann sehr nützlich sein. Es gibt folgende Gründe, um weitere Standorte einzurichten:

- Um von Unterwegs, d.h. von einem Ort mit einer anderen Landes- und/oder Ortskennzahl einen Anschluss anzurufen, bei dem die Landes- und/oder Ortskennzahl eine Rolle spielt.
- Um (in der Regel von unterwegs) von einem Anschluss aus zu telefonieren, bei dem eine spezielle Vorwahlnummer gewählt werden muss (etwa die 0 oder 9 wie in den meisten Hotels).
- Um (in der Regel von unterwegs) das Wählen über eine Callingcard durchzuführen. Das bedeutet konkret, dass der anzurufenden Nummer die Nummer der Telefongesellschaft, von der die Callingcard ausgestellt ist, zusammen mit einer Geheimnummer und unter Umständen weiteren Codes, vorangestellt werden muss.

Folgende Attribute gehören zu einem Standort:

- Der Name des Standorts
- Ein Land und ein Ortskennzahl (die Vorwahl ohne 0)
- Eine Amtskennzahl für Fern- und Ortsgespräche
- Eine Netzkennzahl für Fern- und Ortsgespräche
- Ob die Wartefunktion beim Wählen deaktiviert werden soll
- Das Wählverfahren (Ton oder Impuls)
- Regeln für das Wählen bei unterschiedlicher Ortskennzahl
- Regeln für das Wählen mit einer Callingcard

Lassen Sie sich durch die am Anfang etwas eigentümlichen Begriffe und unterschiedlichen Einstellungen nicht verwirren. Die Einstellungen wurden aus dem Amerikanischen Lebensraum übernommen, wo das Telefonieren nur scheinbar einfacher ist als bei uns.

8.12.1 Anlegen eines neuen Standorts

Einen neuen Standort sollten Sie immer dann anlegen, wenn Sie sich mit Ihrem Computer an einem Ort befinden, an dem bezogen auf das Herstellen einer DFÜ-Verbindung , andere Regeln (etwa eine andere Vorwahl oder die Notwendig, eine 0 voranstellen zu müssen) gelten. Das Anlegen eines Standortes ist nicht zwingend, sondern lediglich eine praktische Angelegenheit, da Sie später, wenn Sie sich wieder an dem Ort befinden sollten, nur den Standort wählen und die Details nicht erneut einstellen müssen.

Anlegen eines neuen Standorts

STEP

1. Öffnen Sie in der Systemsteuerung das Applet TELEFON- UND MODEMOPTIONEN.
2. Klicken Sie im Register WÄHLREGELN auf NEU.
3. Geben Sie dem Standort einen Namen.
4. Wählen Sie das Land aus, in dem Sie sich befinden bzw., von dem der Anruf aus durchgeführt werden soll, und geben Sie die Ortskennzahl ein (in den USA sollten Sie die Ortskennzahl im Allgemeinen auch dann angeben, wenn Sie sich scheinbar im gleichen Ortsbereich befinden).
5. Geben Sie eine Amtsziffer für Orts- und Ferngespräche an.
6. Bestätigen Sie mit OK.

Die Einstellungen Netzkennzahl, Wartefunktion beim Wählen deaktivieren und Wählverfahren (Impuls dürfte heutzutage praktisch keine Rolle mehr spielen, wenngleich ich dies nicht für Turkmenistan mit 100% Sicherheit sagen kann) spielen im Allgemeinen keine Rolle.

Sollte sich das Land wider Erwarten nicht in der Auswahlliste befinden gibt es immer die Möglichkeit, die Landesvorwahl in dem Dialogfeld, was vor dem Wählen erscheint, einzutragen oder über die Amtsziffer für Ferngespräche hinzuzufügen. Überhaupt werden Sie mit zunehmender Erfahrung feststellen, dass es viele unterschiedliche Wege gibt, die zu wählende Nummer festzulegen. Sollten die berühmten Stricke der Reihe nach reißen (was fernab von zu Hause schon einmal passieren kann), können Sie die komplette Nummer auch in das Dialogfeld, das vor dem Wählen erscheint, eintippen. Windows versucht es Ihnen mit dem Standort etwas einfacher zu machen, doch ein Standort ist (natürlich) keine Voraussetzung, um von einem anderen Ort aus sich irgendwo einwählen zu können.

8.12.2 Sie sind im Hotel und nichts passiert

Zunächst einmal sollten Sie sich entspannen, denn Sie sind ja in einem Hotel. Anschließend sollten Sie sich noch einmal vergewissern, dass das Modem (oder die ISDN-Karte) in Ihrem Notebook mit der Telefonbuchse in der Wand richtig verbunden ist. Außerdem sollten Sie sich unbedingt bei der Rezeption erkundigen, ob mit der Telefonanlage des Hotels irgendwelche Besonderheiten verbunden sind, die das Telefonieren per Modem erschweren oder gar unmöglich machen (fragen Sie bei der Gelegenheit auch nach, ob es schon anderen Gästen gelungen ist online zu gehen – in einigen Hotels in Deutschland sind nur bestimmte Online-Provider, etwa T-Online, freigeschaltet, in anderen Hotels kann es vom Zimmer abhängen, ob eine Verbindung möglich ist oder nicht). Prüfen Sie dann, welche Nummer das Modem wählen soll, und ob die erforderliche 0 oder 9 nicht vergessen wurde. Sollten alle diese Maßnahmen nichts helfen, gibt es als letzte Möglichkeit die Option VOR DEM WÄHLEN AUF FREIZEICHEN WARTEN, die deaktiviert werden kann. In diesem Fall wartet das Modem nicht auf ein Freizeichen, was von der Telefonanlage des Hotels anscheinend oft nicht gesendet wird. Diese Einstellungen finden Sie allerdings nicht bei den Eigenschaften des Standorts, sondern in denen des Modems.

Deaktivieren der Option Vor dem Wählen auf Freizeichen warten

1. Öffnen Sie in der Systemsteuerung das Applet TELEFON- UND MODEMOPTIONEN.
2. Wählen Sie das Modem aus und klicken Sie auf EIGENSCHAFTEN.

3. Wählen Sie das Register MODEM und deaktivieren Sie die Option VOR DEM WÄHLEN AUF FREIZEICHEN WARTEN.

4. Bestätigen Sie die Auswahl mit OK.

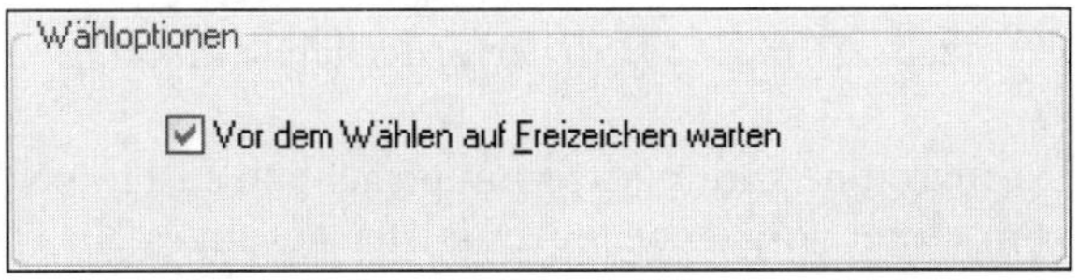

Abbildung 8.41: Diese Option kann in einem Hotel manchmal den entscheidenden Unterschied ausmachen

8.12.3 Das Wählen mit Callingcard

Eine *Callingcard* (der Begriff Telefonkarte würde nicht ganz passen) ist eine feine Sache und keinesfalls eine neumodische Erfindung des 21. Jahrhunderts mit zweifelhaftem Nutzen (es gibt sie schon ein paar Jahre, – die Möglichkeit Callingcards beim Wählen einbeziehen zu können wurde bereits mit Windows 95 eingeführt). Eine Callingcard ist eine Möglichkeit, relativ preisgünstig telefonieren zu können, was gerade in den USA mit den teilweise horrenden Telefongebühren in den großen Hotels eine Menge ausmachen kann. Anstatt eine Nummer direkt anzuwählen, wählt man zunächst die allgemeine Nummer der Callingcardfirma. Anschließend gibt man zunächst die Nummer der Karte oder die persönliche Geheimnummer (je nach Callingcardtyp) an und wählt anschließend die gewünschte Nummer. Callingcards gibt es in zwei Kategorien: Persönliche Callingcards (wie z.B. die T-Card der Telekom AG), die auf eine bestimmte Person ausgestellt sind, wobei die Abrechnung entweder über die Telefonrechnung oder die Abrechnung der Kreditkarte erfolgt. Oder es ist eine allgemeine, nicht personengebundene Karte, die man z.B. an Tankstellen kaufen kann. Hier muss die Geheimnummer auf der Karte erst freigerubbelt werden (unter Umständen muss die Callingcard unmittelbar nach dem Kauf erst freigeschaltet werden). Attraktiv sind diese Callingcards deswegen, weil durch sie das Telefonieren sehr viel preiswerter wird, man keine versteckte Kosten befürchten muss, und weder Kreditkarte noch Bankkonto benötigt (es lässt sich auf diese Weise auch keine Aufstellung der geführten Gespräche anfertigen – man telefoniert völlig anonym).

Egal, woher die Callingcard stammt, der Ablauf beim Telefonieren sieht immer wie folgt aus:

- Man wählt die Nummer der Callingcard-Firma. Dabei handelt es sich um eine kostenfreie Nummer (z.B. eine 800er-Nummer, die inzwischen auch in Deutschland populärer werden).

- Wann wird durch einen Sprachcomputer begrüßt, muss unter Umständen einen Menüpunkt auswählen, und wird aufgefordert die Geheimnummer einzugeben.
- Man wählt die gewünschte Nummer, wobei bei Auslandsgesprächen in Abhängigkeit der Telefongesellschaften noch eine spezielle Nummer (z.B. 01 in den USA) erforderlich sein kann.

Da man eine Callingcard hauptsächlich in Hotels benutzen wird, muss die vom Hotel vorgegebene Amtsziffer vorangestellt werden.

Um diese Sequenz nicht jedes Mal wiederholen zu müssen, gibt es für jeden Standort die Möglichkeit, die zu wählenden Callingcard-Nummern zusätzlich zu der zu wählenden Nummer einzutragen.

:-) TIPP

Probieren Sie das Wählen mit der Callingcard nicht erst vor Ort, sondern am besten in einer ruhigen Minute zu Hause aus. Eine wichtige E-Mail von einem fremden Hotel irgendwo auf der Welt versenden zu wollen und dabei auf eine (vermutlich nie zuvor benutzte) Callingcard angewiesen zu sein, geht mit Sicherheit nicht gut.

:-) TIPP

Falls Sie einen T-Online-Zugang besitzen, können Sie in der ganzen Welt auch ohne Callingcard preiswert in das Internet und sind unabhängig von der »Touristensteuer« der großen Hotels. Sie müssen Sie sich lediglich die T-Online-Software (ab Version 3.0) installieren. Sie können sich in der T-Online-Software einen Ausgangszugang einrichten (was sehr einfach geht), wobei Ihnen automatisch die für Ihren aktuellen Aufenthaltsort erforderlichen lokalen Einwählnummern angeboten werden. Und das immerhin für über 150 Länder.

Falls Sie einen T-Online-Zugang besitzen, können Sie in der ganzen Welt (zumindestens in über 150 Ländern), auch ohne Callingcard, zum Ortstarif ins Internet. Sie benötigen dazu nicht unbedingt die T-Online-Software, jedoch sind die Einwählnummern Teil der Software, so dass Sie sich vor Reiseantritt die Nummern notieren oder die Software zu diesem Zweck installieren sollten. Für das Herstellen einer Verbindung genügt eine DFÜ-Verbindung mit Angabe der lokalen Telefonnummer und der üblichen Kombination aus T-Online-Nummer und Benutzerkennung. Denken Sie auch daran, Ihr T-Online-Passwort zu notieren, denn sind Sie erst einmal unterwegs, lässt es sich nicht mehr in Erfahrung bringen. Wichtig ist auch zu wissen, dass Sie im Ausland zwar einen Internet-Zugang, aber keinen T-Online-Zugang erhalten. Alle Vorgänge, bei denen eine Authentifizierung notwendig ist, zum Beispiel das Ändern des Passworts oder der direkte Zugriff auf den Pop3-Server zum Abholen von Mails, sind nicht möglich (speziell für E-Mail gibt es WebMail unter `https://webmail.t-online.de` – diesen Zugang müssen Sie aber zu Hause freischalten und dabei ein weiteres

Kennwort wählen, über das Sie zum Beispiel auch SMS-Nachrichten verschicken können). Noch ein Tipp zum Schluss: Für das sporadische Einwählen von unterwegs empfiehlt sich der Call by Call-Tarif von T-Online, da es hier keine monatliche Grundgebühr gibt, sondern nur der Minutenpreis abgerechnet wird (bei Zugängen vom Ausland fällt allerdings stets ein Zuschlag an).

9 Hardware in Betrieb nehmen

Die Inbetriebnahme einer neuen Hardware, wie z.B. einer Soundkarte oder einer ISDN-Karte, war ein Thema, das vor einigen Jahren auch erfahrenen Anwendern und versierten »Schraubern« ein gewisses Unbehagen bereitete und weniger erfahrene Anwender manchmal vor fast unlösbare Probleme stellte. Heute kann man über die »Gruselgeschichten« vergangener Jahre, über falsch gesteckte Jumper und fehlende Interrupts, nur noch schmunzeln. Die Inbetriebnahme eines neuen Peripheriegeräts beschränkt sich im Allgemeinen darauf, es anzuschließen oder einzubauen und Windows dabei zuzusehen, wie die benötigten Gerätetreiber von der CD installiert werden. Der Anwender muss dabei weder irgendwelche technischen Angaben machen, noch einen Neustart des Systems in Kauf nehmen. Die Inbetriebnahme einer neuen Hardware ist in den meisten Fällen eine Angelegenheit von wenigen Minuten, wobei Windows XP im Vergleich zu Windows 9x ein absolutes Minimum an Benutzereingriffen erwartet. Verantwortlich für diesen Komfort sind zum einen eine deutlich verbesserte Hardwareunterstützung, zum anderen natürlich die Fortschritte bei der Hardware (verbunden mit einem für den Anwender sehr angenehmen Preisverfall). Heutige Peripheriegeräte sind fast ausnahmslos Plug&Play-kompatibel, so dass sie sich bei der Inbetriebnahme mit dem BIOS des Computers und dem Betriebssystem über die belegten Ressourcen (in erster Linie Interrupts, E/A-Ports und Speicheradressen) verständigen und der Anwender damit nichts mehr zu tun hat. Handelt es sich um ein Gerät mit USB- oder modernem FireWire-Anschluss, genügt sogar das Einstöpseln, um anschließend zusehen zu können wie das neue Gerät vollautomatisch installiert wird (sofern überhaupt noch eine Meldung erscheint). Ein Nachteil dieses Komforts ist natürlich, dass es für »Bastler und Schrauber« kaum noch etwas einzustellen gibt. Doch das ist ein »Nachteil«, den die meisten Anwender gerne in Kauf nehmen werden. Aufgrund der beschriebenen Fortschritte ist das Kapitel erfrischend kurz. Neben einem kurzen Überblick über das Prinzip der Hardwareinstallation wird die Inbetriebnahme eines neuen Gerätes an einem Beispiel geschildert. Der Hauptdarsteller in diesem Kapitel ist natürlich der Hardware-Assistent, der die Inbetriebnahme jedes neuen Gerätes übernimmt.

Die Themen dieses Kapitels:

- Das Prinzip der Hardwarekonfiguration
- Der Geräte-Manager als Hüter der Hardwarekonfiguration

- Die Eigenschaften eines Gerätes
- Der Hardware-Assistenten nimmt neue Geräte in Betrieb
- Aktualisieren eines Gerätetreibers
- Spezielle Themen im Zusammenhang mit der Hardwarekonfiguration
- Die Problembehandlung
- Wer gibt Rat, wenn es nicht weiter geht?

9.1 Das Prinzip der Hardwarekonfiguration

Das Thema Hardwarekonfiguration ist ein Thema, bei dem in den letzten Jahren deutliche Fortschritte erzielt wurden und sich die »Monokultur« Windows auch einmal positiv bemerkbar machte, indem es für die Hardwarehersteller mit immer weniger Aufwand möglich wurde, für die aktuellsten Versionen Gerätetreiber ihrer Geräte zur Verfügung zu stellen. Optimal ist die Situation allerdings noch nicht, denn die mit jeder größeren Windows-Version einhergehende Änderung am Treibermodell und die gleichzeitig recht kurzen Produktzyklen der Hardwarehersteller führen dazu, dass für vermeintlich neue Geräte häufig keine Treiber für die neueste Windows-Version angeboten werden, weil sich für die Hersteller offenbar auch der vermutlich deutlich geringer gewordene Aufwand nicht lohnt. Die Folge ist, dass ein praktisch noch neuwertiges Gerät nicht unter der neuesten Windows-Version eingesetzt werden kann und man, sofern man nicht darauf verzichten möchte, eine ältere Windows-Version parallel betreiben muss. Man ist daher gut beraten, die Anschaffung einer neuen Hardware von der Verfügbarkeit der benötigten Treiber für die aktuelle Windows-Version abhängig zu machen. Mit Windows XP wird sich die Lage in Zukunft hoffentlich deutlich entspannen, denn es dürfte im Heimbereich auf Jahre hinaus die letzte größere Version gewesen sein, mit der ein neues Treibermodell eingeführt wird (so wie es beim Umstieg von Windows 9x auf Windows XP der Fall ist), so dass auch Geräte, die heute angeschafft werden in ein paar Jahren noch zum Einsatz kommen können.[1]

9.1.1 Welche Gerätetreiber werden unterstützt?

Windows XP arbeitet mit einem im Vergleich zu Windows 9x gänzlich anderem Treibermodell, so dass Windows 9x-Treiber im Allgemeinen unter Windows XP nicht benutzt werden können. Das ist weitaus weniger dramatisch, als es sich zunächst anhören mag, da Windows XP mit einer großen

1 Man soll ja bekanntlich nie nie sagen – aber es wird in Zukunft deutlich schwerer im Heimbereich Gründe für den Umstieg auf eine Nachfolgeversion zu finden, denn Windows XP ist, was die Ansprüche eines typischen Heimanwenders betrifft, bereits so gut wie »perfekt«.

Auswahl an Treibern für alle möglichen Geräte ausgeliefert wird. Es ist aber nicht auszuschließen, dass sich ein etwas älteres Gerät aufgrund eines fehlenden Treibers nicht unter Windows XP benutzen lässt.

Da das Treibermodell von Windows XP eine Erweiterung des Treibermodells von Windows 2000 darstellt, lassen sich Windows 2000-Treiber prinzipiell auch unter Windows XP benutzen, insbesondere wenn es sich um signierte Treiber handelt (mehr dazu in Kapitel 14.1.4). Eine Garantie gibt es allerdings nicht, so dass Sie im Zweifelsfall neue Geräte nur dann anschaffen sollten, wenn sie explizit über Windows XP-Treiber verfügen bzw. sich diese von der Webseite des Herstellers nachträglich beschaffen lassen (das ist auch bei den großen Firmen keineswegs selbstverständlich).

Welche Geräte definitiv von Windows XP unterstützt werden, kann der Hardware-Kompatibilitätsliste entnommen werden, deren aktuellste Version auf der Microsoft-Webseite mit der Adresse `http://www.microsoft.com/hcl/default.asp` *heruntergeladen werden kann. An dieser Stelle können Sie auch die Microsoft-Datenbank befragen, um festzustellen, ob Gerät xyz von einem Hersteller den offiziellen »Segen« (sprich das Windows-Logo) von Microsoft erhalten hat.*

Dieser Tipp ist eigentlich keiner, da es selbstverständlich sein sollte, die Dokumente auf der Windows XP-CD zumindest zu überfliegen, da Sie hier wichtige Hinweise zu aktuellen Änderungen und zu Kompatibilitätsfragen finden.

9.1.2 Die Rolle der Ressourcen

Auch wenn sie praktisch allgegenwärtig sind, stehen Sie bei Windows XP nicht mehr im Mittelpunkt. Die Rede ist von den *Ressourcen*, die ein Computer einem Hardwaregerät zur Verfügung stellt, damit ein Daten- und Befehlsaustausch überhaupt möglich wird. Von Ressourcen gibt es nicht nur im richtigen Leben meistens zu wenige, auch die Ressourcen eines Computers sind knapp, insbesondere die Interrupts zählen zu den besonders kostbaren Ressourcen. In die Kategorie der Ressourcen fallen folgende Systemeigenschaften:

- Interrupts
- E/A-Portadressen
- DMA-Kanäle
- Arbeitsspeicherbereiche

Interrupts

Ein Interrupt ist eine Art »Nachrichtenmelder«, über den sich ein Hardwaregeräte beim Prozessor des Computers meldet, wenn es irgendetwas zu tun gibt. Dieses Irgendetwas kann ein Festplattenkontroller sein, der Daten von der Festplatte gelesen hat, eine Grafikkarte, die im Begriff ist eine neue Bildschirmzeile auszugeben, oder ein Modem, bei dem über die Telefonleitung frische Bits eingetroffen sind. Alle diese Aktivitäten spielen sich natürlich in Zeiträumen von Milli- bzw. Mikrosekunden ab, so dass pro Sekunde unter Umständen Tausende von Interrupts eintreffen, die alle möglichst schnell behandelt werden müssen (kein Wunder, dass der Prozessor immer ein wenig gestresst wirkt).

Interrupts gehören zu den knappen Ressourcen eines Computers. Das ursprüngliche PC-Design sah lediglich 16 Interrupts vor, die sich nicht nur die Peripherieräte, sondern auch die internen Komponenten des Computers teilen mussten. Der gleichzeitige Einbau von Soundkarte, Netzwerkkarte, ISDN-Karte und CD-Brenner erforderte nicht nur Fingerspitzengefühl, sondern auch eine Portion Glück und Kaltblütigkeit. Mit dieser Beschränkung mussten die PC-Hersteller bis weit in die 90er Jahre leben. Erst das Aufkommen des PCI-Bussystems veränderte die Situation, da hier eine Mehrfachbelegung der kostbaren Interrupts möglich ist, so dass sich z.B. eine Netzwerkkarte und ein Modem ein und denselben Interrupt teilen können. Im Jahre 2001 sind mögliche Konflikte bei der Vergabe der Interrupts, die fast ausnahmslos von Windows ausgehandelt wird, kein Thema mehr.[2] Die aktuelle Interruptbelegung zeigt Ihnen der Geräte-Manager gerne an.

STEP

Anzeigen der aktuellen Interruptbelegung

1. Öffnen Sie den Geräte-Manager.
2. Wählen Sie im ANSICHT-Menü die Einstellung RESSOURCEN NACH TYP. Öffnen Sie die Kategorie »Interruptanforderung (IRQ)«. Die Interruptanforderungen (IRQ) werden nun in aufsteigender Reihenfolge aufgelistet.

Ein Doppelklick auf das Gerät öffnet das Eigenschaftendialogfeld, wo gegebenenfalls die Interruptzuordnung geändert werden kann (siehe Abbildung 9.1).

E/A-Portadressen

E/A-Ports sind spezielle Speicherzellen, die für den Datenaustausch zwischen dem Computer und einem Peripheriegerät benötigt werden.

2 Zwar ist mir keine Zahl bekannt, aber der Geräte-Manager zeigt, dass einzelne PCI-Interrupts (im Gegensatz zu den alten ISA-Interrupts) z.B. vierfach belegt sein können. Damit sollte keine echte Obergrenze mehr existieren, was die Vergabe von PCI-Interrupts betrifft.

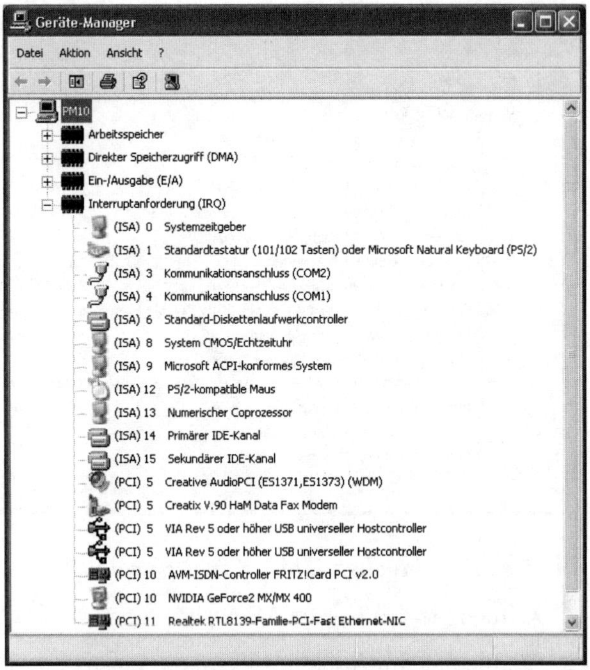

Abbildung 9.1: Der Geräte-Manager zeigt die aktuelle Interrupt-Belegung an

So werden z.B. die Grafikmodi einer Grafikkarte oder die Einstellungen der seriellen Schnittstelle über E/A-Ports eingestellt. Der Anwender kommt mit den E/A-Ports nie direkt in Berührung, allerdings gehen Anwendungen davon aus, dass die benötigten E/A-Ports zur Verfügung stehen. In seltenen Fällen kann es notwendig sein, die E/A-Port Zuordnung bei einem Gerät zu ändern.

Anzeigen der aktuellen E/A-Port-Belegung

STEP

1. Öffnen Sie den Geräte-Manager.
2. Wählen Sie im ANSICHT-Menü die Einstellung RESSOURCEN NACH TYP. Öffnen Sie den Zweig EIN-/AUSGABE (E/A). Die E/A-Portbelegungen werden nun in aufsteigender Reihenfolge aufgelistet.

DMA-Kanäle

DMA-Kanäle (DMA = *Direct Memory Access*) stellen einen weiteren Datentransportweg zwischen einem Peripheriegerät und dem Computer dar. Auch wenn DMA-Kanäle sehr wichtig sind, gibt es nur relativ wenige Geräte, die sich ihrer bedienen.

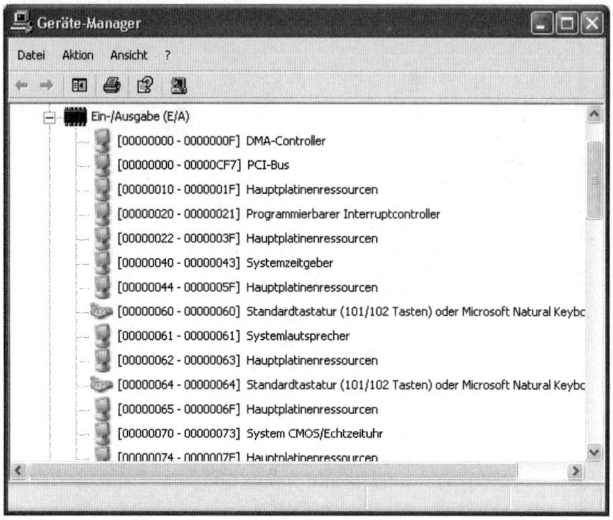

Abbildung 9.2: Der Geräte-Manager zeigt die aktuelle Belegung der E/A-Ports an

Anzeigen der aktuellen DMA-Kanal-Belegung

1. Öffnen Sie den Geräte-Manager.
2. Wählen Sie im ANSICHT-Menü die Einstellung RESSOURCEN NACH TYP. Öffnen Sie den Zweig DIREKTER SPEICHERZUGRIFF (DMA). Die Belegungen der DMA-Kanäle werden nun in aufsteigender Reihenfolge aufgelistet (siehe Abbildung 9.3).

Arbeitsspeicherbereiche

Der Vierte im Bunde ist der Arbeitsspeicher. Bestimmte Geräte blenden ihren internen Speicher direkt in den Arbeitsspeicher des Computers ein und erhalten somit einen Ausschnitt aus dem max. 4 Gbyte großen Speicherbereich. Von allen vier Ressourcentypen ist die Arbeitsspeicherbelegung jene, die am wenigsten von Interesse ist. Sie wird Vollständigkeit halber erwähnt.[3]

9.2 Der Geräte-Manager als »Hüter« der Hardwarekonfiguration

Der Geräte-Manager ist das Programm zum Anschauen der aktuellen Hardwarekonfiguration. Wenn Sie wissen möchten, wie viele Soundkarten in Ihrem PC stecken, welche COM-Ports vorhanden sind oder welche Interrupts die verschiedenen internen und externen Peripheriegeräte belegen, der

3 Mir ist in meiner nun wirklich langjährigen Karriere als nationaler »Windows-Kenner« noch kein Fall untergekommen, bei dem eine Änderung an der Arbeitsspeicherbelegung notwendig gewesen oder überhaupt nur in Frage gekommen wäre.

Geräte-Manager ist Ihr persönlicher Berater. Es sei allerdings an dieser Stelle noch einmal darauf hingewiesen, dass die Systeminformation einen sehr viel detaillierteren Bericht liefert.

Im Vergleich Windows 9x wurde der Geräte-Manager etwas versteckt. Sie finden ihn wahlweise im Eigenschaftendialogfeld des ARBEITSPLATZES *im Register* HARDWARE *oder im* SYSTEM-*Applet der Systemsteuerung, welches der direkte Weg ist, um dieses Dialogfeld zu öffnen.*

NEU

Aufrufen des Geräte-Managers

STEP

1. Öffnen Sie das Applet SYSTEM in der Systemsteuerung.
2. Wählen Sie das Register HARDWARE.
3. Klicken Sie auf GERÄTE-MANAGER.

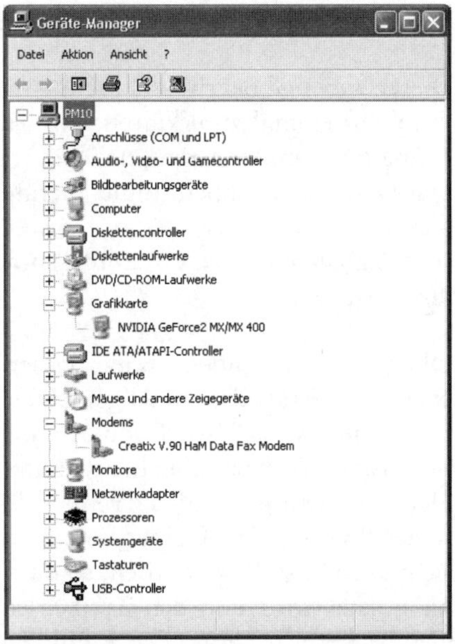

Abbildung 9.3: Der Geräte-Manager zeigt Ihnen die aktuelle Hardwarekonfiguration an

Der Geräte-Manager ist in einer verzweigten Struktur organisiert. Auf der linken Seite sind die einzelnen Gerätegruppen (z.B. DVD/CD-ROM-Laufwerke, Modems, Netzwerkkarten usw.) aufgeführt. Jedem Eintrag geht ein »+«-Zeichen voraus. Das Anklicken öffnet den Zweig und es werden alle Geräte, die in diese Kategorie fallen, aufgelistet. Klicken Sie einen Geräteeintrag mit der sekundären Maustaste und wählen Sie EIGENSCHAFTEN. Dadurch wird das Eigenschaftendialogfeld des Gerätes anzeigt, das stets den gleichen Aufbau besitzt.

INFO

Der Geräte-Manager ist in die Systemmanagementkonsole eingebettet (diese wird in Kapitel 15 vorgestellt). Dadurch ergibt sich die allgemeine Unterteilung und z.B. das stets vorhandene AKTION-*Menü. Auch die Optionen beziehen sich in erster Linie au die Managementkonsole und weniger auf den Geräte-Manager.*

9.3 Die Eigenschaften eines Gerätes

Jedes Gerät in der Geräte-Konfiguration besitzt zwangsläufig eine Reihe von Eigenschaften. Dazu gehören neben sehr allgemeinen Eigenschaften, wie der Gerätetyp oder der Name des Herstellers, vor allem die Treiber, über die das Gerät durch das Betriebssystem angesprochen wird, sowie die Ressourcen (mehr dazu gleich), die das Gerät belegt.

9.3.1 Was ist eigentlich ein Treiber?

Dieser wichtige Begriff soll nicht einfach in den Raum gestellt werden, ohne ihn nicht einmal zu erklären. Ein *Treiber* (oder auch Gerätetreiber) ist ein kleines Systemprogramm, das die Ansteuerung einer internen oder externen Hardwareeinheit übernimmt. Gerätetreiber sind in der Regel Dateien mit der Erweiterung .sys (die meisten werden im Verzeichnis *%Systemroot%\System32\Drivers* untergebracht – sie lassen sich allerdings nicht direkt starten).

Ohne einen passenden Treiber lassen sich nur die wenigsten Geräte ansprechen (ein Gerät, das im Allgemeinen keinen Treiber benötigt ist der Monitor). Windows XP wird von Anfang an mit Hunderten von Treibern für praktisch alle marktüblichen Geräte ausgeliefert. Normalerweise liefert ein Hersteller den passenden Treiber gleich mit oder bietet ihn mindestens auf seiner Webseite an. Treiber können nicht einfach in ein Verzeichnis kopiert, sie müssen installiert werden, so dass Windows über ihre Existenz in Kenntnis gesetzt wird und den Treiber entsprechend für die Ansteuerung eines Gerätes berücksichtigt. Das Einbinden eines Treibers erfolgt im Allgemeinen mit der Inbetriebnahme eines Gerätes, es kann über das Eigenschaftendialogfeld des Gerätes aber auch nachträglich durchgeführt werden.

9.3.2 Eine Spezialität bei Windows XP: Signierte Treiber

Da einem Gerätetreiber eine wichtige Aufgabe zukommt, und dieser auf der unteren Systemebene arbeitet, wo jede fehlerhafte Operation zum Absturz des Betriebssystems führen könnte, werden an die Funktionstüchtigkeit besondere Anforderungen gestellt. Da nicht immer gewährleistet werden kann, dass sich der Hersteller eines Treibers richtig Mühe gibt, oder die Anwender versehentlich ältere Treiber zu installieren versuchen, die für Windows XP unter Umständen gar nicht geeignet sind, müssen bzw. sollten alle Treiber für Windows XP signiert werden. Ein signierter Treiber besitzt eine eindeutige Kennung, an welcher der Hardware-Assistent, der sich auch um die Installation der Gerätetreiber kümmert, zwei Dinge erkennen kann:

- Dass es sich bei dem Treiber um einen »offiziellen« Treiber für Windows XP handelt.
- Dass der Treiber seit dem er fertig gestellt wurde nicht mehr verändert wurde (und er z.B. keine Viren oder versehentlich durch eine nachträgliche Änderung eingefügte Fehler enthält).

Alle Treiber, die mit Windows XP ausgeliefert werden, sind signiert (diese Treiber werden im Eigenschaftendialogfeld des Geräts mit einem kleinen Urkundensymbol versehen) Die Treiber anderer Hersteller sind es im Allgemeinen nicht. In diesem Fall wird nach der Auswahl des Treibers eine Warnung angezeigt und Sie müssen entscheiden, ob Sie dem Treiber trotzdem vertrauen (im Allgemeinen gibt es keinen Grund dies nicht zu tun), oder ob Sie die Installation lieber abbrechen möchten, weil Ihnen die Systemkonfiguration heilig ist oder es Ihnen Ihr »Systemadministrator« ausdrücklich untersagt hat.

Auch wenn Sie einen signierten Treiber einem nicht signierten stets vorziehen sollten, ist das Fehlen einer Signatur kein Grund dafür, den Treiber nicht zu verwenden und das Gerät dadurch nicht in Betrieb zu nehmen.

9.3.3 Einstellen, wie mit nicht signierten Treibern verfahren wird

Im Register HARDWARE der Systemeigenschaften legen Sie fest, wie mit nicht signierten Treibern verfahren werden soll. Klicken Sie in dem Register auf TREIBERSIGNIERUNG. Folgende Einstellungen stehen hier zur Auswahl:

- IGNORIEREN. Alle Treiber werden unabhängig ihrer Signatur verwendet. Dies ist die »Sorglos«-Einstellung die aber auch vor Problemen nicht schützt (wenngleich sie relativ selten auftreten).
- WARNEN. Dies ist die Voreinstellung. Sie erhalten eine Warnung, wenn Sie im Begriff sind einen nicht signierten Treiber zu verwenden. Der Treiber wird aber trotzdem installiert.
- SPERREN. Es werden nur signierte Treiber zugelassen. Dies wäre der Idealfall, wenn es für alle Geräte signierte Treiber gäbe, was aber nicht der Fall ist.

Im Allgemeinen gibt es keinen Grund die Voreinstellung zu ändern. Wenn Sie aber an einem wirklich robusten Windows interessiert sind, sollten Sie nur signierte Treiber zulassen[4] (siehe Abbildung 9.4).

4 Mit dem Nachfolger von Windows XP sollen nach den Plänen von Microsoft ausschließlich signierte Treiber zugelassen werden.

Abbildung 9.4: In diesem Dialogfeld wird eingestellt, wie Windows XP mit nicht signierten Treibern verfahren soll

9.3.4 Das Eigenschaftendialogfeld eines Geräts

Sämtliche Eigenschaften eines Gerätes, sofern sie für die Windows-Konfiguration bekannt sind, werden in seinem Eigenschaftendialogfeld angezeigt und gegebenenfalls auch geändert (was bei den modernen Plug&Play-Geräten aber nur eingeschränkt, wenn überhaupt, möglich ist). Das Eigenschaftendialogfeld wird stets auf die gleiche Weise geöffnet. Klicken Sie das Gerät im Geräte-Manager mit der sekundären Maustaste an und wählen Sie EIGENSCHAFTEN. Sie sehen das Eigenschaftendialogfeld dieses Geräts, das stets die beiden folgenden Register umfasst:

- Allgemein
- Treiber

Für Geräte, bei denen die Ressourcen einstellbar sind, wird auch ein Register mit dem Namen RESSOURCEN angeboten (das ist aber nicht bei allen Geräten der Fall).

Einige Geräte, zum Beispiel das DVD-/CDROM-Laufwerk, besitzen ein Register ERWEITERTE EINSTELLUNGEN. Hier lassen sich meistens recht spannende Dinge einstellen.

Das Register Allgemein

Wie es der Name bereits andeutet, enthält dieses Register nur allgemeine Informationen. Dazu gehören:

- Der Name des Gerätetyps, des Herstellers und des Modells.
- Der Gerätestatus (z.B., ob das Gerät betriebsbereit ist oder ob eine Störung vorliegt – die unscheinbare Fehlernummer kann u.U. wichtige Hinweise über die Störungsursache geben).
- Wie das Gerät zur Zeit verwendet wird (aktiv oder deaktiviert).

Außerdem kann in diesem Register die Problembehandlung aufgerufen werden (mehr dazu in Kapitel 9.6).

Abbildung 9.5: Das Allgemein-Register in den Eigenschaften eines Gerätes zeigt unter anderem den Gerätestatus an

Das Register Treiber

Dieses Register ist das »Herzstück« der Geräteinformation, denn es gibt an, mit welchem Treiber das Gerät arbeitet. Neben dem Namen des Treiberherstellers werden die Versionsnummer und das Datum, an dem der Treiber fertiggestellt wurde, angezeigt. Anhand dieser Informationen lässt sich besser entscheiden, ob eine Aktualisierung notwendig werden kann. Außerdem erhalten Sie an dieser Stelle, die Gelegenheit die Namen der einzelnen Treiberdateien anzeigen zu lassen (diese sind in der Regel zu speziell, als dass sie eine Aussagekraft hätten), den Treiber zu aktualisieren, einen bereits installierten Treiber für den Fall zu verwenden, dass ein Gerät nach einer Aktualisierung nicht mehr funktioniert, und den aktuellen Treiber zu deinstallieren.

Abbildung 9.6: Das Treiber-Register zeigt Informationen über den aktuellen Treiber an und ermöglicht es, diesen zu aktualisieren oder zu deinstallieren

9.3.5 Die Aktualisierung eines Gerätetreibers

Die Aktualisierung eines Gerätetreibers ist immer dann notwendig, wenn das Gerät mit dem aktuell installierten Treiber nicht funktioniert, oder eine neue Version vorliegt (die Sie zum Beispiel von der Webseite des Herstellers heruntergeladen haben), von der Sie definitiv wissen (bzw. vermuten), dass sie a) eine Verbesserung darstellt und b) für das Gerät geeignet ist.

INFO

Die Aktualisierung von Gerätetreibern über das Internet, die bei Windows 98 in diesem Zusammenhang als Option angeboten wurde, wurde bereits mit der Nachfolgeversion wieder abgeschafft. Dies ist eines jener »So wird das Internet unser Leben verändern«-Szenarien, die sich in der Theorie wunderbar einfach anhören und praktisch jeden sofort von der Nützlichkeit überzeugen, in der Praxis aber einfach nicht funktionieren, weil niemand wirklich an einem Erfolg interessiert ist.

STEP

Die Aktualisierung eines Gerätetreibers

1. Lokalisieren Sie das Gerät im Geräte-Manager, öffnen Sie das Eigenschaftendialogfeld und wechseln Sie in das Register TREIBER.
2. Klicken Sie auf AKTUALISIEREN.
3. Sie werden durch den Hardware-Upgrade-Assistenten begrüßt. Gleich im ersten Dialogfeld müssen Sie sich entscheiden, ob der neue Treiber automatisch installiert werden soll (in diesem Fall sucht Windows auf eigene Faust an den Orten, an denen sich eine aktualisierte Fassung des Treibers befinden könnte), oder ob Sie das Verzeichnis auswählen möchten. In diesem Fall wird von der zweiten Option SOFTWARE VON EINER LISTE ODER BESTIMMTEN QUELLE INSTALLIEREN ausgegangen. Klicken Sie auf WEITER, um zum nächsten Dialogfeld zu gelangen.

Abbildung 9.7: Der Hardware-Update-Assistent nimmt die Aktualisierung des aktuellen Gerätetreibers vor

4. Im nächsten Dialogfeld müssen Sie angeben, wo sich der zu aktualisierende Treiber befindet. Versteckt er sich etwa auf einem Wechsellaufwerk? Oder verbirgt er sich im Verzeichnis *\Drvs\Wn2\Sys* auf Laufwerk D:? Entweder geben Sie den Ort genau an oder lassen Windows alle in Frage kommenden Orte durchsuchen (die Möglichkeit, den zu installierenden Treiber aus der Liste der verfügbaren Geräte zu wählen, wird im Anschluss an diesen Abschnitt besprochen) Klicken Sie auf WEITER, um die Suche zu starten.

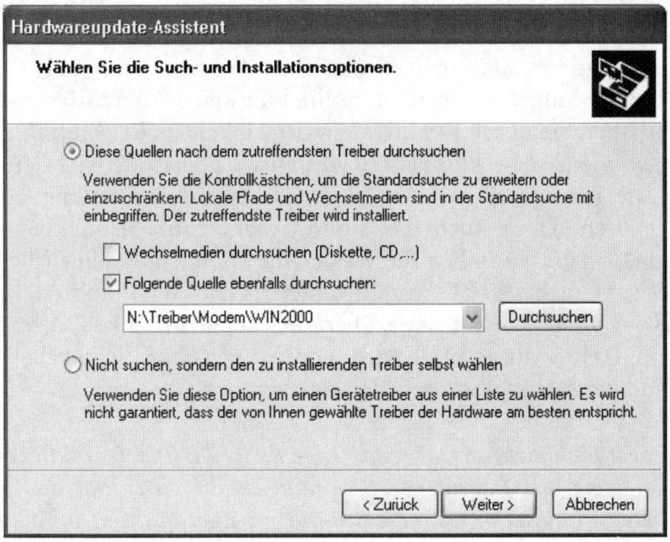

Abbildung 9.8: In diesem Dialogfeld wird dem Assistenten der ungefähre oder genaue Aufenthaltsort des Treibers mitgeteilt

5. Wie es nun weitergeht, hängt davon ab, ob der Assistent einen aktuelleren Treiber in den angegebenen Orten finden kann. Sollte dies der Fall sein, wird der aktuelle Treiber automatisch installiert und der Assistent ist fertig. Sollte dagegen kein passender und aktuellerer Treiber gefunden werden, gibt der Assistent nicht gleich auf. Sie erhalten nun die Möglichkeit, das Gerät aus der Geräteliste von Windows XP, das heißt der Liste sämtlicher unterstützter Geräte auszuwählen.

9.3.6 Rückkehr zum letzten funktionierenden Treiber

Eine besonders leistungsfähige Eigenschaft von Windows XP kann sehr schnell übersehen werden: Wann immer ein Gerätetreiber installiert wird, legt Windows XP (vorausgesetzt, diese Funktion wurde nicht deaktiviert) einen Wiederherstellungspunkt an, bei dem der aktuelle Konfigurationszustand abgespeichert wird. Stellen Sie fest, dass ein Gerät nach der Neuinstallation des Gerätetreibers nicht oder nur noch eingeschränkt funktioniert, stellen Sie den alten Zustand einfach wieder her. Dazu müssen Sie auf die Schaltfläche INSTALLIERTER TREIBER klicken. Sofern der Treiber aktualisiert wurde, wird nun der vor der Aktualisierung gültige Treiber wiederhergestellt.

Den Treiber aus der Geräteliste auswählen

Windows bietet oft mehrere Wege, um zu einem bestimmten Ziel zu gelangen. Das kann hilfreich, aber auch verwirrend sein. Wählen Sie bei der Treiberaktualisierung in dem Dialogfeld, in dem der Aufenthaltsort des Treibers angegeben werden soll, die Option NICHT SUCHEN, SONDERN DEN ZU INSTALLIERENDEN TREIBER WÄHLEN, gelangen Sie auf ein Dialogfeld, in dem Ihnen zuerst alle mit dem aktuellen Treiber kompatiblen (also passenden) Treiber aufgelistet werden. Sollte hier keine Alternative angeboten werden, erhalten Sie durch Deaktivieren des Häkchens *Kompatible Hardware anzeigen* wieder eine komplette Geräteliste. Hier sollen Sie den Treiber aus der Liste jener Treiber auswählen, die zum Lieferumfang von Windows XP gehören. Doch auch das stimmt nicht ganz, denn über die Schaltfläche DATENTRÄGER haben Sie wieder die Möglichkeit einen beliebigen Treiber, etwa von einer CD, auszuwählen. Viele Wege führen bekanntlich nach Rom. Machen Sie sich darüber aber keine Gedanken, denn wie auch immer ein Treiber ausgewählt wird, er wird stets auf die gleiche Weise installiert, und das Resultat ist stets das gleiche.

INFO

Es ist eine mehr als störende Eigenheit, dass nach Anklicken von Datenträger *stets das Laufwerk A: voreingestellt wird, und das wie üblich nicht bereite Laufwerk mit einem nervigen Biep quittiert wird (und wehe, wenn das Laufwerk doch bereit wäre – dann würde es Minuten dauern bis Windows feststellt, dass sich auf der versehentlich eingelegten Diskette gar keine Treiber befinden. Hier hat es seit Windows 95 keinen Fortschritt gegeben.*[5]

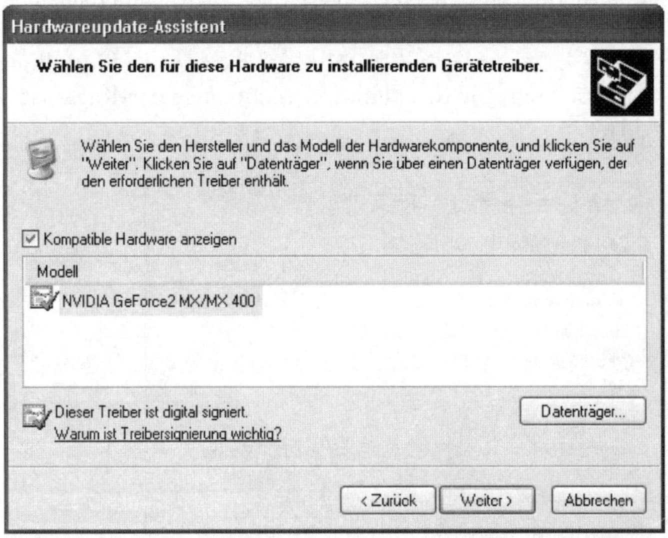

Abbildung 9.9: In diesem Dialogfeld werden zunächst nur die zum aktuellen Treiber kompatiblen Modelle angezeigt

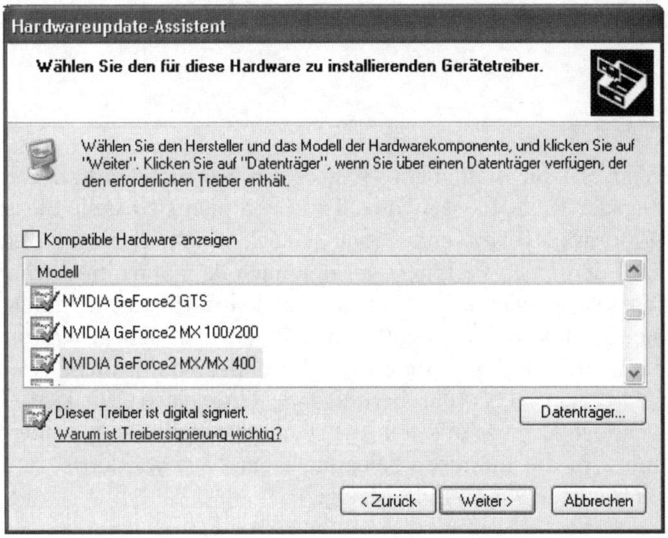

Abbildung 9.10: Nach Deaktivieren der Option Kompatible Hardware anzeigen werden alle Geräte des Herstellers angeboten

5 Wer installiert im Jahre 2004, in dem es längst einfühlsame Bordcomputer auf interplanetarischen Missionen in einem Raumschiff geben sollte, die im entscheidenden Augenblick durchdrehen, und wir zudem gerade den Kontakt zu außerirdischen Zivilisationen hergestellt haben sollten, noch Treiber von einer Diskette?

Das Register Ressourcen

Dieses Register wird nur angeboten, wenn es bei einem Gerät Ressourcen zum Anzeigen und gegebenenfalls auch zum Einstellen gibt. Bei einem Monitor oder einem Netzteil ist dies im Allgemeinen nicht der Fall (diese Geräte belegen einfach keine Ressourcen des Computers), während bei einer Netzwerk-, Sound- oder ISDN-Karte die richtige Einstellung der Ressourcen Voraussetzung für die Funktionstüchtigkeit der Karte ist (siehe Abbildung 9.11).

Abbildung 9.11: Das Register Ressourcen zeigt die Hardwarekonfiguration eines Gerätes an

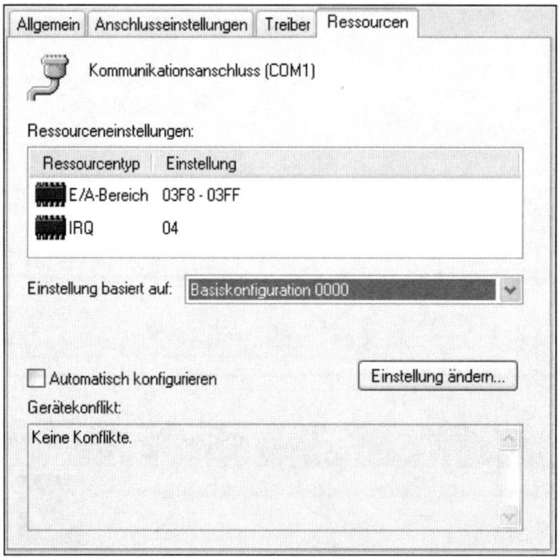

Wundern Sie sich nicht (bzw. seien Sie nicht enttäuscht), wenn sich im Register RESSOURCEN wider Erwarten nichts einstellen lässt. Das ist gut so. Windows XP verwendet (wie seine Vorgänger) ein ausgeklügeltes System, nach dem allen Peripheriegeräten nach dem Start die vorhandenen Ressourcen so zugewiesen werden, dass es keine Überschneidungen gibt, und sich die Grafikkarte nicht mit dem Modem ins Gehege kommen. Sie möchten daran in der Regel ändern (insbesondere dann nicht, wenn im Statusfeld GERÄTEKONFLIKT der beruhigende Hinweis KEINE KONFLIKTE erscheint). Dennoch kann es in seltenen Fällen erforderlich sein, selber Hand anzulegen und z.B. die Interrruptbelegung einer Netzwerkkarte zu ändern. Wie das geht wird in Kapitel 9.5 gezeigt.

9.3.7 Arbeite ich mit dem aktuellen Treiber?

Diese Frage sollten wir uns alle hin und wieder stellen. Zwar kann man im Allgemeinen davon ausgehen, dass wenn ein Gerät zufrieden stellen, arbeitet, der aktuellste Treiber installiert ist, es kann jedoch nicht schaden, insbesondere nach einer Treiberaktualisierung, sich das vom Betriebssystem bestätigen zu lassen. Natürlich kann Windows nicht wissen, ob irgendwo auf diesem Planeten in diesem Augenblick eine aktualisierte Fassung zu Ende programmiert wurde, es kann aber angeben, ob die aktuelle Version in Ordnung ist.

Feststellen, ob die aktuellste Treiber-Version installiert wurde

STEP

1. Lokalisieren Sie das Gerät im Geräte-Manager, öffnen Sie das Eigenschaftendialogfeld. Achten Sie auf den Gerätestatus. Steht hier DAS GERÄT IST BETRIEBSBEREIT, so arbeitet es höchstwahrscheinlich auch mit dem aktuellsten oder zumindest einem ausreichend aktuellen Treiber.

2. Wechseln Sie in das Register TREIBER. Achten Sie auf das Treiberdatum, das im oberen Bereich angezeigt wird. Ist es älter als das aktuelle Herstellungsdatum von Windows XP (das ungefähr im August 2001 gelegen haben dürfte – dies ist der Zeitpunkt, an dem die Windows XP-CDs in die Produktion gegeben wurden)? Wenn ja, dann liegt die Vermutung nahe, dass es eine aktuellere Version geben könnte.

3. Klicken Sie auf TREIBERDETAILS. Es erscheint ein Dialogfeld, in dem die einzelnen Treiberdateien aufgelistet werden. Auch wenn sich nur für Insider aus den Dateinamen irgendwelche Rückschlüsse auf die Aktualität eines Treibers ziehen lassen dürften, kann in einigen seltenen Fällen bereits der Copyright-Vermerk oder eine von den Versionsnummern der übrigen Dateien abweichende Versionsnummer einen Anhaltspunkt dafür geben, ob ein Treiber älter ist als die anderen und damit unter Umständen ein Kandidat für eine Aktualisierung ist.

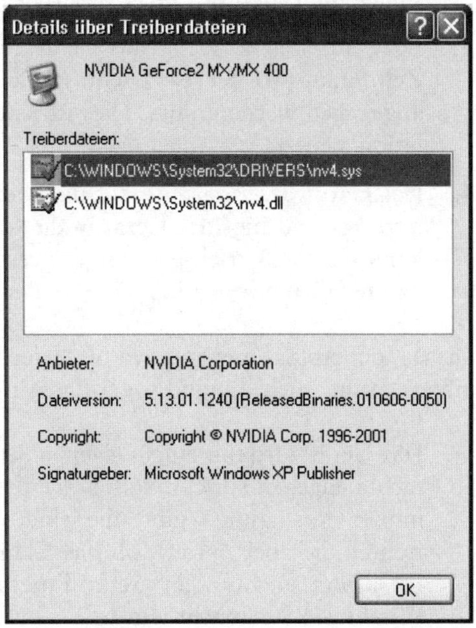

Abbildung 9.12: In den Details zu den Treiberdateien werden die Namen, die Copyright-Vermerke und die Versionsnummern angezeigt

9.4 Der Hardware-Assistent nimmt neue Geräte in Betrieb

Vorhang auf für den Hardware-Assistenten: Dies ist der mit Abstand wichtigste Assistent im Team der dienstbaren Geister, denn er ist immer im Spiel, wenn ein neues Gerät in Betrieb genommen oder die Systemkonfiguration aktualisiert werden soll. Bei Windows XP kann es allerdings passieren, dass Sie ihn noch gar nicht zu Gesicht bekommen haben, denn wenn Sie z.B. ein USB-Gerät in Betrieb nehmen, über dessen Gerätetreiber Windows XP bereits verfügt, dann »poppt« (wenn überhaupt) das Konfigurationsdialogfeld lediglich kurz auf, ohne dass etwas bestätigt oder gar eingestellt werden muss (so sollte es normalerweise auch sein).

9.4.1 Das Prinzip der Hardwareinstallation

Es ist wichtig zu verstehen, dass, egal welches Hardwaregerät Sie in Betrieb nehmen möchten, der Ablauf stets nahezu identisch ist:

STEP

Hardwareinstallation

1. Sie starten den Hardware-Assistenten.
2. Sie wählen entweder eines der vom Hardware-Assistenten angebotenen Geräte aus, für den Fall, dass der Hardware-Assistent das in Betrieb zunehmende Gerät erkannt hat, wählen das Gerät aus der Geräteliste von Windows aus oder ignorieren alle Angebote von Windows und stellen die Daten für die erforderliche Inf-Datei zur Verfügung.
3. Egal, auf welche Weise das Gerät ausgewählt wurde, jetzt kommt der Zeitpunkt, wo der Verzeichnispfad der stets erforderlichen Inf-Datei angegeben werden muss. Dies ist jene Datei, die den Ablauf der Installation steuert.
4. Der Hardware-Assistent lädt die über die Inf-Datei angegebenen Gerätetreiber und fügt das Gerät in die Gerätekonfiguration ein. Das Gerät kann nun in Betrieb genommen werden – ein Neustart ist nur in Ausnahmefällen notwendig.

Dies ist der Ablauf, der in etwa 80% der Fälle in Frage kommt. Wie immer gibt es Ausnahmen. Es sind sogar derer zwei:

- Das Gerät wird mit einem eigenen Setup-Programm ausgeliefert. Sofern nichts dagegen spricht, sollten Sie diese Variante stets vorziehen, da es immer Ausnahmen gibt, die eine speziellere Behandlung erfordern. Achten Sie aber darauf, ob das Gerät »Windows XP kompatibel« ist. Es bringt nichts, ein Setup-Programm auszuführen, das nur für Windows 98 gemacht wurde.

- In einigen seltenen Fällen führt das zur Verfügungstellen der Inf-Datei über den Hardware-Assistenten nicht zum Erfolg. Dies gilt vor allem dann, wenn das Gerät zwar erkannt wurde, aber nicht mit dem optimalen Treiber arbeitet und im Geräte-Manager zum Beispiel mit einem gelben Ausrufezeichen angezeigt wird. In diesem Fall aktualisiert man den Treiber im Register TREIBER des Geräts, in dem man auf AKTUALISIEREN klickt und über den Hardware-Update-Assistenten kein Gerät auswählt, sondern den Pfad der Inf-Datei einstellt. Auf diese Weise lassen sich vor allem jene Geräte in Betrieb nehmen, bei denen über den Hardware-Assisstenten nach Auswahl der (gültigen) Inf-Datei kein Gerätename in der Auswahlliste erscheint und die Installation auf diesem Weg nicht fortgesetzt werden kann. Man muss bei Windows, was die Inbetriebnahme neuer Geräte angeht flexibel sein und darf sich nicht auf eine einzige Methode verlassen. Manchmal lässt sich ein Gerät erst nach einigem Hin und Her erfolgreich in Betrieb nehmen.

Falls das Gerät nicht ausdrücklich als »Windows XP kompatibel« gekennzeichnet ist, informieren Sie sich auf der Webseite des Herstellers über die aktuelle Treibersituation. Die Adresse der Webseite ergibt sich in den allermeisten Fällen aus dem Herstellernamen und dem Anhang ».com« bzw. ».de«.

9.4.2 Die Installation Schritt für Schritt

In diesem Abschnitt wird die Inbetriebnahme eines neuen Hardwaregeräts, dass heißt die Installation des erforderlichen Gerätetreibers Schritt für Schritt an einem allgemeinen Beispiel vorgestellt. Streng genommen ist eine solche ausführliche Anleitung gar nicht notwendig, da die einzelnen Schritte immer gleich und, aufgrund der sehr komfortablen Benutzerführung, auch relativ selbsterklärend sind.

Inbetriebnahme eines Gerätes mit dem Hardware-Assistenten

1. Öffnen Sie das HARDWARE-Applet in der Systemsteuerung und bestätigen Sie den Begrüßungsdialog mit WEITER.
2. Der Hardware-Assistent aktualisiert die Hardwarekonfiguration, indem er nach neu hinzugefügter Hardware sucht. Dieser Schritt wird jedes Mal ausgeführt und lässt sich nicht überspringen.
3. Falls der Assistent kein Gerät finden konnte, das als neu eingebaut erkannt wurde, fragt er zunächst einmal bei Ihnen nach, um herauszufinden, ob das Gerät bereits eingebaut wurde und Sie den Treiber nachträglich installieren möchten, oder ob die Hardware noch nicht angeschlossen wurde (und Sie den Assistent vielleicht nur aufrufen, um schon einmal die erforderlichen Ressourcen zu reservieren) Entscheiden Sie sich für eine der beiden Optionen und klicken Sie auf WEITER.

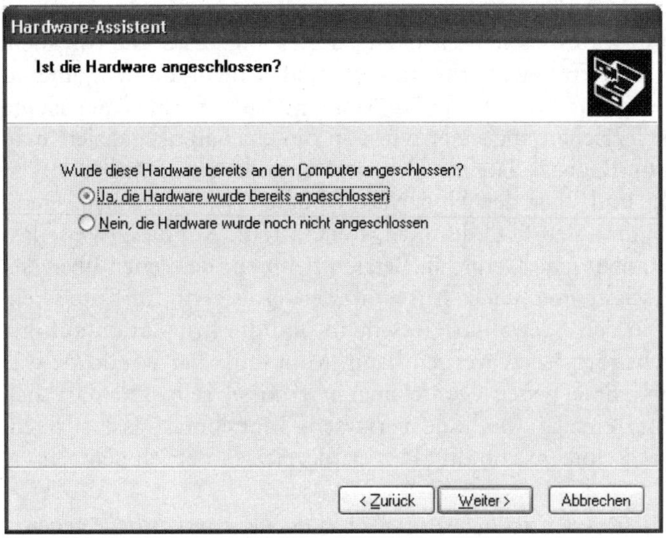

Abbildung 9.13: An dieser Stelle wird angegeben, ob die Hardware bereits eingebaut wurde oder noch eingebaut werden soll

4. Haben Sie sich im letzten Schritt für die (wahrscheinlichere) erste Option entscheiden, erscheint die bereits auf dem Computer installierte Hardware in einer Listenauswahl. Möchten Sie eines der Geräte neu installieren, wählen Sie es aus der Liste aus und klicken Sie auf WEITER. Möchten Sie dagegen ein »brandneues« Gerät in Betrieb nehmen, selektieren Sie den Eintrag NEUE HARDWARE HINZUFÜGEN (am untersten Rand der Liste) und klicken Sie auf WEITER.

INFO

Geräte, die nicht funktionsbereit sind (das kann zum Beispiel. an einem falschen Gerätetreiber liegen) oder für die noch ein Gerätetreiber ausgewählt wurde, werden mit einem gelben Ausrufezeichen oder einem Fragezeichen versehen.

INFO

Sollte ein Gerät permanent »Ärger« machen und sich nicht mit den vermeintlich passenden Treibern in Betrieb nehmen lassen, oder es taucht ein nicht vorhandenes Gerät immer wieder in der Liste der noch zu installierenden Geräte auf, so kann es im Geräte-Manager deaktiviert werden. Mehr dazu in Kapitel 9.5.

5. Im nächsten Schritt geht es darum, ein bereits eingebautes Gerät zu erkennen, das bei der automatischen Kennung übersehen wurde (unter anderem weil es nicht Plug&Play-kompatibel sein könnte). Sie müssen nun festlegen, ob der Hardware-Assistent versuchen soll das Gerät zu erkennen (was im Allgemeinen auch klappt), oder ob Sie das Gerät aus einer umfangreichen Liste von Namen aussuchen müssen (da die Liste nach Kategorien und Hersteller unterteilt ist, ist es relativ einfach ein Gerät zu finden, auch wenn Sie die genaue Bezeichnung nicht kennen).

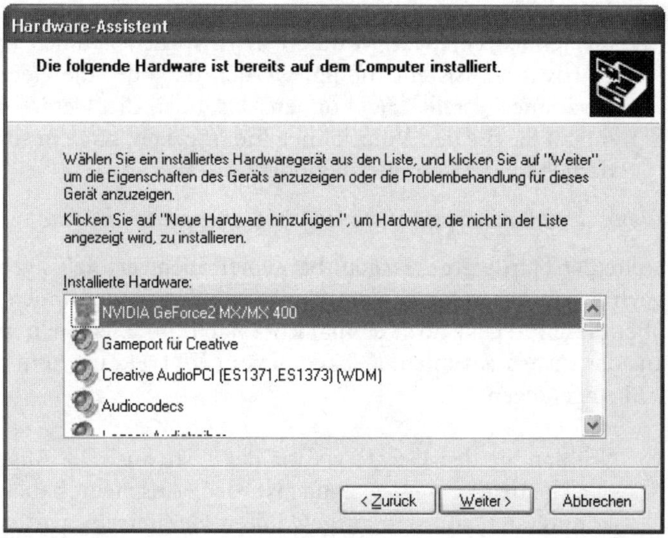

Abbildung 9.14: Der Hardware-Assistent präsentiert eine Liste mit den bereits installierten Geräten

Für welche Variante Sie sich entscheiden, hängt davon ab, ob Sie die genaue Gerätebezeichnung kennen oder nicht (nicht immer genügt es, nur die ungefähre Modellbezeichnung zu erkennen – bei Grafikkarten kann ein angehängtes »Pro« oder »Ultra« oder ein unscheinbares »64SX« schon etwas ausmachen). Im Folgenden wird davon ausgegangen, dass Sie den Hardware-Assistenten suchen lassen möchten. Wählen Sie daher die voreingestellte Option NACH NEUER HARDWAREKOMPONENTE AUTOMATISCH SUCHEN UND INSTALLIEREN und klicken Sie auf WEITER.

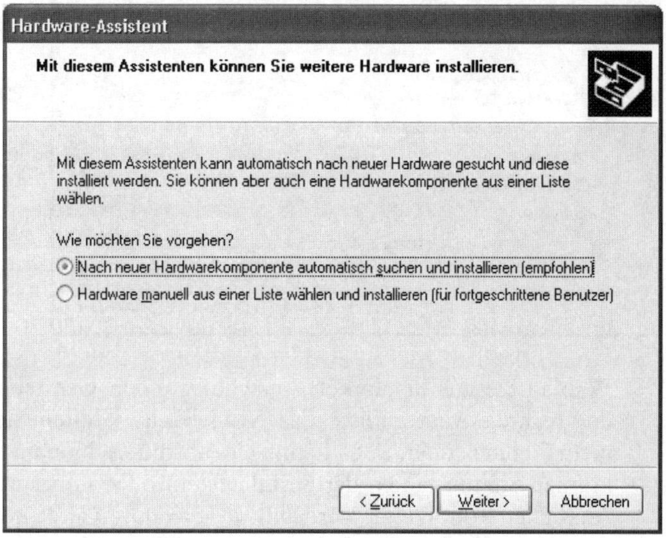

Abbildung 9.15: Der Hardware-Assistent bietet an, nach einer neuen Hardwarekomponente zu suchen oder diese aus einer Liste auszuwählen

6. Nun beginnt die Suche nach neu eingebauten Geräten, die manchmal tatsächlich ein paar Minuten in Anspruch nehmen kann. Wurde der Hardware-Assistent fündig, werden das oder die Geräte in einer Liste zusammengestellt. Sie können das oder die Geräte nun installieren, indem Sie die den Verzeichnispfad angeben, an dem sich die stets erforderlichen Gerätetreiber befinden.

Wenn der Hardware-Assistent kein Gerät finden konnte

STEP

Sollte der Hardware-Assistent bei seiner Suche erfolglos geblieben sein (was auch daran liegen kann, dass kein neues Gerät vorhanden ist – denken Sie über diesen Aspekt noch einmal kurz nach), müssen Sie nun das Gerät doch aus der Liste auswählen. Klicken Sie auf WEITER, um zum nächsten Dialogfeld zu gelangen.

1. Wählen Sie den Gerätetyp aus der Liste aus. Die Auswahl ist nicht so entscheidend, wie es zunächst den Anschein haben mag, denn es kommt stets auf den ausgewählten Gerätetreiber an. Die Auswahlliste dient nur der besseren Orientierung. Sollten Sie sich bezüglich der Gerätekategorie nicht sicher sein oder keine Lust verspüren, in der Liste zu scrollen, übernehmen Sie die Voreinstellung »Alle Geräte anzeigen«. Ansonsten wählen Sie den Typ aus und klicken auf WEITER, um zum nächsten Dialogfeld zu gelangen.

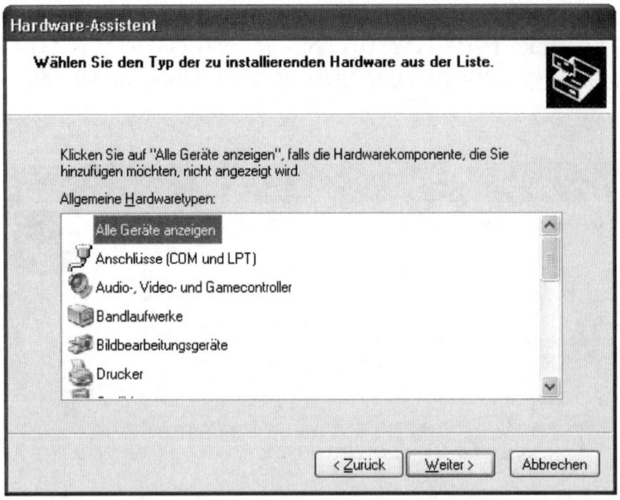

Abbildung 9.16: In der Auswahlliste muss ein Gerätetyp ausgewählt werden

2. Wählen Sie aus der linken Auswahlliste den Gerätehersteller und aus der rechten Auswahlliste das Modell aus. Sollten Sie den Hersteller nicht kennen oder es sich um ein absolutes Noname-Gerät handeln, können Sie mit einem der Standardgeräte Ihr Glück versuchen. Durch Anklicken von *Weiter* wird das ausgewählte Gerät noch einmal angezeigt und ein erneutes Anklicken von WEITER bewirkt, dass der Gerä-

treiber für das Gerät installiert wird. Gegebenenfalls ist ein Neustart notwendig, bevor das Gerät endgültig in Betrieb genommen werden kann.

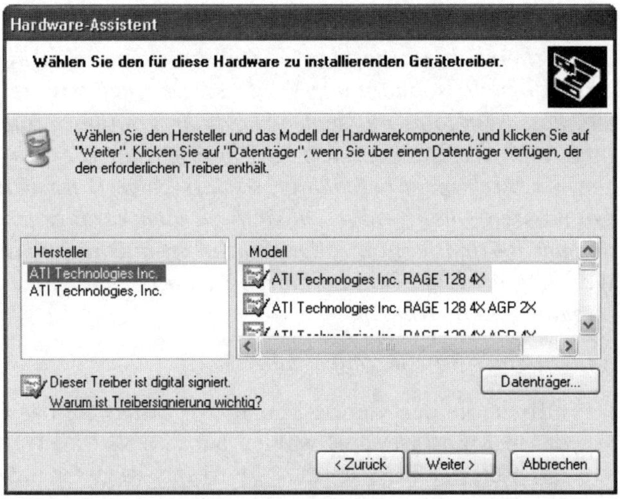

Abbildung 9.17: Aus der Herstellerliste muss das passende Gerät ausgewählt werden

9.5 Spezielle Themen im Zusammenhang mit der Hardware-Konfiguration

In diesem Abschnitt werden speziellere Themen behandelt, die nur in seltenen Fällen eine Rolle spielen sollten. Im Einzeln geht es um:

- Das manuelle Ändern der Ressourceneinstellungen
- Das Deaktivieren eines Gerätes
- Die Rolle der Hardwareprofile
- Die Rolle der Inf-Dateien

9.5.1 Das manuelle Ändern der Ressourceneinstellungen

In (sehr) seltenen Fällen kann es erforderlich sein, die Ressourceneinstellungen manuell zu verändern. Dies ist aber nur in absoluten Ausnahmefällen möglich, da das Plug&Play-System von Windows sich um diese Dinge kümmert und den Anwender (zu Recht) nicht mitspielen lässt. Ob sich die Ressourceneinstellungen ändern lassen, erfahren Sie, indem Sie das RESSOURCEN-Register des Gerätes öffnen. Sind dort alle Einstellungen deaktiviert, ist Windows der Meinung, dass es bei diesem Gerät nichts einzustellen gibt. Dies ist bei den meisten modernen Hardwaregeräten der Fall. Lässt sich das Häkchen

AUTOMATISCH KONFIGURIEREN jedoch abwählen, dann Hals- und Beinbruch. Sie erhalten so die Möglichkeit, eine Ressource wie die Interuptnummer entweder direkt oder durch Auswahl einer Basiskonfiguration, die zwei oder mehrere Einstellungen zusammenfasst, zu ändern.

Spielen Sie niemals an der Konfiguration herum. Sie werden es mit hoher Wahrscheinlichkeit auf lange Zeit bereuen. Im Allgemeinen bringt dies keine Vorteile, sondern nur Verdruss. Im ungünstigsten Fall kann es passieren, dass Windows mit seiner Hardwarekonfiguration völlig aus dem Tritt gerät und der PC komplett neu konfiguriert werden muss (die Festplatte wird dadurch nicht beschädigt, so dass keine Datenverluste befürchtet werden müssen – ganz ausgeschlossen werden kann es jedoch auch nicht, dass sich der Festplattenkontroller nicht mehr ansprechen lässt). Haben Sie diese Warnung verdaut? Dann erfahren Sie im Folgenden, wie Sie die Ressourcenvergabe ändern können.

Ändern einer Ressourcenvergabe

1. Öffnen Sie den Geräte-Manager, wählen Sie das Gerät mit der sekundären Maustaste aus, wählen Sie EIGENSCHAFTEN und wechseln Sie in das Register RESSOURCEN. Wird das Register nicht angeboten, gibt es bei dem Gerät keine Ressourcen.
2. Klicken Sie die Option AUTOMATISCH KONFIGURIEREN an, so dass das Häkchen verschwindet. Dabei kann noch nichts Schlimmes passieren.

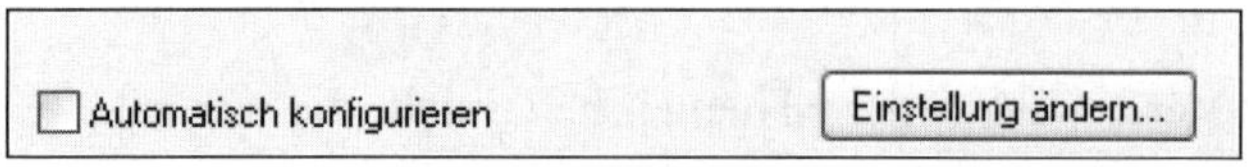

Abbildung 9.18: Um eine Ressourcenbelegung ändern zu können, muss die automatische Konfiguration deaktiviert werden

3. Wählen Sie die zu ändernde Ressource (z.B. Interrupts) aus und klicken Sie auf EINSTELLUNG ÄNDERN. Entweder erscheint nun ein Dialogfeld, in dem die Ressource eingestellt werden kann, oder Sie erhalten den Hinweis, dass sich die Ressource nur durch Auswahl einer anderen Basiskonfiguration in der Auswahlliste ändern lässt. Jetzt wird es langsam etwas kritischer. Achten Sie auf den Rahmen KONFLIKTINFORMATIONEN. Hier zeigt Windows an, mit welchen Geräten die aktuell gewählte (aber noch nicht bestätigte) Einstellung kollidieren würde. Sie können einen solchen Konflikt in Kauf nehmen, sollten es im Allgemeinen aber nicht tun.[6]

6 Wenn Sie bereits zu solchen Maßnahmen greifen, wissen Sie entweder genau, was Sie tun, oder sind so verzweifelt, dass es auch schon keine Rolle mehr spielt.

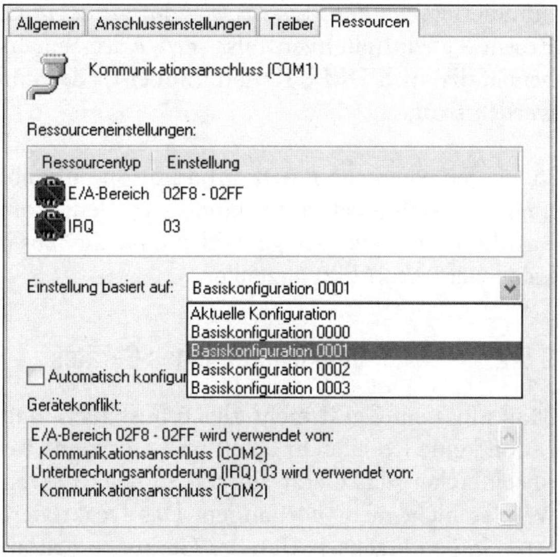

Abbildung 9.19: In diesem Dialogfeld wird die Ressourcenbelegung durch Auswahl einer Basiskonfiguration geändert – das Halteverbotzeichen deutet an, dass ein Ressourcenkonflikt vorliegt

4. Bestätigen Sie die gewählte Einstellung mit OK. Sollte ein Konflikt vorliegen, müssen Sie die Einstellung noch einmal bestätigen (die Einstellung wird daraufhin mit einem Warnsymbol versehen[7]). Auch bis zu diesem Zeitpunkt hat die Änderung noch keine Folgen.

5. Nun wird es ernst. Wenn Sie sicher sind, dass die geplante Änderung übernommen werden soll, dann bestätigen Sie das Eigenschaftendialogfeld ebenfalls mit OK. Da es so wichtig ist, müssen Sie ein weiteres Dialogfeld bestätigen (Sie können es sich zu diesem Zeitpunkt noch einmal anders überlegen, ohne dass es Folgen haben wird). Wenn Sie sich sicher sind, dann bestätigen Sie auch dieses Dialogfeld mit JA. Die Ressourcenänderung wird damit endgültig in die Systemkonfiguration übernommen.

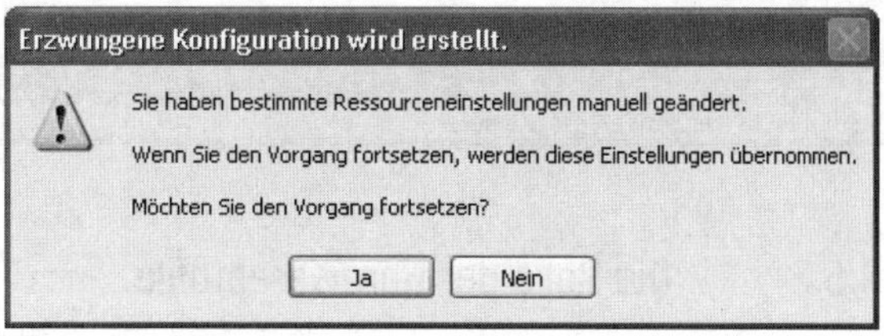

Abbildung 9.20: Manuelle Änderungen müssen am Ende noch einmal bestätigt werden

Die Rolle der Basiskonfiguration

Anstatt die Einstellungen direkt vorzunehmen, bietet Windows als Alternative an, diese aus einer Liste von *Basiskonfigurationen* auszuwählen. Für jedes Gerät steht eine Reihe zur Verfügung, die, bei Null beginnend, durch-

7 Warum es gerade ein Halteverbotszeichen sein muss, wird vermutlich auf ewig ein Geheimnis bleiben.

nummeriert werden. Eine *Basiskonfiguration* ist nichts anderes als ein Satz Ressourceneinstellungen (also E/A-Adressen, Interruptnummern und gegebenenfalls auch DMA-Kanalnummern), der unter einem Namen abgerufen werden kann.

Indem Sie eine neue Basiskonfiguration auswählen, werden diese drei (oder mehr) Einstellungen auf einmal getroffen. Vor allem sind die Werte einer Basiskonfiguration so gewählt, dass sie zusammenpassen und meistens keine Gerätekonflikte erzeugen.

9.5.2 Das Deaktivieren eines Gerätes

Man muss ein Gerät nicht gleich ausbauen, damit es in der Gerätekonfiguration keine Rolle mehr spielt und z.B. keine Ressourcen mehr belegt. Es ist oft einfacher, das Gerät einfach zu deaktivieren. Windows tut dann so, als wäre es nicht mehr vorhanden. Das Deaktivieren wird im Register ALLGEMEIN in den Eigenschaften des Geräts vorgenommen.

STEP

Deaktivieren eines Gerätes

1. Öffnen Sie den Geräte-Manager, selektieren Sie das Gerät mit der sekundären Maustaste und wählen Sie EIGENSCHAFTEN.
2. Wählen Sie aus der Liste GERÄTEVERWENDUNG die Einstellung GERÄT NICHT VERWENDEN (DEAKTIVIEREN).
3. Bestätigen Sie die Änderung mit OK. Das Dialogfeld wird dadurch geschlossen, das Gerät deaktiviert und im Geräte-Manager erscheint an der entsprechenden Stelle im Gerätebaum ein durchgestrichenes Symbol.

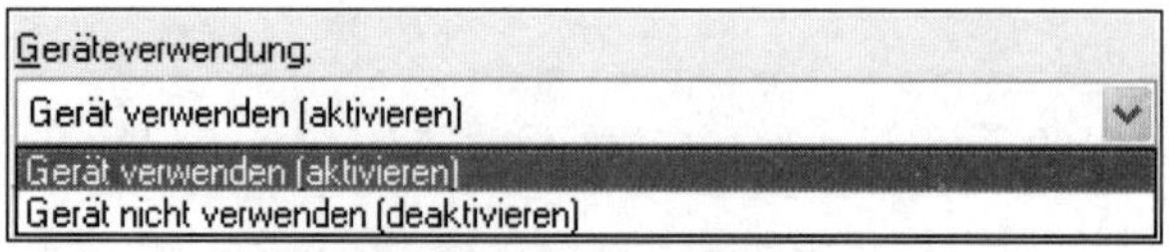

Abbildung 9.21: In der Auswahlliste wird ein Gerät deaktiviert oder erneut aktiviert

9.5.3 Die Rolle der Hardwareprofile

Ein HARDWAREPROFIL fasst die komplette Gerätekonfiguration unter einem Namen zusammen. Dazu gehört z.B. die aktuelle Ressourcenbelegung, sowie die Frage, ob ein Gerät aktiviert oder deaktiviert ist. Windows erlaubt es (bereits seit Windows 95) mehrere Hardwareprofile anzulegen. Damit lässt sich durch Umschalten auf ein anderes Hardwareprofil die Gerätekonfiguration ändern. Doch wozu soll das gut sein? Durch Anlegen unterschiedlicher Hardwareprofile kann ein Computer mit verschiedenen Gerätekonfigurationen betrieben werden, ohne dass jede einzelne Konfiguration geändert werden muss. Das sicherlich beste Beispiel ist ein Notebook, das über eine Docking-Station den Anschluss an zusätzliche Peripheriegeräte erhält. Handelt es sich um keine Plug&-Play-Geräte (was heutzutage aber der Fall sein sollte), müssten beim Ankoppeln an die Docking-Station verschiedene Geräte, wie z.B. eine Soundkarte, die im Notebook selbst nicht vorhanden ist, aktiviert und beim Abkoppeln wieder deaktiviert werden. Indem man das Notebook neu startet und beim Start das entsprechende Hardwareprofil auswählt, stellt sich der Computer automatisch auf die über das Hardwareprofil zusammengefasste Gerätekonfiguration ein. Das Anlegen eines Hardwareprofils ist sehr einfach, denn alles was zu tun ist, ist im Register HARDWARE des SYSTEM-Applets das Kopieren des aktuellen Profils (ein Profil ist immer vorhanden) unter einem beliebigen Namen. Ein Nachteil ist, dass sobald ein weiteres Hardwareprofil angelegt wurde, bei jedem Start eine Auswahl erforderlich ist.

Anlegen eines neuen Hardwareprofils

STEP

1. Öffnen Sie das SYSTEM-Applet und wechseln Sie auf das Register HARDWARE.
2. Klicken Sie auf HARDWAREPROFILE. Es werden alle bereits vorhandenen Profile aufgelistet.
3. Klicken Sie auf KOPIEREN, um das selektierte Profil zu kopieren. Nach Eingabe des Namens wird das neue Profil in der Liste angezeigt. Im Moment sind beide Profile identisch. Unterschiede ergeben sich erst, wenn Sie im aktuellen Profil Änderungen vornehmen und beim Systemstart das neu anlegte Profil auswählen.
4. Schließen Sie das Dialogfeld durch zweimaliges Bestätigen mit OK. Das neue Hardwareprofil ist nun angelegt.

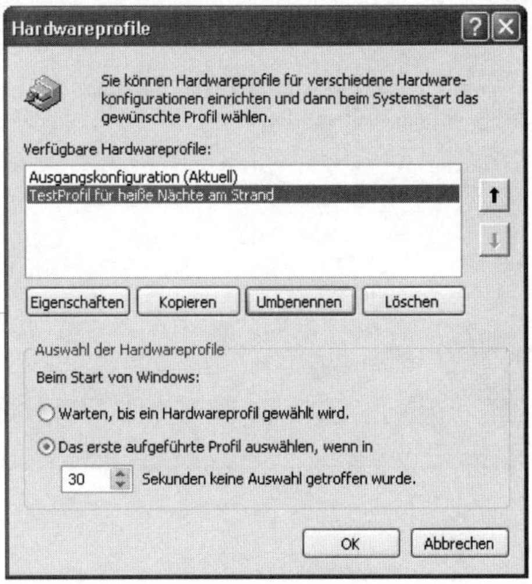

Abbildung 9.22: In dieser Auswahlliste werden die bereits vorhandenen Hardwareprofile angeboten

9.5.4 Die Rolle der Inf-Dateien

Hinter den unscheinbaren Inf-Dateien steht das Fundament, auf dem praktisch die gesamte Hardwarekonfiguration von Windows basiert. Eine Inf-Datei ist eine simple Textdatei, die Installationsanweisung für eine Hard- oder Softwarekomponente enthält. Wenn Sie von Windows aufgefordert werden, eine CD einzulegen, interessiert sich Windows nicht für irgendwelche Treiberdateien, sondern einzig und allein für die zuständige Inf-Datei. Über sie erfährt Windows, was genau installiert werden soll, welche Vorlieben ein Hardwaregerät (in Bezug auf Interrupts und andere Einstellungen) besitzt, in welche Gerätekategorie es fällt, ob nach der Installation ein Neustart erforderlich ist und vieles mehr. Ohne Inf-Datei ist die Installation eines Treibers praktisch nicht durchführbar.

Windows fasst seine Inf-Dateien in dem Verzeichnis *%systemroot%\Inf* zusammen. Sie finden hier weit über 1.000 Dateien, durch die Sie Windows in die Lage versetzt Hardwaregeräte zu installieren, ohne die Gerätetreiber von der Windows-CD anfordern zu müssen. Es wird allerdings von Microsoft empfohlen, nicht Inf-Dateien, etwa von einer Treiber-CD, in dieses Verzeichnis zu kopieren.

INFO

Auch wenn Inf-Dateien in ihrem Kontextmenü einen Installieren-Befehl anbieten, sollten Sie diesen nicht für Hardwaregeräte wählen. Eine Ausnahme sind jene Softwarekomponenten, wie ein Codec, für die es nur eine Inf-Datei gibt. Diese können Sie nur mit Inf-Dateien installieren.

Abbildung 9.23: Eine Inf-Datei (hier ein kleiner Ausschnitt) ist eine Textdatei, die zum Beispiel die Installationsanweisungen für einen Treiber enthält

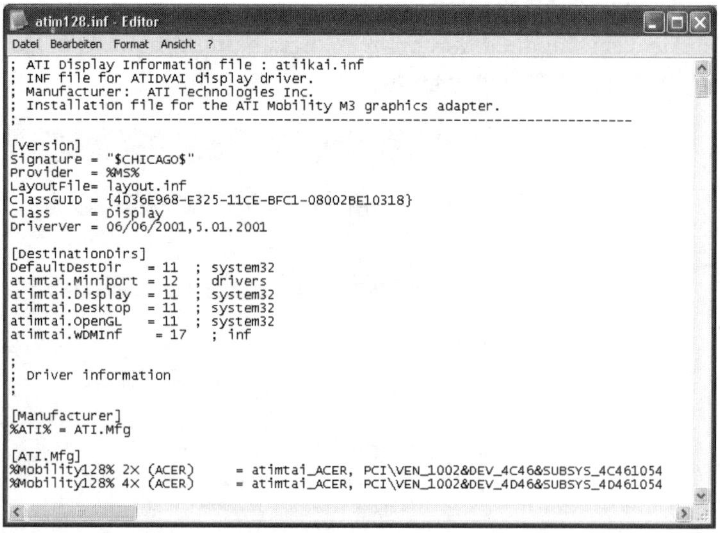
atim128.inf - Editor

Datei Bearbeiten Format Ansicht ?

```
; ATI Display Information file : atiikai.inf
; INF file for ATIDVAI display driver.
; Manufacturer:  ATI Technologies Inc.
; Installation file for the ATI Mobility M3 graphics adapter.
;-----------------------------------------------------------------------

[Version]
Signature = "$CHICAGO$"
Provider  = %MS%
LayoutFile= layout.inf
ClassGUID = {4D36E968-E325-11CE-BFC1-08002BE10318}
Class     = Display
DriverVer = 06/06/2001,5.01.2001

[DestinationDirs]
DefaultDestDir   = 11  ; system32
atimtai.Miniport = 12  ; drivers
atimtai.Display  = 11  ; system32
atimtai.Desktop  = 11  ; system32
atimtai.OpenGL   = 11  ; system32
atimtai.WDMInf    = 17   ; inf

;
; Driver information
;

[Manufacturer]
%ATI% = ATI.Mfg

[ATI.Mfg]
%Mobility128% 2X (ACER)     = atimtai_ACER, PCI\VEN_1002&DEV_4C46&SUBSYS_4C461054
%Mobility128% 4X (ACER)     = atimtai_ACER, PCI\VEN_1002&DEV_4D46&SUBSYS_4D461054
```

9.6 Problembehandlung

Auch bei Windows XP sind Probleme mit der Hardware nicht völlig ausgeschlossen, sie sollten allerdings eher die Ausnahme sein. Windows XP verfügt leider über keinen allwissenden Hardwareguru. Klicken Sie in einem Gerätetreiberdialogfeld auf PROBLEMBEHANDLUNG, wird lediglich jener Teil aus *Hilfe und Support* aufgerufen, der Sie auf der Grundlage von Fragen, die Sie im weiteren Verlauf des Problemratgebers beantworten müssen, Schritt für Schritt durch eine Problembehandlung führt. Der Assistent simuliert damit praktisch einen Support-Mitarbeiter, der ebenfalls eine Reihe von Fragen stellen würde, um das Problem möglichst eng eingrenzen zu können. Anders als der fiktive Mitarbeiter am Telefon bietet der Assistent die Möglichkeit, falls es sinnvoll ist, auch ein Systemprogramm aufzurufen oder in andere Bereiche der umfangreichen Hilfe zu verzweigen. Geben Sie dem Problembehandlungsassistenten eine Chance, die Wahrscheinlichkeit, dass er Ihnen dabei hilft, die Fehlerquelle einzugrenzen, ist nicht gering.

9.6.1 Wie werden Geräteprobleme angezeigt?

Windows zeigt Probleme mit einem Gerät auf verschiedene Weisen an. Der sicherste Indidaktor, neben dem Umstand, dass das Gerät schlicht und ergreifend seinen Dienst verweigert, ist der Geräte-Manager. Geräte, die aus irgendeinem Grund nicht aktiviert werden konnten, werden hier mit einem gelben Ausrufezeichen versehen.

Abbildung 9.24: Ein gelbes Ausrufezeichen deutet dezent an, dass es hier ein Problem gibt

Etwas ausführlicher wird das ALLGEMEIN-Register im Eigenschaftendialogfeld des Gerätes. Hier finden Sie im Rahmenfeld GERÄTESTATUS neben einer mehr oder weniger allgemein gehaltenen Fehlermeldung auch einen Fehlercode, der etwas mehr über die wahre Fehlerursache aussagt.

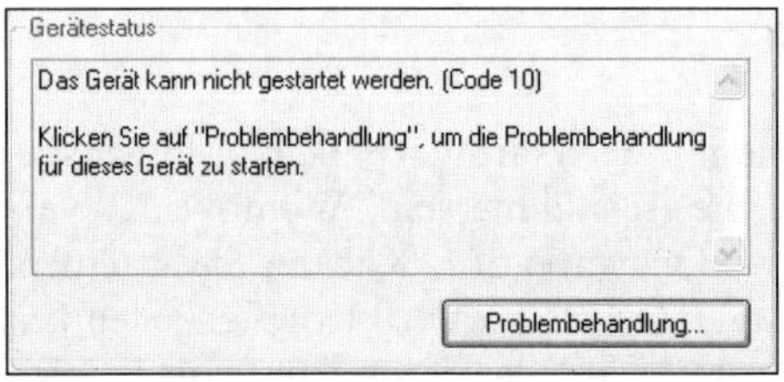

Abbildung 9.25: Im Allgemein-Register wird im Feld Gerätestatus ein Fehlercode angezeigt, über den man etwas mehr über die Fehlerursache erfährt

Bei dem in Klammern angegebenen Fehlercode (z.B. Code 12) handelt es sich um eine Zahl, die für den vom Geräte-Manager gemeldeten Fehler steht. Eine Auflistung der einzelnen Fehlercodes finden Sie im Internet in der Microsoft-Support-Ratgeberdatenbank unter der Adresse. `http://support microsoft.com/support/kb/articles/q125/1/74.asp` (oder suchen Sie nach der Artikelnummer Q125174).[8]

Tabelle 9.1: Die wichtigsten Fehlercodes des Geräte-Managers

Fehlercode	Bedeutung
1	Gerät konnte noch nicht konfiguriert werden.
3	System hat zu wenig Arbeitsspeicher.
6	Es gibt einen Konflikt zwischen zwei Geräten.
7	Gerät kann nicht konfiguriert werden.
10	Gerät konnte nicht gestartet werden (z.B. weil es nicht richtig angeschlossen wurde).
11	Gerät ist ausgefallen.
12	Gerät besitzt keine gültigen Ressourcen.
13	Es gibt ein Problem mit dem Gerätetreiber.
14	Problem kann durch Neustart des PCs unter Umständen behoben werden.
15	Es gibt einen Gerätekonflikt bezüglich der Ressourcen.

9.7 Wer gibt Rat, wenn es nicht weiter geht?

Tritt ein Hardwareproblem auf, lässt Windows Sie nicht sofort im Stich. Sie finden im Register ALLGEMEIN im Eigenschaftendialogfeld eines Gerätes die Schaltfläche PROBLEMBEHANDLUNG. Sie startet den Problembehandlungs-

8 Zwar beziehen sich diese Fehlercodes noch auf Windows 9x und Windows 2000, sie dürften sich für Windows XP aber nicht geändert haben.

Assistenten (den Sie auch starten können, wenn kein Problem vorliegt), der Sie Schritt für Schritt in einer Art Frage&Antwort-Spiel zu einer möglichen Problemlösung führt.

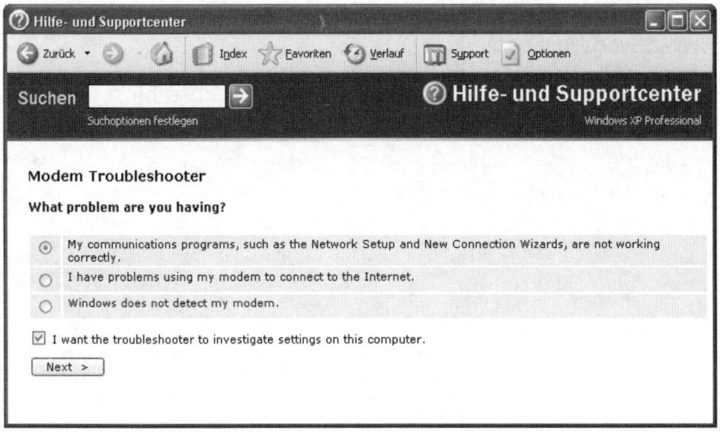

Abbildung 9.26: Der Problembehandlungs-Assistent ist dabei behilflich, die Ursache für ein Geräteproblem einzukreisen

9.7.1 Quellen im Internet

Sollten Ihnen weder der Problembehandlungs-Assistent noch ein Anruf bei der Microsoft-Hotline (diese Möglichkeit spielt heutzutage nur noch eine untergeordnete Rolle) weiterhelfen, müssen Sie noch längst nicht aufstecken. Wozu gibt es das Internet mit seinem reichhaltigen Fundus an Wissen zu praktisch allen Themen der »Computerei«. Stellvertretend für vermutlich viele, viele Know-how-Seiten seien zwei Websites erwähnt, wo die Chancen nicht schlecht stehen, dass Sie in einem der zahlreichen Artikel, Tipps&Tricks-Ratgeber oder in den Anwenderforen eine Lösung finden.

www.nickles.de

Unter dem Motto »Computerwissen für Alle« geben hier die Hardware- und Betriebssystemgurus *Michael Nickles* und *Thomas Wölfer* Tipps und Ratschläge zu praktisch allen Hardwarethemen, die irgendetwas mit einem PC zu tun haben könnten. Sehr attraktiv sind auch die Anwenderforen, weil hier kompetente Mitmenschen (lassen Sie sich von dem manchmal etwas rüden Umgangston nicht abschrecken) ihre guten Ratschläge nicht für sich behalten. Ein Besuch lohnt sich in jedem Fall.

www.tomshardware.de

Unter dieser Adresse gelangt man zu *tom's hardware guide*, einer großen Site, auf der man praktisch zu allen Peripheriergeräten Informationen finden sollte. Von DDR-RAM, über neue VIA-Chipsätze bis hin zu einem Vergleichstest der 100-Gbyte-Festplatten ist hier alles zu finden. Auch Anleitungen zum Kopieren von Spielfilm-DVDs gehören natürlich ins Repertoire.

Besonders attraktiv ist eine Datenbank mit Originaldatenblättern zu Festplatten, die auch die Jumperbelegung umfasst, so dass man nicht im Regen steht, wenn man eine Festplatte ohne Beschreibung erworben hat und diese nun zum Beispiel von Master auf Slave »umjumpern« will.

www.driverforum.com

Hier gibt es viele, viele Gerätetreiber – eine kostenlose Anmeldung ist notwendig.

10 Arbeiten mit mehreren Benutzern

Windows XP ist ein Betriebssystem, das von Anfang an für das Arbeiten mit mehreren Benutzern ausgelegt ist. Für jeden Benutzer wird ein Benutzerkonto eingerichtet, das neben einem Namen auch ein zum Anmelden notwendiges Kennwort umfasst. Das Anmelden ist bei Windows XP Pflicht, ohne Anmeldung kann mit Windows XP nicht gearbeitet werden. Durch das Anmelden werden nicht nur persönliche Einstellungen abgerufen und dem Benutzer eine Verzeichnisstruktur zugewiesen (jeder Benutzer arbeitet zum Beispiel mit seinem eigenen Verzeichnis EIGENE DATEIEN), jedem Benutzer wird vor allem eine Reihe von Sicherheitseinstellungen zugewiesen, die unter anderem festlegen, auf welche Verzeichnisse der Benutzer in welchem Umgang zugreifen darf. Windows XP bietet von Anfang ein Konto für den Computeradministrator an. Falls der Computer nur von einer Person genutzt wird, reicht dieses Konto vollkommen aus, und es muss kein weiteres Konto eingerichtet werden. Arbeiten jedoch mehrere Personen an einem Windows XP, ist das Einrichten weiterer Benutzerkonten eine praktische Maßnahme, die es den Personen erlaubt mit ihren eigenen Einstellungen und Bereichen zu arbeiten.

Die Themen dieses Kapitels:

- Was steckt hinter der Benutzerverwaltung?
- Die Verzeichnisstruktur eines Benutzers
- Das Applet BENUTZERKONTEN
- Das Einrichten neuer Benutzerkonten
- Das Ändern von Eigenschaften bestehender Benutzerkonten
- Für erfahrene Anwender: Die Computerverwaltung
- Ein paar allgemeine Tipps zur Sicherheit

INFO

Ein Hinweis vorweg. Die Benutzerverwaltung von Windows XP Home erscheint nicht unbedingt so, wie man es vielleicht von dem Flagschiff der größten Softwarefirma der Welt erwarten würde. Der Eindruck täuscht, die meisten Möglichkeiten der professionellen Benutzerverwaltung sind auch in Windows XP Home vorhanden, sie werden dem Benutzer nur nicht direkt zur Verfügung gestellt, da man zurecht davon ausgeht, dass im Heimbereich ganz andere Anforderungen gestellt werden als etwa in einem Unternehmen. Es darf nicht der Eindruck entstehen, dass Windows XP Home eine stark reduzierte Sicherheit bieten oder sich in diesem Punkt vielleicht sogar gar nicht von Windows 9x unterscheidet. Wenn man will, lässt sich auch ein Windows XP Home-PC zu einer »Festung« ausbauen.

10.1 Was steckt hinter der Benutzerverwaltung von Windows XP?

Windows XP ist ein Betriebssystem, an dem mehrere Menschen (die Benutzer) unabhängig voneinander arbeiten können. Das ging mit früheren Windows-Versionen zwar auch, doch gibt es bei Windows XP (als »Erbe« von Windows NT) eine strikte Trennung zwischen den einzelnen Benutzern. Arbeiten zum Beispiel zwei Personen an einem Windows XP-Computer, so bemerkt keiner der beiden die Anwesenheit des anderen. Jeder arbeitet in seinem eigenen, privaten Bereich, zu dem nur er den Zugang besitzt (das geschieht allerdings nicht ohne Zutun – welche Voraussetzungen dazu erfüllt sein müssen, davon wird in Kapitel 18 die Rede sein) In diesem Sinne verhält sich Windows XP wie ein modernes Mietshaus, in dem jeder Mieter seine eigene Wohnung erhält, zu der nur er Zugang hat, in der es aber auch gemeinsame Bereiche gibt. Es ist allerdings ein etwas sonderbares Mietshaus, denn es darf sich zu einem Zeitpunkt immer nur ein Mieter in dem Haus aufhalten, denn der PC (also das Miethaus) besitzt nur eine Tastatur und eine Maus. Der Wohnungsschlüssel ist bei Windows XP die Kombination aus Benutzernamen und Kennwort.

Die Benutzerverwaltung muss nicht aktiviert oder gar installiert werden, sie ist von Anfang an ein fester Bestandteil von Windows XP. Am Anfang sind bereits zwei Benutzerkonten eingerichtet:

- das Computeradministratorkonto
- das Gastkonto mit eingeschränkten Rechten

Die beiden Konten unterscheiden sich durch die damit verbundenen Rechte. Während der Computeradministrator »alles« darf, sind die Rechte des Gastes (wie im richtigen Leben) etwas eingeschränkt. Wenn Sie Windows XP installiert haben und sich noch nicht weiter mit der Benutzerverwaltung beschäftigt haben, arbeiten Sie automatisch mit dem Computeradministratorkonto. Falls Sie bislang nur Windows 9x gewohnt waren, wird Ihnen Ihre privilegierte Rolle vermutlich gar nicht auffallen. Würden Sie sich spaßeshalber einmal als Gast anmelden, in dem Sie bei der Anmeldung für den Benutzernamen »Gast« eingeben und das Kennwort offen lassen, würden Sie gewisse Unterschiede feststellen. Sie sind jetzt als Gast angemeldet mit allen Rechten, die diesem Benutzerkonto zugewiesen sind. Versuchen Sie zum Beispiel einmal die Uhrzeit zu stellen. Sie erhalten die Mitteilung, dass

Sie das nicht dürfen. Das ist der kleine, aber sehr wichtige Unterschied zwischen Windows 9x und Windows XP. Natürlich ist es nicht Sinn und Zweck einer Benutzerverwaltung, einzelnen Benutzern das Einstellen der Uhrzeit zu verbieten. Das ist nur eine von vielen Möglichkeiten bzw. Einschränkungen in der Bewegungsfreiheit, die im Rahmen einer gestaffelten Rechtevergabe wünschenswert sind. Sehr viel wichtiger ist, dass sich bestimmte Verzeichnisse vor dem Zugriff durch andere Benutzer schützen lassen. So können Sie feststellen, dass ein Verzeichnis von Benutzer A nur zum Lesen und von Benutzer B gar nicht geöffnet werden darf. Voraussetzung dafür ist allerdings, dass das Dateisystem des Laufwerks auf NTFS umgestellt wurde. Mit dem alten Dateisystem FAT32 sind diese Einschränkungen nicht lokal möglich.

INFO

Um die maximal möglichen Sicherheitseinstellungen nutzen zu können, muss das Laufwerk das NTFS-Dateisystem verwenden. In Kapitel 19 erfahren Sie, wie Sie ein FAT32-Laufwerk auf NTFS umstellen.

10.1.1 Die Rolle der Rechte

Der Begriff »Rechte« besitzt unter Windows XP eine ganz spezielle Bedeutung. Er legt fest, was ein Benutzer nach der Anmeldung am Betriebssystem darf und was nicht. Unter »dürfen« darf man sich allerdings nicht zuviel vorstellen. Es bedeutet im Allgemeinen nicht, dass der Benutzer nur noch eine seriöse Finanzbuchhaltung und keine Spiele mehr aufrufen darf (wenngleich sich dies über die sog. lokalen Systemrichtlinien tatsächlich so stark einschränken lässt) oder die sekundäre Maustaste nicht mehr benutzen darf (das lässt sich natürlich nicht verbieten). Es bedeutet vielmehr, dass zum Beispiel normale Gäste keine Änderungen an der Systemkonfiguration vornehmen dürfen, was im Allgemeinen auch sinnvoll ist. Welche Rechte welcher Benutzer besitzt wird mit der Anmeldung durch die Auswahl eines Kontos bestimmt. Natürlich kann sich nicht jeder irgendein Konto aussuchen. Die Konten werden vielmehr einzelnen Personen zugeordnet und jeder muss sein Kennwort kennen, durch das er an sein Konto herankommt (die Kennwörter der übrigen Konten kennt man im Allgemeinen nicht). Natürlich muss einer festlegen, was die einzelnen Benutzer dürfen und was nicht. Dies ist der Administrator. Auch die Administratorrechte werden durch die Auswahl des entsprechenden Kontos vergeben.

Zu den Rechten, die mit einem Konto verbunden sind, gehört ein festgelegter Satz von Aktionen. Im Einzelnen umfassen die Rechte:

- Welche Änderungen ein Benutzer an den Desktopeinstellungen und anderen Bereichen der Benutzeroberfläche vornehmen darf.
- Welche Änderungen ein Benutzer an der Systemkonfiguration durchführen darf.

- Welche Änderungen ein Benutzer an seinem Konto durchführen darf.
- Ob ein Benutzer Anwendungen installieren darf.

10.1.2 Die Rolle der Netzwerkanmeldung

Die Anmeldung spielt nicht nur für das direkte Arbeiten an dem Computer eine Rolle, sondern auch für den Netzwerkzugriff. Das ist ein Aspekt, den sich »Neulinge« bei diesem Thema am Anfang erfahrungsgemäß nicht so einfach vorstellen können. Sich am Netzwerk anzumelden bedeutet, den Zugang zu den auf den anderen, über das Netzwerk verbundenen, Computern und den freigegebenen Ressourcen zu erhalten. Diese Ressourcen sind entweder freigegebene Ordner oder freigegebene Drucker. Mehr lässt sich unter Windows XP für die gemeinsame Nutzung im Netzwerk nicht freigeben. Das Anmelden am Netzwerk bedeutet nicht, dass man die Benutzeroberfläche dieser Computer auf seinem Bildschirm sehen oder diese Computer »fernsteuern« kann. Dieser sogenannte Remote-Zugriff ist bei Windows XP mit der Professional-Version zwar möglich, allerdings auf einer anderen Grundlage.

Hier noch ein Beispiel, das das Prinzip des Netzwerkzugriffs veranschaulichen soll. Stellen Sie sich vor, dass Sie auf einem Windows XP-Computer ein Verzeichnis mit dem Namen MP3MUSIK freigegeben haben. Dieses Verzeichnis wurde freigegeben, damit alle im Netzwerk auf den Inhalt so zugreifen können als wäre es ein lokales Verzeichnis auf ihrem PC. Außerdem können Sie bei der Freigabe detailliert festlegen, welcher Benutzer in welchem Umfang auf das Verzeichnis zugreifen darf (auf diesen Aspekt geht Kapitel 18 ausführlicher ein, in dem es um den Einsatz von Windows XP in einem Netzwerk geht).

Damit eine Person, die zum Beispiel mit einem Windows 98-PC (es kann natürlich auch eine ganz andere Windows-Version sein) auf dieses Verzeichnis aber zugreifen kann, muss für diese Person auf dem Windows XP-PC ein Benutzerkonto angelegt worden sein. Sobald die Person mit ihrem Windows 98-PC das Verzeichnis (zum Beispiel über die Netzwerkumgebung) öffnen will, überträgt der Windows 98-PC den Benutzernamen und das bei der Abmeldung eingegebene Kennwort (sofern eine Anmeldung erfolgt ist, was bei Windows 98 keine Voraussetzung ist) an den Windows XP-PC. Stimmen diese mit den Daten eines vorhandenen Benutzerkontos überein, wird der Benutzer authentifiziert und der Zugriff wird gestattet. Hat sich der Benutzer am Windows 98-PC jedoch nicht oder mit einem anderen Benutzernamen angemeldet, für den es auf dem Windows XP kein Benutzerkonto gibt, muss er sich noch einmal am Windows XP-Computer anmelden. Erst dann wird der Zugriff auf das freigegebene Verzeichnis erlaubt und der Inhalt des Ordners wird auf dem

Windows 98-PC angezeigt. Mehr zu diesen Themen in Kapitel 17, in dem es um den Einsatz von Windows XP in einem Netzwerk geht.

Arbeiten mehrere Windows XP-Computer in einem Netzwerk zusammen, arbeitet jeder Computer mit seiner eigenen lokalen Benutzerdatenbank. Eine Möglichkeit, diese Benutzerkonten zusammenzufassen, besteht (auch wenn es praktisch wäre) nicht. Das ist genau das Prinzip eines Peer-To-Peer-Netzwerks, in dem alle Computer (die sog. Peers) gleichberechtigt sind.

10.1.3 Warum soll man sich die Mühe machen und eine Benutzerverwaltung einrichten?

Ohne Benutzerverwaltung melden sich entweder alle mit dem gleichen Kennwort an oder die Anmeldung fällt ganz aus, da kein Kennwort festgelegt wurde und der Anmeldedialog nicht mehr angezeigt wird (eine Anmeldung findet trotzdem statt, sie ist nur nicht sichtbar). Mit der Benutzerverwaltung sollte man sich nur dann beschäftigen, wenn es dafür einen Grund gibt. Entweder, weil man jeden Aspekt von Windows XP kennen lernen möchte und diesen besonders wichtigen Aspekt nicht auslassen möchte. Oder, weil sich tatsächlich mehrere Personen den Zugang zu einem PC (etwa auch über ein kleines Netzwerk) teilen und eine Aufteilung einfach notwendig wird. Es soll in diesem Zusammenhang noch einmal daran erinnert werden, dass die volle Sicherheit nur dann zur Verfügung steht, wenn das Dateisystem des Laufwerks, dessen Inhalt geschützt werden soll, auf NTFS umgestellt wurde. Ansonsten ist es jederzeit möglich, den PC mit einer Bootdiskette zu booten und unter DOS auf jedes Verzeichnis zuzugreifen und dort zum Beispiel Dateien zu löschen.

10.2 Die Verzeichnisstruktur eines Benutzers

Es ist wichtig zu verstehen, dass es für jeden Benutzer, für den ein Benutzerkonto angelegt wurde, eine eigene Verzeichnisstruktur gibt. Alle Benutzerverzeichnisse sind Unterverzeichnisse des Verzeichnisses DOKUMENTE UND EINSTELLUNGEN, das auf dem Stammlaufwerk (d.h. auf dem Laufwerk, auf dem auch Windows XP installiert ist) eingerichtet wird. Dieses Verzeichnis enthält für jeden Benutzer ein Unterverzeichnis, das den Namen des Benutzers trägt. Die Verzeichnisstruktur wird auf der Grundlage des Verzeichnisses DEFAULT USER erstellt, d.h. mit dem Anlegen eines neuen Benutzerkontos wird der Inhalt dieses Verzeichnisses in das neu angelegte Verzeichnis, das den Namen des Benutzers trägt, kopiert.

:-) TIPP

Um, zum Beispiel über den AUSFÜHREN-*Befehl im Startmenü, direkt in das Verzeichnis eines Benutzers zu gelangen, verwenden Sie die Umgebungsvariable* %userprofile% *als Abkürzung.*

Jedes Benutzerverzeichnis besitzt eine einheitliche Struktur, wobei es jedem Benutzer natürlich freisteht, weitere Verzeichnisse anzulegen oder vorhandene Verzeichnisse zu löschen. Tabelle 10.1 gibt eine Übersicht über die Unterverzeichnisse im Verzeichnis eines Benutzers. Die Verzeichnisstruktur wird auch als BENUTZERPROFIL bezeichnet, da hier alle benutzerspezifischen Einstellungen gespeichert werden.

INFO

Die Verzeichnisstruktur kann lediglich Dateien umfassen. Die von jedem Benutzer vorgenommenen individuellen Einstellungen, wie zum Beispiel den Desktop-Hintergrund (als eines von vielen Beispielen) werden in einer Datei mit dem Namen NTUSER.DAT *gespeichert. Diese Datei enthält spezielle Einstellungen, die nach dem Anmelden in den für den Benutzer vorgesehenen Bereich der Registrierung (in den Schlüssel* HKEY_CURRENT_USER*) übernommen und damit wirksam werden.*

Tabelle 10.1: Überblick über die Verzeichnisstruktur eines Benutzerverzeichnisses

Verzeichnis	Was wird hier abgelegt?
Anwendungsdaten	Hier legen Anwendungen, zum Beispiel Microsoft Office, Vorlagen, Konfigurationsdateien und andere benutzerspezifische Daten ab.
Cookies	Hier legt der Internet Explorer Cookie-Dateien ab, in denen Webseiten benutzerspezifische Daten ablegen.
Desktop	Das Desktop-Verzeichnis des Benutzers.
Eigene Dateien	Jeder Benutzer besitzt sein eigenes Verzeichnis Eigene Dateien.
Favoriten	Hier legt der Internet Explorer die Favoritenverknüpfungen ab, die von dem Benutzer angelegt wurden.
Lokale Einstellungen	Benutzerspezifische Dateien von Anwendungen, zum Beispiel Microsoft Office, die von der Ländereinstellung abhängen.
Netzwerkumgebungen	Angelegte Netzwerkverbindungen.
SendTo	Die Einträge, die im SENDEN AN-Menü des Benutzers erscheinen.
Startmenü	Der Inhalt, d.h. die Verknüpfungen, des Startmenüs eines Benutzers.

Tabelle 10.1: Überblick über die Verzeichnisstruktur eines Benutzerverzeichnisses (Forts.)

Verzeichnis	Was wird hier abgelegt?
Vorlagen	Hier werden jene Vorlagendateien ablegt, auf deren Grundlage der Eintrag NEU im Kontextmenü einer Datei neue Dateien anlegt.
Zuletzt verwendete Dokumente	Dahinter steckt der RECENT-Ordner, in dem Verknüpfungen auf die zuletzt verwendeten Dokumente enthalten sind.

10.2.1 Die Rolle des Ordners Gemeinsame Dokumente

Als Pendant zu dem Ordner EIGENE DATEIEN, der sich im Benutzerprofil befindet und daher nur dem jeweils angemeldeten Benutzer zugänglich ist, gibt es einen Ordner, der allen Benutzer gemeinsam zur Verfügung steht. Er befindet sich im Verzeichnis *%AllUsersProfile%\Dokumente* und trägt den Namen GEMEINSAME DOKUMENTE (im Original *Shared Documents*). Der Ordner EIGENE DOKUMENTE enthält als Unterordner GEMEINSAME BILDER und GEMEINSAME MUSIK.

10.3 Das Applet Benutzerkonten

Die erste Anlaufstelle für die Benutzerverwaltung von Windows XP ist das Applet BENUTZERKONTEN in der Systemsteuerung. Hier werden neue Konten angelegt und vorhandene Konten geändert. Das Applet soll vor allem unerfahrenere Benutzer ansprechen. Wer sich bereits etwas besser auskennt und mehr an der Technik als einer ansprechenden Optik interessiert ist, kann alternativ die Computerverwaltung benutzen, die einen direkten Zugang zu den lokalen Benutzern und Gruppen bietet (mehr dazu in Kapitel 10.6). Mit Hilfe des BENUTZERKONTEN-Applets lassen sich folgende Aufgaben bewerkstelligen:

- Anlegen eines neuen Kontos
- Ändern eines vorhanden Kontos
- Die Art der Benutzeranmeldung ändern

Wie Sie die Art der Benutzeranmeldung ändern, d.h. zwischen dem optisch ansprechenden Anmeldebildschirm von Windows XP und dem klassischen, dafür aber etwas sichereren Anmeldedialog umschalten, wird in Kapitel 2 gezeigt.

Das Löschen der eingebauten Benutzerkonten COMPUTERADMINISTRATOR und GAST ist nicht BENUTZERKONTEN-Applet, sondern nur über die Computerverwaltung möglich (siehe Kapitel10.6)

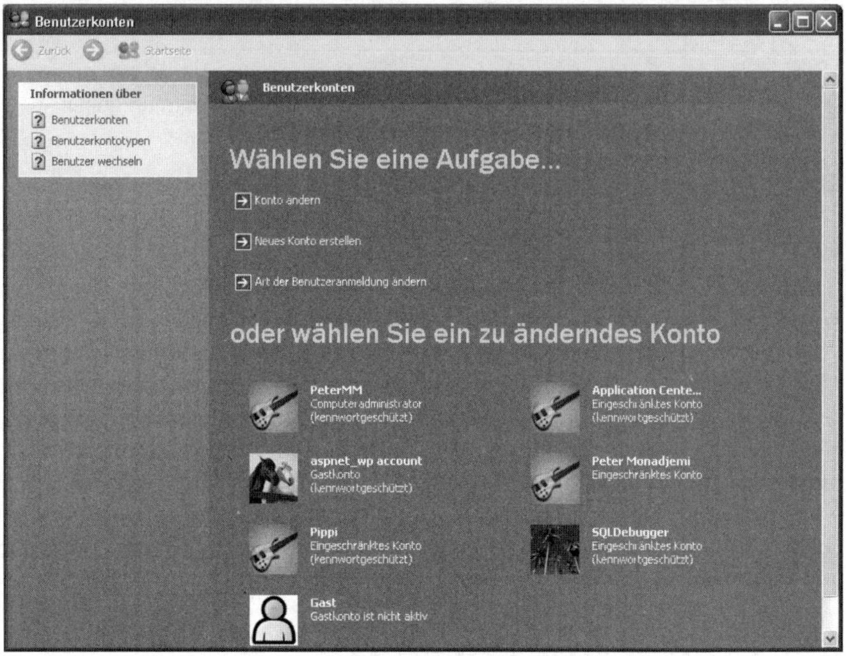

Abbildung 10.1: Das Applet Benutzerkonten ermöglicht das Anlegen und Ändern von Benutzerkonten

10.4 Das Anlegen eines neuen Kontos

Das Anlegen eines neuen Benutzerkontos ist eine Angelegenheit, die sich ohne über Spezialkenntnisse verfügen zu müssen in wenigen Minuten erledigen lässt. Sie müssen sich lediglich einen Namen und ein Kennwort überlegen.

Anlegen eines neuen Kontos

1. Öffnen Sie das Applet BENUTZERKONTEN.
2. Wählen Sie als Aufgabe NEUES KONTO ERSTELLEN.
3. Geben Sie einen Namen ein. Dies ist der Benutzername und gleichzeitig der Name, der auf der Willkommensseite angezeigt wird. Klicken Sie auf WEITER, um zum nächsten Dialogfeld zu gelangen.[1]

Der Benutzername darf nur einmal vorkommen und nur bis zu 20 Zeichen lang sein. Außerdem dürfen bestimmte Sonderzeichen (», /, \, (,) usw.) nicht vorkommen, was im Allgemeinen kein Thema sein sollte. Eine Unterscheidung zwischen Groß- und Kleinschreibung findet, anders als beim Kennwort, nicht statt.

1 Falls Sie sich ein wenig über die Optik wundern – das sind die neuen Dialogfelder von Windows XP, die auf DHTML basieren und eher wie eine Webseite bedient werden.

4. Legen Sie den Kontentyp aus. Zur Auswahl stehen: COMPUTERADMINISTRATOR und EINGESCHRÄNKT. Die Kategorien beziehen sich auch auf die Freiheiten bei der Kontenverwaltung. Tabelle 10.2 fasst die Möglichkeiten der einzelnen Kategorien zusammen. Sie werden in Kapitel 10.6.3 erfahren, dass Sie damit den Benutzer auch einer Gruppe zuordnen, wenngleich dies bei Windows XP Home nur selten eine Rolle spielen wird.
5. Klicken Sie auf KONTO ERSTELLEN.
6. Das neue Konto wird im Bereich der angelegten Konten mit einem (offenbar zufällig ausgewähltem) Bild angezeigt. Da es noch kein Kennwort besitzt wird beim Anmelden auch keines eingegeben. Klicken Sie das Bild an, wenn Sie zum Beispiel ein anderes Bild anzeigen oder ein Kennwort festlegen möchten.

INFO

Das Anlegen eines neuen Benutzerkontos führt dazu, dass ein neuer Verzeichnisbaum im Verzeichnis DOKUMENTE UND EINSTELLUNGEN *angelegt wird.*

Tabelle 10.2: Die unterschiedlichen Kontentypen und ihre Möglichkeiten bei der Kontenverwaltung

Kontentyp	Beschreibung
Computeradministrator	Kann Konten anlegen, ändern und löschen, Änderungen an den Systemeigenschaften durchführen, die für alle Benutzer gelten, Programme installieren und auf alle Dateien zugreifen.
Eingeschränkt	Kann lediglich das dem Benutzerkonto zugeordnete Bild ändern, sowie sein eigenes Kennwort ändern und löschen.

:-) TIPP

Auch wenn es für den Computeradministrator nicht erforderlich ist, sollte er sich ein weiteres Benutzerkonto anlegen, in erster Linie mit diesem Konto arbeiten und das Computeradministratorkonto nur in jenen Situationen verwenden, in denen Konfigurationsänderungen durchgeführt werden sollen, die mit dem normalen Benutzerkonto nicht möglich sind. Das Computeradministrator-Konto sollte, sofern die Sicherheit eine Rolle spielt, nicht das Standardkonto für das Arbeiten unter Windows XP sein. Ein sehr wichtiger Aspekt dabei ist, dass, wann immer Sie als Computeradministrator im Internet sind, potenzielle Angreifer mit ihren auf Ihrem Computer gestarteten Programmen (Stichwort. Trojanische Pferde) einen Computer vorfinden, auf dem sie die vollen Administratorrechte besitzen. Melden Sie sich dagegen als Gast an, erhalten diese Programme nur Zugriff auf jene Bereiche, auf die der Gast-Benutzer zugreifen darf. Um auch als Gast bestimmte Programme ausführen zu können, für die Administratorrechte erforderlich sind, gibt es im Kontextmenü eines Programms, sofern beim Öffnen des Menüs die [⇧]*-Taste gedrückt wurde, den Befehl* AUSFÜHREN ALS. *Hier lässt sich ein Programm mit der Sicherheitseinstellung eines anderen Benutzers starten (dazu muss das Kennwort dieses Benutzers allerdings bekannt sein).*

10.5 Das Ändern von Eigenschaften bestehender Benutzerkonten

Ein bestehendes Benutzerkonto kann jederzeit von seinem Besitzer geändert werden, ohne dass dieser ein Computeradministrator sein muss. Folgende Dinge lassen sich dabei ändern:

- Den Namen des Kontos
- Das Bild, das dem Konto zugeordnet wird
- Das Kennwort

10.5.1 Den Namen des Kontos ändern

Klicken Sie auf NAMEN ÄNDERN, geben Sie den neuen Namen ein und bestätigen Sie mit NAMEN ÄNDERN.

INFO

Das Ändern des Benutzernamens wirkt sich nicht auf den Verzeichnisnamen in DOKUMENTE UND EINSTELLUNGEN *aus.*

10.5.2 Das Bild, das dem Konto zugeordnet wird, ändern

Es ist eine nette Spielerei, dass jedem Benutzerkonto auch ein Bild zugeordnet wird. Die zur Verfügung stehenden Bilder sind zwar recht ausgefallen, doch noch netter wäre sicherlich das persönliche Konterfei anzeigen zu lassen. Nun, mit einer kleinen Digitalkamera ist das überhaupt kein Problem (wie Sie per Digitalkamera Bilder in den PC überspielen, erfahren Sie in Kapitel 7, wenn es um den Umgang mit digitalen Medien geht).

STEP

Ändern des »Kontobildes«

1. Klicken Sie auf BILD ÄNDERN.
2. Suchen Sie sich ein hübsches Bild aus und klicken Sie es an. Falls Ihnen keines der Bilder zusagen sollte oder Sie zum Beispiel Ihr Konterfei anzeigen lassen möchten, klicken Sie auf WEITERE BILDER SUCHEN und suchen Sie sich das passende Bild aus (siehe Abbildung 10.2).
3. Klicken Sie auf BILD ÄNDERN. Das neue Bild wird nun neben dem Kontoeintrag angezeigt.

10.5.3 Das Kennwort neu anlegen, ändern und entfernen

Auf welche Weise das Kennwort eines Benutzerkontos geändert wird, hängt davon ab, ob es sich um ein neues Konto oder ein bereits existierendes Konto handelt.

Abbildung 10.2: Windows XP stellt für ein Konto ein paar nette Bilder zur Auswahl

Bei einem neuen Konto muss erst einmal ein Kennwort erstellt werden. Bei einem bereits vorhanden Konto gibt es die Möglichkeit, das Kennwort zu ändern oder es zu entfernen. In beiden Fällen muss dafür aber das alte Kennwort bekannt sein, sonst geht es nicht.

Neuerstellen eines Kennwortes

1. Klicken Sie auf KENNWORT ERSTELLEN.
2. Es erscheint ein Dialogfeld, in dem das neue Kennwort eingegeben und zur Kontrolle noch einmal bestätigt werden muss. In beiden Fällen wird das Kennwort nicht angezeigt (für den Fall, dass Ihnen jemand über die Schulter schauen sollte).

Auch für die Vergabe eines Kennwortes gelten bestimmte Regeln. Das Kennwort darf bis zu 127 Zeichen lang sein (was allerdings schon selbst für »Sicherheitsfanatiker« etwas zu viel sein dürfte). Falls es sich um ein Benutzerkonto für einen Windows 9x-Anwender handelt, sollte es nicht länger als 14 Zeichen sein (was eigentlich mehr als ausreichend sein sollte). Außerdem spielt bei den Kennwörtern die Groß-/Kleinschreibung eine Rolle.

3. Überlegen Sie sich kurz, ob Sie einen Kennworthinweis vergeben möchten. Dies ist ein allgemeiner Satz oder eine Phrase, die für alle sichtbar ist, und die Sie persönlich an das Kennwort erinnert. Sie können es sich immer dann anzeigen lassen, wenn Sie Ihr persönliches Kennwort eingeben sollen. Was Sie als Kennworthinweis eingeben, spielt keine Rolle, es sollte Ihnen nur etwas sagen.
4. Klicken Sie auf KENNWORT ERSTELLEN.

Ändern des eigenen Kennwortes

1. Klicken Sie auf EIGENES KENNWORT ÄNDERN.

2. Es erscheint ein Dialogfeld, in dem Sie sowohl das alte Kennwort als auch das neue Kennwort mit einer Bestätigung eingeben müssen. Außerdem können Sie einen neuen Kennworthinweis eingeben.

3. Klicken Sie auf KENNWORT ÄNDERN.

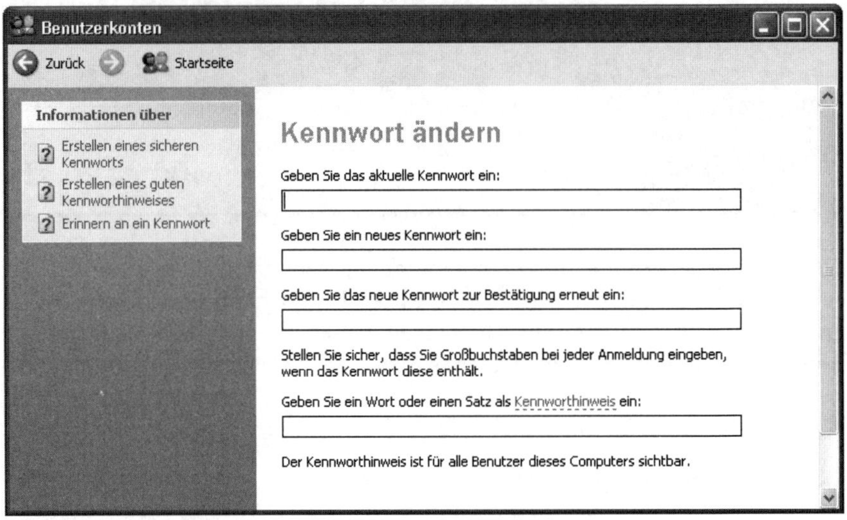

Abbildung 10.3: In diesem Dialogfeld wird ein neues Kennwort vergeben – das alte Kennwort muss allerdings bekannt sein

STEP

Entfernen des eigenen Kennwortes

1. Klicken Sie auf EIGENES KENNWORT ENTFERNEN.

2. Es erscheint ein Dialogfeld, in dem Sie ihr altes eingeben müssen. Sollte es Ihnen entfallen sein, hilft Ihnen vielleicht der Kennworthinweis weiter.

3. Klicken Sie auf KENNWORT ENTFERNEN.

10.5.4 Eine Kennwortrücksetzdiskette anlegen

Für den Fall, dass Sie das eigene Kennwort vergessen haben sollten (und Ihnen auch der Kennworthinweis nicht mehr hilft) bietet Windows XP eine halbwegs sichere Notlösung an. Erstellen Sie sich eine KENNWORTRÜCKSETZDISKETTE, auf der Ihr Kennwort verschlüsselt abgelegt wird. Sie können diese Diskette beim Anmelden benutzen, falls Ihnen das Kennwort partout nicht mehr einfallen sollte.

Anlegen einer Kennwortrücksetzdiskette

1. Wählen Sie im BENUTZERKONTEN-Applet die Aufgabe VERGESSEN VON KENNWÖRTERN VERHINDERN. Es erscheint ein Dialogfeld, das kurz die Rolle der Diskette erklärt. Klicken Sie auf WEITER, um zum nächsten Schritt zu gelangen.
2. Legen Sie eine leere, formatierte Diskette in das Diskettenlaufwerk ein und klicken Sie auf WEITER.
3. Geben Sie Ihr aktuelles Kennwort ein (jenes, das gesichert werden soll) und klicken Sie auf WEITER.
4. Das Kennwort wird in verschlüsselter Form auf die Diskette geschrieben. Klicken Sie am Ende auf FERTIG STELLEN.

Auf der Diskette wurde eine Datei mit dem Namen USERKEY.PSW angelegt, in der das Kennwort enthalten ist.[2]

Und was bringt mir diese Diskette? Ganz einfach, wenn Sie das nächste Mal vor dem Anmeldedialogfeld stehen und das Kennwort nicht wissen (oder so tun als würden Sie es nicht wissen), geben Sie einfach nichts ein und bestätigen die Eingabe. Windows teilt Ihnen dann mit, dass die Anmeldung nicht erfolgen konnte (kein Wunder), bietet Ihnen aber über die Schaltfläche ZURÜCKSETZEN die Möglichkeit, mit Hilfe der eingelegten Diskette das aktuelle Kennwort zurückzusetzen. Sie legen anschließend ein neues Kennwort fest, mit dem Sie fortan arbeiten (die Kennwortrücksetzdiskette muss dann aber gegebenenfalls neu angelegt werden)

Lassen Sie sich die Kennwortrücksetzdiskette nicht im Laufwerk oder achtlos auf dem Schreibtisch liegen, sondern verwahren Sie sie an einem (halbwegs) sicheren Ort. Allzu leicht sollte man es potenziellen Eindringlingen (das gilt auch für den häuslichen Bereich) nämlich nicht machen.

10.5.5 .NET-Passport erstellen

Hinter der Aufgabe EIGENEN .NET-PASSPORT ERSTELLEN, die in der Liste der mit einem Konto möglichen Aktionen angeboten wird, steckt eine im Grunde sehr gute Idee. Der Name PASSPORT steht für einen Service, den die Firma Microsoft für jeden kostenlos im Internet anbietet. Indem sich eine Person bei diesem Passport-Service anmeldet, was zur Zeit lediglich ein beliebiges E-Mail-Konto voraussetzt (früher war zur Anmeldung ein Konto beim zu Microsoft gehörenden E-Mail-Dienst Hotmail notwendig), erspart sie sich ein weiteres Registrieren bei Websites, die ebenfalls eine Registrierung erfordern würden, und die mit dem Passport-Service zusammenarbeiten.

2 Allerdings ist der Benutzername im Klartext gespeichert, so dass man es zumindest einem Benutzer zuordnen kann.

Anstatt sich bei einer, im Prinzip x-beliebigen Website, mit seiner kompletten Adresse registrieren zu müssen, meldet man sich lediglich mit einer E-Mail-Adresse und dem Kennwort an und die Website holt sich die übrigen Daten vom Passport-Server. Besonders interessant ist dieser Service für Online-Shopping. Der »Passport« garantiert nämlich über ein sog. PASSPORT WALLET-Konto, dass sich Kreditkarten und andere fürs Shopping benötigte Informationen sicher auf dem Passport-Server befinden. Anstatt vor dem Tätigen eines Kaufes die Kreditkartennummer und die Lieferadresse jedes Mal neu eintippen müssen, gibt man wieder seine Hotmail-E-Mail-Adresse mit dem Kennwort ein und die Shopping-Site holt sich die benötigten Daten vom Passport-Server. Ein Nachteil dieser zentralen Speicherung ist natürlich, dass die Daten jedem zur Verfügung stehen, der über den E-Mail-Namen (dieser ist im Prinzip öffentlich) und das Kennwort verfügen.

Bei Windows XP wurde die Anmeldung an den Passport-Server von Microsoft direkt in das BENUTZERKONTEN-Applet integriert. Nach Auswahl von *Passport erstellen* startet ein Assistent, der Sie durch die einzelnen Schritte des Einrichten eines Passport-Kontos führt (diese Schritte lassen sich aber auch direkt auf der Website `www.passport.de` durchführen).

Der Microsoft-Passport-Service ist ein wichtiger Bestandteil der von Microsoft im Sommer 2000 gestarteten .NET-Initiative, die das Anbieten kommerzieller Dienste über das Internet erleichtern soll. Anbieter von kommerziellen Websites müssen nicht mehr alle benötigten Bausteine selber implementieren, sondern greifen für häufig durchzuführende Aufgabe, wie das Überprüfen einer Kreditkarte, das Abfragen aktueller Fluginformationen oder das Berechnen eines Versandpreises, Dinge, die innerhalb der Website nur sehr aufwendig zu realisieren wären, auf die Dienste anderer Websites zurück. Passport spielt deswegen eine wichtige Rolle, weil es für Websites die Authentifizierung eines Anwenders erledigt und in Zukunft noch weitere Dienste anbieten wird. Natürlich ist dieser Service für die Betreiber der Websites nicht kostenlos. Windows XP darf deswegen aber noch nicht als ».NET-Betriebssystem« bezeichnet werden.[3]

10.6 Für erfahrene Anwender: Die Computerverwaltung

Das BENUTZERKONTEN-Applet wurde bewusst für den etwas unerfahrenen Anwender konzipiert, der lediglich für den Heimbereich oder für ein kleineres Büro ein paar Benutzerkonten einrichtet, sich aber nicht mit den technischen und teilweise nicht ganz einfach zu verstehenden Details der Rechtevergabe beschäftigen möchten. Erfahrene Anwender arbeiten dagegen mit der Computerverwaltung, die die gleichen Tätigkeiten ermöglicht, aber etwas weniger optische Raffinessen bietet. Die Computerverwaltung,

3 Das wird voraussichtlich erst die übernächste Version (Codename »Blackcomb«) sein.

die wie alle Systemprogramme bei Windows XP, im Rahmen der Managementkonsole angezeigt wird, wird über die Untergruppe VERWALTUNG der Systemsteuerung geöffnet.

Öffnen der Computerverwaltung

1. Öffnen Sie die Systemsteuerung und dort den Ordner VERWALTUNG. Es werden alle Systemprogramme dieses Ordners angezeigt.
2. Öffnen Sie das Systemprogramm COMPUTERVERWALTUNG.
3. Die Computerverwaltung ist ein allgemeines Programm, das unter anderem einen Bereich mit dem Namen LOKALE BENUTZER UND GRUPPEN umfasst. Klicken Sie auf das »+«-Zeichen vor diesem Bereich und selektieren Sie den Untereintrag BENUTZER. In der rechten Fensterhälfte werden alle vorhandenen Benutzerkonten aufgelistet (im Unterschied zum BENUTZERKONTEN-Applet gibt es hier keine Bilder). Sie sehen die gleichen Konten, die auch im BENUTZERKONTEN-Applet angezeigt werden. Es spielt daher keine Rolle, auf welche Weise ein Benutzerkonto angelegt wurde. Es sind allerdings zusätzliche Namen dabei, bei denen es sich um interne Konten handelt, die für die Anmeldung im Anmeldedialog keine Rolle spielen. Achten Sie auf die vordefinierten Konten ADMINISTRATOR (der Computeradministrator) und GAST.

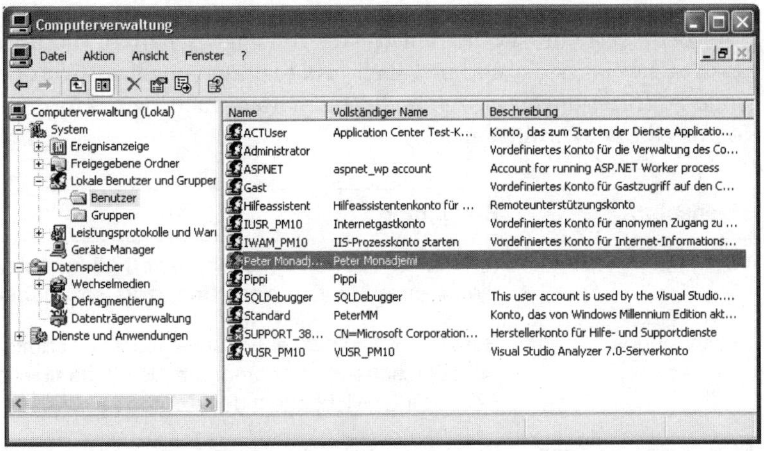

Abbildung 10.4: Im Zweig Lokale Benutzer und Gruppen werden die vorhandenen Benutzerkonten auflistet

4. Selektieren Sie einen Eintrag mit der sekundären Maustaste und wählen Sie EIGENSCHAFTEN. Die Eigenschaften des Benutzerkontos werden daraufhin in einem Dialogfeld angezeigt (siehe Abbildung 10.5).

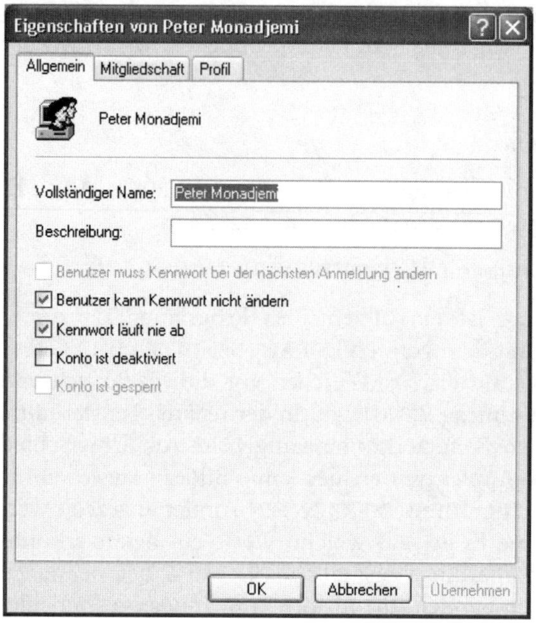

Abbildung 10.5: In diesem Dialogfeld werden die Eigenschaften eines Benutzerkontos aufgelistet

10.6.1 Die Eigenschaften eines Benutzerkontos

Jedes Benutzerkonto besitzt einen Satz von Eigenschaften, die im Register ALLGEMEIN eingestellt und in Tabelle 10.3 zusammengefasst werden. Zwingende Anforderungen einzelner Eigenschaften nach dem Einrichten eines Kontos gibt es allerdings nicht.

Tabelle 10.3: Die Eigenschaften eines Benutzerkontos

Eigenschaft	Bedeutung
Vollständiger Name	Ergänzt den Benutzernamen, der oft etwas kurz ist, um die »wahre« Identität eines Benutzers anzugeben.
Beschreibung	Beschreibt den Kontentyp und hilft dabei, anhand eines oft nichtssagenden Kontennamens etwas über die Bedeutung (Wichtigkeit) des Kontos zu erfahren.
Benutzer muss Kennwort bei nächster Anmeldung ändern	Diese Eigenschaft wird vom Administrator gesetzt, wenn sich der Benutzer selber ein Kennwort ausdenken soll, was im Allgemeinen auch sinnvoll ist. Damit wird sichergestellt, das der Benutzer ein Kennwort wählt, dass nur ihm bekannt ist.
Benutzer kann Kennwort nicht ändern	Wird vom Administrator gewählt, wenn ein Benutzer nur mit einem vorgegebenen Kennwort arbeiten soll. Das verhindert, dass ein Benutzer ein Kennwort ändert und es anschließend keine Möglichkeit mehr gibt, das Kennwort in Erfahrung zu bringen.

Tabelle 10.3: Die Eigenschaften eines Benutzerkontos (Forts.)

Eigenschaft	Bedeutung
Kennwort läuft nie ab	Die Alternative zur Option, bei der ein Benutzer sein Kennwort bei der nächsten Anmeldung ändern soll. Normalerweise besitzen Kennwörter bei Windows XP eine Lebensdauer von 30 Tagen (dies lässt sich in den lokalen Richtlinien einstellen). Danach werden sie erst einmal ungültig und müssen vom Benutzer beim nächsten Anmelden geändert werden.
Konto ist deaktiviert	Soll sich ein Benutzer nicht anmelden können, das Konto aber nicht gelöscht werden, dann wird es über diese Einstellung deaktiviert.
Konto ist gesperrt	Diese Einstellung wird automatisch gesetzt, wenn sich der Benutzer zum Beispiel mehr als die festgelegte Anzahl (dies wird in den lokalen Richtlinien eingestellt) mit dem falschen Kennwort angemeldet hat. Über diese Einstellung kann die Sperre vom Administrator wieder aufgehoben werden.

Das Register Mitgliedschaft

In diesem Register kann das aktuelle Benutzerkonto zugeordnet werden. Es übernimmt dann automatisch die für diese Gruppe getroffenen Einstellungen. Mehr zu der Bedeutung der Gruppen in Kapitel 10.6.3.

Das Register Profil

Ein PROFIL ist in diesem Zusammenhang ein ganzer Satz von Einstellungen, die mit dem Anmelden wirksam werden. Konkret handelt es sich um die für den Benutzer angelegte Verzeichnisstruktur (wenn nichts anderes festgelegt wird im Verzeichnis DOKUMENTE UND EINSTELLUNGEN\BENUTZERNAME – dieser Pfad wird auch über die Umgebungsvariable *%userprofile%* zur Verfügung gestellt), sowie um den Zweig HKEY_CURRENT_USER in der Registrierung. Profile werden normalerweise lokal auf dem jeweiligen Computer gespeichert. Möchte man allerdings erreichen, dass ein Benutzer sich an einem beliebigen Computer eines Windows-Netzwerkes anmelden kann und trotzdem mit seinem persönlichen Profil arbeitet, muss das Profil auf einem Server-Computer im Netzwerk abgelegt werden. In diesem Fall wird lediglich der Verzeichnispfad des Profils auf dem Server in das Register *Profil* eingetragen. Neben einem Benutzerprofil kann ein Anmeldescript ausgewählt werden, das mit der Anmeldung ausgeführt wird. Außerdem lassen sich einzelnen Laufwerksbuchstaben die Pfade von Netzwerkverzeichnissen zuordnen, die automatisch mit dem Anmelden mit dem Laufwerksbuchstaben verbunden werden. Mit Windows XP Home lassen sich servergespeicherte Benutzerprofile nicht benutzen, so dass dieses Register keine Rolle spielt.

10.6.2 Die Rolle der Gruppen

Ein Hinweis gleich vorweg: Das Konzept der Gruppen spielt in einem Windows XP Home-Netzwerk in den allermeisten Fällen keine Rolle. Es soll dennoch kurz erläutert werden, da in der Computerverwaltung neben den Benutzerkonten auch Gruppen aufgelistet werden. Sehen Sie diesen Abschnitt daher in erster Linie als Ausblick auf ein Thema, das bei etwas größeren Netzwerken eine Rolle spielt, die dann aber mit Windows XP Professional oder Windows 2000 Servern verwaltet werden. Eine Gruppe soll die Verwaltung vieler Benutzer deutlich vereinfachen. Stellen Sie sich vor, Sie sind der Netzwerkadministrator in einem Tagungshotel und gerade eben ist ein ganzer Reisebus mit Lernwilligen eingetroffen, von denen jeder einen Netzwerkzugang und damit ein Benutzerkonto erhalten soll. Anstatt nun mehrere Dutzend Benutzerkonten der Reihe nach anzulegen und bei jedem Konto immer wieder die gleichen Einstellungen vornehmen zu müssen, legen Sie eine Gruppe an und nehmen dort die Einstellungen ein einzelnes Mal vor. Indem Sie jetzt jedes neu angelegte Benutzerkonto in die Gruppe aufnehmen, übernimmt es die für die Gruppe festgelegten Einstellungen automatisch. Das erleichtert die Verwaltung (wenngleich das eigentliche Anlegen der Konten am einfachsten mit einem Script erledigt wird – Stichwort. ADSI). Die Arbeitserleichterung ist nur ein Teilaspekt. Sehr viel wichtiger sind die Gruppen, da auf ihnen das Sicherheitskonzept von Windows NT/2000/XP basiert.

Die Möglichkeit jeden Benutzer einer Gruppe zuzuordnen spielt vor allem für die Verwaltung größerer Netzwerke eine wichtige Rolle, bei kleinen Netzwerken mit einigen Computern werden Sie die Gruppen vermutlich nicht benötigen. Im Zusammenhang mit Windows XP Home spielen nur die lokalen Gruppen eine Rolle. Das Gegenstück sind die globalen Gruppen, für die aber eine sog. *Domäne* eingerichtet werden muss, was für kleinere Netzwerke nicht in Frage kommt und die Server-Version von Windows XP (Windows 2002) voraussetzen würde.

Windows XP arbeitet von Anfang an mit einer Reihe von Gruppen, die im Unterzweig *Gruppen* des Zweiges *Lokale Benutzer und Gruppen* der Computerverwaltung aufgelistet werden. Über die Eigenschaften einer Gruppe werden bereits vorhandene Benutzer zur Gruppe hinzugefügt.

STEP

Hinzufügen eines Benutzers zu einer Gruppe

1. Öffnen Sie die Computerverwaltung und dort den Zweig SYSTEM\LOKALE BENUTZER UND GRUPPEN\GRUPPEN.

2. Selektieren Sie die Gruppe, in die ein Benutzer neu aufgenommen werden soll, mit der sekundären Maustaste und wählen Sie entweder MITGLIED HINZUFÜGEN oder EIGENSCHAFTEN (siehe Abbildung 10.7).

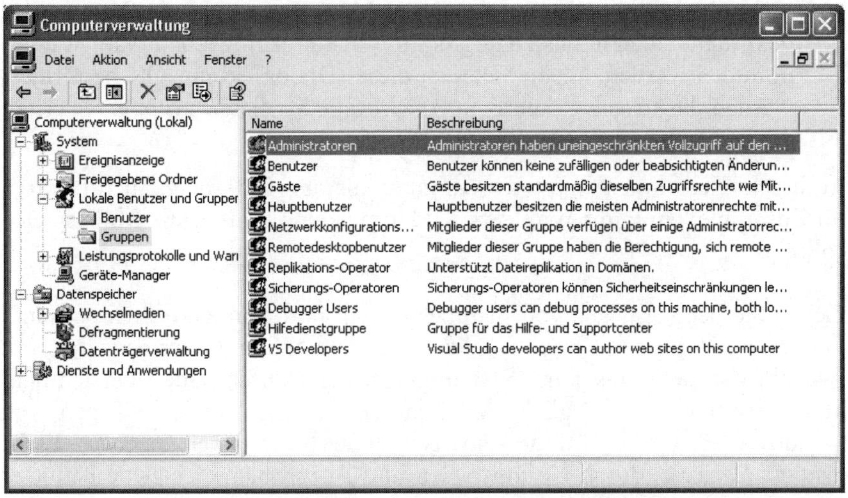

Abbildung 10.6: Alle angelegten Gruppen werden im Zweig Gruppen der Computerverwaltung aufgelistet

Abbildung 10.7: Im Eigenschaftendialog einer Gruppe werden alle bereits vorhandenen Mitglieder aufgelistet

3. Klicken Sie auf HINZUFÜGEN. Es öffnet sich ein Dialogfeld, in das Sie den hinzuzufügenden Namen entweder direkt eintippen oder Sie finden ihn über eine Suchfunktion, was bei kleinen Netzwerken aber nicht notwendig sein sollte. Die Suchfunktion ist für große Netzwerke ausgelegt und daher etwas umständlich. Das Einfachste ist, wenn Sie zuerst auf ERWEITERT und anschließend auf JETZT SUCHEN klicken. Dadurch sollten alle vorhandenen Benutzernamen aufgelistet werden. Die Aus-

wahl eines oder mehrerer Namen und das Bestätigen mit OK bewirkt, dass die Namen in das Dialogfeld mit den hinzufügenden Namen übernommen werden. Wenn Sie auch dieses Dialogfeld mit OK bestätigen, werden die ausgewählten Benutzer Mitglieder dieser Gruppe. Sie erhalten dadurch zusätzliche Rechte.

In diesem Zusammenhang noch ein gut gemeinter Ratschlag, auch wenn er im Zusammenhang mit Windows XP Home keine allzu große Rolle spielen sollte.

Gehen Sie beim Anlegen von Benutzerkonten und dem Zuordnen einzelner Benutzer zu Gruppen, sofern Sie diese Möglichkeit überhaupt benutzen, mit Bedacht vor, denn das ganze System glänzt nicht durch seine Übersichtlichkeit (hier hat es bezüglich der Benutzerführung seit den Tagen von Windows NT 4.0 im Grunde keine echten Verbesserungen gegeben). Es ist also ein Leichtes, durch Herumspielen und Ausprobieren einzelne Benutzer etwa in die Administratorgruppe aufzunehmen und diesen Benutzern dadurch alle Rechte über den Computer zu verleihen. Später herauszufinden, wer nun welche Rechte besitzt bedeutet, jeden einzelnen Benutzer der Reihe nach zu überprüfen. Dabei kann man schnell die Übersicht verlieren und es entstehen Sicherheitslücken, die schnell in Vergessenheit geraten.

10.6.3 Das Löschen von Benutzerkonten mit der Computerverwaltung

Hin und wieder kann es notwendig sein, ein Benutzerkonto zu entfernen. In Firmen ist der Grund dafür, dass der Mitarbeiter die Firma verlassen hat. Im häuslichen Bereich werden es andere Gründe sein. Oft hat man auch einfach nur ein wenig mit dem BENUTZERKONTEN-Applet gespielt und möchte die dabei anlegten Testkonten wieder los werden. Auch wenn sich ein Konto mit dem BENUTZERKONTEN-Applet entfernen lässt, geht es mit der Computerverwaltung oft etwas schneller.

Löschen eines Benutzerkontos

STEP

1. Öffnen Sie die Computerverwaltung und dort den Zweig SYSTEM\LOKALE BENUTZER UND GRUPPEN.
2. Selektieren Sie den zu löschenden Eintrag mit der sekundären Maustaste und wählen Sie LÖSCHEN.
3. Bestätigen Sie das Löschen des Kontos. Anschließend wird es aus der Liste der Benutzer entfernt. Ein Anmelden mit diesem Konto ist nun nicht mehr möglich.

Falls das BENUTZERKONTEN-*Applet noch geöffnet sein sollte, wird das gelöschte Konto dort noch angezeigt. Es ist aber wirklich nicht mehr vorhanden, so dass sich auch keine Änderungen an diesem Konto mehr vornehmen lassen.*

INFO

Das Löschen eines Benutzerkontos entfernt nicht die private Verzeichnisstruktur dieses Benutzers in Dokumente und Einstellungen. *Sollte ein entfernter Benutzer dort Dokumente abgelegt haben, so gehen diese durch das Entfernen des Benutzerkontos nicht verloren.*

INFO

10.7 Zugriff auf die Benutzerkonten über die Kommandozeile

Für etwas erfahrenere Anwender gibt es eine etwas bequemere Möglichkeit, um an die Namen der Benutzerkonten oder die Einstellungen für ein einzelnes Benutzerkonto heranzukommen. Verwenden Sie das NET USER-Kommando der Eingabeaufforderung. Die Eingabe von

```
Net User
```

listet alle vorhandenen Benutzerkonten auf. Die Eingabe von

```
Net User Benutzername
```

listet dagegen die Einstellungen für den Benutzer auf, dessen Benutzername angegeben wurde. Über den Befehl NET ACCOUNTS erhalten Sie eine Auflistung allgemeiner Einstellungen, die alle Benutzerkonten betreffen. Dabei erfahren Sie zum Beispiel auch, dass das Kennwortalter 42 Tage beträgt und nach dieser Zeitspanne, sofern nichts anderes vom Computeradministrator festgelegt wird, geändert werden muss. Mehr zum Umgang mit der Eingabeaufforderung in Kapitel 21.

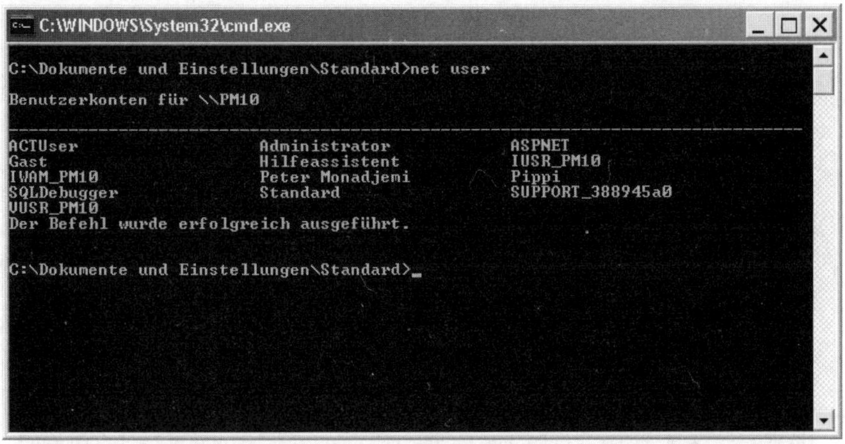

Abbildung 10.8: Das Net User-Kommando listet alle Details zu einem Benutzerkonto auf

10.8 Ein paar Tipps zur Sicherheit

Sicherheit ist natürlich immer relativ. Während Unternehmen und Büros, in denen sensible Daten aufbewahrt werden, wie zum Beispiel Arztpraxen oder Anwaltsbüros, diese Dinge sehr ernst nehmen müssen, kann man die Sache zu Hause etwas laxer sehen. Dennoch gilt der Grundsatz der Privatsphäre auch unter Familienmitgliedern. Auch wenn keine böse Absicht dahinter steckt, eine ungeschützter Zugang lädt zum Ausprobieren ein und eine gewisse Neugierde wird oft erst dann geweckt, wenn sich private Dateien vollkommen ungeschützt präsentieren. Das heißt natürlich nicht, dass man zu Hause alles durch ein persönliches Kennwort schützen und den anderen nur noch misstrauisch begegnen sollte. Es heißt ganz einfach, dass die Privatsphäre, die, was den privaten Bereich des eigenen Zimmers oder des eigenen Schreibtisches angeht, im Allgemeinen akzeptiert und geachtet wird, auch für die persönlichen Ablagen auf dem gemeinsam genutzten PC gelten sollte.

Hier ein paar allgemeine Tipps, wie sich ein Mindestmaß an Privatsphäre und Sicherheit auch ohne den Computer zur »Festung« ausbauen zu müssen, realisieren lässt:

- Alle Personen, die einen Computer gemeinsam benutzen, sollten ihren Bereich durch ein Kennwort schützen.
- Kennwörter sind zwar lästig, aber in der Regel die einzige Form der Authentifizierung.[4] Wählen Sie daher das Kennwort so, dass es nicht ganz so offensichtlich ist und ändern Sie das Kennwort in mehr oder weniger regelmäßigen Abständen (empfohlen wird alle 6-8 Wochen).
- Melden Sie sich nur in Ausnahmefällen mit dem Administrator-Konto an. Sollten Sie sich mit dem Internet verbinden, ist Ihr Computer dadurch einem erhöhten Risiko ausgesetzt, da potenzielle Angreifer über die Administratorrechte Zugang zu allen kritischen Bereichen erhalten (Windows kann nicht unterscheiden, ob es sich bei einem gestarteten Programm um ein von Ihnen gestartetes Programm oder ein trojanisches Pferd handelt, das über das Internet eingeschleust wurde).
- Ändern Sie den Namen des Administrator-Kontos (über das BENUTZERKONTEN-Applet), sofern dies nicht bereits bei der Installation geschehen ist Auf diese Weise wird es Eindringlingen nicht ganz so einfach gemacht, das Administrator-Konto zu knacken. In diesem Fall sollten Sie aber den schönen Willkommensbildschirm von Windows XP auf den Standardanmeldedialog umstellen, da sich ein potenzieller Eindringlich ansonsten das passende Konto aussuchen kann bzw. erst einmal erfährt, welche Konten es überhaupt gibt.

4 In den USA gibt es bereits Supermärkte, in denen man per Fingerabdruck bezahlen kann.

- Stellen Sie klar, dass der Administrator eine vertrauensvolle Position hat und machen Sie deutlich, dass er diese nicht »missbrauchen«wird. [5] Der Administrator kann zum Beispiel Benutzerkonten löschen und damit anderen den kompletten Zugang zum PC verwehren. Unter NTFS kann aber auch der Administrator nicht auf geschützte Verzeichnisse zugreifen.
- Windows XP Home bietet keine Verschlüsselung von Dateien. Alle Dateien sind ungeschützt. Wer besonders sensible Daten aufbewahrt und nicht möchte, dass diese zufällig gelesen oder weitergegeben werden können, muss sich ein Verschlüsselungsprogramm besorgen.
- Legen Sie mit allen beteiligten Personen die Maßnahmen gemeinsam fest. Das schafft nicht nur eine vertrauensvolle Atmosphäre, sondern führt oft auch zu guten Einfällen und praktikablen Lösungen.

5 Insbesondere, wenn Sie der Administrator sind.

Teil 3 Kommunikation mit Windows XP

11 Der Weg ins Internet – Anlegen einer DFÜ-Verbindung

Windows XP ist »ready für das Internet«, allerdings ist das Internet nicht fest eingebaut. Bevor man durch das weltweite Web surfen und dabei »irrsinnig« viel Spaß haben kann, muss jedoch in den meisten Fällen eine sog. *DFÜ-Verbindung* eingerichtet werden. Ihre Aufgabe ist es, die Verbindung zu einem Computer im Internet über eine Telefonleitung herzustellen, wobei es keine Rolle spielt, ob die Übertragung per Modem, ISDN-Karte oder mit ADSL (zum Beispiel T-DSL) durchgeführt wird. Steht die DFÜ-Verbindung, genügt das Öffnen des Symbols im Ordner der DFÜ- und Netzwerkverbindungen, um die Verbindung zum Internet herzustellen. Praktisch alle Internet-Anwendungen, wie zum Beispiel der Internet Explorer, Outlook Express, Windows Messenger oder die T-Online Software, greifen auf die angelegten DFÜ-Verbindungen automatisch zurück.

- Das Anlegen einer DFÜ-Verbindung ist im Vergleich zu Windows 9x etwas einfacher geworden, auch wenn sich nichts am Prinzip der Verbindung geändert hat. Das liegt vor allem daran, dass bei der überwiegenden Mehrheit der Internet-Provider keine speziellen Einstellungen erforderlich sind und der Anwender nicht überlegen muss, ob als Protokoll PPP oder SLIP die richtige Wahl sind, oder ob die IP-Adresse fest eingetragen werden muss oder dynamisch zugeteilt wird. Das Einrichten einer DFÜ-Verbindung und damit der Weg ins Internet sollte mit Windows XP keine Probleme mehr bereiten.
- Eine Ausnahme erfordert nach wie vor der Online-Dienst AOL. Da die AOL-Software sich selbst um die Verbindung kümmert, spielt das DFÜ-Netzwerk hier keine Rolle. Dagegen kann der Zugang zu T-Online auch ohne die T-Online-Software direkt über eine DFÜ-Verbindung hergestellt werden.

Die Themen dieses Kapitels:

- Der Ordner *Netzwerkverbindungen*
- Das Anlegen einer DFÜ-Verbindung
- Das Herstellen einer DFÜ-Verbindung
- Die Eigenschaften einer DFÜ-Verbindung
- Spezialfälle

11.1 Der Ordner Netzwerkverbindungen

Alle angelegten DFÜ-Verbindungen werden im Ordner NETZWERKVERBINDUNGEN aufgelistet. Hier befindet sich auch der Assistent zum Anlegen einer neuen Verbindung. Er wird über den Eintrag EINE NEUE VERBINDUNG ERSTELLEN in der Aufgabenliste aufgerufen.

NEU

Den Ordner DFÜ-NETZWERKVERBINDUNGEN *gibt es nicht mehr. Er ging (bereits mit Windows 2000) in den Ordner* NETZWERKVERBINDUNGEN *über, in dem unter anderem auch LAN-Verbindungen und direkte Verbindungen zu einem anderen Computer, zum Beispiel über ein paralleles Kabel oder per Infrarot, aufgeführt werden.*

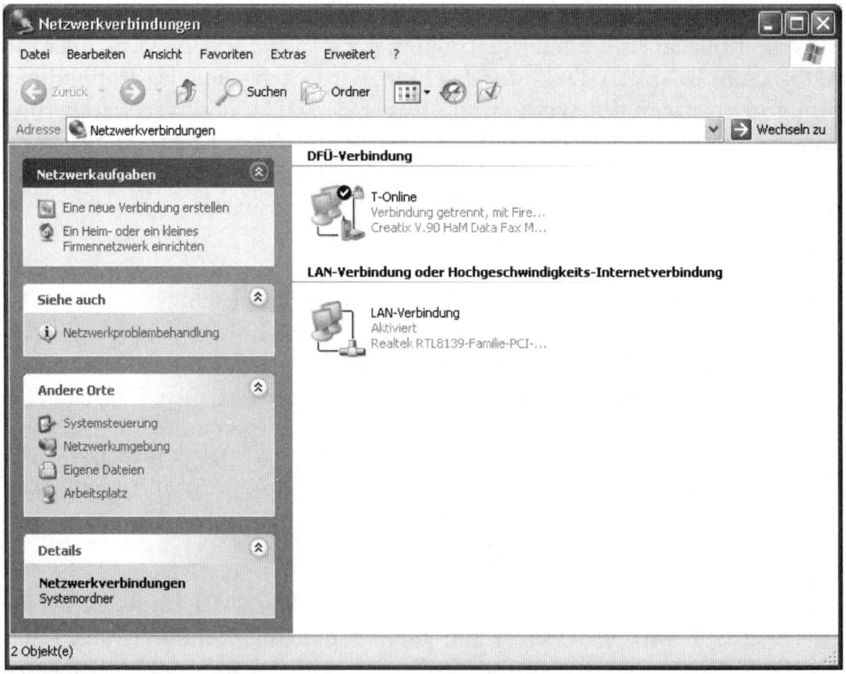

Abbildung 11.1: Im Ordner Netzwerkverbindungen werden neben den LAN-Verbindungen auch alle angelegten DFÜ-Verbindungen aufgelistet

11.2 Das Anlegen einer DFÜ-Verbindung

Eine DFÜ-VERBINDUNG wird über einen Assistenten angelegt, der über das Symbol EINE NEUE VERBINDUNG ERSTELLEN im Ordner NETZWERKVERBINDUNGEN gestartet wird.

Anlegen einer neuen DFÜ-Verbindung

STEP

1. Starten Sie den Assistenten über das Öffnen des Symbols NEUE VERBINDUNG ERSTELLEN und klicken Sie auf WEITER, um das Begrüßungsdialogfeld zu überspringen.
2. Wählen Sie den Verbindungstyp aus. Da es um eine DFÜ-Verbindung geht, wählen Sie die Option VERBINDUNG MIT DEM INTERNET HERSTELLEN (die übrigen Einstellungen werden nur selten benötigt). Da diese bereits voreingestellt ist, klicken Sie auf WEITER, um zum nächsten Dialogfeld zu gelangen.
3. Wählen Sie VERBINDUNG MANUELL EINRICHTEN und klicken Sie auf WEITER. Dies dürfte die mit Abstand wahrscheinlichste Variante sein, es sei denn, Sie möchten sich einen ganz neuen Internet-Dienstanbieter aussuchen oder verfügen gar über eine CD, die speziell für diesen Zweck gedacht ist, und die nun eingelegt werden kann, so dass sie alles weitere erledigt.
4. Wählen Sie aus, ob die Verbindung wie üblich per DFÜ (das heißt mit Modem oder ISDN-Karte) oder über eine Breitbandverbindung angelegt werden soll. Letztere wäre notwendig, wenn es um eine ADSL-Verbindung (die etwa über T-DSL hergestellt wird) oder eine Kabelmodemverbindung geht. Für alle diese Breitbandverbindungstypen hält Windows XP einen sog. PPoE-Treiber bereit, den Sie immer dann verwenden sollten, wenn Sie vom Internet-Dienstanbieter keinen anderen Treiber erhalten haben. Im Folgenden wird von einer herkömmlichen DFÜ-Verbindung ausgegangen, die über eine ISDN-Karte bzw. ein Modem hergestellt wird, so dass Sie die voreingestellte Option einfach übernehmen können. Klicken Sie auf WEITER, um zum nächsten Dialogfeld zu gelangen.
5. Wählen Sie an dieser Stelle das (oder die) Modem(s) aus, über die die Verbindung hergestellt werden soll. An dieser Stelle können nicht neue Modems eingerichtet werden, dies muss im Applet TELEFON- UND MODEMOPTIONEN geschehen (oder über die Installation der ISDN-Treiber, die über den sog. NDIS-Mini-WAN-Treiber auch »virtuelle« Modems zur Verfügung stellen, die bei einer DFÜ-Netzwerkverbindung benutzt werden). Es können auch mehrere angebotene Modems gewählt werden, wobei eine Kanalbündelung erreicht wird (dies muss aber vom Provider unterstützt werden). Klicken Sie auf WEITER, um zum nächsten Dialogfeld zu gelangen.
6. Geben Sie der Verbindung einen passenden Namen und klicken Sie auf WEITER, um zum nächsten Dialogfeld zu gelangen.
7. Geben Sie die Rufnummer des Internet-Providers ein, über den die Verbindung hergestellt werden soll (bei T-Online ist dies zum Beispiel bundesweit **0191011**, das heißt ohne Vorwahl).

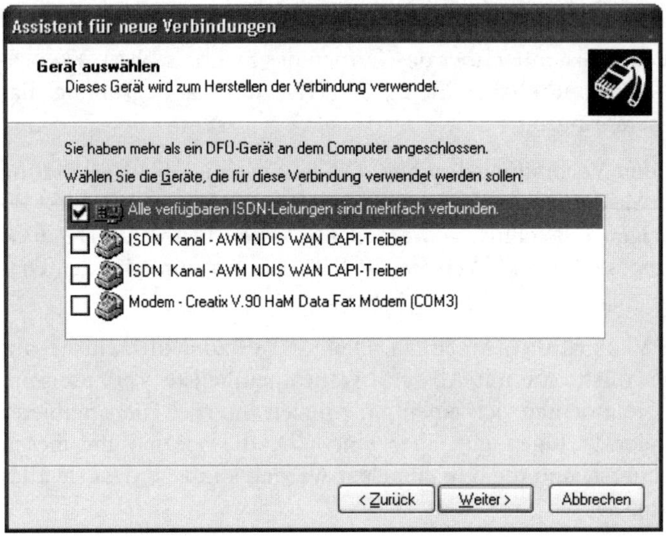

Abbildung 11.2: Aus diesem Dialogfeld werden ein oder mehrere Modems aus der Liste der verfügbaren Geräte ausgewählt

Über die Option WÄHLREGELN VERWENDEN können Landes und Ortskennzahl, sowie verschiedene Wählregeln festgelegt werden (mehr zu den Wählregeln in Kapitel 8, in dem es um die Frage des Standorts geht) Klicken Sie auf WEITER, um zum nächsten Dialogfeld zu gelangen.

8. Geben Sie den für den Verbindungsaufbau notwendigen Benutzernamen und das Kennwort ein. Außerdem können Sie an dieser Stelle festlegen, dass die Verbindung die Standardverbindung ist, die immer dann verwendet wird, wenn ohne Bestätigung durch den Benutzer die Verbindung hergestellt werden soll.

NEU

Eine wichtige Option kann an dieser Stelle leicht übersehen werden – Windows XP bietet eine Internetverbindungsfirewall, die einen Schutz vor »Angriffen« aus dem Internet bieten soll. Diese Option ist standardmäßig gesetzt und sollte es auch bleiben, sofern Sie nicht mit einer alternativen Lösung arbeiten.

Klicken Sie auf WEITER, um zum nächsten Dialogfeld zu gelangen (siehe Abbildung 11.3).

9. Das war's. Zum Abschluss gibt es noch einmal eine Bestätigung der getroffenen Einstellungen. Außerdem können Sie gleich eine Verknüpfung auf dem Desktop anlegen, damit Sie nicht jedes Mal das Startmenü öffnen müssen, um die Verbindung herstellen zu können. Klicken Sie auf FERTIG STELLEN, um den Assistenten zu beenden. Die Verbindung ist damit angelegt und erscheint als weiteres Symbol im Ordner NETZWERKVERBINDUNGEN.

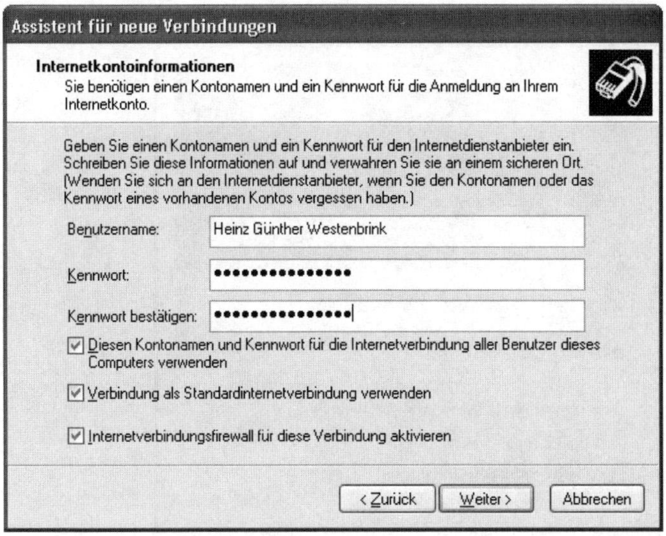

Abbildung 11.3: Neben Benutzernamen und Kennwort wird an dieser Stelle auch die Internet-Verbindungsfirewall aktiviert

11.3 Herstellen einer DFÜ-Verbindung

Das Herstellen einer DFÜ-Verbindung geschieht durch Öffnen des dafür eingerichteten Symbols. Es erscheint ein Dialogfeld, in dem im Allgemeinen Benutzername, Kennwort und die anzurufende Nummer voreingestellt sind und nur noch bestätigt werden müssen. Offenbar aus Sicherheitsgründen wird das (ohnehin stets verdeckte) Kennwort nicht angezeigt – wundern Sie sich daher nicht über den etwas eigenartigen Eintrag KLICKEN SIE HIER, UM DAS KENNWORT ZU ÄNDERN.

:-) TIPP

Aus der Auswahlliste WÄHLEN *können alle bereits angewählten Nummern ausgewählt werden. Wird eine angezeigte Nummer überschrieben, erscheint stets ein Dialogfeld, in dem gefragt wird, ob die Nummer dauerhaft übernommen werden soll.*

INFO

Die Auswahlliste zur Auswahl einer Telefonnummer erscheint nicht, wenn die Option RUFNUMMER ABFRAGEN *im Register* OPTIONEN *deaktiviert wurde (siehe Abbildung 11.4).*

11.3.1 Sollen Benutzername und Kennwort gespeichert werden?

DFÜ-Verbindungen gehören, wie LAN-Verbindungen, zu Ressourcen, die allen Benutzern gleichermaßen zur Verfügung stehen. Standardmäßig werden Benutzername und Kennwort für alle Benutzer des Computers gespeichert, so dass jeder Benutzer die Verbindung benutzen kann, ohne das Kennwort kennen zu müssen.

Abbildung 11.4: Über dieses Dialogfeld wird die DFÜ-Verbindung hergestellt

Über die Option BENUTZERNAMEN UND KENNWORT SPEICHERN FÜR können Sie jedoch einstellen, dass beide Angaben nur für den aktuellen Benutzer gespeichert werden. Jeder andere Benutzer kann den Anmeldedialog zwar aufrufen, muss aber Benutzername und Kennwort neu eingeben.

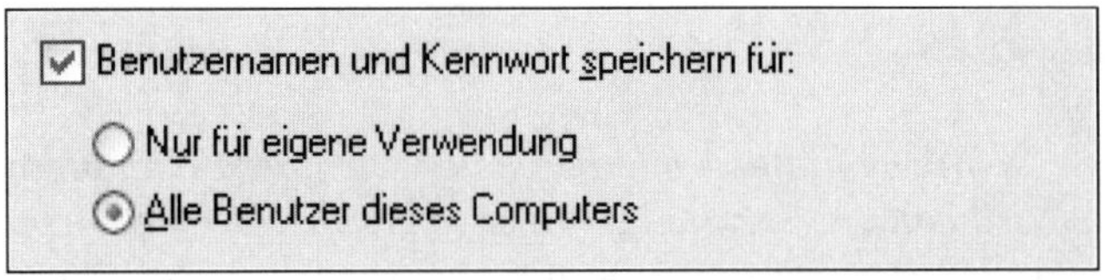

Abbildung 11.5: Über diese Option wird eingestellt, dass alle Benutzer die Verbindung ohne Eingabe des Kennwortes benutzen können

11.4 Die Eigenschaften einer DFÜ-Verbindungen

Anders als bei Windows 9x wurden die Voreinstellungen für eine DFÜ-Verbindung so gewählt, dass sie nur in Ausnahmefällen geändert werden müssen. Im Allgemeinen werden die Voreinstellungen einfach übernommen. Die Eigenschaften sind teilweise so speziell, dass sie ohne entsprechende Vorkenntnisse nicht geändert werden sollten. Tabelle 11.1 gibt eine Übersicht über die einzelnen Register des Eigenschaftendialogfeldes.

Tabelle 11.1: Die Register im Eigenschaftendialog einer DFÜ-Verbindung

Register	Was wird hier eingestellt?
ALLGEMEIN	Allgemeine Einstellungen, wie die Auswahl eines Modems (das an dieser Stelle auch konfiguriert werden kann), die anzuwählende Rufnummer und die Einstellung, ob ein Verbindungssymbol im Infobereich der Taskleiste angezeigt werden soll.
OPTIONEN	Allgemeine Einstellungen, die das Wählen selber betreffen. Dazu gehört zum Beispiel die Anzahl der Wahlwiederholungen, die Zeit, die zwischen zwei Wahlwiederholungen liegen soll, sowie (und das ist eine wichtige Einstellung), die Leerlaufzeit, nach der eine Verbindung automatisch beendet wird.
SICHERHEIT	Allgemeine Sicherheitseinstellungen, wie zum Beispiel die Form der Authentifizierung, aber auch die Auswahl eines Einwahlscripts und die Einstellung, ob vor dem Wählen das Terminalfenster eingeblendet werden soll.
NETZWERK	Der Typ des Netzwerkservers, mit dem die Verbindung hergestellt werden soll. Über Einstellungen werden zusätzliche EINSTELLUNGEN getroffen. Außerdem können in diesem Register die allgemeinen Netzwerkkomponenten , die bei dieser Verbindung eine Rolle spielen, konfiguriert werden.
ERWEITERT	Die Internetverbindungsfirewall, die den PC vor »Angriffen« aus dem Internet schützen soll.

11.4.1 Das Register Allgemein

In diesem Register wird das (bzw. die) Modem(s) für die Verbindung ausgewählt. Der Plural wurde absichtlich angedeutet, denn es ist grundsätzlich kein Problem mehrere Modems zu selektieren, um eine Kanalbündelung zu erreichen (dabei lässt sich auch erreichen, dass einzelne Modems unterschiedliche Nummern wählen) Das bedeutet zwar eine erhöhte Übertragungsgeschwindigkeit, setzt aber voraus, dass der Internetdienstanbieter dies unterstützt (und es kostet im Allgemeinen auch das Doppelte falls etwa zwei ISDN-B-Kanäle zusammengefasst werden, was bei T-Online z.B. machbar ist).

Weitere Einstellungen:

- Wählregeln für die Verbindung. Mehr zum Thema Wählregeln in Kapitel 8, in dem es um die Rolle des Standorts geht.
- Ob im Infofeld der Taskleiste ein Verbindungssymbol angezeigt werden soll oder nicht.
- Die Konfiguration des ausgewählten (ISDN-) Modems. Im Allgemeinen gibt es bei den Modems nichts, was nachträglich konfiguriert werden müsste.

Abbildung 11.6: Im Register Allgemein werden das Modem und die Rufnummer für die Verbindung ausgewählt

11.4.2 Das Register Optionen

In diesem Register werden allgemeine Optionen eingestellt, die das Wählen der Verbindung und die Wahlwiederholung bei besetzter Leitung betreffen. Besonders interessant ist die Möglichkeit, eine zweite Leitung nur dann dazuzunehmen, wenn die Aktivität einen eingestellten Prozentsatz für eine einstellbare Zeitspanne übersteigt und wieder aufzulegen, wenn diese Aktivität einen ebenfalls einstellbaren Prozentsatz unterschreitet.

Zu den einstellbaren Optionen gehören:

- Soll der Status während des Wählens angezeigt werden?
- Sollen Name, Kennwort und gegebenenfalls Zertifikat (wird nur in Ausnahmefällen benötigt) abgefragt werden?
- Soll eine Windows-Anmeldedomäne miteinbezogen werden (spielt beim Internet-Zugang keine Rolle)?
- Soll die Rufnummer abgefragt werden, so dass diese einstellbar ist?
- Wie oft soll die Anwahl (z.B. bei besetzter Leitung) wiederholt werden?
- Welche Zeitspanne soll zwischen zwei Wahlwiederholungen liegen?

- Wie lange soll die Leerlaufzeit sein, nach der diese Verbindung beendet wird? Dieser Wert ist z.B. wichtig, wenn über diese Verbindung im Rahmen der Internetverbindungsfreigabe das ganze Netzwerk den Zugang erhält.
- Soll der Wahlvorgang wiederholt werden, falls die Verbindung getrennt wurde? Das kann z.B. bei der Übertragung von Streaming Media-Files praktisch sein, da die unterbrochene Übertragung im Allgemeinen fortgesetzt wird.

Abbildung 11.7: Im Register Optionen werden die Anzahl und die Art der Wahlwiederholung konfiguriert

11.4.3 Konfiguration mehrerer Geräte

Wurden im Register ALLGEMEIN mehrere Modems ausgewählt, kann im Bereich MEHRERE GERÄTE in einer Auswahlliste eingestellt werden, ob nur das erste Geräte, alle Geräte oder zusätzliche Geräte nur nach Anforderung wählen sollen. Letztere Option hört sich sehr praktisch an, da es nach Anklicken von Konfigurieren möglich wird, eine zweite Leitung nur dann hinzuzunehmen, wenn eine einstellbare Mindestaktivität für eine ebenfalls einstellbare Mindestdauer stattfindet.[1] Das ist gerade (oder vermutlich sogar ausschließlich) bei ISDN-Betrieb sehr praktisch, da sich zum Beispiel bei einem umfangreicheren Download (denken Sie nur an ein neues Service

1 Allerdings wird offenbar nirgendwo verraten, wie Aktivität definiert wird.

Release, das im Allgemeinen »mehrere« Mbyte umfasst) ein B-Kanal hinzuschalten lässt, der automatisch wieder beendet wird, wenn der Download beendet wurde, und die Aktivität wieder abnimmt.

Abbildung 11.8: In diesem Rahmen im Register Allgemein kann bei Bedarf ein weiteres Gerät hinzugefügt werden

11.4.4 Das Register Sicherheit

Dieses wichtig klingende Register hat für den Internet-Zugang praktisch keine Bedeutung, so dass alle Voreinstellungen in den meisten Fällen nicht geändert werden müssen. Es spielt vor allem beim direkten Einwählen in einen anderen Computer eine Rolle, wo die sichere Authentifizierung eine sehr viel größere Rolle spielt, wo aber auch zusätzliche Möglichkeiten (zum Beispiel ein Chipkartenleser) zur Verfügung stehen. Im Einzelnen kann hier festgelegt werden:

- Ob ein unsicheres Kennwort zugelassen wird. Sicher bedeutet in diesem Fall, dass die Echtheit des Kennworts durch zusätzliche Maßnahmen (etwa eine Smartcard) bestätigt wird.
- Ob zusätzliche Sicherheitseinstellungen hinzugezogen werden. Diese können über Einstellungen einzeln an- und abgewählt werden. Diese Einstellungen sind so speziell, dass sie in diesem Buch nicht behandelt werden.

Außerdem können im Register SICHERHEIT noch zwei Einstellungen getroffen werden, die nichts mit Sicherheit zu tun haben:

- Ob nach dem Herstellen der Verbindung ein Terminalfenster geöffnet wird. Über dieses Fenster ist eine direkte Kommunikation mit dem Host möglich.
- Ob nach dem Herstellen der Verbindung ein Anmeldescript ausgeführt werden soll. Mehr zu diesem Thema in Kapitel 11.5.3.

11.4.5 Das Register Netzwerk

In diesem Register werden spezielle Netzwerkeinstellungen vorgenommen. Wie bei den übrigen Registern gilt auch hier, dass nur in Ausnahmefällen Änderungen gegenüber den Voreinstellungen getroffen werden müssen (machen Sie sich daher keine Gedanken, wenn die Einstellungen teilweise sehr technisch klingen).

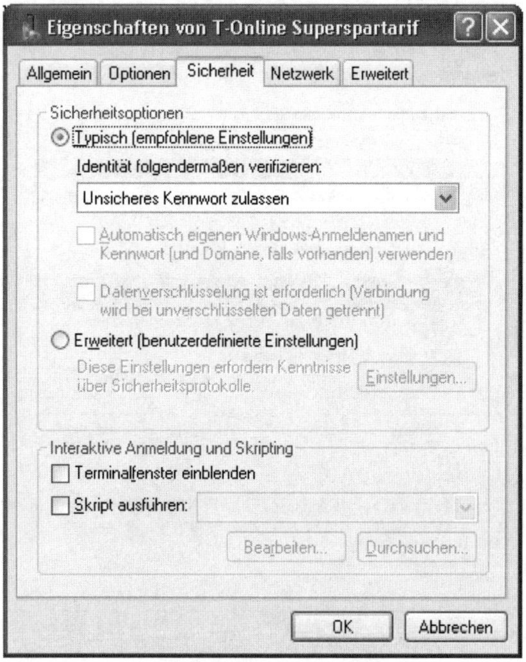

Abbildung 11.9: Im Register Sicherheit muss in den allermeisten Fällen nichts eingestellt werden

Im Einzelnen lassen sich folgende Einstellungen vornehmen:

- Die Auswahl des Servertyps.[2] In 95% aller Fälle wird die Voreinstellung (»PPP-Protokoll«) bestehen. Über EINSTELLUNGEN lassen sich zusätzlich sehr spezielle PPP-Einstellungen vornehmen.
- Welche zusätzlichen Elemente für die Verbindung verwendet werden sollen. Pflicht ist natürlich das TCP/IP-Protokoll (über Eigenschaften lässt sich eine feste IP-Adresse einstellen, was aber nur selten erforderlich ist).
- Nicht eingestellt werden sollte im Allgemeinen die Datei- und Druckerfreigabe für Microsoft Netzwerke. Sie bedeutet nämlich, dass, wenn der Computer mit dem Internet verbunden ist, andere Computer über diesen Computer auch auf die übrigen über das Netzwerk verbundenen Computer zugreifen können. Diese Offenheit sollte man nur in Ausnahmefällen gestatten. Der beste Schutz gegen ungebetene Gäste ist die eingebaute Internetverbindungsfirewall, die im Register ERWEITERT aktiviert bzw. deaktiviert wird.

2 Die Bezeichnung ist allerdings ein wenig irreführend, denn der Server ist nur in Ausnahmefällen ein Windows-Computer. Die übrigen 90% werden mit der Kategorie »Internet« abgedeckt.

Abbildung 11.10: Im Register Netzwerk werden das für die Einwahl zu verwendende Verbindungsprotokoll, sowie weitere Verbindungselemente ausgewählt

Auswahl der IP-Adresse

Eine Internet-Verbindung setzt voraus, dass der Computer, der sich mit dem Internet verbinden will, eine eigene IP-Adresse enthält. Normalerweise wird diese vom Internetdienstanbieter aus einem Pool zugewiesen, sobald die Verbindung steht (über das Systemprogramm WINIPCFG.EXE können Sie sich die aktuelle IP-Adresse Ihres Computers anzeigen lassen). In Ausnahmefällen erhält Ihr Computer eine feste IP-Adresse, die im Register Netzwerk durch Auswahl des TCP/IP-Protokolls und das Anklicken von EIGENSCHAFTEN eingestellt wird.

STEP

Einstellen einer eigenen IP-Adresse

1. Öffnen Sie den Ordner NETZWERKVERBINDUNGEN.
2. Klicken Sie das Symbol für die Verbindung (zum Beispiel LAN-VERBINDUNG) mit der sekundären Maustaste an und wählen Sie EIGENSCHAFTEN.
3. Wechseln Sie in das Register NETZWERK, selektieren Sie den Eintrag *Internetprotokoll (TCP/IP)* und klicken Sie auf EIGENSCHAFTEN.
4. Selektieren Sie die Option FOLGENDE IP-ADRESSE verwenden und geben Sie die IP-Adresse (z.B. 192.168.10.0) in das dafür vorgesehene Feld ein. Die Subnetzmaske wird mit ihrem Standardwert von 255.255.255.0 übernommen.

5. Bestätigen Sie das Dialogfeld mit OK und schließen Sie das Eigenschaftendialogfeld ebenfalls mit OK.

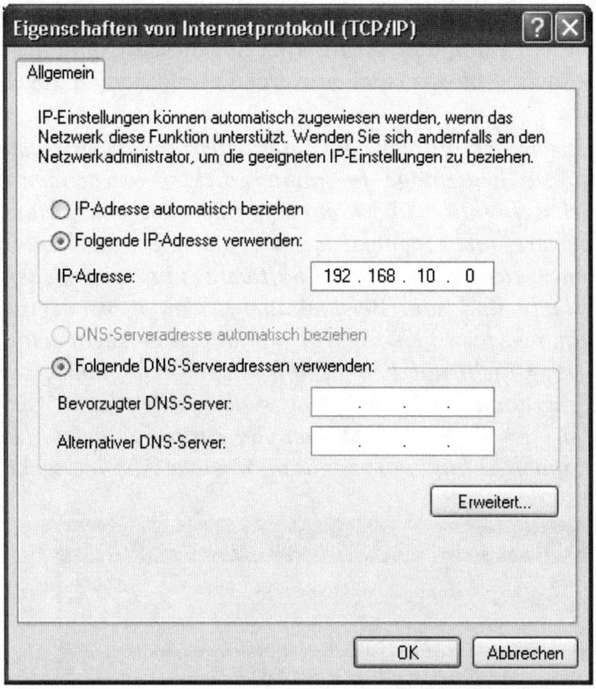

Abbildung 11.11: Im Eigenschaftendialogfeld des TCP/IP-Netzwerkprotokolls der DFÜ-Verbindung wird dem Computer eine eigene IP-Adresse für diese Verbindung zugewiesen

Einstellen der DNS-Serveradresse

Der DNS-Server ist ein Computer im Netzwerk, der für die Umsetzung (Auflösung) einer URL (z.B. *http://pm1*) in die dahinterstehende IP-Adresse des Computers zuständig ist. Für den direkten Internetzugang wird kein DNS-Server benötigt, da sich der Internetdienstanbieter um diese Dinge kümmert. In einem Intranet oder wenn der Internetzugang über einen anderen Computer im lokalen Netzwerk erfolgt, kann die Auswahl eines DNS-Servers notwendig sein. Für diesen Fall wählen Sie die Option FOLGENDE DNS-SERVERADRESSE VERWENDEN und geben Sie die Adresse(n) in die dafür vorgesehenen Felder ein.

INFO

Über die Schaltfläche ERWEITERT *lassen sich weitere TCP/IP-Einstellungen, wie z.B. die Reihenfolge, in der die angegebenen DNS-Server angesprochen werden, festlegen. Falls der Computer Teil eines Windows NT-Netzwerkes ist, kann an dieser Stelle auch ein sogenannter* WINS-Server *ausgewählt werden, was nur selten erforderlich sein sollte. Die übrigen Einstellungen sind so speziell, dass sie in diesem Buch nicht besprochen werden.*

11.4.6 Das Register Erweitert

In diesem Register wird die Internetverbindungsfirewall deaktiviert bzw. (re-) aktiviert. Eine Internetverbindungsfirewall ist ein kleines Programm, das sobald eine Internetverbindung zustande gekommen ist, verhindert, dass andere Computer im Internet auf diesen Computer zugreifen können. Alle »Annäherungsversuche« werden grundsätzlich abgeblockt.

INFO

Es wird empfohlen, die Internetverbindungsfirewall nicht zu deaktivieren, da sie heutzutage im immer dichter werdenden Internet eine wichtige Schutzfunktion übernimmt (ähnlich wie ein Schloss an der Haustür) Eine weitere, nicht weniger wichtige, Empfehlung lautet: Schauen Sie sich nach einer richtigen Firewall-Software um, die weitergehende Einstellungen erlaubt und zum Beispiel auch Meldungen ausgibt, so dass Sie erkennen können, wann ein Zugriff von außen versucht wurde (das ist zum Kennen lernen recht nützlich). Zum Beispiel nach einer, bei der für jedes einzelne Programm der Zugriff eingestellt werden kann. Ein empfehlenswertes Beispiel ist ZONEALARM *von der Firma Zonelab (*`www.zonealarm.de`*), das in Kapitel 23 kurz vorgestellt wird (siehe Abbildung 11.12).*

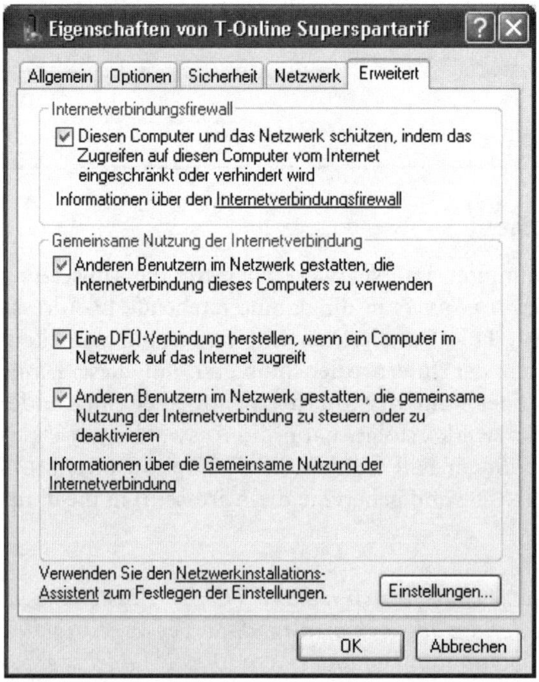

Abbildung 11.12: Im Register Erweitert wird die Internetverbindungsfirewall ein- oder ausgeschaltet

11.4.7 Soll die Internet-Verbindung gemeinsam genutzt werden?

Diese wichtige Frage wird ebenfalls im Register ERWEITERT der DFÜ-Verbindung durch Setzen oder nicht Setzen der Option ANDEREN BENUTZERN IM NETZWERK GESTATTEN... beantwortet. Mehr zu diesem Thema in Kapitel 17 (siehe Abbildung 11.13).

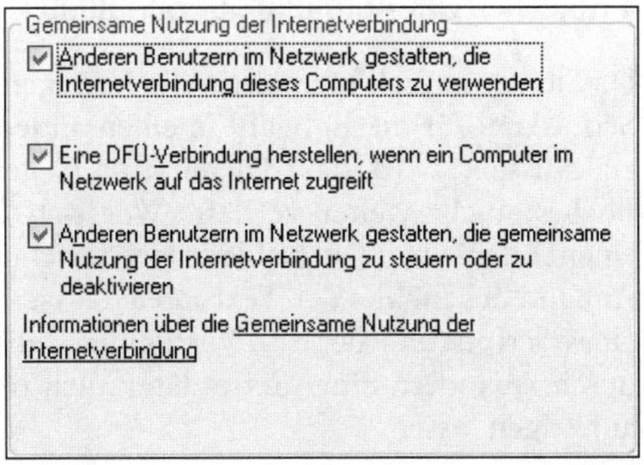

Abbildung 11.13: In diesem Bereich des Registers Erweitert wird die DFÜ-Verbindung für das gesamte Netzwerk freigegeben

11.5 Spezialfälle beim Anlegen einer DFÜ-Verbindung

In diesem Abschnitt werden jene Spezialfälle behandelt, die in weniger als 5% aller Fälle (das ist natürlich eine grobe Schätzung) eine Rolle spielen sollten.

11.5.1 Auswahl eines anderen Einwahlservers

Die Standardeinstellung für den Einwahlserver lautet »PPP:Windows 95/98/NT/2000,Internet«. Diese Einstellung dürfte für mehr als 95% aller Fälle gelten. In den restlichen Fällen kommt die Einstellung »SLIP:Unix-Verbindung« zum Einsatz. Diese Einstellung wird zum Beispiel dann gewählt, wenn die Verbindung über einen Großrechner an einer Universität durchgeführt wird. Sie können aber allgemein davon ausgehen, dass wenn diese Einstellung erforderlich sein sollte, Sie ausdrücklich darauf hingewiesen werden.

11.5.2 Die Anwahl mit einem Script

Windows kann beauftragt werden, anstelle einer simplen Anwahl ein kleines Script auszuführen, dass nicht nur die Anwahl durchführt, sondern bestimmte Parameter einstellt, Eingabeprompts bedient und Benutzername und Kennwort übergibt. Indem diese Dinge über ein Script erledigt werden, müssen sie nicht in Dialogfelder des Internet-Providers eingegeben werden. Scripts sind einfache Textdateien (sie besitzen die Erweiterung *.Scr*), die einfache Scriptbefehle enthalten, die von Windows verstanden werden.

Die Auswahl eines Scripts erfolgt im Register SICHERHEIT über die Option SCRIPT AUSFÜHREN. Das auszuführende Script wird über DURCHSUCHEN ausgewählt. Voreingestellt ist das Windows-Unterverzeichnis *\System\Ras*, in dem vier Scriptdateien (darunter das Script *cis.csr* für die Einwahl beim Online-Dienst CompuServe) zu finden sind.

11.5.3 Der Aufbau einer Scriptdatei

Da Sie vermutlich niemals in die Verlegenheit kommen werden, eine eigene Scriptdatei für die Einwahl in einen anderen Computer per DFÜ anfertigen zu müssen, wird das Thema (im Gegensatz zu früheren Auflagen des Buches) nicht weiter vertieft. Wer sich dennoch dafür interessiert, sollte einen Blick in die verschiedenen Scr-Dateien im *Ras*-Verzeichnis werfen. Anhand des Inhalts der Textdateien lässt sich bereits soviel über den Aufbau eines Scripts und der zur Verfügung stehenden Befehle erfahren, dass sich durch Abändern einer Scriptdatei auch ohne Detailkenntnisse neue Scripts anfertigen lassen.

:-) TIPP

Im Internet finden Sie eine Reihe von Tools, die sehr viel mehr Komfort bieten, was die Auswahl und das Erstellen neuer Scripts betrifft.

11.5.4 Überwachen der Verbindungskosten

Im Zeitalter der großen »Flatrate-Krise«[3] (die hoffentlich bald wieder vorbei ist) werden Internet-Verbindungen meistens im Minutentakt abgerechnet, die Verbindungsdauer ist daher für die meisten Surfer nicht ganz unwichtig. Windows XP bietet, trotz zahlreicher Verbesserungen, keine »Meter-Anzeige« für die Verbindungskosten (man kann sich natürlich jederzeit die Verbindungsdauer in den Eigenschaften der aktiven Verbindung anschauen). Dieses kleine Manko beseitigen zahlreiche Shareware-Programme. Eines von vielen ist DUN Manager (`http://www.magsys.co.uk/dunman/`), das unter anderem die Verbindungskosten anzeigt.

3 Der Begriff Flat-Rate bezieht sich auf einen festen monatlichen Preis, bei dem die tatsächliche Dauer der Verbindung keine Rolle spielt. Für Viel-Surfer in der Regel ideal.

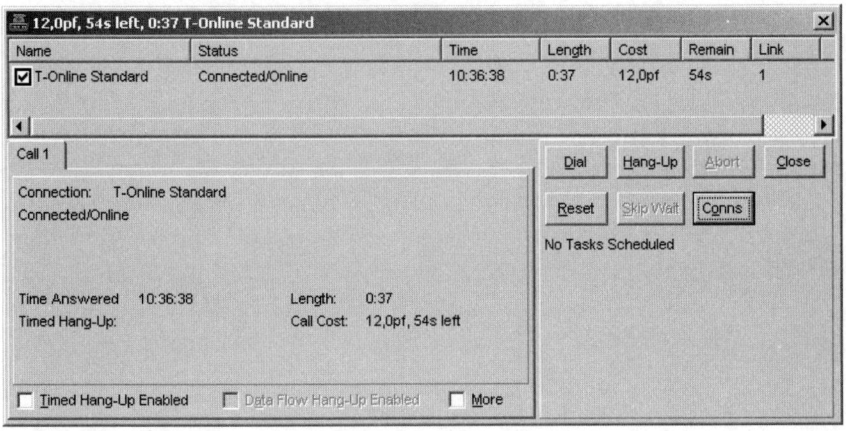

Abbildung 11.14: Das Shareware-Programm DUN-Manager zeigt neben Verbindungsdetails auch die laufenden Kosten einer Verbindung an

12 Der Internet Explorer

Der Internet Explorer ist der Internet-Browser der Firma Microsoft. Er ist von Anfang an bei Windows XP dabei und muss nicht nachträglich installiert werden. Ein Internet Browser ist zwar normalerweise ein Programm, das ausschließlich für das Betrachten von Webseiten (und anderen HTML-Dokumenten) im World Wide Web da ist, doch bei Microsoft hat man es geschafft, den Internet Explorer zu einer Art Allround-Talent zu erweitern. Wann immer Sie nämlich ein Ordnerfenster öffnen, wird der Internet Explorer gestartet (nur mit einer etwas anderen Optik was die Symbolleisten betrifft), der bei Windows XP als universeller Betrachter sowohl für das Anzeigen von Ordnerinhalten, als auch von Webseiten und anderen Dingen (zum Beispiel ein Word-Dokument oder eine Grafik im GIF-Format) zuständig ist. Das macht die Hersteller anderer Internet-Browser nicht gerade glücklich, erleichtert für den Anwender aber ein wenig den Umgang, da die Trennlinie zwischen lokalen Inhalten von der Festplatte und Inhalten aus dem Internet aufgehoben wird und die Bedienung damit insgesamt ein wenig einfacher und vor allem konsistenter wird. Das heißt aber nicht, dass man gezwungen wird mit dem Internet Explorer durch das Web zu surfen. Opera, Netscape&Co laufen selbstverständlich auch unter Windows XP. Da eine grundsätzliche Einweisung in den Umgang mit dem Internet Explorer aufgrund seiner nahen Verwandtschaft zu einem ordinären Ordnerfenster nicht mehr notwendig ist, geht es in diesem Kapitel speziell um die Funktionen, die der Internet Explorer für das sogenannte »Browsen« durch das Web und den Zugriff auf Ftp-Server zur Verfügung stellt und natürlich die zahlreichen Internetoptionen, die aber nur relativ selten eingestellt werden müssen. Auch wenn ein Internet-Browser im Allgemeinen eine intuitiv zu bedienende Anwendung ist, gibt es doch ein paar Arbeitstechniken, auf die auch etwas erfahrenere Anwender nicht so ohne weiteres von alleine können, da sie ein wenig in der Benutzeroberfläche versteckt sind.

Die Themen dieses Kapitels:

- Die Auswahl einer Internet-Adresse
- Online und Offline
- Abspeichern von Webseiten und einzelnen Seitenelementen
- Drucken und Druckvorschau

- Favoritenverwaltung
- Abruf von Webseiten über die Verlaufsliste
- Automatischer Download von Webseiten
- Zugriff auf Ftp-Verzeichnisse
- Radio hören und Fernseh gucken über das Internet?
- Internet Explorer konfigurieren
- Die Verwaltung des Zwischenspeichers
- Die Frage der Sicherheit
- Schutz der Privatsphäre – der Umgang mit Keksen
- Einstellen der Internetoptionen
- Nützliche Tastenkombinationen
- Tipps für den Umgang mit dem Internet Explorer

NEU

Windows XP wird automatisch mit dem Internet Explorer 6.0 installiert, der sich gegenüber seinem Vorgänger (der Version 5.5) aber nur in Kleinigkeiten (wie der Möglichkeit, den Umgang mit Cookies komfortabel einstellen zu können) unterscheidet.

12.1 Der Internet Explorer stellt sich vor

Wie es in der Einleitung bereits angedeutet wurde, ist der Internet Explorer kein Programm, für dessen Bedienung eine umfangreichere Einweisung erforderlich wäre. Das liegt nicht nur daran, dass ein Internet-Browser wie andere Programme zu bedienen ist, sondern dass sich der Hauptteil der Action innerhalb der angezeigten Webseite abspielt und der Internet Explorer nur den (passiven) Rahmen bietet. Hier die wichtigsten Navigationstipps in aller Kürze:

- Internet-Adressen werden in das Adressfeld eingeben – es passiert aber erst dann etwas, wenn die [↵]-Taste gedrückt wurde. Bereits aufgerufene Seiten können über die Verlaufsliste erneut abgerufen werden – der Internet Explorer speichert in dieser Liste die Adressen der in den letzten 21 Tagen aufgerufenen Seiten.
- Wenn Ihnen eine Seite gefällt und Sie sie später erneut abrufen möchten, setzen Sie über den Menübefehl FAVORITEN/ZU FAVORITEN HINZUFÜGEN ein Lesezeichen. Favoriten können beim Internet Explorer auch automatisch aktualisiert werden.

- Sobald Sie sich mit dem Mauszeiger über ein Bild bewegen, erscheint eine Symbolleiste. Hier finden Sie ein Symbol zum Öffnen von EIGENE BILDER. Sie können das Bild nun mit der Maus in das Ordnerfenster ziehen, um es abzuspeichern.
- Beim Abspeichern einer Webseite wird standardmäßig die komplette Webseite abgespeichert, das heißt auch alle Seitenelemente. Der Internet Explorer bietet mit dem Webarchiv eine platzsparende Variante, bei der alle Elemente in einer Datei zusammengepackt werden.
- Ob der Internet Explorer nach dem Aufruf eine DFÜ-Verbindung herstellt oder nicht, wird im Register VERBINDUNGEN der Internetoptionen eingestellt. Soll die Verbindung ohne Bestätigung hergestellt werden, muss dies im Dialogfeld der DFÜ-Verbindung eingestellt werden.
- Und zu guter Letzt: Die Internetoptionen werden über den Menübefehl EXTRAS/OPTIONEN eingestellt.

Abbildung 12.1: Der Internet Explorer 6.0 in Aktion

12.2 Die Auswahl einer Internet-Adresse

Jede Seite im Internet besitzt eine eindeutige Adresse, die als *Uniform Ressource Locator*, kurz ULR bezeichnet wird. Eine URL für eine Webseite besitzt den typischen (vereinfachten) Aufbau:

```
http//www.<computername>.<Länderkürzel>/<Verzeichnisname> oder <Dateiname>
```

Ein Beispiel für eine URL ist

```
http://www.nanobooks.de/default.asp
```

Geben Sie diese URL in das Adressfeld des Internet Explorers ein und drücken Sie entweder die [↵]-Taste oder klicken auf die WECHSELN ZU-Schaltfläche (diese erfüllt keine echte Funktion, sondern ist eher als kleine Orientierungshilfe für völlig unerfahrene Web-Surfer gedacht). Der Internet Explorer stellt die Verbindung zu dem Webserver mit der Adresse `www.nanobooks.de` her, lädt die Datei `Default.asp` (bei der es sich nicht unbedingt um eine HTML-Datei handeln muss – wichtig ist lediglich, dass der Browser die Datei anzeigen kann) und zeigt sie an.

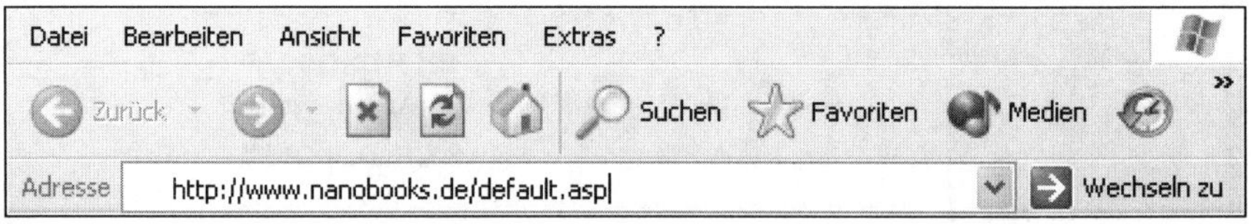

Abbildung 12.2: Die Adresse (URL) der aufzurufenden Webseite wird in das Adressfeld des Internet Explorer eingegeben

INFO

Ob die Groß-/Kleinschreibung bei einer URL eine Rolle spielt, hängt vom Typ des Webservers ab und lässt sich daher nicht verallgemeinern. Im Allgemeinen ist sie aber kein Thema. Wenn die Groß-/Kleinschreibung wider Erwarten doch eine Rolle spielt, dann erst bei dem Teil der Adresse, der auf den Namen des Webservers folgt. So könnte bei der Adresse

```
www.nanobooks.de/Default.asp
```

die Schreibweise von `Default.asp` eine Rolle spielen.

Nicht alle URLs sind nach diesem einfachen Schema aufgebaut. Bei einigen Computern im Internet gibt es kein »www«, auch wenn es sich um Webserver handelt. Die Eingabe von »http:« (durch die der Internet Explorer erfährt, dass der Computer über das HTTP-Protokoll angesprochen werden soll) ist im Allgemeinen nicht erforderlich, da sie der Internet Explorer automatisch ergänzt. Bezogen auf das obige Beispiel würde es genügen:

```
www.nanobooks.de
```

einzugeben.

Das Adressfeld des Internet Explorers, in das normalerweise die Adresse einer Webseite eingetippt wird, besitzt eine eingebaute Suchfunktion. Geben Sie zum Beispiel nur »nanobooks« ein, wird automatisch eine Suche mit dem Suchdienst des Microsoft-Online-Dienstes Msn durchgeführt und kurz darauf werden alle Seiten aufgeführt, in denen der (vermeintliche) Suchbegriff vorkommt.

INFO

12.2.1 Eine Auswahlliste erleichtert die Eingabe

Wie es bei Adressfeldern unter Windows allgemein üblich ist, denkt der Internet Explorer ein wenig mit und versucht die Eingabe der URL zu »erraten«, d.h. mit bereits eingegebenen URLs zu vergleichen. Sie werden daher feststellen, dass mit der Eingabe weiterer Zeichen komplette URLs in einer Auswahlliste angeboten werden. Möchten Sie eine dieser URLs übernehmen, drücken Sie die [Tab]-Taste. Ansonsten tippen Sie einfach weiter und lassen Sie sich durch die Auswahlliste nicht beirren.

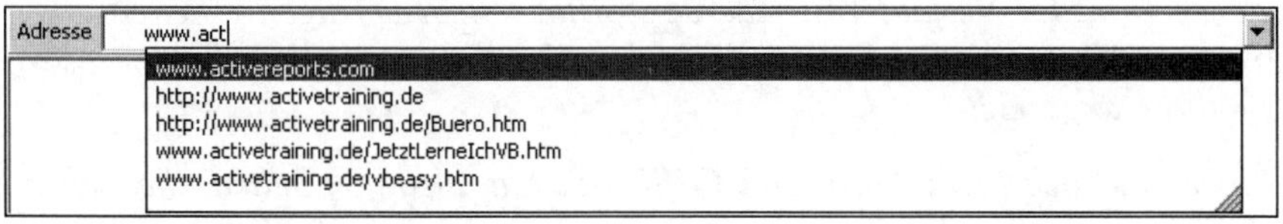

Abbildung 12.3: Während der Eingabe einer Adresse werden in einer Auswahlliste übereinstimmende Adressen angeboten

Der Inhalt der angebotenen Auswahlliste kann über den Menübefehl EXTRAS/INTERNETOPTIONEN *im Register* ALLGEMEIN *über die Schaltfläche* VERLAUF LEEREN *gelöscht werden.*

:-) TIPP

12.3 Online und Offline

Der Internet Explorer ist entweder *online* oder *offline*. Online bedeutet, dass eine Verbindung zum Internet besteht. Offline bedeutet dagegen nicht, dass keine Verbindung zum Internet existiert, es bedeutet lediglich, dass der Internet Explorer im Offline-Betrieb betrieben wird und daher beim Abrufen von Seiten zunächst prüft, ob diese im Zwischenspeicher enthalten sind und erst danach versucht, eine Verbindung herzustellen. Der Offlinemodus, der durch ein kleines Symbol in der Statusleiste angezeigt wird, ist für den Fall von Bedeutung, dass keine permanente Verbindung zum Internet existiert und diese aus Kostengründen hin und wieder beendet werden muss.

Über den Menübefehl DATEI/OFFLINEBETRIEB wird der Internet Explorer in den Offlinemodus geschaltet. Ein Häkchen zeigt daraufhin den Offlinebetrieb an. Das bedeutet aber nicht, dass die Verbindung zum Internet beendet wird. Es bedeutet lediglich, dass der Internet Explorer beim Aufruf einer

Seite diese aus dem internen Zwischenspeicher lädt und wenn dies nicht möglich ist, versucht eine Verbindung herzustellen.

INFO

Jede Seite, die vom Internet Explorer angezeigt wird, wird in einem Zwischenspeicher abgelegt (mehr dazu in Kapitel 12.11.2) Ob der Internet Explorer beim erneuten Abruf einer solchen Seite die Seiten aus dem Zwischenspeicher abruft oder eine Verbindung zum Internet herstellt, um die aktuelle Fassung der Seite abzurufen, wird in den Eigenschaften des Zwischenspeichers eingestellt.

Abbildung 12.4: Der Offlinemodus wird durch ein Symbol in der Statusleiste angezeigt

:-) TIPP

Ist eine Seite offline verfügbar, so dass sie ohne eine Verbindung zum Internet herstellen zu müssen angezeigt werden kann? Sowohl in der Favoriten- als auch in der Verlauf-Liste werden offline nicht verfügbare Seiten abgeblendet dargestellt. Außerdem wird im Mauszeiger ein »Einbahnstraßensymbol« angezeigt.

:-) TIPP

Lassen Sie sich beim Abruf von Offline-Seiten, also von Seiten, die sich im Zwischenspeicher des Internet Explorer befinden müssten, nicht von dem Umstand irritieren, dass der Internet Explorer dennoch zunächst versucht, eine Verbindung herzustellen. Klicken Sie statt dessen auf OFFLINE BLEIBEN. *Die Seite sollte daraufhin angezeigt werden.*

12.4 Abspeichern von Webseiten und einzelnen Seitenelementen

Auch wenn alles, was der Internet Explorer herunterlädt, in seinem Zwischenspeicher landet, lassen sich diese Inhalte von dort nicht so ohne weiteres wieder abrufen. Möchte man eine Webseite konservieren, um sie später beliebig oft wieder abrufen zu können, ohne dazu eine Verbindung zum Internet herstellen zu müssen (sie könnte dann auch schon nicht mehr existieren bzw. verändert worden sein), muss man sie auf der Festplatte speichern. Beim Abspeichern einer Webseite werden auch alle auf der Seite enthaltenen Elemente (in der Regel Bilder) gespeichert. Sie können sich entscheiden, ob diese Elemente in einem separaten Verzeichnis oder in einem sog. Web-Archiv gespeichert werden sollen. Ein *Web-Archiv* ist eine Datei (sie trägt die Erweiterung *.Mht*), in der das HTML-Dokument, sowie alle Bilder usw. in einer einzigen Datei zusammengefasst werden. Das ist im Allgemeinen die etwas praktischere Variante wenn man Webseiten dauerhaft konservieren möchte.

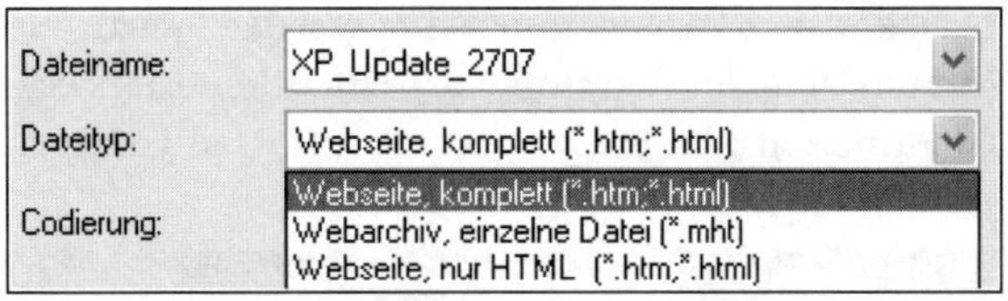

Abbildung 12.5: Die angezeigte HTML-Seite kann entweder mit den Bestandteilen in einem eigenen Verzeichnis, komplett oder einzeln abgespeichert werden

12.5 Drucken und Druckvorschau

Die angezeigte HTML-Seite lässt sich natürlich jederzeit ausdrucken. Entweder über den DRUCKEN-Befehl im Datei-Menü bzw. die Tastenkombination [Strg] + [P]. Oder über das DRUCKEN-Symbol in der Symbolleiste. Im ersten Fall erscheint der übliche Druckerauswahldialog, im zweiten Fall nicht.

INFO

Besteht eine Seite aus Rahmenelementen (Frames) kann im Druckerauswahldialog eingestellt werden, welcher Rahmen gedruckt werden soll.

Abbildung 12.6: Besteht eine HTML-Seite aus Rahmen, kann festgelegt werden, welcher Rahmen gedruckt werden soll

12.5.1 Drucken mit Druckvorschau

Webseiten sind keine Textdokumente, d.h. es gibt keine Seitenunterteilung. Ein Webdokument kann im Prinzip beliebig groß werden. Aus diesem Grund ist es zum Beispiel nicht möglich, von einem Webdokument nur die ersten drei Seiten auszudrucken. Auch wenn dies im Druckerdialog einstellbar ist, orientiert sich diese Unterteilung nicht am Aufbau der Seite, sondern vielmehr an einer einfachen Unterteilung, die durch das für den gewählten Drucker gewähltes Seitenformat bestimmt wird. Um besser abschätzen zu können, in welcher Form die angezeigte HTML-Seite mit dem ausgewählten

Drucker zu Papier gebracht werden wird, bietet der Internet Explorer (bereits seit der Version 5.0) eine kleine Druckvorschau. Sie wird über den Menübefehl DATEI/DRUCKVORSCHAU angezeigt.

Abbildung 12.7: Die Druckvorschau zeigt an, wie die aktuelle HTML-Seite auf dem Drucker erscheint

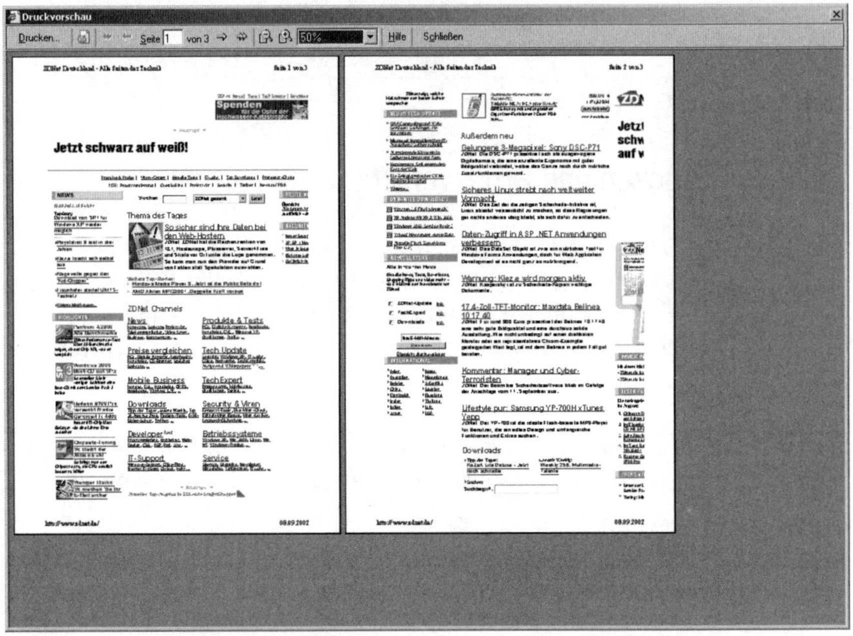

12.5.2 Das Einrichten der Druckseite

Auch wenn es nur selten notwendig ist. Die Druckseite lässt sich »einrichten«, was bedeutet, dass sich die Breite des Seitenrandes einstellen und am Seitenkopf oder Seitenfuß zum Beispiel das Datum oder die Seitenzahl anzeigen lässt, was bei größeren Seiten sehr nützlich sein kann. Tabelle 12.1 gibt eine Übersicht über die wichtigsten Steuersymbole, die in diesem Zusammenhang eine Rolle spielen.

Tabelle 12.1: Die Bedeutung der Steuerelemente für die Zusammensetzung von Kopf- und Fußzeile beim Ausdruck einer Webseite

Steuersymbol	Bedeutung
&P	Gesamtzahl der Seiten
&p	Aktuelle Seitenzahl
&w	Fenstertitel
&u	URL-Adresse
&D	Datum in Langformat (so wie in der Systemsteuerung eingestellt)

Steuersymbol	Bedeutung
&d	Datum im Kurzformat
&T	Zeit im 24-Stunden-Format
&t	Zeit im Format so wie in der Systemsteuerung eingestellt
&&	Ein einzelnes &-Zeichen

Tabelle 12.1: Die Bedeutung der Steuerelemente für die Zusammensetzung von Kopf- und Fußzeile beim Ausdruck einer Webseite

INFO

Werden die Befehle DRUCKEN *und* SEITE EINRICHTEN *im* DATEI-*Menü abgeblendet dargestellt, kann die aktuelle Webseite nicht gedruckt werden, weil sie noch nicht vollständig geladen wurde.*

:-) TIPP

Um eine verknüpfte Seite auszudrucken, müssen Sie die Seite nicht erst aufrufen. Klicken Sie die Verknüpfung mit der sekundären Maustaste an und wählen Sie den Befehl DRUCKEN.

12.6 Favoritenverwaltung

Favoriten sind beim Internet Explorer Lesemarken für einzelne Webseiten. Wann immer Ihnen eine Webseite gut gefällt, setzen Sie einen Favoriten, so dass Sie die Seite später (sofern sich die Adresse nicht geändert hat) durch Auswahl des Favoriten wieder ansteuern können (ansonsten müssten Sie sich die Adresse abschreiben, was mit Sicherheit deutlich umständlicher wäre). Alle angelegten Favoriten werden im FAVORITEN-Menü des Internet Explorer aufgelistet – Sie können sie aber auch direkt im Startmenü anzeigen lassen – mehr dazu in Kapitel 12.6.2). Intern sind Favoriten nichts anderes als (URL-) Verknüpfungen, d.h. kleine Textdateien, die im Allgemeinen im Verzeichnis *Favoriten* des Benutzerprofils gespeichert werden.

Favoriten sind keinesfalls nur etwas für Internet-Profis, sondern einfach nur eine praktische Angelegenheit. Sie sollten sie daher konsequent benutzen, denn so sparen Sie sich viel Zeit (und in der Regel auch ein wenig Geld) für die vermeidbare Suche nach gewöhnlich schwer auffindbaren Webseiten.

12.6.1 Das Anlegen eines Favoriten

Das Anlegen eines Favoriten kann bei Windows XP auf vielfältige Weise erfolgen. Offiziell über den Menübefehl FAVORITEN/FAVORIT HINZUFÜGEN oder über den gleichnamigen Befehl im Kontextmenü der angezeigten Seite. Häufig gibt es aber auch kleine Abkürzungen (zum Beispiel indem Sie das Dateisymbol der angezeigten Seite in der Adressleiste auf die Favoriten-Schaltfläche in der Symbolleiste ziehen).

12.6.2 Favoriten im Startmenü anzeigen lassen

Da der Internet Explorer ein Teil der Benutzeroberfläche ist, ist es kein Problem, die Favoriten direkt über das Startmenü anzubieten. Das kann oft sogar recht praktisch sein, da sich Webseiten etwas schneller aufrufen lassen als wenn man zuerst den Internet Explorer starten muss.

Anzeigen der Favoriten im Startmenü

1. Klicken Sie die Taskleiste an einer freien Stelle mit der sekundären Maustaste an und wählen Sie EIGENSCHAFTEN.
2. Wechseln Sie in das Register STARTMENÜ, klicken Sie auf ANPASSEN und wechseln Sie in das Register ERWEITERT.
3. Selektieren Sie in der Auswahlliste die Option MENÜ FAVORITEN, bestätigen Sie mit OK und schließen Sie das Dialogfeld ebenfalls mit OK.

Abbildung 12.8: Wenn diese Option in den Eigenschaften des Startmenüs gesetzt ist, lassen sich die Favoriten auch über das Startmenü abrufen

12.6.3 Favoriten verwalten

Favoriten zu verwalten bedeutet lediglich, Favoriten zu löschen oder sie auf (neu angelegte) Unterordner zu verteilen. Dies wird in der Favoritenverwaltung zusammengefasst, die über den Menübefehl FAVORITEN/FAVORITEN VERWALTEN aufgerufen wird.

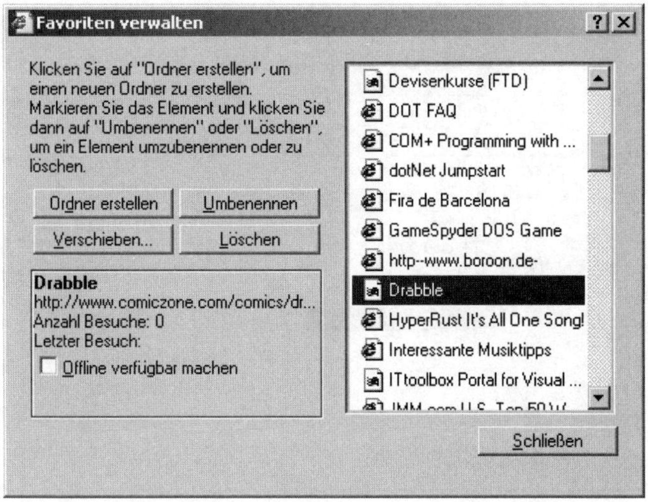

Abbildung 12.9: Die Favoritenverwaltung erlaubt das Verwalten der angelegten Favoriten

Nehmen Sie sich für die Favoritenverwaltung einen Augenblick Zeit, denn es hilft Ihnen mit wenig Aufwand das Internet zugänglicher zu machen. Ohne Favoritenverwaltung ist jeder Favorit wie ein Andenken, das sie achtlos in einen großen Karton werfen. Vieles werden sie wieder finden, aber es wird eine Zeit dauern. Indem Sie ihre Favoriten in Kategorien einteilen und diese mehr oder weniger regelmäßig pflegen, bauen Sie sich ihren eigenen Reiseführer für das Internet auf. Und der kann im Zeitalter des Informationsüberflusses und der immer hoffnungsloser überforderten Suchmaschinen eine Menge Wert sein.

Verteilen von Favoriten auf Unterordner

STEP

Sobald das Favoritenmenü mehr als zwei Dutzend Einträge enthält, die Ihnen wichtig sind, sollten Sie sie thematisch auf Unterordner verteilen.

1. Führen Sie den Menübefehl FAVORITEN/FAVORITEN VERWALTEN aus.
2. Klicken Sie auf ORDNER ERSTELLEN und geben Sie dem Ordner einen passenden Namen.
3. Ziehen Sie nun alle Favoriten, die im neu angelegten Ordner abgelegt werden sollen, auf das Ordnersymbol.
4. Legen Sie gegebenenfalls weitere Ordner an und legen Sie die passenden Favoriten dort ab.
5. Schließen Sie das Dialogfeld über SCHLIESSEN. Sie werden feststellen, dass im FAVORITEN-Menü für jeden Ordner ein Untermenü erscheint.

Wenn Sie künftig neue Favoriten anlegen, können Sie die angelegten Unterordner direkt auswählen.

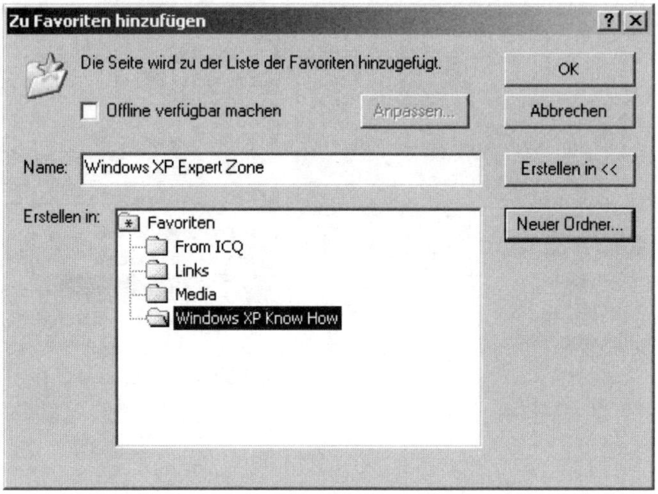

Abbildung 12.10: Beim Anlegen von Favoriten kann gleich ein Unterordner ausgewählt werden

Netscape-Lesemarken übernehmen

STEP

Wer vom Netscape Navigator (einem ebenfalls sehr populären Web-Browser) auf den Internet Explorer wechselt oder mit beiden Browsern parallel arbeitet, möchte in der Regel auch die unter dem Navigator angelegten Favoriten (sie heißen hier Lesezeichen) übernehmen. Diese werden in einer HTML-Datei mit dem Namen *Bookmarks.htm* zusammengefasst. Die Übernahme ist sehr einfach, da es dafür eine Importfunktion gibt.

1. Führen Sie den Menübefehl DATEI/IMPORTIEREN UND EXPORTIEREN aus. Er startet einen Assistenten. Klicken Sie auf WEITER, um zum nächsten Dialogfeld zu gelangen.
2. Übernehmen Sie die voreingestellte Einstellung FAVORITEN IMPORTIEREN und klicken Sie auf WEITER, um zum nächsten Dialogfeld zu gelangen.
3. Wählen Sie Datei BOOKMARK.HTM aus ihrem Verzeichnis aus und klicken Sie auf WEITER, um zum nächsten Dialogfeld zu gelangen.
4. Geben Sie an, in welchen Ordner bzw. Unterordner die Favoriten importiert werden sollen. Klicken Sie auf WEITER, um zum nächsten Dialogfeld zu gelangen.
5. Klicken Sie auf FERTIG STELLEN. Die importierten Lesemarken stehen nun ebenfalls über das Favoriten-Menü zum Abruf bereit.

12.7 Abruf von Webseiten über den Verlaufordner

Neben den Favoriten ist der *Verlaufordner* der schnellste und vor allem sicherste Weg, um an bereits angezeigte Seiten erneut heranzukommen. Im Gegensatz zu den Favoriten speichert der *Verlaufordner* seinen Inhalt allerdings nicht »ewig«, sondern nur eine voreingestellte Anzahl an Tagen (die Standardeinstellung sind 20 Tage – im Register ALLGEMEIN der Internetoptionen kann dieser Wert auf 99 herauf oder auf 0 herabgesetzt werden).

Über den Verlaufordner merkt sich der Internet Explorer sämtliche Adressen, die Sie in den letzten Tagen aufgesucht haben. Rufen Sie dazu einfach über die VERLAUF-Schaltfläche in der Symbolleiste (es ist die einzige Schaltfläche, die offenbar keine Überschrift besitzt) oder über den Menübefehl ANSICHT/EXPLORERLEISTE/VERLAUF die Explorerleiste VERLAUF auf, um den *Verlaufordner* zu öffnen. Durch die sehr praktische Unterteilung des Ordners in Wochentage sollte es kein Problem sein, sich an eine besuchte Seite zu erinnern. Sehr praktisch ist die Kategorie IN DER ZUGRIFFSREIHENFOLGE VON HEUTE in der Ansichtsauswahlliste ANSICHT (mehr dazu gleich)

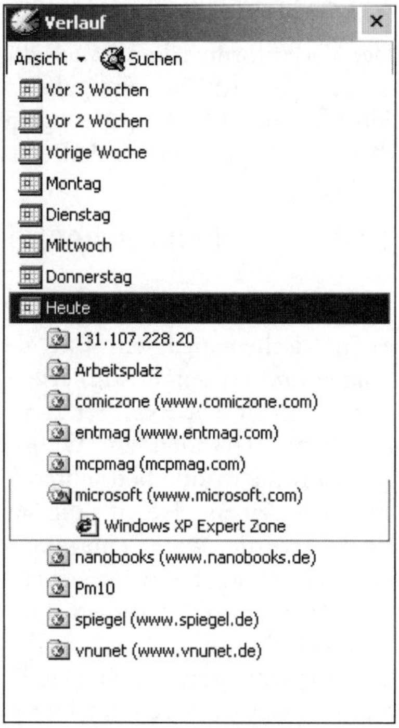

Abbildung 12.11: Die Explorerleiste Verlauf zeigt die zuletzt besuchten Webseiten nach Tagen unterteilt an

Anders als zum Beispiel der *Favoritenordner* enthält der *Verlaufordner* keine Verknüpfungen auf die einzelnen Webseiten, sondern vielmehr verschiedene »Ablagesysteme« deren Aufbau nur der Internet Explorer versteht. Es ist also nicht möglich, auf einzelne Elemente des *Verlaufordners* wie auf eine normale Datei zuzugreifen. Möchten Sie den *Verlaufordner* komplett löschen, müssen Sie im Register ALLGEMEIN der Internetoptionen auf die Schaltfläche VERLAUF LEEREN klicken.

Um Webseiten über den Verlauf-Ordner abrufen zu können, muss der Internet Explorer über DATEI|OFFLINEBETRIEB in den Offlinemodus geschaltet werden.

12.7.1 Die Auswahl einer Ansicht im Verlaufordner

Über die Auswahlliste ANSICHT wird die Ansicht im *Verlaufordner* eingestellt. Das ist sehr praktisch, denn die streng nach Tagen unterteilte Reihenfolge ist nicht immer die, die das Auffinden einer Seite erleichtert. Möchten Sie die zuletzt besuchten Seiten sehen, wählen Sie als Ansicht IN DER ZUGRIFFSREIHENFOLGE VON HEUTE. Möchten Sie jene Seiten sehen, die am häufigsten aufgerufen wurden, wählen Sie NACH DER ANZAHL DER ZUGRIFFE. Eine alphabetische Reihenfolge wird über NACH SITE eingestellt.

12.7.2 Suchen im Verlaufordner

Der Verlaufordner kann auch durchsucht werden. Klicken Sie dazu auf die SUCHEN-Schaltfläche und geben Sie in das Eingabefeld den Suchbegriff ein. Ein Klick auf JETZT SUCHEN genügt und es werden alle URLs angezeigt, in denen der Suchbegriff enthalten ist.

12.8 Automatischer Download von Webseiten

Das Surfen durch das Web ist nicht nur Spaß und Zeitvertreib, für viele ist es inzwischen auch ein Job, den sie möglichst effektiv (d.h. möglichst schnell und kostengünstig) erledigen möchten. Wäre es da nicht praktisch, wenn der Internet Explorer zum voreingestellten Zeitpunkt oder in voreingestellten Intervallen eine Webseite komplett herunterlädt, so dass man sie sich in Ruhe offline betrachten kann? Und wie wäre es, wenn der Internet Explorer seinen »Herrn und Meister« höflich darüber per E-Mail unterrichten würde, wann eine aktualisierte Fassung einer interessanten Seite vorliegt? Nun, das wäre sicher sehr praktisch. Zum Glück lässt uns der Internet Explorer in diesem Punkt nicht im Stich. Über den Eintrag OFFLINE VERFÜGBAR MACHEN im Kontextmenü eines Favoriteneintrags besteht die Möglichkeit, jede beliebige Webseite, die auf der Festplatte des Computers gespeichert wird, mit ihrem Online-Pendant zu synchronisieren. Das bedeutet konkret, dass der Internet Explorer zum Beispiel einmal am Tag eine Verbindung zum Internet herstellt (der Computer muss dazu natürlich eingeschaltet sein), nachsieht, ob es eine aktuellere Fassung der Seite gibt (auf Wunsch werden auch die auf der Seite enthaltenen Verknüpfungen überprüft), diese herunterlädt, so dass sie Offline gelesen werden kann, und darüber kund tut, dass es eine aktuellere Fassung gibt (bei dem entsprechenden Eintrag im FAVORITEN-Menü wird dies durch ein kleines rotes Lämpchen angezeigt). Über den Menübefehl EXTRAS/SYNCHRONISIEREN steht die Offline-Verwaltung nicht nur im Internet Explorer, sondern in jedem Ordnerfenster zur Verfügung.

Der Vorteil der automatischen Synchronisation liegt auf der Hand, man erhält die Gewähr, stets die aktuellste Version einer Seite offline lesen zu können. Gerade bei Webseiten, die aktuelle Nachrichten enthalten, kann dies sehr attraktiv sein. Im Idealfall stellt man für die automatische Synchronisation eine Uhrzeit mitten in der Nacht ein und setzt den Aktualisierungsrhythmus auf täglich (dazu muss der PC aber entweder die ganze Nacht eingeschaltet bleiben oder per Zeitschaltuhr aktiviert werden). Am nächsten Morgen können Sie die topaktuelle Seite aufrufen, ohne noch einmal eine Verbindung herstellen zu müssen. Ein Nachteil der automatischen Synchronisation ist, dass man sie irgendwann vergisst und durch das »ständige« Aktivieren des Synchronisationsmanagers genervt wird (natürlich lässt sich das automatische Abgleichen jederzeit abstellen).[1]

Um eine Webseite nicht nur offline verfügbar zu machen, sondern zu erreichen, dass sie in festgelegten Abständen aktualisiert wird, muss sie zunächst als Favorit angelegt werden. Anschließend wird die Offline-Synchronisation im Kontextmenü des Favoriten über den Befehl OFFLINE VERFÜGBAR MACHEN ausgewählt. Daraufhin wird die Webseite heruntergeladen und auf der Festplatte gespeichert. Eine Erweiterung ist die Synchronisation einer offline gehaltenen Webseite, die dazu führt, dass die Webseite auch aktualisiert wird.

Einen Favoriten offline verfügbar machen

STEP

1. Öffnen Sie das FAVORITEN-Menü, wählen Sie den Favoriten aus und öffnen Sie sein Kontextmenü durch Anklicken mit der sekundären Maustaste.
2. Wählen Sie aus dem Kontextmenü den Eintrag OFFLINE VERFÜGBAR MACHEN.
3. Der Assistent für Offlinefavoriten wird gestartet und begrüßt Sie. Klicken Sie auf WEITER, um den Vorgang fortzusetzen.
4. Es erscheint ein Dialogfeld, in der die URL der Webseite bereits eingetragen ist. An dieser Stelle können Sie auswählen, ob nur die gewählte Webseite oder auch jene Webseite, die über die Webseite eventuell vorhanden ist, offline gehalten werden soll. Aktivieren Sie die Optionsschaltfläche JA und erhöhen Sie die Verknüpfungstiefe von 1 auf einen höheren Wert, werden auch Verknüpfungen auf den verknüpften Seiten

1 Ein weiterer Nachteil ist das recht unübersichtliche Dialogfeld zum Einstellen eines Zeitplans.

berücksichtigt. Im Allgemeinen ist es aber nicht sinnvoll, eine Verknüpfungstiefe größer als 1 zu wählen, da dadurch der Umfang der heruntergeladenen Seiten sehr schnell anwachsen kann. Klicken Sie auf WEITER, um den Vorgang fortzusetzen.

5. In nächsten Schritt müssen Sie festlegen, ob die Webseite manuell (über den Befehl SYNCHRONISIEREN im EXTRAS-Menü oder im Kontextmenü des Favoriten) oder automatisch aktualisiert werden soll. Entscheiden Sie sich für die voreingestellte Option NUR MANUELL SYNCHRONISIEREN ist der Assistent mit seiner Arbeit bereits (fast) fertig. Wählen Sie für diese Übung die Option EINEN NEUEN ZEITPLAN ERSTELLEN und klicken Sie auf WEITER, um den Vorgang fortzusetzen.

6. Im nächsten Dialogfeld müssen Sie ein Intervall (zum Beispiel jeden Tag) und eine Uhrzeit für die Synchronisation festlegen (Sie können später in den Eigenschaften der Verknüpfung weitere Einstellungen vornehmen). Wichtig ist die Option EINE VERBINDUNG AUTOMATISCH HERSTELLEN, die dafür sorgt, dass alles automatisch abläuft. Geben Sie dem Zeitplan einen Namen, können Sie ihn später auswählen, um ihn einer anderen Webseite zuzuweisen, die ebenfalls offline gehalten und mit dem gleichen Zeitplan automatisch aktualisiert werden soll. Klicken Sie auf WEITER, um den Vorgang fortzusetzen.

7. Zum Schluss können Sie einen Anmeldenamen und ein Kennwort festlegen für den Fall, dass die Webseite eine Anmeldung erwartet. Klicken Sie auf FERTIG STELLEN, um den Vorgang zu beenden.

Sie werden feststellen, dass der Internet Explorer die Webseite herunterlädt und in einem speziellen Ordner mit dem Namen *Offline Web Pages* im *%Systemroot%*-Verzeichnis ablegt. Dass ein Favorit in einer aktuelleren Fassung offline vorliegt, erkennen Sie im FAVORITEN-Menü übrigens an einem kleinen roten »Lämpchen« in der linken oberen Ecke.

12.8.1 Synchronisieren eines Favoriten

Ein Favorit kann, unabhängig von einem Zeitplan, jederzeit über den Befehl SYNCHRONISIEREN in seinem Kontextmenü synchronisiert werden. Möchten Sie alle in Frage kommenden Favoriten auf einen Blick sehen, wählen Sie den Menübefehl EXTRAS/SYNCHRONISIEREN. Es werden alle Favoriten mit dem Zeitpunkt der letzten Synchronisierung aufgelistet (siehe Abbildung 12.12).

Synchronisieren eines Favoriten

STEP

1. Öffnen Sie das FAVORITEN-Menü, klicken Sie den Eintrag mit der sekundären Maustaste an und wählen Sie SYNCHRONISIEREN.

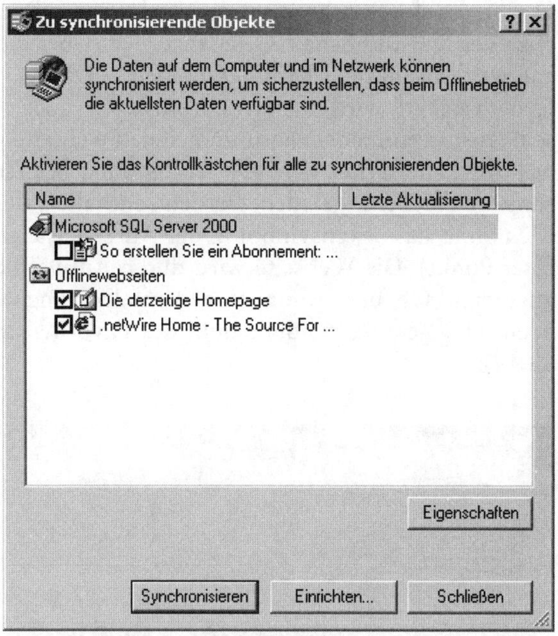

Abbildung 12.12: In diesem Dialogfeld werden alle zu synchronisierenden Favoriten aufgelistet

2. Die Synchronisationsverwaltung (deren Internet-Zugang beim Arbeiten mit einer FireWall-Software, wie zum Beispiel ZONEALARM, unter Umständen genehmigt werden muss) beginnt, die angeforderte Seite herunterzuladen. Sollte zu diesem Zeitpunkt keine Verbindung zum Internet bestehen, sollte die Synchronisationsverwaltung diese automatisch herstellen.

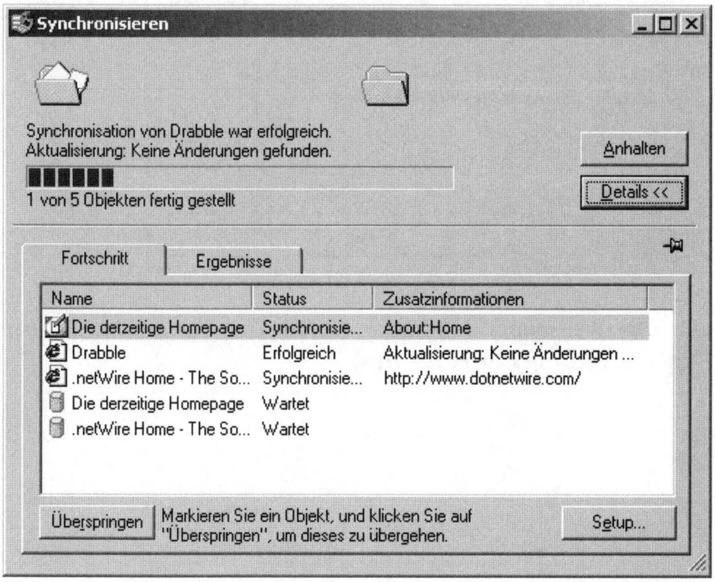

Abbildung 12.13: Während einer Synchronisation wird die Webseite aktualisiert

Der Status der Synchronisation wird während des Downloads nach Anklicken der DETAILS-Schaltfläche angezeigt. Über die ÜBERSPRINGEN-Schaltfläche wird das aktuell herunterzuladende Objekt übersprungen. War es das letzte Objekt, wird die Synchronisation auch dann »erfolgreich« abgeschlossen, wenn nichts heruntergeladen werden konnte. Nach abgeschlossener Synchronisation wird die Verbindung beendet. Konnte eine aktuellere Version der Seite geladen werden, enthalten der Eintrag im FAVORITEN-Menü und das Seitensymbol in der Adressleiste eine kleine Markierung (ein roter Punkt). Die Webseite wird durch Auswahl des Favoriten geladen und angezeigt. Ob und wann eine Aktualisierung durchgeführt wurde, wird auch im Eigenschaftendialogfeld des Favoriten angezeigt (siehe Abbildung 12.14).

Abbildung 12.14: Das Eigenschaftendialogfeld des Favoriten gibt auch über den Status der Aktualisierung Auskunft

INFO

Um eine Webseite automatisch aktualisieren zu können, muss der Internet Explorer nicht gestartet werden.

12.8.2 Bearbeiten eines Zeitplans

Der vom Offline-Assistenten angelegte Zeitplan enthält nur die wichtigsten Einstellungen. Möchten Sie erreichen, dass zum Beispiel alle 45 Minuten eine Aktualisierung erfolgt, müssen Sie den Zeitplan nachträglich bearbeiten.

Nachträgliches Bearbeiten eines Zeitplans für die Offline-Verwaltung

STEP

1. Selektieren Sie den Favoriten mit der sekundären Maustaste, wählen Sie EIGENSCHAFTEN und anschließend das Register ZEITPLAN.
2. Wählen Sie den Zeitplan aus und klicken Sie auf BEARBEITEN.
3. Wählen Sie erneut das Register ZEITPLAN. Hier werden die aktuell gültigen Einstellungen angezeigt. In der Auswahlliste TASK AUSFÜHREN wird das Intervall ausgewählt. Das kleinste Intervall ist täglich. Wird ein kürzerer Abstand gewünscht, etwa alle 45 Minuten, muss zusätzlich ein Wiederholungsintervall festgelegt werden.
4. Klicken Sie auf ERWEITERT, um ein Wiederholungsintervall festzulegen. Aktivieren Sie das Kontrollkästchen WIEDERHOLUNGSINTERVALL und stellen Sie das Intervall ein. Zusätzlich muss die Länge der Wiederholung eingestellt werden. Sie hängt von dem bereits eingestellten »Primärintervall« ab. Wurde hier täglich gewählt und soll der Task über den ganzen Tag wiederholt werden, muss als Dauer 24 Stunden eingestellt werden (eine längere Dauer wäre nicht sinnvoll, da sich der Wiederholungsintervall ansonsten mit dem Primärintervall überschneidet. Zusätzlich kann ein Enddatum angegeben werden, an dem der Task in jedem Fall endet. Klicken Sie auf OK, um das Dialogfeld zu schließen.
5. Achten Sie darauf, welches Intervall im Register ZEITPLAN angezeigt wird. Windows zeigt hier an, wie es die von Ihnen getroffenen Einstellungen interpretiert. Wurde der Task bereits ausgeführt, wird hier der Zeitpunkt der nächsten Aktualisierung angezeigt. Erfahrungsgemäß bedarf es einiger Versuche, bis der Zeitplan stimmt. Klicken Sie zweimal auf OK, um die beiden übrigen Dialogfelder zu schließen.

12.8.3 Weitere Einstellungen bei einer Synchronisation

Für die Synchronisation eines Favoriten gibt es eine Reihe zusätzlicher Einstellmöglichkeiten, die im Eigenschaftendialogfeld des Favoriten vorgenommen werden. Sobald die Option OFFLINE VERFÜGBAR MACHEN aktiviert wurde, erscheinen dort die Register ZEITPLAN und DOWNLOAD. Hier können Sie unter anderem festlegen:

- Bei einer Änderung der Seite wird eine E-Mail-Nachricht an eine vorgegebene Adresse geschickt.

- Eine Größenbegrenzung für die heruntergeladene Seite.
- ActiveX-Steuerelemente, Java Applets oder Bilder werden nicht heruntergeladen und nur Verknüpfungen auf HTML-Seiten bei den Verknüpfungen der herunterzuladenden Webseite werden berücksichtigt.
- In Abhängigkeit der Verbindung werden unterschiedliche Webseiten heruntergeladen. So ließe sich festlegen, dass bei einer LAN-Verbindung alle Webseiten, bei einer langsamen Modemverbindung nur bestimmte Webseiten heruntergeladen werden.
- Das Herunterladen der Webseiten wird von bestimmten Einstellungen der Energieverwaltung abhängig gemacht. So ließe sich einstellen, dass die Aktualisierung nicht bei Akku-Betrieb vorgenommen wird.

INFO

Die Synchronisationsverwaltung bietet eine relativ große Anzahl an Einstellungen, die aus Platzgründen nicht in allen Details vorgestellt werden können, und die Sie sich daher in Ruhe anschauen sollten.

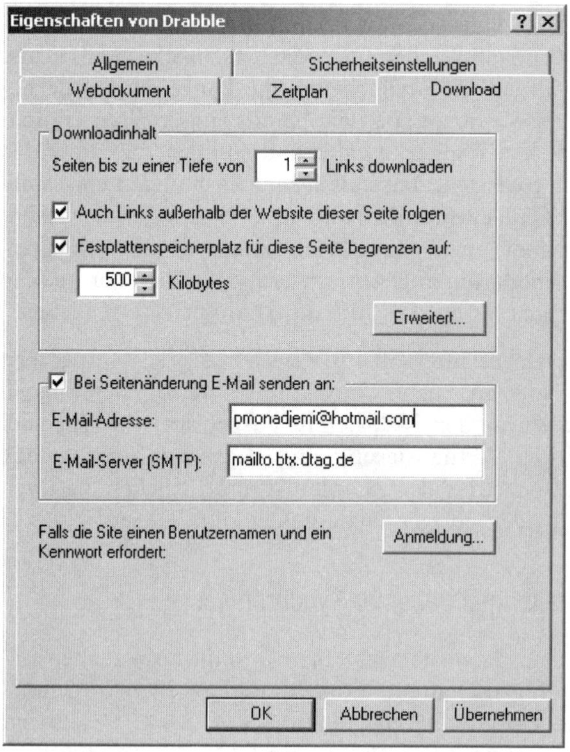

Abbildung 12.15: Im Register Download werden Details beim Herunterladen der Webseite eingestellt

12.9 Zugriff auf Ftp-Verzeichnisse

Ein Ftp-Server ist ein Computer im Internet, der Dateien bereithält, die über das *File Transfer Protocol* (Ftp) abgerufen werden. Ftp umfasst eine Reihe von Kommandos, u.a. zum Anmelden an den Server und natürlich zum Download einzelner Dateien. Auch wenn es zahlreiche sehr komfortable Ftp-Tools gibt und Windows XP über seine Eingabeaufforderung eine einfache, oft aber vollkommen ausreichende Kommandozeilenversion zur Verfügung stellt, ist es oft am einfachsten, den Internet Explorer für den Zugriff auf einen Ftp-Server zu benutzen. Das ist zudem kinderleicht, denn Sie müssen lediglich die Ftp-Serveradresse (zum Beispiel `ftp://ftp.microsoft.com` für den Microsoft-Ftp-Server) in das Adressfeld eingeben. Der Internet Explorer stellt daraufhin die Verbindung zum Ftp-Server her (unter Umständen, wenn der Ftp-Server kein Anonymous-Login erlaubt, müssen noch Kennwort und Anmeldename in ein Dialogfeld eingegeben werden) und zeigt die Verzeichnisstruktur im Browser-Fenster an.

Nun können Sie sich durch die Verzeichnisse des Ftp-Servers auf die gleiche Weise bewegen wie durch die Verzeichnisse der lokalen Festplatte. Soll eine Datei herunterladen werden, geschieht dies über den Befehl KOPIEREN NACH ORDNER im Kontextmenü der Datei. Ein wenig einfacher dürfte das Ziehen mit der Maus in den (lokalen) Zielordner sein.

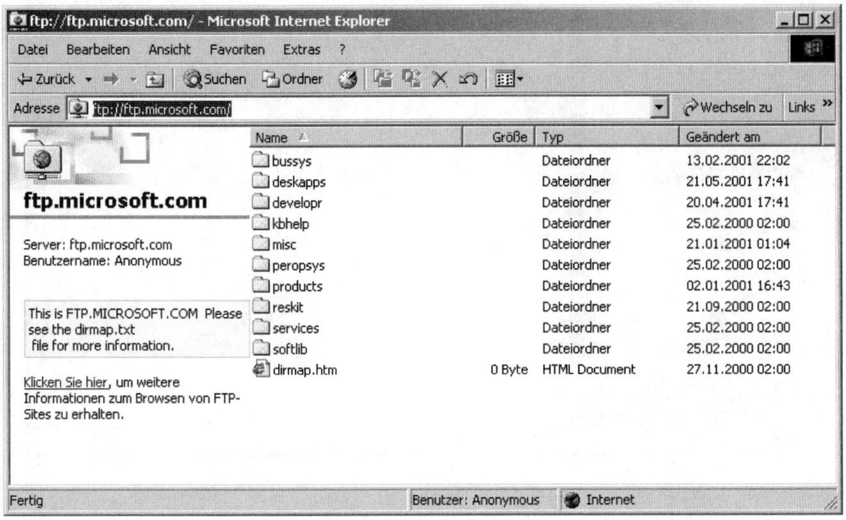

Abbildung 12.16: Der Inhalt des Ftp-Servers ftp.microsoft.com wird in einem Ordnerfenster angezeigt

INFO

Bei Ftp-Servern, die sowohl einen öffentlichen, als auch einen zugangsbeschränkten Bereich besitzen, muss die Anmeldung über den Menübefehl DATEI/ANMELDEN ALS *nachgeholt werden. Ansonsten ist es üblich, sich an öffentlichen Ftp-Servern mit »Anonymous« als Benutzername und einem (im Prinzip beliebigen) E-Mail-Namen als Kennwort anzumelden.*

:-) TIPP

Auch wenn der Internet Explorer den Grundbedarf abdeckt, empfiehlt es sich nach wie vor bei häufigerer Benutzung auf einen richtigen Ftp-Client, wie zum Beispiel Ftp Voyager *von* Rhinosoft *(*`www.rhinosoft.com`*) zurückzugreifen. Das macht einfach etwas mehr Spaß.*

12.9.1 Einrichten eines Ftp-Ordners in der Netzkwerkumgebung

In der Netzwerkumgebung von Windows XP lässt sich für einen Ftp-Server ein eigener Webordner einrichten. Das bringt den Vorteil, dass der Zugriff auf den Ftp-Server ein wenig einfacher und der Ftp-Server in die Explorer-Struktur auch integriert wird, wenn keine Verbindung besteht. Ein Ftp-Ordner wird über den Assistenten NETZWERKUMGEBUNG HINZUFÜGEN eingerichtet. Das startet einen kleinen Assistenten, der sich vor allem für die Adresse des Ftp-Servers (die im Format `ftp://ftp.servername` angegeben werden muss) interessiert. Ob ein Benutzername und ein Kennwort erforderlich sind, hängt vom Ftp-Server ab. Im Kontextmenü des Ftp-Ordners steht der Befehl ANMELDEN ALS zur Verfügung, mit dem eine Anmeldung wiederholt werden kann (siehe Abbildung 12.17).

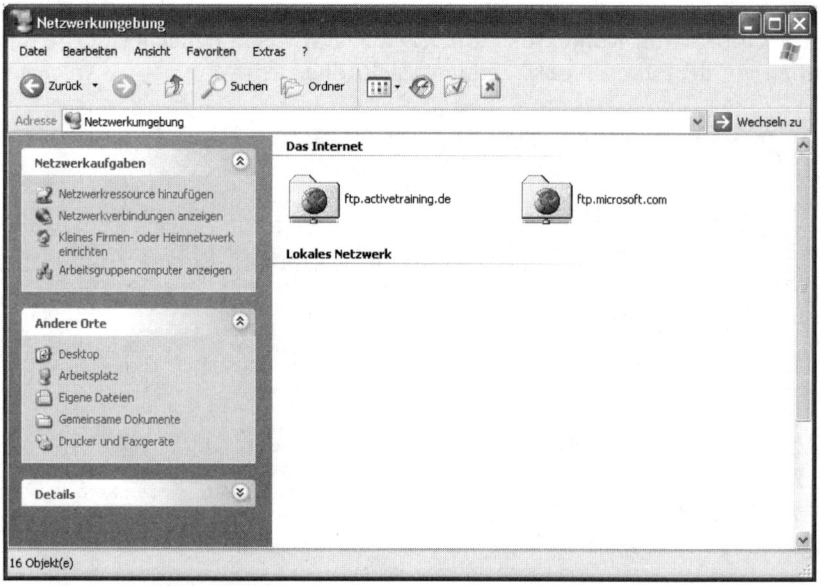

Abbildung 12.17: Im Ordner Netzwerkumgebung werden auch angelegte Ftp-Verbindungen aufgelistet

12.10 Radio hören und Fernsehen gucken über das Internet?

Wann der gute, alte Compi die gute, alte Glotze ablösen wird, steht auch im Jahre 2003 (neben einigen anderen Dingen) in den guten, alten Sternen. Vermutlich wird es niemals passieren, denn alleine der Versuch, einen beigen, unattraktiven Kasten nebst Monitor und der unvermeidlichen Verkabelung in das Wohnzimmer zu verfrachten, dürfte in den meisten Fällen (zu Recht natürlich) eine erhebliche Beeinträchtigung des häuslichen Friedens darstellen. Der PC soll da stehen bleiben, wo er hingehört, Radio hören und Fernsehen gucken wird man entweder gemütlich auf dem Sessel oder wenn es sein muss auch auf dem Drehstuhl vor dem Schreibtisch.

Bereits mit einer 56k-Modemverbindung lassen sich Radiostationen, die ihr Programm über das Internet »ausstrahlen« und bewegte Bilder (sog. Live-Streams) in einer durchaus akzeptablen Qualität empfangen. Radio über das Internet zu hören ist dabei alles andere als ein technischer Spleen. Wer zum Beispiel eine Zeitlang im Ausland verbracht hat oder sich weit weg von der Heimat aufhält, kann mit wenig Aufwand den Kontakt halten, sich über aktuelle Geschehnisse informieren oder einfach nur gute Musik hören, die über das Äther- oder Kabel-Radio in der Regel nicht zu empfangen wäre.[2] Dass dies alles möglich wird, ist weniger Windows oder dem Internet Explorer zu verdanken, sondern in erster Linie technischen Innovationen in der Übermittlung, die dafür sorgen, dass sich Musik und Videoclips in immer kompakteren Datenpaketen unterbringen lassen und auf der anderen Seite hochspezialisierte Programme, wie etwa der Windows Media Player oder der Real Audio Player, dafür sorgen, dass diese Datenpakete wieder zu Sprache, Musik oder bewegten Bildern zusammengesetzt werden. Wenn es eines Tages ein Internet-Fernsehen geben sollte (und es dafür Zuschauer geben sollte), wird es auf diesen inzwischen relativ unspektakulären Technologien basieren.

In diesem Abschnitt soll kurz gezeigt werden, wie sich Radiostationen über das Internet empfangen lassen und welche Möglichkeiten der Internet Explorer dafür bereithält. Der Internet Explorer ist dazu allerdings keine Voraussetzung. Praktisch alle Radiostationen bieten auf ihren Webseiten entsprechende Verknüpfungen an, durch die entweder der Windows Media Player oder ein Konkurrenzprogramm, etwa der Real Audio Player, gestartet werden. Der Vorteil beim Internet Explorer ist, dass er diese Möglichkeiten leicht zugänglich macht und einen direkten Zugriff auf das Medienangebot von Microsoft ermöglicht. Als Alternative zum Internet Explorer gibt es bei Windows XP den Windows Media Player, der in Kapitel 7 vorgestellt wird.

Um multimediale Erlebnisse genießen zu können, müssen Sie über den Menübefehl ANSICHT/EXPLORERLEISTE/MEDIEN die Medienleiste sichtbar machen (falls dies nicht bereits der Fall ist). Anschließend erscheint eine optisch recht attraktiv gestaltete Explorerleiste, die als erstes versucht eine Verbindung zum

2 Es ist schon faszinierend, wenn man auf einer kleinen ostfriesischen Insel oder an einem bayrischen See eine Radiostation aus Los Angeles (oder jedem anderem Ort der Erde) empfangen kann, sich dabei vorstellen zu können die Strandpromenade von Venice Beach auf Rollerblades entlangzugleiten und die gleiche Radiostation über ein richtiges Radio zu empfangen.

Interner herzustellen. Das ist verständlich, denn die einzige Aufgabe dieser Explorerleiste ist es, einen vereinfachten Zugriff auf das Medienangebot der Microsoft-Webseite `www.windowsmedia.com` zu ermöglichen. Über die Auswahlliste MEDIENOPTIONEN am unteren Rand lassen sich weitere Einstellungen vornehmen und vor allem eine Liste der verfügbaren Radiostationen öffnen. Die Liste ist aber relativ klein und keineswegs repräsentativ. Der beste Weg, um auch exotische Radiostationen zu finden ist es, direkt nach der Homepage der Radiostation zu suchen. Sollte die Radiostation ein Live-Angebot anbieten, enthält die Webseite eine entsprechende Verknüpfung, über die sich zum Beispiel der Windows Media Player (allerdings eine deutlich abgespeckte Version) oder der RealPlayer herunterladen lässt. Läuft die Radioübertragung, können Sie Webseiten aufrufen, ohne dass die Übertragung dadurch beendet wird (natürlich können dadurch kleinere Aussetzer auftreten, siehe Abbildung 12.18).

Abbildung 12.18: Die Explorerleiste Media zeigt das Medienangebot einer Microsoft-Webseite im Internet an

12.11 Internet Explorer konfigurieren

Eigentlich sollte ein Internet Browser ein kinderleicht zu bedienendes Programm sein, bei dem es höchstens die Farbe der Verknüpfungen zu konfigurieren gäbe. Ein Blick in die Internetoptionen belehrt jedoch schnell eines Besseren. Es gibt eine Menge zu konfigurieren, doch zum Glück werden die allermeisten Einstellungen nur selten benötigt und können auf ihren Voreinstellungen verbleiben. In diesem Abschnitt werden die wichtigsten Einstellungen vorgestellt, die in den Internetoptionen vorgenommen werden können. Dahinter steckt ein relativ umfangreiches Dialogfeld, das über den Menübefehl EXTRAS/INTERNETOPTIONEN geöffnet wird.[3]

Um den Überblick ein wenig zu erleichtern enthält Tabelle 12.2 eine Übersicht über die einzelnen Register. Die wichtigsten Einstellungen werden im Folgenden besprochen.

Tabelle 12.2: Die Register der Internetoptionen in der Übersicht

Register	Was gibt es hier einzustellen?
ALLGEMEIN	Die Startseite des Internet Explorers, den Zwischenspeicher, den Verlaufordner und verschiedene Kleinigkeiten, wie die Farbe der auf einer Webseite angezeigten Verknüpfungen, die Standardschriftart für eine Webseite (die Voreinstellung ist das nicht sehr attraktive Times New Roman). Außerdem lassen sich an dieser Stelle weitere Sprachen auswählen (falls Sie zum Beispiel Webseiten mit japanischen Schriftzeichen anzeigen möchten) und einfache Eingabehilfen hinzuziehen (etwa, dass Festlegungen der Schriftfarbe oder Schriftgröße ignoriert werden, damit eine konstant große Schriftgröße angezeigt und zu schräge Farbkombinationen die Lesbarkeit nicht beeinträchtigen).
VERBINDUNGEN	In diesem Register werden die angelegten DFÜ-Verbindungen aufgelistet, so dass Sie eine davon zur Standardverbindung machen können. Diese wird immer dann automatisch verwendet, wenn der Internet Explorer die Verbindung herstellen soll. Außerdem können Sie an dieser Stelle einstellen, ob und unter welchen Bedingungen eine DFÜ-Verbindung hergestellt werden soll. Mehr zu diesem Thema in Kapitel 12.11.3.
PROGRAMME	Dieses Register ist relativ unwichtig, denn hier werden lediglich die Standardprogramme für jene Situation eingestellt, dass der Internet Explorer ein anderes Programm aufrufen soll. Eine Notwendigkeit zur Auswahl gibt es im Allgemeinen lediglich beim E-Mail-Programm und beim HTML-Editor.

3 Zu den Dingen, die seit Version 1.0 ganz oben auf der Liste der notwendigen Verbesserungen stehen, gehören nicht nur die fehlenden Tastaturshortcuts für wichtige Menübefehle, sondern vor allem die fehlende Möglichkeit, diese festzulegen. Hallo Microsoft, das kann doch nicht so schwierig sein.

Tabelle 12.2: Die Register der Internetoptionen in der Übersicht (Forts.)

Register	Was gibt es hier einzustellen?
INHALT	In diesem Register geht es um das Thema Sicherheit. Hier wird der Inhaltsratgeber aktiviert (mehr dazu in Kapitel 12.11.5). Außerdem wird in diesem Register die Zertifikatverwaltung aufgerufen. Ein wenig versteckt finden Sie hier die wichtige Einstellung, die dafür zuständig ist, dass Sie bei der Eingabe von Kennwörtern in eine Webseite gefragt werden, ob Sie das Kennwort speichern möchten (was Sie im Allgemeinen ablehnen sollten). Ebenfalls gut versteckt ist die Möglichkeit, ein persönliches Profil zusammenzustellen, das auf einzelnen Websites dazu benutzt werden kann persönliche Informationen zur Verfügung zu stellen.
SICHERHEIT	Der Name deutet es bereits dezent an. An dieser Stelle werden die meisten Sicherheitseinstellungen für den Internet Explorer vorgenommen (weitere, nicht unwichtige Einstellungen werden im Register ERWEITERT getroffen). In diesem Register kann jeder der vier Sicherheitszonen ein individueller Satz an Sicherheitseinstellungen zugeordnet werden. Mehr zu diesem Thema in Kapitel 12.12.
DATENSCHUTZ	Dieses Register wurde erst mit dem Internet Explorer 6.0 eingeführt. Hier wird auf eine sehr benutzerfreundliche Art und Weise der Umgang mit Cookies konfiguriert. Mehr zu diesem Thema in Kapitel 12.11.4.
ERWEITERT	In diesem Vielzweckregister werden eine Reihe unterschiedlicher und teilweise sehr spezieller Einstellungen vorgenommen. Mehr dazu in Kapitel 12.13.

12.11.1 Festlegen der Startseite

Die Startseite ist eine Webseite oder ein HTML-Dokument, das automatisch mit dem Start des Internet Explorer geladen wird. Am Anfang ist hier im Allgemeinen die Hauptseite des Microsoft-Webangebots Msn oder die des PC-Herstellers eingestellt. Sie werden vermutlich eine andere Hauptseite (etwa die eines bekannten Nachrichtenmagazins) einstellen wollen.

STEP

Festlegen der Startseite

1. Steuern Sie die Webseite an, welche die neue Startseite sein soll.
2. Öffnen Sie die Internetoptionen und klicken Sie im Register ALLGEMEIN auf die Schaltfläche AKTUELLE SEITE.
3. Bestätigen Sie das Dialogfeld mit OK.

Wenn Sie künftig auf das Haussymbol in der Symbolleiste klicken, wird die Startseite aufgerufen.

12.11.2 Die Verwaltung des Zwischenspeichers

Der Zwischenspeicher ist jener Bereich, in dem alle vom Internet Explorer angezeigten Webseiten (die dazu stets von dem Webserver, auf dem die Seiten gelagert werden, auf die Festplatte des Computers übertragen werden) abgelegt werden. Offiziell ist es ein Verzeichnis mit dem Namen TEMPORARY INTERNET FILES im Unterverzeichnis LOKALE EINSTELLUNGEN des Benutzerprofils, doch dahinter stecken eine Reihe von speziellen Dateien, die vom Internet Explorer verwaltet werden (dafür, dass bei der Eingabe des Ordnernamens ein Orderinhalt angezeigt wird, sorgt eine Explorer-Erweiterung)

Normalerweise hat man mit dem Zwischenspeicher nicht viel zu tun. Interessant wird er immer in den folgenden Situationen:

- Man ist auf der Suche nach einer Webseite, einem Bild, einem Soundclip usw., kurz, nach irgendetwas, das zusammen mit einer Webseite heruntergeladen wurde. Die Suche ist allerdings sehr aufwendig, da die Seitenelemente nur selten aussagekräftige Namen besitzen.
- Man möchte den Zwischenspeicher leeren, um ein wenig Platz auf der Festplatte zu gewinnen (der Zwischenspeicher zweigt sich einen einstellbaren Anteil der Festplatte ab).
- Man möchte den Zwischenspeicher in einem anderen Verzeichnis ablegen.

Für die Verwaltung des Zwischenspeichers gibt es ein eigenes Dialogfeld. Es wird im Register ALLGEMEIN der Internetoptionen aufgerufen, in dem Sie im Bereich TEMPORÄRE INTERNETDATEIEN auf EINSTELLUNGEN klicken.

Abbildung 12.19: In diesem Dialogfeld werden Einstellungen für den Zwischenspeicher des Internet Explorer vorgenommen

12.11.3 Die Auswahl einer Verbindung

Normalerweise muss man sich um diesen Aspekt nicht kümmern, denn der Internet Explorer nimmt einfach die erste angelegte DFÜ-Verbindung. In folgenden Situationen ist es notwendig, die Verbindungseinstellung zu ändern:

- Der Internet Explorer soll eine andere DFÜ-Verbindung wählen.
- Der Internet Explorer soll nur dann eine DFÜ-Verbindung wählen, wenn keine Netzwerkverbindung besteht. Das ist nicht automatisch dann der Fall, wenn der Computer nicht mit dem Netzwerk verbunden ist, sondern nur dann, wenn keine Netzwerkverbindung existiert.
- Der Internet Explorer soll keine DFÜ-Verbindung wählen. Diese Einstellung ist immer dann zu wählen, wenn ein anderer Computer im Netzwerk die Verbindung zum Internet herstellt und diese über die Internetverbindungsfreigabe für alle Computer im Netzwerk freigegeben wurde.

Abbildung 12.20: Im Register Verbindungen wird eingestellt, wann der Internet Explorer eine Verbindung zum Internet herstellen soll

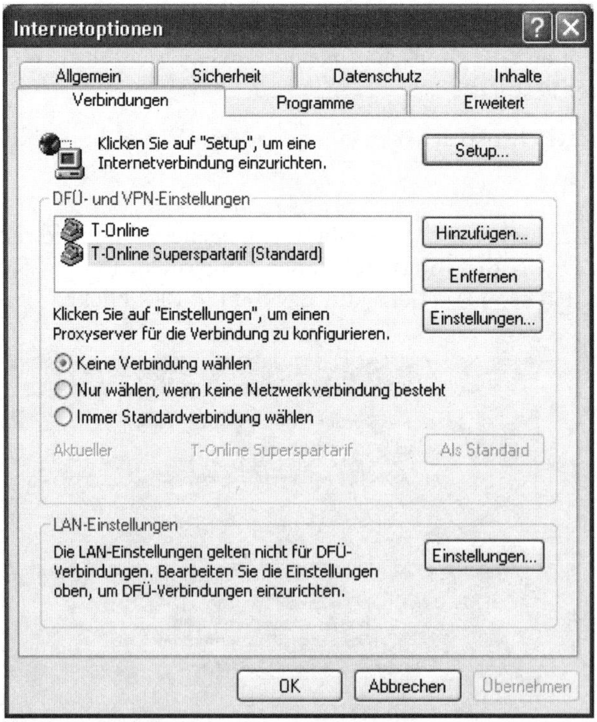

:-) TIPP

Es lohnt sich, die verschiedenen Einstellungen der Reihe nach auszuprobieren, da der Internet Explorer auch in der aktuellen Version sich offenbar nicht ganz einheitlich verhält, was die Frage betrifft, unter welchen Bedingungen eine Verbindung hergestellt wird.

Weitere Einstellungen im Register Verbindung

Im Register VERBINDUNG sind zwei weitere Einstellungen möglich, die aber so speziell sind, dass sie nur selten eine Rolle spielen dürften:

- Setup – über diese Schaltfläche wird der Internet-Setup-Assistent gestartet, der Schritt für Schritt durch das Anlegen einer Internet-Verbindung führt. Schneller geht es jedoch meistens über das Anlegen einer DFÜ-Verbindung über die HINZUFÜGEN-Schaltfläche.
- Einstellungen – diese Schaltfläche öffnet ein Dialogfeld, das nur dann eine Rolle spielt, wenn der Computer über ein Netzwerk auf das Internet zugreift. Falls das Netzwerk mit einem sog. Proxy-Server arbeitet und dieser nicht automatisch einbezogen wird, kann dessen IP-Netzwerkadresse an dieser Stelle eingestellt werden. Über die Schaltfläche ERWEITERT gelangt man in ein weiteres Dialogfeld, in dem für jedes Internet-Protokoll ein eigener Proxyserver ausgewählt werden kann. Dies sind aber Einstellungen, die in einem kleinen Netzwerk, bei dem die Internetverbindungsfreigabe die Rolle eines Gateways spielt, keine Rolle spielen dürften.

12.11.4 Schutz der Privatsphäre – der Umgang mit Keksen

Die Rolle der Kekse wurde in diesem Kapitel bereits beleuchet. Den Namen muss sich ein Scherzbold (-keks) ausgedacht haben, denn mit richtigen Keksen haben sie nichts zu tun.[4] Es handelt sich um kleine Informationspakete, deren Existenz durch das hochoffizielle HTTP-Protokoll gewährleistet ist, in denen ein Webserver im Prinzip beliebige Textinformationen ablegen kann. Wird dieses Informationspaket über die Dauer einer Sitzung hinaus benötigt, wird es vom Browser als Textdatei auf der Festplatte des Benutzers gespeichert. Und was hat ein Webserver davon Cookies zu verwenden? Ganz einfach, anhand eines Cookies kann er den Benutzer beim nächsten Abruf einer Seite von diesem Server wiedererkennen. Dazu müssen Sie wissen, dass HTTP ein sog. verbindungsloses Protokoll ist, und es ein Webserver normalerweise nicht erkennen kann, dass Sie die gleiche Person sind, die ein ausgefülltes Eingabedialogfeld abschickt, das Sie kurz zuvor abgerufen

4 In Wirklichkeit sieht alles wieder einmal ganz anders aus. Der für die Cookie-Verwaltung im Netscape-Browser, dem offiziell ersten Internet-Browser der Welt, zuständige Software-Ingenieur, ein gewisser Lou Montulli, weist diesen Verdacht auch energisch von sich und verweist darauf, dass es sich bei einem Cookie um einen in der Computerwissenschaft üblichen und überaus seriösen Begriff handelt, mit dem lediglich Laien nichts anzufangen wüssten – alles nachzulesen unter `www.cookiecentral.com`.

haben (zwischen diesen beiden Aufrufen, die Sie in einer logisch nachvollziehbaren Reihenfolge stattfinden lassen, gibt es für den Webserver keinen Zusammenhang). Indem der Webserver aber prüft, ob sich auf Ihrer Festplatte eine Cookie-Datei mit einem Zeitstempel befindet, kann der Webserver feststellen, dass Sie die Seite kurz vorher aufgerufen haben und das Absenden des Eingabeformulars mit dem Anfordern dieses Formulars in Beziehung stellen.

Auch wenn Cookies grundsätzlich harmlos sind (sie enthalten nur Textinformationen und können keinen Schaden anrichten), mögen Sie viele Menschen nicht, da sie das Gefühl nicht loswerden, die Betreiber von Websites könnten damit das Surfverhalten dokumentieren und sammelwütige Programme könnten die in den Cookies gespeicherten Informationen auswerten und damit Datenprofile anlegen. An dieser Stelle kann und soll diese Vermutung nicht bewertet werden. Tatsache ist, dass Microsoft sich veranlasst sah, mit der Version 6.0 des Internet Explorer etwas für den Schutz der Privatsphäre zu tun. Über das Register DATENSCHUTZ der Internetoptionen lässt sich einstellen, wie der Internet Explorer mit Cookies auf Webseiten der Internetzone umgehen soll. Über einen Regler kann einer der drei Stufen HOCH, MITTEL und NIEDRIG eingestellt werden.

Die Einstellungen für Cookies gab es auch schon früher, sie wurden lediglich im Register ERWEITERT *der Internetoptionen eingestellt.*

Ändern der Cookie-Einstellung

1. Öffnen Sie die Internetoptionen und wählen Sie das Register DATENSCHUTZ.
2. Stellen Sie über den Regler einen Zustand ein. Damit legen Sie fest, wie der Internet Explorer mit Cookies verfahren soll. Die Abstufung reicht von HOCH (die Annahme von Cookies wird generell verweigert) über MITTEL (es werden nur Cookies mit einer Datenschutzrichtlinie angenommen) bis NIEDRIG (es werden generell Cookies angenomnen) und ALLE COOKIES ANNEHMEN.

12.11.5 Der Inhaltsratgeber und der Schutz vor gefährdenden Inhalten beim Internet Explorer

Erwachsene nehmen es als selbstverständlich hin, dass sie auf alle Inhalte des Webs zugreifen können. Man hört oder liest von einem interessanten Angebot und erwartet, es wenige Minuten später auf dem eigenen PC ausprobieren zu können. Für Kinder und Jugendliche birgt dieser uneingeschränkte Zugriff jedoch eine gewisse Gefahr in sich.

Abbildung 12.21: Im Register Datenschutz wird festgelegt, ob vor dem Abspeichern von Cookies geprüft werden soll, ob die Website Datenschutzrichtlinien unterstützt

Da sich heute bereits 4-6 jährige Kinder vor einem Internet-PC tummeln und für viele Teenager das Surfen im Web eine Selbstverständlichkeit geworden ist, sind gewisse »Kindersicherungen« dringend erforderlich. Auch der Internet Explorer verfügt über eine solche Sicherung, die als *Inhaltsratgeber* bezeichnet wird. Der Inhaltsratgeber ist eine wichtige und gut gemeinte Einrichtung, deren Wirkung aber leider praktisch nahezu vollständig verpufft. Die Grundidee ist simpel. Um zu erreichen, dass Kinder, Jugendliche und andere »gefährdete« Gruppen bestimmte (teilweise wirklich haarsträubende und verantwortungslose) Webseiten nicht aufrufen können, verpflichten sich die Betreiber dieser Webseiten ihre Seiten mit speziellen Inhaltsangaben zu klassifizieren. Enthält eine Webseite zum Beispiel obszöne Begriffe oder pornografische Inhalte, wird sie entsprechend markiert (Sie finden im Quelltext der Seite das Spezialtag *<meta http-equiv="pics-label« xyz>*, wobei »xyz« für die Einstufungsdetails steht, die der Internet Explorer interpretieren kann). Nun kommt der Inhaltsratgeber ins Spiel. Ist dieser aktiv, wird vor dem Herunterladen einer Webseite geprüft, ob diese bestimmte Inhaltsangaben enthält und diese mit der über den Inhaltsratgeber gewählten Einstellung verträglich sind. Es werden nur jene Seiten angezeigt, die eine Inhaltsratgebermarkierung enthalten, und die durch den gesetzten Inhaltsfilter genehmigt werden. Auf diese Weise könnten Erziehungsverantwortliche zum Beispiel einstellen, dass für ihre Sprösslinge keine Webseiten abrufbar sind, auf denen jugendgefährdende Inhalte enthalten sind. Soviel zur Theorie. In der Praxis krankt diese wichtige Einrichtung aber leider an bekannten Phänomenen:

- Da es eine rein freiwillige Selbstkontrolle ist, dürften sich nur die wenigsten Anbieter von Webseiten daran halten – von den »Großen« der Branche einmal abgesehen (offenbar wird von Seiten öffentlicher Gremien auch kein Druck in diese Richtung ausgeübt).
- Einige der vom *Recreational Software Advisory Council* (RSAC) festgelegten Sicherheitsstufen hören sich für hiesige Verhältnisse etwas weltfremd an[5]. Obwohl der Internet Explorer im Prinzip beliebige Filtersysteme unterstützt (sie können im Register ALLGEMEIN des Inhaltsratgebers hinzugefügt werden – Ratingdateien besitzen die Erweiterung *.Rat*), scheint die Auswahl nicht allzu groß zu sein. Immerhin gibt es im Windows-Unterverzeichnis *System32* eine Datei mit dem Namen *Rsaci.rat*, die die aktuellen Filtereinstellungen enthält. Dass es sich um eine Textdatei handelt, lassen sich durch Editieren der Datei auch die angezeigten Kategorienamen ändern. Eine aktuellere Datei kann von der Webseite der *Internet Content Rating Association* (`www.rsac.org/support.html`) heruntergeladen werden.
- Die meisten Websurfer scheint der Inhaltsratgeber nicht übermäßig zu interessieren (zumindestens scheint er in den Newsgroup oder in den Fachzeitschriften kein Thema zu sein).

Damit der Inhaltsratgeber herunterzuladende Webseiten einstufen kann, muss der Ratgeber erst einmal aktiviert werden.

STEP

Aktivieren des Inhaltsratgebers

1. Öffnen Sie die Internetoptionen.
2. Wechseln Sie auf das Register INHALT.
3. Klicken Sie auf AKTIVIEREN. Sie müssen jetzt in den verschiedenen Kategorien (Gewalt, Nacktaufnahmen usw.) die nicht erlaubten Inhalte einstellen. Auf diese Weise legen Sie einen Filter für alle Webseiten fest, die künftig heruntergeladen werden. Bei den übrigen Webseiten erscheint ein entsprechender Hinweis.
4. Bestätigen Sie die Filtereinstellungen mit OK. Am Ende müssen Sie ein Kennwort festlegen, so dass die lieben Kinder nicht ihre pädagogisch durchdachten Erziehungsmaßnahmen mit einem Mausklick zunichte machen können. Der Filter wird damit aktiviert. Wird künftig eine Webseite aufgerufen, die keine Inhaltsmarkerung besitzt, die vom Filter durchgelassen wird, erscheint eine Meldung und die Seite kann über das Kennwort des Inhaltsratgebers angezeigt werden.

Über die Schaltfläche EINSTELLUNGEN lässt sich der Filter jederzeit wieder ändern.

5 Als Beispiel zitiere ich immer wieder gerne das »leidenschaftliche Küssen«, das die meisten Erziehungsberechtigten ihren Kindern wohl noch zu betrachten zugestehen dürften.

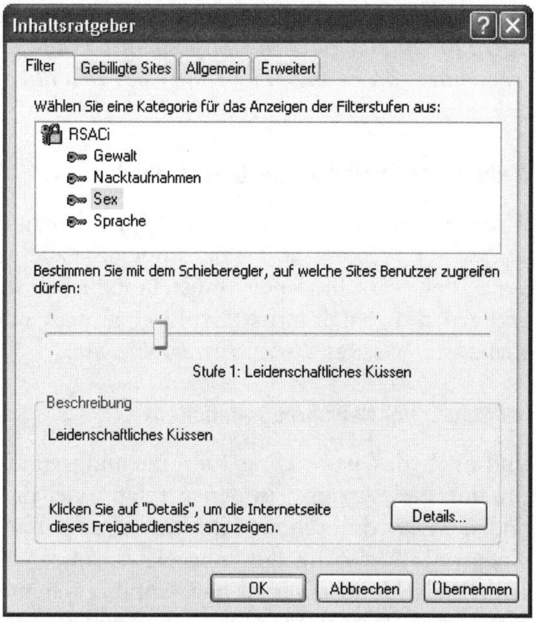

Abbildung 12.22: In diesem Dialogfeld wird der Filter für den Inhaltsratgeber eingestellt

Da bei den Standardeinstellungen des Inhaltsratgebers nun gar keine Seiten mehr angezeigt werden, die keine Markierung besitzen, sollten Sie die Option ZUGANG AUF UNGEFILTERTE SITES ZULASSEN im Register ALLGEMEIN des Inhaltsratgebers setzen.

Abbildung 12.23: Über diese Option wird erreicht, dass auch Websites ohne Filtermarkierung aufgerufen werden können

INFO

Im Register GEBILLIGTE SITES *des Inhaltsratgebers lassen sich Websites festlegen, die immer oder nie aufgesucht werden dürfen. Das ist ein wirksamerer Schutz, da es hier nicht auf die freiwillige Kooperation des Anbieters ankommt.*

Weitere Informationen zum Inhaltsratgeber

Weitere Informationen zum Inhaltsratgeber finden Sie im Web unter `http://www.rsac.org/support.html`. Hier finden Sie auch eine ausführlichere Beschreibung der verschiedenen Einstellmöglichkeiten. Spezielle Informationen bezogen auf den Internet Explorer gibt es unter `http://www.microsoft.com/windows/Ie/Features/ContentAdv/default.asp`.

Der Schutz vor Newsgroups-Inhalten

Und auch das ist wichtig für Erziehungsverantwortliche: Der Zugriff auf einzelne Newsgroups, in denen relativ viel jugendgefährendes Material zu finden ist, wird durch die Filtereinstellungen im Internet Explorer nicht verhindert, da Web-Angebote und Newsgroups völlig unabhängig voneinander sind. Viele Newsserver (d.h. Computersysteme, die den Inhalt von Newsgroups zur Verfügung stellen), wie zum Beispiel der T-Online-Newsserver, bieten »kritische« Gruppen erst gar nicht an. Die beste Sicherung gegen die teilweise leider haarsträubenden Inhalte einiger (weniger) Newsgroups ist es, auf einem PC, zu dem Kinder Zugang haben, Outlook Express (oder einen anderen Newsreader) gar nicht erst zu installieren oder keinen Newsserver zu konfigurieren.

12.12 Sicherheitseinstellungen

Die Sicherheit beim Surfen durch das Web wird in Zukunft eine immer wichtigere Rolle spielen. Das liegt zum einen daran, dass trotz gewisser Bedenken bei der »breiten Bevölkerung« und einer verständlichen Skepsis immer mehr geschäftliche Vorgänge über das Internet abgewickelt werden. Auch wenn man sein Eigenheim lieber mit einem Architekten plant und den Sommerurlaub lieber in einem Reisebüro bucht, werden mehr und mehr Einkäufe über das Web erledigt werden. Und wer heute eine antike Wanduhr oder die berühmte Vase aus der Zeit der Ming-Dynastie los werden will, setzt kein Inserat mehr in die Zeitung, sondern versucht es als erstes beim Internet-Auktionshaus eBay. Wer in diesem Zusammenhang seine Kreditkartennummer eintippt, möchte dies mit dem sicheren Gefühl tun, dass diese verschlüsselt und ohne abgehört zu werden beim Empfänger eintrifft. Im gleichen Maße wie der Handel über das Internet ausgedehnt wird, boomt auch der Missbrauch und die Kriminalität in diesem Bereich. Letztere hat aber, so scheint es, nicht den kleinen Websurfer im Auge, sondern vermutlich in erster Linie große Organisationen, Banken usw. Nicht nur der Missbrauch von Kreditkartennummern oder PIN-Nummern für Online-

Konten ist eine Gefahr, auch der Missbrauch scheinbar harmloser Daten ist ein wichtiges Thema. Jeder, der durch das Web surft, Webseiten auswählt, sich mit Namen und E-Mail-Adresse irgendwo registriert, bei Bestellungen (auch oder vor allem wenn es kostenlose Angebote sind) seine Adresse eingibt und schließlich auch Einkäufe tätigt, hinterlässt eine Datenspur, über die sich Rückschlüsse auf persönliche Gewohnheiten ableiten lassen, die im harmlosesten Fall nur für gezielte Werbemaßnahmen benutzt werden. »Privacy protection«, also der Schutz der Privatsphäre ist der zweite wichtige Aspekt, der in die Kategorie Sicherheit beim Websurfen fällt.

Und da wären noch die Attacken, aus dem Internet, über die man so viel liest. Hier ist nicht das Internet, sondern das E-Mail-Programm Outlook die Schwachstelle, da es Nachrichten empfangen kann, die Scriptdateien als Anhänge besitzen, die, wenn sie von dem ahnungslosen Empfänger geöffnet werden, sich auf dem Computer einnisten, Dateien löschen und sich per E-Mail verbreiten. Noch subtiler sind direkte Attacken, die auf dem Umstand basieren, dass eine Verbindung zum Internet keine Einbahnstraße ist und Angreifer die bestehende Verbindung dazu benutzen, auf ihren PC Dateien zu kopieren (sog. Trojaner), die wenn sie ausgeführt werden, irgendwelche Dinge tun, die nicht unbedingt in Ihrem Sinne sind. Sie sehen bereits an diesen Aufzählungen, das Internet besteht nicht nur aus Shopping-Seiten, Partnerschaftsvermittlungen oder skurrilen Informationen. Auch wenn die Gefahr Opfer einer solchen Attacke zu werden relativ gering ist, sie ist groß genug, um sich über Abwehrmaßnahmen Gedanken zu machen.

:-) TIPP

Nehmen Sie sich eine Stunde Zeit, um sich mit den Sicherheitseinstellungen vertraut zu machen. Auch wenn diese auf den ersten Blick ein wenig undurchsichtig erscheinen mögen, sind sie letztlich doch einfach zu verstehen und relativ klar durchdacht. Sie müssen sich nur stets vor Augen halten, dass jede Webseite, die Sie aufrufen können vom Internet Explorer automatisch in eine von vier Sicherheitszonen eingestuft wird und mit jeder Sicherheitszone eine Reihe von Sicherheitseinstellungen verbunden sind. Das ist das Prinzip der Sicherheitseinstellungen des Internet Explorer.

12.12.1 Die Idee der Webinhaltszonen (Sicherheitszonen)

Das Sicherheitskonzept des Internet Explorers basiert auf Sicherheitszonen und Sicherheitsstufen. Jede Webseite, die der Internet Explorer »besucht«, gehört automatisch zu einer Sicherheitszone und damit zwangsläufig zu einem Satz an Sicherheitseinstellungen, die automatisch vor dem Aufruf der Webseite wirksam werden. Das bedeutet konkret, dass der Internet Explorer die Sicherheitseinstellungen automatisch von der Adresse der abgerufenen Seiten abhängig macht. Webseiten aus dem Intranet gehören automatisch der niedrigen, Webseiten aus dem Internet dagegen der hohen Sicherheitsstufe an. Welche Webinhaltszone aktiv ist, wird durch ein kleines

Symbol in der Statusleiste des Internet Explorers angezeigt. Dieser einfache Mechanismus stellt sicher, dass für Webseiten im Internet automatisch strengere Sicherheitseinstellungen gelten als für lokale Webseiten oder die Webseiten im Intranet. Jede Sicherheitszone ist mit einer von vier Sicherheitsstufen (HOCH, MITTEL, NIEDRIG und SEHR NIEDRIG) verbunden. Jede dieser Einstellungen steht über eine Kombination spezieller Sicherheitseinstellungen, wobei einer Sicherheitszone (und damit allen zu dieser Zone gehörenden Webseiten) auch ein individueller Mix an Einstellungen zugewiesen werden kann (mehr dazu gleich). Eingestellt werden alle diese Dinge im Register SICHERHEIT der Internetoptionen. Bevor die Details erklärt werden, müssen Sie noch einmal die Standardwarnung für diese Fälle über sich ergehen lassen:

Wer regelmäßig, zum Beispiel über Backup, seine Daten sichert, kann möglichen Gefahren, die durch unsichere ActiveX-Komponenten, Java Applets oder Scripts drohen können, relativ gelassen entgegensehen. Im schlimmsten Fall, etwa nach Eindringen eines Virus (auch dies ist sehr unwahrscheinlich), formatiert man die Festplatte, installiert Windows neu und stellt über das Backup, das auch die Systemkonfiguration umfasst, den alten Zustand wieder her. Das ist zwar mehr als ärgerlich und vor allem zeitraubend, stellt aber keine größere Katastrophe dar, wie sie duch einen Datenverlust eintreten würde.

Abbildung 12.24: Im Register Sicherheit wird unter anderem die Sicherheitszone für die aktuelle Webseite eingestellt

INFO

Bei Windows XP und dem Internet Explorer 6 wurden aus den Sicherheitszonen die Webinhaltszonen. Außer einer Namensänderung gibt es aber keine Unterschiede zum Internet Explorer 5.

Tabelle 12.3: Die Symbole der Webinhaltszonen und ihre Bedeutung

Symbol	Für welche Webinhaltszone steht es?	Default-Sicherheitsstufe
	Internet	Mittel
	Lokales Intranet	Niedrig
	Vertrauenswürdige Sites	Sehr niedrig
	Eingeschränkte Sites	Hoch

12.12.2 Einstellen der Webinhaltszonen

Stellen Sie sich vor, dass 90% der Websites, die Sie aufsuchen, absolut seriös sind und es keinen Grund gibt, den Betreibern dieser Sites in irgendeiner Weise zu misstrauen (wenngleich auch dies keine 100%-Sicherheit bietet, da diese Sites »gehackt« werden könnten und dann zumindest für einen kurzen Zeitraum unsicheres Terrain darstellen würden). Ab und zu rufen Sie Sites auf, die vielleicht nicht ganz so seriös sein könnten. Nun wäre es sehr umständlich für diese wenigen Sites (die Sie zudem aus rein akademischem Interesse heraus aufrufen oder weil Sie sich als Web-Designer alle Layouts im Web anschauen müssen) die Sicherheitseinstellungen heraufzusetzen, da dann die übrigens (sicheren) Sites unter Umständen nur eingeschränkt genutzt werden könnten. Genauso unpraktisch wäre es, vor jedem Besuch einer vermeintlich unsicheren Site die Sicherheitseinstellungen auf hoch zu setzen, um sie anschließend wieder auf normal zu stellen. Aus diesem Grund gibt es die Sicherheitszonen. Indem Sie unsichere Sites einer anderen Sicherheitszone zuordnen, übernimmt der Internet Explorer beim Aufruf einer Seite dieser Site automatisch die mit dieser Zone verbundenen Sicherheitseinstellungen.

Zuordnen einer Site zu einer Webinhaltszone

STEP

1. Öffnen Sie die Internetoptionen und wählen Sie das Register SICHERHEIT.

2. Wählen Sie eine der Sicherheitszonen LOKALES INTRANET, VERTRAUENSWÜRDIGE SITES und EINGESCHRÄNKTE SITES. Für die Sicherheitszone INTERNET gibt es diese Möglichkeit nicht, da jede Webseite, die zu keiner Zone gehört, automatisch zu dieser Zone gehört.[6]

3. Klicken Sie auf SITES. Es öffnet sich ein Dialogfeld, in dem die Adresse der Webseite eingetragen werden muss. Bei der Sicherheitszone LOKALES INTRANET erscheint zunächst ein allgemeines Dialogfeld mit verschiedenen Einstellungen, die speziell für Intranets gültig sind. Das Dialogfeld für das Eintragen einer Webseite erscheint erst, nach Anklicken von ERWEITERT.

Wird die Webseite das nächste Mal abgerufen, wird automatisch die Sicherheitszone aktiv.

12.12.3 Die Rolle der Sicherheitsstufen

Jede Sicherheitszone ist mit einer Sicherheitsstufe verbunden, und diese steht wiederum für einen »Mix« an Sicherheitseinstellungen. Insgesamt stehen über 20 verschiedene Einstellungen zur Auswahl. Damit sich ein Benutzer beim Festlegen der Sicherheitseinstellungen für eine bestimmte Webseite nicht jedes Mal durch ein Dutzend verschiedener Einstellungen hindurchklicken muss, gibt es die Sicherheitsstufen. Die Zuordnung einer Sicherheitsstufe zu einer Sicherheitszone bewirkt, dass eine Reihe von Einstellungen aktiv werden, die das gewählte Sicherheitsniveau umsetzen. Die Sicherheitsstufen haben also keine reale Bedeutung, sondern dienen der Vereinfachung. Jede durch die Vorauswahl einer Sicherheitsstufe getroffene Einstellung lässt sich nachträglich abändern.

Einstellen einer individuellen Sicherheitsstufe

STEP

1. Öffnen Sie die Internetoptionen und wählen Sie das Register SICHERHEIT.

2. Wählen Sie eine Webinhaltszone aus, die eine individuelle Sicherheitseinstellung erhalten soll, und klicken Sie auf STUFE ANPASSEN. Es erscheint eine Auswahlliste mit sämtlichen Einstellungen.

3. Treffen Sie die individuellen Einstellungen und schließen Sie das Dialogfeld wieder. Sie werden feststellen, dass sich der Name der Sicherheitszone auf *Benutzerdefiniert* ändert.

Die einzelnen Einstellungen sind sehr speziell und können aus Platzgründen in diesem Buch nicht ausführlicher besprochen werden (eine kurze Erklärung erhalten Sie, wenn Sie zuerst das Fragezeigen in der rechten oberen Ecke und anschließend die betreffende Einstellung anklicken).

6 Aus diesem Grund entbehrt dieser Satz auch einer gewissen logischen Präzision.

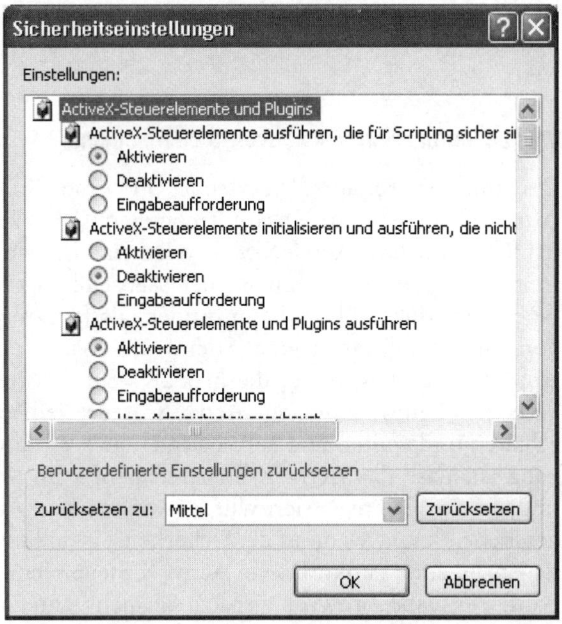

Abbildung 12.25: In diesem Dialogfeld werden individuelle Sicherheitseinstellungen getroffen

INFO

Der Download von Dateien ist bei Sicherheitsstufe »Hoch« nicht möglich. In diesem Fall muss man die Sicherheitsstufe vorübergehend herabsetzen oder vertrauenswürdige Sites, wie zum Beispiel `www.download.com`*, einer Sicherheitszone zuordnen, bei der ein Download möglich ist.*

:-) TIPP

Möchten Sie herausfinden, für welche Einstellungen eine Sicherheitsstufe im einzelnen steht, wählen Sie diese im Dialogfeld SICHERHEITSEINSTELLUNGEN *aus der Auswahlliste aus und klicken Sie auf* ZURÜCKSETZEN, *ohne aber die dadurch ausgewählten Einstellungen zu übernehmen.*

Rückgängigmachen einer individuellen Sicherheitsstufe

Falls Sie eine individuellen Mix von Einstellungen wieder auf eine der Standardsicherheitsstufen zurückführen möchten, klicken Sie entweder in das Register SICHERHEIT auf Standardstufe oder wählen in dem Dialogfeld SICHERHEITSEINSTELLUNGEN die gewünschte Sicherheitsstufe aus einer Auswahlliste aus (einer Sicherheitszone lässt sich als Alternative zu einzelnen Einstellungen auch gleich eine andere Stufe zuordnen).

INFO

Empfohlen wird die Sicherheitsstufe »Mittel« (diese ist voreingestellt). Die Sicherheitsstufe »Sehr niedrig« sollten Sie beim Surfen durch das Internet nicht wählen, da in diesem Fall die niedrigste Sicherheitsstufe für Java Applets verwendet wird und ActiveX-Steuerelement, die als »sicher für Scripting« markiert wurden, ungefragt ausgeführt werden, was theoretisch allen Gefahren, über die Sie immer in Spiegel TV gewarnt werden, Tür und Tor öffnet. Ganz so dramatisch ist aber selbst diese Sicherheitsstufe nicht, denn

ActiveX-Steuerelemente, die nicht als sicher für »scripting« markiert wurden, werden nur nach Eingabeaufforderung heruntergeladen und ausgeführt.

Was bedeutet »sichere« ActiveX-Steuerelemente?

Der Internet Explorer verwendet in seinen Sicherheitseinstellungen das Attribut »sicher« im Zusammenhang mit ActiveX-Steuerelementen etwas irreführend. Ein ActiveX-Steuerelement ist ein »Mini-Programm«, das (unter anderem) im Rahmen einer Webseite ausgeführt wird und dort beliebige Dinge durchführen kann. Anders als Java Applets, für die es eine Reihe von Einschränkungen gibt (Stichwort: »Sandkastenprinzip«, da ein Java-Applet seine Umgebung, die hier als »Sandkasten« bezeichnet wird, nicht verlassen kann), kann ein ActiveX-Steuerelement auf einem PC beliebig schalten und walten und zum Beispiel die Festplatte formatieren. Voraussetzung ist, dass das ActiveX-Steuerelement vom Webserver heruntergeladen und auf dem PC registriert wurde, was mit dem Abruf der Seite automatisch geschehen kann, wenn es die Sicherheitseinstellungen zulassen. Nun kommt der springende Punkt. Da ein ActiveX-Steuerelement beim Internet Explorer (vom Netscape Browser werden sie nicht unterstützt) praktisch alles darf und theoretisch alles machen kann, gibt es grundsätzlich keine sicheren ActiveX-Steuerelemente.[7] Selbst ein von der vertrauenswürdigsten Firma der Welt stammendes Steuerelement kann durch einen Programmierfehler Dinge tun, die den Benutzer nicht glücklich machen. Folglich gibt es auch keine Einstellung, die die Ausführung »gefährlicher« ActiveX-Steuerelemente verhindern kann. Entweder werden ActiveX-Steuerelemente über die Sicherheitseinstellung *Deaktivieren* gar nicht ausgeführt oder sie werden pauschal ausgeführt. Doch was hat es nun mit der Sicherheitseinstellung *ActiveX-Steuerelemente ausführen, die für Scripting sicher sind* auf sich? Ein Programmierer eines ActiveX-Steuerelements kann es als »sicher für scripting« markieren, wenn das ActiveX-Steuerelement, etwa in einer Webseite, durch Scriptbefehle gesteuert werden kann. Das Attribut sicher hat aber in diesem Zusammenhang nicht so sehr etwas mit Sicherheit für den Benutzer, sondern mit Gewährleistung für das Funktionieren des ActiveX-Steuerelements im Rahmen der Webseite zu tun. Ein Programmierer markiert sein ActiveX-Steuerelement als »sicher für scripting«, wenn er oder sie davon ausgeht, dass es bei der Ausführung im Rahmen einer Webseite zu keinen Programmfehlern kommt. Über die Sicherheit des ActiveX-Steuerelements für den Benutzer sagt dies nichts aus. Das vielzitierte ActiveX-Steuerelement, das mit Vorliebe Festplatten formatiert, kann (mit gutem Gewissen, auch wenn der Programmierer sich damit als Zyniker outet) als sicher für scripting markiert sein. Vor diesem Hintergrund muss auch die

7 Was aber auch nicht den Umkehrschluss erlaubt, dass alle ActiveX-Steuerelemente automatisch unsicher sind. ActiveX-Steuerelemente sind im Internet sehr selten geworden, da viele Web-Autoren sie nicht einsetzen möchten. Dennoch kann sie jede Webseite mit wenig Aufwand einbauen, um irgendwelche »finsteren« Absichten damit zu verwirklichen.

Sicherheitseinstellung gesehen werden. Erhält diese Einstellung den Wert *Deaktvieren* bedeutet dies lediglich, dass solche ActiveX-Steuerelemente nicht ausgeführt werden, bei denen der Programmierer die »sicher für scripting«-Eintragung nicht vorgenommen hat (entweder, weil er es vergessen hat oder weil das ActiveX-Steuerelement tatsächlich nicht bedenkenlos von einem Script gesteuert werden kann).

12.12.4 Wie sieht ein »optimaler« Schutz aus?

Einen hundertprozentigen Schutz kann es im Internet genauso wenig geben, wie sich ein öffentlicher Flughafen trotz eines unbestrittenen sehr hohen Interesses und eines gleichzeitig hohen Risikopotentials hundertprozentig sicher gestalten lässt. Ansonsten müsste man das Internet dicht machen bzw. nur jeder Person einzeln den Zutriff gewähren. Es gibt aber eine Reihe von wirksamen Vorsichtsmaßnamen, die Sie als »Besucher« treffen können. Die folgenden Ratschläge sind keine speziellen Expertentipps, sondern allgemeine Regeln, die man grundsätzlich einhalten sollte.

- Stellen Sie für die Sicherheitszone »Internet« eine möglichst hohe Sicherheitseinstellungen ein (siehe Tabelle 12.4) Sie müssen in diesem Fall vor dem Abruf einer Seite zwar zusätzliche Dialogfelder bestätigen (was auf die Dauer richtig lästig werden kann), sind aber vor den allermeisten potenziellen Gefahren sicher. Außerdem hat dies den Vorteil, dass Sie über alle bevorstehenden Aktivitäten des Webservers informiert werden.
- Wenn Sie keine restriktiven Einstellungen und daher die Sicherheitsstufe HOCH nicht verwenden möchten, wählen Sie bei allen Sicherheitseinstellungen die Option »Eingabeaufforderung«. Das bedeutet zwar, dass Sie jede Aktion einer Webseite bestätigen müssen (was auf die Dauer leider reichlich lästig wird), aber stets darauf hingewiesen werden, wenn ein HTML-Dokument Scriptbefehle enthält.
- Verwenden Sie »richtige« Kennwörter, also Kombinationen aus Buchstaben und Zahlen und nicht Allerweltsnamen, die jedes mittelmäßige »Passwortknackprogramm« in wenigen Minuten erraten kann.[8]
- Speichern Sie auf der Festplatte keine sensitiven Daten, sondern sichern Sie diese auf einem anderen Medium oder einem PC, zu dem während einer Internet-Sitzung keine aktive Verbindung besteht (also eine Art primitive *Firewall*).

8 Ich weiß ehrlich gesagt immer noch nicht, ob es diese Programme wirklich gibt – aber man hört ja so einiges.

- Achten Sie darauf, dass bei einer DFÜ-Verbindung die Internetverbindungsfirewall aktiv ist (diese ist neu bei Windows XP und standardmäßig aktiv). Durch sie werden eintreffende Anfragen aussortiert, so dass für einen Angreifer keine Möglichkeit besteht, Konfigurationsdaten abzufragen oder gar Programme zu starten.
- Führen Sie regelmäßig Backups durch (das ist stets eine gute Idee).
- Führen Sie regelmäßig Virenchecks durch.

Tabelle 12.4: Dieser »Mix« an Sicherheitseinstellungen sollte beim Surfen durch das Web eine hohe Sicherheit gewährleisten

Sicherheitseinstellung	Empfohlene Einstellung
ActiveX-Steuerelement ausführen, die für Scripting sicher sind	Eingabeaufforderung
ActiveX-Steuerelement initialisieren und ausführen, die für sicher sind	Eingabeaufforderung
ActiveX-Steuerelement und Plugins ausführen	Eingabeaufforderung
Download von ActiveX-Steuerelementen	Eingabeaufforderung
Download von unsignierten ActiveX-Steuerelementen	Eingabeaufforderung
Cookies	Aktivieren
Dateidownload	Aktivieren
Java-Einstellungen	Hohe Sicherheit
Active Scripting	Eingabeaufforderung
Einfügeoperationen über ein Script zulassen	Eingabeaufforderung
Scripting von Java Applets	Aktivieren
Unverschlüsselte Formulardaten übermitteln	Deaktivieren oder Eingabeaufforderung

12.12.5 Weitere Sicherheitseinstellungen

Nicht alle Sicherheitseinstellungen werden im Register SICHERHEIT vorgenommen. Auch im Register ERWEITERT finden sich eine Reihe von Einstellungen, die aber eher grundsätzlicher bzw. sehr allgemeiner Natur sind und daher nur selten geändert werden müssen. Die wichtigsten Einstellungen sind in Tabelle 12.5 aufgeführt.

Tabelle 12.5: Wichtige Einstellungen im Register Erweitert

Einstellung	Was hat sie zu bedeuten
Automatische Überprüfung auf Aktualisierung von Internet Explorer	Bewirkt, dass der Internet Explorer (ungefähr alle 30 Tage) auf der Microsoft-Webseite prüft, ob aktuellere Komponenten vorliegen. Sollte deaktiviert bleiben.
Benachrichtigen, wenn Download beendet ist	Bewirkt, dass nach Beendigung eines Downloads ein Dialogfeld erscheint, über das die heruntergeladene Datei geöffnet werden kann. Sollte aktiviert bleiben.
Immer alternativen Text für Bilder anzeigen	Bewirkt, dass zusätzlich zu einem Bild der auf der Seite enthaltene alternative Text (falls vorhanden und für den Fall, dass das Anzeigen von Bildern deaktiviert wurde) angezeigt wird.
Installation auf Anfrage aktivieren	Bewirkt, dass, wenn eine Webseite zusätzliche Komponenten benötigt, diese automatisch heruntergeladen und installiert werden. Sollte deaktiviert bleiben.
Internet Explorer auf dem Desktop anzeigen	Sorgt dafür, dass auf dem Desktop das e-Symbol angezeigt wird. Kann deaktiviert werden.
Scriptdebugging deaktivieren	Bewirkt, dass bei Auftreten eines Scriptfehlers nach dem Laden einer Seite keine Möglichkeit angeboten wird, den Script-Debugger zu starten. Kann deaktiviert werden, da der Umgang mit dem Script-Debugger spezielle Kenntnisse voraussetzt.
Verknüpfungen im gleichen Fenster öffnen	Wird diese Option aktiviert, öffnet das Anklicken einer Verknüpfung jedes Mal ein neues Fenster. Kann ohne diese Option durch das Drücken der ⇧-Taste erzielt werden.
Verschlüsselte Seiten nicht auf der Festplatte speichern	Sicherheitseinstellung für vorsichtige Anwender. Werden Webseiten mit verschlüsselten (und damit in der Regel auch sensiblen) Daten nicht auf der Festplatte gespeichert, lassen sie sich nicht ausspionieren. Sollte daher gesetzt werden.
Verwenden von *AutoVervollständigen*	Bewirkt, dass der Internet Explorer versucht, die Eingabe »zu erraten«. Sollte deaktiviert bleiben, da die stets erscheinende Auswahlliste der bereits eingegebenen URLs Eingabehilfe genug ist.

12.12.6 Wichtige Sicherheitsmeldungen

Der Internet Explorer gibt sich alle Mühe, Websurfer auf mögliche Gefahren hinzuweisen. So kann es passieren, dass man bei restriktiven Sicherheitseinstellungen erst einmal drei oder vier Dialogfelder bestätigen muss, bevor eine Seite angezeigt wird. Das kann auf die Dauer sehr lästig werden, ist aber der Preis, den man für eine möglichst hohe Sicherheit bezahlen muss. Die wichtigsten Sicherheitshinweise und allgemeinen Mitteilungsboxen, die etwas mit Sicherheit zu tun haben, sollen im Folgenden kurz vorgestellt werden:

- Die Ausführung von Script zulassen
- Formulardaten unverschlüsselt übertragen
- Annahme eines Cookies
- Autovervollständigen von Kennwörtern in Formularen
- Verlassen einer gesicherten Verbindung

Die Ausführung von Script zu lassen

Die große Mehrheit der Webseiten, auf denen »etwas passiert«, enthalten Scriptbefehle (meistens JavaScript), mit denen die Aktionen ausgeführt werden. Scriptbefehle überprüfen Eingaben, führen Umrechnungen durch oder sorgen dafür, dass vor dem Schließen eines Browserfensters gleich die nächste Webseite angesteuert wird. Scripts sind in der überwiegenden Mehrheit der Fälle, wo sie eingesetzt werden, harmlos. Doch da sich ein Restrisiko nicht ausschließen lässt, lassen sie sich über die benutzerdefinierten Sicherheitseinstellungen deaktivieren oder zumindestens nur nach Eingabeaufforderung aktivieren. Wurde in der Kategorie ACTIVESCRIPTING der Sicherheitseinstellungen die Einstellung »Eingabeaufforderung« gewählt, erscheint vor dem Abruf einer Seite, die Scriptbefehle enthält, ein entsprechender Sicherheitshinweis (Abbildung 12.26).

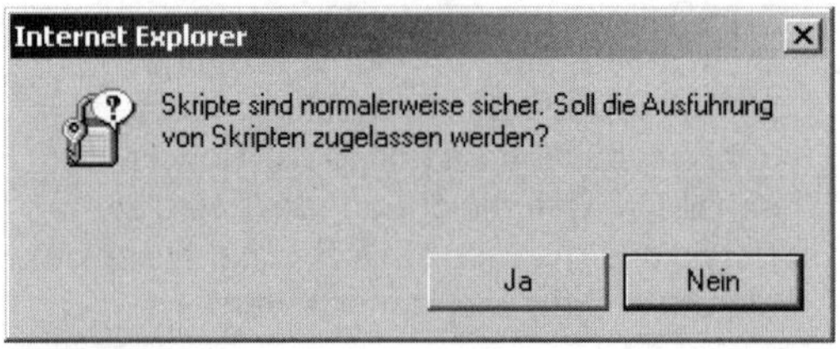

Abbildung 12.26: Dieser Sicherheitshinweis erscheint, wenn eine Webseite Scriptbefehle enthält

Formulardaten unverschlüsselt übertragen

Bietet eine Webseite die Möglichkeit der Benutzereingabe (zum Beispiel bei einer Suchmaschine), geschieht dies in den allermeisten Fällen über HTML-Formulare, also Eingabefelder, die nach Anklicken einer SENDEN-Schaltfläche (»Submit-Button«) in ihrer Gesamtheit als eine Textzeichenfolge an den Webserver gesendet werden. Geschieht diese Übermittlung, was in der Regel der Fall ist, nicht über eine sichere Verbindung und wurde in den Sicherheitseinstellungen im Zweig UNVERSCHLÜSSELTE FORMULARDATEN ÜBERMITTELN die Einstellung »Eingabeaufforderung« gesetzt, erscheint nach dem Anklicken der Schaltfläche ein entsprechender Hinweis (Abbildung 12.27), der lediglich besagt, dass Formulardaten über eine unsichere Verbindung übertragen werden und daher von Dritten »belauscht« werden könnten.

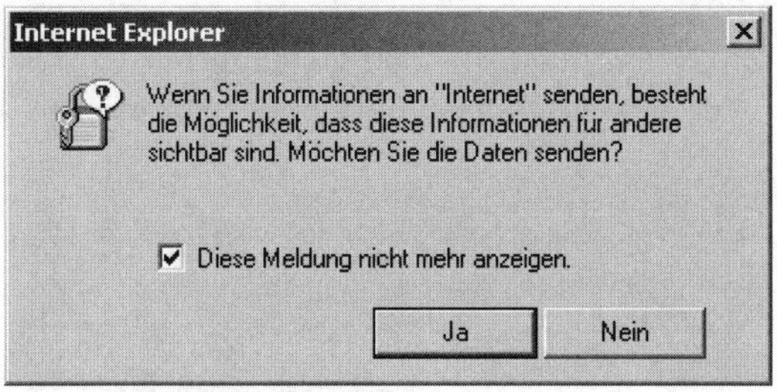

Abbildung 12.27: Dieser Hinweis erscheint, wenn Formulardaten unverschlüsselt übermittelt werden

Das Übermitteln unverschlüsselter Formulardaten ist in den meisten Fällen harmlos, da sensible Daten, etwa die Kreditkartennummer in einem Online-Shop, immer über einen sicheren Server erfolgen bzw. erfolgen sollten (mit anderen Worten, Sie sollten keine sensiblen Daten übertragen, wenn in der Statusleiste des Internet Explorers nicht das Sicherheitsschloss erscheint, was auf eine sichere SSL-Verbindung hinweist).

:-) TIPP

Viele Dialogfelder bieten die Option DIESE MELDUNG NICHT MEHR ANZEIGEN. *Wenn Sie die Meldung aber dennoch wieder sehen möchten, müssen Sie in den Internetoptionen die entsprechende Einstellung in den Sicherheitseinstellungen der Internet-Zone (Register* SICHERHEIT *und dann auf* STUFE ANPASSEN *klicken) ausfindig machen und sie wieder auf* EINGABEAUFFORDERUNG *setzen.*

Die Annahme eines »Kekses«

Viele Webseiten arbeiten mit sog. *Keksen* (engl. *cookies*) . Das sind kleine Dateien, die über das Internet auf der Festplatte des PCs (im Unterverzeichnis *Cookies*) gespeichert werden. Wenn Sie die Webseite das nächste Mal abrufen, wird dieses Cookie wieder abgefragt und die Webseite kann zum Beispiel erkennen, wann Sie das letzte Mal die Seite besucht haben.[9] In einem Cookie können auch persönliche Präferenzen oder andere Dinge gespeichert werden. Auch wenn Cookies zum offiziellen Internet-Standard gehören und harmlos sind, mögen einige Anwender nicht, dass andere Computer etwas auf Ihrem PC ablegen. Normalerweise werden Cookies, ohne dass Sie es bemerken, auf Ihrem PC gespeichert. Beim Internet Explorer 6

9 oder welches Deodorant Sie benutzen.

hat es, was den Umgang mit Cookies angeht, eine wichtige Änderung gegeben. Anstatt wie früher Cookies einzeln annehmen oder ablehnen zu können, was sich in den Sicherheitseinstellungen einstellen ließ, auf die Dauer aber etwas lästig wurde, lässt sich im Register Datenschutz der Internetoptionen einstellen, dass Cookies generell abgelehnt werden. In diesem Fall werden aber viele Websites, etwa Shopping-Sites, nicht mehr funktionieren, da diese zum Beispiel Informationen über den Warenkorb des Besuchers in einem Cookie speichern.

Möchten Sie sehen, ob eine der kürzlich besuchten Websites mit Datenschutzrichtlinien für den Umgang mit Cookies arbeitet, klicken Sie auf das (neue) Datenschutzsymbol in der Statusleiste des Internet Explorer.

Abbildung 12.28: Der Datenschutzbericht gibt an, welche der besuchten Websites mit Datenschutzrichtlinien für Cookies arbeiten

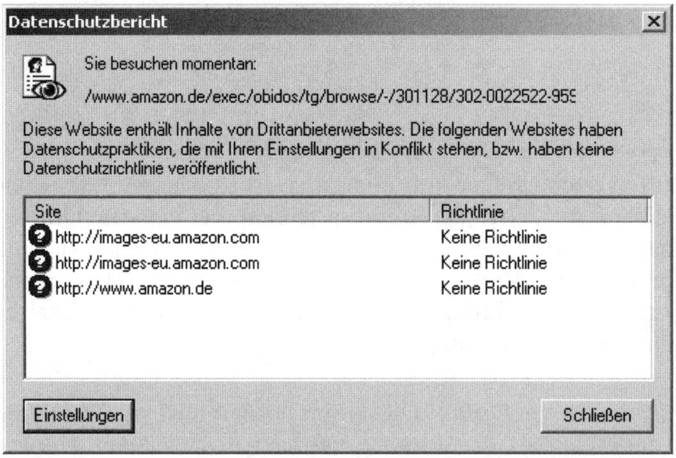

Autovervollständigen von Kennwörtern in Formularen

Als Eingabeerleichterung für »gestresste« Surfer bietet der Internet Explorer die Möglichkeit, Formulareingaben zu speichern, so dass Sie beim erneuten Ausfüllen eines Formulars bereits in die dafür vorgesehenen Felder eingetragen werden. Was auf einer Webseite damit einen ähnlichen Komfort bietet wie in einer Anwendung, in der dies im Allgemeinen selbstverständlich ist, sollte man aus Sicherheitsgründen dankend ablehnen. Insbesondere die Speicherung von Kennwörtern ist ein Sicherheitsrisiko, da sich diese Kennwörter (auch wenn sie verschlüsselt abgelegt werden) zum einen ausspionieren lassen, zum anderen jede Person, die den Webbrowser aufruft, automatisch den Zugang zu normalerweise kennwortgeschützten Webseiten erhält.

Sollten Sie diese Option dennoch wählen, speichert der Internet Explorer das Kennwort zu der Seite intern ab. Falls Ihnen das nicht behagt, löschen Sie im Register INHALT der Internetoptionen die aktuell gespeicherten Kennwörter (siehe Abbildung 12.30).

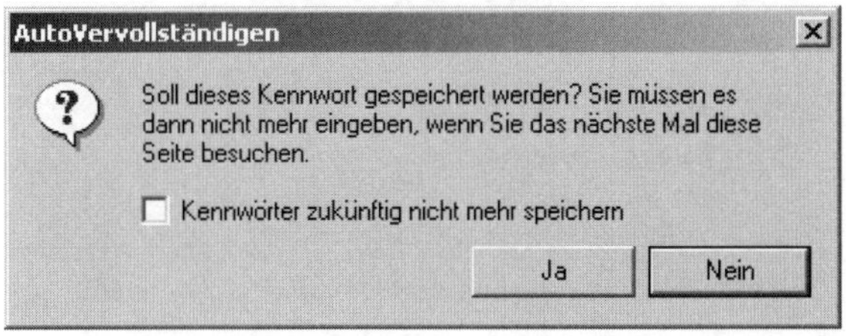

Abbildung 12.29: Die freundliche Unterstützung des Internet Explorers beim Merken von Formulareingaben und Kennwörter sollte man aus Sicherheitsgründen im Allgemeinen nicht annehmen

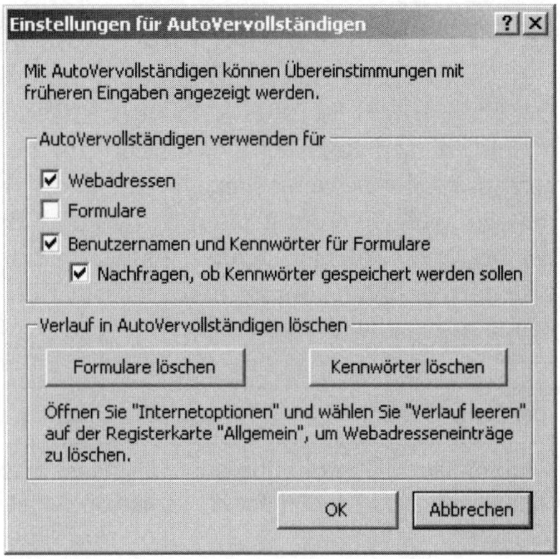

Abbildung 12.30: Über die Schaltfläche Kennwörter LÖSCHEN im Register Inhalt der Internetoptionen werden bereits eingegebene Kennwörter wieder gelöscht

Verlassen einer gesicherten Verbindung

Gesicherte Verbindungen werden über ein spezielles Protokoll abgewickelt, das die übertragenen Daten verschlüsselt. Besteht eine gesicherte Verbindung, wird dies durch das Schlosssymbol in der Statusleiste des Internet Explorers angezeigt. Damit der Benutzer das Verlassen einer gesicherten Verbindung auch wirklich bemerkt, wird dies durch eine Meldung angezeigt, die sich unterdrücken lässt.

Abbildung 12.31: Das unscheinbare Schlosssymbol in der Statusleiste des Internet Explorers zeigt an, dass eine sichere Verbindung (standardmäßig 128 Bit) verwendet wird

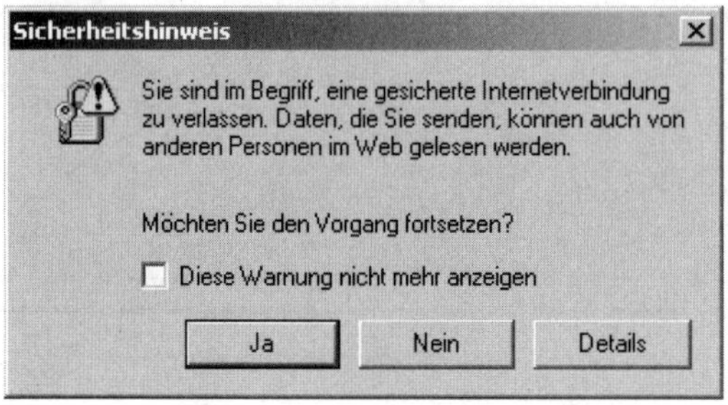

Abbildung 12.32: Diese Meldung erscheint vor dem Verlassen einer sicheren Verbindung

12.13 Einstellen der Internetoptionen

Der Menübefehl EXTRAS/INTERNETOPTIONEN öffnet ein umfangreiches Dialogfeld, dessen Register ERWEITERT eine große Auswahl an Optionen enthält, die teilweise sehr speziell sind und daher nur selten geändert werden müssen. Aufgrund der großen Anzahl an Einstellmöglichkeiten werden diese der besseren Übersichtlichkeit halber in einer nach Kategorien eingeteilten Listenauswahl angeboten. Eine Übersicht die verschiedenen Einstellmöglichkeiten gibt Tabelle 12.6.

Tabelle 12.6: Die Einstellungen im Register Erweitert

Optionen	Was hat es zu bedeuten?
Automatische Überprüfung auf Aktualisierungen des Internet Explorers	Legt fest, dass der Internet Explorer (laut Hilfe alle 30 Tage) auf der Microsoft-Website prüft, ob aktuellere Versionen vorhanden sind, und diese gegebenenfalls zum Download anbietet.
Benachrichtigen, wenn Download beendet ist	Sorgt dafür, dass nach Beendigung eines Downloads eine Meldung erscheint.
Die Schaltfläche WECHSELN ZU in der Adressleiste anzeigen	Legt fest, dass die WECHSELN ZU -Schaltfläche rechts neben dem Adressfeld angezeigt wird.
Installation bei Anfrage aktivieren	Ist die Option aktiviert, wird beim Zugriff auf eine nicht installierte Komponente angefragt, ob diese installiert werden soll.
Kurze HTTP-Fehlermeldungen anzeigen	Ist diese Option gesetzt, wird bei einem HTTP-Fehler (zum Beispiel Seite nicht gefunden) nur die Fehlernummer angezeigt.
Links unterstreichen	Legt fest, ob Links (Verknüpfungen) unterstrichen angezeigt werden oder nicht. Zur Auswahl stehen »Hover« (wenn der Mauszeiger über der Verknüpfung ist), »Immer« und »Niemals«.

Tabelle 12.6: Die Einstellungen im Register Erweitert (Forts.)

Optionen	Was hat es zu bedeuten?
Menü für persönliche Favoriten aktivieren	Bewirkt, dass im FAVORITEN-Menü nur die zuletzt benutzten Einträge angezeigt werden. Die restlichen Einträge werden erst auf Anforderung angezeigt.
Nicht verwendete Ordner im Verlauf und in Favoriten schließen	Soll bewirken, dass beim Wechseln in die Verlauf- oder Favoriten-Explorerleiste die nicht verwendeten Ordner geschlossen bleiben.
Optimierten Bildlauf verwenden	Ist diese Option aktiv, scrollt der Inhalt des Browser-Fensters in etwas kleineren Abständen, was bei anderen Eingabegeräten von Vorteil sein kann.
Ordneransicht für Ftp-Sites aktivieren	Ist diese Option nicht aktiv, werden die Verzeichnisse eines Ftp-Servers in Gestalt von Ordnern dargestellt. Ansonsten in der typischen Darstellungsform eines Ftp-Servers.
Passives Ftp verwenden	Bewirkt, dass nur die sichere Ftp-Variante verwendet wird, die aber nicht in allen Netzwerken funktioniert.
Seitenübergänge aktivieren	Ist diese Option aktiv, wird beim Wechseln zu einer neuen Seite die alte Seite ausgeblendet und die neue Seite eingeblendet.
Scriptdebugging deaktivieren	Ist diese Option gesetzt, wird bei Auftreten eines Scriptfehlers der Scriptdebugger nicht aktiviert (sofern dieser installiert ist).
Scriptfehler anzeigen	Ist diese Option aktiviert, werden Scriptfehler auf einer Webseite durch eine Meldung angezeigt. Standardmäßig ist diese Option deaktiviert, da Anwender durch diese Meldungen unnötig irritiert werden.
URLs immer als UTF-8 senden	Ist diese Option aktiviert, werden die URL-Adressen im UTF8-Format übertragen, was bewirkt, dass auch länderspezifische Zeichen enthalten sein können. UFT8 ist eine spezielle Codierung von Unicode mit der Besonderheit, dass es im Wesentlichen kompatibel zu US-ASCII (7-Bit) ist.
URLs in Kurzform anzeigen	Ist diese Option aktiviert, werden URLs in der Statusleiste nur in Kurzform (nur mit der Dateiname) angezeigt. Normalerweise gibt es keinen Grund, diese Option zu deaktivieren.

Tabelle 12.6: Die Einstellungen im Register Erweitert (Forts.)

Optionen	Was hat es zu bedeuten?
Verwenden von *AutoVervollständigen*	An dieser Stelle wird das automatische Vervollständigen von URLs im Adressfeld des Internet Explorers deaktiviert. Diese Einstellung wird überlagert von dem Autovervollständigen für Webadressen, das im Register INHALT eingestellt werden kann.
Zeitplan zur Synchronisierung von Offlineobjekten aktivieren	Ist diese Option aktiv, ist eine zeitgesteuerte Synchronisation von Favoriten oder gespeicherten Webseiten möglich.
Hintergrundfarben und -bilder drucken	Ist diese Option aktiv, werden beim Ausdrucken einer Webseite Hintergrundfarben und Bilder farbig ausgedruckt. Der Ausdruck wird dadurch verlangsamt.
Immer alternativen Text für Bilder anzeigen	Ist diese Option aktiv, wird der Bildrahmen für ein Bild so groß gewählt, dass der alternative Text (sofern vorhanden) angezeigt werden kann. Hat nur eine Bedeutung, wenn die Option Bilder anzeigen deaktiviert ist.
Systemzeiger mit Fokus-/Markierungsänderungen verschieben	Wird nur für den Fall benötigt, dass die Webseite mit einem speziellen Bildschirmleseprogramm angezeigt wird.
HTTP 1.1 über Proxy-Verbindungen verwenden	Ist diese Option aktiv, wird auch bei der Verbindung über einen Proxy-Server http 1.1 verwendet.
HTTP 1.1 verwenden	Ist diese Option aktiv, wird versucht beim Verbindungsaufbau zu einem Webserver http 1.1 zu verwenden.
Animationen in Webseiten wiedergeben	Gibt an, ob Animationen (animierte GIF-Dateien) sofort oder erst durch Anklicken mit der sekundären Maustaste abgespielt werden.
Automatische Bildgrößenanpassung aktivieren	Gibt an, ob sich das Explorer-Fenster an die Größe der dargestellten Bilder anpassen soll.
Bilder anzeigen	Ist diese Option nicht aktiv, werden Bilder erst auf Anforderung angezeigt.
Bildsymbolleiste aktivieren	Legt fest, dass, wenn sich der Mauszeiger über einem Bild befindet, eine kleine Symbolleiste mit passenden Kommandos angezeigt wird.

Tabelle 12.6: Die Einstellungen im Register Erweitert (Forts.)

Optionen	Was hat es zu bedeuten?
Internet Explorer (5.0 oder höher) Radioleiste immer anzeigen	Diese Option legt fest, ob die Radioleiste angezeigt wird.
Keine Onlinemedieninhalte in der Medienleiste anzeigen	Legt fest, dass zum Beispiel Videoclips nicht in der neuen Medienleiste des Internet Explorers 6.0 abgespielt werden.
Optimierten Bildlauf verwenden	Sorgt dafür, dass Bilder etwas besser dargestellt werden.
Platzhalter für Bilderdownload anzeigen	Ist die Option *Bilder anzeigen* deaktiviert, sorgt diese Option dafür, dass anstelle der Bilder ein Rahmen der gleichen Größe angezeigt wird.
Sound in Webseiten wiedergeben	Diese Option legt fest, ob Soundclips abgespielt werden. Ist diese Option deaktiviert, kann die Seite schneller angezeigt werden.
Videos in Webseiten wiedergeben	Diese Option legt fest, ob Videoclips sofort angezeigt werden. Ist diese Option deaktiviert, kann die Seite schneller angezeigt werden.
Auf zurückgezogene Serverzertifikate überprüfen	Ist diese Option aktiv, wird nach dem Verbindungsaufbau zu einem Webserver geprüft, ob das Sicherheitszertifikat des Servers zurückgezogen wurde.
Auf zurückgezogene Zertifikate von Herausgebern überprüfen	Ist diese Option aktiv, wird beim Aufruf einer Webseite mit aktiven Komponenten geprüft, ob die Sicherheitszertifikate der Komponenten noch gültig sind.
Bei ungültigen Site-Zertifikaten warnen	Ist diese Option aktiv, wird beim Antreffen eines ungültigen Sicherheitszertifikats eine Meldung angezeigt. Dies kann wichtig sein, da damit die Vertrauenswürdigkeit eines Servers steht und fällt, wenngleich nicht gültige Zertifikate nicht grundsätzlich bedeuten, dass der Server nicht mehr vertrauenswürdig ist.
Beim Wechsel zwischen sicherem und nicht sicherem Modus warnen	Ist diese Option aktiv, wird beim Wechsel von einer sicheren auf eine »nicht sichere« Webseite (also eine Webseite, die nicht mit einem Sicherheitsmechanismus wie SSL arbeitet) eine Meldung angezeigt.

Tabelle 12.6: Die Einstellungen im Register Erweitert (Forts.)

Optionen	Was hat es zu bedeuten?
Integrierte Windows-Authentifizierung verwenden	Legt fest, dass Windows die *Fortezza* zur Authenfizierung verwendet, die von Microsoft allerdings »ein wenig« modifiziert wurde und offenbar nicht mehr dem Standard entspricht. Bei *Fortezza* handelt es sich um einen Kryptographiesicherheitsstandard der US-Regierung (NSA). Ist diese Option aktiv, kann die Verbindung zu einer Webseite mit *Fortezza*-Sicherheit mit Hilfe eines speziellen Kartenlesengerätes hergestellt werden.
Leeren des Ordners »Temporary Internet Files« beim Schließen des Browsers	Bewirkt, dass beim Verlassen des Internet Explorers der Ordner *Temporary Internet Files* automatisch geleert wird.
PCT 1.0 verwenden	Ist diese Option aktiv, verwendet der Internet Explorer das PCT-Protokoll (Private Communication Technology)..
Profil-Assistent aktivieren	Ist diese Option aktiv, kann eine Website Informationen aus dem Profilassistenten anfordern.
Signaturen von übertragenen Programmen prüfen	Legt fest, dass der Internet Explorer beim Download von Programmen prüft, ob diese signiert sind.
SSL 2.0 verwenden	Ist diese Option aktiv, verwendet der Internet Explorer das SSL 2.0-Protokoll (Secure Sockets Layer).
SSL 3.0 verwenden	Ist diese Option aktiv, verwendet der Internet Explorer das SSL 3.0-Protokoll (Secure Sockets Layer).
TLS 1.0 verwenden	Ist diese Option aktiv, verwendet der Internet Explorer das TSL 1.0-Protokoll (Transport Layer Security).
Verschlüsselte Seiten nicht auf der Festplatte speichern	Ist diese Option aktiv, werden Webseiten mit verschlüsselten Informationen (zum Beispiel Webseiten, die von HTTPS-Websites abgerufen werden) nicht im Zwischenspeicher des Internet Explorer abgelegt.
Warnen, falls Formulardaten umgelenkt werden	Ist diese Option aktiv, erhalten Sie eine Warnung, wenn Formulardaten nicht an die Website geschickt werden, die im Formularkopf angegeben ist, sondern umgeleitet werden.

Tabelle 12.6: Die Einstellungen im Register Erweitert (Forts.)

Optionen	Was hat es zu bedeuten?
Ergebnisse anzeigen und zur wahrscheinlichsten Site wechseln	Legt fest, dass bei der Suche nach einer Webseite über das Adresseingabefeld die »wahrscheinlichste« Webseite aufgerufen wird und die Ergebnisse in der Suchleiste angezeigt werden.
Ergebnisse im Hauptfenster anzeigen	Legt fest, dass die Ergebnisse einer Suche über das Adresseingabefeld im Hauptfenster angezeigt werden.
Nicht in Adressleiste suchen	Deaktiviert die Suche über das Adresseingabefeld.
Zur wahrscheinlichsten Site wechseln	Legt fest, dass bei der Suche nach einer Webseite über das Adresseingabefeld die »wahrscheinlichste« Webseite aufgerufen.

12.14 Nützliche Tastenkombinationen

Der Internet Explorer kann auch über die Tastatur bedient werden. Tabelle 12.7 gibt eine Übersicht über die wichtigsten Tastenkombinationen des Internet Explorers.

Tabelle 12.7: Nützliche Tastenkombinationen für den Internet Explorer

Tastenkombination	Bedeutung
Tab	Wechselt zum nächsten Querverweis auf einer Webseite.
Strg + Tab	Wechselt zwischen den Rahmen einer Webseite vorwärtsrückwärts, sofern diese existieren.
Strg + ⇧ Tab	Wechselt zwischen den Rahmen einer Webseite rückwärts.
⇧	Beim Anklicken auf eine Querverbindung wird die Webseite in einem eigenen Fenster angezeigt.
⇧ + Backspace	Wechselt zur nächsten Seite.
Backspace	Wechselt zur vorherigen Seite.
⇧ + F10	Zeigt das Kontextmenü einer Verknüpfung an.
F5	Aktuelle Seite aktualisieren.
Esc	Übertragung der aktuellen Seite abbrechen.

Tabelle 12.7: Nützliche Tastenkombinationen für den Internet Explorer (Forts.)

Tastenkombination	Bedeutung
Strg + P	Aktuelle Seite ausdrucken.
Strg + S	Aktuelle Seite speichern.
Strg + N	Neues Fenster öffnen.

12.15 Tipps zum Internet Explorer

Die folgenden Tipps zum Internet Explorer, die teilweise auch für normale Ordnerfenster gelten, sollen Ihnen den Alltag im Web ein wenig erleichtern.

12.15.1 Favoriten gemeinsam nutzen

Wenn auf dem PC auch Windows 9x installiert ist, wäre es ganz nett, wenn man die Favoriten nicht für jedes System neu anlegen müsste. Grundsätzlich ist das kein Problem, man muss lediglich dafür sorgen, dass beide Betriebssysteme den gleichen Pfad für das *Favoriten*-Verzeichnis verwenden. Zuständig ist der Schlüssel HKEY_CURRENT_USER*Software\Microsoft\Windows\CurrentVersion\Explorer\Shell Folders*, dessen Eintrag *Favorites* den Pfad des Favoriten-Verzeichnisses enthält. Diesen Pfad muss man entweder direkt in der Registrierung oder per TweakUI (mehr dazu in Kapitel 24) setzen.

12.15.2 Symbole verkleinern

Die Symbole der Symbolleiste lassen sich zwar nicht in ihrer Größe variieren, durch Anklicken mit der sekundären Maustaste und Auswahl des Eintrags ANPASSEN erscheint das Dialogfeld zum Anpassen der Symbolleiste, in dessen Auswahllisten TEXTOPTIONEN und SYMBOLOPTIONEN entsprechend Einstellungen vorgenommen werden können. Befindet sich ein Ordnerfenster im Explorermodus, enthält das Kontextmenü statt dessen den Eintrag SYMBOLTITEL, durch den die Unterschriften ein- und ausgeblendet werden.

12.15.3 Links einfacher zugänglich machen

Links stehen nicht nur innerhalb des Internet Explorers zur Verfügung. Ziehen Sie ein Link-Symbol mit der Maus auf den Desktop oder auf die Startschaltfläche, um eine Webseite schneller aufrufen zu können. Achten Sie dabei auf das Mauszeigersymbol. Solange das »Einbahnstraßensymbol« erscheint, darf das Link nicht abgelegt werden.

12.15.4 Link-Symbole ändern

Anders als den Schaltflächen der Symbolleiste können Sie Links beliebige Symbole geben, denn es handelt sich um URL-Verknüpfungen. Klicken Sie dazu einen Link mit der sekundären Maustaste an und wählen Sie den Eintrag EIGENSCHAFTEN. Das Symbol wird im Register WEBDOKUMENT durch Anklicken der Schaltfläche ANDERES SYMBOL eingestellt. Eine reichhaltige Auswahl an Symbolen finden Sie zum Beispiel in den Dateien SHELL32.DLL, PROGMAN.EXE oder MSHTML.DLL. Sobald Sie den Pfad der DLL (zum Beispiel *%Systemroot\System32\Shell32.dll*) in das Eingabefeld DATEINAME eintragen und bestätigen, erscheint eine Auswahl der in der Datei enthaltenen Symbole.

12.15.5 Direkter Zugriff auf Favoriten

Der Internet Explorer organisiert seine Favoriten in Menüs und Untermenüs. Das Ziehen und Ablegen einzelner Favoriten ist nur innerhalb eines Menüs möglich. Möchten Sie einen Favoriten vom Hauptmenü in ein Untermenü übertragen, müssen Sie den Favoritenordner (er besitzt im allgemeinen den Verzeichnispfad *%Systemroot%\Favoriten*) öffnen, die Verknüpfung über [Strg] + [X] ausschneiden, den Unterordner öffnen und die Verknüpfung über [Strg] + [V] einfügen. Indem Sie mehrere Unterordner gleichzeitig öffnen, haben Sie durch geschicktes Anordnen der einzelnen Fenster sämtliche Favoriten im Überblick, ohne diese alle in ein und demselben Menü unterbringen zu müssen.

12.15.6 Tooltips zeigen Suchergebnisse an

Haben Sie über das SUCHEN-Explorerfenster eine Suche durchgeführt, werden die Suchergebnisse in einem Fenster angezeigt, das oft zu klein ist und lediglich die Titel der Seiten darstellt. Um mehr über eine Webseite zu erfahren, müssen Sie lediglich den Mauszeiger auf den Eintrag im Suchergebnis ziehen. Eine kurze Beschreibung der Seite wird daraufhin als Tooltipp angezeigt. Voraussetzung ist allerdings, dass die Suchmaschine dies unterstützt.

12.15.7 Abschalten der automatischen Adresseingabe

Falls es Sie stört, dass der Internet Explorer immer versucht, die von Ihnen eingegebene Adresse zu »erraten«, schalten Sie dieses Verhalten einfach ab, indem Sie im Register ERWEITERT die Option VERWENDEN VON AUTOVERVOLLSTÄNDIGEN (relativ weit unten im Zweig BROWSING) deaktivieren.

12.15.8 Symbole »klauen«

Möchten Sie ein Symbol von einer Webseite »klauen«, müssen Sie es nicht unbedingt abspeichern. Sie können es mit der Maus in ein anderes Programm, zum Beispiel PaintShop Pro, ziehen, um es dort weiterverarbeiten zu können. Das geht beim Internet Explorer sehr einfach, da, sobald sich der Mauszeiger über einem Bild befindet, eine kleine Symbolleiste erscheint, die vier Symbole anbietet: Für das Drucken, Abspeichern und Versenden des aktuellen Bildes per E-Mail, sowie für das Öffnen des Ordners EIGENE BILDER, so dass sich das Bild mit der Maus in diesen Ordner ziehen lässt.

Denken Sie aber daran, dass es für viele Symbole einen Urheberschutz gibt. Die beliebten Star Trek-Symbole auf der eigenen Homepage sollten niemand stören, wird diese Seite kommerziell genutzt, kann es Ärger geben.[10]

12.15.9 Adressen vervollständigen

Nach Eingabe einer Teil-URL (zum Beispiel »microsoft« anstelle von `http://www.microsoft.com`) bewirkt die Tastenkombination [Strg] + [↵], dass der (in der Registrierung festgelegte) Zusatz `www.` und die Top-Level-Domäne `.com` ergänzt werden. Auf diese Weise erhält man die vollständige URL, ohne diese komplett eintippen zu müssen.

12.15.10 Eine »verlorene« Webseite wieder aufrufen

Sie haben versehentlich den Internet Explorer geschlossen und möchten die eben aufgerufene Webseite erneut aufrufen, kennen aber deren Adresse nicht? Der schnellste und vor allem sicherste Weg die Seite zu lokalisieren ist es, die VERLAUF-Explorerleiste zu öffnen, den Eintrag HEUTE zu wählen und die Seite auszuwählen.

12.15.11 Symbole im Favoriten-Menü anzeigen

Ist Ihnen aufgefallen, dass einigen Einträgen im FAVORITEN-Menü ein individuelles Symbol vorausgeht? Dieses Symbol wird nicht vom Internet Explorer festgelegt. Es ist vielmehr Teil der Webseite. Der Autor der Webseite muss eine Bitmapdatei im Ico-Format mit dem Namen *Favico.ico* im Stammverzeichnis des Webservers ablegen. Der Internet Explorer stellt daraufhin allen Favoriten, die von dieser Webseite stammen, dieses Symbol voraus (eine andere Möglichkeit ist es, im *<HEAD>*-Tag einer Seite einen Verweis auf das Symbol einzufügen. Es handelt sich hier also um einen Tipp für die Autoren von Webseiten. Websurfer haben auf das angezeigte Symbol keinen direkten Einfluss.

---

10 Diese Angaben sind natürlich ohne juristische Gewähr. Im Zweifelsfall würde ich auf solche Symbole verzichten.

12.15.12 HTML-Editor für das Bearbeiten der angezeigten Webseite festlegen

Der Internet Explorer bestimmt auch, welches Programm für das Bearbeiten der aktuell angezeigten Webseite zuständig ist. Wenn Sie das DATEI-Menü öffnen, bezieht sich der BEARBEITEN-Befehl stets auf dieses Programm. Ob dies aber nun Microsoft Word, FrontPage oder nur der Editor ist, wird im Register PROGRAMME der Internetoption eingestellt. Hier können Sie auch festlegen, welches Programm sich um E-Mail oder die Newsgroups kümmern soll.

Abbildung 12.33: Im Register Programme wird festgelegt, wer sich um die verschiedenen Aktivitäten rund um den Internet Explorer kümmern soll

12.15.13 Netscape-Installation »reparieren«

»Wie der Herr, so das Gescherr«, könnte man sagen angesichts des nicht gerade freundschaftlichen Verhältnisses der beiden Browser-Konkurrenten Microsoft und Netscape. Dass aber nach der Installation des Netscape Navigators in alle Verknüpfungen der Netscape-Browser eingetragen wird, ist jedoch bei um Dateitypen konkurrierende Anwendungen normal und wird bei Windows XP durch den Umstand deutlich abgeschwächt, dass es auch für Html-Dateien ein ÖFFNEN MIT-Untermenü gibt.

Ein anderer Trick nach einer Netscape Installation, die ansonsten natürlich kein Problem darstellt, den Internet Explorer wieder zum Standard-Browser zu machen besteht darin, im Register PROGRAMME der Internetoptionen die Option AUF INTERNET EXPLORER AUF STANDARDBROWSER ÜBERPRÜFEN zu setzen (die allerdings gesetzt sein sollte).

13 E-Mail und Newsgroups mit Outlook Express

In diesem Kapitel geht es um E-Mail, jene Kommunikationsform, die auch dem Durchschnittsbürger inzwischen beinahe so geläufig ist wie Telefax oder Handy. E-Mail ist eine tolle Sache, denn per elektronischer Post können Sie Millionen Menschen in der ganzen Welt beliebige Nachrichten zukommen lassen, die in der Regel innerhalb weniger Minuten (meistens sogar viel schneller) zugestellt werden (eine Zustellgarantie gibt es allerdings nicht). Und es kommt noch besser. E-Mail kostet im Allgemeinen keinen Pfennig extra. Verfügen Sie über einen Internetdienstanbieter, besitzen Sie automatisch ein E-Mail-Konto. Sind Sie auf wechselnde Anbieter angewiesen oder sind Sie häufig unterwegs, richten Sie sich bei einem der zahlreichen kostenlosen E-Mail-Anbieter ein Postfach ein und versenden und empfangen Ihre Nachrichten von einem netten Internet-Cafe aus. Und besondere »Important Persons« lassen eintreffende Mails postwendend per Kurzmitteilung auf Ihr Handy weiterleiten, sodass Sie die Nachricht auch dann erreicht, wenn Sie nicht vor Ihrem PC sitzen (dieser Service hängt vom Anbieter ab). Es gibt also viele gute Gründe, sich mit E-Mail ausführlicher zu beschäftigen. In diesem Kapitel wird mit Outlook Express das E-Mail-Programm von Windows XP vorgestellt, das gleichzeitig auch für den Zugriff auf die Internet-Newsgroups zuständig ist, weswegen Sie in diesem Kapitel ebenfalls alles Wissenswerte über diese weltweiten Diskussionsforen erfahren. Auch wenn zu Outlook Express eine Reihe attraktiver Alternativen existieren, gibt es zumindest am Anfang relativ wenige Gründe, sich nach einer solchen Alternative umzusehen.

Falls Sie bereits mit Outlook aus dem Microsoft Office-Paket arbeiten, benötigen Sie Outlook Express lediglich für den Zugang zu den Newsgroups. Was die E-Mail-Funktionalität betrifft, sind sich Outlook Express und Outlook ähnlich, wenngleich es sich um verschiedene Programme handelt.

Die Themen dieses Kapitels:

- Wie funktioniert E-Mail?
- Outlook Express stellt sich vor
- Einrichten von Konten

- Der Umgang mit den Ablagen
- E-Mail in der Praxis
- Outlook Express konfigurieren
- Sicheres E-Mail ist gar nicht so schwer
- Newsgroups
- Tipps und Tricks rund um Outlook

13.1 Wie funktioniert E-Mail?

E-Mail basiert, auch wenn es am Anfang nicht so erscheinen mag, auf sehr einfachen Prinzipien. Zunächst ist es wichtig zu verstehen, dass eine E-Mail-Nachricht nicht direkt an den Empfänger geschickt wird (zumindest nicht, wenn es sich um »klassisches« E-Mail handelt).. Eine E-Mail-Nachricht wird zunächst an den E-Mail-Computer Ihres Internetdienstanbieters geschickt, der die Rolle eines Postverteilers spielt (diese sog. SMTP-Adresse wird beim Einrichten eines Outlook Express-Kontos eingetragen, sodass Outlook Express »weiß«, wohin es die Post schicken soll). Anhand des Hauptteils der E-Mail-Adresse wird (über den stets gleichen Port 25) die Nachricht an den Postverteiler des E-Mail- oder Internetdienstanbieters geschickt, bei dem der Empfänger sein Postfach besitzt. Dort wird der Hauptteil der E-Mail-Adresse des Empfängers dazu benutzt, die Nachricht im Postfach des Empfängers abzulegen. Damit ist sie zugestellt. Ob und wann der Empfänger die Nachricht erhält, hängt davon ab, ob und wann dieser die wartenden Nachrichten von seinem Postfach abholt. In einem Vergleich mit dem richtigen Leben (zu dem E-Mail inzwischen auch gehört) sind E-Mail-Nachrichten Briefe, die an ein Postfach geschickt werden, das der Empfänger bei einem Postamt in seiner Nähe eingerichtet hat. Die Zustellung der Post legt die Briefe lediglich im Postfach ab, der Empfänger muss sie dort abholen. Dieses Abholen geschieht bei E-Mail, indem Sie mit Outlook Express die Verbindung zu Ihrem Postfach herstellen, das bei Ihrem Internetdienstanbieter eingerichtet wurde. (Diese sog. POP3-Adresse wird ebenfalls beim Anlegen eines Kontos in Outlook Express eingetragen.). Die dort wartenden Nachrichten werden (dieses Mal über den Port 110) vom Postfach auf Ihren PC überspielt (dabei werden anschließend die von Ihnen geschriebenen und im Postausgang von Outlook Express wartenden Nachrichten an den Mail-Server des Internetdienstanbieters zur Weiterleitung geschickt). Erst jetzt ist eine E-Mail-Nachricht bei Ihnen eingetroffen.

Dies ist das »klassische« E-Mail-Prinzip. Seit einigen Jahren gibt es rein webbasierende E-Mail-Dienste (zum Beispiel Hotmail). Hier spielt sich die komplette Verwaltung des Postfaches auf einer Webseite ab. Um zum Beispiel Ihr Postfach zu öffnen, rufen Sie die Webseite des Anbieters auf und melden sich auf der Webseite an.

Falls es Sie interessiert, welche Stationen eine E-Mail-Nachricht auf dem Web von Ihrem Absender zu Ihrem Internetpostfach durchlaufen hat (es ist völlig normal, dass eine Nachricht, die von Brunsbüttel nach Stade geschickt wird, erst einmal in die USA flitzt, um von dort wieder den Weg über den Atlantik zurück nach Hamburg zu nehmen), erfahren Sie dies aus dem Briefkopf, den Sie sich betrachten können.

:-) TIPP

Sichtbarmachen des Briefkopfes einer E-Mail-Nachricht

STEP

1. Selektieren Sie die Nachricht im Posteingang mit der sekundären Maustaste und wählen Sie EIGENSCHAFTEN.
2. Klicken Sie auf DETAILS. Der Kopf der Nachricht wird nun sichtbar. Wenn Sie auf NACHRICHTENURSPRUNG klicken, wird der komplette Nachrichtentext so wie er eintraf mit Notepad angezeigt.

Sie sehen zwar viele technische Details, doch wer sich ein wenig mit dem Prinzip von E-Mail auskennt, kann darüber mehr über den Absender oder den Transportweg der Nachricht erfahren.

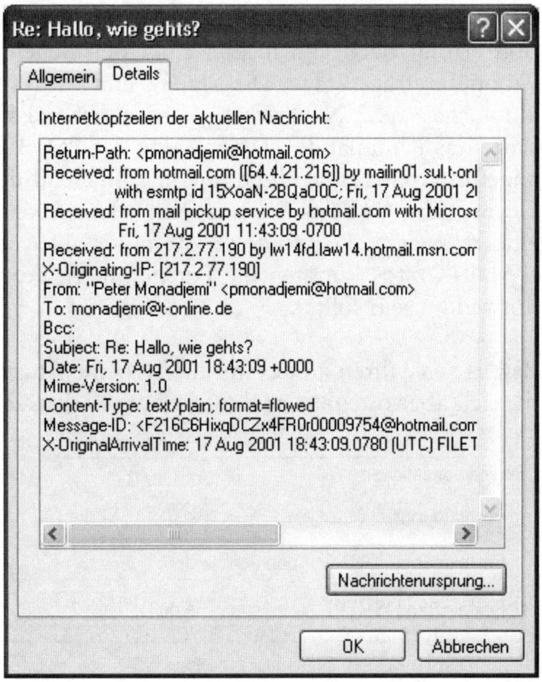

Abbildung 13.1: Auf Wunsch wird auch der Originalzustand einer E-Mail-Nachricht angezeigt

13.1.1 Kennen Sie SMTP und POP3? – Ein klein wenig Theorie

Wir behandeln das nur in aller Kürze, da man sich im Allgemeinen dafür nicht interessieren muss. E-Mail ist beinahe so alt wie das Internet und basiert auch heute noch auf sehr einfachen Protokollen, die vermutlich irgendwann in den 70er Jahren erdacht wurden. Zwei Namen sollten Sie sich in diesem Zusammenhang merken: SMTP und POP3. Das *Simple Mail Transfer Protocol* (SMTP) ist für das Versenden von Nachrichten von Ihrem PC zum Mail-Verteiler Ihres Internetdienstanbieters zuständig. Aus diesem Grund benötigen Sie auch beim Einrichten eines Kontos die Adresse eines sog. SMTP-Servers. Das ist die Adresse jenes Computers, an den die ausgehenden Nachrichten geschickt werden. Damit der Computer auch weiß, dass es sich bei den eintreffenden Daten um E-Mail-Nachrichten handelt, werden diese über den für diesen Zweck reservierten Port 25 verschickt. Für das Abholen von Nachrichten, die im Postfach bei Ihrem Internetdienstanbieter warten könnten, ist das POP3-Protokoll (*Post Office Protocol – Version 3*) zuständig. Deswegen wird als zweite Server-Adresse beim Einrichten eines Kontos die Adresse eines POP3-Servers benötigt. Es ist die Adresse jenes Computers, bei dem Sie anfragen, ob in Ihrem Postfach Nachrichten warten und diese gegebenenfalls herunterladen. Die Kommunikation erfolgt nach einem sehr einfachen Schema, bei dem der anfragende Computer fragt »Hast Du Mail?« und der POP3-Computer zum Beispiel antwortet »Ja, 2 Nachrichten«. Anschließend schickt der anfragende Computer das Kommando »Holen« und der POP3-Computer sendet darauf die angeforderten Nachrichten, die anschließend im Posteingang Ihres E-Mail-Clients (also Outlook Express) eintreffen. Auch für den POP3-Server gibt es eine reservierte Portnummer, sie lautet 110 (im Register ERWEITERT des E-Mail-Kontos könnten die Portnummern geändert werden, was aber nie notwendig sein sollte).

Bereits seit Jahren gibt es mit IMAP4 eine Alternative zum POP3-Protokoll, die sich aber offenbar noch nicht hat durchsetzen können.

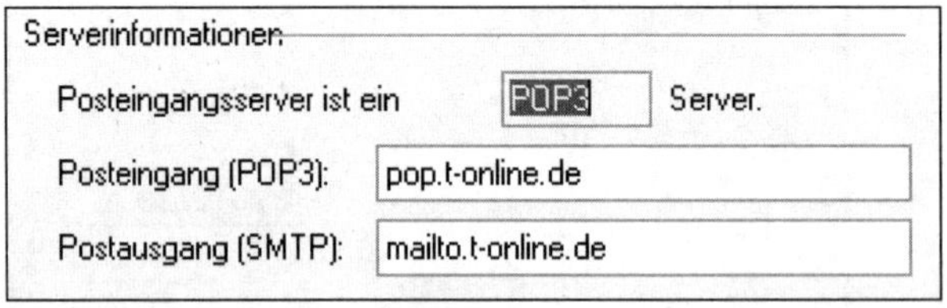

Abbildung 13.2: Beim Einrichten eines Kontos müssen sowohl die Adresse eines SMTP- als auch eines POP3-Servers angegeben werden

13.2 Outlook Express stellt sich vor

Outlook Express ist ein praktisches und leicht zu bedienendes Programm für den Versand und Empfang von E-Mail-Nachrichten und den Zugriff auf Newsgroups (mehr zu diesem Thema in Kapitel 13.8). Zu den Besonderheiten, die Outlook Express von anderen E-Mail-Programmen positiv abhebt, zählen folgende Punkte:

- Ein hierarchisches Ablagesystem, sodass sich eingetroffene Nachrichten auf verschiedene Ordner verteilen lassen
- Ein Regel-Assistent, der dafür sorgt, dass eingetroffene Nachrichten, zum Beispiel anhand ihrer Betreffzeile oder ihres Absenders, automatisch auf bestimmte Ordner verteilt werden
- Ein komfortabler Editor zum Schreiben der Nachrichten, der unter anderem HTML unterstützt und eine Rechtschreibprüfung einbezieht
- Eine Einrichtung, um an ausgehende Nachrichten sog. Signaturen (d.h. Textbausteine) anhängen zu können
- Die Möglichkeit, ausgehende Nachrichten sowohl zu verschlüsseln als auch zu signieren, stellt zum einen sicher, dass die Nachricht nicht von Dritten gelesen werden kann, zum anderen gewährleistet sie dem Empfänger die Sicherheit, dass er die Originalnachricht erhalten hat und diese nicht auf ihrem Weg zum Empfänger manipuliert wurde.

13.2.1 Outlook Express nach dem Start

Outlook Express wird über das Startmenü gestartet – Sie finden den Eintrag E-MAIL im oberen Bereich (falls Sie aus irgendeinem Grund mit dem klassischen Startmenü arbeiten, müssen Sie zunächst die PROGRAMME-Gruppe öffnen).

Nach dem Start präsentiert sich Outlook Express mit einem in drei Bereiche aufgeteilten Anwendungsfenster. Während in der linken oberen Ecke die hierarchische Ablage angezeigt wird, ist in der Mitte das Hauptfenster zu sehen, das zum Beispiel die Anzahl der ungelesenen Nachrichten anzeigt oder einen Zugriff auf die Newsgroups oder das Adressbuch enthält. Letzteres wird, sofern nichts anderes festgelegt wird, in der linken unteren Ecke angezeigt. Über den Menübefehl ANSICHT|LAYOUT kann diese Darstellungsweise aber angepasst werden.

Hinter Outlook Express steht die Programmdatei Msimn.exe.

INFO

Abbildung 13.3: Outlook Express 6.0 nach dem Start

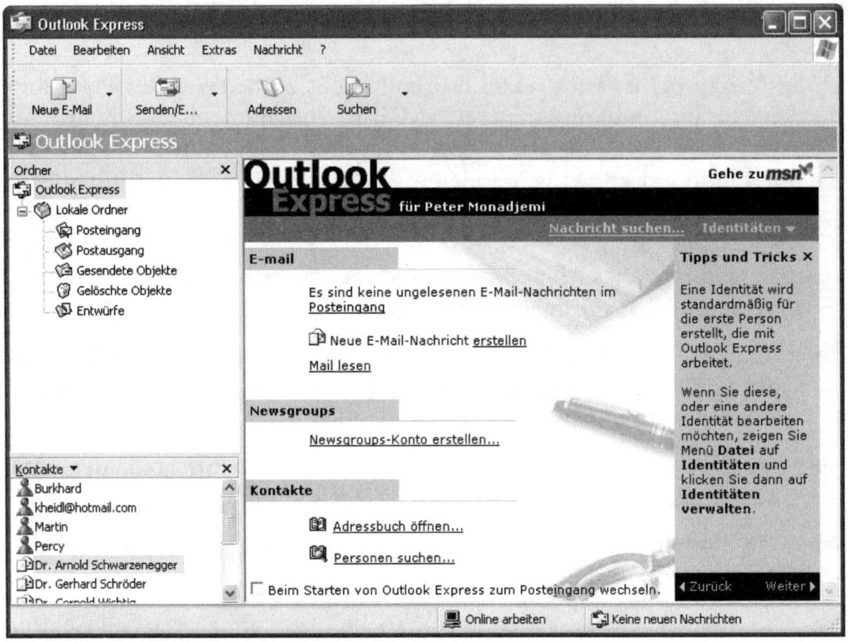

13.3 Einrichten eines E-Mail-Kontos

Der wichtigste Arbeitsschritt ist das Einrichten eines E-Mail-Kontos. Ein Konto hat natürlich nichts mit einem Konto bei einem Internetdienstanbieter (und schon gar nicht mit einem Bankkonto) zu tun, sondern fasst lediglich alle Einstellungen zusammen, die für den Zugang zu einem Postfach bei einem Internetdienstanbieter oder einem E-Mail-Dienst im Web benötigt werden. Dazu gehören im Einzelnen:

- der Name der Verbindung, über die die Verbindung zum E-Mail-Postfach hergestellt wird
- der Name des Benutzers und gegebenenfalls sein Kennwort,
- der Name des SMTP- und des POP3-Servers, sofern es sich nicht um webbasierendes E-Mail handelt. Im letzteren Fall muss die URL-Adresse des E-Mail-Dienstes (zum Beispiel »`www.hotmail.com`«) angegeben werden.

Den folgenden Arbeitsschritt müssen Sie nur ausführen, wenn noch kein E-Mail-Konto in Outlook Express angelegt wurde oder wenn Sie ein weiteres E-Mail-Konto, zum Beispiel für ein weiteres Postfach, benötigen.

Hinzufügen eines E-Mail-Kontos

1. Führen Sie den Menübefehl EXTRAS|KONTEN aus. Dies ist stets der erste Schritt für den Zugriff auf die Konten. Es öffnet sich ein Dialogfeld mit allen bisher eingerichteten Konten.

2. Wählen Sie das Register E-MAIL. Hier werden alle bereits eingerichteten E-Mail-Konten aufgelistet.

3. Klicken Sie auf die HINZUFÜGEN-Schaltfläche und wählen Sie den Eintrag E-MAIL. Sie starten dadurch einen Assistenten, der Sie durch die einzelnen Schritte für das Anlegen eines E-Mail-Kontos führt.

4. Als Erstes willder Assistent den Namen wissen, der in einer E-Mail-Adresse als Absender (also im *Von*-Feld der Nachricht) erscheinen soll. Dies ist nicht Ihr E-Mail-Name, sondern ein im Prinzip beliebiger Name. Die Möglichkeit, den Empfänger zu täuschen, gibt es hier übrigens nicht, denn neben diesem Namen enthält die Nachricht auch Ihre »wahre« E-Mail-Adresse als Absender.[1]

Es gehört zu den guten Umgangsformen bei E-Mail, als Absender den »wahren Namen« anzugeben und keinen Fantasienamen, wie es zum Beispiel beim Chat oder in einigen Newsgroups üblich ist.

5. In diesem Schritt ist Ihre E-Mail-Adresse gefragt, die Sie von Ihrem Internetdienstanbieter erhalten haben.

6. Hier will der Assistent die Internetadressen des E-Mail-Server Ihres Internetdienstanbieters wissen. Die meisten Internetdienstanbieter bieten sowohl einen POP3- als auch einen SMTP-Server an. Dies sind die Adressen Ihres Postfachs, von dem Sie Ihre Nachrichten abholen (POP3) bzw. an die Sie die Nachrichten schicken (SMTP).

Falls Sie T-Online-Teilnehmer sind, lautet die POP3-Adresse pop.t-online.de *und die SMTP-Adresse* mailto.t-online.de. *Damit Sie auf diese Server zugreifen können, müssen Sie sich als Teilnehmer »ausweisen«, was bereits beim Herstellen der Verbindung zu T-Online geschieht.*

Outlook Express unterstützt das modernere IMAP4-Protokoll, das alternativ zu POP3 ausgewählt werden kann.

7. Da für die Anmeldung an das Postfach Ihr Name und gegebenenfalls auch ein Kennwort erforderlich sind, müssen Sie es an dieser Stelle festlegen. Dies ist bereits der dritte Name, der im Zusammenhang mit der E-Mail-Option eingetragen werden muss. Dabei handelt es sich um jenen Namen, mit dem Sie sich bei Ihrem Internetdienstanbieter anmel-

1 Diese E-Mail-Adresse muss im Allgemeinen keine Rückschlüsse auf den Absender zulassen. Es ist kein Problem, sich mit »fiktiven« Angaben eine E-Mail-Adresse bei einem der zahlreichen kostenlosen E-Mail-Dienstanbieter zu besorgen und diese als Absender anzugeben.

den. Die Option ANMELDUNG DURCH GESICHERTE KENNWORT-AUTHENTIFIZIERUNG (SPA) darf nur gewählt werden, wenn der Internetdienstanbieter dies unterstützt (wie zum Beispiel bei CompuServE-Mail). In diesem Fall ist die Eingabe von Anmeldename und Kennwort meistens nicht erforderlich, denn diese werden bereits beim Herstellen der Einwählverbindung übertragen.

:-) TIPP

Wenn Sie aus Sicherheitsgründen das Kennwort nicht speichern lassen möchten, deaktivieren Sie die Option KENNWORT SPEICHERN *und geben kein Kennwort ein. In diesem Fall müssen Sie bei jedem Zugriff auf Ihr Postfach das Kennwort eintippen (was tut man nicht alles für die Sicherheit).*

8. Damit sind erst einmal alle Angaben komplett (der Verbindungstyp und der Kontenname müssen gegebenenfalls über die Eigenschaften des Kontos nachträglich geändert werden). Klicken Sie auf FERTIG STELLEN, um das Konto anzulegen.

Wenn Sie bereits mehrere Konten angelegt haben, können Sie durch die ALS STANDARD-Schaltfläche ein Konto zum Standardkonto machen, welches beim Anklicken der SENDEN UND EMPFANGEN-Schaltfläche automatisch verwendet wird. Ansonsten müssen Sie das zu verwendende Konto über den Menübefehl EXTRAS|KONTEN auswählen.

9. Überprüfen Sie noch einmal die Eigenschaften des angelegten Kontos, indem Sie das Konto im Dialogfeld INTERNETKONTEN auswählen (es sollte bereits voreingestellt sein) und auf EIGENSCHAFTEN klicken. Sie können hier eine Reihe von Eigenschaften einstellen, die sich über den Assistenten nicht festlegen ließen. Im Register ALLGEMEIN können Sie dem Konto einen etwas aussagekräftigeren Namen geben (die Vorgabe ist der Name des POP3-Servers), im Register VERBINDUNG stellen Sie ein, auf welche Weise die Verbindung hergestellt wird. Outlook Express übernimmt dabei die Einstellungen, die durch den Internet Explorer getroffen werden. Wählen Sie eine der angebotenen DFÜ-Verbindungen aus oder fügen Sie eine neue hinzu. Wählen Sie den Eintrag LAN, wenn die Verbindung über eine gemeinsam genutzte DFÜ-Verbindung und einen anderen PC durchgeführt wird.

INFO

Wenn Sie mehrere Konten angelegt haben, bewirkt das Anklicken der SENDEN UND EMPFANGEN-*Schaltfläche, dass sämtliche Konten der Reihe nach abgefragt werden. Ist dies nicht erwünscht, verwenden Sie statt dessen den* SENDEN UND EMPFANGEN-*Befehl im* EXTRAS-*Menü, denn hier können Sie eines der Konten auswählen.*

13.4 Der Umgang mit den Ablagen

Outlook Express arbeitet mit einem Ablagesystem bestehend aus Ablagen (Ordnern), das den Verzeichnisordnern des Explorers zwar sehr ähnlich, aber nicht mit dem Explorer integriert ist (mit anderen Worten, es lässt sich nicht direkt vom Explorer in eine Outlook-Ablage wechseln). Es ist hierarchisch aufgebaut, da eine Ablage beliebig viele Unterablagen besitzen kann. Der oberste Ordner heißt OUTLOOK EXPRESS. Für jede angelegte Identität enthält dieser Ordner einen Unterordner, der stets wiederum eine Reihe fester Unterordner enthält (siehe Tabelle 13.1). Es spricht nichts dagegen, über den Menübefehl DATEI|ORDNER|NEU neue Ordner anzulegen, um so zum Beispiel die eingetroffene Post nach Themengebieten sortiert ablegen zu können.

Tabelle 13.1: Die Standardordner einer Outlook Express-Ablage

Ordner	Bedeutung
POSTEINGANG	Hier landen die eingetroffenen Nachrichten, bevor sie gegebenenfalls auf andere Ordner verteilt werden, entweder per Hand oder durch Anwendung einer Regel.
POSTAUSGANG	Hier wird eine Nachricht abgelegt, bevor Sie versendet wird. Sobald die Verbindung über ein Konto zum E-Mail-Server hergestellt wird, werden automatisch alle Nachrichten verschickt, deren Absender mit dem des Kontos übereinstimmt (mit anderen Worten, das Konto bestimmt, welche Nachrichten aus dem Postausgang abgeschickt werden). Es ist wichtig zu verstehen, dass das Absenden einer Nachricht in Outlook Express lediglich bedeutet, dass sie in den Postausgang gespeichert wird. Wann sie an den (SMPT-) Server verschickt wird hängt davon an, wann die Internetverbindung hergestellt wird.
GESENDETE OBJEKTE	Hier werden »Kopien« der versendeten Nachrichten abgelegt. Voraussetzung ist, dass die Option »Kopie im Ordner 'Gesendete Objekte' speichern« in den Outlook Express-Optionen (Register SENDEN) gesetzt ist.
GELÖSCHTE OBJEKTE	Hier werden alle gelöschten Nachrichten abgelegt. Ist die Option »Ordner 'Gelöschte Objekte' beim Beenden leeren« gesetzt, wird der Ordner automatisch geleert. Wird eine Nachricht in diesem Ordner gelöscht, ist sie endgültig weg.
ENTWÜRFE	Alle Nachrichten, die beim Erstellen gespeichert werden, werden in diesem Ordner abgelegt. Das ist immer dann praktisch, wenn man eine Nachricht angefangen hat und sie noch nicht sofort abschicken möchte.

Intern werden die verschiedenen Ablagen durch Dateien (Erweiterung .Dbx*) dargestellt. Mit Outlook Express 4 oder mit Microsoft Exchange (aus Windows 95) angelegte Ablagen oder Adressbücher müssen über den Menübefehl* DATEI|IMPORTIEREN *importiert werden.*

13.5 E-Mail in der Praxis

In diesem Abschnitt werden die wichtigsten Arbeitsschritte vorgestellt, die beim Umgang mit E-Mail in der täglichen Praxis anfallen können. Die meisten Arbeitsschritte sind relativ simpel und durch die Bedienerführung selbsterklärend, sodass es bei einer kurzen Beschreibung bleibt (auf Abbildungen wird weitestgehend verzichtet).

13.5.1 Das Schreiben einer neuen Nachricht

Das Schreiben einer Nachricht entspricht dem Schreiben eines kleinen Briefes, nur dass der geschriebene Text nicht gespeichert, sondern über die Telefonleitung an einen anderen Punkt dieser Erde geschickt wird.

Das Erstellen einer Nachricht

1. Starten Sie Outlook Express, wechseln Sie gegebenenfalls in den E-Mail-Bereich (durch Anklicken von OUTLOOK EXPRESS im Ablagefenster) und klicken Sie auf die Schaltfläche NEUE E-MAIL in der Symbolleiste. Es öffnet sich das Nachrichtenfenster, in dem die neue Nachricht erstellt wird.

Achten Sie auf den kleinen Pfeil in der Schaltfläche. Er öffnet eine Liste mit HTML-Briefvorlagen. Probieren Sie das ruhig einmal aus, denn es zeigt sehr schön, dass E-Mail längst nicht mehr nur aus trockenem Text bestehen muss. Voraussetzung ist aber, dass das E-Mail-Programm Ihres Empfängers HTML-Nachrichten anzeigen kann. Und das ist längst nicht bei jedem Programm der Fall. Vermutlich ist es am besten, Briefvorlagen nur dann zu verwenden, wenn die Empfänger ebenfalls mit Outlook arbeiten.

2. Sie sehen jetzt das Nachrichtenfenster von Outlook Express. Hier werden die zu versendenden Nachrichten zusammengestellt (Sie können alternativ auch Dokumente direkt aus ihrer Anwendung heraus versenden – mehr dazu gleich). Das Nachrichtenfenster verfügt über eine eigene Symbolleiste. Der wichtigste Knopf ist VERSENDEN, denn durch ihn wird die Nachricht in den Postausgang befördert. Doch so weit sind wir noch nicht. Geben Sie als Erstes in das AN-Feld entweder den Namen oder die E-Mail-Adresse des Empfängers ein. Geben Sie einen Namen an, muss sich dieser im Adressbuch befinden. Sollte der Name später vor der Übernahme der Nachrichten in den Postausgang nicht gefunden werden, erhalten Sie Gelegenheit, einen neuen Eintrag anzulegen.

Damit Sie gleich zu einem Erfolgserlebnis kommen, tragen Sie hier Ihre eigene E-Mail-Adresse ein.

Soll eine Nachricht an mehrere Empfänger geschickt werden, müssen die einzelnen E-Mail-Namen durch Kommata getrennt werden.

E-Mail-Namen müssen entweder eine »gültige« Zusammensetzung besitzen (also ein »@«-Symbol – das sog. Ätt-Zeichen – enthalten) oder bereits im Adressbuch vorhanden sein. Trifft keines von beiden zu, erwartet Outlook Express, dass Sie einen neuen Kontakt anlegen.

Ist Ihnen das kleine (Adressbuch-) Symbol links vom An-Feld aufgefallen? Dieses Symbol öffnet ein Auswahlfeld mit allen Einträgen des Adressbuches. Sie müssen daher eine Adresse nicht eintippen, sondern können den einzelnen Feldern (An, Cc und manchmal auch Bcc) die Empfängeradressen direkt zuweisen. Zwingend notwendig ist das bei Outlook Express aber nicht, denn Sie werden feststellen, dass Outlook Express »mitdenkt« und bereits während der Eingabe eine Adresse vervollständigt (sofern diese Option nicht deaktiviert wurde).

Damit Sie eine E-Mail-Adresse nicht mehrfach angeben müssen, können Sie sie bereits bei der ersten Eingabe in das Adressbuch übernehmen. Führen Sie dazu zunächst den Menübefehl Extras|Namen überprüfen *(oder die Tastenkombination* [Strg] + [K] *aus. Ist die allgemeine Schreibweise der Adresse in Ordnung, wird sie unterstrichen angezeigt. Klicken Sie die Adresse im* An*-Feld jetzt mit der sekundären Maustaste an und wählen Sie den Eintrag* Absender zum Adressbuch hinzufügen. *Es erscheint das Adressbuch, in dem Sie alle Angaben der Adresse festlegen können. Mehr dazu in Kapitel 6, in dem im Rahmen des Windows-Zubehörs auch das Adressbuch vorgestellt wird.*

3. Geben Sie im Betreff-Feld den Grund der Nachricht an. Das ist zwar nicht zwingend notwendig, erleichtert aber dem Empfänger, die Nachricht einzuordnen. Außerdem gehört es zum guten Umgangston bei E-Mail. Geben Sie für diese Übung zum Beispiel »Nur ein kleiner Test« ein.[2]

4. Geben Sie den Text der Nachricht ein. Sie können in diesem Feld wie in einem Textverarbeitungsprogramm schreiben. Durch Anklicken des Klammersymbols in der Symbolleiste oder über den Menübefehl Einfügen|Anlage können Sie beliebige Dateien auswählen (für erfahrene Internetanwender: Diese Dateien werden automatisch MIME-kodiert.

2 Ab und an erreichen mich Nachrichten von Lesern, bei denen das Betreff-Feld leer ist. Meistens ist es eine Frage der fehlenden Erfahrung beim Umgang mit E-Mails. Daher noch einmal mein Tipp: Geben Sie einen Betreff an, denn er verhindert, dass Ihre Nachricht im Posteingang übersehen wird.

Im Register SENDEN der Outlook Express-Optionen lassen sich Einstellungen bei der MIME-Kodierung vornehmen), die zusammen mit der Nachricht verschickt werden sollen.

:-) TIPP

Im Register ERSTELLEN *der Outlook Express-Optionen lässt sich die Schriftart ändern. Besitzt der Empfänger ebenfalls Outlook Express, wird diese Schriftart beim Lesen der Nachricht angezeigt.*

INFO

Wenn nichts anderes festgelegt ist, wird eine Nachricht bei Outlook Express im HTML-Format verschickt. Voraussetzung ist aber, dass der Empfänger mit einem E-Mail-Programm arbeitet, das HTML-Nachrichten anzeigen kann. Ansonsten erhält der Empfänger eine unübersichtlich wirkende Textdatei mit einer Reihe von nichts sagenden Anhängen, je nach Ausstattung der HTML-Datei. Mehr zu HTML-Mail finden Sie in Kapitel 13.5.25.

INFO

Zusätzlich zum AN*-Feld finden Sie im Nachrichtenkopf ein* CC*-Feld. Dieses Feld werden Sie nur selten benötigen. Es ist dazu gedacht, einem oder mehreren Personen eine Kopie der Nachricht zukommen zu lassen. Das Kürzel steht für »Carbon Copy«, also Durchschlag auf Kohlepapier, und beschreibt die Funktion sehr gut.*[3] *Alle Empfänger, die auf Cc gesetzt werden, erhalten eine Kopie der Nachricht.*

Neben dem CC-Feld gibt es auch noch ein BCC-Feld (es muss aber erst einmal sichtbar gemacht werden). Über dieses Feld (die Abkürzung steht für »Blind Carbon Copy«) können Sie ebenfalls weitere Adressen angeben, nur erfahren diesmal die auf BCC gesetzten Empfänger nicht, wer außer Ihnen eine Kopie erhalten hat. Überlegen Sie sich selber, wann welches Feld richtig ist.

5. Klicken Sie nun auf die SENDEN-Schaltfläche, um die Nachricht abzusenden. Sie wird dadurch in den POSTAUSGANG-Ordner übertragen und das Nachrichtenfenster wird geschlossen. Besteht bereits eine Verbindung zum Internet, wird die Nachricht automatisch an Ihr Postfach (bei Ihrem Internetdienstanbieter) geschickt. Wenn noch keine Verbindung besteht, wird diese nun aufgebaut. Voraussetzung ist allerdings, dass die Option NACHRICHTEN SOFORT SENDEN im Register SENDEN der Outlook Express-Optionen gesetzt ist.

Wurde die DFÜ-Verbindung hergestellt, muss Outlook Express als Nächstes die Verbindung zu dem angegebenen Postfach herstellen. Auch wenn sich das innerhalb weniger Sekunden abspielt, können Sie sich diese Schritte im Detail anzeigen lassen. Sollte während des Verbindungsaufbaus ein Fehler auftreten, wird dieser im Register FEHLER des angezeigten Verbindungs-Dialogfeldes protokolliert (meistens dürfte ein Tippfehler in der E-Mail- oder Postfach-Adresse die Ursache sein).

3 Vorausgesetzt, Sie gehören noch zu jener Generation, die mit Kohlepapier Durchschläge machte. Ich weiß nicht, ob das heutzutage noch üblich ist.

6. Die Post ist weg und wie geht es jetzt weiter? Sie können davon ausgehen, dass Ihre Nachricht in der Regel in wenigen Minuten im Postfach des Empfängers eintrifft. Da Sie in dieser Übung eine E-Mail-Nachricht an Ihr eigenes Postfach geschickt haben, müsste bereits, während Sie diesen Text lesen, eine Nachricht für Sie vorliegen. Warten Sie gegebenenfalls ein paar Minuten, klicken Sie auf die Schaltfläche SENDEN UND EMPFANGEN (oder einfacher über die Tastenkombination [Strg] + [M], bestätigen Sie unter Umständen die Verbindungsdaten und warten Sie, bis die Verbindung hergestellt ist. Kurz darauf sollte sich die neue Nachricht in der POSTEINGANG-Ablage befinden.

Die Auswahl der stets benötigten Adresse geschieht entweder durch Eingabe des kompletten E-Mail-Namens (umständlich) oder durch Auswahl der Adresse aus dem Adressbuch (elegant). Soll die Nachricht an mehrere Personen geschickt werden, werden deren Adressen in das Adressfeld durch Kommata getrennt eintragen.

Wenn Sie öfter Nachrichten an mehrere Empfänger verschicken und dafür keine Gruppe im Adressbuch anlegen möchten, gibt es einen einfachen Trick, mit dem Sie Tipparbeit sparen. Geben Sie von den Empfängeradressen nur die ersten Buchstaben ein und klicken Sie auf das PRÜFEN-*Symbol in der Symbolleiste. Outlook Express ergänzt die Adressen automatisch (sofern sie eindeutig sind).*

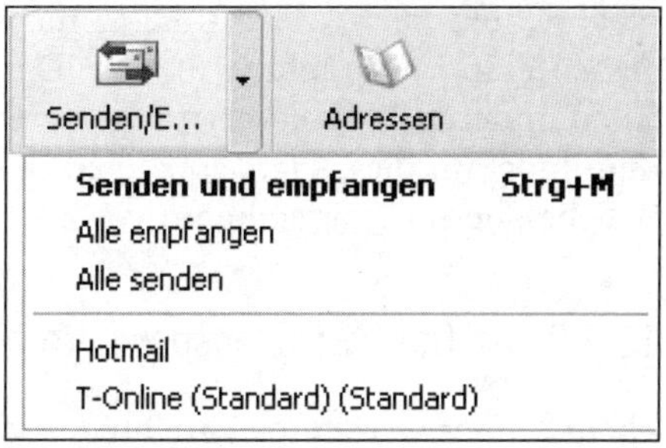

Abbildung 13.4: Nach Anklicken der Senden/Empfangen-Schaltfläche erscheint eine Auswahlliste der angelegten Konten

13.5.2 Das Versenden einer Nachricht mit Anlage

Um eine Nachricht mit einer (beliebigen) Dateianlage zu versenden, muss diese im Nachrichtenfenster über die EINFÜGEN-Schaltfläche (Heftklammersymbol) eingefügt werden. Es erscheint ein Dialogfeld, in dem auch mehrere Dateien ausgewählt werden können. Die Namen aller angehängten Anlagen werden im Nachrichtenfenster im EINFÜGEN-Feld aufgelistet, wobei zu jeder Anlage die Übertragungsgröße angegeben wird. Die Gesamtgröße wird erst angezeigt, nachdem die Nachricht in den Postausgang übertragen wurde (die Spalte GRÖSSE muss unter Umständen erst sichtbar gemacht werden).

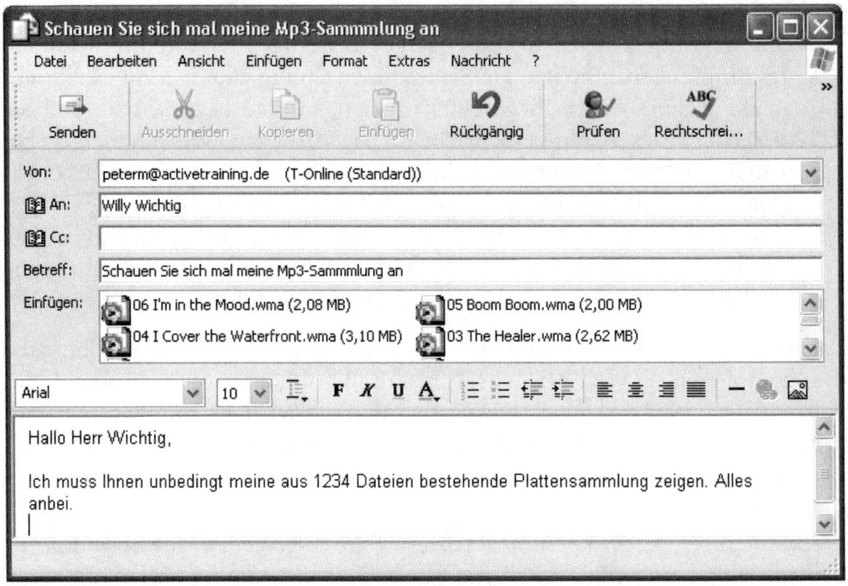

Abbildung 13.5: Die Anlagen einer Nachricht werden im Einfügen-Feld aufgelistet

Es versteht sich von selbst, dass man allzu große Anlagen keinem Empfänger zumuten sollte. Insbesondere dann, wenn dieser sich über eine DFÜ-Verbindung einwählen muss (und nicht über ein Netzwerk mit Standleitung mit dem Internet verbunden ist). Der in vielen Fällen beste Weg ist es, E-Mail-Nachrichten mit großen Anlagen nicht direkt zu verschicken, sondern statt dessen eine Verknüpfung auf die Dateien auf die eigene Homepage (oder einen anderen Webserver) zu kopieren und per E-Mail lediglich eine Verknüpfung auf diese Dateien zu verschicken, so dass sie der Empfänger nach Belieben herunterladen kann.

13.5.3 Das Zwischenspeichern einer Nachricht

Nicht immer werden Nachrichten in einem Rutsch erstellt und abgeschickt. Manchmal kann man eine Nachricht aus verschiedenen Gründen nicht fertig stellen und möchte sie aber auch nicht beim nächsten Mal neu schreiben. Speichern Sie für diesen Fall die Nachricht ab (zum Beispiel über [Strg] + [S], sie wird dadurch im Ordner ENTWÜRFE abgelegt, wo Sie sie zu einem späteren Zeitpunkt wieder öffnen und fertig stellen können.

13.5.4 Das Versenden einer Nachricht mit »Durchschlag«

Soll eine Nachricht als Durchschlag an einen oder mehrere Personen geschickt werden, müssen deren Adressen in das CC-Feld (»Carbon Copy«) eingetragen werden. Genau wie beim AN-Feld lassen sich alle Adressen aus dem Adressbuch übernehmen.

13.5.5 Das Versenden einer Nachricht mit »unsichtbarem Durchschlag«

Soll ein Empfänger nicht sehen können, wer außer ihm die gleiche Nachricht erhalten hat, verwendet man anstelle des CC- das BCC-Feld. Das BCC-Feld muss unter Umständen im Nachrichtenfenster über den Menübefehl ANSICHT|ALLE KOPFZEILEN erst sichtbar gemacht werden.

13.5.6 Das Versenden einer Nachricht mit Bestätigung

Falls Sie für eine versendete Nachricht eine Bestätigung wünschen, muss dies über den Menübefehl EXTRAS|LESEBESTÄTIGUNG ANFORDERN oder global im Register BESTÄTIGUNGEN der Optionen eingestellt werden. Arbeitet der Empfänger ebenfalls mit Outlook Express, wird je nach eingestellter Option automatisch nach Anfrage eine Bestätigung zurückgeschickt oder keine Bestätigung zurückgeschickt (der Empfänger kann aber das Senden der Bestätigung verhindern, indem er die Nachricht nicht abschickt, weshalb dies kein sicherer Weg ist, um festzustellen, ob eine Nachricht ihren Empfänger erreicht hat).

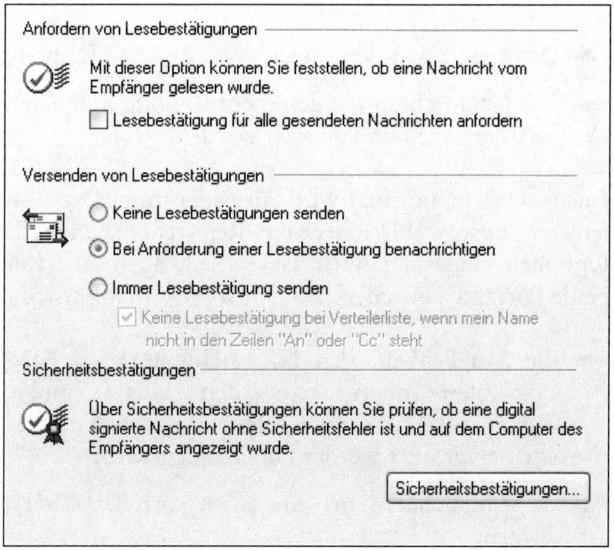

Abbildung 13.6: Im Register Bestätigung wird eingestellt, auf welche Weise eine Nachricht bestätigt wird

13.5.7 Das Versenden von »Rundschreiben«

In diesem Abschnitt geht es um den Fall, dass Sie ein und dieselbe Nachricht an eine kleine Gruppe von Empfängern (etwa eine Einladung zu einer Geburtstagsparty) verschicken möchten, es geht nicht um die berüchtigten

Massen-Mails (auch »Spam« genannt), mit denen dubiose Versender Tausenden weltweit auf die Nerven gehen. Rundschreiben werden auf zwei verschiedene Weisen verschickt:

- durch Aufnahme aller Empfängeradressen in das CC-Feld der Nachricht (jeweils getrennt durch ein Komma). Verwenden Sie die ÜBERPRÜFEN-Funktion, um die Schreibweise der Einträge zu überprüfen und gegebenenfalls auch zu vervollständigen;
- durch Anlegen einer Gruppe im Adressbuch.

Die zweite Variante bietet sich immer dann an, wenn Sie einer Gruppe mehrfach »Rundschreiben« zukommen lassen möchten – ansonsten ist die erste Variante einfacher. Mehr zum Adressbuch finden Sie in Kapitel 6.

13.5.8 Das Versenden einer HTML-Nachricht

Outlook Express versendet Nachrichten wahlweise im HTML- oder im Textformat. Das HTML-Format ist zwar voreingestellt und die Ergebnisse sind im Allgemeinen auch hübsch anzusehen, doch ist es in den allermeisten Fällen sinnvoller, Nachrichten im Textformat zu verschicken:

- Das Textformat kann weltweit von allen Empfängern gelesen werden.
- Die Nachrichten werden nicht unnötig aufgebläht und können schneller übertragen und gelesen werden.

Das Nachrichtenformat wird entweder im FORMAT-Menü des Nachrichtenfensters ausgewählt oder im Register SENDEN der Outlook Express-Optionen eingestellt. Hier lassen sich auch eine Reihe von Optionen für beide Formate einstellen. Zu den wichtigsten Einstellungen gehören:

- die Möglichkeit, den Nachrichtentext im Base64- oder im Quoted Printable-Format (hier werden Umlaute und andere Sonderzeichen durch spezielle Zeichenfolgen darzustellen, die durch Gleichheitszeichen eingeleitet werden) übertragen wird,
- die Möglichkeit, bei einer Antwort den Text des Absenders einzurücken,
- die Festlegung darüber, nach wie vielen Zeichen ein Zeilenumbruch erfolgen soll.

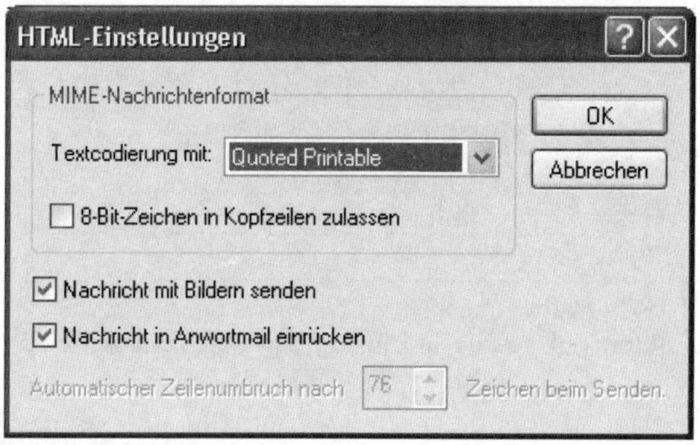

Abbildung 13.7: Für das HTML-Nachrichtenformat lassen sich spezielle Optionen einstellen

13.5.9 Das Versenden einer Nachricht mit Briefpapier

Über den Menübefehl FORMAT|BRIEFPAPIER lässt sich eine HTML-Nachricht mit einem Briefpapier (also einer HTML-Vorlage) versehen. HTML-Nachrichten erlauben einen im Prinzip beliebigen Gestaltungsfreiraum (als Vorlage kommen beliebige HTML-Dateien in Frage, die zum Beispiel auch dynamisches HTML enthalten können), man sollte sich nur stets darüber im Klaren sein, dass der Empfänger in der Lage sein muss, HTML-Nachrichten anzeigen zu können, und dass HTML-Nachrichten sehr viel umfangreicher sind als einfache Textnachrichten. Man sollte die Briefpapier-Option daher nur sparsam und zu besonderen Anlässen einsetzen.

Würde die HTML-Mail aus Abbildung 13.8 an ein Hotmail-Konto geschickt werden, würde die Schriftart (ansatzweise) erhalten bleiben, das Bild würde in der Nachricht angezeigt werden, der Hintergrund würde allerdings als separate GIF-Datei im Anhang beigefügt werden, so dass der Empfänger leider nicht in den Genuss des gestalterischen Einfallsreichtum des Absenders käme.

13.5.10 Das Versenden einer digital verschlüsselten Nachricht

Um eine Nachricht verschlüsselt zu senden (Voraussetzung ist die Installation einer digitalen ID), gibt es zwei Möglichkeiten:

- Den Menübefehl EXTRAS|VERSCHLÜSSELN im Nachrichtenfenster
- Die Option ALLE AUSGEHENDEN NACHRICHTEN UND ANLAGEN VERSCHLÜSSELN im Register SICHERHEIT der Outlook Express-Optionen

Abbildung 13.8: Sieht nett aus, macht aber nicht alle Empfänger glücklich

13.5.11 Das Versenden einer digital signierten Nachricht

Um eine Nachricht mit einer digitalen Signatur zu senden (Voraussetzung ist auch hier die Installation einer digitalen ID), gibt es zwei Möglichkeiten:

- Den Menübefehl EXTRAS|DIGITAL SIGNIEREN im Nachrichtenfenster
- Die Option ALLE AUSGEHENDEN NACHRICHTEN DIGITAL SIGNIEREN im Register SICHERHEIT der Outlook Express-Optionen

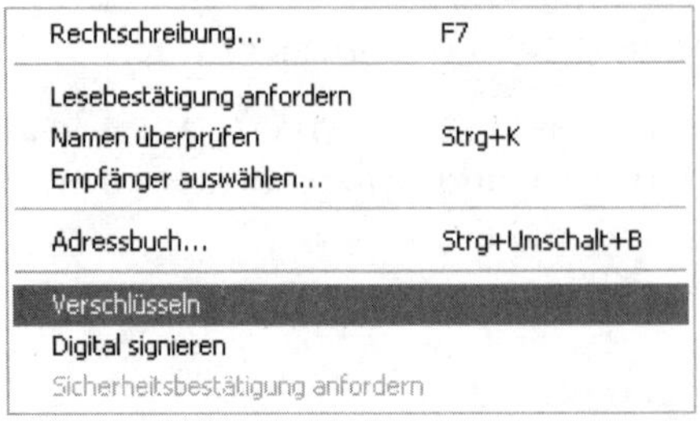

Abbildung 13.9: Im Extras-Menü des Nachrichtenfensters werden Nachrichten verschlüsselt und signiert

13.5.12 Das Anhängen einer Signatur

Eine Signatur ist bei Outlook Express ein Textbaustein, der an eine Nachricht gehängt wird. Dies übernimmt der Menübefehl EINFÜGEN|SIGNATUR im Nachrichtenfenster, wobei alle zur Verfügung stehenden Signaturen in einem Untermenü aufgelistet werden (wirklich ungünstig ist, dass sich Signaturen nicht über Tasten-Shortcuts abrufen lassen). Signaturen werden im Register SIGNATUREN der Optionen angelegt und bearbeitet. Mehr dazu finden Sie in Kapitel 13.5.23.

13.5.13 Das Versenden einer Nachricht mit hoher Priorität

Die Priorität ist eine besondere Kennzeichnung bei Microsoft Mail (und hat keinen Einfluss auf die Beförderungsgeschwindigkeit). Nachrichten mit einer hohen Priorität werden im Nachrichtenfenster mit einem roten Ausrufezeichnen, Nachrichten mit einer niedrigen Priorität (das gibt es auch) mit einem blauen Ausrufezeichen gekennzeichnet.

Die Priorität einer Nachricht wird im Nachrichtenfenster entweder über die Symbolschaltfläche oder über den Menübefehl NACHRICHT|PRIORITÄT FESTLEGEN eingestellt.

13.5.14 Das Anfertigen einer Kopie einer gesendeten Nachricht

Wird nichts anderes festgelegt, legt Outlook Express gesendete Nachrichten automatisch im Ordner GESENDETE OBJEKTE ab. Sie können dadurch genau nachvollziehen, wann welche Nachricht an wenn verschickt wurde (eine allgemeine Protokollfunktion gibt es nicht). Ist dies aus Platzgründen nicht erwünscht, muss die Option KOPIE IM ORDNER 'GESENDETE OBJEKTE' SPEICHERN im Register SENDEN deaktiviert werden.

13.5.15 Empfangen von Nachrichten

Das Empfangen von Nachrichten bedeutet, alle auf einem Mail-Server wartenden Nachrichtendateien auf den PC zu übertragen. Outlook Express besitzt kein »Empfangen«-Kommando, das Abrufen von Nachrichten geschieht vielmehr über das Menükommando EXTRAS|SENDEN UND EMPFANGEN. Anschließend wird entweder ein E-Mail-Konto gewählt oder es werden über das ALLE EMPFANGEN-Kommando alle Kontos der Reihe nach abgefragt.

:-) TIPP

Möchten Sie im Posteingang nur die ungelesenen oder nur die gelesenen Nachrichten sehen, stellen Sie die entsprechende Ansicht über das Menükommando ANSICHT|AKTUELLE ANSICHT|GELESENE NACHRICHTEN AUSBLENDEN *ein oder definieren Sie eine Ansicht, in der nur die gelesenen Nachrichten eingeblendet werden.*

:-) TIPP

Möchten Sie nur wissen, ob in Ihrem Postfach Nachrichten warten, ist ein spezielles Mail-Check-Programm eine praktische Alternative zu Outlook Express. Ein empfehlenswertes und recht populäres Beispiel ist The Bat!. *Die Download-URL-Adresse lautet: »http://www.ritlabs.com/«. Der Vorteil dieses Programms gegenüber Outlook Express ist, dass man sehen kann, welche Nachrichten im Postfach warten, ohne diese herunterladen zu müssen (einzelne Nachrichten lassen sich zum Beispiel direkt im Postfach löschen – zum Beispiel wenn sie zu groß für einen Download sind).*

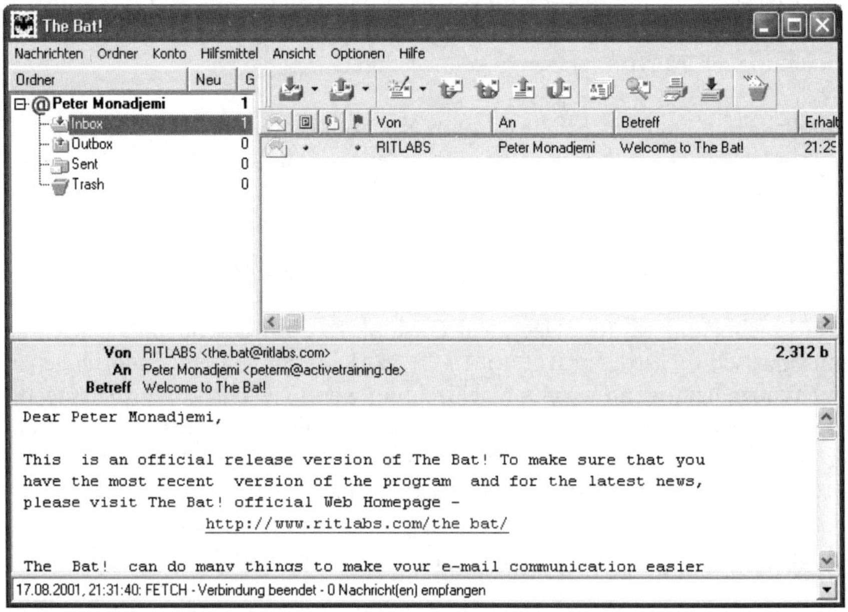

Abbildung 13.10: The Bat! ist ein komfortabler E-Mail-Client, der auch die im Postfach wartenden Nachrichten anzeigt, ohne sie gleich herunterzuladen

13.5.16 Beantworten einer Nachricht

Das Beantworten einer Nachricht geschieht durch Anklicken der ANTWORTEN-Schaltfläche in der Symbolleiste des Nachrichtenfensters. Outlook Express trägt daraufhin den Originaltext der Nachrichten in das Nachrichtenfenster, getrennt durch die Textmarkierung »----- Original Message -----« (dies lässt sich durch die Option ORIGINALNACHRICHT IN ANTWORT EINBEZIEHEN im Register SENDEN abschalten) und die Adresse des Absenders in das AN-Feld ein. Die Schaltfläche ALLEN ANTWORTEN spielt eine Rolle, wenn die Nachricht per CC an andere Personen gegangen ist. In diesem Fall erhalten auch diese Personen Ihre Nachricht.

:-) TIPP

Enthält die Empfängeradresse Umlaute, kann es Probleme beim Versenden der Nachricht geben, auch wenn es die Nachricht in Ihren Posteingang geschafft hat. In diesem Fall müssen Sie die Nachricht erneut versenden, dabei aber die Empfängeradresse manuell editieren (und sinnvollerweise auch den Eintrag im Adressbuch). Besonders trickreich ist der Umstand, dass Outlook Express beim Versenden trotz der Änderung die neue Adresse gegen die bei der ersten Antwort fehlerhaft übernommene Adresse austauscht, wenn die Option ADRESSE BEIM ANTWORTEN IN DAS ADRESSBUCH ÜBERNEHMEN *im Register* SENDEN *der Outlook Express-Optionen aktiv ist. Lehre: Vermeiden Sie daher wenn möglich Umlaute in E-Mail-Adressen, auch wenn es angesichts der Fortschritte im Internet widersinnig erscheint.*

13.5.17 Weiterleiten einer Nachricht

Das Weiterleiten einer Nachricht entspricht dem Beantworten einer Nachricht, nur dass in das AN-Feld nicht die Adresse des Absenders eingetragen wird, sondern Sie hier eine beliebige Adresse eintragen können. Außerdem wird der Originaltext der Nachricht, abgetrennt durch die Textmarkierung »----- Original Message -----«, in die Nachricht übernommen. Da dies beim normalen Antworten auch geht, gibt es für die WEITERLEITEN-Schaltfläche im Nachrichtfenster keine zwingende Bedeutung.

13.5.18 Löschen einer Nachricht

Genau wie die meisten Briefe auf Papier wird man auch eingetroffene E-Mail-Nachrichten nicht ewig aufbewahren. Ein Klick auf die LÖSCHEN-Schaltfläche in der Symbolschaltfläche befördert eine Nachricht in den Ordner GELÖSCHTE OBJEKTE. Wird die Nachricht dort gelöscht, ist sie endgültig weg (daher wird vor dem Löschen eine Bestätigung verlangt).

Sollen gelöschte Nachrichten nicht zwischengespeichert werden (im Allgemeinen ist dies aber zu empfehlen, auch wenn es ein wenig Speicherplatz kostet), muss die Option ORDNER 'GELÖSCHTE OBJEKTE' BEIM BEENDEN LEEREN im Register WARTUNG aktiviert werden.

INFO

Es gibt einen Unterschied zwischen dem Löschen einer Nachricht in der POSTEINGANG-*Ablage und dem Löschen einer Nachricht im Postfach des Internetdienstanbieters (etwa, wenn Sie mit dem E-Mail-Client* The Bat *arbeiten oder über das Web auf Ihr Postfach zugreifen, wie zum Beispiel mit WebMail bei T-Online). Im letzteren Fall sind die Nachrichten wirklich weg – die Chance, sie wiederherstellen zu können sind sehr gering. Beim Löschen einer Nachricht im Posteingang wird sie zunächst in den Ordner für* GELÖSCHTE OBJEKTE *übertragen.*

13.5.19 Prüfen, ob neue Nachrichten vorliegen

Es gibt bei Outlook Express mehrere Methoden, die prüfen, ob neue Nachrichten vorhanden sind:

- Jederzeit über die Tastenkombination [Strg] + [M] oder über den Menübefehl EXTRAS|SENDEN UND EMPFANGEN, um ein E-Mail-Konto auszuwählen
- In festgelegten Intervallen

Um Nachrichten automatisch herunterzuladen, müssen folgende Voraussetzungen erfüllt sein:

1. Der Intervall muss im Register ALLGEMEIN eingestellt sein (30 Minuten ist im Allgemeinen ein guter Wert).[4]
2. Im gleichen Register muss aus der Auswahlliste der Eintrag »DFÜ-Verbindung nur beim Offlinearbeiten herstellen« gewählt sein.
3. Im Register VERBINDUNG muss die Option NACH DEM SENDEN BZW. DEM EMPFANGEN AUFLEGEN aktiviert sein.
4. Die Option VERBINDUNG AUTOMATISCH HERSTELLEN im Verbindungs-Manager muss gesetzt sein. Diese lässt sich aber nicht direkt in Outlook Express, sondern nur im Verbindungsfenster des Verbindungs-Managers, den auch der Internet Explorer benutzt, einstellen und zwar nur dann, wenn die Verbindung aufgebaut wird.
5. Schließlich muss in den Eigenschaften der Verbindungen (diese werden im Register VERBINDUNG durch Anklicken der ÄNDERN-Schaltfläche eingestellt) die Option IMMER STANDARDVERBINDUNG WÄHLEN aktiv sein.

13.5.20 Suchen nach Nachrichten

Outlook Express verfügt über eine leistungsfähige Suchfunktion, mit deren Hilfe sich die in allen Ordnern gespeicherten Nachrichten nach verschiedenen Kriterien suchen lassen. Diese wird über den Menübefehl BEARBEITEN|SUCHEN|NACHRICHT (oder die Tastenkombination [Strg] + [⇧] + [F] gestartet. Es erscheint ein Dialogfeld, in dem Sie wahlweise den Absender, den Empfänger, den Betreff oder Teile des Nachrichtentextes angeben können. Außerdem können Sie einen Zeitraum festlegen, in dem die Nachricht eingegangen ist, und die Ablagen auswählen, die durchsucht werden sollen.

4 Was aber auch bedeutet, dass in diesen Abständen versucht wird, eine Verbindung zum Mail-Server aufzubauen.

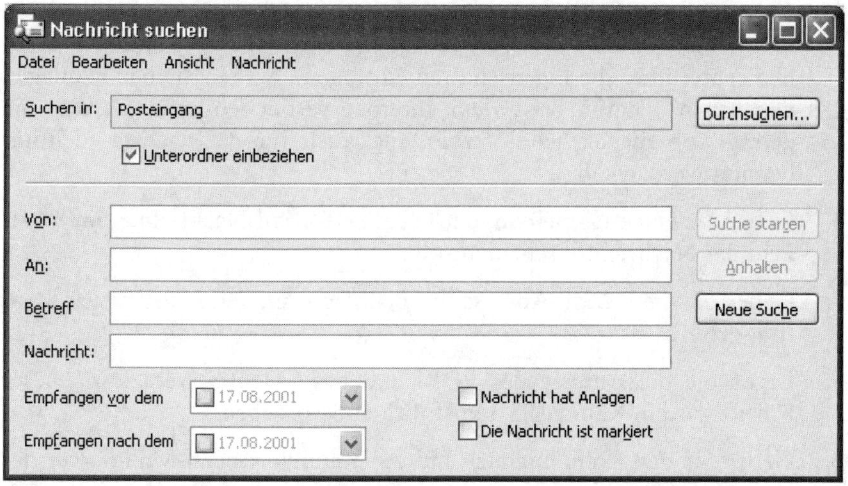

Abbildung 13.11: Das Suchfenster bietet eine große Auswahl an Suchkriterien

TIPP

Achten Sie auf die Möglichkeit, nach allen Nachrichten mit Anlagen suchen zu können. Das kann praktisch sein, wenn Sie beim »Aufräumen« der Festplatte sind.

13.5.21 Arbeiten mit mehreren Identitäten

Benutzen mehrere Personen einen PC und damit ein und dasselbe Outlook Express, wünscht in der Regel jeder eine eigene Ablage und ein eigenes Adressbuch. Genau für diesen Zweck bietet Outlook Express die Möglichkeit, mehrere Identitäten anlegen zu können. Eine Identität ist nichts anderes als ein persönlicher Bereich, der sich auf Wunsch durch ein Kennwort schützen lässt[5], wobei sich mehrere Identitäten ein und dieselbe DFÜ-Verbindung teilen.

INFO

Zu einer Identität gehört eine eigene Ablage für E-Mail und Newsgroups sowie ein eigenes Adressbuch und gegebenenfalls auch ein Kennwort, mit dem sich dieser private Bereich schützen lässt.

STEP

Einrichten einer neuen Identität

1. Wählen Sie im DATEI-Menü den Befehl IDENTITÄTEN|NEUE IDENTITÄT HINZUFÜGEN.
2. Geben Sie einen beliebigen Namen an (zum Beispiel »Herbert«). Außerdem können Sie an dieser Stelle angeben, ob für das Umschalten auf die neue Identität ein Kennwort erforderlich ist, was anschließend in einem Dialogfeld eingegeben werden muss.

5 Ich habe leider nicht in Erfahrung bringen können, wie sicher das Kennwort ist. Für den Hausgebrauch sollte es aber genügen.

3. Geben Sie auf die Frage, ob Sie auf die neue Identität wechseln möchten, JA ein (wenn Sie hier NEIN wählen, können Sie die restlichen Angaben später über die Eigenschaften eintragen). Sollten Sie beim Anlegen der neuen Identität mit dem Internet verbunden sein, werden Sie gefragt, ob die aktuelle Verbindung auch für die nächste Identität benutzt werden soll.
4. Geben Sie einen Namen an, der bei allen E-Mail-Nachrichten im VOM-Feld der Nachricht erscheinen soll.
5. Geben Sie die E-Mail-Adresse des Benutzers an, der zu der neuen Identität gehört.
6. Legen Sie die Adresse des POP- und des SMTP-Servers fest. Dieser Schritt wird in Kapitel 13.3 ausführlich besprochen.
7. Geben Sie den Kontennamen und das Kennwort beim Mail-Server des Internetdienstanbieters an.
8. Klicken Sie auf FERTIG STELLEN, um die Identität einzurichten. Sie haben damit ein neues E-Mail-Konto erstellt, nur dass es als Identität im Rahmen des aktuellen E-Mail-Kontos, d.h. der mit diesem Konto verbundenen DFÜ-Verbindung (bzw. allgemein der Internetverbindung), geführt wird.

:-) TIPP

Wenn Sie mehrere E-Mail-Adressen besitzen und diese regelmäßig (über die gleiche DFÜ-Verbindung) abfragen, ist es einfacher, mehrere Identitäten anstatt mehrerer Konten anzulegen.

INFO

Es lassen sich beliebig viele Identitäten einrichten.

Gemeinsames Adressbuch für alle Identitäten

Mehrere Identitäten können sich gemeinsame Einträge im Adressbuch teilen. Dafür besitzt jedes Adressbuch zwei Ablagen: Eine private Ablage, die nur dem Benutzer der Identität zugänglich ist und ein Ordner mit dem Namen GEMEINSAME KONTAKTE. Alle Adressbucheinträge in diesem Ordner, die entweder direkt in ihm angelegt oder aus einem anderen Ordner mit der Maus gezogen werden, stehen allen Benutzern zur Verfügung. Ein Kontakt in einem gemeinsamen Ordner muss daher nur einmal angelegt werden, damit ihn alle Benutzer verwenden können. Damit Sie den Ordner mit den gemeinsamen Kontakten sehen, muss im Adressbuch der Menübefehl ANSICHT|ORDNER UND GRUPPEN ausgeführt werden.

13.5.22 Dekodieren MIME-kodierter Nachrichten

Dies ist ein Thema, das streng genommen mit Outlook Express nichts zu tun hat, da Outlook Express MIME-kodierte Nachrichten automatisch dekodiert. Doch nicht immer steht Outlook Express oder ein vergleichbares

E-Mail-Programm zur Verfügung. Lädt man eine Nachricht über Msn Hotmail oder Webmail von T-Online herunter, erhält man eine Nachricht, vor allem aber deren Anlagen, direkt im MIME-Format. Diese Nachrichten müssen dekodiert werden, was am einfachsten mithilfe eines kleinen Zusatzprogramms geschieht. Ich empfehle dafür das Freeware-Programm *Decode* von *Funduc Software* »`www.funduc.com`«, mit dem ich gute Erfahrungen gemacht habe. Es mag viele gleichwertige oder vielleicht bessere Programme geben, doch Decode ist wirklich einfach zu bedienen. Nach der Installation des ca. 220 Kbyte großen Programms wird das Kontextmenü aller Dateien um einen DECODE-Eintrag erweitert. Wird dieser Eintrag bei einer MIME-kodierten Nachricht gewählt, wird die Nachricht automatisch dekodiert, wobei der Decoder nach erfolgter Umwandlung anbietet, die Datei zu öffnen.

Das MIME-Format

Das Multi-purpose Internet Mail Extension-Format, kurz MIME, hat sich bereits vor Jahren zum Standard im Internet-Mail-Verkehr entwickelt. Es ermöglicht, dass E-Mail-Nachrichten nicht nur aus Text bestehen müssen, sondern beliebige Inhalte enthalten können. Was sich im lokalen Netzwerk als Selbstverständlichkeit anhört, ist im Internet ein echtes Problem, da die vielen Mail-Gateways nur 7-Bit-Zeichen übertragen, was bei Text ausreichend ist (die Umlaute gehen hier allerdings verloren), für binäre Daten aber nicht in Frage kommt, da pro Byte ein Bit abgeschnitten würde. MIME-kodierte Nachrichten verwenden ein spezielles Kodierungsformat (in der Regel Base64 als Alternative zu UUencode und BinHex), durch das 8-Bit-Zeichenfolgen auf 7-Bit-Gruppen aufgeteilt werden. Wenn Sie eine solche Nachricht öffnen, sehen Sie lediglich eine Aneinanderreihung von Buchstaben und Zeichen, die aber in regelmäßigen Abständen durch Kopfinformationen unterbrochen werden. Das Besondere an MIME ist, dass es nicht auf bestimmte Dateitypen beschränkt ist, sondern mit beliebigen Dateitypen arbeiten kann. Einer MIME-kodierten Nachricht wird ein sog. MIME-Typ-Bezeichner (zum Beispiel text/plain oder audio/mpeg) vorangestellt, an dem der Empfänger das übertragene Format erkennt und entsprechend weiterarbeiten, d.h. mit der passenden Dateierweiterung versehen, kann.

13.5.23 Arbeiten mit Signaturen

Eine Signatur ist ein kleiner Textbaustein, der an eine ausgehende Nachricht gehängt wird und das etwas stupide Eintippen von Standardgrußfloskeln erspart.[6] Bei Outlook Express lassen sich im Register SIGNATUREN der Optionen beliebig viele Signaturen anlegen. Geben Sie den Text entweder

6 Wenngleich es meiner Meinung nach zur »E-Mail-Kultur« gehört, »Mit vielen Grüßen«, besonders wenn es die herzerwärmenden lieben Grüße sind, per Hand einzutippen und nicht automatisch an die Nachricht zu hängen. Ich würde auch nicht auf die Idee kommen, die Kurzform »mfg« zu benutzen.

direkt ein oder wählen Sie eine Text- oder HTML-Datei aus, in der der Text enthalten ist (diese kann aber nur maximal 4.096 Byte groß sein). Eine Signatur kann einem Konto zugeordnet werden, sodass mit unterschiedlichen Konten auch unterschiedliche Standardsignaturen verbunden sind, die automatisch an jede Nachricht gehängt werden (natürlich lässt sich jede Signatur vor dem Versenden der Nachricht noch abändern).

Abbildung 13.12: Im Register Signaturen werden Texte ausgewählt, die automatisch an eine E-Mail- oder Newsgroup-Nachricht gehängt werden

Auswählt wird die Signatur im Nachrichtenfenster über den Menübefehl EINFÜGEN|SIGNATUR. Es erscheint ein Untermenü mit allen bereits angelegten Signaturen.

:-) TIPP

Über die Schaltfläche ERWEITERT *lässt sich festlegen, bei welchen E-Mail- oder Newsgroups-Konten eine Signatur verwendet werden soll. Das ist wirklich sehr praktisch, da man zum Beispiel bei privaten Mails im Allgemeinen keine Geschäftsfloskeln anhängen möchte.*

:-) TIPP

Besonders praktisch sind Signaturen in Newsgroup-Nachrichten, da man hier oft »Werbung« für die eigene Homepage machen möchte (sofern diese nennenswerte Inhalte enthält) und das Einfügen der URL zusammen mit einer kurzen Beschreibung der Webseite dafür sehr gut geeignet ist.[7] *Allerdings scheint sich Outlook Express in diesem Punkt nicht ganz an die Spiel-*

7 Ansonsten ist Werbung in Newsgroups absolut verpönt – wer Werbung machen will, findet dazu eine Reihe speziell dafür vorgesehener Newsgroups (zum Beispiel z-netz.alt.werbung).

regeln zu halten und trennt Signaturen nicht sauber ab, sodass einige Newsreader Probleme beim Anzeigen der Signatur bekommen. Außerdem hängt Outlook Express immer zwei Leerzeilen an, weshalb man sich, um den Newsgroup-Netiquetten zu genügen (nicht mehr als vier Zeilen) auf zwei Zeilen beschränken sollte[8].

13.5.24 Aufstellen von Regeln für die automatische Bearbeitung von Nachrichten

Über den Menübefehl Extras|Nachrichtenregeln bietet Ihnen Outlook Express die Möglichkeit, Regeln aufzustellen, die festlegen, wie mit eingetroffenen E-Mail- oder Newsgroup-Nachrichten verfahren wird. Das Aufstellen von Regeln ist kinderleicht (garantiert keine Programmierung erforderlich). Sie legen in dem zuständigen Dialogfeld lediglich drei Dinge fest:

1. Wann (also unter welcher Bedingung) soll etwas mit einer eingetroffenen Nachricht passieren?
2. Was soll mit der Nachricht passieren?
3. Mit welchen Parametern der Nachricht (etwa ein bestimmtes Wort im Betreff) soll die Regel arbeiten?

Geben Sie der Regel noch einen Namen und fertig ist sie, die sofort in Kraft tritt und sich immer auf eine Identität (also eine E-Mail-Adresse) bezieht.

So ist es zum Beispiel möglich, Nachrichten, die ein festgelegtes Kriterium erfüllen, mit einem Standardantworttext zu beantworten. Diese Standardantwort erstellen Sie wie eine gewöhnliche Nachricht, schicken sie aber nicht ab, sondern speichern sie als Text- oder Eml-Datei. Diese Eml-Datei wird dann über eine speziell dafür eingerichtete Regel als Standardantwort ausgewählt.

Anlegen einer neuen Regel für den Posteingang

1. Öffnen Sie das Extras-Menü und führen Sie den Befehl Nachrichtenregeln|E-Mail aus. Das öffnet das Dialogfeld, in dem alle Regeln bearbeitet werden. Sollte noch keine Regel existieren, wird sofort das Dialogfeld zum Anlegen einer Regel geöffnet. Fahren Sie in diesem Fall mit Schritt 3 fort.
2. Klicken Sie auf Neu, um eine neue Regel zu erstellen.

8 Nähere Informationen zu diesem Thema gibt es auf der sehr informativen Webseite URL `http://www.hreimers.de/oe5/`.

3. Wählen Sie die Bedingung für die Regel aus. Sie lautet: ENTHÄLT DEN TEXT 'TEXT' IN DER BETREFF-ZEILE. Diese Regel bezieht sich auf den Inhalt einer Betreffzeile. Zusätzlich können Sie auch den Nachrichtentext einbeziehen. Die zuständige Regel lautet ENTHÄLT DEN TEXT 'TEXT' IM NACHRICHTENTEXT.

4. Wählen Sie die Aktion aus. Hier gibt es zwei Aktionen: 1. IN DEN ORDNER '...' VERSCHIEBEN und 2. MIT NACHRICHT '...' ANTWORTEN. Nach Auswahl der Bedingungen wird die Regel in der Regelbeschreibung angezeigt.

5. Nun müssen Sie die Regel noch mit konkreten Werten ausfüllen. Wechseln Sie in das Fenster der Regelbeschreibung und klicken Sie nacheinander auf die unterstrichen dargestellten Elemente. Dies sind die Platzhalter, in denen ein konkreter Wert (etwa der Inhalt der Betreffzeile) eingetragen werden muss. Klicken Sie als erstes auf den ersten »Text«-Eintrag und geben Sie im Eingabefeld das Wort ein, welches die Betreffzeile enthalten muss. Wiederholen Sie dies gegebenenfalls für die zweite Regel.

6. Klicken Sie in der Regel *Ordner verschieben* auf den Eintrag mit den drei Punkten und wählen Sie im Ordnerauswahlfenster den Ordner aus. Sollte der Ordner noch nicht existieren, müssen Sie ihn anlegen, was aber bedeuten würde, das Regelfenster unverrichteter Dinge schließen zu müssen. Wählen Sie in diesem Fall einen beliebigen Ordner aus und ändern Sie den Ordner, nachdem Sie den neuen Ordner angelegt haben.

7. Nun kommt die Regel MIT NACHRICHT '...' ANTWORTEN an die Reihe. Klicken Sie auf die drei Punkte und wählen Sie eine Text-, Hmtl- oder Eml-Datei aus, die den Antworttext enthält. Diese Datei können Sie noch anlegen, ohne das Dialogfeld schließen zu müssen.

8. Geben Sie ihr noch einen Namen und fertig ist die Regel, die nach Bestätigen mit OK in Kraft tritt.

:-) TIPP

Sie können eine neu erstellte Regel auch auf bereits vorhandene Nachrichten anwenden. Das kann sehr praktisch sein, um einen überfüllten Posteingang aufzuräumen. Öffnen Sie dazu das Dialogfeld mit den erstellten Regeln, selektieren Sie die Regel und klicken Sie auf ANWENDEN.

INFO

Das Aufstellen von Regeln funktioniert nur mit POP-Konten und nicht mit IMAP- und HTTP-Konten (etwa Hotmail).

Abbildung 13.13: In diesem Dialogfeld werden Regeln für den Posteingang zusammengestellt

INFO

Werden (meistens versehentlich) mehrere Regeln erstellt, die sich überschneiden, wird nur die zuletzt eingeführte Regel angewandt. Die übrigen Regeln werden ignoriert. Über die Einstellung KEINE WEITEREN REGELN AUSFÜHREN *im Regelfenster lässt sich verhindern, dass nachfolgende Regeln den erzielten Effekt unter Umständen wieder aufheben.*

Automatisches Versenden von Abwesenheitsnotizen

Über das Einrichten einer Regel können Sie auch erreichen, dass während Sie im Urlaub sind, allen Absendern eine »Bin leider im Urlaub«-Nachricht zugeschickt wird (normalerweise bieten diesen Service nur bestimmte Mail-Server, nicht aber die großen Internetdienstanbieter). Dies setzt allerdings voraus, dass während Ihrer Abwesenheit Ihr Postfach mit Outlook Express regelmäßig abgefragt wird, denn ansonsten kann die Regel für den Posteingang nicht aktiv werden. Zwar ist es für das Zubehörprogramm *Geplante Tasks* von Windows XP kein Problem, Outlook Express einmal am Tag zu starten, doch muss dafür der PC die ganze Zeit eingeschaltet bleiben. Geben Sie bei den geplanten Tasks auch eine Zeitspanne an, nach der Outlook Express wieder automatisch beendet werden soll (zehn Minuten sollten ausreichen). Außerdem müssen Sie folgende Optionen setzen:

- BEIM START VON OUTLOOK EXPRESS NACHRICHTEN SENDEN UND EMPFANGEN (Register ALLGEMEIN)
- NACH SENDEN BZW. DEM EMPFANGEN AUFLEGEN (Register VERBINDUNG)

- VERBINDUNG AUTOMATISCH HERSTELLEN. Diese Option wird nicht direkt in Outlook Express, sondern im Verbindungsfenster des Verbindungs-Managers, den auch der Internet Explorer benutzt, eingestellt, wenn die Verbindung aufgebaut wird.

Abbildung 13.14: Die Option Verbindung automatisch herstellen muss gesetzt sein, damit der Verbindungsaufbau immer automatisch erfolgt

:-) TIPP

Gut versteckt finden Sie in den allgemeinen Eigenschaften der Netzwerkverbindungen über den Menübefehl ERWEITERT|DFÜ-EINSTELLUNGEN *die Option* VOR DEM AUTOMATISCHEN WÄHLEN IMMER NACHFRAGEN, *die verhindert, dass der Verbindungsaufbau vollkommen ohne eine Bestätigung durchgeführt werden kann.*

13.5.25 HTML-Mail

Eine Besonderheit von Outlook Express ist, dass Sie Nachrichten nicht nur im reinen Textformat (ohne jegliche Formatierungsmöglichkeiten) im HTML-Format verschicken können (es ist sogar die Voreinstellung). Zur Erinnerung: das HTML-Format ist das Format, in dem auch alle Webseiten dargestellt werden. Dadurch können Sie den Nachrichtentext nicht nur beliebig formatieren, also zum Beispiel verschiedene Schriftarten oder Schriftfarben verwenden oder mit einem Hintergrund ausstatten, sondern auch Bilder und andere Elemente einfügen. Das Erstellen einer HTML-Nachricht ist bei Outlook Express der Normalfall. Daher sehen Sie im Nachrichtenfenster (sofern der Eintrag QUELLTEXT BEARBEITEN im ANSICHT-Menü gewählt wurde), ähnlich wie bei einem HTML-Editor gleich drei Register: BEARBEITEN, QUELLTEXT und VORSCHAU. Während Sie in BEARBEITEN die Nachricht anfertigen, wird in QUELLTEXT der HTML-Text angezeigt. In VORSCHAU sehen Sie die Nachricht so, wie sie auch der Empfänger (hoffentlich) sehen wird.

HTML-Mail setzt voraus, dass der Empfänger die Nachricht als HTML-Datei betrachten kann. Da dies aber nicht immer vorausgesetzt werden kann, ist es im Zweifelsfall besser, die Nachricht als normalen Text zu versenden. Dies wird entweder über den Menübefehl FORMAT|NUR-TEXT oder über die Option E-MAIL ALS NUR-TEXT SENDEN im Adressbucheintrag des Empfängers festgelegt. Ist sich Outlook Express beim Versenden einer Nachricht nicht sicher, in welchem Format die Nachricht versendet werden soll, erhalten Sie ein entsprechendes Dialogfeld.

INFO

Denken Sie stets daran, dass eine HTML-Nachricht beim Empfänger nicht so ankommen muss, wie Sie sie abgeschickt haben. Das gilt nicht nur für bunte Grafiken, sondern auch für so simple Dinge wie eine Aufzählung, die ebenfalls auf HTML basiert. Besitzt der Empfänger Outlook Express, ist alles in Ordnung. Besitzt der Empfänger dagegen ein E-Mail-Programm, das kein HTML »versteht«, kommt die Nachricht unter Umständen in mehreren Portionen an und der Empfänger kann noch nicht einmal erahnen (geschweige denn sehen), welche Mühe Sie sich mit der Gestaltung gegeben haben.

INFO

Und noch eine »Ermahnung«. Denken Sie daran, dass eine HTML-Mail die Download-Zeit erhöht. Insbesondere in Newsgroups sollte man auf HTML-Nachrichten verzichten.

13.5.26 Verwenden von Briefpapier

Durch die Einbeziehung des HTML-Formats ergeben sich ein paar nette Erweiterungen. So können Sie Ihre Nachricht durch Verwendung eines »Briefpapiers« mit einem Hintergrundmuster hinterlegen. Wählen Sie das Briefpapier aus der Auswahlliste der NACHRICHT VERFASSEN-Schaltfläche aus. Bei der Liste der angebotenen Briefpapiere handelt es sich um HTML-Dateien, die bei Windows XP im Verzeichnis *Programme\Gemeinsame Dateien\Microsoft Shared\Stationery* gesammelt sind. Über den Menübefehl FORMAT|HINTERGRUND können Sie alternativ ein beliebiges Hintergrundbild hinzufügen. Voraussetzung ist aber auch hier, dass sich der Empfänger die Nachricht mit Outlook Express oder einem anderen E-Mail-Programm, das Hintergrundbilder und HTML anzeigen kann, anschaut.

Der Briefpapiervorlagen-Assistent

Auch der Assistent zum Erstellen von Briefpapiervorlagen ist eine nette Einrichtung, wenngleich sicher nicht »überlebensnotwendig«. Mit seiner Hilfe lassen sich Briefpapiervorlagen (bei denen es sich um normale HTML-Dokumente handelt) anfertigen und bearbeiten, ohne dass dazu ein HTML-Editor erforderlich wird.

Anlegen einer Briefpapiervorlage in Outlook Express

STEP

1. Öffnen Sie ein Nachrichtenfenster (zum Beispiel durch Anlegen einer neuen Nachricht).
2. Wählen Sie im FORMAT-Menü den Befehl BRIEFPAPIER|WEITERE BRIEFPAPIERE. Sie sehen eine Liste aller bereits verfügbaren Vorlagen.
3. Klicken Sie auf NEU ERSTELLEN, um den Briefpapier-Assistenten zu starten, der Sie nun willkommen heißt. Klicken Sie auf WEITER.
4. Wählen Sie ein Hintergrundbild aus und legen Sie die Position des Bildes auf der Seite fest. Sofern das Hintergrundbild nicht die ganze Seite einnimmt, dürfen Sie auch eine individuelle Hintergrundfarbe aussuchen (die Auswahl beschränkt sich erstaunlicherweise nur auf vordefinierte Farben). Klicken Sie auf WEITER.
5. Wählen Sie eine Schriftart aus und klicken Sie auf WEITER.
6. Zum Schluss können Sie (wie bei HTML-Dokumenten allgemein üblich) sowohl den linken als auch den oberen Seiterand in Pixel einstellen. Klicken Sie auf WEITER, um die Vorlage fertig zu stellen.
7. Jetzt benötigt die Vorlage noch einen Namen. Klicken Sie auf FERTIG STELLEN, wird die Vorlage im Dialogfeld BRIEFPAPIER WÄHLEN (hier begann die Reise durch den Vorlagen-Assistenten) angeboten und durch Anklicken der OK-Schaltfläche endgültig als HTML-Datei verewigt.

13.5.27 Der Umgang mit vCards

Bei einer VCARD handelt es sich um eine Art Internetstandard für das Übertragen von Adressinformationen). Enthält eine Nachricht eine solche vCard (zu erkennen an einem Karteikartensymbol im Kopfbereich der Nachricht), können Sie sie in Ihr Adressbuch übernehmen und verfügen so über die Daten des Absenders, wie zum Beispiel dessen Telefon oder sein Geburtsdatum (sofern diese Angaben in der vCard enthalten sind). Die übrigen Angaben, wie zum Beispiel der Hochzeitstag, sind meistens nicht für die Öffentlichkeit bestimmt. Das Adressbuch wird bei Windows XP nicht ausschließlich für E-Mail benutzt. Es kann auch die Rolle eines gewöhnlichen Adressbuchs übernehmen.[9]

9 Wenn Sie sich ein wenig mit der Visual Basic-Programmierung auskennen, ist es nicht allzu schwierig, ein kleines »Makro« zu erstellen, das allen Ihren Bekannten per E-Mail automatisch zum Hochzeitstag gratuliert. Sie sollten nur daran denken, die Daten ab und an zu aktualisieren (für den Fall, dass jemand nicht mehr verheiratet ist).

Kann ein E-Mail-Programm keine vCards verarbeiten, werden sie lediglich als Dateianhang (Erweiterung .Vcf) übertragen. vCards können als Vcf-Dateien direkt in das Adressbuch importiert werden.

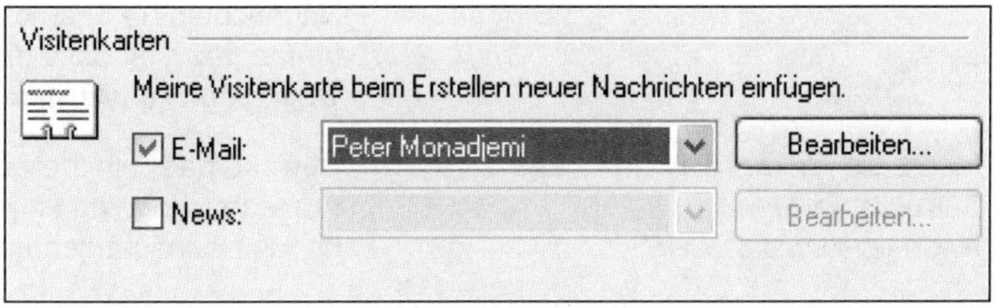

Abbildung 13.15: In diesem Bereich des Registers Erstellen wird ein Adressbucheintrag als Visitenkarte, die an jede ausgehende Nachricht gehängt wird, ausgewählt

13.6 Outlook Express konfigurieren

Abgesehen von der Notwendigkeit, ein Konto anlegen zu müssen, gibt es bei Outlook Express keinen zwingenden Grund, etwas zu konfigurieren. Die interessantesten Einstellungen sind in Tabelle 13.2 zusammengestellt. Alle diese Einstellungen werden in den Optionen von Outlook Express eingestellt, die über Extras|Optionen geöffnet werden.

Tabelle 13.2: Nützliche Einstellungen in den Optionen von Outlook Express

Einstellung	Register	Anmerkung
Automatisch an Windows Messenger anmelden	Allgemein	Kann auch deaktiviert werden, da das automatische Anmelden manchmal ein wenig lästig ist.
Beim Start von Outlook Express Nachrichten senden und empfangen	Allgemein	Bewirkt, dass Outlook Express nach dem Start online geht.
Nachrichteneingang alle ___ Minuten prüfen	Allgemein	Legt das Intervall fest, in dem Outlook Express nach Nachrichten prüft.
Kopie im Ordner »Gesendete Objekte« speichern	Senden	Bewirkt, dass jede gesendete Nachricht im Ordner Gesendete Objekte abgelegt wird. Diese nützliche Option wird im Allgemeinen nicht deaktiviert.
Adresse beim Antworten in das Adressbuch übernehmen	Senden	Bewirkt, dass beim Antworten auf eine Nachricht die Empfängeradresse in das Adressbuch übernommen wird. Diese nützliche Option wird im Allgemeinen nicht deaktiviert.

Tabelle 13.2: Nützliche Einstellungen in den Optionen von Outlook Express (Forts.)

Einstellung	Register	Anmerkung
ORIGINALNACHRICHT IN ANTWORT EINBEZIEHEN	SENDEN	Es ist zwar üblich, den kompletten Nachrichtentext in die Antwort einzubeziehen, doch werden die Nachrichten dadurch oft sehr umfangreich, sodass man diese Option auch deaktivieren kann.
MEINE VISITENKARTE BEIM ERSTELLEN NEUER NACHRICHTEN EINFÜGEN	ERSTELLEN	Bewirkt, dass ein (beliebiger) Adressbucheintrag an jede ausgehende Nachricht gehängt wird.
ALLEN AUSGEHENDEN NACHRICHTEN SIGNATUREN HINZUFÜGEN	SIGNATUREN	Bewirkt, dass an jede Nachricht die Standardsignatur angehängt wird.
RECHTSCHREIBUNG IMMER VOR DEM SENDEN PRÜFEN	RECHTSCHREIBUNG	Im Kampf gegen zunehmenden Verfall der Briefkultur bei E-Mail ist das bestimmt eine sinnvolle Maßnahme.
SPEICHERN ODER ÖFFNEN VON ANLAGEN, DIE MÖGLICHERWEISE EIN VIRUS SEIN KÖNNTEN, NICHT ZULASSEN	SICHERHEIT	Sollte aktiviert werden, da potenzielle Viren unter Umständen bereits erkannt werden, bevor sie aktiv werden.
NACH DEM SENDEN BZW. DEM EMPFANGEN AUFLEGEN	VERBINDUNG	Nützliche Option, wenn keine feste Verbindung besteht.
ORDNER »GELÖSCHTE OBJEKTE« BEIM BEENDEN LEEREN	WARTUNG	Sollte nicht aktiviert werden, da die Sicherungsfunktion dieses Ordners dann entfällt.

13.7 Sicheres E-Mail ist gar nicht so schwer

Eigentlich müsste die Zwischenüberschrift noch um den Zusatz »auch mit Outlook Express« ergänzt werden, denn Outlook Express ist (genau wie sein großer Bruder Outlook aus dem Microsoft Office-Paket) leider besonders prädestiniert für eine bestimmte Sorte von E-Mail-Viren, die als Anhang oder direkt eingebettet (falls es sich um eine Nachricht im HTML-Format handelt) Scriptbefehle enthalten. Bei diesen »Nachrichten« passiert Folgendes: Der Empfänger (also Sie) erhält eine Nachricht von einem bekannten Absender. Der Empfänger ist neugierig und öffnet die Nachricht. Handelt es sich um eine HTML-Nachricht, werden damit bereits Scriptbefehle ausgeführt. Handelt es sich um eine normale Nachricht, klickt der Empfänger (ebenfalls aus purer Neugierde, aus Gedankenlosigkeit oder wider besseres Wissen) doppelt auf das Symbol der angehängten Datei. Die Folge ist, dass die in dieser Datei enthaltenen Scriptbefehle nun ebenfalls ausgeführt werden. Das wirft folgende Fragen auf:

- Was sind Scripts?
- Warum sind gerade Outlook Express und Outlook anfällig für E-Mail-Viren?
- Warum kommt die Mail scheinbar von einem Bekannten?
- Was kann man gegen E-Mail-Viren tun?
- Welche Verbesserungen bietet Outlook Express 6.0?

13.7.1 Was sind Scripts?

Ein Script ist eine (meistens kleine) Textdatei, die allerdings keinen Text, sondern Scriptbefehle enthält. Ein Scriptbefehl ist ein Befehl (aus einer Scriptsprache wie zum Beispiel VBScript), der zum Beispiel ein Verzeichnis anlegt, eine Datei löscht oder einen neuen Eintrag dem Outlook-Adressbuch hinzufügt. Möglich wird die Ausführung dieser Scriptbefehle durch den WINDOWS SCRIPTING HOST (WSH), der ein fester Bestandteil von Windows XP ist (mehr dazu in Kapitel 16) und sich nicht ganz so einfach deaktivieren lässt. Scripts sind kleine Helfer, die Aufgaben, die ansonsten einzeln durch den Aufruf von Kommandos durchgeführt werden müssten, in einem Rutsch erledigen. Doch genau wie ein per definitionem nützlicher Hammer zu einer Waffe werden kann, kann auch ein Script zu einer Gefahr werden. Ein Script kann nämlich zum Beispiel auch Dateien löschen, die nicht gelöscht werden sollen, und andere Aktionen durchführen, die nicht im Sinne des Benutzers sind. Hier ein kleines Beispiel. Das folgende Script, das in einer Datei mit dem Namen *Fiktiv.vbs* enthalten ist, löscht ein (fiktives) Verzeichnis mit dem Namen *C:\Fiktiv* und alle darin enthaltenen Dateien:

```
' Löscht ein Verzeichnis samt Inhalt
Dim oFs
Const sPfad = "C:\Fiktiv"
Set oFs = CreateObject("Scripting.Filesystemobject")
oFs.GetFolder(sPfad)Delete
Msgbox "Verzeichnis " & sPfad & " wurde gelöscht, sorry"
```

Wenn Sie die Datei *Fiktiv.vbs* öffnen, werden die enthaltenen Scriptbefehle der Reihe nach ausgeführt und das Verzeichnis *C:\Fiktiv* wird gelöscht. Normalerweise führen Sie diese Datei daher nur dann aus, wenn Sie wollen, dass das Verzeichnis gelöscht wird. Doch wenn Sie diese Datei per E-Mail erhalten und sie versehentlich öffnen, weil Sie sie nicht als Script erkennen, werden die Befehle auf die gleiche Weise ausgeführt und der Schaden ist da.

13.7.2 Warum sind gerade Outlook Express und Outlook anfällig für E-Mail-Viren?

Outlook Express und Outlook sind besonders anfällig für E-Mail-Viren, weil sie, wenn es sich um eine HTML-Nachricht handelt, die in der HTML-Datei enthaltenen Scriptbefehle bereits ausführen, wenn die Nachricht im Vorschaufenster erscheint. Das kleine Script (*Fiktiv.vbs*) aus dem letzten Abschnitt könnte auch in der *windows_onload*-Ereignisprozedur eines HTML-Dokuments enthalten sein. Bei E-Mail-Programmen, die keine Scripts in HTML-Dokumenten ausführen oder sogar keine HTML-Nachrichten darstellen können, besteht diese Gefahr nicht. Der zusätzliche Komfort, den Outlook Express und Outlook bieten, hat daher auch seinen Preis.

13.7.3 Warum kommt die Mail scheinbar von einem Bekannten?

Besonders tückisch sind E-Mail-Viren, weil sie auch von bekannten Personen stammen können. Sie erhalten eine Nachricht von einem guten Bekannten, Sie öffnen sie und auch gleich den Anhang mit dem lustig klingenden Namen, weil Sie nichts dabei denken. Doch in Wirklichkeit stammt die Nachricht nicht von Ihrem Bekannten und im Anhang befindet sich eine Scriptdatei, die gleich irgendwelche Dateien löscht. Ermöglicht wird diese Mogelpackung durch den Umstand, dass ein Script bei Outlook (nicht Outlook Express) auch einen Zugriff auf das Adressbuch erhalten und den darin enthaltenen Namen Nachrichten zukommen lassen kann, denen es sich selber gleich als Anhang mitschickt. Auf diese Weise kann sich das E-Mail-Script selber vervielfältigen, indem es auf jedem PC, auf dem Outlook installiert ist (und Scripts die Ausführung gestattet wird – was zum Glück längst nicht mehr selbstverständlich ist) etwa den ersten 20 Einträgen eine Nachricht schickt, die zunächst im Postausgang abgelegt wird (auf diese Weise kann die unerlaubte Aktivität natürlich schnell entdeckt und unterbunden werden) und mit dem nächsten Verbinden zum Mail-Server auch verschickt wird.

13.7.4 Was kann man gegen E-Mail-Viren tun?

E-Mail-Viren sind längst keine Neuigkeit mehr. Der I Love You-Virus, der im letzten Jahr Millionen PCs in aller Welt infizierte, war ein relativ einfaches VBScript-Script, das von einem Studenten in Manila in Umlauf gebracht wurde und weltweit einen enormen Schaden anrichtete, indem es (Grafik- und Sound-) Dateien auf der Festplatte löschte, E-Mail-Server verstopfte und damit die Kommunikationsstränge in großen Unternehmen auf Stunden lahm legte, aber auch wirkungsvoll vorführte, mit welchen einfachen Mitteln sich moderne Kommunikationssysteme lahm legen lassen. Natürlich hat man auf Seiten der Hersteller reagiert und Schutzmechanismen eingebaut, die es künftigen E-Mail-Viren schwerer machen sollen (im nächsten Abschnitt geht es um eine bei Outlook Express 6.0 eingeführte Verbesserung). Hier sind ein paar allgemeine Maßnahmen, die jeder Windows-Anwender ergreifen kann:

- Öffnen Sie niemals sofort Anhänge, die mit einer E-Mail-Nachricht übertragen werden.
- Schauen Sie sich den Absender an. Bei unbekannten Absendern sollten Sie die Nachricht inklusive Anhang löschen.
- Falls es sich um einen bekannten Absender handelt, lesen Sie sich zunächst die Nachricht durch. Oft ergibt sich aus dem Nachrichtentext, um was es sich bei dem Anhang handelt.
- Beschäftigen Sie sich kurz mit den Sicherheitseinstellungen von Outlook Express. Wenn Sie im Register SICHERHEIT der Optionen eine Sicherheitszone auswählen, bei der die Ausführung von Scripts entweder gar nicht oder nur auf Anforderung geschieht, verhindern Sie, dass Scripts in HTML-Nachrichten bereits ausgeführt werden, sobald Sie die Nachricht im Vorschaufenster anzeigen.
- Arbeiten Sie mit einem Virenscanner, der auch E-Mail-Nachrichten überprüft. Das ist im Allgemeinen die beste Schutzmaßnahme, da die Inhalte von Nachrichten und vor allem deren Anhänge in Sekundenbruchteilen überprüft werden.
- Signieren Sie Ihre Nachrichten mit einer digitalen Signatur. Auf diese Weise stellen Sie sicher, dass niemand die Nachricht »unterwegs« manipulieren kann, ohne dass dies der Empfänger feststellen kann. Erhält der Empfänger eine »unbeschädigte« signierte Nachricht kann er davon ausgehen, dass die Nachricht von Ihnen kommt und er sie (hoffentlich) bedenkenlos öffnen kann.

13.7.5 Welche Verbesserungen bietet Outlook Express 6.0 bei der Sicherheit?

Bereits mit dem Office-Programm Outlook wurden im Rahmen des Service Release Nr. 1 wichtige Verbesserungen eingeführt, die den Schutz vor E-Mail-Viren und dem unerlaubten Zugriff auf das Adressbuch verbessern sollen, auf die in diesem Buch allerdings nicht eingegangen werden kann. Erwähnt werden soll dagegen eine Verbesserung, die mit Outlook Express 6.0 bei Windows XP eingeführt wurde. Sie finden sie im Register SICHERHEIT neue Optionen. Neu ist der Bereich VIRENSCHUTZ, in dem folgende EINSTELLUNGEN vorgenommen werden:

- Welche Sicherheitszone für HTML-Nachrichten benutzt wird (diese Einstellung gab es bereits bei Outlook Express 5).

- Ob eine Warnung angezeigt wird, wenn eine Anwendung (sprich ein Virenprogramm) versucht, E-Mail-Nachrichten unter Ihrem Namen zu versenden. Diese Option sollten Sie grundsätzlich setzen. Sie werden dadurch immer dann benachrichtigt, wenn ein anderes Programm eine Nachricht mit Ihrem Absender im Postausgang ablegt.
- Ob eine Warnung angezeigt wird, wenn eine E-Mail-Nachricht oder eine Anlage geöffnet oder gespeichert werden soll, die einen Virus (sprich ein Script) enthalten könnte. Auch diese Option, sie ist standardmäßig nicht aktiviert, sollte immer gesetzt sein.

Eine perfekte Sicherheit bieten diese Optionen natürlich nicht. Wie üblich wird die Verantwortung lediglich auf den Anwender verlagert, der jetzt jedes Mal selber entscheiden muss, was ein Warnhinweis, der meistens mehrere Ursachen haben kann, zu bedeuten hat.[10]

Abbildung 13.16: Im Register Sicherheit gibt es zwei Optionen, die speziell vor E-Mail-Viren schützen sollen

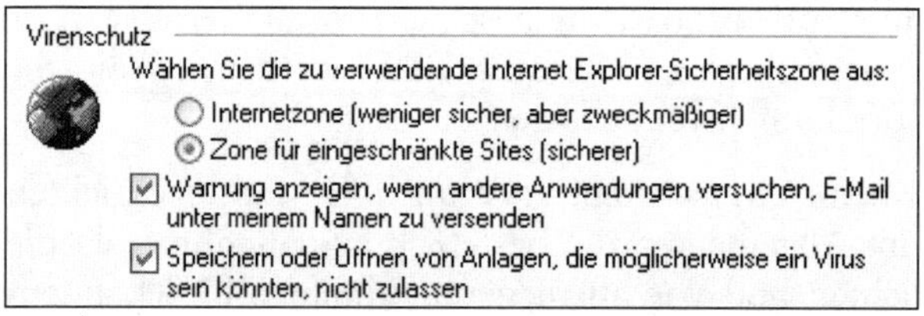

13.8 Verschlüsseln und Signieren von E-Mail-Nachrichten

Outlook Express bietet für das sichere Versenden von E-Mail-Nachrichten eine sehr fortschrittliche Einrichtung, die aber offenbar vielen Anwendern nicht bekannt ist (oder aus anderen Gründen nicht genutzt wird). Das ist schade, denn mithilfe dieser Einrichtung wird sicheres E-Mail schnell zur Selbstverständlichkeit. Die erwähnte Einrichtung besteht in dem Verschlüsseln und Signieren von Nachrichten mithilfe eines digitalen Zertifikats, das ein Anwender von einer Autorisierungsstelle (zum Beispiel der Firma *Verisign Inc* – URL »www.verisign.com«) erhalten hat. Es handelt sich um voneinander unabhängige Vorgänge, die aber auf gleichen Prinzipien basieren und daher in einem Aufwasch besprochen werden können.

INFO

Es sei an dieser Stelle darauf hingewiesen, dass man sich nicht auf die Hausmittel von Outlook Express verlassen muss, sondern auch alternative Methoden einbeziehen kann. Ein empfehlenswertes (und kostenloses). Beispiel ist PGP (»Pretty Good Privacy«), das für praktisch alle E-Mail-Systeme und Betriebssysteme angeboten wird und inzwischen sehr weit verbreitet ist (nähere Infos unter URL »www.pgp.com«).

10 Es wäre zum Beispiel nicht völlig undenkbar gewesen, dass Outlook Express einen Virenscanner enthielte, der bekannte E-Mail-Virenvarianten erkennt, unschädlich macht und über das Windows-Update erweiterbar wäre.

13.8.1 Die Rolle der digitalen ID

Voraussetzung zum Verschlüsseln und Signieren von Nachrichten ist eine digitale ID. Es handelt sich um eine Art elektronische Echtheitsbescheinigung, die nicht nur sicherstellt, dass der Empfänger der ist, der er vorgibt zu sein, sondern die auch für das Verschlüsseln einer Nachricht verwendet wird. Die digitale ID muss allerdings beantragt werden und ist nicht immer kostenlos. Ausgestellt werden digitale IDs aber nicht vom Einwohnermeldeamt (das kommt vielleicht »irgendwann«), sondern von »Treuhand-Firmen« (den Certificate Authorities, kurz CAs), die als vertrauenswürdig gelten und eine Art neutrale Instanz darstellen. Eine dieser Firmen ist Verisign Inc. (URL *»www.verisign.com«)* in den USA, die seit Jahren mit Microsoft zusammenarbeitet. Für Outlook-Anwender gibt es schon seit langem ein »Sonderangebot«: Man erhält eine digitale ID (Class 1) für eine Dauer von 60 Tagen kostenlos. Nach Ablauf der Zeit wird die Kennung entweder automatisch ungültig, oder man muss sie für etwa 10 US$ im Jahr abonnieren (alle Preise natürlich ohne Gewähr). Da das Beantragen der Kennung nicht nur kostenlos, sondern auch in wenigen Minuten erledigt ist, sollten Sie es einmal selber ausprobieren. Auch wenn Zertifikate für den privaten E-Mail-Verkehr im Allgemeinen nicht benötigt werden, ist es abzusehen, dass sie für den Geschäftsverkehr mit Behörden oder Banken in Zukunft eine wichtige Rolle spielen werden. Es ist daher nicht verkehrt, sich bereits jetzt an den Umgang mit Zertifikaten zu gewöhnen, zumal diese den Umgang mit E-Mail nicht komplizierter machen.

Eine Liste von Authentifizierungsfirmen gibt es zum Beispiel unter URL »http://www.microsoft.com/windows/ie_intl/de/oe/certpage.asp«.

13.8.2 Ein wenig Theorie

Ein wenig Theorie zum Thema Sicherheit und Kryptographie kann sicher nicht schaden, wenngleich dieser Abschnitt nur einen oberflächlichen Eindruck bietet. Outlook Express arbeitet wie der Internet Explorer mit einer *asymmetrischen Verschlüsselung*. Diese Verschlüsselung verfügt über zwei verschiedene Schlüssel, zwischen denen eine mathematische Beziehung besteht: Ein privater (also geheimer) Schlüssel (engl. »private key«), der nur vom Absender verwendet und niemals herausgegeben wird, und ein öffentlicher Schlüssel (engl. »public key«), der allen Personen, mit denen ein Nachrichtenaustausch stattfinden soll, zugänglich gemacht wird, und den x-beliebige Personen über Internetverzeichnisdienste abrufen dürfen. Zusammen mit einer persönlichen Angabe wie dem E-Mail-Namen bildet der öffentliche Schlüssel jenes Zertifikat, das Outlook Express-Anwender veröffentlichen. Auch wenn privater und öffentlicher Schlüssel zueinander in Beziehung stehen, ist es aufgrund der Länge der Schlüssel praktisch unmöglich, über den öffentlichen Schlüssel den privaten Schlüssel abzuleiten, sodass dieses Verfahren (zumindest für den Alltagsgebrauch) als sicher bezeichnet werden darf. Ein kleiner Nachteil der asymmetrischen Verschlüsselung ist, dass die Verarbeitung der Schlüssel relativ zeitaufwändig ist und daher bei hohem gleichzeitigen Nachrichtenaufkommen bei einem Server zu Performance-Problemen führen kann. Im Zusammenhang mit Outlook Express und insbesondere beim Entschlüsseln einzelner Nachrichten macht sich dieser Effekt aber nicht bemerkbar.

Benannt wird das auf einem öffentlichen und einem privaten Schlüssel basierende Verfahren, das sich praktisch universell einsetzen lässt und keineswegs auf E-Mail beschränkt ist, nach seinen Erfindern *Ron Rivest*, *Adi Shamir* und *Len Adleman* als RSA-Verfahren (wie es für das Silicon Valley üblich ist. Anfang der Achtziger Jahre wurde die dazu passende Firma gegründet: Rsa Inc. – URL *»www.rsa.com«).*

INFO

Nach diesem Verfahren benutzt der Versender einer Nachricht einen öffentlichen Schlüssel, den er zuvor vom Empfänger (in der Regel per E-Mail) erhalten hat, und der sich bei Outlook Express (in Gestalt eines Zertifikats) bereits im Adressbuch befindet, um eine Nachricht zu verschlüsseln. Der Empfänger benutzt seinen eigenen und dazu passenden privaten Schlüssel, mit dem die Nachricht wieder entschlüsselt wird.

Bei Outlook Express wird das RSA-Verfahren nicht nur für das Verschlüsseln, sondern auch für das Signieren einer Nachricht benutzt. Beim Signieren wird die Nachricht mit einer Art digitaler Unterschrift versehen, die mit dem privaten Schlüssel des Absenders erstellt wurde (die Rolle von privatem und öffentlichem Schlüssel ist im Vergleich zum Verschlüsseln einer Nachricht also vertauscht). Der Empfänger vergleicht die Signatur mit dem in der Nachricht enthaltenen öffentlichen Schlüssel des Absenders, um die Nachricht zu öffnen. Gelingt dies, steht damit fest, dass die Nachricht auch wirklich von dem Absender stammt (nur dieser befindet sich im Besitz des privaten Schlüssels) und nicht auf ihrem Weg durch die Weiten des Internets durch finstere Hacker manipuliert wurde. Gleichzeitig erhält der Empfänger den »Beleg«, dass die Nachricht durch den Absender abgeschickt wurde.

13.8.3 Die Rolle der Zertifikate

Bei Outlook Express arbeitet der Anwender nicht mit einzelnen Schlüsseln (deren tatsächlicher Inhalt keine Rolle spielt, und deren Inhalt der Anwender normalerweise nie zu Gesicht bekommt), sondern mit ZERTIFIKATEN. Ein Zertifikat ist die Kombination aus öffentlichem Schlüssel, das an eine bestimmte Person gebunden ist, und dem Namen oder E-Mail-Namen der Person (sowie gegebenenfalls weiterer Attribute). Zertifikate werden von einem vertrauenswürdigen Institut ausgestellt (zum Beispiel der Firma VeriSign – mehr dazu gleich). Unter Windows kommen Zertifikate als kleine Dateien vor, die neben dem öffentlichen Schlüssel auch den (E-Mail-) Namen der Person enthalten. Mit Zertifikaten arbeitet man nicht direkt, sondern stets im Rahmen einer Anwendung, die die Zertifikate (eine Person kann auch mehrere Zertifikate mit unterschiedlichen Sicherheitsstufen besitzen) verwaltet. Falls es erforderlich ist, können Zertifikate exportiert oder importiert werden.

Sicherheitszertifikate werden bei Windows XP zentral verwaltet und sind in einzelnen Anwendungen wie zum Beispiel Internet Explorer oder Outlook Express zugänglich (im Register SICHERHEIT der Optionen durch Anklicken von DIGITALE IDS).

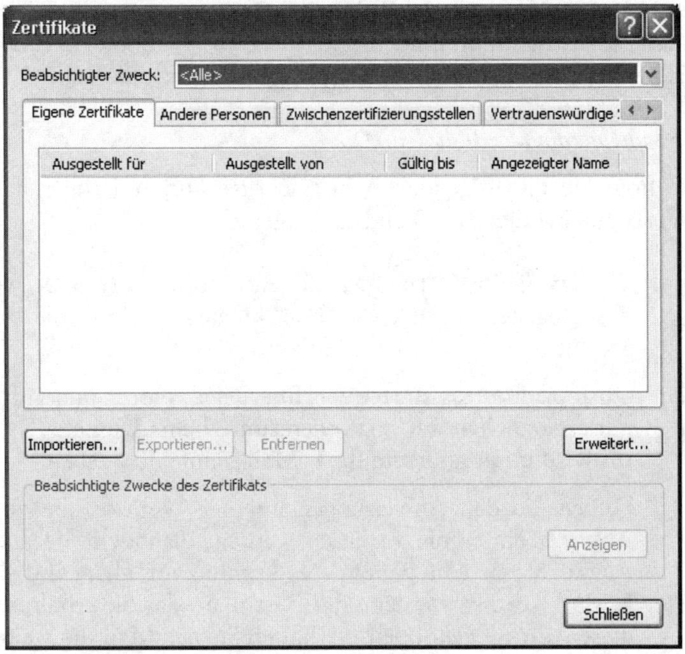

Abbildung 13.17: Der Zertifikat-Manager verwaltet die auf einem PC installierten Zertifikate

INFO

Alle Sicherheitseinstellungen werden im Register SICHERHEIT *der Outlook Express-Optionen vorgenommen.*

13.8.4 Beantragen einer digitalen ID

Bevor Sie eine Nachricht verschlüsseln oder signieren können, benötigen Sie eine eigene digitale ID, die Ihnen von einer autorisierten Einrichtung ausgestellt wird. Mithilfe der digitalen ID werden bei Outlook Express Nachrichten verschlüsselt und signiert. Für Outlook Express-Anwender kommt die Firma VeriSign in Frage, wenngleich es preisgünstige oder gar kostenlose IDs für Privatanwender auch von anderen CAs gibt. Beantragt jemand eine digitale ID, fordert die ausstellende Stelle einen Identitätsnachweis.

Im Rahmen einer sog. Class 1-ID, um die es im Folgenden geht, wird lediglich ein Name und eine E-Mail-Adresse verlangt (bei dem es sich natürlich nicht um einen Identitätsnachweise handelt – in diesem Sinne garantiert die ID auch nur, dass die Nachricht von dieser E-Mail-Adresse stammt). Auf dieser Grundlage wird ein RSA-Schlüsselpaar erstellt, das dem Anwender als digitale ID ausgehändigt wird. Bei der Installation der digitalen ID werden der private Schlüssel und das dazugehörige Zertifikat im System registriert (der Schlüssel kann bei Bedarf als Datei exportiert werden), sodass sie in Outlook Express (bzw. jedem anderen S/MIME-fähigen Programm) zur Verfügung stehen. Wurde die digitale ID installiert, kann der Anwender auf diesem PC mit jedem S/MIME-fähigen Programm (also nicht nur mit Outlook Express, sondern auch mit Microsoft Outlook oder Lotus R5 Private Edition) E-Mail-Nachrichten signieren und verschlüsseln.

STEP

Beantragen einer digitalen ID

Führen Sie die folgenden Arbeitsschritte aus, um (über das Internet) bei VeriSign eine digitale ID zu beantragen:[11]

1. Wählen Sie im EXTRAS-Menü den Eintrag OPTIONEN, wechseln Sie auf das Register SICHERHEIT und klicken Sie auf die Schaltfläche ID ANFORDERN.
2. Outlook Express startet den Internet Explorer und ruft eine Webseite mit zusätzlichen Informationen zum Thema Digitale IDs auf. Beim Aufruf wird unter anderem Ihr E-Mail-Name übergeben.
3. Folgen Sie den Anweisungen auf der Website, die von Anbieter zu Anbieter ein wenig variieren werden. Nachdem Sie alle notwendigen Angaben gemacht haben – es kommt vor allem auf die angegebene E-Mail-Adresse an, denn das Zertifikat, das Sie erhalten werden, ist an diese Adresse gekoppelt – erhalten Sie per Mail die weiteren Hinweise. Die folgende Beschreibung bezieht sich auf den Ablauf bei VeriSign und kann bei Ihnen ein wenig variieren.
4. Klicken Sie auf der VeriSign-Website auf das Symbol mit der Inschrift »Get your ID now«, wenn Sie die kostenlose Probier-ID von VeriSign ausprobieren möchten (ähnliche Angebote gibt es auch von anderen Anbietern, zum Beispiel URL *»http://www.globalsign.net«).*
5. Sie sollten sich nun auf der VeriSign-Webseite befinden, auf der noch einmal die Vorteile einer sog. Class 1-ID zusammengefasst werden. Klicken Sie allerdings nicht auf *Enroll now,* sondern auf CLICK HERE FOR 60-DAY FREE TRIAL (ein wenig darunter), um eine digitale ID für 60 Tage kostenlos zu beantragen.

11 Bitte beachten Sie, dass sich der hier beschriebene Ablauf, wie das Angebot von VeriSign, jederzeit ändern kann.

6. Geben Sie als »Challenge Phrase« ein Wort oder einen Satz ein, an den Sie sich jederzeit erinnern (ähnlich wie beim Tele-Banking) und mit dem Sie sich als Inhaber der digitalen ID zu erkennen geben (etwa, wenn Sie bestimmte Einstellungen ändern möchten). Dieser Satz darf keine Satzzeichen, etwa einen Punkt, enthalten.

7. Kreuzen Sie die Option CHECK THIS BOX TO PROTECT YOUR PRIVATE KEY an (ist im Allgemeinen empfehlenswert).

8. Bestätigen Sie den Vertrag mit VeriSign durch Anklicken von ACCEPT.

9. Sie werden daraufhin noch einmal aufgefordert, Ihre E-Mail-Adresse zu bestätigen. Schauen Sie genau hin, denn die digitale ID wird mit dieser Adresse verknüpft. Sollte die Adresse nicht stimmen (zum Beispiel wegen eines Tippfehlers), müssen Sie den Vorgang abbrechen und nach Berichtigung der Adresse wiederholen. Ist die Adresse erst einmal verknüpft, gibt es keine Möglichkeit, den Vorgang rückgängig zu machen (außer einer Neuinstallation von Windows und dem erneuten Beantragen der ID vielleicht).

10. In diesem Schritt wird der private (RSA-) Schlüssel erstellt. Im Allgemeinen spricht nichts dagegen, die vorgeschlagene Sicherheitsstufe »Mittel« zu übernehmen. Anschließend muss die gewählte Sicherheitsstufe bestätigt werden.

11. Sie sind jetzt bei Schritt 2 gemäß der Schrittfolge auf der VeriSign-Webseite angelangt. Der private Schlüssel wurde Ihnen soeben per E-Mail zugeschickt. Prüfen Sie daher Ihren Posteingang (unter der angegebenen E-Mail-Adresse). Öffnen Sie diese Nachricht, denn hier finden Sie die Instruktionen, die Ihnen mitteilen, wie es weiter geht.[12]

12. Wechseln Sie zu Outlook Express, schließen Sie das Optionen-Dialogfeld und prüfen Sie, ob für Sie neue Nachrichten vorliegen (das kann ein paar Minuten dauern, wenngleich der ganze Vorgang vollautomatisch abläuft und kein Beamter erst irgendwo seinen Stempel drauf drücken muss). Bleiben Sie am besten online, denn in Kürze wird am unteren Bildschirmrand die Meldung »Mail von VeriSign eingetroffen« auftauchen.

13. Öffnen Sie die Nachricht von VeriSign. Sie enthält Ihre neue digitale ID. Klicken Sie auf CONTINUE, um die ID zu installieren.

14. Sie sind jetzt bereits bei Schritt 14 angelangt (Schritt 13 bestand aus dem Öffnen der Nachricht mit der digitalen ID). Der Internet Explorer ruft erneut eine Webseite von VeriSign auf. Hier wird Ihnen bestätigt, dass Sie die digitale ID erhalten haben. Außerdem werden noch einmal alle Daten der ID zusammengefasst. Klicken Sie auf INSTALL, um die ID zu installieren.

12 Ganz schön spannend, doch dem Thema angemessen.

15. Der Internet Explorer zeigt eine weitere Webseite bei VeriSign auf. Hier wird erklärt, wie Sie Ihre digitale ID mit einem E-Mail-Konto verknüpfen. Diese Schritte sollen Sie wie folgt erledigen.
16. Wechseln Sie wieder zu Outlook Express und wählen Sie über EXTRAS|KONTEN im Register E-MAIL ein E-Mail-Konto aus.
17. Klicken Sie auf EIGENSCHAFTEN und wählen Sie das Register SICHERHEIT.
18. Unterhalb der Option DIGITALE ID VERWENDEN sollte jener E-Mail-Name aufgeführt sein, mit dem die digitale ID verbunden wurde. Klicken Sie auf Digitale ID (das kann einen Augenblick dauern, da erneut eine Verbindung zur VeriSign-Webseite hergestellt wird).
19. Ging alles gut, zeigt Ihnen der Zertifikat-Manager das zur Verfügung stehende Zertifikat an. Klicken Sie auf OK, um es mit dem ausgewählten E-Mail-Konto zu verbinden.

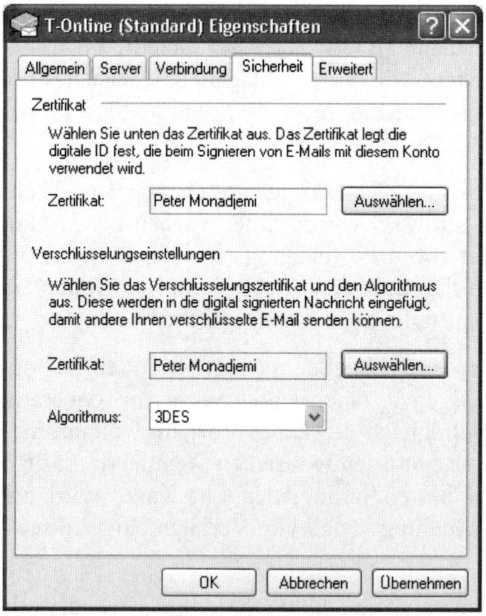

Abbildung 13.18: Das E-Mail-Konto wurde mit einem Zertifikat verbunden

Ein wenig später erhalten Sie unter Umständen eine weitere Nachricht von VeriSign. Diesmal ist es aber nur »Werbung«. VeriSign bedankt sich für das entgegengebrachte Vertrauen und weist Sie daraufhin, dass die digitale ID nur 60 Tage gültig ist.

Unter URL »http://www.verisign.com/securE-Mail/guide« erfahren Sie mehr über den Umgang mit sicherem E-Mail.

INFO

Eine Class 1-ID ist naturgemäß alles andere als ein zuverlässiger Nachweis der Identität einer Person, denn bei der Ausstellung wird zum Beispiel nicht geprüft, ob der Name oder der angegebene Wohnort stimmen. Im Grunde sagt die Class 1-ID nur aus, dass die Nachricht von der Person stammt, deren E-Mail-Adresse im Absender angegeben ist, und dass die Person sich unter dem angegebenen Namen die ID besorgt hat.

INFO

13.8.5 Versenden verschlüsselter Nachrichten

Sind Sie erst einmal stolzer Besitzer einer digitalen ID, können Sie alle Ihre Nachrichten nicht nur mit Ihrer digitalen Unterschrift versehen (also signieren), sondern auch verschlüsseln. Um eine verschlüsselte Nachricht so senden zu können, dass der Empfänger sie auch lesen kann, benötigen Sie das Zertifikat des Empfängers, d.h. dessen öffentlichen Schlüssel. Ohne dieses Zertifikat kann die Nachricht nicht verschlüsselt werden. Der Empfänger kann sein Zertifikat (wie im weiteren Verlauf noch gezeigt wird) exportieren und Ihnen als Datei (Erweiterung *.Cer*) zukommen lassen. Einfacher ist es jedoch, wenn er Ihnen eine beliebige signierte (nicht verschlüsselte) Nachricht schickt, in der das Zertifikat und damit der öffentliche Schlüssel enthalten sind (als Attachement mit der Erweiterung *.Ps7*). Beim Öffnen dieser Nachricht werden diese automatisch in das Adressbuch übernommen (sofern die Option ABSENDERZERTIFIKAT AUTOMATISCH DEM ADRESSBUCH HINZUFÜGEN in den erweiterten Sicherheitseinstellungen nicht deaktiviert wurde).

Eine dritte Möglichkeit, das Zertifikat einer Person zu erhalten, besteht darin, diese im Internet zu suchen. Führen Sie dazu den SUCHEN|PERSONEN-Befehl (zum Beispiel im Startmenü) aus und wählen Sie bei SUCHEN IN den Eintrag »VeriSign Internet Directory Service« aus (sofern die Person ihre Kennung von VeriSign erhalten hat). Geben Sie Namen oder E-Mail-Namen der Person ein und klicken Sie auf SUCHEN. Wurde die Person gefunden, klicken Sie auf EIGENSCHAFTEN und wählen das Register SICHERHEIT. Dort sollte das Zertifikat (eine Person kann auch mehrere Zertifikate besitzen) angezeigt werden. Wechseln Sie jetzt auf das Register ZUSAMMENFASSUNG und klicken Sie auf DEM ADRESSBUCH HINZUFÜGEN. Damit wird ein neuer Eintrag für die Person angelegt, zu der auch das Zertifikat gehört. Adressbucheinträge mit Zertifikat sind durch ein entsprechendes Symbol gekennzeichnet (ein kleines rotes »Ehrenabzeichen«).

Tabelle 13.3: Erweiterungen, die im Zusammenhang mit Zertifikaten eine Rolle spielen

Dateierweiterung	Bedeutung
.Cer, .Crt	DER- oder BASE64-kodiert-binär X.509 (ohne privaten Schlüssel)
.P7b, .Spc	PKCS#7-Zertifikat
.Pfx, .P12	Zertifikat mit privatem Schlüssel
.Sst	Zertifikatsspeicher
.Stl	Zertifikatsvertrauensliste
.Crl	Zertifikatssperrliste

13.8.6 Empfangen einer verschlüsselten Nachricht

Haben Sie eine verschlüsselte Nachricht erhalten, wird dies im Posteingang durch ein kleines (blaues) Schloss-Symbol angezeigt. Für das Lesen der Nachricht wird Ihr öffentlicher Schlüssel verwendet, den der Absender für die Verschlüsselung benutzt hat. Vor dem Öffnen erscheint noch ein allgemeiner Hinweistext, der aber für die nächsten Male unterdrückt werden kann. Anschließend wird die Nachricht samt ihrer Anhänge auf die gleiche Weise gelesen und beantwortet wie nicht verschlüsselte Nachrichten.

13.8.7 Signieren einer Nachricht

Das Signieren einer Nachricht bedeutet, sie mit Ihrer »digitalen Unterschrift« (d.h. mit einem Zertifikat) zu versehen. Die Nachricht wird mit dem privaten Schlüssel des Absenders signiert. Damit der Empfänger die Authentizität der Nachricht feststellen kann, wird der öffentliche Schlüssel des Absenders beigefügt. Erhält ein Empfänger eine signierte Nachricht, wird diese mit einem kleinen (roten) Symbol gekennzeichnet. Beim Öffnen der Nachricht prüft Outlook Express, ob die Signatur mit dem öffentlichen Schlüssel zusammenpasst (falls der Empfänger nicht mit einem S/MIME-Client arbeitet, wie dies zum Beispiel bei alten CompuServe-WinCIM-Versionen oder auch beim T-OnlinE-Mail-Programm der Fall ist, wird der öffentliche Schlüssel lediglich als Anhang übertragen und hat keine Bedeutung). Ist dies der Fall, wurde die Nachricht seit ihrem Absenden durch den Absender nicht verändert. Eine Analogie ist ein verschlossener und unbeschädigter Briefumschlag, der (unter normalen Umständen) anzeigt, dass der Brief nicht zwischenzeitlich geöffnet wurde.

13.8.8 Empfangen einer signierten Nachricht

Wenn Sie eine signierte Nachricht erhalten, wird das Zertifikat des Absenders mit übertragen. Da dieses auch den öffentlichen Schlüssel enthält, ist es sinnvoll, diesen in das Adressbuch zu übernehmen, damit Sie dieser Person später einmal verschlüsselte Nachrichten schicken können. Das Hinzufügen des Zertifikats geschieht entweder automatisch beim Öffnen der Nachricht oder wird nachträglich erledigt.

Empfangen einer signierten Nachricht

1. Öffnen Sie die signierte Nachricht im Posteingang (das entsprechende Symbol zeigt an, dass es sich um eine signierte Nachricht handelt).
2. Sie sehen einen Hinweistext, der Sie darüber informiert, dass die Nachricht signiert wurde, und der über die Option DIESE HILFE NICHT WIEDER ANZEIGEN auch unterdrückt werden kann (am Anfang würde ich das nicht unbedingt empfehlen, da man auf diese Weise sich an den Umgang mit sicheren E-Mails schneller gewöhnt). Klicken Sie auf WEITER, um die Nachricht zu öffnen.
3. Wählen Sie im DATEI-Menü den Eintrag EIGENSCHAFTEN und wechseln Sie auf das Register SICHERHEIT. Hier erfahren Sie alle sicherheitsrelevanten Angaben der Nachricht. Über die Schaltfläche DIGITALE SIGNATUR ÜBERPRÜFEN können Sie sich vergewissern, dass die Signatur authentisch ist, indem Sie sich das Zertifikat in Ruhe anschauen. Über die Schaltfläche DEM ADRESSBUCH HINZUFÜGEN wird das mit der Absenderadresse verbundene Zertifikat in das Adressbuch übernommen (sofern dies nicht bereits geschehen ist). Jetzt können Sie dem Absender eine verschlüsselte Nachricht zukommen lassen. Für das Versenden von verschlüsselten Nachrichten benötigen Sie zwar keine eigene digitale ID, können aber die Nachricht in der Ablage GESENDETE OBJEKTE nicht mehr lesen.

13.9 Newsgroups

Auch die Newsgroups sind eine Institution im Internet, die es schon ewig gibt, und an der weltweit mehrere Millionen Menschen teilnehmen dürften (genaue Zahlen lassen sich nicht feststellen, da es keine Anmeldung und kein Verzeichnis von Teilnehmern oder Newsgroups gibt). Sie sind vergleichbar mit einer gigantischen Litfaßsäule[13], an die jeder kleine Zettelchen

13 Für die jüngeren Leser, denen der Begriff Litfaßsäule unter Umständen nicht mehr geläufig ist: Damit sind jene überdimensionalen Tonnen gemeint, die in den Innenstädten an den Straßenrändern stehen und auf denen verschiedene Ereignisse bekannt gemacht werden. Dadurch, dass sie rund sind, können sie von verschiedenen Blickrichtungen aus gelesen werden.

kleben kann, die von 200 Millionen Menschen und mehr gelesen werden können. Grundlage für den Austausch von News ist übrigens das NNTP-Protokoll, ein Umstand, der für den Umgang mit den Newsgroups jedoch keine praktische Bedeutung besitzt.

Zunächst muss ein mögliches Missverständnis angesprochen werden. Newsgroups sind keine Chats, in denen sehr häufig anonyme Mitmenschen mit zu viel Freizeit und einem offensichtlichen Mangel an sozialen Kontakten mehr oder weniger geistlose Sprechblasen von sich geben, und von denen die Fernsehzeitschriften und andere Internet-Zeitgeist-Magazine den Partner fürs Leben und andere Annehmlichkeiten für den privaten Lebensbedarf versprechen. Newsgroups sind, zumindest was die mit technischen Inhalten angeht, ein sehr wichtiges Medium für den Erfahrungsaustausch mit Gleichgesinnten geworden. Wenn Windows einmal wieder »spinnt« (Windows XP natürlich ausgenommen), das DVD-Laufwerk streikt oder andere unerklärliche Phänomene auftreten, ist die Wahrscheinlichkeit relativ groß, dass jemand bereits eine ähnliche Erfahrung gemacht hat oder gar eine Lösung weiß. Newsgroups sind weltweite Foren für den Meinungsaustausch, im Allgemeinen sind sie aber kein Support-Angebot des Herstellers. Die Teilnahme ist kostenlos, unverbindlich und leider ohne Antwort-Garantie. Dennoch sind Newsgroups, insbesondere natürlich die deutschsprachigen Newsgroups, die erste Anlaufstelle für viele Anwender, die auf der Suche nach technischem Know-how sind, anderen Menschen helfen wollen, neugierig sind, welche Probleme die anderen so haben könnten oder einfach nur ein wenig über ihr »Lieblingsthema« klönen möchten.

13.9.1 Was sind Newsgroups genau?

Newsgroups sind thematische, regional gegliederte zeitversetzte Diskussionsrunden und schwarze Bretter im Internet. Sie können sich Diskussionsgruppen als weltweite Diskussionsforen vorstellen, in denen jeder, unter Einhaltung gewisser (freiwilliger) Konventionsregeln, den so genannten *Netiquetten*, seine Meinung loswerden kann. Verwechseln Sie die Newsgroups aber nicht mit den Internet-Chats. Während ein Chat eine Live-Diskussion darstellt, finden die Diskussionen in den Newsgroups stets zeitversetzt statt und in der Regel auf einem relativ hohen Niveau (natürlich gibt es Ausnahmen). Jemand schreibt seinen Beitrag mit einem Betreff in Form einer E-Mail und schickt ihn unter Angabe des Newsgroup-Namens an den News-Server. Andere Teilnehmer können diese Nachricht lesen und gegebenenfalls darauf antworten oder eine neue Nachricht zu einem anderen Thema beisteuern. Auf diese Weise wächst das Nachrichtenaufkommen in einer Newsgroup mit jedem neuen Beitrag, wobei ein News-Server die einzelnen Beiträge nicht »ewig« speichert, sondern nach einer gewissen Zeitspanne, je nach Nachrichtenaufkommen, wieder löscht. Die Newsgroups sind wahrscheinlich das beste Beispiel für den »Geist« des Internets. Im Prinzip ist alles erlaubt, alles ist kostenlos und dennoch gibt es bestimmte Regeln, die man einhalten sollte, um nicht als Außenseiter »geoutet« zu werden (ein absolutes Tabu in den allermeisten Newsgroups ist das »Spaming«, also das Versenden von kommerziellen Massensendungen).[14]

Regeln für den Umgang mit Newsgroups

Und da wären wir schon bei den sog. *Nettiquetten*, jenen ungeschriebenen Gesetzen, die das Miteinander in Newsgroups regeln sollen:

- Respektieren Sie Ihren elektronischen Gesprächspartner als einen Menschen mit Stärken, Schwächen, Vorlieben, Abneigungen, Ängsten und Wünschen. Kurzum, behandeln Sie ihn nach den Regeln der Fairness.
- Auch in »virtuellen« Diskussionen gilt das Grundrecht auf freie Meinungsäußerung. Politische oder andere weltanschauliche Ansichten sind daher keineswegs tabu. Oberstes Gebot ist jedoch stets dabei, andere wegen ihrer Anschauungen nicht zu verurteilen und gewisse Anstands- und Höflichkeitsregeln nicht zu verletzen.
- Vermeiden Sie jegliche Formen vulgärer oder diskriminierender Ausdrücke. Auf Beispiele soll verzichtet werden, denn zum einen sind diese Ausdrücke gewissen kulturellen und regionalen Schwankungen unterworfen, zum anderen kann sich jeder selber vorstellen, welche Begriffe damit gemeint sein könnten. In einer Online-Diskussion sind diese Dinge absolut tabu und werden bei schweren oder häufigeren Verstößen in der Regel auch sofort mit dem Ausschluss aus dem Forum oder einer »Verbannung« geahndet (alle Nachrichten der Person werden von den anderen Teilnehmern ignoriert). Auf der anderen Seite ist das »flaming«, das man mit verbaler Attacke übersetzen könnte, gerade in den allgemeinen Newsgroups (weniger in den technischen Support-Newsgroups) gang und gäbe. Sogenannte *flame wars*, das heißt, eine Kette von emotionalen Nachrichten, verstoßen dagegen wiederum gegen die Netiquette. Es kommt immer darauf an, die schmale Gratwanderung zwischen einer egalisierten Form der Anmache und einer Beleidigung zu schaffen.
- Werden Sie persönlich attackiert oder haben Sie das Gefühl, angegriffen worden zu sein, was hin und wieder vorkommen kann, antworten Sie nicht sofort. Zum einen ist nicht jeder wie Sie mit den Nettiquetten so gut vertraut, zum anderen können schon ein paar Minuten Distanz dazu führen, dass Sie die ganze Angelegenheit in einem anderen Licht sehen. Denken Sie immer daran, ein E-Mail, das Sie abgeschickt haben, ist (im Allgemeinen) unwiderruflich auf dem Weg zu seinem Empfän-

14 Inzwischen kenne ich auch die Herkunft des Begriffs »spam«. Es ist der Name einer bestimmten Sorte von Dosenfleisch, die im 2. Weltkrieg gegessen wurde und deren Inhalt offenbar nicht eindeutig war. Seine »Berühmtheit« verdankt der Begriff aber einem legendären Sketch der Comedy-Gruppe Mounty Python. Details finden Sie unter URL `www.ironworks.com/comedy/python/spam.htm`.

ger. Davon, dass es Ihnen eine Minute später unter Umständen leid tun könnte, kann der Empfänger nichts wissen (es sei denn, Sie haben ihn bereits telefonisch vorgewarnt oder lassen ihm per Internet nachträglich ein paar Blumen zukommen).

- Versuchen Sie sich hin und wieder vorzustellen, wie Sie auf andere in einer Online-Diskussion wirken könnten. Sind Sie vielleicht zu nüchtern, geben zu allem einen Kommentar ab, treten »belehrend« oder gar herablassend auf, versuchen Sie jedem Ihrer Beiträge einen humoristischen oder ironischen Touch zu geben? Sollte eines davon zutreffen, müssen Sie sich darüber klar sein, wie Sie auf Ihre Kommunikationspartner wirken können. Anders als in einem realen Gespräch müssen Sie in der Lage sein, nur durch das Medium Text auch Gefühle und Stimmungen auszudrücken. Und genau das ist nicht immer eine leichte Aufgabe. Den richtigen Ton in unterschiedlichen Situationen zu treffen, erfordert Einfühlungsvermögen, Erfahrung und eine gewisse Reife.
- Vermeiden Sie »Crosspostings«. Damit sind Nachrichten gemeint, die Sie gleich in mehrere verschiedene Diskussionsforen absetzen. Auch wenn dies zunächst attraktiv erscheinen mag (eine Nachricht erscheint vielleicht in mehreren Dutzend Foren und erreicht damit sehr viel mehr potenzielle Adressaten), ist diese Form der Nachrichtenverbreitung verpönt und macht keinen guten Eindruck. Falls Sie in einer Newsgroup keine Antwort erhalten, können Sie selbstverständlich die anderen Newsgroups der Reihe nach »abklappern«.
- Lesen Sie die »Core rule of Netiquette«, die auf zahlreichen Webseiten (zum Beispiel URL *»www.albion.com/netiquette«)* zur Verfügung stehen.
- Und noch ein Motto zum Schluss, das Sie grundsätzlich beherzigen sollten: »Try to be nice«. Damit sollte eigentlich im täglichen Miteinander in der virtuellen Welt nicht viel schief gehen.

13.9.2 Die Microsoft-Newsgroups

Microsoft betreibt einen eigenen News-Server unter der Adresse *msnews.microsoft.com.* Für die Anmeldung werden weder Kennwort noch Anmeldename benötigt. Hier finden Sie vor allem eine Vielzahl von Newsgroups zum Thema Windows XP. Im Allgemeinen gilt, dass die Bedeutung einer Newsgroup direkt aus ihrem Namen hervorgeht, sodass ein »Reiseführer« für die Microsoft-Newsgroups entbehrlich ist.

13.9.3 Anlegen eines News-Kontos

Wie bei der Nutzung von E-Mail müssen Sie bei Outlook Express auch für den News-Server-Zugriff erst einmal ein Konto anlegen.

Die Adresse des Microsoft-News-Servers lautet msnews.microsoft.com. *Hier finden Sie weit über 2.000 Newsgroups, die sich (ausschließlich) mit Microsoft-Produkten beschäftigen. Die öffentlichen Newsgroups sind für jeden frei zugänglich.*[15]

:-) TIPP

Anlegen eines News-Kontos bei Outlook Express

STEP

1. Führen Sie den Menübefehl EXTRAS|KONTEN aus. Es öffnet sich ein Dialogfeld, das alle bisher eingerichteten Konten auflistet.
2. Wählen Sie das Register NEWS. Es enthält alle bereits eingerichteten News-Konten.
3. Klicken Sie auf die HINZUFÜGEN-Schaltfläche und wählen Sie erneut den Eintrag NEWS. Sie starten dadurch den Assistenten, der Sie nun durch die einzelnen Schritte für das Anlegen eines News-Kontos führt.
4. Auch für den Zugriff auf einen News-Server werden ein Name und eine E-Mail-Adresse benötigt. Geben Sie in diesem Dialogfeld jenen Namen an, der als Absender Ihrer Newsgroup-Beiträge erscheinen soll.
5. In diesem Dialogfeld wird eine E-Mail-Adresse verlangt, die als Absender in einem Newsgroup-Beitrag erscheinen soll. Auf diese Weise kann Ihnen ein Newsgroup-Teilnehmer direkt antworten.

   Um sich vor unerwünschter Werbung (dem sog. Spam) zu schützen, ist es ratsam, anstelle der wahren E-Mail-Adresse entweder eine Fantasieadresse oder eine »Anti-Spam-Adresse (etwa MeinName@Servername.nospam.de) einzutragen, sodass Adress-Sammelprogramme nicht so einfach ihre Adresse aus der Nachricht extrahieren können. Ihre richtige Absenderadresse ergibt sich für den Empfänger durch Weglassen von »nospam« – Sie können die Adresse aber auch zusätzlich in den Nachrichtentext (zum Beispiel als Signatur) einfügen. Auch wenn diese Methode nicht die allerbeste Lösung ist, macht sie es den Spam-Programmen etwas schwerer.
6. Nun müssen Sie die Adresse des News-Servers angeben. Ein News-Server ist ein Computer im Internet, der den Inhalt von Diskussionsgruppen bereitstellt. Falls der News-Server eine besondere Anmeldung erfordert, müssen Sie die Option ANMELDUNG AM NEWSSERVER ERFORDERLICH wählen und im nächsten Schritt den Namen und gegebenenfalls auch ein Kennwort eintragen.

Falls Sie T-Online-Teilnehmer sind und die Verbindung über T-Online herstellen, lautet dieser zum Beispiel »news.t-online.de«. Kennwort und Anmeldename sind überflüssig, da Sie sich ohnehin bei T-Online für den Internetzugang anmelden müssen. Der T-Online-News-Server ist von außen nicht zugänglich.

INFO

15 Auch wenn die Firma Microsoft den News-Server betreibt, sind Microsoft-Mitarbeiter hier eher selten anzutreffen. Fühlen Sie sich also völlig ungezwungen.

7. Durch Anklicken der FERTIG STELLEN-Schaltfläche wird das News-Server-Konto angelegt.

Durch Herstellen einer DFÜ-Verbindung zu Ihrem Internetdienstanbieter können Sie nun nach Herzenslust alle angebotenen Newsgroups durchstöbern. Outlook Express fragt Sie unmittelbar nach Fertigstellen des Kontos, ob Sie die Newsgroups herunterladen möchten. Das können Sie auch zu einem späteren Zeitpunkt nachholen. Klicken Sie dazu bei Outlook Express auf die NEWSGROUPS-Schaltfläche in der Symbolleiste, um einen News-Server auswählen und dessen Newsgroup-Liste ansehen zu können. Für jeden weiteren News-Server muss ein eigenes Konto angelegt werden.

Über den Menübefehl EXTRAS|KONTEN, der Auswahl des Kontos und dem Anklicken von EIGENSCHAFTEN können Sie das angelegte Konto jederzeit ändern. Das kann erforderlich sein, um eine bestimmte Verbindung auszuwählen oder einfach nur um dem Konto einen anderen Namen zu geben (ansonsten wird die Adresse des News-Servers als Name verwendet).

13.9.4 Die wichtigsten Arbeitsschritte beim Umgang mit Newsgroups

Die folgenden Abschnitte beinhalten die wichtigsten Arbeitsschritte, die Sie für den Umgang mit Outlook Express und den Newsgroups kennen müssen. Wer Newsgroups regelmäßig benutzt, möchte meistens mehr als sich lediglich durch die umfangreichen Nachrichtenbäume zu klicken. Zu den Tätigkeiten eines »Newsgroup-Profis« gehören:

- Das Markieren von Nachrichten
- Der Umgang mit Anlagen
- Das Festlegen von Ansichten
- Das Synchronisieren mit den Outlook Express-Ordnern für das Offline-Lesen und -Schreiben der Nachrichten
- Das Suchen nach Beiträgen
- Das Festlegen von Regeln und das »Blockieren« unerwünschter Teilnehmer
- Die Verwaltung des Arbeitsspeichers, den Outlook Express für die Newsgroups reserviert
- Importieren von Nachrichten

Anlegen eines News-Kontos

Um auf einen News-Server zugreifen zu können, wird ein News-Konto benötigt, das unter anderem die Adresse des News-Servers enthält. Wie ein solches Konto angelegt wird, wird in Kapitel 13.9.3 besprochen.

Die Auswahl eines News-Servers

Outlook Express listet alle News-Server (d.h. alle angelegten Konten) ebenfalls im Ordnerfenster auf. Die Auswahl eines News-Servers besteht darin, einen der Einträge anzuklicken. Jeder News-Servereintrag kann Untereinträge besitzen (Sie erkennen das an einem vorangestellten »+«-Zeichen), es handelt sich hierbei um alle (auf diesem News-Server) abonnierten und aktuell ausgewählten Diskussionsgruppen.

Abrufen einer Newsgroups-Liste

Jeder News-Server im Internet enthält eine bestimmte Anzahl an Newsgroups. Das können ganz viele sein, wie bei allgemeinen News-Servern, das können aber auch ganz wenige sein, wie bei speziellen News-Servern. Unmittelbar nach dem Anlegen eines neuen News-Server-Kontos erhalten Sie die Gelegenheit, die Namen der auf dem News-Server enthaltenen Newsgroups herunterzuladen. Dieser Vorgang kann ein paar Minuten dauern, da die News-Server oft mehrere Tausend Namen enthalten (beim T-Online-News-Server sind es knapp 17.000 Namen, es gibt allerdings auch News-Server, die über 80.000 verschiedene Newsgroups enthalten).

Abbildung 13.19: Wenn dieses Dialogfeld erscheint, werden die Namen der Newsgroups vom News-Server überspielt

Die Auswahl einer Newsgroup

Wurden alle Newsgroups-Namen übertragen, können Sie sich in der (meistens sehr langen) Liste der angezeigten Namen jene aussuchen, die Sie interessieren. Möchten Sie die Newsgroups eines News-Servers nach einer bestimmten Gruppe durchsuchen, geben Sie einfach ein Suchwort in das Eingabefeld ein. Alle Newsgroups, in denen der Name vorkommt, werden daraufhin aufgelistet. Leider ist Outlook Express nicht in der Lage, sich einen Suchbegriff zu merken, sodass Sie die Suche jedes Mal neu starten müssen.

INFO

Beim ersten Öffnen einer Newsgroup werden 300 Nachrichten heruntergeladen. Diese Zahl kann im Register LESEN *der Outlook Express-Optionen eingestellt werden.*

Abbildung 13.20: Durch Eingabe eines Suchworts wird die Auswahlliste verkleinert

Das Abonnieren einer Newsgroup

Sie können zu einer Newsgroup über die Schaltfläche WECHSELN ZU entweder direkt wechseln oder sie zunächst abonnieren. Das Abonnieren ist (natürlich) kostenlos und bedeutet lediglich, dass Outlook Express für die Newsgroup einen permanenten Ordner einrichtet, in dem die Nachrichten der Newsgroup (bis zu einem bestimmten Umfang) gehalten werden, und dass Sie die Newsgroup direkt auswählen und nicht jedes Mal die große Liste mit allen Newsgroups aufrufen müssen.

Das Abonnieren einer Diskussionsgruppe geschieht, in dem Sie den Namen der Diskussionsgruppe auswählen und auf die Schaltfläche ABONNIEREN klicken. Alle abonnierten Diskussionsgruppen werden im Register ABONNIERTE geführt. Sie müssen allerdings keine Newsgroups abonnieren, um auf den Inhalt einer Diskussionsgruppe zugreifen zu können. Das Abonnieren ist lediglich eine Erleichterung, um bei jenen Gruppen, die Sie interessieren, auf dem aktuellen Stand zu bleiben. Möchten Sie eine Newsgroup nicht mehr regelmäßig lesen, müssen Sie sie kündigen. Sie wird dann bei der Synchronisation nicht mehr berücksichtigt und belegt lokal keinen Arbeitsspeicher.

Wichtig für den Zugriff auf die Newsgroups mit Outlook Express ist, dass die abonnierten Newsgroups direkt in das Ablagesystem von Outlook Express integriert werden. In der Regel klicken Sie eine der hier aufgeführten Namen mit der sekundären Maustaste an und wählen einen der angebotenen Befehle. Beachten Sie, dass unter jedem News-Server sowohl die abonnierten Gruppen als auch jene angezeigt werden, zu denen Sie lediglich gewechselt sind. Letztere lassen sich nicht sofort löschen, werden aber beim nächsten Start von Outlook Express nicht mehr angezeigt.

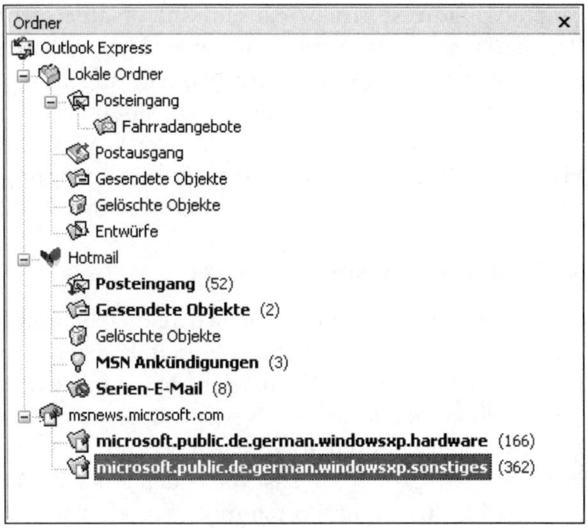

Abbildung 13.21: Die einzelnen News-Server werden wie die ausgewählten Newsgroups in das Ablagesystem von Outlook Express integriert – die Zahlen in Klammern sind die Anzahl der Nachrichten in der Ablage

Die Rolle der kleinen Symbole im Nachrichtenfenster

Themen (Diskussionsfäden) erkennen Sie bei Outlook Express daran, dass Ihnen im Nachrichtenfenster ein »+«-Zeichen vorangeht. Ein »-«-Zeichen bedeutet, dass das Thema geöffnet ist (aufgrund der hierarchischen Struktur kann ein Thema wieder aus »Unterfäden« bestehen). Nachrichten, denen kein »+«- oder »-«-Zeichen vorausgeht, sind noch alleinstehend, d.h. hier hat offenbar noch niemand geantwortet.

Ungelesene Nachrichten werden fett hervorgehoben. Sobald Sie eine Nachricht öffnen, wird sie (nach einer Zeitspanne von fünf Sekunden; diese lässt sich im Register LESEN der Outlook Express Optionen einstellen) als gelesen markiert und nicht mehr fett angezeigt. Eine Nachricht kann jederzeit wieder als ungelesen markiert werden (zum Beispiel über ihr Kontextmenü), was für die Synchronisation mit dem Offline-Ordner eine Rolle spielen kann.

Sie antworten auf eine Nachricht (und hängen damit eine weitere Nachricht an ein Thema an), indem Sie die Nachricht mit der sekundären Maustaste selektieren und den Befehl NEWSGROUP ANTWORTEN aus dem Kontextmenü der Nachricht wählen. Wählen Sie dagegen den Befehl VERFASSER ANTWORTEN (was zunächst naheliegender erscheinen mag, denn man möchte sich in der Regel auf die Nachricht des Verfassers beziehen), erhält der Verfasser eine private E-Mail, der Beitrag wird aber nicht in der Newsgroup angezeigt. Der Nachteil dieses Verfahrens ist, dass die anderen Teilnehmer der Newsgroup Ihre Antwort nicht mitverfolgen können (was natürlich auch erwünscht sein kann). Achten Sie beim Erstellen einer Nachricht am besten am Anfang stets auf das Newsgroups-Feld im Nachrichtenfenster. Hier steht, genau wie bei einer »normalen« Nachricht die

Empfängeradresse. Ist es ein einzelner Name, geht die Nachricht an eine Person. Ist es dagegen der Name einer Newsgroup, geht die Nachricht auch an diese. Sollten hier mehrere Namen aufgeführt sein, können Sie durch Klicken auf das Zeitungssymbol die Empfängerliste editieren.

Halten wir fest: Der Aufbau einer Diskussionsgruppe ist, genau wie die Verzeichnisstruktur eines Laufwerks, hierarchisch gegliedert.

Nachrichten in einer Newsgroup lesen

Auf Newsgroups zuzugreifen bedeutet, Nachrichten, die jemand in einer Newsgroup »geposted« hat, zu lesen und gegebenenfalls auf einzelne Nachrichten zu antworten, wenngleich dies natürlich keine Pflicht ist. Da das Posten einer Nachricht in Newsgroups nichts anderes bedeutet als eine E-Mail-Nachricht an den News-Server zu schicken, funktioniert der Zugriff auf eine Newsgroup wie das Versenden einer E-Mail-Nachricht. Sobald Sie auf eine Nachricht antworten möchten, klicken Sie die Nachricht entweder doppelt oder mit der sekundären Maustaste an, um die gewünschte Aktion auszuwählen.

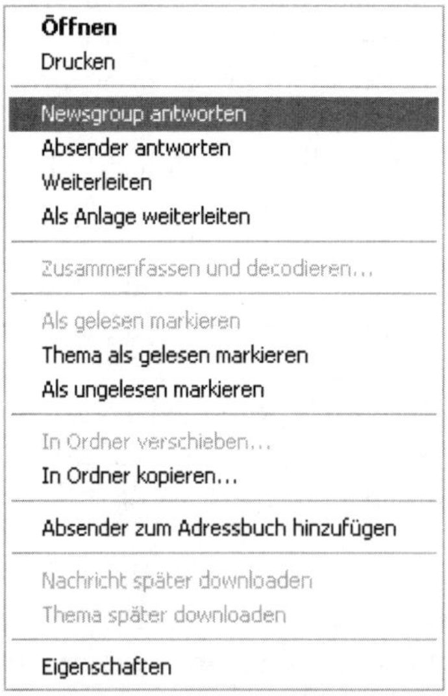

Abbildung 13.22: Im Kontextmenü einer Nachricht sind alle Aktionen enthalten, die mit der Nachricht ausgeführt werden können

Beim Öffnen einer Nachricht öffnet sich das bekannte Nachrichtenfenster von Outlook Express und Sie können einen beliebigen Text eintippen (gegebenenfalls auch formatieren, wobei er dann als HTML-Nachricht übertragen wird) und abschicken. Da in den Microsoft-Newsgroups die meisten Mitglieder mit Outlook Express oder Outlook arbeiten dürften, sollte es kein Problem sein, HTML als Format zu verwenden. Beim Versenden von Newsgroup-Nachrichten arbeiten Sie mit jenem Adressbuch, das innerhalb von Outlook Express auch für E-Mail benutzt wird.

Markieren von Nachrichten

Das Nachrichtenfenster bietet eine Reihe von Spalten, in denen kleine Symbole (am Anfang erscheint das alles noch recht willkürlich) angezeigt werden. Das Anklicken einer Spalte markiert die Nachricht bzw. das Thema mit einem für die Spalte charakteristischen Symbol, was eine Reihe unterschiedlicher Bedeutungen haben kann (siehe Tabelle 13.4). Folgende Spalten stehen zur Auswahl:

- Die Anlage-Spalte (Klammersymbol). Diese Spalte zeigt an, ob die Nachricht Dateien enthält.
- Die Zum Übertragen markieren-Spalte (Pfeilsymbol). Diese Spalte zeigt jene Nachrichten an, die später übertragen werden sollen.
- Die Markierung-Spalte (Flaggensymbol). Über diese Spalte können Sie einzelne Nachrichten markieren, um sie leichter wiederfinden zu können.
- Die Status des Themas-Spalte (Brillen-Symbol bzw. durchgestrichener Kreis). Über diese Spalte werden jene Nachricht markiert, die übersehen oder beachtet (eingeblendet) werden sollen.

Durch Anklicken der Spaltenüberschrift mit der sekundären Maustaste und Auswahl des Eintrags Spalten können Sie einzelne Spalten ein- und ausblenden. Achten Sie darauf, dass Sie auch die Reihenfolge festlegen können, in der die Spalten angezeigt werden. Das ist von Bedeutung, da nicht immer alle Spalten sichtbar sind.

Abbildung 13.23: In diesem Dialogfeld werden die anzuzeigenden Spalten ausgewählt

Tabelle 13.4: Die einzelnen Symbole in einem Newsgroups-Ordner und ihre Bedeutung

Symbol	Bedeutung
	Das Thema enthält weitere Nachrichten und ist geschlossen.
	Das Thema enthält weitere Nachrichten und ist geöffnet.
	Die Nachricht ist als »beachten« markiert. Damit besteht ein Kriterium, nach dem die Nachricht entweder ein- oder ausgeblendet wird.
	Die Nachricht ist als »nicht beachten« markiert. Damit besteht ein Kriterium, nach dem die Nachricht entweder ein- oder ausgeblendet wird.
	Die Nachricht ist für »später abrufen« markiert.
	Die Nachricht ist markiert. Das bietet eine weitere Möglichkeit, bestimmte Nachrichten in einer Ansicht zusammenzufassen.

Der Umgang mit Anlagen einer Newsgroup-Nachricht

Eine Nachricht in einer Newsgroup kann auch eine Anlage (etwa ein Bild oder eine beliebige Datei) enthalten. Bilder werden im Allgemeinen direkt im Nachrichtenfenster angezeigt. Ob eine Nachricht eine Anlage enthält, erkennen Sie an dem Klammersymbol im Nachrichtenfenster.

Der folgende Arbeitsschritt beschreibt, wie Sie die Anlage als separate Datei speichern (ansonsten bleibt sie Bestandteil der Nachricht und wird in der Ablagendatei gespeichert).

STEP

Speichern einer Anlage

1. Öffnen Sie die Nachricht.
2. Führen Sie den Menübefehl DATEI|ANLAGEN SPEICHERN aus. Es erscheint ein Dialogfeld, in dem Sie die zu speichernden Anlagen und das Zielverzeichnis auswählen können.

INFO

Anlagen, die aus Newsgroups stammen, sollten Sie vor dem Öffnen einem Virencheck unterziehen. Wenn Sie eine Anlage über die Hotmail-Webseite erhalten, wird diese Option angeboten (was bereits recht fortschrittlich ist).

:-) TIPP

Möchten Sie die Anlagen einer Nachricht entfernen, selektieren Sie sie, klicken Sie auf WEITERLEITEN, *selektieren Sie die Anlage mit der primären Maustaste und wählen Sie* ENTFERNEN. *Anschließend können Sie die Nachricht durch Abspeichern im Entwurf-Ordner ablegen und von dort in einen anderen Ordner verschieben. Allerdings geht dabei die E-Mail-Adresse des Absenders verloren, die gegebenenfalls nachgetragen werden muss.*

Festlegen von Ansichten

Durch Auswahl einer Ansicht wird eingestellt, welche Nachrichten einer Newsgroup angezeigt werden und welche nicht. Über den Menübefehl ANSICHT|AKTUELLE ANSICHT stehen bereits sechs verschiedene Ansichten zur Auswahl (sollten Sie wider Erwarten in einer Newsgroup keine Nachrichten sehen, kann dies an der aktuellen Ansicht liegen).

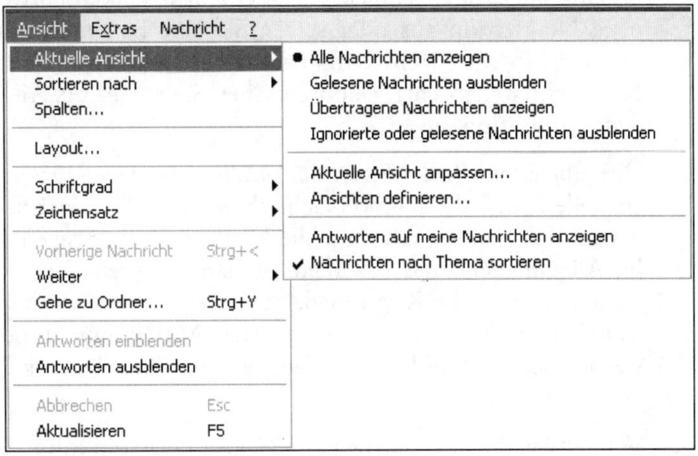

Abbildung 13.24: Über das Untermenü Aktuelle Ansicht wird für die Newsgroups eine Ansicht ausgewählt

Was bei oberflächlicher Betrachtung nicht sofort ersichtlich sein dürfte, ist der Umstand, dass es sich bei Ansichten um die Implementierung einfacher Regeln handelt. Über den Menübefehl ANSICHT|AKTUELLE ANSICHT|ANSICHTEN DEFINIEREN können Sie neue Ansichten festlegen. Nach Anklicken der NEU-Schaltfläche öffnet sich ein Dialogfeld, in dem eine Reihe von Bedingungen angeboten werden, die erfüllt sein müssen, damit eine Nachricht entweder ein- oder ausgeblendet wird. Alle benutzerdefinierten Ansichten stehen (nachdem im REGEL-Dialogfeld die ÜBERNEHMEN-Schaltfläche angeklickt wurde) ebenfalls über das Untermenü AKTUELLE ANSICHT zur Verfügung. Dies ist eine sehr leistungsfähige Eigenschaft. Möchten Sie in einer Newsgroup zum Beispiel nur Nachrichten mit Anlagen sehen, definieren Sie sich eine Ansicht, auf die Sie jederzeit von der aktuellen Ansicht umschalten können. Über den Menübefehl ANSICHT|AKTUELLE ANSICHTEN|AKTUELLE ANSICHT ANPASSEN wird die aktuelle Ansicht bearbeitet.

Synchronisieren von Newsgroups

Auch wenn der Internetzugang für die meisten Teilnehmer immer preiswerter wird (und eines schönen Tages sicherlich für alle kostenlos sein wird), möchte man Newsgroup-Beiträge nicht immer online lesen. Vielmehr will man einzelne Beiträge auswählen oder komplett alle neuen Nachrichten offline, d.h. wenn keine Verbindung zum Internet besteht, lesen und vielleicht ausdrucken. Dazu ist bei Outlook Express eine Synchronisation der Newsgroup auf dem News-Server mit dem Ordner der Ablage erforderlich.

Synchronisieren einer Newsgroup

STEP

1. Wählen Sie im Outlook Express-Ordnerfenster den News-Server aus (zum Beispiel *msnews.microsoft.com*). Dadurch werden in der rechten Fensterhälfte alle bereits abonnierten Newsgroups in einer Zusammenfassung angezeigt. Wählen Sie zu Übungszwecken entweder eine ganz neue Newsgroup aus oder setzen Sie eine bereits vorhandene Newsgroup in ihrem Eigenschafts-Dialogfeld zurück (dadurch werden alle Nachrichten gelöscht). Dadurch sehen Sie besser die Auswirkung einer Synchronisation.
2. Über die Schaltfläche EINSTELLUNGEN müssen Sie für jede Newsgroup einstellen, ob überhaupt Nachrichten, ob alle Nachrichten, nur die neuen Nachrichten oder nur die Kopfzeilen übertragen werden sollen. Im Allgemeinen (und vor allem bei langsameren Verbindungen) überträgt man nur die Kopfzeilen, geht diese offline durch und markiert jene Nachrichten, die beim nächsten Mal komplett heruntergeladen werden sollen. Wählen Sie daher bei den Einstellungen NUR KOPFZEILEN.
3. Wählen Sie bei allen übrigens Newsgroups, deren Inhalt Sie nicht interessiert, die Einstellung NICHT SYNCHRONISIEREN.
4. Klicken Sie auf KONTO SYNCHRONISIEREN. Die Nachrichten der ausgewählten Newsgroups werden nun übertragen, wobei alle Newsgroups, was die Anzahl der Nachrichten angeht, auf den neuesten Stand gebracht werden. Je nach Größe der Newsgroup kann das eine Weile dauern.
5. Jetzt können Sie die Verbindung trennen (wenngleich dies nicht zwingend ist). Besser ist es in diesem Fall, im Übertragungs-Dialogfeld die Option VERBINDUNG BEIM BEENDEN TRENNEN zu aktivieren.
6. Jetzt sind Sie wieder offline und können sich die heruntergeladenen Kopfzeilen der Nachrichten in Ruhe anschauen. Klicken Sie alle Themen oder Nachrichten, die Sie komplett lesen wollen, mit der sekundären Maustaste an und wählen Sie den Eintrag THEMA SPÄTER DOWNLOADEN (bzw. NACHRICHT SPÄTER DOWNLOADEN, wenn nur eine Nachricht übertragen werden soll). Die Nachrichten werden so für den späteren

Download markiert und mit einem nach unten zeigenden Pfeilsymbol gekennzeichnet. Dies funktioniert aber nur bei Nachrichten, bei denen ausschließlich die Kopfzeile übertragen wurde.

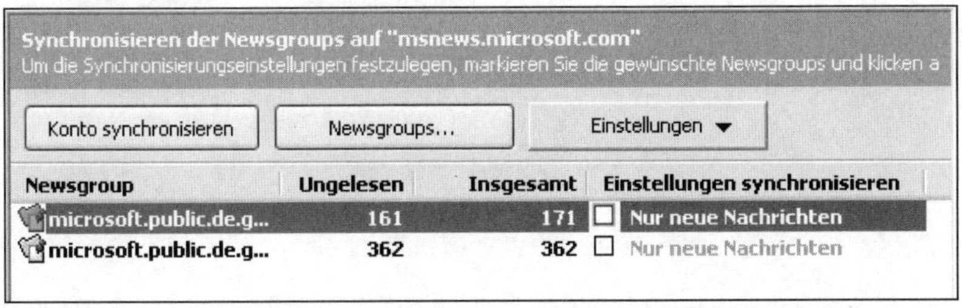

Abbildung 13.25: Die abonnierten Newsgroups werden in einer Zusammenfassung angezeigt

Sollten Sie feststellen, dass Outlook Express bei jeder Auswahl einer Kopfzeile versucht, eine Verbindung herzustellen, muss die Option NACHRICHTEN IN DER VORSCHAU AUTOMATISCH HERUNTERLADEN *im Register* LESEN *der Outlook Express-Optionen deaktiviert werden.*

7. Haben Sie Ihre Nachrichten bzw. Themen markiert, gehen Sie wieder auf den News-Server im Ordnerfenster, wählen die Newsgroup im rechten Fenster aus, klicken auf Einstellungen und wählen diesmal den Eintrag NUR NEUE NACHRICHTEN.

8. Klicken Sie jetzt auf KONTO SYNCHRONISIEREN. Outlook Express stellt die Verbindung zum News-Server her und lädt alle zum Übertragen markierten (und alle neuen) Nachrichten herunter. Anschließend wird die Verbindung wieder beendet.

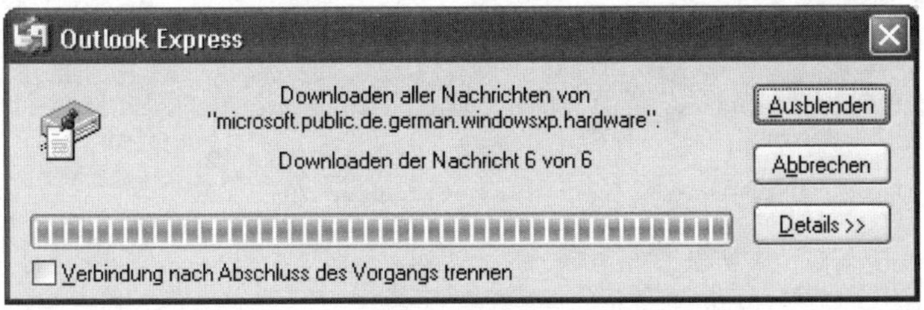

Abbildung 13.26: Die zu synchronisierenden Nachrichten werden heruntergeladen

9. Wenn Sie wieder auf die Newsgroup umschalten, sehen Sie nach wie vor alle Nachrichten. Jetzt möchten Sie aber nur jene Nachrichten sehen, die Sie zuvor markiert hatten. Wählen Sie dazu aus dem ANSICHT-Menü den Eintrag AKTUELLE ANSICHT und wählen Sie aus dem Untermenü den Eintrag ÜBERTRAGENE NACHRICHTEN ANZEIGEN. Sie sehen jetzt nur noch die zuvor übertragenen Nachrichten, die Sie offline lesen und auch beantworten können.

Abbildung 13.27: Nach Auswahl der Ansicht bleiben nur noch die frisch heruntergeladenen Nachrichten übrig

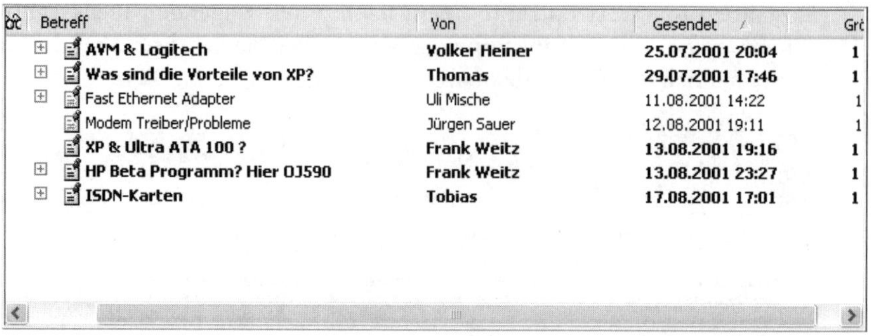

INFO

Die hier beschriebene Methode für den effektiven Umgang mit Nachrichten erfordert eine gewisse Disziplin und Übersicht. Wer die Newsgroups mehr oder weniger sporadisch benutzt, wird sich vermutlich immer alle Nachrichten herunterladen und diese dann entweder offline oder gleich online lesen. Dagegen ist natürlich nichts einzuwenden. Sie sollten nur hin und wieder die alten Nachrichten löschen, was durch Anklicken der ZURÜCKSETZEN-*Schaltfläche im Register* LOKALE DATEI *in* EIGENSCHAFTEN *des Offline-Ordners (Ordnerliste) geschieht.*

Suchen nach Beiträgen

Über den Befehl SUCHEN im BEARBEITEN-Menü werden die Newsgroups-Ordner nach einem bestimmten Beitrag durchsucht, in dem Sie entweder den Absender angeben oder einen Teil des Betreff-Feldes, also des Titels der Nachricht. Die Suche beschränkt sich aber nur auf die abonnierten Newsgroups, für die ein lokaler Ordner angelegt wird.

Abbildung 13.28: In diesem Dialogfeld werden die heruntergeladenen Newsgroup-Nachrichten durchsucht

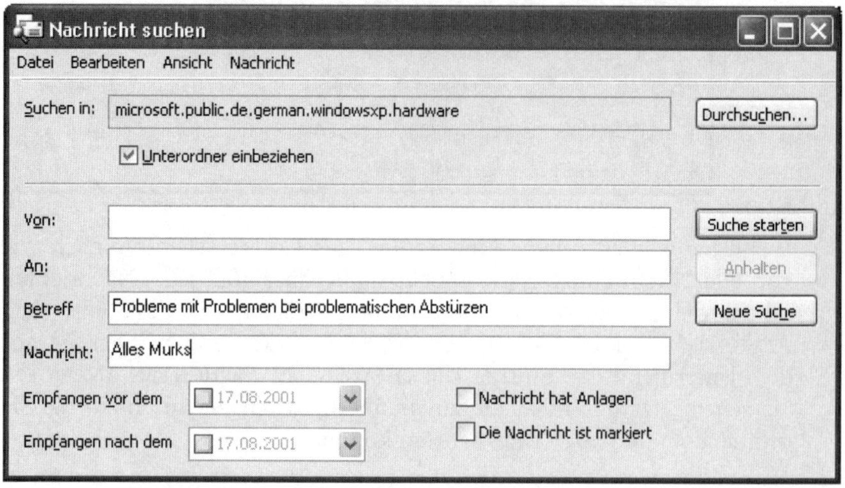

Möchten Sie die Kopfzeilen der Nachrichten einer Newsgroup nach einem Textfragment durchsuchen, verwenden Sie dafür den Menübefehl BEARBEITEN|SUCHEN|NACHRICHT IN DIESEM ORDNER (oder [⇧] + [F3]). Über die [F3]-Taste wird die Suche fortgesetzt.

13.9.5 Lokalisieren einer gefundenen Nachricht

Für dieses Phänomen stellt Outlook Express offenbar nur eine unbefriedigende Lösung bereit. Sie durchsuchen eine Newsgroup nach Beiträgen mit bestimmten Inhalten und erhalten auch einige Ergebnisse. Nun möchten Sie aber wissen, zu welchem Thema die Nachricht gehört, um zum Beispiel die Antworten anderer Teilnehmer auf diese Nachricht lesen zu können.

Lokalisieren einer gefundenen Nachricht

STEP

1. Selektieren Sie die gefundene Nachricht und markieren Sie sie über das NACHRICHT-Menü als »Thema beachtet«. Das Brillensymbol erscheint in der dafür vorgesehenen Spalte.
2. Wechseln Sie in das Newsgroup-Nachrichtenfenster und öffnen Sie alle Themen (am schnellsten geht dies über die (Pfeil)-Tasten).
3. Lokalisieren Sie die als beachtetet markierte Nachricht. Sie wird rot angezeigt. Auf diese Weise finden Sie das Thema, zu dem die Nachricht gehört.

13.9.6 Regeln für Newsgroups

Wie für E-Mail gibt es auch für Newsgroups die Möglichkeit, Regeln zu definieren, die festlegen, auf welche Weise mit Nachrichten verfahren wird. Allerdings geht es hier nicht darum, einzelne Nachrichten auf verschiedene Ordner zu verteilen, sondern lediglich darum festzulegen, unter welchen Umständen eine Nachricht in einer Newsgroup ein- oder ausgeblendet wird. Und wo wir gerade beim Thema sind: Wer sich häufiger in einer Newsgroup aufhält, trifft manchmal auf Leute, mit denen man sich auch in der anonymen Online-Welt nicht treffen möchte. Oder man möchte bestimmte »Offerten«, von denen leider kaum eine Newsgroup verschont bleibt, nicht ständig sehen, oder man wird gar Opfer einer »Flaming-Kampagne«. Alle diese Dinge lassen sich durch Setzen eines Filters abstellen, wenngleich dies kein Allheilmittel ist. Der Filter, bei dem es sich um eine Regel handelt und der daher über den Menübefehl EXTRAS|REGELN|NEWS gesetzt wird, sorgt dafür, dass Nachrichten bestimmter Absender oder mit einem bestimmten Betreff gar nicht erst angezeigt werden: »No Spam, mehr Spaß«.

Geht es darum, gezielt unerwünschte Teilnehmer zu »blockieren«, führen Sie den Menübefehl EXTRAS|REGELN|LISTE DER BLOCKIERTEN ABSENDER aus. Es wird eine Liste aller zur Zeit blockierten E-Mail-Adressen aufgelistet. Nachrichten dieser Absender werden beim Herunterladen der Newsgroup-Nachrichten dann leider »vergessen«, gelangen also nicht in die lokale Newsgroup-Ablage.

Zum Abschluss folgen ein paar allgemeine Regeln für den Umgang mit Newsgroups, an die Sie sich gerade am Anfang halten sollten. Da Sie weitestgehend mit in diesem Kapitel bereits vorgestellten Nettiquetten vertraut sind, soll es diesmal nur um die speziellen Aspekte in den Support-Newsgroups gehen, die sehr viel sachlicher als die übrigen Newsgroups sind:

- Versuchen Sie auf langatmige Einleitungen oder Begrüßungsfloskeln zu verzichten. Ein kurzes »Hallo« oder »Hi, there« (in den überwiegend englischsprachigen Newsgroups) genügt. Kommen Sie schnell auf den Punkt.
- Der Ton in den Newsgroups ist ungezwungen. Stellen Sie sich vor, dass Sie in einer Kneipe stehen und alle um sie herum an einem Thema interessiert sind.
- Verzichten Sie in einer Nachricht auf HTML-Hintergründe, vCards und irgendwelche Anlagen.
- Verwenden Sie wenn möglich Ihren richtigen Namen und keinen Fantasienamen, wenngleich dies kein Tabu ist und nicht unbedingt gegen die Core-Nettiquetten verstößt.
- Verpacken Sie Ihre Nachricht so, dass sie ein wenig neugierig und Spaß beim Lesen macht. Das ist natürlich längst nicht immer möglich und soll keinesfalls als Zwang missverstanden, sondern eher als Anregung verstanden werden.
- Wenn Sie in einer englischsprachigen Newsgroup eine deutschsprachige Nachricht posten (was manchmal erforderlich sein kann, da es nicht zu allen Themen deutschsprachige Newsgroups gibt und die englischsprachigen Newsgroups in diesem Fall auch international genutzt werden), stellen Sie eine kurze englischsprachige Einleitung voraus (etwa »Sorry, I have to write the following sentences in German, my native language«).
- Es ist nicht unbedingt notwendig, sich für Hilfestellungen zu bedanken, zumal dies (theoretisch) in einem nicht enden wollenden Strom aus »Danke« und »Bitte« endete. Es entspricht dem Geist der Newsgroups, dass man sich gegenseitig hilft. Allerdings liegt die Betonung auf gegenseitig, denn wer etwas nimmt, sollte ab und zu auch etwas geben.

Wenn Sie sich an diese Regeln halten, werden Sie schnell »Freunde« finden. Vor allem die regelmäßige Teilnahme ist wichtig, da man so beinahe automatisch Kontakte knüpft. Es lohnt sich daher, ein oder zwei Newsgroups auszusuchen und sich hier regelmäßig zu beteiligen.[16]

13.9.7 Die Verwaltung eines lokalen Newsgroups-Ordners

Hin und wieder sollte man sich auch um das »Housekeeping« der Newsgroups-Ordner kümmern. Was am Anfang vermutlich übersehen wird ist, dass alle heruntergeladenen Nachrichten lokal (wie bei E-Mail in Dbx-Dateien) gehalten werden. Je nach Umfang kann der Offline-Ordner einer Newsgroup mehrere Mbyte umfassen, wobei der Speicherplatz der lokalen Datei nicht vollständig mit Nachrichten gefüllt sein muss. Der gesamte »Verwaltungskram« eines Offline-Ordners findet im Eigenschaften-Dialogfeld des Ordners statt.

Verwalten eines Newsgroups-Ordners

STEP

1. Selektieren Sie die Newsgroup in der Ordnerliste.
2. Wählen Sie (entweder über das DATEI-Menü oder über das Kontextmenü) den EIGENSCHAFTEN-Befehl aus. In diesem Dialogfeld erfahren Sie auch den Namen der Dbx-Datei, in der die Newsgroup lokal gespeichert wird (siehe Abbildung 13.29).

13.9.8 Verwalten des Zwischenspeichers

Der gesamte von Outlook Express verwaltete Zwischenspeicher wird im Register WARTUNG der Outlook Express-Optionen verwaltet.

Hier können Sie einstellen, nach wie vielen Tagen die Nachrichten automatisch gelöscht werden. Über die Schaltfläche JETZT AUFRÄUMEN wird Ihnen die aktuelle Belegung des Zwischenspeichers angezeigt (siehe Abbildung 13.30).

:-) TIPP

Klicken Sie auf die Schaltfläche ZURÜCKSETZEN, so wird die in der Auswahlliste ausgewählte Diskussionsgruppe zurückgesetzt. Das bedeutet, dass alle Nachrichten als ungelesen markiert werden und Sie die Nachrichten beim Zugriff auf die Newsgroup noch einmal abrufen können (bzw. müssen).

16 Besonders fleißige und kompetente Teilnehmer werden von Microsoft als »Most Valuable Professionals« (MVPs) ausgezeichnet, was sich sofort in erhöhtem Ansehen innerhalb der Newsgroup niederschlägt.

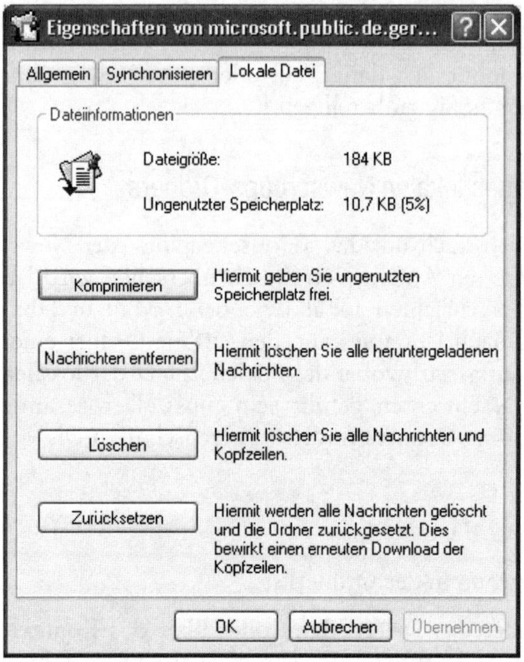

Abbildung 13.29: Im Eigenschafts-Dialogfeld eines Newsgroups-Ordners (nicht des News-Servers) werden die »Verwaltungsaufgaben« erledigt

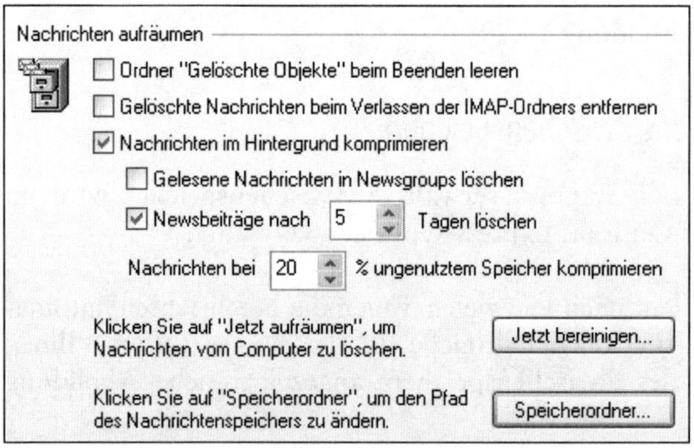

Abbildung 13.30: Im Register Wartung kann der vom Zwischenspeicher belegte Speicherplatz für einzelne News-Server oder Newsgroups freigegeben werden

:-) TIPP

Im Register WARTUNG *stellen Sie auch das Verzeichnis der Outlook Express-Ablage ein. Die Standardvorgabe ist das Verzeichnis* %userprofile%\Lokale Einstellungen\Anwendungsdaten\Identities. *Jeder Benutzer arbeitet bei Windows XP mit seiner eigenen Outlook Express-Ablage.*

13.9.9 Einstellen von Newsgroup-Optionen

Über das Register LESEN der Optionen von Outlook Express lässt sich das Verhalten beim Abruf von Nachrichten beeinflussen. So können Sie hier zum Beispiel einstellen, wie viele Nachrichten auf einmal gelesen werden sollen (der voreingestellte Wert ist 300). Recht nützlich ist die Option

GRUPPIERTE NACHRICHTEN AUTOMATISCH EINBLENDEN, denn sie bewirkt, dass sämtliche Themen geöffnet werden und Sie alle Nachrichten auf einmal sehen.

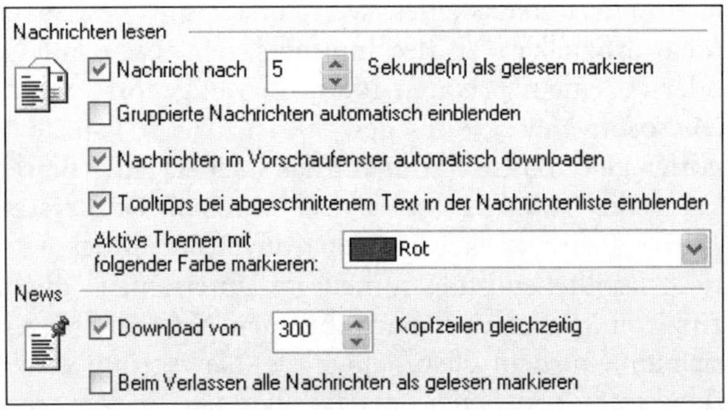

Abbildung 13.31: Im Register Lesen wird festgelegt, auf welche Weise Nachrichten in Newsgroups abgerufen und angezeigt werden

13.9.10 Verschlüsseln von Textpassagen mit ROT13

Mit ROT13 wird eine »Verschlüsselungsmethode« für Texte in Newsgroup-Nachrichten bezeichnet.[17] In einigen Newsgroups ist es üblich, beleidigende, anstößige oder andere extremere Äußerungen auf diese Weise zu verschlüsseln, sodass es jeder Empfänger selber in der Hand hat, sich diese Passage anzuschauen, die Allgemeinheit damit aber nicht konfrontiert und der Absender nicht sofort geoutet wird.

Für die Entschlüsselung dieser Textpassagen steht im Nachrichtenfenster der Menübefehl NACHRICHT|ENTSCHLÜSSELN (ROT13) zur Verfügung. Führen Sie ihn aus, wird der Inhalt des aktuellen Nachrichtenfensters dekodiert und Sie können sehen, welche nicht jugendfreien Begriffe sich dahinter unter Umständen verbergen.[18]

Ein wenig kurios ist der Umstand, dass Outlook Express zwar in der Lage ist, ROT13-Ausdrücke zu entschlüsseln, ein Verschlüsseln von Textpassagen aber offenbar nicht möglich ist. Hier wurde entweder etwas vergessen oder man war bei Microsoft der Meinung, dass sich Outlook Express-Anwender nicht explizit ausdrücken. Für das Verschlüsseln per ROT13 gibt es natürlich externe Möglichkeiten, wie zum Beispiel ein kleines JavaScript-Script, dass einige Webautoren auf ihren Seiten anbieten. Wer also unbedingt eine ROT13-Verschlüsselung benötigt, kopiert die HTML-Seite mit einem ROT13-Script auf die Festplatte, ruft sie auf, gibt den zu verschlüsselnden Text in das dafür vorgesehene Eingabefeld ein und kopiert den verschlüsselten ROT13-Text in das Outlook Express-Nachrichtenfenster.

17 ROT13 steht für »Rotieren um 13 Stellen« und bedeutet, dass jeder Buchstabe einfach um 13 Positionen nach rechts verschoben wird (das »Z« wird zum Beispiel zum »M«).

18 In den sehr »zivilisierten« Microsoft-Newsgroups sollten Sie ROT13 hoffentlich nicht benötigen.

13.9.11 Die Namensgebung von Newsgroups

Die Namensgebung von Newsgroups verläuft nach allgemeinen Regeln, die der hierarchischen Struktur eines News-Servers entsprechen. Dabei muss allerdings unterschieden werden, ob die Newsgroup Teil des Usenets ist (dem offizieller Teil des Internets, der etwas mit Newsgroups zu tun hat) oder zu einem privaten News-Server gehört, wie es zum Beispiel bei den Microsoft-Newsgroups der Fall ist. Die in Tabelle 13.5 aufgeführten Kategorien gelten offiziell nur für das Usenet. Jeder Betreiber eines News-Servers kann die Namensgebung frei wählen. Der erste Teil des Newsgroup-Namens enthält nach Usenet-Konventionen das Kürzel einer Hauptkategorie. Anschließend folgen mehrere Unternamen, die das Thema genauer spezifizieren. So erfährt man über den Namen *de.rec.sf.startrek.misc*, dass es sich um eine deutschsprachige (de) Newsgroup in der Hauptkategorie »Freizeit« (rec) von SciFi-Fans (sf) handelt, in der es wahrscheinlich um das Thema »Star Trek« geht. Der Zusatz »misc« gibt an, dass es hier um keine spezielle Serie geht. Alle computerrelevanten Themen beginnen mit »comp«, alle Themen, die in keine der Hauptkategorien passen, mit »misc«. Eine gewisse Ausnahme stellt der »alt«-Zweig dar. Hierbei handelt es sich um einen Zweig, in dem wirklich recht alternative Themen diskutiert werden. Einige (wenige) sind so alternativ, dass die meisten Internetdienstanbieter sie entweder gar nicht oder erst auf Anfrage freigeben.

Tabelle 13.5: Die wichtigsten Abkürzungen für die Benennung von Usenet-Newsgroups

News-group-Kürzel	Welche Themen?
alt	»Alternative« und skurrile Themen. Einigen Diskussionsgruppen verdankt das Internet seinen schlechten Ruf.
biz	Bussiness
comp	Computer
de	Alle Themen in deutscher Sprache
misc	Alles Mögliche (hier findet man zum Beispiel auch Kleinanzeigen)
news	Neuigkeiten über Diskussionsgruppen
rec	Hobby und Freizeit
sci	Forschung, Wissenschaft und Technik allgemein
soc	Soziale Themen
talk	Allgemeine Talkrunden über wichtige und unwichtige Themen

13.9.12 Öffentliche News-Server

News-Server gibt es zwar viele, allerdings dürfen Sie nicht auf alle beliebig zugreifen. In der Regel bietet Ihr Internetdienstanbieter seinen Kunden gleichzeitig einen News-Server an, diese sind aber von »außen« nicht zugänglich. So ist der Zugriff auf den T-Online-News-Server *news. t-online.de* nur nach Anmeldung bei einem T-Online-Zugangsknoten möglich. Andere News-Server sind für jeden frei zugänglich. Namen und Adressen von öffentlichen News-Servern findet man natürlich im Internet. Allerdings bieten viele News-Server nur bestimmte Newsgroups. Wo es welche Newsgroups gibt, findet man aber relativ schnell selber heraus.

Übrigens sind Newsgroups längst nicht mehr an News-Server (und das NNTP-Protokoll) gebunden. Einige größere Webseiten bieten ihren Besuchern ebenfalls Diskussionsforen an. Hierbei handelt es sich um normale Webseiten, sodass Sie mit dem Webbrowser und nicht mit einem News-Reader gelesen werden.

13.10 Tipps und Tricks rund um Outlook Express

In diesem Abschnitt geht es um ein paar Tipps und Arbeitserleichterungen, die beim täglichen Umgang mit Outlook Express behilflich sein können.

13.10.1 Anlegen eines Hotmail-Kontos

Hotmail ist der Name des kostenlosen Mail-Dienstes von Microsoft, der nach Aussage der Firma inzwischen weltweit über 100 Millionen Mitglieder hat. Hotmail ist nicht nur kostenlos, sondern bietet eine ansprechende und komfortable Benutzeroberfläche auf seiner Webseite. Wie alle webbasierenden E-Mail-Dienste benötigen Sie für Hotmail kein E-Mail-Programm, wenngleich Sie mit Outlook Express arbeiten und dadurch Ihre Nachrichten auch lokal speichern können. Alles, was Sie tun müssen, um Nachrichten zu schreiben oder zu prüfen, ob Nachrichten auf Sie warten, ist, von einem beliebigen Computer, der mit dem Internet verbunden ist, die Webseite URL »www.hotmail.de« aufzurufen. E-Mail-Dienste wie Hotmail sind daher sehr praktisch, wenn Sie häufig oder für einen längeren Zeitraum unterwegs sind oder aus einem anderen Grund keinen festen Zugang zum Internet besitzen.

Einrichten eines Hotmail-Kontos

STEP

1. Rufen Sie die Webseite URL »www.hotmail.de« auf, klicken Sie auf die zuständige Verknüpfung und befolgen Sie die Anweisungen. Dies ist der schnellste Weg, um an ein neues Hotmail-Konto zu kommen.

Am Ende besitzen Sie eine E-Mail-Adresse mit der Endung »@hotmail.com« und ein persönliches Kennwort, das Sie für den Zugang zu Ihrem Postfach stets benötigen.

NEU

Bei Outlook Express 5 war es möglich, das Hotmail-Konto innerhalb von Outlook Express anzulegen. Diese Möglichkeit gibt es bei Outlook Express 6 nicht mehr.

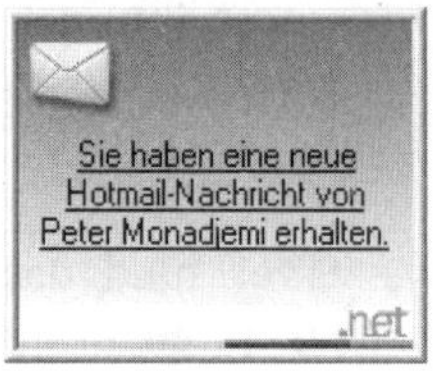

Abbildung 13.32: Neu eingetroffene Hotmail-Nachrichten werden über einen netten Hinweis im Infobereich gemeldet – natürlich nur, sofern man online ist

13.10.2 Übernahme eines bestehenden Hotmail-Kontos

Damit ein bestehendes Hotmail-Konto in der Outlook Express-Ablage verwaltet werden kann, muss es in Outlook Express übernommen werden.

STEP

Übernahme eines bestehenden Hotmail-Kontos

1. Führen Sie den Menübefehl EXTRAS|KONTEN aus.
2. Klicken Sie auf HINZUFÜGEN und wählen Sie E-MAIL.
3. Geben Sie den Namen an, der im VON-Feld der Nachrichten erscheinen soll. Klicken Sie auf WEITER, um den Assistenten fortzusetzen.
4. Geben Sie im nächsten Schritt Ihre bereits vorhandene Hotmail-Adresse an. Klicken Sie auf WEITER, um den Assistenten fortzusetzen.
5. Im nächsten Dialogfeld müssen Sie nur die Voreinstellung für den Posteingangs-Server (»HTTP«) und den HTTP-Dienstanbieter (»Hotmail«) übernehmen. Klicken Sie auf WEITER, um den Assistenten fortzusetzen.
6. Im nächsten Dialogfeld müssen der beim Einrichten des Hotmail-Kontos vereinbarte Benutzername sowie das Kennwort eingegeben werden. Diese Angaben sind wichtig, denn sonst wäre es problemlos möglich, ein x-beliebiges Hotmail-Konto auf Ihren Posteingang umzuleiten. Klicken Sie auf WEITER, um den Assistenten fortzusetzen.
7. Damit sind alle Angaben gemacht. Sie haben praktisch die gleiche Schrittfolge durchlaufen wie beim Anlegen eines herkömmlichen E-Mail-Kontos, nur dass durch die Auswahl eines HTTP-Mail-Servers

und die direkte Auswahl von Hotmail weniger Schritte erforderlich waren. Klicken Sie auf FERTIG STELLEN, um den Assistenten zu beenden und schließen Sie das Dialogfeld.

8. Zum Abschluss erscheint eine Dialogbox, in der Sie gefragt werden, ob Sie die Ordner vom hinzugefügten Mail-Server (in diesem Fall ist es der Hotmail-Server) herunterladen möchten. Bestätigen Sie mit JA. Outlook Express versucht eine Verbindung zum Internet herzustellen und ruft anschließend die Hotmail-Seite auf, um die Ablagen samt Inhalt nach Outlook Express zu übertragen. Das kann eine Weile dauern.

Abbildung 13.33: Das Hotmail-Konto wird in die Outlook Express-Ablage integriert

13.10.3 Outlook Express-Einstellungen auf einen anderen Computer übertragen

Im Zeitalter des Zweit- und Dritt-PCs kommt es schon einmal vor, dass man seinen »Krempel« (sprich alle installierten Anwendungen) zusammenpackt und auf einen neuen PC überträgt. Auch wenn das Neuinstallieren sämtlicher Anwendungen eine zeitaufwändige Angelegenheit ist, lässt Sie sich im Allgemeinen 1:1 reproduzieren. Anders sieht es bei Outlook Express aus. Auch wenn das Programm auf jedem Windows-Computer vorinstalliert ist, möchte man bei einem Umzug auf die alten Ablagen zugreifen können und zum Beispiel nicht das Adressbuch neu eintippen müssen. Was bei Windows 9x noch relativ trickreich war und daher für die meisten Anwender gar nicht in Frage kam, ist bei Windows XP einfach und elegant gelöst. Windows XP bietet nämlich einen speziellen »Umzugsservice« in Gestalt des Programms ÜBERTRAGEN VON DATEIEN UND EINSTELLUNGEN (es wird unter anderem direkt über das Startmenü angeboten), der auch für das Übertragen der Outlook Express-Ablagen benutzt werden kann. Das Programm, das sehr einfach zu bedienen ist und in Kapitel 15 ausführlicher vorgestellt wird, erlaubt es unter anderem, alle Outlook Express betreffenden Einstellungen auf einen anderen Computer zu übertragen (zum Beispiel über eine direkte Verbindung) oder sie zunächst lokal zu speichern, sodass sie auf dem neuen Computer wiederhergestellt werden können.

14 Das »Kommunikationstalent« Windows Messenger

Mit Windows Messenger verfügt Windows XP über ein wahres »Kommunikationstalent«, das sich vor allem an kommunikationsfreudige Heimanwender richtet und weniger professionelle Ambitionen hegt. Mit diesem kleinen Programm können Sie nicht nur mit anderen Menschen Nachrichten austauschen, sondern auch über das Internet telefonieren (allerdings mit gewissen Einschränkungen), »Videokonferenzen« abhalten und gemeinsam mit einer anderen Person an einem Dokument über das Internet arbeiten. Außerdem ist der Messenger bei Windows XP für die Remote-Unterstützung zuständig, bei der einer anderen Person der Inhalt Ihres Bildschirms übertragen wird, sodass diese Person (mit Ihrer Erlaubnis natürlich) Programme starten oder Konfigurationseinstellungen vornehmen kann.

Windows Messenger ersetzt das Kommunikationsprogramm NetMeeting früherer Windows-Versionen, das bei Windows XP »offiziell« nicht mehr dabei ist.

Die Themen dieses Kapitels:

- Windows Messenger im Überblick
- Nachrichten austauschen
- Gemeinsames Arbeiten an einem Dokument
- Videokonfererenzen
- Telefonieren über das Internet
- Remote-Unterstützung anfordern
- Einstellen von Optionen
- Der Audio- und Video-Assistent

Messenger wird laufend verbessert. Die aktuelle Version (Stand: Januar 2004) ist bereits 6.1, die sich vor allem durch ein paar »Spielereien« unterscheidet. Info und Download unter `http://messenger.com`. Lassen Sie sich aber nicht durch die unterschiedlichen Namen verwirren, die im Umlauf sind[1]. Bei Windows XP gibt es den Windows XP Messenger (hier heißt das gleiche Programm zeitweise auch .NET Messenger), im Internet gibt es den

1 Die babylonische Sprachverwirrung ist nichts dagegen.

MSN Messenger. Darüber hinaus gibt es noch einen Instant Messaging Client (IM) als Add-On für den Microsoft Exchange-E-Mail-Server. Alle Programme sollten nahezu identisch sein[2].

Noch verwirrender ist, dass im Zusammenhang mit schwerwiegenden Sicherheitslücken, die von Microsoft als kritisch eingestuft werden, vom *Windows Messenger Service* (auf Deutsch dem Windows-Nachrichtendienst[3]) die Rede ist. Das ist wiederum eine ganz andere Baustelle. Lesen Sie am besten die entsprechenden Artikel im Internet (etwa das offizielle Microsoft-Bulletin unter `http://www.microsoft.com/germany/ms/technetservicedesk/bulletin/bulletinMS03-043.htm`), die Sie über dieses Problem aufklären.

Achten Sie darauf, dass Ihre Kommunikationspartner die aktuellste Version verwenden. Ansonsten steht zum Beispiel die Sprachfunktion oder das gemeinsame Arbeiten an einem Dokument (die sog. Whiteboard-Funktion) nicht zur Verfügung.

14.0.1 Windows Messenger im Überblick

Windows Messenger ist ein kleines Programm, das aber im Zusammenhang mit einem Internetzugang eine Reihe interessanter Möglichkeiten bietet.

- Sie erhalten eine Meldung, sobald bestimmte Personen, deren Namen Sie zuvor in eine Liste eingetragen haben, online sind, d.h. sich ebenfalls mit Windows Messenger angemeldet haben.
- Sie können sich mit allen beim Messenger-Dienst angemeldeten Personen unterhalten, d.h. kleine Textnachrichten (max. 400 Zeichen pro Nachricht) austauschen. Dies entspricht den Möglichkeiten eines einfachen Chat-Programmms.
- Sie können Personen, mit denen Sie verbunden sind, Dateien direkt zukommen lassen (die andere Person muss dies aber bestätigen, weshalb niemand unaufgefordert Dateien erhalten kann). Erhaltene Dateien werden im Unterordner MY RECEIVED FILES von EIGENE DATEIEN abgelegt.
- Sie können mit Personen, zu denen eine Messenger-Verbindung existiert, über ein angeschlossenes Mikrofon sprechen. Die verbundene Person benötigt entsprechend ebenfalls ein Mikrofon.[4]
- Sie können mit Personen, zu denen eine Messenger-Verbindung besteht, eine Bildübertragung einrichten. Das heißt, Sie sehen das Bild durch eine an den Computer der anderen Person angeschlossene Web-

2 Nicht umsonst heißt das englische Wort »mess« auf Deutsch »Unordnung«.

3 Nicht zu verwechseln mit dem Bundesnachrichtendienst.

4 Dass alle Beteiligten auch über Computer mit Lautsprecher verfügen müssen, sei stillschweigend vorausgesetzt.

cam, während diese Person das Bild über die an Ihren Computer angeschlossene Kamera sieht.

- Sie können über das Internet telefonieren, d.h. im Prinzip beliebige Telefonnummern in der ganzen Welt anrufen. Dieser Service ist nicht immer kostenlos und wird über einen Dienstanbieter abgewickelt.
- Sie können eine Remote-Unterstützung von einer anderen Person anfordern, die ebenfalls über Windows Messenger unter Windows XP verbunden sein muss. Damit kann diese Person Ihren Desktop »übernehmen« und genauso mit Ihrem Computer arbeiten, als säße sie direkt an der Tastatur. Sie behalten aber die Kontrolle und können die Verbindung jederzeit über die [Esc]-Taste beenden.
- Sie können anderen Personen eine E-Mail-Nachricht senden (diese Funktion ist vermutlich eher der Vollständigkeit halber dabei, da lediglich die Hotmail-Seite für das Verfassen einer Nachricht aufgerufen wird).

Damit ist Windows Messenger bereits relativ komplett, wenngleich noch nicht perfekt (die Möglichkeit, SMS-Nachrichten versenden zu können, ist in der Version 4.0 noch nicht enthalten). Voraussetzung dafür, dass sich alle diese Kommunikationsformen nutzen lassen, ist, dass sich alle Beteiligten mit ihrem Windows Messenger angemeldet haben. Dies setzt wiederum ein Konto bei den Microsoft-Diensten *Hotmail*, *Msn* oder *Passport* voraus, was sich aber in wenigen Minuten einrichten lässt.

14.1 Beim Messenger-Server anmelden

Nach dem Start von Windows Messenger müssen Sie sich mit Ihrem E-Mail-Namen anmelden. Für die Anmeldung werden ein E-Mail-Name von *Hotmail*, *Msn* oder *Passport* sowie das dazugehörige Kennwort benötigt.

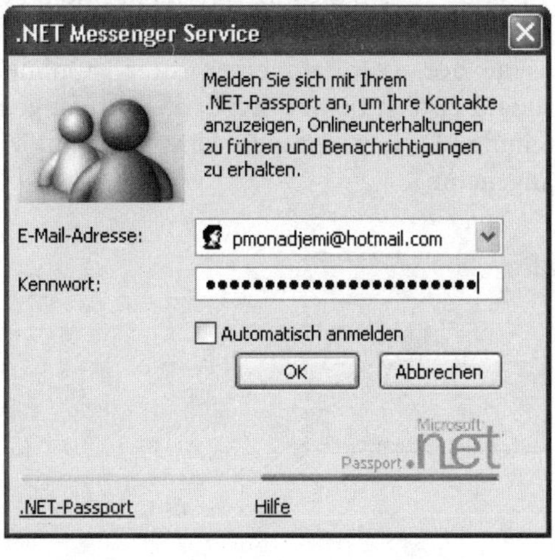

Abbildung 14.1: Für die Anmeldung werden der E-Mail-Name und das dazugehörige Kennwort benötigt

Anschließend zeigt Ihnen Windows Messenger eine Liste zuvor festgelegter Personen (jede Person ist durch eine Art Kegel dargestellt) und verrät Ihnen, wer von diesem Personen »online« ist, d.h. sich ebenfalls bereits beim Messenger-Server angemeldet hat. Sie können jederzeit neue Namen hinzufügen, wenn Sie die E-Mail-Adresse der Person kennen und diese über ein *Hotmail*, *Msn-* oder *Passport-*Konto verfügt.

INFO

Der Messenger-Server ist ein Server, der von der Firma Microsoft betrieben wird und der Teilnehmern kostenlos zur Verfügung steht.

Abbildung 14.2: Nach dem Anmelden beim Messenger-Server werden alle Personen angezeigt, die sich ebenfalls angemeldet haben

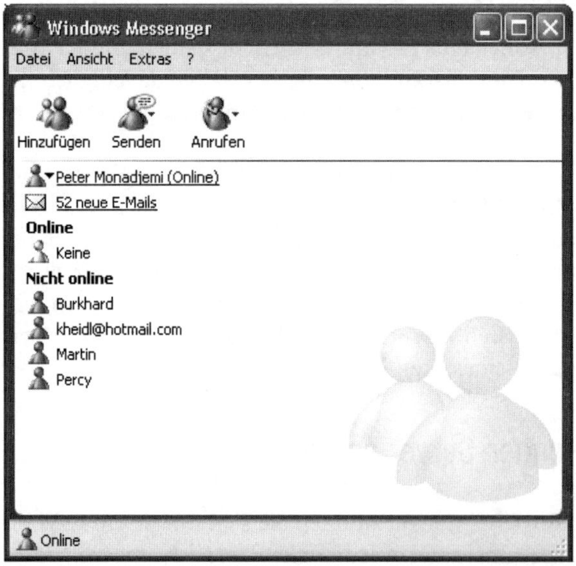

14.1.1 Wie erfahre ich, wenn meine »Kumpels« online sind?

Keine Sorge, sobald einer Ihrer »Online-Buddies« online ist, das heißt, sobald er sich beim Passport-Service angemeldet hat, erhalten Sie eine Mitteilung. Das macht den Umgang mit Windows Messenger wirklich sehr angenehm.

Abbildung 14.3: Sobald ein Online-Kumpel online geht, erhalten Sie eine kleine Meldung

14.1.2 Personen zur Teilnahme auffordern

Da Einsamkeit auch online im Allgemeinen kein wünschenswerter Zustand ist und Windows Messenger erst dann wirklich interessant und nützlich wird, wenn sich mehrere Menschen online treffen, müssen Sie hin und wieder andere zum Mitmachen animieren. Das geschieht durch eine kleine Einladung, die Sie der anderen Person per E-Mail schicken. Suchen Sie sich eine Person in der Liste der nicht angemeldeten Personen aus und klicken Sie den Eintrag doppelt an. Dadurch startet der Internetbrowser die Startseite von Hotmail, in der die Empfängeradresse bereits eingetragen ist. Den Rest der Nachricht können Sie frei gestalten.

Sollte diese Person nicht über Windows Messenger verfügen, erhält sie mit der Nachricht auch eine Verknüpfung für den Download des Programms.

14.1.3 Einen neuen Kontakt anlegen

Die Liste Ihrer »Online-Buddies« füllt sich im Allgemeinen nicht von alleine. Alle dort erscheinenden Personen müssen zuvor über die HINZUFÜGEN-Schaltfläche angelegt werden.

Hinzufügen eines neuen Kontakts

STEP

1. Klicken Sie auf HINZUFÜGEN.
2. Geben Sie an, ob Sie die E-Mail-Adresse der Person bereits kennen oder ob Sie erst nach der Person suchen wollen.
3. Falls Sie sich für das Suchen entschieden haben, erscheint ein Dialogfeld für die Eingabe des Suchnamens. Sie müssen auswählen, ob das Hotmail-Mitgliederverzeichnis oder das Adressbuch des Computers durchsucht werden soll. Bei erfolgreicher Suche erhalten Sie eine E-Mail-Adresse und können der Person eine Nachricht mit einer Aufforderung zukommen lassen, sich bei Ihnen zu melden. Die direkte Übernahme in die Kontakteliste ist aufgrund bestehender Datenschutzrichtlinien nicht möglich.
4. Klicken Sie auf WEITER, um die E-Mail-Adresse zu bestätigen. Es wird geprüft, ob die angegebene Adresse existiert. Sollte dies nicht der Fall sein, erhalten Sie Gelegenheit, der Person eine E-Mail-Nachricht zukommen zu lassen. Ansonsten wird sie in die Kontakteliste übernommen.

Am Ende erhalten Sie die Gelegenheit, die neu angelegte Person auch persönlich einzuladen. Es erscheint ein Fenster, in dem ein bereits vorbereiteter Text angezeigt wird, den Sie um ein paar persönliche Worte ergänzen können. Sollte die Person noch keinen Messenger installiert haben, erhält Sie eine Verknüpfung, über die dies in wenigen Minuten nachgeholt werden kann, da ansonsten keine direkte Kommunikation möglich ist.

14.1.4 Ihren Online-Status ändern

Wie Sie an Ihre Zimmertür ein Schild mit der Aufschrift »Bitte nicht stören« oder »Bin gleich wieder zurück« hängen können, um potenziellen Besuchern Ihren Status zu verraten, so können Sie auch bei Windows Messenger einen Online-Status über den Menübefehl DATEI|MEIN STATUS auswählen, der bei allen, die Sie auf Ihrer Liste haben, im Windows Messenger-Fenster angezeigt wird.

14.2 Nachrichten austauschen

Windows Messenger beinhaltet ein kleines Chat-Programm, mit dem Sie sich zwanglos im Internet unterhalten können. Die Konversation läuft dabei so ab, dass Sie von einer Person zu einem Chat eingeladen werden (es erscheint ein kleines Hinweisfenster im Infofeld der Taskleiste). Anschließend tippen Sie einen kleinen Text (max. 400 Zeichen) in das dafür vorgesehene Textfeld am unteren Rand ein und klicken auf SENDEN. Ihre Botschaft wird daraufhin unmittelbar in das Hauptfenster übernommen, wo sie alle sehen und vor allem kommentieren können. Auf diese Weise entsteht ein nicht enden wollender Austausch von Sprechblasen.

Abbildung 14.4: Hätten Sie Lust auf etwas Konversation? – Im Chat-Raum von Windows Messenger lässt es sich zwanglos parlieren

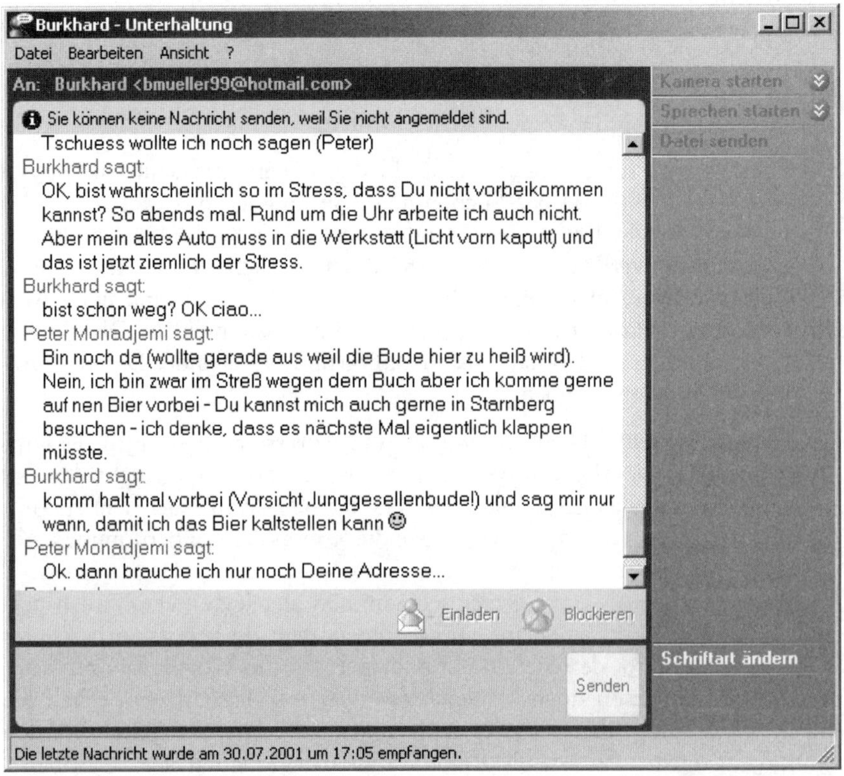

Im Chat-Raum sind Sie nicht nur auf das Austauschen von Textnachrichten beschränkt. Sie können zusätzlich:

- Ihren Gesprächspartnern Dateien senden
- auf eine Audio-Konversation umschalten (Mikrofon vorausgesetzt)
- auf eine Video-Konversation umschalten (Webcam vorausgesetzt)

Der Chat ist außerdem keineswegs auf ein Zwiegespräch beschränkt. Sie können jederzeit weitere Personen, die sich beim Passport-Service angemeldet haben, hinzubitten.

14.2.1 Feststellen, auf welchen Listen Sie stehen

Hin und wieder kann es interessant sein zu erfahren, in welche Listen Sie von anderen Messenger-Teilnehmern eingetragen wurden.

Feststellen, in welche Messenger-Listen Sie eingetragen wurden

STEP

1. Führen Sie im Messenger-Fenster den Menübefehl EXTRAS|OPTIONEN aus und wechseln Sie in das Register PRIVATSPHÄRE.
2. Klicken Sie auf ANZEIGEN. Sie sehen ein Verzeichnis aller Personen, die Sie auf Ihrer Liste haben.

14.2.2 Einzelne Teilnehmer blockieren

Hin und wieder kommt es vor, dass man einen Teilnehmer lieber draußen lassen und von »Kontaktaufnahmeversuchen« verschont bleiben möchte. Dazu muss die E-Mail-Adresse dieser Person auf die Liste der blockierten Adressen gesetzt werden. Für blockierte Personen sind Sie nicht mehr online, d.h. nicht erreichbar.

Vorübergehendes Blockieren einer Person bei Messenger

STEP

1. Führen Sie den Menübefehl DATEI|BLOCKIEREN aus oder klicken Sie einfach auf das BLOCKIEREN-Symbol.
2. Damit wird der aktuelle Gesprächspartner blockiert. Über ZULASSEN wird diese Blockade wieder aufgehoben.

Dauerhaftes Blockieren einer Person

STEP

1. Führen Sie im Messenger-Fenster den Menübefehl EXTRAS|OP-TIONEN aus und wechseln Sie in das Register PRIVATSPHÄRE.
2. Sie sehen eine Liste der Personen und können eine oder mehrere davon über HINZUFÜGEN in die Liste der blockierten Personen aufnehmen.

Blockierte Personen werden im Hauptfenster mit einem besonderen Symbol gekennzeichnet.[5]

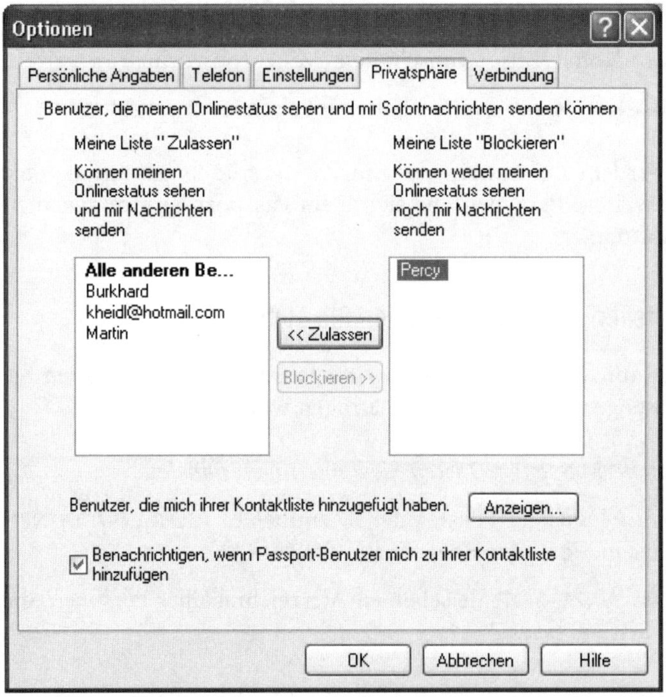

Abbildung 14.5: In diesem Dialogfeld geht es um Ihre Privatsphäre – hier können Sie einzelne Personen zu unerwünschten Personen erklären und sie dauerhaft blockieren

14.3 Gemeinsames Arbeiten an einem Dokument

Dies ist eine sehr interessante Funktion, die Windows Messenger auch für den professionellen oder zumindest semiprofessionellen Einsatz interessant macht, wenngleich die Möglichkeiten naturgemäß begrenzt sind.

Das gemeinsame Arbeiten an einem Dokument wird auch als *Whiteboard-Funktion* bezeichnet, da die beteiligten Personen ihre Anmerkungen wie auf einer (weißen) Plastiktafel vornehmen.

Die Whiteboard-Funktion wird über den Menübefehl EXTRAS|EINLADUNG SENDEN|WHITEBOAD STARTEN gestartet. Dabei wählen Sie Ihren Kommunikationspartner aus. Sobald dieser die Einladung annimmt, wird das Whiteboard-Modul gestartet.

5 Für den Status dieser »geächteten« Person ist das Symbol noch sehr moderat.

14.4 Videokonfererenzen

Zunächst vorweg, mit Windows Messenger lassen sich (natürlich) keine richtigen Videokonferenzen veranstalten, bei denen mehrere Bildschirme simultan angezeigt werden und es einen Konferenzleiter gibt, der die »Bildregie« übernimmt. Stellen Sie sich unter einer Videokonferenz in diesem Zusammenhang lediglich eine Art Bildtelefon vor, mit dem Sie Ihren Kommunikationspartner nicht nur hören, sondern auch sehen können und dieser auch Sie. Voraussetzung ist natürlich ein entsprechendes Equipment, das aber lediglich aus einer preiswerten Webcam bestehen muss.

INFO

Erkundigen Sie sich unbedingt vorher, ob eine Webcam für den Einsatz unter Windows XP in Frage kommt. Es ist erfahrungsgemäß keine Frage der Hardware oder des Preises, sondern einzig und allein der verfügbaren Treiber. Da die Webseiten der einzelnen Hersteller leider nicht immer sehr ergiebig sind, ist die Newsgroup public.microsoft.windowsxp.messenger *ein geeigneter Ort, um sich nach den Erfahrungen anderer Windows XP-Anwender zu erkundigen (und natürlich selber Tipps zu geben, falls die Inbetriebnahme einer problematischen Webcam gelungen ist).*

14.5 Telefonieren über das Internet

Telefonieren über das Internet ist heute weder eine Sensation, noch ein Geheimtipp, noch eine Realität des Alltags geworden. Es ist eine technische Selbstverständlichkeit, für die es aber offenbar keinen echten Bedarf gibt, zumal es den großen Telefongesellschaften offenbar erfolgreich gelungen ist, die Konsumenten davon abzubringen, das Internet als Ersatz für das Telefon zu benutzen. Wer heutzutage über das Internet telefonieren will, kann dies entweder kostenlos (und muss dabei in der Regel Werbung in Kauf nehmen) oder relativ preiswert mithilfe kommerzieller Anbieter. Die Qualität ist nicht immer berauschend, aber zumindest für den privaten Smalltalk vollkommen ausreichend. Gerade Gespräche in die USA oder allgemein nach »Übersee« lassen sich deutlich preiswerter erledigen, da im Idealfall nur die normalen Online-Gebühren anfallen. Aus diesem Grund erscheint es beinahe als selbstverständlich, dass auch Windows Messenger eine Telefonfunktion anbietet.

14.6 Remote-Unterstützung anfordern

Von dieser Möglichkeit dürften viele schon immer geträumt haben. Man weiß aus irgendeinem Grund nicht weiter und schon meldet sich ein hilfreicher Geist praktisch aus dem Nichts und bringt das Problem mit ein paar Mausklicks an der richtigen Stelle in Ordnung. Dieser Traum ist ab sofort Wirklichkeit geworden (zumindest theoretisch). Der hilfreiche Geist ist eine andere Person, die Sie zuvor über Windows Messenger um Hilfe gebeten haben, und das ominöse Nichts ist entweder das Internet oder das lokale Netzwerk (in diesem Fall wird das notwendige »Einladungssicherheitsticket« per Datei übertragen), über das die Verbindung hergestellt wird. Funktionieren kann das Ganze auch nur, wenn die andere Person ebenfalls mit Windows XP arbeitet. Dies sind aber Voraussetzungen, die zu schaffen alles andere als unmöglich ist.

Einrichten einer Remote-Unterstützung

STEP

Das Anfordern einer Remote-Unterstützung kann auch im Rahmen von Hilfe und Support, der Hilfe von Windows XP, die über das Startmenü geöffnet wird, durchgeführt werden.

1. Starten Sie Windows Messenger, melden Sie sich an und führen Sie den Menübefehl EXTRAS|REMOTE-UNTERSTÜTZUNG ANFORDERN aus. Es erscheint ein weiteres Menü, aus dem Sie entweder eine bereits eingetragene Person auswählen oder eine noch nicht eingetragene Person, deren E-Mail-Adresse Sie kennen, auffordern können, sich zu melden.
2. Die folgenden Schritte sind vollkommen selbsterklärend. Unter anderem müssen Sie der Person explizit die Erlaubnis erteilen, auf Ihren Desktop zugreifen zu können.

Abbildung 14.6: Die Remote-Unterstützung muss von Ihnen explizit genehmigt werden

Ging alles gut, erscheint ein neues Fenster, das nichts mehr mit Windows Messenger zu tun hat. Es trägt den Titel REMOTE-UNTERSTÜTZUNG. Es zeigt in der rechten Fensterhälfte eine Reihe von Steuerknöpfen und in der linken einen Chat-Bereich an. Hier können Sie sich mit Ihrem Gegenüber unterhalten. Diese Person wird im Fenster auch als »Experte« bezeichnet.

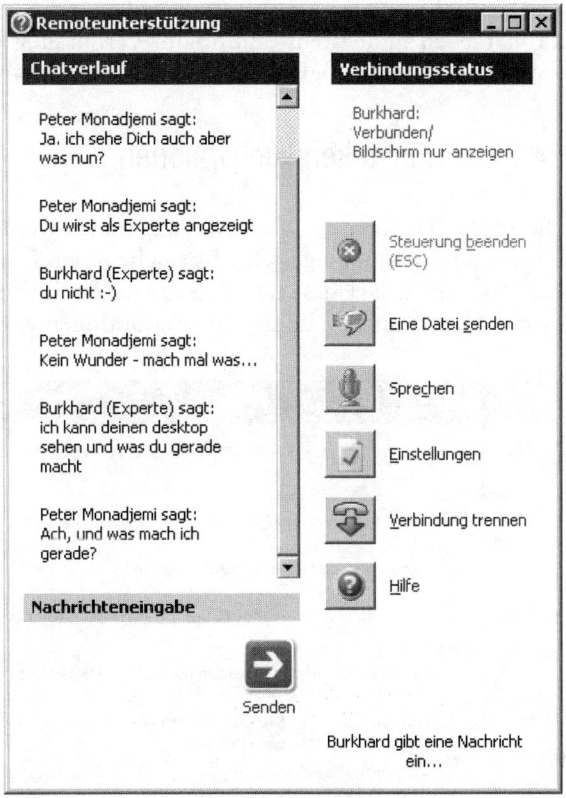

Abbildung 14.7: Im Fenster Remote-Unterstützung können Sie den Verlauf der Remote-Unterstützung steuern

Die ausgewählte Person sieht nicht nur Ihren Desktop auf ihrem Bildschirm, sondern besitzt nun einen vollständigen Zugriff auf Ihren Computer und kann dort alles machen, was Sie auch machen können. Sie kann Programme starten, Programme beenden, Applets in der Systemsteuerung aufrufen, Änderungen an der Systemkonfiguration vornehmen und natürlich auch Dateien löschen. Sie können allerdings jeden Schritt verfolgen und jederzeit den Mauszeiger übernehmen.

Das ist sehr wichtig: Über die [Esc]-Taste können Sie die Verbindung jederzeit beenden. Ist Ihnen also etwas suspekt, drücken Sie einfach [Esc] und der »Spuk« ist wieder vorbei.

Selbstverständlich können Sie auf die gleiche Weise umgekehrt die Rolle des Experten spielen und auf einem fremden Desktop schalten und walten. In diesem Fall sehen Sie den Desktop Ihres Partners und bewegen sich auf seinem Desktop mit der Maus so, als stünde der Computerbildschirm direkt auf Ihrem Schreibtisch. Das ist ein deutlicher Fortschritt und eine der leistungsfähigsten Neuerungen bei Windows XP, die man unbedingt einmal in Aktion gesehen haben muss. Zusammen mit der Audio- und Video-Unterstützung, die natürlich mindestens eine ISDN-Verbindung voraussetzt, ergeben sich vollkommen neue Möglichkeiten der Zusammenarbeit über das Internet.

14.7 Einstellen von Optionen

Die Optionen für den Windows Messenger werden über den Menübefehl EXTRAS|OPTIONEN eingestellt. Es erscheint ein Dialogfeld, in dem vor allem das Register EINSTELLUNGEN interessant ist. Tabelle 14.1 enthält die wichtigsten Einstellungen, die sich in den Optionen vornehmen lassen.

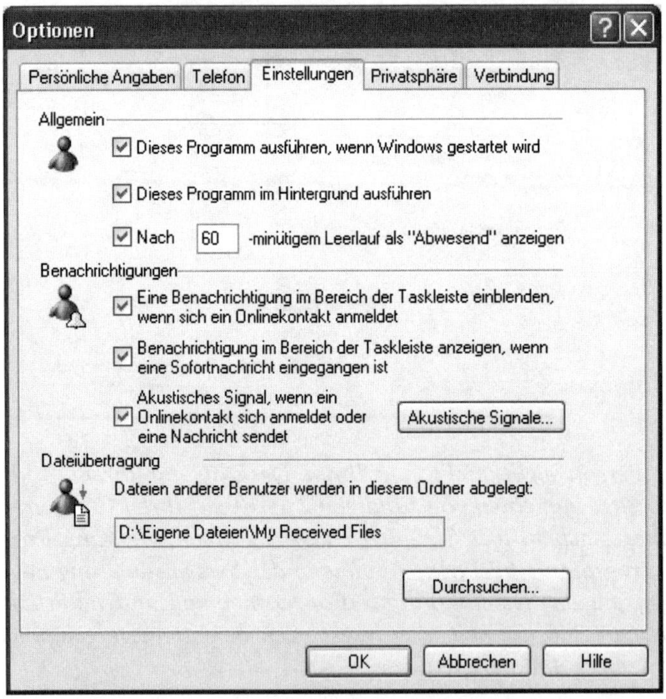

Abbildung 14.8: Im Register Einstellungen wird das Verhalten von Windows Messenger eingestellt

Tabelle 14.1: Die wichtigsten Einstellungen in den Optionen von Windows Messenger

Einstellung	Register	Bedeutung
IMMER ZUR KENNWORTEINGABE AUFFORDERN	PERSÖNLICHE ANGABEN	Bewirkt, dass das Kennwort jedes Mal neu eingegeben werden muss
GRAFIKEN IN SOFORTNACHRICHTEN ANZEIGEN	PERSÖNLICHE ANGABEN	Legt fest, ob SmileyZeichen (wie zum Beispiel »:)« oder »;)«) automatisch in entsprechende Grafiksymbole umgewandelt werden, was im Allgemeinen erwünscht ist

Tabelle 14.1: Die wichtigsten Einstellungen in den Optionen von Windows Messenger (Forts.)

Einstellung	Register	Bedeutung
PROGRAMM AUSFÜHREN, WENN WINDOWS GESTARTET WIRD	EINSTELLUNGEN	Bewirkt, dass Windows Messenger automatisch gestartet wird
PROGRAMM IM HINTERGRUND AUSFÜHREN	EINSTELLUNGEN	-
NACH LEERLAUF ALS ABWESEND ANZEIGEN	EINSTELLUNGEN	Hier wird eingestellt, nach wie vielen Minuten Leerlaufzeit (in der keine Kommunikation stattgefunden hat) Sie bei Ihren Gesprächspartnern als abwesend angezeigt werden.
BENACHRICHTIGEN BEI ONLINE-KONTAKT	EINSTELLUNGEN	Legt fest, dass Sie benachrichtigt werden, sobald ein Kontakt online ist
BENACHRICHTIGEN BEIM EINTREFFEN EINER SOFORTNACHRICHT	EINSTELLUNGEN	Legt fest, dass Sie benachrichtigt werden, sobald Sie eine neue E-Mail- oder Sofortnachricht erhalten haben
BLOCKIEREN VON TEILNEHMERN	PRIVATSPHÄRE	An dieser Stelle können Sie Personen auswählen, für die Sie stets offline bleiben.
PROXYSERVER	VERBINDUNG	-

14.8 Der Audio- und Video-Assistent

Der Audio- und Video-Assistent ist dazu da, die Funktionsweise einer Soundkarte und einer angeschlossenen Webcam zu überprüfen. Die Inbetriebnahme dieser Geräte erfolgt an dieser Stelle aber nicht, d.h. wenn Windows Messenger die Webcam nicht erkennt, muss dieses Problem im Geräte-Manager (etwa durch Aktualisieren des Treibers) gelöst werden.

Testen der Audio- und Videoverbindung bei Messenger

STEP

1. Starten Sie den Assistenten über den Menübefehl EXTRAS|AUDIO- UND VIDEO-ASSISTENT. Klicken Sie auf WEITER, um das Begrüßungsdialogfeld zu überspringen.
2. Als Erstes müssen Sie die zu verwendende Kamera auswählen. Wurde an den Computer noch keine Kamera angeschlossen (oder diese nicht erkannt), wird dieses Dialogfeld nicht angezeigt. Klicken Sie nach Auswahl der Kamera auf WEITER.
3. Ist eine Kamera im Spiel, können Sie diese jetzt so justieren, dass Sie mit dem Bildausschnitt zufrieden sind.

4. Im nächsten Schritt werden Lautsprecher und Mikrofon getestet. Klicken Sie auf WEITER, um den Test zu starten.
5. Wählen Sie die Soundkarte und das Mikrofon aus bzw. bestätigen Sie die Voreinstellung. Klicken Sie auf WEITER, um den Soundcheck zu starten.
6. Klicken Sie auf LAUTSPRECHER TESTEN, um die Lautstärke zu hören. Im Allgemeinen gibt es keinen Grund, diese zu ändern. Klicken Sie auf WEITER, um zum Mikrofontest zu gelangen.
7. Sprechen Sie einen Satz in das Mikrofon. Anhand des Balkens können Sie erkennen, wie empfindlich das Mikrofon eingestellt ist. Wenn sich die Anzeige beim Sprechen im gelben Bereich bewegt, müssen Sie entweder die Lautstärke erhöhen oder näher an das Mikrofon herangehen. Klicken Sie auf WEITER, um den Audiotest zu beenden.

14.9 Die Firewall für Messenger freigeben

Messenger benutzt für seine Spezialfunktionen wie Video, Whiteboard usw. bestimmte Ports, die in der Firewall unter Umständen freigegeben werden müssen – eine Ausnahme sind moderne Varianten, die das so genannte Universal Plug&Play (UPnP) unterstützen – hier verständigen sich alle Beteiligten untereinander, so dass der Anwender keine Ports freigegeben muss. Die Windows XP Internetverbindungsfirewall unterstützt UPnP über eine Technik mit dem Namen *NAT-Traversal*, so dass Sie wenn Sie diese Firewall benutzen nichts ändern müssen (oder besser sollten). Bei anderen Firewalls kann es erforderlich sein, einzelne Ports freizugeben. Ob dies notwendig ist erkennen Sie daran, dass eine bestimmte Funktion bei Messenger nicht funktioniert. Tabelle 14.2 fasst die wichtigsten Ports, sofern sie offiziell von Microsoft bekannt gegeben wurden, zusammen. Beachten Sie, dass wie üblich zwischen TCP- und UDP-Ports unterschieden werden muss[6].

:-) TIPP

Ob es mit einer Firewall Probleme gibt, erfahren Sie unter Umständen auch im Register Verbindung der Messenger-Optionen.

Abbildung 14.9: In den Optionen erfahren Sie, ob eine direkte Verbindung ins Internet besteht – die obige Meldung bedeutet übrigens, dass alles Ok ist.

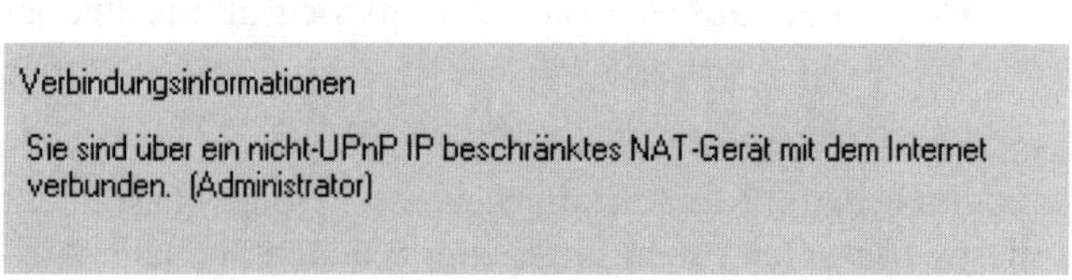

6 Diese »Geheimnisse« können Sie auch selber herausfinden, etwa über die Microsoft-Supportdatenbank unter http://support.microsoft.com – die Artikelnummer lautet 324214.

:-) TIPP

Das kleine Shareware-Tool Enat (Download unter `http://www.easyfp.com/msn-messenger-directtalk/`*) verspricht Sprach- und Videochats zu ermöglichen, indem es intern die gesperrten Ports auf öffentliche Ports umleitet.*

Tabelle 14.2: Von Messenger für Spezialfunktionen benutzte Ports

Messenger-Funktion	TCP-Port	UDP-Port
Spracheingang	6901	6901
Telefonieren	-	6801, 6901, 2001-2120
Dateitransfer	6891-6900	-
Whiteboard	1503	-
Remote-Unterstützung	3389	

STEP

So geben Sie bei der Internetverbindungsfirewall einen Port frei:

1. Klicken Sie die Internet-Verbindung im Ordner *Netzwerkverbindungen* mit der rechten Maustaste an und wählen Sie EIGENSCHAFTEN/ERWEITERT/EINSTELLUNGEN.
2. Klicken Sie auf HINZUFÜGEN, geben Sie für *Dienstbeschreibung* einen beliebigen Namen (etwa MSN-Port) ein, für *IP-Adresse* die Adresse des Computers (oder allgemein 127.0.0.1 für den lokalen Computer) und dann jeweils die interne und externe Portnummer für TCP oder UPD. Beide Portnummern sind im Allgemeinen gleich.

Teil 4 Windows XP für geübte Benutzer

15 Die Systemprogramme von A bis Z

In diesem Kapitel werden die Systemprogramme von Windows XP vorgestellt. Sie gehören zu einer speziellen Kategorie von Zubehörprogrammen, die im Allgemeinen nur für erfahrene Anwender oder Computeradministratoren von Interesse sind. In diesem Kapitel geht es um eine allgemeine Übersicht, die Ihnen einen Überblick geben und helfen soll, die Bedeutung der einzelnen Systemprogramme zu verstehen. Wichtige Systemprogramme, wie zum Beispiel die Defragmentierung (Kapitel 19) oder der Registrierungs-Editor (Kapitel 20), werden in eigenen Kapiteln ausführlich besprochen.

Die Themen dieses Kapitels:

- Änderungen gegenüber Windows 9x
- Die Datenträgerbereinigung
- Defragmentierung
- Geplante Tasks
- Systeminformation
- Systemwiederherstellung
- Übertragen von Dateien und Einstellungen
- Windows aktivieren
- Zeichentabelle
- Die Systemprogramme der Verwaltung
- Die Computer-Management-Konsole

15.1 Änderungen gegenüber Windows 9x

Gegenüber Windows 9x hat es bei den Systemprogrammen wichtige Änderungen gegeben. Einige Programme, wie zum Beispiel die Defragmentierung, wurden komplett überarbeitet, da Windows XP auf einer gänzlich anderen Architektur basiert, andere beliebte Programme, wie zum Beispiel die PC-Direktverbindung, sind verschwunden, da sie in den Assistenten für das Anlegen von Netzwerkverbindungen eingegangen sind. Und da wären noch jene Programme, wie etwa die Systemwiederherstellung, die zwar schon mit Windows ME eingeführt wurden, die aber die Anwender nicht kennen, die dieses Update ausgelassen haben. Als Orientierungshilfe fasst Tabelle 15.1 alle Windows 9x-Systemprogramme zusammen und gibt an, ob und in welcher Form sie bei Windows XP vertreten sind.

Tabelle 15.1: Windows 9x-Systemprogramme und ihre Pendants bei Windows XP

Windows 9x-Systemprogramm	Pendant bei Windows XP	Anmerkung	Kapitel
Defragmentierung	Defragmentierung	-	19
ScanDisk	Die Fehlerprüfung wird direkt über das Eigenschaften-Dialogfeld (EXTRAS-Register) eines Laufwerks aufgerufen.	-	19
Backup	-	Bei Windows XP Home Edition gibt es kein Backup-Programm.	-
Datenträgerbereinigung	Datenträgerbereinigung	Keine wesentlichen Änderungen bei Windows XP	19
Zeichentabelle	Zeichentabelle	Windows XP arbeitet mit dem 16-Bit-Unicode, sodass sich sehr viel mehr Zeichen in einem Zeichensatz darstellen lassen.	15
Geplante Tasks	Geplante Tasks	Keine wesentlichen Neuerungen	15
Systemwiederherstellung	Systemwiederherstellung	Gegenüber Windows ME keine wesentlichen Neuerungen	22

15.2 Die Datenträgerbereinigung

Die Datenträgerbereinigung ist ein nützlicher Helfer, der dem Anwender bei der Frage behilflich ist, welche Dateien auf einem Laufwerk gefahrlos gelöscht werden dürfen bzw. sogar überflüssig sind und daher gelöscht werden müssen. Nach dem Start werden alle Bereiche des Laufwerks aufgeführt, in denen sich zum Beispiel temporäre Dateien befinden. Per Mausklick werden diese Dateien vom Laufwerk entfernt, was das etwas umständliche Durchsuchen der in Frage kommenden Verzeichnisse erspart. Die Datenträgerbereinigung wird in Kapitel 19 vorgestellt, in dem es um das Thema Laufwerksverwaltung geht.

15.3 Defragmentierung

Die Defragmentierung ist dazu da, Festplattenlaufwerke zu optimieren, in denen verteilte Zuordnungseinheiten einer Datei nebeneinander angeordnet werden, sodass die Dateien schneller geladen werden können. Die Defragmentierung wird in Kapitel 19 vorgestellt, wenn es um das Thema Laufwerksverwaltung geht.

15.4 Geplante Tasks

Hinter dem Eintrag GEPLANTE TASKS verbirgt sich kein richtiges Systemprogramm, sondern der gleichnamige Order, der auch über die Systemsteuerung geöffnet werden kann. In diesem Ordner werden alle geplanten Tasks (Task = Aufgabe) aufgelistet und neue geplante Tasks über einen Assistenten (dies wäre das eigentliche Systemprogramm) angelegt. Über einen geplanten Task lassen sich beliebige Programme zu einem festgelegten Zeitpunkt oder in einem festgelegten Intervall starten, was zum Beispiel bei Sicherungsprogrammen oder der Defragmentierung sehr praktisch bzw. notwendig sein kann.

INFO

Geplante Tasks ersetzen den AT*-Befehl der Eingabeaufforderung, den Anwender von Windows NT 4.0 unter Umständen bereits kennen gelernt haben.*

STEP

Zeitgesteuertes Starten eines Programms

1. Öffnen Sie den Ordner GEPLANTE TASKS, zum Beispiel über das gleichnamige Applet der Systemsteuerung.[1]
2. Öffnen Sie das Symbol GEPLANTEN TASK HINZUFÜGEN und klicken Sie im ersten Dialogfeld des Assistenten für geplante Tasks auf WEITER.

1 Unter früheren Windows-Versionen hieß der Ordner GEPLANTE VORGÄNGE.

3. Wählen Sie die Anwendung aus, die gestartet werden soll, entweder durch Auswahl aus der Liste oder über DURCHSUCHEN. Klicken Sie auf WEITER.

4. Geben Sie dem neuen Task einen (beliebigen) Namen (zum Beispiel »Probetask«) und wählen Sie, wann der Task ausgeführt werden soll (eine Uhrzeit und einen Intervall können Sie im nächsten Dialogfeld einstellen). Wählen Sie für diese Übung die Option EINMALIG. Klicken Sie auf WEITER.

5. Je nachdem, welche Option Sie im letzten Schritt gewählt haben, erhalten Sie nun die Gelegenheit, den Zeitpunkt genauer festzulegen. Klicken Sie auf WEITER.

6. In diesem Dialogfeld müssen Sie einen Benutzernamen und das dazugehörige Kennwort mit Bestätigung eingeben, da auch bei der zeitgesteuerten Programmausführung unter Windows XP eine Überprüfung der Zugriffsrechte stattfindet. Ohne Kennwort wird der Task zwar eingerichtet, aber nicht gestartet.

7. Sie sehen jetzt eine Bestätigung der getroffenen Einstellungen. Klicken Sie auf FERTIG STELLEN, um den Task anzulegen. Der neue Task wird als weiterer Eintrag im Ordner GEPLANTE TASKS angezeigt. Befindet sich das Ordnerfenster in der Detailsansicht, werden unter anderem der Status, die nächste Laufzeit und die letzte Laufzeit angezeigt. Sollte es beim Start Probleme gegeben haben, werden diese ebenfalls angezeigt.

Abbildung 15.1: Im Ordner Geplante Tasks werden alle Tasks mit ihrem aktuellen Status aufgelistet

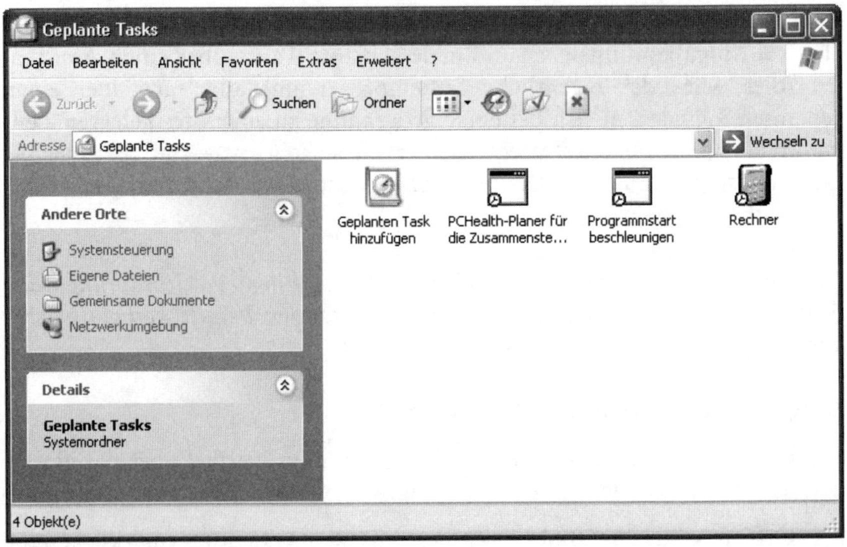

Einstellen eines erweiterten Zeitplans

Um das Anlegen eines neuen Tasks nicht zu unübersichtlich werden zu lassen, werden spezielle Eigenschaften des Zeitplans wie etwa ein Wiederholungsintervall erst nachträglich bei den Eigenschaften des Tasks eingestellt. Klicken Sie dazu den Task im Ordner GEPLANTE TASKS mit der sekundären Maustaste an, wählen Sie den Eintrag EIGENSCHAFTEN und wechseln Sie in das Register ZEITPLAN. Klicken Sie nun auf ERWEITERT, um das Dialogfeld mit den erweiterten Eigenschaften des Zeitplans zu öffnen. Hier können Sie ein Wiederholungsintervall in Minuten oder Stunden angeben (ein Wiederholungsintervall im Wochen- oder Monatsrythmus wird im Register ZEITPLAN eingestellt) und festlegen, wie lange der Task laufen soll. Außerdem finden Sie in diesem Dialogfeld eine Option, die einen noch laufenden Task beendet, bevor der gleiche Task noch einmal gestartet wird.

15.4.1 Zusätzliche Task-Eigenschaften

Für spezielle Tasks, etwa solche, die einen großen Teil der Prozessorzeit beanspruchen (zum Beispiel eine Fehlerüberprüfung eines Laufwerks oder eine umfangreiche Sicherung), gibt es weitere Einstellungen, da solche Tasks in der Regel etwas »anspruchsvoller« sind. Diese speziellen Einstellungen werden im Register EINSTELLUNGEN der Taskeigenschaften getroffen. Zu den Einstellungen gehören im Einzelnen:

- Eine Maximallaufzeit für den Task
- Festlegen, dass der Task gelöscht werden soll, wenn er nicht erneut ausgeführt werden soll
- Tasks erst starten, wenn sich der PC eine bestimmte, einstellbare Zeitspanne im »Leerlauf« befindet
- Eine Zeitspanne einstellen, nach der noch einmal die Leerlaufzeit abgewartet wird, falls es beim ersten Mal nicht geklappt hat
- Festlegen, dass der Task automatisch beendet wird, wenn sich der PC nicht mehr im Leerlauf befindet
- Festlegen, dass der Task nicht bei Akkubetrieb gestartet wird oder automatisch beendet wird, sobald der Akkubetrieb einsetzt

15.5 Systeminformation

Falls Ihnen die Auskünfte der Systemeigenschaften zu dürftig sind, erfahren Sie hier fast alle Details über die Hard- und Software Ihres Computers. Die Systeminformation wird in Kapitel 22 vorgestellt, wenn es um das Thema Tuning und Problemlösungen geht.

15.6 Systemwiederherstellung

Die Systemwiederherstellung ermöglicht es, einen Systemzustand »einzufrieren«, um ihn später wiederherstellen zu können. Damit lässt sich ein kompletter Konfigurationszustand abspeichern, sodass das System zu einem späteren Zeitpunkt, etwa nach einer verunglückten Installation einer Anwendung, wiederhergestellt und das System damit wieder in einen funktionstüchtigen Zustand überführt werden kann. Die Systemwiederherstellung, die bereits mit Windows ME eingeführt wurde, wird in Kapitel 22 vorgestellt, wenn es um das Thema Tuning und Problemlösungen geht.

15.7 Übertragen von Dateien und Einstellungen

Dieses nützliche Systemprogramm mit dem etwas umständlichen Namen *Übertragen von Dateien und Einstellungen* (wie wäre es mit ÜDE?) ist neu bei Windows XP. Es wird immer dann benötigt, wenn persönliche Einstellungen und die Inhalte bestimmter Datenablagen auf einen anderen Computer oder eine andere Windows-Installation auf demselben Computer übertragen werden sollen.

Übertragen von Einstellungen am Quellcomputer

STEP

1. Starten Sie das Systemprogramm ÜBERTRAGEN VON DATEIEN UND EINSTELLUNGEN und klicken Sie auf WEITER, um den Begrüßungsbildschirm zu überspringen.

2. Geben Sie an, ob es sich bei dem Computer um den Ziel- oder den Quellcomputer handelt. Letzterer ist jener, von dem die Einstellungen übertragen werden sollen. Da es in diesem Fall um das Übertragen von Einstellungen geht, wählen Sie die Einstellung QUELLCOMPUTER und klicken Sie auf WEITER.

3. Der Assistent überlegt sich als Nächstes was zu tun (ganz klar zu erkennen an dem typischen Festplattengeräusch) und fordert Sie auf, den Verbindungstyp anzugeben. Die optimale Verbindung ist natürlich ein Netzwerk, doch zur Not tut es auch ein serielles Kabel, das die beiden Computer verbindet. Sollte keine direkte Verbindung zur Verfügung stehen, speichern Sie die Einstellungen zunächst in ein Verzeichnis, von dem sie später auf den Zielcomputer übertragen werden. Geben Sie für diese Übung ein lokales Verzeichnis mit dem Namen *C:\Umzug* an und klicken Sie auf WEITER.

4. Jetzt kommt der wichtigste Schritt, denn Sie müssen festlegen, ob nur die Einstellungen, die Dateien oder die Dateien und die Einstellungen übertragen werden sollen. In einer Übersichtsliste werden die zu übertragenden Elemente aufgelistet. Denken Sie daran, dass der Ordner EIGENE DATEIEN sehr umfangreich sein kann, vor allem, wenn Sie hier

bereits viele Bilder abgelegt haben oder der Ordner EIGENE MUSIK »ein paar« MP3s enthält. Diese müssen im Allgemeinen nicht übertragen werden.

Achten Sie vor allem auf die Liste der Dateierweiterungen. Löschen Sie hier z.B. MP3 oder MPEG, da diese Mediendateien in der Regel nicht umziehen sollen bzw. auch nachträglich überspielt werden können.

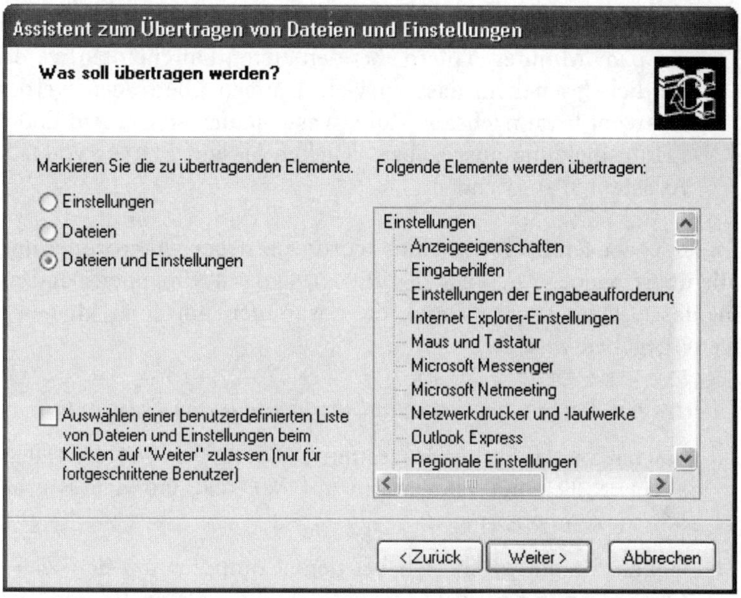

Abbildung 15.2: In diesem Dialogfeld werden die zu übertragenden Elemente ausgewählt

Selektieren Sie daher unbedingt die Option AUSWÄHLEN EINER BENUTZERDEFINIERTEN LISTE..., da Sie so im nächsten Schritt eine Auswahl der zu übertragenden Verzeichnisse auswählen können. Klicken Sie auf WEITER.

5. Haben Sie sich im letzten Schritt für die benutzerdefinierte Auswahl entschieden, können Sie nun im Detail auswählen, was übertragen werden soll und was nicht. Soll zum Beispiel der Ordner EIGENE BILDER ausgelassen werden, selektieren Sie den Ordner und klicken auf ENTFERNEN. Das Durchgehen der kompletten Liste ist zwar zusätzliche Arbeit, lohnt sich aber, da sehr viel weniger Daten übertragen werden müssen. Wenn Sie die Auswahl beendet haben, klicken Sie auf WEITER.

Falls Sie lediglich einen Unterordner von EIGENE DATEIEN, *nicht aber den kompletten Ordner (oder den Unterordner eines beliebigen anderen Ordners), übertragen möchten, wählen Sie* ORDNER HINZUFÜGEN *und wählen diesen Unterordner aus. Den Ordner* EIGENE DATEIEN *(bzw. allgemein den übergeordneten Ordner) können Sie dann, sofern sein Inhalt keine Rolle mehr spielt, über* ENTFERNEN *aus der Liste der zu übertragenden Ordner herausnehmen. In diesem Fall wird lediglich der angegebene Unterordner übertragen.*

6. Nun beginnt das Zusammenstellen der zu übertragenden Daten, die dabei selbstverständlich komprimiert werden, und die Übertragung beginnt. Sollten Sie es sich anders überlegt haben und vielleicht doch weniger Dateien übertragen, klicken Sie auf ABBRECHEN.
7. Je nach Umfang der ausgewählten Daten kann das Zusammenstellen ein paar Minuten dauern. Bei den ersten Durchläufen werden Sie vermutlich feststellen, dass zu viele Dateien übertragen werden und die Auswahl beim nächsten Mal etwas genauer fassen. Am Ende wird eine Erfolgsmeldung ausgegeben. Klicken Sie auf FERTIG STELLEN, um den Assistenten zu beenden.

Im angegebenen Zielverzeichnis wurde ein neuer Unterordner angelegt, der alle übertragenen DATEIEN UND EINSTELLUNGEN in einer Dat-Datei zusammenfasst. Dies ist jene Datei, die zusammen mit einer kleinen Stat-Datei weitergegeben wird.

STEP

Übertragen der Einstellungen und Dateien auf den Zielcomputer

1. Starten Sie das Systemprogramm ÜBERTRAGEN VON DATEIEN UND EINSTELLUNGEN und klicken Sie auf WEITER, um den Begrüßungsbildschirm zu überspringen.
2. Geben Sie an, ob es sich bei dem Computer um den Ziel- oder den Quellcomputer handelt. Da dieses Mal die Daten auf den Zielcomputer übertragen werden sollen, übernehmen Sie die Einstellung ZIELCOMPUTER und klicken auf WEITER.
3. Unter Umständen müssen Sie diesen Zwischenschritt einlegen. Ist der Assistent der Meinung, dass er nicht auf dem Quellcomputer ausgeführt wurde, erscheint ein Dialogfeld, in dem Sie eine Assistent-Diskette erstellen (alternativ können Sie auch die Windows XP-CD benutzen), mit der Sie den Assistenten auf dem Quellcomputer ausführen können. Wurde auf dem Quellcomputer aber bereits ein Durchlauf zum Sammeln der Dateien und Einstellungen gemacht, wählen Sie die letzte Option (ASSISTENT-DISKETTE IST NICHT ERFORDERLICH...) und klicken auf WEITER.
4. In diesem Schritt müssen Sie auswählen, wo die Einstellungen gespeichert wurden. Bezogen auf die letzte Übung ist es das Verzeichnis *C:\Umzug*. Wählen Sie die entsprechende Option und das Verzeichnis aus und klicken Sie auf WEITER.
5. Jetzt werden die Dateien und Einstellungen in die korrespondierenden Verzeichnisse und Registrierungsablagen kopiert. Anschließend sollte sich alles auf dem Zielcomputer so befinden wie auf dem Quellcomputer.

TIPP

Das Systemprogramm DATEIEN UND EINSTELLUNGEN ÜBERTRAGEN *lässt sich auch als einfaches Backup-Programm »zweckentfremden«, der Zielcomputer kann zum Beispiel ein Computer im Netzwerk oder aber auch mit dem Quellcomputer identisch sein.*

15.8 Windows aktivieren

Dieses (eher etwas lästige) Systemprogramm ist ebenfalls neu bei Windows XP. Es dient einem einzigen Zweck, der (Zwangs-) Aktivierung von Windows XP. Diese Aktivierung, bei der Sie (vereinfacht ausgedrückt) die Erlaubnis von Microsoft einholen müssen, eine erworbene Windows XP-Lizenz auch in Zukunft benutzen zu dürfen, ist nicht nur nach der ersten Inbetriebnahme (laut Microsoft innerhalb von 30 Tagen) erforderlich, sondern immer dann, wenn die erworbene Windows XP-Lizenz dazu benutzt werden soll, das Betriebssystem entweder auf einem anderen Computer zu installieren, oder wenn Windows XP lediglich der Meinung ist, es wäre auf einen anderen Computer transferiert worden. Dies ist wiederum immer dann der Fall, wenn so viele neue Peripheriegeräte ein-, aus- oder umgebaut wurden, dass die bei der Installation gebildete »Prüfsumme, die in die aktuelle Hardware-Konfiguration einfließt, mit der aktuellen Prüfsumme eine zu große Differenz ergibt. In jedem dieser Fälle muss Windows XP erneut aktiviert werden, was entweder über das Internet oder eine (kostenlose) Telefonnummer geschehen kann. Sie erhalten in diesem Fall einen (ziemlich langen) Aktivierungscode, der das Weiterarbeiten mit Windows XP ermöglicht. Ohne diesen Aktivierungscode geht dann nichts mehr und Windows XP weigert sich zu booten. Persönliche Daten werden für die Aktivierung nicht eingefordert, Sie müssen lediglich die 25-stellige Seriennummer wissen und das Land angeben, in dem Sie leben.

INFO

Von der deutschen Firma Fully Licensed GmbH *stammt die Information über die Hintergründe der Frage, wann Windows XP neu aktiviert werden müsste (weitere Infos unter URL* http://www.licenturion.com/xp/). *Die Daten folgender Geräte (natürlich nur sofern vorhanden) werden Firmenangaben zugrunde gelegt:*

- Systemvolumen-Seriennummer
- MAC-Adresse der Netzwerkkarte
- ID des CD-Laufwerks
- ID des Bildschirms
- Seriennummer des Prozessors

- ID der Festplatte
- ID des SCSI-Hostadapters
- ID des DIE-Kontrollers
- ID des Prozessors

Diese Daten werden in einer kleinen Datei mit dem Namen *Wpa.dbl* im *System32*-Unterverzeichnis gespeichert, die bei jedem Start von Windows XP auf mehr als drei Unterschiede geprüft wird. Dadurch soll verhindert werden, dass eine Lizenz auf mehreren Computern gleichzeitig läuft. Das ist eine neue Maßnahme des Herstellers gegen Raubkopierer.

15.9 Zeichentabelle

Die ZEICHENTABELLE ist ein eher unspektakuläres Systemprogramm, das bei Windows XP im Vergleich zu Windows 9x aber deutlich attraktiver geworden ist, da Windows XP (genau wie Windows NT/2000, aber anders als seine 9x-Vorgänger) mit dem erweiterten Zeichencode Unicode arbeitet. Im Gegensatz zum bisher üblichen ANSI/ASCII-Code, bei dem für jedes Zeichen nur acht Bit verwendet wurden und sich nur max. 256 Zeichen pro Zeichensatz abbilden ließen, sind es beim Unicode 16 Bit. Diese simple Verdopplung führt dazu, dass sich in einem Zeichensatz 2 hoch 16 = 65.536 verschiedene Zeichen darstellen lassen. Das ist eine ganze Menge.

Die Zeichentabelle erfüllt im Wesentlichen eine Aufgabe: das Kopieren einzelner Zeichen aus den installierten Schriftarten in die Zwischenablage. Nach dem Start der ZEICHENTABELLE können Sie aus der Listenauswahl SCHRIFTART eine der aktuell installierten Schriftarten auswählen. Markieren Sie die gewünschten Zeichen durch einen Doppelklick und kopieren Sie sie durch Anklicken der KOPIEREN-Schaltfläche (im RTF-Format) in die Zwischenablage. Von dort können Sie die Zeichen in ein Textverarbeitungsprogramm einfügen oder beliebig weiterverarbeiten.

Bedingt durch den Umstand, dass Zeichensätze bei Windows XP aus Unicode bestehen, umfassen die Standardzeichensätze teilweise mehrere hundert Zeichen, zu denen unter anderem auch arabische, hebräische und kyrillische sowie viele exotische Sonderzeichen gehören (zu jedem Unicode-Zeichen wird in der Statusleiste eine kurze Erläuterung eingeblendet). Alle diese Zeichen lassen sich in jede Windows-Anwendung, die Unicode unterstützt, zum Beispiel auch in den Editor, einfügen. Neu bei der Zeichentabelle im Vergleich zu den Vorgängerversionen ist die Möglichkeit, nach einzelnen Zeichen suchen zu können. Da ein Unicode-Zeichensatz rein theoretisch bis zu 65.536 Zeichen umfassen kann, ist diese Funktion mehr als zweckmäßig.

Abbildung 15.3: Die Zeichentabelle von Windows XP zeigt auch Unicode-Zeichen an, sofern sie im Zeichensatz enthalten sind

Allerdings bieten nur wenige Zeichensätze arabische Schriftzeichen. Ein solcher Kandidat ist »Courier New«. Wählen Sie diesen Schriftsatz aus und stellen Sie in der Auswahlliste GRUPPIEREN NACH die Auswahl »Unicode-Unterbereich« ein, können Sie aus der Gruppenliste zum Beispiel »Arabisch« einstellen. Dadurch werden nur die arabischen Schriftzeichen eingeblendet. Geben Sie in das SUCHEN NACH-Feld »Fünf« ein, bleiben alle Zeichen übrig, die mit diesem Wort assoziiert sind. Kopieren Sie über KOPIEREN das Zeichen in die Zwischenablage und fügen Sie es zum Beispiel in Notepad ein. Woran könnte es liegen, dass es nur als Kästchen angezeigt wird? Klar, auch bei Notepad muss der passende Zeichensatz (in diesem Fall *Courier New*) erst einmal eingestellt werden.

:-) TIPP

Achten Sie einmal auf die Zahl, die bei einigen Zeichen in der rechten Ecke der Statusleiste angezeigt wird. Es handelt sich um den Unicode des Zeichens (in hexadezimaler Schreibweise).[2]

2 Allerdings ist es mir nicht gelungen, den Zeichencode bei gedrückter [Num]-Taste zusammen mit der [Alt]-Taste über den numerischen Ziffernblock einzugeben, um das Unicode-Zeichen direkt auswählen zu können – auch wenn diese Möglichkeit in der Hilfe versprochen wird (das Umrechnen in den dezimalen Wert hat nichts gebracht).

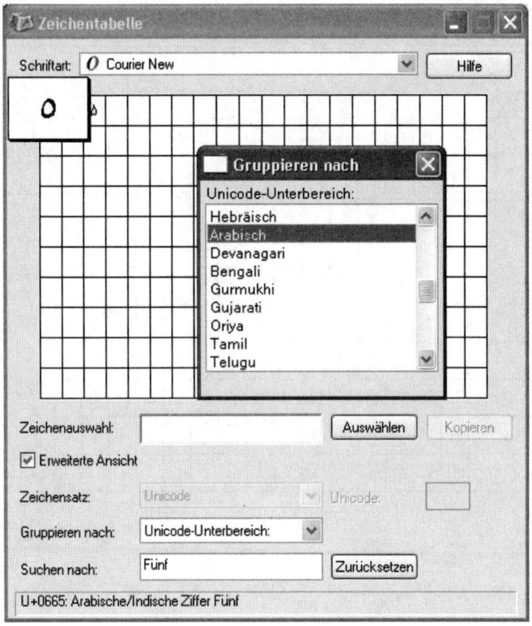

Abbildung 15.4: Das arabische Zeichen für 5 wurde aus der Zeichentabelle in Notepad eingefügt – den richtigen Zeichensatz vorausgesetzt

15.10 Die Systemprogramme der Verwaltung

Es verbleiben noch die Systemprogramme, die in der Programmgruppe Verwaltung zusammengefasst sind. Da es sich um recht spezielle Programme handelt, hat man sich bereits bei Windows 2000 dazu entschlossen, sie aus der Systemsteuerung in einen Unterordner mit dem Namen VERWALTUNG zu verlagern, der nur über die Verwaltung zugänglich ist. Bei Windows NT waren sie noch Teil der Systemsteuerung, bei Windows 9x gab es diese Verwaltungsprogramme zum größten Teil gar nicht. Im Einzelnen handelt es sich um:

- Administrator für Servererweiterungen
- Computerverwaltung
- Datenquellen
- Dienste
- Ereignisanzeige
- Internet-Informationsdienste
- Komponentendienste
- Leistung
- Lokale Sicherheitsrichtlinie

Die meisten dieser Verwaltungsprogramme sind sehr speziell und werden daher im Folgenden nur in aller Kürze besprochen. Die beiden wichtigsten Programme sind Computerverwaltung und Leistung, die entsprechend ausführlicher vorgestellt werden.

Alle Verwaltungsprogramme werden über den Menübefehl PROGRAMME|VERWALTUNG im Startmenü aufgerufen. Sollte dieser Eintrag nicht angezeigt werden, muss das in den Eigenschaften des Startmenüs (siehe Kapitel 3) nachgeholt werden. Hier ist es auch möglich, die Verwaltungs-Programmgruppe direkt in das Startmenü einzublenden, was einen weiteren Mausklick einspart.

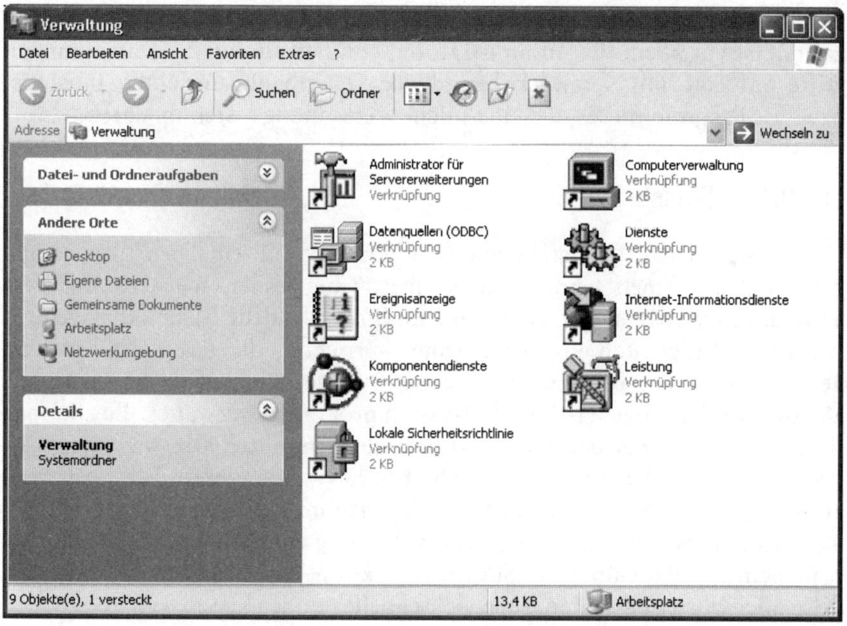

Abbildung 15.5: Der Inhalt der Programmgruppe Verwaltung

15.10.1 Admininistrator für Servererweiterungen

Das Dienstprogramm ADMININISTRATOR FÜR SERVERERWEITERUNGEN dient, wie es der Name bereits verrät, zur Administration spezieller Servererweiterungen, wie zum Beispiel der FrontPage-Servererweiterungen, die wiederum etwas mit den Internet-Informationsdiensten zu tun haben. Da dieses Thema nur jene Anwender interessiert, die einen Webserver verwalten, wird es in unserem Buch nicht behandelt.

15.10.2 Computerverwaltung

Die COMPUTERVERWALTUNG ist ein allgemeines und sehr umfassendes Verwaltungsprogramm, das mehrere sog. Snap-Ins im Rahmen der Computer-Management-Konsole zusammenfasst. Dazu gehört zum Beispiel LOKALE BENUTZER UND GRUPPEN WIE auch die Datenträgerverwaltung. Mehr zur Computerverwaltung finden Sie in Kapitel 15.11.

15.10.3 Datenquellen

Das Dienstprogramm DATENQUELLEN dient dazu, sog. Datenquellen einzurichten und zu konfigurieren, über die (im Prinzip) beliebige Anwendungen die Datenbankzugriffe über eine ODBC-Schnittstelle erledigen. Dieses Programm ist vor allem für Administratoren von Bedeutung, die Datenbankzugriffe auf eine im Netzwerk befindliche Datenbank einrichten möchten, bzw. für Programmierer, die eine solche Verbindung testen möchten.

15.10.4 Dienste

Unter einem DIENST versteht man bei Windows XP ein Dienstprogramm, das im Allgemeinen keine Benutzeroberfläche besitzt, meistens mit dem Start des Betriebssystems aktiv wird und irgendwelche mehr oder weniger wichtigen Tätigkeiten im Hintergrund verrichtet, die das Betriebssystem benötigt, um dem Benutzer bestimmte Dienste anbieten zu können. Alle Dienste werden über das DIENSTE-Systemprogramm verwaltet. Ein Beispiel für einen Dienst, der den meisten Anwendern unmittelbar etwas bringt, ist der Indexdienst, der, sobald er aktiviert wird (was in diesem Fall aber nicht automatisch mit dem Start geschieht) Dateien im Hintergrund nach Hauptwörtern durchsucht und diese in einem Katalog zusammenfasst, sodass sich bei einem Suchlauf über die SUCHEN-Funktion von Windows Dateien, die diese Suchwörter enthalten, sehr viel schneller finden lassen.

INFO

Die Dienste sind keine Erfindung von Windows XP – es gab sie bereits beim »Vorgänger« Windows NT, aber nicht bei Windows 9x.

Nach dem Start von DIENSTE werden alle vorhandenen Dienste aufgelistet. Zu jedem Dienst wird angegeben, auf welche Weise er gestartet wird (automatisch oder manuell) und ob er zurzeit aktiv ist oder nicht. Außerdem wird eine kurze Beschreibung des Dienstes angezeigt. Im Kontextmenü eines Dienstes kann dieser gestartet, angehalten oder beendet werden. Diese Befehle stehen auch im EIGENSCHAFTEN-Dialogfeld des Dienstes zur Verfügung, das aber so speziell ist, dass Sie es praktisch niemals aufrufen müssen.[3]

3 Neugierde nach dem Motto »Was kann man denn dort alles durcheinander bringen« dürfte in den meisten Fällen der einzige Grund sein.

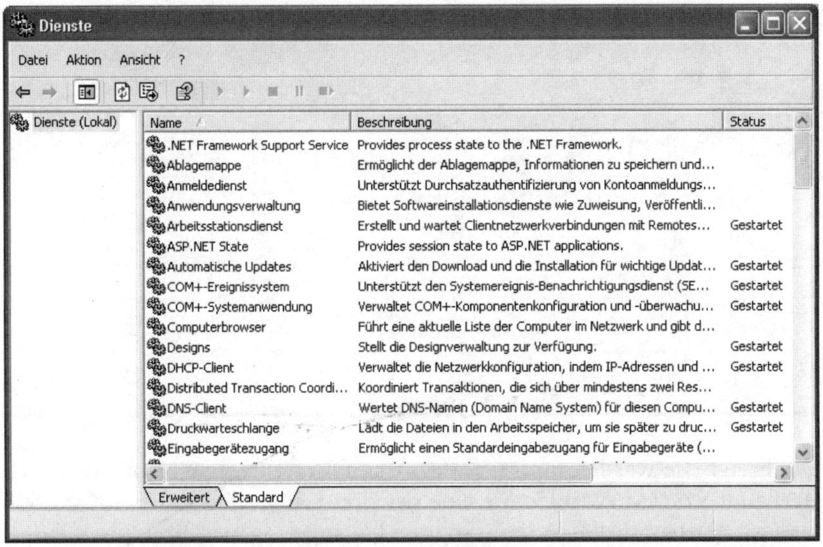

Abbildung 15.6: Das Dienste-Systemprogramm zeigt alle unter Windows XP registrierten Dienste an

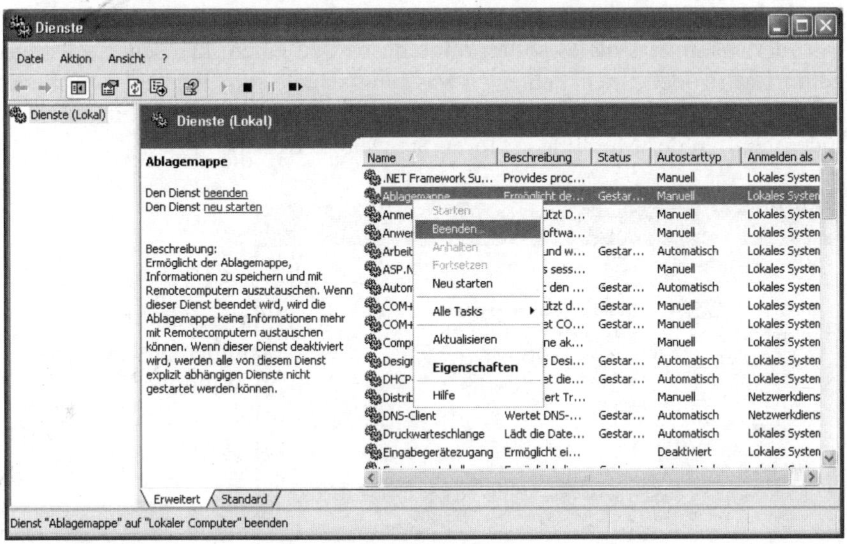

Abbildung 15.7: Ein Dienst wird über sein Kontextmenü gestartet, angehalten oder beendet

15.10.5 Ereignisanzeige

Alle Ereignisse, die im Lebenszyklus einer Sitzung, d.h. vom Zeitpunkt des Hochfahrens bis zum Zeitpunkt des Herunterfahrens, auftreten, werden bei Windows XP protokolliert. Das war bereits beim »Vorgänger« Windows NT so, nicht bei Windows 9x. Die EREIGNISANZEIGE ist jenes Dienstprogramm, mit dem diese Ereignisse angezeigt werden.

Abbildung 15.8: Das Dienstprogramm Ereignisse gewährt Einblicke in die Ereignisprotokollierung von Windows XP

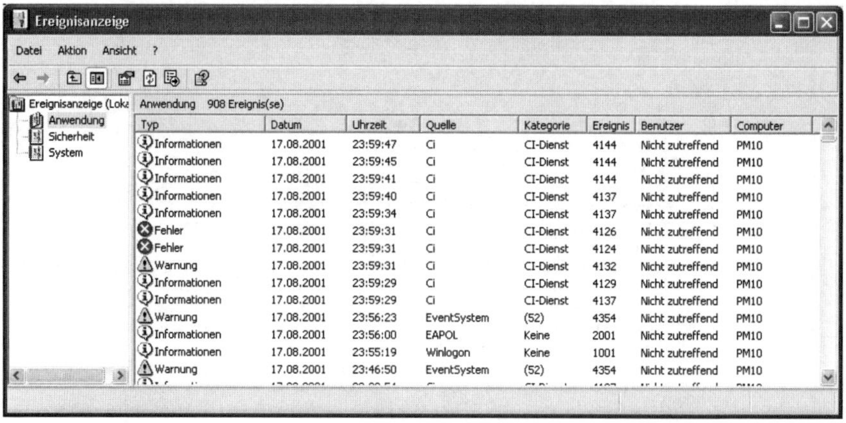

Die Ereignisse werden in drei Kategorien unterteilt: ANWENDUNG, SICHERHEIT und SYSTEM. Wählen Sie eine der drei Kategorien in der linken Spalte aus, so werden in der rechten Spalte alle eingetragenen Ereignisse aufgelistet. Das vorangestellte Symbol gibt an, ob es sich um ein Informationsereignis (zum Beispiel ein Dienst wurde gestartet), eine Warnung (hier lief irgendetwas anders als es sollte, ohne dass es zu einem kritischen Zustand geführt hat) oder einen Fehler (etwas ging schief, zum Beispiel ein Dienst konnte aus irgendeinem Grund nicht gestartet werden) handelt. Bei den Eigenschaften der Meldung erfahren Sie weitere Details.

Abbildung 15.9: Bei den Eigenschaften einer Meldung erfährt man etwas mehr über die, in der Regel aber sehr spezielle, Ursache

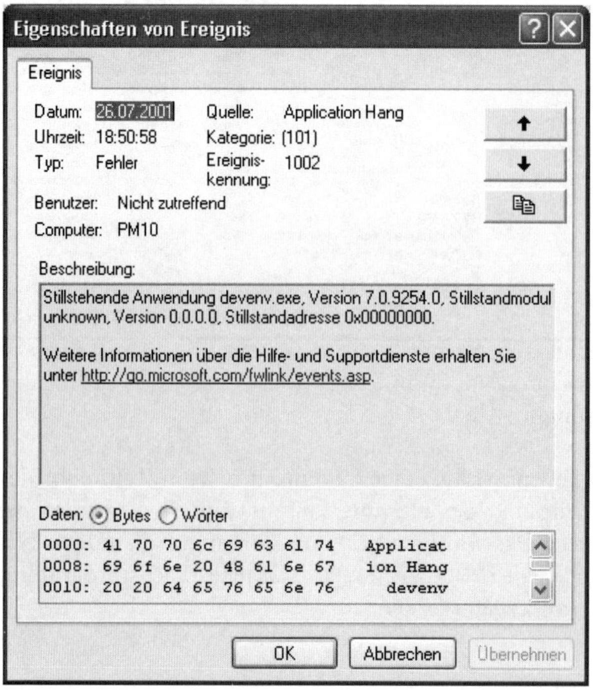

Über das ANSICHT-Menü steht eine Reihe von Befehlen zur Verfügung, mit deren Hilfe sich die angezeigten Einträge zum Beispiel filtern lassen.

Im Kontextmenü einer Kategorie finden Sie den Eintrag ALLE EREIGNISSE LÖSCHEN, durch den alle Ereigniseinträge gelöscht werden. Beantworten Sie die Anfrage, ob Sie die alten Einträge speichern möchten, ruhig mit NEIN, denn das Speichern kommt höchstens für Administratoren in Frage, die ihr System regelmäßig überwachen und daran interessiert sind, jederzeit herausfinden zu können, was auf ihrem Server am 6.3.1987 im Detail passiert ist.

15.10.6 Internet-Informationsdienste

Internet-Informationsdienste ist der Name des Microsoft-Webservers, der ein fester Bestandteil von Windows 2000 und Windows XP Professional (Windows XP Home hat leider keinen Webserver), kurz IIS. Der Name mag für einen Webserver zunächst etwas ungewöhnlich klingen, resultiert aber in erster Linie aus dem Umstand, dass es sich bei dem Webserver um einen Dienst handelt, der mit dem Start des Betriebssystems automatisch gestartet wird (aus diesem Grund finden Sie auch keinen Eintrag im Startmenü). Über das gleichnamige Verwaltungsprogramm besteht die Möglichkeit, allgemeine Einstellungen vorzunehmen, die die Arbeitsweise des IIS betreffen, virtuelle Verzeichnisse einzurichten, Rechte zu vergeben und einiges mehr.

15.10.7 Komponentendienste

Das Dienstprogramm KOMPONENTENDIENSTE ist sehr speziell und im Allgemeinen nur für Programmierer interessant. Hier werden die unter dem Namen COM+ zusammengefassten Komponentendienste sowie der Zugriff auf COM-Komponenten über das Netzwerk (DCOM) konfiguriert. Auch wenn die drehenden Zahnräder nett aussehen, für den Anwender hat dieses Dienstprogramm keine Bedeutung.

15.10.8 Systemmonitor (Leistung)

Unter dem viel versprechenden Namen LEISTUNG steht über dieses Dienstprogramm der Systemmonitor von Windows XP zur Verfügung, mit dem die aktuelle Systemleistung angezeigt wird. (Es entspricht optisch dem Systemmonitor aus Windows 9x, wenngleich es auf anderen Gesetzmäßigkeiten basiert.)

Der Systemmonitor ist ein exzellentes Werkzeug, um sich detailliert über die momentane Systemauslastung eines Windows XP-Computers zu informieren.

:-) TIPP

Möchten Sie die aktuelle Auslastung von Prozessor und Arbeitsspeicher auf einen Blick sehen, ist das Register SYSTEMLEISTUNG *des Task-Managers (einfach* [Strg] + [Alt] + [Entf] *drücken) die bessere Wahl.*

Übersicht über den Systemmonitor

Die Aufgabe des Systemmonitors ist es, die aktuelle Auslastung des Systems zu überwachen. Man spricht in diesem Zusammenhang auch von »Echtzeit«, da alles das, was im System passiert, sich sofort in einen Ausschlag der zuständigen Kurven niederschlägt. Da es in einem so komplexen Betriebssystem wie Windows XP (darüber darf die schicke Oberfläche nicht hinwegtäuschen) eine Vielzahl von Komponenten gibt, die Leistung »verbrauchen« und sich daher auf die Gesamtleistung auswirken, muss man dem Systemmonitor anzeigen, welche dieser Komponenten es überwachen soll. Sie werden in diesem Zusammenhang als LEISTUNGSINDIKATOREN bezeichnet.

Wurden die Leistungsindikatoren ausgewählt, müssen wir dem Systemmonitor noch mitteilen, auf welche Weise sie angezeigt werden sollen:

- Als grafisches DIAGRAMM (grafische Verfolgung über ein Kurvendiagramm)
- Als HISTOGRAMM (aktueller Wert in Balkenform) anzeigen
- Als BERICHT in Textform untereinander darstellen

Am häufigsten kommt das Diagramm zum Einsatz. Ein Bericht dagegen erlaubt es, die aktuellen Werte mehrerer Quellen auf einen Blick nummerisch anzuzeigen.

Bei LEISTUNGSINDIKATORENPROTOKOLLE UND WARNUNGEN handelt es sich um ein Snap-In, das die vomSystemmonitor gelieferten Informationen protokollieren kann. Das ist sinnvoll, um im Nachhinein eine Betrachtung und Auswertung in Ruhe vornehmen zu können. Dabei wird unterschieden nach:

- LEISTUNGSINDIKATORENPROTOKOLL
  Hiermit lassen sich die von den zu überwachenden Datenquellen gelieferten Werte in einem Leistungsdatenprotokoll festhalten. Somit ist eine Langzeitverfolgung möglich.
- PROTOKOLLE DER ABLAUFVERFOLGUNG
  Hierüber lassen sich Ereignisse verfolgen. So ist es möglich, die Abhängigkeiten entsprechender Systemdienste sowie die dabei auftretenden Ereignisse nachzuvollziehen. Das ist eine äußerst komplexe Materie, die sehr viel Erfahrung im Umgang mit einem Betriebssystem und gute Kenntnisse der internen Abläufe von Windows XP voraussetzt.

- WARNUNGEN
  Eine Warnung bedeutet in diesem Zusammenhang, dass ein bestimmter Schwellenwert überschritten wurde. Durch Anklicken dieses Eintrags mit der sekundären Maustaste und durch die Auswahl von NEUE WARNUNGSEINSTELLUNGEN lässt sich ein solcher Schwellenwert festlegen. Ein einfaches Beispiel für eine Warnung besteht darin, dass immer dann ein Eintrag in das Protokoll vorgenommen wird, wenn die Prozessorleistung 80% übersteigt. Anstelle eines simplen Eintrags kann auch ein beliebiges Programm ausgeführt werden (das den Computeradministrator zum Beispiel auf seinem Handy anruft). Bereits durch diese kurze Beschreibung wird deutlich, dass das sehr spezielle Dinge sind, die im Heimbereich vermutlich keine Rolle spielen dürften.[4]

Der Systemmonitor an einem Beispiel

Im Folgenden soll anhand eines Beispiels gezeigt werden, wie sich die Prozessorleistung und die Auslastung des Prozessors mit dem Systemmonitor optisch darstellen lassen.

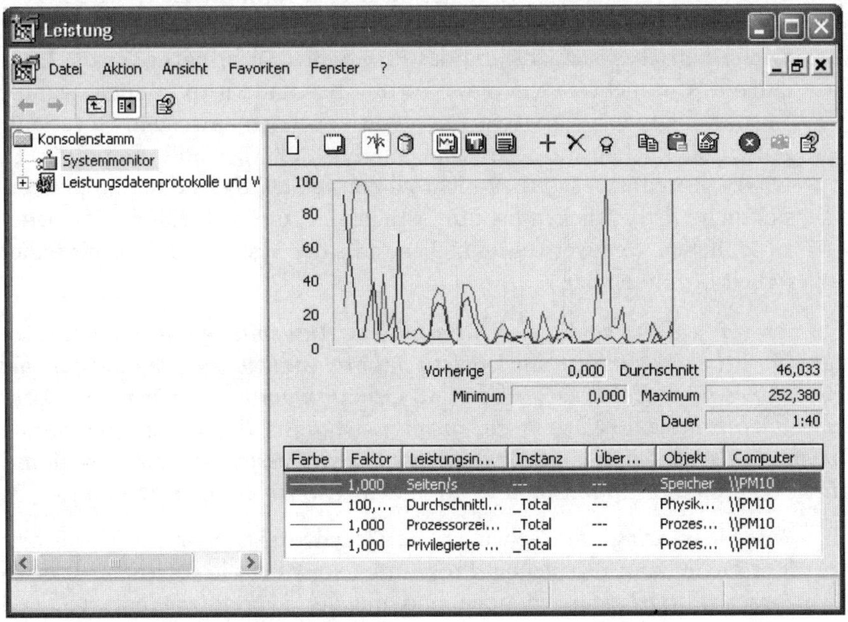

Abbildung 15.10: Optisch attraktiv, aber nicht leicht zu interpretieren – der Systemmonitor zeigt die Aktivitäten des Prozessors an

4 Windows XP Home kann seine Verwandtschaft zu einem richtigen Netzwerk-Server-Betriebssystem nur schwer leugnen – lassen Sie sich nicht von der netten Oberfläche täuschen.

STEP

Anzeige einer Leistungsübersicht mit dem Systemmonitor

1. Starten Sie den SYSTEMMONITOR über die Programmgruppe VERWALTUNG, indem Sie dort das Systemprogramm LEISTUNG öffnen (dieses startet wiederum die Computer-Management-Konsole, in die die Konsolendatei *Perfmon.msc* geladen wird).

2. Am Anfang zeigt der Systemmonitor noch nicht allzu viel an – vor allem ist von sich bewegenden Kurven oder attraktiven Diagrammen nichts zu sehen. Kein Wunder, denn es wurden noch keine Leistungsindikatoren hinzugefügt. Das muss natürlich nachgeholt werden. Klicken Sie dazu die Innenfläche der rechten Fensterhälfte mit der sekundären Maustaste an und wählen Sie LEISTUNGSINDIKATOREN HINZUFÜGEN. Es erscheint ein Dialogfeld, in dem zwei Dinge ausgewählt werden müssen: das sog. *Datenobjekt,* d.h. die Systemkomponente, die gemessen werden soll, und das, was bei dieser Komponente gemessen werden soll. Da der Prozessor bereits voreingestellt ist, müssen Sie nichts auswählen. Zweitens müssen die Leistungs-indikatoren der ausgewählten Komponente gewählt werden. Bei einemProzessor wären dies zum Beispiel die Prozessorzeit, die privilegierte Zeit (d.h. die Zeit, die der Prozessor im sog. *Privilegierten Modus*, neben dem Benutzermodus der zweite Betriebssystemzustand des Prozessors, verbringt) oder die Leerlaufzeit. Um mehrere Kurven in Aktion bewundern zu können, wählen Sie nacheinander »Prozessorzeit«, »Privilegierte Zeit« und »Leerlaufzeit« und klicken Sie jedes Mal auf HINZUFÜGEN (die Option ALLE LEISTUNGSINDIKATOREN ist nicht zu empfehlen, da es dann zu unübersichtlich wird). Klicken Sie auf SCHLIESSEN, um das Dialogfeld wieder zu schließen. (Sie werden feststellen, dass der Systemmonitor mit seiner Arbeit begonnen hat.)

:-) TIPP

Da sich einige der Namen auch für erfahrene Anwender ein wenig nach den sprichwörtlichen böhmischen Dörfern anhören mögen (hier ein Beispiel für ein solches böhmisches Dorf: Ústí nad Orlicí*), kann man über* ERKLÄRUNG *eine ausführliche Erklärung zu einem Leistungsindikator abrufen. Auch wenn man nicht an einer Leistungsmessung interessiert ist, erhält man auf diese Weise interessante Einblicke in die Funktionsweise von Windows XP.*

3. Was Sie im Diagramm sehen, ist die aktuelle Auslastung des Prozessors. Starten Sie zum Beispiel ein Programm, so sollte die Kurve der Prozessorzeit kurzfristig nach oben und die der Leerlaufzeit entsprechend nach unten ausschlagen.

Sie können dem Treiben eine Weile zusehen, was gerade am Anfang recht kurzweilig sein kann. Auf die Dauer braucht man natürlich konkrete Daten, die sich auswerten lassen. Dafür bietet der Systemmonitor eine Reihe von Möglichkeiten. Dazu gehört die Berichtsdarstellung (in der Symbolleiste gibt es ein Symbol zum Umschalten auf die drei Anzeigemodi Diagramm, Balken und Bericht) und die Möglichkeit, das aktuelle Diagramm als HTML-Datei zu speichern.

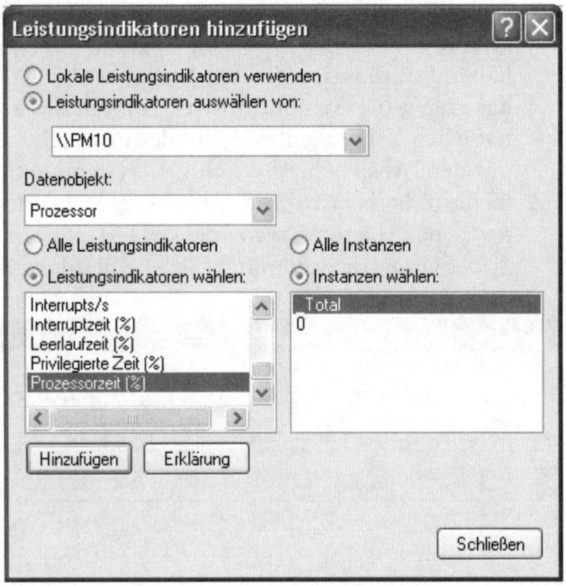

Abbildung 15.11: In diesem Dialogfeld wird ein weiterer Leistungsindikator ausgewählt

Die Eigenschaften eines Diagramms

Über die Eigenschaften eines Diagramms (Innenfläche mit der sekundären Maustaste anklicken und Eigenschaften wählen) lassen sich zahlreiche Einstellungen vornehmen, die die Darstellungsweise des Diagramms betreffen. Diese sind jedoch so speziell, dass sie an dieser Stelle nicht vertieft werden sollen.

INFO

Auch der Systemmonitor ist ein Programm, das Prozessorleistung beansprucht. Ein zu kurzes Probenintervall kann daher die Gesamtleistung des Systems herabsetzen.

Anzeige im Internet Explorer

Die vom Systemmonitor ermittelten Leistungsdaten lassen sich auch als HTML-Datei speichern und im Internet Explorer (live) betrachten.

STEP

Anzeige eines Systemmonitor-Diagramms im Internet Explorer

1. Erstellen Sie wie im letzten Arbeitsschritt beschrieben mit dem Systemmonitor ein Diagramm, das alle gewünschten Datenquellen umfasst.
2. Klicken Sie im Systemmonitor mit der sekundären Maustaste einen Bereich innerhalb des Detailfensters an, um aus dem angezeigten Kontextmenü den Eintrag SPEICHERN UNTER auszuwählen. Nun können Sie das Ganze als Datei im HTML-Format (Namenserweiterung *.Htm*) in Form einer Webseite auf der Festplatte speichern.

3. Öffnen Sie die Datei mit dem Internet Explorer. Nicht nur das Diagramm im Browser wird angezeigt, es wird auch wie im Systemmonitor laufend aktualisiert (sollte dies nicht der Fall sein, müssen Sie einmal das rote STOP-Symbol in der Symbolleiste anklicken). Dahinter steckt natürlich keine Zauberei, sondern der (eher harmlose) Umstand, dass mit dem Abspeichern durch den Systemmonitor ein ActiveX-Steuerelement in die HTML-Seite eingebettet wird (der eigentliche Systemmonitor), das beim Laden der HTML-Seiten dafür sorgt, dass der Systemmonitor weiterläuft (siehe Abbildung 15.12).

Abbildung 15.12: Ein Systemmonitor-Diagramm lässt sich auch als HTML-Datei speichern und im Internet Explorer anzeigen

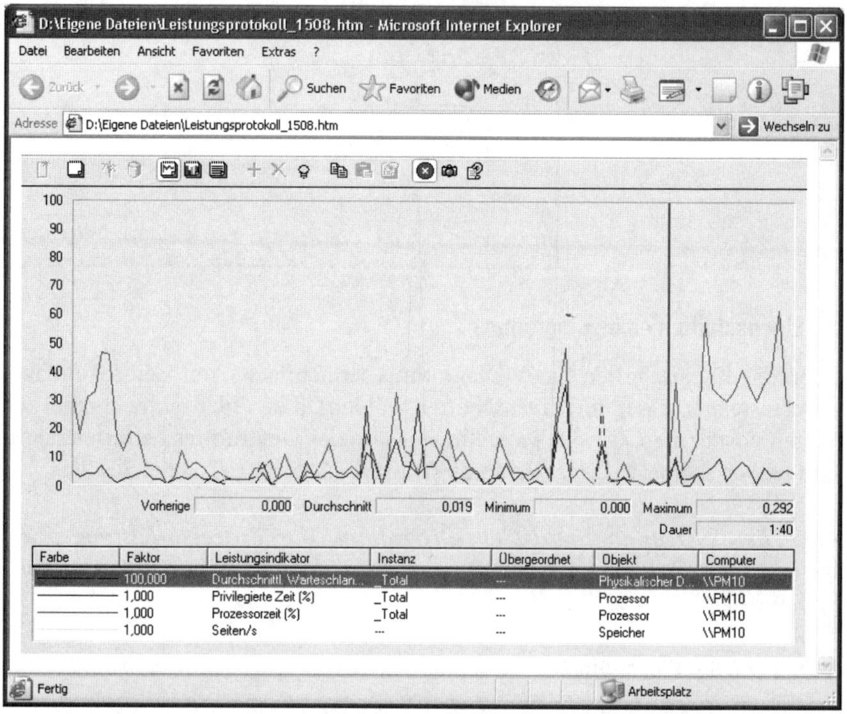

15.10.9 Lokale Sicherheitsrichtlinien

Das Dienstprogramm LOKALE SICHERHEITSRICHTLINIEN besitzt zwar einen recht unscheinbaren Namen, offeriert aber umfassende Möglichkeiten. Mit diesem Dienstprogramm lässt sich die Rechte eines Benutzers, was die Systemnutzung angeht, in vielen Details festlegen. Es ist ein typisches Dienstprogramm, das normalerweise nur Computeradministratoren zur Verfügung steht. Da es aber nicht Teil von Windows XP Home ist, wird es in diesem Buch auch nicht besprochen.

15.11 Die Computerverwaltung

Die COMPUTERVERWALTUNG ist eines der wichtigsten Systemprogramme bei Windows XP. Dass sie aber dennoch nur in einem relativ kurzen Abschnitt beschrieben wird, liegt daran, dass sie kein eigenständiges Systemprogramm darstellt. In »Wirklichkeit« handelt es sich um eine Zusammenstellung verschiedener, unabhängiger Systemprogramme auf der Basis der Computer-Management-Konsole (siehe Kapitel 15.12). Im Einzelnen handelt es sich um:

- Ereignisanzeige
- Freigegebene Ordner
- Lokale Benutzer und Gruppen
- Leistungsprotokolle und Wartung
- Geräte-Manager
- Wechselmedien
- Defragmentierung
- Datenträgerverwaltung
- Dienste
- Indexdienst

Alle diese Systemprogramme sind so genannte Snap-Ins, die sich auch einzeln in die Computer-Management-Konsole laden lassen. Die Computerverwaltung ist damit lediglich eine bereits vorkonfektionierte Konsole, in der die am häufigsten benutzten Systemprogramme zusammengestellt sind.

15.12 Die Computer-Management-Konsole

Die COMPUTER-MANAGEMENT-KONSOLE (im Folgenden nur mit CMK abgekürzt) ist kein eigenes Systemprogramm, sie bildet vielmehr den Rahmen für nahezu alle anderen Systemprogramme. Am Anfang werden Sie daher die CMK nicht als eigenständiges Programm wahrnehmen, mit zunehmender Erfahrung und geschultem Blick lässt sie sich jedoch leicht anhand ihrer charakteristischen Optik identifizieren. Praktisch alle Systemprogramme von Windows XP laufen im Rahmen der CMK (die Datenträgerbereinigung ist eine Ausnahme). Das ist ein großer Unterschied gegenüber Windows 9x, wo jedes Systemprogramm seine eigene Benutzeroberfläche besitzt. Der Vorteil ist nicht nur eine relativ einheitliche Benutzeroberfläche, Sie können sich auch Ihre eigene Systemprogrammpalette zusammenstellen.

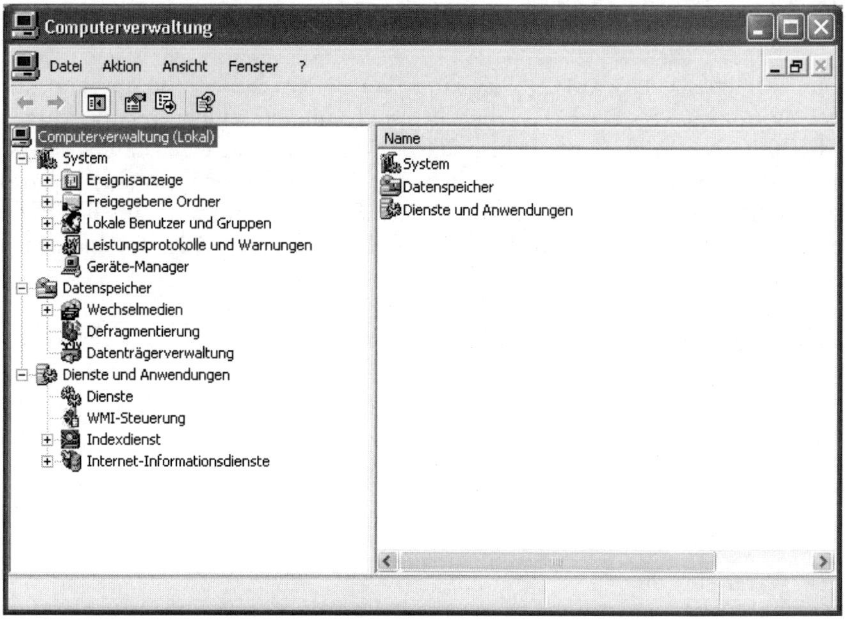

Abbildung 15.13: Die Computerverwaltung fasst die wichtigsten Systemprogramme in einer Konsole zusammen

Benötigen Sie zum Beispiel häufig die Defragmentierung und die Benutzerverwaltung? Legen Sie sich dazu einfach eine neue Konsole an, die genau diese beiden Programme umfasst. Wenn Sie diese Konsole das nächste Mal aufrufen, werden nur diese beiden Programme (sie heißen in diesem Zusammenhang Snap-Ins) angeboten.

Jedes Systemprogramm, das in die CMK geladen werden kann, wird als Snap-In bezeichnet. Um welche Art von Systemprogramm es sich handelt, spielt keine Rolle. Es kann sich um ein Datenträgerverwaltungsprogramm, die Konfigurationskonsole für einen Microsoft-Server (etwa das Datenbankprogramm SQL-Server) oder vielleicht die High-Score-Tabelle eines Spiels handeln. Die CMK ist offen für alles.

15.12.1 Der Aufruf der CMK

Rufen Sie die CMK lediglich über ihre Programmdatei MMC.EXE auf, so erscheint ein leerer Rahmen. Dieser Rahmen wird KONSOLENSTAMM genannt. Über den Menübefehl DATEI|SNAP-IN HINZUFÜGEN/ENTFERNEN (ein wenig schneller über [Strg] + [M]) wird er mit Inhalten gefüllt. Doch warum sollte man das tun, da alle Systemprogramme auch direkt aufgerufen werden können? Im Allgemeinen gibt es dazu keine Notwendigkeit. Der (vermutlich) einzige Vorteil besteht darin, dass Sie sich selber einen Satz wichtiger Systemprogramme zusammenstellen können, die Ihnen in ein und demselben Rahmen angeboten werden.

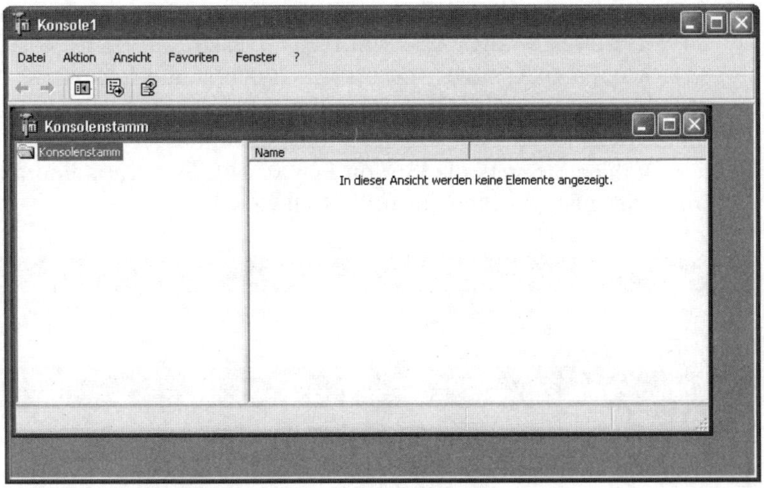

Abbildung 15.14: Unmittelbar nach dem Start zeigt die CMK lediglich einen leeren Konsolenstamm an

Laden eines Snap-Ins in die CMK

STEP

1. Starten Sie die CMK durch den Aufruf von MMC.EXE. Dadurch wird ein leerer Konsolenstamm angelegt.
2. Führen Sie den Menübefehl DATEI|SNAP-IN HINZUFÜGEN/ENTFERNEN aus. Es erscheint ein Dialogfeld, in dem alle geladenen Snap-Ins des ausgewählten Konsolenstamms aufgelistet werden. Im Moment sollte dort noch kein Eintrag zu sehen sein.
3. Klicken Sie auf HINZUFÜGEN. Es erscheint eine Liste aller auf dem Computer verfügbaren Snap-Ins.

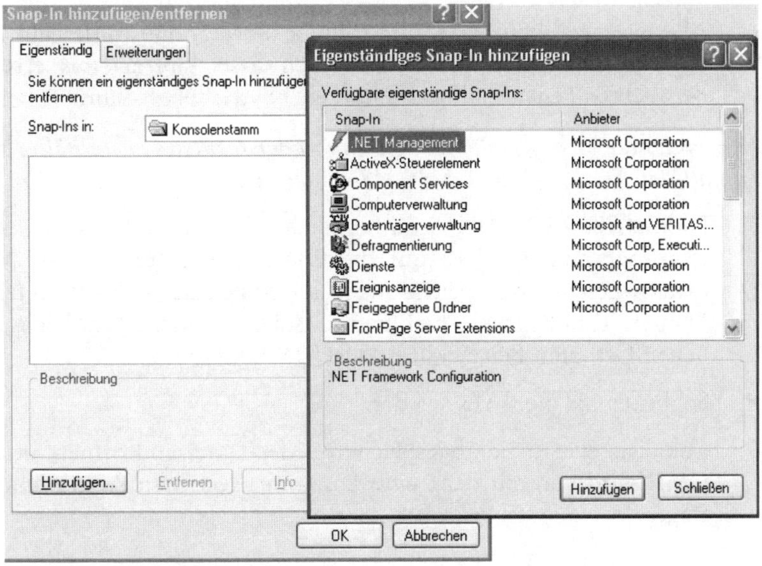

Abbildung 15.15: In diesem Dialogfeld werden alle auf dem Computer verfügbaren Snap-Ins aufgelistet

4. Wählen Sie für diese Übung durch HINZUFÜGEN nacheinander die Snap-Ins DATENTRÄGERVERWALTUNG, DEFRAGMENTIERUNG, GERÄTE-MANAGER, LOKALE BENUTZER UND GRUPPEN und COMPUTERVERWALTUNG. Bei einigen der Snap-Ins müssen Sie angeben, ob diese auf dem lokalen Computer oder einem anderen Computer verwaltet werden sollen. Wählen Sie stets die Option LOKALEN COMPUTER. Sind alle Snap-Ins in der Liste, klicken Sie auf SCHLIESSEN.

Abbildung 15.16: In den Konsolenstamm wurden eine Reihe von Snap-Ins eingefügt

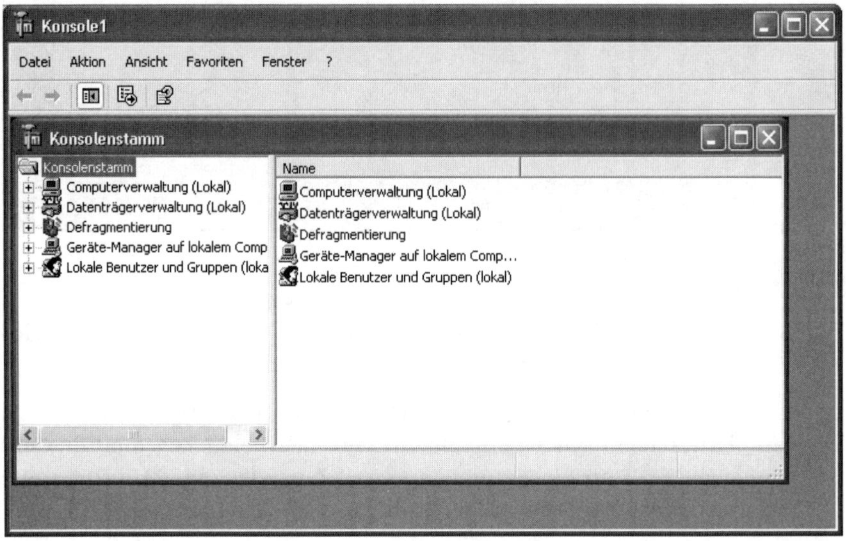

5. Klicken Sie auf OK, um die Snap-In-Liste des Konsolenstamms zu schließen.

6. Alle ausgewählten Systemprogramme werden nun in der linken Fensterhälfte aufgelistet. Wählen Sie einen dieser Einträge aus, erscheint in der rechten Fensterhälfte das jeweilige Systemprogramm.

INFO

Je nachdem, welches Systemprogramm in der rechten Fensterhälfte aktiv ist, enthält das AKTION*-Menü der CMK andere Befehle.*

7. Die Befehle im DATEI-Menü beziehen sich nicht auf das gewählte Systemprogramm, sondern auf die CMK selber. Wählen Sie den SPEICHERN-Befehl und speichern Sie die angelegte Konsole unter einem Namen (zum Beispiel »Lieblingskonsole.msc«) an einem leicht zugänglichen Ort (zum Beispiel in EIGENE DATEIEN) ab.

8. Schließen Sie die CMK wieder.

9. Lokalisieren Sie die abgespeicherte Msc-Datei und öffnen Sie sie. Die CMK wird nun mit den zuvor zusammengestellten Programmen angezeigt.

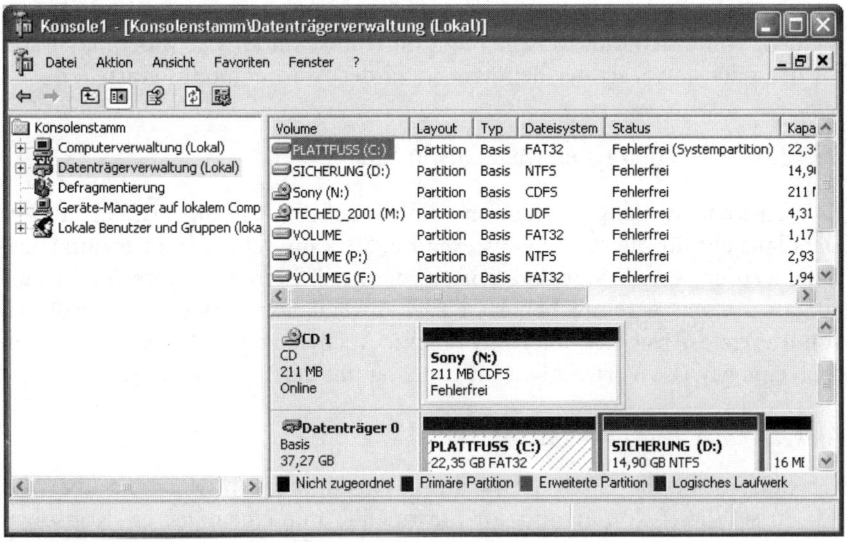

Abbildung 15.17: Das selektierte Systemprogramm wird in der rechten Fensterhälfte aktiv

15.12.2 Spezielle Arbeitsschritte mit der Computer-Management-Konsole

Die CMK tritt für die meisten Anwender gar nicht direkt in Erscheinung – und das ist auch gut so. Dennoch steckt hinter der CMK sehr viel mehr als nur ein passiver Anzeigerahmen. In diesem Abschnitt geht es um spezielle Arbeitsschritte, die nur selten eine Rolle spielen sollten:

- Umschalten zwischen Autoren- und Benutzermodus
- Anlegen einer Taskpad-Ansicht

15.12.3 Umschalten in den Autorenmodus

Die CMK kann in zwei Modi betrieben werden: Autorenmodus und Benutzermodus. Normalerweise spielt der Modus keine Rolle, da die CMK in beiden Fällen gleichartig funktioniert. Interessant ist die Unterscheidung nur für den Fall, dass neue Konsolen angelegt werden. Die meisten Einstellungen, vor allem das Hinzuladen von Snap-Ins, lassen sich nur im Autorenmodus vornehmen. Der Weg vom normalen Modus zum Autorenmodus führt über den Menübefehl KONSOLE|OPTIONEN und die Auswahl des Eintrags AUTORENMODUS aus der Auswahlliste KONSOLENMODUS im Register KONSOLE der Optionen einer Konsole. Dies ist aber aus einer Konsolenanwendung wie der Computerverwaltung heraus im Allgemeinen nicht möglich. In der Regel wird man die MMC durch Eingabe von MMC.EXE starten, um eine leere Konsole anzulegen, in der die gewünschten Snap-Ins eingefügt werden. Sollte sich die Konsole nicht im Autorenmodus befinden, lässt sich für den nächsten Start der Benutzer- oder der Autorenmodus einstellen.

15.12.4 Anlegen einer Taskpad-Ansicht

Eine Taskpad-Ansicht (zu deutsch »Aufgabenblatt-Ansicht«) ist eine andere Detailansicht für die rechte Fensterhälfte. Sie kann relativ frei zusammengestellt werden. Das bringt den Vorteil, dass sich bestimmte Konfigurationsaufgaben etwas vereinfachen lassen. Zwingend notwendig ist das Anlegen von Taskpad-Ansichten allerdings nicht. Auch setzt das Anlegen einer solchen eine gewisse Vertrautheit im Umgang mit der CMK voraus.

STEP

Anlegen einer Taskpad-Ansicht

1. Starten Sie die CMK (etwa durch Ausführen von *Mmc.exe* über das AUSFÜHREN-Kommando im Startmenü) mit einem leeren Konsolenstamm. Voraussetzung ist, dass sich die Konsole im Autorenmodus befindet. Laden Sie ein (beliebiges) Snap-In, zum Beispiel LOKALE BENUTZER UND GRUPPEN. Speichern Sie den Konsolenstamm unter einem Namen (zum Beispiel »TestKonsole.mmc«).
2. Öffnen Sie das AKTION-Menü des Konsolenstamms und wählen Sie den Eintrag NEUE TASKPAD-ANSICHT.
3. Der Assistent für NEUE TASKPAD-ANSICHT begrüßt Sie. Klicken Sie auf WEITER, um zum nächsten Dialogfeld zu gelangen. Wählen Sie in diesem Dialogfeld den Typ der anzulegenden Taskpad-Ansicht aus. Zur Auswahl stehen eine vertikale und eine horizontale Liste und ein Modus ohne eine Liste für die Anzeige der Detailinformationen des selektierten Strukturelements. Ferner können Sie festlegen, ob die Beschreibung eines Elements am Seitenrand angezeigt oder als Popup-Fenster eingeblendet wird. Am besten ist es, Sie probieren die verschiedenen Varianten der Reihe nach aus, um deren Auswirkungen kennen zu lernen. Klicken Sie auf WEITER, um zum nächsten Dialogfeld zu gelangen.
4. In diesem Schritt legen Sie fest, ob sich die neue Taskpad-Ansicht auf das aktuelle Strukturelement oder auf alle Strukturelemente dieses Typs beziehen soll. Wählen Sie für diese Übung die Option AUSGEWÄHLTES STRUKTURELEMENT. Klicken Sie auf WEITER, um zum nächsten Dialogfeld zu gelangen.
5. Dieses Dialogfeld erwartet einen Namen und eine Beschreibung für die neu angelegte Taskpad-Ansicht. Geben Sie für diese Übung als Name zum Beispiel »Benutzer Anlegen« und als Beschreibung »Anlegen von neuen Benutzern« ein. Klicken Sie auf WEITER.

6. Der Assistent für die neue Taskpad-Ansicht ist fast fertig. Klicken Sie auf FERTIG STELLEN, um den Assistenten zu beenden. Die neu angelegte Taskpad-Ansicht wird später in Gestalt eines Registers zusammen mit den übrigen Taskpad-Ansichten der Gruppe in der rechten Fensterhälfte des Konsolenstamms angezeigt. Die über den Assistenten getroffenen Einstellungen lassen sich über die Eigenschaften der Taskpad-Ansicht auch nachträglich ändern.

7. Vollständig abgeschlossen ist die Angelegenheit noch nicht. Wird die Option ASSISTENT FÜR NEUEN TASK STARTEN gesetzt, startet nun ein weiterer Assistent, über den Sie jene Tasks (Aufgaben) festlegen können, die über das AKTION-Menü angeboten werden. Dabei wird festgelegt, welche Aufgabe der Task ausführen soll. Zur Auswahl stehen alle Menübefehle des ausgewählten Snap-Ins, beliebige Scripts oder das Umschalten auf eine Ansicht, die im Register FAVORITEN enthalten ist. Außerdem kann dem Task ein Symbol aus einer Palette vorbereiteter Symbole zugeordnet werden. Der folgende Durchlauf ist eine Art »Schnelldurchlauf«, der lediglich das Prinzip und die generelle Vorgehensweise veranschaulichen soll.

8. Klicken Sie auf WEITER, um den Assistenten fortzusetzen. Übernehmen Sie im nächsten Dialogfeld die voreingestellte Option MENÜBEFEHL und klicken Sie erneut auf WEITER.

9. Wählen Sie aus der Auswahlliste BEFEHLSQUELLE den Eintrag STRUKTURELEMENT-TASK. In der linken Ansicht KONSOLENSTRUKTUR wird die Struktur des geladenen Snap-Ins angezeigt. Durch Auswahl eines Untereintrags werden in der rechten Liste die für den gewählten Eintrag verfügbaren Befehle aufgelistet. Wählen Sie in der linken Strukturansicht aus der Kategorie LOKALE BENUTZER UND GRUPPEN den Eintrag BENUTZER und in der rechten Auswahlliste den Befehl NEUER BENUTZER. Klicken Sie auf WEITER.

10. Geben Sie dem neuen Task einen Namen, zum Beispiel »Benutzer anlegen«. Die Beschreibung kann zum Beispiel » Legt einen neuen Benutzer an« lauten. Klicken Sie auf WEITER.

11. Wählen Sie für den neuen Task ein hübsches Symbol aus und klicken Sie auf WEITER. Klicken Sie nun auf FERTIG STELLEN, um den Vorgang abzuschließen.

Damit ist der Assistent am Ende – wenn Sie eine neue Taskpad-Ansicht erstellen wollen, kreuzen Sie die Option ASSISTENTEN ERNEUT AUSFÜHREN an.

Im Konsolenstamm wird in der rechten Fensterhälfte die neue Taskpad-Ansicht angezeigt. Das sieht doch gleich viel ansprechender aus als vorher. Wenn Sie auf die Verknüpfung NEUER BENUTZER klicken, erscheint das bekannte Dialogfeld zum Anlegen eines neuen Benutzers. Sinn und Zweck der Taskpad-Ansichten ist es, bestimmte Vorgänge übersichtlicher und optisch ansprechender anbieten zu können. Wenn Sie Spaß daran gefunden haben, sollten Sie zur angelegten Ansicht weitere Tasks hinzufügen, etwa um alle Benutzer aufzulisten.

INFO

Vorsicht beim Löschen einer Taskpad-Ansicht über den MENÜBEFEHL AKTION|TASKPAD-ANSICHT LÖSCHEN. *Die komplette Taskpad-Ansicht wird ohne eine Bestätigung gelöscht.*

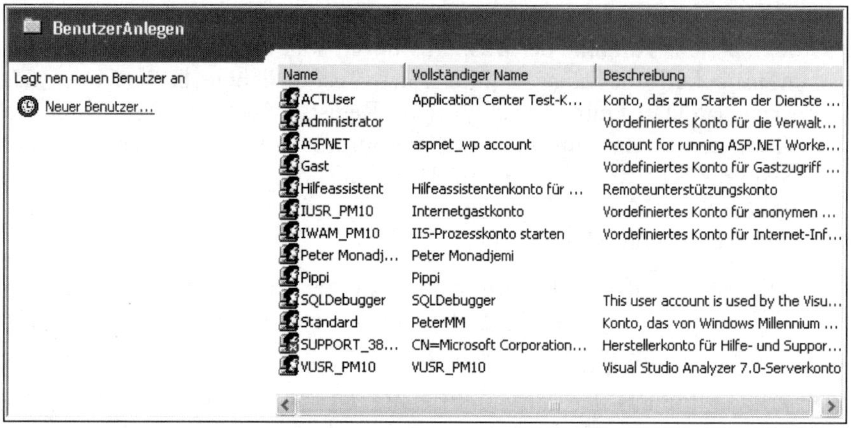

Abbildung 15.18: Die neue Taskpad-Ansicht bietet das Anlegen neuer Benutzer optisch etwas attraktiver an

INFO

Das nachträgliche Bearbeiten eines Tasks ist nur eingeschränkt möglich. Um die zugewiesene Aufgabe zu ändern, muss der Task gelöscht und neu angelegt werden.

16 Vorgänge mit Scripts automatisieren

Windows XP verfügt, wie seine Vorgänger, über eine Einrichtung, mit der sich viele Vorgänge, die über die Benutzeroberfläche ausgeführt werden, automatisieren und durch den Aufruf eines sog. Scripts ersetzen lassen. Das ist immer dann interessant, wenn ein und dieselbe Schrittfolge, etwa das Kopieren von Dateien in Abhängigkeit ihres Dateityps in verschiedene Verzeichnisse oder das Sichern von Dateien, durchgeführt werden muss. Anstatt diese Schrittfolge jedes Mal über die Benutzeroberfläche durch Öffnen der Ordner, Markieren und Kopieren der Dateien zu erledigen, erstellt man sich ein kleines Script. Wird das Script ausgeführt, werden alle Aktionen der Reihe nach abgespult. Das Script spielt dabei die Rolle eines Diktiergeräts, dem man einmal eine Folge von Anweisungen »aufspricht«, die sich dann beliebig oft abspulen lassen. Der unsichtbare Mitarbeiter ist bei Windows der *Windows Scripting Host* (WSH), der sich um das Abarbeiten des Scripts kümmert.

Was sich in der Beschreibung so wunderbar einfach liest, besitzt in der Praxis einen kleinen Haken. Das Zusammenstellen von Scripts erfordert eine gewisse Übung und Erfahrung und lässt sich nicht in wenigen Minuten erlernen, zumal auch Windows XP praktisch keinerlei Hilfestellungen zur Verfügung stellt. Das Automatisieren von Vorgängen mithilfe von Scripts ist daher in erster Linie etwas für erfahrene Anwender, für die sich der Aufwand lohnt, sich zunächst ein wenig mit einer Scriptsprache wie JScript oder VBScript, zu beschäftigen. In diesem Kapitel werden alle Beispiele in VBScript erstellt, da dieses ein wenig einfacher zu verstehen ist, vor allem wenn man sich noch nie mit Programmierung beschäftigt hat. Neben VBScript und JScript kämen zumindest theoretisch aber auch die Scriptsprachen Perl, Python und die eine oder andere exotische Scriptsprache in Frage.

Sie können dieses hoffentlich hoch interessante Kapitel auf zwei Weisen lesen. Entweder Sie schauen sich zuerst das erste Beispiel an und »arbeiten« dann die folgenden Abschnitte durch, in denen es mehr um die theoretischen Aspekte der Scriptprogrammierung geht, oder Sie beschäftigen sich erst einmal mit den vielen Beispielen in der Mitte des Kapitels.

Die Themen dieses Kapitels:

- Ein erstes Beispiel
- Die Rolle des WSH
- Willkommen in der Welt der Programmierung
- Scripts mit Notepad erstellen
- Die wichtigsten Befehle bei VBScript
- Der Umgang mit Dateien, Ordnern und Laufwerken
- Zugriff auf die Registrierung
- Viele Scriptbeispiele
- Spezialitäten beim Umgang mit Scripts
- Wo kann man denn mehr erfahren?

16.1 Ein erstes Beispiel

In diesem Abschnitt geht es um ein sehr einfaches Beispiel, das den grundsätzlichen Aufbau eines WSH.-Scripts in der Programmiersprache VBScript demonstrieren soll. Wenn Sie das kleine Script eintippen und ausführen, werden Sie nach Ihrem Geburtsdatum gefragt. Erfüllen Sie dem Computer den Wunsch und geben Sie das Datum (zum Beispiel »25.10.61«) ein und bestätigen Sie mit OK. Anschließend werden Sie erfahren, wie viele Tage Sie bereits auf Erden verbracht haben.

STEP

Umsetzen eines kleinen Scripts

1. Starten Sie den Editor aus der Gruppe ZUBEHÖR.
2. Geben Sie die folgenden Befehlszeilen ein:

```
Geburtstag = InputBox("Bitte Geburtstag eingeben:")
Tage = DateDiff("d", Geburtstag, Now)
WScript.Echo "Ihr Alter in Tagen: " & Tage
```

3. Speichern Sie die Textdatei unter dem Namen »Geburtstag.vbs« ab. Achten Sie dabei darauf, dass der Editor auch tatsächlich die Erweiterung *.Vbs* verwendet und nicht daraus »Geburtstag.vbs.txt« macht. Sie können die richtige Erweiterung daran erkennen, dass das Dateisymbol das typische Symbol einer Scriptdatei annimmt.
4. Öffnen Sie die Datei *Geburtstag.vbs*. Es sollte eine kleine Eingabebox erscheinen, in der Sie nun Ihr Geburtsdatum eingeben können. Klicken Sie anschließend auf OK. Es wird eine weitere Box erscheinen, in der die Anzahl der Tage, die seit diesem Datum vergangen sind, angezeigt werden. Das Script ist damit beendet.

Herzlichen Glückwunsch, Sie haben Ihr erstes Script umgesetzt. Es kann zwar noch nicht viel, zeigt aber, dass Scripts immer aus mehreren »merkwürdigen« Befehlen bestehen. Falls Sie sich für die Funktionsweise interessieren, erhalten Sie in Tabelle 16.1 eine kurze Erklärung der insgesamt drei Befehle.

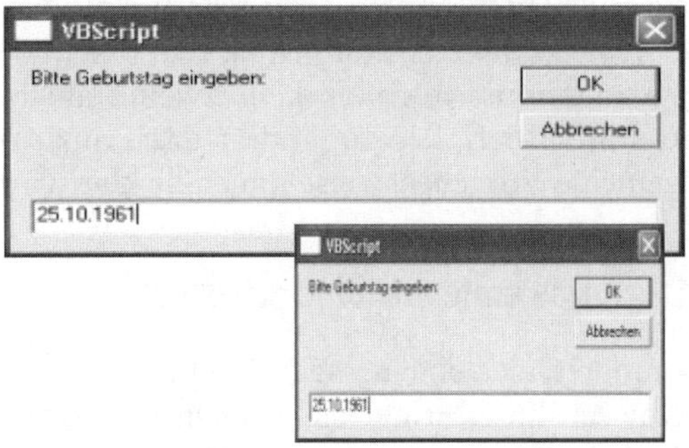

Abbildung 16.1: Wussten Sie schon, dass Sie bereits so alt sind?

Tabelle 16.1: Die drei Befehle des ersten Scripts erklärt

Zeile	Was passiert hier?
1	Hier wird die *Inputbox*-Funktion aufgerufen, die solange wartet, bis ein beliebiger Text eingegeben und OK geklickt wurde. Was genau eingegeben wurde, ist der *Inputbox*-Funktion egal. Falls Sie aber kein Datum eingeben, kann auch kein vernünftiges Ergebnis herauskommen. Dass das eingegebene Datum in einer Variablen mit dem Namen *Geburtstag* gespeichert wird, hat keine tiefer gehende Bedeutung für das Programm, denn Variablen können beliebige Namen tragen. Sie werden im Allgemeinen aber so gewählt, dass sie etwas mit ihrem Inhalt zu tun haben.
2	In dieser Zeile berechnet die *DateDiff*-Funktion von VBScript die Differenz zwischen dem Geburtsdatum und dem heutigen Datum, das über die *Now*-Funktion, einer weiteren Funktion von VBScript, angegeben wird, in Tagen. Diese Zahl wird in der Variablen *Tage* gespeichert.
3	Zum Schluss soll die errechnete Anzahl auch angezeigt werden. Diesen Job übernimmt der »Befehl« WScript.Echo (achten Sie auf den unscheinbaren Punkt). Und was genau wird ausgegeben? Zwei Dinge: der Text »Ihr Alter in Tagen: » und der Wert der Variablen *Tage*.

Haben Sie sich so die Computerprogrammierung vorgestellt? Auch wenn das Programm nur aus drei Befehlen besteht, wurde bereits eines deutlich: Man muss dem Computer alles haarklein erklären, von wegen künstliche Intelligenz. Für die Scriptprogrammierung hat dies Vor- und Nachteile. Ein klarer Vorteil ist die enorme Flexibilität, denn mit relativ wenigen Befehlen lässt sich fast »alles« machen. Ein deutlicher Nachteil ist, dass es ziemlich schwierig zu handhaben ist. Man muss bereit sein, zum Programmierer zu werden (zumindest ansatzweise) – mit normaler Anwendung hat das nicht mehr viel zu tun. Natürlich müssen Sie nicht alles auf einmal lernen, sondern Sie können sich Schritt für Schritt in die Scriptprogrammierung mit dem WSH und VBScript als Programmiersprache einarbeiten. Kommt Zeit, kommt Rat und vielleicht auch noch der Spaß. Einen Tipp biete ich Ihnen bereits vorweg: Seien Sie nicht zu ungeduldig und geben Sie nicht zu früh auf. Die Scriptprogrammierung ist alles andere als kompliziert, man (und Frau natürlich auch) muss das Prinzip verstanden haben. Zwar kann dieses Kapitel keine komplette Einführung sein (Sie finden alles, was Sie benötigen im Web und müssen daher kein zweites Buch erwerben), möchte aber anhand einiger Beispiele zumindest das Prinzip so veranschaulichen, dass die allgemeine Vorgehensweise ungefähr klar wird.

16.1.1 Das erste »richtige« Beispiel

Ein Computer, der einem sagen kann, wie man alt man ist, ist zwar eine nette Abwechslung, bringt einen nicht grundlegend weiter, was das Automatisieren von Vorgängen unter Windows angeht. Das nächste Beispiel stellt ein Script vor, das unter Windows tatsächlich einen echten Nutzen erfüllt. Es kopiert alle Grafikdateien, die sich auf dem Desktop befinden, in den Ordner EIGENE BILDER (wo sie auch hingehören). Diese Aufgabe hört sich einfach an, ist für ein Script aber nicht einfach zu lösen. Zerlegt man sie in eine Reihe von Teilaufgaben, sieht der Ablauf wie folgt auf:

- Ermittle den Verzeichnispfad des Desktop-Ordners.
- Ermittle den Verzeichnispfad des Ordners EIGENE BILDER.
- Gehe alle Dateien im DESKTOP-Ordner durch und stelle fest, ob sie eine der Erweiterungen *.bmp*, *.gif* oder *.jpg* besitzt.
- Wurde eine Datei gefunden, auf die dies zutrifft wird sie in das Verzeichnis *Eigene Bilder* verschoben.

Auch wenn man diesen Ablauf jedem halbwegs erfahrenen Windows-Anwender erklären kann, für ein Script reicht er nicht aus. Dem Script müssen diese Anweisungen in allen Details mitgeteilt werden. Aus diesem Grund besteht das im Folgenden vorgestellte Script auch aus 24 Zeilen und ist damit bereits relativ umfangreich. Es ist nicht nur relativ umfangreich, sondern auch relativ kompliziert. Das liegt daran, dass ein WSH-Script, auch wenn es zunächst nicht ganz einleuchtend zu sein scheint, nicht auf Windows spezialisiert ist. Statt zu schreiben

```
»Kopiere Datei A in Verzeichnis B«,
```

was aus der Sichtweise von jemandem, der noch nie programmiert hat, nahe liegend wäre, heißt es in einem Script:

```
oFi.Copy VerzeichnisB,
```

wobei *oFi* eine Variable ist (der Name spielt keine Rolle), die für eine zu kopierende Datei steht und *Copy* der Befehl, mit dem sich die Datei in das angegebene Verzeichnis kopiert. Das ist alles sehr viel komplizierter als es notwendig wäre und macht deutlich, dass man sich zunächst einmal in Ruhe mit einer Einführung in die Scriptprogrammierung beschäftigen muss (am Ende des Kapitels finden Sie dazu ein paar Empfehlungen) oder möglichst viele Beispiele ausprobieren sollte, um über »Lernen durch Versuch und Irrtum« das Prinzip der Programmierung zu verstehen. Wenn Sie dieses Kapitel durchgearbeitet haben, werden Sie zumindest die obige Befehlszeile verstanden haben und für eigene Scripts benutzen können. Doch nun zu dem angekündigten Listing.

Listing 16.1: Verschieben aller Grafikkdateien auf dem Desktop in Eigene Bilder

```
' -----------------------------------------------
' Aufräumen aller Grafikdateien auf dem Desktop
' -----------------------------------------------
Option Explicit
Dim Fso, FoDesktop, FoBilder, Shell, Fi
Dim Anzahl
Dim DesktopPfad, EigeneBilderPfad
Set Shell = WScript.CreateObject("WScript.Shell")
DesktopPfad = Shell.Environment("PROCESS").Item("USERPROFILE")
EigeneBilderPfad = DesktopPfad & "\Eigene Dateien\Eigene Bilder"
DesktopPfad = DesktopPfad & "\Desktop"
Set Fso = WScript.CreateObject("Scripting.FileSystemObject")
Set FoBilder = Fso.GetFolder(EigeneBilderPfad)
Set FoDesktop = Fso.GetFolder(DesktopPfad)
Anzahl = 0
For Each Fi In FoDesktop.Files
 Select Case LCase(Fso.GetExtensionName(Fi.Path))
  Case "bmp", "jpg", "gif"
   Fi.Move FoBilder.Path & "\"
   Anzahl = Anzahl + 1
 End Select
Next
WScript.Echo "Auftrag ausgeführt - " & Anzahl & " Dateien verschoben"
```

Machen Sie sich bitte keine Gedanken, wenn Sie das Gefühl haben, dass das Script genauso gut die geheime Formel zum Bau eines mit Überlichtgeschwindigkeit fliegenden Raumschiffs sein könnte. So sehen nun einmal Programme aus. Alle Befehle sind in der Hilfe zu VBScript sehr schön erklärt. Die wichtigsten Bestandteile lernen Sie in diesem Kapitel noch kennen.

Abgesehen davon, dass das Script sehr schön dazu dienen, kann Freunde und Verwandte zu beeindrucken, stellt es ein Beispiel dar, wie und wo der Einsatz eines Scripts tatsächlich Zeit spart. Normalerweise (also ohne das Script) müsste man jede Datei einzeln in den Ordner kopieren, was sich von Fall zu Fall sicherlich durch Markieren mehrerer Dateien auf einmal oder durch das Öffnen von EIGENE BILDER und das Herüberziehen der markierten Symbole etwas vereinfachen ließe. Nun genügt das Öffnen der Scriptdatei, egal ob zwölf oder 120 Dateien kopiert werden müssen.

Wenn Sie alles so (oder zumindest so ähnlich) erlebt haben wie es hier beschrieben wurde, dann gratuliere ich Ihnen. Sie haben ein nicht gerade triviales Script fehlerfrei abgetippt und zur Ausführung gebracht. Wenn Sie wissen möchten, was Sie genau programmiert haben bzw. welche Bedeutung jeder einzelne Befehl besitzt, studieren Sie Tabelle 16.1. Dort ist zu jeder Befehlszeile des Scripts eine Erklärung zu finden.

Tabelle 16.2: Die Erklärungen zum Listing, das Grafikdateien auf dem Desktop in Eigene Bilder kopiert

Befehlszeile	**Was passiert hier?**
`Option Explicit`	Steht am Anfang vieler Scripts und sorgt dafür, dass alle Variablen im Programm bekannt gemacht werden müssen
`Dim`	Durch diesen Befehl werden Variablen im Programm »bekannt« gemacht. Dieser Befehl ist nur notwendig, wenn das Script mit *Option Explicit* beginnt.
`Set oShell = WScript.CreateObject("WScript.Shell")`	Legt ein *WshShell*-Objekt an, das später für die Abfrage des Benutzerverzeichnisses benötigt wird
`DesktopPfad = oShell.Environment("PROCESS").Item("USERPROFILE")`	Legt den Pfad des Benutzerverzeichnisses in der Variablen *DesktopPfad* ab
`EigeneBilderPfad = DesktopPfad & "\Eigene Dateien\Eigene Bilder"`	Legt den Pfad von EIGENE BILDER in der Variablen *EigeneBilderPfad* ab
`DesktopPfad = DesktopPfad & "\Desktop"`	Hängt an das Benutzerverzeichnis \Desktop an, um das Desktop-Verzeichnis in der Variablen *DesktopPfad* abzulegen
`Set oFso = WScript.CreateObject("Scripting.FileSystemObject")`	Legt ein neues *FileSystemObject*-Objekt an. Dies ist die Grundvoraussetzung für den Zugriff auf Ordner und Dateien.
`Set oFoBilder = oFso.GetFolder(EigeneBilderPfad)`	Legt ein Folder-Objekt, das für einen Ordner steht, in der Variablen *oFoBilder* ab. Über dieses Objekt wird der Ordner EIGENE BILDER angesprochen.
`Set oFoDesktop = oFso.GetFolder(DesktopPfad)`	Legt ein Folder-Objekt, das für einen Ordner steht, in der Variablen *oFoDesktop* ab. Über dieses Objekt wird der DESKTOP-Ordner angesprochen.
`Anzahl = 0`	Setzt die Variable *Anzahl* auf 0

Tabelle 16.2: Die Erklärungen zum Listing, das Grafikdateien auf dem Desktop in Eigene Bilder kopiert (Forts.)

Befehlszeile	Was passiert hier?
`For Each oFi In oFoDesktop.Files`	Leitet eineProgrammschleife ein, die alle Dateien im Desktop-Ordner der Reihe nach durchgeht. Bei jedem Durchlauf steht die Variable *oFi* für eine andere Datei in diesem Ordner.
`Select Case LCase(oFso.GetExtensionName(oFi.Path))`	Leitet einen Select Case-Vergleich der Dateierweiterung der aktuellen Datei ein, die über die Variable *oFi* angesprochen wird
`Case "bmp", "jpg", "gif"`	Prüft, ob die Dateierweiterung die einer Grafikdatei ist.
`oFi.Move oFoBilder.Path & "\"`	Verschiebt die Datei in das Verzeichnis EIGENE BILDER, das über die Variable *oFiBilder* angesprochen wird
`Anzahl = Anzahl + 1`	Erhöht die Variable *Anzahl* um eins
`End Select`	Beendet den *Select Case*-Vergleich
`Next`	Beendet die For NEXT-Programmschleife
`WScript.Echo "Auftrag ausgeführt - " & Anzahl & " Dateien verschoben"`	Gibt zum Abschluss eine Zusammenfassung aus

16.2 Die Rolle des WSH

WSH steht für *Windows Scripting Host* und ist die Einrichtung bei Windows, die für die Ausführung von Scripts zuständig ist. Den WSH müssen Sie bei Windows XP nicht mehr installieren, er ist ein fester Bestandteil des Betriebssystems. Stellen Sie sich aber unter dem WSH nicht zu viel vor. Er ist lediglich eine Systemdatei und keine Anwendung, die sich aufrufen ließe. Das macht den WSH für viele Anwender zunächst einmal recht uninteressant. Tatsache ist dagegen, dass sich mit dem WSH eine Menge anstellen lässt. Man muss nur das Prinzip verstanden haben, nach dem WSH und die Scripts zusammenarbeiten.

INFO

Die Versionsnummer des WSH, der mit Windows XP installiert wird, lautet 5.6. Das ist nur dann von Bedeutung, wenn ein Script, das mit speziellen Neuerungen arbeitet, auf einem Windows 9x-Computer laufen soll, auf dem eine ältere Version installiert ist. Unter der URL »http://msdn.microsoft.com/scripting« steht die aktuellste Version des WSH stets zum Download zur Verfügung.

16.2.1 Kompatibilität zu Windows 95/98

WSH-Scripts laufen unverändert unter allen Windows-Versionen ab Windows 95. Die Kompatibilität hört allerdings dort auf, wo ein Script auf betriebssystemspezifische Elemente zugreift (oder Komponenten anspricht, die auf einer Installation nicht registriert sind). Das ist bei Windows XP unter Umständen der Fall. Auch gibt es kleinere Unterschiede, was Schlüsselnamen der Registrierung angeht.

16.3 Ein allgemeiner Rahmen für Scripts

In diesem Abschnitt wird ein allgemeiner Rahmen für WSH-Scripts vorgestellt. Wenn Sie sich ausführlicher mit der Scriptprogrammierung beschäftigen, werden Sie feststellen, dass viele Scripts sehr ähnlich aufgebaut sind und stets die gleichen Befehle enthalten. Anstatt diese Befehle immer wieder einzutippen, gehen Sie wie folgt vor:

- Tippen Sie einen allgemeinen Rahmen (der in diesem Abschnitt vorgestellt wird) in den Windows-Editor ein und speichern Sie den Rahmen ab (zum Beispiel unter dem Namen *Rahmen.vbs*).
- Wenn Sie ein neues Script beginnen möchten, kopieren Sie die Datei *Rahmen.vbs* mit dem Rahmen in eine andere Datei, zum Beispiel *Script01.vbs*.
- Öffnen Sie die neue Datei (in diesem Fall *Script01.vbs*) und geben Sie die zusätzlichen Befehle ein bzw. löschen Sie die nicht benötigten Befehle oder kommentieren Sie sie.

Listing 16.2 zeigt den Rahmen, der gleich als Anschauungsbeispiel für den allgemeinen Aufbau eines Scripts dienen soll. Er ist absichtlich ein wenig umfangreicher als notwendig – insbesondere die zahlreichen Variablen-Deklarationen werden Sie nur selten benötigen. Außerdem beginnt das Script mit dem Befehl *Option Explicit*, der bewirkt, dass alle im Script verwendeten Variablen mit dem *Dim*-Befehl deklariert werden müssen.

Listing 16.2: Ein allgemeiner Rahmen für Scripts, der sich für alle Beispiele benutzen lässt

```
' --------------------------------------------------
' Ein allgemeiner Rahmen für Scripts
' --------------------------------------------------
Option Explicit
Dim Fso, WshShell, WshEnv, WshShort
Dim Fo, Fi, Drv
Set Fso = WScript.CreateObject("Scripting.FileSystemObject")
Set WshShell= WScript.CreateObject("WScript.Shell")
Set WshEnv = WshShell.Environment("PROCESS")

WScript.Echo "Auftrag ausgeführt um " & Time
```

16.3.1 Der Befehl Option Explicit

Alle Scriptbeispiele beginnen in diesem Kapitel mit dem Befehl *Option Explicit*. Er bewirkt, dass VBScript keine Variablennamen erlaubt, die nicht zuvor mit dem *Dim*-Befehl bekannt gemacht wurden. Das ist im Grunde nicht notwendig und macht das Script etwas umfangreicher. Der Vorteil ist jedoch, dass dadurch Schreibfehler bei Variablennamen von VBScript reklamiert werden.

Beispiel:

```
Option Explicit
Dim Mehrwertsteuer
Mehwertsteuer = 15
```

Was ist an diesem kleinen Beispiel faul? Es ist vermutlich erst bei genauerem Hinsehen zu erkennen, dass die Variable *Mehrwertsteuer* in der dritten Zeile falsch geschrieben wurde. Da in der ersten Zeile *Option Explicit* steht, wird dieser Fehler beim Ausführen des Scripts angezeigt. Ohne den Befehl würde VBScript einfach davon ausgehen, dass damit eine neue Variable eingeführt wird und Sie würden sich wundern, warum das Script nicht richtig funktioniert.

16.3.2 Der Dim-Befehl deklariert Variablen

Die Rolle der Variablen wird in Kapitel 16.4.1 kurz erklärt. Wie es im letzten Abschnitt erläutert wurde, wird in diesem Kapitel aus »erzieherischen« Gründen der Befehl *Option Explicit* verwendet. Das bedeutet, dass alle Variablen, die in dem Script vorkommen, über einen *Dim*-Befehl im Programm bekannt gemacht werden müssen. Durch den *Dim*-Befehl erfährt VBScript, dass der Name xyz (setzen Sie hier den Namen einer Variablen ein) eine Variable ist.

Beispiel:

```
Dim Anzahl
```

Dieser Befehl macht die Variable *Anzahl* im Script bekannt. Programmierer nennen dies eine *Deklaration*. Sie können auch mehrere Variablen auf einmal deklarieren.

Beispiel:

```
Dim Anzahl, Dauer, Erregungsfaktor
```

Wie es in Kapitel 16.4.1 noch kurz angesprochen wird, haben die Namen für VBScript keinerlei Bedeutung. Sie können sich also im Prinzip beliebige Variablennamen ausdenken, wobei es bestimmte Regeln (etwa sind keine Umlaute oder Leerzeichen erlaubt) gibt, die es einzuhalten gilt.

16.3.3 Kommentare

Keine Sorge, Sie müssen keinen Kommentar zur allgemeinen Wirtschaftslage abgeben. Ein Kommentar in einem Script ist eine Befehlszeile, die nicht ausgeführt wird. Sie dient dazu, eine kurze Anmerkung einzufügen oder den Namen des Autors zu verewigen. Über Kommentarzeilen können andere das Script besser verstehen. Eine Kommentarzeile ist eine Zeile, die mit einem Apostroph beginnt.

Beispiel:

```
' -----------------------------------------------------
' Dieses Script wird Wunder vollbringen
' Autor: P. Unseriös 22/08/2001
' Ort: Kirkland Inn Hotel, Washington, USA
' -----------------------------------------------------
```

16.3.4 Keine Angst vor Fehlern

Am Anfang wird es Ihnen nur selten gelingen, dass ein Script auf Anhieb fehlerfrei funktioniert. Es wird vermutlich einer Reihe von Durchläufen benötigen, bis es endlich das tut, was vom ihm erwartet wird. Ist VBScript mit dem Inhalt eines Scripts nicht zufrieden, zeigt es eine mehr oder weniger aussagekräftige Meldung an, die *Fehlermeldung*. Die Meldung enthält folgende Informationen:

- Den vollständigen Verzeichnispfad der Scriptdatei, die ausgeführt werden soll
- Die Zeilennummer der Zeile, in der der Fehler auftrat
- Die Position innerhalb der Zeile (diese Angabe ist meistens belanglos)
- Den Text der Fehlermeldung (dieser ist sehr allgemein gehalten und damit wenig hilfreich)
- Eine interne Fehlernummer (das ist sehr speziell und bringt daher nichts)
- Der Verursacher des Fehlers (auch diese Angabe besitzt keine echte Ausssagekraft)

Achten Sie weniger auf den Text der Fehlermeldung, sondern vor allem auf die Nummer der Zeile, in der der Fehler auftrat. Auf diese Weise erfahren Sie genau welche Befehlszeile den Fehler verursacht hat. Anschließend wird das Script beendet. Sie müssen nun das Script erneut öffnen, den Fehler suchen, ihn beheben, die Datei speichern und erneut ausführen. Diese manchmal sehr knifflige und zeitraubende Arbeit nennen die Programmierer »entwanzen« (engl. »debugging«).

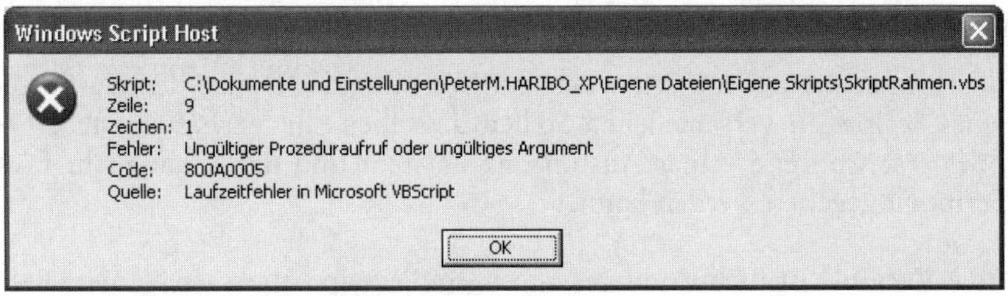

Abbildung 16.2: Hier stimmt etwas nicht – das Script enthält noch mindestens einen Fehler. Achten Sie vor allem auf die Zeilennummer

INFO

Es ist eine Eigenart bei der Ausführung eines Scripts, dass nicht alle Fehler auf einmal angezeigt werden. Einige Fehler werden bereits beim Öffnen des Scripts angezeigt, andere erst, wenn der betreffende Befehl ausgeführt werden soll.

:-) TIPP

Schließen Sie den Windows-Editor nicht sofort, nachdem Sie die Scriptdatei gespeichert haben. Sollten Änderungen erforderlich sein, müssen Sie ihn nicht erneut öffnen.

:-) TIPP

Das ist etwas für erfahrene Scriptprogrammierer. Um herauszubekommen, bis zu welcher Befehlszeile ein Script noch ordnungsgemäß arbeitet, können Sie sich über den Befehl WScript.Echo *»Kontrollmeldungen« ausgeben lassen, in denen zum Beispiel der Wert der Variablen oder einfach nur eine Meldung vom Typ »Bin gerade in Zeile xyz« angezeigt wird. Auf diese Weise können Sie den Verlauf der Ausführung etwas genauer nachvollziehen. Alle Befehle bis zu der Kontrollmeldung wurden ausgeführt, sodass der Fehler in den darauf folgenden Zeilen enthalten sein muss.*

16.4 Das ABC von VBScript

Scriptprogrammierer müssen sich bei Windows XP mit VBScript anfreuden (wie in der Einleitung bereits angedeutet wurde, gibt es zahlreiche Alternativen, die im Allgemeinen aber schwerer zu lernen sind).[1] VBScript ist eine relativ einfache und damit leicht zu erlernende kleine Programmiersprache (die Betonung liegt dabei immer auf relativ). Sie enthält folgende Elemente:

1 Warum sich noch keiner die Mühe gemacht, eine einfache auf Windows-Operationen spezialisierte Scriptsprache zu programmieren, bleibt eines der ungelösten Geheimnisse der Menschheit. Vielleicht ist ein potenzieller Markt von 100 Millionen Anwendern einfach nicht attraktiv genug.

- Variablen
- Operationen und Funktionen
- Befehle
- Zugriffe auf die WSH-Objekte und andere Objekte

16.4.1 Variablen

Variablen sind in einem Script die Platzhalter für beliebige Werte. Sie werden immer dann benötigt, wenn ein Wert für die Dauer der Ausführung eines Scripts an verschiedenen Stellen desselben zur Verfügung stehen soll oder erst während seiner Ausführung entsteht und daher gar nicht in das Script eingegeben werden kann.

Eine Variable ist nichts anderes als ein im Prinzip beliebiger Name. Diesem Namen kann im Script über das Gleichheitszeichen ein beliebiger Wert zugewiesen werden, zum Beispiel ein Dateiname oder eine Zahl. Die Variable kann im Script überall dort eingesetzt werden, wo auch der Wert erlaubt wäre, den die Variable enthält. Ihren Namen verdanken Variablen dem Umstand, dass der Inhalt einer Variablen variabel ist, dass sie jederzeit über eine Zuweisung einen neuen Wert erhalten können.

Beispiel:

```
Geburtstag = Inputbox("Geben Sie Ihr Geburtsdatum ein: ")
```

Dieser Befehl zeigt über die *Inputbox*-Funktion eine Eingabebox an, in die Sie ein Datum eingeben sollen. Das eingegebene Datum wird in der Variablen *Geburtstag* gespeichert. Es ist wichtig zu verstehen, dass dieser Name nun für den eingegebenen Wert steht. Soll dieser Wert verarbeitet werden, muss er nicht erneut eingegeben werden, denn dafür gibt es die Variable.

```
Msgbox "Ihr Geburtstag ist an einem " & Weekdayname(Weekday(Geburtstag))
```

Haben Sie entdeckt, wo die Variable im Spiel ist? Sie wird bei der *Weekday*-Funktion in Klammern übergeben (man spricht hier auch von einem Funktionsparameter). Diese Funktion gibt aber nur eine Zahl für den Wochentag zurück (zum Beispiel 4 für Mittwoch). Erst die *WeekdayName*-Funktion macht aus dieser Zahl den Namen des Wochentages.

Variablen müssen bekannt gemacht werden

Dies wurde an anderer Stelle schon erwähnt: Beginnt ein Script mit dem Befehl *Option Explicit*, was im Allgemeinen empfehlenswert ist, müssen alle im Script verwendeten Variablen bekannt gemacht werden. Das geschieht über den Befehl *Dim*, auf den der Name der Variablen folgt.

Beispiel:

```
Dim Geburtstag
```

Regeln für Variablennamen

Auch wenn Sie sich die Namen für Variablen frei ausdenken können, gilt es doch gewisse Regeln einzuhalten. So darf ein Variablenname nicht mit einer Zahl beginnen und keine Leerzeichen oder andere Sonderzeichen mit einer speziellen Bedeutung enthalten. Nicht erlaubt sind bei VBScript ebenfalls die Umlaute und das »ß«.

16.4.2 Operatoren und Funktionen

Operatoren und Funktionen sind Programmelemente, die bei WSH-Scripts naturgemäß eher selten benötigt werden. Ein Operator führt mit Zahlen und Variablen Operationen durch. Ein Beispiel wäre eine Addition, ein anderes eine Division. Jeder Operator wird durch ein Sonderzeichen dargestellt, die Sie auf der Tastatur finden. + steht für eine Addition,* für eine Multiplikation, \ für eine Division und der *Mod*-Operator für eine Division, bei der Rest zurückgegeben wird. Alle Operatoren sind in der Hilfe zu VBScript erklärt.

Beispiel:

```
A = 23 / 7 * 2 + 1
```

Besonders häufig werden Variablen um 1 erhöht oder erniedrigt.

Beispiel:

Der folgende Befehl erhöht die Variable *n* um 1:

```
n = n + 1
```

Dieser Befehl ist insofern bemerkenswert, als an ihm deutlich wird, dass das Gleichzeitszeichen bei VBScript in diesem Zusammenhang nicht »ist gleich«, sondern »wird zu« bedeutet. Die Variable *n* wird zu *n + 1*, d.h. sie erhält über das Gleichzeitszeichen einen neuen Wert, der um 1 größer ist als der alte Wert.

Funktionen führen ebenfalls eine Operation aus, nur dass der Wert, mit dem die Operation durchgeführt werden soll, in Klammern gesetzt werden muss. VBScript kennt eine Vielzahl von Funktionen, die alle in der Hilfe zu VBScript erklärt werden. Wie Operatoren werden auch die Funktionen bei WSH-Scripts relativ selten benötigt.

Beispiel:

Der folgende Aufruf der *Left*-Funktion trennt von einem Dateinamen die letzten drei Zeichen ab, um zum Beispiel prüfen zu können, welche Erweiterung die Datei besitzt.

```
Erweit = Left(Fi.Name, 3)
```

Die *Left*-Funktion ist eine von zahlreichen Stringfunktionen (also Funktionen, die mit Strings, d.h. Zeichenketten – ein Dateiname ist zum Beispiel eine Zeichenkette – arbeiten). Alle Stringfunktionen werden in der VBScript-Hilfe ausführlich erklärt. Eine sehr nützliche Funktion ist *Split*, die eine Zeichenkette anhand eines Trennzeichens in Teilelemente zerlegt. Damit ist es zum Beispiel möglich, die einzelnen Verzeichnisnamen eines Verzeichnispfades zu erhalten (das Trennzeichen wäre hier das »\«-Zeichen). Allerdings gibt die *Split*-Funktion die Teilzeichenketten in einem so genannten Array zurück, das bereits etwas mehr Erfahrung im Umgang mit VBScript voraussetzt und in diesem Buch nicht behandelt wird (auch hier sei wieder auf die solide VBScript-Hilfe verwiesen).

16.4.3 Befehle

Befehle sind das, was praktisch jede Programmiersprache definiert. VBScript verfügt über knapp 30 Befehle, von denen Sie für die WSH-Programmierung aber höchstens ein Dutzend benötigen werden. Die wichtigsten Befehle sind in Tabelle 16.3 zusammengestelllt, der Rest wird in der VBScript-Hilfe ausführlich beschrieben.

INFO

Bei den Befehlen spielt die Groß-/Kleinschreibung keine Rolle – in diesem Kapitel werden die VBScript-Befehle meistens groß geschrieben, da dies die Lesbarkeit etwas erhöht.

Tabelle 16.3: Die wichtigsten Befehle bei VBScript

Befehl	**Bedeutung**
`Dim`	Macht eine Variable im Programm vor
`For Next`	Führt eine Zählschleife durch
`For Each Next`	Führt eine Wiederholungsschleife mit einer Auflistung durch
`If Then`	Führt eine einfache Entscheidung durch

Tabelle 16.3: Die wichtigsten Befehle bei VBScript (Forts.)

Befehl	Bedeutung
`If Then Else End If`	Führt eine Entscheidung mit einem Alternativzweig durch
`Set`	Weist einer Variablen den Wert eines Objekts zu
`Select Case End Select`	Führt eine Mehrfachentscheidung aus
`With End With`	Kürzt den mehrfachen Zugriff auf ein und dasselbe Objekt ab

Zuweisungen

Bei einer Zuweisung erhält eine Variable einen Wert, bei dem es sich um eine Zahl, eine Zeichenkette oder das Ergebnis einer Berechnung handeln kann.

Beispiel:

```
A = 123
Lieblingsgericht = "Grütze"
Ergebnis = 20 + 2 * SQR(4)
```

Sehr viel häufiger kommt es vor, dass eine Variable durch eine Zuweisung den Wert einer Eigenschaft erhält. Ein Beispiel von vielen ist der Fall, dass der freie Arbeitsspeicher auf einem Laufwerk in einer Variablen gespeichert werden soll.

Beispiel:

```
Set Fso = CreateObject("Scripting.FileSystemObject")
Set Drv = Fso.GetDrive("C:\")
SpeicherFrei = Drv.FreeSpace
```

In diesem Beispiel erhält die Variable *SpeicherFrei* den Wert der Eigenschaft *FreeSpace* und steht damit für den freien Arbeitsspeicher auf dem Laufwerk C:.

Entscheidungen

Entscheidungen spielen in einem Script die Rolle einer Schranke. Ist die Schranke oben, werden die folgenden Befehle ausgeführt, ist die Schranke unten, dagegen nicht. Entscheidungen werden daher immer dann benötigt wenn ein Befehl oder eine Gruppe von Befehlen nur unter einer bestimmten Bedingung ausgeführt werden sollen. Die Bedingung ist dabei ein einfacher Vergleich, der nur zwei Ergebnisse besitzen kann: Wahr (die Bedingung trifft zu) und Falsch (die Bedingung trifft nicht zu). Weitere Möglichkeiten gibt es nicht. Die Bezeichnungen Wahr und Falsch haben nichts mit ihren umgangssprachlichen Pendants zu tun: Wahr steht für die Zahl -1, Falsch dagegen für die Zahl 0.

Entscheidungen werden bei VBScript mit dem Befehlspaar *IF THEN* und *END IF* getroffen. Auf den *IF*-Befehl folgt eine Bedingung. Ist sie wahr, werden alle Befehle ausgeführt, die auf *THEN*-Befehl folgen, bis zum *END IF*-Befehl, denn dieser Befehl beendet die Entscheidung.

Beispiel:

Das folgende Beispiel prüft, ob beim Aufruf des Scripts eine Kommandozeilen-Option (mehr dazu in Kapitel 16.9.2) übergeben wurde.

```
If WScript.Arguments.Count = 0 Then
 WScript.Echo "Bitte mit Dateinamen aufrufen!"
End If
```

Der Befehl zwischen *IF* und *END IF* wird nur ausgeführt, wenn die Bedingung

```
WScript.Arguments.Count
```

erfüllt ist. Und das ist nur der Fall, wenn beim Aufruf des Scripts (zum Beispiel über die Kommandozeile oder über eine Verknüpfung) mindestens ein Name übergeben wurde.

Sollen Befehle nur dann ausgeführt werden, wenn eine Bedingung nicht erfüllt ist, muss der *IF*-Befehl durch einen *ELSE*-Befehl ergänzt werden.

Beispiel:

Das folgende Beispiel erweitert das letzte Beispiel, in dem für den Fall, dass eine Kommandozeilen-Option übergeben wurde, deren Name angezeigt wird.

```
If WScript.Arguments.Count = 0 Then
 WScript.Echo "Bitte mit Dateinamen aufrufen!"
Else
 WScript.Echo "Danke, der Dateiname heisst: " _
  & WScript.Arguments(0)
End If
```

Die Ausgabe der übergebenen Kommandozeilen-Optionen erfolgt nur, wenn die Bedingung

```
WScript.Arguments.Count
```

nicht erfüllt ist. Denken Sie noch einmal an die kleine Analogie mit der Schranke. Die Bedingung entscheidet, ob die Schranke geöffnet wird. Ist die Bedingung wahr, wird die *IF*-Schranke geöffnet und alle Befehle bis zum nächsten *END IF*- oder *ELSE*-Befehl werden ausgeführt. Ist die Bedingung nicht wahr, bleibt die *IF*-Schranke unten. Gibt es eine *ELSE*-Schranke, wird diese geöffnet und alle Befehle bis zum nächsten *END IF* (theoretisch könnte auch ein weiterer *ELSE*-Befehl folgen) werden ausgeführt.

Schauen Sie sich dieses Beispiel in Ruhe an und lesen Sie nicht eher weiter bis Sie es zumindest vom Prinzip her verstanden haben. Es ist ein Beispiel für elementare Computerlogik, die in dieser oder einer anderen Form praktisch in jedem Programm vorkommt. Auch für die (meistens relativ einfache) Scriptprogrammierung spielt diese Logik eine wichtige Rolle.

Mehrfachentscheidungen

Sollen mehrere Entscheidungen zusammengefasst werden, ist es oft einfacher, dafür einen *SELECT CASE*-Befehl zu verwenden.

Beispiel:

Das folgende Beispiel prüft den Laufwerkstyp eines angegebenen Laufwerks über die *DriveType*-Eigenschaft des *Drive*-Objekts. Da diese nur eine Nummer zurückgibt, sorgt ein *SELECT CASE*-Befehl dafür, dass daraus eine Beschreibung wird.

```
' -----------------------------------------------------------
' Ein Beispiel für den SELECT CASE-Befehl
' -----------------------------------------------------------
Option Explicit
Dim Fso, Drv, DrvTyp
Set Fso = WScript.CreateObject("Scripting.FileSystemObject")
Set Drv = Fso.GetDrive(Inputbox("Bitte Laufwerk eingeben"))
Select Case Drv.DriveType
 Case 0
  DrvTyp = "Unbekannter Typ"
 Case 1
  DrvTyp = "Wechsellaufwerk"
 Case 2
  DrvTyp = "Festplatte"
 Case 3
  DrvTyp = "Netzwerk-Laufwerk"
 Case 4
  DrvTyp = "CD-ROM/DVD"
 Case 5
  DrvTyp = "RAM-Disk"
```

```
Case Else
 DrvTyp = "Unbekannter Typ"
End Select
WScript.Echo "Laufwerk " & Drv.DriveLetter & ": ist " & DrvTyp
```

INFO

Der SELECT CASE-*Befehl arbeitet bei VBScript ein wenig anders als in Visual Basic. So dürfen auf den* CASE-*Befehl (offenbar) keine Vergleiche (etwa* > *100) folgen.*

Im Zusammenhang mit dem letzten Beispiel ist ein Punkt bemerkenswert, der bei kleinen Scripts meistens ignoriert wird, bei größeren Scripts und vor allem jenen, die wirklich praxistauglich sein und unauffällig im Hintergrund arbeiten sollen, eine wichtige Rolle spielt. Was ist, wenn bei der Eingabe des Laufwerksbuchstabens entweder ein Laufwerk angegeben wird, das nicht existiert, oder das nicht bereit ist, oder wenn ein falscher Name eingegeben wird? In diesem Fall bricht das Script mit einer Fehlermeldung ab. Dagegen gibt es zwei Rezepte:

- Abfragen, ob das Laufwerk bereit ist. Das erledigt die *IsReady*-Eigenschaft des *Drive*-Objekts, die in einem *IF*-Befehl geprüft werden muss. Nur, wenn die Eigenschaft den Wert *True* besitzt, darf der *SELECT CASE*-Befehl ausgeführt werden.
- Abfragen, ob ein so genannter Laufzeitfehler, also ein Fehler während der Laufzeit des Scripts, aufgetreten ist. Das übernimmt der *ON ERROR RESUME*-Befehl. In diesem Fall wird keine Fehlermeldung angezeigt, das Script legt vielmehr selber fest, wie mit dem Fehler umgegangen wird. Mehr dazu finden Sie in Kapitel 16.9.3.

Programmschleifen

Durch eine Programmschleife wird ein Script in die Lage versetzt, eine Gruppe von Befehlen so oft auszuführen, wie vorher bestimmt wurde. Mit *FOR NEXT* und *DO LOOP* bietet VBScript gleich zwei verschiedene Schleifenbefehle.

Beispiel:

Das folgende Beispiel enthält eine *DO LOOP*-Schleife, die eine kleine Zinsberechnung durchführt und einen vorgegebenen Betrag bei einem vorgegebenen Zinssatz solange erhöht, bis ein ebenfalls vorgegebener Endbetrag erreicht ist (mit anderen Worten, wie lange dauert es wohl, bis aus dem Hundertmarkschein aus der Bank eine hübsche Million wird).

```
' ----------------------------------------------------
' Ein Beispiel für eine DO LOOP-Schleife
' ----------------------------------------------------
Option Explicit
```

```
Dim Betrag, Wunschbetrag, Zins, Jahre
Zins = 4.5
Wunschbetrag = 1000000
Betrag = 100
Do
 Betrag = Betrag * (1 + Zins/100)
 Jahre = Jahre + 1
Loop Until Betrag > Wunschbetrag
WScript.Echo "Nach " & Jahre & " Jahren gibt es " _
& FormatCurrency(Betrag)
```

Der *DO*-Befehl wiederholt alle Befehle zwischen *DO* und *LOOP*. Die Abbruchbedingung lautet:

```
Betrag > WunschBetrag
```

Durch den Befehlszusatz *UNTIL* wird festgelegt, dass die Programmschleife solange wiederholt wird, bis der Wert der Variablen *Betrag* größer als der Wert der Variablen *WunschBetrag* ist. Das Erhöhen der Variablen *Betrag* erledigt der Befehl:

```
Betrag = Betrag * (1 + Zins/100)
```

Lesen Sie diesen Befehl nicht als Gleichung im mathematischen Sinne, sondern lesen Sie das Gleichheitszeichen als »wird zu«-Operator. Der Wert von *Betrag* wird zu einem Wert, der aus dem bisherigen Wert von *Betrag* multipliziert mit *(1 + Zins/100)* besteht. Dadurch wird der Wert von *Betrag* bei jedem Durchlauf um den Zinsbetrag größer.

Hier folgt noch ein kleiner Tipp für die Ausgabe des Betrages. Wenn Sie die *FormatCurrency*-Funktion, verwenden wird der Wert der Variablen von VBScript als Geldbetrag angezeigt:

```
WScript.Echo "Nach " & Jahre & " Jahren gibt es " _
 & FormatCurrency(Betrag)
```

Wundern Sie sich nicht, wenn anstelle des vertrauten DM-Symbols ein merkwürdiges Zeichen erscheint. Das ist das Euro-Symbol – das Symbol für unsere neue Währung.[2] Die *FormatCurrency*-Funktion verwendet lediglich jenes Währungssymbol, das über die Systemsteuerung festgelegt wurde.

Die *DO*-Schleife gibt es in verschiedenen Variationen, abhängig davon, an welcher Stelle die Abbruchbedingung geprüft wird (wahlweise nach *DO* oder nach *LOOP*) und in Abhängigkeit davon, ob die Programmschleife so lange wiederholt wird, bis die Abbruchbedingung erfüllt ist (*UNTIL*) nicht

2 Auch bekannt als »Jahr 2002-Problem«.

erfüllt ist (*WHILE*). Schließlich gibt es über den *EXIT*-Befehl die Möglichkeit, eine Programmschleife mittendrin zu verlassen.

Haben Sie dieses Beispiel verstanden, sind Sie bereits auf dem Weg zum Scriptprogrammierer (auch in Visual Basic und in anderen Programmiersprachen, wie etwa Java, C++ oder C#, wird grundsätzlich nicht sehr viel anders programmiert, wenngleich es hier natürlich um ganz andere Aufgabenstellungen geht).

16.4.4 Zugriff auf die WSH-Objekte und andere Objekte

Die Befehle von VBScript bringen Sie nicht sehr weit. Sie können zwar die Kreiszahl Pi auf 123 Stellen genau berechnen, eine Datei umzubenennen oder ein Verzeichnis anzulegen ist damit noch nicht möglich. Dafür gibt es die zahlreichen Objekte, etwa die des WSH oder der Scripting-Bibliothek. Sie sind kleine Spezialisten, die eine Vielzahl von Aufgaben übernehmen. Für den Umgang mit Dateien gibt es die Scripting-Bibliothek, für das Anlegen einer Verknüpfung die WSH-Objekte und für das Abspielen einer MP3-Datei vielleicht das Objekt, das vom Windows Media Player zur Verfügung gestellt wird. Da diese Objekte über alle Programme verstreut sind, gibt es leider keine zentrale Hilfe oder gar ein Handbuch, wo sie alle erklärt sind. Man muss sich die benötigten Informationen aus verschiedenen Quellen zusammensuchen, wobei hier das Internet natürlich sehr hilfreich ist. Im Folgenden erfahren Sie lediglich, wie Sie über die *CreateObject*-Funktion von VBScript eines der unzähligen Objekte in einem Script ansprechen.

Alle Objekte besitzen Namen, die Sie kennen müssen. Das wichtigste Objekte ist das *FileSystemObject*-Objekt. Sein vollständiger Name lautet »Scripting.FileSystemObject«. Dies ist der Name, der beim Aufruf von *CreateObject* angegeben werden muss.

Beispiel:

```
Fso = CreateObject("Scripting.FileSystemObject")
```

Dieser Befehl legt ein FileSystemObject-Objekt an und weist es einer Variablen zu, damit es später im Script mehrfach angesprochen werden kann und nicht jedes Mal erneut *CreateObject* aufgerufen werden muss. Sie trägt den Namen Fso. Sie werden diesen Befehl daher in vielen Scriptbeispielen finden oder in einer kleinen Variation:

```
Fso = Wscript.CreateObject("Scripting.FileSystemObject")
```

Dass dem Aufruf von *CreateObject* das *WScript*-Objekt (achten Sie immer auf den unscheinbaren Punkt, der dem Objektnamen folgt – dieser Punkt trennt das Objekt von seiner Eigenschaft oder Methode) vorausgeht, hat keine besondere Bewandtnis. Dass es dennoch geschieht, liegt eher an formellen Gründen und kleineren Vorteilen, die sich bei den einfachen Scripts aber nicht praktisch auswirken.

Möchten Sie andere WSH-Objekte ansprechen, müssen Sie natürlich bei *CreateObject* einen anderen Namen angeben. Eine Liste der zur Verfügung stehenden Objekte finden Sie in Tabelle 16.2. Sollten Sie sich bei einem Namen verschreiben oder das gewünschte Objekt aus irgendeinem Grund nicht zur Verfügung stehen, beschwert sich VBScript mit einer passenden Fehlermeldung.

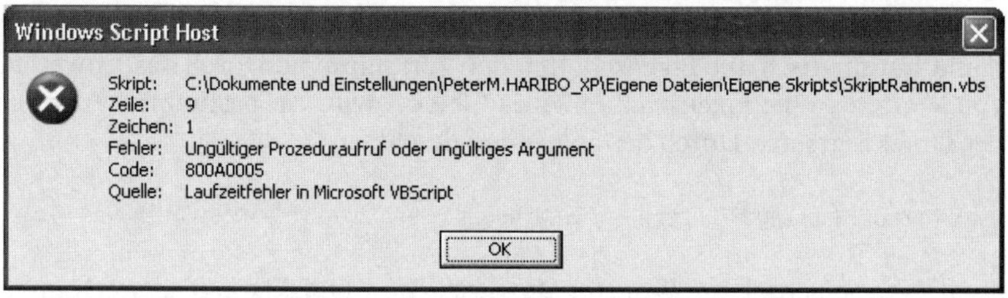

Abbildung 16.3: Diese Fehlermeldung erscheint, wenn ein Objekt nicht »herbeigezaubert« werden konnte

16.5 Der WSH und seine Objekte

Der WSH ist bei Windows lediglich eine Vorrichtung, die die Ausführung von Scripts ermöglicht. Um mit diesen Scripts etwas anfangen zu können gibt es Scriptsprachen wie VBScript. VBScript ist jedoch eine allgemeine Scriptsprache, die nichts über Windows weiß. Um zum Beispiel Netzwerkverbindungen anlegen, Werte aus der Registrierung abfragen oder eine Datei kopieren zu können, werden zusätzliche Befehle benötigt. Diese zusätzlichen Befehle werden als Objekte bezeichnet.

16.5.1 Was ist ein Objekt?

Objekte spielen bei der Scriptprogrammierung mit dem WSH die zentrale Rolle. Die wichtigsten Elemente der Windows-Oberfläche werden durch Objekte repräsentiert. So gibt es ein *WshShell*-Objekt für die Oberfläche (die auch als »Shell« bezeichnet wird), ein *WshNetwork*-Objekt für die Netzwerklaufwerke, ein *WshShortcut*-Objekt für Verknüpfungen, ein Objekt für spezielle Ordner und ein Objekt für den Windows Script Host und die Script Engine (also jenes Modul, das für die Ausführung der Scripts zuständig ist). Wenn es ein Objekt nicht gibt, liegt das daran, dass sich Microsoft entschlossen hat, bei weitem nicht alle Gegenstände der Shell offen zu legen (die Hauptrichtung des WSH sind administrative Tätigkeiten). Alle Objekte zusammen werden als *Objektmodell* bezeichnet. Das Objektmodell des WSH legt nicht nur die Namen der Objekte fest, sondern auch eine gewisse Hierarchie, wenngleich diese nicht sehr stark ausgeprägt ist. So kann ein *WshShortcut*-Objekt nur angesprochen werden, nachdem ein *WshShell*-Objekt angelegt wurde.

16.5.2 Objekte besitzen Eigenschaften und Methoden

Allen Objekten ist eines gemeinsam: Sie besitzen einen Namen, Eigenschaften (auch *Properties* genannt) und Methoden. Eine Eigenschaft ist ein Attribut des Objekts. So besitzt eine Verknüpfung als Eigenschaften u.a. *Arguments* (Kommandozeilenargumente), *FullName*, *Hotkey*, *WindowStyle* oder *WorkingDirectory*. All diese Namen entsprechen (natürlich) einstellbaren Parametern innerhalb der Oberfläche. Wer mit Verknüpfungen umgehen kann, kennt damit automatisch alle Eigenschaften der Verknüpfung. Durch das Zuweisen von Werten an die Eigenschaften eines Objekts wird ein bestimmtes Attribut des Objekts gesetzt. Durch den folgenden Befehl

```
WshShortcut.WorkingDirectory = "C:\Windows"
```

erhält die Eigenschaft *WorkingDirectory* des Objekts mit dem Namen *WshShortcut* einen Wert.

Ganz wichtig ist dabei, die Objektsyntax zu kennen, nach der Objektname und Name der Eigenschaft oder Methode stets durch einen Punkt getrennt werden (es kommt also auf den Punkt an).

Methoden sind Befehle und man hat sich aus Gründen, die in diesem Zusammenhang keine Rolle spielen, dazu entschlossen, ihnen einen etwas »eigenartigen« Namen zu geben. Methoden tun etwas mit einem Objekt und geben manchmal auch einen Wert zurück. So besitzen *WshShortcut*-Objekte eine *Save*-Methode, damit sich eine in einem Script frisch angelegte Verknüpfung auch als Lnk-Datei speichern lässt. Die *Echo*-Methode des *Wscript*-Objekts (das nicht über die *CreateObject*-Methode angelegt werden muss, da es von Anfang an existiert) gibt eine Meldung auf dem Bildschirm aus.

Tabelle 16.4: Die Objekte des WSH

Objekt	Wofür ist es da?
WshArguments	Ermöglicht einen Zugriff auf die Kommandozeilenargumente, die beim Aufruf eines Scripts übergeben wurden
WshController	Ermöglicht die Ausführung eines Scripts auf einem anderen Computer im Netzwerk (Remote-Scripting)
WshEnvironment	Ermöglicht einen Zugriff auf die Umgebungsvariablen (z.B. *Path*)

Tabelle 16.4: Die Objekte des WSH (Forts.)

Objekt	Wofür ist es da?
WshNamed	Ermöglicht den Zugriff auf benannte Argumente in der Kommandozeile, d.h. auf Argumente, bei denen dem Wert der Name des Arguments vorausgeht
WshNetwork	Ermöglicht das Anlegen und Beenden von Verbindungen zu Netzwerklaufwerken und den Zugriff auf Netzwerkdrucker
WshRemote	Ermöglicht das Administrieren eines Computers im Netzwerk
WshRemoteError	Ermöglicht den Zugriff auf Fehlerinformationen im Zusammenhang mit einem Remote-Zugriff über WshRemote
WshScript	Das wichtigste Objekt, das für den WSH als Ganzes steht. Die wichtigste Methode ist CreateObject zum Anlegen neuer Objekte. Über die Quit-Methode wird ein Script beendet.
WshScriptExec	Erlaubt das Abfragen von Statusinformationen bei Scripts, die über Exec gestartet wurden
WshShell	Das *Shell*-Objekt spielt eine zentrale Rolle, indem es Methoden für den Zugriff auf die übrigen WSH-Objekte und die Registry ermöglicht. Über die *Run*-Methode werden Programme gestartet.
WshShortcut	Ermöglicht das Anlegen von Verknüpfungen
WshSpecialFolders	Ermöglicht den Zugriff auf die »Spezialordner«, wie zum Beispiel NETZWERKUMGEBUNG oder EIGENE DATEIEN
WshUnnamed	Ermöglicht den Zugriff auf unbenannte Argumente in der Kommandozeile. Sollte mit WshArguments identisch sein.
WshUrlShortcut	Erlaubt das Anlegen von URL-Shortcuts, zum Beispiel Favoriten.

Neben den Objekten des WSH spielt bei der Scriptprogrammierung noch eine weitere Familie von Objekten eine wichtige Rolle. Es ist das *FileSystemObject*-Objekt und seine Objekte, die den Zugriff auf Dateien, Ordner und Laufwerke übernehmen und die Sie im nächsten Abschnitt kennen lernen werden.

16.5.3 Die wichtigste Regel für den Umgang mit Objekten

Die wichtigste Regel für den Umgang mit Objekten ist sehr einfach. Auf den Objektnamen folgt immer ein kleiner Punkt (es gibt allerdings keine großen Punkte). Beispiele dafür finden Sie in jedem Script, das von Objekten Gebrauch macht (oder besser Gebrauch machen muss, denn sie sind bei VBScript keine Option).

16.6 Der Umgang mit Dateien, Ordnern und Laufwerken

Das Wichtigste in einem Script ist, auf die Dateien, Ordner und Laufwerke des Computers oder der Netzwerke zugreifen zu können. Für diesen Zweck gibt es bei Windows eine Erweiterung, die *FileSystemObject*-Objekt genannt wird.

16.6.1 Anlegen eines FileSystemObject-Objekts

Um in einem Script auf Dateien, Ordner und Laufwerke zugreifen zu können, muss das Script (irgendwo) am Anfang den Befehl

```
Set Fso = WScript.CreateObject("Scripting.FileSystemObject")
```

enthalten. *Fso* ist lediglich der Name einer Variablen, die zuvor über den *Dim*-Befehl deklariert wurde. Die *CreateObject*-Funktion (die zum WScript-Objekt des WSH gehört) legt ein neues *FileSystemObject*-Objekt (es gehört zur Scripting-Bibliothek) an, das anschließend über die Variable *Fso* angesprochen wird.

Da dieser Befehl praktisch zu jedem Script gehört, ist er im allgemeinen Rahmen (siehe Kapitel 16.3) bereits enthalten.

16.6.2 Der Zugriff auf eine Datei

Um auf eine Datei zugreifen zu können, etwa um sie zu kopieren oder zu löschen, benötigen Sie ein *File*-Objekt. Dieses Objekt wird über das *FileSystemObject*-Objekt zur Verfügung gestellt. Es gibt verschiedene Möglichkeiten, um an ein *File*-Objekt und damit an eine bestimmte Datei heranzukommen. Die gebräuchlichste ist die *GetFile*-Methode, an die der Pfad der gewünschten Datei übergeben werden muss.

Beispiel:

```
' ------------------------------------
' Beispiel für einen Dateizugriff
' ------------------------------------
```

```
Dim Fi, Fso
Set Fso = CreateObject("Scripting.FileSystemObject")
Set Fi = Fso.GetFile("C:\Msdos.sys")
```

Diese Befehlsfolge legt ein *File*-Objekt für die Datei *C:\Msdos.sys* an. Mit dem *File*-Objekt, das über die Variable *Fi* angesprochen wird, kann die Datei bearbeitet werden. Soll zum Beispiel die Größe der Datei ausgegeben werden, wird die *Size*-Eigenschaft des *File*-Objekts aufgerufen:

```
WScript.Echo "Dateigröße: " & Fi.Size & " Bytes"
```

Soll die Datei dagegen in das Verzeichnis *C:\Backup* kopiert werden, lautet der Befehl wie folgt:

```
oFi.Copy "C:\Backup\"
```

Folgende Dinge sollen an diesen einfachen Beispielen deutlich werden:

- Bei der Scriptprogrammierung stehen die Objekte im Vordergrund. Anstatt zuerst einen Befehl und dann etwa den Namen der Datei aufzuführen, wird ein Objekt angelegt und eine Methode des Objekts aufgerufen.
- Die Liste der Aktionen, die mit einer Datei durchgeführt werden können, wird durch die zur Verfügung stehenden Methoden des zuständigen Objekts bestimmt. So gibt es beim *File*-Objekt eine *Copy*-, eine *Delete*- oder eine *Move*-Methode, aber zum Beispiel keine Methode, mit der der Dateiinhalt ausgegeben werden kann. Wer das will, müsste das *Type*-Kommando der Eingabeaufforderung über die *Run*-Methode des *WshShell*-Objekts aufrufen. Es kommt daher immer darauf an, die richtige Methode zu kennen.
- Bei der Scriptprogrammierung kommt es oft auf Kleinigkeiten an, die man am Anfang naturgemäß übersieht. So funktioniert obiger *Copy*-Befehl nicht, wenn das Verzeichnis *C:\Backup* noch nicht existiert. Auch muss an den Verzeichnisnamen ein »\«-Zeichen gehängt werden, weil die Datei ansonsten in die Datei *Backup* des gleichen Verzeichnisses kopiert wird, aber nur, wenn es nicht bereits ein Verzeichnis mit diesem Namen gibt.

16.6.3 Der Zugriff auf Ordner

Der Zugriff auf Ordner erfolgt auf die gleiche Weise wie der Zugriff auf Dateien, nur dass anstelle eines *File*-Objekts ein *Folder*-Objekt im Spiel ist, das ebenfalls über das *FileSystemObject*-Objekt zur Verfügung gestellt wird. Wenn Sie den letzten Absatz aufmerksam gelesen haben, wissen Sie bereits, wie Sie zum Beispiel den Ordner *C:\Backup* ansprechen müssen.

Genau wie es eine *GetFile*-Methode gibt, steht auch eine *GetFolder*-Methode zur Verfügung, die ein *Folder*-Objekt anbietet, über das ein beliebiger Ordner angesprochen werden kann.

Beispiel:

```
' ------------------------------------
' Beispiel für einen Ordnerzugriff
' ------------------------------------

Dim Fo, Fso
Set Fso = CreateObject("Scripting.FileSystemObject")
Set Fo = Fso.GetFolder("C:\Backup")
```

Damit steht die Variable *Fo* für den Ordner *C:\Backup*. Möchten Sie den Ordner zum Beispiel in »BackupAlt« umbenennen, lautet der Befehl wie folgt:

```
Fo.Rename "BackupAlt"
```

16.6.4 Der Zugriff auf Laufwerke

Neben den Dateien und Ordnern gibt es als dritte Kategorie von Dingen, die über das *FileSystemObject*-Objekt zur Verfügung gestellt werden, die Laufwerke. Für jedes Laufwerk des Computers gibt es ein Drive-Objekt, das über die *Drives*-Auflistung angeboten wird. Um ein einzelnes Laufwerk ansprechen zu können, etwa um den freien Speicherplatz zu ermitteln, wird die *GetDrive*-Methode des *FileSystemObject*-Objekts aufgerufen.

Beispiel:

```
' ------------------------------------
' Beispiel für ein Laufwerkszugriff
' ------------------------------------

Dim Drv, Fso
Set Fso = CreateObject("Scripting.FileSystemObject")
Set Drv = Fso.GetDrive("C:\")
WScript.Echo "Freier Platz auf C: " & FormatNumber(Drv.FreeSpace) & " Bytes"
```

Dieses Beispiel gibt über die *FreeSpace*-Methode des Laufwerks *C:* den freien Platz auf diesem Laufwerk aus. Die *FormatNumber*-Funktion von VBScript sorgt dafür, dass die Ausgabe der großen Zahl etwas hübscher aussieht.

16.6.5 Der Zugriff auf »mehrere« Objekte

Bislang ging es immer um den Zugriff auf ein einzelnes Objekt, also eine Datei, einen Ordner oder ein Laufwerk. Häufig will man aber eine Gruppe von Objekten (des gleichen Typs) ansprechen: alle Dateien in einem Ordner, alle Ordner in einem Ordner oder alle Laufwerke des Computers. Das ist der Zeitpunkt, zu dem die Auflistungen ins Spiel kommen. Eine Auflistung ist ein anderer Name für eine Gruppe von Objekten. Auflistungen erkennen Sie daran, dass ihr Name mit einem »s« endet, *Files*, *Folders*, *SubFolders* und *Drives*. Sobald in einem Script eine Auflistung vorkommt, sollen mehrere Objekte angesprochen werden.

Eine Auflistung kann ein einzelnes Objekt enthalten, es können aber auch fünf oder fünftausend ein – eine offizielle Grenze gibt es nicht (wenngleich Windows sicherlich irgendwann streiken und das Script vielleicht nicht mehr ausführen wird). Wenn ein fiktiver Ordner beispielsweise 1.000 Dateien umfasst, dann enthält die *Files*-Auflistung entsprechend 1.000 File-Objekte. Allen Auflistungen ist gemeinsam, dass sie über eine *Count*-Eigenschaft verfügen. Möchten Sie daher wissen, wie viele Dateien ein Ordner oder wie viele Laufwerke der Computer enthält, verwenden Sie dazu die *Count*-Eigenschaft.

Beispiel:

Dieser Befehl »zählt« die Laufwerke des Computers und speichert die Zahl (die von Fall zu Fall verschieden sein kann – zum Beispiel muss ein Diskettenlaufwerk in einem Notebook nicht immer vorhanden sein) in der Variablen *Anzahl.*

```
Anzahl = Fso.Drives.Count
```

In diesem Befehl kommen sogar zwei Punkte vor, da mit *Fso* und *Drives* gleich zwei Objekte beteiligt sind.[3]

Sie wissen nun, dass bei Dateien, Ordnern und Laufwerken Auflistungen im Spiel sind. Sie wissen noch nicht, wie man zum einen alle Elemente der Auflistung der Reihe nach anspricht, etwa um alle Dateien eines Ordners in Abhängigkeit ihrer Dateierweiterung zu löschen, und wie man zum anderen gezielt auf ein Element der Auflistung zugreift. Der erste Fall ist relativ einfach zu erklären. Um gezielt auf ein Element einer Auflistung zugreifen zu können, muss der Name des Objekts in Klammern folgen.

3 Hat jemand behauptet, dass Scriptprogrammierung einfach ist?

Beispiel:

Der folgende Befehl fragt die Größe der Datei *Msdos.sys* im Verzeichnis *C:* ab. Dazu wird die *Files*-Auflistung benutzt. Da sich die *Files*-Auflistung aber immer auf einen Ordner beziehen muss, ist auch ein *Folder*-Objekt im Spiel, das über die *GetFolder*-Methode des *FileSystemObject*-Objekts geliefert wird.

```
Groesse = Fso.GetFolder("C:\").Files("Msdos.sys").Size
```

Schauen Sie sich diesen Befehl in Ruhe an, denn Sie lernen einiges über das Objektprinzip der Scriptprogrammierung. Denken Sie jetzt aber nicht, dass Sie in einem solchen Befehl die Punkte beliebig verteilen können. Ein Punkt darf nur auf ein Objekt folgen. *Fso* ist ein Objekt, *GetFolder* liefert ein *Folder*-Objekt, *Files* steht für eine Objektauflistung und ist ebenfalls ein Objekt und *Size* ist schließlich eine Eigenschaft -hier darf kein Punkt mehr folgen. Zu wissen, wann ein Punkt gesetzt wird und wann nicht, erscheint am Anfang »unendlich« kompliziert. Das ist es aber nicht, sondern in erster Linie eine Sache der Erfahrung.

Dass das alles so »kompliziert« sein muss, liegt einfach daran, dass sich Microsoft offenbar in diesem Punkt möglichst wenig Arbeit machen wollte und mit der ActiveScripting-Technologie einfach etwas zu Windows hinzugefügt hat, was bereits vorhanden war (nämlich als eine Einrichtung für den Internet Explorer, vor allem aber für den Webserver IIS-Scripts auf einer Webseite auszuführen zu können). ActiveScripting wurde nicht geschaffen, um wenig erfahrenen Anwendern das Umsetzen simpler Scripts zu ermöglichen, sondern um Web-Designern und erfahrenen Programmierern eine einfache, dennoch aber sehr flexible Programmiereinrichtung zur Verfügung zu stellen. Windows-spezifisch ist nur der WSH mit seinen Objekten. Die Scriptprogrammierung ist universell – daher enthält die Scriptsprache VBScript auch keine Windows-spezifischen Befehle oder Funktionen.

Doch nun zu der zweiten, noch ausstehenden Frage. Wie lassen sich alle Objekte einer Auflistung der Reihe nach ansprechen? Das ist leider nicht ganz so einfach, denn dafür müssen Sie den *For Each*-Befehl von VBScript zumindest ansatzweise verstanden haben. Dieser Befehl ist ein Schleifenbefehle, d.h. alle Befehle, die zwischen dem Befehl *For Each In* und dem dazu gehörenden Befehl *Next* eingegeben werden, werden solange (in einer Schleife) wiederholt, wie Elemente in der Gruppe, sprich Auflistung, enthalten sind. Enthält die Auflistung vier Elemente, wird die Schleife auch viermal wiederholt. Enthält die Auflistung zwölf Elemente, wird die Schleife entsprechend zwölfmal wiederholt. Und wie viele Durchläufe unternimmt die Schleife, wenn die Auflistung 123 Elemente beinhalten sollte? Die Antwortet lautet natürlich: 123-mal. Der *For Each*-Befehl wird immer dann benötigt, wenn Sie zum Beispiel alle Dateien in einem Order durchgehen möchten.

Beispiel:

Die folgende Befehlsfolge geht alle Dateien im Ordner *C:\MeineKapitel* durch und zählt die Dateien, die die Erweiterung *.Wbk* besitzen.

```
Set Fo = Fso.GetFolder("C:\MeineKapitel")
For Each Fi In Fo.Files
 If Right(oFi.FileName, 3) = "wbk" Then
  Anzahl = Anzahl + 1
 End If
Next
Wscript.Echo "Anzahl Dateien: " & Anzahl
```

Die drei Befehlszeilen zwischen *For* und *Next* werden so oft wiederholt, wie Dateien in jedem Ordner enthalten sind, der über die Variable *Fo* angesprochen wird. Bei jedem Durchlauf steht die Variable *Fi* für die nächste Datei im Ordner. Der Ausdruck *Fi.FileName* spricht daher stets den Dateinamen der nächsten Datei an, wobei die *Right*-Funktion die letzten drei Zeichen abtrennt und diese im *If*-Befehl mit der Erweiterung »wbk« verglichen werden – da man im Allgemeinen nicht wissen kann, wie groß eine Erweiterung ist, empfiehlt sich statt dessen die Methode *GetExtensionName* des *FileSystemObject*-Objekts zu benutzen.

Der *For Each*-Befehl gehört zu den etwas anspruchsvolleren Befehlen bei VBScript. Er ist jedoch alles andere als kompliziert. Am besten lernen Sie ihn kennen, in dem Sie sich möglichst viele Scriptbeispiele anschauen, in denen der Befehl enthalten ist.

Tabelle 16.5: Die Objekte des FileSystemObject-Objekts

Objekt	Welche Rolle spielt es?
FileSystemObject	Das Hauptobjekt. Es besitzt zahlreiche Methoden und ermöglicht unter anderem über *GetFile*, *GetFolder* und *GetDrive* den Zugriff auf einzelne Dateien, Ordner oder Laufwerke.
File	Steht für eine einzelne Datei. Man erhält ein *File*-Objekt über die *Files*-Auflistung eines *Folder*-Objekts oder die *GetFile*-Methode des *FileSystemObject*-Objekts.
Folder	Steht für einen einzelnen Ordner. Man erhält ein *Folder*-Objekt über die *SubFolders*-Auflistung eines *Folder*-Objekts oder die *GetFolder*-Methode des *FileSystemObject*-Objekts.
Drive	Steht für ein einzelnes Laufwerk. Man erhält ein *Drive*-Objekt über die *Drives*-Auflistung oder die *GetDrive*-Methode des *FileSystemObject*-Objekts.

16.7 Zugriff auf die Registrierung

Die Registrierung wird in Kapitel 20 ausführlich vorgestellt. In diesem Abschnitt erfahren Sie, wie Sie per Script Werte aus der Registrierung abfragen und ändern. Damit lassen sich einige Konfigurationstricks einfacher und vor allem reproduzierbar durchführen. Sollen zum Beispiel bestimmte Konfigurationsänderungen nach jedem Windows-Start neu durchgeführt werden, fügen Sie ein Script in den AUTOSTART-Ordner ein, das diese Änderung vornimmt.

Der Zugriff auf die Registrierung erfolgt beim WSH über das *WshShell*-Objekt. Es stellt insgesamt drei Methoden (Befehle) zur Verfügung:

- *RegRead* – Lesen eines Wertes
- *RegWrite* – Schreiben eines Wertes
- *RegDelete* – Löschen eines Eintrags oder eines kompletten Schlüssels

Beim Lesen eines Wertes geht es lediglich darum, den Wert eines Eintrags zurückzugeben. Kurz zur Erinnerung: die Registrierung besteht aus Schlüsseln, wobei jeder Schlüssel eine beliebige Anzahl an Einträgen besitzen kann. Jeder Eintrag besitzt aber nur einen Wert – diesen gibt die *RegRead*-Funktion zurück. Die *RegWrite*-Methode ist das Gegenstück – sie schreibt einen Wert in einen Eintrag, wobei dieser einfach angelegt wird, falls entweder der Eintrag oder der gesamte Schlüssel nicht existieren sollte. Es gibt daher keine separate Methode zum Anlegen eines Schlüssels oder Eintrags.

16.7.1 Die Abkürzungen für die Hauptschlüssel

Das Geheimnis beim Zugriff auf die Registrierung liegt darin, zu verstehen, dass die gesamte Registrierung in eine Reihe von Bereichen unterteilt ist, die auch Hauptschlüssel heißen. In Kapitel 20 lernen Sie die Hauptschlüssel etwas genauer kennen. In diesem Abschnitt geht es lediglich um die Abkürzungen, die in einem Script benutzt werden, um einen der Hauptschlüssel ansprechen zu können.

Beispiel:

Die folgende Befehlsfolge gibt das Verzeichnis aus, in dem sich die Windows-Installationsdateien befinden.

```
' -----------------------------------------------
' Ausgabe des Windows-Installationsverzeichnisses
' -----------------------------------------------

Option Explicit
```

```
Dim WshShell, SetupDir
Set WshShell= WScript.CreateObject("WScript.Shell")
SetupDir = WshShell.RegRead _
 ("HKLM\Software\Microsoft\Windows\CurrentVersion\ _
 Setup\SourcePath")
WScript.Echo SetupDir
```

Beim Aufruf der *RegRead*-Methode wird der komplette Schlüsselname in Klammern übergeben. Dabei wird über den Hauptschlüssel HKEY_LOCAL_MACHINE die Abkürzung HKLM eingesetzt (der Schlüsselname ist ohnehin viel zu lang). Tabelle 16.4 enthält eine Übersicht aller Abkürzungen.

Tabelle 16.6: Abkürzungen für die Hauptzweige der Registrierung

Hauptzweig	Abkürzung
HKEY_LOCAL_MACHINE	HKLM
HKEY_CURRENT_USER	HKCU
HKEY_CLASSES_ROOT	HKCR
HKEY_USERS	HKU
HKEY_CURRENT_CONFIG	HKCC

16.7.2 Werte aus der Registrierung lesen

Wie ein Wert aus der Registrierung mithilfe der *RegRead*-Methode gelesen wird, wurde bereits im letzten Abschnitt gezeigt. Dieser Abschnitt ist daher im Wesentlichen eine Wiederholung.

Beispiel:

Das folgende Beispiel ändert den Namen des registrierten Benutzers, jenes Namens also, der bei der Installation unter Umständen angegeben wurde. Der neue Name wird zuvor über eine *Inputbox*-Funktion abgefragt.

```
' ----------------------------------------------------
   ' Registrierten Benutzernamen setzen und abfragen
   ' ----------------------------------------------------
   Option Explicit
   Dim WshShell, BenutzerAlt
Set WshShell= WScript.CreateObject("WScript.Shell")
BenutzerAlt =
WshShell.RegRead("HKLM\Software\Microsoft\Windows NT\CurrentVersion\Registe
redOwner")
WScript.Echo "Der Benutzername ist " & BenutzerAlt
```

16.7.3 Werte in die Registrierung eintragen

Das Pendant zur *RegRead*- ist die *RegWrite*-Methode, die einen Schlüsselnamen und den einzutragenden Wert erwartet. Sollte ein angesprochener Schlüssel oder Eintrag nicht existieren, wird er angelegt. Es gibt daher keine separate RegCreate-Methode.

Beispiel:

Das folgende Beispiel ermöglicht das Ändern des Namens des registrierten Benutzers, wobei zuvor der alte Name eingelesen wird, um hinterher einen Vorher-Nachher-Vergleich präsentieren zu können.

```
' --------------------------------------------------
' Registrierten Benutzernamen setzen und abfragen
' --------------------------------------------------
Option Explicit
Dim WshShell, BenutzerAlt, BenutzerNeu
Set WshShell= WScript.CreateObject("WScript.Shell")
BenutzerAlt =
WshShell.RegRead("HKLM\Software\Microsoft\Windows NT\CurrentVersion\Registe
redOwner")
BenutzerNeu = Inputbox("Neuer Name:")
WshShell.RegWrite
"HKLM\Software\Microsoft\Windows NT\CurrentVersion\RegisteredOwner",
BenutzerNeu
WScript.Echo BenutzerAlt & " wurde in " & BenutzerNeu & " geändert"
```

16.7.4 Anlegen eines neuen Schlüssels

Wie zu Beginn dieses Abschnitts bereits erwähnt wurde, geschieht das Anlegen eines neuen Schlüssels automatisch, wenn beim Aufruf der *RegWrite*-Methode ein Schlüssel angegeben wird, der noch nicht existiert. Es spricht also nichts dagegen, dass Sie beliebige Werte in die Registrierung schreiben, um sie irgendwann später wieder auslesen zu können. Sie sollten sich dazu aber den Hauptschlüssel HKEY_CURRENT_USER aussuchen, da hier alle benutzerspezifischen Daten abgelegt werden.

Beispiel:

Das folgende Beispiel schreibt einen Wert in die Registrierung, der anschließend wieder ausgelesen wird. Dabei werden sowohl ein neuer Schlüssel als auch ein (Standard-) Eintrag angelegt. Der (Standard-) Eintrag ist stets vorhanden und wird angesprochen, indem für den Eintragsnamen ein Leerzeichen übergeben wird.

```
' ---------------------------------------------------
' Anlegen eines Schlüssels und abfragen eines Wertes
' ---------------------------------------------------
Option Explicit
Dim WshShell, Wert, Schluessel, Eintrag
Schluessel = "Pippi"
Eintrag = ""
Wert = "PippiFax"
Set WshShell= WScript.CreateObject("WScript.Shell")
WshShell.RegWrite "HKCU\" & Schluessel & Eintrag, Wert
Wert = WshShell.RegRead("HKCU\" & Schluessel & Eintrag)
WScript.Echo "Der Wert ist: " & Wert
```

16.8 Viele Beispiel-Scripts

In diesem Abschnitt gibt es keine neuen Themen. Statt dessen wird die Scriptprogrammierung an vielen kleinen Beispielen vorgestellt.

:-) TIPP

Legen Sie sich einen Ordner mit dem Namen Eigene Scripts *im Ordner* Eigene Dateien *an. Das ändert zwar nichts an der Art und Weise wie Scripts ausgeführt werden, hilft Ihnen aber dabei Ihre Scripts leichter wieder zu finden.*

Sie finden alle Beispiele auf der Buch-CD im Verzeichnis *Scripts*. Falls Sie ein Beispiel modifizieren möchten, speichern Sie es zunächst unter einem anderen Namen ab.

Zu den folgenden Arbeitsschritten werden Beispiele vorgestellt:

- Feststellen, ob ein Ordner existiert
- Anlegen eines Ordners
- Löschen eines Ordners
- Löschen von Dateien
- Kopieren und Verschieben von Dateien
- Kopieren eines gesamten Ordners
- Abfragen des freien Arbeitsspeichers eines Laufwerks
- Dateiattribute abfragen und ändern
- Den Verzeichnispfad von Spezialordnern ermitteln
- Anlegen einer Verknüpfung
- Ändern einer Verknüpfung

- Anlegen und Löschen einer Netzwerkverbindung
- Die Suche nach einer Datei

16.8.1 Feststellen, ob ein Ordner existiert

Um Operationen mit einem Ordner durchführen können, sollte man zunächst prüfen, ob dieser überhaupt existiert. Dies erledigt die *Folder Exists*-Methode des *FileSystemObject*-Objekts.

Beispiel:

```
' ----------------------------------------------------
' Feststellen, ob ein Ordner existiert
' ----------------------------------------------------

Dim Fso, Fo, FolName
Set Fso = CreateObject("Scripting.FileSystemObject")
FolName = InputBox("Ordnerpfad:")
If Fso.FolderExists(FolName) = False Then
 WScript.Echo "Ordner exisiert leider nicht!"
Else
 WScript.Echo "Alles klar!"
End If
```

16.8.2 Anlegen eines neuen Ordners

Für das Anlegen eines Ordners stellt das *FileSystemObject*-Objekt die *Create Folder*-Methode zur Verfügung, der der Name des neuen Ordners übergeben wird. Das folgende Beispiel prüft vor dem Anlegen, ob der Ordner nicht schon existiert.

```
Dim Fso, FolNeu, FolPfad
Set Fso = CreateObject("Scripting.FileSystemObject")
FolPfad = InputBox("Ordnerpfad des neuen Ordners:")
If Fso.FolderExists(FolPfad) = False Then
 Set FolNeu = Fso.CreateFolder(FolPfad)
 WScript.Echo FolNeu.Path & " gerade wurde angelegt"
Else
 WScript.Echo "Ordner existiert bereits!"
End If
```

16.8.3 Das Löschen eines Ordners

Das Löschen eines Ordners übernimmt entweder die *Delete*-Methode des *Folder*-Objekts oder die *DeleteFolder*-Methode des *FileSystemObject*-Objekts.

Beispiel:

Das folgende Beispiel löscht einen kompletten Ordner (inklusive seines Inhalts, d.h. zum Beispiel auch aller Unterordner), dessen Pfad zuvor eingegeben wurde.

```
Dim Fso, FolPfad
Set Fso = CreateObject("Scripting.FileSystemObject")
FolPfad = InputBox("Ordnerpfad des zu löschenden Ordners:")
If Fso.FolderExists(FolPfad) = True Then
 If MsgBox("Bitte Löschen des Ordners " & FolPfad & " mit Ja bestätigen.",
4 + 48, "Soll Ordner gelöscht werden?") = 6 Then
  Fso.GetFolder(FolPfad).Delete
  WScript.Echo FolPfad & " wurde komplett gelöscht!"
 Else
  WScript.Echo FolPfad & " wurde nicht gelöscht!"
  End If
Else
 WScript.Echo "Ordner existiert gar nicht!"
End If
```

Setzen Sie die Delete-*Methode mit äußerster Vorsicht ein, denn sie löscht komplette Verzeichnisse ohne Rücksicht auf Verluste, ohne eine Bestätigung zu verlangen und vor allem ohne diese in den Papierkorb zu kopieren. Die Dateien sind wirklich weg.*

INFO

16.8.4 Kopieren und verschieben von Dateien

Das Kopieren und Verschieben der Dateien von einem Ordner in ein anderen kann auf zwei verschiedene Weisen erledigt werden:

- Über die *Copy*- und *Move*-Methode des *File*-Objekts
- Über die *CopyFile*- und *MoveFile*-Methode des *FileSystemObjects*-Objekts

Für welche der beiden Methoden Sie sich entscheiden, spielt keine Rolle.

Beispiel:

Das folgende Beispiel kopiert den Inhalt eines Ordners (Quellordner) in einen anderen Ordner (Zielordner). Sollte der Zielordner nicht existieren, erhalten Sie Gelegenheit, ihn anzulegen.

```
Dim Fso, FolPfadQuelle, FolPfadZiel, Antwort
Set Fso = CreateObject("Scripting.FileSystemObject")
FolPfadQuelle = InputBox("Ordnerpfad des Quellordners:")
FolPfadZiel = InputBox("Ordnerpfad des Zielordners:")
```

```
If Fso.FolderExists(FolPfadQuelle) = False Then
 WScript.Echo "Der Quellordner existiert nicht!"
 WScript.Quit
End If

If Fso.FolderExists(FolPfadZiel) = False Then
 Antwort = MsgBox("Zielordner anlegen?", 32 + 4, _
  "Zielordner existiert nicht")
   If Antwort = 6 Then
    Fso.CreateFolder (FolPfadZiel)
   Else
    WScript.Quit
   End If
End If
Fso.CopyFolder FolPfadQuelle, FolPfadZiel
WScript.Echo Fso.GetFolder(FolPfadZiel).Files.Count & " Dateien kopiert"
```

16.8.5 Löschen von Dateien in einem Ordner

Das Löschen einer Datei übernimmt die *Delete*-Methode eines *File*-Objekts. Allerdings werden Scripts nur selten dazu benutzt, einzelne Dateien zu löschen, eher um in einem Ordner alle Dateien zu löschen, die ein bestimmtes Kriterium, etwa eine bestimmte Erweiterung besitzen, zu löschen.

Beispiel:

Das folgende Beispiel löscht in einem angegebenen Ordner nur jene Dateien, die die Erweiterung *.Wbk* (als Beispiel werden die von Word angelegten Sicherungskopien verwendet).

```
Dim Fso, Fo, Fi
Dim FolPfad, DateiExt, Anzahl
DateiExt = "wbk"
Set Fso = CreateObject("Scripting.FileSystemObject")
FolPfad = InputBox("Ordnerpfad mit den zu löschenden Dateien:")
If Fso.FolderExists(FolPfad) = False Then
 WScript.Echo "Ordner existiert leider nicht!"
 WScript.Quit
End If
Set Fo = Fso.GetFolder(FolPfad)
For Each Fi In Fo.Files
 If LCase(Fso.GetExtensionName(Fi.Path)) = "wbk" Then
   Fi.Delete
   Anzahl = Anzahl + 1
 End If
Next
MsgBox Anzahl & " Dateien wurden gelöscht"
```

16.8.6 Kopieren von Dateien, die eine bestimmte Erweiterung besitzen

Nach dem gleichen Schema, nach dem Dateien gelöscht werden, die eine bestimmte Erweiterung besitzen, werden Dateien in Abhängigkeit ihrer Erweiterung kopiert oder verschoben.

Beispiel:

Das folgende Beispiel verschiebt alle Dateien von einem angegebenen Ordner mit der Erweiterung *.Wbk* in einen Unterordner mit dem Namen *Wbk-Backup*, der zuvor angelegt wird.

```
' ---------------------------------------------------
' Verschieben von Dateien in ein Verzeichnis
' ---------------------------------------------------
Option Explicit
Dim Fso, FoBackup, FoQuelle, Fi
Dim QuellPfad, BackupPfad, Anzahl
Set Fso = WScript.CreateObject("Scripting.FileSystemObject")
QuellPfad = Inputbox("Quellordnerpfad:")
If Fso.FolderExists(QuellPfad) = False Then
  WScript.Echo "Quellordner existiert ja nicht"
  WScript.Quit
End If
Set FoQuelle = Fso.GetFolder(QuellPfad)
Anzahl = 0
' Gibt es etwas zu kopieren?
If FoQuelle.Files.Count > 0 Then
 BackupPfad = Fso.BuildPath(FoQuelle.Path, "Backup")
 If Fso.FolderExists(BackupPfad) = False Then
   Fso.CreateFolder(BackupPfad)
 End If
 Set FoBackup = Fso.GetFolder(BackupPfad)
 For Each Fi In FoQuelle.Files
  If LCase(Fso.GetExtensionName(Fi.Path)) = "wbk" Then
    Fi.Copy FoBackup.Path & "\", False
    Anzahl = Anzahl + 1
  End If
 Next
End If
WScript.Echo Anzahl & " Dateien wurden kopiert."
```

Beim Aufruf der *Copy*-Methode des *File*-Objekts wird als zweiter Parameter *True* übergeben. Das bewirkt, dass diese nicht überschrieben wird, wenn die Datei bereits existieren sollte – statt dessen bricht das Script mit einem Laufzeitfehler ab (der über den *On Error Resume Next*-Befehl abgefangen werden könnte – mehr dazu in Kapitel 16.9.3). Und noch eine Besonderheit gilt es in diesem Zusammenhang zu kennen. An den Verzeichnispfad des Zielverzeichnisses muss ein »\«-Zeichen gehängt werden, ansonsten ist ein Zugriffsfehler die Folge.

16.8.7 Abfragen des freien Speichers eines Laufwerks

Nicht nur der freie Speicher, sondern auch eine Reihe zusätzlicher interessanter Daten lassen sich über das *Drive*-Objekt des *FileSystemObject*-Objekts abfragen.

Beispiel:

Das folgende Beispiel gibt einen kleinen »Laufwerksreport« in einem Dialogfeld aus.

```
' ----------------------------------------------------
' Abfragen von Laufwerksdaten
' ----------------------------------------------------
Dim Fso, Drv, DrvName, Ausgabe
Set Fso = CreateObject("Scripting.FileSystemObject")
DrvName = InputBox("Laufwerksname:")
If Fso.DriveExists(DrvName) = False Then
  WScript.Echo "Das Laufwerk gibt es nicht!"
  WScript.Quit
End If
Set Drv = Fso.GetDrive(DrvName)
With Drv
 Ausgabe = Ausgabe & "Verfügbarer Speicher: " & vbTab &
FormatNumber(.AvailableSpace) & " Bytes" & vbCrLf
 Ausgabe = Ausgabe & "Freier Speicher: " & vbTab & VbTab &
FormatNumber(.FreeSpace) & " Bytes" & vbCrLf
 Ausgabe = Ausgabe & "Gesamtspeicher: " & vbTab & vbTab &
FormatNumber(.TotalSize) & " Bytes" & vbCrLf
 Ausgabe = Ausgabe & "Dateisystem: " & vbTab & vbTab & .FileSystem & vbCrLf
 Ausgabe = Ausgabe & "Seriennummer: " & vbTab & vbTab & .SerialNumber &
vbCrLf
End With
WScript.Echo Ausgabe
```

An diesem Script lernen Sie zwei neue Spezialitäten kennen: Den *With*-Befehl, der eine Abkürzung darstellt, wenn ein und derselbe Objektname angesprochen werden soll. Anstatt den Objektnamen jedes Mal erneut einzugeben, wird einmal der *With*-Befehl eingegeben, auf den der Name des Objekts folgt. Anschließend kann der Objektname entfallen, d.h., es muss lediglich der Punkt eingegeben werden. Beendet wird dieser *With*-Block durch den *End With*-Befehl. Die zweite Spezialität sind die fest eingebauten Konstanten, wie zum Beispiel *vbTab* (Tabulatorzeichen) und *vbCrLf* (Zeilenumbruch), durch die die Ausgabe optisch etwas gestaltet wird.

Abbildung 16.4: Das Script präsentiert einen kleinen Laufwerksreport

16.8.8 Dateiattribute abfragen und ändern

Jede Datei und jeder Ordner besitzen einen Satz von Attributen, die festlegen, unter welchen Umständen die Datei bzw. der Ordner im Explorer angezeigt wird und ob ein Überschreiben so ohne weiteres möglich ist. Eine Übersicht über diese Dateiattribute gibt Tabelle 16.5.

Beispiel:

Das folgende Beispiel zeigt die Attribute *ReadOnly*, *Versteckt*, *System* und *Verzeichnis* einer Datei an, deren Name zuvor übergeben wurde.

```
' --------------------------------------------------
' Dateiattribute abfragen
' --------------------------------------------------

Dim Fi, Fso, FiName, Ausgabe
Dim ReadOnly, System, Versteckt, Verzeichnis
Set Fso = CreateObject("Scripting.FileSystemObject")
FiName = InputBox("Dateipfad:")
If Fso.FileExists(FiName) = False Then
  WScript.Echo "Upps, diese Datei gibt es nicht"
  WScript.Quit
End If
Set Fi = Fso.GetFile(FiName)
ReadOnly = (Fi.Attributes And 1) = 1
Versteckt = (Fi.Attributes And 2) = 2
System = (Fi.Attributes And 4) = 4
Ausgabe = Ausgabe & "ReadOnly = " & vbTab & ReadOnly & vbCrLf
Ausgabe = Ausgabe & "Versteckt = " & vbTab & Versteckt & vbCrLf
Ausgabe = Ausgabe & "System = " & vbTab & System & vbCrLf
WScript.Echo Ausgabe
```

Sowohl beim Abfragen als auch beim Setzen der Dateiattribute sind sog. logische Verknüpfungen notwendig. Der Grund dafür ist, dass alle Dateiattribute in einer Zahl zusammengefasst sind und es darauf ankommt, über die logischen Operatoren *And* und *Or* den Zustand eines einzelnen Bits abzufragen oder zu setzen. Der folgende Befehl stellt fest, ob das Bit Nr. 1 (also das *ReadOnly*-Atrribut) gesetzt ist:

```
ReadOnly = (Fi.Attributes And 1) = 1
```

Je nach gesetztem Dateiattribut erhält die Variable *ReadOnly* durch den anschließenden Vergleich (die Klammern müssen aufgrund der unterschiedlichen Operator-Rangfolge – ansonsten würde der Vergleich zuerst ausgeführt werden – gesetzt werden) den Wert *Wahr* oder *Falsch*.

Diese »Bitfummelei« spielt auch beim Setzen eines Dateiattributs eine Rolle. Hier kommt es darauf an, dass durch das Setzen die übrigen Attribut-Bits nicht verändert werden. Das folgende Beispiel setzt das Attribut *Nur-Lesen (ReadOnly):*

```
Fi.Attributes = Fi.Attributes Or 1
```

Dieses Mal ist eine ODER-Verknüpfung im Spiel, die Bit Nr. 1 in jedem Fall setzt, die übrigen Bits aber in ihrem Zustand belässt.

Ist bei einer Datei kein Attribut-Bit gesetzt, besitzt sie den Wert 0 – dies wird auch als das Normal-Attribut bezeichnet.

Tabelle 16.7: Die Dateiattribute in der Übersicht

Dateiattribut	Zahl
Normal	0
ReadOnly	1
Versteckt	2
System	4
Volume	8
Verzeichnis	16
Archiv	32

16.8.9 Den Verzeichnispfad von Spezialordnern ermitteln

Windows XP arbeitet mit zahlreichen Spezialordnern wie dem Verlauforder, dem Favoritenordner und natürlich EIGENE DATEIEN, die im Rahmen der Benutzeroberfläche nur über ihren Namen angesprochen werden, hinter denen aber ein Verzeichnispfad steckt. Möchte man einen dieser Ordner in einem Script ansprechen, muss man (natürlich) deren Verzeichnispfad kennen. Hier gibt es mehrere Alternativen:

- Die *ExpandEnvironmentStrings*-Methode des *WshShell*-Objekts, durch die sich der Verzeichnispfad des Benutzerprofils ermitteln lässt
- Das *WshSpecialFolders*-Objekt, das die Verzeichnispfade einiger Spezialordner enthält

Beispiel:

Das folgende Beispiel gibt die Verzeichnispfade aller Spezialordner aus, die über *WshSpecialFolders* zusammengefasst sind.

```
' ------------------------------------------------------
' Ausgabe der Pfade der Spezialordner
' ------------------------------------------------------
Option Explicit
Dim WshShell, FoSpez, Ausgabe
Set WshShell= WScript.CreateObject("WScript.Shell")
WScript.Echo "Anzahl der Spezialordner: " & WshShell.Specialfolders.Count
For Each FoSpez In WshShell.SpecialFolders
  Ausgabe = Ausgabe & FoSpez & vbCrLf
Next
WScript.Echo Ausgabe
```

Der Zugriff auf einen einzelnen Spezialordner erfolgt gezielt über den Namen des Ordners:

```
Pfad = WshShell.SpecialFolders("Desktop")
```

INFO

Einige Spezialordner werden über WshSpecialFolders *nicht zur Verfügung gestellt, aus welchen Gründen auch immer. Hier gibt es mit dem* Shell.Application-*Objekt ein zweites Shell-Objekt, das nicht zum WSH, sondern zur Windows-Oberfläche gehört. Auch wenn dieses Objekt nicht in diesem Buch behandelt werden kann, soll das folgende Beispiele dazu anregen, sich die benötigten Informationen aus dem Internet zu besorgen.*

```
' ------------------------------------------------------
' Spezialordner über Shell.Application
' ------------------------------------------------------
Option Explicit
Dim Shell, WshShell, Fso, St, n, Ausgabe
Set Shell = WScript.CreateObject("Shell.Application")
Set WshShell = WScript.CreateObject("WScript.Shell")
Set Fso = WScript.CreateObject("Scripting.FileSystemObject")
Set St = Fso.CreateTextfile("SpecialFolders.txt")
n = 0
Do
 If Not Shell.NameSpace(n) Is Nothing Then
  Ausgabe = Ausgabe & Shell.Namespace(n).Title & vbCrLf
  St.WriteLine Shell.NameSpace(n).Title & "->" & Shell.NameSpace(n).Self.Path
```

```
 End If
 n = n + 1
Loop Until n > 72
St.Close
WScript.Echo Ausgabe
WshShell.Run "SpecialFolders.txt"
```

Nach Ausführung des Scripts werden die ersten 72 Spezialordner angezeigt (die Begrenzung wurde eher willkürlich getroffen – es könnten noch ein paar Ordner mehr sein). Außerdem werden die Pfade der Spezialordner in eine Textdatei geschrieben, die am Ende angezeigt wird.

16.8.10 Anlegen einer Verknüpfung

Das Anlegen einer Verknüpfung geschieht über das *WshShortcut*-Objekt des WSH. Dieses wird stets über die *CreateShortcut*-Methode des *WshShell*-Objekts angesprochen.

Beispiel:

```
' -----------------------------------------------------
' Anlegen einer Verknüpfung
' -----------------------------------------------------

Option Explicit
Dim WshShell, Verknuepfung
Set WshShell = WScript.CreateObject("WScript.Shell")
Set Verknuepfung = _ WshShell.CreateShortcut("C:\Eigene Dateien\Rechner.lnk")
Verknuepfung.TargetPath = "C:\Windows\Calc.exe"
Verknuepfung.IconLocation = "C:\Windows\System\Pifmgr.dll,17"
Verknuepfung.Save
WScript.Echo "Verknüpfung wurde angelegt!"
```

Über die *CreateShortcut*-Methode des *WshShell*-Objekts wird eine Verknüpfung angelegt und eine Referenz auf die zu diesem Zeitpunkt noch nicht real existierende Verknüpfung der Variablen *Verknuepfung* zugewiesen. Eine solche Verknüpfung benötigt, wie es in Kapitel 8.16 beschrieben wurde, zunächst einen Dateinamen und natürlich ein Objekt, auf das die Verknüpfung verweisen soll. Der Dateiname *C:\Eigene Dateien\Desktop\Rechner.lnk*, wird bereits beim Aufruf der *CreateShortcut*-Methode übergeben.

Als Nächstes werden im Scriptbeispiel die weiteren Attribute der Verknüpfung zugewiesen: das Programm, für das sie stehen soll, und ein eigenes Symbol. Für das erste Attribut ist die *TargetPath*-Eigenschaft zuständig, für das zweite Attribut die *IconLocation*-Eigenschaft:

```
Verknuepfung.TargetPath = "C:\Windows\Calc.exe"
Verknuepfung.IconLocation = "C:\Windows\System\Pifmgr.dll,28"
```

Für *IconLocation* kann ein beliebiges Symbol verwendet werden, in diesem Beispiel stammt es aus der Datei *Pifmgr.dll.* Zum Schluss muss die fertige Verknüpfung noch als Datei gespeichert werden. Das erledigt die *Save*-Methode:

```
Verknuepfung.Save
```

16.8.11 Anlegen einer Verknüpfung mit etwas mehr Komfort

Das Beispiel aus dem letzten Abschnitt besaß einen kleinen Nachteil. Es ging von einem festen WINDOWS-Verzeichnis aus. Sollte Windows aber auf einem anderen Laufwerk installiert worden sein, kann es nicht funktionieren. Das nächste Beispiel zeigt, wie sich ein Script automatisch auf die Gegebenheiten einstellt, indem es die Verzeichnisnamen über die *Expand EnvironmentStrings*-Methode abfragt:

```
' ------------------------------------------------------
' Anlegen einer Verknüpfung auf dem Desktop
' ------------------------------------------------------
Option Explicit
Dim WshShell
Dim VerknuepfungName, Verknuepfung, DesktopPfad
Set WshShell = WScript.CreateObject("WScript.Shell")
VerknuepfungName = Inputbox("Wie soll die Verknüpfung heißen?")
If VerknuepfungName = "" Then
 VerknuepfungName = "Rechner"
End if
DesktopPfad = WshShell.SpecialFolders("Desktop")
Set Verknuepfung = WshShell.CreateShortcut(DesktopPfad _
 & "\" & VerknuepfungName & ".lnk")
Verknuepfung.TargetPath =
WshShell.ExpandEnvironmentStrings("%windir%\system32\calc.exe")
Verknuepfung.WorkingDirectory =
WshShell.ExpandEnvironmentStrings("%windir%\system32")
Verknuepfung.WindowStyle = 4
Verknuepfung.IconLocation =
WshShell.ExpandEnvironmentStrings("%windir%\system32\shell32.dll, 43")
Verknuepfung.Save
WScript.Echo "Verknüpfung wurde auf dem Desktop angelegt"
```

Als Erstes wird der Name der anzulegenden Verknüpfung über eine *Inputbox*-Funktion abgefragt. Anschließend wird über den *IF*-Befehl geprüft, ob überhaupt etwas eingegeben wurde. Wenn nicht, erhält die Verknüpfung den Namen »Rechner«. Achten Sie darauf, dass der Pfad des *Desktop*-Verzeichnisses über die *SpecialFolders*-Methode ermittelt und der Variablen

DesktopPfad zugewiesen wird. Diese wird anschließend beim Aufruf der *CreateShortcut*-Methode übergeben. Auch die Lokation des Rechners *Calc.exe* wird nicht dem Zufall überlassen, sondern über die *ExpandEnvironmentStrings*-Methode abgefragt, wobei *%WinDir%* für eine interne Umgebungsvariable steht, die den Namen des *Windows*-Verzeichnisses enthält.

16.8.12 Ändern einer Verknüpfung

Die Daten einer Verknüpfung lassen sich auch nachträglich ändern oder abfragen. Auch das geschieht über die *CreateShortcut*-Methode, nur dass bei einer existierenden Lnk-Datei keine neue angelegt wird.

Beispiel:

Das folgende Beispiel gibt die Symboldatei aus, die das Symbol einer Verknüpfung enthält.

```
' -----------------------------------------------------
' Symbol einer Verknüpfung abfragen
' -----------------------------------------------------
Option Explicit
Dim WshShell, Verknuepfung, LnkPfad
Set WshShell = WScript.CreateObject("WScript.Shell")
LnkPfad = WshShell.ExpandEnvironmentStrings("%userprofile%) &
"\Desktop\Test.lnk"
Set Verknuepfung = WshShell.CreateShortcut(LnkPfad")
WScript.Echo "Icon-Nummer: " & Verknuepfung.IconLocation
```

16.8.13 Abfragen einer Umgebungsvariablen

Umgebungsvariablen sind Variablen des Betriebssystems, in denen wichtige (aber vollkommen beliebige) Daten gespeichert werden, wie zum Beispiel der Suchpfad für Programmdateien oder der Verzeichnispfad des Benutzerprofils. Der Wert einer Umgebungsvariablen wird, wie im letzten Abschnitt gezeigt, entweder über die *ExpandEnvironmentStrings*-Methode des *WshShell*-Objekts abgefragt. Alternativ kann der Zugriff auch über das *WshEnvironment*-Objekt erfolgen, welches über das *WshShell*-Objekt angesprochen wird. Eine kleine Hürde gilt es hier aber zu nehmen, denn man muss wissen, dass alle Umgebungsvariablen in verschiedene Kategorien (Process, User usw.) unterteilt sind und die *Enviroment*-Methode eine Auflistung aller Umgebungsvariablen eines bestimmten Bereichs zurückgibt. Eine Übersicht über die Umgebungsvariablen und den Bereich, zu dem sie gehören, finden Sie in der Hilfe von Windows XP.

Beispiel:

Das folgende Beispiel gibt alle Umgebungsvariablen im Bereich *Process* aus.

```
' ------------------------------------------------------
' Ausgabe von Umgebungsvariablen
' ------------------------------------------------------
Option Explicit
Dim WshShell, Env, Ausgabe
Set WshShell = WScript.CreateObject("WScript.Shell")
For Each Env In WshShell.Environment("PROCESS")
 Ausgabe = Ausgabe & Env & vbCrLf
Next
WScript.Echo Ausgabe
```

16.8.14 Anlegen einer Netzwerkverbindung

Für das Anlegen, Trennen und Auflisten von Netzwerkverbindungen, bei denen ein Laufwerksbuchstabe mit einer Freigabe auf einem anderen Computer im Netzwerk verbunden wird, gibt es das *WshNetwork*-Objekt, das stets wie folgt angelegt wird:

```
Set WshNet = WScript.CreateObject("Script.Network")
```

Mit *ComputerName*, *UserDomain* und *UserName* besitzt das *WshNetwork*-Objekt lediglich drei Eigenschaften. Sehr viel interessanter sind die Methoden, die in Tabelle 16.6 aufgelistet sind.

Tabelle 16.8: Die Methoden des WshNetwork-Objekts

AddPrinterConnection	Legt eine Verbindung auf einen Netzwerkdrucker an
EnumNetworkDrives	Steht für eine Auflistung aller Netzwerklaufwerke
EnumPrinterConnection	Steht für eine Auflistung aller Netzwerkdrucker
MapNetworkDrive	Stellt die Verbindung zwischen einem Laufwerksbuchstaben und einer Freigabe her
RemoveNetworkDrive	Trennt die Verbindung zwischen einem Laufwerksbuchstaben und einer Freigabe
RemovePrinterConnection	Trennt die Verbindung zu einem Netzwerkdrucker
SetDefaultPrinter	Setzt den Standarddrucker für alle Anwendungen

Beispiel:

Das folgende Beispiel zeigt, wie sich ein Netzwerklaufwerk anlegen, d.h. wie sich ein Laufwerksbuchstabe mit einer Freigabe verbinden lässt. Damit Sie dieses Beispiel umsetzen können, muss Ihr PC mit einem anderen PC über eine Netzwerkverbindung verbunden sein, wobei als Laufwerksbuchstabe X: verwendet wird und der Name der Freigabe »\\PM1\Eigene Dateien« lautet.

```
' ---------------------------------------------------
' Anlegen einer Netzwerkverbindung
' ---------------------------------------------------
Option Explicit
Dim WshNetwork, NetDrv, Share, Ausgabe, Anzahl
Set WshNetwork = WScript.CreateObject("WScript.Network")
NetDrv = "X:"
Share = \\PM1\Eigene Dateien
WshNetwork.MapNetworkDrive NetDrv, Share
Anzahl = WshNetwork.EnumNetworkDrives.Count
WScript.Echo "Anzahl Netzwerklaufwerke: " & Anzahl / 2
```

16.8.15 Trennen einer Netzwerkverbindung

Wissen Sie erst einmal, wie eine Netzwerkverbindung hergestellt wird, ist das Trennen einer Verbindung eine reine Formalität. Sie müssen lediglich in der Beschreibung des *WshNetwork*-Objekts das Gegenstück zur *MapNetworkdrive*-Methode finden. Es heißt: *RemoveNetworkdrive*. Machen Sie sich einmal die Mühe und versuchen Sie, das Script selbstständig zu erstellen. Die Auflösung finden Sie im folgenden Beispiel.

Beispiel:

Das Beispiel trennt eine bereits vorhandene Netzwerkverbindung.

```
'---------------------------------------------------
' Trennen einer Netzwerkverbindung
' ---------------------------------------------------
Option Explicit
Dim WshNetwork, NetDrv, DelNetDrv, Ausgabe, Anzahl
DelNetDrv = "X:"
Set WshNetwork = WScript.CreateObject("WScript.Network")
On Error Resume Next
WshNetwork.RemoveNetworkDrive DelNetDrv
If Err.Number = 0 Then
  WScript.Echo "Netzwerklaufwerk wurde getrennt"
Else
 WScript.Echo "Es gab ein Problem! - Fehlertext: " & Err.Description
End If
```

16.8.16 Auflisten aller Netzwerkverbindungen

Das Auflisten der vorhandenen Netzwerkverbindungen bedeutet, den Rückgabewert der *EnumNetworkDrives*-Methode mit der *For Each*-Schleife zu durchlaufen.

Beispiel:

Das folgende Beispiel gibt die Namen aller Netzwerklaufwerke aus.

```
' -----------------------------------------------------
' Auflisten aller Netzwerklaufwerke
' -----------------------------------------------------
Option Explicit
Dim WshNetwork, NetDrv, Ausgabe
Set WshNetwork = WScript.CreateObject("WScript.Network")
For Each NetDrv In WshNetwork.EnumNetworkDrives
 Ausgabe = Ausgabe & NetDrv & vbCrLf
Next
WScript.Echo Ausgabe
```

INFO

Aus irgendwelchen Gründen gibt die Count-*Eigenschaft stets die doppelte Anzahl der vorhandenen Netzwerklaufwerke an und muss daher durch zwei geteilt werden.*

16.9 Spezialitäten beim Umgang mit Scripts

In diesem Abschnitt werden abschließend ein paar Spezialitäten beim Umgang mit Scripts vorgestellt, die Sie am Anfang nur selten benötigen werden und die bereits gewisse Grundkenntnisse voraussetzen. Im Einzelnen geht es um:

- Scripts über die Kommandozeile starten
- Auswerten der Kommandozeilen-Optionen
- Abfangen von Laufzeitfehlern
- Das Starten von Programmen
- Andere Programme per Tastendruck fernsteuern
- Die Suche nach einer Datei
- Ausgabe in HTML-Dateien
- Mathematische Berechnungen

16.9.1 Scripts über die Kommandozeile starten

Bislang wurden alle Scripts im Explorer ausgeführt. Sie lassen sich aber auch in der Kommandozeile der Eingabeaufforderung und wenn es sein muss auch im Rahmen einer Stapeldatei starten.

Für den gezielten Aufruf eines Scripts über die Kommandozeile gibt es die Datei *CScript.exe*. Diesem Programm werden lediglich der Name der Scriptdatei und eventuell benötigte Kommandozeilenargumente übergeben, der Rest wird vom WSH erledigt. Geben Sie in der Eingabeaufforderung den folgenden Befehl ein:

```
cscript "C:\Eigene Dateien\Testscript.vbs"
```

Dadurch wird das Script *Testscript.vbs* in EIGENE DATEIEN zur Ausführung gebracht.

Die Kommandozeilensyntax

Der Aufruf von *CScript.exe* besitzt die folgende Syntax:

```
CScript Scriptname.erweiterung [Optionen...] [Argumente...]
```

Über *Optionen* wird die Arbeitsweise des WSH beeinflusst (siehe Tabelle 16.7). Den Optionen geht stets ein »//« voraus.

- Beim *Scriptnamen* kommt es auf die Erweiterung an, für VBScripts lautet sie *.Vbs*, für JScripts *.Js*.
- Argumente sind Werte, die beim Aufrufen des Scripts übergeben werden und mit denen das Script arbeiten soll (zum Beispiel den Namen eines Verzeichnisses, den ein Script erstellen soll). Ihnen geht ein »/«-Zeichen voraus. Sie werden innerhalb des Scripts über das *WshArgument*-Objekt abgefragt.

Tabelle 16.9: Diese Optionen können beim Aufruf von CScript.exe übergeben werden.

Option	Beschreibung
//I	Interaktiver Modus. Das Gegenstück zur Option //B
//B	Das Script wird im Stapelmodus durchgeführt. Fehlermeldung und Eingabeaufforderung auf dem Bildschirm werden nicht angezeigt.
//T:nn	Maximaler Zeitwert, den das Script in Sekunden ausführen kann. Wird kein Wert angegeben, gibt es ein Limit von 30s. Diese Option soll verhindern, dass ein Script »ewig ausführt und so die Ressourcen des PCs belastet. Nach Ablauf der Zeitspanne wird das Script terminiert.

Tabelle 16.9: Diese Optionen können beim Aufruf von CScript.exe übergeben werden. (Forts.)

Option	Beschreibung
//Logo	Bei der Ausführung des Scripts wird eine Überschrift angezeigt (Standardeinstellung).
//Nologo	Bei der Ausführung des Scripts wird keine Überschrift angezeigt.
//H:Cscript oder Wscript	Setzt eine der beiden Varianten *CScript.exe* oder *WScript.exe* zum Standardprogramm für die Ausführung von Scripts
//S	Speichert die aktuellen Optionen ab, sodass sie beim nächsten Mal automatisch gültig sind
//?	Zeigt die in Anfrage kommenden Optionen an, kann auch entfallen
//D	Aktiviert den Script Debugger
//X	Führt das Script im Script Debugger aus. Das ist der einfachste Weg, um ein WSH-Script debuggen zu können.

16.9.2 Auswerten von Kommandozeilenargumenten

Hinter dieser etwas trockenen Überschrift steckt ein wichtiger Aspekt. Soll ein Script beim Aufruf einen oder mehrere Werte, etwa Dateinamen, erhalten, die im Script benutzt werden sollen, um bestimmte Operationen auszuführen, werden diese als Kommandoargumente übergeben. Das bedeutet konkret, dass Sie ein Script zum Beispiel in der Eingabeaufforderung wie folgt aufrufen können:

```
Start Testscript /Spezial, 1, 2
```

Beim Aufruf der Scriptdatei *Testscript* werden drei Kommandozeilenargumente übergeben: */Spezial*, *1* und *2*. Die Bedeutung dieser Namen bzw. Zahlen spielt keine Rolle, wichtig ist nur, auf welche Weise sie im Script abgefragt werden. Dafür gibt es das *WshArguments*-Objekt, das als Eigenschaft des *WScript*-Objekts direkt zur Verfügung steht und wie folgt angesprochen wird:

```
Args = WScript.Arguments
```

Beispiel:

Das folgende Beispiel zeigt, wie sich in einer Scriptdatei eventuell übergebene Kommandozeilenargumente auswerten lassen. Damit es funktioniert, müssen Sie eine Verknüpfung auf die Scriptdatei anlegen und im Eingabefeld ZIEL zusätzliche Namen an den Ausführungspfad hängen. Anschließend muss die Verknüpfung (und nicht die Scriptdatei) ausgeführt werden.

```
' ----------------------------------------------------
' Zugriff auf die Kommandozeile
' ----------------------------------------------------
Option Explicit
Dim WshShell, n, Anzahl, Arg
Anzahl = WScript.Arguments.Count
WScript.Echo "Anzahl Argumente: " & Anzahl
For Each Arg in WScript.Arguments
 n = n + 1
 WScript.Echo "Argument Nr. " & n & " >" & Arg
Next
```

16.9.3 Abfangen von Laufzeitfehlern

Ein Laufzeitfehler ist ein Fehler, der während der Ausführung (auch Laufzeit genannt) eines Scripts auftreten kann, zum Beispiel weil ein Ordner nicht vorhanden oder ein Laufwerk nicht bereit ist. Normalerweise bricht die Ausführung des Scripts mit einer Fehlermeldung ab. Über den Befehl *On Error Resume Next* lässt sich erreichen, dass keine Fehlermeldung angezeigt wird und der Befehl, der den Fehler verursacht, zwar beendet, die Ausführung des Scripts aber fortgesetzt wird. Dies nennt man Abfangen von Laufzeitfehlern. Um herauszufinden, ob ein Befehl erfolgreich war, etwa der Zugriff auf ein Netzwerklaufwerk, gibt es die *Number*-Eigenschaft des *Err*-Objekts. Enthält sie einen Wert größer 0, trat bei einem der bereits ausgeführten Befehle ein Laufzeitfehler auf. Der Wert von *Number* ist die Fehlernummer. Über die *Description*-Eigenschaft steht die Fehlermeldung zur Verfügung und kann ausgegeben werden.

Beispiel:

Das folgende Beispiel kopiert eine Datei auf Laufwerk A: und fängt einen Laufzeitfehler ab, der aus dem Umstand resultieren könnte, dass die Diskette voll ist oder die Datei aus irgendeinem Grund nicht geschrieben werden kann.

```
' ----------------------------------------------------
' Abfangen von Laufzeitfehlern
' ----------------------------------------------------
Option Explicit
Dim Fso, Fi
Set Fso = WScript.CreateObject("Scripting.FileSystemObject")
Set Fi = Fso.GetFile("C:\Msdos.sys")
On Error Resume Next
If Fso.GetDrive("A:").IsReady = True Then
```

```
  Fi.Copy "A:\"
End If
If Err.Number > 0 Then
 Msgbox "Es trat ein Laufzeitfehler auf!", 48, "Fehlertext: " &
Err.Description
Else
 WScript.Echo "Datei wurde auf A: kopiert"
End If
```

16.9.4 Das Starten von Programmen

Hin und wieder soll ein Script ein anderes Programm (oder einen Windows-Dienst) starten. Dazu bietet das *Shell*-Objekt die *Run*-Methode (sie entspricht dem AUSFÜHREN-Befehl im Startmenü, an die einfach der Pfad des Programms sowie eventuelle Argumente übergeben werden.

```
' ----------------------------------------------------
' Starten eines Programms
' ----------------------------------------------------

Option Explicit

Dim Shell, ProgrammName
Set Shell = CreateObject("WScript.Shell")
ProgrammName = Inputbox("Name des Programms?")
Shell.Run ProgrammName
```

16.9.5 Andere Programme per Tastendruck fernsteuern

Die *Run*-Methode des *WshShell*-Objekts ist in der Lage, beliebige Programme zu steuern. Doch manchmal wäre es nicht nur ganz nett, sondern sogar regelrecht nützlich, wenn sich die gestarteten Programme per Script »fernsteuern« ließen. Diese Möglichkeit bietet die *SendKeys*-Methode des *WshShell*-Objekts, die beliebige Tastendrücke an ein anderes Fenster sendet. Das hat den gleichen Effekt als würde eine Person über die Tastatur die Tasten eingeben. *SendKeys* ist nicht perfekt (es setzt voraus, dass das Fenster aktiv ist, sonst gehen die Tasten an ein anderes Fenster, was natürlich unvorhersehbare Folgen haben kann) und die Tasten müssen durch schwer zu merkende Abkürzungen angegeben werden (die aber in der Hilfe erklärt sind). Trotzdem ist es eine überaus nützliche Erweiterung.

Beispiel:

Das folgende Listing startet den Rechner und führt (wie von »Geisterhand gesteuert«) eine kleine Addition aus. Anschließend wird Notepad gestartet und das in die Zwischenablage kopierte Resultat eingefügt.

```
' ------------------------------------------------------
' Programme fernsteuern per Tastendruck
' ------------------------------------------------------
Option Explicit
Dim WshShell
Set WshShell= WScript.CreateObject("WScript.Shell")
With WshShell
 .Run "Calc", 5
 WScript.Sleep 1000
 .SendKeys "4"
 WScript.Sleep 500
 .SendKeys "{+}"
 WScript.Sleep 500
 .SendKeys "5"
 WScript.Sleep 500
 .SendKeys "="
 WScript.Sleep 500
 .SendKeys "^C"
 .Run "Notepad"
 WScript.Sleep 1000
 .SendKeys "Das Ergebnis ist: "
 WScript.Sleep 500
 .SendKeys "^V"
End With

WScript.Echo "Auftrag ausgeführt um " & Time
```

Zwischen einem Tastendruck und dem zweiten legt die *Sleep*-Methode des *WScript*-Objekts eine »Gedenksekunde« ein (die Zahl ist die Anzahl an Millisekunden, die gewartet werden soll), damit der Empfänger Zeit hat, den Tastendruck zu verarbeiten. Die *Run*-Methode muss mit der Zahl 5 aufgerufen werden, damit das Fenster des Rechners in den Vordergrund gestellt wird und dadurch in die Lage versetzt wird, Tastendrücke zu empfangen.

Tabelle 16.10: Einige Tasten und die für SendKeys erforderlichen Zeichen

Taste	Zeichen
Umschalt	+
Strg	^
Alt	%
Eingabe	~
Entf	{DEL}
Esc	{ESC}
Tab	{TAB}

Taste	Zeichen
Seite runter	{PGDN}
Seite rauf	{PGUP}

Tabelle 16.10: Einige Tasten und die für SendKeys erforderlichen Zeichen (Forts.)

16.9.6 Die Suche nach einer Datei

Die Suche nach einer Datei per Script gestaltet sich als relativ aufwändig, denn leider bietet das *FileSystemObject*-Objekt, anders als man es vielleicht vermuten würde, keine *Search*-Methode. Das folgende Scriptbeispiel, das auf einem rekursiven Suchverfahren basiert, bei dem sich eine Funktion solange selber aufruft, wie Unterordner vorhanden sind, dient daher in erster Linie als Anschauungsbeispiel für ambitionierte Leserinnen und Leser.

Nach dem Start erwartet das Script die Eingabe eines Startverzeichnisses (zum Beispiel C:\) und einer Erweiterung (zum Beispiel »ini«, bitte ohne Punkt eingeben). Anschließend werden die Verzeichnispfade aller Dateien, die diese Erweiterung besitzen, in eine Textdatei (*SuchProtokoll.txt*) eingetragen.

```
' -------------------------------------------------------
' Suche nach Dateien mit einer bestimmten Erweiterung
' -------------------------------------------------------

Option Explicit
Dim Fso, Fo, Datei

Call Start

Sub Start ()
 Dim iVerzeichnisse, iDateien, nGroesse
 Dim sVerzeichnis, sSuchname
 Set Fso = CreateObject("Scripting.FileSystemObject")
 sVerzeichnis = InputBox("Startverzeichnis festlegen", "Dateisuche-Beispiel",
"C:\Winxp")
 sSuchname = InputBox("Dateinamen eingeben", "Dateisuche-Beispiel", "ini")
 Set Datei = Fso.CreateTextFile("SuchProtokoll.txt")
 nGroesse = FindFile(sVerzeichnis, sSuchName, iVerzeichnisse, iDateien)
 Datei.Close
 MsgBox iDateien & " Dateien gefunden in " & iVerzeichnisse & "
Verzeichnissen", vbInformation
 MsgBox "Gesamtgrösse = " & nGroesse & " Bytes"
End Sub
Function FindFile(ByVal sOrdner, sDatei, nVerzeichnisse, nDateien)
 Dim Fld, nZaehler, blResultat
 Dim DateiTemp, FldTemp
 Set Fld = Fso.GetFolder(sOrdner)
 For Each DateiTemp In Fld.Files
```

```
    blResultat = UCase(Fso.GetExtensionName(DateiTemp.Path)) = UCase(sDatei)
    If blResultat = True Then
     FindFile = FindFile + DateiTemp.Size
     nDateien = nDateien + 1
     Datei.WriteLine Fso.BuildPath(Fld.Path, sDatei) & "\" & DateiTemp.Name
    End If
  Next
  nVerzeichnisse = nVerzeichnisse + 1
  If Fld.SubFolders.Count > 0 Then
    For Each FldTemp In Fld.SubFolders
      FindFile = FindFile + FindFile(FldTemp.Path, _
      sDatei, nVerzeichnisse, nDateien)
    Next
  End If
End Function
```

Das Script (lassen Sie sich vom Umfang nicht abschrecken, es ist trotzdem leicht verständlich) ist sehr schön dazu geeignet, einige grundsätzliche Limitierungen der Scriptprogrammierung mit dem WSH deutlich zu machen:

- Die Suchfunktion ist stark einschränkt, da die Methoden des *FileSystemObject*-Objekts keine Platzhalter zulassen (es fehlt eine Methode, der man einen Dateinamen mit Platzhalter übergibt und die alle in Frage kommenden Dateinamen zurückgibt).
- VBScript kennt leider keinen *Like*-Operator, der teilweise Übereinstimmungen zweier Namen feststellt. Unter Umständen ließe sich mithilfe der regulären Ausdrücke ein Ersatz programmieren.
- Während die Suche läuft, wird keine Rückmeldung angezeigt. Man startet das Script und kann nicht mehr feststellen, ob es noch am Arbeiten ist oder sich bereits verabschiedet hat.

Alle diese Einschränkungen lassen sich umgehen. Der Aufwand darf jedoch nicht unterschätzt werden.

16.9.7 Ausgabe in HTML-Dateien

Der WSH kennt keine Dialogfelder oder Formulare. Aber es gibt eine relativ einfache (und vor allem ausbaufähige) Alternative: Schreiben Sie alle Ausgaben in eine HTML-Datei und lassen Sie diese anschließend mit dem Internet Explorer anzeigen. Auf diese Weise steht Ihnen eine im Prinzip beliebig gestaltbare Ausgabefläche zur Verfügung. (Eingaben würden im Prinzip auch funktionieren, doch wäre dies relativ aufwändig und würde den Rahmen des Buches überschreiten.) Das folgende Script gibt einen »Laufwerksreport« in eine HTML-Datei aus und zeigt diese anschließend auch an.

```
' ---------------------------------------------------
' Laufwerksreport in HTML-Datei ausgeben
' ---------------------------------------------------

' Laufwerksreport in HTML

Option Explicit
Dim Laufwerk, Fso, St, sProtokollDatei, iZaehler
Dim WshShell
Msgbox "Script-Version: " & ScriptEngineMajorVersion & _
 "." & ScriptEngineMinorVersion

Call Main

Sub Main

 sProtokollDatei = "DriveProtokoll.htm"
 Set Fso = CreateObject("Scripting.FileSystemObject")
 Set St = Fso.CreateTextFile(sProtokollDatei, True)
 With St
  .WriteLine "<HTML>"
  .WriteLine "<H1> Laufwerksreport </H1>"
  .WriteLine "<HR>"
  .WriteLine "<H3> Datum: " & WeekdayName(Weekday(Date)) _
  & "," & Date & "  " & "Zeit: " & Time & "</H3> <HR>"
  .WriteLine "<TABLE BORDER=2>"
  .WriteLine "<TR> <TD>Laufwerk</TD>"
  .WriteLine "<TD>Name</TD>"
  .WriteLine "<TD>Gesamtspeicher</TD>"
  .WriteLine "<TD>Freier Speicher</TD>"
  .WriteLine "<TD>Belegter Speicher</TD> </TR>"
 For Each Laufwerk In Fso.Drives
  .WriteLine "<TR>"
  iZaehler = iZaehler + 1
  .WriteLine "<TD><CENTER>" & iZaehler & "</CENTER></TD>"
  If Laufwerk.IsReady = False Then
   .WriteLine "<TD>Nicht bereit </TD>"
   .WriteLine "<TD> - </TD>"
   .WriteLine "<TD> - </TD>"
   .WriteLine "<TD> - </TD>"
  Else
   .WriteLine "<TD>" & Laufwerk.VolumeName & "</TD>"
   .WriteLine "<TD>" & FormatNumber(Laufwerk.TotalSize, "0,000") & " Bytes</TD>"
   .WriteLine "<TD>" & FormatNumber(Laufwerk.FreeSpace, "0,000") & " Bytes</TD>"
   .WriteLine "<TD>" & FormatNumber(Laufwerk.TotalSize - Laufwerk.FreeSpace,
"0,000") & " Bytes</TD>"
  End If
 .WriteLine "</TR>"
 Next
  .WriteLine "</TABLE>"
```

```
    .WriteLine "</HTML>"
  ' Datei der guten Ordnung halber wieder schliessen
    .Close
    End With

    Set WshShell = WScript.CreateObject("WScript.Shell")
  ' Anzeigen der angelegten HTML-Datei
    WshShell.Run sProtokollDatei, , True
End Sub
```

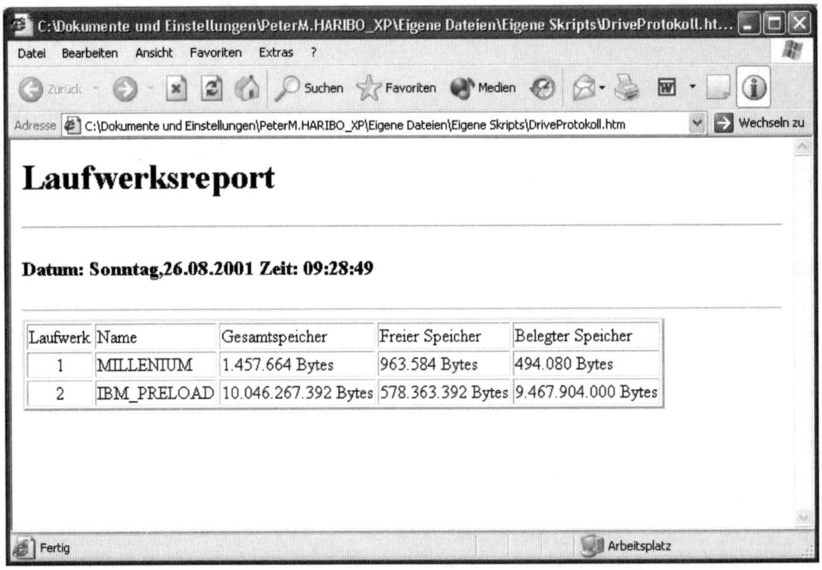

Abbildung 16.5: Das sieht doch gleich viel freundlicher aus – der vom Script erstellte Laufwerksreport wird als HTML-Datei angezeigt

16.9.8 Mathematische Berechnungen in VBScript

VBScript verfügt über etwa ein Dutzend mathematischer Funktionen, mit denen sich zum Beispiel ein Logarithmus oder ein Sinus berechnen lässt. Auch wenn dies im Windows-Alltag nur selten eine Rolle spielen dürfte, ist es aus der Sicht eines Programmierers reizvoll, auch diesen Aspekt zu »erforschen«. Die folgende kleine Schleife berechnet die berühmte Kreiszahl Pi über eine Reihenentwicklung (Euler-Reihe). Natürlich gibt es dafür den *Const*-Befehl, über den sich Pi als Konstante festlegen lässt, und natürlich benötigt kein Windows-Benutzer eine Methode zur Berechnung von Pi, doch wer ein richtiger (Script-) Programmierer werden will, darf die Bequemlichkeit nicht ganz oben anstellen und muss sich auch von scheinbar »nutzlosen« Beispielen angesprochen fühlen, denn es ist die Herausforderung, die zählt.

```
' ----------------------------------------------------
' Beispiel: Berechnung der Kreiszahl Pi
' ----------------------------------------------------

Option Explicit
Const Pi = 3.14159

Call Start

' Reihenentwicklung pi/4 = 1 - 1/3 + 1/5 - 1/7 usw.
Sub Start ()
  Dim iDivisor, snPi, iAnzahl, iLimit, dbDiff
' Variablen mit expliziten Datentypen belegen
  iAnzahl = CInt(0)' Integer
  snPi = CDbl(0)' Double
  iDivisor = CInt(1)' Integer
  dbDiff = CDbl(1)' Double
  iLimit = InputBox("Anzahl an Durchläufe?", , "100")
' Ist die Eingabe eine Zahl?
  If IsNumeric(iLimit) = False Then
   WScript.Echo "Das war leider keine Zahl!"
   Exit Sub
  End If
' String-Eingabe in Long umwandeln
  iLimit = CLng(iLimit)
' Wiederholen, bis Annäherung auf 6 Stellen oder Anzahl Durchläufe

  Do Until dbDiff < 1E-6 Or iAnzahl > iLimit
' Feststellen, ob Divisor gerade oder ungerade ist
  If iAnzahl Mod 2 Then
    snPi = snPi - 4 / iDivisor
  Else
    snPi = snPi + 4 / iDivisor
  End If
' Divisor und Anzahl Durchläufe inkrementieren
  iDivisor = iDivisor + 2
  iAnzahl = iAnzahl + 1
' Annäherung an Pi feststellen
  If Abs(Pi - snPi) < dbDiff Then
    dbDiff = dbDiff / 10
  End If
  Loop

 WScript.Echo "Das Ergebnis nach " & iAnzahl & " Durchläufen ist: " & snPi
End Sub
```

Wenn Sie das Script starten, müssen Sie die maximale Anzahl an Durchläufen festlegen (übernehmen Sie die voreingestellte Zahl) und erhalten nach einem kurzen Augenblick (das »Elektronenhirn« muss dabei sehr viel addieren, subtrahieren und vergleichen) eine Zahl zurück, die der Kreiszahl *Pi* relativ nahe kommt (innerhalb des Programms wird die »wahre« Konstante *Pi* nur dazu benutzt, den Grad der Annäherung festzustellen).

Abbildung 16.6: Wie war das noch einmal mit Pi? Diese Annäherung müsste so ungefähr stimmen

16.10 Wo kann man denn mehr erfahren?

Hat es Sie gepackt und möchten Sie nun alles über Scriptprogrammierung erfahren oder vielleicht sogar ein richtiger Programmierer werden? Kein Problem, alles Weitere erfahren Sie im Internet. Auch wenn es viele Webseiten zum Thema WSH-Script gibt, wo sich vor allem Buchautoren[4], aber auch Windows-Experten die Mühe gemacht haben, alles Wissenswerte zusammenzustellen, gibt es eine Adresse, bei der Sie zunächst beginnen sollten:

```
http://www.microsoft.com/msdn/scripting
```

Sie finden hier nicht nur die Dokumentation zum WSH und zu VBScript, sondern auch nützliche Adressen, über die Sie weitere nützliche Adressen finden. Eine weitere sehr empfehlenswerte Adresse ist der *WSH-Basar* unter:

```
http://www.borncity.com
```

Es gibt auch eine sehr empfehlenswerte deutschsprachige Newsgroup auf dem Microsoft-News-Server. Ihre Adresse lautet:

```
microsoft.public.de.german.scripting.wsh
```

4 Ich gehöre leider nicht dazu – das hat in erster Linie Zeitgründe.

17 Windows XP im Netzwerk

Das Thema Netzwerke ist längst nicht mehr nur für jene Unternehmen interessant, welche Dutzende, manchmal sogar mehrere tausend PCs verbinden müssen. Auch für den Heimanwender, der mehr als einen PC besitzt, kommt ein Netzwerk aus verschiedensten Gründen in Frage. Sei es, um einen gemeinsamen Drucker zu nutzen, sei es, um die Festplatte des zweiten PCs als Backup-Medium einzubeziehen, oder es sei, damit sich mehrere Familienmitglieder mit ihren PCs einen gemeinsamen Internetzugang teilen können. Auch Anwendungen, die in die Kategorie »Spiele« fallen, profitieren von einem Netzwerk. Ein Netzwerk hat daher überhaupt nichts mit Hightech oder mit hohen Kosten zu tun. Die Kosten für die Vernetzung zweier PCs beschränken sich auf die Anschaffung der inzwischen sehr preiswert gewordenen Netzwerkkarten für jeden PC und eines passenden Kabels. Auch muss auf den Partnern im Netzwerk natürlich kein Windows XP laufen. Prinzipiell kommt jede Windows-Version ab Windows 95 in Frage. Auch die Vernetzung mit anderen Betriebssystemen, etwa Linux, ist im Prinzip problemlos möglich. Hierfür wird aber eine Software benötigt, die bei Windows XP nicht enthalten ist.

Die Themen dieses Kapitels:

- Was ist eigentlich ein Netzwerk?
- Voraussetzungen für ein Heim-Netzwerk
- Netzwerkprotokolle
- Änderungen gegenüber Windows 9x
- Die Netzwerk-Komponenten von Windows XP
- Internet über DSL, ISDN oder analog
- Der Assistent für das Heim-Netzwerk
- Freigeben von Verzeichnissen
- Freigeben von Druckern
- Gemeinsames Benutzen eines Internetzugangs
- Tipps für das »Troubleshooting«
- Besonderheiten bei Netzwerken

NEU

Wer bereits Windows 9x im Netzwerk benutzt hat, sollte sich zuerst den Abschnitt über die Änderungen gegenüber Windows 9x durchlesen. Auch wenn sich am Prinzip der Netzwerkverbindung nichts geändert hat, haben doch einige vertraute Plätze, wie etwa die Netzwerkumgebung, eine neue Bedeutung erhalten. Wenn Sie diesen Abschnitt durchlesen, ersparen Sie sich unnötiges Suchen und so manche Irritation.

INFO

Windows XP Home bietet im Vergleich zu Windows 9x mehr (im direkten Vergleich zu Windows XP Professional aber deutlich weniger) Möglichkeiten, was die Rechtevergabe beim Zugriff auf gemeinsam genutzte Ressourcen angeht. Dieses Thema ist in Kapitel 18 an der Reihe. In diesem Kapitel wird davon ausgegangen, dass für alle Benutzer auf dem Computer, die ihre Ordner und gegebenenfalls auch ihre Drucker zur Verfügung stellen, Benutzerkonten eingerichtet wurden und Zugriffsrechte bzw. Freigabeberechtigungen keine Rolle spielen.

17.1 Was ist eigentlich ein Netzwerk?

Sobald zwei PCs miteinander verbunden werden, darf man bereits von einem Netzwerk sprechen (wenngleich »richtige« Netzwerke oft aus mehreren tausend Computern bestehen). Auch wenn es möglich ist, die beiden PCs über ein serielles Kabel oder per Infrarot zu verbinden, der effektivste Weg ist jedoch die Verbindung über eine Netzwerkkarte mit einem Netzwerkkabel. Sollen mehr als zwei PCs verbunden werden, geht es nicht mehr ohne. Eine Netzwerkkarte ist eine Erweiterungskarte für den PC, sodass dieser die Verbindung zu einem anderen Computer unter Verwendung standardisierter Netzwerkprotokolle aufnehmen kann. Die Übertragungsgeschwindigkeit beträgt dabei wahlweise 10 oder 100 Mbit/s, wobei diese nur in den allerseltensten Fällen ein Thema sein dürfte und eine 10 Mbit/s-Karte trotz der geringen Preisdifferenz zu einem 100-Mbit/s-Modell für den Heimbedarf vollkommen ausreichend ist, (Achten Sie beim Kauf einer preiswerten Karte lediglich darauf, dass Treiber für Windows 2000 oder Windows XP enthalten sind – sonst kann es sein, dass sich die Karte nicht unter Windows XP betreiben lässt, wenngleich Windows XP bereits von Haus aus über eine große Auswahl an Netzwerkkartentreibern verfügt.)

17.1.1 Eine neue Kategorie: Heim-Netzwerke

Waren Netzwerke vor Jahren fast ausschließlich Unternehmen und Büros vorbehalten, wo die Vernetzung ausschließlich Arbeitsabläufe vereinfachen und Kosten sparen sollte (der teuere Farbdrucker konnte von allen Arbeitsplätzen aus genutzt werden), so haben kleine Netzwerke inzwischen auch in das traute Heim Einzug gehalten. Doch warum sollte man zu Hause zwei oder mehr PCs vernetzen wollen? Wie muss die Antwort im Jahre 2003 wohl lauten? Klar, um zu spielen und um einen Internetzugang von allen

PCs aus benutzen zu können. Dieser neuen Zielgruppe wird auch Windows XP Home gerecht, indem es die komplette Netzwerkfunktionalität möglichst einfach zur Verfügung stellt. Sie müssen daher weder etwas über Netzwerkprotokolle noch über andere technische Details wissen (schaden können diese Kenntnisse natürlich nicht). In der Regel genügt es, den Assistenten für das Einrichten eines Heim-Netzwerkes einmal auf jedem Computer auszuführen. Weitere Einstellungen sollten nicht erforderlich sein (aus diesem Grund ist dieses Kapitel auch bei weitem nicht mehr so umfangreich wie noch zu Zeiten von Windows 98).

Natürlich stehen auch bei einem Heim-Netzwerk die üblichen Vorteile einer Vernetzung zur Verfügung:

- Alle Netzwerkteilnehmer können Ressourcen der einzelnen Netzwerkcomputer (in erster Linie Verzeichnisse, Drucker, Faxmodem, Prozessorleistung) gemeinsam nutzen. Konkret: Sind fünf PCs in einer Wohnung miteinander vernetzt, können alle fünf PCs einen Drucker benutzen, der an einem dieser PCs angeschlossen ist. Für die Praxis macht es keinen Unterschied, ob ein PC über einen eigenen Drucker verfügt oder auf einen Netzwerkdrucker zugreift (im Gegenteil, der Ausdruck über das Netzwerk ist manches Mal sogar schneller). Arbeiten Sie zum Beispiel mit einem Textbearbeitungsprogramm, wählen Sie vor dem Drucken den Netzwerkdrucker als Standarddrucker aus, und Sie können anschließend wie gewohnt drucken. Der einzige Unterschied besteht darin, dass Windows dafür sorgt, dass der Inhalt der zu druckenden Datei über das Netzwerk auf den Netzwerkdrucker transportiert wird und Sie unter Umständen ein wenig laufen müssen, um an den Ausdruck zu kommen.
- Alle Netzwerkteilnehmer können miteinander (über E-Mail) kommunizieren oder kleine Videokonferenzen durchführen. Leider (und das ist ein wenig erstaunlich) wird bei Windows XP Home dazu eine zusätzliche Software benötigt, da sowohl Outlook Express als E-Mail-Programm als auch Windows Messenger als Kommunikationstalent nur über das Internet funktionieren.
- Der wichtigste Aspekt bei der Vernetzung ist zu Hause sicherlich die gemeinsame Nutzung eines Internetanschlusses. Auf diese Weise lassen sich auch uralte 486er, die weder über ein Modem, geschweige denn eine ISDN-Karte verfügen und auf denen lediglich Windows 95 läuft, mit dem Internet verbinden[1].

1 Windows 3.x ginge theoretisch auch, allerdings ist hier das notwendige TCP/IP-Protokoll nicht von Anfang an dabei und muss (von »irgendwoher«) nachträglich installiert werden.

17.1.2 Eine Frage des Protokolls

Auch wenn im letzten Abschnitt versprochen wurde, dass für ein Heim-Netzwerk keine technischen Vorkenntnisse erforderlich sind, einen Begriff sollten Sie kennen: *TCP/IP*. Es ist der Name des so genannten Netzwerkprotokolls, das dafür sorgt, dass die im Netzwerk verbundenen Computer miteinander »reden«, d.h. Daten und Dateien austauschen können. Wenn Sie mit Windows XP arbeiten, ist TCP/IP bereits voreingestellt, bei Windows 95/98 kann es sein, dass es erst nachträglich als Netzwerkprotokoll hinzugefügt werden muss.

TCP/IP (diese Abkürzung steht für *Transmisson Control Protocol/Internet Protocol*) ist noch aus einem anderen Grund sehr wichtig. TCP/IP ist die Grundlage für die Kommunikation im Internet. Ein Heim-Netzwerk lässt sich dadurch an das Internet anschließen.

Der IP-Teil von TCP/IP ist dafür verantwortlich, dass jeder Computer im Netzwerk eine eigene Hausnummer, die IP-Adresse, besitzt. Diese besitzt eine, am Anfang etwas eigentümlich erscheinende Zusammensetzung. Eine IP-Adresse wäre zum Beispiel 192.168.10.0 (auf die genauen Hintergründe der Zusammensetzung dieser Adresse wird im Kapitel 23, wenn es um das Thema Sicherheit geht, kurz eingegangen). Die IP-Adresse des Computers wird bei Windows XP entweder in den Eigenschaften der LAN-Verbindung (im Ordner NETZWERKVERBINDUNGEN) eingestellt. Sehr viel häufiger ist es jedoch so, dass in einem Netzwerk ein Serviceprogramm (der so genannte DHCP-Server), das der Anwender nicht wahrnimmt, da es unsichtbar im Hintergrund arbeitet, die stets notwendigen IP-Adressen an alle Computer verteilt, sodass Sie sich um diesen Aspekt keine Gedanken machen müssen.

17.1.3 Client, Server und Peer-to-Peer

Auch diese Begriffe müssen kurz geklärt werden, damit später in der Praxis keine unnötigen Konfusionen entstehen. In einem Heim-Netzwerk kann jeder Computer sowohl die Rolle des *Clients* als auch die des *Servers* spielen. Der Server ist ganz einfach der Computer, der etwas anbietet. Dieses Etwas sind freigegebene Ordner und gegebenenfalls ein freigegebener Drucker. Alles, was auf einem Computer freigegeben wird, kann von anderen Computern benutzt werden. Diese anderen Computer sind dementsprechend die Clients, da sie zum Beispiel den auf einem Server freigegebenen Drucker benutzen. Die Rollenverteilung ist allerdings nicht fest, d.h. ein Computer, der die Rolle des Servers spielt, kann gleichzeitig auch ein Client sein, indem er auf die freigegebenen Verzeichnisse eines anderen Computers zugreift. Da alle Computer in einem solchen Netzwerk gleich sind, spricht man auch von einem *Peer-to-Peer*-Netzwerk (das engl. Wort »peer« steht hier für »Gleicher unter Gleichen«).

Mit Windows XP Home lassen sich nur Peer-to-Peer-Netzwerke verwirklichen. Ihr großer Pluspunkt ist die Unkompliziertheit, aber es gibt auch gewisse Nachteile:

- Peer-to-Peer-Netzwerke können nicht sehr groß werden. Auch wenn es kein richtiges Limit gibt, liegt die Obergrenze bei etwa 25 bis 30 Computern. Soll ein Netzwerk größer werden, wirkt sich das Peer-to-Peer-Prinzip aus verschiedenen Gründen ungünstig aus, da sich sehr viele Datenpakete eine Leitung teilen und es zu »Kollisionen« kommt, welche ein erneutes Senden der Pakete erforderlich machen.
- Peer-to-Peer-Netzwerke sind schlecht bzw. gar nicht administrierbar. Da jeder Computer im Prinzip alles darf, ist es für einen Administrator sehr schwer, einheitliche Regelungen, Zugriffsbeschränkungen und Sicherheitsrichtlinien einzuführen (sofern diese benötigt werden). Auch wenn Windows XP Home unter dem Dateisystem NTFS zahlreiche Möglichkeiten bietet, sind diese ohne die notwendige Erfahrung nicht ganz einfach umzusetzen. Zudem spielt NTFS beim Networking keine so große Rolle wie etwa beim großen Bruder, der Professional Edition.
- Peer-to-Peer ist daher auch nur eine Alternative für kleine Büro- und Heimnetzwerke, in denen es darum geht, möglichst einfach und kostengünstig Dateien für mehrere PCs zur Verfügung zu stellen, Ressourcen (wie Drucker, Faxmodem, Scanner usw. allen PCs zugänglich zu machen) und einfache Workgroup-Anwendungen (E-Mail, Terminkalender usw.) auszuführen. In kleinen Büros (etwa in Werbeagenturen) kann Peer-to-Peer tatsächlich eine gute Lösung sein, zumal hier kein Administrator benötigt wird (allerdings kommt es auch hier darauf an, dass zum Beispiel die Verzeichnisse der einzelnen Personen geschützt sind, sodass es ohne eine Mindestadministration auch hier nicht geht). Für zu Hause ist ein Peer-to-Peer-Netzwerk sogar die ideale Lösung. Einfach die Computer zusammenschalten und loslegen. Sobald ein Netzwerk eine gewisse Größe überschreitet oder der Sicherheitsgedanke eine wichtige Rolle spielt, kommt Peer-to-Peer nicht mehr in Frage. Die Alternative heißt dann Server-Netzwerk, bei dem (mindestens) ein Computer die Rolle des Netzwerk-Servers spielt. Auch wenn für diesen Computer Windows XP Home noch in Frage käme, ist Windows XP Professional oder gar Windows 2000 Server (das allerdings auch deutlich teuerer ist) die bessere Wahl.

17.1.4 Die Idee der Arbeitsgruppe

Keine Sorge, ein Netzwerk darf wirklich auch zum Spielen verwendet werden. Dennoch gibt es auch dann eine *Arbeitsgruppe* (engl. »workgroup«). Die Arbeitsgruppe ist einfach nur ein Name für alle Computer, die zu einer Gruppe gehören, der Arbeitsgruppe eben. Windows benutzt das Konzept der Arbeitsgruppe, damit die Übersichtlichkeit verbessert wird und es eine

Möglichkeit gibt, Computer, in einer Firma zum Beispiel auf der Grundlage der verschiedenen Abteilungen, zuzuordnen. In einem Heim-Netzwerk gibt es im Allgemeinen nur eine Arbeitsgruppe. Ihr Name wird beim Ausführen des Assistenten zum Einrichten eines Netzwerks festgelegt – im Allgemeinen spricht nichts dagegen, den voreingestellten Namen *MSHEIMNETZ* beizubehalten, wenngleich Sie sich natürlich einen anderen Namen ausdenken können. Sie müssen nur darauf achten, dass alle übrigen Computer ebenfalls diesen Namen verwenden, denn sonst gehören sie zu einer anderen Arbeitsgruppe.

Wie viele Arbeitsgruppen eingerichtet werden, hängt vom Bedarf ab. Der Zugriff auf PCs einer Arbeitsgruppe durch einen PC einer anderen Arbeitsgruppe ist durch nichts eingeschränkt. Es ist also völlig unwesentlich, in welcher Arbeitsgruppe sich ein PC befindet.

Neben der Arbeitsgruppe kennt Windows XP noch den Begriff der *Domäne*. Dies ist eine Unterteilung, die in großen Netzwerken eingesetzt wird. Hier gibt es einen sog. *Domänen-Kontroller* (das muss ein Computer sein, auf dem Windows 2000 Server läuft), und der zum Beispiel die gemeinsame Benutzerkontendatenbank verwaltet. Wie bei Windows 9x kann man den Computer so einrichten, dass er nur dann zugänglich ist, wenn die Anmeldung an einer Domäne erfolgreich war. Das ist ein sehr viel stärkeres Sicherheitskonzept, als es in einem Peer-to-Peer-Netzwerk möglich ist. Für Heim-Netzwerke im Allgemeinen und für Windows XP Home spielt die Domäne keine Rolle.

17.1.5 Namen im Netz

In einem Netzwerk gibt es viele Namen: Computernamen und Namen von Arbeitsgruppen sind die wichtigsten. Diese Namen sind die so genannten NetBIOS-Namen.

Jeder Computername darf nur einmal im Netzwerk vorkommen und muss den Regeln für NetBIOS-Namen entsprechen. Er darf maximal 15 Zeichen lang sein. Groß- und Kleinschreibung wird nicht beachtet. Er besteht nur aus Buchstaben und Zahlen sowie den folgenden Sonderzeichen:

!@#$%^&()-_'{}.

Wenn ein NetBIOS-Name kürzer als 15 Zeichen ist, wird der Rest mit Nullen aufgefüllt. Jeder NetBIOS-Name verfügt noch über ein 16. Zeichen, das unsichtbar ist und den Typ der Ressource angibt, die den Namen registriert hat. Das 16. Zeichen ist in diesem Zusammenhang unwichtig. Wichtig ist: Alle Windows-Versionen konvertieren jeden NetBIOS-Namen intern immer in Großbuchstaben, deswegen wird nicht zwischen Groß- und Kleinschreibung unterschieden.

Der Computername lässt sich in der Systemsteuerung im Applet *System* ändern. Im Register COMPUTERNAME steht der Computername, der Name der Arbeitsgruppe sowie die Beschreibung:

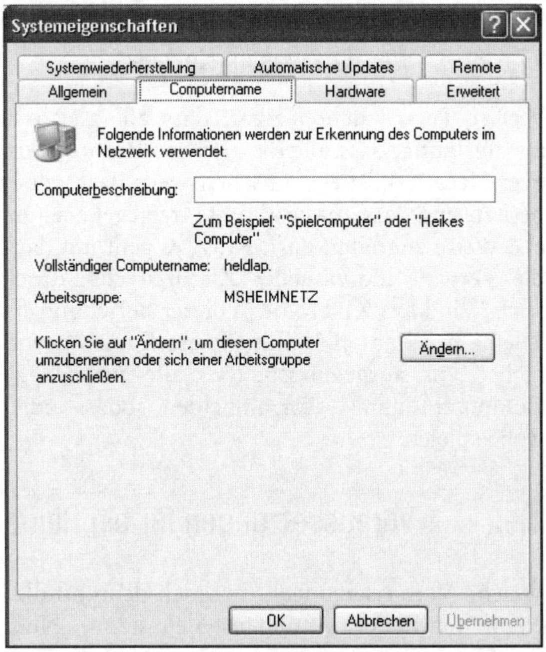

Abbildung 17.1: Anzeige von Computer- und Arbeitsgruppennamen

Über die Schaltfläche ÄNDERN lassen sich neue Namen angeben:

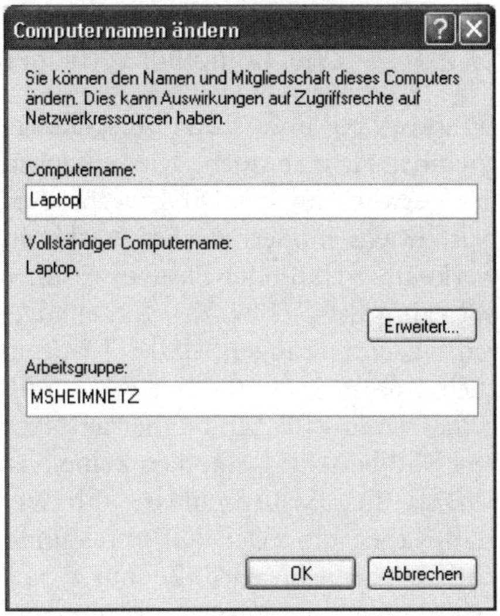

Abbildung 17.2: Zuweisen von Computer- und Arbeitsgruppennamen

NetBIOS-Namen sind eigentlich veraltet, da Microsoft heute DNS-Namen bevorzugt. Diese sind aber nur in großen Netzen von Bedeutung, in denen DNS-Server betrieben werden. Für kleine Netzwerke reichen NetBIOS-Namen völlig aus.

17.1.6 Wer darf was im Netzwerk?

Peer to Peer bedeutet zwar, dass alle gleich sind, es bedeutet aber nicht zwangsläufig, dass alle die gleichen Rechte besitzen. Auch in einem Peer-to-Peer-Netzwerk ist es wünschenswert, dass jede Person ihren eigenen Bereich besitzt, und dass auf bestimmte freigegebene Ordner nicht jeder auf die gleiche Weise zugreifen darf. Kurz, es geht um das Thema Administration und die Vergabe individueller Zugriffsrechte durch einen Administrator. Da auch Windows XP Home in dieser Beziehung etwas zu bieten hat, wird dem Thema mit Kapitel 18 ein eigenes Kapitel gewidmet. Im Moment wird einfach davon ausgegangen, dass alle wirklich gleich sind und sich alle als Computeradministrator anmelden, sodass individuelle Zugriffsrechte keine Rolle spielen.

17.2 Voraussetzungen für ein Heim-Netzwerk

Welche Voraussetzungen muss ich denn erfüllen, damit ich mir ein kleines Heim-Netzwerk zusammenstellen kann? Nun, als Erstes benötigen Sie natürlich einen zweiten Computer. Auf diesem sollte mindestens Windows 95 laufen, d.h. Windows XP ist keine Voraussetzung. Außerdem muss natürlich jeder Computer mit einer Netzwerkkarte ausgestattet sein.

17.2.1 Zwei Computer verbinden

Windows XP unterstützt verschiedene Methoden, zwei oder mehr PC miteinander zu verbinden. Die einfachste und kostengünstigste Art besteht in der Verwendung der Direktverbindung, für die XP eine eigene Software enthält. Etwas moderner sind Verbindungen über USB oder Firewire. Netzwerke über USB oder Firewire können durchaus größer werden, unterliegen aber zum Beispiel bei den Kabellängen und den Verbindungsgeräten größeren Einschränkungen. USB 1.1 ist mit etwa 4 Mbit/s relativ langsam, verglichen mit einem 10-Mbit-Ethernet-Netzwerk, und kann mit den heute eingesetzten 100-Mbit-Ethernet-Netzwerken nicht mithalten. Der Vorteil von USB besteht darin, dass keine Netzwerkkarten angeschafft werden müssen, da die USB-Anschlüsse »ab Werk« vorhanden sind. Es gibt spezielle USB-Kabel, um zwei PCs miteinander zu vernetzen, auf die im Folgenden kurz eingegangen wird. Bei nur zwei PCs gibt es noch eine weitere Möglichkeit, nämlich die Vernetzung mit einem Crossover-Kabel.

Direktverbindung

Wer möglichst wenig Geld ausgeben möchte, kann zwei PCs mit einem parallelen Kabel verbinden und die PC-Direktverbindung von Windows XP mit dem Netzwerkinstallations-Assistenten einrichten. Serielle Kabel oder IR-Verbindungen lassen sich ebenfalls verwenden. Solche Lösungen haben den Nachteil geringer Geschwindigkeit und eignen sich bestenfalls, um zum Beispiel mit einem Notebook kleinere Datenmengen auszutauschen. Etwas schneller, aber auch teurer sind spezielle USB-Kabel und die dazugehörige Software, welche nicht im Umfang von Windows XP enthalten sind.

USB

Im Handel sind spezielle USB-Kabel zur Verbindung zweier PCs erhältlich. Der Vorteil dieser Lösung besteht in der einfachen Installation und Konfiguration. Das USB-Kabel muss einfach nur eingesteckt werden, damit ist die Installation bereits beendet. Vorteilhaft auswirken kann sich hier das Verlegen der USB-Anschlüsse an die Frontseite des Gehäuses.

Bestandteil solcher Lösungen ist eine spezielle Software, die auf beiden PCs installiert wird, und so ähnlich funktioniert wie der Explorer. Mehr als ein einfacher Datenaustausch ist damit allerdings nicht möglich.

Mit Preisen um die 30 € sind solche Produkte für die gebotene Leistung nicht gerade preiswert. Die einfache Installation kann jedoch in manchen Fällen das ausschlaggebende Kriterium für eine solche Verbindung sein.

Einige Produkte setzen mit einem Kabel USB auf Ethernet um, sodass damit der Anschluss an ein vorhandenes Festnetz möglich ist. Jedoch muss man auch hier wieder die relativ hohen Preise in Relation zu richtigen Netzwerkkarten sehen.

Gekreuztes Kabel

Eine zukunftssichere Investition ist die Verbindung zweier PCs mit Netzwerkkarten mithilfe eines so genannten gekreuzten Kabels. Ein gekreuztes Kabel ist ein normales Patch-Kabel, bei dem Sende- und Empfangsleitungen vertauscht sind. Gekreuzte Kabel sind meistens durch eine deutliche Markierung gekennzeichnet, um sie von normalen Patch-Kabeln zu unterscheiden. Gekreuzte Kabel lassen sich auch einsetzen, um zwei Hubs oder Switches miteinander zu verbinden. Sowohl die Netzwerkkarten als auch das Kabel lassen sich bei einer späteren Aufrüstung zu einem »richtigen« Netzwerk wieder verwenden.

Der Nachteil dieser Lösung besteht darin, dass natürlich die Karten eingebaut werden müssen. Die Preise liegen ab 15 € für eine 100-Mbit-Karte zuzüglich 10 € für das Kabel je nach Länge und Hersteller. Ab ca. 40 € ist man also dabei.

17.2.2 Netzwerkkarten

Die Entscheidung für den Kauf einer Netzwerkkarte ist heutzutage einfach: 100 Mbit-Ethernet (100BaseT) ist der Standard, mit weniger sollte man sich nicht zufrieden geben – mehr kostet auch gleich viel mehr Geld. Für 100BaseT werden so genannte Twisted-Pair-Kabel (TP) mit RJ45-Stecker benötigt sowie ein Verteiler (Hub oder Switch, Sterntopologie). Dazu gleich mehr.

Die langsamere Variante ist 10BaseT – 10-Mbit-Karten ebenfalls mit TP. Solche Karten gibt es zwar noch zu kaufen, sie sind aber nicht billiger als 100-Mbit-Karten.

10-Mbit-Karten gibt es auch nach dem 10Base2-Standard, das sind ebenfalls 10-Mbit-Netze, allerdings mit einer anderen Verkabelung: Koaxialkabel statt Twisted Pair. 10Base2 benötigt keinen Verteiler und ist daher preiswerter als 100BaseT. Das Kabel wird einfach von Station zu Station gezogen (Bustopologie). Solche Netze sind allerdings fehleranfällig: Ist das Kabel an einer Stelle unterbrochen, fällt das gesamte Netzwerk aus.

Der große Bruder von 100BaseT ist Gigabit-Ethernet. Karten und Verteiler liegen allerdings preislich noch jenseits dessen, was man sich in einem Heim-Netzwerk leisten sollte.

Die Marke bestimmt den Preis: Nonamekarten zum Beispiel mit Realtek-Chipsatz gibt es im Versandhandel bereits ab 10 €, Markenkarten können bis zu 50 € kosten. Der Unterschied liegt am Support sowie eventuell an der Auslastung des PCI-Busses, die aber in praktisch allen Fällen gering ist und damit kaum eine Rolle spielt. Für ein Heim-Netzwerk ist die automatische Treibererkennung wichtig: Wird eine Netzwerkkarte eingebaut, sollte Windows diese erkennen und automatisch die richtigen Treiber installieren. Das ist bei fast allen Karten der Fall, insbesondere die kostengünstigen Realtek-Karten werden fast immer automatisch erkannt.

Unterschiede in der Geschwindigkeit gibt es nicht oder sie sind unmessbar klein. Als Empfehlung gilt daher: Die billigsten Karten reichen aus.

Nach wie vor sind Netzwerkstarter-Kits im Handel, die meistens aus zwei oder drei Netzwerkkarten sowie einem Verteiler bestehen. Bei solchen Produkten sollte man sich besonders die technischen Daten des Verteilers ansehen. Sind diese zufriedenstellend, kann man zugreifen. Mehr zu Hubs und Switches im Anschluss. Zunächst noch ein paar Worte zur Verkabelung.

17.2.3 Kabeltypen

Die preiswertesten Kabel sind Koaxialkabel für 10Base2, solche heißen Thinnet. Die zweite Kabelart heißt Twisted Pair (TP) – nur damit sind Geschwindigkeiten von theoretischen 100 Mbit/s möglich.

Thinnet

Beim Thinnet werden alle Computer mit einem Koaxialkabel verbunden. Dies ist die ältere Variante, die sich aber bewährt hat und daher immer noch häufig anzutreffen ist. Ein Vorteil ist, dass alle beteiligten Computer eine Kette (Bus) bilden und keine Zwischenstation (entweder ein *Hub* oder ein Switch – beides sind kleine »Verteilerdosen« für Netzwerkkabel) benötigt wird. Ein Nachteil ist, dass eine Koaxialverkabelung etwas störanfälliger ist, wenn man es nicht richtig macht oder das Kabel unterbrochen wird.

Koaxialkabel sind wie normale Antennenkabel aufgebaut. Eine Seele wird von einer Isolierung umgeben, darum befindet sich ein Drahtgeflecht zwecks Abschirmung, das wiederum von einer Isolierung nach außen geschützt ist. Die technische Bezeichnung lautet RG58-Kabel.

Die Verlegung ist einfach: Pro PC wird ein T-Stück benötigt, das auf die Netzwerkkarte gesteckt wird und an das die Kabel zum jeweils nächsten PC gesteckt werden. Der Stecker heißt BNC-Stecker.

Der erste und der letzte PC an diesem Bus verfügen jeweils nur über einen Kabelanschluss, der zweite MUSS mit einem 50-Ohm-Abschlusswiderstand terminiert werden. Der Abschlusswiderstand vernichtet das Signal an den Kabelenden, damit es nicht reflektiert wird. Reflexionen des Signals können zu Interferenzen führen, die das Signal auslöschen können. Nicht richtig terminierte Netze können funktionieren, tun es aber oft nicht: Das Netz verhält sich dann merkwürdig. Auch der erste und der letzte PC müssen über ein T-Stück verfügen. Keinesfalls darf das Koaxialkabel direkt auf die Karte gesteckt werden!

Der Koax-Bus hat laut Spezifikation eine maximale Länge von 185 Metern, für ein Heim-Netzwerk reicht das meistens. Oft wird alte Koax-Hardware in Firmen ausrangiert, so dass man eventuell kostenlos ein Netz bauen kann. Wer keine Hochgeschwindigkeit benötigt, für den reicht das allemal. Thinnet wird manchmal noch von Spielern benutzt, sodass eine Karte mit Koax-Ausgang benötigt wird. Für diese Zwecke gibt es TP-Karten mit zusätzlichem Koax-Ausgang. Allerdings können solche Karten in einem TP-Netz immer nur mit 10 Mbit betrieben werden.

Alle modernen, preiswerten Netzwerkkarten verfügen nicht mehr über einen BNC-Anschluss, sondern nur über den RJ 45-Anschluss, der Voraussetzung für die TP-Verkabelung ist.

Twisted Pair

Bei der TP-Verkabelung werden alle Computer über eine kleine Verteilungsstation, in der Regel ein so genannter *Hub* (ausgesprochen wie »Habb«) miteinander verbunden. Diese Variante setzt eine Verkabelung mit einem anderen Kabeltyp voraus, der als 10BaseT bezeichnet wird – er ähnelt nicht nur dem ISDN-Verbindungskabel (Kategorie-5-Kabel), sondern ist mit diesem sogar identisch.

TP-Kabel gibt es in verschiedenen Ausführungen je nach Geschwindigkeit und benötigter Abschirmung. Für 10 Mbit werden so genannte Cat3-Kabel (Kategorie 3) benötigt, für 100 Mbit Cat5-Kabel. Die Unterschiede im Preis sind gering, sodass man immer zu Cat5 greifen sollte.

Auch bei der Abschirmung werden verschiedene Typen unterschieden. Zu den geläufigen gehören:

- Unshielded Twisted Pair (UTP)
- Shielded Twisted Pair (STP)
- Shielded Foiled Twisted Pair (SFTP)

UTP ist am kostengünstigsten und reicht auch für 100 Mbit aus (UTPCat5). Die abgeschirmten Varianten werden nur dann benötigt, wenn hohe elektromagnetische Strahlung vorhanden ist, zum Beispiel in der Nähe von Neonröhren. Für ein Heim-Netzwerk gilt die Empfehlung: UTPCat5. Kategorie und Abschirmung sind immer auf dem Kabel aufgedruckt, damit ist eine Verwechselung ausgeschlossen.

Die 10/100BaseT-Verkabelung bietet einige Vorteile gegenüber der Koaxialverkabelung, wie größere Kabellängen und eine einfachere, weil weniger störanfällige Verkabelung, auch wenn das Kabel etwas teuerer ist (ein fertiges 5-Meter-Kabel, das es in jedem Computerladen gibt, kostet etwa 10 €).

Jeder PC wird über ein TP-Kabel mit dem Verteiler verbunden. Daraus leitet sich der Name für diese Topologie ab: Sterntopologie. Als Verteiler kommen heute überwiegend Switches zum Einsatz, Hubs gibt es zwar noch im Handel, sie sind dem Switch aber technisch stark unterlegen. Warum ist ein Switch besser als ein Hub? Diese Frage klärt der nächste Abschnitt.

17.2.4 Hub versus Switch

Ein Hub wird immer dann benötigt, wenn mehr als zwei Computer verbunden werden sollen (zwei Computer können über ihre Netzwerkkartenanschlüsse auch direkt mit einem sog. Cross-Over-Kabel verbunden werden[2]).

Kennzeichen des Hubs sind seine Geschwindigkeit sowie die Anzahl Ports. Es gibt Varianten für 10 Mbit/s und/oder 100 Mbit/s. Moderne Geräte erkennen automatisch die Geschwindigkeiten der angeschlossenen Netzwerkkarten – diese Eigenschaft ist als Autosensing bekannt. 10-Mbit- und 100-Mbit-Karten können damit gemischt betrieben werden.

Die kleinsten Hubs haben vier Ports, typisch sind acht. Wichtig ist der Uplink-Port – ein zusätzlicher Port, über den sich ein weiterer Hub zwecks Erweiterung des Netzwerks anschließen lässt. Bei Verwendung von Uplink-Ports können Hubs (oder Switches) also gestapelt werden. Die Ausführung der Uplink-Ports unterscheidet sich bei den verschiedenen Modellen. In klaren Fällen ist er als zusätzlicher, beschrifteter Port zu erkennen. In anderen Fällen muss erst ein normaler Port per Schalter zum Uplink umfunktioniert werden. Bei einigen Modellen kann es vorkommen, dass bei Verwendung des Uplinks ein anderer Port nicht mehr funktioniert – meistens der erste oder letzte in der Reihe. Solche Details sind dem Handbuch zu entnehmen.

INFO

Ein Nachteil älterer Hubs, der oft übersehen wird, ist, dass nicht alle Geräte die beiden üblichen Übertragungsgeschwindigkeiten 10 Mbit/s und 100 Mbit/s gleichzeitig unterstützen, auch wenn bei den etwas teureren Hubs auf der Packung 10/100 Mbit/s angegeben ist. Werden in einem Netzwerk an dem Hub zum Beispiel vier Computer mit einer 100-Mbit/s-Netzwerkkarte und ein Computer mit einer 10-Mbit/s-Karte betrieben, arbeitet der Hub trotzdem nur mit 10 Mbit/s. Dies wird möglich, da praktisch alle Netzwerkkarten in der Lage sind, sich automatisch auf die Übertragungsgeschwindigkeit der Partner einzustellen (Autosensing). Dies kann in den Eigenschaften des Netzwerkadapters – Register ERWEITERTE EINSTELLUNGEN – eingestellt werden.

Hubs funktionieren so: Sendet eine Station Daten an den Hub, so verteilt der Hub diese an alle angeschlossenen PCs, auch an diejenigen, für die sie gar nicht bestimmt sind. Das führt zu unnötigem Verkehr auf den Kabeln und belastet das Netzwerk. Ein Switch verhält sich intelligenter: Er stellt eine direkte Verbindung zwischen Sender und Empfänger her – die Daten werden nur zwischen diesen beiden Stationen ausgetauscht und gelangen nicht an fremde Rechner. Für die Bandbreite hat dieses Verhalten enorme

2 Fragen Sie beim Händler direkt nach diesem Kabeltyp, da er ansonsten leicht mit einem herkömmlichen Netzwerkkabel verwechselt werden kann.

Konsequenzen: Im Idealfall verfügt jeder PC an einem Switch über die gesamte Bandbreite, während sich bei einem Hub alle Stationen die Bandbreite teilen müssen.

Switches sind aufgrund des Preisverfalls bei den Chips kaum noch teurer als Hubs. Aus diesem Grund wird es bald keine Hubs mehr geben. Bei einer Neuanschaffung ist ein Switch also immer ratsam.

In DSL-Zeiten setzen sich Kombigeräte zunehmend durch. Sie enthalten außer einem DSL-Router einen Switch sowie meistens einen Print-Server und einen Access Point für ein Funknetz. Solche Geräte sind preislich sehr attraktiv und bei einer Neuanschaffung auf jeden Fall zu berücksichtigen. Die Preise für solche Multifunktionsgeräte beginnen derzeit bei 250 €.

17.2.5 Geschwindigkeiten im Netz

Wer bereits ein 10-Mbit-Netzwerk zum Beispiel mit Twisted Pair betreibt, dem wird sicherlich auffallen, dass die Datenübertragung recht schleppend verläuft. Bei 10 Mbit werden theoretisch 1,25 MByte Daten pro Sekunden auf das Kabel ausgegeben. Misst man dies einmal nach, so stellt man fest, dass nur ca. 700 bis 800 Kbyte Daten pro Sekunde übertragen werden. Der Rest »verschwindet« unter anderem in den Übertragungsprotokollen! Wird ein einfacher Hub eingesetzt und senden mehrere Stationen gleichzeitig, kann die Geschwindigkeit enorm abnehmen – im schlimmsten Fall bricht das Netz zusammen. Im Ethernet besagt eine Faustregel: Bei mehr als 50% Netzlast bricht das Netz zusammen. Unter idealen Bedingungen können bis zu 70% erreicht werden. Das bedeutet nicht, dass gar nichts mehr geht, sondern die Übertragungen dauern extrem lange. Das lässt sich zum Beispiel gut mit dem Task-Manager von Windows erkennen (siehe Abbildung 17.3).

Im obigen Beispiel wird eine 1 Gbyte große Datei in ca. 4 Minuten über eine 100-Mbit-Verbindung kopiert. Das Netzwerk ist sonst nicht belastet. Zunächst wird eine Auslastung von 50% erreicht, die sich dann auf knapp 70% erhöht.

Bei einer Aufrüstung von 10 Mbit/s auf 100 Mbit/s darf man jedoch keine zehnfache Steigerung erwarten. Die erzielbare Geschwindigkeit hängt vielmehr von den Komponenten der Verbindungspartner ab. Insbesondere die Festplatten stellen den Flaschenhals dar. Mit schnelleren Festplatten verlaufen auch Übertragungen über das Netzwerk schneller! Der real zu erzielende Geschwindigkeitszuwachs beträgt etwa Faktor 3 bis 4, mehr nicht. In der Praxis wirkt sich dieser Zuwachs aber beträchtlich aus.

Wer das einmal nachprüfen möchte, kann von RAM-Disk auf RAM-Disk kopieren. Dabei werden leicht 80 Mbit oder mehr erzielt, das Netzwerk stellt also nicht die Bremse dar.

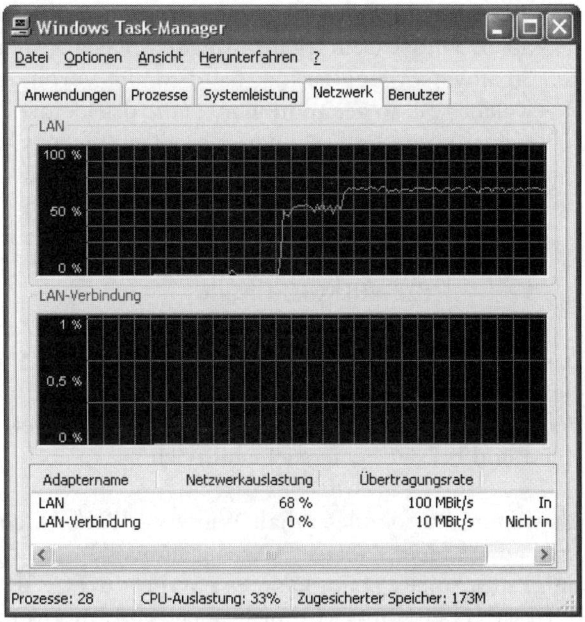

Abbildung 17.3: Maximal 70% Auslastung ist im Ethernet möglich

Einige Verpackungen von Netzwerkkarten sprechen von 200 Mbit. Damit ist immer der so genannte Vollduplex-Modus der Netzwerkkarte gemeint. In diesem Modus kann die Karte gleichzeitig senden und empfangen und das mit je 100 Mbit. Solche Angaben sind ein Marketing-Gag und in der Realität irrelevant. Trotzdem sollte man auf jeden Fall 100-Mbit-Hardware anschaffen oder umrüsten.

17.2.6 Checkliste für das Netzwerk

Hier noch einmal die kleine »Checkliste« für den Aufbau eines kleinen Windows-Netzwerks:

- Jeder Computer benötigt eine (PCI-) Netzwerkkarte, bei Notebooks muss es natürlich entweder eine (leider etwas teuere) PCCard-Netzwerkkarte (PCMCIA) oder eine Karte mit USB-Anschluss sein. Ob 10 oder 100 Mbit/s spielt für die Netzwerkkarte keine so große Rolle, wenngleich sich die Anschaffung einer 100-Mbit/s-Karte immer lohnt.
- Für jeden Computer wird ein Netzwerkkabel benötigt, das mit dem Hub oder Switch, der zentralen Verteilerstation, verbunden wird. Ein Hub kann, je nach Preisklasse, vier, zehn oder mehr Computer verbinden. Reicht ein kleiner Hub nicht aus, lassen sich auch mehrere Hubs zusammenschalten. Für 10-Mbit/s-Netzwerkkarten genügt ein einfaches Twisted-Pair-Kabel (es entspricht dem US-Telefonkabel, das hierzulande bei Telefonen auch sehr oft benutzt wird). Für 100-Mbit/s-Netzwerkkarten muss es ein Kategorie-5-Kabel sein.

- Sobald mehr als zwei Computer vernetzt werden, kommt ein Hub ins Spiel. Dies ist ein kleines (passives) Gerät, das allerdings eine eigene Stromversorgung besitzt, bei dem alle Verbindungen zusammenlaufen, welches die so genannte *Backplane* des kleinen Netzwerks bildet[3]. Idealerweise und insbesondere bei einer Neuanschaffung setzt man einen Switch ein, der preislich einem Hub sehr nahe kommt, technisch jedoch wesentlich mehr zu bieten hat.

17.3 Netzwerkprotokolle

Das Standard-Netzwerkprotokoll in Windows XP ist TCP/IP. Es ist komplex und man muss eine Menge Zeit investieren, um es zu verstehen. Das Verständnis dieses Protokolls ist aber für die Netzwerkkonfiguration von Hand und bei der Fehlersuche hilfreich.

Als weitere Protokolle enthält Windows IPX/SPX sowie NetBEUI. IPX/SPX ist in einem Heim-Netzwerk wenig sinnvoll, es sei denn, man braucht es für einige alte Spiele. Dann kann es parallel zu TCP/IP installiert werden. NetBEUI ist veraltet und wird nicht mehr von Microsoft gepflegt. Man muss es von der CD nachinstallieren. Der Nachteil sowohl von IPX/SPX als auch von NetBEUI ist ihre mangelnde Internetfähigkeit: Deswegen gibt man TCP/IP den Vorzug.

17.3.1 Wie viele Protokolle sind sinnvoll?

Natürlich kann man mehrere Protokolle parallel installieren, der Nachteil besteht jedoch darin, dass jedes Protokoll Ressourcen wie Arbeitsspeicher und Prozessorzeit benötigt. Wenn nicht zwingende Gründe dagegen sprechen, sollte man sich auf TCP/IP beschränken.

17.3.2 IP-Adressen verstehen

Die Grundlage von TCP/IP bilden die IP-Adressen. Jeder Rechner hat eine IP-Adresse, genau wie ein Haus eine Hausnummer hat. IP-Adressen dienen dazu, einen Rechner in einem Netzwerk zu adressieren. Das Internet besteht ja aus vielen kleinen einzelnen Netzwerken (Subnets), die miteinander verbunden sind. Um dort einen Host (Rechner) zu finden, müssen das Subnet und die Adresse des Hosts im Subnet angegeben werden. Genau das spiegelt eine IP-Adresse wider. Sie besteht aus zwei Teilen: einem Subnet-Anteil, gefolgt von einem Host-Anteil. IP-Adressen sind immer 32 Bit breit, zum

3 Auch wenn es hier eigentlich nicht hingehört: Mein erster Hub, den ich »günstig« in den USA (in einem CompUSA-Laden in Seattle) erworben hatte, funktionierte erst, nachdem ich mir wieder zu Hause im Supermarkt nebenan (ein Super Spar-Markt, damit auch die »hiesige« Wirtschaft nicht einseitig benachteiligt wird) das passende Netzteil besorgt hatte.

Beispiel 192.168.0.1, wobei jede der vier Zahlen maximal 8 Bit breit ist und Oktett heißt. Ein Oktett ist also ein Byte groß. Wie viele Bits für den Netzwerk-Anteil und wie viele für den Host-Anteil verwendet werden, legen so genannte Klassen fest.

17.3.3 IP-Klassen: Große und kleine Netze

Klassen braucht man, um Netzwerke verschiedener Größe bauen zu können. In einem Heim-Netzwerk mit nur wenigen Rechnern ist ein kleines Netzwerk – dafür gibt es die Klasse C. Große Firmen mit vielen tausend Rechnern benötigen eine Klasse für große Netzwerke – Klasse B oder A. Bei einem Klasse-A-Netzwerk wird nur das erste Oktett für den Subnet-Anteil verwendet, mit den verbleibenden 24 Bit wird der Host adressiert. Die ersten Bits lauten 01. Da weder der Host-Anteil noch der Subnet-Anteil nicht nur aus Nullen oder Einsen bestehen darf (sie dienen speziellen Zwecken), lautet der kleinste Subnet-Anteil 1 und der größte 127. 127 ist aber eine weitere Ausnahme: IP-Adressen, die mit 127 beginnen, werden nur intern verwendet, zum Beispiel die so genannte Loopback-Adresse 127.0.0.1, die zum Testen des TCP/IP-Stacks dient. Insgesamt verbleiben 126 Subnets der Klasse A. Das ist sehr wenig. Dafür gibt es aber pro Subnet (2 ^ 24) – 2 = 16 777 214 Hosts! Solche Netzwerke bekommen nur sehr große Firmen zugeteilt. Auch hier sind wieder die beiden Spezialfälle – der Host-Anteil darf nicht nur aus Nullen oder Einsen bestehen – abzuziehen. Ein Klasse-A-Netzwerk erkennt man also daran, dass das erste Oktett zwischen 1 und 126 liegt.

Bei Klasse-B-Netzen werden die ersten beiden Okette zur Adressierung des Subnets verwendet. Damit lassen sich 2 ^ 14 = 16384 Subnets und (2 ^ 16) – 2 = 65 534 Hosts darstellen. Die beiden ersten Bits des Subnet-Anteils lauten immer 10: Ein Klasse-B-Netzwerk erkennt man also daran, dass das erste Oktett zwischen 128 und 191 liegt. Die kleinsten Netzwerke sind die Klasse-C-Netze. Sie verwenden die ersten drei Oktette für den Subnet-Anteil und nur 8 Bit für den Host-Anteil, wobei die ersten drei Bits immer 110 lauten. Damit gibt es 2 ^ 21 = 2 097 152 Subnets mit je 254 Hosts. Die folgende Tabelle fasst die Werte zusammen:

Tabelle 17.1: Die fünf IP-Klassen

Klasse	Anfang binär	Ende binär	Anfang dezimal	Ende dezimal
A	0000 0001	0111 1111	1	127
B	1000 0000	1011 1111	128	191
C	1100 0000	1101 1111	192	224
D	-	-	224	224
E	-	-	240	-

Weder im Subnet- noch im Host-Anteil dürfen alle Bits 0 oder 1 sein. Sind im Host-Anteil alle Bits 0, so ist das die Subnet-Adresse – damit lässt sich kein Host ansprechen. Sind alle Bits 1, nennt man das Broadcast-Adresse. Damit werden alle Hosts im Subnet angesprochen.

17.3.4 Private IP-Adressbereiche

Wenn ein Subnet oder ein LAN nicht an das Internet angeschlossen ist, können beliebige Adressen Verwendung finden. Besteht aber eine Verbindung, müssen intern bestimmte IP-Adressen eingesetzt werden – die privaten IP-Adressen. Diese gelten nur in abgeschlossenen Netzwerken und sind nicht über das Internet erreichbar – sie werden nicht geroutet. Dazu gleich noch etwas mehr. Für jede Klasse gibt es einen privaten Bereich:

Tabelle 17.2: Private IP-Adressbereiche

Klasse	Adressraum	Bereich
A	10.0.0.0/8	10.0.0.1 bis 10.255.25.254
B	172.16.0.0/12	172.16.0.1 bis 172.31.255.254
C	192.168.0.0/16	192.168.0.1 bis 192.168.255.254

Die Zahl nach dem Schrägstrich gibt die Anzahl Bits an, die das Subnetz bestimmen.

Die zweite wichtige Angabe außer der IP-Adresse ist die Subnetz-Maske. Mit ihr wird das Subnetz festgelegt, in dem sich der Host befindet. Um Subnetz-Masken zu verstehen, muss man sich allerdings mit binären Zahlen auskennen.

Binärzahlen: Grundlagen von IP-Adressen

Die Dezimalzahl 192 bedeutet: Nimm 1 * 100, addiere 9 * 10 und addiere dann 2 * 1. Die Position 100, 10 oder 1 wird mit der Zahl multipliziert und alle Werte addiert. Diese Art des Rechnens ist als Zehnersystem bekannt. Beim Binärsystem ist es ähnlich, nur lauten die Positionswerte:

128 64 32 16 8 4 2 1

und es sind nur die Werte 0 und 1 gültig. Die Position mit dem Wert 4 zum Beispiel ist also entweder vorhanden oder nicht. Beim Zehnersystem dagegen kann man ja noch angeben, wie oft sie vorhanden sein soll (0 bis 9 mal). Binärzahlen werden von rechts nach links gelesen (und geschrieben). Die Zahl 13 (im Dezimalsystem) lautet damit im Binärsystem 1101, weil 8 + 4 + 0 + 1 = 13 ergibt.

Für das Rechnen mit Binärzahlen sind zwei Operationen wichtig: Undieren und Odern. Beim Undieren (mit UND verknüpfen) werden zwei Operanden (Binärzahlen) Bit für Bit vergleichen. Nur wenn beide Bits 1 sind, ist das Ergebnis ebenfalls 1. Ist jedoch ein Bit 0 der sind beide 0 ist das Ergebnis 0. Das sieht so aus:

1101 1010

1011 1110

1001 1010

Undieren wird dazu verwendet, um aus einem Wert einzelne Positionen zu löschen. Die Position, die mit 0 undiert wird, ist im Ergebnis auch immer 0!

Die zweite wichtige Operation ist das Odern. Diese Verknüpfung sieht folgendermaßen aus:

1101 1010

1011 1110

1111 1110

Das Ergebnis ist nur 0, wenn beide Operanden 0 sind, sonst immer Eins. Beim Odern werden Positionen gesetzt: Wenn mit 1 geodert wird, ist das Ergebnis auch immer 1, egal ob im Ausgangsoperanden vorher eine 1 oder eine 0 dort stand.

17.3.5 Subnetz-Masken

Die Subnetz-Maske legt fest, wie viele Bits der IP-Adresse für den Subnetz-Anteil verwendet werden. Bei einem Klasse-A-Netz zum Beispiel wird nur das erste Oktett für den Subnetz-Anteil verwendet. Die Subnetz-Maske lautet in diesem Fall 255.0.0.0. Die IP-Adresse wird nämlich mit der Subnetz-Maske undiert, sodass aus der IP-Adresse alle diejenigen Positionen wegfallen, für die in der Subnetz-Maske eine 0 steht. Was übrig bleibt, sind genau die Bits für den Subnetz-Anteil. Oder andersherum ausgedrückt: Die Subnetz-Maske nullt den Host-Anteil. Die folgende Tabelle zeigt die Standard-Subnetz-Masken:

Tabelle 17.3: Die Standard-Subnetz-Masken

Klasse	Subnet-Maske
A	255.0.0.0
B	255.255.0.0
C	255.255.255.0

Nun gibt es jedoch auch Masken wie 255.255.248.0. Wie kommt so eine Maske zustande? Die Anzahl Bits für den Subnetz-Anteil kann in 2er-Potenzen variiert werden. Man muss nicht 8 Bit für den Subnetz-Anteil verwenden, es können auch 9 oder 10 oder mehr sein. So kommen die krummen Masken zustande. Dieses Verfahren heißt Subnetting und basiert auf folgender Überlegung:

Je größer ein Netzwerk ist, desto mehr Datenverkehr findet statt. Irgendwann ist die Belastung so groß, dass das Netz zusammenbricht. Um das zu verhindern, wird das Netzwerk in mehrere kleinere Netzwerke unterteilt – die Subnetze. Ein Subnetz enthält weniger Hosts und deswegen ist das Datenaufkommen auch geringer. Subnetze werden mit Verbindungsgeräten gekoppelt (Bridge oder Router) und stellen ein eigenes Netzwerksegment mit eigener Subnetz-Maske dar.

Beim Subnetting werden Bits aus dem Hostanteil verwendet, um weitere Subnetze zu erzeugen. Dadurch gibt es weniger Hosts pro Subnetz, aber auch mehr Subnetze. Das genaue Procedere ist etwas langwierig, aber nicht besonders schwierig.

17.3.6 Ports: Verbindungen herstellen

Jede Verbindung im Internet erfolgt über so genannte Ports. Sie werden als Nummern zwischen 0 und 65.535 dargestellt, wobei die Ports von 0 bis 1.023 fest vergeben sind, also nicht von Anwendungen belegt werden können. So verläuft eine HTTP-Anfrage immer über Port 80, FTP über 21 usw. Die folgende Tabelle zeigt einige typische Port-Belegungen:

Tabelle 17.4: Häufig verwendete Port-Nummern

Port-Nummer	Beschreibung
20	FTP (Data Channel)
21	FTP (Control Channel)
23	Telnet
80	HTTP
139	NetBIOS-Session-Dienst

Zusammen mit der IP-Adresse wird ein so genanntes Socket gebildet, über das die Kommunikation stattfindet: Außer dem Ort des Servers (IP-Adresse) wird auch der Dienst auf dem Server angegeben (durch die Port-Nummer). Sockets stellen eine der beiden Standard-APIs der Anwendungsschicht dar. Die andere ist NetBIOS. Beide APIs stellen den Anwendungen Netzwerkfunktionen bereit. Das ist im Wesentlichen die Aufgabe der Anwendungsschicht, wie sie im OSI-Modell definiert ist.

17.3.7 Das OSI-Modell

Wer Networking im Allgemeinen und TCP/IP im Besonderen verstehen will, kommt um einige Grundlagen nicht herum: das OSI-Modell (Open Systems Interconnection). Danach ist eine Netzwerkarchitektur aus Schichten aufgebaut – im OSI-Modell sind es sieben.

Abbildung 17.4: Die sieben Schichten des OSI-Modells

Die Daten gelangen von der obersten Schicht – der Anwendungsschicht (Application Layer) – durch alle Schichten runter bis zur Physikalischen Schicht und werden dort auf das Kabel gegeben. Beim Empfänger durchlaufen die Daten den Stapel von unten nach oben bis zur Anwendungsschicht.

Worin besteht der Vorteil eines Schichtaufbaus? Die Antwort: in der Flexibilität. Jede Schicht muss nur mit der darüber liegenden und der darunter liegenden kommunizieren. Zum Beispiel könnte man leicht ein weiteres Transportprotokoll hinzufügen, ohne zu wissen, dass es noch weitere Schichten gibt, dass es ein Routing gibt usw.

Das TCP/IP-Schichtenmodell entspricht nicht genau dem OSI-Modell. Wie auf dem Bild zu sehen, besteht es nur aus vier Schichten, die den OSI-Schichten ungefähr zugeordnet sind. Auch die wichtigen TCP/IP-Protokolle sind im Bild zu sehen – es sind 12 Stück (und es werden noch mehr werden), von denen einige noch besprochen werden. Doch zunächst geht es darum, was in den Schichten überhaupt so alles passiert.

Abbildung 17.5: Das TCP/IP-Modell ist an das OSI-Modell angelehnt

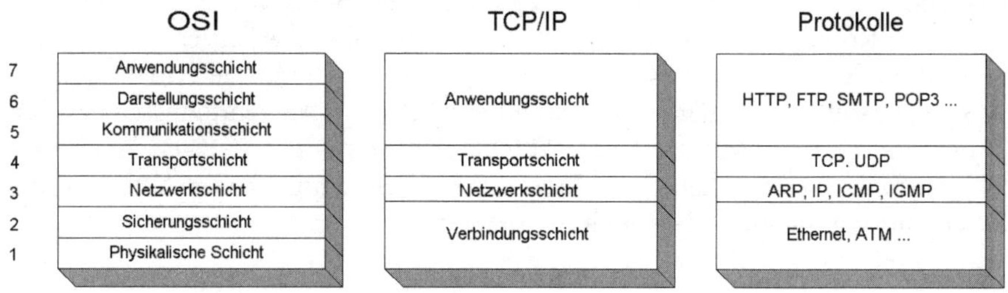

17.3.8 Die Verbindungsschicht

In dieser untersten Schicht werden Datenpakete auf das Netzwerkkabel gegeben. Bei TCP/IP kommen mehrere Kabelarten zum Einsatz, wie zum Beispiel Twisted Pair, Koaxial oder Glasfaser. Außerdem gibt es verschiedene Netzwerktypen, wie Ethernet, Token Ring oder ATM. Kommt ein Paket aus der darüber liegenden Schicht an, erhält es einen Header (bestimmte Datenstruktur) und eine Prüfsumme und wird an das Ziel gesendet. Dort wird der Header entfernt, und eine neue Prüfsumme berechnet. Stimmt sie mit der im Paket Enthaltenen überein, wird die Hardware-Adresse ausgewertet. Diese ist im Header enthalten und 6 Byte groß. Stimmt die Hardware-Adresse im Paket mit der des Hosts (der das Paket gerade untersucht) überein, wird das Paket an die höheren Schichten weitergeleitet, sonst verworfen. Stimmt die Prüfsumme nicht, wird das Paket ebenfalls verworfen. Die Netzwerkschicht erhält ihre Daten aus der Internetschicht.

17.3.9 Die Internetschicht

Hier befindet sich das IP (Internet Protocol), das dafür zuständig ist, auf welchem Weg ein Datenpaket ans Ziel gelangt – in dieser Schicht findet das Routing statt. IP garantiert nicht die korrekte Auslieferung der Pakete: Es können welche verloren gehen, defekt sein oder die Reihenfolge der Pakete kann durcheinander kommen. Es ist ein so genanntes zustandsloses Protokoll, da keine Sitzung mit dem Ziel-Host aufgebaut werden muss, wie es etwa bei TCP der Fall ist. Dazu gleich etwas mehr.

Gelangt ein Paket von der Transportschicht in die Internetschicht, erhält es vom IP-Protokoll einen weiteren Header, der unter anderem Quell- und Ziel-IP enthält, das verwendete Transportprotokoll (TCP oder UDP), eine Prüfsumme sowie die TTL (*Time To Live*). Die TTL gibt an, wann das Paket vernichtet wird, damit es nicht endlos durch die Kabel wandert. Die Einheit ist Hop und nicht etwa Sekunden. Jeder Router, der passiert wird, stellt einen Hop dar (dies kann man sich mit dem *tracert*-Kommando in der Eingabeaufforderung ansehen). Standard sind 128 Hops.

Befindet sich die Zieladresse im gleichen Subnetz wie die Quelladresse, kann IP das Paket direkt zustellen, sonst sieht es in der Routing-Tabelle nach, ob dort ein Weg zum Zielnetz angegeben ist. Wenn nicht, wird das Paket einfach an das Default-Gateway weitergeleitet. Dieses fungiert seinerseits als Router und muss nun das Paket routen. Kennt das Default-Gateway keinen Weg, wird das Paket vernichtet. Dieses Gateway dekrementiert zum Beispiel auch die TTL (bei TTL=0 wird das Paket vernichtet). Auf diese Weise werden die Pakete von Router zu Router bis zum Ziel-Host weitergeleitet.

Es kommt vor, dass ein Paket zu groß ist. Die Router können es dann in kleinere Pakete zerlegen und diese zustellen. Jedes kleinere Paket erhält ein Flag, um es als fragmentiert zu kennzeichnen, sowie eine Nummer, mit der die Pakete am Ziel wieder in der richtigen Reihenfolge zusammengesetzt werden können. Fragmentierung kann zwar verboten werden (durch ein Bit im Header), dann wird das Paket aber unter Umständen verworfen. Fragmentierung kommt häufig bei einem Medienwechsel, wie von Ethernet auf Token Ring, vor.

17.3.10 ARP

Um ein Netzwerkgerät wie eine Netzwerkkarte anzusprechen, ist eine eindeutige Adresse nötig. Diese ist aber nicht die IP-Adresse, wie man vielleicht meinen könnte, sondern die so genannte MAC-Adresse (Media Access Control). Die MAC-Adresse kennzeichnet sowohl den Hersteller als auch das Gerät eindeutig. Sie ist 6 Byte groß. Die ersten drei Byte identifizieren den Gerätehersteller eindeutig, die restlichen vier das Gerät. Die MAC-Adresse erhält man in der Eingabeaufforderung mit *ipconfig /all*. Das ARP-Protokoll (Address Resolution Protocol) löst die IP-Adresse in die MAC-Adresse auf, und zwar mit einer Methode, die Broadcasting heißt.

ARP funktioniert nur in der eigenen Broadcast-Domain. Das ist das eigene Subnetz, in dem die Rundsendungen verschickt werden. Bei einem Remote-Host wird die MAC-Adresse des Routers verwendet. Den eigenen ARP-Cache kann man übrigens mit *arp -a* anzeigen lassen.

17.3.11 ICMP

Das dritte Protokoll in der Internet-Schicht ist das ICMP (*Internet Control Message Protocol*). Es transportiert Fehlermeldungen zwischen Hosts und wird zum Beispiel vom *Ping*-Befehl verwendet. Typische ICMP-Meldungen sind:

- *Echo request*. Fordert eine Antwort vom Zielsystem. Wird vom Ping-Befehl benutzt.
- *Echo reply*. Die Antwort auf die Anfrage.

- *Redirect*. Sendet ein Router an einen Host, um eine bessere Route mitzuteilen.
- *Source Quench*. Sendet der Router an den sendenden Host, wenn dieser Daten zu schnell sendet. Der Host verringert daraufhin die Geschwindigkeit. Nicht überall implementiert.
- *Destination unreachable*. Antwort von Router oder Zielsystem, dass der Ziel-Host nicht erreichbar ist.

17.3.12 IGMP

Das *Internet Group Management Protocol* (IGMP) überträgt Daten an eine Gruppe von Hosts, zum Beispiel bei Streaming-Anwendungen wie Radio oder Video. Viele Rechner empfangen also die gleichen Daten (Multicasting), wenn sie auf einer bestimmten Adresse lauschen – der Multicast-Adresse. Diese ist eine Klasse-D-Adresse und als Host-Adresse ungültig. Auf den Routern laufen dazu Multicast-Routing-Protokolle.

17.3.13 TCP/UDP

Während IP für das Routing der Pakete zuständig ist, ist TCP (Transport Control Protocol) das Transportprotokoll – es sorgt für eine sichere Zustellung der Pakete. TCP ist ein verbindungsorientiertes Protokoll, da Sender und Empfänger eine Sitzung einrichten, während der Daten getauscht werden. TCP sorgt dafür, dass keine Pakete verloren gehen. Sendet ein Host ein TCP-Paket, wartet er auf eine Bestätigung des Empfängers. Erhält er eine, sendet er das nächste Paket. Bleibt sie jedoch aus, sendet der Host das Paket nach Ablauf einer festgelegten Zeitspanne erneut. Ist das Paket endgültig unzustellbar, erhält der Sender eine ICMP-Meldung.

TCP-Handshake – Verbindung aufnehmen

Möchte ein Client mit einem Server Daten austauschen, sendet er zuerst ein TCP-Paket, in dessen Header unter anderem das so genannte SYN-Bit gesetzt ist. Dieses Bit ist eine Aufforderung an den Server, eine Verbindung herzustellen. Außerdem übermittelt der Client die so genannte Fenstergröße. Dieser Wert legt die Anzahl Bytes für Nutzdaten fest, die ein Paket enthalten kann, damit es auf dem Client noch verarbeitet werden kann. Im zweiten Schritt antwortet der Server, indem er sein ACK-Bit im Header setzt, und übermittelt seine Fenstergröße. Im letzten Schritt akzeptiert der Client mit dem ACK-Bit. Damit ist eine Sitzung zwischen beiden eingerichtet. Das Beenden der Sitzung erfolgt ähnlich mithilfe des FIN-Bits.

17.3.14 Routing

Das *Routing* – also das Leiten der Pakete durch die Netzwerke – ist schon beim IP-Protokoll angesprochen worden, weil dieses für das Routing zuständig ist. Es gibt zwei Methoden der Paketzustellung: direkte und indirekte Zustellung. Beim direkten Routen stellt der sendende Host oder ein Router das Paket direkt an das Ziel-System zu. Quell- und Ziel-Host müssen sich dazu im gleichen Subnetz befinden. Damit die Pakete auf den richtigen Weg gebracht werden können, verfügt jeder Host – zum Beispiel auch Windows XP – über eine Routing-Tabelle.

Routing-Tabellen

Die Routing-Tabelle enthält Ziel-Netzwerke, die dem Host bekannt sind. Wird zum Beispiel ein Paket an 60.x.x.x gesendet, sieht IP in der lokalen Routing-Tabelle nach, wohin diese Pakete gesendet werden sollen. Ist kein Ziel-Netzwerk eingetragen, wird das Paket an das Default-Gateway gesendet.

Die Routing-Tabelle enthält Einträge für einige Standard-Routen, wie das folgende Beispiel zeigt:

```
D:\Dokumente und Einstellungen>route print
===========================================================================
Schnittstellenliste
0x1 ........................... MS TCP Loopback interface
0x10003 ...00 e0 7d c1 da 69 ...... Realtek RTL8139-Familie-PCI-Fast Ethernet-NI
C
0x10004 ...00 e0 7d c1 da 67 ...... Realtek RTL8139-Familie-PCI-Fast Ethernet-NI
C #2
===========================================================================
===========================================================================
Aktive Routen:
     Netzwerkziel    Netzwerkmaske          Gateway    Schnittstelle  Anzahl
          0.0.0.0          0.0.0.0      192.168.0.1      192.168.0.5      20
        127.0.0.0        255.0.0.0        127.0.0.1        127.0.0.1      1
      192.168.0.0    255.255.255.0      192.168.0.5      192.168.0.5      20
      192.168.0.5  255.255.255.255        127.0.0.1        127.0.0.1      20
    192.168.0.255  255.255.255.255      192.168.0.5      192.168.0.5      20
        224.0.0.0        240.0.0.0      192.168.0.5      192.168.0.5      20
  255.255.255.255  255.255.255.255      192.168.0.5            10004      1
  255.255.255.255  255.255.255.255      192.168.0.5      192.168.0.5      1
Standardgateway:       192.168.0.1
===========================================================================
Ständige Routen:
  Keine

D:\Dokumente und Einstellungen>_
```

Abbildung 17.6: Jeder Windows-PC enthält eine Routing-Tabelle

Routing-Tabellen bestehen aus fünf Spalten. Die erste Spalte enthält die Zielnetzwerkadresse, die zweite die dazugehörige Subnetz-Maske. Es folgt eine Gateway-Adresse – das ist die Zieladresse dieser Route, die Netzwerkkarte, über die gesendet werden soll, sowie eine Maßzahl für die Kosten: die Metrik – das ist die Anzahl Hops bis zum Ziel-Host. Führen mehrere Routen zum Ziel, wird die mit der kleinsten Metrik gewählt.

Host-Routen haben die Subnetz-Maske 255.255.255.255. Dabei liegt die Interface-IP im gleichen Subnetz wie die Netzwerkadresse.

17.4 Änderungen gegenüber Windows 9x

Wie es in der Einleitung bereits angedeutet wurde, hat sich zwar am Prinzip der Netzwerkverbindungen bei Windows XP nichts geändert, doch gibt es eine Reihe von Änderungen bei der Benutzeroberfläche, die am Anfang gerade für erfahrene Anwender sehr irritierend sein können.

Ein (durchaus ernst gemeinter) Hinweis gleich vorweg: Geben Sie Windows XP eine Chance, auch wenn das vermeintliche Verwirrspiel »Wo finde ich was?« am Anfang ein wenig entnervend sein kann. Es wird Ihnen mit Sicherheit mindestens ein Dutzend Mal passieren, dass Sie den Ordner NETZWERKUMGEBUNG öffnen, nur um festzustellen, dass Sie eigentlich den Ordner NETZWERKVERBINDUNGEN hätten öffnen müssen. Oder Sie wählen die Eigenschaften der Netzwerkumgebung und wundern sich, warum auf einmal der Ordner mit den Netzwerkverbindungen erscheint (den Sie kurz vorher partout nicht finden konnten)[4]. Auch wenn es am Anfang frustrierend sein mag, diese Phase geht vorbei. Die neue Benutzeroberfläche ist, gerade was den Umgang mit Netzwerkverbindungen angeht, durchdachter und übersichtlicher geworden – das einzige Problem ist, man muss sich erst einmal daran gewöhnen.

17.4.1 Der »wichtigste« Vorteil von Windows XP

Der »wichtigste« Vorteil von Windows XP dürfte vielen Anwendern zunächst gar nicht unbedingt auffallen – es sein denn, Sie haben schon einmal versucht, bei einem Windows 98-Computer die Netzwerkkonfiguration zu ändern oder gar eine neue IP-Adresse einzutragen. Was war stets die Folge, abgesehen davon, dass es »unendlich« lange dauerte und jedes Mal Treiber von der CD angefordert wurden? Richtig, ein Neustart. Diese »Neustartmanie« gibt es bei Windows XP nicht mehr – Neustarts nach Konfigurationsänderungen sind nur noch in Ausnahmefällen notwendig (zum Beispiel, wenn der Arbeitsgruppenname geändert wurde).

17.4.2 Die Netzwerkumgebung

Die Netzwerkumgebung enthält bei Windows XP nur noch eine Auflistung der vom Anwender angelegten Netzwerkverbindungen und nicht mehr die benachbarten Computer. Diese werden erst angezeigt, wenn man in der Aufgabenliste den Eintrag ARBEITSGRUPPENCOMPUTER ANZEIGEN wählt.

4 Man soll zwar nie von sich auf andere schließen, aber ich gehe davon aus, dass andere zumindest ähnliche Erfahrungen machen dürften.

17.4.3 Die Eigenschaften des Netzwerks

Ja, wo sind sie denn geblieben – die Auflistung, der Netzwerkkomponenten, wie zum Beispiel der Netzwerkkarte, die man immer dann benötigt, wenn die IP-Adresse geändert werden soll? Selektiert man den Eintrag EIGENSCHAFTEN bei der Netzwerkumgebung, öffnet sich der Ordner mit den angelegten Netzwerkverbindungen (mehr dazu gleich).

Die Auflistung der Netzwerkkomponenten erhält man bei Windows XP im Ordner NETZWERKVERBINDUNGEN. Dort wird die Netzwerkverbindung als eigenes Symbol geführt. Sie trägt im Allgemeinen den Namen »LAN-Verbindung«. Wählt man hier EIGENSCHAFTEN aus dem Kontextmenü, werden die Netzwerkelemente, wie Client für Microsoft-Netzwerke, Datei- und Druckerfreigabe für Microsoft-Netzwerke und schließlich Internetprotokoll (TCP/IP) aufgelistet. An dieser Stelle lässt sich auch die IP-Adresse des Computers festlegen. Möchte man eine neue Komponente hinzufügen, klickt man auf INSTALLIEREN. Die Netzwerkkarte erscheint in dieser Auflistung nicht, denn sie wird im oberen Teil des Dialogfeldes angezeigt und über die Schaltfläche KONFIGURIEREN konfiguriert.

Sollten, Änderungen an den Einstellungen der Netzwerkkarte notwendig sein was bei Windows XP Home nur in Ausnahmefällen erforderlich ist, kann dies (was stets die empfehlenswertere Variante ist) im Geräte-Manager oder in den Eigenschaften der LAN-Verbindung erledigt werden, in dem Sie auf KONFIGURIEREN klicken.

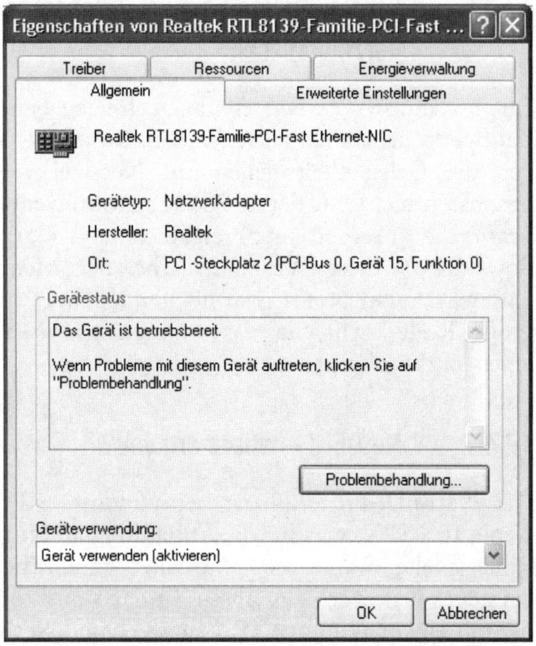

Abbildung 17.7: Die Einstellungen der Netzwerkkarte müssen nur in Ausnahmefällen geändert werden

17.4.4 Der Ordner Gesamtes Netzwerk

Den Ordner GESAMTES NETZWERK gibt es zwar auch bei Windows XP, er ist aber nicht mehr Teil der Netzwerkumgebung. Will man die Computer einer anderen Arbeitsgruppe sehen, muss man zunächst in der Aufgabenliste NETZWERKAUFGABEN auf ARBEITSGRUPPENCOMPUTER ANZEIGEN klicken und anschließend in der Aufgabenliste ANDERE ORTE den Eintrag MICROSOFT WINDOWS-NETZWERK wählen. In diesem Ordner werden alle Arbeitsgruppen aufgelistet und siehe da, auf einmal taucht in der Aufgabenliste ANDERE ORTE auch der Eintrag GESAMTES NETZWERK auf. Es bringt aber nicht viel, diesen anzuklicken, da er wieder über einen kleinen Umweg zum Microsoft Windows-Netzwerk führt.

17.4.5 Der Ordner mit den DFÜ-Netzwerkverbindungen

Das wird Ihnen sicherlich schon aufgefallen sein – bei Windows XP werden DFÜ-NETZWERKVERBINDUNGEN (offiziell heißen sie nun DFÜ-VERBINDUNGEN) mit den übrigen Netzwerkverbindungen, etwa der LAN-Verbindung über die eingebaute Netzwerkkarte, in einen Topf, sprich in einen Ordner mit dem Namen NETZWERKVERBINDUNG, geworfen. Suchen Sie diesen Ordner bitte nicht im Arbeitsplatzordner, Sie werden ihn dort nicht finden. Sie finden ihn stattdessen in der Netzwerkumgebung (werfen Sie dazu einen Blick in die Aufgabenleiste NETZWERKAUFGABEN) oder ein wenig einfacher direkt im Startmenü.

17.4.6 Verbinden von Laufwerkbuchstaben mit freigegebenen Verzeichnissen

Unter Windows 9x war es üblich, freigegebene Netzwerkverzeichnisse mit Laufwerkbuchstaben zu verbinden. Das sollte vor allem älteren Anwendungen die Gelegenheit geben auf Netzwerkverzeichnisse zuzugreifen, die ansonsten nicht mit der UNC-Namenskonvention (*Universal Naming Convention* – »\\Servername\Freigabename«) klargekommen wären. Bei Windows XP ist dieses Verbinden über den Menübefehl EXTRAS|NETZWERKLAUFWERK VERBINDEN zwar noch möglich, es spielt aber für die Praxis keine große Rolle mehr, da das Anlegen von Netzwerkverbindungen einfach etwas praktischer ist.

17.4.7 NetBEUI – where are you?

Das NetBEUI-Protokoll ist bei Windows XP nicht mehr dabei, genauso wenig IPX/SPX; was für die Anbindung an Novell Netware-Netzwerke eine Rolle spielte. Windows XP arbeitet standardmäßig mit TCP/IP. Wenn Sie ein neues Netzwerk einrichten, ist das kein Problem, wenn Sie dagegen vorher mit einem Windows 9x-Netzwerk und NetBEUI als Protokoll gearbeitet haben, kann es sein, dass nach dem Austausch durch TCP/IP nicht alles mehr so läuft wie früher (unter Umständen werden die Namen der Arbeitsgruppencomputer nicht mehr angezeigt, auch wenn sich die Computer wie üblich ansprechen lassen oder es Netzwerkanwendungen gibt, die explizit nur mit NetBEUI arbeiten können. Für diesen seltenen Fall muss das NetBEUI-Protokoll von der Windows XP-CD nachinstalliert werden. Sie finden es im Verzeichnis *ValueAdd\Msft\Net\Netbeui*. Dort ist auch beschrieben, wie es über die Netzwerkkomponenten installiert wird.

INFO

Einige Anwender berichteten vor der Einführung von Windows XP in den Newsgroups von merkwürdigen Phänomenen, wie nicht angezeigten Computern im Arbeitsgruppenfenster, die durch die Nachinstallation von NetBEUI behoben wurden. Das kann eigentlich nicht sein, da TCP/IP funktional mindestens gleichwertig ist (und natürlich noch eine ganze Menge mehr kann, wie zum Beispiel das Verbinden mehrerer Netzwerke). Es ist allerdings so, dass TCP/IP zunächst nicht mit Computernamen (sondern mit IP-Adressen) arbeitet und dass (allerdings aus anderen Gründen) in einer Arbeitsgruppe nicht immer alle vorhandenen Computer angezeigt werden. Sie sind allerdings vorhanden und können auch namentlich angesprochen werden. Es sollte also im Allgemeinen keinen Grund geben, NetBEUI nachinstallieren zu müssen, nur um vermeintliche Funktionsstörungen zu beheben.

17.4.8 Ein Tipp, der den Umstieg erleichtern soll

Auch wenn es Microsoft mit Windows XP geschafft hat, die komplette »Netzwerkumgebung« auf den Kopf zu stellen, ist alles ein wenig übersichtlicher geworden. Der sicherlich beste Tipp für den Anfang lautet: Werfen Sie stets einen Blick in die Aufgabenliste (am linken Rand eines Fensters). Hier finden Sie die wichtigsten Aufgaben und Orte aufgelistet, sodass es sehr einfach wird, von A nach B zu gelangen und wieder zurück.

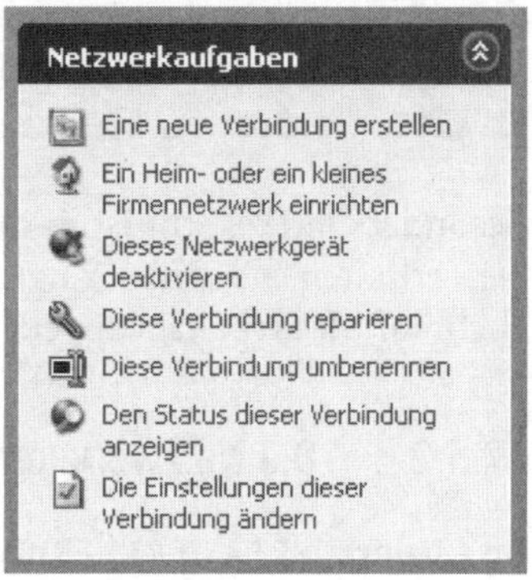

Abbildung 17.8: Die Aufgabenliste bietet die beste Orientierung in der Netzwerkwelt von Windows XP

17.5 Die Netzwerkkomponenten von Windows XP

Windows XP ist von Anfang an ein Netzwerkbetriebssystem. In diesem Abschnitt werden die wichtigsten Netzwerkkomponenten vorgestellt, die bei Windows XP eine Rolle spielen.

17.5.1 Die Netzwerkumgebung

Der Ordner NETZWERKUMGEBUNG ist die wichtigste Anlaufstelle für den Anwender, denn hier werden alle Netzwerkressourcen aufgelistet (der Name ist vielleicht etwas unpassend gewählt). Eine NETZWERKRESSOURCE ist nichts anderes als eine Verknüpfung auf einen freigegebenen Netzwerkordner, die zuvor von Ihnen angelegt wurde (siehe Kapitel 17.10.3) Der Vorteil einer Netzwerkressource ist einfach der, dass Sie den Ordner direkt öffnen und sich nicht durch die Arbeitsgruppencomputer »hindurchklicken« müssen. Auch wird kein Laufwerkbuchstabe benötigt, wie es noch unter Windows 9x der Fall war.

Abbildung 17.9: Die Netzwerkumgebung enthält alle angelegten Netzwerkverbindungen

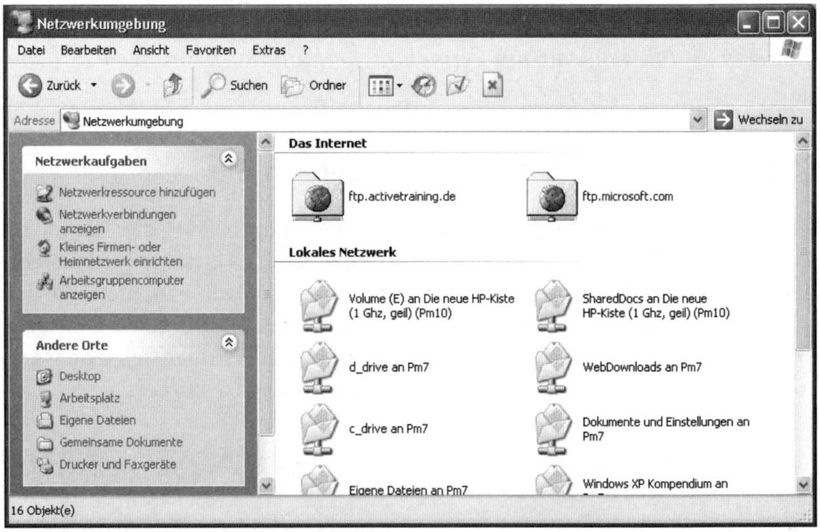

Besonders interessant ist in der Netzwerkumgebung die Aufgabenliste, denn hier erhalten Sie einen Zugriff sowohl auf alle Netzwerkverbindungen als auch auf die Arbeitsgruppencomputer.

17.5.2 Die Netzwerkverbindungen

Im Ordner NETZWERKVERBINDUNGEN werden alle vorhandenen Netzwerk- und DFÜ-Verbindungen aufgeführt. Der Ordner wird zum Beispiel über das Startmenü geöffnet, indem Sie den Menübefehl VERBINDEN MIT|ALLE VER-

BINDUNGEN ANZEIGEN wählen. Pro Netzwerkkarte, die in den Computer eingebaut ist, wird hier eine LAN-Verbindung angezeigt. Das Symbol dieser LAN-Verbindung ist der Zugang zu den Netzwerkeigenschaften.

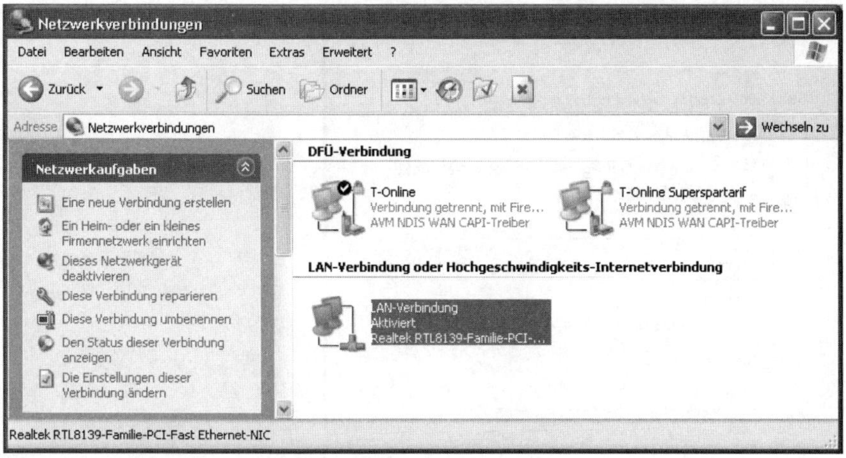

Abbildung 17.10: Im Ordner Netzwerkverbindungen ist die LAN-Verbindung enthalten

17.5.3 Die Eigenschaften der LAN-Verbindung

Das Symbol der LAN-Verbindung im Ordner NETZWERKVERBINDUNGEN erfüllt zwei wichtige Funktionen: Es zeigt den aktuellen Status der Netzwerkverbindung an (zum Beispiel erfahren Sie hier die IP-Adresse der Netzwerkverbindung) und es ermöglicht einen Zugriff auf die Eigenschaften der Netzwerkverbindung, zu der auch die Netzwerkkarte gehört. Mehr dazu in Kapitel 17.10.8.

Eigenschaften der LAN-Verbindung anzeigen

STEP

1. Öffnen Sie den Ordner NETZWERKVERBINDUNGEN.
2. Selektieren Sie das Symbol LAN-VERBINDUNG (in der Beschreibung wird auch der Typ der Netzwerkkarte angezeigt) mit der sekundären Maustaste und wählen Sie EIGENSCHAFTEN.
3. Im EIGENSCHAFTEN-Dialogfeld werden, neben der Netzwerkkarte im oberen Bereich, alle Komponenten der Netzwerkverbindungen aufgelistet. Indem Sie eine Komponente selektieren und auf EIGENSCHAFTEN klicken, öffnen Sie ein Dialogfeld, in dem die Eigenschaften der Komponente angezeigt und geändert werden können (das ist nicht bei allen Komponenten möglich).

Abbildung 17.11: Das Eigenschaften-Dialogfeld einer LAN-Verbindung listet alle Komponenten dieser Verbindung auf

STEP

Status der LAN-Verbindung anzeigen

1. Öffnen Sie den Ordner NETZWERKVERBINDUNGEN.
2. Selektieren Sie das Symbol LAN-VERBINDUNG mit der sekundären Maustaste und wählen Sie STATUS.

Es erscheint ein Dialogfeld, in dem eine Reihe interessanter technischer Daten zu sehen ist:

- die Dauer der Verbindung (diese ist meistens unerheblich)
- die Übertragungsrate (hier können Sie erkennen, ob die 100-Mbit/s-Karte nicht im 10-Mbit/s-Modus arbeitet)
- die Aktivität, d.h. die Anzahl der gesendeten und empfangenen Netzwerkpakete (wenn hier zum Beispiel 0 steht, ist die Verbindung nicht in Ordnung)
- die aktuelle IP-Adresse der Verbindung im Register NETZWERKUNTERSTÜTZUNG; wenn Sie hier auf DETAILS klicken, sehen Sie weitere Details, wie zum Beispiel die physikalische Adresse der Netzwerkkarte, die aber im Allgemeinen keine Rolle spielt

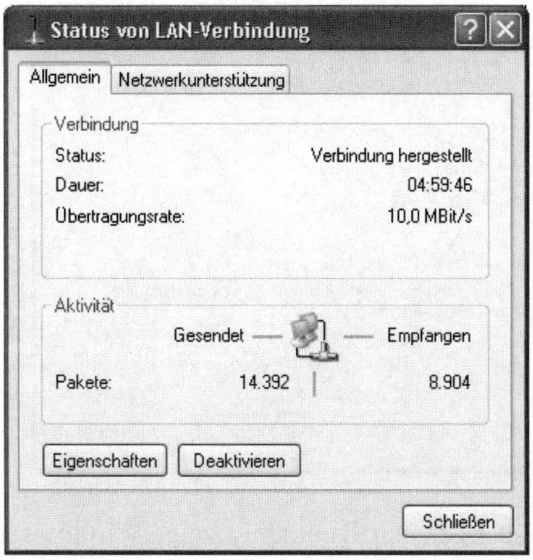

Abbildung 17.12: Der Status der LAN-Verbindung umfasst auch die bereits gesendeten und empfangenen Pakete

17.6 DSL-Treiber installieren

Soll ein Netzwerk per DSL an das Internet angebunden werden, muss das PPPoE-Protokoll (*Point to Point Protocol over Ethernet*) installiert und an die Netzwerkkarte für das Internet gebunden werden. Darum geht es in diesem Abschnitt. Danach folgt die Beschreibung der Einrichtung des Online-Zugangs über ISDN oder analog und schließlich wird das Netzwerk mit einem Assistenten eingerichtet. Für DSL ist ein eigener Treiber nötig, zum Beispiel der von *Robert Schlabbach* (*user.cs.tu-berlin.de/~normanb*). Die T-Online-Software installiert zwar auch einen DSL-Treiber, aber darüber hinaus weitere, eigentlich unnötige Software. Zudem ändert sie ungefragt diverse Systemeinstellungen. Was für T-Online gilt, gilt im Prinzip für jede andere Zugangs-Software auch: Neben der vielen Werbung, die auf dem eigenen Rechner installiert wird, besteht immer die Gefahr, dass heimlich Adware oder Spyware installiert wird. Die sauberste Lösung ist daher ein einziger Treiber, verzichten Sie auf den ganzen Ballast.

Exemplarisch wird im Folgenden die Installation des DSL-Treibers von Schlabbach besprochen. Dieser Treiber hat sich als sehr stabil und schnell erwiesen. Auf der Schlabbach-Homepage finden sich zudem eine gute Anleitung für die Installation des PPPoE-Treibers sowie weitere Hinweise. Als Voraussetzung ist nur eine richtig konfigurierte Netzwerkkarte nötig. Der Treiber sollt in ein eigenes Verzeichnis entpackt werden.

Öffnen Sie den Ordner NETZWERKVERBINDUNGEN und lassen Sie die Eigenschaften der Netzwerkkarte anzeigen, die Sie für das Internet vorgesehen haben. Bei zwei Karten ermittelt man die richtige Karte durch Ausprobieren. Wählen Sie INSTALLIEREN. Im folgenden Dialogfeld markieren Sie den Eintrag PROTOKOLL und klicken auf HINZUFÜGEN.

Abbildung 17.13: Ein neues Protokoll wird installiert

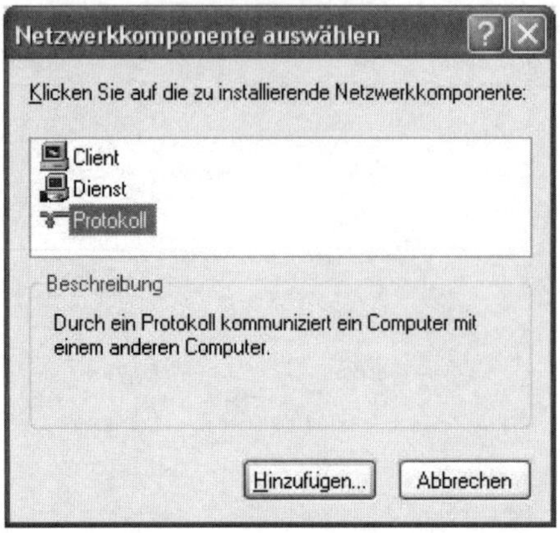

Im nächsten Dialogfeld zeigt Windows, was alles installiert werden kann. Hier erscheint später der Schlabbach-Treiber.

Abbildung 17.14: Auswahl der zu installierenden Protokolle

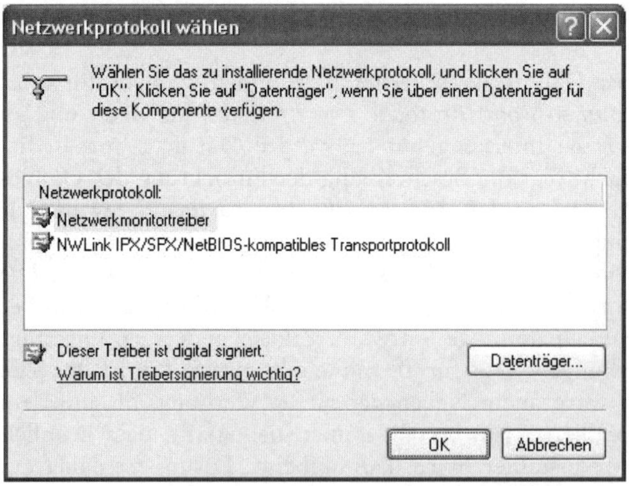

Klicken Sie auf DATENTRÄGER und navigieren Sie zu dem Verzeichnis, das den Treiber enthält.

Dort befinden sich drei INF-Dateien, von denen Sie eine öffnen, die anderen werden automatisch installiert. Jetzt kopiert Windows die Treiber auf die Festplatte. Da sie nicht signiert sind, müssen mehrmals Dialogfelder weggeklickt werden. Nun kommt der entscheidende Schritt: Wählen Sie START/ AUSFÜHREN und geben Sie `raspppoe` ein.

Es erscheint das folgende Dialogfeld. Wählen Sie oben die richtige Netzwerkkarte aus und klicken Sie auf CREATE A DIAL-UP CONNECTION FOR THE SELECTED ADAPTER.

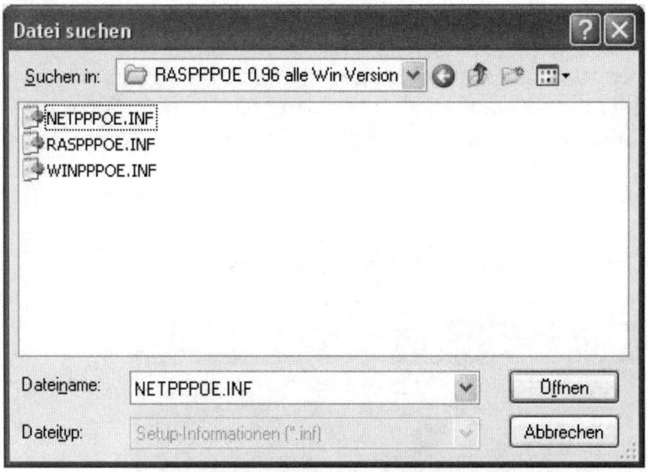

Abbildung 17.15: Die INF-Dateien für den Schlabbach-Treiber

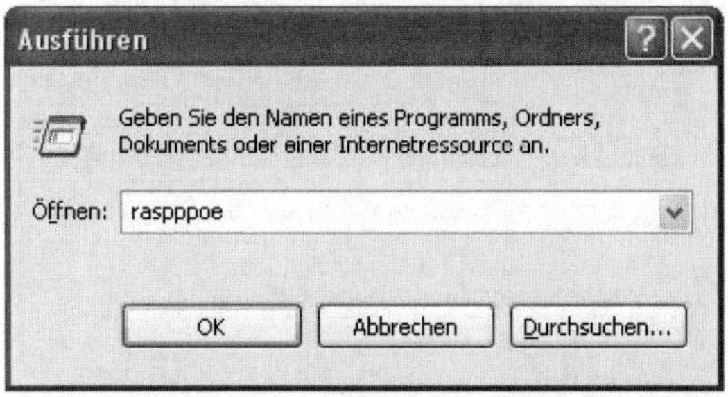

Abbildung 17.16: Die Installation des raspppoe-Treibers wird vervollständigt

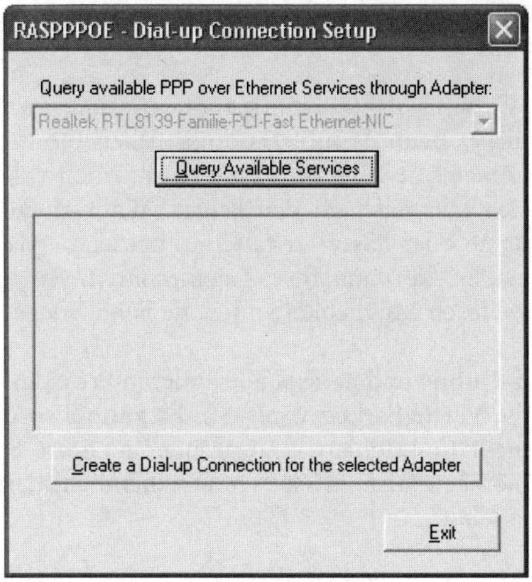

Abbildung 17.17: Die Dial-Up-Verbindung wird angelegt

Jetzt legt Windows ein Icon auf den Desktop. Doppelklicken Sie darauf und geben Sie Ihre Zugangsdaten ein. Wenn Sie bei T-Online sind, ist der Benutzername etwas länglich. Er setzt sich aus der Benutzerkennung, der T-Online-Kennung, der Mitbenutzernummer #001 und den Zeichen »@t-online.de« zusammen. Und so sieht er aus:

```
BenutzerkennungT-Online-Kennung#001@t-online.de
```

Geben Sie noch das Passwort ein, das war's.

Abbildung 17.18: Es kann losgehen ...

Wenn es jetzt nicht klappt, stimmen wahrscheinlich die Zugangsdaten nicht. Beim Troubleshooting gehen Sie am besten so vor: Windows gibt immer eine Fehlermeldung sowie eine Erklärung dazu aus. Daraus ergeben sich Hinweise auf den Fehler. Wahrscheinlich wird etwas von »Benutzername oder Passwort falsch« angezeigt – das ist der häufigste Fehler. Überprüfen Sie dann Ihre Zugangsdaten. An dieser Stelle gibt es leider keine weiteren Möglichkeiten für die Fehlersuche.

T-Online und nahezu alle anderen Provider garantieren in ihren AGBs nicht die Verfügbarkeit von DSL. Es kann also durchaus vorkommen, dass DSL nicht funktioniert – sogar über mehrere Stunden. Wenn also die Leitung plötzlich ausfällt, ist es wahrscheinlich, dass der Provider gerade ein Problem hat.

Das PPPoE-Protokoll wird übrigens auch an die LAN-Karte (so vorhanden) gebunden. Das ist dort überflüssig, löschen Sie es einfach (markieren und entfernen).

Ein letzter Tipp an dieser Stelle: Wenn Sie wissen möchten, wie schnell die Verbindung ist, verwenden Sie den Systemmonitor und nicht irgendeine Software aus dem Internet. Diese Produkte bieten meist nur Funktionen, die Windows ohnehin schon hat. Sie sind aber nicht selten schlecht programmiert und bringen Windows zum Abstürzen.

17.7 Internet über ISDN und analog

Für den Internetzugang über ISDN oder analog legen Sie eine neue Verbindung an. Bei XP ist alles eine Verbindung, egal ob LAN, DSL, VPN, ISDN oder analog, immer handelt es sich um eine Verbindung mit einem eigenen Symbol im Ordner NETZWERKVERBINDUNGEN:

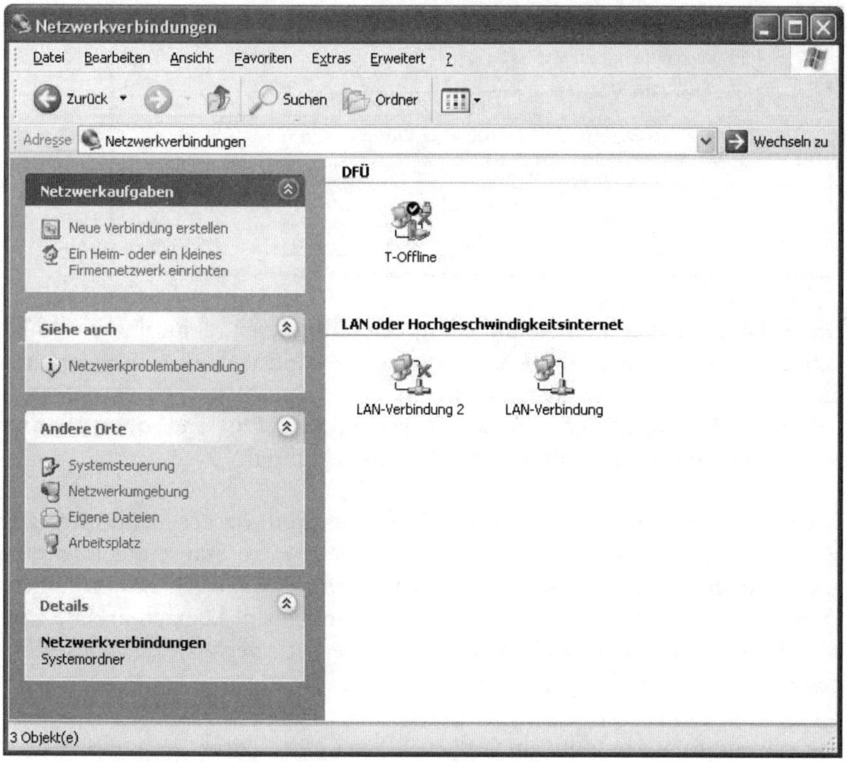

Abbildung 17.19: Jede Verbindung hat ein eigenes Symbol

Bei XP installieren Sie Verbindungen in der Systemsteuerung unter NETZWERKVERBINDUNGEN. Bei analogen Zugängen sind keine weiteren Vorbereitungen nötig (das Modem muss natürlich installiert sein), bei ISDN ist ein Treiber zu installieren. Modem oder ISDN-Karte müssen auf jeden Fall im Geräte-Manager korrekt angezeigt werden, sonst geht es nicht weiter. Klicken Sie auf NEUE VERBINDUNG ERSTELLEN und folgen Sie dem ASSISTENTEN FÜR NEUE VERBINDUNGEN. Beim ersten Mal müssen Sie Ihre Ortsvorwahl angeben. Dann fängt endlich der Assistent an:

Abbildung 17.20: Wählen Sie diese Einstellung, um eine Internetverbindung über das DFÜ-Netzwerk herzustellen

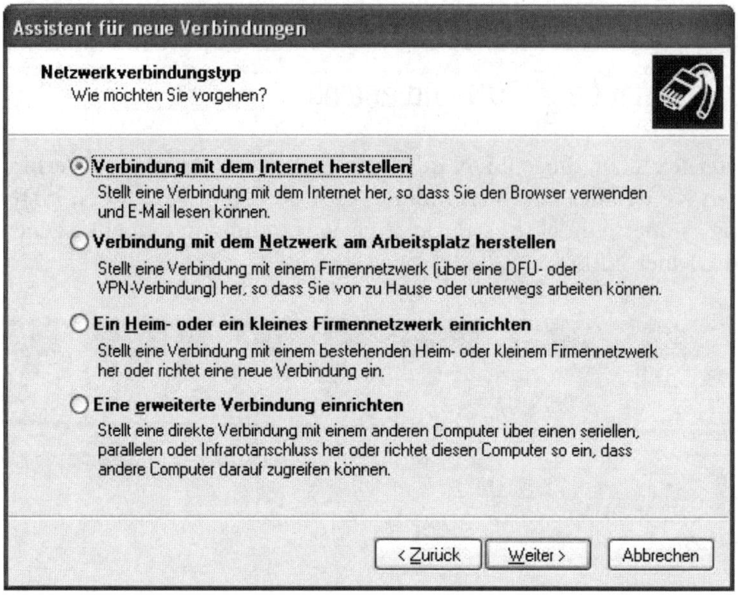

Dieses Dialogfeld sollten Sie unbedingt sorgfältig lesen, denn die vier Möglichkeiten klingen sehr ähnlich. Der Assistent kann viel, zum Beispiel auch die Netzwerk-Software installieren und das Heim-Netzwerk einrichten – darum wird es im nächsten Abschnitt gehen. Bei XP ist das sogar das Einzige, was man tun muss: diesen Assistenten ausführen.

Ein VPN (virtuelles privates Netzwerk) ist hier nur von geringem Interesse: VPNs werden eingesetzt, um sich zum Beispiel von zu Hause aus über eine gesicherte Internetverbindung mit einem Firmen-Netzwerk zu verbinden. Dort läuft ein VPN-Server, an dem Sie sich anmelden. Danach arbeiten Sie wie in einem LAN, nur eben über das Internet. Der Vorteil eines VPN besteht in der Sicherheit der Verbindung.

Die erweiterte Verbindung benötigen Sie bei einer Direktverbindung über ein serielles oder paralleles Kabel oder für Infrarot.

Im nächsten Schritt bietet Windows weitere Optionen: Die richtige Wahl ist hier VERBINDUNG MANUELL EINRICHTEN. Im nächsten Dialogfeld wählen Sie VERBINDUNG MIT EINEM DFÜ-MODEM HERSTELLEN.

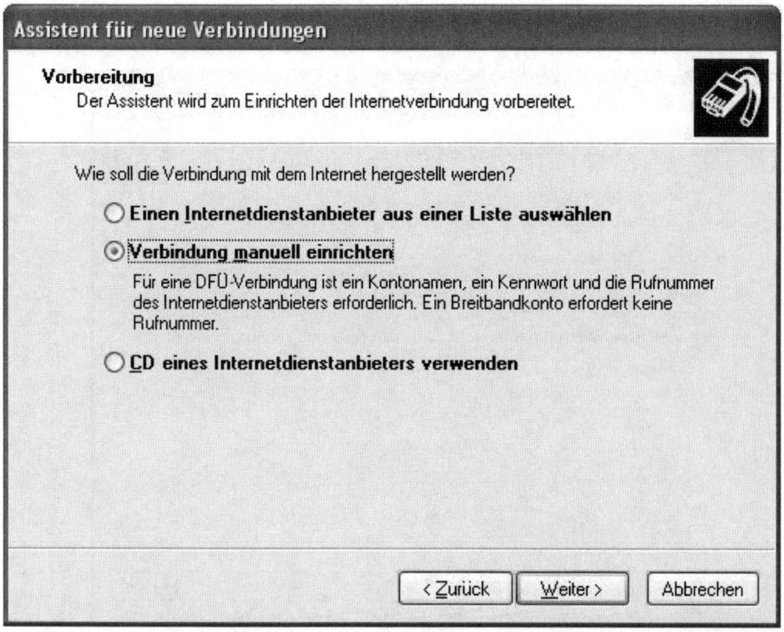

Abbildung 17.21: Manuell einrichten ist die richtige Wahl

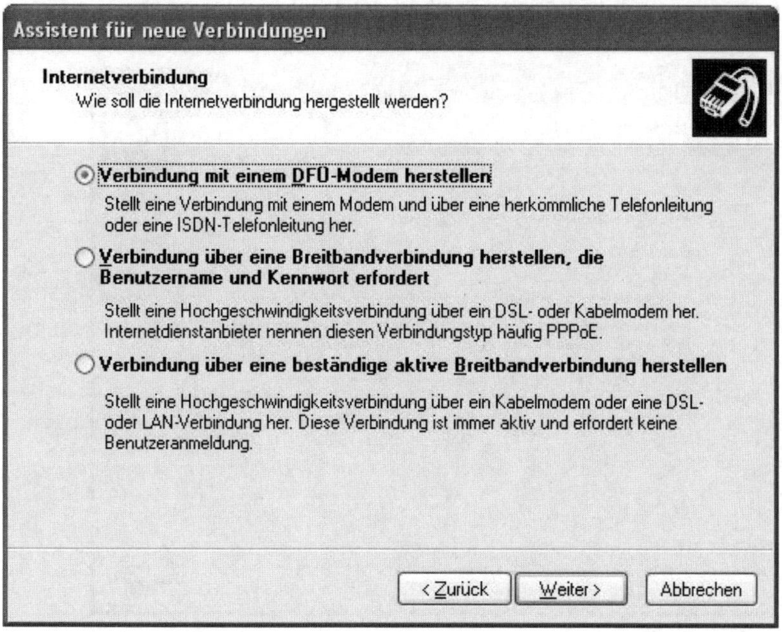

Abbildung 17.22: Bei Modem oder ISDN-Karte ist das DFÜ-Modem auszuwählen

Geben Sie nun der Verbindung einen Namen:

Abbildung 17.23: Verschiedene Verbindungen lassen sich durch Namen voneinander unterscheiden

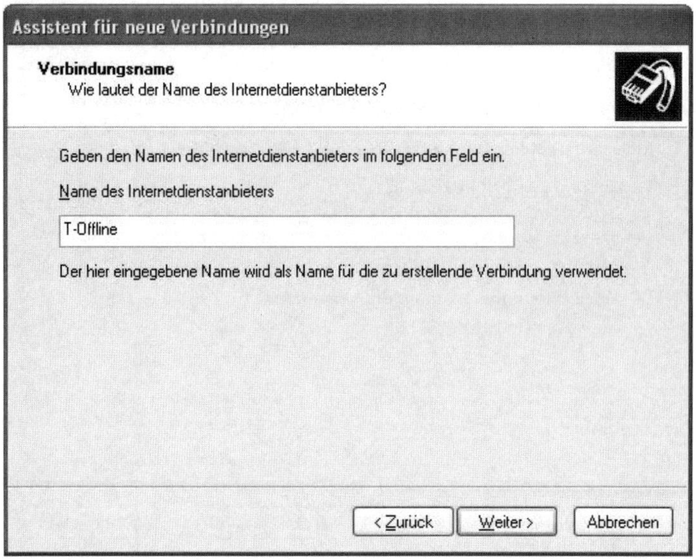

Geben Sie im folgenden Dialogfeld die Telefonnummer ein:

Abbildung 17.24: Die Telefonnummer zum Provider

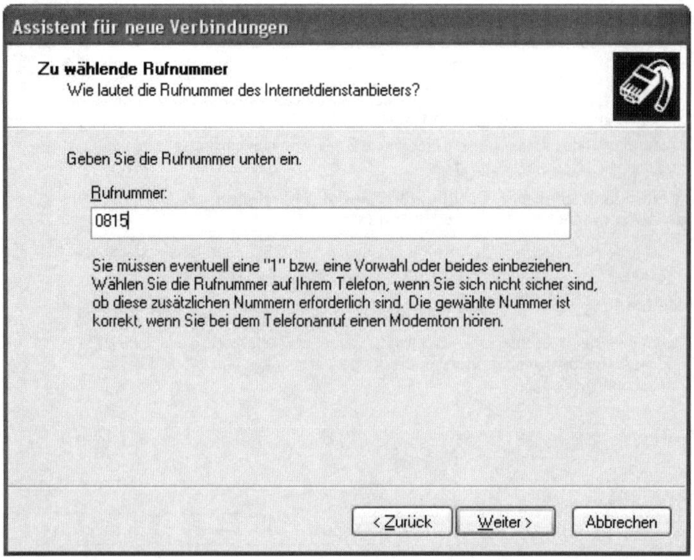

Der nächste Schritt ist wichtig. Neben den Zugangsdaten geben Sie hier einige Eigenschaften der Verbindung an. Zunächst kann diese Verbindung allen Benutzern des PCs zur Verfügung stehen, das ist meistens sinnvoll. Belassen Sie also die Voreinstellung so wie sie ist. Ebenso ist diese Verbindung als Standard-Internetverbindung voreingestellt. Das ist ebenfalls sinnvoll. Es könnte ja sein, dass zwei Leitungen vorhanden sind. Schließlich lässt sich hier die eingebaute Firewall aktivieren. Das ist aber ein Kapitel für sich. Schalten Sie die Firewall zunächst ein, wenn es damit Probleme gibt, lässt sie sich leicht wieder deaktivieren. Damit sieht dieses Dialogfeld so aus:

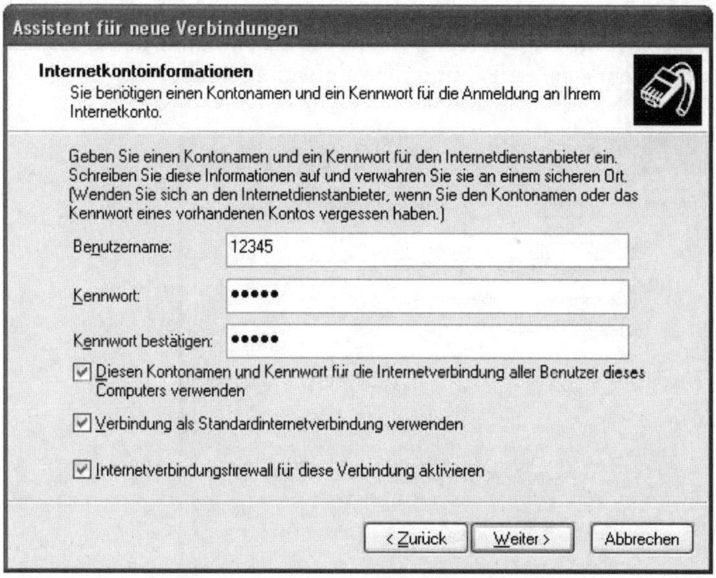

Abbildung 17.25: So stellen Sie die Eigenschaften der Verbindung ein

Das war alles, der Assistent zeigt jetzt eine Zusammenfassung an.

Abbildung 17.26: Die Eigenschaften der Verbindung am Ende der Installation

Legen Sie noch ein Icon auf den Desktop, fertig!

Der Ordner NETZWERKVERBINDUNGEN enthält nun ein neues Symbol. Über die rechte Maustaste rufen Sie das Kontextmenü der Verbindung auf. Hier können Sie einiges einstellen. Die Voreinstellungen funktionieren eigentlich immer, einiges sollte man aber noch wissen. Im Register SICHERHEIT stellen Sie zum Beispiel ein, ob ein Terminalfenster angezeigt werden soll. Falls die Verbindung aus irgendwelchen Gründen nicht funktioniert, benutzen Sie diese Option bei der Fehlersuche. Sie sehen damit den Datenaustausch zwischen dem eigenen PC und dem Einwahlrechner.

Abbildung 17.27: Hier lässt sich das Terminalfenster einstellen

Ein Script sollte eigentlich heute nicht mehr nötig sein. Früher hat man es mal gebraucht, weil es da noch schlechte Einwähl-Server gab. Das Register NETZWERK ist ebenfalls wichtig. Hier sehen Sie unter anderem, welche Clients, Dienste und Protokolle an den DFÜ-Adapter gebunden sind (siehe Abbildung 17.28).

TCP/IP muss an dieser Stelle aktiviert sein. Markieren Sie diesen Eintrag, klicken Sie auf EIGENSCHAFTEN und sehen Sie sich die Optionen an. Die Voreinstellungen sind richtig, Sie müssen noch nichts ändern.

Im Register ALLGEMEIN befinden sich zwei Optionen: IP-ADRESSE AUTOMATISCH BEZIEHEN und DNS-SERVERADRESSE AUTOMATISCH BEZIEHEN. Dahinter steckt einiges an Technik: Jedes Mal, wenn Sie sich einwählen, bekommen Sie diese Adressen automatisch vom Provider zugeteilt. Die IP-Adresse lautet bei jeder Einwahl anders – sie stammt aus einem der vielen

Subnetze, die zu Deinem Provider gehören. Sie machen sie in einer Eingabeaufforderung mit »ipconfig /all« sichtbar. Die DNS-Serveradressen – meistens sind es zwei – sind jedoch immer konstant. Diese Adressen sind nötig, um überhaupt im Internet surfen zu können. DNS kennt nämlich zu einem Namen wie *www.mut.de* die zugehörige IP-Adresse, und nur damit geht es überhaupt voran im Internet. Zum Glück passiert das alles automatisch.

Abbildung 17.28: Diese Komponenten sind an den DFÜ-Adapter gebunden

Der QoS-Paketplaner ist schon seit Windows 2000 mit dabei. Das ist der so genannte »Quality of Service« – ein Mechanismus, der immer eine einstellbare Bandbreite garantiert. Das ist zwar wichtig bei Echtzeit-Kommunikation, doch für normale Anwendungen kann diese Option ruhig entfernt werden. Die nächsten beiden Einstellungen sind dagegen lebenswichtig: DATEI- UND DRUCKERFREIGABE FÜR MICROSOFT-NETZWERKE und CLIENT FÜR MICROSOFT-NETZWERKE.

Diese beiden Komponenten dürfen nie an den DFÜ-Adapter gebunden werden, sonst besteht die Gefahr, das sich jemand über dass Internet unerlaubt mit Ihrem PC verbindet.

Die Dateifreigabe schalten Sie dann ein, wenn Filesharing gebraucht wird. Im LAN ist das immer der Fall, aber im Internet niemals. Durch falsche Konfiguration dieser Einstellungen haben schon so mancher Heimanwender und so manche Firma alle Daten unwiederbringlich verloren! Natürlich müssen Freigaben eingerichtet sein und es müssen Zugangsberechtigungen vorhanden sein, sonst besteht diese Gefahr nicht. Über den Client für Microsoft-Netzwerke sind Sie ebenfalls über das Internet erreichbar. Technisch ausgedrückt, bindet er unter anderem NetBIOS over TCP/IP (NBT) an den DFÜ-Adapter, damit läuft NetBIOS über das Internet und das kann unangenehm werden.

Das NetBIOS-Problem lässt sich leicht lösen: Sie können es nämlich in reinen Windows 2000/XP-Netzen komplett abschalten, allerdings dürfen dann keine anderen Clients außer Windows 2000 und XP vorhanden sein.

17.8 Der Assistent für das Heim-Netzwerk

Auch wenn sich das Einrichten eines kompletten Netzwerks »zu Fuß« erledigen lässt, ist der Assistent für das Heim-Netzwerk bei Windows XP gerade für unerfahrene Anwender eine große Hilfe. Es ist wichtig zu verstehen, welche Vorteile er bringt. Voraussetzung ist natürlich, dass alle Computer mit Netzwerkkarten ausgerüstet und verbunden sind, d.h. dass die Hardware funktionstüchtig ist (mit diesem Part hat der Assistent nichts zu tun). Dann kann der Assistent folgende Aufgaben übernehmen:

- dem Computer einen Namen geben
- den Computer einer Arbeitsgruppe zuweisen
- Ordner und ggf. auch einen Drucker freigeben
- eine Internetverbindung für die gemeinsame Nutzung freigeben bzw. den Computer mit einer freigegebenen Internetverbindung verbinden
- die Internetverbindungs-Firewall aktivieren

Alle diese Aufgaben lassen sich (relativ einfach sogar) auch einzeln erledigen, doch mithilfe des Assistenten wird es gerade für unerfahrene Anwender deutlich einfacher, da sie sich nicht überlegen müssen, wo welche Einstellungen vorzunehmen sind. Die wichtigste Aufgabe des Assistenten ist es, alle Computer so vorzubereiten, dass die Internetverbindung eines anderen Computers »direkt« (über Modem oder ISDN-Karte) mit dem Internet verbunden werden kann.

17.8.1 Der Assistent für das Heim-Netzwerk in Aktion

In diesem Abschnitt tritt der Assistent in Aktion. Ein Hinweis bereits vorweg. Führen Sie den Assistenten bei einem funktionierenden Netzwerk nur aus, wenn Sie wirklich etwas ändern müssen. Ansonsten kann es passieren, dass Sie eine Einstellung (etwa den Arbeitsgruppennamen) überschreiben und hinterher nichts mehr funktioniert. Und noch ein Hinweis: In diesem Kapitel wird davon ausgegangen, dass das Heim-Netzwerk mindestens einen Windows XP-Computer enthält, der auch gleichzeitig die Verbindung zum Internet herstellt (das ist keine zwingende Voraussetzung, aber die beste Variante, da die Internetverbindungsfreigabe bei Windows XP am weitesten ausgereift ist). Sie müssen (oder sollten) den Assistenten daher in erster Linie auf jenen Windows XP-Computern ausführen, die die Internetverbindung eines anderen Computers benutzen möchten. Der Assistent erstellt auf Wunsch eine Diskette, die später auch auf Windows 9x-Computern ausgeführt werden kann, was aber ebenfalls nicht zwingend notwendig ist. Nun geht es aber los.

Einrichten eines Heim-Netzwerkes mit dem Assistenten

STEP

1. Öffnen Sie den Ordner NETZWERKUMGEBUNG oder NETZWERKVERBINDUNGEN und wählen Sie die Verknüpfung EIN HEIM- ODER EIN KLEINES FORMENNETZWERK EINRICHTEN . Das startet den Assistenten. Klicken Sie auf WEITER, um das Begrüßungsdialogfeld zu überspringen.
2. Es folgen weitere Belehrungen, die Sie sich aber in Ruhe durchlesen sollten, da hier noch einmal die erforderlichen Vorbereitungen zusammengefasst werden. Weitere Informationen aus Online und Support erhalten Sie, wenn Sie auf PRÜFLISTE ZUM ERSTELLEN EINES NETZWERKS klicken. Klicken Sie auf WEITER, um zum nächsten Dialogfeld zu gelangen.
3. Als Erstes kümmert sich der Assistent um die Internetverbindungsfreigabe, d.h. um die Möglichkeit über das Netzwerk auf einen Internetanschluss eines anderen Computers zuzugreifen. Lesen Sie sich die Optionen gut durch, denn sie klingen recht ähnlich. Ist der Computer derjenige, über den die Verbindung hergestellt wird (das heißt, der sich mit Modem oder ISDN-Karte beim Internet-Dienstanbieter einwählen soll)? Wenn ja, dann übernehmen Sie die voreingestellte Option. Oder ist er der Computer, der sich über das Netzwerk der Internetverbindung eines anderen Computers bedienen möchte? Trifft das Letztere zu, dann wählen Sie stattdessen die zweite Option. Trifft keine der beiden Optionen zu (was aber nur in Ausnahmefällen der Fall ist), wählen Sie ANDERE METHODE.

:-) TIPP

Falls Sie sich unter den ersten beiden Varianten nicht allzuviel vorstellen können, klicken Sie einmal auf Beispiel anzeigen. Sie sehen eine hübsche Grafik, die die Verhältnisse deutlich macht.

Falls Sie weitere Informationen zur Vorgehensweise benötigen, klicken Sie auf die untere Verknüpfung, über die ein Thema aus Hilfe und Support aufgerufen wird.

Klicken Sie auf WEITER, um zum nächsten Dialogfeld zu gelangen.

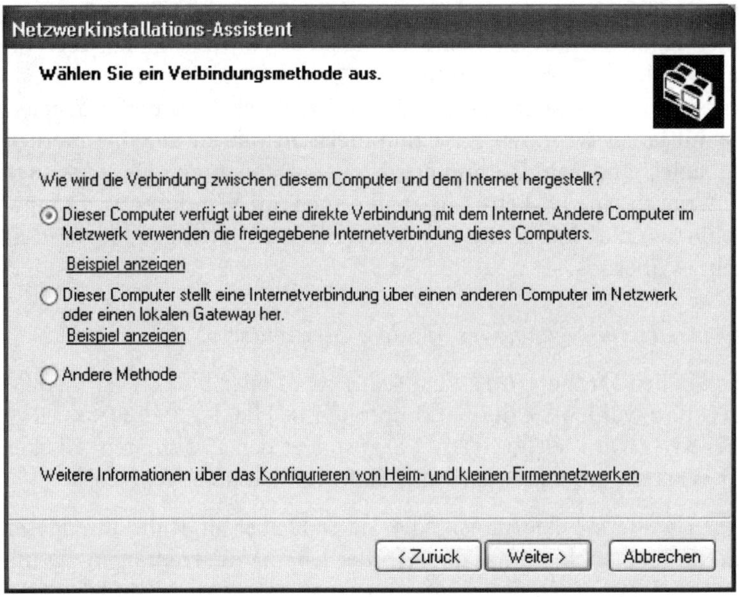

Abbildung 17.29: In diesem Dialogfeld wird festgelegt, ob der Computer direkt oder über das Netzwerk mit dem Internet verbunden werden soll

4. Haben Sie sich im letzten Schritt für die erste Option entschieden, müssen Sie die Netzwerkverbindung auswählen, über die die Verbindung zum Internet hergestellt wird. Ansonsten sind im nächsten Dialogfeld der Name des Computers (orientieren Sie sich an den Beispielen) und eine optionale Beschreibung gefragt. Die Beschreibung kann auch entfallen, denn für den Computernamen gelten gewisse Regeln, über die Sie die Verknüpfung am unteren Rand des Dialogfeldes informiert. Klicken Sie auf WEITER, um zum nächsten Dialogfeld zu gelangen.

5. Jetzt kommt ein wichtiger Schritt: Sie sollen den Namen der Arbeitsgruppe festlegen. Auch wenn der Computer bereits zu einer Arbeitsgruppe gehört, trägt der Assistent hier stets »MSHEIMNETZ« ein. Diesen Namen können Sie natürlich übernehmen. Voraussetzung dafür ist aber, dass alle anderen Computer des Heim-Netzwerkes den gleichen Namen verwenden (der aus maximal 15 Zeichen bestehen kann und eine Reihe von Sonderzeichen nicht enthalten darf)[5].

   Klicken Sie auf WEITER, um zum nächsten Dialogfeld zu gelangen.

6. Sie sind fast am Ende. Der Assistent fasst noch einmal alle getroffenen Einstellungen zusammen. Sind Sie nicht einverstanden, gehen Sie über ZURÜCK einfach wieder zu dem Dialogfeld zurück und führen Sie die Änderung durch. Ansonsten klicken Sie auf WEITER, um zum nächsten Dialogfeld zu gelangen.

---

5 An dieser Stelle hat man es auch offenbar versäumt, weitere Hinweise anzubieten. Sie finden eine Beschreibung der erlaubten Namen aber in Hilfe und Support.

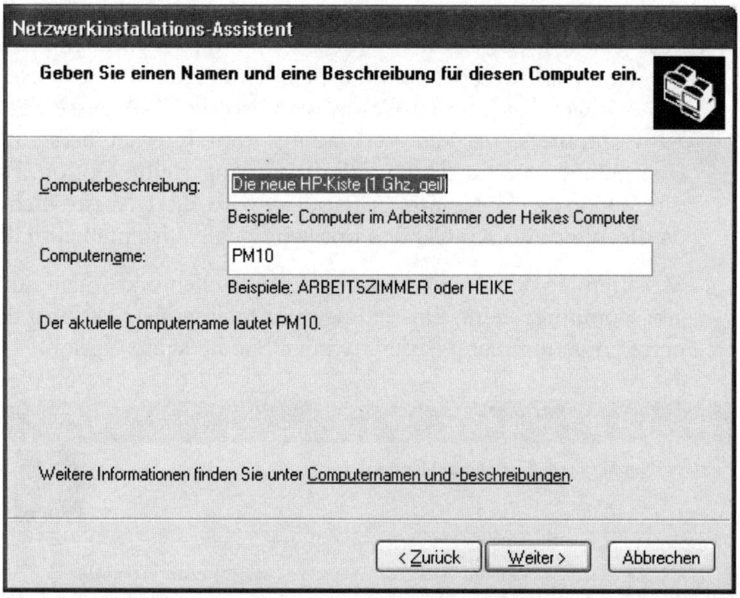

Abbildung 17.30: In diesem Dialogfeld werden der Name des Computers und eine Beschreibung verlangt

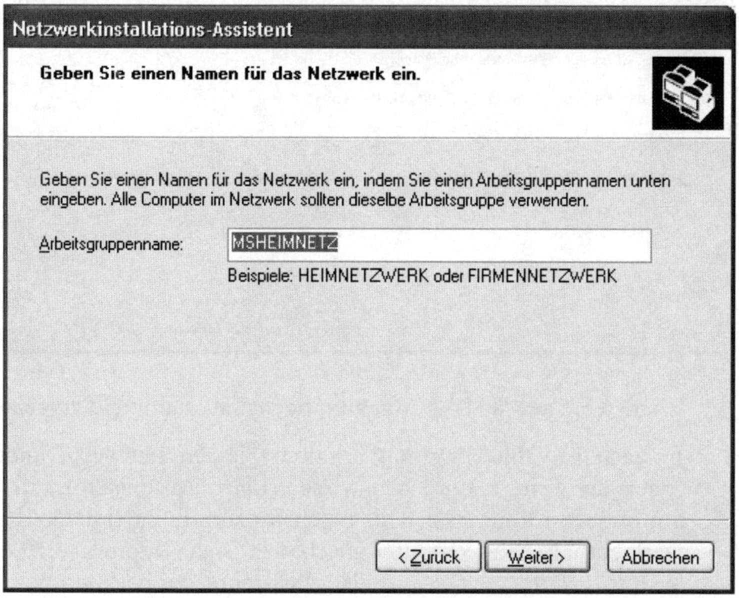

Abbildung 17.31: In diesem Dialogfeld muss der Name der Arbeitsgruppe eingegeben werden

7. Der Assistent versucht jetzt eine Verbindung zu dem Computer aufzubauen, der die Internetverbindung herstellen soll (sofern diese Option am Anfang gewählt wurde). Anschließend erscheint ein Dialogfeld, in dem Sie noch eine wichtige Entscheidung treffen müssen. Falls Computer im Netzwerk enthalten sind, auf denen nicht Windows XP läuft, ist es für die gemeinsame Nutzung der Internetverbindung am einfachsten,

eine Diskette zu erstellen, auf die ein spezielles Setup-Programm kopiert wird, das auf den anderen Computern einfach nur ausgeführt werden muss und dort zum Beispiel den Namen der Arbeitsgruppe und die Adresse des Internet-Gateways (also die IP-Adresse des Windows XP-Computers, der die Verbindung zum Internet herstellt) einträgt. Übernehmen Sie für diesen Fall die voreingestellte Option. Falls es sich um Windows XP-Computer handelt, wird die Diskette nicht benötigt, da die Windows XP-CD den notwendigen Assistenten enthält.

Möchten Sie den Assistenten nur fertig stellen und sollen auf den übrigen Computer keine Einstellungen über eine Netzwerkinstallationsdiskette vorgenommen werden, wählen Sie die letzte Option.

Abbildung 17.32: In diesem Dialogfeld kann eine Installationsdiskette für Windows 9x-Computer angefertigt werden

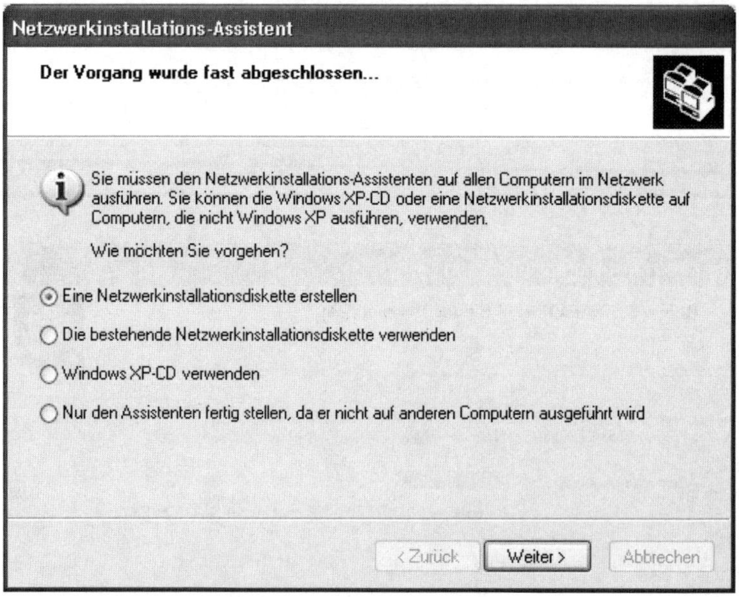

Klicken Sie auf WEITER, um zum nächsten Dialogfeld zu gelangen.

8. Je nach gewählter Option erhalten Sie ein Hinweis-Dialogfeld, das Ihnen die weitere Vorgehensweise erklärt. Ansonsten ist der Assistent am Ende. Sie können sich als Nächstes zum Beispiel die im Heim-Netzwerk enthaltenen Computer anschauen (siehe Kapitel 17.10.4). Klicken Sie auf FERTIG STELLEN, um den Assistenten zu beenden.

Damit sollten alle Vorbereitungen abgeschlossen sein. Der Computer, auf dem der Assistent ausgeführt wurde, wird jetzt Teil des Heim-Netzwerks und sollte in der Lage sein, auf eine freigegebene Internetverbindung zugreifen zu können. Mit anderen Worten, wenn Sie den Internet Explorer starten, eine URL eintippen, die [Eingabe]-Taste drücken und wenn im Register VERBINDUNG die Option KEINE VERBINDUNG WÄHLEN (d.h., alle Zugriffe über das Netzwerk erledigen) eingestellt ist, sollte der Aufruf dazu führen, dass auf dem zuständigen Computer im Netzwerk die Verbindung hergestellt und die angeforderte Seite kurz danach angezeigt wird. Voraussetzung ist aber, dass die Internetverbindung auf dem anderen Computer freigegeben wurde. Wie das geht, erfahren Sie in Kapitel 17.11.

17.8.2 Die Rolle der Diskette

Der Assistent kopiert auf Wunsch eine Datei mit dem Namen *Netsetup.exe* auf eine Diskette, die sowohl unter Windows XP als auch unter Windows 9x ausgeführt werden kann. Bei Windows 9x ist nach dem Start erst einmal ein Neustart fällig, wobei danach der Assistent automatisch startet und Sie eine ähnliche Schrittfolge durchlaufen, wie es im letzten Abschnitt beschrieben wurde. Zwingend notwendig ist das Ausführen des Assistenten allerdings nicht, da sich die erforderlichen Einstellungen mit wenig Aufwand auch einzeln erledigen lassen (siehe Kapitel 17.11.1).

17.8.3 Probleme der Internetverbindungsfreigabe

Der Netzwerkinstallations-Assistent richtet die Internetverbindungsfreigabe auf Wunsch gleich mit ein. Im Idealfall ist nach Ausführen dieses Assistenten das eigene Netzwerk ohne weitere Handgriffe mit dem Internet verbunden. Auf den Clients lassen sich dann nahezu beliebige Dienste wie FTP-Clients oder News-Reader, alle Arten von Messengern, IRC sowie viele weitere Internetanwendungen betreiben (natürlich auch Spiele). Die IVF ist jedoch nicht unproblematisch: Es laufen längst nicht alle Dienste. Die ersten Versionen des ICS unterstützten wenig mehr als das Web, inzwischen ist die Zahl der unterstützten Dienste zwar stark gestiegen, es kann jedoch bei einigen Anwendungen Probleme geben: Sie lassen sich nicht im LAN betreiben. Was dann? Es gibt zwei weitere Lösungen, um ein Heim-Netzwerk mit dem Internet zu verbinden:

- Proxy-Server
- DSL-Router

Ein Proxy-Server ist eine spezielle Software, die auf dem Internet-Gateway (der PC mit der Internetverbindung) installiert wird. Er dient als Vermittler (Stellvertreter) zwischen den Clients im LAN und den Servern im Internet. Die Clients kommunizieren immer nur mit dem Proxy und dieser »spricht« stellvertretend (daher der Name) für die Clients mit den Internet-Servern.

Jeder Dienst, der im LAN verwendet wird, ist an ein eigenes Protokoll gebunden. News-Reader verwenden zum Beispiel das NNTP (Network News Protocol), FTP-Clients das FTP-Protokoll usw. Der Proxy-Server muss alle diese Protokolle verstehen, sonst kann er sie nicht weiterleiten. Ein Proxy-Server besteht also aus einer ganzen Reihe verschiedener Proxys: FTP-Proxy, News-Proxy, Web-Proxy usw. Welche Protokolle der Proxy genau unterstützt, ist Eigenschaft der jeweiligen Software. Einige Produkte enthalten auch Funktionen, die über die eines »normalen« Proxys hinausgehen, wie zum Beispiel der kostenlose Jana-Server (`www.janaserver.de`), der einen eigenen Mail- und Web-Server mitbringt. Eine Alternative stellt der AnalogX-Proxy (`www.analogx.com`) dar, der allerdings deutlich einfacher ist.

Ein Vorteil dieser Produkte ist auch, dass sie zumindest für den persönlichen Gebrauch oder für kleine Netzwerke kostenlos sind. Das Ausprobieren kann sich durchaus lohnen.

Eine weitere inzwischen vor allem preislich sehr interessante Alternative stellen Router dar. Es gibt sie für ISDN oder DSL. Im nächsten Abschnitt geht es um die Vor- und Nachteile von DSL-Routern (für ISDN-Router gilt im Prinzip das Gleiche) sowie um die Installation von DSL unter Windows XP.

17.9 DSL-Router

Wer eine DSL-Leitung mit mehreren vernetzten PCs gemeinsam nutzen möchte, für den gilt: Ein DSL-Modem kann nicht direkt an einen Hub oder Switch angeschlossen werden, sondern es ist dazu ein DSL-Breitband-Router nötig. Empfehlenswert sind Kombigeräte mit integriertem Switch, Print-Server und Access Point für Funknetze (Wireless LAN). Fast alle Hersteller bieten solche Kombilösungen an. Ein optimales Kombigerät enthält also:

- DSL-Router
- 4-Port-Switch (oder mehr Ports)
- Print-Server
- Access Point für Funknetze

Die Einstandspreise liegen derzeit bereits bei unter 100 Euro (z.B. Allnet), sodass es auch für reine Privatanwender in Frage kommt. Die Vorteile eines solchen Kombigerätes, das sich zudem problemlos in Betrieb nehmen lässt, sprechen für sich:

- Der Router spart einen PC, der normalerweise die Internetverbindung herstellt. Wenn der Router läuft, kann man irgendeinen Netz-PC hochfahren und ist sofort im Internet. Es ist nicht nötig, einen PC als Internet-Gateway abzustellen, wie das zum Beispiel bei Proxy-Lösungen der Fall ist.
- Das Gleiche gilt für den Print-Server: Er stellt die Verbindung zwischen Netzwerk und Drucker her. Print-Server verfügen also über eine Centronics- oder parallele Schnittstelle. Eventuell ist ein Adapter oder ein neues Druckerkabel nötig. Soll von irgendeinem Netz-PC gedruckt werden, muss man nicht mehr den Rechner hochfahren, an dem der Drucker hängt, dies erledigt alles der Print-Server. Man spart zudem Strom und Nerven.

- Schließlich spricht auch die Integration von Funknetzen sehr für ein Kombigerät: Für wenig Geld bekommt man einen Access Point, welcher die Verbindung eines Funknetzwerks ins Festnetz herstellt. Ab ca. 30 € gibt es WLAN-Karten für das Notebook, die sich mit Hilfe eines Adapterrahmens auch für den Desktop-PC verwenden lassen.

Ebenfalls ein Pluspunkt ist die einfache Installation: Der Router wird wie ein Switch verkabelt und die Clients auf dynamische IP-Adressierung umgestellt. Das Einwählen und Auflegen entfällt, der Router stellt automatisch eine Verbindung zum Internet her, sobald ein Client dies wünscht. Nach einer einstellbaren Zeitspanne trennt er die Verbindung wieder. Alle modernen DSL-Router enthalten aus Sicherheitsgründen eine Firewall, welche jedoch meistens nicht so einfach zu konfigurieren ist. Zudem verwenden die meisten DSL-Router NAT (*Network Address Translation*), das unter anderem die IP-Adressen der Clients in jene des Routers umwandelt. Die IP-Adressen der Clients sind also niemals im Internet sichtbar. NAT gilt daher als ziemlich sicher.

Anlegen eines Benutzerkontos

1. Öffnen Sie das Applet BENUTZERKONTEN in der Systemsteuerung.
2. Wählen Sie NEUES KONTO ERSTELLEN und geben Sie den Benutzernamen ein (er wird hier ein wenig irreführend als Name des Kontos bezeichnet). Bestätigen Sie Ihre Eingabe mit WEITER.
3. Wenn der neue Benutzer nicht die vollen Rechte erhalten soll, wählen Sie nicht die Voreinstellung COMPUTERADMINISTRATOR, sondern EINGESCHRÄNKT. Klicken Sie auf KONTO ERSTELLEN.

Dadurch erhalten Sie ein neues Benutzerkonto, das sowohl zur lokalen Anmeldung als auch zur Anmeldung über das Netzwerk benutzt werden kann.

Damit keine Missverständnisse entstehen: Sich an einem Windows XP-Computer über das Netzwerk anzumelden bedeutet nicht, an diesem Computer zu arbeiten oder gar dessen Bildschirm zu sehen (dafür wäre ein so genannter Remote-Zugriff möglich, der aber Windows XP Professional voraussetzt). Es bedeutet lediglich, auf Ressourcen (also auf freigegebene Verzeichnisse und Drucker) auf diesem Computer so zugreifen zu können, als hätte man sich direkt an diesem Computer angemeldet.

17.9.1 Die Frage der Zugriffsrechte

An einem Windows XP-Computer über das Netzwerk angemeldet zu sein, heißt noch nicht, auf ein freigegebenes Verzeichnis oder seine Unterverzeichnisse zugreifen zu können. Der Computeradministrator kann detailliert festlegen, ob der Zugriff auf das Verzeichnis und seine Unterverzeichnisse möglich ist oder nicht. Wenn eine Freigabe generell beschreibbar ist, dann gilt das für alle Ordner und Dateien und für alle Anwender! Detaillierte Zugriffsberechtigungen wie Ändern oder Löschen gibt es nur bei Windows XP Professional.

Das ist ein großer Unterschied zu Windows 9x, bei dem sich freigegebene Verzeichnisse lediglich durch ein zusätzliches Kennwort schützen ließen. Bei XP ist das etwas einfacher geworden und setzt beim Computeradministrator kaum weitere Kenntnisse voraus. Mehr zu diesem Thema in Kapitel 18, in dem es speziell um die Aufgaben eines Computeradministrators geht.

17.10 Wichtige Arbeitsschritte im Netzwerk

Dies ist vor allem für die etwas erfahrenren Leserinnen und Leser das interessanteste Kapitel, denn hier erfahren Sie wie Sie, die wichtigsten Arbeitsschritte durchführen, ohne den zwar praktischen, im Grunde aber überflüssigen Assistenten bemühen zu müssen. Folgende Arbeitsschritte werden in diesem Abschnitt vorgeführt:

- das Freigeben von Verzeichnissen
- das Freigeben eines Druckers
- das Einrichten einer Netzwerkressource
- das Auflisten aller Arbeitsgruppencomputer
- das Auflisten aller freigegebenen Ordner auf einem Arbeitsgruppencomputer
- die Suche nach einem Computer
- das Feststellen und Ändern des Namens der Arbeitsgruppe
- das Anzeigen und Ändern IP-Adresse der Netzwerkverbindung
- das Reparieren der Netzwerkverbindung

17.10.1 Freigeben von Verzeichnissen

Damit ein Verzeichnis von anderen Computern im Netzwerk benutzt werden kann, muss es freigegeben werden.

INFO

Voraussetzung für die Freigabe von Ordnern und Druckern ist, dass im Rahmen der LAN-Verbindung die Datei- und Druckerfreigabedienste für Microsoft-Netzwerke installiert sind. Dies ist jedoch standardmäßig der Fall, so dass es im Allgemeinen nicht notwendig ist, die Dienste nachträglich zu installieren.

Freigeben eines Ordners

1. Starten Sie den Windows-Explorer und selektieren Sie den Ordner, den Sie freigeben möchten, mit der rechten Maustaste und wählen Sie EIGENSCHAFTEN.
2. Wechseln Sie in das Register FREIGABE. Vorsicht! Die hier angezeigten Einstellungen müssen nicht auf den ersten Blick einen Sinn ergeben, denn hier wird zwischen einer lokalen Freigabe (also nur für die Benutzer dieses Computers, unabhängig von einem Netzwerk) und der Netzwerkfreigabe unterschieden.
3. Selektieren Sie die Option DIESEN ORDNER IM NETZWERK FREIGEBEN. Zusätzlich können Sie den Freigabenamen ändern, der nicht unbedingt mit dem Namen des Verzeichnisses übereinstimmen muss, doch dazu gibt es eigentlich keinen Grund. Achten Sie auf die Option NETZWERKBENUTZER DÜRFEN DATEIEN VERÄNDERN. Diese Option ist standardmäßig gesetzt. Ist dies nicht gewünscht, muss sie natürlich deaktiviert werden.

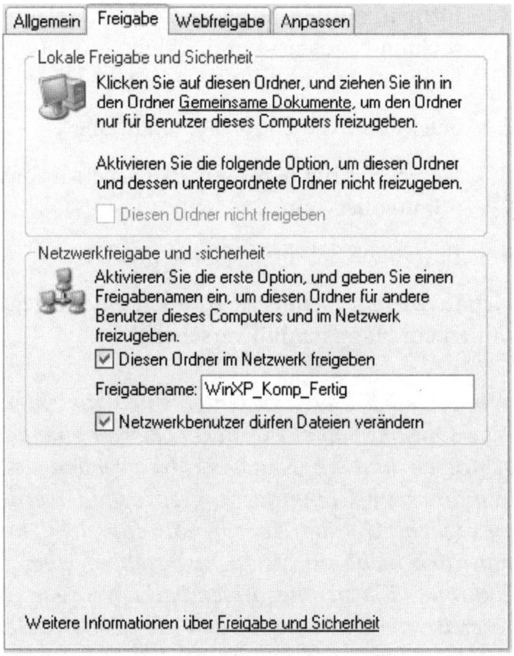

Abbildung 17.33: Im Register Freigabe wird die Freigabe eines Ordners ein- oder ausgeschaltet

4. Bestätigen Sie die Freigabe mit OK (umfasst der Freigabename mehr als 12 Zeichen, erhalten Sie einen Hinweis, dass Windows 9x-Computer diesen Ordner dann nicht mehr ansprechen können). Der Ordner ist nun im Netzwerk ansprechbar (d.h. auf anderen Computern kann eine Netzwerkressource für diesen Ordner angelegt werden).

Um den freigegebenen Ordner optisch erkennen zu können, wird er von Windows mit einer Hand versehen.

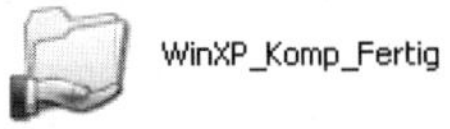

Abbildung 17.34: Freigegebene Ordner sind auch optisch zu erkennen

17.10.2 Freigeben eines Druckers

Damit ein an einen Computer angeschlossener Drucker von anderen Computern im Netz benutzt werden kann, muss er freigegeben werden. Dies geschieht im Druckerordner. Ein freigegebener Drucker ist nicht unbedingt ein Netzwerkdrucker, wenngleich es auf das Gleiche hinausläuft. Ein Netzwerkdrucker verfügt über einen eigenen Netzwerkanschluss und kann daher auch unabhängig von einem Computer im Netzwerk angesprochen werden.

STEP

Freigeben eines Druckers im Netzwerk

1. Öffnen Sie den Drucker-Ordner, selektieren Sie den Drucker mit der rechten Maustaste und wählen Sie FREIGABE. Dadurch wird das Register FREIGABE im EIGENSCHAFTEN-Dialogfeld des Druckers angezeigt.
2. Selektieren Sie DRUCKER FREIGEBEN.
3. Geben Sie für den Freigabenamen in das gleichnamige Textfeld etwas »Sinnvolles« ein.
4. Bestätigen Sie die Freigabe mit OK.

Genau wie ein Ordner wird auch ein freigegebener Drucker von Windows mit einem Handsymbol versehen.

INFO

Windows XP bietet im Unterschied zu seinen Vorgängern eine sehr praktische Option. Soll ein Drucker, der an einem Windows XP-Computer angeschlossen und im Netzwerk freigegeben wurde, zum Beispiel von einem Windows 98-Computer angesprochen werden, werden unter Umständen zusätzliche Gerätetreiber benötigt, welche auf dem Windows 98-Computer natürlich nicht zur Verfügung stehen. Über die Schaltfläche ZUSÄTZLICHE TREIBER lässt sich für diesen Fall vorsorgen. Nach Auswahl eines oder mehrerer Betriebssysteme werden die für diese Betriebssysteme benötigten Treiber installiert, sodass sie auf diesen Computer installiert werden können, sobald der Drucker von einem anderen Computer aus angesprochen wird.

Freigegebene Drucker erscheinen bei den anderen Computern sowohl im DRUCKER UND FAXGERÄTE-Ordner als auch im Rahmen des ARBEITSGRUPPENCOMPUTER-Ordner. Sie erkennen sie an der Netzwerkleitung im Druckersymbol.

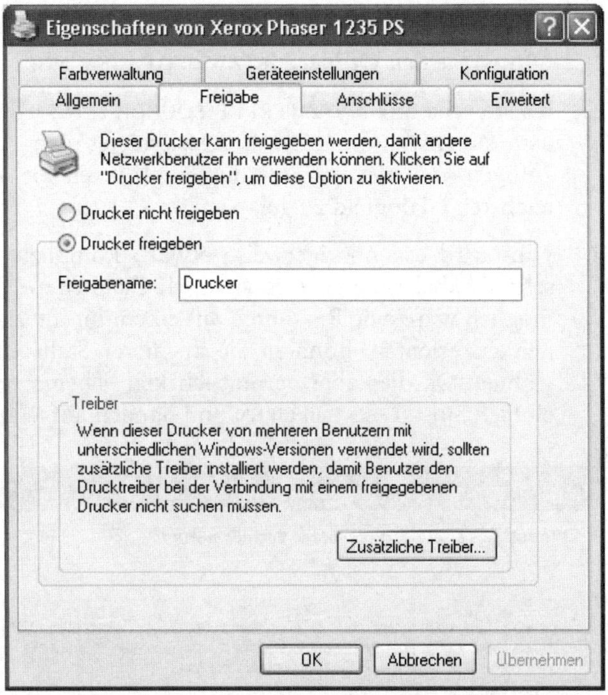

Abbildung 17.35: Im Register Freigabe wird die Freigabe eines Druckers eingerichtet

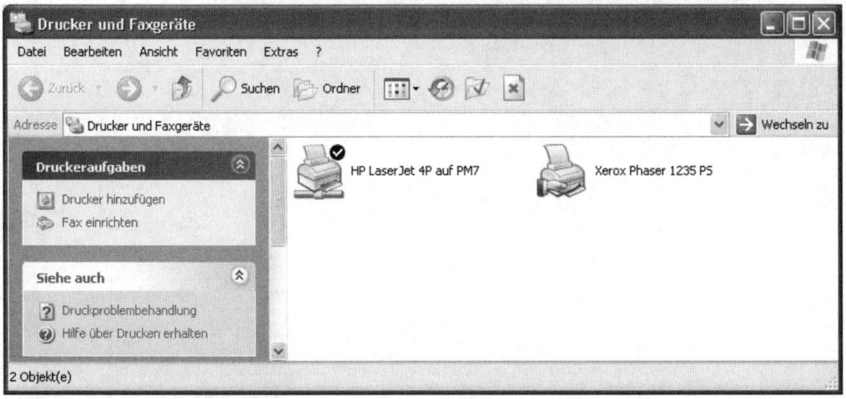

Abbildung 17.36: Der Ordner Drucker und Faxgeräte zeigt auch im Netzwerk verfügbare Drucker an

17.10.3 Einrichten einer Netzwerkressource

Eine Netzwerkressource ist eine Verknüpfung auf einen Ordner, der auf einem anderen Computer im Netzwerk freigegeben wurde.

STEP

Einrichten einer Netzwerkressource

1. Öffnen Sie den Ordner NETZWERKUMGEBUNG.
2. Klicken Sie auf NETZWERKRESSOURCE HINZUFÜGEN in der Aufgabenliste NETZWERKAUFGABEN. Dies startet den Assistenten zum Hinzufügen von Netzwerkressourcen. Klicken Sie auf WEITER, um zum nächsten Dialogfeld zu gelangen.
3. Nun wird es unnötigerweise etwas »kompliziert«. Da Windows XP sehr flexibel ist, bietet es viele Möglichkeiten. Da es prinzipiell auch möglich wäre eine Ressource auf einem im Internet freigegebenen Ordner einzurichten, könnten Sie an dieser Stelle einen »Dienstanbieter« wählen. Da dies aber vermutlich kein Thema sein dürfte, klicken Sie einfach auf OFFLINE BLEIBEN und danach auf WEITER.

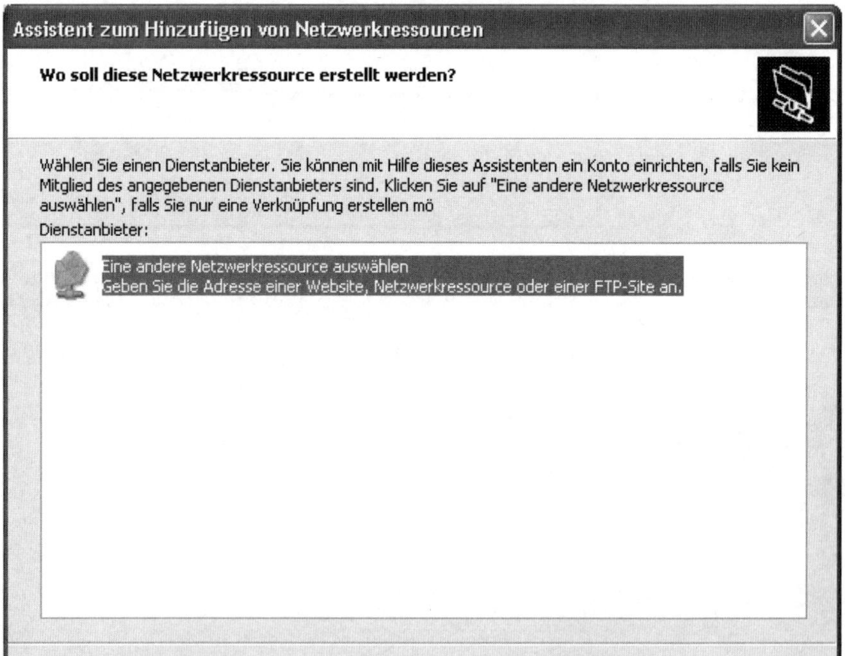

Abbildung 17.37: An dieser Stelle bietet der Assistent die Möglichkeit, einen »Internet-Dienstanbieter« zu wählen, was aber im Allgemeinen nicht notwendig ist

4. Geben Sie die Adresse an. Doch welche Adresse? Gute Frage, die sich am einfachsten beantworten lässt, indem Sie auf DURCHSUCHEN klicken. Es öffnet sich eine umfangreiche Ordnerauswahlliste, in der Sie am sichersten über den Eintrag GESAMTES NETZWERK und anschließend MICROSOFT WINDOWS-NETZWERK an die Arbeitsgruppe und über die Arbeitsgruppe an den Computer im Netzwerk und über diesen an die dort freigegebenen Ordner herankommen.

Abbildung 17.38: Die Ordnerauswahlliste bietet einen Zugriff auf alle Orte im Netzwerk an

Geht es nicht ein wenig kürzer? Ja, wenn Sie den Ordnerpfad gleich am Anfang eingeben. Heißt der Computer etwa *PM1* und die Freigabe *Tolle-Musik*, dann lautet der komplette Netzwerkpfad der Freigabe »\\PM1\Tolle-Musik«. Die Schrägstriche müssen sein, denn der Netzwerkpfad gehorcht bei Windows XP immer der sog. *Universal Naming Convention* (UNC).

Es spielt keine Rolle, ob der Netzwerkpfad ausgewählt oder direkt eingetragen wurde. Hauptsache, er stimmt. Klicken Sie auf WEITER, um zum nächsten Dialogfeld zu gelangen.

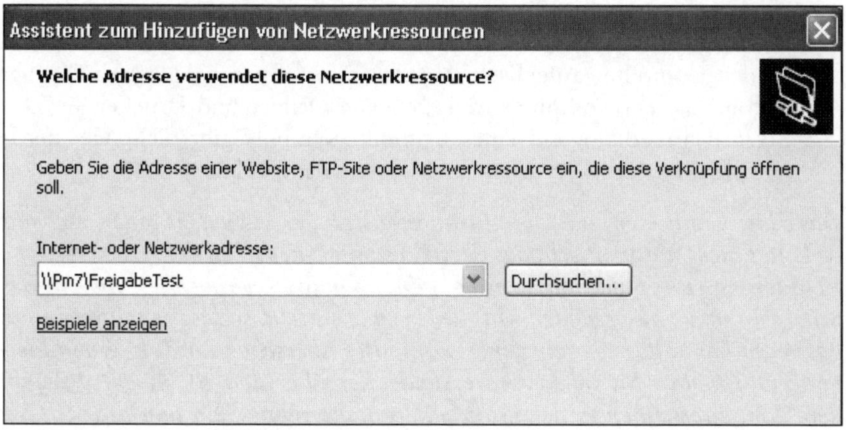

Abbildung 17.39: Der Netzwerkpfad der Freigabe wurde in das Dialogfeld eingetragen

5. Geben Sie der Netzwerkressource einen Namen. Dieser dient lediglich dazu, die Netzwerkressource im Ordner NETZWERKUMGEBUNG etwas einfacher identifizieren zu können. Klicken Sie auf WEITER, um zum nächsten Dialogfeld zu gelangen.

Abbildung 17.40: In diesem Dialogfeld erhält die Netzwerkressource einen eigenen Namen

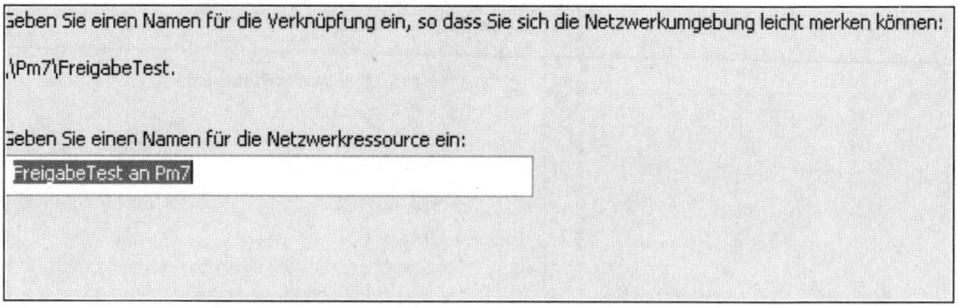

6. Das war's. Klicken Sie auf FERTIG STELLEN, um den Assistenten zu beenden. Sofern Sie die Option nicht deaktivieren, wird der Netzwerkordner anschließend geöffnet, wobei der Netzwerkpfad in der Adressleiste des Ordners angezeigt wird.

17.10.4 Auflisten aller Arbeitsgruppencomputer

Um einen Überblick über alle zum Netzwerk gehörenden Computer zu erhalten, müssen Sie sich die Arbeitsgruppencomputer anzeigen lassen:

STEP

Auflisten aller Computer der Arbeitsgruppe

1. Öffnen Sie die Netzwerkumgebung.
2. Klicken Sie auf die Verknüpfung ARBEITSGRUPPENCOMPUTER ANZEIGEN. Das öffnet das Ordnerfenster der Arbeitsgruppe, in der alle anwesenden Computer aufgelistet werden. Das Öffnen eines Symbols zeigt alle auf diesem Computer freigegebenen Ordner und Drucker an. Das Eigenschaftendialogfeld eines Computersymbols gibt nicht viel her – hier wird nur der Typ des Betriebssystems angezeigt.

INFO

Dass ein Computer nicht im Ordnerfenster der Arbeitsgruppe erscheint bedeutet nicht automatisch, dass der Computer nicht Teil der Arbeitsgruppe ist oder es eine Funktionsstörung gibt. Windows verwendet ein eigenes Schema, um die anwesenden Mitglieder zu ermitteln, sodass es schon einmal passieren kann, dass ein einzelner Computer übersehen wird. Hier ein kleiner Tipp: Geben Sie in das Adressfeld oder über den AUSFÜHREN-Befehl den Computernamen in der Form »\\Computername« ein und drücken Sie die [↵]-Taste. Ist er im Netzwerk ansprechbar, werden die freigegebenen Ressourcen anschließend in einem Fenster angezeigt. Sollte stattdessen eine Fehlermeldung erscheinen, ist das Netzwerk nicht richtig konfiguriert.

17.10.5 Auflisten aller freigegebenen Ordner auf einem Arbeitsgruppencomputer

Ein Arbeitsgruppencomputer steht für alle auf diesem Computer freigegeben Ordner und Drucker:

Auflisten aller freigegebenen Ordner

1. Öffnen Sie die Netzwerkumgebung.
2. Klicken Sie auf die Verknüpfung ARBEITSGRUPPENCOMPUTER ANZEIGEN. Das öffnet das Ordnerfenster der Arbeitsgruppe, in der alle anwesenden Computer aufgelistet werden.
3. Öffnen Sie das Symbol des Computers. Es werden alle Ordner und Drucker aufgelistet, die auf diesem Computer freigegeben wurden.

17.10.6 Suchen nach einem Computer

In diesem Abschnitt geht es natürlich nicht darum, den verstaubten 486er auf dem Dachboden ausfindig zu machen, sondern einen Computer in einer Arbeitsgruppe zu lokalisieren. Das mag in einem Mini-Netzwerk, bestehend aus zwei oder drei Computern ein wenig so erscheinen, als würde man seine Bleistifte zum Anspitzen an den Hersteller schicken, hat aber auch bei kleinen Netzwerken einen seriösen Hintergrund: Häufig zeigt Windows einen Computer erst dann, nachdem er durch die Suchfunktion gefunden wurde. Bei großen Netzwerken geht es natürlich um eine echte Arbeitserleichterung, denn wenn in einem aus mehreren tausend Computern bestehenden Netzwerk nur der Name bekannt ist, hilft eben nur die Suchfunktion:

Suchen nach einem Computer

1. Öffnen Sie das Startmenü und wählen Sie den SUCHEN-Befehl.
2. Klicken Sie nacheinander auf COMPUTER ODER PERSONEN und NACH EINEM COMPUTER IM NETZWERK.
3. Es erscheint ein Eingabefeld, in dem Sie den Namen des Computers (auch unvollständig – dann werden die übereinstimmenden Namen zurückgegeben) eintragen müssen.
4. Klicken Sie auf SUCHEN, um die Suche zu starten. Kurz danach sollten alle Computer aufgelistet werden, die mit dem Suchnamen übereinstimmen.

TIPP

Geben Sie keinen Namen ein, werden alle Computer aufgelistet. Dies ist daher eine Möglichkeit, um sich einen Überblick über alle vorhandenen Computer im Netzwerk zu verschaffen.

Abbildung 17.41: Das Suchergebnis besteht aus einer Reihe von Computersymbolen

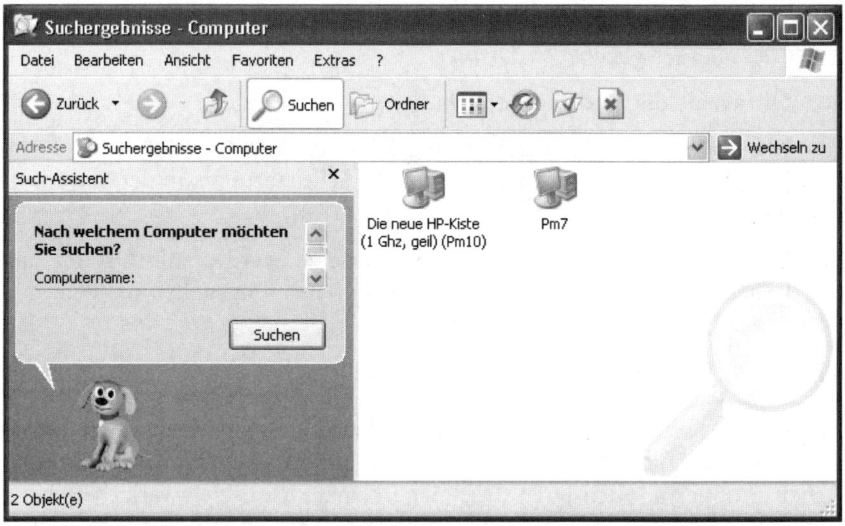

17.10.7 Den Namen der Arbeitsgruppe feststellen und ändern

Alle Computer gehören bei Windows XP Home stets zu einer Arbeitsgruppe – falls nichts anderes festgelegt wird, heißt die Arbeitsgruppe *MSHEIMNETZ*. Sie können diesen Namen jederzeit ändern und den Computer dadurch einer anderen Arbeitsgruppe zuordnen:

STEP

Den Namen der Arbeitsgruppe anzeigen und ändern

1. Öffnen Sie die Systemeigenschaften (etwa über das EIGENSCHAFTEN-Dialogfeld des Arbeitsplatzes).
2. Selektieren Sie das Register COMPUTERNAME und klicken Sie auf ÄNDERN.
3. Es erscheint ein Dialogfeld, in dem sowohl der aktuelle Name des Computers als auch der Name der Arbeitsgruppe angezeigt werden. Tragen Sie den neuen Namen der Arbeitsgruppe in das gleichnamige Eingabefeld ein und bestätigen Sie mit OK. Sie werden in der neuen Arbeitsgruppe willkommen geheißen – die Änderungen werden aber erst nach einem Neustart wirksam. (Achten Sie einmal auf das gelbe Dreieck mit dem Ausrufezeichen, das auf diesen Umstand hinweist – ist Windows XP nicht nett?)

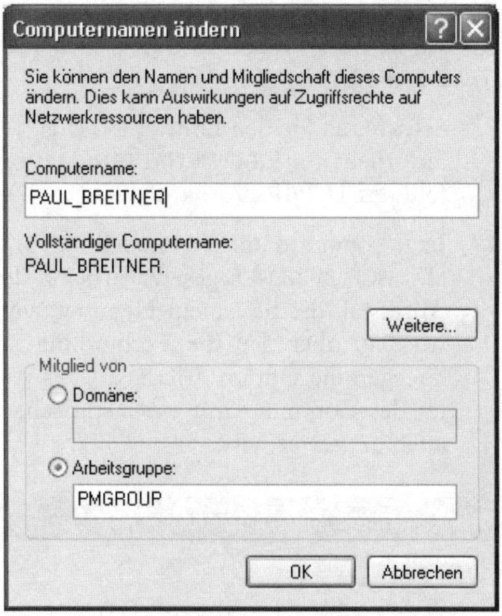

Abbildung 17.42: In diesem Dialogfeld werden der Name des Computers und seiner Arbeitsgruppe angezeigt

17.10.8 Die IP-Adresse der Netzwerkverbindung anzeigen und ändern

Jeder Computer, der Teil eines (TCP/IP-) Netzwerkes ist besitzt, eine eindeutige Hausnummer, die IP-Adresse. Dies gilt auch für ein Heim-Netzwerk, wenngleich sich Windows XP hier (wenn Sie es nicht anders festlegen) selber um die Vergabe der IP-Adresse kümmert. Man unterscheidet hier zwischen einer statischen und einer dynamischen IP-Adresse. Die statische IP-Adresse wird einmal eingetragen und bleibt solange gleich, bis sie wieder geändert wird. Die dynamische IP-Adresse wird dagegen immer neu zugeteilt. Haben Sie mit dem Assistenten für das Heim-Netzwerk auch einen Internetanschluss freigegeben, arbeitet Windows XP mit dynamischen IP-Adressen, sodass Sie die genaue Adresse (es handelt sich um Zahlenfolgen, die eine bestimmte Zusammensetzung besitzen) nicht interessieren muss. Möchten Sie lieber mit statischen IP-Adressen arbeiten, müssen Sie bei jedem Computer der Arbeitsgruppe eine IP-Adresse eintragen. Im Allgemeinen, und sofern nichts dagegen spricht, sollten Sie die erste Variante bevorzugen und dem Assistenten bzw. Windows XP die Verwaltung der IP-Adressen übertragen.

Feststellen der statischen IP-Adresse

STEP

1. Öffnen Sie das Startmenü und wählen Sie nacheinander VERBINDEN MIT und ALLE VERBINDUNGEN ANZEIGEN. Das öffnet den Ordner mit den Netzwerkverbindungen.

2. Selektieren Sie die LAN-Verbindung mit der rechten Maustaste und wählen Sie EIGENSCHAFTEN. Das öffnet die Liste mit den Netzwerkkomponenten.
3. Selektieren Sie den Eintrag INTERNETPROTOKOLL (TCP/IP) und klicken Sie erneut auf EIGENSCHAFTEN. Das öffnet das EIGENSCHAFTEN-Dialogfeld des TCP/IP-Protokolls.
4. Jetzt kommt es auf die Einstellung an. Ist die Option IP-ADRESSE AUTOMATISCH BEZIEHEN gesetzt, arbeitet der Computer mit dynamischen IP-Adressen, die bei einem Heimnetzwerk von jenem Computer geliefert werden, über den die Verbindung zum Internet hergestellt wird. Ist dagegen die Option FOLGENDE IP-ADRESSE VERWENDEN gesetzt, arbeitet der Computer mit einer statischen IP-Adresse, die im Rahmenfeld auch angezeigt wird.

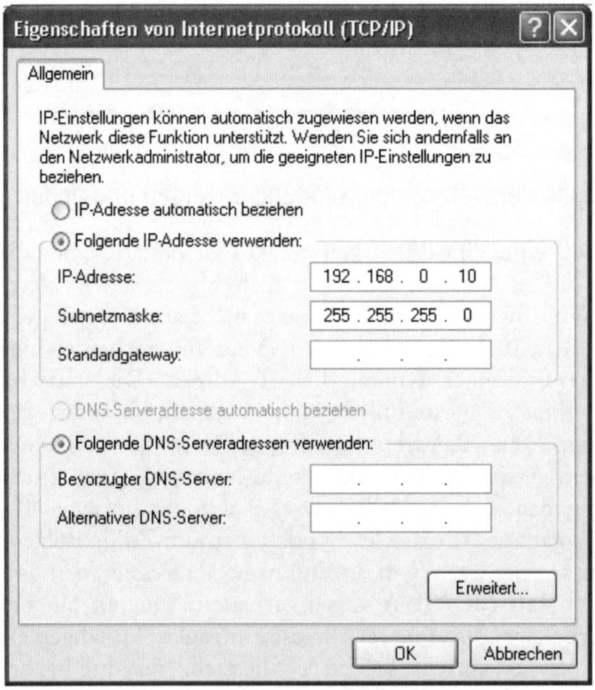

Abbildung 17.43: Der Computer besitzt eine statische IP-Adresse und eine stets notwendige Subnetzmaske

Ändern der statischen IP-Adresse

STEP

1. Öffnen Sie das Startmenü und wählen Sie nacheinander VERBINDEN MIT und ALLE VERBINDUNGEN ANZEIGEN. Das öffnet den Ordner mit den Netzwerkverbindungen.
2. Selektieren Sie die LAN-Verbindung mit der rechten Maustaste und wählen Sie EIGENSCHAFTEN. Das öffnet die Liste mit den Netzwerkkomponenten.

3. Selektieren Sie den Eintrag INTERNETPROTOKOLL (TCP/IP) und klicken Sie erneut auf EIGENSCHAFTEN. Das öffnet das EIGENSCHAFTEN-Dialogfeld des TCP/IP-Protokolls.
4. Wählen Sie die Option FOLGENDE IP-ADRESSE VERWENDEN und tragen Sie die IP-Adresse in das gleichnamige Feld ein, wobei die Eingabe in Dreiergruppen erfolgt.
5. Geben Sie auch eine Subnetzmaske an. Diese lautet bei Heim-Netzwerken stets »255.255.255.0«. Weitere Eingaben müssen nicht gemacht werden. Den Bereich mit der DNS-Server-Adresse können Sie im Allgemeinen ignorieren.
6. Schließen Sie das Dialogfeld mit OK und anschließend das EIGENSCHAFTEN-Dialogfeld der LAN-Verbindung ebenfalls. Anders als bei Windows 9x ist kein Neustart erforderlich.

Den aktuellen Zustand der LAN-Verbindung anzeigen

STEP

1. Öffnen Sie das Startmenü und wählen Sie nacheinander VERBINDEN MIT und ALLE VERBINDUNGEN ANZEIGEN. Das öffnet den Ordner mit den Netzwerkverbindungen.
2. Selektieren Sie die LAN-Verbindung mit der sekundären Maustaste und wählen Sie STATUS. Das öffnet ein Dialogfeld, in dem der aktuelle Status der Netzwerkverbindung angezeigt wird. Möchten Sie die IP-Adresse sehen, die für diese Verbindung verwendet wird, klicken Sie auf NETZWERKUNTERSTÜTZUNG.

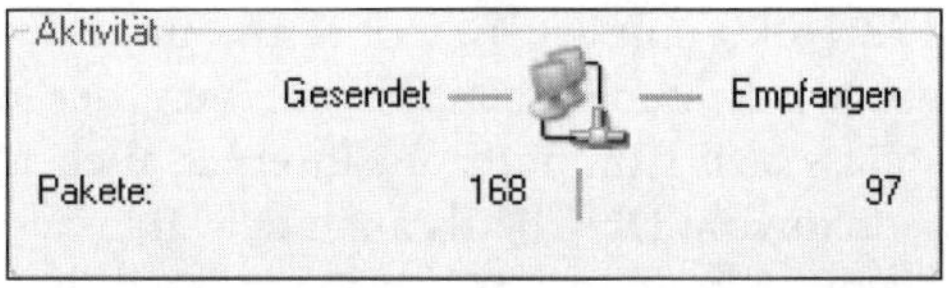

Abbildung 17.44: Im Bereich Aktivität werden die bereits gesendeten und empfangenen Netzwerkpakete angezeigt – steht hier eine 0, gibt es vermutlich ein Problem mit der Verbindung

17.10.9 Die Netzwerkverbindung reparieren

Hinter dem Begriff DIESE VERBINDUNG REPARIEREN verbirgt sich leider nicht der »Microsoft-Reparaturservice – Anruf genügt und wir kommen bei Ihnen vorbei«, wenngleich dies sehr praktisch wäre, da Netzwerkstörungen im Allgemeinen nicht so einfach zu beheben sind. Hinter diesem Befehl im Kontextmenü einer LAN-Verbindung steckt lediglich die Möglichkeit, eine Netzwerkverbindung neu aufzubauen. Sie sollten diesen Befehl immer dann ausprobieren, wenn die LAN-Verbindung den Status DEAKTIVIERT anzeigt, obwohl eine physikalische Verbindung besteht und sie daher aktiviert sein sollte.

Abbildung 17.45: Das Symbol der LAN-Verbindung im Ordner Netzwerkverbindungen zeigt an, ob die Verbindung aktiv ist oder nicht

17.11 Gemeinsames Benutzen eines Internetzugangs

In diesem Abschnitt geht es um ein wichtiges Thema. Sie besitzen ein Heim-Netzwerk, aber nur einen Internetzugang. Kein Problem, denn wozu haben Sie das Heim-Netzwerk? Dank der Internetverbindungsfreigabe von Windows XP ist es kein Problem, dass sich alle Computer im Netzwerk den Internetzugang teilen können. Windows XP lässt sich als Gateway konfigurieren und verfügt intern über einen DHCP-Server, der jedem Computer im Netzwerk eine IP-Adresse aus einem Pool von Adressen (die im Bereich 192.168.0.nnn liegen, wobei als Subnetzmaske stets 255.255.255.0 verwendet wird) und einen DNS-Server, der die Namensauflösung vornimmt, sodass sich Computer im Internet auch über ihren Namen ansprechen lassen. Sowohl DHCP- als auch der DNS-Server sind bei Windows XP Dienste, die nicht konfiguriert werden müssen (bzw. können).

:-) TIPP

Besonders interessant ist natürlich die gemeinsame Nutzung bei einem ADSL-Zugang (etwa T-DSL). Wenn Sie aber zum Beispiel in der T-DSL-Newsgroup von T-Online stöbern (t-online.zugang.adsl – die Adresse des Newsservers ist news.t-online.de – der Zugang setzt aber voraus, dass man über T-Online in das Internet gegangen ist), sollten Sie nützliche Tipps und die Adressen von T-Online-Usern erhalten, die alles genau auf ihren Homepages beschreiben.

Voraussetzung für den folgenden Arbeitsschnitt ist, dass auf allen anderen Windows XP-Computern im Netzwerk der Assistent für das Einrichten von Netzwerken ausgeführt wurde. Falls es sich um Windows 9x-Computer handelt, müssen Sie im Wesentlichen dafür sorgen, dass diese mit dynamischen IP-Adressen arbeiten, d.h. dass in den Eigenschaften des TCP/IP-Netzwerkprotokolls keine IP-Adresse eingetragen ist, da diese vom DHCP-Server des Windows XP-Computers zur Verfügung gestellt wird.

Die Freigabe einer Internetverbindung ist grundsätzlich ein Kinderspiel, denn außer einer Option gibt es zunächst nichts einzustellen. Schwierig wird es lediglich, wenn es nicht so funktioniert, wie es laut Prospekt funktionieren sollte – für diesen Fall sind bereits gewisse Grundkenntnisse über die Funktionsweise von einfachen TCP/IP-Netzwerken notwendig.

Freigabe einer Internetverbindung

STEP

1. Öffnen Sie den Ordner mit den Netzwerkverbindungen.
2. Selektieren Sie die DFÜ-Verbindung, über die die Verbindung zum Internet hergestellt wird, mit der sekundären Maustaste und wählen Sie EIGENSCHAFTEN.
3. Wechseln Sie in das Register ERWEITERT. Hier und nur hier werden alle Einstellungen vorgenommen.
4. Richten Sie Ihr Augenmerk auf den Rahmen GEMEINSAME NUTZUNG DER INTERNETVERBINDUNG. Aktivieren Sie als Erstes die Option ANDEREN BENUTZERN IM NETZWERK GESTATTEN. Damit wird die Grundvoraussetzung für die gemeinsame Nutzung der Internetverbindung geschaffen.
5. Nun müssen Sie entscheiden, ob wenn automatisch die DFÜ-Verbindung aufgebaut werden soll ein anderer Computer auf das Internet zugreifen möchte. Ist dies OK, dann bleibt die Option EINE DFÜ-VERBINDUNG HERSTELLEN aktiv.
6. Auch die zweite Option soll, im Allgemeinen aktiv bleiben. Durch sie erhalten die Benutzer an den anderen Computern (ihre Familienmitgliedern, Wohnungsgenossen, Mitspieler etc.) die Gelegenheit, den Verbindungsauf- und -abbau zu steuern. Mit anderen Worten: Ein Benutzer auf einem anderen Computer kann die Verbindung am Gateway-Computer wieder beenden. Diese bleibt also nicht solange aktiv, bis ein Timeout eintritt.
7. Sind Sie mit allen Einstellungen zufrieden? Wenn ja, dann schließen Sie das Dialogfeld. Die Internetverbindung kann nun von allen anderen Computern im Heimnetzwerk benutzt werden.

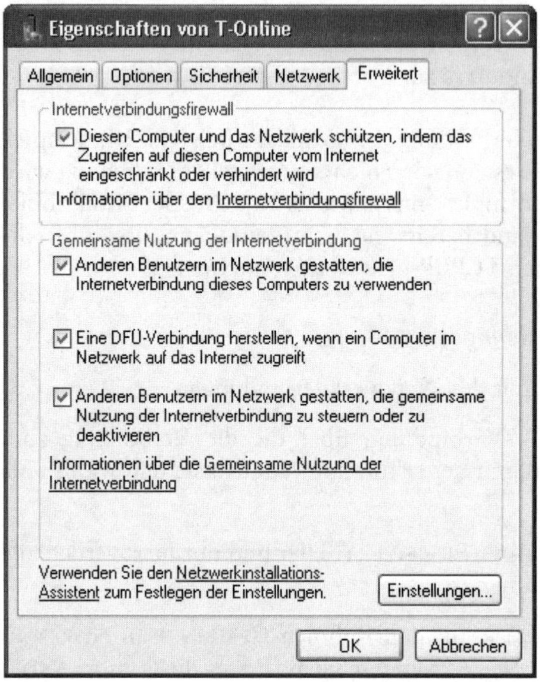

Abbildung 17.46: In diesem Dialogfeld wird die DFÜ-Verbindung zur gemeinsamen Nutzung im Heim-Netzwerk freigegeben

17.11.1 Windows 9x-Computer einbeziehen

Zum Glück ist es kein Problem, Windows 9x-Computer über die Internetverbindungsfreigabe zu versorgen, sodass sich zum Beispiel von einem alten 486er-PC, auf dem Windows 95 läuft, über das Netzwerk eine ISDN-Verbindung zum Internet herstellen lässt. Eine spezielle Konfiguration ist dazu nicht notwendig. Die einzige Voraussetzung ist, dass auf dem Computer das TCP/IP-Protokoll installiert wurde, was bei Windows 95 im Allgemeinen noch nachträglich in den Eigenschaften der Netzwerkumgebung geschehen muss. Außerdem muss in den Eigenschaften des TCP/IP-Protokolls eingestellt werden, dass der Computer eine dynamische IP-Adresse verwenden soll (dies ist die Vorgabe). Die letzte Einstellung muss beim Internet Explorer vorgenommen werden. In den Verbindungsoptionen (Register VERBINDUNGEN) muss über die Option KEINE VERBINDUNG eingestellt werden, dass der Internet Explorer grundsätzlich keine Verbindung wählen soll. Die Internetverbindungsfreigabe funktioniert natürlich auch mit dem Netscape Browser und mit den meisten anderen Internetanwendungen.

INFO

Auch wenn der Assistent für das Einrichten eines Heim-Netzwerkes eine Diskette anfertigen kann, die auch unter Windows 9x läuft, muss diese nicht ausgeführt werden. Nicht ausführen sollten Sie jene Diskette, die vom Assistenten für Windows 98 angefertigt werden kann.

17.11.2 Aktivieren der Internetverbindungs-Firewall

Die *Internetverbindungs-Firewall* (IVF) ist eine kleine Systemsoftware, die Ihren Computer bzw. alle über das Heim-Netzwerk angeschlossenen Computer vor »Eindringlingen« aus dem Internet schützen soll. Es ist nämlich so, dass eine Verbindung mit dem Internet genau wie jede Netzwerkverbindung in beide Richtungen funktioniert. Sie können nicht nur andere Computer (zum Beispiel Webserver) »anrufen«, etwa, um eine Webseite herunterzuladen, andere Computer können auch zu Ihrem Computer eine Verbindung aufbauen, etwa, um dort heimlich kleine Programme zu starten (Sie können sich sicher vorstellen, dass diese Programme nicht nur die Größe des Arbeitsspeichers abfragen). Alles das soll die IVF verhindern. Ihre Arbeitsweise wird in Kapitel 23 ausführlicher vorgestellt, wenn es um das Thema Sicherheit geht (anders als andere Firewalls, wie zum Beispiel das recht populäre ZoneAlarms, gibt die IVF keine Meldungen aus, sondern lässt die »illegalen« Datenpakete einfach nicht durch – sie legt dafür aber eine Protokolldatei an, die sich später auswerten lässt). In diesem Abschnitt erfahren Sie lediglich, wie Sie die IVF deaktivieren oder erneut aktivieren können, falls sie deaktiviert wurde.

Die Internetverbindungs-Firewall auf dem Internet-Gateway aktivieren und deaktivieren

STEP

1. Öffnen Sie den Ordner mit den Netzwerkverbindungen, selektieren Sie die DFÜ-Verbindung, über die die Verbindung zum Internet hergestellt wird, mit der rechten Maustaste, wählen Sie EIGENSCHAFTEN und wechseln Sie in das Register ERWEITERT.

2. Im Rahmen INTERNETVERBINDUNGS-FIREWALL sollte das Häkchen bereits gesetzt sein. Dann ist die Firewall aktiv. Durch Wegnahme des Häkchens wird die Firewall außer Kraft gesetzt, was nur dann zu empfehlen ist, wenn Sie a) mit einer anderen Firewall-Software arbeiten oder b) die Sicherheit des Netzwerks keine große Rolle spielt oder c) Sie brennend daran interessiert sind, welche Gefahren aus dem Internet drohen können (wahrscheinlich passiert genau dann nichts).

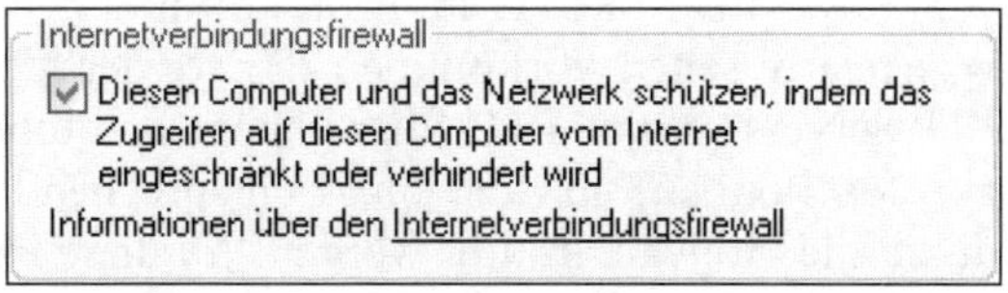

Abbildung 17.47: In diesem Rahmen des Registers Erweitert, wird die Firewall-Software aktiviert und deaktiviert

Die Internetverbindungs-Firewall auf den anderen Computern des Heim-Netzwerks aktivieren und deaktivieren

STEP

Normalerweise muss die IVF nur auf dem Gateway-Computer, der die Verbindung zum Internet herstellt, aktiviert werden. Die IVF kann aber auch für jede LAN-Verbindung aktiviert werden. Ohne einen zwingenden Grund sollten Sie dies aber nicht tun, da eine Firewall innerhalb eines Netzwerkes den Netzwerkverkehr lahmlegen kann, da sie den Datenaustausch einzelner Anwendungen verhindert.

1. Öffnen Sie den Ordner mit den Netzwerkverbindungen, selektieren Sie aber die LAN-Verbindung mit der sekundären Maustaste, wählen Sie EIGENSCHAFTEN und wechseln Sie in das Register ERWEITERT.
2. Stellen Sie sicher, dass im Rahmen INTERNETVERBINDUNGS-FIREWALL das Häkchen gesetzt ist, wenn die Firewall aktiv sein soll. Durch Wegnahme des Häkchens wird die Firewall für diesen Computer außer Kraft gesetzt.

17.11.3 Wenn eine Firewall Probleme bereitet

Zu den im letzten Abschnitt aufgezählten Gründen, die Firewall zu aktivieren, kommt mindestens ein Grund, sie nicht zu aktivieren. Nicht alle Internetanwendungen kommen mit einer Firewall klar (Internet-Anwendungen, wie die früher sehr populäre Musiktauschbörse Napster, die auf einer direkten Verbindung aller Beteiligten basiert, funktionierte zum Beispiel nicht »hinter« einer Firewall). Sie erhalten dann eine entsprechende Fehlermeldung oder stellen einfach nur fest, dass eine Internetverbindung zwar zustande kommt, aber keine Daten übertragen werden. In diesem Fall müssen Sie entweder eine Umgehung finden oder die IVF wieder deaktivieren, zumindestens vorübergehend.

17.11.4 Erweiterte Einstellungen für die Internetverbindungsfreigabe

Die erweiterten Einstellungen einer Internetverbindung betreffen die Firewall, genauer die Frage, welche ankommenden Internetdienste die Firewall zulassen soll und welche nicht. Angenommen, auf dem Computer, der mit dem Internet verbunden ist, läuft ein Webserver, der von anderen Computern über das Internet zugänglich sein soll. In diesem Fall muss ein Zugriff von außen über das HTTP-Protokoll und den Port 80h erlaubt sein. Sollte, was relativ selten vorkommen dürfte, der Computer auch die Rolle eines FTP-Servers (damit FTP-Clients über das Internet Dateien vom Computer abrufen können) spielen, muss entsprechend der FTP-Dienst auf Port 21 durch die Firewall erlaubt werden. All diese Dienste können in dem Dialogfeld ERWEITERTE EINSTELLUNGEN zugelassen oder abgelehnt werden. Wird nichts eingestellt, sind sämtliche Dienste nicht erlaubt und der Computer kann (so sollte es auch sein) von außen nicht angesprochen werden. Sollte es weitere Dienste geben, die in der Liste nicht aufgeführt sind (etwa ICQ für Chat), klicken Sie auf HINZUFÜGEN. Sie erhalten damit die Gelegenheit, den Namen des Dienstes und vor allem die Portnummer anzugeben, über die der Austausch der Datenpakete mit diesem Dienst durchgeführt wird.

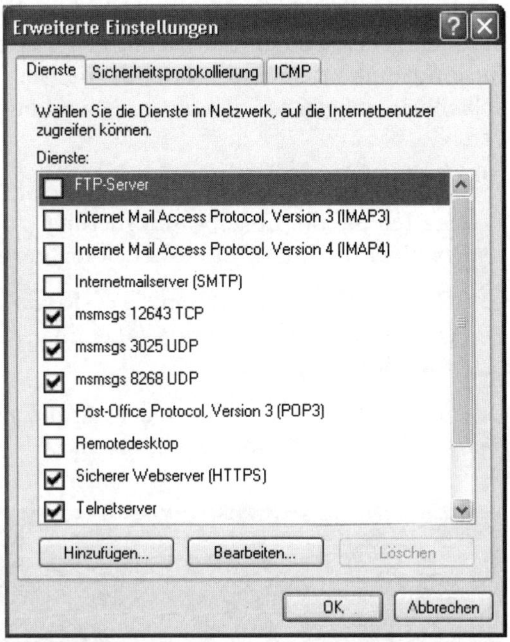

Abbildung 17.48: In den erweiterten Einstellungen kann der Computer für Zugriff von außen durch einzelne Internetdienste geöffnet werden

17.12 Tipps für das »Troubleshooting« von kleinen Netzwerken

Zum Abschluss ein paar allgemeine Tipps, die die Fehlersuche in einem Heim-Netzwerk etwas erleichtern können. Insbesondere die Internetverbindungsfreigabe kann einiges Hin und Her erfordern.

17.12.1 Netzwerk-Troubleshooting

Wurde die Netzwerkkarte in den Computer eingebaut und in Betrieb genommen (auch die preiswertesten Karten bieten Plug&Play, d.h. nach dem Einschalten erkennt Windows die neue Karte, fordert den Treiber an und konfiguriert die Karte selbstständig), ist der Computer im Prinzip bereits netzwerkfähig, denn Windows enthält spätestens seit Windows 95 alle für den Betrieb eines Netzwerks benötigten Basiskomponenten (der Computer muss allerdings noch einer Arbeitsgruppe zugewiesen werden – mehr dazu in Kapitel 17.10.7).

17.12.2 IP-Adressen anzeigen

Zu Kontrollzwecken kann es von Bedeutung sein, die aktuelle IP-Adresse des Computers zu erfahren. Insbesondere dann, wenn diese über einen DHCP-Server von einem anderen Computer im Netzwerk stammt. Zwar erhalten Sie diese über die Eigenschaften der LAN-Verbindung, ein wenig übersichtlicher werden die wichtigsten Daten durch das Systemprogramm *Ipconfig* präsentiert (sozusagen dem Ersatz für *Winipcfg.exe* unter Windows 9x, wenngleich es *Ipconfig* auch schon unter Windows 9x gab).

STEP

Anzeigen der Netzwerkdaten mit Ipconfig

1. Starten Sie die Eingabeaufforderung (zum Beispiel durch Eingabe von cmd über den AUSFÜHREN-Befehl im Startmenü).
2. Geben Sie IPCONFIG ein, das Kommandozeilentool wird dadurch gestartet. Über die Option /ALL erhalten Sie einen etwas ausführlicheren »Bericht«.

Durch IPCONFIG erfahren Sie nicht nur die aktuelle IP-Adresse des Computers, sondern zum Beispiel auch, ob ein DHCP-Server aktiv ist.

Abbildung 17.49: Ipconfig liefert wichtige Eckdaten über die Netzwerkverbindung

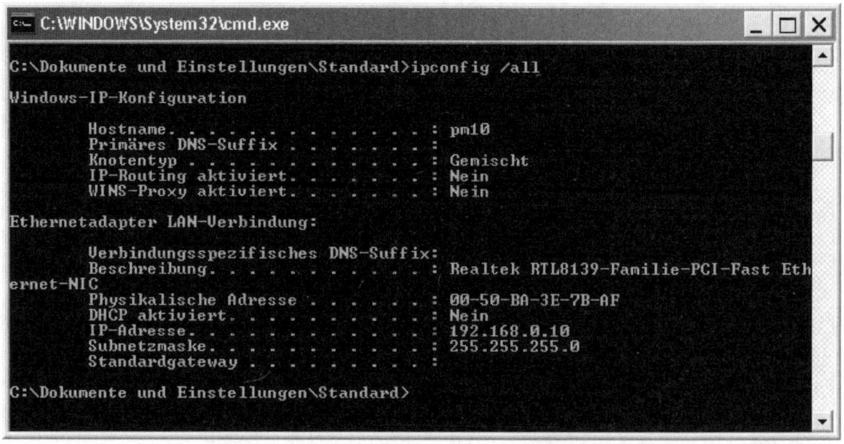

17.12.3 Feststellen, ob eine Verbindung existiert

Leider bietet Windows XP kein Testprogramm für eine Netzwerkverbindung. Es lässt sich also nicht so einfach feststellen, ob ein physikalisches Problem (etwa ein defektes Kabel) vorliegt. Es existiert aber eine Reihe einfacher Indikatoren, mit deren Hilfe sich dies feststellen lässt.

STEP

Ist die Netzwerkkarte in Ordnung?

Um festzustellen, ob die Netzwerkkarte mit dem richtigen Treiber arbeitet und nicht etwa kaputtgegangen ist, genügt ein Blick in den Geräte-Manager. Wird in den Eigenschaften der Netzwerkkarte im Register ALLGEMEIN beim Gerätestatus angezeigt, dass das Gerät betriebsbereit ist und werden im Register RESSOURCEN keine Gerätekonflikte angezeigt, sollte mit der Netzwerkkarte alles in Ordnung sein. In der Regel besitzen selbst Karten der unteren Preisklasse auf ihrer Rückseite eine kleine grüne Leuchtdiode, die immer dann zu blinken beginnt, wenn Daten übertragen werden (achten Sie beim Kauf einer Netzwerkkarte darauf, dass es mindestens einen solchen optischen Indikator gibt). Wenn die Netzwerkkarte dann noch mit einem signierten Treiber arbeitet (Register TREIBER) ist sie als Fehlerquelle auszuschließen (natürlich sollten Sie noch einmal überprüfen, ob das Kabel richtig eingesteckt ist).

:-) TIPP

Man liest häufiger, dass Netzwerkkarten auf die Betriebsart Halbdublex (manchmal auch Halbmodus genannt) gesetzt werden sollten, wenn ein Hub im Spiel ist, weil ansonsten die Übertragungsrate beinahe unakzeptabel niedrig sein kann. Dies kann im Register ERWEITERTE EINSTELLUNGEN der Eigenschaften der Netzwerkkarte vorgenommen werden.

STEP

Besteht überhaupt eine Verbindung?

Ist die Netzwerkkarte in Ordnung, sollten Sie als Nächstes feststellen, ob auf der »Protokollebene« eine Verbindung zustande kommt und der Partner die richtige IP-Adresse besitzt. Dazu gibt es das nützliche *Ping*-Kommando, das in der Eingabeaufforderung ausgeführt wird:

```
ping 192.168.0.1
```

Dieses Kommando »pingt« den Computer mit der Adresse 192.168.0.1 an. Ist dieser Computer am Leben, wird er gleich darauf eine Antwort geben, sodass am Ende in der Ping-Statistik die empfangenen Pakete auftauchen müssen.

Das *Ping*-Kommando kann auch mit dem Computernamen etwas anfangen:

```
ping pm10
```

Dieses Mal wird der Computer mit dem Namen *Pm10* angepingt, wobei in der Ping-Statistik die IP-Adresse des Computers eingesetzt wird.

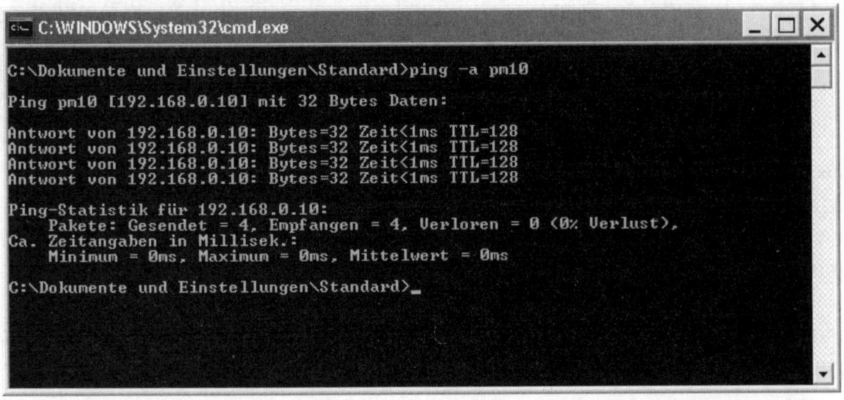

Abbildung 17.50: Mit dem Ping-Kommando lässt sich feststellen, ob ein Computer im Netzwerk über seine IP-Adresse oder seinen Namen überhaupt ansprechbar ist

17.12.4 Vergabe von IP-Adressen – dynamisch oder fest?

Dies ist ein Punkt, der leider immer wieder für Verwirrung sorgt. Soll ein Netzwerkcomputer eine feste IP-Adresse erhalten oder nicht? Notwendig ist es im Grunde nicht, denn genau dafür gibt es den DHCP-Server des Computers, auf dem Windows XP läuft, und der die Internetverbindung zur Verfügung stellt. In diesem Fall muss in den Eigenschaften der LAN-Verbindung die Option *IP-Adresse automatisch beziehen* eingestellt werden. Sie führt dazu, dass der Computer seine IP-Adresse von dem Computer auf Anforderung erhält, auf dem der DHCP-Dienst läuft.

Es ist jedoch auch möglich, mit festen IP-Adressen zu arbeiten. In diesem Fall setzen Sie bei der LAN-Verbindung die Option FOLGENDE IP-ADRESSE VERWENDEN und tragen die feste IP-Adresse in das dafür vorgesehene Feld ein. Doch welche Adresse? Im Prinzip sollte irgendeine Adresse erlaubt sein, doch um Verwicklungen zu vermeiden, gibt es einen für lokale Netzwerke vorgesehenen Adressbereich. Dieser lautet 192.168.0.nnn, wobei bei »nnn« bei 2 beginnend für jeden Computer um eins hochgezählt wird (kleben Sie sich am Anfang die IP-Adresse mit einem kleinen Post-it-Zettel auf den Monitor des Computers). Der erste Computer erhält die Adresse 192.168.0.1, der zweite die Adresse 192.168.0.2, der dritte 192.168.0.3 usw. Die Subnetzmaske darf nicht vergessen werden, sie lautet bei Heim-Netzwerken immer 255.255.255.0. Die Adresse 192.168.0.1 ist für den Gateway-Computer vorgesehen, d.h. jenen Computer im Netzwerk, auf dem Windows XP läuft, und über den die Internetverbindung hergestellt wird. Mit dieser Nummerierung sollte sowohl das lokale Netzwerk funktionieren als auch eine Internetverbindungsfreigabe möglich sein.

17.13 Besonderheiten bei Netzwerken

In diesem Abschnitt geht es um ein paar speziellere Themen, die im Zusammenhang mit Heim-Netzwerken eine Rolle spielen können, die aber für die meisten Besitzer der Home-Edition etwas zu speziell sein dürften, sodass sie in erster Linie der Vollständigkeit halber kurz abgehandelt werden sollen.

17.13.1 Private Netzwerke (VPNs)

Ein privates Netzwerk (kurz VPN für *Virtual Private Network*) ist eine Internetverbindung, die wie eine Netzwerkverbindung benutzt werden kann. Man stellt von einem Ort über das Internet eine Verbindung zu einem Netzwerk an einem anderen Ort her, wobei das Internet lediglich das Transportmedium ist. Anders als bei einer normalen Internetverbindung ist eine VPN-Verbindung gesichert, sodass die zu übertragenden Daten nicht so ohne weiteres umgelenkt oder abgefangen werden können. Ein wichtiges Element einer VPN-Verbindung ist die Authentifizierung, durch die sichergestellt wird, dass nur bestimmte Personen eine Verbindung herstellen können. Ein typisches Anwendungsbeispiel wäre ein Außendienstmitarbeiter, der mit seinem Notebook unterwegs ist und Dateien auf einen Netzwerk-PC in seiner Firma überspielen möchte. Anstatt eine direkte Einwählverbindung zu seiner Firma herzustellen, wählt er sich lokal in das Internet ein und baut eine VPN-Verbindung auf. Das Einrichten von VNPs wird von Windows XP unterstützt und erfordert keine speziellere Konfiguration. Voraussetzung ist allerdings, dass auf der »anderen Seite« ein VPN-Server installiert wurde.

17.13.2 Funknetzwerke (Wireless LAN)

Funknetzwerke, auch Wireless LAN genannt, werden seit einiger Zeit als »extrem cool«, aber auch als sehr nützlich gehandelt. Bei einem Funknetzwerk werden die einzelnen Computer drahtlos verbunden, die Daten werden per Funk ausgetauscht. Das bringt den entscheidenden Vorteil, dass keine Verkabelung erforderlich ist und größere Entfernungen überbrückt werden können (die allerdings durch Hindernisse schnell auf typische Kabellänge schrumpfen können). Gerade für Notebook-Anwender sind Funknetzwerke sehr praktisch, denn ist das Notebook mit einer Funknetzwerkkarte ausgerüstet, genügt es, in die Reichweite eines Funknetzwerkes zu kommen, um sich in das Netzwerk einloggen zu können. Ist das Netzwerk mit dem Internet verbunden, steht dem Notebook auch ein Internetzugang zur Verfügung. Auch in Räumen, in denen eine Verkabelung vorhanden ist, sind Funknetzwerke als Ergänzung sehr praktisch, da sich jeder mit seinem Computer frei bewegen kann.

Windows XP enthält von Anfang alles, was für den Betrieb von Funknetzwerken benötigt wird. Für moderne Netzwerkkarten sind auch die stets benötigten Treiber dabei.

Ideal sind Funknetzwerke auch zu Hause, d.h. für ein Heim-Netzwerk. Denn aufgrund der Reichweite von mindestens 100 Metern (natürlich ist dieser Wert stets abhängig von äußeren Bedingungen) kann es sich jeder mit seinem PC oder Notebook im Hause oder im Garten gemütlich machen und ist trotzdem mit dem Internet verbunden. Voraussetzung für ein Funknetzwerk sind entweder eine Basisstation (falls ein bereits vorhandenes Netzwerk angeschlossen werden soll), welche eine bestimmte Anzahl an PCs ansprechen kann, und eine Funknetzwerkkarte pro Computer. Sollen ausschließlich nicht vernetzte Computer sozusagen neu verbunden werden, kann die Basisstation auch entfallen. Inzwischen ist der Spaß recht preisgünstig geworden. Die Basisstation gib es ab 200 €, Funknetzwerkkarte ab 100 €, sodass das Umstellen auf drahtlose Verbindung keine allzu hohen Kosten verursacht. Und es gibt noch einen kleinen Nachteil. Da alle Daten drahtlos übertragen werden, ist die Gefahr des Abhörens natürlich sehr groß (wobei dies bei Heim-Netzwerken weniger ein Thema sein sollte – in Anwaltskanzleien kann dies unter Umständen ein Ausschlusskriterium sein). Auch kann es nicht ausgeschlossen werden, dass sich ein »Nachbar« mit seiner eigenen Funknetzkarte in das Netzwerk einklinkt und dadurch zum Beispiel den Internetzugang mitbenutzt. Windows XP unterstützt eine eingebaute Verschlüsselung durch eine Erweiterung des IEEE 812.11-Protokolls. Basisstationen wie Funknetzwerkkarten der etwas gehobeneren Preisklasse bieten daher eine eingebaute Verschlüsselung, die potenzielle »Lauschangriffe« etwas schwieriger machen könnte. Bliebe noch zu erwähnen, dass Windows XP Funknetzwerke nach dem aktuellen IEEE 812.11b-Standard (die Übertragungsrate beträgt hier 11 Mbit/s) bereits unterstützt.

17.13.3 Ein WLAN (Funknetzwerk) in Betrieb nehmen

WLANs sind gerade zu Hause eine tolle Sache, denn Sie erhalten eine angenehme Bewegungsfreiheit und können vor allem die bislang im Wohnzimmer sicher ein wenig störend wirkenden Kabel wegpacken. Gerade, wenn sich mehrere Personen in einem Haushalt einen Internetzugang teilen und jeder seinen eigenen PC hat, ist ein WLAN ideal. Inzwischen sind WLANs nicht nur preiswert geworden, sondern auch sehr leicht zu installieren. Wenn Sie Glück haben, steht die Installation in weniger als einer Stunde. Sie benötigen dazu als erstes einen Router und einen Access-Point (AP) für den Router oder besser einen Router mit integriertem AP. An den Router wird – hier – das DSL-Modem angeschlossen, das wiederum die Verbindung zum Internet herstellt. Der Router muss dazu die Verbindungsdaten des Providers erhalten. Dafür gibt es im Allgemeinen ein kleines Setup-Programm, das über die »Homepage« des Routers (meistens über http://192.168.0.1) aufgerufen wird. Die Details variieren von Router zu Router (Bild 17.51 zeigt die Setup-Seite des beliebten Allnet-Routers).

Abbildung 17.51: Die Setup-Seite eines Routers – hier werden die Zugangsdaten für den Internet-Provider eingetragen

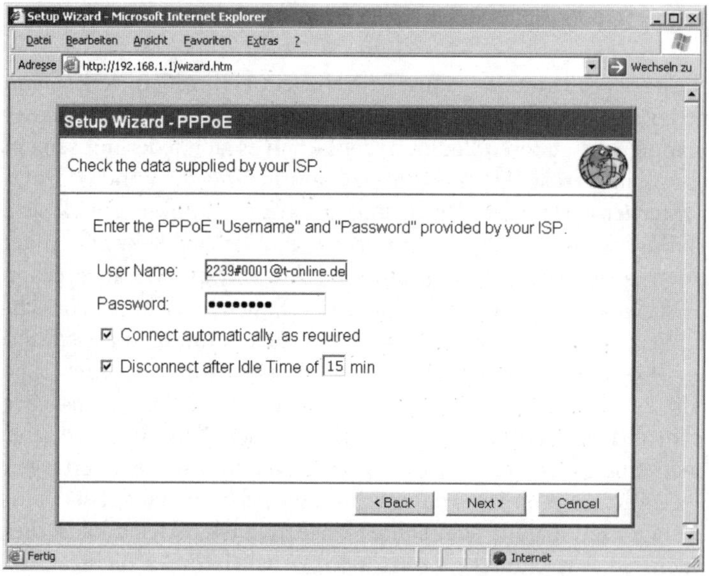

:-) TIPP

Wenn Sie T-Online-Teilnehmer sind: Vergessen Sie nicht das obligatorische »@t-online.de« an die Benutzerkennung zu hängen.

Steht die Verbindung zum Router müssen Sie jeden einzelnen Computer mit einer WLAN-Karte ausstatten. Der AP wird im Allgemeinen nur einmal benötigt (lediglich in großen Gebäuden können mehrere APs erforderlich sein, da die WLAN-Reichweite trotz anders lautender Versprechungen oft nicht mehr als 20 m beträgt). Die für Notebooks üblichen Einsteckkarten lassen sich auch für den Desktop-PC benutzen mit Hilfe eines Adapterrahmens. Das kann die preiswertere Lösung sein. Es spricht übrigens nichts dagegen, einen Desktop-PC mit einem normalen Netzwerkkabel mit dem Router zu verbinden – es müssen also nicht alle Teilnehmer drahtlos verbunden sein (es ist sogar möglich, dass ein Computer sowohl verdrahtet als auch drahtlos verbunden ist).

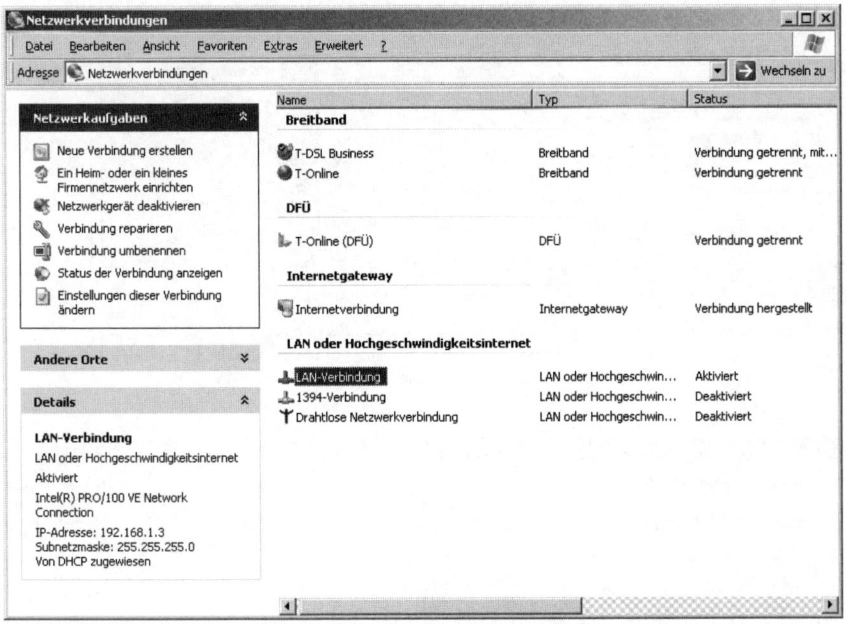

Abbildung 17.52: Der Internet-Zugang wird über die LAN-Verbindung hergestellt – achten Sie auf die IP-Adresse, die links unten angezeigt wird

Steht die Hardware, muss auf der Software-Seite nicht mehr viel eingestellt werden. Ist ein Router im Spiel wird die Verbindung zum Internet über den Router hergestellt und nicht über einen Computer – aus diesem Grund mussten Sie Ihre Verbindungsdaten auch beim Router eintragen. Sie legen damit keine DFÜ- oder Breitband-Verbindung an, sondern sollten im Ordner *Netzwerkverbindungen* bereits eine LAN- oder Drahtlose Netzwerkverbindung vorfinden. Über diese Verbindung wird der Zugang zum Router und damit zum Internet hergestellt. Jeder Computer benötigt eine IP-Adresse für den Internet-Zugang. Ist ein Router im Spiel, erhalten Sie diese im Allgemeinen (das ließe sich auch abschalten) von Ihrem Router (in einem voreingestellten Adressbereich, z.B. zwischen 192.168.1.1 und 192.168. 1.254). Sie sollten daher in den Eigenschaften der Netzwerkverbindung keine IP-Adresse eintragen, sondern die Option IP-Adresse dynamisch beziehen. Das bedeutet, dass Ihr Computer von einem »IP-Adressen-Verteiler« (auch DHCP-Server genannt für *Dynamic Host Configuration Protocol*, einer jener Fachkürzel, mit der »Experten« weniger erfahrene Mitmenschen gerne beeindrucken«).

Abbildung 17.53: Die IP-Adresse wird für jede Netzwerkverbindung dynamisch vergeben

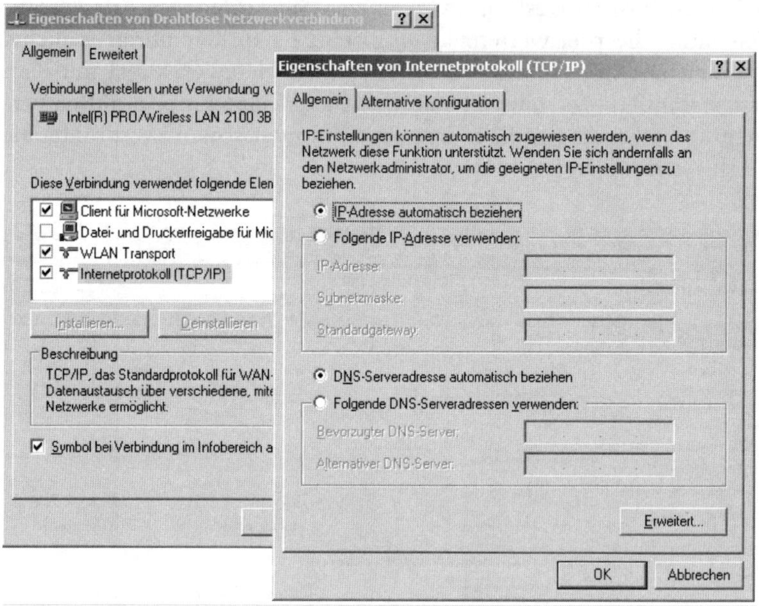

Abbildung 17.54: Der Computer hat vom Router seine IP-Adresse erhalten

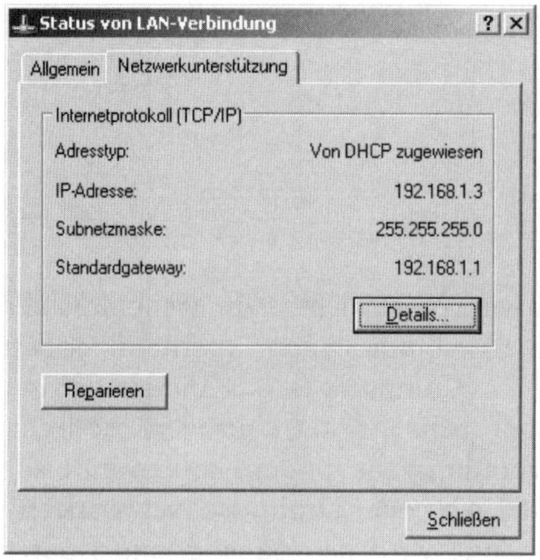

Zum Schluss noch eine Formalität, an der die Verbindung im WLAN manchmal scheitern kann. Damit sich alle Computer, die drahtlos verbunden sind, verstehen muss ihr WLAN-Adapter die gleiche SSID-Kennung verwenden – dies wird im Allgemeinen in den Eigenschaften der WLAN-Karte eingetragen – hier steht meistens Default oder Any. Dieser Wert muss auch nicht geändert werden. Und wie sieht es mit der Sicherheit aus? Nicht besonders gut, wenngleich dies ausnahmsweise einmal nicht ironisch gemeint ist. WLANs lassen sich über das WEP-Protokoll zwar absichern, doch gilt dies als so unsicher, dass jeder halbwegs begabte und vor allem mit den richtigen Tools ausgestattete Hacker es mühelos umgehen kann. Für zu Hause lohnt sich der Aufwand nicht. Möchten Sie vermeiden, dass Ihr Nachbar auf Ihrer Verbindung mitsurft (was bei einer Flatrate eher eine Frage der Ehre und weniger der zur Verfügung stehenden Bandbreite sein sollte), genügt es meistens schon, eine ausgefallene SSID zu benutzen.

Das war's – mehr ist nicht zu tun, um auch drahtlos glücklich zu werden. Sollte es wider Erwarten nicht funktionieren, wenden Sie sich vertrauensvoll an die Hotline des Herstellers, von dem Sie den Router und/oder die WLAN-Karte haben. Im Allgemeinen sind es nur Kleinigkeiten, die sich leicht beheben lassen. Es gibt aber auch viele Foren im Internet speziell zum Thema WLAN, Router usw. in denen stets die gleichen Fragen von hilfsbereiten Mitmenschen beantwortet werden.

Ihre WLAN-Einstellungen werden meistens über ein Dialogfeld eingestellt, das durch den Gerätetreiber der WLAN-Karte zur Verfügung gestellt wird. Sie öffnen diese am einfachsten, in dem Sie das Verbindungssymbol im Infofeld der Taskleiste (ganz rechts unten) einfach einmal mit der rechten Maustaste anklicken und einen der angeboten Einträge (die von Karte zu Karte unterschiedlich lauten können) wie *Verfügbare drahtlose Netzwerke anzeigen* wählen. Alles Weitere ergibt sich dann fast von alleine.

Und noch ein Tipp zum Schluss: An vielen öffentlichen Orten (z.B. in einem bekannten Biergarten in München) gibt es so genannte Hotspots, also Zugangspunkte für WLANs. Damit Sie hier mitsurfen können, müssen Sie lediglich beim Internet Explorer im Register *Verbindungen* die Option *Keine Verbindung wählen* einstellen und sicherstellen, dass nicht noch irgendeine Proxy-Adresse voreingestellt ist. Alles Weitere regelt dann Ihr Notebook mit dem Netzwerk des jeweiligen Betreibers (unter Umständen müssen Sie den Internet Explorer noch einmal schließen und ihn dann erneut öffnen und ein paar Sekunden warten bis der Zugangspunkt die IP-Adresse geliefert hat). Viel Spaß beim drahtlosen Surfen.

Abbildung 17.55: In den Eigenschaften der WLAN-Karte werden auch die »Sicherheitseinstellungen« vorgenommen

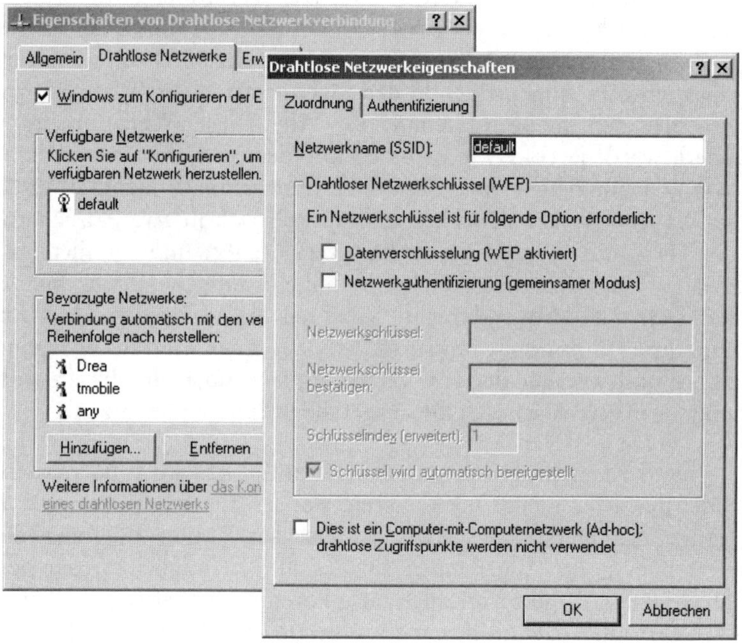

Abbildung 17.56: Auch wenn DFÜ-Verbindungen angeboten werden – im WLAN soll der Internet Explorer keine Verbindung wählen, da eine Netzwerkverbindung besteht

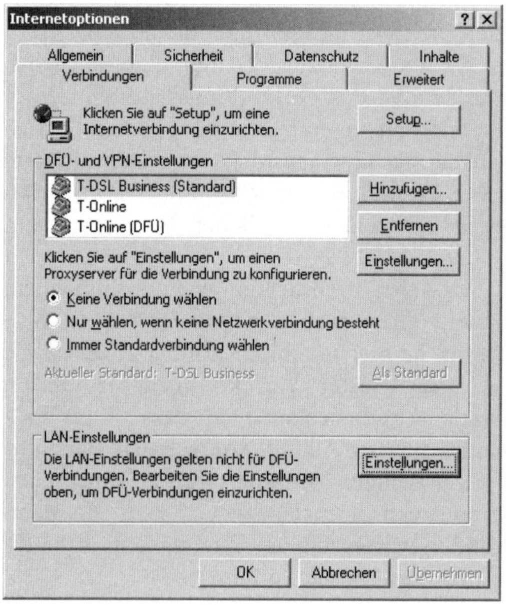

18 Administratorentätigkeiten bei Windows XP Home

Windows XP ist im Vergleich zu Windows 9x ein »richtiges« Betriebssystem. Das bedeutet, dass es unter anderem ein Sicherheitssystem gibt. Anders als unter Windows 9x, wo im Prinzip jeder alles machen darf, ist unter Windows XP genau geregelt, wer was (und wenn man möchte auch wann) machen darf und was nicht. Da Windows XP Home aber für den Heimanwender gedacht ist, wo die Sicherheitsproblematik keine so große Rolle spielen dürfte, stehen die Sicherheitseinstellungen nicht sehr stark im Vordergrund – man kann sie sogar relativ leicht übersehen. Doch sind sie vorhanden und bis auf einige Ausnahmen, wie zum Beispiel fehlende NTFS-Berechtigungen, ist Windows XP Home genauso sicher wie Windows XP Professional oder Windows 2000 Server. Um dem (Heim-) Anwender aber einen kostspieligen Administratorlehrgang zu ersparen, wird bei Windows XP Home lediglich zwischen zwei Kategorien von Benutzern unterschieden: Da gibt es die Computeradministratoren, die alles dürfen, und den Rest, bei denen die Computeradministratoren genau festlegen können, was Sie dürfen und was nicht. Da Windows XP Home im Allgemeinen nicht in Unternehmen eingesetzt werden wird, beschränkt sich die Allgewalt des Computeradministrators im Wesentlichen auf das Erstellen von Freigaben. Es ist zum Beispiel nicht möglich, den Start einzelner Programme zu »verbieten«, was bei Windows XP Professional über die lokalen Sicherheitsrichtlinien machbar wäre.

In diesem Kapitel geht es um die Frage, was einen Computeradministrator von einem »normalen« Anwender unterscheidet. Dabei steht das Einschränken des Zugriffs auf einzelne Verzeichnisse im Vordergrund.

Die Themen für dieses Kapitel:

- Wie werde ich Computeradministrator?
- Die Rolle der Benutzerkonten
- Freigaben einrichten und verwalten
- Zugriffsschutz bei Verzeichnissen
- Weitere »Privilegien« des Computeradministratorkontos

18.1 Die Rolle der Benutzerkonten für die Sicherheit

Wer was darf, entscheidet sich bei Windows XP einzig und allein durch das Benutzerkonto, das für die Anmeldung benutzt wird. Verwenden Sie für die Anmeldung den Namen eines Benutzers, der ein Computeradministratorkonto besitzt, und geben Sie das dazugehörige Kennwort ein, erhalten Sie automatisch die Administratorrechte. Melden Sie sich auf demselben Computer dagegen mit einem Benutzernamen an, der nur ein eingeschränktes Benutzerkonto besitzt, erhalten Sie die eingeschränkten Rechte. Dem Kennwort kommt daher eine zentrale Bedeutung zu, daher sollte dieses entsprechend sensibel behandelt werden. Die Namen der Benutzerkonten sind dagegen nicht geheim, denn bei der modernen Anmeldung von Windows XP, die alle in Frage kommenden Namen auflistet, müsste ein potenzieller Eindringling nur der Reihe nach alle Namen durchprobieren, um das Kennwort erraten zu können. Das ist zwar nur eine theoretische Option – sie wird aber nicht eingeschränkt, da es bei Windows XP Home keine maximale Anzahl an Fehlversuchen gibt, nach denen das System zum Beispiel blockiert oder heruntergefahren wird.

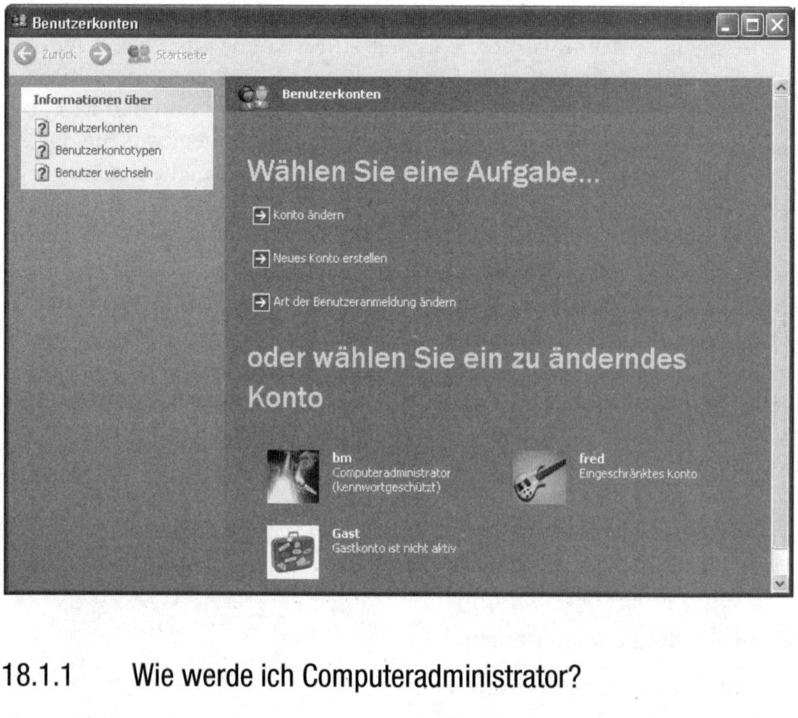

Abbildung 18.1: Das Applet Benutzerkonten zeigt alle auf dem Computer eingerichteten Konten an

18.1.1 Wie werde ich Computeradministrator?

Vermutlich sind Sie bereits Computeradministrator ohne es zu ahnen, denn nach der Installation legt Windows XP ein Computeradministratorkonto an, mit dem Sie sich standardmäßig anmelden. Sollten Sie Windows XP zusammen mit Ihrem Computer erhalten haben, wird es ähnlich aussehen.

Sie melden sich mit einem Benutzernamen und einem Kennwort an, welche Sie vor dem ersten Start festlegen mussten. Oder es erscheint kein Anmeldedialog. In diesem Fall meldet Sie Windows XP mit dem Standardbenutzerkonto an, bei dem es sich um das Computeradministratorkonto handelt.

Und was ist so toll daran, als Computeradministrator angemeldet zu sein? Das kommt auf den Blickwinkel an. Wenn Sie bislang Windows 9x gewohnt waren, werden Sie zunächst keine Unterschiede feststellen, denn unter Windows 9x war jeder »Computeradministrator«, da es kein Benutzersystem gab (die optionale Anmeldung nach dem Start dient hier lediglich dazu, allgemeine Benutzereinstellungen zu laden). Einen Unterschied werden Sie erst feststellen, nachdem Sie sich zum Spaß mit dem eingeschränkten Konto angemeldet haben. Auf einmal sind bestimmte Vorgänge, wie das Ändern der Uhrzeit, nicht mehr möglich. Auch das Freigeben von Ordnern ist nur dem Computeradministrator möglich. Es kann Ihnen also passieren, dass Sie auf einem Windows XP-Computer, auf dem ein anderer Computeradministrator spielt, nur noch auf bestimmte Ordner zugreifen dürfen.

:-) TIPP

Melden Sie sich nur dann als Computeradministrator an, wenn Sie Einstellungen vornehmen möchten, für die ein Computeradministratorkonto erforderlich ist. Melden Sie sich ansonsten mit einem weiteren Konto an, das nur eingeschränkte Rechte umfasst. Sinn und Zweck dieser Maßnahme ist es, dass (zum Beispiel über das Internet) eingeschleuste Virenprogramme oder andere Eindringlinge nicht mit Administratorrechten laufen können. Auf diese Weise werden sie davon abgehalten, auf geschützte Bereiche zuzugreifen oder weitere Computeradministratorkonten als »Hintertüren« einzurichten[1].

18.1.2 Die Notwendigkeit für ein Computeradministratorkonto

Sicherheit ist bei Windows XP Home etwas, das Schritt für Schritt aufgebaut werden muss. Sobald an einem Computer oder in einem Heim-Netzwerk mehrere Personen arbeiten, muss entweder eine Person die Rolle des Computeradministrators für das gesamte Netzwerk spielen oder jeder sein eigener Computeradministrator sein, der auf seinem Computer festlegt, ob und wer auf welche freigegebenen Verzeichnisse zugreifen darf.

In einem Peer-Netzwerk ist es am einfachsten, wenn jeder seinen Computer selbst verwaltet. Das bedeutet: Der Computeradministrator ist auf seinen eigenen Computer beschränkt. Möchte er sich an einem anderen Computer als Administrator anmelden, benötigt er dort ein Konto (siehe dazu den folgenden Abschnitt).

1 Zugegeben, das ist ein nicht sehr wahrscheinliches Szenario. Doch wenn man die Sicherheit von Windows XP zumindest ansatzweise nutzen möchte, muss man sich an solche simplen Regeln halten.

Auf seinem lokalen Computer kann der Computeradministrator alles machen, insbesondere Hard- und Software installieren und beliebige Systemeinstellungen ändern.

Wichtig wird das Computeradministratorkonto dann, wenn mehrere Personen einen Computer benutzen. Unter Windows 9x war es noch möglich, dass ein Anwender die Daten eines anderen manipulieren konnte, also ansehen, ändern oder sogar löschen. Bei XP Home hat sich das geändert: Ein normaler Anwender (kein Administrator) kann die persönlichen Daten anderer Anwender und natürlich auch die der Administratoren nicht einmal sehen, geschweige denn ändern, sofern sie sich im Ordner DATEIEN VON ANWENDERNAME oder im persönlichen Verzeichnis unterhalb von DOKUMENTE UND EINSTELLUNGEN befinden. Für den Anwendernamen setzt Windows den Namen des Benutzerkontos ein. Diese Ordner befinden sich im Explorerbaum vor dem Ordner NETZWERKUMGEBUNG.

In der Online-Hilfe finden sich die Vorteile von Benutzerkonten:

Abbildung 18.2: Vorteile von Benutzerkonten

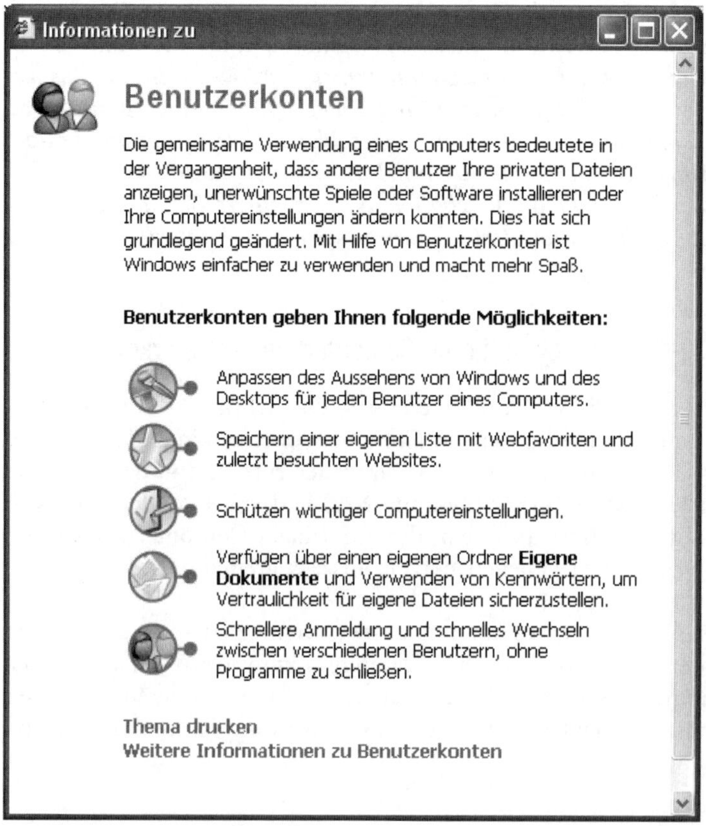

Der Zugriffsschutz auf bestimmte Ordner ist die wesentliche Neuerung von XP Home gegenüber Windows 9x bei der Benutzerverwaltung. Verschiedene Desktop-Einstellungen, eigene Favoriten und andere Dinge ließen sich ja bei Windows 9x bereits für jeden Anwender lokal mithilfe der Benutzerprofile speichern. Nur der Computeradministrator hat Zugriff auf alle Dateien!

Übrigens muss ein Computeradministrator keinen eigenen Computer besitzen, der nur für Administrationszwecke benutzt wird. Da ein Computeradministrator nur zu einem solchen wird, indem er sich mit dem passenden Benutzernamen und dem dazugehörigen Kennwort anmeldet, können zum Beispiel drei Personen mit ihren Windows XP-Computern arbeiten und der Computeradministrator meldet sich an deren Computern nur dann an, wenn es etwas zu administrieren gibt.

Die Benutzerverwaltung von XP Home ist jedoch verglichen mit XP Professional oder seinen Vorgängern Windows 2000 Professional oder NT Workstation eingeschränkt und bietet längst nicht so viele Möglichkeiten.

18.1.3 Typen von Benutzerkonten

Die Rolle des Administrators haben Sie im letzten Abschnitt kennen gelernt. Außer Administratorkonten gibt es noch den Kontentyp »Eingeschränkter Anwender« sowie das spezielle Konto »Gast«, das aber nur einmal vorkommt. Konten für Administratoren und eingeschränkte Anwender kann es dagegen mehrere geben.

Was ein eingeschränkter Anwender nicht darf, ist nicht so einfach ersichtlich. Die Online-Hilfe listet einige Aktionen auf (siehe Abbildung 18.3).

Wichtig ist, dass eingeschränkte Anwender keine Hard- und Software installieren dürfen. Versuchen sie es trotzdem, erscheint eine Fehlermeldung.

Die Installation von Software wird durch einen einfachen Trick verhindert: Es gibt geschützte Ordner, in die eingeschränkte Anwender (und Gäste) nicht schreiben dürfen. Dazu gehören die folgenden:

- %systemroot%\Programme
- %systemroot%\Dokumente und Einstellungen
- %systemroot%\Windows

Das gilt auch für alle Unterordner. Im Ordner DOKUMENTE UND EINSTELLUNGEN dürfen eingeschränkte Anwender nur ihre persönlichen Ordner beschreiben, nicht jedoch den Ordner für das Gastkonto oder den Ordner ALL USERS.

Abbildung 18.3: Was darf ein Administrator, was ein eingeschränkter Anwender?

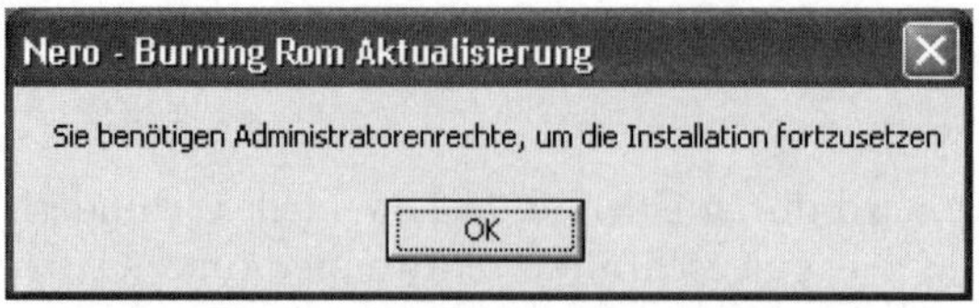

Abbildung 18.4: Nur Administratoren dürfen Software installieren

Alle anderen Ordner auf allen Datenträgern sind für Windows nicht privat, d.h. hier können von jedem beliebige Manipulationen vorgenommen werden, insbesondere ist das Löschen durch ALLE Anwender sogar für einen Gast erlaubt! Wird ein Programm in einem nicht privaten Bereich installiert, so gelingt das sogar Gästen! Das ist einer der Gründe, warum das Gastkonto deaktiviert sein sollte (das ist die Voreinstellung).

Das Verhindern einer Software-Installation durch Nicht-Administratoren ist also keine hundertprozentig sichere Sache.

Das Gastkonto ist ein spezielles Konto, das kein Passwort benötigt! Ist es aktiviert, kann sich JEDER lokal anmelden und versuchen, was möglich ist und was nicht. Unter Umständen können Gäste, eben auch Schadprogramme wie Keylogger, Viren und andere Programme installieren. Umso wichtiger ist es, persönliche Dokumente nur in den dafür vorgesehenen Ordnern zu speichern.

18.1.4 Lokale Anmeldung versus Netzwerkanmeldung

Die Anmeldung an einem PC kann auf zwei Arten erfolgen: lokal oder über das Netzwerk. Die Netzwerkanmeldung kann sogar so konfiguriert werden, dass sie über das Internet möglich ist!

Lokale Ameldung

Windows XP besitzt, wie auch Windows XP Professional, eine dicke Einschränkung, welche eine zentrale Administration erschwert: Die Benutzerkonten, die festlegen, wer was darf, müssen auf jedem Computer eingerichtet werden. Folgendes Beispiel soll dieses Problem verdeutlichen: In einem Netzwerk gibt es zum Beispiel drei Windows XP-Computer A, B und C, die den Personen Pa, Pb und Pc gehören. Pa hat ein Konto auf A, Pb auf B und Pc auf C. Um welche Art von Konto es sich handelt, ist dabei unwichtig (Administratorkonto oder eingeschränkter Anwender). Wenn sich Person Pa an Computer B lokal anmelden möchte, benötigt sie dort ein eigenes Konto mit dem Benutzernamen Pa und dem entsprechenden Kennwort. Das Gleiche gilt für eine lokale Anmeldung an Computer C – auch dort muss ein Konto für Pa bestehen. Je mehr Computer an einem solchen Peer-Netzwerk beteiligt sind, desto komplizierter wird die lokale Kontenverwaltung. Deswegen ist bei größeren Netzwerken eine sog. *Domäne* notwendig. Spezielle Server – Domänencontroller genannt – verwalten alle Konten zentral. Damit kann sich jeder lokal an jedem Computer anmelden, ohne dass dort ein (lokales) Konto für ihn vorhanden ist. Mit Windows XP Home geht dies aber nicht, dafür wird Windows 2000 Server (oder der Nachfolger Windows .NET Server) benötigt.

Die Benutzerverwaltung erfolgt sowohl bei Windows XP Home als auch bei Windows XP Professional stets lokal auf dem jeweiligen Computer.

INFO

Anmeldung über das Netzwerk

Bei der Anmeldung über das Netzwerk verbindet man sich mit einem fernen Rechner, genauer gesagt mit einer Freigabe auf diesem Computer. Damit das gelingt, müssen auf dem fernen Rechner Freigaben definiert werden, wie im nächsten Abschnitt beschrieben. Je nachdem wie die Freigabe eingerichtet ist, ist sie beschreibbar oder nur lesbar. Weitere Möglichkeiten gibt es nicht bei einer Netzwerkanmeldung. Insbesondere können keine Programme remote ausgeführt werden!

18.2 Freigaben einrichten und verwalten

Wird ein Ordner für den Zugriff über das Netzwerk freigegeben, spricht man von einer *Freigabe* (engl. »share«). Eine Freigabe besteht aus drei Dingen:

- dem Freigabenamen (der nicht mit dem Ordnernamen identisch sein muss und für den Fall, dass Windows 9x-Computer im Spiel sind, auch nicht mehr als 15 Zeichen umfassen darf)
- dem Verzeichnispfad des Verzeichnisses, der hinter der Freigabe steht; dieser ist über das Netzwerk nicht sichtbar, d.h. die anderen Personen im Netzwerk sehen nur den Freigabenamen, nicht aber den Verzeichnispfad, für den die Freigabe steht
- einer Berechtigung, die festlegt, ob die Freigabe beschreibbar oder nur lesbar ist

18.2.1 Einrichten einer Freigabe

Das Einrichten einer Freigabe bedeutet, ein Verzeichnis (Ordner) auszuwählen, das über das Netzwerk angesprochen werden kann, als wäre es ein lokales Verzeichnis auf dem jeweiligen Computer.

Auch wenn das Thema bereits in Kapitel 17 besprochen wurde, als es um den Einsatz von Windows XP in einem Netzwerk ging, soll es an dieser Stelle noch einmal zusammengefasst werden.

INFO

Um einen Ordner für den Zugriff im Netzwerk freigeben zu können, muss man aus Sicherheitsgründen als Computeradministrator angemeldet sein. Ansonsten erscheint das Register FREIGABE *nicht im* EIGENSCHAFTEN-*Dialogfeld des Ordners.*

Bevor das erste Mal eine Freigabe eingerichtet wird, ist der Netzwerkinstallations-Assistent auszuführen. Dies ist eine Sicherheitsmaßnahme, um Anwender auf die »Gefahren« hinzuweisen, die mit dem Einrichten von Freigaben verbunden sind.

Nach dem Einrichten eine Freigabe kann auf alle Dateien und Ordner innerhalb dieser Freigabe zugegriffen werden. Es gibt auch keine Möglichkeit, einzelne Dateien freizugeben, sondern nur ganze Ordner.

Einrichten einer Freigabe

1. Klicken Sie den Ordner mit der sekundären Maustaste an, wählen Sie EIGENSCHAFTEN und wechseln Sie in das Register FREIGABE. Etwas direkter geht es über den Eintrag FREIGABE UND SICHERHEIT im Kontextmenü.
2. Aktivieren Sie die Option DIESEN ORDNER IM NETZWERK FREIGEBEN.
3. Übernehmen Sie den vorgeschlagenen Freigabenamen oder geben Sie einen anderen Namen ein.
4. Deaktivieren Sie ggf. die Option NETZWERKBENUTZER DÜRFEN DATEIEN VERÄNDERN.
5. Bestätigen Sie die Freigabe mit OK. Das Ordnersymbol wird daraufhin mit einer Hand versehen, an der allgemein freigegebene Ordner zu erkennen sind.

Sollte wider Erwarten die Option DIESEN ORDNER IM NETZWERK FREIGEBEN deaktiviert sein, kann es daran liegen, dass der Datei- und Druckerfreigabedienst für die LAN-Verbindung nicht installiert wurde – mehr dazu in Kapitel 17.

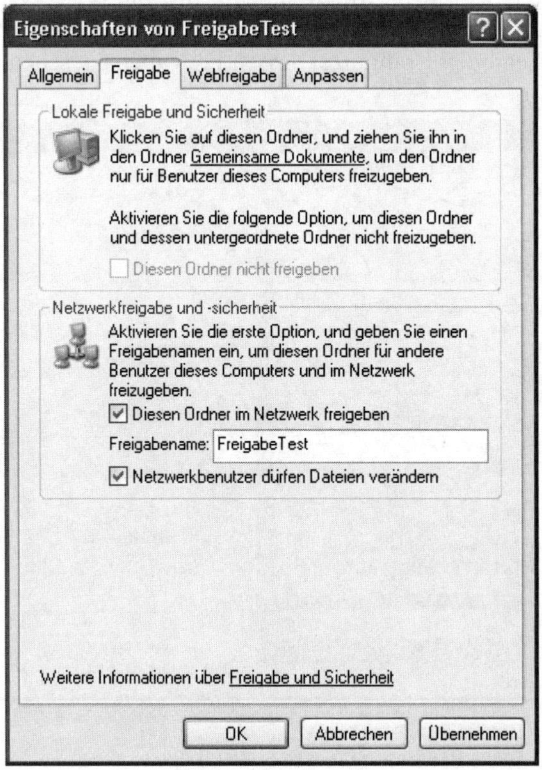

Abbildung 18.5: Im Register Freigabe wird ein Ordner für die gemeinsame Nutzung im Netzwerk freigegeben

Der Ordner ist nun im Netzwerk freigegeben und sollte bei den anderen Computern entweder in der NETZWERKUMGEBUNG (Windows 9x und Windows NT 4.0) oder in der Gruppe der benachbarten Computer (Windows 2000) angezeigt werden.

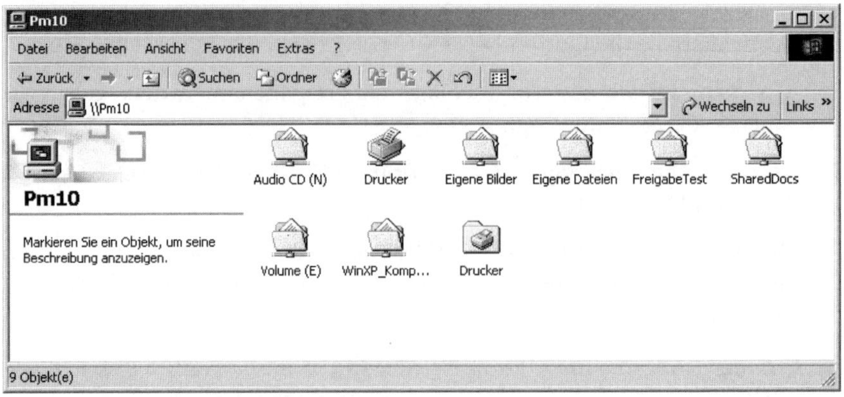

Abbildung 18.6: Auf einem Windows 2000-Computer werden alle Netzwerk-Freigaben angezeigt

Bei Windows XP gibt es keinen mit der Netzwerkumgebung von Windows 9x direkt vergleichbaren Ordner. Um die Freigaben eines Netzwerkcomputers zu sehen, öffnen Sie zunächst die NETZWERKUMGEBUNG, klicken dann auf die Aufgabe ARBEITSGRUPPENCOMPUTER ANZEIGEN und öffnen anschließend den Computer, dessen Freigaben Sie sehen möchten.

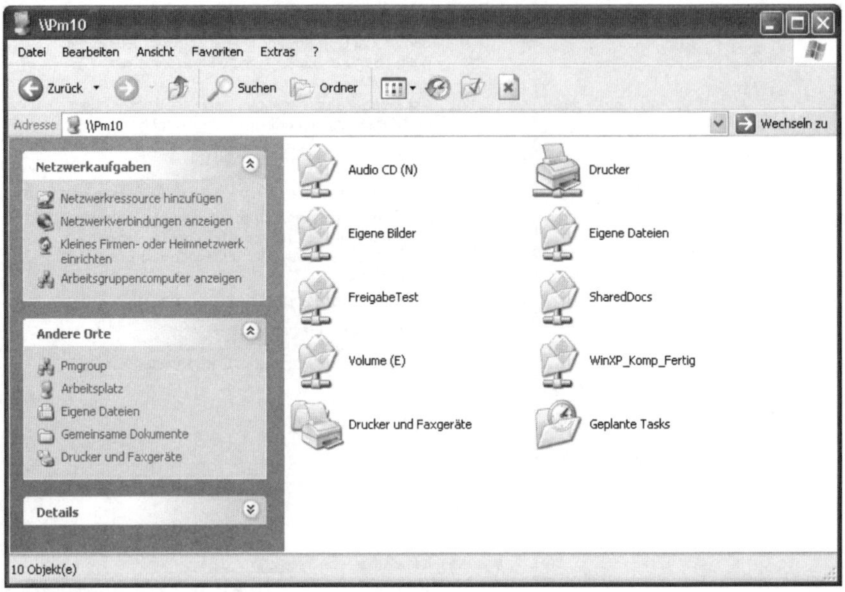

Abbildung 18.7: Windows XP zeigt die Freigaben eines Computers in einem Netzwerk

18.2.2 Freigeben von Laufwerken

Nicht nur Ordner, auch ganze Laufwerke können freigegeben werden. Das ist besonders bei CD-ROM- und DVD-ROM-Laufwerken sehr praktisch, da ihr Inhalt im gesamten Netzwerk zur Verfügung steht.

Freigeben eines Laufwerks

STEP

1. Öffnen Sie den Arbeitsplatz, klicken Sie das Laufwerksymbol mit der rechten Maustaste an und wählen Sie FREIGABE UND SICHERHEIT.
2. Falls Sie die einfache Berechtigung nicht deaktiviert haben, müssen Sie zunächst noch einmal mit »Nachdruck« bestätigen, dass Sie wirklich eine Freigabe einrichten möchten.
3. Nun erscheint das übliche Dialogfeld, in dem das Laufwerk über die Option DIESEN ORDNER IM NETZWERK FREIGEBEN freigegeben wird. Bestätigen Sie die Freigabe mit OK. Anschließend können alle im Netzwerk auf das Laufwerk zugreifen.

18.2.3 Einrichten einer versteckten Freigabe

Windows kann dazu überredet werden, eine Freigabe nicht anzuzeigen. Dazu muss an den Freigabenamen lediglich ein »$«-Zeichen angehängt werden. Eine solche Freigabe wird als versteckte Freigabe bezeichnet. Sie kann aber nach wie vor über einen *UNC-Pfad* angesprochen werden.

18.2.4 Ansprechen von Freigaben – die UNC-Konvention

UNC hat nichts mit einer UN-Einsatztruppe zu tun, sondern steht lediglich für *Universal Naming Convention*. Sie legt fest, auf welche Weise Freigaben in einem Netzwerk angesprochen werden, und zwar unabhängig vom Typ des Betriebssystems. Laufwerke spielen bei UNC keine Rolle. Eine Freigabe wird stets nach folgendem allgemeinem Schema angesprochen:

```
\\Servername\Freigabe
```

Der UNC-Pfad beginnt immer mit einem doppelten »Backslash«, darauf folgt der Name des Servers, also der Name des Computers im Netzwerk. Dann folgt, getrennt durch einen weiteren Backslash, der Name der Freigabe. Heißt ein Computer zum Beispiel *PM1* und eine Freigabe auf diesem Computer *Scripts*, wird die Freigabe durch folgenden UNC-Pfad angesprochen:

```
\\PM1\Scripts
```

Abbildung 18.8: Durch Anhängen eines »$«-Zeichens wird eine Freigabe versteckt

Geben Sie diesen Pfad zum Beispiel in das Adressfeld des Internet Explorer oder in das Eingabefeld des AUSFÜHREN-Befehls ein, wird die Freigabe geöffnet.

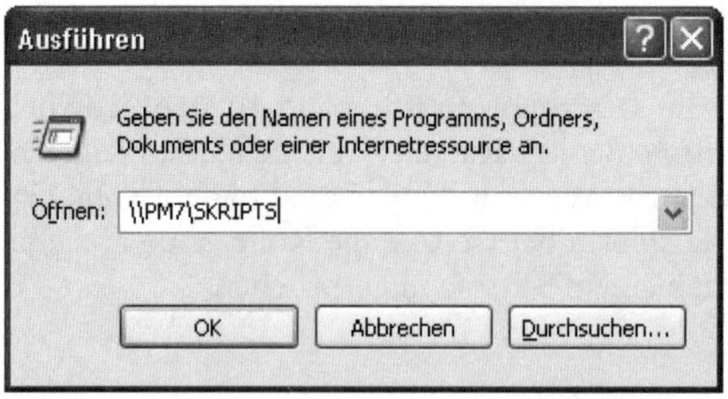

Abbildung 18.9: Eine Freigabe wird über ihren UNC-Pfad geöffnet

Anstelle des Servernamens kann auch die IP-Adresse des Computers verwendet werden (zum Beispiel *\\192.168.0.1\Scripts*).

18.3 Freigabeberechtigungen

Eine *Freigabeberechtigung* legt eigentlich fest, welcher Benutzer die Freigabe in welchem Umfang benutzen darf. Bei der Home Edition ist die Freigabeberechtigung sehr einfach: Jede Freigabe ist grundsätzlich von jedem lesbar, sonst würde sie auch keinen Sinn ergeben.

Über das Kontrollkästchen NETZWERKBENUTZER DÜRFEN DATEIEN VERÄNDERN lässt sich de facto ein Vollzugriff einschalten. Alle Dateien und Ordner innerhalb dieser Freigabe lassen sich damit beliebig ändern oder löschen. Es ist klar, dass man mit so einem Vollzugriff vorsichtig umgehen sollte.

18.3.1 Ein kurzer Rückblick zu Windows 9x

Wie war das noch einmal bei Windows 98? Gab es da nicht auch schon diese Freigaben? Im Grunde hat sich doch bei Windows XP nicht viel geändert? Ja und nein. Oberflächlich betrachtet gibt es gewisse Ähnlichkeiten, zumal das Resultat, der Zugang zu einem freigegebenen Ordner über das Netzwerk, das gleiche ist. Dennoch gibt es einen fundamentalen Unterschied. Windows 9x arbeitet für die Sicherung einer Freigabe mit einem einfachen Kennwortschutz für jede einzelne Freigabe. Das bedeutet für die Praxis mindestens zwei Nachteile:

- Das Kennwort schützt lediglich die Freigabe als Ganzes. Es ist nicht möglich, einen abgestuften Zugriff einzurichten.
- Jede Freigabe muss einzeln gesichert werden, d.h. für einen wirksamen Schutz müsste jede Freigabe mit einem eigenen Kennwort versehen werden.

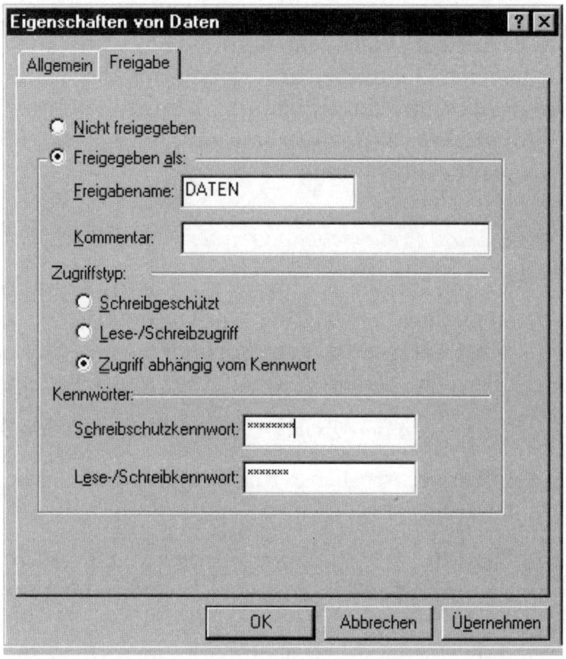

Abbildung 18.10: Bei Windows 9x wird jede Freigabe durch ein Kennwort geschützt

Der zweite Nachteil wiegt natürlich am schwersten, denn sobald ein Dutzend Freigaben oder mehr verwaltet werden müssen, ist dies administrativ nicht mehr zu bewerkstelligen. Alle diese Nachteile gibt es bei Windows XP nicht. Auf die Freigaben der Home Edition kann jeder zugreifen. Es gibt keine Passwörter mehr, sondern nur noch die Unterscheidung zwischen nur lesbar und Vollzugriff.

18.3.2 Das Prinzip der Netzwerkanmeldung

Da es so wichtig für das grundsätzliche Verständnis der Freigabeberechtigungen ist, wird im Folgenden noch einmal das Prinzip erläutert, nach dem ein Zugriff auf eine Freigabe erfolgt. Stellen Sie sich dazu ein »Mini-Netzwerk« vor, das aus einem Windows 98-Computer (PC1) und einem Windows XP-Computer (PC2) besteht. Auf PC2 ist eine Freigabe enthalten mit dem Namen *Freigabetest*. Ein Benutzer an PC1 möchte auf diese Freigabe von seinem Computer aus zugreifen. Da Windows XP Home keine personenbezogenen Passwörter verlangt, ist es egal, mit welchem Benutzernamen man sich anmeldet. Der Benutzer an PC1 öffnet die Netzwerkumgebung und sieht dort den Computer PC2. Er öffnet das Computersymbol und sieht die Freigabe *Freigabetest*, auf die er direkt ohne Eingabe eines Benutzernamens und eines Passworts Zugriff hat.

18.3.3 Verwalten aller Freigaben eines Computers

Da es auf die Dauer sehr umständlich wäre, alle freigegebenen Ordner der Reihe nach lokalisieren zu müssen, um über ihr Eigenschaften-Dialogfeld an die Freigabeberechtigungen heranzukommen, gibt es im Rahmen der Computerverwaltung das Snap-In *Freigegebene Ordner*, das sämtliche Freigaben auf einmal anzeigt.

STEP

Anzeige von Freigegebene Ordner

1. Starten Sie die Computerverwaltung (zum Beispiel über Startmenü|Alle Programme|Verwaltung|Computerverwaltung – wenn Sie den Eintrag dort nicht vorfinden, starten Sie die Computerverwaltung über den Ordner Verwaltung in der Systemsteuerung).

2. Öffnen Sie den Zweig *\System\Freigegebene Ordner\Freigaben.*

3. In der rechten Fensterhälfte werden alle Freigaben auf diesem Computer aufgelistet.

Im Snap-In *Freigegebene Ordner*, das auch direkt durch Eingabe *Fsmgmt.msc* über den Ausführen-Befehl im Startmenü aufgerufen werden kann, werden zwar alle Freigaben angezeigt, allerdings lassen sich weder neue Freigaben anlegen noch vorhandene Freigaben aufheben.

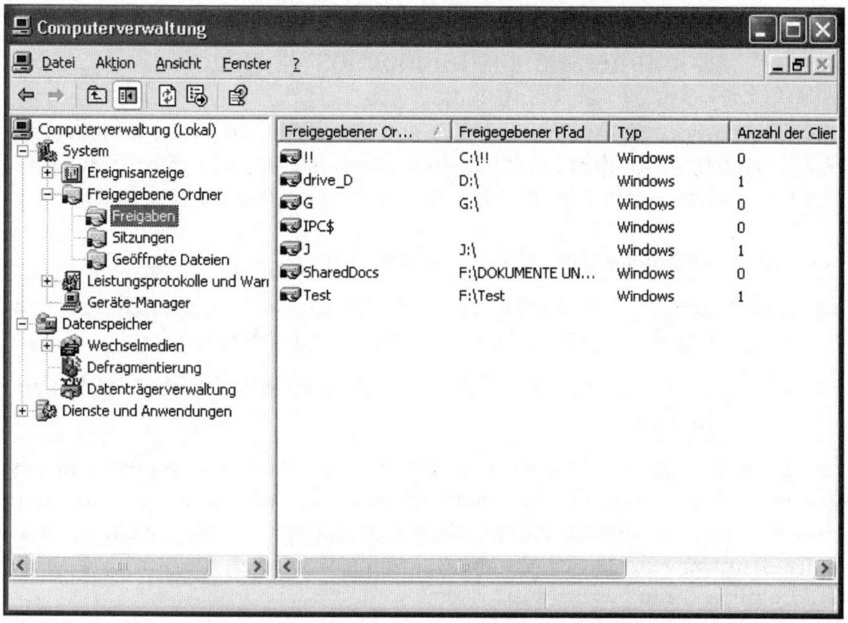

Abbildung 18.11: Das Snap-In Freigegebene Ordner zeigt alle Freigaben auf dem Computer an

INFO

Achten Sie auf die Spalte Anzahl der Clientverbindungen. Hier wird angezeigt, wie viele Verbindungen von anderen Netzwerkcomputern im Moment zu der Freigabe existieren.

18.4 Zugriffsschutz bei Verzeichnissen

Bei der XP Home Edition können persönliche Verzeichnisse vor dem Zugriff durch andere Anwender geschützt werden. Dies betrifft den privaten Ordner unterhalb von DOKUMENTE UND EINSTELLUNGEN sowie den Ordner DOKUMENTE VON ANWENDERNAME im Explorerbaum oberhalb der Netzwerkumgebung, der lediglich einen »Zeiger« auf den Ordner DOKUMENTE UND EINSTELLUNGEN\ EIGENE DATEIEN darstellt. Als Anwendername ist der Benutzername einzusetzen.

Eingeschränkte Anwender können die persönlichen Ordner aller anderen Anwender nicht einsehen – das kann nur der Computeradministrator.

Zusätzlich gibt es den Ordner GEMEINSAME DOKUMENTE (Zweig DOKUMENTE UND EINSTELLUNGEN/ALL USERS) im Explorerbaum. Alle Daten in diesem Ordner können von allen Anwendern verwendet werden – allerdings lassen sie sich auch von jedem löschen! Also Vorsicht mit diesem Ordner. Selbst das Gastkonto hat Vollzugriff darauf.

Feinere Einstellungen fehlen, insbesondere gibt es auch keine NTFS-Berechtigungen wie bei XP Professional.

18.5 Weitere »Privilegien« des Computeradministratorkontos

Das Computeradministratorkonto bringt eine Reihe weiterer, im Allgemeinen aber nicht besonders spektakulärer, administrativer Privilegien mit sich. Nur wer sich mit dem Computeradministratorkonto anmeldet, kann:

- Freigaben anlegen und Vollzugriff erteilen
- Anwendungen installieren, die auf die Registrierung zugreifen bzw. generell Änderungen an der Registrierung vornehmen
- Konfigurationsänderungen, wie zum Beispiel das Ändern der Systemzeit, vornehmen

Eine komplette Aufstellung all jener Tätigkeiten, die nur Computeradministratoren erlaubt sind, gibt es (offenbar) nicht. Es ist vielmehr so, dass man immer dann eine (relativ) nichts sagende Meldung erscheint, wenn ein normaler Benutzer eine Aktion durchzuführen beabsichtigt, die nur für Computeradministratoren gestattet ist.

18.5.1 Einschränkungen beim Zugriff auf die Registrierung

Auch die Registrierung gehört (selbstverständlich) zu jenen Bereichen, in denen »Normalsterbliche« keinen Zutritt haben. Das ist ganz richtig so, denn wenn jeder nach Lust und Laune Änderungen vornehmen könnte, wäre das Chaos vorprogrammiert. Dabei geht es noch nicht einmal so sehr darum, experimentierfreudige Anwender vom Ausprobieren kleiner »Registry-Hacks« abzuhalten, der wichtigste Grund ist, die Installation von Anwendungen zu verhindern, die Änderungen an der Registrierung vornehmen.

Auch wenn die Registrierung ausführlich in Kapitel 20 vorgestellt wird, der für die Rolle des Computeradministrators wichtigste Aspekt sei bereits an dieser Stelle vorweggenommen. Genau wie jeder Ordner kann auch jeder Schlüssel der Registrierung mit Berechtigungen versehen werden. Diese legen fest, welcher Benutzer in welchem Umfang auf den Schlüssel zugreifen darf.

STEP

Berechtigungen für einen Schlüssel in der Registrierung einstellen

1. Starten Sie den Registrierungs-Editor durch Eingabe von Regedit.exe über den Ausführen-Befehl und öffnen Sie jenen Schlüssel, dessen Berechtigung geändert werden soll.

2. Klicken Sie den Schlüssel mit der sekundären Maustaste an und wählen Sie BERECHTIGUNGEN. Es erscheint ein Dialogfeld, in dem Sie für jeden Benutzer den Umfang der Berechtigungen einstellen können.
3. Für jeden Benutzer kommen drei Stufen in Frage: *Vollzugriff* (alles ist erlaubt), *Lesen* (der Schlüssel kann nur gelesen werden) und *Spezielle Berechtigungen* (diese werden über *Erweitert* eingestellt).
4. Nehmen Sie die Änderung vor und bestätigen Sie mit OK.

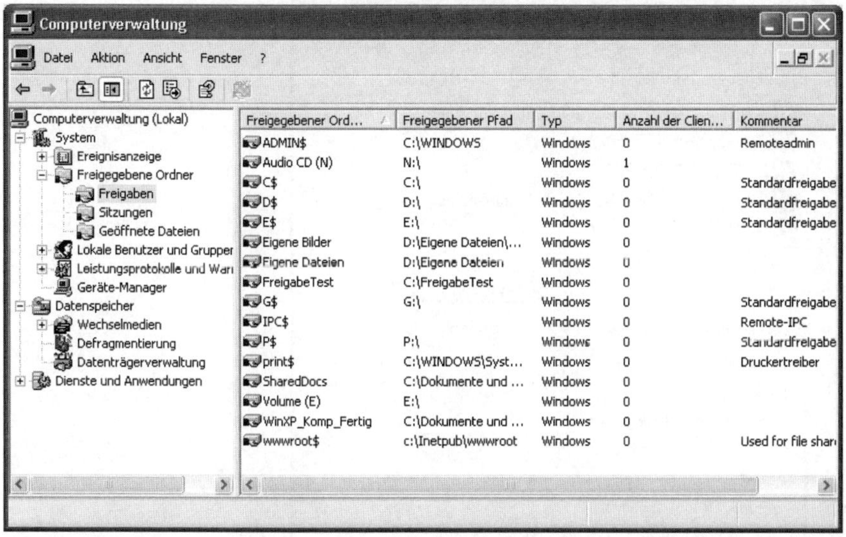

Abbildung 18.12: In diesem Dialogfeld werden die Berechtigungen für den Zugriff auf den Schlüssel durch den ausgewählten Benutzer eingestellt

Besitzt ein Benutzer nur einen Lesezugriff (das kann auch für den Computeradministrator gelten) führt ein Schreibzugriff, zum Beispiel im Rahmen einer Anwendungsinstallation, zu einer Fehlermeldung. (Ärgerlich ist in diesem Zusammenhang, dass viele Anwendungen die Registrierung erst am Ende benutzen und man die Fehlermeldung erst kurz vor Ende der Installation erhält – die Anwendung kann aber trotzdem aufrufbar sein, da das Anlegen von Einträgen in der Registrierung häufig keine Voraussetzung ist, um mit der Anwendung arbeiten zu können.)

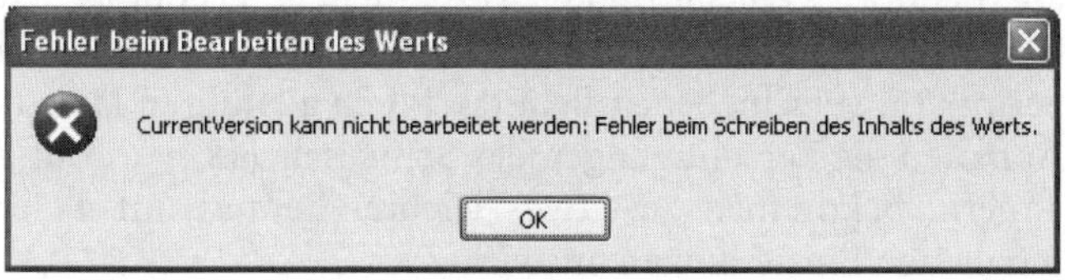

Abbildung 18.13: Diese Meldung erscheint, wenn ein Registrierungsschlüssel nicht beschrieben werden konnte

Spezielle Einstellungen

Neben den zwei Standardberechtigungen *Vollzugriff* und *Lesen* existieren noch zehn spezielle Einstellungen, die nur selten eine Rolle spielen dürften. Das zuständige Dialogfeld wird aufgerufen, indem Sie im Dialogfeld der Berechtigungen auf ERWEITERT klicken, den Benutzer auswählen und auf BEARBEITEN klicken.

Abbildung 18.14: In diesem Dialogfeld werden die erweiterten Berechtigungen für einen Schlüssel eingestellt

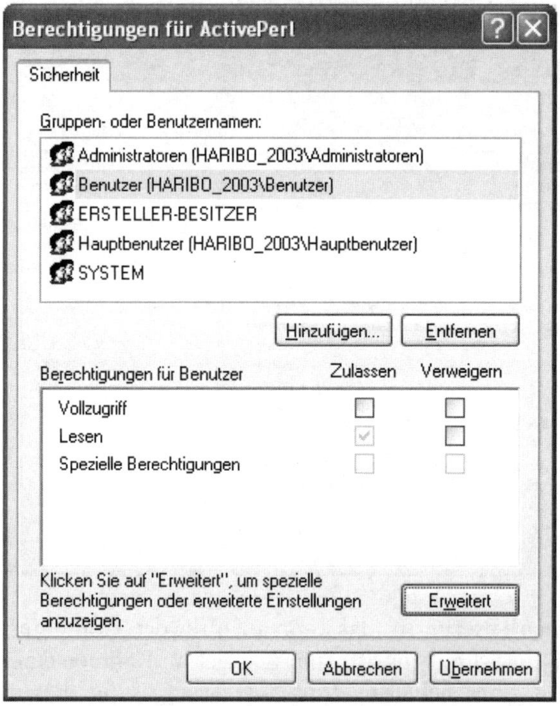

Ein Script zum Ausprobieren

Möchten Sie die verschiedenen Berechtigungsstufen ausprobieren, kann Ihnen das kleine Script aus Listing 18.1 behilflich sein. Es legt einen Schlüssel mit dem Namen »ScriptMe« im Zweig *HKey_Local_Machine* an, der für alle Benutzer gemeinsam gilt. Anschließend erhöht es den Wert *Anzahl* um 1, der beim nächsten Aufruf des Scripts abgefragt wird. In dem Sie das Script von verschiedenen Benutzertypen ausführen lassen und zwischen den Aufrufen die Berechtigungen des Schlüssels *HKey_Local_Machine\ScriptMe* ändern, bekommen Sie etwas leichter heraus, auf welche Weise sich die möglichen Einstellungen auswirken.

Hier ein Hinweis für das Ausprobieren des Scripts: Speichern Sie das Listing in einer Textdatei mit der Erweiterung *.Vbs* und öffnen Sie diese Datei anschließend. Dadurch werden die Befehle in diesem Script der Reihe nach ausgeführt.

Listing 18.1: Dieses Script testet den Zugriff auf einen Schlüssel der Registrierung

```
' ------------------------------------------------
' Schlüssel in Registrierung anlegen und abfragen
' ------------------------------------------------

Option Explicit
Dim Shell, Anzahl
Set Shell = WScript.CreateObject("WScript.Shell")
On Error Resume Next
Anzahl = Shell.RegRead("HKLM\Software\ScriptMe\Anzahl")
On Error Goto 0
If Anzahl = "" Then Anzahl = 0
WScript.Echo "Anzahl der Aufrufe: " & Anzahl
Anzahl = Anzahl + 1
Shell.RegWrite "HKLM\Software\ScriptMe\Anzahl", Anzahl
' Jetzt probeweise einen Unterschlüssel anlegen
Shell.RegWrite "HKLM\Software\ScriptMe\Anzahl\Dummy", "1234"
' Und gleich wieder löschen
Shell.RegDelete "HKLM\Software\ScriptMe\Anzahl\Dummy"
WScript.Echo "Alles klaro!"
```

INFO

Auch der Computeradministrator besitzt nicht automatisch einen vollen Zugang zu jedem einzelnen Schlüssel. Er ist allerdings in der Lage, sich den Zugang selber zu erteilen. Sollte beim Versuch, einen Schlüssel zu löschen, auch dann eine Fehlermeldung resultieren, wenn Sie als Computeradministrator angemeldet sind, kann es daran liegen, dass für den betreffenden Schlüssel der Computeradministrator nicht in der Liste der Berechtigten enthalten ist.

19 Laufwerksverwaltung

Die Verwaltung der an den Computer angeschlossenen Laufwerke ist eine wichtige Tätigkeit, die allerdings nicht jeden Tag durchgeführt werden muss. Man sollte sie aber auch nicht bis zu jenem Zeitpunkt aufschieben, zu dem sie sich nicht vermeiden lässt (etwa, wenn sich ein Laufwerk nicht mehr ansprechen lässt – auch wenn dies zum Glück ein relativ seltenes, allerdings auch nicht völlig unwahrscheinliches Ereignis ist), sondern sich rechtzeitig und in Ruhe über die Möglichkeiten und vor allem die zuständigen Systemprogramme informieren. Es ist wichtig zu verstehen, dass Windows XP Home an diesem Punkt leider unvollständig ist. Zwar gibt es mit der Laufwerksverwaltung eine zentrale Anlaufstelle, doch fehlen zum Beispiel Programme zur Sicherung eines Laufwerks oder zum Übertragen einer kompletten Partition auf einen anderen Computer.

Die Themen dieses Kapitels:

- Das ABC der Laufwerksverwaltung
- Die Datenträgerverwaltung
- Einrichten von Partitionen
- Das Einrichten einer neuen Festplatte
- Formatieren von Laufwerken
- Die Laufwerksverwaltung
- Defragmentierung
- Laufwerke überprüfen
- Die Datenträgerbereinigung
- FAT32-Partitionen nach NTFS konvertieren
- Die Rolle von FDisk

19.1 Das ABC der Laufwerksverwaltung

Festplattenlaufwerke sind hochtechnische Gebilde, bei denen es intern auf Details im Mikrometerbereich ankommt und alleine der Umstand, dass sich auf einer 20-Gbyte-Festplatte, die gerade einmal die Fläche zweier nebeneinander liegender Zigarettenschachteln bei einer Bauhöhe von nur 17 mm besitzt[1], etwa 15.000 Bücher unterbringen ließen, die menschliche Vorstellungskraft um Größenordnungen übersteigt. Dennoch ist der Umgang mit ihnen relativ problemlos. Auch der nachträgliche Einbau einer Festplatte erfordert heutzutage lediglich einen halbwegs souveränen Umgang mit dem Schraubenzieher und keinerlei technische Detailkenntnisse. Wurde die Festplatte im Gehäuse verschraubt (was alleine bereits aufgrund der notwendigen Wärmeabfuhr wichtig sein kann) und an IDE-Kontroller und Stromstecker angeschlossen (in der Regel muss sie über einen Jumper auf den Slave-Betrieb umgestellt werden – die notwendige Jumperbelegung ist auf dem Festplattengehäuse abgebildet), wird sie von Windows nach dem Booten automatisch erkannt und ist im Prinzip bereits einsatzbereit. Die Zeiten, in denen man die Festplatte im BIOS anmelden musste und gegebenenfalls noch aufgrund interner Limitierungen auf Festplatten-Manager anderer Softwarefirmen oder Notbefehle angewiesen war, sind zum Glück längst vorbei. Die Festplatte ist allerdings nur im Prinzip einsatzbereit, weil in der Regel auf einer neu angeschafften Festplatte eine Partition eingerichtet und diese formatiert werden muss. Und damit wären wir auch schon beim Thema Laufwerksverwaltung mit Windows XP. Sie umfasst folgende Tätigkeiten:

- Das Einrichten und Löschen von Partitionen
- Das Formatieren des Laufwerks
- Das Defragmentieren des Laufwerks
- Die Laufwerksüberprüfung
- Die Datenträgerbereinigung

Im Allgemeinen wird die Laufwerksverwaltung nach dem Einbau einer weiteren Festplatte in den Computer benötigt. Hier sieht der Ablauf so aus, dass auf der Festplatte mithilfe der Datenträgerverwaltung zunächst eine oder mehrere Partitionen eingerichtet werden. Anschließend wird jede Partition einzeln formatiert, wobei unter Windows XP stets entschieden werden muss, ob das alte FAT32- oder das »neue« und sehr viel leistungsfähigere NTFS-Dateisystem verwendet wird. Anschließend steht im Arbeitsplatz-Ordner für jede Partition ein Laufwerk mit eigenem Laufwerksbuchstaben zur Verfügung. Ist ein Laufwerk einsatzbereit, besteht die Laufwerksverwaltung von nun an aus dem mehr oder weniger regelmäßigen Defragmentieren (siehe Kapitel 19.6) und dem gelegentlichen Aufräumen mithilfe der Datenträgerbereinigung (siehe Kapitel 19.8). Hin und wieder kann eine Fehlerüberprüfung sinnvoll sein (siehe Kapitel 19.7). Und schließlich wird ein

1 Im Vergleich dazu bringt es die Seagate Barracuda 180 mit unglaublichen 180 Gbyte Kapazität auf eine stattliche Bauhöhe von 4 cm (kein Wunder, verrichten hier zwölf Scheiben ihren Dienst).

FAT32-Laufwerk mit hoher Wahrscheinlichkeit irgendwann in ein NTFS-Laufwerk umgewandelt werden. Diese Aufgabe übernimmt das Kommandozeilentool *Convert.exe* (siehe Kapitel 19.9.3)

INFO

Das Laufwerksverwaltungsprogramm FDISK *früherer Windows-Versionen sollte (bzw. kann) unter Windows XP nicht mehr benutzt werden. Es wird durch die Datenträgerverwaltung ersetzt.*

Falls es sich um die erste Festplatte des Computers handelt, sieht das stets erforderliche Einrichten einer Partition natürlich anders aus, denn in diesem Fall gibt es noch kein Betriebssystem. Dafür gibt es bei Windows XP die Wiederherstellungskonsole, die von der Boot-CD gestartet wird. Es handelt sich um eine Kommandozeilenversion von Windows XP, bei der das DISKPART-Kommando für die Partitionierung der Festplatte zuständig ist. Mehr zu diesem Thema finden Sie in Kapitel 22, in dem es um Tuning und Problemlösungen geht.

19.1.1 Die Rolle der Partition

Eine *Partition* ist ein unterteilter Bereich einer Festplatte, der von den übrigen Partitionen unabhängig ist. Auch unter Windows XP wird jeder Partition ein Laufwerksbuchstabe zugeordnet, wenngleich bedingt durch das NTFS-Dateisystem sehr viel weiter reichende Möglichkeiten zur Verfügung stehen, auf die in diesem Buch aber nicht eingegangen wird, da sie außerhalb der Reichweite eines Windows XP Home-Computers liegen.

Jede Festplatte kann zwischen einer und maximal vier (primären) Partitionen besitzen. Eine Partition muss immer vorhanden sein, denn sonst ließe sich auf der Festplatte nichts abspeichern. Eine primäre Partition verhält sich wie ein eigenes Laufwerk (sie wird auch als *Volume* bezeichnet – daher stammt auch der Begriff *Volumename* für die Bezeichnung eines Festplattenlaufwerks). Von den vier primären Partitionen kann eine Partition die aktive Partition sein. Es ist jene primäre Partition, mit der der Computer gebootet wird. Auf der ersten Festplatte kann es nur eine aktive Partition geben.

Anstelle einer weiteren primären Partition kann eine Festplatte, vorausgesetzt, die primäre(n) Partition(en) belegt nicht den gesamten Festplattenspeicher, eine *erweiterte Partition* anlegen. Außer bei der ersten Festplatte kann jede weitere Festplatte auch nur aus einer erweiterten Partition bestehen. Eine erweiterte Partition ist zunächst kein eigenständiges Laufwerk, sie kann vielmehr eines oder mehrere logische Laufwerke enthalten, die ebenfalls Laufwerksbuchstaben erhalten und sich aus der Sicht des Betriebssystems und vor allem aus der Sicht der Anwendungen nicht von physikalischen Laufwerken unterscheiden. Besitzt ein Computer eine 20-Gbyte-Festplatte, so muss diese auch mit FAT32 nicht in mehrere Partitionen unterteilt werden. Es ist allerdings sinnvoll, weitere Partitionen einzurichten, da sich zum Beispiel eine FAT32- und eine NTFS-Partition gemeinsam betreiben lassen, wobei die FAT32-Partition zum Booten benutzt wird (und gegebenenfalls auch per Diskette gebootet werden kann), während auf der erweiterten NTFS-Partition Dateien abgelegt werden, die per eingebautem Zugriffsschutz nur bestimmten Benutzern zugänglich gemacht werden sollen.

INFO

Mit Windows XP alleine ist es nicht möglich, die Größe einer bestehenden Partition zu ändern, sodass sich etwa bei Vorhandensein einer einzigen primären Partition zunächst keine weiteren Partitionen einrichten lassen. Wer ohne einen Partitions-Manager auskommen muss, müsste in diesem Fall die primäre Partition zuerst löschen und sie anschließend erneut einrichten, dieses Mal aber in einem kleineren Festplattenbereich, sodass Platz für eine erweiterte Partition übrig bleibt. Der große Nachteil dieses Verfahrens ist natürlich, dass danach Windows und sämtliche Anwendungen neu installiert werden müssen. Die Anschaffung eines Partitions-Managers – eines der führenden Produkte ist PartitionMagic *von* PowerQuest *(Info unter* `www.powerquest.de`*), das ca. 75 Euro kostet – ist daher eine sinnvolle Investition. Es gibt aber auch preiswerte oder kostenlose Alternativen. Eine populäre Alternative ist* WWBMU *von* Wolfgang Wirth, *das als Freeware-Programm kostenlos erhältlich ist (URL* »www.lab1.de«*), das allerdings lediglich das Einrichten und Löschen von Partitionen sowie das Einrichten eines Boot--Managers unterstützt, nicht aber die Änderung von Partitionsgrößen ohne Datenverluste. Eine gute Übersicht über Boot--Manager, die die Auswahl verschiedener Partitionen nach dem Booten erleichtern, erschien in der Ausgabe 07/2001 der Monatszeitschrift PC Pro (der Artikel kann im Internet unter URL* `http://www.zdnet.de/tut/artikel/200107/multiboot_13-wc.html` *gelesen werden) (siehe Abbildung 19.1).*

19.2 Die Datenträgerverwaltung

Die Datenträgerverwaltung ist bei Windows XP, wie es der Name dezent andeutet, für die Verwaltung der einzelnen Laufwerke zuständig (mehr zu den Möglichkeiten lesen Sie im nächsten Abschnitt). Für die Datenträgerverwaltung gibt es normalerweise keinen Eintrag in der SYSTEMPROGRAMME-Gruppe. Sie muss vielmehr indirekt über die Computerverwaltung geöffnet werden.

STEP

Öffnen der Datenträgerverwaltung

1. Öffnen Sie die Systemsteuerung und dort den Ordner VERWALTUNG.
2. Öffnen Sie die COMPUTERVERWALTUNG.

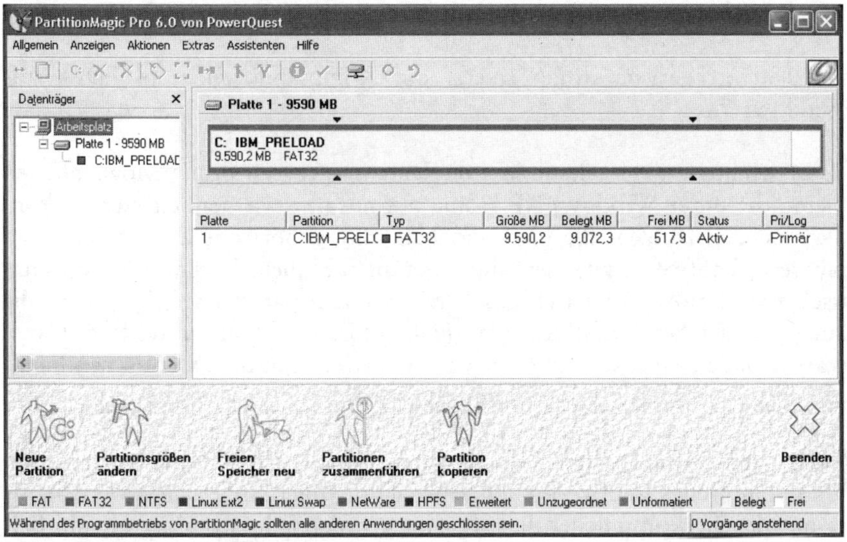

Abbildung 19.1: PartitionMagic 6.0 erlaubt das Einrichten und Umwandeln von Partitionen ohne Datenverluste – die Demoversion kann von der Website heruntergeladen werden

3. Wählen Sie in der Kategorie DATENSPEICHER den Eintrag DATENTRÄGERVERWALTUNG. Die Datenträgerverwaltung erscheint daraufhin in der rechten Fensterhälfte.

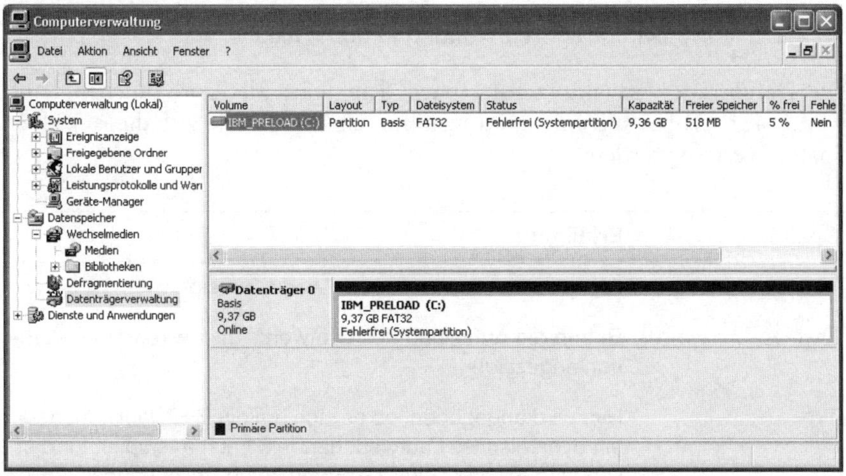

Abbildung 19.2: Die Datenträgerverwaltung zeigt alle Laufwerke und Partitionen an

19.2.1 Die Datenträgerverwaltung stellt sich vor

Die Datenträgerverwaltung ist bei Windows XP die zentrale Anlaufstelle für alle Dinge, die etwas mit der (logischen) Laufwerksverwaltung zu tun haben. Sie ist vor allem für das Einrichten von Partitionen zuständig und ersetzt damit das Kommandozeilentool FDISK, das bei Windows 9x und MS-DOS für diese Aufgaben zuständig war.

Neu bei XP ist Folgendes:

Die Datenträgerverwaltung ersetzt das Kommandozeilentool FDISK aus Windows 9x.

Es ist wichtig zu verstehen, dass die Datenträgerverwaltung Möglichkeiten bietet, die unter Windows XP Home nur ansatzweise genutzt werden können. Zu den Dingen, die nicht möglich sind, gehört das Zusammenfassen mehrerer Laufwerke zu einer fehlertoleranten Einheit. Hier werden automatisch zwei Laufwerke durch das Betriebssystem parallel angesprochen (die auch den gleichen Inhalt besitzen). Fällt ein Laufwerk aufgrund eines Hardware-Schadens aus, springt das zweite Laufwerk mit dem identischen Inhalt ein, sodass ein Datenverlust vermieden wird.

Auch dynamische Laufwerke sind unter Windows XP Home kein Thema. Ein dynamisches Laufwerk kann sehr viel flexibler eingerichtet werden, als es mit den herkömmlichen Basislaufwerken der Fall ist. So ist es zum Beispiel möglich, dass sich ein dynamisches Laufwerk über mehrere Laufwerke erstreckt, wodurch sich mehrere Festplattenlaufwerke gemeinsam ansprechen lassen. Dynamische Festplatten und dynamische Laufwerke werden in diesem Buch nicht behandelt.

19.2.2 Die Datenträgerverwaltung in der Praxis

Die Datenträgerverwaltung listet nach dem Start alle vorhandenen Laufwerke auf, wobei die Informationen für ein Laufwerk auf die einzelnen Spalten verteilt werden:

Spalte	Erklärung
VOLUME	Hier wird der Name des Laufwerks anzeigt.
LAYOUT	Betrifft die Aufteilung des Laufwerks (hier wird immer Partition angezeigt)
TYP	Hier wird angegeben, ob es sich um ein Basislaufwerk oder ein dynamisches Laufwerk handelt. Letzteres spielt für den Umgang mit Windows XP Home keine Rolle, sodass diese Variante im Buch auch nicht berücksichtigt wird.
DATEISYSTEM	Hier wird entweder FAT32, NTFS, UDF (für CD- und DVD-ROM-Laufwerke) oder CDFS (CD-ROM-Laufwerk) angezeigt.
STATUS	Bezieht sich auf den Stand der Fehlerprüfung bzw. der Initialisierung des Laufwerks
KAPAZITÄT	Größe des Laufwerks

Spalte	Erklärung
FREIER SPEICHER	Freier Arbeitsspeicher auf dem Laufwerk
% FREI	Anteil des freien Arbeitsspeichers
FEHLERTOLERANZ	Spielt für Windows XP Home keine Rolle
RESTKAPAZITÄT	Spielt für Windows XP Home keine Rolle

:-) TIPP

Die Datenträgerverwaltung zeigt bei CD- und DVD-Laufwerken nur dann etwas an, wenn eine CD (bzw. DVD) eingelegt ist. Falls dies nachträglich geschieht, werden über den Menübefehl AKTION|DATENTRÄGER NEU EINLESEN *die Datenträger neu aufgelistet.*

Jedes Laufwerk wird mit einer charakteristischen Farbe anzeigt. Auch wenn diese Farben in der Statusleiste erläutert werden, fasst sie Tabelle 19.1 noch einmal zusammen, da nicht immer alle Farben zu sehen sind.

Tabelle 19.1: Die Farbzuordnung für die Datenträgerverwaltung

Farbe	Bedeutung
Dunkelblau	Primäre Partition
Hellblau	Logisches Laufwerk
Schwarz	Nicht zugeordnet
Hellgrün	Freier Speicherplatz

Folgende Aktionen können mit einem einzelnen Laufwerk durchgeführt werden:

- Öffnen des Stammverzeichnisses (wahlweise in der Ordneransicht). Dies ist weniger eine Alibifunktion, sondern es kann vor dem Löschen einer Partition nützlich sein, um noch einmal einen letzten Blick auf die Daten werfen zu können.
- Markieren der Partition, auf der das Laufwerk eingerichtet wurde, als aktiv
- Ändern des Laufwerksbuchstaben (dies ist eine sehr nützliche Funktion)
- Formatieren des Laufwerks (nur bei NTFS-Partitionen)
- Löschen der Partition, in der das Laufwerk eingerichtet wurde, bzw. des logischen Laufwerks (nur bei NTFS-Partitionen)
- Anzeigen der Eigenschaften des Laufwerks (hier wird lediglich das bekannte Eigenschaften-Dialogfeld angezeigt)

Bereits die Aufzählung macht deutlich, dass einige der Aktionen nur mit NTFS-Laufwerken möglich sind.

19.2.3 Die Datenträgerverwaltung direkt aufrufen

Die Datenträgerverwaltung besitzt bei Windows XP den kleinen Nachteil, dass sie jedes Mal ein wenig umständlich im Startmenü über PROGRAMME/VERWALTUNG/COMPUTERVERWALTUNG aufgerufen werden muss (die Computerverwaltung ist bekanntlich ein Teil des VERWALTUNG-Ordners, der wiederum in der Systemsteuerung beheimatet ist). Das muss natürlich nicht sein. Zwar ist die Datenträgerverwaltung kein eigenständiges Programm, sondern wie die übrigen Systemprogramme auch, ein Snap-In der COMPUTER-MANAGEMENT-KONSOLE (siehe Kapitel 15), doch ist es mit wenig Aufwand möglich, eine neue Konsole und eine Verknüpfung auf diese Konsole zum Beispiel im Startmenü anzulegen.

Anlegen einer Verknüpfung auf die Datenträgerverwaltung

STEP

1. Starten Sie die Computer-Management-Konsole über den AUSFÜHREN-Befehl durch Eingabe von MMC (das startet das Programm *Mmc.exe*).
2. Führen Sie den Menübefehl DATEI|SNAP-IN HINZUFÜGEN/ENTFERNEN aus. Es erscheint ein Dialogfeld, in dem alle geladenen Snap-Ins des ausgewählten Konsolenstamms aufgelistet werden.
3. Klicken Sie auf HINZUFÜGEN. Es erscheint eine Liste aller auf dem Computer verfügbaren Snap-Ins (siehe Abbildung 19.3).

Abbildung 19.3: In diesem Dialogfeld werden alle auf dem Computer verfügbaren Snap-Ins aufgelistet

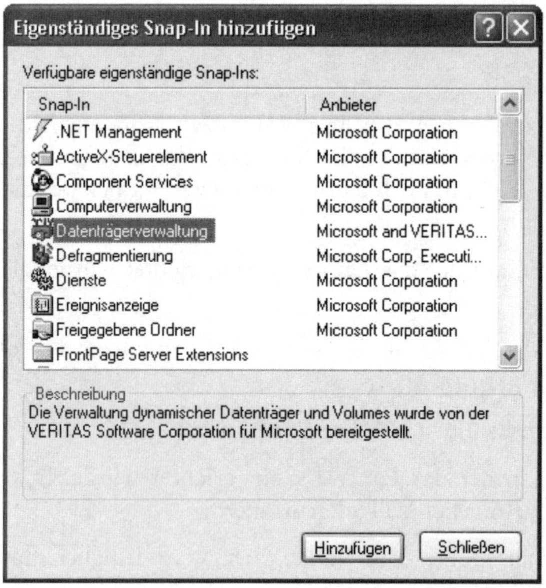

4. Wählen Sie die DATENTRÄGERVERWALTUNG aus, klicken Sie auf HINZUFÜGEN und bestätigen Sie die Voreinstellung LOKALER COMPUTER durch FERTIG STELLEN (SIEHE ABBILDUNG 19.4).

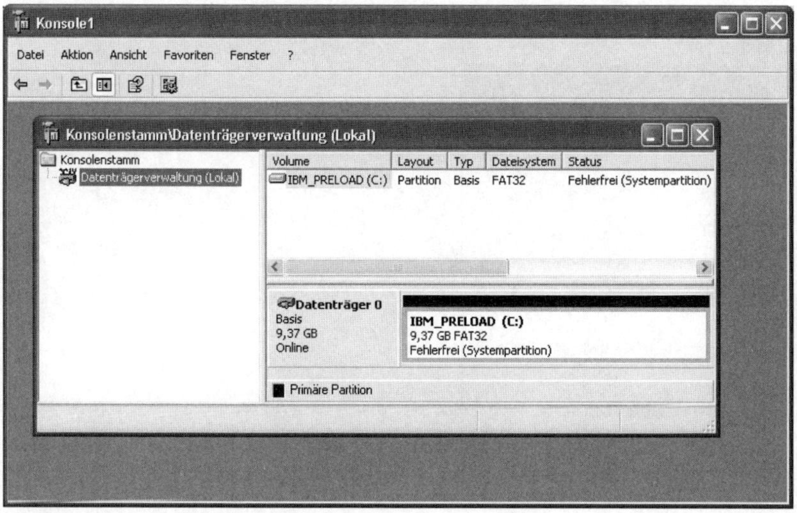

Abbildung 19.4: In die Computer-Management-Konsole wurde die Datenträgerverwaltung als Snap-In eingebaut

5. Klicken Sie auf SCHLIESSEN, um die Auswahl zu schließen. Schließen Sie die Snap-In-Auswahl mit OK.
6. Speichern Sie die Konsole über den Menübefehl DATEI|SPEICHERN »irgendwo« ab, zum Beispiel in EIGENE DATEIEN. Wählen Sie als Name zum Beispiel DATENTRÄGER. Die Konsolendatei erhält automatisch die Erweiterung *.Msc*.
7. Schließen Sie die Computer-Management-Konsole. Jetzt können Sie zum Beispiel im Startmenü oder auf dem Desktop eine Verknüpfung auf die gespeicherte Msc-Datei anlegen. Über diese Verknüpfung kann die Datenträgerverwaltung jederzeit direkt aufgerufen werden.

:-) TIPP

Wenn Ihnen beim ersten Start die Optik (zum Beispiel ist es sinnvoll, das Snap-In-Fenster maximal zu vergrößern) nicht gefallen sollte, passen Sie sie entsprechend an. Beim Beenden der Konsole erhalten Sie die Gelegenheit, die gemachten Änderungen zu speichern.

19.3 Anlegen von Partitionen

Um eine Festplatte unter Windows ansprechen zu können, muss mindestens eine Partition eingerichtet werden. Handelt es sich um die Bootpartition, muss diese als aktiv markiert werden. Das Einrichten einer neuen Partition setzt voraus, dass auf einer Festplatte noch Platz für eine Partition vorhanden ist, d.h. nicht der gesamte zur Verfügung stehende Platz von den vorhandenen Partitionen belegt ist.

Abbildung 19.5: Das Startmenü enthält eine Verknüpfung auf die Datenträgerverwaltung

Wurde in den Computer eine neue Festplatte eingebaut, muss diese in der Regel partitioniert werden.

Anlegen einer neuen Partition mit der Datenträgerverwaltung

STEP

1. Starten Sie die Datenträgerverwaltung. Es werden alle verfügbaren Bereiche auf einem Datenträger (d.h. einer Festplatte) angezeigt. Falls Sie eine Festplatte neu eingebaut haben, muss für diese Festplatte ein eigener Datenträgereintrag existieren, der aus einem zusammenhängenden Bereich besteht.
2. Selektieren Sie den Bereich, auf dem die Partition eingerichtet werden soll, mit der sekundären Maustaste (der Bereich wird dadurch schraffiert angezeigt) und wählen Sie NEUE PARTITION. Das startet den Assistenten zum Erstellen neuer Partitionen. Klicken Sie auf WEITER, um das Begrüßungs-Dialogfeld zu überspringen.
3. Legen Sie fest, ob Sie eine primäre Partition oder eine erweiterte Partition erstellen wollen. Ist es die erste Partition auf der Festplatte, muss es eine primäre Partition sein. Diese Partition kann zum Booten des Betriebssystems benutzt werden. Gibt es auf dem Laufwerk bereits eine primäre Partition, wählen Sie die Option ERWEITERTE PARTITION. In dieser Übung wird davon ausgegangen, dass eine primäre Partition angelegt werden soll. Klicken Sie auf WEITER, um zum nächsten Dialogfeld zu gelangen.

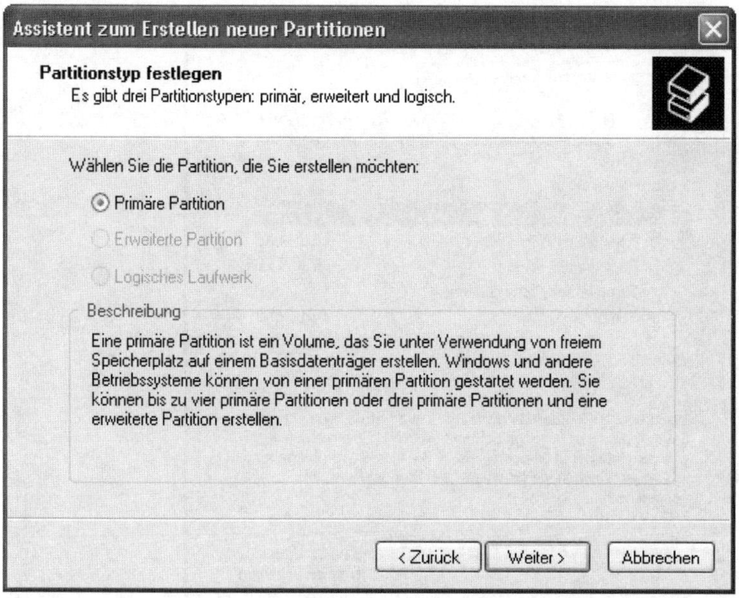

Abbildung 19.6: In diesem Dialogfeld wird festgelegt, ob eine primäre oder eine erweiterte Partition angelegt werden soll

4. Geben Sie den Speicherplatz an, den die neue Partition belegen soll (die Mindestgröße muss acht Mbyte betragen). Sie müssen nicht den kompletten Speicherplatz verwenden, auch wenn dieser Wert voreingestellt wird. Geben Sie hier einen kleinen Wert an, wenn Sie später eine erweiterte Partition mit logischen Laufwerken einrichten wollen. Neben dem Laufwerk C: für die primäre Partition erhalten Sie die Laufwerke D:, E: usw. Ob eine Festplatte in einer einzigen oder in mehreren Partitionen angesprochen wird, hängt von individuellen Bedürfnissen ab. Technische Gründe, die für die eine und gegen die andere Variante sprechen gibt es im Allgemeinen nicht. Mehrere logische Laufwerke auf einer erweiterten Partitionen erhöhen ein wenig die Übersicht, da sich zum Beispiel ein Laufwerk für Windows, ein weiteres für Anwendungen und ein drittes für Musikdateien verwenden lässt. Letztendlich ist es aber eine Geschmackssache. Klicken Sie auf WEITER, um zum nächsten Dialogfeld zu gelangen.

5. Falls der Partition noch kein Laufwerksbuchstabe zugeordnet wurde, können Sie dies nun nachholen, wobei im Allgemeinen nichts dagegen spricht, den voreingestellten Buchstaben zu übernehmen. Klicken Sie auf WEITER, um zum nächsten Dialogfeld zu gelangen.

INFO

Über die Option IN FOLGENDEM LEEREN NTFS-ORDNER BEREITSTELLEN *lässt sich erreichen, dass die neue Partition nicht über einen Laufwerksbuchstaben, sondern über einen Ordner auf einem NTFS-Laufwerk angesprochen werden kann. Das bedeutet konkret, dass es einen Ordner gibt, hinter dem eine komplette Partition steht.*

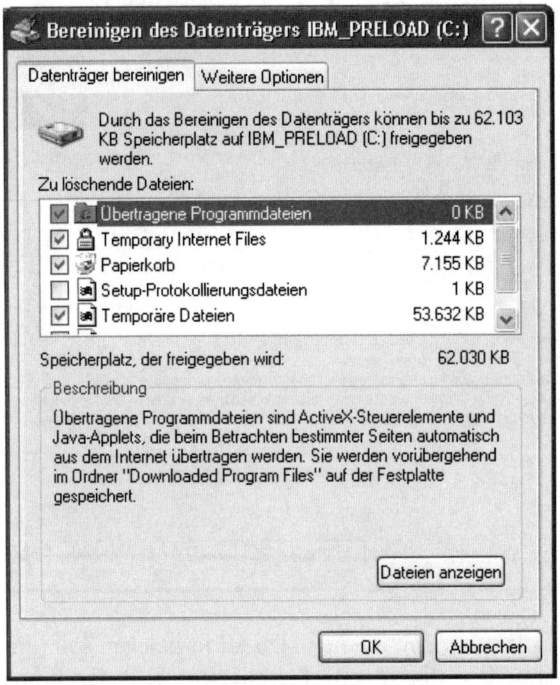

Abbildung 19.7: In diesem Dialogfeld wird die Größe der anzulegenden Partition eingestellt

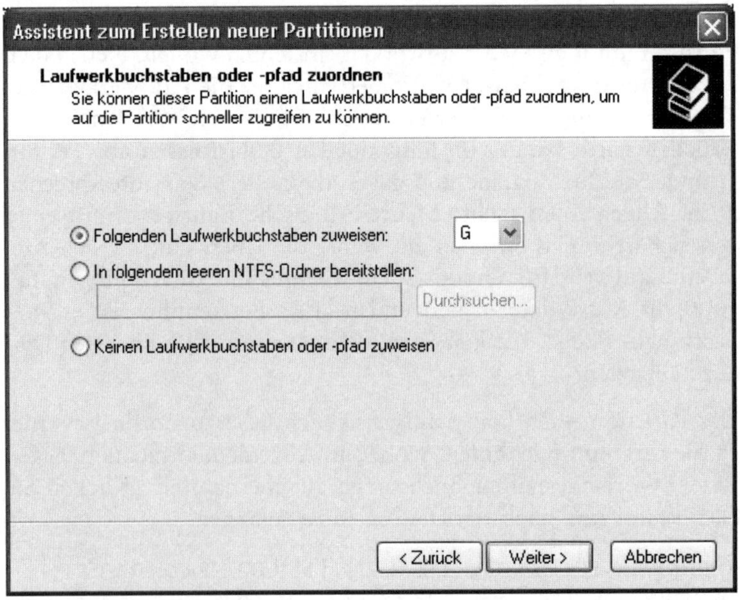

Abbildung 19.8: In diesem Dialogfeld wird der neuen Partition ein Laufwerksbuchstabe zugewiesen

6. Im nächsten Dialogfeld geht es um das Formatieren der neu angelegten Partition. Das Formatieren ist notwendig, damit auf der Partition Dateien abgespeichert werden können. Sie können festlegen, ob die Partition gleich oder später formatiert werden soll. Entscheiden Sie sich

für die Formatierung, müssen Sie auch das Dateisystem (zur Auswahl stehen FAT, FAT32 und NTFS – mehr zu diesem Thema in Kapitel 19.9.1), die Größe einer Zuordnungseinheit und eine Volumenbezeichnung auswählen. Außerdem können Sie festlegen, ob alle Daten automatisch komprimiert werden sollen, was im Allgemeinen zu empfehlen ist, wenn es sich um eine kleinere Partition handelt.

Die für die meisten Situationen empfohlenen Einstellungen sind:

- NTFS für das Dateisystem
- Standard für die Größe der Zuordnungseinheit
- Schnellformatierung durchführen

Klicken Sie auf WEITER, um zum nächsten Dialogfeld zu gelangen.

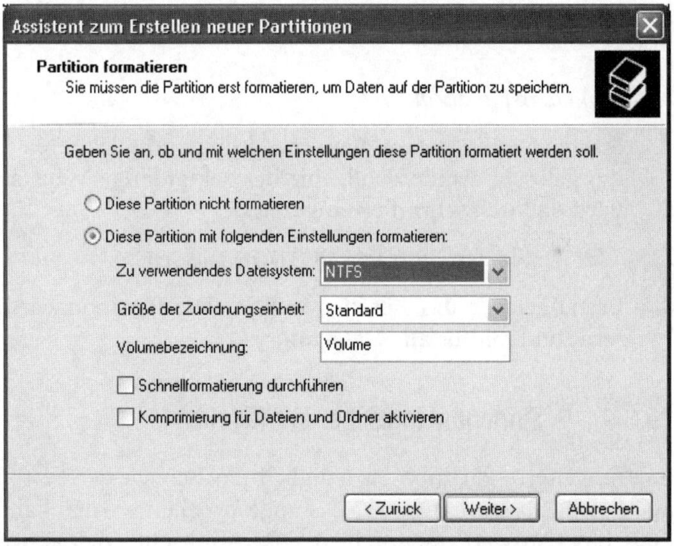

Abbildung 19.9: In diesem Dialogfeld wird festgelegt, ob die neue Partition formatiert werden soll und wenn ja, mit welchem Dateisystem

7. Am Ende erhalten Sie vom freundlichen Assistenten noch einmal eine Zusammenfassung präsentiert. Klicken Sie auf FERTIG STELLEN, geht es los und die Partition wird eingerichtet. Dies ist im Allgemeinen eine Angelegenheit von weniger als einer Minute Dauer (siehe Abbildung 19.10).

19.3.1 Löschen einer Partition

Das Löschen einer Partition ist zum Beispiel dann notwendig, wenn anstelle einer Partition zwei Partitionen eingerichtet werden sollen. Da beim Löschen einer Partition alle logischen Laufwerke und vor allem deren Daten endgültig gelöscht werden, sollte das Löschen nie unüberlegt geschehen.

Abbildung 19.10: Am Ende präsentiert der Assistent eine Zusammenfassung der Daten der neuen Partition

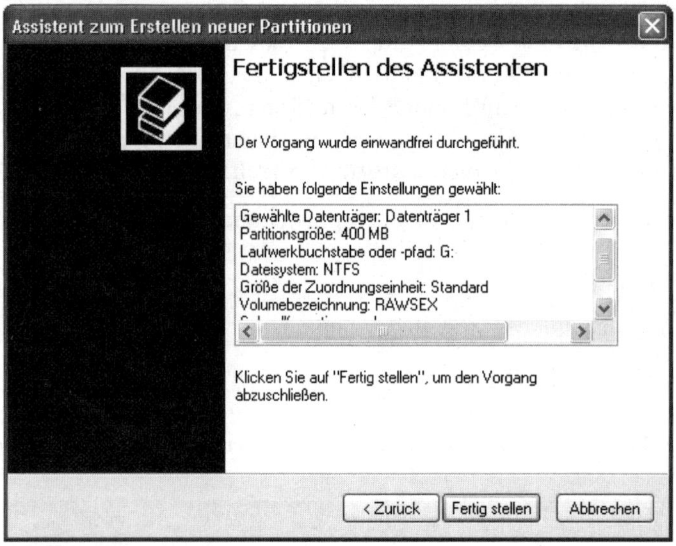

Löschen einer Partition

STEP

1. Starten Sie die Datenträgerverwaltung und selektieren Sie die Partition, die gelöscht werden soll, mit der sekundären Maustaste (der Bereich wird dadurch schraffiert angezeigt.
2. Wählen Sie den Eintrag PARTITION LÖSCHEN.
3. Bestätigen Sie das Löschen mit JA. Die Partition wird daraufhin entfernt und mit ihr alle Dateien.

19.3.2 Einrichten logischer Laufwerke

Eine erweiterte Partition ist lediglich ein Bereich der Festplatte, steht aber noch nicht für ein Laufwerk, das angesprochen werden kann. Erst muss ein logisches Laufwerk innerhalb der Partition eingerichtet werden. Ein logisches Laufwerk in einer erweiterten Partition erhält einen Laufwerksbuchstaben und wird auf die gleiche Weise angesprochen wie ein physikalisches Laufwerk. Je nach Größe eines logischen Laufwerks können auf einer erweiterten Partition mehrere logische Laufwerke eingerichtet werden.

Einrichten eines logischen Laufwerks

STEP

1. Starten Sie die Datenträgerverwaltung und selektieren Sie die Partition, in der ein logisches Laufwerk eingerichtet werden soll, mit der sekundären Maustaste und wählen Sie NEUES LOGISCHES LAUFWERK.
2. Sie werden durch den Assistenten zum Erstellen neuer Partitionen aufgefordert. Klicken Sie auf WEITER, um das Begrüßungs-Dialogfeld zu überspringen.

3. Bestätigen Sie die Voreinstellung LOGISCHES LAUFWERK und klicken Sie auf WEITER.
4. Geben Sie den Speicherplatz an, den das neue logische Laufwerk belegen soll (die Mindestgröße muss acht Mbyte betragen). Wie beim Einrichten einer Partition müssen Sie nicht den kompletten Speicherplatz der erweiterten Partition verwenden, auch wenn dieser Wert wieder voreingestellt wird. Falls Sie weitere logische Laufwerke einrichten wollen, geben Sie hier einen kleineren Wert an. Klicken Sie auf WEITER.
5. In diesem Dialogfeld weisen Sie dem logischen Laufwerk einen Laufwerksbuchstaben zu. Windows XP ist in diesem Punkt sehr viel flexibler als Windows 9x, indem es dem neuen Laufwerk ermöglicht, einen beliebigen (freien) Laufwerksbuchstaben zuzuweisen.

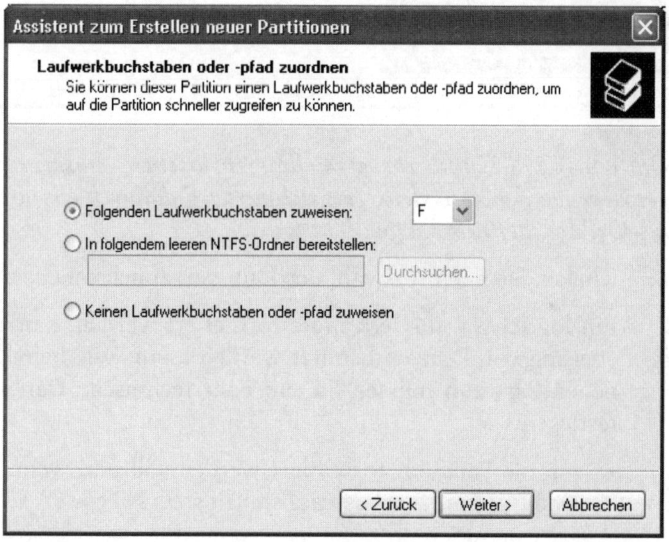

Abbildung 19.11: In diesem Dialogfeld erhält das neu angelegte logische Laufwerk einen Laufwerksbuchstaben

INFO

Windows XP ist sogar noch sehr viel flexibler als Windows 9x. Ein logisches Laufwerk muss keinen Laufwerksbuchstaben besitzen, sondern kann über ein NTFS-Verzeichnis angesprochen werden. Das bedeutet konkret, dass Sie eine neue 80-Gbyte-Festplatte einbauen (die Größe spielt natürlich keine Rolle) und diese später nicht über einen Laufwerksbuchstaben, sondern über einen Verzeichnisnamen auf Laufwerk C: *(etwa* C:\NeuePlatte*) ansprechen können. Als dritte Alternative kann das logische Laufwerk weder mit Laufwerksbuchstaben noch über einen Pfad angesprochen werden (siehe Abbildung 19.12).*

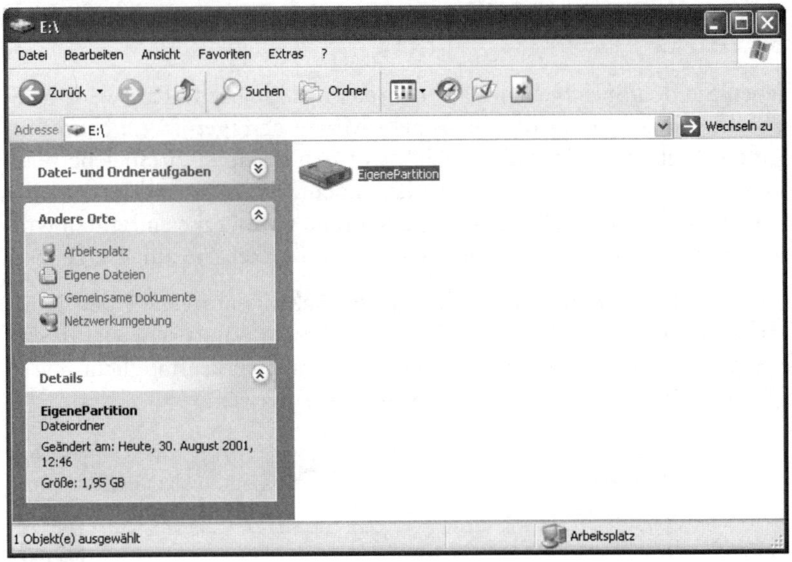

Abbildung 19.12: Das Verzeichnis auf Laufwerk E: steht für ein komplettes Laufwerk, das sich zum Beispiel auf einer anderen Festplatte befinden kann

INFO

Um ein NTFS-Laufwerksverzeichnis zu löschen, muss zuerst die Partition gelöscht werden. Aus dem Verzeichnis wird dadurch ein normaler Verzeichnis-Ordner, der normal gelöscht wird.

6. Klicken Sie nach Auswahl des Laufwerksbuchstabens auf WEITER.
7. Ein logisches Laufwerk muss formatiert werden, damit es zur Abspeicherung von Dateien benutzt werden kann. Wie beim Einrichten einer neuen Partition müssen Sie ein paar technische Daten des Laufwerks festlegen:
   - Ob die Partition formatiert werden soll und wenn ja mit welchem Dateisystem (zur Auswahl stehen stets NTFS, FAT32 und FAT[2])
   - Wie groß eine einzelne Zuordnungseinheit werden soll. Im Allgemeinen spricht nichts dagegen, die Einstellung »Standard« zu übernehmen.
   - Wie das neue Laufwerk heißen soll (gesucht wird die sog. VOLUME-BEZEICHNUNG)
   - Ob eine Schnellformatierung durchgeführt werden soll

   Im Allgemeinen spricht nichts dagegen, die Standardeinstellungen zu übernehmen. Klicken Sie auf WEITER, um zum nächsten Dialogfeld zu gelangen.

2 Auch wenn es in der Auswahlliste noch auftauchen kann – FAT sollte keine Option mehr sein.

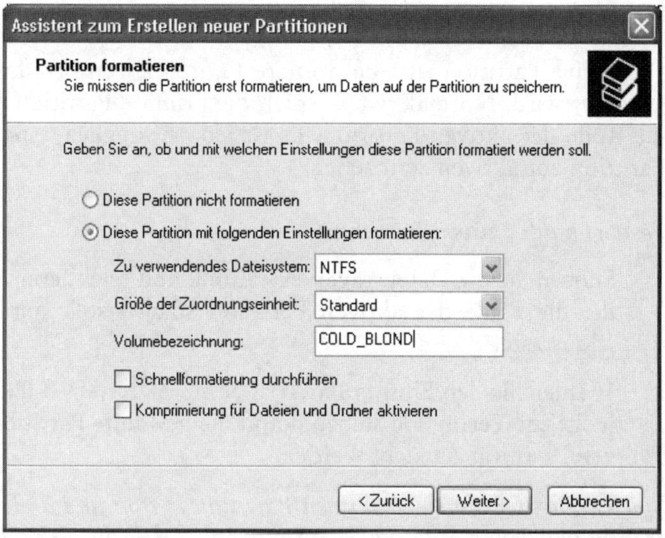

Abbildung 19.13: In diesem Dialogfeld werden die technischen Daten des neuen logischen Laufwerks festgelegt

8. Zum Schluss fasst Ihnen der Assistent noch einmal alle getroffenen Einstellungen zusammen (es sind ein paar mehr als beim Einrichten einer Partition). Klicken Sie auf FERTIG STELLEN, um den Assistenten zu beenden. Wenn Sie sich für die Schnellformatierung entschieden haben, sollte das Laufwerk sofort zur Verfügung stehen. Ansonsten wird der Fortschritt der Formatierung in Prozent im Bereich der Partition angezeigt.

19.3.3 Löschen eines logischen Laufwerks

Logische Laufwerke müssen gelöscht werden, wenn die Größe einer erweiterten Partition geändert werden soll. Bevor die erweiterte Partition gelöscht und anschließend mit einer neuen Größe angelegt werden kann, müssen die auf der Partition eingerichteten logischen Laufwerke entfernt werden.

Das Löschen eines logischen Laufwerks führt dazu, dass alle Dateien auf dem Laufwerk gelöscht werden.

Löschen eines logischen Laufwerks

STEP

1. Starten Sie die Datenträgerverwaltung und selektieren Sie das logische Laufwerk, das gelöscht werden soll, mit der sekundären Maustaste (der Bereich wird dadurch schraffiert angezeigt.
2. Wählen Sie den Eintrag LOGISCHES LAUFWERK LÖSCHEN.
3. Bestätigen Sie das Löschen mit JA. Das logische Laufwerk wird daraufhin entfernt und mit ihm alle Dateien.

19.3.4 Festlegen der aktiven Partition

Die aktive Partition ist eine primäre Partition, von der das Betriebssystem gebootet wird. Normalerweise spielt die primäre Partition auf Laufwerk C: die Rolle der aktiven Partition. Es ist jedoch möglich, eine andere primäre Partition zur aktiven zu machen.

Festlegen der aktiven Partition

1. Starten Sie die Datenträgerverwaltung und selektieren Sie die Partition, die die Rolle der aktiven Partition spielen soll, mit der sekundären Maustaste.
2. Wählen Sie den Eintrag PARTITION ALS AKTIV MARKIEREN. Sollte dieser nicht zur Verfügung stehen, kann die gewählte Partition nicht zur aktiven Partition gemacht werden.

Spielen Sie nicht mit der aktiven Partition herum und ändern Sie nicht einfach zum Spaß die aktive Partition. Die Auswahl einer aktiven Partition erfolgt ohne eine Bestätigung.

19.3.5 Ändern des Laufwerksbuchstaben

Die Möglichkeit, jederzeit den Laufwerksbuchstaben eines Laufwerks ändern zu können, ist eine sehr praktische Neuerung bei Windows XP (die es bei Windows 2000 allerdings auch schon gab). Auch wenn es dazu selten eine Notwendigkeit geben dürfte, bringt dies deutlich mehr Flexibilität beim Umgang mit Laufwerken.[3]

Ändern des Laufwerksbuchstaben eines Laufwerks

1. Öffnen Sie die Datenträgerverwaltung, selektieren Sie das Laufwerk mit der sekundären Maustaste und wählen Sie LAUFWERKSBUCHSTABEN UND -PFADE ÄNDERN.
2. Es erscheint ein Dialogfeld, in dem der aktuelle Laufwerksbuchstabe angezeigt wird. Klicken Sie auf ÄNDERN.
3. Wählen Sie den neuen Laufwerksbuchstaben aus der Auswahlliste aus und bestätigen Sie die Auswahl mit OK. Sie erhalten eine Warnung, die sich auf den Umstand bezieht, dass einige (wenige) Anwendungen von festen Laufwerksbuchstaben ausgehen könnten und anschließend nicht mehr korrekt funktionieren. Bestätigen Sie den Hinweis mit JA.

Das Laufwerk besitzt nun einen neuen Buchstaben, der in der Datenträgerverwaltung angezeigt wird.

3 Homeworld setzt voraus, dass das CD-ROM-Laufwerk mit der Spiele-CD unmittelbar auf das letzte Festplattenlaufwerk folgt.

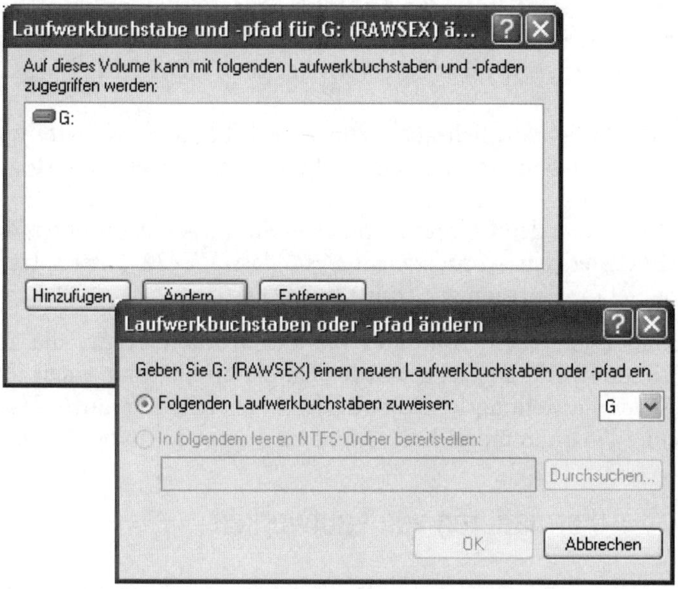

Abbildung 19.14: In diesem Dialogfeld wird der neue Laufwerksbuchstabe ausgewählt

19.4 Einrichten einer neuen Festplatte

Das Einrichten einer neuen Festplatte verläuft in zwei Teilstücken. Als Erstes wird die Festplatte in den Computer eingebaut und an den IDE- oder SCSI-Bus angeschlossen (das *Small Computer System Interface*, kurz SCSI, spielt, auch wenn es nach wie vor populär ist, im Heimbereich praktisch keine Rolle, sodass auf die Unterschiede zu IDE/EIDE nicht weiter eingegangen wird). Weitere Konfigurationsmaßnahmen werden nicht erforderlich sein. Nach dem Einschalten des Computers startet Windows und zeigt die neue Festplatte zwar noch nicht im ARBEITSPLATZ-Ordner, dafür aber über die Datenträgerverwaltung an. Nun müssen folgende Arbeitsschritte in der Datenträgerverwaltung der Reihe nach ausgeführt werden:

- Auf der Festplatte muss mindestens eine primäre Partition eingerichtet werden (siehe Kapitel 19.3). Wenn die primäre Partition nicht den gesamten Platz belegt, lässt sich zusätzlich auch eine erweiterte Partition mit einer Anzahl logischer Laufwerke einrichten (siehe Kapitel 19.3.3).
- Jede angelegte primäre Partition bzw. jedes angelegte Laufwerk in einer erweiterten Partition muss formatiert werden (siehe Kapitel 19.5). Dabei haben Sie die Wahl zwischen FAT32 oder NTFS als Dateisystem. Mehr zum Vergleich zwischen beiden Dateisystemen finden Sie in Kapitel 19.9.1.

Anschließend steht das neue Laufwerk zur Verfügung und kann benutzt werden. Im Idealfall dauern der Einbau und die Inbetriebnahme eines neuen Festplattenlaufwerks nicht länger als der eines CD-ROM-/DVD-Laufwerks.

Anders sieht es natürlich aus wenn es sich bei der Festplatte um die erste Festplatte im Computer handelt. In diesem Fall gibt es zwei Möglichkeiten:

- Man bootet den Computer mit einer Startdiskette, die unter Windows 98 SE/ME erstellt wurde (wichtig ist, dass FAT32 unterstützt wird) und richtet die Partition wie früher mit FDisk ein.
- Man bootet den Computer mit der Notfalldiskette, die zuvor unter Windows XP angelegt wurde. Damit erhält man einen Zugang zur Wiederherstellungskonsole, in der unter anderem auch das Einrichten einer Partition möglich ist. Mehr zu diesem Thema in Kapitel 22.

19.5 Formatieren von Laufwerken

Das Formatieren eines Laufwerks bedeutet, auf einem Laufwerk eine logische Struktur einzurichten oder diese zu erneuern. »Früher« mussten Laufwerke grundsätzlich vor der Inbetriebnahme durch den Anwender formatiert werden, heutzutage ist dies nur noch dann notwendig wenn eine Festplatte, die im Laden gekauft wurde, in den Computer eingebaut wird. Da durch die Formatierung sämtliche Daten auf dem Laufwerk gelöscht werden, wird diese natürlich nur in Ausnahmefällen durchgeführt.

Laufwerke werden entweder über ihr Symbol im ARBEITSPLATZ-Ordner oder über die Datenträgerverwaltung formatiert. In beiden Fällen wird nach Auswahl des Laufwerkes der FORMATIEREN-Befehl im Kontextmenü ausgeführt und die Formatierung beginnt. Das Resultat ist in beiden Fällen ein »frisches« Laufwerk, das keine Daten (mehr) enthält.

STEP

Formatieren eines Laufwerks

1. Selektieren Sie das Laufwerk im ARBEITSPLATZ-Ordner mit der sekundären Maustaste und wählen Sie FORMATIEREN.
2. Es erscheint ein Dialogfeld, in dem Sie eine Reihe von Einstellungen vornehmen können:
   - Das Dateisystem (bei Festplattenlaufwerken FAT32 oder NTFS)
   - Die Größe einer Zuordnungseinheit (bei NTFS zwischen 512 und 4.096 Bytes)
   - Die Volumenbezeichnung (d.h. der Name des Laufwerks)

Außerdem können Sie einstellen, ob die schnelle Quickformatierung (hier wird lediglich das »Inhaltsverzeichnis« neu geschrieben) verwendet werden soll. Bei NTFS-Laufwerken lässt sich zusätzlich ein komprimiertes Laufwerk anlegen.

3. Klicken Sie auf START, um die Formatierung zu starten. Da durch die Formatierung alle Daten auf dem Laufwerk gelöscht werden, müssen Sie die Formatierung noch einmal explizit mit OK bestätigen. Klicken Sie auf ABBRECHEN, passiert nichts. Erst durch Bestätigen mit OK wird die Formatierung gestartet.

19.5.1 Das Format-Kommando der Kommandozeile

Die Formatierung eines Laufwerks kann auch über das FORMAT-Kommando der Kommandozeile durchgeführt werden. Dahinter steckt das Kommandozeilentool FORMAT.COM im SYSTEM32-Verzeichnis. Gegenüber dem FORMAT-Befehl der Benutzeroberfläche stehen hier grundsätzlich die gleichen Möglichkeiten zur Verfügung, nur dass diese über Kommandozeilenparameter übergeben werden.

19.6 Defragmentierung

Die Defragmentierung ist, der Name legt es nahe, für die Defragmentierung eines Laufwerks zuständig. Defragmentieren bedeutet in diesem Zusammenhang, die im Laufe der Zeit bei häufiger Benutzung eines Laufwerks durch Abspeichern, Löschen und erneutem Abspeichern von Dateien zwangsläufig entstehende Fragmentierung wieder aufzuheben, indem zum Beispiel alle zu einem Laufwerk gehörenden Zuordnungseinheiten wieder nebeneinander angeordnet werden.

Die Defragmentierung hat mit dem gleichnamigen Programm aus Windows 9x nur den Namen gemeinsam – intern ist sie vollkommen anders aufgebaut, da NTFS-Laufwerke im Vergleich zu FAT32-Laufwerken eine gänzlich andere Struktur besitzen. Die Defragmentierung von Windows XP, die mit Windows 2000 eingeführt wurde[4], wird entweder im Register EXTRAS im EIGENSCHAFTEN-Dialogfeld eines Laufwerks oder über die Computerverwaltung aufgerufen. Die Defragmentierung verläuft völlig unspektakulär, da keinerlei Einstellungen vorgenommen werden können.

4 Und in diesem Zusammenhang in die Schlagzeilen geriet, weil die Herstellerfirma Executive Software zur Scientology-Sekte gehört.

Defragmentieren eines Laufwerks

1. Selektieren Sie das Laufwerk im ARBEITSPLATZ-Ordner mit der sekundären Maustaste, wählen Sie EIGENSCHAFTEN und anschließend das EXTRAS-Register.

2. Klicken Sie auf JETZT DEFRAGMENTIEREN.

3. Sie können das gewählte Laufwerk entweder zunächst überprüfen oder gleich defragmentieren. Bei der Überprüfung wird lediglich der Defragmentierungszustand festgestellt und eine Empfehlung bezüglich der Frage ausgesprochen, ob das Laufwerk defragmentiert werden soll.

Voraussetzung für eine erfolgreiche Defragmentierung ist, dass mind. 15% des Laufwerks frei sind. Dieser Platz wird für das Umgruppieren der Zuordnungseinheiten benötigt. Steht weniger Platz zur Verfügung, kann die Defragmentierung nur teilweise durchgeführt werden. Es ist daher empfehlenswert, den fehlenden Speicherplatz zunächst durch Löschen einzelner Dateien freizugeben (siehe Abbildung 19.15).

Abbildung 19.15: Der Laufwerksbericht zeigt die am stärksten fragmentierten Dateien an

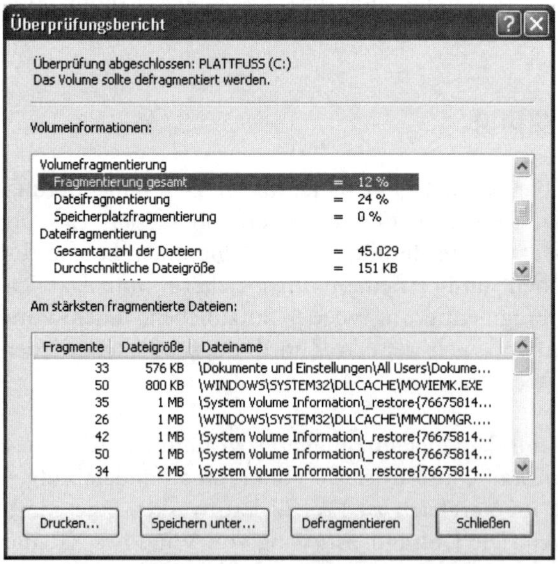

Durch Anklicken von BERICHT ANZEIGEN werden nicht nur die Eckdaten des Laufwerks angegeben, es werden auch die am stärksten fragmentierten Dateien aufgelistet. Je mehr Fragmente eine Datei enthält, desto stärker ist sie fragmentiert, desto länger kann ein Zugriff dauern und desto ratsamer ist es, das Laufwerk zu defragmentieren.

4. Die Defragmentierung wird durch Anklicken von Defragmentierung gestartet. Sie kann, natürlich in Abhängigkeit von der Größe des Datenträgers, eine Weile dauern. Während die Defragmentierung läuft, kann der Datenträger wie gewohnt benutzt werden.

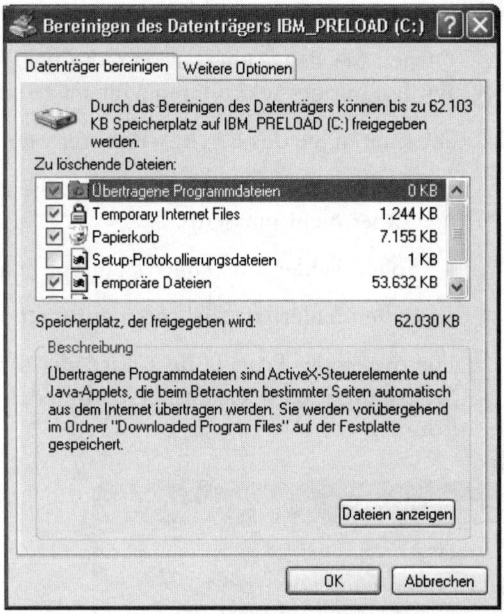

Abbildung 19.16: Die Defragmentierung eines Laufwerks wird optisch angezeigt

19.6.1 Defragmentierung über die Kommandozeile aufrufen

Die Defragmentierung kann auch über die Kommandozeile aufgerufen werden, was immer dann notwendig wird, wenn die Defragmentierung im Rahmen eines Scripts oder einer Stapeldatei gestartet werden soll. Der Aufruf geschieht durch Eingabe von »Defrag«. Beim Aufruf können Kommandozeilenparameter übergeben werden, die in Tabelle 19.2 zusammengestellt sind.

Tabelle 19.2: Die Kommandozeilenparameter für den Aufruf von Defrag

Parameter	Bedeutung
-a	Nur eine Überprüfung, keine Defragmentierung durchführen
-f	Das Defragmentieren wird auch bei zu wenig freiem Speicher auf dem Datenträger durchgeführt.
-v	Es wird ein ausführlicher Bericht angezeigt.

19.7 Laufwerke überprüfen

Das Thema Überprüfen eines Laufwerks wird bei Windows XP vollkommen unspektakulär gelöst. Sie finden noch nicht einmal einen Eintrag in der SYSTEMPROGRAMME-Programmgruppe. Das Überprüfen findet vielmehr im Eigenschaften-Dialogfeld eines Laufwerks statt.

Überprüfen eines Laufwerks

STEP

1. Öffnen Sie den ARBEITSPLATZ-Ordner, selektieren Sie das Laufwerkssymbol mit der sekundären Maustaste und wählen Sie EIGENSCHAFTEN.
2. Selektieren Sie das EXTRAS-Register und klicken Sie auf JETZT PRÜFEN.
3. Es erscheint ein Dialogfeld, in dem Sie zwei Optionen auswählen können (aber nicht müssen):
   - Sollen Fehler am Dateisystem automatisch korrigiert werden?
   - Sollen fehlerhafte Sektoren automatisch wiederhergestellt werden?

   Für die ersten Probeläufe sollten die Optionen nicht gewählt werden. Sie erhalten so die Gelegenheit, auf jeden Fehler individuell reagieren zu können.

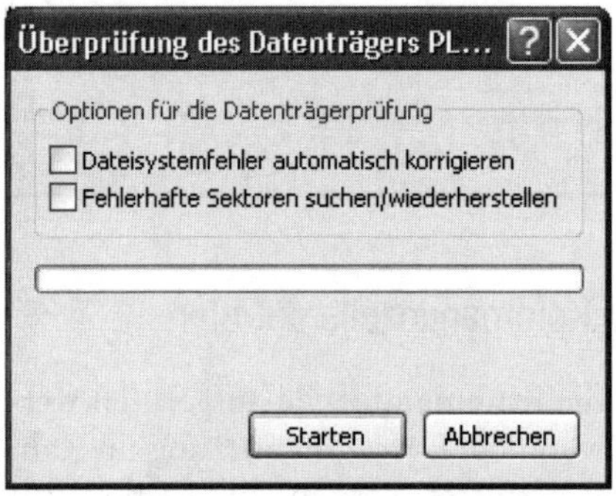

Abbildung 19.17: In diesem Dialogfeld werden zwei wichtige Optionen der Fehlerüberprüfung eingestellt

4. Klicken Sie auf STARTEN. Die Laufwerksüberprüfung beginnt. Treten keine Fehler auf, erhalten Sie am Ende lediglich eine kurze Meldung. Eine Statistisk (wie bei ScanDisk unter Windows 9x) wird nicht angezeigt.

19.7.1 Laufwerksüberprüfung über die Kommandozeile

Die Laufwerksüberprüfung lässt sich in Gestalt der Datei *Chkdsk.exe* auch über die Kommandozeile aufrufen, was, wie bei der Defragmentierung, immer dann sehr praktisch ist, wenn die Überprüfung aus einem Script oder einer Stapeldatei heraus gestartet werden soll. Beim Aufruf von *Chkdsk.exe* können Kommandozeilenparameter übergeben werden, die in Tabelle 19.3 zusammengefasst sind.

Tabelle 19.3: Die Kommandozeilenparameter beim Aufruf von Chkdsk.exe

Parameter	Bedeutung
/F	Behebt Fehler auf dem Datenträger
/V	Zeigt den vollständigen Pfad jeder Datei an (nur bei FAT/FAT32)

Tabelle 19.3: Die Kommandozeilenparameter beim Aufruf von Chkdsk.exe (Forts.)

Parameter	Bedeutung
/R	Findet fehlerhafte Sektoren und stellt lesbare Daten wieder her (setzt /F voraus)
/L:Grösse	Ändert die Größe der Protokolldatei (nur NTFS)
/X	Das Laufwerk kann während der Überprüfung nicht mehr angesprochen werden – bereits geöffnete Dateihandles werden ungültig (setzt /F voraus). Funktioniert nicht mit dem Boot-Laufwerk
/I	Überspringt das Prüfen von Indexeinträgen (nur NTFS). Die wichtige Überprüfung der Dateistruktur wird hier ausgelassen.
/C	Überspringt das Prüfen von Zyklen innerhalb der Ordnerstruktur (nur NTFS). Die wichtige Überprüfung der Dateistruktur wird hier ausgelassen.

19.8 Die Datenträgerbereinigung

Festplatten besitzen die Tendenz, sich von alleine zu füllen. Dieses Naturgesetz muss genauso wenig bewiesen werden wie jenes, das besagt, dass der neu angeschaffte Super-Duper-Tritium-PC schon in dem Augenblick veraltet ist, zu dem er auf dem Schreibtisch steht und die erste Bootmeldung anzeigt. Nicht alle der knapp 30.000 bis 40.000 Dateien, die sich auf einem durchschnittlichen Windows-PC befinden, werden wirklich benötigt. Sicherungskopien, für die kein Original mehr existiert, Überbleibsel aus älteren Windows-Installationen, Hilfedateien von längst vergangenen Anwendungen, der Shareware-Hit von gestern und vor allem die Mediendateien aus dem Internet sind es, die normalerweise die Festplatte bevölkern. Tabelle 19.4 gibt eine Übersicht über die Größe durchschnittlicher Mediendateien. Die einzelnen Größenangaben wirken eher unscheinbar, doch mit 100 oder 1.000 multipliziert ergeben sich stattliche Summen.

Tabelle 19.4: Wie groß ist groß? So viel Platz belegt eine Mediendatei:

Dateityp	Grß e
MP3 192 Kbit/s 5 min Spieldauer	7,5 Mbyte
WAV 16 bit/22 Khz 7s Spieldauer	677 KByte
JPEG 24 Bit 1024x768	177 KByte
BMP 24 Bit 1024x768	2,25 Mbyte
MPEG-4 Video VHS-Qualität	ca. 12 Mbyte pro Minute
MPEG-4 60 min Film (VHS-Qualität)	750 Mbyte

Nicht nur, dass dadurch eine überfüllte Festplatte keinen Platz mehr für Daten oder andere Programme bietet, eine verstopfte Festplatte setzt auch die Performance herab, die Fragmentierung wird erhöht – kurzum, das Arbeiten mit Windows macht keinen richtigen Spaß mehr. Auch für diesen Fall hält Windows ein probates Mittel bereit: die DATENTRÄGERBEREINIGUNG. Ihre Aufgabe ist es, jene Ablagen anzuzeigen, in denen sich Dateien tummeln, die gelöscht werden können, und diese Dateien dann auch zu löschen.

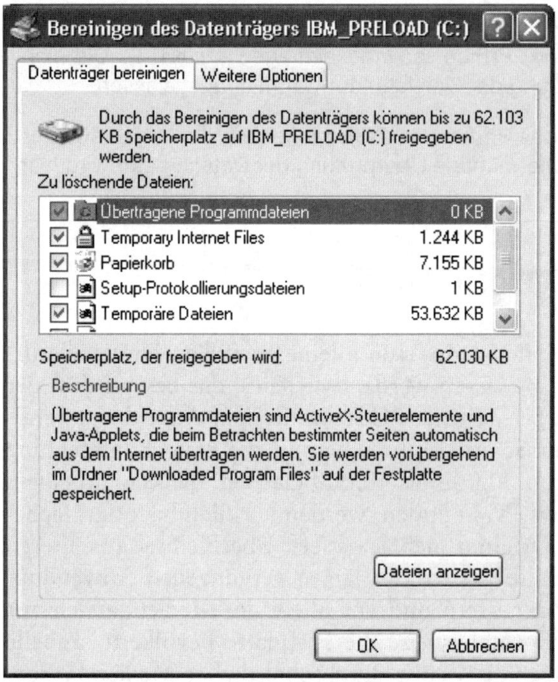

Abbildung 19.18: Die Datenträgerbereinigung kann direkt über das Eigenschaften-Dialogfeld eines Laufwerks gestartet werden

Aufgerufen wird die Datenträgerbereinigung entweder über die Programmgruppe SYSTEMPROGRAMME oder ein wenig eleganter über die BEREINIGEN-Schaltfläche im Register ALLGEMEIN im Eigenschaften-Dialogfeld eines Laufwerks (das bei einem CD-ROM-Laufwerk natürlich nicht zur Verfügung steht). Ferner wird die Datenträgerbereinigung, sofern dies gewünscht wird, immer dann aktiv, wenn sich der freie Platz auf einem Laufwerk dem Ende neigt. Über hellseherische Fähigkeiten verfügt die Datenträgerbereinigung allerdings nicht.

Sie kann nicht beurteilen, welche Dateien wichtig sind, welche weniger wichtig und welche Dateien vielleicht schon gesichert wurden. Sie bietet lediglich eine Reihe von Ablagen an:

- ÜBERTRAGENE PROGRAMMDATEIEN. Auch das ist ein Zwischenspeicher des Internet Explorers, in dem aus dem Internet übertragene Programme abgelegt werden können. Doch da man Downloads meistens in andere Verzeichnisse überträgt, spielt diese Ablage keine allzu wichtige Rolle.
- TEMPORARY INTERNET FILES. Dies ist der Zwischenspeicher des Internet Explorers, der schnell sehr groß werden kann. Ihn zu löschen macht in der Regel viele Mbyte auf der Festplatte frei.
- PAPIERKORB. In dieser Ablage werden gelöschte Dateien zwischengelagert. Die Datenträgerbereinigung bietet lediglich eine weitere Möglichkeit, den Papierkorb zu leeren.
- SETUP-PROTOKOLLIERUNGSDATEIEN. In diesem Verzeichnis legen Setup-Programme vorübergehend Dateien ab.
- TEMPORÄRE DATEIEN. Diese Ablage ist das Verzeichnis TEMP, in dem alle möglichen Dateien abgelegt werden, die aus irgendeinem Grund von irgendeinem Programm angelegt wurden. Die Datenträgerbereinigung löscht alle Dateien, die älter als sieben Tage sind.
- WEBCLIENT/PUBLISHER TEMPORARY FILES. Enthält als Zwischenspeicher Kopien von auf einem Internet-Server veröffentlichten Dateien.

Das regelmäßige Aufräumen der Festplatte hat vor allem praktische Gründe:

- Die Fragmentierung der Festplatte wird verlangsamt und damit die Zugriffsgeschwindigkeit nicht herabgesetzt.
- Das Suchen nach einzelnen Dateien wird ein wenig beschleunigt, da weniger Ordner durchsucht werden müssen.
- Die Motivation, regelmäßige Backups durchzuführen, wird leicht erhöht, da nur wichtige Dateien und nicht stets ein ganzer Wust schwer definierbarer Dateien gesichert wird.

INFO

Die Datenträgerbereinigung orientiert sich bei den Verzeichnissen, die es zum Löschen vorschlägt, an jenen, die im Schlüssel HKEY_LOCAL_MACHINE\Software\Microsoft\Windows\CurrentVersion\Explorer\Volume Caches *der Registrierung aufgeführt sind. Sollten hier doppelte Einträge vorhanden sein (z.B. englische und deutsche Namen für ein und dasselbe Verzeichnis), können Sie den Eintrag an dieser Stelle löschen. Über den Eintrag »Display« werden der anzuzeigende Namen und über den Eintrag »Filelist« die Erweiterungen der zu löschenden Dateien angegeben.*

19.9 FAT32-Partitionen nach NTFS konvertieren

NTFS (*New Technology File System*[5]) ist der Name des Dateisystems, das von Anfang an das primäre Dateisystem von Windows NT war und mit dem Nachfolger Windows 2000 deutlich verbessert wurde. Auch Windows XP arbeitet selbstverständlich mit NTFS, wobei die Rolle bei der Home Edition nicht ganz so eindeutig ist wie bei Windows 2000 oder der Professional Edition, aus zwei Gründen:

- Viele Windows 9x-Anwender werden auch unter Windows XP zunächst das alte Dateisystem FAT32 beibehalten. Teils aus Gewohnheit, teils weil NTFS keine unmittelbaren Vorteile bringt und teils aus Bequemlichkeit, weil sich ein XP-Computer mit reinen NTFS-Partitionen nicht mehr mit einer »Startdiskette« booten lässt.
- Die wichtigsten Vorteile von NTFS, wie Sicherheitseinstellungen (die es bei FAT32 nicht einmal ansatzweise gibt) oder der Wegfall der 4-Gbyte-Grenze für eine Partition bzw. für eine Datei werden am Anfang nur einen kleinen Teil der Windows 9x-Anwender ansprechen.

Dennoch ist NTFS das klar leistungsfähigere Dateisystem und verhält sich bezüglich seiner Möglichkeiten wie ein moderner Pkw aus süddeutscher Fertigung der oberen Preisklasse zu einem VW Käfer[6]. Mit beiden kommt man selbstverständlich ans Ziel, doch beim Komfort und letztendlich auch bei der Sicherheit gibt es Unterschiede.

19.9.1 FAT32 oder NTFS?

Die Entscheidung, ob ein logisches Laufwerk mit FAT32 oder bereits mit NTFS formatiert werden soll, dürfte im Heimbereich relativ entspannt betrachtet werden können, denn FAT32 ist für viele Anwendungen noch vollkommen ausreichend. Die größten Nachteile von FAT32 sind:

- Es bietet keinen Zugriffsschutz für Verzeichnisse und Dateien. Bei NTFS lassen sich Berechtigungen vergeben, die im Detail festlegen, in welchem Umgang ein Benutzer auf ein Verzeichnis zugreifen darf.
- Für Dateien und Partitionen gibt es bei FAT32 eine physikalische Obergrenze, die in Anbetracht der Datenmengen, die beispielsweise beim Kopieren von DVD-Spielfilmen auf die Festplatte anfallen können, relativ schnell erreicht wird.

---

5 Die volle Schreibweise hat heutzutage praktisch keine Bedeutung mehr, da sich das »New Technology« damals auf das NT in Windows NT bezog.

6 Warum in solchen Vergleichen immer der VW Käfer den ungünstigeren Part übernehmen muss, entzieht sich meiner Kenntnis. Vermutlich, weil sich der Hersteller nicht beschweren dürfte und Besitzer eines VW-Käfers fröhliche Menschen sind, die einen gewissen Kummer mit ihrem Autor gewohnt sind.

- NTFS bietet einen eingebauten Schutz vor zerstörten Datenstrukturen im Dateisystem. Dadurch kann es keine Datenverluste etwa aufgrund unterbrochener Ketten von Zuordnungseinheiten geben.

Allerdings ist NTFS auch nicht perfekt. Abgesehen davon, dass es nicht für Disketten eingesetzt werden kann, bietet es einen entscheidenden Nachteil. NTFS-Partitionen können nicht von Windows 9x aus angesprochen werden, was bei Multiboot-Systemen durchaus ein Nachteil sein kann. NTFS bietet sehr viel mehr als FAT32, ist aber nicht so flexibel, was den Einsatz in einer typischen Windows 9x-Umgebung angeht. Die Frage nach FAT32 oder NTFS beantwortet man, wie üblich, mit einem Kompromiss. Die Boot-Partition wird relativ klein gehalten und mit FAT32 formatiert. Die restlichen Partitionen werden dagegen mit NTFS formatiert, um die verschiedenen Vorteile unter Windows XP nutzen zu können. FAT32 sollte nicht mehr als nur eine Übergangslösung sein.

19.9.2 Die Konvertierung eines FAT32-Laufwerks nach NTFS

Wer jetzt ein superkomfortables Konvertierungstool erwartet hat, wird zunächst einmal ziemlich erstaunt feststellen, dass es ein solches Tool bei Windows XP nicht gibt. Auch die Datenträgerverwaltung bietet diese Möglichkeit nicht. Die Konvertierung einer FAT32-Partition in eine NTFS-Partition wird vielmehr mit einem unscheinbaren Kommandozeilentool durchgeführt. Es heißt *Convert.exe* und wird am besten über die Eingabeaufforderung aufgerufen.

INFO

Das ist wichtig: Es gibt bei Windows XP offiziell keinen Weg zurück von NTFS nach FAT. Wer also unbedingt wieder mit FAT32 arbeiten möchte, muss die Partition komplett neu formatieren. Man sollte sich die Konvertierung daher gut überlegen. Diese Warnung darf aber nicht falsch verstanden werden. In etwa 90% der Fälle dürfte es keinen Grund geben, ein Laufwerk wieder unter FAT32 betreiben zu wollen.

19.9.3 Der Aufruf von Convert.exe

Convert.exe ist ein einfaches Kommandozeilentool, dem beim Aufruf nur der Laufwerksbuchstabe des zu konvertierenden Laufwerks übergeben werden muss. Tabelle 19.5 stellt die übrigen Kommandozeilenparameter zusammen, die aber nur selten benötigt werden.

Beispiel:

```
convert f: /FS:NTFS
```

Auf den CONVERT-Befehl folgen der Laufwerksbuchstabe und die Option /FS:, durch die das Dateisystem (es kommt nur NTFS in Frage) festgelegt wird.

Tabelle 19.5: Die Kommandozeilenparameter von Convert.exe

Parameter	Bedeutung
Volume	Der Laufwerksbuchstabe des zu konvertierenden Laufwerks
/FS:NTFS	Legt das Dateisystem fest – es kommt nur diese Option in Frage
/V	Legt fest, dass ausführlichere Meldungen ausgegeben werden
/CvtArea:Dateiname	Legt den Namen der Datei fest, über die die NTFS-Systemdateien angesprochen werden (spielt im Allgemeinen keine Rolle)
/NoSecurity	–
/X	Der Zugriff auf geöffnete Dateien ist nach der Konvertierung nicht mehr möglich, da die Verbindung zu diesen Dateien beendet wird (falls es erforderlich sein sollte).

INFO

Auch wenn die Konvertierung von FAT32 nach NTFS (offenbar) ein sehr sicherer Vorgang ist und die Dateien erhalten bleiben, sollten Sie wirklich wichtige Dokumente zuvor auf ein anderes Laufwerk sichern. Das gibt Ihnen das gute Gefühl, dass für den unwahrscheinlichen Fall, dass die Konvertierung schief geht und sich die Partition danach nicht mehr ansprechen lässt, zumindest die Daten nicht verloren sind.

STEP

Konvertieren einer FAT32-Partition nach NTFS

1. Öffnen Sie die Eingabeaufforderung (was auch über den AUSFÜHREN-Befehl und die Eingabe von »cmd« geschehen kann).
2. Im Folgenden wird davon ausgegangen, dass Laufwerk F: konvertiert werden soll. Ändern Sie bitte den Laufwerksbuchstaben entsprechend, falls Sie ein anderes Laufwerk konvertieren wollen. Geben Sie den folgenden Befehl ein:

   ```
   convert f: /FS:NTFS
   ```

3. Der aktuelle Typ des Dateisystems wird angezeigt, es sollte FAT32 sein. Geben Sie zur Bestätigung die Volumebezeichnung des Laufwerks ein, diese erfahren Sie zum Beispiel aus der Auflistung der Laufwerke im ARBEITSPLATZ-Ordner. Es ist der Name, der dem in Klammern aufgeführten Laufwerksbuchstaben vorausgeht. Geben Sie den Namen ein

und drücken Sie [↵]. Die Konvertierung wird gestartet, wobei mit einer Laufwerksüberprüfung begonnen wird. Anschließend wird eine Laufwerksstatistik angezeigt, wobei geprüft wird, ob für die Konvertierung ausreichend Platz auf dem Laufwerk zur Verfügung steht. Dann beginnt die Konvertierung, die relativ schnell durchgeführt wird,

Ging alles gut, wird am Ende eine kleine Meldung angezeigt. Das Laufwerk ist nun ein NTFS-Laufwerk.

19.10 Die Rolle von FDisk

Das Partitionierungswerkzeug FDISK dürfte den meisten langjährigen Windows-Kennern bestens vertraut sein und nicht bei Jedem ausschließlich positive Assoziationen wecken. Auch wenn FDISK, sofern man sich mit Begriffen wie Partitionen und logischen Laufwerken auskennt, solide funktioniert und relativ einfach zu bedienen ist, macht die karge Benutzerführung das Einrichten neu eingebauter Festplatten nicht gerade zu einem Vergnügen. Bei Windows XP ist FDISK offiziell nicht mehr dabei, da seine Aufgaben die Datenträgerverwaltung übernimmt. Dennoch wird FDISK nach einem Update auf Windows XP auf vielen Festplatten noch zu finden sein. Daher steht hier ein wichtiger Hinweis: FDISK sollte, sofern der Aufruf nicht an der Meldung »Falsche DOS-Version« scheitert, unter Windows XP nicht mehr eingesetzt werden.[7]

7 Zumal es mit Festplatten größer als 64 Gbyte Probleme geben kann, die sich erst mit einem von Microsoft herausgegebenen Patch beheben lassen.

20 Die Registrierung durchleuchtet

Die Registrierung ist die Grundlage für die gesamte Konfiguration von Windows XP. Es ist die »Datenbank«, in der praktisch sämtliche Konfigurationsdaten des Betriebssystems, der installierten Anwendungen und der Hardware-Geräte enthalten sind. Hinter der Registrierung stehen bei Windows XP eine Reihe von Dateien, deren Inhalt nach dem Booten in den Arbeitsspeicher geladen wird. Aus der Sicht des Benutzers besteht die Registrierung aus Tausenden von Einträgen, die hierarchisch angeordnet sind, und wo jeder Eintrag einen Wert besitzt. Auch wenn die Registrierung der Dreh- und Angelpunkt der System-Konfiguration ist, soll der Benutzer mit ihr nicht in Berührung kommen. Windows bietet eine Reihe von Vorrichtungen an, durch die sich Konfigurationsänderungen auch ohne einen direkten Zugriff auf die Registrierung durchführen lassen. Einfache Konfi-gurationsaufgaben werden über die Applets der Systemsteuerung gelöst, für knifflige Angelegenheiten gibt es »Hacker-Tools«, wie zum Beispiel das beliebte TweakUI. Alle diese Tools sind aber lediglich Eingabehilfen, die mit ihnen durchgeführten Änderungen werden direkt in die Registrierung eingetragen. Hin und wieder gibt es einen Grund, Konfigurationsänderungen direkt in der Registrierung vorzunehmen. Für diese Situationen und weil es für erfahrene Anwender von Vorteil ist, zumindest den Aufbau der Registrierung zu kennen, soll dieses Kapitel ein leicht verständlicher Führer durch die Registrierung sein. Sie werden nach dem Durcharbeiten dieses Kapitels die offiziellen Warnungen in den Supporthinweisen von Microsoft zu Windows, die die Benutzung der Registrierung betreffen, etwas gelassener sehen.

Die Themen dieses Kapitels:

- Was steckt hinter der Registrierung?
- Der Aufbau der Registrierung
- Die Rolle der Basisschlüssel
- Die Philosophie der Registrierung
- Unterschiede zu Windows 9x
- Der Registrierungs-Editor *Regedit.exe*
- Die wichtigsten Arbeitsschritte mit der Registrierung
- Sichern und Wiederherstellen der Registrierung

- Beispiele für den Zugriff auf die Registrierung
- »Spionieren« in der Registrierung

INFO

Wenn Sie bereits die Registrierung von Windows 9x kennen, dann kennen Sie auch die allgemeine Struktur der Windows XP-Registrierung, wobei es einige wichtige (bezogen auf die Art und Weise, wie die Registrierung gespeichert wird) als auch weniger wichtige Unterschiede (etwa bei der Benennung einzelner Schlüssel und den möglichen Datentypen einzelner Werte) gibt.

20.1 Die Registrierung stellt sich vor

Die Registrierung ist die zentrale Ablage, in der sowohl das Betriebssystem als auch die verschiedenen Anwendungen ihre Einstellungen speichern. Hinter der Registrierung stehen bei Windows XP eine Reihe von Dateien, die beim Zugriff auf die Registrierung aber nicht direkt in Erscheinung treten. Die Registrierung eines Windows XP-Computers enthält Tausende völlig unterschiedlicher und im Allgemeinen voneinander unabhängige Einträge. Ein Beispiel ist der Benutzername, der bei der Installation von Windows XP angegeben werden kann. Dieser wird nach der Eingabe in der Registrierung hinterlegt, sodass ihn alle Anwendungen benutzen können. Wird ein Installationsprogramm gestartet, holt es sich den Benutzernamen aus der Registrierung und präsentiert ihn dem Benutzer, sodass dieser ihn nicht noch einmal eingegeben muss. Anstatt alle Einträge der Registrierung in einer riesigen (Text-) Datei abzulegen (wie es noch mit den Ini-Dateien bei Windows 3.1 der Fall war), hat man sich für die Registrierung bereits bei der ersten Windows NT-Version ein Schema überlegt, das für das Ablegen und vor allem für das Wiederfinden besser geeignet ist. Nach dem alten Schema bestand die »Konfigurationsdatenbank« aus einer großen langen Liste, die in verschiedene Kategorien mit einer beliebigen Anzahl an Einträgen unterteilt war, die jeweils einen oder mehrere Werte besaßen. Hier folgt ein kurzer Auszug aus der Datei *System.ini*, die bei Windows 3.1 die Rolle der Registrierung übernahm:

```
(Hardware)
ModemKonf=*modems
DruckerKonf=*drucker

(Software)
Anwendung1=Word90


(Modems)
Modem1Port=COM1, COM3
```

```
(Drucker)
PrinterPort1=LPT1
```

usw.

Auch wenn dieses Schema (Windows XP unterstützt *System.ini* lediglich aus Kompatibilitätsgründen zu 16-Bit-Anwendungen) bis auf wenige Ausnahmen inzwischen keine Rolle mehr spielt, besitzt es eine Reihe von Nachteilen. Alleine der Umstand, dass Hunderte über die Festplatte verteilte Ini-Dateien, die von jedem Benutzer versehentlich gelöscht oder verändert werden können, einen mittleren Albtraum für jeden Systemadministrator darstellen, spricht gegen deren Verwendung. Die Registrierung befindet sich (auch wenn sie aus mehreren Dateien besteht) an einem zentralen Ort und sie ist hierarchisch aufgebaut, sodass sich auch umfangreiche Sammlungen von Konfigurationsdaten ablegen lassen.

Diese Hierarchie ist die Grundlage für die Organisation der Registrierung. Die Registrierung besteht, wie bereits mehrfach erwähnt, aus Tausenden von Schlüsseln. Jeder Schlüssel kann einen oder mehrere Einträge besitzen. Jeder Eintrag besteht aus einem Namen, dem Datentyp und dem eigentlichen Wert. Der hierarchische Aufbau der Registrierung besitzt große Ähnlichkeit mit der Ansicht des Dateisystems im Explorer, nur dass die Verzeichnispfade in der Registrierung *Unterschlüssel* genannt werden. Ein Unterschlüssel besteht aus einer Aneinanderreihung von weiteren Schlüsseln, der auf der obersten Ebene beginnt (die so genannten Teilbäume) und sich über die einzelnen Ebenen bis zu jenem Schlüssel fortsetzt, dessen Eintrag angesprochen werden soll. So führt der Schlüssel *HKEY_LOCAL_MACHINE\Software\Microsoft\Windows NT\CurrentVersion* zu einer Reihe von Unterschlüsseln, wie z.B. FONTS oder TIME ZONES. Insgesamt besteht der Zweig aus den Schlüsseln:

- *HKEY_ LOCAL_MACHINE*
- *Software*
- *Microsoft*
- *Windows*
- *CurrentVersion*

Jeder dieser Schlüssel kann einen oder mehrere Einträge besitzen. Ein gutes Beispiel ist der Unterschlüssel CURRENTVERSION, der gleich etwa ein Dutzend Einträge besitzt (unter anderem INSTALLDATE und REGISTERED OWNER). Bei einem Eintrag ist das »Ende der Fahnenstange« erreicht, d.h. ein Eintrag besitzt keine »Unterwerte« mehr, sondern genau einen Wert.

Um an den Wert von REGISTEREDOWNER, der den Namen des registrierten Benutzers enthält, heranzukommen, müssen nacheinander die Schlüssel

- *HKEY_ LOCAL_MACHINE*
- *Software*
- *Microsoft*
- *Windows*
- *CurrentVersion*

geöffnet werden. Der gesamte Schlüssel lautet daher *HKEY_LOCAL_MACHINE \Software\Microsoft\Windows\CurrentVersion.*

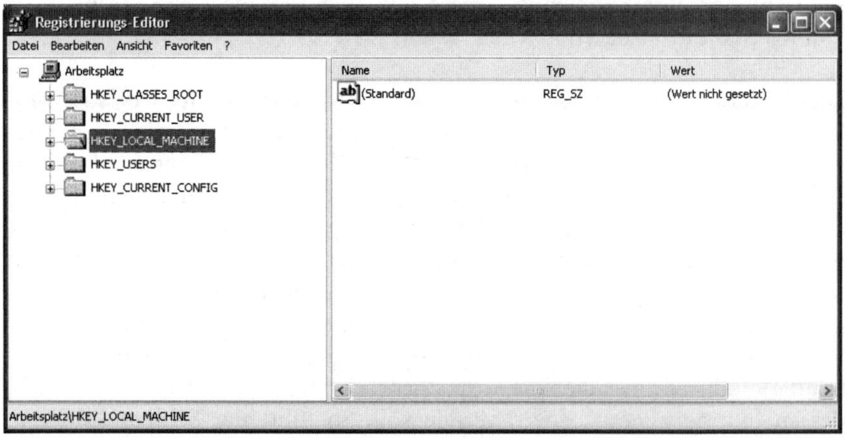

Abbildung 20.1: Die Registrierung besitzt einen hierarchischen Aufbau, der vom Registrierungs-Editor sichtbar gemacht wird

Der Zugriff auf die Registrierung erfolgt mit dem Registrierungs-Editor, der auch bei Windows XP in Gestalt der Datei *Regedit.exe* vorliegt.

20.1.1 Ist der Zugriff auf die Registrierung »gefährlich«?

Um unbedarfte Benutzer ein wenig »abzuschrecken«, aber vermutlich auch, um die Anzahl der Support-Anfragen nicht unnötig zu steigern, enthält jeder Tipp in der MICROSOFT KNOWLEDGEBASE, der einen Zugriff auf die Registrierung beinhaltet, einen warnenden Hinweis. Den »erhobenen Zeigerfinger« sollten Sie aber nicht allzu wörtlich nehmen, eine unmittelbare Gefahr besteht immer nur dann, wenn Sie Einträge in der Registrierung ändern oder gar löschen. Und selbst dann hängt es sehr stark von der Art des Eintrags ab. Im ungünstigsten Fall muss der alte Zustand der Registrierung wiederhergestellt werden, was aber eine gewisse Erfahrung im Umgang mit der Registrierung und mit Windows voraussetzt. Die Devise »Im Zweifelsfall lieber Finger weg« sollte daher stets gelten. Direkte Hilfestellungen gibt es für den Zugriff auf die Registrierung übrigens keine. Die Windows-Hilfe erwähnt keinen einzigen Registrierungsschlüssel. Zum Glück gibt es zahlreiche Webseiten im Internet und einige Bücher, die sich ausschließlich diesem Thema widmen (siehe Anhang D) und die bereits erwähnte *Microsoft Knowledgebase*, in der wichtige Schlüssel beschrieben werden.

INFO

Die vollständige Referenz aller Registrierungsschlüssel bietet die Datei Regentry.hlp, *die Teil des* WINDOWS 2000 RESSOURCE KITS *ist (die zu mindestens 95% auch für Windows XP gültig sein sollte). Eine hundertprozentige Referenz ist allerdings nicht machbar. Zum einen sind die in der Registrierung enthaltenen Schlüssel natürlich von den Anwendungen abhängig, die Sie dort eingetragen haben. Zum anderen sind viele Schlüssel, die das Verhalten von Windows auf die eine oder andere Art betreffen, einfach nicht offiziell dokumentiert.*

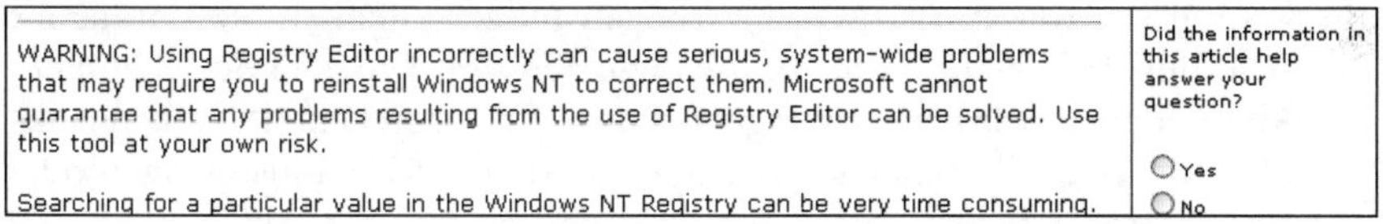

Abbildung 20.2: Viele »Verbrauchertipps« der Microsoft-Knowledgebase, die einen Eingriff in die Registrierung erfordern, enthalten Warnungen, die manchmal ein wenig übertrieben sind

20.1.2 Die Registrierung als Hardware-Tuningmaßnahme?

In PC-Zeitschriften finden Sie häufig Tipps, bei denen durch das Ändern eines Wertes oder das Hinfügen eines Eintrags eine Festplatte plötzlich schneller arbeitet oder eine Grafikkarte einen bisher nicht gekannten Modus anbietet. Das sind natürlich im Allgemeinen keine versteckten Windows-Tricks, die uns Microsoft bloß nicht verraten will. Es ist vielmehr so, dass mit der Installation des Gerätetreibers auch Einträge in der Registrierung angelegt werden, die die Arbeitsweise des Geräts steuern. Zusätzlich existieren Einträge, die nicht von Anfang an angelegt werden, aber nachträglich hinzugefügt werden können – vorausgesetzt, man kennt deren Namen und die Liste der möglichen Werte. Welcher Eintrag welche Wirkung hat, ist von Gerät zu Gerät verschieden, weil es durch die Hersteller und nicht nur Microsoft festgelegt wird. Wenn Sie die Tipps in den PC-Zeitschriften sammeln oder das Internet und die Newsgroups durchforsten, können Sie sich mit der Zeit eine hochkarätige Sammlung von Registrierungs-Tricks anlegen.

20.1.3 Die Rolle der Teilbäume

In diesem Abschnitt erfahren Sie etwas mehr über die Schlüssel und die Einträge, die an jedem Schlüssel »hängen«. Der Inhalt der Registrierung besteht aus drei »Dingen«:

- Schlüsseln (engl. *keys*),
- Einträgen (engl. *entries*)

und

- Werten (engl. *values*).

Der Zusammenhang ist zum Glück relativ einfach, auch wenn einige Namen am Anfang ein wenig merkwürdig klingen mögen (denken Sie daran, die Registrierung ist in erster Linie für die Benutzer vom Typ »Servicetechniker« da). Alle Schlüssel werden vom Registrierungs-Editor stets in der linken Fensterhälfte angezeigt. Wie Sie bereits wissen, besitzt jeder Schlüssel einen oder mehrere Einträge. Jeder Eintrag besitzt genau einen Wert mit Namen und Typ und ist genau das, worauf es beim Zugriff auf die Registrierung im Allgemeinen ankommt. Der Eintrag mit seinem Namen, dem Datentyp und seinem eigentlichen Wert wird in der rechten Fensterhälfte des Registrierungs-Editors angezeigt. Schlüssel und Einträge dienen nur dazu, die »Adresse« eines Wertes eindeutig anzugeben.

Abbildung 20.3: Der Zusammenhang zwischen Schlüsseln, Werte-Einträgen und Daten

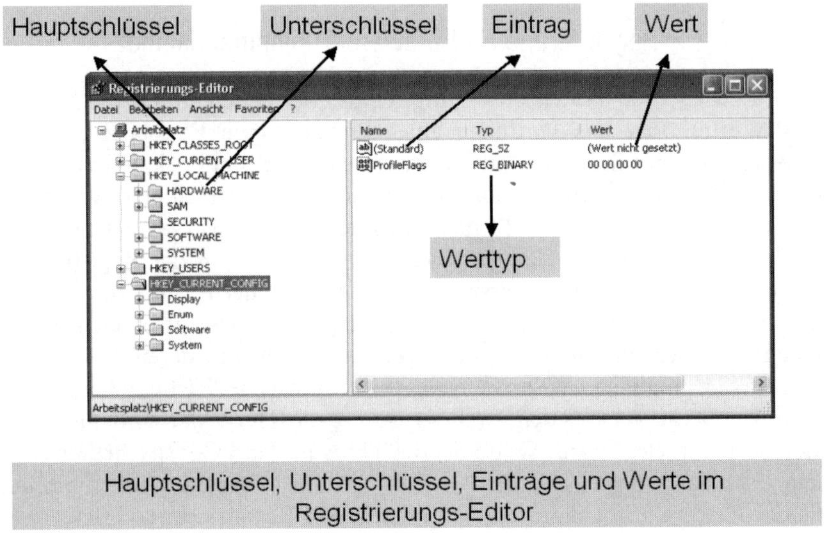

Der hierarchische Aufbau der Registrierung bringt es mit sich, dass die Hierarchie »irgendwo« beginnen muss. Dieses Irgendwo sind die fünf Teilbäume der Hauptebene, die keine Einträge besitzen, sondern lediglich eine logische Unterteilung vornehmen. Im Einzelnen handelt es sich bei den Teilbäumen um:

- *HKEY_CLASSES_ROOT (HKCR)*
- *HKEY_CURRENT_USER (HKCU)*
- *HKEY_LOCAL_MACHINE (HKLM)*
- *HKEY_USERS (HKU)*
- *HKEY_CURRENT_CONFIG (HKCC)*

Die Abkürzungen in Klammern werden häufig bei Beispielen zur Registrierung (und bei Zugriffen über Scripts) als Kurzschreibweise verwendet.

INFO

Das »H« in den Teilbäumen steht für das engl. Wort »hive« (zu deutsch »Bienenkorb«, in diesem Zusammenhang eher »Sammelpunkt, Struktur«).

Von diesen Teilbäumen sind für häufig durchzuführende Konfigurationsaufgaben besonders *HKEY_LOCAL_MACHINE* und *HKEY_USER* interessant. Die übrigen sind zwar ebenfalls wichtig, doch ist ihre Bedeutung zu speziell, als dass sie für den »normalen« Benutzer von Interesse sind. Der Teilbaum *HKEY_CLASSES_ROOT* ist »gespiegelt«, er befindet sich noch einmal in identischer Form als Unterschlüssel im Teilbaum *HKEY_LOCAL_MACHINE*. Dies soll die Kompatibilität zu 16-Bit-Anwendungen sicherstellen, die noch nichts von einer hierarchischen Registrierung wissen. Der Teilbaum *HKEY_CURRENT_USER* für den aktuell angemeldeten Benutzer kommt in *HKEY_USERS* als Unterschlüssel vor.

INFO

Die Groß-/Kleinschreibung spielt bei den Schlüsselnamen keine Rolle. In diesem Buch wird für die Teilbäume aus Gründen der besseren Lesbarkeit die Großschreibung verwendet.

Tabelle 20.1: Die Teilbäume der Registrierung und ihre Bedeutung

Teilbäume	Bedeutung
HKEY_CLASSES_ROOT	Hier werden unter anderem alle Dateierweiterungen und registrierten Dateitypen eingetragen. Allerdings handelt es sich bei diesem Schlüssel nur um einen »Alias«, es gibt ihn in identischer Form im Unterschlüssel HKEY_LOCAL_MACHINE*software**classes*.

Tabelle 20.1: Die Teilbäume der Registrierung und ihre Bedeutung (Forts.)

Teilbäume	Bedeutung
HKEY_CURRENT_USER	Hier sind die Einstellungen des aktuell angemeldeten Benutzers gespeichert. Nach dem Anmelden werden die Einstellungen aus dem entsprechenden Unterschlüssel aus HKEY_USERS in diesen Schlüssel kopiert.
HKEY_LOCAL_MACHINE	Dies ist der wichtigste Teilbaum, denn hier legen Windows und die Anwendungen ihre Konfigurationsdaten ab. Der wichtigste Unterschlüssel ist *CurrentControlSet*.
HKEY_USERS	Hier werden die Schlüssel aller angelegten Benutzer zusammengefasst. Der Teilbaum enthält mindestens zwei Profile: eines für einen zukünftigen Benutzer, der sich noch nicht angemeldet hat (der Default-User) und ein weiteres für jeden bereits angemeldeten Benutzer (der eigentliche Name wird durch ein »S« und eine Zahlenkombination dargestellt).
HKEY_CURRENT_CONFIG	In diesem Schlüssel sind aktuelle Konfigurationsdaten abgelegt.

Der Teilbaum HKEY_CLASSES_ROOT

In diesem Schlüssel werden Informationen über alle COM-Objekte (OLE), Dateierweiterungen und Dateitypen gespeichert. Der Inhalt dieses Schlüssels stammt aus dem Unterschlüssel *\HKEY_LOCAL_MACHINE\software\ classes*. Wo die Änderungen vorgenommen werden, spielt keine Rolle. Dieser Schlüssel spielt immer dann eine Rolle, wenn Dateitypen direkt über die Registrierung registriert oder gelöscht werden sollen oder das Kontextmenü eines Dateityps neue Einträge erhalten soll. Bis auf wenige Ausnahmen ist es sehr viel einfacher, diese Einstellungen über die Ordner-Optionen vorzunehmen.

Der Teilbaum HKEY_CURRENT_USER

Hier werden alle Software-Konfigurationsdaten für den aktuellen Benutzer abgelegt. Dazu gehören unter anderem die Desktop-Einstellungen, die für den aktuellen Benutzer gelten. Dieser Schlüssel soll in erster Linie die Administration vereinfachen, da er in identischer Form als Unterschlüssel in HKEY_USERS enthalten ist.

Der Teilbaum HKEY_LOCAL_MACHINE

Dies ist der wichtigste Teilbaum, denn hier sind sowohl die Konfigurationsdaten von Windows und seiner Anwendungen abgelegt als auch die Hardware-Konfigurationsdaten. Wer auf der Suche nach »speziellen« Einträgen ist, wird hier am ehesten fündig. Die wichtigsten Unterschlüssel von *HKEY_LOCAL_MACHINE* sind in Tabelle 20.2 aufgeführt.

INFO

Ein wichtiger Begriff ist in diesem Zusammenhang das CurrentControlSet. *Es steht für die augenblicklich verwendete System-Konfiguration. Wird beim Booten auf die »Zuletzt als funktionierend bekannte Konfiguration« (engl. »last known good configuration«, LGC) zurückgegriffen, wird eine Sicherungskopie des zuletzt verwendeten CurrentControlSets verwendet.*

Tabelle 20.2: Überblick über die Unterschlüssel von HKEY_LOCAL_MACHINE

Schlüssel/Eintrag	Enthält ...
\HARDWARE	Die Hardware-Daten, die beim Systemstart durch das Programm *Ntdetect.com* ermittelt wurden, stehen hier (meist Komponenten der Systemplatine und Angaben über Interrupts, die von bestimmter Hardware verwendet werden). Dieser Schlüssel bzw. diese Struktur ist temporär. Die Angaben werden also bei jedem Systemstart auch neu erstellt. Änderungen machen hier deswegen wenig Sinn.
SAM	Informationen unter anderem zu Benutzer-, Gruppen und Computerkonten werden hier abgelegt.
\SECURITY	Informationen zur Rechnersicherheit
\SOFTWARE	Informationen über alle auf dem PC installierten 32-Bit-Programme. Dieser Unterschlüssel ist daher sehr umfangreich, der wichtigste Schlüssel ist naturgemäß *Microsoft*.
\SYSTEM	Informationen zu Treibern und Diensten) werden hier abgelegt. Diese Angaben werden zu sog. *ControlSets* zusammengefasst.

Der Teilbaum HKEY_USERS

Unter diesem Schlüssel werden die Konfigurationsdaten aller eingerichteten Benutzer gespeichert. Wird ein neuer Benutzer angelegt, erhält dieser zunächst alle Eintragungen des Default-Schlüssels. Die einzelnen Benutzer werden nicht durch ihre Namen, sondern durch interne Nummern dargestellt. Die Schlüssel des aktuellen Benutzers werden im Teilbaum *HKEY_CURRENT_USER* gespiegelt.

Der Teilbaum HKEY_CURRENT_CONFIG

Dieser Schlüssel wurde erst mit Windows NT 4.0 eingeführt, um eine Kompatibilität mit Windows 95 herzustellen. Er entspricht dem Unterschlüssel *HKEY_LOCAL_MACHINE\system\currentcontolset\hardware profiles*. Hier werden die Daten der aktuellen (Hardware-) Konfiguration abgelegt.

20.1.4 Ein Beispiel für einen Schlüssel

Das Prinzip der Schlüssel und die Bedeutung der Einträge, die an einem Schlüssel »hängen«, versteht man am besten durch ein Beispiel. Ein recht gutes, weil anschauliches und damit einfaches Beispiel ist der Schlüssel HKEY_LOCAL_MACHINE\SOFTWARE\MICRISOFT\WINDOWS NT\CURRENTVERSION. Hier finden Sie wichtige Angaben, die Windows selber betreffen. Dieser Schlüssel besitzt nicht nur einen, sondern gleich eine ganze Reihe interessanter Einträge, von denen die interessantesten in Tabelle 20.3 aufgeführt sind. Dieses Beispiel soll deutlich machen, dass es darauf ankommt, wichtige Schlüssel zu kennen. Wird der Schlüssel im Registrierungs-Editor angezeigt, verraten die einzelnen Einträge die aktuellen Einstellungen wichtiger Konfigurationseigenschaften.

Tabelle 20.3: Einige Einträge des Unterschlüssels CurrentVersion

Eintrag	Bedeutung
CurrentBuildNumber	Interne Nummer der Windows-Version (Build-Nummer)
CurrentVersion	Versionsnummer der installierten Windows-Version
PathName	Verzeichnispfad des Windows-Verzeichnisses
ProductID	Seriennummer der installierten Version
RegisteredOwner	Bei der Installation angegebene Name des »Lizenznehmers«
SourcePath	Verzeichnispfad der Installationsdateien

20.1.5 Die Datentypen eines Wertes

Jeder Schlüssel besitzt einen oder mehrere Einträge, jeder Eintrag besitzt genau einen Wert. Jeder Wert kann einen von insgesamt fünf Datentypen besitzen. Der Datentyp gibt an, um welchen Typ eines Wertes es sich handelt. Zur Auswahl stehen:

- REG_SZ
- REG_BINARY
- REG_DWORD
- REG_MULTI_SZ
- REG_EXPAND_SZ

Die letzten beiden Werttypen stammen ursprünglich aus Windows NT und spielen in der Praxis nur selten eine Rolle. Welchen Typ ein Wert besitzt, wird durch den Eintrag in der Spalte TYP verdeutlicht. Der Typ spielt für den Benutzer, der mit einem Registrierungs-Editor auf die Registrierung zugreift, nur insofern eine Rolle, als der die Art und Weise festgelegt, wie ein Wert angezeigt wird und damit gleichzeitig vorgibt, wie er geändert werden kann. Wird einem Eintrag ein Wert mit einem nicht passenden Datentyp zugeordnet, kann es natürlich im Einzelfall zu Problemen kommen.

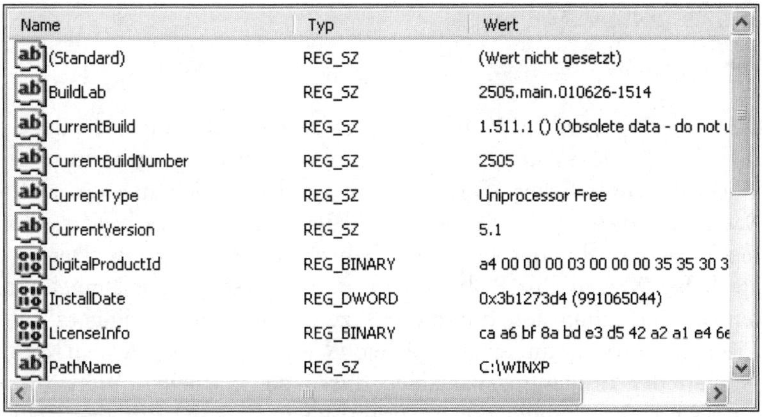

Name	Typ	Wert
(Standard)	REG_SZ	(Wert nicht gesetzt)
BuildLab	REG_SZ	2505.main.010626-1514
CurrentBuild	REG_SZ	1.511.1 () (Obsolete data - do not u
CurrentBuildNumber	REG_SZ	2505
CurrentType	REG_SZ	Uniprocessor Free
CurrentVersion	REG_SZ	5.1
DigitalProductId	REG_BINARY	a4 00 00 00 03 00 00 00 35 35 30 3
InstallDate	REG_DWORD	0x3b1273d4 (991065044)
LicenseInfo	REG_BINARY	ca a6 bf 8a bd e3 d5 42 a2 a1 e4 6e
PathName	REG_SZ	C:\WINXP

Abbildung 20.4: Werte in der Registrierung können verschiedene Datentypen besitzen – hier am Beispiel der Einträge des CurrentVersion-Schlüssels

20.1.6 Die Philosophie der Registrierung

Es ist wichtig zu verstehen, dass Schlüssel und Werte in der Registrierung eine beliebige Bedeutung haben können, die einzig und allein durch die Anwendung bestimmt wird, die diesen Wert dort abgelegt hat. Experimentierfreudige Benutzer können über den Registrierungs-Editor nach Herzenslust neue Schlüssel und Einträge hinzufügen, ohne dass dies irgend etwas bewirkt. Erst wenn Windows oder eine Anwendung einen Wert ausliest, erhält er eine Bedeutung. Auch die Namen der Schlüssel und ihrer Werte sind nicht unbedingt so gewählt, dass sie für den menschlichen Betrachter einen Sinn ergeben. Diese Namen wurden so gewählt, dass sie aus der Sicht der Windows-Entwickler die Bedeutung eines Schlüssels oder Wertes möglichst kurz und prägnant wiedergeben.

20.1.7 Unterschiede zu Windows 9x

Die Registrierung von Windows XP besitzt mit der Registrierung aus Windows 9x viele grundlegende Gemeinsamkeiten, aber auch einige wichtige Unterschiede. Zunächst kommen wir zu den Gemeinsamkeiten: Der Aufbau der Registrierung ist identisch, die meisten Schlüssel tragen die gleichen Namen und besitzen die gleiche Funktion. Bedingt durch die unterschiedliche Architektur beider Betriebssysteme gibt es aber auch große Unterschiede. Bei Windows NT gab es keine Plug&Play-Unterstützung, bei Windows 95/98 war sie von Anfang an dabei, sodass Hardware-Konfigurationsdaten nicht identisch abgelegt wurden. Bei Windows XP spielen Sicherheitseinstellungen eine zentrale Rolle, bei Windows 9x nicht. Bei Windows 9x gibt es den Basisschlüssel HKEY_DYN_DATA, in dem ständig die aktuellen Leistungsdaten eingetragen werden. Bei Windows XP gibt es einen entsprechenden Schlüssel, er kann allerdings nicht mit dem Registrierungs-Editor angezeigt werden. Windows XP kennt (seit Windows NT) zwei zusätzliche Typen von Werten:

- REG_MULTI_SZ
- REG_EXPAND_SZ

Der erste Typ wird für Konfigurationsdaten benutzt, die aus einer Kommandozeile (also dem Aufruf eines Programms über die Kommandozeile und der Übergabe zusätzlicher Werte) resultieren. Es handelt sich um Multi-String-Werte, bei denen jeder String den Inhalt »Var = Wert« besitzt oder normalen Text darstellt, der sich über mehrere Zeilen erstreckt. Der zweite Typ spielt bei Werten eine Rolle, die im Betriebssystem über Umgebungsvariablen zur Verfügung stehen und durch zwei »%«-Zeichen eingerahmt werden. Liest ein Programm einen solchen Wert ein, muss es den eingelesenen Namen der Umgebungsvariablen durch den aktuellen Wert »erweitern«. Dies sind aber Dinge, die im praktischen Umgang mit der Registrierung keine Rolle spielen. Viel wichtiger ist die Frage, auf welche Weise die Registrierung als Ganzes gespeichert wird. Bei Windows 9x besteht die gesamte Registrierung aus den beiden Dateien *System.dat* (Systemeinstellungen) und *User.dat* (Benutzereinstellungen), die es bei Windows XP nicht gibt. Die Registrierungsdaten werden hier in mehreren Dateien (ohne Erweiterung) unter anderem im %SYSTEMROOT%\SYSTEM32-Unterverzeichnis CONFIG (hier werden die sog. *Strukturen*, d.h. Strukturdateien, abgelegt. Sie besitzen feste Dateinamen: *SAM, Security, System* und *Software)* abgelegt. Für jede Strukturdatei existiert eine »Sicherungskopie« mit der Erweiterung *.Log*. Dies ist allerdings keine echte Kopie, sondern eher eine Art »Protokoll« der seit dem Systemstart durchgeführten Änderungen. Lediglich für die Controlsets, d.h. für die Datei *System* wird in *System.alt* eine komplette Kopie angelegt, da diese Konfigurationsdaten für den Windows-Start unabdingbar sind. Die Benutzer-Konfigurationsdaten sind in einer (versteckten) Datei mit dem Namen *Ntuser.dat* im Verzeichnis %SYSTEMDRIVE%\DOKUMENTE UND EINSTELLUNGEN\<<USERNAME>>des jeweiligen Benutzers abgelegt. Für die Hardware-Konfigurationsdaten existiert keine eigene Datei, bestimmte Konfi-gurationsdaten, etwa die einer Netzwerkkarte, sind Teil der Datei *System*. Die übrigen Daten werden beim Booten (durch das Systemprogramm *Ntdetect.com*) jedes Mal neu zusammengestellt.

Tabelle 20.4: Die Dateinamen der verschiedenen Registrierungsdateien

Basisschlüssel/Schlüssel	Dateiname
HKEY_LOCAL_MACHINE\sam	*Sam*
HKEY_LOCAL_MACHINE\security	*Security*

Tabelle 20.4: Die Dateinamen der verschiedenen Registrierungsdateien (Forts.)

Basisschlüssel/Schlüssel	Dateiname
HKEY_LOCAL_MACHINE\software	*Software*
HKEY_LOCAL_MACHINE\system	*System*
HKEY_USERS\default	*Default*

20.2 Die Registrierung sichern

Jetzt kommt eine gute Nachricht gleich vorweg. Bei Windows XP ist das manuelle Sichern der Registrierung im Grunde aus zwei Gründen nicht mehr notwendig:

- Windows legt nach einem erfolgreichen Start immer eine Kopie bestimmter Teile der Registrierung an, die beim nächsten Booten durch Drücken der F8-Taste und Auswahl VON ZULETZT ALS FUNKTIONIEREND BEKANNTE KONFIGURATION wiederhergestellt werden kann.
- Über die Systemwiederherstellung und die automatisch angelegten Wiederherstellungspunkte wird auch der aktuelle Zustand der Registrierung gesichert, sodass sich gezielt einzelne Konfigurationszustände wiederherstellen lassen. Für diese Aufgabe ist daher keine separate Sicherung der Registrierung mehr notwendig.

Es gibt noch einen weiteren Grund, der dafür spricht, sich auf Windows und seine unsichtbaren Helfer zu verlassen. Anders als bei Windows 9x, wo es genügte *System.dat* und *User.dat* zu kopieren, besteht die Registrierung bei Windows XP aus sehr viel mehr Dateien, sodass man leicht die Übersicht verlieren könnte.

INFO

Windows XP Professional bietet über sein Backup-Programm die Möglichkeit, die komplette System-Konfiguration zu sichern. Außerdem enthält das Windows 2000 Ressource Kit, eine Erweiterung für Windows 2000, die grundsätzlich auch für Windows XP in Frage kommt, weitere Hilfsprogramme, mit denen dies möglich ist.

20.2.1 Ein Wort zu RegClean&Co

Für Windows 9x wurden eine Reihe von Tools angeboten, die ein Aufräumen der Registrierung versprachen und vieles mehr. Diese Tools arbeiten meistens nach sehr einfachen Regeln, die zum Beispiel darin bestehen, vermeintlich nicht benötigte Einträge zu erkennen und zu entfernen. Eines dieser Tools wurde unter dem Namen *RegClean* auch von Microsoft angeboten. Alle diese Tools sollten unter Windows XP nicht mehr benutzt werden.

20.3 Der Registrierungs-Editor

Für den Zugriff auf die Registrierung ist auch bei Windows XP der Registrierungs-Editor zuständig. Sie finden ihn im WINDOWS-Verzeichnis als Datei mit dem Namen *Regedit.exe*. Wenn Sie ihn öfter benutzen, sollten Sie eine Verknüpfung im Startmenü anlegen.

Abbildung 20.5: Der Registrierungs-Editor ist dazu da, den Inhalt der Registrierung anzuzeigen und zu bearbeiten

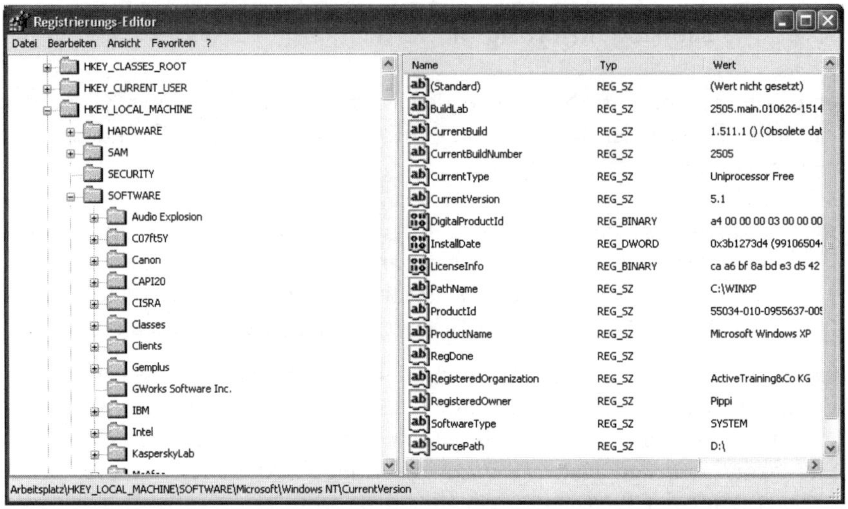

INFO

Den Registrierungs-Editor RegEdt32.exe, *der aus Windows NT stammt und bei Windows 2000 noch als Alternative zur Verfügung stand, gibt es bei Windows XP nicht mehr.*

20.3.1 Kleine Verbesserungen bei Windows XP

Der Registrierungs-Editor wurde (bereits mit Windows 2000) im Vergleich zu Windows 9x und Windows NT 4.0 geringfügig verbessert. Im BEARBEITEN-Menü gibt es nun die Befehle ÄNDERN und SCHLÜSSSELNAMEN KOPIEREN. Während der ÄNDERN-Befehl eine Alternative zum Doppelklick auf einen Wert darstellt, erlaubt der zweite Befehl den aktuellen Schlüssel zu kopieren. Bei älteren Versionen musste man erst den Menübefehl REGISTRIERUNG|REGISTRIERUNGSDATEI EXPORTIEREN wählen, um den Schlüssel nicht abschreiben zu müssen. Im Vergleich zu Windows 98 hat es zwei kleine Verbesserungen gegeben:

- Der Registrierungs-Editor ist in der Lage, sich einen geöffneten Zweig vor dem Schließen zu merken, sodass dieser beim erneuten Öffnen nicht erneut eingestellt werden muss.
- Der Registrierungs-Editor verfügt über ein FAVORITEN-Menü, durch das sich häufiger aufgesuchte Schlüssel schnell lokalisieren lassen.

20.3.2 Der Registrierungs-Editor in der Praxis

Unmittelbar nach dem Start zeigt der Registrierungs-Editor die Teilbäume aus Tabelle 20.1 an. Um sich Werte anschauen oder Änderungen an der Registrierung vornehmen zu können, muss der betreffende Schlüssel durch Anklicken des »+«-Zeichens geöffnet werden. Hier ist schon einmal ein wichtiger Merksatz:

Die linke Fensterhälfte des Registrierungs-Editors zeigt stets die Schlüssel an. In der rechten Fensterhälfte werden die Werte des in der linken Hälfte selektierten Schlüssels aufgelistet. Das Hinzufügen oder Löschen von Schlüsseln geschieht in der linken Fensterhälfte, Änderungen an den Konfigurationsdaten werden in der rechten Hälfte durchgeführt.

20.3.3 Ein kleines Beispiel

In diesem Abschitt sollen an einem kleinen Beispiel zwei Dinge gezeigt werden:

1. Die Anzeige eines Wertes eines bestimmten Schlüssels
2. Das Ändern eines Wertes eines Schlüssels

Als (harmloses) Beispiel soll ein weiteres Mal der Wert von REGISTEREDOWNER verwendet werden, der den Namen des registrierten Benutzers angibt. Normalerweise wird dieser Name bei der Installation angegeben und kann anschließend nicht mehr geändert werden. Wie meistens jedoch tut Windows nur so, als wäre dieser Wert nicht zu ändern. In Wirklichkeit ist es kein Problem, einen neuen Namen einzutragen. Man muss nur wissen, wie die dafür zuständigen Schlüssel und Werte heißen.

INFO

Beim Anschauen von Einträgen kann nichts passieren, d.h. solange Sie keine Werte ändern oder gar löschen, können Sie die Registrierung nach Herzenslust erforschen, ohne irgendwelche (unangenehmen) Konsequenzen befürchten zu müssen.

Ändern des registrierten Benutzers

STEP

1. Starten Sie den Registrierungs-Editor durch Eingabe von *Regedit.exe*.
2. Klicken Sie auf das »+«-Zeichen vor dem Eintrag *HKEY_LOCAL_MACHINE* oder öffnen Sie den Unterschlüssel über die Tasten [↓] und [→] (das geht im Allgemeinen etwas schneller). Es werden alle »Unterschlüssel« in diesem Schlüssel angezeigt.
3. Klicken Sie auf das »+«-Zeichen vor dem Schlüssel *Software*. Wieder werden alle »Unterschlüssel« in diesem Schlüssel angezeigt. Hier sehen Sie Einträge, die von jenen Anwendungen angelegt wurden, die Sie bewusst oder ohne es zu wissen installiert haben.

4. Einer der Unterschlüssel lautet *Microsoft*. Klicken Sie auf das »+«-Zeichen vor diesem Eintrag. Es werden nun alle »Unterschlüssel« in diesem Schlüssel angezeigt. Hier sehen Sie Einträge für alle Anwendungen der Firma Microsoft (zumindest sollten sich alle Microsoft-Anwendungen hier eintragen, was aber nicht immer der Fall ist). Darunter ist auch die »Anwendung« Windows NT.

5. Klicken Sie auf das »+«-Zeichen vor dem Schlüssel WINDOWS NT. Dieser Schlüssel besitzt nur sehr wenige Unterschlüssel. Einer davon lautet CURRENTVERSION, den Sie jetzt öffnen sollen.

6. Nun sind Sie fast am Ziel. Klicken Sie auf das »+«-Zeichen vor dem Schlüssel CURRENTVERSION. Sie sehen eine Reihe von Unterschlüsseln, deren Einträge für das Arbeitsverhalten von Windows zuständig sind. Für diese Übung interessieren uns aber nicht diese Schlüssel, sondern die Einträge des Schlüssels *CurrentVersion*.

7. Klicken Sie auf den Schlüssel *CurrentVersion*. In der rechten Fensterhälfte werden alle Einträge des Schlüssels angezeigt (siehe Tabelle 20.3). Einer der Einträge hat den Namen *RegisteredOwner*. Rechts davon sollten Sie unter *Wert* jenen Namen wiedererkennen, der bei der Installation angegeben wurde (wenn Sie Windows bereits vorinstalliert auf Ihrem PC erhalten haben, steht dort vermutlich der Wert »Pre-Installed-User«.

Abbildung 20.6: Der Schlüssel HKEY_LOCAL_MACHINE\Software\Microsoft\Window NT\ CurrentVersion wurde geöffnet

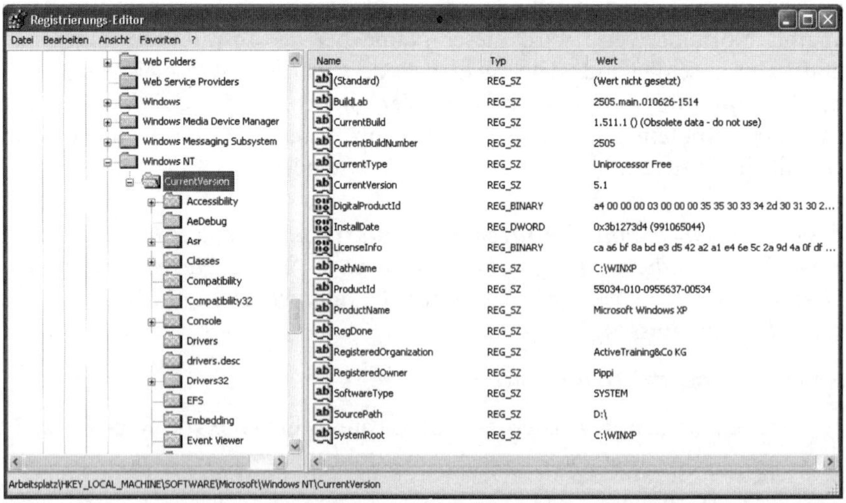

8. Nun soll der Wert *RegisteredOwner* geändert werden. Klicken Sie den Eintrag *RegisteredOwner* mit der sekundären Maustaste an und wählen Sie den Eintrag *Ändern*. Es öffnet sich ein kleines Eingabefeld, in dem Sie den neuen Namen (denken Sie sich einen beliebigen Namen aus) eintragen können. Bestätigen Sie Ihre Eingabe mit der OK-Schaltfläche.

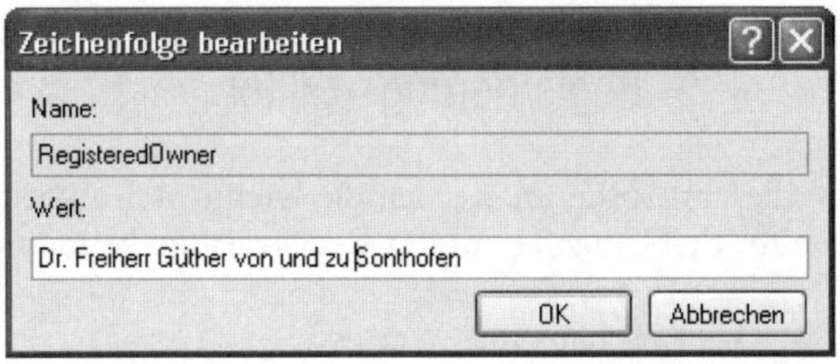

Abbildung 20.7: In diesem Dialogfeld erhält ein Eintrag einen neuen Wert

Damit hat der Eintrag *RegisteredOwner* einen neuen Wert erhalten. Wann immer Windows oder eine Anwendung den Namen des registrierten Benutzers anzeigt, wird dieser neue Name angezeigt. Ausprobieren können Sie dies, indem Sie in einer beliebigen Anwendung im HILFE-Menü den Eintrag INFO wählen. Im Informationsfeld wird auch der Name des registrierten Benutzers angezeigt.

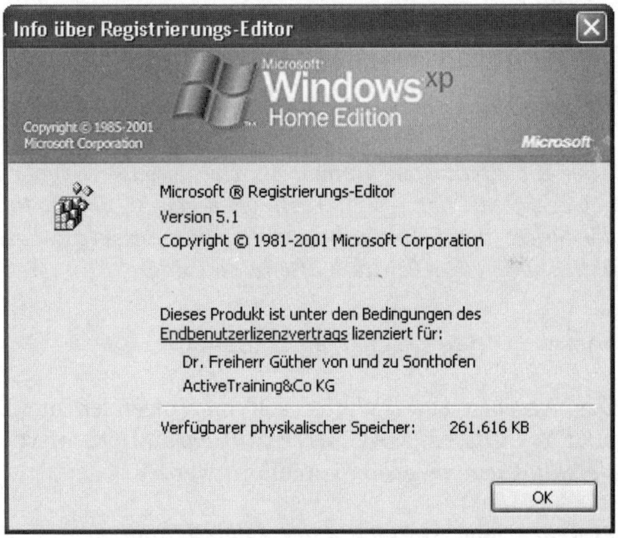

Abbildung 20.8: Der Name, den Sie Info-Dialogfeld einer Windows-Anwendung sehen, stammt direkt aus dem Wert RegisteredOwner der Registrierung

Muss man denn die mit dem Registrierungs-Editor durchgeführten Änderungen nirgends speichern? Nein, das ist ein wichtiges Prinzip beim Umgang mit der Registrierung. Alle mit dem Registrierungs-Editor durchgeführten Änderungen werden sofort (!) wirksam. Eine Bestätigung gibt es nicht, einen Warnhinweis schon gar nicht. Daher sollten alle Änderungen mit Bedacht vorgenommen werden.

INFO

Dass alle Änderungen in der Registrierung sofort vorgenommen werden, bedeutet nicht, dass diese immer sofort sichtbar werden. In einigen Fällen müssen Sie zunächst die betroffene Anwendung neu starten, damit diese ihre Werte aus der Registrierung neu einliest.

20.4 Die wichtigsten Arbeitsschritte mit dem Registrierungs-Editor

In diesem Abschnitt werden die wichtigsten Arbeitsschritte beschrieben, die Sie für den Umgang mit der Registrierung kennen müssen. Dazu gehören:

- Das Ansehen eines Wertes
- Das Ändern eines Wertes
- Das Anlegen eines Wertes
- Das Anlegen eines Schlüssel
- Das Suchen in der Registrierung
- Das Löschen eines Schlüssel bzw. Wertes
- Einfügen von Kommentaren
- Das Exportieren und Importieren von Schlüsseln
- Das Wiederherstellen der Registrierung

:-) TIPP

Über die Pfeiltasten können Sie sich etwas schneller in der Registrierung bewegen. Mit der [Pos1]*-Taste gelangen Sie in der linken Fensterhälfte an die Spitze der Schlüsselhierarchie, mit der* [Tab]*-Taste gelangen Sie, wie üblich, von einer Fensterhälfte in die andere.*

20.4.1 Das Ansehen eines Wertes

Das Ansehen eines Wertes soll im Folgenden am Beispiel des Eintrags *HKEY_LOCAL_MACHINE\Software\Microsoft\Windows NT\Current Version\CurrentVersion* vorgeführt werden.

STEP

Einsehen eines Eintrags in der Registrierung

1. Starten Sie den Registrierungs-Editor und klicken Sie auf das »+«-Zeichen vor dem Eintrag *HKEY_LOCAL_MACHINE*. Dies hat zur Folge, dass alle Unterschlüssel dieses Schlüssels angezeigt werden.
2. Suchen Sie den Unterschlüssel *Software* und klicken Sie hier ebenfalls auf das vorangestellte »+«-Zeichen. Jetzt werden die Unterschlüssel dieses Schlüssels angezeigt.
3. Suchen Sie den Unterschlüssel *Microsoft* und klicken Sie hier ebenfalls auf das vorangestellte »+«-Zeichen. Jetzt werden die Unterschlüssel dieses Schlüssels angezeigt.

4. Suchen Sie den Unterschlüssel WINDOWS NT und klicken Sie hier ebenfalls auf das vorangestellte »+«-Zeichen. Jetzt werden die Unterschlüssel dieses Schlüssels angezeigt.
5. Suchen Sie den Unterschlüssel *CurrentVersion* und klicken Sie diesmal auf den Namen des Schlüssels. In der rechten Fensterhälfte werden jetzt alle Einträge des Schlüssels angezeigt.
6. Lokalisieren Sie in der rechten Fensterhälfte den Eintrag *CurrentVersion.* Im rechten Teil der Spalte sehen Sie Name und Typ dieses Werts.

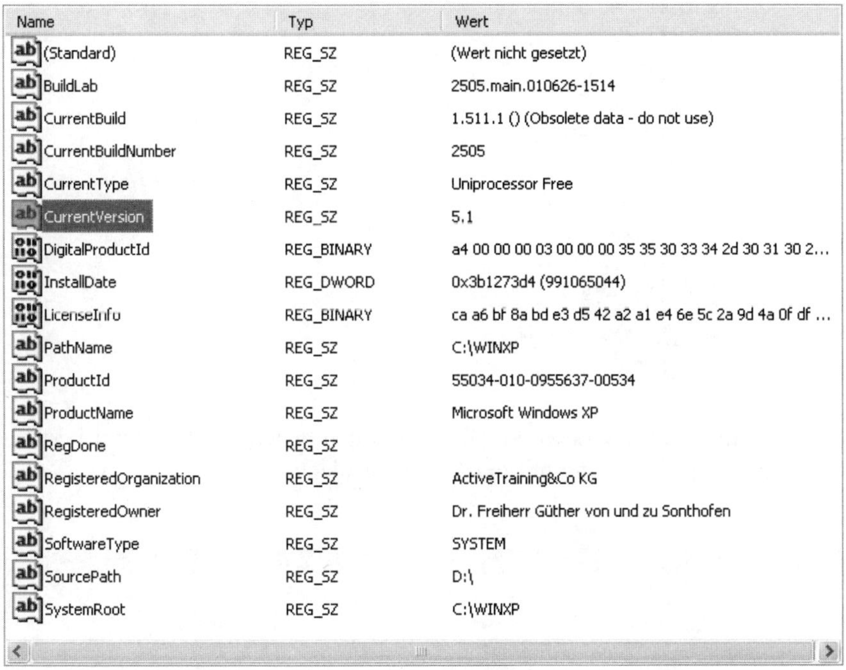

Abbildung 20.9: Der Registrierungs-Editor zeigt den aktuellen Wert des Eintrags »CurrentVersion« im Schlüssel »HKEY_LOCAL_MACHINE\Software\Microsoft\Windows NT\CurrentVersion« an

20.4.2 Das Ändern eines Wertes

In der Registrierung können Sie sowohl die Namen von Schlüsseln und Einträgen ändern, als natürlich auch einzelne Werte.

Ändern eines Wertes in der Registrierung

STEP

1. Starten Sie den Registrierungs-Editor und öffnen Sie den Schlüssel *HKEY_LOCAL_MACHINE\Software\Microsoft\Windows NT\Current Version.*
2. Klicken Sie den Eintrag SOURCEPATH in der rechten Fensterhälfte mit der sekundären Maustaste an und wählen Sie im Kontextmenü den Befehl ÄNDERN.

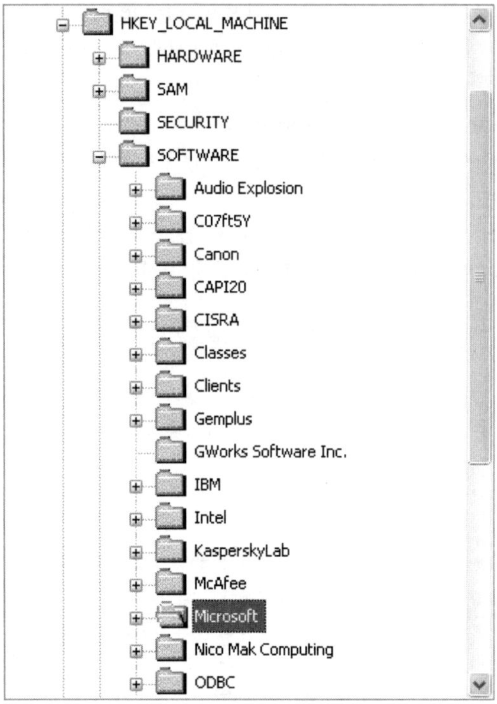

Abbildung 20.10: Anwendungen legen ihre Daten im Schlüssel Hkey_Local_ Machine\Software ab – üblicherweise nach Firmennamen unterteilt

3. Tragen Sie in das EINGABE-Dialogfeld den neuen Wert ein und bestätigen Sie die Änderung mit der OK-Schaltfläche.

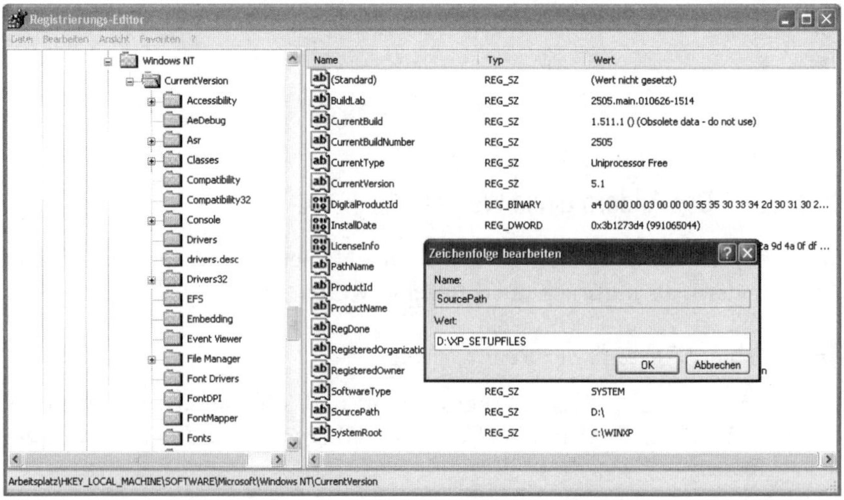

Abbildung 20.11: Über ein Eingabefeld erhält ein Eintrag, hier am Beispiel von SourcePath, einen anderen Wert

Das ist wichtig. Das Ändern von Werten in der Registrierung geschieht stets auf eigenes Risiko. Windows nimmt keinerlei Überprüfungen vor. Mit anderen Worten, Sie können jedem einzelnen Eintrag der Registrierung einen beliebigen Wert geben, ohne dass eine Fehlermeldung oder eine Warnung angezeigt wird. Statt dessen wird die Änderung automatisch, spätestens nach dem nächsten Neustart von Windows, sichtbar.

INFO

Nicht alle Werte besitzen einen String-Datentyp, d.h. eine Zeichenkette. Neben dem Typ »String« kann ein Wert auch den Typ »Binär« besitzen. In diesem Fall steht der Wert für eine (im Prinzip beliebig) lange Kolonne von Zahlen, die als Hexadezimalzahlen eingegeben werden müssen. Nach Eingabe einer aus zwei Ziffern bestehenden Zahl wird das korrespondierende ANSI-Zeichen angezeigt. Eine Eingabeüberprüfung findet aber auch hier nicht statt.

INFO

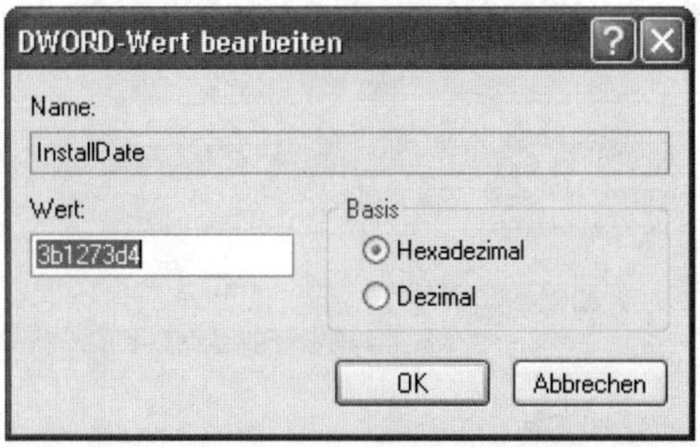

Abbildung 20.12: Ein Wert vom Typ DWORD wird bearbeitet

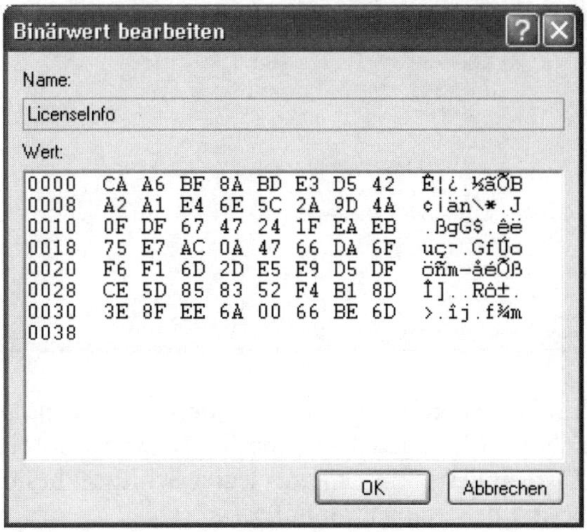

Abbildung 20.13: Ein Wert vom Typ Binär wird bearbeitet – die Zahlen werden direkt an entsprechender Stelle im Hexadezimalformat eingetragen

20.4.3 Hinzufügen von Schlüsseln und Einträgen

Bei einigen Tipps zur Registrierung, die Sie in Büchern, Zeitschriften und natürlich auf unzähligen Webseiten finden, ist von Schlüsseln oder Einträgen die Rede, die Sie in Ihrer Registrierung nicht finden werden. Das ist kein Problem, denn Sie können jederzeit neue Schlüssel und Einträge zur Registrierung hinzufügen.

Anlegen eines neuen Schlüssels

STEP

1. Starten Sie den Registrierungs-Editor und öffnen Sie den Schlüssel, der einen neuen Unterschlüssel erhalten soll.
2. Klicken Sie den Schlüssel mit der sekundären Maustaste und wählen Sie im Kontextmenü den NEU-Befehl.
3. Wählen Sie aus dem Kontextmenü den Eintrag *Schlüssel*. Dadurch wird im gewählten Schlüssel ein weiterer Unterschlüssel angelegt.

Abbildung 20.14: Über das Kontextmenü wird festgelegt, dass ein neuer Schlüssel angelegt werden soll

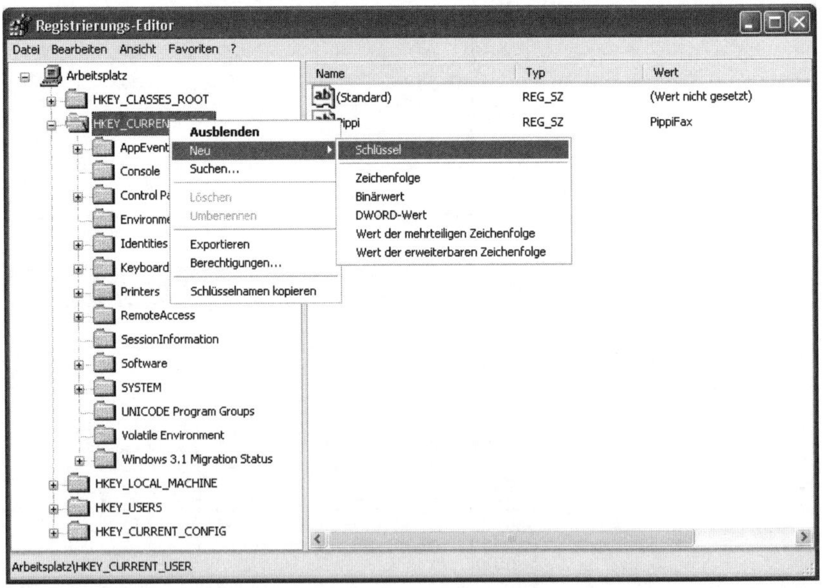

Ein neu angelegter Schlüssel besitzt zunächst den Standardnamen *Neuer Schlüssel#1*. Diesen können Sie entweder sofort oder später über die [F2]-Taste ändern. Ein neu angelegter Schlüssel besitzt auch einen Eintrag, dieser besitzt den Namen *(Standard)*.

Anlegen eines neuen Eintrags

1. Klicken Sie den Schlüssel mit der sekundären Maustaste an. Es öffnet sich das Kontextmenü, in dem Sie den Typ des neuen Eintrags (Zeichenfolge, Binärwert oder DWord-Wert) auswählen müssen.
2. Die meisten Einträge besitzen den Typ *Zeichenfolge*. Wählen Sie daher diesen Eintrag. Das Ergebnis ist ein neuer Schlüssel, der den Standardnamen »Neuer Wert#1« erhält. Diesen können Sie entweder sofort oder später über die [F2]-Taste ändern.

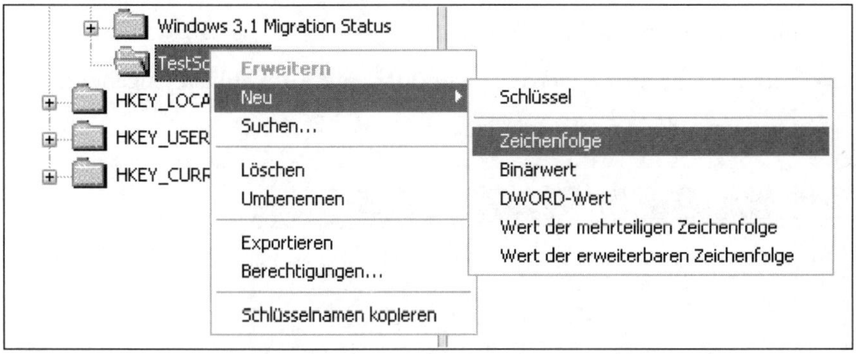

Abbildung 20.15: Über das Kontextmenü wird festgelegt, dass der aktuelle Schlüssel einen neuen Wert vom Typ »Zeichenfolge«erhalten soll

Sie können in jedem neu angelegten Schlüssel wieder beliebige Unterschlüssel anlegen. Das Hinzufügen von Schlüsseln oder Einträgen ergibt natürlich nur dann einen Sinn, wenn es ein Programm gibt, das auf diesen Schlüssel zugreift.

20.4.4 Das Löschen eines Schlüssel bzw. Eintrags

Sowohl Schlüssel als auch Einträge können jederzeit gelöscht werden, indem Sie den Schlüssel oder den Eintrag selektieren und die [Entf]-Taste drücken. Nach einer Bestätigung wird der Schlüssel bzw. der Eintrag aus der Registrierung entfernt. Das Löschen eines Schlüssels löscht auch sämtliche Unterschlüssel und ihre Einträge. Allein aus diesem Grund sollten Sie einen Schlüssel nur dann löschen, wenn Sie sich absolut sicher sind oder dies in einer Deinstallationsanleitung beschrieben wird.

Das Rückgängigmachen einer Löschaktion ist nicht möglich. Daher sollten Sie Schlüssel nur dann entfernen, wenn Sie genau wissen, welche Unterschlüssel davon betroffen sind. Haben Sie versehentlich einen Schlüssel gelöscht, müssen Sie den Schlüssel entweder neu anlegen oder die Registrierung über die (hoffentlich) angelegte Sicherungskopie wiederherstellen.

20.4.5 Das Suchen in der Registrierung

Da die Registrierung sehr umfangreich ist und viele Tausende Einträge enthalten kann, ist es häufig notwendig, nach einem bestimmten Schlüssel, Namen oder Wert zu suchen. Die Suchfunktion des Registrierungs-Editors wird über den Menübefehl BEARBEITEN|SUCHEN aufgerufen. Es erscheint ein kleines Dialogfeld, in dem Sie den Suchbegriff eingeben müssen. Es gibt keine Reihe von Einschränkungen zu beachten:

- Es gibt keine Möglichkeit, mehrere Suchbedingungen zu kombinieren.
- Platzhalter sind nicht zulässig.
- Ältere Suchbegriffe werden nicht über eine Auswahlliste angeboten.
- Die Suche dauert relativ lange.

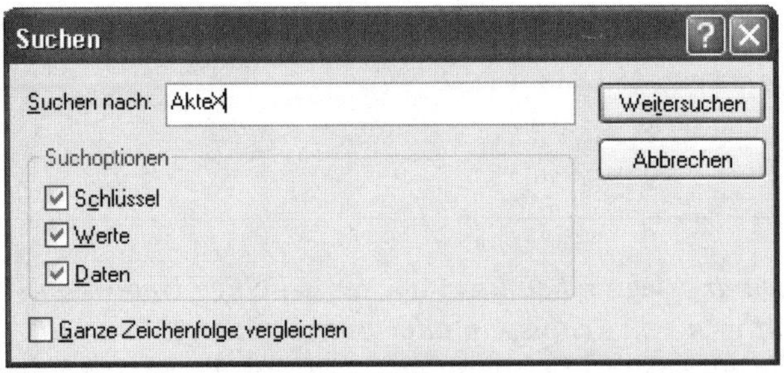

Abbildung 20.16: In diesem Dialogfeld wird ein Suchbegriff eingegeben, nach dem die Registrierung durchsucht werden soll

Im SUCHEN-Dialogfeld können Sie angeben, ob Sie nach Schlüsseln, Werten (was bei einem Eintrag der Name darstellt) und/oder Daten (dem eigentlichen Wert) suchen möchten. Falls Sie einen bestimmten Schlüssel suchen, sollten Sie die übrigen Optionen deaktivieren, da die (im Allgemeinen recht langsame) Suche so etwas schneller verläuft. Wurde ein Eintrag gefunden, wird der betreffende Zweig geöffnet.

:-) TIPP

Um die Suche zu beschleunigen, sollten Sie nicht nach Schlüsseln, Werten und Daten gleichzeitig suchen. Suchen Sie zum Beispiel einen SHELLNEW-*Schlüssel, sollten Sie nur diese Option wählen. Möchten Sie dagegen die Registrierung nach dem Vorkommen des Wortes »Microsoft« durchsuchen, bei dem es sich um einen Wert handelt, sollten Sie die übrigen Optionen* SCHLÜSSEL *und* WERTE *nicht selektieren und nur* DATEN *auswählen. Die Suche verläuft so erheblich schneller.*

Durch Setzen der Option GANZE ZEICHENFOLGE VERGLEICHEN wird erreicht, dass ein in der Registrierung enthaltener Begriff exakt mit dem Suchbegriff übereinstimmen muss. Ansonsten wird geprüft, ob der Suchbegriff als Teil eines anderen Begriffs in der Registrierung enthalten ist. Suchen Sie zum Beispiel nach dem Begriff »Excel« bei gesetzter Option GANZE ZEICHENFOLGE VERGLEICHEN, werden nur jene Einträge angezeigt, die den

Begriff »Excel« als eigenständiges Wort enthalten. Ein Eintrag mit dem Wert »Excel.sheet.5« wird dagegen nicht gefunden.

Wurde der Suchbegriff zum ersten Mal gefunden, können Sie über die F3-Taste nach weiteren Vorkommen des Suchbegriffes suchen lassen.

Die Suche in der Registrierung beginnt stets bei dem aktuell geöffneten Zweig. Welcher dasist, wird in der Statuszeile angezeigt. Über die Pos1*-Taste gelangen Sie am schnellsten an die Spitze der Registrierung.*

INFO

20.4.6 Das Ausdrucken von Zweigen

Über den Menübefehl DATEI|DRUCKEN werden einzelne Schlüssel oder Werte auf dem Drucker ausgegeben. Der Ausdruck ist allerdings optisch nicht sehr attraktiv und, bedingt durch die teilweise sehr umfangreichen Schlüssel, leider auch recht unübersichtlich. In einem Dialogfeld, das nach Auswahl dieses Kommandos erscheint, können Sie einstellen, ob die gesamte Registrierung oder nur der aktuelle Zweig ausgedruckt werden soll. In der Regel entscheidet man sich für die zweite Option, denn die Registrierung ist sehr umfangreich.

Ein Zweig *ist ein anderer Name für einen vollständigen Schlüssel.*

INFO

Abbildung 20.17: Im Drucken-Dialogfeld wird eingestellt, ob der aktuelle Zweig oder die komplette Registrierung ausgedruckt werden soll

Wenn Sie sich den Ausdruck der Registrierung betrachten, werden Sie sehr häufig über das »@«-Zeichen stolpern. Hierbei handelt es sich nicht um ein falsch zugeordnetes Sonderzeichen, sondern um die Abkürzung für den Standardwert mit dem Namen *(Standard)*, über den jeder Schlüssel am Anfang verfügt.

:-) TIPP

Da das Druckresultat des Registrierungs-Editors nicht besonders attraktiv ist, empfiehlt es sich, die Registrierung zunächst in eine Reg-Datei zu exportieren und diese anschließend mit WordPad (besser natürlich mit Word) nachzubearbeiten. Dabei sollten Sie vor allem eine kleinere Schriftgröße, gegebenenfalls eine andere Schriftart einstellen und das Seitenformat auf einQuerformat festlegen. Wenn Sie häufiger Teile der Registrierung ausdrucken und diese Ausdrücke archivieren möchten, sollten Sie Microsoft Word (oder eine andere Textverarbeitung) und eine eigene Dokumentvorlage verwenden.

20.4.7 Einfügen von Kommentaren

Dies ist kein offizieller Arbeitsschritt, das Einfügen von Kommentaren kann aber sehr nützlich sein, wenn Sie Änderungen machen und sicherstellen möchten, dass Sie sie auch noch nach Wochen finden. Sie nutzen dabei den Umstand aus, dass Sie einem Schlüssel beliebige Einträge hinzufügen können. Ein Kommentar besteht daher lediglich aus einem Eintrag mit einem beliebigen Namen, der einen beliebigen Wert (Ihren Kommentar) besitzt.

20.4.8 Exportieren und Importieren von Schlüsseln

Das *Exportieren* eines Schlüssels bedeutet, den Schlüssel, seine Werte und deren Daten in eine Textdatei zu überführen. Diese können Sie weitergeben, speichern oder zum Beispiel im AUTOSTART-Ordner ablegen, damit ihr Inhalt bei jedem Windows-Start automatisch in die Registrierung übernommen wird. Dieser Vorgang wird als IMPORTIEREN bezeichnet. Beim Importieren eines Schlüssels wird dieser in die Registrierung eingefügt, wobei ein bereits vorhandener Schlüssel gegebenenfalls überschrieben wird.

Das Exportieren und Importieren von Schlüsseln kann sowohl über den Aufruf des Registrierungs-Editors mit dem Namen der zu importierenden Dateien oder nach dem Aufruf des Registrierungs-Editors innerhalb der Oberfläche durchgeführt werden. Im Folgenden wird lediglich die zweite Variante kurz beschrieben.

Die dafür zuständigen Befehle finden Sie im DATEI-Menü. Nach Auswahl des Befehls IMPORTIEREN erscheint ein Dialogfeld, in dem Sie eine Reg-Datei auswählen müssen, die den zu importierenden Schlüssel erhält (mehr dazu gleich). Etwas anders sieht es beim Exportieren eines Schlüssels aus.

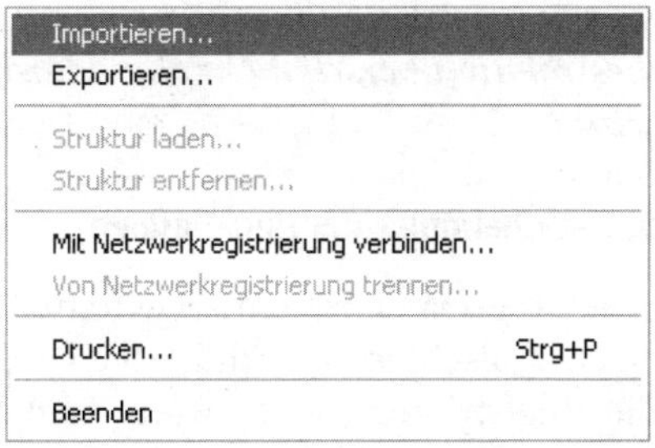

Abbildung 20.18: Im Datei-Menü können Teile der Registrierung aus einer Textdatei eingefügt (importiert) oder in eine Textdatei ausgelagert (exportiert) werden

Hier müssen Sie den zu exportierenden Schlüssel zunächst einmal selektieren. Anschließend führen Sie den Menübefehl EXPORTIEREN aus. Es erscheint ein Dialogfeld, in dem Sie nicht nur den Namen der Reg-Datei angeben müssen, sondern auch, ob Sie nur den aktuellen Zweig oder die gesamte Registrierung exportieren wollen. Letzteres ist auch eine bedingte Form der Sicherung (Vorsicht! Kein Ersatz für eine richtige Sicherung der Registrierung), die zudem den Vorteil bringt, dass Sie eine Textdatei erhalten, die Sie beliebig weiterverarbeiten können (unterschätzen Sie aber den Platzbedarf einer solchen Datei nicht).

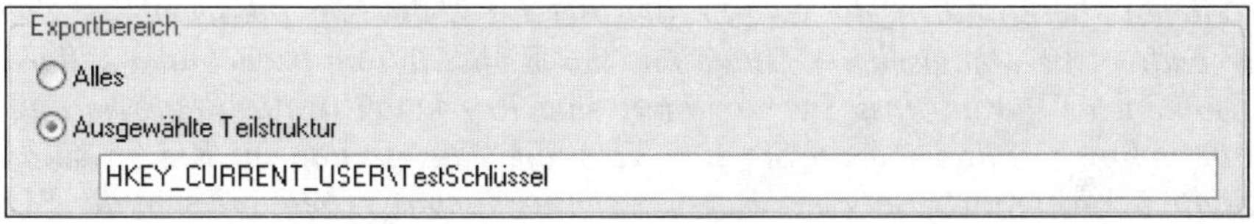

Abbildung 20.19: Beim Exportieren wird angegeben, ob nur der aktuelle Zweig oder die komplette Registrierung gesichert werden soll

:-) TIPP

Dieser Tipp ist für erfahrene Benutzer. Je mehr Sie über die Registrierung lernen, desto deutlicher wird Ihnen der Umstand, dass diese wirklich nur eine Aneinanderreihung verschiedener Schlüssel ist und die Schlüssel lediglich ein »unsichtbares« Gerüst sind, das alle Werte und ihre Einstellungen zusammenhält. Indem Sie einzelne Schlüssel als Reg-Datei exportieren, speichern Sie eine Art »Momentaufnahme« Ihres Windows-Computers für einen bestimmten Bereich (etwa die Konfiguration des Festplattencontrollers). Es ist daher für erfahrene Benutzer denkbar, die sich mit dem Aufbau der Registrierung gut auskennen, jene Schlüssel, die eine aktuelle Geräte-Konfiguration beschreiben zu exportieren, um sie zum Wiederherstellen einer solchen Konfiguration zu importieren. Generell lässt sich durch das Importieren einer Reg-Datei ein bestimmter Zustand der System-Konfiguration wiederherstellen. Dafür ist aber ein sehr gewissenhaftes Verwalten der verschiedenen Reg-Dateien notwendig, das sicherlich nicht jedermanns Sache ist. Sie sollten sich nur vor Augen führen, dass ein bestimmtes Fehlverhalten einzig und allein durch den Zustand der Registrierung definiert wird und dass ein Reparieren der System-Konfiguration nichts anderes ist als das gezielte Herstellen einzelner Schlüssel. Das Problem dabei ist nur, zu wissen, welche Schlüssel beteiligt sind. Bei Software-Konfigurationen ist dies relativ überschaubar, bei Hardware-Konfigurationen dagegen nicht so sehr.

Das »Geheimnis« der Reg-Dateien

Eine Reg-Datei ist eine Textdatei, die einen Teil der Registrierung, also einen Teilschlüssel, enthält. Sie ist dazu da, einen oder mehrere Schlüssel in die Registrierung einzufügen, ohne dafür jeden Schlüssel einzeln mit dem Registrierungs-Editor anlegen zu müssen. Im Allgemeinen kommt man nur sehr selten in die Verlegenheit, eine Reg-Datei selbst erstellen zu müssen, Reg-Dateien liegen meistens schon fertig irgendwo vor. Sollte man es dennoch vorhaben, muss man sich an eine bestimmte Struktur halten, sonst kann Windows den Inhalt der Datei nicht in die Registrierung übernehmen.

INFO

Vorsicht beim Umgang mit Reg-Dateien. Wenn Sie z.B. die Datei Test.reg *im Explorer suchen, mit der sekundären Maustaste anklicken und aus dem Kontextmenü den* ZUSAMMENFÜHREN-*Befehl wählen (ein Doppelklick tut es natürlich auch), wird dieser Zweig ohne eine weitere Eingabeaufforderung in die Registrierung übernommen. Auf die gleiche Weise werden Reg-Dateien übernommen, die Sie zum Beispiel auf Webseiten anklicken und die irgendwelche »magischen« Dinge mit der Registrierung vornehmen sollen. Denken Sie daran, dass Sie nur dann eine Reg-Datei in die Registrierung übernehmen sollten, wenn Sie sich über die Auswirkung im Klaren sind. Sollte beim Importieren einer Reg-Datei etwas schief gehen und sich der PC danach etwas merkwürdig verhalten, muss die Registrierung wieder komplett hergestellt werden.*

Reg-Dateien im Autostart-Ordner

Erfahrene Benutzer werden im Laufe der Zeit einzelne Schlüssel aus der Registrierung in eine Reg-Datei exportieren und diese in den AUTOSTART-Ordner kopieren, damit ein bestimmter Zustand, etwa eine Dateitypverknüpfung, nach jedem Start automatisch hergestellt wird. Ein wenig lästig ist dabei, dass das Öffnen und Zusammenführen einer Reg-Datei mit einem Dialogfeld quittiert wird. Das lässt sich vermeiden, indem Sie im AUTOSTART-Ordner eine Verknüpfung auf den Registrierungs-Editor anlegen und in der Befehlszeile der Verknüpfung *Regedit.exe* mit der Option /s aufrufen, also z.B.

```
"C:\Windows NT\Regedit" /s C:\Regfiles\MPEGdatei.reg
```

Dadurch wird der Inhalt der Datei *MPEGdatei.reg* aus dem Verzeichnis REGFILES in die Registrierung übernommen, ohne dass eine Meldung angezeigt wird.

20.4.9 Das Wiederherstellen der Registrierung

Das Wiederherstellen einer gesicherten Registrierung hängt natürlich davon ab, auf welche Weise die Registrierung zuvor gesichert wurde. Mit dem bloßen »Zurückkopieren« der gesicherten Dateien ist es natürlich nicht getan, zumal beim laufenden Betrieb von Windows XP stets die Strukturdateien geöffnet sind und daher nicht ersetzt werden können. Der einfachste und schnellste Weg, eine Sicherung der Registrierung durchzuführen, ist bei Windows XP das Anlegen eines Wiederherstellungspunktes. Dies ist mit wenigen Mausklicken erledigt und setzt keinerlei Spezialkenntnisse voraus. Mehr dazu finden Sie in Kapitel 22.

20.5 Beispiele für Zugriffe auf die Registrierung

In diesem Abschnitt geht es um ein paar kleine Beispiele, die das Prinzip des Zugriffs auf die Registrierung veranschaulichen, gleichzeitig aber auch nützliche Tipps für die Praxis darstellen sollen.

20.5.1 Den Task-Manager deaktivieren

Soll nach dem Drücken von `Strg` + `Alt` + `Entf` und der Auswahl des Task-Managers dieser nicht zur Verfügung stehen, muss der REG_ BINARY-Wert DISABLETASKMGR den Eintrag 1 erhalten:

Teilbaum	***HKEY_CURRENT_USER***
Schlüssel	*Software\Microsoft\Windows\CurrentVersion\Policies\System*
Eintrag	*DisableTaskMgr*
Datentyp	*REG_BINARY*
Wert	01

Sollte der Unterschlüssel SYSTEM nicht vorhanden sein, muss er angelegt werden.

20.5.2 Produkt-ID abfragen

Die nach der Installation angelegte Produkt-ID wird unter dem Wert PRODUCTID im Schlüssel WINDOWS\CURRENTVERSION gespeichert.

Teilbaum	***HKEY_LOCAL_MACHINE***
Schlüssel	*Software\Microsoft\Windows\CurrentVersion*
Eintrag	*ProductID*
Datentyp	*REG_SZ*
Wert	–

20.5.3 Eingabevervollständigung in der Eingabeaufforderung

Der folgende Tipp ist ein klassischer »Registrierungs-Hack«, da sich durch die simple Änderung eines Wertes das Verhalten einer Systemkomponenten in einer für den Benutzer angenehmen Weise verändern lässt. Es geht um die Eingabevervollständigung in der Eingabeaufforderung über die [Tab]-Taste, die immer dann praktisch ist, wenn längere Verzeichnisnamen eingegeben werden müssen. Standardmäßig ist dieses Verhalten bei Windows XP deaktiviert. Um es zu aktivieren, muss der Wert COMPLETIONCHAR des Schlüssels HKEY_CURRENT_USER\SOFTWARE\MICROSOFT\COMMANDPROCESSOR den DWORD-Wert 9 erhalten. Über die Tastenkombination [⇧] + [Tab] bewegt man sich in der Namensliste rückwärts.

Teilbaum	***HKEY_CURRENT_USER***
Schlüssel	*Software\Microsoft\CommandProcessor*
Wert	*CompletionChar*
Datentyp	*REG_DWORD*
Wert	9

20.6 Die »Geheimnisse« der Registrierung

Die Registrierung ist ein ideales »Spielzeug« für verregnete Nachmittage. Wer Zeit, Ausdauer und Geduld hat, kann der Registrierung viele interessante Konfigurationsgeheimnisse entlocken. Sehr viel einfacher gestalten sich die Entdeckungsreisen durch die Registrierung, wenn man bereits über gewisse Anhaltspunkte verfügt. Zum Glück haben sich viele Menschen in der ganzen Welt bereits die Mühe gemacht, die Registrierung nicht nur zu erforschen und ihre Ergebnisse auf Webseiten zu veröffentlichen, sondern auch nützliche Werkzeuge zu entwickeln. Auch wenn Anhang D wichtige Ressourcen rund um Windows XP zusammenfasst, enthält die folgende Auflistung die wichtigsten Webseiten zum Thema Registrierung:

URL »http://www.sysinternals.com«

Das ist vermutlich eine der interessanten Webseiten zum Thema Windows mit technischem Hintergrund. Die Autoren haben unter anderem den NTFS-Treiber für Windows 95/98, der einen Zugriff auf NTFS-Partitionen erlaubt, wie auch RegMon, zum Überwachen der Registrierung programmiert (siehe unten).

URL »http://windowsnt.miningco.com/compute/os/windowsnt/«

Das ist eine umfangreiche Webseite zum Thema Windows NT/Windows 2000/XP mit Links auf Webseiten mit Tipps zur Registrierung. Außerdem werden hier eine Menge nützlicher Registrierungstools zum Download angeboten.

URL »http://www.jsiinc.com/reghack.htm«

Hier finden Sie eine Webseite mit mehreren Tausend Tipps und Registrierungs-Hacks, die nach Nummern sortiert angeboten und mit einer Suchfunktion gefunden werden können.

URL »http://www.Registrierungsecrets.com«

Das ist die Webseite der Autoren des Buches »1001 Secrects for the Windows NT Registry« (Duke Press). Der Name des Buches sagt bereits alles über den Inhalt der Webseite.

URL »http://www.regedit.com/«

Hier haben Sie eine umfangreiche Webseite, die alle Windows-Versionen betreut.

20.6.1 »Spionieren« in der Registrierung

Wussten Sie, dass Windows praktisch ständig auf die Registrierung zugreift? Alleine das Öffnen des Startmenüs und das Starten einer Anwendung wie Microsoft Word kann mehrere Tausend Zugriffe auf die Registrierung nach sich ziehen. Wer diesem bunten Treiben zusehen und dabei vor allem etwas über das Zusammenspiel von Windows und der Registrierung lernen möchte, benötigt dazu das Spezialprogramm *Registrierungs-Monitor*, kurz *Regmon*, von *Mark Russinovich* und *Bryce Cogswell* (URL *»www.sysinternals.com«).*

Der Umgang mit *RegMon* ist in der beigelegten Hilfedatei gut beschrieben. Doch Vorsicht, der Aufruf von *Regmon* kann die Arbeitsweise von Windows deutlich verlangsamen, da jeder Registrierungszugriff protokolliert wird, was natürlich Zeit kostet und unter ungünstigen Umständen sogar das komplette System lahm legen kann.

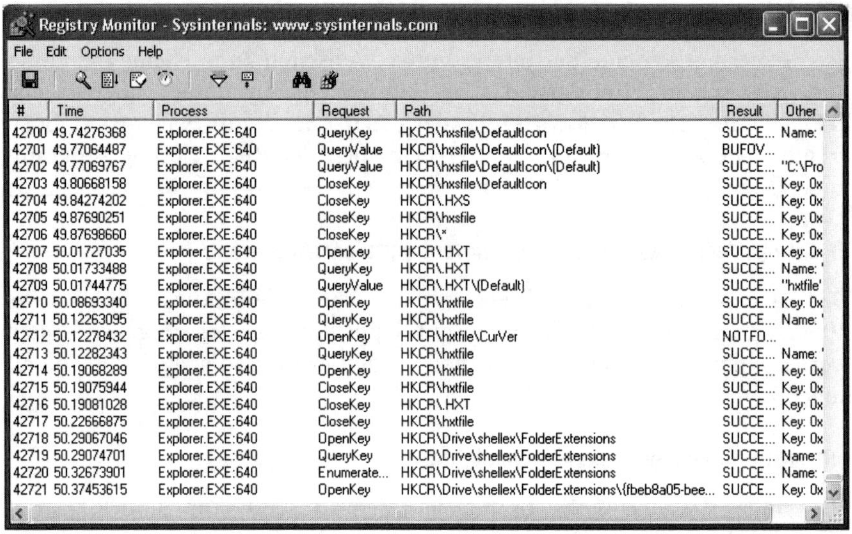

Abbildung 20.20: Das Systemprogramm RegMon protokolliert alle Zugriffe auf die Registrierung

Es empfiehlt sich daher, unmittelbar nach dem Aufruf von *RegMon* einen Filter zu setzen, sodass nur noch die Zugriffe bestimmter Anwendungen protokolliert werden. Außerdem ist es am Anfang nicht ganz einfach, einen Überblick zu erhalten, denn es ist schon mehr als erstaunlich, mit welcher Intensität Windows, selbst wenn offenbar nichts passiert, Dutzende von Registrierungsaufrufen pro Sekunde durchführt. Es passiert doch offenbar sehr viel mehr hinter den Kulissen, als man es sich vorstellt.

21 Die Eingabeaufforderung von Windows XP

Die Eingabeaufforderung von Windows XP enthält die Kommandozeile, in der Kommandos an das Betriebssystem nicht mithilfe der Maus an die Benutzeroberfläche delegiert, sondern Buchstabe für Buchstabe eingetippt und direkt vom Kommandointerpreter des Betriebssystems ausgeführt werden. In einem gewissen Sinne ist die Eingabeaufforderung ein Anachronismus. Die Softwarefirmen geben sehr viel Geld dafür aus, die Bedienung eines Computers immer einfacher zu gestalten, sodass eines schönen Tages vielleicht die Vision Wirklichkeit wird, in der man dem Computer alle Kommandos in Umgangssprache mitteilen kann. Dennoch wird auch bei Windows XP die zunächst sehr benutzerunfreundliche und diesem Trend zuwider laufende Eingabeaufforderung auch in Zukunft einen festen Platz unter den Systemprogrammen besitzen. Zum einen gibt es Systemaufgaben, die sich nicht mit einer grafischen Oberfläche erledigen lassen (Anmelde-Scripts und allgemeine Stapeldateien seien als Beispiele genannt), sondern die Kommandos der Eingabeaufforderung erfordern. Zum anderen erlaubt es die Eingabeaufforderung dem Benutzer, sein Anliegen nicht nur klar und präzise zu formulieren, sondern gestattet auch das Äußern von »Sonderwünschen« (in Gestalt von Optionen). Trotz der am Anfang etwas kryptisch anmutenden Kommandosyntax und dem minimalen Komfort besitzt die Eingabeaufforderung eine Attraktivität, die sich mit zunehmender Vertrautheit mit Windows XP meistens steigert. Oder um es einmal anders zu formulieren: An dem Umgang mit der Eingabeaufforderung zeigt sich, wer sich wirklich mit seinem Betriebssystem auskennt.

Die Themen dieses Kapitels:

- Über das »Wesen« der Eingabeaufforderung
- Die Eigenschaften der Eingabeaufforderung
- Spezielle Operationen in der Eingabeaufforderung
- Übersicht über die Kommandos
- Das Prinzip der Dateioperationen
- Netzwerk-Kommandos
- TCP/IP-Kommandos

- Stapeldateien
- Die Ausführung von DOS-Anwendungen

In diesem Kapitel steht der Umgang mit der Eingabeaufforderung im Vordergrund. Eine Referenz der wichtigsten Kommandos finden Sie in der Hilfe. Die Eingabeaufforderung ist erstaunlich vielseitig und damit leistungsfähig. Es lohnt sich daher, sich mit den vielen kleinen Details zu beschäftigen.

21.1 Über das »Wesen« der Eingabeaufforderung

Bevor es losgeht, muss ein etwaiges Missverständnis geklärt werden. Die Eingabeaufforderung darf nicht mit der MS DOS-Eingabeaufforderung (dem MS DOS-Fenster) von Windows 9x verwechselt werden, auch wenn es oberflächliche Ähnlichkeiten gibt. Letztere startet den DOS-Kommandointerpreter *Command.com* in einem MS DOS-Fenster, den es aus Kompatibilitätsgründen auch bei Windows XP gibt. Die Eingabeaufforderung bei Windows XP (bzw. Windows NT) ist dagegen die sog. *Konsole*, über die das Betriebssystem bedient wird. Es handelt sich um eine Win32-Konsolenanwendung in Gestalt der Datei *Cmd.exe*.

:-) TIPP

Auch beim Aufruf von Cmd.exe *gibt es zahlreiche Kommandozeilenparameter – einer davon erlaubt das Einstellen einer Vorder- und Hintergrundfarbe.*

21.1.1 Gründe für die Eingabeaufforderung

Warum soll man sich im Zeitalter der »intelligenten« Benutzeroberflächen überhaupt mit so etwas archaisch Anmutendem wie der Eingabeaufforderung beschäftigen? Wie es in der Einleitung bereits angedeutet wurde, gibt es dafür mehrere Gründe:

- Erfahrene Benutzer führen Dateioperationen in der Eingabeaufforderung unter Umständen schneller und vor allem sicherer durch als im Explorer.
- Die Eingabeaufforderung liefert bei Dateioperationen im Allgemeinen eine Bestätigung, die es bei den entsprechenden Operationen in der Benutzeroberfläche nicht gibt.
- Die Eingabeaufforderung zeigt den Inhalt eines Laufwerks so an, wie er »in Wirklichkeit« vorliegt (es werden z.B. keine Dateierweiterungen »unterschlagen«). Für erfahrene Benutzer ist über das *Dir*-Kommando sehr viel einfacher festzustellen, wie viele versteckte Dateien ein Verzeichnis enthält als über den Explorer, wo man häufig erst einmal kontrollieren muss, ob die entsprechende Option eingestellt wurde.

- Bestimmte Aktionen wie die Ausführung von Anmelde-Scripts und Stapeldateien lassen sich nur in der Eingabeaufforderung durchführen. Auch wenn sie innerhalb der Oberfläche gestartet werden, wird die Eingabeaufforderung dabei aktiv.
- Die Kommandos der Eingabeaufforderung sind erstaunlich vielseitig und leistungsfähig. Werden die zusätzlichen Kommandos des Windows XP Professional Ressource Kits einbezogen, lassen sich z.B. auch Zugriffe auf die Registrierung durchführen.

Natürlich gibt es auch ein paar kleine »Nachteile«:

- Die Eingabeaufforderung ist alles andere als intuitiv. Das Erlernen der zahlreichen Kommandos (von denen natürlich nicht alle gleich wichtig sind) dauert eine Weile. Die Eingabeaufforderung ist daher nur etwas für erfahrene Benutzer, die idealerweise bereits DOS oder Unix kennen.
- Das Eintippen längerer Verzeichnisnamen ist natürlich umständlich und fehleranfällig.
- Die Eingabeaufforderung zeigt nicht die Ordnerhierarchie an. Möchte man z.B. den Inhalt des Desktops auflisten, muss man wissen, wo sich dieser in der Verzeichnishierarchie befindet.

21.2 Die Eingabeaufforderung stellt sich vor

Die Eingabeaufforderung ist ein Systemprogramm mit dem Namen *Cmd.exe*, das sich im *%SystemRoot%\system32*-Verzeichnis befindet. Auch wenn sie am Anfang lediglich über die Zubehörprogrammgruppe zur Verfügung steht, kann sie wie jede andere Anwendung auch von beliebigen Orten der Benutzeroberfläche gestartet werden. Nach dem Start öffnet sich ein Fenster mit einem sog. Kommando-Prompt, der Eingabeaufforderung. Die Ausführung eines Kommandos besteht aus der Eingabe des Kommandos, etwaiger Parameter (etwa einem Dateinamen) und dem Betätigen der [↵]-Taste. Dadurch wird das Kommando ausgeführt, was eine sofortige Reaktion zur Folge hat.

:-) TIPP

Jedes Kommando unterstützt die Option /?, durch die die Syntax des Kommandos und alle Kommandozeilenparameter angezeigt werden.

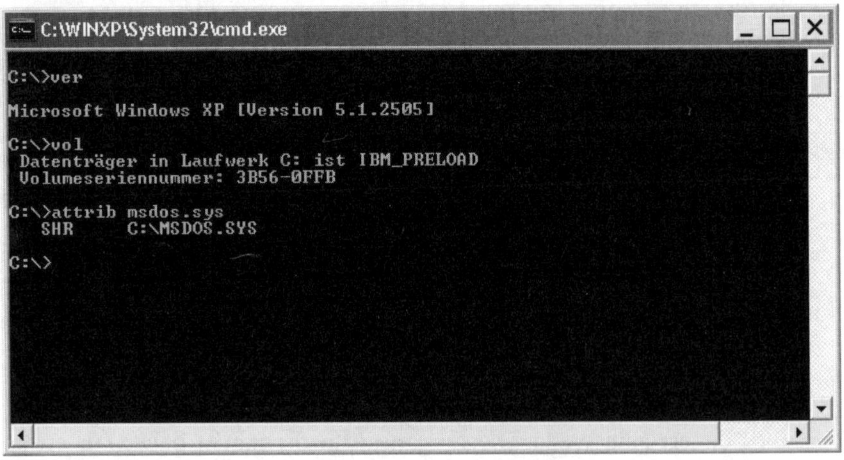

Abbildung 21.1: Die Eingabeaufforderung ist ein Fenster mit einem Kommando-Prompt, der Kommandos entgegennimmt und ausführt

21.2.1 Die Rolle des Kommando-Prompts

Mit dem Begriff *Kommando-Prompt* wird jene Zeile innerhalb der Eingabeaufforderung bezeichnet, in der die Eingabe eines Kommandos erwartet wird (der Begriff »Prompt« kann allgemein mit »Eingabeaufforderung« übersetzt werden). Diese Zeile erkennen Sie daran, dass dort der Cursor blinkt, der die Form eines Unterstrichs oder (wenn der Einfügemodus aktiv ist) eines kleinen Quadrats besitzt. Zusätzlich zum Bildschirmcursor besteht der Kommando-Prompt aus dem typischen »>«-Zeichen, dem im Allgemeinen der aktuelle Pfadname und die Laufwerksbezeichnung vorausgehen:

```
C:\Winnt>
```

Dieser Kommando-Prompt gibt an, dass das aktuelle Laufwerk C: und das aktuelle Verzeichnis *Winnt* lautet, und dass die Kommandozeile für eine Eingabe bereit ist. Über das *Prompt*-Kommando können andere Angaben, wie zum Beispiel die aktuelle Uhrzeit in den Kommando-Prompt eingebaut werden. Jede Eingabe muss über die ↵-Taste abgeschlossen werden. Erst nachdem diese Taste betätigt wurde, tritt der Kommandozeileninterpreter in Aktion, der versucht, die Eingaben zu entschlüsseln und die darin enthaltenen Kommandos auszuführen.

INFO

Grundsätzlich müssen Kommandos und ihre Parameter sowie Optionen durch mindestens ein Leerzeichen voneinander getrennt werden, da sie ansonsten der Kommandozeileninterpreter unter Umständen nicht unterscheiden kann. Enthält ein Dateiname Leerzeichen, muss dieser in Anführungsstriche gesetzt werden.

21.2.2 Das Systemmenü der Eingabeaufforderung

Die Eingabeaufforderung verfügt über ein Systemmenü, das durch Anklicken der Systembox (linke obere Ecke) geöffnet wird. In diesem Menü sind folgende Einträge enthalten:

- WIEDERHERSTELLEN
- VERSCHIEBEN
- GRÖSSE ÄNDERN
- MINIMIEREN
- MAXIMIEREN
- SCHLIESSEN
- BEARBEITEN
- STANDARDWERTE

und

- EIGENSCHAFTEN

Von besonderer Bedeutung sind die Einträge BEARBEITEN und EIGENSCHAFTEN. Über BEARBEITEN stehen die Befehle MARKIEREN, KOPIEREN, EINFÜGEN und ALLES MARKIEREN zur Verfügung. Diese Befehle sind deswegen wichtig, weil die üblichen Tastenkombinationen wie [Strg] + [C] oder [Strg] + [V] in der Eingabeaufforderung keine Funktion haben. Möchte man den Inhalt der Zwischenablage einfügen, geschieht dies über den Befehl EINFÜGEN im BEARBEITEN-Menü. Möchte man umgekehrt einen Text aus der Eingabeaufforderung in die Zwischenablage transferieren, muss der Text mit der Maus markiert und über den KOPIEREN-Befehl im BEARBEITEN-Menü in die Zwischenablage übertragen werden. Dies geht aber nur, wenn in den EIGENSCHAFTEN die Option QUICKEDIT-MODUS gesetzt ist (was standardmäßig der Fall ist). ANSONSTEN muss der MARKIEREN-Modus jedes Mal über den Systembefehl BEARBEITEN/MARKIEREN aktiviert werden.

INFO

Der QUICKEDIT-*Modus muss deaktiviert werden, wenn eine DOS-Anwendung über die Maus gesteuert werden soll.*

21.2.3 Die Eigenschaften der Eingabeaufforderung

Die Eingabeaufforderung besitzt eine Reihe von Einstellungen, die über den Menübefehl EIGENSCHAFTEN im Systemmenü eingestellt werden. Es erscheint ein Dialogfeld mit vier Registern: OPTIONEN, SCHRIFTART, LAYOUT und FARBEN. Wie es die Namen bereits andeuten, beschäftigen sich praktisch alle Einstellungen mit der Optik. Lediglich das Register OPTIONEN enthält ein paar allgemeine Einstellungen, die z.B. die Größe des Befehlsspeichers und die Arbeitsweise des Markiermodus betreffen. Da die einzelnen Einstellungen praktisch selbsterklärend sind, werden sie in diesem Buch nicht weiter behandelt. Nur soviel sei gesagt: Probieren Sie die einzelnen Einstellungen alle der Reihe nach einmal aus, um ihre Bedeutung zu verstehen. Besonders interessant sind die Farbeinstellungen, da die Eingabeaufforderung auf diese Weise eine individuelle Note erhält (besonders »attraktiv« ist rote Schrift auf hellblauem Hintergrund).

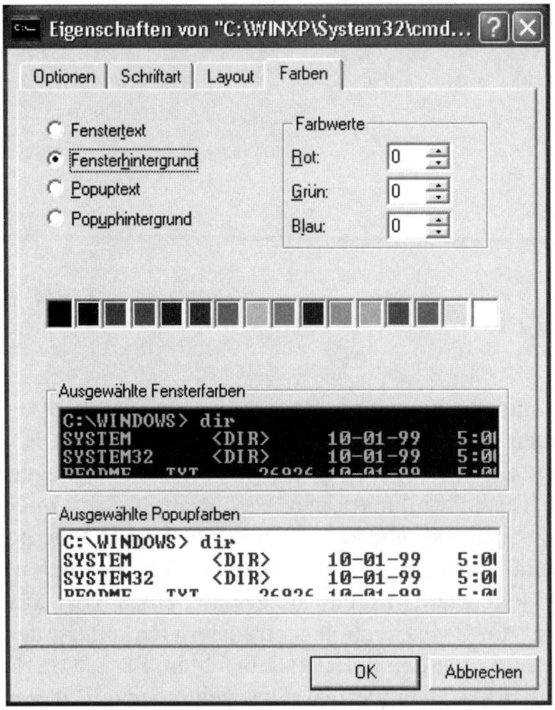

Abbildung 21.2: Im Eigenschaften-Dialogfeld der Eingabeaufforderung geht es vor allem um die Optik

21.2.4 Scrollen in der Eingabeaufforderung

Das Fenster der Eingabeaufforderung besitzt eine Bildlaufleiste, sodass sich jene Zeilen zurückholen lassen, die bereits nach oben gescrollt wurden. Das ist sehr praktisch, da umfangreichere Bildschirmausgaben nicht angehalten (über [Strg] + [S]), abgebrochen (über [Strg] + [C]) oder über den Zusatz »| More« nicht unterteilt werden müssen. Die Größe des Bildschirmspeichers wird in den Optionen eingestellt (voreingestellt sind 50 Zeilen).

21.2.5 Suchen in der Eingabeaufforderung

In der Eingabeaufforderung ist eine einfache Suche innerhalb des Bildschirmspeichers möglich. Über den Befehl BEARBEITEN|SUCHEN wird jene Zeile des Bildschirmspeichers angesteuert, in der der Suchbegriff enthalten ist. Die Suche ist z.B. praktisch, wenn ein Aufruf des *Dir*-Kommandos zu einer umfangreichen Ausgabe geführt hat, die nun nach einem Dateinamen durchsucht werden soll.

21.2.6 Die Eingabeaufforderung im Vollbildmodus

Über die Option VOLLBILD in den EIGENSCHAFTEN oder über die Tastenkombination [Alt] + [↵] wird der Vollbildmodus aktiviert. In diesem Modus verschwindet der grafische Teil von Windows und man arbeitet wie unter DOS oder Unix, nur dass Windows XP nach wie vor in vollem Umfang aktiv ist. Die Tastenkombination [Alt] + [↵] schaltet vom Vollbildmodus wieder auf die normale Fenstergröße zurück.

21.2.7 Der Kommandozeilen-Editor

Die Eingabeaufforderung verfügt über einen recht komfortablen Kommandozeilen-Editor, der nicht nur das Editieren der aktuellen Kommandozeile erlaubt, sondern auch bereits eingegebene Kommandos zur Verfügung stellt. Das bedeutet konkret, dass Sie sich innerhalb der Kommandozeile mit den Pfeiltasten nach links und rechts bewegen und einzelne Zeichen editieren und einfügen können. Das ist besonders praktisch, wenn Sie ein bereits eingegebenes Kommando aus dem Befehlspuffer abrufen und es geringfügig modifiziert erneut ausführen möchten. Wer MS DOS noch aus jenen (guten alten) Zeiten kennt, als Windows lediglich »irgendetwas« war, mit dem man Reversi spielen konnte, weiß sicherlich, dass dieser Komfort nicht selbstverständlich ist. Der Kommandozeilen-Editor wird über Funktionstasten und die üblichen Steuertasten bedient, von denen die wichtigsten Tabelle 21.1 zusammenfasst. Eine der wichtigsten Tasten ist die [F7]-Taste, die den »Befehlspuffer«, d.h. die Liste der zuletzt eingegebenen Kommandos anzeigt. Die Auswahl eines Kommandos aus der Liste bringt dieses zur Ausführung. Möchte man das Kommando lediglich in die Eingabezeile holen, bewegt man sich über die [F8]-Taste oder die Tastenkombination [⇧] + [F8] in der Kommandoliste entweder vor bzw. zurück oder ruft das gewünschte Kommando durch Eingabe seiner Nummer (die beim Auflisten mit [F7] angezeigt wird) über die [F9]-Taste ab.

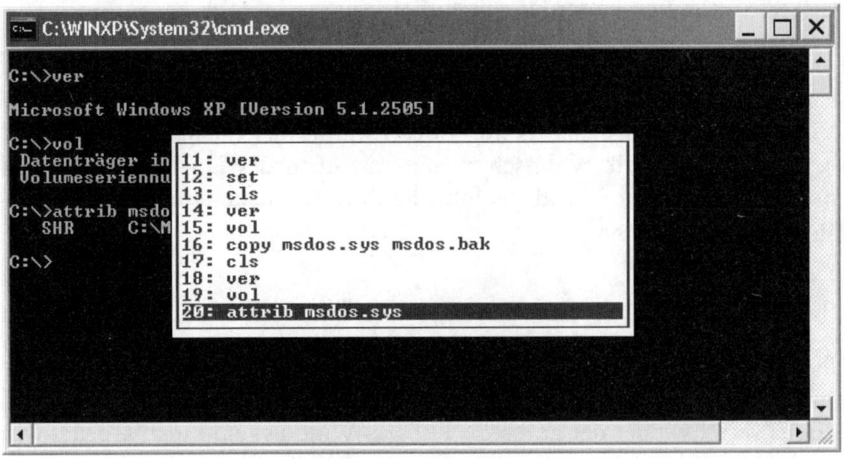

Abbildung 21.3: Über die [F7]-Taste wird eine Liste der zuletzt eingegebenen Kommandos abgerufen

Tabelle 21.1: Die wichtigsten Steuertasten des Kommandozeilen-Editors

Taste/Tastenkombination	Was passiert?
[F1]	Fügt das zuletzt an der aktuellen Position eingegebene Zeichen ein
[F2]	Holt alle Zeichen der letzten Kommandozeile bis zu einem bestimmten Zeichen, das über die Tastatur eingegeben werden muss, zurück
[F3]	Fügt das zuletzt eingegebene Kommando ein
[F4]	Ermöglicht das Löschen von Zeichen
[F7]	Listet den Inhalt des Befehlsspeichers mit den zuletzt eingegebenen Kommandos auf
[F8]	Zeigt das jeweils zuletzt eingegebene Kommando des Befehlsspeichers an
[⇧] + [F8]	Zeigt die Kommandos im Befehlsspeicher in umgekehrter Reihenfolge an
[F9]	Erlaubt den gezielten Aufruf eines Kommandos
[Pos1]	Bewegt den Bildschirmcursor an den Anfang der Zeile
[Ende]	Bewegt den Bildschirmcursor an das Ende der Zeile
[Einfg]	Schaltet zwischen EINFÜGE- und ÜBERSCHREIBEN-Modus um

21.3 Spezielle Operationen in der Eingabeaufforderung

In der Eingabeaufforderung sind über das Eingeben von Kommandonamen hinaus spezielle Operationen möglich, die in diesem Abschnitt beschrieben werden.

21.3.1 Der Aufruf des Kommandozeileninterpreters

Der Aufruf von *Cmd.exe* bewirkt, dass eine (weitere) Instanz des Kommandozeileninterpreters gestartet wird. Beim Aufruf können eine Reihe von Optionen übergeben werden, von denen die wichtigsten in Tabelle 21.2 zusammengefasst werden.

Tabelle 21.2: Die Optionen von Cmd.exe

Option	Was hat sie zu bedeuten?
/c	Führt das angegebene Kommando aus und beendet es anschließend. Das ist praktisch, wenn der Kommandozeileninterpreter über die Benutzeroberfläche aufgerufen wird und die Eingabeaufforderung anschließend beendet werden soll.
/k	Führt das angegebene Kommando aus, ohne die Eingabeaufforderung zu beenden
/q	Schaltet die Ausgabe von Mitteilungen (Echo) der ausgeführten Kommandos aus
/a	Kommandos, die Ausgaben in eine Datei schreiben, verwenden den ANSI-Code.
/u	Kommandos, die Ausgaben in eine Datei schreiben, verwenden den Unicode.
/t:fg	Setzt Vorder- und Hintergrundfarbe
/x	Aktiviert die Erweiterungen des Kommandointerpreters bei Windows XP. Dies betrifft die internen Kommandos *Del*, *Color*, *Cd*, *Md*, *Prompt*, *Pushd*, *Popd*, *Set*, *SetLocal*, *EndLocal*, *If*, *For*, *Call*, *Shift*, *Goto*, *Start*, *Assoc* und *Ftype*.
/y	Deaktiviert die Erweiterungen des Kommandointerpreters bei Windows XP. Die Erweiterungen sind standardmäßig deaktiviert.

21.4 Übersicht über die Kommandos der Eingabeaufforderung

Die Kommandos der Eingabeaufforderung lassen sich in zwei Kategorien unterteilen: interne und externe Kommandos. Die internen Kommandos sind Teil des Kommandointerpreters *Cmd.exe* (siehe Tabelle 21.3 – wobei die Tabelle nicht alle Kommandos auflistet, da einige Kommandos nur aus Kompatibilitätsgründen vorhanden sind, andere nur in Stapeldateien eingesetzt werden). Bei den externen Kommandos handelt es sich um (im Prinzip beliebige) Programmdateien (mit der Erweiterung *.Com* oder *.exe*). Insgesamt stehen mehrere Dutzend Kommandos zur Verfügung. Eine ausführliche Beschreibung aller Kommandos findet man in der Windows XP-Hilfe. Um die Bedeutung eines einzelnen Kommandos zu erfahren, wird es mit der Option /? aufgerufen:

```
D:\>pushd /?
```

Die einzelnen Kommandos besitzen teilweise eine recht umfangreiche Anzahl an Optionen, weshalb Sie sich die Hilfetexte in Ruhe durchlesen sollten.

Tabelle 21.3: Die internen Kommandos des Kommandointerpreters

Kommando	Bedeutung
Assoc	Zeigt in der Registrierung enthaltene Zuordnungen zwischen den Dateitypen und ihren Erweiterungen an und ändert sie auch
Cd	Macht ein anderes Verzeichnis zum aktuellen Verzeichnis
CdDir	Entspricht dem *Cd*-Kommando
Cls	Löscht den Inhalt der Eingabeaufforderung
Color	Ändert die Textfarbe/Hintergrundfarbe-Kombination für die Eingabeaufforderung. Der Aufruf des Kommandos ohne Parameter stellt die Standardeinstellung wieder her.
Copy	Kopiert eine oder mehrere Dateien
Date	Zeigt das aktuelle Datum an und ändert es gegebenenfalls
Del	Löscht die angegebene Datei
Dir	Listet den Inhalt eines oder mehrerer Verzeichnisse auf
EndLocal	Das Pendant zum *SetLocal*-Kommando. Es beendet den Gültigkeitsbereich für Umgebungsvariablen in Stapeldateien.
Erase	Entspricht dem *Del*-Kommando
Exit	Beendet die Eingabeaufforderung
Ftype	Zeigt die mit einem Dateityp (z.B. »word.document.8« für ein Word-Dokument) assoziierte Anwendung auf oder listet alle registrierten Dateitypen und die Anwendungen (mit Startparametern) auf, mit denen Dateien des jeweiligen Dateityps geöffnet werden

Tabelle 21.3: Die internen Kommandos des Kommandointerpreters (Forts.)

Kommando	**Bedeutung**
Md	Legt ein neues Verzeichnis an
MkDir	Entspricht dem Mk-Kommando
Path	Zeigt den Inhalt der Umgebungsvariablen *Path* (und damit den aktuellen Suchpfad) an und ermöglicht es, ihn abzuändern
Popd	Macht jenes Verzeichnis zum aktuellen Verzeichnis, das vor der Ausführung des letzten *Pushd*-Kommandos das aktuelle Verzeichnis war
Prompt	Legt den Eingabe-Prompt fest
Pushd	Macht das angegebene Verzeichnis zum aktuellen Verzeichnis. Im Unterschied zum *Cd*-Kommando wird das bis dahin aktuelle Verzeichnis über das *Popd*-Kommando wiederhergestellt.
Ren	Gibt einer Datei oder einem Verzeichnis einen neuen Namen
Rename	Entspricht dem *Ren*-Kommando
Set	Setzt den Wert einer Umgebungsvariablen
SetLocal	Leitet einen lokalen Gültigkeitsbereich für Umgebungsvariablen in einer Stapeldatei ein. Eine ausführliche Beschreibung erhalten Sie durch Eingabe von Setlocal /?.
Start	Startet eine Anwendung
Time	Zeigt die aktuelle Uhrzeit an und ändert sie gegebenenfalls
Title	Legt die Überschrift der Eingabeaufforderung fest
Type	Gibt den Inhalt einer (Text-) Datei auf dem Bildschirm bzw. dem angegebenen Ausgabegerät aus
Verify	Legt fest, ob nach dem Schreiben von Dateien auf einen Datenträger geprüft werden soll, ob die Daten korrekt geschrieben wurden
Vol	Zeigt die Datenträgerinformationen an

21.4.1 Änderungen gegenüber MS DOS

Gegenüber Windows 9x bzw. allgemein gegenüber MS DOS (einem Betriebssystem der 80er Jahre, mit dem damals »alles« anfing) bietet die Eingabeaufforderung eine Reihe von Erweiterungen, die in Tabelle 21.4 zusammengestellt sind. Viele aus MS DOS bekannte Kommandos stehen unter Windows XP nicht mehr zur Verfügung, da sie hier keinen Sinn ergeben würden (die Kommandos *Emm386*, *FDisk* und *Sys* seien als Beispiele genannt). Andere Kommandos, wie z.B. *Del* oder *Format* (es unterstützt nun auch ein neues 20,8-Mbyte-Diskettenformat), wurden erweitert. Eine Übersicht über alle Änderungen gibt es in der Windows XP-Hilfe.

INFO

Ein Undelete-*Kommando gibt es in der Eingabeaufforderung leider nicht. Dateien, die über das* Del-*Kommando gelöscht werden, sind (ohne Mitwirkung externer Systemprogramme wie den Norton Utilities) erst einmal verloren.*

Tabelle 21.4: Änderungen bei der Eingabeaufforderung gegenüber MS DOS

Änderung	Bedeutung
At-Kommando	Ermöglicht die Ausführung einer Anwendung bzw. eines Kommandos zu einem festgelegten Zeitpunkt
Cacls-Kommando	Ermöglicht einen Zugriff auf die sog. Access Control Lists (ACLs), in der Sicherheitseinstellungen für den Zugriff auf Verzeichnisse und Dateien verwaltet werden
Convert-Kommando	Konvertiert eine Partition von FAT oder FAT32 nach NTFS
Dosonly-Kommando	Siehe Tabelle 21.10.
Echoconfig-Kommando	Siehe Tabelle 21.10.
EndLocal-Kommando	Siehe Tabelle 21.3.
FindStr-Kommando	Durchsucht Dateien nach Ausdrücken, wobei diese neben Platzhaltern auch reguläre Ausdrücke (d.h. Kombinationen aus Platzhaltern) enthalten können
NtcmdPrompt-Kommando	Siehe Tabelle 21.10.
Popd	Siehe Tabelle 21.3.
Pushd	Siehe Tabelle 21.3.
SetLocal	Siehe Tabelle 21.3.
Start	Siehe Tabelle 21.3.
Title	Siehe Tabelle 21.3.
&	Ermöglicht die Ausführung mehrerer Kommandos in einer Kommandozeile (z.B. »date && time«)
||	Das auf den Doppelstrich folgende Kommando wird nur ausgeführt, wenn sich das dem Doppelstrich vorausgehende Kommando nicht ausführen ließ.

Änderung	Bedeutung
&&	Das auf den Doppelstrich folgende Kommando wird nur ausgeführt, wenn das dem Doppelstrich vorausgehende Kommando erfolgreich ausgeführt werden konnte.
()	Fasst Kommandos zu einer Gruppe zusammen
^	Sog. Fluchtzeichen (engl. »escape-character«). Ermöglicht es, Sonderzeichen durch Textzeichen auszudrücken

Tabelle 21.4: Änderungen bei der Eingabeaufforderung gegenüber MS DOS (Forts.)

21.5 Das Prinzip der Dateioperationen

Für die Durchführung von Dateioperationen stellt die Eingabeaufforderung die Kommandos *Copy* (Kopieren), *Move* (Verschieben), *Delete* (Löschen) und *Rename* (Umbenennen) zur Verfügung. Diese Kommandos verhalten sich weitestgehend so, wie Sie es vom Explorer her gewöhnt sind. Der wichtigste Unterschied ist, dass die Dateikommandos nur die Verzeichnishierarchie kennen. Möchte man z.B. eine Datei auf den Desktop kopieren, muss man das Verzeichnis angeben, das für den DESKTOP-Ordner steht. Das ist bei Windows XP allerdings einfacher, als es sich zunächst anhören mag, da man über die Umgebungsvariable *%Userprofile%* bereits jenes Verzeichnis erhält, in dem alle benutzerspezifischen Einstellungen und damit auch das *Desktop*-Verzeichnis enthalten sind. Das Kommando

```
copy "Hallo Ma.txt" "%userprofile%\desktop"
1 Datei(en) kopiert.
```

kopiert die Datei *Hallo Ma.txt* auf den aktuellen Desktop. Die Anführungsstriche sind erforderlich, da der Verzeichnispfad in *%userprofile%* ebenfalls Leerzeichen enthält.

Wer MS DOS noch in guter Erinnerung hat, kennt sicherlich die zahlreichen Tricks und Abkürzungen, mit denen sich Pfadangaben in Kommandos abkürzen ließen. Dazu gehören z.B. die zwei Punkte, die für die nächsthöhere Verzeichnisebene stehen. Das Kommando

```
Dir ..
```

listet alle Verzeichnisse und Dateien auf der nächsthöheren Ebene auf, sofern diese existiert. Eine andere wichtige Abkürzung ist das »\«-Zeichen, welches für das Stammverzeichnis steht. Das Kommando

```
cd \
```

macht das Stammverzeichnis zum aktuellen Verzeichnis.

21.5.1 Dateikommandos direkt ausführen

Erfahrene Benutzer müssen nicht erst die Eingabeaufforderung öffnen, um z.B. eine Dateioperation durchzuführen. Wer sich gut genug auskennt, ruft das Kommando unter Mitwirkung von *Cmd.exe* direkt über den AUSFÜHREN-Befehl im Startmenü auf. Der folgende Aufruf kopiert die Datei *Calc.exe* aus dem Verzeichnis *C:\Winnt\System32* in das Verzeichnis *C:\Programme\Backup* unter dem Namen *Rechner.exe*:

```
cmd /c copy C:\Winnt\System32\Calc.exe C:\Programme\Backup\rechner.exe
```

Das funktioniert natürlich mit jedem Kommando (vorausgesetzt, die Pfade stimmen), nur wird man es bei den Dateioperationen am häufigsten benötigen.

21.6 Netzwerkkommandos

Bei den Netzwerkkommandos handelt es sich um verschiedene Varianten des sehr umfangreichen *Net*-Kommandos. Über dieses Kommando steht praktisch die gesamte Netzwerkfunktionalität eines Netzwerk-Clients innerhalb der Eingabeaufforderung zur Verfügung. Da sich mit dem *Net*-Kommando mindestens ein umfangreiches Kapitel, vielleicht sogar ein kleines Buch füllen ließe, beschränkt sich Tabelle 21.5 auf eine Auflistung der Kommandos. Eine ausführlichere Beschreibung finden Sie in der Windows-Hilfe und wenn sie das *Net*-Kommando zusammen mit einem Unterkommando mit der Option */?* aufrufen (z.B. *Net Use /?* – das ist im Allgemeinen der schnellste Weg, um alles Wissenswerte über eines der *Net*-Unterkommandos zu erfahren). Die beiden wichtigsten *Net*-Unterkommandos sind *Use* (Verbinden einer Freigabe) und *View* (anzeigen der freigegebenen Ressourcen).

Auflisten aller Server in einer Domain

Das folgende Kommando listet alle Netzwerk-PCs (Server) der aktuellen Arbeitsgruppe bzw. Domain auf:

```
C:\>net view
```

Das folgende Kommando listet alle Netzwerk-PCs der Domain *PMDOMAIN* auf:

```
C:\>net view /DOMAIN:PMDOMAIN
```

Auflisten aller Verzeichnisse auf einem Server

Das folgende Kommando listet alle auf dem Netzwerk-PC *PM7* freigegebenen Verzeichnisse und Drucker auf:

```
C:\>net view \\PM7
```

Verbinden mit einem Netzwerkverzeichnis

Das folgende Kommando verbindet das freigegebene Verzeichnis *Desktop* auf dem Netzwerk-PC *PM7* mit dem Laufwerksbuchstaben *Y*. Anschließend kann das Verzeichnis über Laufwerk *Y:* angesprochen werden, das auch im ARBEITSPLATZ-Ordner als Netzwerklaufwerk geführt wird:

```
C:\>net use y: \\pm7\desktop
Der Befehl wurde erfolgreich ausgeführt.
```

Das folgende Kommando verbindet ein Laufwerk mit dem Basisverzeichnis des angemeldeten Benutzers (sofern ein solches existiert):

```
C:\>net use y: /Home
```

Die folgenden beiden Kommandos entfernen ein angelegtes Netzwerklaufwerk wieder.

```
C:>net use y: /delete
```

```
C:>net use y: /delete
```

Das folgende Kommando verbindet den lokalen Druckerport *LPT1* mit dem freigegebenen Drucker *HP4* auf dem Server-PC *PM1*.

```
C:>net use lpt1: \\PM1\HP4
```

Das folgende Kommando zeigt, wie sich ein Netzwerkdrucker ansprechen lässt, der über ein Passwort (es soll »Druckjob« heißen) gesichert ist:

```
C:>net use lpt1: \\PM1\HP4 Druckjob
```

Soll das Passwort über ein Dialogfeld eingegeben werden, wird statt dessen ein * übergeben:

```
C:>net use lpt1: \\PM1\HP4 *
```

Die Universal Naming Convention (UNC)

Zwingend erforderlich ist das Verbinden von Netzwerkverzeichnissen mit Laufwerksbuchstaben allerdings längst nicht mehr (zumal nur die Buchstaben D bis Z zur Verfügung stehen), da bereits seit längerem mit der *Universal Naming Convention* (UNC), bei der ein Netzwerkverzeichnis in der allgemeinen Form *\\Servername\Sharename* (bei *Sharename* handelt es sich z.B. um den Freigabenamen eines freigegebenen Verzeichnisses) angesprochen wird, eine Alternative zur Verfügung steht. Lediglich die Eingabeaufforderung unterstützt keine UNC-Namen, sodass hier Laufwerksbuchstaben erforderlich sind.

INFO

Soll eine Verbindung nach jedem Start automatisch hergestellt werden, muss sie über die Option /persisent:yes *dauerhaft gemacht werden:*

```
C:\>net use y: \\pm7\desktop /persistent:yes
```

Tabelle 21.5: Die wichtigsten Net-Kommandos

Kommando	Bedeutung
Net Accounts	Verwaltet die verschiedenen Einstellungen eines Benutzerkontos, wie z.B. die minimale Kennwortlänge oder die Sperrdauer in Minuten nach einer zuvor festgelegten Anzahl an Fehleingaben
Net Computer	Fügt zu einer Domain Computer hinzu oder entfernt sie
Net Config Server	Konfiguriert den Serverdienst
Net Config Workstation	Konfiguriert den Arbeitsstationendienst
Net Continue	Setzt die Netzwerkdienste nach einer Unterbrechung fort
Net File	Öffnet eine Datei, die sich in einem freigegebenen Netzwerkverzeichnis befindet
Net Group	Verwaltet eine Gruppe in der Benutzerverwaltung
Net Localgroup	Verwaltet eine lokale Gruppe in der Benutzerverwaltung
Net Name	Verwaltet die Namensliste, die vom Nachrichtendienstverwendet wird
Net Pause	Hält die Netzwerkdienste an
Net Send	Sendet eine Nachricht an einen anderen Benutzer über den Nachrichtendienst
Net Session	Verwaltet die Netzwerkverbindungen
Net Share	Verwaltet die freigegebenen Netzwerk- und Drucker-Shares
Net Start	Startet die Netzwerkdienste
Net Statistics	Zeigt die Statistiken des Server- und Arbeitsstationendienstes an
Net Stop	Beendet die Netzwerkdienste
Net Time	Zeigt die Systemzeit auf einem Netzwerk-PC an und synchronisiert die lokale Systemzeit mit der des Netzwerk-PCs

Tabelle 21.5: Die wichtigsten Net-Kommandos (Forts.)

Kommando	Bedeutung
Net Use	Verbindet ein freigegebenes Verzeichnis mit einem logischen Laufwerksbuchstaben oder beendet die Verbindung
Net User	Verwaltet Benutzerkonten
Net View	Listet alle Netzwerk-PCs einer Arbeitsgruppe oder alle auf einem Netzwerk-PC freigegebenen Verzeichnisse auf

21.7 TCP/IP-Kommandos

Windows XP bietet eine Reihe recht interessanter Systemprogramme für den Fall, dass der PC über eine TCP/IP-Netzwerkverbindung mit anderen Computern verbunden ist (wie es bei einer Internetverbindung der Fall ist). Auch wenn es sich bei den TCP/IP-Kommandos nur im weitläufigeren Sinne um Kommandos der Eingabeaufforderung handelt, werden sie in diesem Zusammenhang vorgestellt, da sie als Konsolenanwendungen keine (grafische) Benutzeroberfläche besitzen und daher nicht in die Kategorie der Systemprogramme passen.[1]

Tabelle 21.6: Übersicht über die wichtigsten TCP/IP-Kommandos

Kommando	Bedeutung
Arp	Adress Resolution Display and Control. Sehr spezielles Kommando, das benutzt wird, um Einträge in der Internet-zu-Ethernet-Adressumsetzungstabelle, die vom Adress Resolution Protocol (ARP) verwendet wird, anzuzeigen oder zu ändern
Finger	Kann dazu benutzt werden, Informationen über einen Host-Computer zu erfragen. Voraussetzung ist, dass eine entsprechende Finger-Datei auf dem Host-Computer vorliegt, was nicht immer der Fall ist.
FTP	FTP-Programm für den Zugriff auf FTP-Server
Ipconfig	Zeigt die Eckdaten einer IP und LAN-Verbindung (u. a. die IP-Adresse des Computers) an. Beim Aufruf mit der Option */all* werden die meisten Informationen angezeigt.
Netstat	Zeigt die Adresse und den Status aller aktiven TCP- und UDP-Internetverbindungen an

1 Wenngleich dies keine offizielle, sondern eher eine »gefühlsmäßige« Unterteilung darstellt.

Tabelle 21.6: Übersicht über die wichtigsten TCP/IP-Kommandos (Forts.)

Kommando	Bedeutung
Ping	Stellt eine Verbindung zu einem anderen Computer über ein TCP/IP-Netzwerk her und löst eine IP-Adresse in eine DNS-Adresse auf
Rcp	Remote Copy. Kopiert Dateien auf Host-Computer, auf denen ein Rcp-Dienst läuft. Mit Rcp lassen sich auch Dateien von einem Remote-Computer auf einen anderen transferieren, ohne dass diese lokal zwischengespeichert werden.
Rexec	Remote Execution. Führt auf einem Host-Computer (im Prinzip beliebige) Programme/Befehle aus, sofern der Host-Computer diesen Dienst in Form eines sog. *Remote Shell Daemons* unterstützt (was bei Windows XP der Fall ist, sofern dies vom Administrator genehmigt wird – eine empfehlenswerte Alternative ist RSHD/NT von *Denicomp*, URL *»www.denicomp.com«).* In diesem Fall wird der Befehl gestartet und die Textausgabe des Befehls auf dem Client angezeigt. Das Kommando beendet aber erst dann, wenn das gestartete Programm auf dem Host beendet wurde.
Route	Das *Route*-Kommando zeigt die sog. Routing-Tabelle an.
Rsh	Remote Shell. Führt auf einem Host-Computer Scripts aus, sofern der Host-Computer diesen Dienst unterstützt (was bei Windows XP der Fall ist, sofern dies vom Administrator genehmigt wird)
Telnet	Startet eine Telnet-Session, durch die sich ein anderer Computer über dessen Betriebssystemkommandos steuern lässt. Voraussetzung ist, dass auf diesem Computer ein Systemprogramm läuft, das den ausgewählten Port überwacht und auf die Anfragen antwortet.
TFTP	Trivial File Transfer Protocol. Sendet oder empfängt Dateien an bzw. von Computern, auf denen ein TFTP-Dienst läuft. Windows XP bietet einen solchen Dienst nicht, es gibt aber zahlreiche Alternativen. Im Gegensatz zu FTP, das auf dem TCP-Protokoll basiert, basiert TFTP auf dem UDP-Protokoll, das schneller ist, aber keine zuverlässige Verbindung garantiert.
Tracert	Zeigt den Weg an, den ein IP-Datenpaket vom seinem Absender durchlaufen hat

21.7.1 Das Telnet-Kommando

Das *Telnet*-Kommando startet eine Telnet-Verbindung mit einem anderen Computer. Obwohl Telnet im Internet keine allzu große Rolle spielt[2], ist es eine faszinierende Angelegenheit, da Sie sich per Telnet direkt mit einem anderen Computer bedienen und diesen mit den Kommandos des dort aktiven Betriebssystems (in der Regel Unix) bearbeiten können. Viele Universitätsbibliotheken bieten einen Telnet-Zugang an (deren Adressen man wiederum im Web finden kann). Ein Beispiel von vielen ist die *National Library of Canada*:

```
Telnet-Adresse: amicus.nlc-bnc.ca
Login-Name: nlcguest (Kleinbuchstaben)
Password: guest2
```

Voraussetzung ist mindestens eine VT100-Emulation, die das Telnet-Kommando unterstützt. Als Alternative zum schlichten Telnet-Kommando empfiehlt sich das Zubehörprogramm *HyperTerminal* (siehe Kapitel 6), das auch Telnet-Sessions unterstützt. Ein Nachteil von Telnet ist natürlich, dass man die Kommandos des Host-Computers kennen muss.

21.7.2 Das FTP-Kommando

Wie Telnet gehört auch FTP (»File Transfer Protocol«) zu jenen Internetdiensten, von denen die meisten Web-Surfer noch nicht einmal erahnen dürften, dass es sie gibt. Ein FTP-Server ist ein Computer, der Dateien (meistens in großer Anzahl) zur Verfügung stellt. FTP ist immer dann sehr praktisch, wenn man nur an Dateien, nicht aber an dem »Brimborium« mancher Webseiten interessiert ist. Außerdem ist es nur mit FTP möglich, einem anderen Computer eine Datei zu schicken. Diese Funktion bietet der Internet Explorer nicht – dies muss vielmehr als Upload-Funktion auf einer Webseite realisiert werden.

Es gibt im Internet nach wie vor eine sehr große Anzahl an FTP-Servern, deren Adressen man über die gängigen Suchdienste findet. Oft verbirgt sich hinter einer Download-Verknüpfung lediglich ein FTP-Server (in diesem Fall wird seine Adresse in der Statusleiste angezeigt). Die Adresse des FTP-Servers von Microsoft lautet *FTP.microsoft.com.* Hier werden eine Reihe von Dateien (die Auswahl ist aber sehr begrenzt – es handelt sich nicht um einen allgemeinen Download-Bereich) angeboten. Als Anmeldenamen gibt man »anonymous« an (diese Angabe kann meistens entfallen), als Passwort den E-Mail-Namen. Mit dem *FTP*-Kommando bietet Windows XP einen einfachen FTP-Client, wobei es aber zu beachten gilt, dass es eine Vielzahl sehr viel komfortablerer FTP-Clients gibt (z.B. FTP Voyager) und auch der

2 Einige Netzwerk-Router werden über Telnet konfiguriert.

Internet Explorer in der Lage ist, FTP-Server anzusprechen (geben Sie in das Adressfeld z.B. »FTP://FTP.microsoft.com« ein).

Eine Liste aller FTP-Kommandos erhalten Sie, wenn Sie nach Eingabe von »FTP« ein ? oder »help« eingeben. Auch wenn es zunächst den Anschein haben mag, als wäre FTP völlig veraltet und an der Grenze des Zumutbaren, ist es für einen geübten Benutzer oft schneller, eine Datei per FTP herunterzuladen, als dies über eine Webseite zu erledigen. Dies gilt vor allem für den Fall, dass die Dateien einer Homepage auf den FTP-Server des Providers geladen werden sollen.

Tabelle 21.7: Die wichtigsten FTP-Kommandos

Kommando	**Bedeutung**
Bye	Beendet eine FTP-Sitzung
Cd	Wechselt auf ein anderes Verzeichnis
Close	Beendet eine FTP-Verbindung
Delete	Löscht eine Datei
Dir	Listet den Inhalt des aktuellen Verzeichnisses auf
disconnect	Beendet eine FTP-Verbindung
Get	Lädt eine Datei herunter
Help	Zeigt zu jedem FTP-Kommando eine kurze Erklärung an
Ls	Zeigt den Inhalt eines Verzeichnisses an
Mdir	Legt ein neues Verzeichnis an
Mget	Empfängt mehrere Dateien auf einmal
Mput	Sendet mehrere Dateien auf einmal
Open	Öffnet eine FTP-Verbindung
Put	Überträgt eine Datei an den FTP-Server
Status	Zeigt die Daten der aktuellen FTP-Verbindung an
Type	Legt den Übertragsmodus (binary oder ascii) fest
verbose	Schaltet den ausführlichen Anzeigemodus ein oder aus

21.7.3 Das Ping-Kommando

Das *Ping*-Kommando prüft, ob zu einem Computer in einem TCP/IP-Netzwerk eine Verbindung existiert, dieser also aktiv ist (dieser Vorgang wird als »anpingen« bezeichnet). Das Ping-Kommando schickt an den Computer, dessen IP- oder DNS-Adresse angegeben wurde, eine kurze Aufforderung zu einer Rückmeldung. Ist der Computer aktiv, schickt dieser eine Standardantwort zurück, wobei auch die Antwortzeit ausgegeben wird[3]. Eine Liste aller Parameter verrät das *Ping*-Kommando, wenn es ohne Parameter aufgerufen wird.

21.7.4 Das Route-Kommando

Das *Route*-Kommando zeigt die sog. Routing-Tabelle an, die immer dann eine Rolle spielt, wenn der Computer mit mehreren Netzwerkkarten ausgestattet ist.

21.7.5 Das Tracert-Kommando

Das *Tracert*-Kommando zeigt den Weg an, den ein Datenpaket nehmen muss, wenn es einen bestimmten Computer im Internet erreichen soll, oder den es in umgekehrter Richtung zurücklegen muss. Da es im Internet keine direkte Verbindung zwischen zwei Computern gibt, erlaubt das *Tracert*-Kommando interessante Rückschlüsse über die Verbindungswege. So wandert ein Datenpaket von Starnberg über den nächsten T-Online-Knoten auf seinem Weg nach Rottach Egern mal eben in die USA und wieder zurück. Und das innerhalb von Bruchteilen einer Sekunde. Das ist das wirklich Faszinierende am Internet.

21.8 Stapeldateien

Eine Stapeldatei (engl. »batch file« oder im Zusammenhang mit Windows NT/XP auch »shell script« genannt) ist nichts anderes als eine Textdatei, die Kommandos enthält, die normalerweise per Tastatur in der Eingabeaufforderung eingegeben würden. Der Name resultiert aus dem Umstand, dass alle Kommandos einer Stapeldatei beim Öffnen der Datei wie auf einem Stapel liegend der Reihe nach abgearbeitet werden. Stapeldateien werden in der Regel mit dem Windows-Editor erstellt und besitzen entweder die Erweiterung *.Cmd* oder *.Bat*. Die Erweiterung sorgt dafür, dass der Inhalt der Datei beim Öffnen dem Kommandointerpreter *Cmd.exe* zugeführt wird.

Stapeldateien werden durch den Windows Scripting Host (WSH) nicht überflüssig, auch wenn dies bei einem reinen Vergleich der Leistungsmerkmale zunächst den Anschein haben mag. Für Installations-Scripts sind Stapeldateien im Allgemeinen die bessere Wahl, da sie auf der Seite des Client-Computers keine speziellen Vorbereitungen (wie die Installation des WSH)

3 Einige Adressen, z.B. microsoft.com, antworten aus Performance-Gründen nicht auf Ping-Anforderungen.

voraussetzen. Außerdem lassen sich auch mit Stapeldateien erstaunliche Tricks realisieren, sodass etwa Systembetreuern, die mit Stapeldateien virtuos umgehen können, die Verwendung des WSH bei vielen Standardproblemen nur wenige Vorteile bringen wird. Wer allerdings gerade damit beginnt, sich in die »Systemprogrammierung« einzuarbeiten, sollte den WSH und damit verbunden die Scriptsprache VBScript den altmodischen Stapelkommandos vorziehen, da sich durch Active Scripting einfach mehr Möglichkeiten ergeben und der Einarbeitungsaufwand geringer ist.

21.8.1 Ein kleines Beispiel für eine Stapeldatei

Das folgende kleine Beispiel soll das Prinzip der Stapeldateien veranschaulichen. Da es nur auf den allgemeinen Ablauf bei der Ausführung ankommt, wurde es bewusst sehr einfach gehalten. Seine Aufgabe ist es, alle vom Textprogramm Microsoft Word angelegten Sicherungskopien (Dateien mit der Erweiterung *.Wbk*) in ein spezielles Verzeichnis zu verschieben. Ohne eine Stapeldatei muss der Benutzer alle Sicherungskopien mit der Maus selektieren und in das Verzeichnis kopieren, was unter Umständen erst angelegt werden muss. Eine Stapeldatei fasst diese Befehlsfolge zusammen:

```
IF NOT EXIST WordBackup MD WordBackup
IF EXIST Kapitel01.wbk MOVE Kapitel01.wbk WordBackup
IF EXIST Kapitel02.wbk MOVE Kapitel02.wbk WordBackup
IF EXIST Kapitel03.wbk MOVE Kapitel03.wbk WordBackup
```

usw.

Um Fehlermeldungen zu vermeiden, prüft das *IF EXIST*-Kommando zuvor, ob die zu löschende Datei überhaupt existiert. Natürlich ist es eine (unnötige) Einschränkung, dass die Dateinamen einzeln aufgeführt werden müssen (hier wäre eine Programmschleife angebracht – dazu gleich mehr). Doch für den Anfang ist dies bereits eine gewisse Arbeitserleichterung.

Um die Stapeldatei wirklich variabel bezüglich der Namen der zu sichernden Dateien zu halten, gibt es die Möglichkeit, mit dem *FOR*-Kommando die Wiederholung eines Kommandos zu erreichen. In diesem Fall muss das *MOVE*-Kommando sooft wiederholt werden, wie Dateien mit der Erweiterung *.Wbk* vorhanden sind:

```
@ECHO OFF
IF NOT EXIST WordBackup MD WordBackup
FOR %%N IN (*.wbk) DO MOVE %%N WordBackup
```

Diese Stapeldatei kopiert bereits eine beliebige Anzahl an Wbk-Dateien in das Sicherungsverzeichnis.

Um Stapeldateien besser mit ihren moderneren Nachfolgern, den WSH-Scripts, vergleichen zu können, führt das folgende VBScript-Script die gleiche Aufgabe durch:

```
' ---------------------------------------------------
' Kopieren von Wbk-Dateien in einen Backup-Ordner
' ---------------------------------------------------
Dim Fso, Shell, Fi, Pfad
Set Shell= CreateObject("WScript.Shell")
Pfad = Shell.ExpandEnvironmentStrings("%Userprofile%")
Set Fso = CreateObject("Scripting.FileSystemObject")
If Fso.FolderExists(Pfad & _
  "\Eigene Dateien\WordBackup") = False Then
 Fso.CreateFolder(Pfad & "\Eigene Dateien\WordBackup")
 WScript.Echo "WordBackup-Ordner angelegt!"
End If

For Each Fi In Fso.GetFolder(Pfad & _
 "\Eigene Dateien").Files
 If Lcase((Right(Fi.Name, 3)) = "wbk" Then
  Fi.Move "WordBackup\"
 End If
Next
```

Das Script wirkt nicht nur deutlich komplizierter, es ist auch deutlich komplizierter (vor allem aus der Perspektive eines in »Scriptangelegenheiten« ungeübten Benutzers), da zunächst die verschiedenen Objekte angelegt und z.B. der Wert der Umgebungsvariablen *%UserProfile%* über die *ExpandEnvironmentStrings*-Methode ermittelt werden muss. Es gibt sogar einen kleinen Nachteil gegenüber den Stapelkommandos, denn offenbar ist es mit den Objekten des *FileSystemObject*-Objekts alleine nicht möglich, sich auf das aktuelle Verzeichnis zu beziehen. Das Script geht daher von einem festen Verzeichnis aus. Die Gegenüberstellung macht eines deutlich: Wer sich mit den Stapelkommandos auskennt, sollte diese nach wie vor einsetzen, da sich bestimmte Dinge sehr viel einfacher umsetzen lassen. In Hinblick auf die vielen anderen administrativen Tätigkeiten, die bei einem Windows-Server erledigt werden müssen, bietet der WSH die leistungsfähigere Alternative, sodass letztendlich kein Weg an den WSH-Scripts vorbei geht.

Tabelle 21.8: Die Stapelkommandos und ihre Bedeutung

Kommando	Bedeutung
Call	Ruft innerhalb einer Stapeldatei eine weitere Stapeldatei auf. Wird kaum benötigt, da Stapeldateien nur selten verschachtelt sein müssen
Echo	Gibt einen beliebigen Text in der Eingabeaufforderung aus oder bewirkt in der Form *Echo Off*, dass die ausgeführten Stapelkommandos nicht angezeigt werden

Tabelle 21.8: Die Stapelkommandos und ihre Bedeutung (Forts.)

Kommando	Bedeutung
EndLocal	Beendet einen sog. Gültigkeitsbereich von Umgebungsvariablen. Gegenstück zum *SetLocal*-Kommando
For %%N IN (Gruppe) DO	Führt die auf *Do* folgenden Kommandos so oft aus, wie der Platzhalter *%%N* (der auch einen anderen Namen besitzen kann) in der Gruppe von Elementen enthalten ist. Über diese Kommandos lassen sich in einer Stapeldatei einfache Wiederholungen programmieren.
Goto	Springt innerhalb einer Stapeldatei zu einer anderen Kommandozeile
If	Führt ein Stapelkommando in Abhängigkeit einer Bedingung aus. Bietet nur eine sehr eingeschränkte Form der Entscheidung, da lediglich der Wert einer Umgebungsvariablen, das Vorhandensein einer Datei oder der Wert der Umgebungsvariablen *Errorlevel* abgefragt werden kann
Pause	Hält die Ausführung einer Stapeldatei bis zum Betätigen einer beliebigen Taste an. Der Anwender kann so auf einen bestimmten Sachverhalt aufmerksam gemacht werden.
Rem	Ermöglicht das Einfügen von Kommentaren. Kann auch durch :: abgekürzt werden
SetLocal	Beginnt einen neuen Gültigkeitsbereich für Umgebungsvariablen. Auf diese Weise können Umgebungsvariablen vorübergehend neue Werte erhalten, ohne dass die alten Werte zwischengespeichert werden müssen, denn diese werden über das *EndLocal*-Kommando wiederhergestellt.
Shift	Die mit dem Aufruf einer Stapeldatei übergebenen Parameter werden um eine Position verschoben. Wird kaum benötigt, da die Übergabe von mehreren Parametern nur selten erforderlich ist

21.8.2 Feststellen, ob eine Datei existiert

Das nächste Beispiel für eine Stapeldatei ist bereits etwas komplexer und macht vor allem von fortgeschrittenen Programmiertechniken wie Sprüngen über das *Goto*-Kommando und Programmschleifen, die über das *For*-Kommando realisiert werden, Gebrauch. Schauen Sie sich das folgende »Programmlisting« der Stapeldatei *Existdat.bat* in Ruhe an. Es wird mit einem beliebigen Dateinamen aufgerufen und prüft, ob sich die Datei in einem der Verzeichnisse befindet, die sich in dem über die *Path*-Umgebungsvariable festgelegten Verzeichnispfad befinden.

```
@ECHO OFF

IF %1!==! GOTO FEHLER

FOR %%N IN (%PATH%) DO IF EXIST %%N\%1 GOTO DATEI_OK

FOR %%N IN (%PATH%) DO IF EXIST %%N%1 GOTO DATEI_OK

ECHO Diese Datei gibt es leider nicht!

GOTO ENDE

:DATEI_OK

ECHO %1 ist im Suchpfad enthalten!

GOTO ENDE

:FEHLER

ECHO Die Syntax ist: EXISTDAT Dateiname
:ENDE
```

Die besondere Schwierigkeit der zu lösenden Aufgabe liegt darin, dass sich die Suche nicht auf das aktuelle Verzeichnis (dann täte es auch ein einfaches *If Exist*-Kommando), sondern auf alle im Suchpfad enthaltenen Verzeichnisse ausdehnen soll. Aus diesem Grund muss der in der Umgebungsvariablen *Path* enthaltene Suchpfad über ein *For*-Kommando abgearbeitet werden. Das erste Kommando hat damit noch nichts zu tun:

```
@ECHO OFF
```

Es bewirkt lediglich, dass folgende Kommandos bei ihrer Ausführung nicht angezeigt werden. Der Klammeraffe @ vor dem *Echo*-Kommando hat zur Folge, dass dies bereits für das *Echo*-Kommando selber gilt. Auch das zweite Kommando ist schnell erklärt:

```
IF %1!==! GOTO FEHLER
```

Seine Aufgabe besteht darin, zu prüfen, ob überhaupt ein Dateiname beim Aufruf der Stapeldatei übergeben wurde. Dazu wird der Vergleichsoperator *!==!* eingesetzt, der prüft, ob der für *%1* eingesetzte Wert (der Dateiname) etwas enthält. Ist dies nicht der Fall, wird die Sprungmarke *Fehler* angesprungen, die den Anwender über das *Echo*-Kommando auf die korrekte Syntax hinweist und die Abarbeitung der Stapeldatei anschließend beendet. Wird dagegen etwas übergeben, kommt das folgende Kommando zur Ausführung:

```
FOR %%N IN (%PATH%) DO IF EXIST %%N\%1 GOTO DATEI_OK
```

Dieses Kommando fällt bereits in die Kategorie »etwas trickreicher«, wenngleich es selbstverständlich den allgemeinen »Gesetzen« der Stapeldateien gehorcht. Die Umgebungsvariable *Path* enthält zwar den aktuellen Suchpfad, doch dieser besteht im Allgemeinen aus mehreren Verzeichnispfaden, die jeweils durch ein Semikolon voneinander getrennt sind. Aus diesem Grund kommt das *For*-Kommando zum Einsatz. Es arbeitet den Inhalt der *Path*-Variablen Schritt für Schritt ab und führt für jedes (!) Verzeichnis das auf das *Do*-Kommando folgende Kommando aus:

```
IF EXIST %%N\%1 GOTO DATEI_OK
```

Die Bedeutung des *If Exist*-Kommandos dürfte klar sein: es prüft, ob die Datei *%%N\%1* existiert. Doch was soll das bedeuten? Ganz einfach, da das *For*-Kommando nacheinander verschiedene Werte aus der Umgebungsvariablen *Path* »heraustrennt«, müssen diese Werte auch irgendwo abfragbar sein. Und genau dafür steht der Platzhalter *%%N*. Der Name *N* ist übrigens frei wählbar, Sie müssen ihn dem *For*-Kommando nur einmal mitteilen. Und genau das geschieht im ersten Teil des Kommandos:

```
FOR %%N IN (%PATH%)
```

Jetzt ist fast alles klar, denn dass *%1* für den übergebenen Dateinamen steht, wissen Sie bereits. Und was ist mit dem \ los? Dies ist der Trennstrich, der Dateiname und Pfadname normalerweise trennt. Da der Trennstrich ein Verzeichnis auch abschließen kann (werfen Sie einen Blick in die *Path*-Variable), wird das *For*-Kommando noch einmal ausgeführt, diesmal aber ohne Trennstrich:

```
FOR %%N IN (%PATH%) DO IF EXIST %%N%1 GOTO DATEI_OK
```

Beim Aufruf der Stapeldatei wird lediglich der Name der zu prüfenden Datei übergeben:

```
C:>Existdat Unbekannt
```

Diese Datei gibt es leider nicht!

oder

```
C:>Existdat Immerda.doc
```

Immerda.doc ist im Suchpfad enthalten!

Diese Meldung erscheint immer dann, wenn die angegebene Datei in einem der Verzeichnisse enthalten ist, die sich im Suchpfad befinden. Für die Ausgabe der Erfolgs- oder Misserfolgsmeldung ist übrigens jeweils ein *Echo*-Kommando zuständig.

21.8.3 Stapeldateien in der Benutzeroberfläche starten

Um eine Stapeldatei über die Benutzeroberfläche starten zu können, muss lediglich eine Verknüpfung angelegt werden. Soll das Fenster der Eingabeaufforderung nach Beendigung der Stapeldatei sichtbar bleiben, muss am Ende das *Pause*-Kommando stehen.

21.8.4 Stapeldateien und Scripts

Stapeldateien und Scripts sind bei Windows XP kein Widerspruch, sie ergänzen sich vielmehr. Da es sich bei einem Script aus der Sicht einer Stapeldatei um eine Textdatei handelt, geschieht der Aufruf über das *Start*-Kommando:

```
C:>Start /B Test.vbs
```

Die Option */B* bewirkt, dass die Scriptdatei nicht in einem eigenen Fenster gestartet wird. Möchte man umgekehrt eine Stapeldatei aus einem Script heraus aufrufen, muss dazu die *Run*-Methode des *Shell*-Objekts zum Einsatz kommen:

```
Dim Shell
Set Shell= CreateObject("WScript.Shell")
Shell.Run "Rufmich.bat", 1
```

21.8.5 Die Rolle der Umgebungsvariablen

Eine *Umgebungsvariable* ist eine »Ablage« für irgendeinen Wert, den Anwendungen oder das Betriebssystem von Zeit zu Zeit abfragen, um bestimmte Informationen zu erhalten. Windows XP arbeitet mit einer Reihe von Standardumgebungsvariablen, die automatisch mit Werten belegt werden. Ein Beispiel ist die Umgebungsvariable *Computername*, die für den aktuellen Wert des Computernamens steht. Möchte man ihren Wert sehen, muss das *Set*-Kommando zum Einsatz kommen:

```
C:>SET Computername
COMPUTERNAME=PM1
```

Zusätzlich zu den Standardvariablen lassen sich über das *Set*-Kommando beliebige Variablen mit beliebigen Werten definieren. Das *Set*-Kommando ist erstaunlich vielseitig, denn es ist z.B. möglich, Berechnungen durchzuführen:

```
Set /a NettoBetrag= 49 * 100 / 100
```

Die Option */a* bewirkt, dass der folgende Ausdruck berechnet wird. Die Umgebungsvariable *NettoBetrag* steht anschließend für den Wert 45. Dabei gilt aber zu beachten, dass nur ganze Zahlen verrechnet werden können (dafür sind unterschiedliche Zahlensysteme, etwa das Binärsystem – Beispiel: 0b1010 für die Binärzahl 1010 – erlaubt).

:-) TIPP

Eine Umgebungsvariable wird gelöscht, wenn auf das Gleichheitszeichen kein Wert folgt:

```
Set NettoBetrag=
```

Tabelle 21.9: Beispiele für Umgebungsvariablen

Umgebungsvariable	**Enthält ...**
Comspec	Verzeichnis, in dem sich der Kommandozeilen-interpreter *Cmd.exe* befindet
Errorlevel	Fehlercode des zuletzt ausgeführten Kommandos (sofern dieses einen Fehlercode zurückgibt)
NUMBER_OF_PROCESSORS	Die Anzahl der vorhandenen Prozessoren
OS	Den Namen des ausführenden Betriebssystems und die Pfade der installierten Subsysteme (z.B. Os2LibPath)
Path	Suchpfad, der von Windows zur Lokalisierung einer ausführbaren Programmdatei benutzt wird
PROCESSOR_IDENTIFIER	Die Kennung des vorhandenen Prozessors
Prompt	Das Aussehen des Kommandozeilen-Prompts
Username	Den Namen des angemeldeten Benutzers
Userprofile	Verzeichnispfad des Verzeichnisses mit den Benutzereinstellungen
Windir	Den Namen des Windows-Verzeichnisses

21.9 Die Ausführung von DOS-Anwendungen

Die Unterstützung für DOS-Anwendungen, die im Jahre 1993, als Windows NT auf den Markt kam, noch eine bedeutende Rolle für die Akzeptanz des neuen Betriebssystems spielte, spielt bei Windows XP nur noch eine untergeordnete Rolle. Es dürfte im Jahre 2001 kaum noch DOS-Anwendungen geben, die für ein Unternehmen überlebenswichtig sind (im Privatbereich dürfte DOS keine Rolle mehr spielen). Und wenn doch, ist es vermutlich am einfachsten, eine Dual-Boot-Option mit DOS oder Windows 95 einzurichten. Die DOS-Unterstützung beschränkt sich bei Windows XP auf textbasierende Anwendungen, was Spiele, die im Grafikmodus laufen, ausschließt. Erkennt Windows XP, dass es sich um eine DOS-Anwendung handelt, stellt es im EIGENSCHAFTEN-Dialogfeld der Datei fünf zusätzliche Register zur Verfügung: PROGRAMM, SPEICHER, SCHRIFTARTEN, BILDSCHIRM und SONSTIGES. Damit lässt sich neben den üblichen optischen Einstellungen bezüglich des Ausführungsverhaltens des Programms auch der Arbeitsspeicherbedarf einstellen. Sollte eine DOS-Anwendung eine bestimmte Menge an konventionellem Arbeitsspeicher, Expanded oder Extended Memory erwarten und nicht mit der Windows-Speicherverwaltung für DOS-Anwendungen klarkommen, muss dies im Register SPEICHER eingestellt werden. Auf die verschiedenen Einstellungen wird in diesem Buch nicht eingegangen – die Kurzinformation im Register gibt zumindest eine erste Orientierungshilfe.

21.9.1 Die Rolle von Config.nt und Autoexec.nt

Da Windows XP (wie seine direkten Vorgänger Windows 2000 und Windows NT) nicht auf MS DOS basiert, spielen die Konfigurationsdateien *Autoexec.bat* und *Config.sys*, die bereits bei Windows 9x nur noch aus Kompatibiltitätsgründen dabei waren, keine Rolle mehr. Damit die für die Ausführung einer DOS-Anwendung benötigten Treiber geladen und die erforderlichen Einstellungen getroffen werden können, gibt es als Ersatz (im Verzeichnis *%systemroot%\system32*) die Dateien *Config.nt* und *Autoexec.nt*, die vor dem Start einer DOS-Anwendung ausgeführt werden, sofern für die DOS-Anwendung entweder keine *Programm Informations Datei* (Pif-Datei) oder kein Eintrag in der Standard-Pif-Datei *_Default.pif* existiert.

Tabelle 21.10: Stapelkommandos für Config.nt und Autoexec.nt

Stapelkommando	Bedeutung
Echoconfig	Bewirkt, dass Meldungen bei der Ausführung einer Nt-Konfigurationsdatei angezeigt werden
Ntcmd-Prompt	Bewirkt, dass nach Beendigung eines speicherresidenten Programms (TSR) oder einer DOS-Anwendung, nicht *Command.com*, sondern *Cmd.exe* ausgeführt wird
Dosonly	Bewirkt, dass über *Command.com* nur DOS-Anwendungen gestartet werden können (prinzipiell kann über *Command.com* jede Anwendung gestartet werden)

22 Systemtuning und Problemlösung

Der ideale Computer wäre ein Computer, der stets zur vollsten Zufriedenheit funktioniert, bei dem es nie etwas einzustellen oder zu ändern gäbe und bei dem alle Komponenten stets tadellos funktionieren. Bei einem solchen »Traum-Computer« gäbe es, auch wenn dies für die chronischen Bastler & Schrauber ein mittlerer Albtraum wäre, nichts einzustellen und es gäbe auch keine Notwendigkeit, irgendwelche Konfigurationsprobleme lösen zu müssen (auch dieses Kapitel wäre dann vermutlich überflüssig). Von einem solchen Computer sind wir noch ein paar Jahre entfernt, wenngleich die Computerindustrie emsig an der nächsten Generation arbeitet, die vollkommen »legacy free« (so wird der völlige Verzicht auf »Erbaltlasten« wie veraltete Einsteckkarten oder Bussysteme genannt) ohne PCI-Steckkartenplätze, serielle Schnittstellen und andere Erblasten aus der PC-Ära auskommen. Ein solcher Computer wird eingeschaltet und funktioniert auf Anhieb, da es keine unbekannten Konfigurationseinstellungen, keine »wackeligen« oder unpassenden Treiber und vor allem keine Eingriffsmöglichkeiten für den »Störenfried Benutzer« mehr geben wird. Ein solcher Computer wird aber noch mindestens 2-3 Jahre auf sich warten lassen, sodass wir uns in diesem Kapitel mit dem etwas lästigen, aber dennoch sehr wichtigen Thema des Tunings und der Problemlösungen beschäftigen müssen.

In diesem Kapitel geht es um die Hilfsmittel, die Windows XP für das Tuning und die Problemlösungen bereitstellt. Dazu gehört vor allem die Systemwiederherstellung, die es (zumindest theoretisch) garantieren soll, dass sich der Windows XP-Computer in einem definierten Konfigurationszustand starten lässt. Für erfahrene Anwender, die auch vor einem weißen kleinen Balken (dem Cursor), der vor einem schwarzen Bildschirmhintergrund blinkt, nicht irritieren lassen, gibt es die Systemwiederherstellung.

Die Themen dieses Kapitels:

- Abfragen von Systeminformationen
- Systemtuning
- Fehlerprotokolle helfen bei der Analyse
- Die Systemwiederherstellung
- Schreibschutz für Systemdateien

- Gibt es keine Startdiskette?
- Die Wiederherstellungskonsole
- Probleme mit Systemdiensten beheben

22.1 Abfragen von Systeminformationen

Sowohl ein Systemtuning als auch eine Problemanalyse setzt voraus, dass man über die notwendigen Systeminformationen verfügt. Das trifft vor allem dann zu, wenn man einen Computer analysieren muss, den man nicht selber angeschafft oder gar zusammengeschraubt hat. Die Frage der »Informationssammlung« ist bei Windows XP sehr schön gelöst, denn die Systeminformation »überhäuft« den Anwender förmlich mit einer Fülle von technischen Details. Da man sich den angefertigten Systemreport jedoch ausdrucken kann, ist die ganze Angelegenheit halb so wild.

Für den kompletten Systemreport ist das Systemprogramm SYSTEMINFORMATIONEN zuständig, das Sie entsprechend in der Gruppe der Systemprogramme befinden. Nach dem Start präsentiert sich die Systeminformation sehr übersichtlich. In der linken Fensterhälfte werden die einzelnen Rubriken aufgelistet, in der rechten Fensterhälfte entsprechend die Details einer einzelnen Rubrik.

Abbildung 22.1: Die Systeminformation zeigt alle technischen Daten, die das Innenleben des Computers betreffen, in Rubriken aufgeteilt an

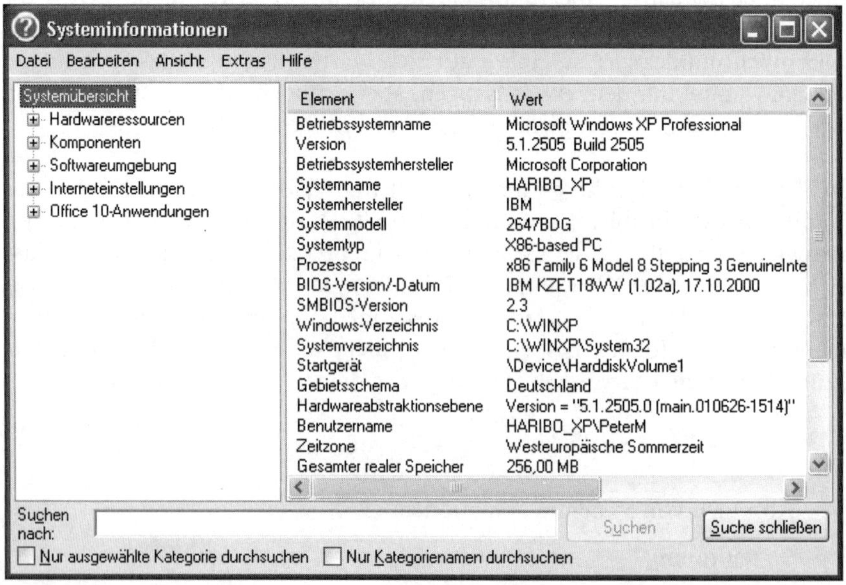

Besonders interessant und spannend ist natürlich die allgemeine Systemübersicht. Hier erfahren Sie auf einen Blick die aktuelle Versionsnummer des Betriebssystems (dass Sie mit Windows XP arbeiten ist klar – besonders

interessant ist die sog. Buildnumber, die den wahren Gradmesser für die Aktualität der Version angibt), den Prozessortyp, die BIOS-Version und natürlich auch die Größe des Arbeitsspeichers, des freien Arbeitsspeichers und einiges mehr. Nicht weniger interessant ist die Kategorie Hardware-Ressourcen – hier vor allem die Unterrubrik »Konflikte/Gemeinsame Nutzung«, da in ihr unter anderem die gemeinsam genutzten Interrupts aufgelistet werden.

Ansonsten ist die Systeminformation ein Programm, mit dem Sie sich in Ruhe beschäftigen sollten. Auch wenn die Detailvielfalt am Anfang ein wenig verwirrend sein kann, ist es letztendlich überschaubar und orientiert sich am »natürlichen« Aufbau des Systems. Tabelle 22.1 gibt eine erste Orientierung, indem es die interessanten Stellen der Systeminformation auflistet.

Tabelle 22.1: Interessante »Orte« innerhalb der Systeminformation

Ort	Was gibt es zu sehen?
HARDWARE-RESSOURCEN/IRQS	Die Interrruptbelegung des Computers
KOMPONENTEN/MULTIMEDIA KOMPONENTEN/ANZEIGE	Details über Grafikkarte und Grafikkartentreiber
KOMPONENTEN/EINGABEGERÄTE/MODEM	Details über das angeschlossene Modem
KOMPONENTEN/NETZWERK/ADAPTER	Details über die installierten Netzwerkadapter (dazu gehört auch die ISDN-Karte, da diese bei Windows XP als Netzwerkadapter geführt wird)
KOMPONENTEN/ANSCHLÜSSE/SERIELL	Details über die serielle Schnittstelle
SOFTWAREUMGEBUNG/SYSTEMTREIBER	Eine Auflistung aller vorhandenen Systemtreiber und einer Angabe, ob sie geladen sind oder nicht
SOFTWAREUMGEBUNG/UMGEBUNGSVARIABLEN	Eine Übersicht über alle Umgebungsvariablen
SOFTWAREUMGEBUNG/AKTIVE TASKS	Eine etwas übersichtlichere Auflistung aller aktiven Tasks als im Task-Manager
INTERNETEINSTELLUNGEN/INTERNET EXPLORER/ZUSAMMENFASSUNG	Die Versionsnummer des Internet Explorers, sowie die Verschlüsselungsstärke

Tabelle 22.1: Interessante »Orte« innerhalb der Systeminformation (Forts.)

Ort	Was gibt es zu sehen?
INTERNETEINSTELLUNGEN/INTERNET EXPLORER/KONNEKTIVITÄT	Zusammenfassung aller Verbindungseinstellungen
INTERNETEINSTELLUNGEN/INTERNET EXPLORER/KONNEKTIVITÄT	Zusammenfassung der für die einzelnen Sicherheitszonen gewählten Sicherheitsstufe

22.2 Systemtuning

Unter dem allgemeinen Begriff *Systemtuning* stellt man sich gerne geheimnisvolle Schalter und Einstellungen vor, die das System im Nu zu nie geahnten Höchstleistungen beflügeln. Solche Tipps findet man, wenn überhaupt, nur auf den Websites der Hardware-Ratgeber und in einigen Newsgroups im Internet. Ein »Übertakten« von Windows ist auch Insidern nicht möglich, denn die Leistungsfähigkeit des Gespanns aus Computer und seinem BIOS, den zahlreichen Hardware-Komponenten und dem Betriebssystem wird durch eine Vielzahl von Elementen bestimmt, bei denen das schwächste Glied der Kette oft maßgeblich die (meistens ohnehin subjektiv wahrgenommene) Geschwindigkeit ist. Mit anderen Worten, ein Speicherausbau über 512 Mbyte bringt nur dann etwas, wenn das Motherboard dies mitmacht und die schnellste Festplatte nützt nichts, wenn das Bussystem des Motherboards die anfallenden Datenpakete nur im »Schneckentempo« (verglichen mit den übrigen Komponenten) weiterreichen kann. Dies sind alles Dinge, die bereits beim Zusammenbau eines Computers berücksichtigt werden müssen und die sich später (wenn überhaupt) nur noch über für Uneingeweihte mehr oder weniger geheimnisvolle Einstellungen im BIOS (dem stets vorhandenen Betriebssystem eines jeden Computers) einstellen bzw. variieren lassen.[1] Auf der Ebene von Windows beschränken sich die Möglichkeiten auf wenige Einstellungen. Daran hat sich auch bei Windows XP nichts geändert. Folgende Tuningmaßnahmen stehen auf der Betriebssystemebene zur Verfügung:

- Die Größe der Auslagerungsdatei einstellen
- Die Hardwarebeschleunigung verschiedener Peripheriegeräte variieren
- Verschiedene Feintuningmaßnahmen, die die Darstellung der Benutzeroberfläche betreffen

1 Verbringen Sie einmal eine Stunde in einem typischen PC-Shop und lauschen Sie den dort stattfindenden Diskussionen über Bussysteme, Taktfrequenzen, Speichertypen und Jumpereinstellungen. Es ist eine Welt für sich.

22.2.1 Die Größe der Auslagerungsdatei einstellen

Die Auslagerungsdatei ist jene Erweiterung des Arbeitsspeichers, die immer dann einspringt, wenn Windows mehr Arbeitsspeicher benötigt als RAM-Arbeitsspeicher vorhanden ist. Windows ist nicht nur speicherhungrig, es ist sogar extrem speicherhungrig. Wie ein Blick in die Systemleistung schnell beweist (drücken Sie [Strg] + [Alt] + [Entf] und wechseln Sie in das Register Systemleistung), benötigt Windows XP bereits über 130 Mbyte wenn lediglich die Textverarbeitung Word geladen wird (die alleine aber bereits knapp 50 Mbyte belegt). Unter »Volllast« kann dieser Betrag schnell auf 200 Mbyte und mehr klettern. Ein enormer Wert verglichen mit dem Umstand, dass vor einigen Jahren ein PC noch durchschnittlich 16 Mbyte RAM besaß. Stehen auf einem Computer nur 128 Mbyte zur Verfügung, muss Windows die fehlenden Mbyte über die Auslagerungsdatei einbeziehen. Das sieht in der Praxis so aus, dass eine Anwendung X zum Beispiel 20 Mbyte anfordert und der Speicher-Manager sagt der Anwendung »Kein Problem, hier sind deine 20 Mbyte«. Der Trick dabei ist, dass die Anwendung zunächst nur ein paar Mbyte erhält und wenn sie den Rest tatsächlich anfordert, Windows dafür ein anderes Programm, das zur Zeit nicht aktiv ist, auf die Festplatte in die Auslagerungsdatei auslagert (daher auch der Name). Die Anwendung merkt von den Vorgängen hinter den Kulissen nichts. Der Vorteil ist, dass der Speicher-Manager sehr viel mehr Arbeitsspeicher anbieten kann als tatsächlich zur Verfügung steht (in der Regel doppelt so viel), der Nachteil (den es natürlich auch geben muss) ist, dass durch das Aus- und Einlagern die Ausführungsgeschwindigkeit etwas herabgesetzt wird.

INFO

Bei Windows XP trägt die Auslagerungsdatei, die auf jedem Laufwerk angelegt wird, den Namen Pagefile.sys.

Anders als unter früheren Windows-Versionen gibt es bei Windows XP nur wenige Anlässe, an der Größe der Auslagerungsdatei etwas zu ändern. Im Allgemeinen fährt man gut damit, die Verwaltung komplett Windows zu überlassen.

STEP

Die Größe der Auslagerungsdatei einstellen

1. Öffnen Sie den ARBEITSPLATZ-Ordner (zum Beispiel über das Startmenü) und klicken Sie auf SYSTEMEIGENSCHAFTEN oder öffnen Sie den Eigenschaftendialog des ARBEITSPLATZ-Ordners oder das *System*-Applet in der Systemsteuerung. In allen drei Fällen sehen Sie das Dialogfeld SYSTEMEIGENSCHAFTEN, das in mehrere Register unterteilt ist.

2. Wechseln Sie in das Register ERWEITERT und klicken Sie im Rahmenfeld SYSTEMLEISTUNG auf EINSTELLUNGEN.

3. Wechseln Sie in das Register ERWEITERT und klicken Sie im Rahmenbereich VIRTUELLER ARBEITSSPEICHER (ein anderer Name für die Auslagerungsdatei) auf ÄNDERN.

4. Im Dialogfeld VIRTUELLER ARBEITSSPEICHER wird eingestellt, ob Windows mit einer Auslagerungsdatei arbeiten soll und wenn ja, ob dessen Größe vom System automatisch eingestellt wird (das ist die empfehlenswerte Variante), oder wie die Unter- und Obergrenze lauten soll.

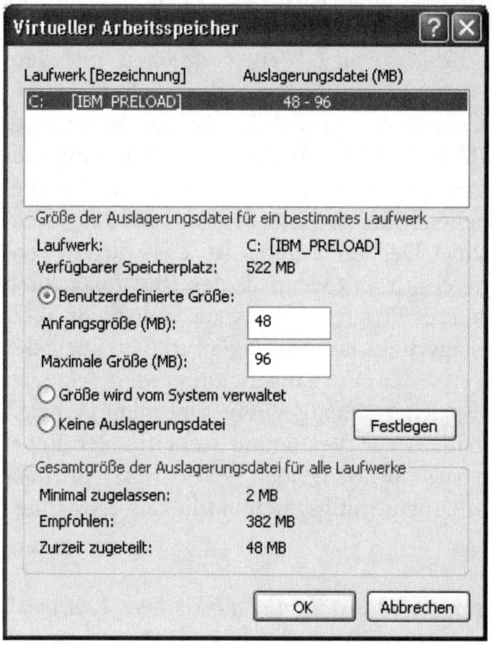

Abbildung 22.2: In diesem Dialogfeld werden die Unter- und die Obergrenze der Auslagerungsdatei eingestellt

22.2.2 Die Hardwarebeschleunigung der Grafikkarte variieren

Bei der Grafikkarte gibt es einen »Beschleuniger«, der festlegt, mit welcher Geschwindigkeit 2D-Operationen ausgeführt werden. Falls eine Grafikkarte, was sehr unwahrscheinlich ist, Schwierigkeiten mit der standardmäßig voreingestellten maximalen Beschleunigung macht, muss die Beschleunigung bei der Grafikkarte herabgesetzt werden.

Einstellen der 2D-Beschleunigung der Grafikkarte

1. Öffnen Sie das Applet in der Systemsteuerung (oder klicken Sie den Desktop mit der sekundären Maustaste an und wählen Sie EIGENSCHAFTEN) und wechseln Sie auf das Register EINSTELLUNGEN.

2. Klicken Sie auf ERWEITERT.

3. Wechseln Sie in das Register PROBLEMBEHANDLUNG.

4. Schieben Sie den Regler im Bereich HARDWAREBESCHLEUNIGUNG nach links, um die Hardwarebeschleunigung herabzusetzen.

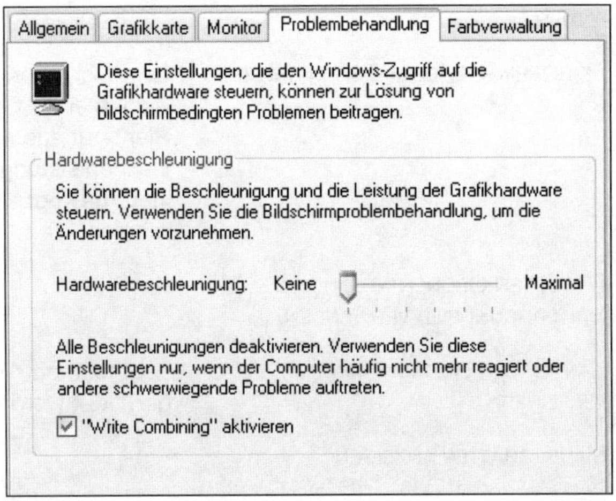

Abbildung 22.3: In diesem Register wird die Beschleunigung der Grafikkarte eingestellt

22.2.3 Verschiedene Feintuningmaßnahmen der visuellen Effekte

Windows XP bietet eine Reihe von »Feintuningmaßnahmen« für die zahlreichen visuellen Effekte innerhalb der Benutzeroberfläche. Es handelt sich um Einstellungen, die teilweise so speziell sind, dass Sie sie vermutlich niemals ändern werden. Nicht alle haben zudem etwas mit der Leistungsfähigkeit des Systems zu tun. Eingestellt werden alle diese Dinge im Register LEISTUNGS-OPTIONEN, die Sie (wie üblich) mit einem »sekundären« Mausklick auf den Arbeitsplatz, den Befehl EIGENSCHAFTEN im Register ERWEITERT einstellen können. Klicken Sie dort auf die Schaltfläche EINSTELLUNGEN im Gruppenfeld SYSTEMLEISTUNG. Tabelle 22.2 fasst die einzelnen Einstellungen zusammen.

Tabelle 22.2: Spezielle »Tuningeinstellungen« für visuelle Effekte im Register Leistungs-Optionen

Einstellung	Was hat sie zu bedeuten?
ALLGEMEINE AUFGABEN IN ORDNERN VERWENDEN	Legt fest, ob in einem Ordner die Aufgabenliste erscheint
ANIMATION BEIM MINIMIEREN UND MAXIMIEREN VON FENSTERN	Legt fest, ob Fenster einfach nur geöffnet werden oder ob das Öffnen durch einen sich vergrößernden Rahmen und das Schließen durch einen sich verkleinernden Rahmen angezeigt wird. Dieser Effekt ist aber im Allgemeinen schwer zu erkennen.
DURCHSICHTIGEN HINTERGRUND FÜR SYMBOLSCHRIFTEN AUF DEM DESKTOP	–

Tabelle 22.2: Spezielle »Tuningeinstellungen« für visuelle Effekte im Register Leistungs-Optionen (Forts.)

Einstellung	Was hat sie zu bedeuten?
Durchsichtiges Auswahlrechteck anzeigen	–
Fensterinhalt beim Ziehen anzeigen	Legt fest, ob sich der Fensterinhalt beim Ziehen eines Ordnerfensters mitbewegt. Sieht gut aus, kostet aber zusätzliche Rechenleistung. Wird die Option deaktiviert, bewegt sich nur der leere Fensterrahmen.
Für jeden Ordnertyp ein Hintergrundbild verwenden	–
Kanten der Bildschirmarten verfeinern	Legt fest, ob die Schriftzeichen stärker gerundet werden
Mausschatten anzeigen	–
Menüelemente nach Aufruf ausblenden	–
Menüs in Ansicht ein- bzw. ausblenden	–
Menüschatten anzeigen	
Offene Kombinationsfelder einblenden	–
Optimierten Bildlauf für Listenfelder verwenden	–
QuickInfo in Ansicht ein- bzw. ausblenden	–
Taskleistenschaltflächen einblenden	–
Visuelle Stile für Fenster und Schaltflächen verwenden	–

STEP

Einstellen der visuellen Effekte

1. Öffnen Sie den Arbeitsplatz-Ordner (zum Beispiel über das Startmenü) und klicken Sie auf Systemeigenschaften oder öffnen Sie das Eigenschaften-Dialogfeld des Arbeitsplatz-Ordners oder das System-Applet in der Systemsteuerung. In allen drei Fällen sehen Sie das Dialogfeld Systemeigenschaften, das in mehrere Register unterteilt ist.
2. Wechseln Sie in das Register Erweitert und klicken Sie im Rahmenfeld Systemleistung auf Einstellungen.

3. Im Register VISUELLE EFFEKTE werden insgesamt 16 Einstellungen aufgelistet. Durch Auswahl einer der vier Optionen wird bereits eine gewisse Vorauswahl getroffen, was die Einstellung der einzelnen Optionen betrifft. Durch Auswahl oder Abwahl eines Häkchens wird eine Einstellung aktiviert bzw. deaktiviert.

:-) TIPP

Wenn es Ihnen um eine optimale Leistung geht (dies sollte bei modernen Computern mit leistungsfähigen Grafikkarten vermutlich kein Thema mehr sein), Sie sich aber nicht mit den Details der einzelnen Einstellungen beschäftigen möchten, wählen Sie die Option FÜR OPTIMALE LEISTUNG ANPASSEN. *Dadurch werden alle »Leistungsbremser-Optionen« deaktiviert. Umgekehrt werden durch die Option* FÜR OPTIMALE DARSTELLUNG ANPASSEN *sämtliche Optionen aktiviert.*

22.3 Fehlerprotokolle helfen bei der Analyse

Windows XP legt, wie seine Vorgänger, eine Reihe von Protokollen in Gestalt von Textdateien an, aus denen sich Rückschlüsse über die Art und Weise ziehen lassen, wie zum Beispiel der Systemstart durchgeführt oder eine Hardware-Komponente installiert wurde. Tabelle 22.3 gibt eine Übersicht über die wichtigsten Protokolldateien.

Tabelle 22.3: Übersicht über die wichtigsten Protokolldateien bei Windows XP

Protokolldatei	Was steht drin?	Anmerkung
Setuplog.txt	Hier wird das komplette Setup von Windows XP protokolliert.	Das Windows XP-Setup ist sehr benutzerfreundlich, indem es praktisch keine Meldungen während des Setup-Verlaufs anzeigt. Sollte irgendetwas schief gegangen sein, erfahren Sie es über diese Log-Datei.
SchedLgU.txt	Protokolldatei für die geplanten Tasks	Hier können Sie nachlesen, warum ein Task nicht zur geplanten Zeit ausgeführt, und was auch wichtig ist, wieder beendet werden konnte.
ModemLog<Modem-Name>.txt	Hier werden die Modemaktivitäten protokolliert.	<Modemname> ist der Name des Modems.

Anders als bei Windows 9x spielen die Protokolldateien nur eine Nebenrolle. Sehr viel wichtiger ist der EREIGNISDIENST, der sämtliche Systemaktivitäten auf einer unteren Ebene protokolliert. Die Ereignisanzeige, die die protokollierten Ereignisse anzeigt, wird über das Startmenü und den Menübefehl SYSTEMSTEUERUNG |VERWALTUNG|EREIGNISANZEIGE angezeigt. Richten Sie Ihr Augenmerk vor allem auf die Einträge im System-Protokoll. Hier trägt Windows XP selber seine Meldungen ein. Viele Einträge sind sehr speziell, sodass es am Anfang bestimmt nicht ganz einfach ist, eine Übersicht zu gewinnen. Es lohnt sich aber, sich mit dieser Ereignisprotokollierung vertraut zu machen, denn wenn etwas im System schief gelaufen ist, werden Sie hier einen Hinweis finden.

22.4 Den Windows-Start konfigurieren

Im Vergleich zu Windows 9x ist die Anzahl der Möglichkeiten, den Windows-Start festlegen zu können, deutlich kleiner geworden. Das liegt in erster Linie daran, dass es keinen MS DOS-Modus mehr gibt, der unmittelbar nach dem Start gebootet werden könnte. Die Benutzeroberfläche wird in jedem Fall gestartet (es sei denn, es wird alternativ die Systemwiederherstellungskonsole gestartet – mehr dazu in Kapitel 22.10).

STEP

Einstellungen vornehmen, die den Windows-Start betreffen

1. Öffnen Sie das Dialogfeld SYSTEMEIGENSCHAFTEN und wechseln Sie in das Register ERWEITERT.
2. Klicken Sie im Bereich STARTEN UND WIEDERHERSTELLEN auf EINSTELLUNGEN. Es öffnet sich ein Dialogfeld, in dem sich verschiedene Einstellungen, die den Start von Windows XP betreffen, vornehmen lassen. Im Einzelnen lassen sich hier einstellen:

- welches der Betriebssysteme (sofern mehrere zur Auswahl stehen) das ist, das automatisch (d.h. wenn keine Auswahl getroffen wird) gebootet wird,
- wie lange das Bootmenü angezeigt wird (die Standardeinstellung ist 30s),
- wie lange die Möglichkeit besteht, die Wiederherstellungs-Optionen zu wählen (die Standardeinstellung ist 30s).

Außerdem lässt sich in dem Dialogfeld eine Reihe von Einstellungen treffen, die festlegen, wie Windows XP auf Systemfehler reagiert. Dazu gehört zum Beispiel die Einstellung, ob und in welchem Umfang ein so genanntes Speicherabbild (auch Speicherdump) angelegt wird. Die Einstellungen im Bereich Systemfehler sind so speziell, dass Sie sie vermutlich niemals ändern müssen.

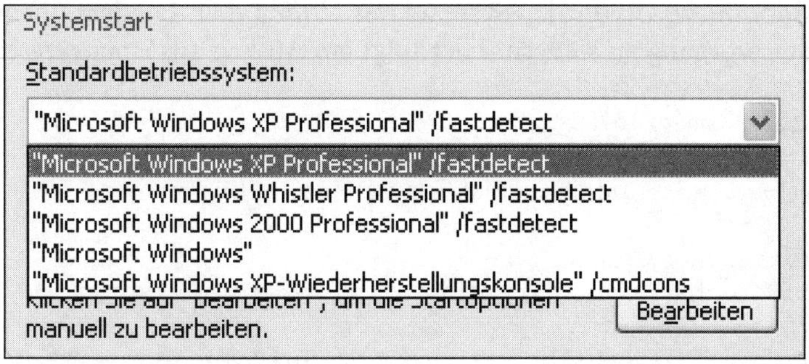

Abbildung 22.4: Im Dialogfeld Starten und Wiederherstellen wird in erster Linie das Standardbetriebssystem ausgewählt

22.4.1 Die Rolle der Datei Boot.ini

Bei Windows 9x gab es die Datei *Msdos.sys*, in der unter anderem Einstellungen enthalten waren, die die Zusammensetzung des Startmenüs betrafen. Diese Datei gibt es bei Windows XP nicht.[2] Bei Windows XP gibt es statt dessen eine andere Datei, die für den Bootvorgang zuständig ist. Es ist die Datei *Boot.ini*, die schon bei Windows NT/2000 dabei war (also keine neue »Erfindung« von Windows XP ist). Über *Boot.ini* wird der einfache Boot-Manager verwirklicht, der die Auswahl mehrerer Windows-Versionen nach dem Einschalten des Computers erlaubt.

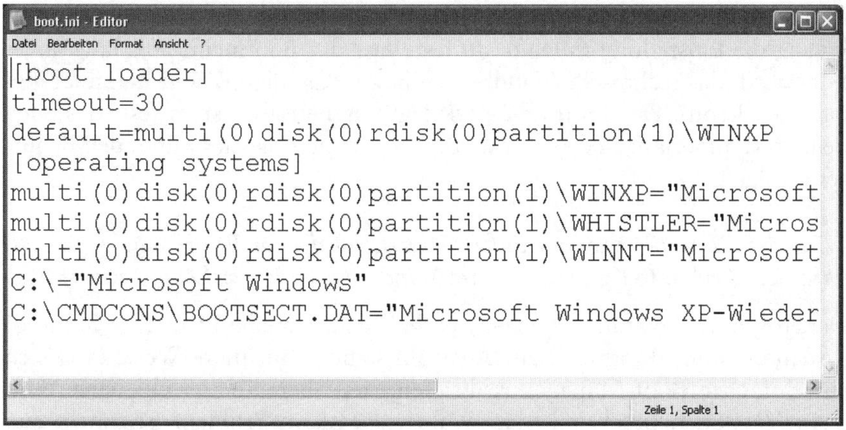

Abbildung 22.5: Die Datei »Boot.ini« legt den Inhalt des Boot-Menüs fest

Boot.ini ist eine Textdatei, die sich stets im Stammverzeichnis des Bootlaufwerks befindet (meistens *C:*). Dass sie im Explorer nicht angezeigt wird, liegt daran, dass sie sowohl das Attribut SYSTEM als auch VERSTECKT besitzt und daher normalerweise als geschützte Systemdatei nicht angezeigt wird.

2 Alleine der Name wäre schon ein wenig unpassend und würde bei einigen Berufsskeptikern den Verdacht aufkommen lassen, dass Windows XP vielleicht ein MS DOS 6.0 mit einer schicken Oberfläche sein könnte, was es aber definitiv nicht ist.

Boot.ini wird von der Systemdatei *Ntldr* (»NT Loader«) benutzt, um den Startvorgang zu steuern. Hier folgt ein Auszug aus einer typischen *Boot.ini*:

```
(boot loader)
timeout=30
default=multi(0)disk(0)rdisk(0)partition(1)\WINXP

(operating systems)
multi(0)disk(0)rdisk(0)partition(1)\WINXP="Microsoft Windows XP Professional"
/fastdetect
multi(0)disk(0)rdisk(0)partition(1)\WHISTLER="Microsoft Windows Whistler
Professional" /fastdetect
multi(0)disk(0)rdisk(0)partition(1)\WINNT="Microsoft Windows 2000
Professional" /fastdetect
C:\="Microsoft Windows"
```

Boot.ini besteht aus zwei Abschnitten:

```
(boot loader)
```

und

```
(operating systems)
```

Im Abschnitt *(boot loader)* werden allgemeine Einstellungen vorgenommen. So legt die Einstellung *timeout=30* fest, dass das Bootmenü 30 s lang angezeigt wird (das technische Handbuch gibt an, dass dieser Wert maximal 999 betragen kann). Der Eintrag *default* legt das Betriebssystem fest, das nach dem Start automatisch gewählt wird, wenn keine Auswahl durch den Benutzer erfolgt.

:-) TIPP

Wird der Wert für timeout *auf 0 gesetzt, wird kein Bootmenü angezeigt, wird der Wert auf -1 gesetzt, wartet Windows »ewig« auf eine Auswahl.*

Der Abschnitt *(operating systems)* enthält dagegen eine Liste aller Betriebssysteme, die im Bootmenü zur Auswahl stehen. Auf diese Weise lässt sich ein einfacher Boot-Manager realisieren, der aber auf verschiedene Windows-Versionen beschränkt ist. Während es kein Problem ist, nach dem Start zwischen Windows XP, Windows 98 und vielleicht noch Windows 2000 zu wählen, sieht es mit anderen Betriebssystemen anders aus. Wer einen echten Boot-Manager benötigt, muss sich nach einer Alternative umsehen, was aufgrund des vielfältigen Angebots, das sowohl kostenlose Freeware-Programme als auch kommerzielle und sehr leistungsfähige, aber dennoch erschwingliche Programme umfasst, schnell zu einem Erfolg führen sollte.

Die einzelnen Boot-Varianten werden in einer speziellen Notation aufgeführt, die kurz erläutert werden soll. Was hat der Eintrag

```
multi(0)disk(0)rdisk(0)partition(1)\WINXP="Microsoft Windows XP Professional"
/fastdetect
```

zu bedeuten? Er besteht aus folgenden Elementen:

multi(0)	Bezieht sich auf den Festplattencontroller. Das »Gegenteil« wäre SCSI.
disk(0)	Bezieht sich auf das erste physikalische Laufwerk, bezogen auf den Festplattencontroller. Handelt es sich um »multi«, steht hier immer 0.
rdisk(0)	Entspricht dem *disk*-Eintrag. Handelt es sich um einen SCSI-Controller, steht hier immer 0.
Partition(1)	Bezieht sich auf die erste Partition des Laufwerks
WINP="Microsoft..."	Das ist der Text, der im Boot-Menü erscheint.
/fastdetect	Eine der zahlreichen Schalter, die für das Booten des Betriebssystems eine Rolle spielen können

Tabelle 22.4: Einige mögliche Schalter für einen Betriebssystem-Eintrag in Boot.ini

Schalter	**Bedeutung**
/FASTDETECT	Lässt die Überprüfung der parallelen und seriellen Schnittstellen aus
/SAFEBOOT:	Startet Windows XP im abgesicherten Modus. Muss aber nicht auf diese Weise gesetzt werden, da dies über die F8-Taste geschieht. Auf den Doppelpunkt folgen: MINIMAL, NETWORK oder DSREPAIR (Beispiel: /SAFEBOOT:MINIMAL).
/BOOTLOG	Bestimmt, dass ein Setup-Protokoll in der Datei %SystemRoot%\Ntbtlog.txt angelegt wird
/SOS	Während des Bootens wird eine Meldung über die geladenen Treiber ausgegeben.
/BASEVIDEO	Bewirkt, dass die Standard-VGA-Auflösung verwendet wird

Die *Boot.ini*-Schalter sind im Allgemeinen sehr speziell und müssen nur in Ausnahmefällen gesetzt werden, zumal sich die Auswahl des Startmodus auch über Drücken der F8-Taste während des Bootens erledigen lässt.

:-) TIPP

Eine ausführliche Beschreibung sämtlicher Schalter findet man im Internet unter URL »http://www.sysinternals.com/nt2wk/info/bootini.shmtl«. *Die Seite URL »www.sysinternals.com« ist eine der besten Websites zu Windows 2000 und demnächst sicherlich auch zu Windows XP für professionell orientierte Anwender. Hier erhält man unter anderem auch einen Treiber, durch den sich NTFS-Partitionen unter Windows 9x ansprechen lassen.*

22.5 Die Systemwiederherstellung

Bevor es zur Sache geht, erlauben Sie mir eine kurze Einleitung. Wir alle kennen wohl den Moment der Zufriedenheit, wenn unser Windows-Computer tadellos läuft, jedes Peripheriegerät offenbar perfekt funktioniert und es nichts gibt, was diesen Zustand des »vollkommenen Glücks« trüben könnte. Was würden wir dafür geben, wenn dieser Zustand ewig wären könnte! Nun, das muss man sich auch bei Microsoft gedacht haben und hat (bereits mit Windows ME) die Anwender mit der SYSTEMWIEDERHERSTELLUNG beglückt. Diese beruht auf einer einfachen Überlegung. Mit der Systemwiederherstellung lässt sich ein bestimmter Konfigurationszustand des Computers »einfrieren« und abspeichern. Der Vorteil liegt auf der Hand: Funktioniert das System zur vollen Zufriedenheit oder soll eine neue Hardware eingebaut oder eine Software installiert werden, bei der das Risiko besteht, dass der Eingriff die Konfiguration durcheinander bringen könnte, speichert man die Konfiguration einfach ab (was allerdings »ein paar« Mbyte Festplattenspeicher kostet). Ging etwas schief oder soll der Eingriff einfach nur rückgängig gemacht werden, stellt man die gesicherte Konfiguration wieder her und alles ist so, wie es einmal war. Ein solcher »Konfigurationsschnappschuss« wird im Zusammenhang mit der Systemwiederherstellung *Prüfpunkt* genannt. Wird der Wiederherstellungspunkt vom System angelegt, spricht man auch von einem Systemwiederherstellungspunkt.

Prüfpunkte werden entweder durch den Benutzer oder automatisch angelegt, z.B. nachdem eine neue Software installiert wurde. Ein Prüfpunkt umfasst u.a. die komplette Registrierung (d.h. die Dateien, aus denen sich die Registrierung zusammensetzt – mehr dazu in Kapitel 20), verschiedene Konfigurationsdateien und jene Dateien, die bei Windows XP »unter Überwachung« stehen. Ferner können über eine Konfigurationsdatei weitere Verzeichnisse und Dateien ausgewählt oder ausgenommen werden. Um Platz zu sparen, werden die Dateien in komprimierter Form, in Cab-Dateien, abgelegt, deren Inhalt man sich mit dem Explorer ansehen kann.

22.5.1 Die Systemwiederherstellung ein- und ausschalten

Standardmäßig ist die Systemwiederherstellung aktiv – sie wird von Windows XP für den (heutzutage allerdings recht unwahrscheinlichen) Fall deaktiviert, dass weniger als 200 Mbyte auf dem Boot-Laufwerk zur Verfügung stehen. Soll sie aus irgendeinem Grund deaktiviert werden, geschieht dies im Register SYSTEMWIEDERHERSTELLUNG der Systemeigenschaften. Hier kann auch der Speicherplatz eingestellt werden, der für die Systemwiederherstellung zur Verfügung steht. Weitere Einstellmöglichkeiten gibt es in diesem Zusammenhang nicht.

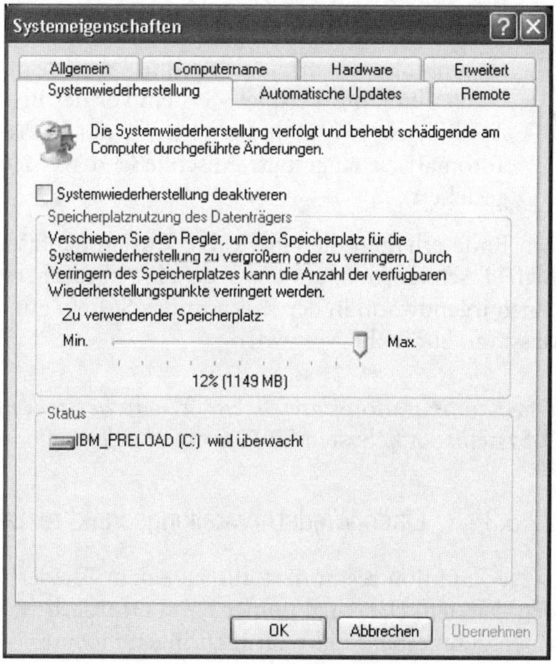

Abbildung 22.6: In diesem Register wird die Systemwiederherstellung deaktiviert

Doch Vorsicht, mit dem Abschalten gehen auch alle angelegten Prüfpunkte verloren, was bedeutet, dass sich anschließend kein Systemzustand wiederherstellen lässt. Es ist daher nicht möglich (und im Allgemeinen auch nicht sinnvoll), die Systemwiederherstellung vorübergehend zu deaktivieren, um sie später wieder reaktivieren zu können. Auch das ist trickreich.

22.5.2 Das Anlegen eines Wiederherstellungspunkts

Das Anlegen eines Wiederherstellungspunktes geschieht über das Systemprogramm SYSTEMWIEDERHERSTELLUNG und ist ein vollkommen unkomplizierter Vorgang.

Anlegen eines Wiederherstellungspunktes

STEP

1. Starten Sie die SYSTEMWIEDERHERSTELLUNG, zum Beispiel über das Startmenü, indem Sie nacheinander ALLE PROGRAMME / ZUBEHÖR / SYSTEMPROGRAMME und schließlich die SYSTEMWIEDERHERSTELLUNG auswählen.
2. Die Systemwiederherstellung ist kein typisches Systemprogramm, sondern besteht aus einer Reihe von Dialogfeldern. Gleich im ersten Dialogfeld müssen Sie eine wichtige Entscheidung treffen. Möchten Sie einen bereits angelegten Wiederherstellungspunkt aktivieren (dies ist die voreingestellte Option) oder EINEN WIEDERHERSTELLUNGSPUNKT ERSTELLEN? Wählen Sie die zweite Option und klicken Sie auf WEITER.
3. Geben Sie einen Namen an, der den Wiederherstellungspunkt beschreibt (zum Beispiel »System vor der Installation von Total Hacker Apokalypse 11.0«) und klicken Sie auf ERSTELLEN. Der Zeitpunkt wird automatisch eingefügt. Anschließend werden alle betroffenen Dateien gesichert.

Am Ende erhalten Sie eine kurze Zusammenfassung und können das Dialogfeld schließen. Damit wurde ein Wiederherstellungspunkt anlegt, der Ihnen irgendwann in der Zukunft das System auf den aktuellen Konfigurationsstand zurückbringen wird.

INFO

Die Konfigurationsdateien zur Wiederherstellung werden im Verzeichnis %Systemroot%\System32\Restore *abgelegt.*

22.5.3 Einen Wiederherstellungspunkt restaurieren

Diese Funktion restauriert alle zu einem Wiederherstellungspunkt gehörenden Dateien. Das wird immer dann erforderlich, wenn man das System auf einen definierten Punkt zurückbringen möchte.

Wiederherstellen einer gesicherten Konfiguration

STEP

1. Rufen Sie die SYSTEMWIEDERHERSTELLUNG auf und wählen Sie die Option COMPUTER ZU EINEM FRÜHEREN ZEITPUNKT WIEDERHERSTELLEN. Klicken Sie auf WEITER.
2. Wählen Sie den Wiederherstellungspunkt entweder aus einem Kalenderblatt oder aus einer Liste mit angelegten Wiederherstellungspunkten aus. Klicken Sie auf WEITER.
3. Der gewählte Wiederherstellungspunkt wird noch einmal zur Kontrolle angezeigt und durch Anklicken von WEITER wiederhergestellt.

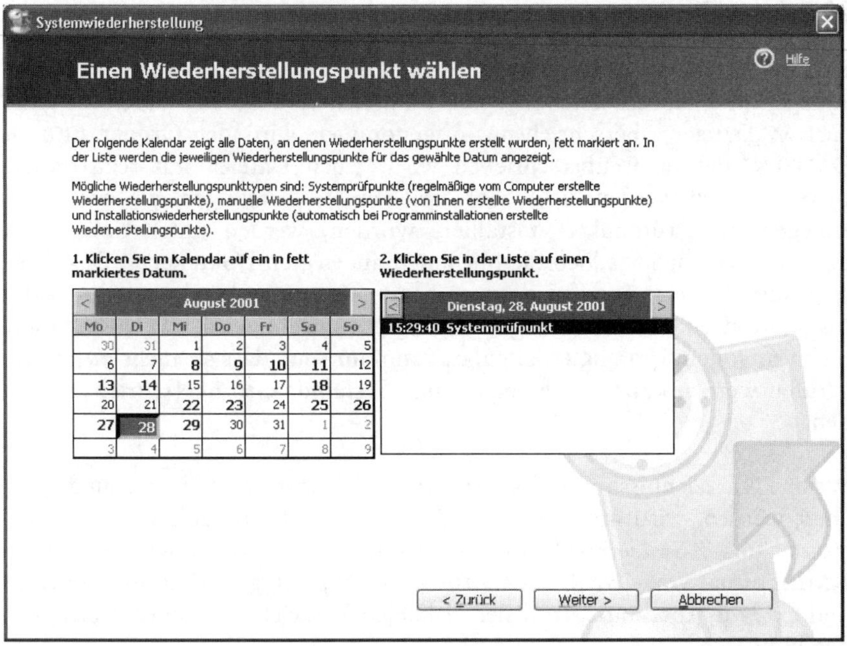

Abbildung 22.7: Der wiederherzustellende Wiederherstellungspunkt wird entweder aus einem Kalenderblatt oder einer Liste ausgewählt

Anschließend wird ein Neustart von Windows durchgeführt. Nach dem Neustart und etwaigen Aktualisierungen der Konfiguration erscheint ein abschließender Hinweis auf die durchgeführte Wiederherstellung.

INFO

Schließen Sie vor dem Wiederherstellen alle Anwendungen, sodass keine Dokumente mehr geöffnet sind. Sie erhalten beim Wiederherstellen auch einen entsprechenden Hinweis.

:-) TIPP

Dieser Tipp versteht sich beinahe von selbst. Wenn Sie mit dem Wiederherstellen ein Konfigurationsproblem lösen möchten und mehrere Wiederherstellungspunkte zur Auswahl haben, sollten Sie stets den Punkt wählen, der zeitlich möglichst kurz vor dem Auftreten des Problems lag.

22.5.4 Wann werden Wiederherstellungspunkte angelegt?

Der erste Wiederherstellungspunkt wird unmittelbar nach der Installation angelegt – vorausgesetzt, es sind mindestens 200 Mbyte auf dem Systemlaufwerk frei. Weitere Systemwiederherstellungspunkte werden entweder alle zehn Stunden bei ununterbrochenem Betrieb oder nach 24 Stunden angelegt – je nachdem, was zuerst eintritt. Auch Setup-Programme von Anwendungen, z.B. Microsoft Office 2000, richten Systemwiederherstellungspunkte ein.

22.5.5 Die Systemwiederherstellung im Detail

Bei einer Systemwiederherstellung werden die aktuellen Versionen der beim Anlegen des Wiederherstellungspunktes gesicherten Dateien durch die gesicherten Dateien überschrieben. Ausgenommen wird der Ordner EIGENE DATEIEN, der nicht überschrieben wird. Auch Dateien mit registrierten Erweiterungen werden nicht überschrieben. Anwendungen, die nach dem Anlegen des Prüfpunktes installiert wurden, werden unter Umständen unbrauchbar, nicht jedoch die mit ihnen angelegten Dokumente. Das Wiederherstellen eines Systemzustandes bedeutet aber nicht, dass dadurch die Installation einer Anwendung rückgängig gemacht wird. Die Installation bleibt in vollem Umfang erhalten, es kann nur sein, dass sie nicht mehr aufgerufen werden kann, da die benötigten Systemdateien überschrieben wurden.

Welche Verzeichnisse und Dateien von der Systemwiederherstellung gesichert werden, wird über die Steuerdatei *Filelist.xml* festgelegt, die sich im Verzeichnis *%Systemroot%\Restore* befindet. Diese Textdatei (sie liegt im XML-Format vor – XML = *eXtensible Markup Language*) enthält *include*- und *exclude*-Abschnitte, in denen beliebige Verzeichnisse und Dateien stehen können.

Abbildung 22.8: Die Datei Filelist.xml bestimmt, welche Dateien und Dateitypen von der Systemwiederherstellung gesichert werden

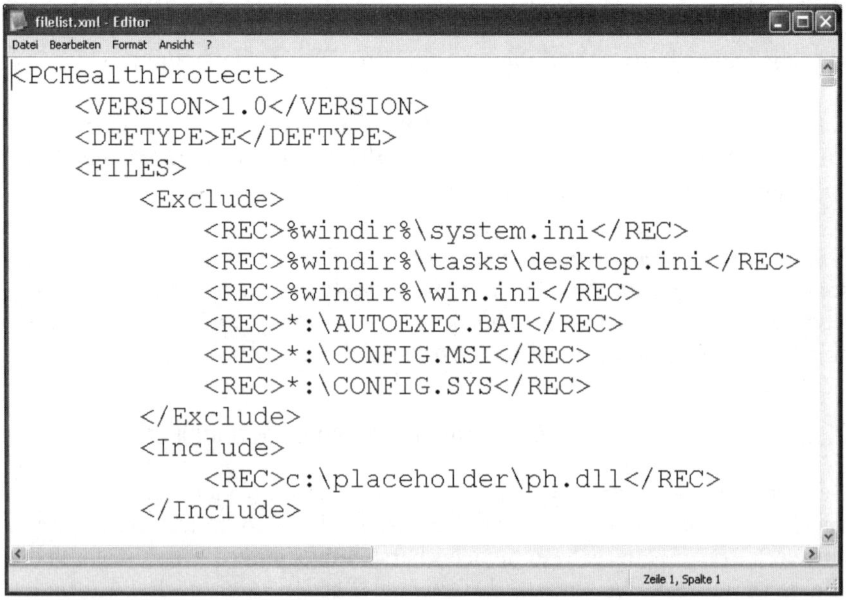


```
<PCHealthProtect>
    <VERSION>1.0</VERSION>
    <DEFTYPE>E</DEFTYPE>
    <FILES>
        <Exclude>
            <REC>%windir%\system.ini</REC>
            <REC>%windir%\tasks\desktop.ini</REC>
            <REC>%windir%\win.ini</REC>
            <REC>*:\AUTOEXEC.BAT</REC>
            <REC>*:\CONFIG.MSI</REC>
            <REC>*:\CONFIG.SYS</REC>
        </Exclude>
        <Include>
            <REC>c:\placeholder\ph.dll</REC>
        </Include>
```

Die eigentlichen Wiederherstellungspunkte werden an einem anderen »geheimnisvollen« Ort gespeichert. Es ist das versteckte Systemverzeichnis *System Volume Information*. Dort gibt es ein oder mehrere Unterverzeichnisse, die mit »_restore« beginnen und auf die eine (sehr lange) Identifizierungsnummer folgt.

22.6 Schreibschutz für Systemdateien

Dieser Punkt sei nur der Vollständigkeit halber erwähnt, da der Anwender mit ihm normalerweise nicht in Berührung kommt. Windows XP arbeitet mit einem Schreibschutz für Systemdateien (das heißt für Dateien mit typischen Erweiterungen wie .sys, *.dll, .ocx, .ttf, .fon und .exe*) . Das bedeutet, dass wann immer eine Systemdatei absichtlich oder versehentlich überschrieben wird (z.B. im Rahmen einer Anwendungsinstallation, die die gleiche Systemdatei, allerdings in einer anderen Version, installiert und damit eine vorhandene Datei überschreibt), sie automatisch wiederhergestellt wird. Das ist möglich, weil von jeder Datei (im Verzeichnis *%Systemroot%\System32\Dllcache*) eine Kopie angelegt wurde, die zum Wiederherstellen der Datei verwendet wird. Sollte der Schreibschutz, der stets im Hintergrund aktiv ist, feststellen, dass eine Anwendung eine Datei mit einer älteren oder nicht signierten Version überschreibt, wird versucht, diese Datei entweder aus dem Zwischenspeicher oder von der Windows XP-CD wiederherzustellen.

22.7 Starten im »Service«-Modus

Wenn Sie sich eine Taste gut merken sollten, dann ist es die [F8]-Taste, denn über diese Taste wird unmittelbar nach dem Booten der SERVICE-Modus von Windows XP aktiviert. Nach Drücken dieser Taste, auf die allerdings auch im unteren Bereich des Startbildschirms hingewiesen wird, erscheint ein erweitertes Servicemenü, das folgende Einträge enthält:

```
Abgesicherter Modus
Abgesicherter Modus mit Netzwerktreibern
Abgesicherter Modus mit Eingabeaufforderung
Startprotokollierung aktivieren
VGA-Modus aktivieren
Letzte als funktionierend bekannte Konfiguration

Windows normal starten
Neustarten
Zum Betriebssystemauswahlmenü zurückkehren
```

22.7.1 Abgesicherter Modus

Der abgesicherte Modus ist ein spezieller Betriebszustand von Windows, in dem das Betriebssystem nur eingeschränkt zur Verfügung steht, weil nur ein für den Betrieb notwendiges Minimum an Gerätetreibern geladen wurde. Da Windows sozusagen mit dem Nötigsten auskommt, können sich potenzielle Störenfriede nicht negativ auswirken, da sie nicht angesprochen werden. Sollte sich Windows nicht regulär booten lassen, kann der abgesicherte Modus die einfachste Möglichkeit darstellen, Windows dennoch zu starten und die Konfiguration (etwa durch Deaktivieren eines vermeintlich nicht funktionierenden Geräts oder Herabsetzen der Bildschirmauflösung) wieder zu reparieren.

Nach Auswahl des abgesicherten Modus erscheint die Betriebssystem-Auswahl (sofern eine vorhanden ist) noch einmal, nur dass dieses Mal (in blauer Schrift) der abgesicherte Modus angezeigt wird. Das anschließend gewählte Betriebssystem wird daraufhin im abgesicherten Modus gestartet.

Der abgesicherte Modus weist folgende Besonderheiten auf:

- Die Benutzeroberfläche wird im Standard-VGA-Modus (640x480) betrieben, damit der Grafikadapter nicht einbezogen wird.
- Einige Geräte (z.B. die Netzwerkkarte – sofern nicht die Netzwerkunterstützung explizit gewählt wurde, oder die serielle Schnittstelle) sind nicht betriebsbereit.
- Auf dem Desktop wird der Schriftzug »Abgesicherter Modus« angezeigt.

Der abgesicherte Modus ist ein reiner Servicemodus, der immer dann zum Einsatz kommt, wenn sich Windows regulär nicht mehr starten lässt. Es kann daher auch passieren, dass Windows nach einer missglückten Konfiguration automatisch im abgesicherten Modus startet.

22.8 Abgesicherter Modus mit Netzwerktreibern

Dieser Modus entspricht dem abgesicherten Modus, nur dass die Netzwerkfunktionalität zur Verfügung steht.

22.8.1 Abgesicherter Modus mit Eingabeaufforderung

Dieser Modus entspricht dem abgesicherten Modus, nur dass anstelle der Benutzeroberfläche die Eingabeaufforderung erscheint. Schließen Sie diese über den EXIT-Befehl ist erst einmal alles weg. Über den Task-Manager (`Strg`+`Alt`+`Entf`) können Sie Windows jedoch wieder neu starten.

22.8.2 Startprotokollierung aktivieren

Wird dieser Startmodus gewählt, wird der komplette Startvorgang in der Datei *Ntbtlog.txt* in *%windir%* protokolliert.[3]

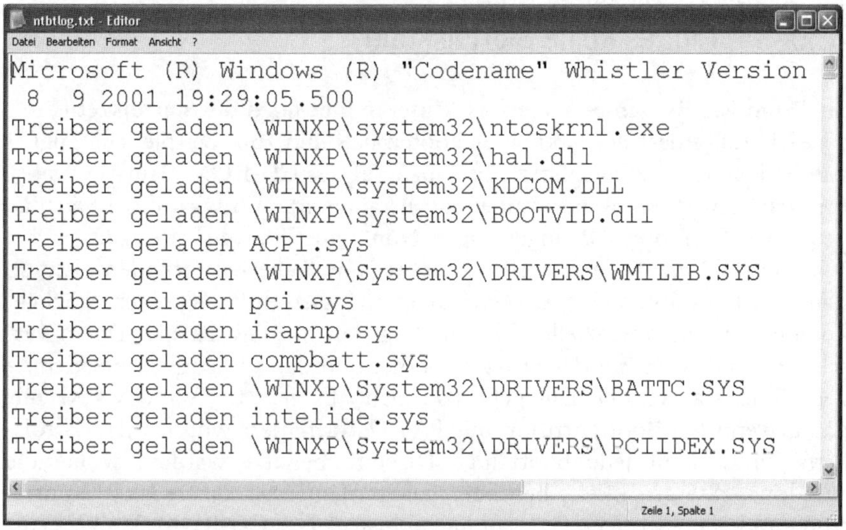

Abbildung 22.9: Der Startvorgang wird in der Datei Ntbtlog.txt protokolliert

22.8.3 VGA-Modus aktivieren

Dies ist ein relativ »normaler« Startmodus mit dem Unterschied, dass der Grafikadapter im VGA-Modus betrieben wird. Dieser Modus ist für den Fall gedacht, dass sich die Oberfläche aufgrund eines falschen Grafikkartentreibers oder einer falsch gewählten Auflösung nicht mehr anzeigen lässt.

22.8.4 Letzte als funktionierend bekannte Konfiguration

Dieser Startmodus aktiviert die »last known good configuration«, d.h. jene Konfiguration, mit der zuletzt erfolgreich gebootet werden konnte. Sie basiert auf einer Kopie der Registrierung, die nach einem erfolgreichen Start automatisch angelegt wurde und damit zwangsläufig die letzte funktionierende Konfiguration enthält. Lassen Sie sich dadurch bitte nicht allzu sehr in Sicherheit wiegen, denn Windows ist in dieser Frage recht großzügig. Dass eine Konfiguration gebootet werden konnte, heißt nicht automatisch, dass sie auch wirklich funktioniert. Und einmal mit einer nicht richtig funktionierenden Konfiguration »erfolgreich« gebootet wird diese Konfiguration automatisch zur zuletzt funktionierenden Konfiguration. Eine weitere Besonderheit ist, dass durch das Zurückgreifen auf die zuletzt funktionie-

3 Es wäre schön, wenn Windows XP darauf auch hinweisen würde, damit man die Datei nicht suchen muss. Der Name ist allerdings in der Hilfe zu finden.

rende Konfiguration alle in der letzten Konfiguration gemachten Änderungen wieder weg sind. Dieser Modus ist nur dann ein Rettungsanker, wenn die aktuelle Konfiguration offensichtlich Murks ist, die letzte Konfiguration davor aber funktioniert hat.

22.9 Gibt es keine Startdiskette?

Bei Windows 9x gab es als letztes Mittel immer noch die Startdiskette, mit der sich zumindest der Computer booten ließ und zum Beispiel ein Zugriff auf die Dateien der Festplatte, aber auch auf das CD-ROM-Laufwerk möglich war (etwa, um Windows neu zu installieren). Wo wird diese Startdiskette bei Windows XP angefertigt? Nun, eine Startdiskette gibt es bei Windows XP nicht, da sich ein Computer aus Sicherheitsgründen nicht so ohne weiteres über eine Diskette booten lassen soll. Wäre es möglich, könnte sich ein potenzieller Eindringling den Zugang zu den Daten verschaffen, indem er mit der Diskette bootet und dann irgendwelche »gemeinen« Tricks anwendet. Das geht also nicht. Es geht bei Windows XP nur dann, wenn die Boot-Partition mit FAT32 formatiert wurde. Als Startdiskette kann dann jede bootfähige Diskette benutzt werden, wobei die Windows 98-Startdiskette besonders zu empfehlen ist, da sie FAT32 unterstützt und alle wichtigen Programme inklusive eines CD-ROM-Treibers enthält. Ein NTFS-Laufwerk kann (unter normalen Umständen) nicht per Boot-Diskette angesprochen werden.

Unter Windows 2000 gibt es die Möglichkeit, eine Notfalldiskette anzulegen. Das ist eine Diskette, mit der sich der Computer in die Wiederherstellungskonsole booten lässt (mehr dazu in Kapitel 22.10). Damit erhält man einen vollständigen Zugriff auf das Dateisystem und kann zum Beispiel Laufwerke partitionieren und formatieren. Diese Notfalldiskette gibt es bei Windows XP Home ebenfalls nicht – es gibt sie aber unter Windows XP Professional (hier wird sie über das Backup-Programm angelegt). Für Windows XP Home-Anwender bleibt als Rettungsanker nur die Wiederherstellungskonsole.

:-) TIPP

Microsoft bietet über das Windows-Update Dateien an, mit denen sich Startdisketten (mit CD-ROM-Treiber) anfertigen lassen.

22.10 Die Wiederherstellungskonsole

Die *Wiederherstellungskonsole* (engl. »recovery console«) ist ein spezieller Betriebszustand von Windows XP, der immer dann ausgewählt wird,wenn die Wiederherstellungskonsole installiert wurde.

22.10.1 Die Wiederherstellungskonsole installieren

Damit Sie die Wiederherstellungskonsole benutzen können, muss sie installiert werden. Das setzt die Windows XP-CD voraus.

:-) TIPP

Installieren Sie die Wiederherstellungskonsole möglichst bald und nicht erst dann, wenn es ein Problem gibt. Dann könnte es nämlich zu spät sein.

STEP

Installieren der Wiederherstellungskonsole

1. Legen Sie die Windows XP-CD in das CD-ROM-Laufwerk ein und wechseln Sie auf der CD in das Verzeichnis *\I386*.
2. Geben Sie den folgenden Befehl ein:

```
winnt32 /cmdcons
```

Dieser Befehl startet die Installation der Wiederherstellungskonsole. Folgen Sie den Anweisungen, die in den folgenden Dialogfeldern angezeigt werden. Als Erstes müssen Sie die Installation explizit bestätigen und erfahren dabei, dass ca. sieben Mbyte auf der Festplatte benötigt werden. Am Ende erhalten Sie die Meldung, dass die Wiederherstellungskonsole erfolgreich installiert wurde und nach einem Neustart als weiterer Eintrag im Bootmenü zur Verfügung steht.

:-) TIPP

Bei winnt32 *handelt es sich um das Installationsprogramm von Windows XP, das mit einer Vielzahl von Optionen aufgerufen werden kann. Wenn Sie* winnt32 *mit /? aufrufen, werden alle Optionen in einer Hilfedatei angezeigt.*

3. Booten Sie den Computer neu. Nach dem Start sollte ein weiterer Eintrag im Bootmenü (»Microsoft Windows XP-Wiederherstellungskonsole«) angeboten werden, über den die Wiederherstellungskonsole gestartet wird.
4. Wählen Sie diesen Eintrag. Sie müssen sich regulär als Administrator anmelden und unter Umständen auch die Windows-Installation durch Eingabe einer Nummer auswählen, an der Sie sich anmelden möchten.
5. Ging alles gut, wird kurz danach die Wiederherstellungskonsole aktiv. Es handelt sich um eine besondere Eingabeaufforderung, in der Windows XP ohne eine Benutzeroberfläche geladen wurde und in der nur ein festgelegter Befehlssatz zur Verfügung steht. Eine Auflistung aller Befehle erhalten Sie durch Eingabe von *Help*. Eine Zusammenstellung der wichtigsten Befehle enthält Tabelle 22.5. Die übrigen Befehle stimmen mit den Befehlen der regulären Eingabeaufforderung überein.

Wie es nun weiter geht, hängt von dem Grund ab, der zum Aufruf der Wiederherstellungskonsole geführt hat. Ging es darum, eine Partition zu löschen oder anzulegen, muss der DISKPART-Befehl zum Einsatz kommen, ging es darum, ein Laufwerk zu formatieren, gibt es dafür den FORMAT-Befehl.

Beendet wird die Wiederherstellungskonsole durch den EXIT-Befehl.

INFO

Falls die Sicherheit eine Rolle spielt und nicht jeder, der Zugang zu dem Computer hat, auch in den Genuss der speziellen Fähigkeiten der Wiederherstellungskonsole gelangen soll, muss diese durch Editieren von Boot.ini *(entfernen Sie den mit »*C:\CMDCONS\BOOTSECT.DAT=*« beginnenden Eintrag) entfernt werden.*

Tabelle 22.5: Die wichtigsten Befehle der Wiederherstellungskonsole

Befehl	Was hat er zu bedeuten?
ATTRIB	Ändert die Attribute einer Datei oder eines Verzeichnisses oder zeigt sie an
BATCH	Führt die in einer Textdatei (Batchdatei) enthaltenen Befehle aus
BOOTCFG	Konfiguriert das Bootmenü, in dem sich zum Beispiel eine Windows-Installation zur Startliste hinzufügen lässt
CHKDSK	Führt einen Laufwerkscheck durch und zeigt am Ende den zur Verfügung stehenden Speicherplatz an
DISABLE	Deaktiviert einen Systemdienst oder einen Treiber
ENABLE	Aktiviert einen Systemdienst oder einen Treiber
DISKPART	Ermöglicht das Anlegen und Löschen von Partitionen. Der Aufruf ohne Parameter zeigt ein Auswahlmenü an, dass dem von Fdisk ähnlich ist.
EXPAND	Extrahiert eine Betriebssystemdatei, die sich in einer Cab-Datei befindet
FIXBOOT	Schreibt einen neuen Startsektor in eine Systempartition
FIXMBR	Repariert den Master Boot Sektor (MBR) der Startpartition
LISTSVC	Listet alle Systemdienste und Treiber mit ihrem aktuellen Zustand auf
LOGON	Listet die vorhandenen Windows-Installationen auf und ermöglicht das Anmelden an einer Installation
MAP	Listet die aktuelle Zuordnung der Laufwerksbuchstaben zu Partitionen und physikalischen Laufwerken auf

Tabelle 22.5: Die wichtigsten Befehle der Wiederherstellungskonsole (Forts.)

Befehl	Was hat er zu bedeuten?
NET	Bietet den Zugriff auf die allgemeine Netzwerkfunktionalität und ermöglicht zum Beispiel das Verbinden einer Freigabe mit einem Laufwerksbuchstaben
SYSTEMROOT	Steht für das aktuelle Systemverzeichnis – die Eingabe des Befehls schaltet auf das Systemverzeichnis um, in dem sich die Windows-Installation befindet.

Die Wiederherstellungskonsole ist immer dann das »letzte Mittel« wenn sich Windows XP nicht mehr normal booten lässt. Über die zur Verfügung stehenden Befehle (die den altbekannten DOS-Kommandos teilweise ähnlich sind) ist ein Zugriff auf das Dateisystem möglich.

22.11 Automatische Updates

Auch automatische Updates können zur Problemlösung beitragen, denn wenn eine Systemkomponente Ursache für cin Problem ist, sollte sich durch den Austausch der Komponenten gegen eine fehlerfreie oder zumindest verbesserte Version dieser Komponenten das Problem beheben lassen. Genau für diesen Zweck bietet Windows bereits seit Windows 98 die Möglichkeiten eines automatischen System-Updates. Sobald Sie online sind, baut Windows XP eine Verbindung zur Update-Website (»*http://windowsupdate.com*«) auf und prüft, ob aktuelle Updates vorliegen. Sollte dies der Fall sein, erscheint ein entsprechender Hinweis über der START-Schaltfläche.

Was in der Theorie ideal sein könnte (Windows repariert sich selber bzw. stellt sicher, dass alle Komponenten stets auf dem neuesten Stand sind) stellt sich in der Praxis wieder einmal als eine gute Idee heraus, die unbefriedigend umgesetzt wurde. Ein Grund dafür ist, dass über das automatische Update hauptsächlich neue Versionen des Internet Explorers und anderer Zubehörteile übertragen werden, die entweder auch anderweitig (etwa über die CD-Beilagen der PC-Zeitschriften) zur Verfügung stehen, oder die den durchschnittlichen PC-Computernutzer nur durchschnittlich interessieren.

In diesem Abschnitt wird daher auch lediglich gezeigt, wie sich die Art und Weise einstellen lässt, wie Benachrichtigungen über ein Software-Update mitgeteilt werden.

Einstellen der Art und Weise, wie Benachrichtigungen über Software-Updates erfolgen

1. Öffnen Sie das Dialogfeld SYSTEMEIGENSCHAFTEN und wechseln Sie in das Register AUTOMATISCHE UPDATES.
2. Stellen Sie ein, auf welche Weise Sie Windows von künftigen Updates unterrichten soll:

- Soll ein Update automatisch heruntergeladen werden und vor der Installation eine Benachrichtigung erfolgen?
- Sollen Sie vor dem Herunterladen eines Updates benachrichtigt und vor der Installation erneut benachrichtigt werden?
- Sollen die automatischen Updates deaktiviert werden? Sie können sich in diesem Fall durch den Aufruf der Webseite »www.windowsupdates.com« über mögliche Updates informieren.

Im Allgemeinen ist die dritte Variante die empfehlenswerte, da Sie hier selber bestimmen, was wann heruntergeladen und installiert werden soll.

So praktisch das automatische Aktualisieren über »www.windowsupdate.com« auch ist, ein Nachteil ist, dass das Update nicht separat heruntergeladen wird. Wird Windows XP neu installiert, muss auch das Update erneut heruntergeladen werden.

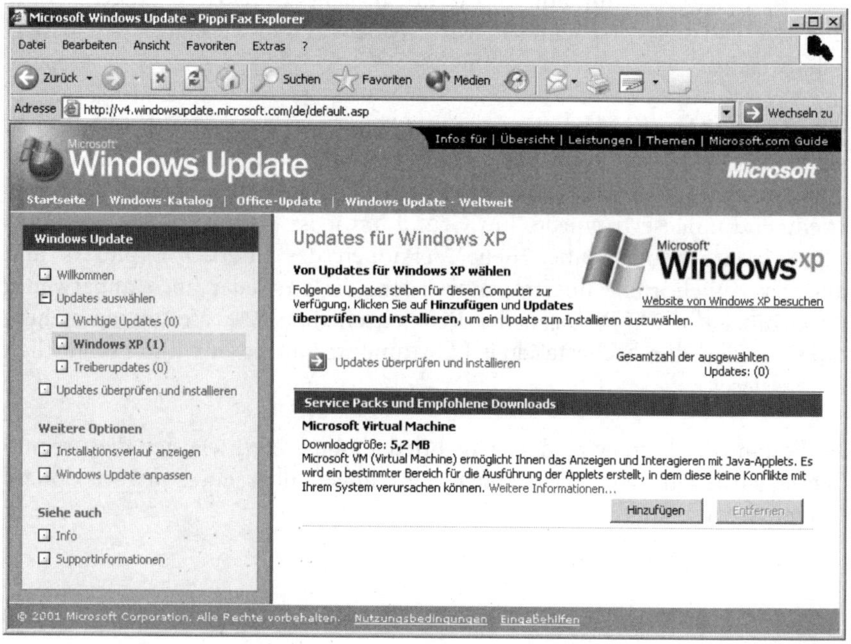

Abbildung 22.10: Auf www.windowsupdate.com stehen die aktuellsten Windows-Updates zum Download und anschließender Installation bereit – außer der virtuellen Java-Maschine ist in diesem Fall aber nichts verfügbar

22.12 Die Windows-Support-Tools

Die Windows XP-CD enthält eine umfangreiche Palette kleiner und recht spezieller Support-Tools, die es schon bei Windows 2000/NT gab (allerdings nicht bei Windows 9x), und die für erfahrene Anwender das eine oder andere Problem lösen können oder tiefere Einblicke in die Arbeitsweise von Windows XP ermöglichen. Nicht alle dieser Tools kommen für Windows XP Home in Frage, da sie sich auf Bereiche beziehen, die nur bei Windows XP Professional oder Windows 2000 Server eine Rolle spielen. Tabelle 22.6 gibt eine Übersicht über die wichtigsten Tools, die Sie auf der Windows XP-CD in der Datei *Support.cab* im Verzeichnis *\Support\Tools* finden.

Alle Tools sind in der Hilfedatei *Suptools.chm* beschrieben, die ebenfalls Teil von *Support.cab* ist und vor der Benutzung auf die Festplatte kopiert werden muss.

Tabelle 22.6: Die wichtigsten Support-Tools der Windows XP-CD

Tool	**Was macht es?**
Depends.exe	Der »Dependency Walker« listet die Abhängigkeiten, d.h. die zur Ausführung benötigten Dateien, einer Dll oder Exe auf.
Diruse.exe	Zeigt Verzeichnisinformationen auf einer NTFS-Partition an
Dllfind.exe	Spürt DLL-Systemdateien auf der Festplatte auf
Poolmon.exe	Kann dazu benutzt werden, sog. Speicherlecks (d.h. Programme, die Arbeitsspeicher reservieren, aber nicht wieder freigeben, und dadurch bewirken, dass die Menge des freien Arbeitsspeichers stetig abnimmt) aufzuspüren
Pstat.exe	Listet detaillierte Angaben über alle aktiven Prozesse auf (detaillierter als im Task-Manager)
Spcheck.exe	Stellt fest, welches Service-Pack auf einem Computer installiert ist
Filever.exe	Zeigt die Versionsinformationen einer Datei oder eines Verzeichnisses an
Netdiag.exe	Kleines Diagnoseprogramm für Netzwerkverbindungen

Tabelle 22.6: Die wichtigsten Support-Tools der Windows XP-CD (Forts.)

Tool	Was macht es?
Pptpclint.exe und *Pptpsrv.exe*	Server- und Client-Programm, um einen Ping über eine VPN-Internetverbindung testen zu können
Pmon.exe	Der Process Resource Monitor gibt detaillierte Auskunft über die von einem Prozess belegten CPU- und Speicher-Ressourcen.

22.13 Probleme mit Systemdiensten beheben

Nicht immer ist gewährleistet, dass ein Systemdienst ordnungsgemäß gestartet oder beendet wird. Wie es um die Dienste bestellt ist, erfahren Sie aus dem gleichnamigen Verwaltungsprogramm. Hier können Sie auf einen Blick erkennen, welche Dienste zurzeit aktiv sind und welche nicht. In seltenen Ausnahmefällen kann es zudem passieren, dass ein Dienst hängt und sich nicht mehr beenden lässt. In diesem Fall muss der Dienst über die Wiederherstellungskonsole beendet werden.

STEP

Deaktivieren eines Systemdienstes

1. Installieren Sie, wie in Kapitel 22.10.1 beschrieben, die Wiederherstellungskonsole.
2. Wählen Sie die Installation von Windows XP aus und melden Sie sich mit dem Administratorkonto beim Computer an.
3. Wechseln Sie zum Ordner *%Systemroot%\System32*, geben Sie an der Eingabeaufforderung *listsvc* ein und drücken Sie anschließend die Eingabetaste.
4. Suchen Sie in der angezeigten Liste den Dienst oder den Treiber, der das Problem verursacht.
5. Geben Sie »disable« ein, gefolgt von dem Namen des Dienstes und drücken Sie anschließend die Eingabetaste.

   Der Befehl DISABLE zeigt den alten Starttyp des Dienstes an, bevor er auf SERVICE_DISABLED zurückgesetzt wird. Sie sollten sich den alten Starttyp notieren, falls der Dienst erneut aktiviert werden muss.
6. Geben Sie *exit* ein. Der Computer wird automatisch neu gestartet. Über das *Dienste*-Programm können Sie überprüfen, ob der Dienst tatsächlich nicht aktiv ist.

23 Sicherheit für Zuhause

Das Thema Sicherheit bei Windows XP spielt in zunehmendem Maße auch für den normalen Heimanwender eine Rolle. Das Jahr 2003 galt aus der Sicht von Sicherheitsexperten als Jahr der »Viren, Würmer und Trojaner« (mehr zu diesen Begriffen im weiteren Verlauf des Kapitels). Viren wie Sobig.F und vor allem der Blaster-Wurm haben deutlich gemacht, wie gefährdet jeder Computer ist, der mit dem Internet verbunden ist, und wie leicht auch Privatpersonen Opfer einer solchen »Attacke« werden können. Das gilt besonders für jene Computer, die über DSL oder Kabelmodem praktisch ständig mit dem Internet verbunden sind. Permanent online zu sein verstärkt natürlich auch die Gefahr für einen Angriff deutlich, denn eine Internet-Verbindung ist keine Einbahnstraße. Genau wie Sie über einen Webbrowser oder FTP-Client Millionen Computer in der ganzen Welt kontaktieren können, können umgekehrt genauso viele Computer eine Verbindung zu Ihrem Computer über offene Ports herstellen. Dabei geht es den »Besuchern« gar nicht einmal darum, Daten zu stehlen, Kennwörter auszuspionieren oder gar Dateien zu löschen, die Trojaner-Viren à la Sobig.F und Blaster benutzen einen fremden Computer in erster Linie als Helfer für ihre Zwecke, indem sie sich von diesem Computer per E-Mail zu verbreiten. Berücksichtigt man den Umstand, dass sich ein solcher Wurm innerhalb weniger Tage über den Globus verteilen kann, wird deutlich, dass sich jeder Einzelne angesprochen fühlen und entsprechende Maßnahmen treffen muss, damit sein Computer nicht dazu beiträgt, dass weltweit durch Ausfallzeiten, verlorene E-Mails und Reparaturkosten Schäden von mehreren Millionen Euro entstehen. Und: Sobig.F, Blaster & Co. waren insofern harmlos, dass sie keine Dateien löschten, Festplatten unbrauchbar machten oder andere direkte Schäden anrichteten, auch wenn dies technisch problemlos möglich gewesen wäre. Doch niemand kann wissen, wann der nächste groß angelegte Angriff passieren wird oder ob ein zunächst als harmlos eingestufter Wurm doch nicht (etwa zu einem bestimmten Zeitpunkt oder ausgelöst durch einen zweiten Virus) ein bösartiges Verhalten an den Tag legt. Zum Glück sind die Abwehrmöglichkeiten auch (oder vor allem) für Privatanwender sehr gut und erfordern keine speziellen Kenntnisse. Und genau darum soll es in diesem Kapitel geht.

Eines bereits vorweg: Sicherheit ist ein genauso komplexes wie kompliziertes Thema. Es gibt keine perfekte Sicherheit. Ein Restrisiko lässt sich heutzutage nicht vermeiden, denn niemand möchte auf eine Internet-Verbindung oder auf E-Mail verzichten, und nur wenige sind bereit, sich über die eingesetzten Programme und deren Sicherheit Gedanken zu machen. Aus diesem Grund bringt es auch wenig, sich zu sehr mit technischen Details zu beschäftigen. Zwar ist kaum eine Software wirklich sicher, und es wird immer clevere (und skrupellose) »Bösewichter« geben, die auch die unwahrscheinlichsten Sicherheitslücken ausnutzen, auf der anderen Seite gibt es im Internet eine sehr, sehr große »Solidargemeinschaft« (angeführt, natürlich nicht ganz uneigennützig, von den Herstellern von Antivirenprogrammen und anderen kommerziellen Sicherheitsexperten), die, sobald ein neuer Virus die Runde macht, mit Hilfestellungen und Software-Updates zur Hilfe eilt.

Die Themen für dieses Kapitel:

- 1 – 2 – 3 und 4 – mein Computer ist sicher
- Gefahren aus dem Internet
- Was ist ein Blaster?
- Die Windows XP-Firewall im Detail
- Schutz gegen fiese Dialer
- Optimaler Schutz vor aktiven Webinhalten mit dem Internet Explorer
- Ein Wort zur Privatsphäre
- Die besten Tipps zum Schluss

23.1 1 – 2 – 3 und 4 – mein Computer ist sicher

In der Einleitung wurde angedeutet, dass es weder Zeit noch Spezialkenntnisse bedarf, um einen Windows XP-Computer so sicher zu machen, dass er zu mindestens gegen die gängigsten Gefahren, die durch E-Mail-Viren entstehen, geschützt ist. Dadurch ergibt sich zwar keine 100%ige Sicherheit (vor unseriösen Dialern oder Webseiten mit bösartigen aktiven Inhalten ist Ihr Computer zum Beispiel nach wie vor nicht geschützt), aber Sie können relativ beruhigt durch das Web surfen und davon ausgehen, dass Sie von der nächsten groß angelegten Attacke relativ sicher sind. Es sind genau drei Schritte und ein Zusatzschritt, die Sie möglichst sofort ausführen sollten:

1. Die integrierte Firewall aktivieren
2. Windows XP auf den neuesten Stand bringen
3. eine Antiviren-Software installieren

und

4. von heute an nie mehr Anhänge von E-Mail-Nachrichten einfach doppelt anklicken

23.1.1 Schritt 1: Die integrierte Firewall aktivieren

Windows XP Home bietet für jede Netzwerkverbindung eine eingebaute Firewall (dies ist ein Programm, das den Rechner vor unerlaubten Zugriffen aus dem Internet schützt), die gar nicht so schlecht und für den Heimbedarf ausreichend ist. Diese Firewall wird per Mausklick aktiviert, was Sie im Folgenden tun sollen (sollte sie bereits aktiviert sein, ist es gut zu wissen, dass dies der Fall ist).

Wenn Sie Ihr Netzwerk mit dem Netzwerkinstallations-Assistenten einrichten, wird die Firewall automatisch aktiviert.

STEP

Die Windows XP-Firewall aktivieren

1. Öffnen Sie den Ordner *Netzwerkverbindungen*, und klicken Sie die Verbindung, welche die Verbindung zum Internet herstellt, mit der rechten Maustaste an. Ob dies eine DFÜ-, LAN- oder Breitband-Verbindung ist, spielt keine Rolle.
2. Wählen Sie den Eintrag *Eigenschaften*, und wechseln Sie in das Register *Erweitert*.
3. Setzen Sie das Häkchen vor die (einzige) Option *Diesen Computer und das Netzwerk schützen...* , und schließen Sie den Dialog über OK. Die eingebaute Firewall ist ab jetzt aktiv.

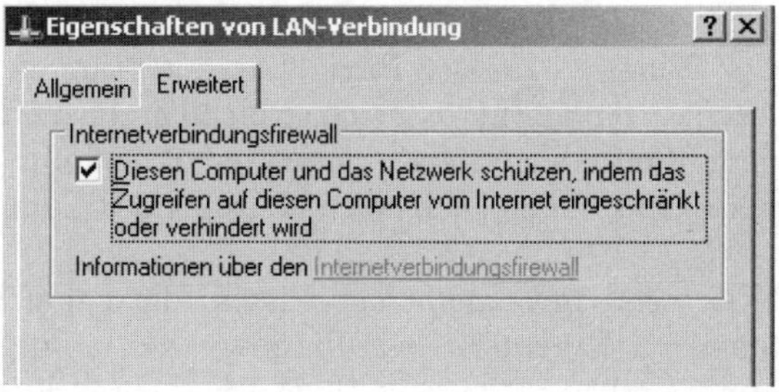

Abbildung 23.1: Ist das Häkchen gesetzt, schützt Sie die eingebaute Firewall vor unerwünschten »Anfragen« aus dem Internet.

:-) TIPP

Wird das Internet Connection Sharing (ICS) verwendet, sollte die ICS auf dem ICS-Host immer laufen. Auf einem LAN-Client kann ihr Einsatz ebenfalls sinnvoll sein. Man sollte sich aber bewusst sein, dass sie einige Verbindungen blockiert und es daher zu einem »merkwürdigen« Netzwerkverhalten kommen kann.

INFO

Muss die eingebaute Firewall auch dann aktiviert werden, wenn der DSL-Hardware-Router, der die Verbindung zum Internet herstellt, ebenfalls eine Firewall besitzt? Im Prinzip nicht, denn eine »Schutzwand« sollte genügen. Zwar ist es kein Fehler, die eingebaute Firewall von Windows XP ebenfalls zu aktivieren, aber in diesem Fall müssten auch Portfreigaben (etwa für die Teilnahme an einem LAN-Spiel oder einem Tauschring) doppelt freigegeben werden, was unnötig umständlich ist und gerade bei unerfahrenen Anwendern zu Konfusion führt. Sollte sich die Router-Firewall deaktivieren lassen, sollten Sie dies tun, da die XP-Firewall deutlich leichter zu konfigurieren ist. Dies ist aber kein 100%-Tipp, denn die Meinungen der Experten gehen in diesem Punkt deutlich auseinander.

INFO

Muss die Firewall von Windows XP für jeden Computer im lokalen Netzwerk aktiviert werden? Nein, so viel Aufwand müssen Sie nicht treiben (zumal dieser eher zu Problemen führen kann), da aus dem Internet nur der Computer sichtbar ist und damit angesprochen werden kann, der direkt mit dem Internet verbunden ist. Die übrigen Computer sind, sofern die Datei- und Druckerfreigaben für die Internet-Verbindung nicht aktiv sind (was allgemein keine gute Idee ist), nicht sichtbar.

:-) TIPP

Und da wir gerade dabei sind: Eine versehentlich aktivierte Firewall ist der Grund Nr. 1 für vermeintliche Zugriffsprobleme im lokalen Netzwerk. Sie wundern sich, warum Sie nicht den Drucker des nebenan stehenden Computers ansprechen können? Natürlich weil die Firewall den Zugriff verhindert. Hier müssen Sie entweder die IP-Nummer des anderen Computers freigeben oder die Firewall für die Verbindung im LAN deaktivieren.

23.1.2 Schritt 2: Windows XP auf den neuesten Stand bringen

Während Schritt Nr. 1 gerade einen müden Mausklick erforderlich machte, müssen Sie für diesen wichtigen Schritt ein wenig aktiver werden und über das Windows-Update Ihren Computer auf den neuesten Stand bringen. Auch dieser Schritt lässt sich spielend einfach erledigen und setzt zudem keinerlei Spezialkenntnisse voraus, er dauert nur etwas länger und erfordert unter Umständen auch einen Neustart des Computers.

Was viele Anwender nicht wissen, die Fähigkeit, sich auf dem aktuellen Stand zu halten, ist bei Windows XP Home bereits fest eingebaut. Die Funktion heißt Windows-Update und sorgt dafür, dass Ihnen alle verfügbaren Aktualisierungen wie auf einer Speisekarte präsentiert werden und Sie jene oder einfach alle auswählen, die Sie installieren möchten. Das Windows-Update finden Sie im Startmenü, in dem Sie zuerst auf START und anschließend auf ALLE PROGRAMME klicken. Ganz oben im Menü wird der Eintrag *Windows-Update* angeboten.

STEP

Das Windows-Update starten

1. Klicken Sie auf START, anschließend auf ALLE PROGRAMME, und selektieren Sie den Eintrag *Windows-Update* (ganz oben). Sie gelangen damit auf die Microsoft-Update-Seite im Internet für Ihre Windows-Version.

2. Klicken Sie als Erstes auf *Updates suchen*, um eine Liste aller in Frage kommenden Updates zu erhalten. Die Suche dauert einen Augenblick. Dabei greift die Update-Funktion auf Ihren Computer zu, um festzustellen, welche Aktualisierungen bereits installiert wurden (Microsoft verspricht, dass es keine privaten Daten einsammelt).

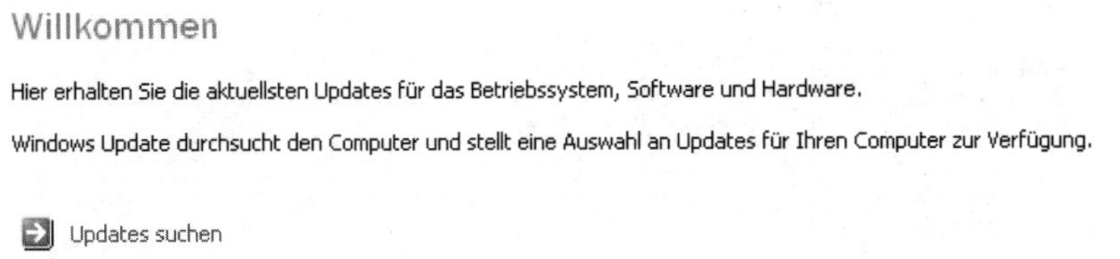

Abbildung 23.2: Auf der Windows-Update-Seite besteht die Möglichkeit, nach aktuellen Updates zu suchen.

:-) TIPP

Die Windows-Update-Seite lässt sich auch direkt über Internet Explorer aufrufen. Ihre Adresse lautet `http://v4.windowsupdate.microsoft.com/de/default.asp`.

3. Jetzt wird nach verfügbaren Updates gesucht, wobei die Suche durchaus ein paar Minuten dauern kann.
4. Sie sehen nun eine Liste aller aktuell verfügbaren Updates, wobei zwischen wichtigen Updates und Service Packs, speziellen Updates für Windows XP und Treiber-Updates unterschieden wird.

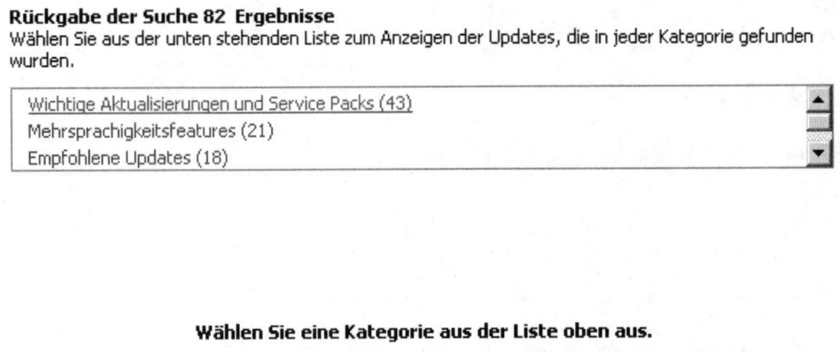

Abbildung 23.3: Auf der Windows-Update-Seite werden im Kasten auf der linken Seite alle verfügbaren Updates zusammengestellt.

5. Nun kommt ein Schritt, der bereits etwas Detailkenntnis erfordert. Sie müssen die Liste der Updates durchsehen und jedes Update einzeln über den HINZUFÜGEN-Knopf auswählen. Achten Sie auch auf die Gesamtgröße der ausgewählten Aktualisierungen und die daraus resultierende Dauer (siehe Abbildung 23.4).
6. Klicken Sie auf JETZT INSTALLIEREN, um die Installation zu starten. Zuvor müssen Sie aber, wie könnte es anders sein, die Lizenzvereinbarungen bestätigen (siehe Abbildung 23.5).

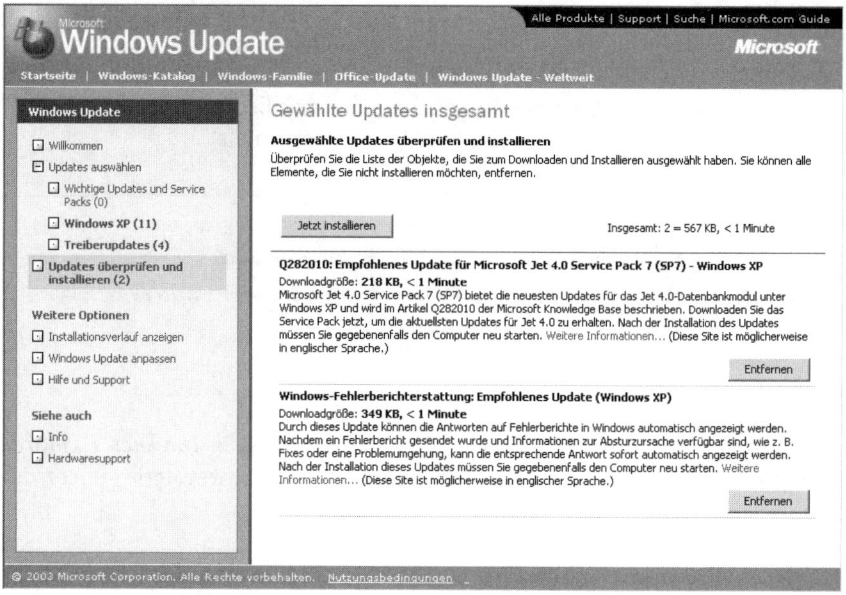

Abbildung 23.4: Alle ausgewählten Aktualisierungen werden noch einmal zusammengefasst.

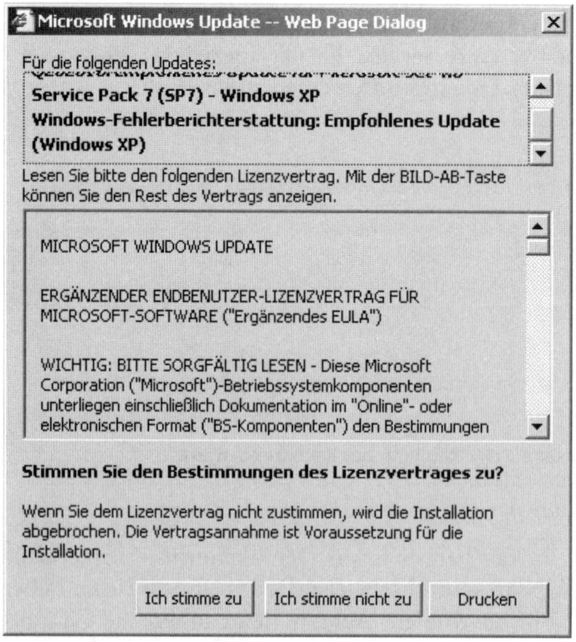

Abbildung 23.5: Vor dem Download der Aktualisierungen müssen Sie den Lizenzvereinbarungen zustimmen.

Je nach Art der Aktualisierung kann ein Neustart des Computers erforderlich sein (siehe Abbildung 23.6).

7. Ging alles gut, wird am Ende ein »Installation erfolgreich verlaufen«-Hinweis angezeigt.

Abbildung 23.6: Dieses Dialogfeld zeigt den aktuellen Stand der Aktualisierung an.

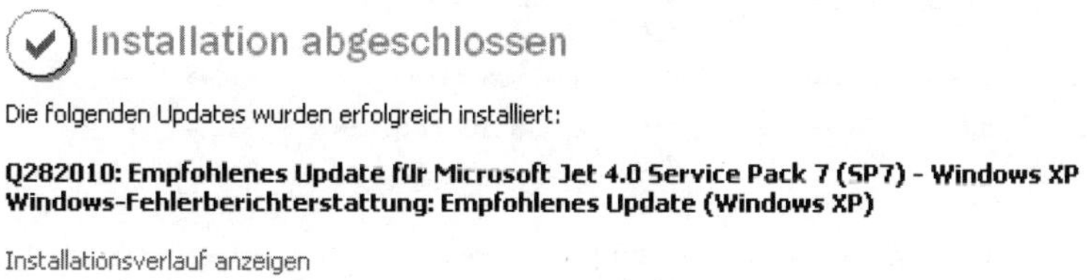

Abbildung 23.7: Dieser Hinweis erscheint, wenn die Installation erfolgreich abgeschlossen wurde, was im Allgemeinen der Fall sein sollte.

Wenn Sie möchten, können Sie sich über »Installationsverlauf« im Detail informieren und erfahren dabei, welche Aktualisierungen bereits auf Ihrem Computer installiert wurden. Klicken Sie dazu auf *Installationsverlauf anzeigen*. Zu allen wichtigen Updates finden Sie eine Verknüpfung *Weitere Informationen*, über Sie auf eine Webseite gelangen, welche die Aktualisierung ausführlich beschreibt. Jetzt wird es aber so technisch, dass es für »normale« Anwender Zeit wird, sich wieder auf das zu besinnen, für das sie sich ihren PC eigentlich angeschafft haben: Produktiv arbeiten, spielen, durchs Web surfen und Spaß haben (siehe Abbildung 23.8).

:-) TIPP

Sollte beim Aufruf der Windows-Update-Seite die Meldung erscheinen, dass ein ActiveX-Steuerelement auf dieser Seite nicht sicher sei, so ist dies kein Hinweis auf ein Sicherheitsproblem. Diese Meldung wird immer dann angezeigt, wenn über die Sicherheitseinstellungen des Internet Explorers (mehr dazu in Kapitel 7) die Initialisierung und Ausführung von ActiveX-Steuerelementen, die als nicht sicher markiert wurden, deaktiviert sind. Damit das Windows-Update funktioniert, müssen Sie in den Internetoptionen die Einstellung »ActiveX-Steuerelemente initialisieren und ausführen, die nicht sicher sind« auf Aktivieren oder zumindest auf Eingabeaufforderung setzen. Das geht, indem Sie im Internet Explorer nacheinander EXTRAS/INTERNETOPTIONEN/SICHERHEIT, das Symbol INTERNET und STUFE ANPASSEN und zum Schluss die betreffende Option wählen (siehe Abbildung 23.9).

Abbildung 23.8: Auf Wunsch werden alle bereits installierten Aktualisierungen aufgelistet.

Installationsverlauf

Überprüfen Sie, welche Updates Sie von Windows Update installiert haben. Klicken Sie auf die Spaltenüberschriften, um nach Status, Datum, Beschreibung oder Quelle zu sortieren.

Hinweis Auf dieser Seite werden die Elemente angezeigt, die von Windows Update installiert wurden. Falls Sie den Computer seitdem wiederhergestellt haben oder Programme installiert bzw. deinstalliert haben, könnte es sein, dass die hier aufgeführten Elemente nicht mehr auf dem Computer installiert sind.

Status	Datum	Beschreibung	Quelle
Erfolgreich	Sonntag, 7. September 2003	**Windows-Fehlerberichterstattung: Empfohlenes Update (Windows XP)**	Website
Erfolgreich	Sonntag, 7. September 2003	**Q282010: Empfohlenes Update für Microsoft Jet 4.0 Service Pack 7 (SP7) - Windows XP**	Website
Erfolgreich	Sonntag, 7. September 2003	**Sicherheitsupdate für Microsoft Windows (KB824105)**	Automatisches Update
Erfolgreich	Dienstag, 2. September 2003	**331953: Sicherheitsupdate (Windows XP)**	Website
Erfolgreich	Dienstag, 2. September 2003	**329170: Sicherheitsupdate**	Website
Erfolgreich	Dienstag, 2. September 2003	**811630: Wichtiges Update (Windows XP)** Weitere Informationen... (Diese Site ist möglicherweise in englischer Sprache.)	Website
Erfolgreich	Dienstag, 2. September 2003	**Q329048: Sicherheitsupdate** Weitere Informationen... (Diese Site ist möglicherweise in englischer Sprache.)	Website

Abbildung 23.9: Wenn diese Meldung beim Windows-Update erscheint, muss die Sicherheitseinstellung beim Internet Explorer geändert werden.

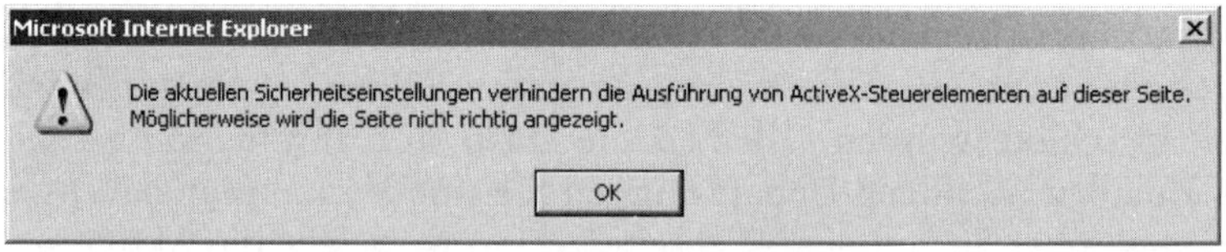

INFO

Die obige Anleitung ist nicht so gut geeignet, wenn Sie in einem kleinen oder größeren Netzwerk mehrere Computer auf den aktuellen Stand halten möchten, da es a) ein wenig umständlich (und vor allem unnötig) ist, für jeden Computer die stets gleiche Software herunterzuladen, und b) bei unterschiedlichen Windows-Versionen (etwa beim SP1) nie so ganz klar ist, welche Updates erforderlich sind und welche nicht. Sehr viel praktischer ist es, die Updates nur einmal herunterzuladen und gegebenenfalls auf eine CD zu kopieren, um sie stets griffbereit zu haben. Alles das ist mit relativ geringem Aufwand möglich, nur leider würde es den Rahmen des Windows XP Home-Kompendiums sprengen, diese im Detail vorzustellen. Hier sei auf die zu diesem Thema zahlreichen Fachartikel (etwa in der Zeitschrift c't – einzelne Artikel können für einen kleinen Preis unter `www.heise.de` *nachträglich gekauft werden) verwiesen*[1].

1 Schauen Sie auch einmal bei meiner eigenen Homepage zu diesem Buch unter http://www.xp-zone.de_vorbei. Ich will zwar nichts voreilig versprechen, habe aber vor ein paar zusätzliche Anleitungen für alle Leser zur Verfügung zu stellen.

23.1.3 Schritt 3: Eine Antiviren-Software installieren

Während der letzte Schritt ein wenig mehr Initiative erforderte, geht es Ihnen im nächsten Schritt an den Geldbeutel. Zwar heißt es irgendwo, dass die besten Dinge im Leben frei sind, doch das gilt leider nicht für Antiviren-Software. Da Windows XP von Haus kein solches Programm bietet und das Angebot an kostenloser Software mehr als überschaubar ist, müssen Sie selber auf Shopping-Tour gehen, wobei es nicht schwer ist, eine Wahl zu treffen, da die führenden Anbieter alle gleich gut sein dürften. Die Quintessenz für diesen Schritt lautet daher kurz und knapp: Besorgen Sie sich eine Antiviren-Software, und halten Sie sie auf dem Laufenden. Damit, mit der aktivierten Firewall und einem Windows XP, bei dem dank der Updates alle bekannten Sicherheitslöcher gestopft sind, können Sie den Gefahren aus dem Internet relativ gelassen entgegensehen. Vor allem dann, wenn Sie auch den nächsten Tipp konsequent beherzigen.

23.1.4 Und zu guter Letzt: Der Doppelklick wird tabu

E-Mail-Viren stellen die größte Gefahr für Privatanwender dar. Ein E-Mail-Virus ist ein Programm, das mit einer E-Mail-Nachricht als Anhang mitgeschickt wird. Dieses Programm kann nicht mit dem Öffnen der Nachricht alleine aktiv werden (das Lesen der Nachricht ist daher harmlos), es muss darauf hoffen, dass es der liebe Anwender startet, was ganz einfach per Doppelklick geschieht. Doch warum sollte ein Anwender so etwas Dummes tun? Zum einen weil Anwender leider oft dumme Dinge tun, zum anderen weil die Absender so raffiniert sind, dass sie ihre gefährlichen Nachrichten geschickt tarnen. So heißt eine E-Mail-Nachricht mit einem gefährlichen Wurm als Anhang nicht einfach »Super Evil Bomb Attack«, und der Absender ist nicht die »Underground Hacker Association«, sondern die Nachricht stammt scheinbar von Microsoft oder wie jüngst geschehen von der »Kriminalpolizei Düsseldorf« und die Betreff-Zeile lautet nicht mehr »I love you«, sondern »Wichtiges Sicherheitsupdate« oder »Gegen Sie liegt eine Strafanzeige« vor und enthält einen Anhang, den es unbedingt zu öffnen gilt. Auch wenn vom Absender bis zur Betreff-Zeile alles erfunden und erlogen ist und die Nachricht in Wirklichkeit von einem anonymen Absender (dessen Identität sich nicht über die Nachricht feststellen lässt) mit der Absicht stammt, den Virus zu verbreiten, nicht wenige Anwender fallen darauf herein, öffnen den Anhang per Doppelklick (sofern dieser nicht bereits, was glücklicherweise der Regelfall sein dürfte, von der Antiviren-Software aus der Nachricht entfernt wurde) und laden sich so den Wurmvirus auf ihren Computer.

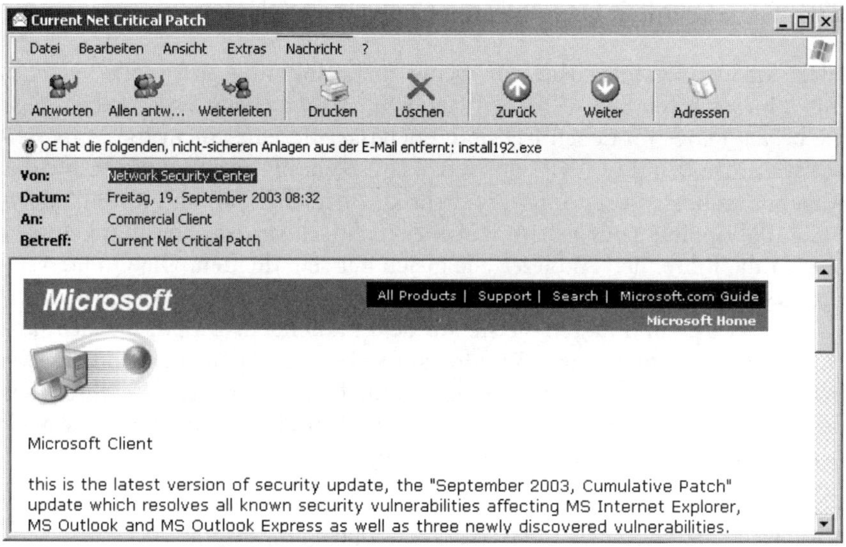

Abbildung 23.10: Diese Nachricht stammt nicht von Microsoft, sondern ist eine Fälschung mit einem E-Mail-Virus als Anhang.

Auch wenn Nachrichten mit gefährlichen Inhalten, neben direkten Attacken über freigegeben Ports und Netzwerkfreigaben, die größte Gefahr aus dem Internet für die Sicherheit des Computers sind, ist das Gefahrenpotenzial relativ niedrig:

1. Nachrichten mit einem Wurm oder Virus als Anhang werden, egal von wem sie stammen und welche Betreff-Zeile sie besitzen, von der Antiviren-Software entfernt, so dass Sie sie gar nicht anklicken können.
2. Outlook Express bietet (seit dem Service Pack Nr. 1 für Windows XP, das Sie hoffentlich installiert haben) eine Option, die das Öffnen und Speichern von Anhängen mit »aktiven Inhalten« verhindert. Mit diesen aktiven und möglicherweise bösartigen Inhalten sind in erster Linie Microsoft Word-Dokumente gemeint, die Makros enthalten, die beim Öffnen des Dokuments alles Mögliche auf Ihrem Computer anstellen können.
3. Sehr viel wichtiger für Ihre Sicherheit beim Lesen von Nachrichten ist jedoch die unscheinbare Option »Zone für eingeschränkte Sites (sicherer)«. Stellen Sie unbedingt sicher, dass diese Option gesetzt ist, denn sie bewirkt, dass vermeintlich harmlose HTML-Nachrichten, die bösartige Skripte enthalten können, nicht bereits beim Betrachten im Vorschaufenster oder per Doppelklick aktiv werden können.

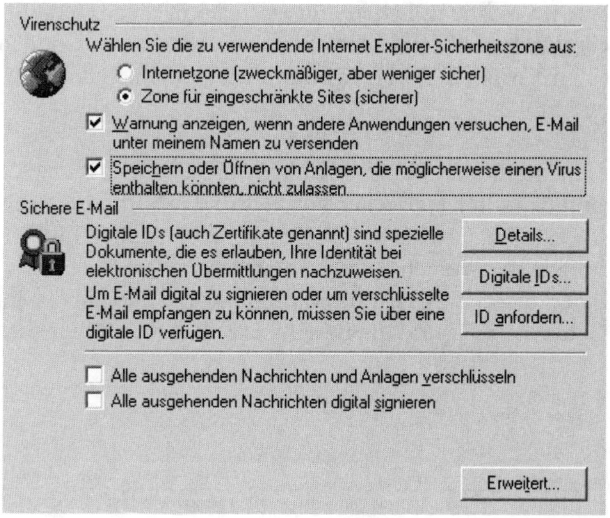

Abbildung 23.11: Outlook Express 6 bietet ab dem Service Pack Nr. 1 zusätzliche Sicherheitseinstellungen.

23.2 Gefahren aus dem Internet

Nachdem Sie Ihren Computer wie im letzten Abschnitt beschrieben hoffentlich nach der 1-2-3+4-Methode sicher gemacht haben, erhalten Sie in diesem Abschnitt einen kurzen Überblick über die Gefahren, die praktisch jedem Anwender mit Internet-Verbindung drohen können. Das ist ungefähr so, wie Sie nach einer Schutzimpfung sich ein wenig intensiver mit den Krankheiten beschäftigen können, gegen die Sie nun hoffentlich immun sind.

23.2.1 Gefahr durch Viren

Auch wenn das vermutlich schon jeder weiß, liegt den Autoren doch eine kleine Richtigstellung am Herzen. Ein Computervirus ist kein lebender Organismus (auch wenn es gewisse Parallelen gibt). Er stellt damit auch keine Gefahr für Ihre Gesundheit dar (höchstens für cholerisch veranlagte Mitmenschen, wenn sie ein Virus wieder einmal dazu bringt, die Festplatte neu zu formatieren). Ein *Virus* ist ein kleines Programm, das von einer meist unbekannten Person in Umlauf gebracht wird und in der Regel »huckepack« mit einem anderen Programm auf Ihren Rechner gerät. Ein wichtiges Merkmal eines Virus ist seine Reproduzierfähigkeit. Ein Virus ist so programmiert, dass er sich vervielfältigt, indem er seine Programmbefehle entweder in andere Programmdateien einfügt, so dass diese ebenfalls den Viruscode enthalten, oder sich (meistens per E-Mail) auf andere Computer im Internet überträgt.

Wie im richtigen Leben gibt es Viren in einer erstaunlichen Vielzahl, die oft verwandtschaftliche Beziehungen unterhalten, in dem ein Programmierer einen Virus als Vorlage genommen und einen anderen Virus daraus abgeleitet hat.

Laut der *Network Associates Information Library* (*Network Associates* ist ein bekannter Hersteller von Antiviren-Software – mehr Infos unter `http://www.nai.com/international/germany/`) gibt es über 71.000 Viren. Informationen zu jedem einzelnen finden Sie unter `http://vil.nai.com/vil/default.asp`. Sollte Ihnen also ein Virus unterkommen und Sie nähere Informationen über die Gefährlichkeit und die Beseitigung suchen, werden Sie hier bestimmt fündig.

Abbildung 23.12: Die Viruskarte von TrendMicro gibt über die aktuelle Verbreitung der bekanntesten zehn Viren in der ganzen Welt Auskunft.

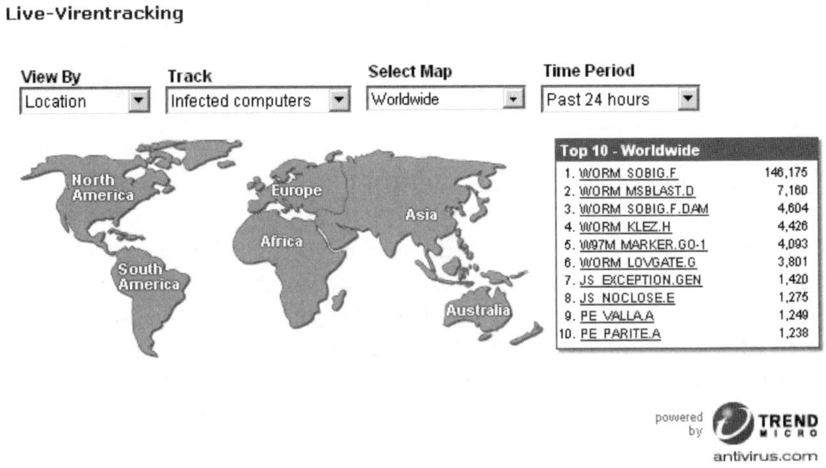

Ob Ihr Computer von einem Virus befallen ist, erkennen Sie leider nicht an einer typischen Fehlermeldung (Ihr PC fängt auch nicht an zu husten). Sie erkennen es nur an einem »merkwürdigen« Verhalten, dass seltsame Meldungen erscheinen, bestimmte Funktionen nicht mehr zur Verfügung stehen oder gar die Antiviren-Software deaktiviert wird. Praktisch sämtlichen Viren ist gemeinsam, dass sie die normalen Arbeitsabläufe am Computer mehr oder weniger nachhaltig stören. Wenn die Welt in den letzten Jahren scheinbar deutlich gefährlicher geworden ist, trifft dies auf Viren nicht unbedingt zu. Während Viren in den Anfangsjahren sich gerne in den Bootssektor der Festplatte einnisteten und damit das komplette System lahm legen konnten, gehen Viren heutzutage subtiler vor, da es den »Erzeugern« in erster Linie um eine Verbreitung und weniger um die Zerstörung von Dateien (oder gar Hardwarekomponenten) geht. Das soll natürlich nicht heißen, dass Viren harmlos sind, es bedeutet in erster Linie, dass durch einen Virenbefall noch nicht der »Worst Case« eintritt, der eine komplette Formatierung und Neuinstallation nach sich zieht.

Da Viren reine Softwareprogramme sind, sind auch die »Virenjäger« reine Softwareprogramme, Sie erhalten sie daher nicht in der Apotheke. Sie werden *Antiviren-Programme* oder *Virenscanner* genannt und in einer großen Auswahl angeboten.

Weder Windows XP Home noch Windows XP Professional verfügen über ein eigenes Antiviren-Programm. Darum müssen Sie sich leider selber kümmern. Da Microsoft diesen Markt anderen Softwarefirmen überlässt und das Aktualisieren des Virenscanners eine arbeitsintensive Angelegenheit ist, die ein Heer von Spezialisten erfordert, sind Antivirenprogramme nicht kostenlos. Die Ausgabe lohnt sich in jedem Fall, denn ohne einen solchen Helfer ist Ihr Computer relativ schutzlos. Oft ist ein Virenscanner bereits von Anfang an Teil der Softwaresammlung Ihres neuen Computers. Hier sind bereits ein oder zwei Updates im Preis dabei, so dass Ihnen zunächst weitere Ausgaben erspart werden. Ansonsten müssen Sie ein Antivirenprogramm als eine Art »Versicherungspolice« für Ihren Computer sehen (allerdings ohne Garantie und Schadensersatzansprüche), die sich meistens nicht vermeiden lässt. Ein separates Programm für Würmer und Trojaner benötigen Sie übrigens nicht, darum kümmert sich selbstverständlich der Virenscanner.

Und was ist ein Hoax?

Ein *Hoax* hört sich zwar noch gefährlicher an als ein Virus, ist zum Glück aber vollkommen harmlos. Ein Hoax ist eine gefälschte Virenwarnung oder ein vermeintlicher Virus, der keiner ist. Es gibt inzwischen eine Reihe recht bekannter Hoaxe, die für kurze Zeit die Benutzer verunsichern, bevor die Experten dann eine Entwarnung geben[2].

:-) TIPP

Eine gut gemachte Webseite, die über Hoaxe und echte Virenwarnungen informiert, ist `http://www.hoax-info.de/`.

:-) TIPP

Und da wir gerade beim Thema sind: Ignorieren Sie konsequent Virenwarnungen, die Sie von fremden Absendern, Absendern mit offiziell klingenden Namen oder gar scheinbar von Microsoft (achten Sie genau auf die Absenderadresse, bzw. gehen Sie davon aus, dass diese, sollte sie wirklich @microsoft.com lauten, gefälscht wurde) erhalten. Informieren Sie sich über Virengefahren ausschließlich auf den Seiten der Hersteller.

Insbesondere der Hersteller Microsoft verschickt niemals Sicherheits-Updates per E-Mail und wird Ihnen nur dann Mails mit einem Hinweis auf ein neues Sicherheits-Update senden, wenn Sie sich zuvor auf der Microsoft-Seite für den Security-Newsletter registriert haben.

2 Es ist allerdings nur ein Gerücht, dass mancher Hoax vom Hersteller einer Antivirensoftware in Umlauf gebracht wurde.

23.2.2 Gefahren durch Würmer

Würmer sind kleine Programme, die sich über das Internet ausbreiten. Der Begriff *Wurm* (der nichts über die Größe, das »Aussehen« oder sonstige Eigenschaften des Programms aussagt) leitet sich von dem Umstand ab, dass sich das Programm ähnlich durch die Netzwerkverbindungen des Internets »wühlt« wie ein kleiner Wurm durch das Erdreich. Ein Wurm ist dabei ebenfalls ein Virus, wobei es diesem Programm in erster Linie um die Verbreitung geht und weniger darum, einen echten Schaden anzurichten. Eine klare Trennlinie zwischen einem Virus und einem Wurmprogramm gibt es aber nicht, denn auch viele Viren verbreiten sich über das Internet und fallen damit auch in die Kategorie der Würmer.

Die Bedrohung durch Würmer ähnelt der durch Viren. Ein Wurm(-programm) macht sich nicht nur durch spektakuläre Aktionen bemerkbar, sondern verhält sich eher unauffällig, vor allem wenn sein Ziel darin besteht, den Computer lediglich als Plattform für die eigene Verbreitung zu benutzen. Es gibt natürlich Ausnahmen. Dazu gehört der *Win32.Blaster*-Wurm, der durch einen Programmierfehler einen »Ausnahmezustand« im Betriebssystem verursachte. Die Folge war, dass sich die Benutzer mit der reichlich frustrierenden Systemmeldung konfrontiert sahen, die besagte, dass das System in 60 s heruntergefahren werden würde (was auch tatsächlich geschah).

Die Gefahr durch Würmer ist ein wenig größer als die durch Viren, da die Verursacher dieser elektronischen Wanderer mit Würmern einen sehr viel größeren Schaden anrichten können als mit Viren. Diesen Programmierern geht es nicht darum, auf Ihrem Computer ein paar Dateien zu löschen oder eine launige Meldung auf den Bildschirm zu zaubern, sie benutzen Ihren Computer und den vieler anderer ahnungsloser Benutzer als Basisstation, um eine so genannte *Denial of Service*-Attacke (DoS) gegen einen bestimmten Computer zu fahren. Ziel eines solchen Wurms ist es, in möglichst kurzer Zeit möglichst viele Computersysteme zu befallen und dann zu einem festgelegten Zeitpunkt einen bestimmten Computer mit einer Fülle sinnloser Anfragen zu überhäufen, so dass dieser aufgrund der Datenflut die einzelnen Anfragen nicht mehr bedienen kann. Daher stammt auch der Name *Denial of Service*, zu Deutsch »Dienstleistungsverweigerung«[3].

Halten wir fest, so unerfreulich Würmer auch sind, sie sind meistens nicht so sehr gegen den privaten Anwender zu Hause gerichtet, sondern benutzen dessen Computer lediglich als Plattform, um Angriffe gegen andere Computersysteme im Internet zu starten.

3 Was manche Menschen hierzulande schon annehmen, wenn ihnen der Supermarkt um 20 Uhr die Tür vor der Nase zu sperrt.

Wie den Viren ist auch Windows XP den Würmern ohne zusätzliche Antiviren-Software und Firewall relativ schutzlos ausgeliefert. Allerdings gibt es einen kleinen Unterschied, der Ihnen auch ohne Virenscanner einen Vorteil verschafft. Da Würmer oft Sicherheitslücken ausnutzen, können Sie ihnen bereits wirkungsvoll vorbeugen, indem Sie (etwa über das Windows-Update) die neuesten »Sicherheits-Patches« installieren. Damit schließen Sie praktisch jene Tür, die das Wurmprogramm für seinen Angriff benutzen möchte.

23.2.3 Gefahren durch Trojaner

Auch wenn der Begriff Altgriechen und alle Fans griechischer Sagen und Mythologien begeistern dürfte, für einen Computeranwender stellt ein Trojaner kein Grund zur Freude dar. Ein *Trojaner* ist ein Programm, das sich in den Computer einnistet und dort eine Weile im Verborgenen bleibt (das heißt nicht, dass es nicht unsichtbar ist, es bedeutet lediglich, dass es nicht durch Meldungen oder andere Systemaktivitäten auf sich aufmerksam macht). Dass Trojaner relativ selten in Erscheinung treten, heißt nicht, dass sie harmlos sind. Im Gegenteil, ein (allerdings mit dem Absicht der Schadensprävention) vor einigen Jahren in Umlauf gebrachter Trojaner mit dem Namen *Back Orifice* erlaubt, sobald er aktiviert wurde, die totale Kontrolle des eigenen Computers zu Hause durch eine fremde Person über das Internet. Rein theoretisch wäre es für diese Person zum Beispiel kein Problem, den Computer herunterzufahren. Andere Remote-Access-Trojaner wie *Netbus*, *DeepThroat* und *SubSeven* ermöglichen eine ähnliche Kontrolle der Angreifer, die nicht nur durch Sicherheitslücken, sondern auch durch die Architektur von Windows begünstigt wird. An dieser Stelle soll lediglich darauf hingewiesen werden, dass solche Trojaner nicht nur von den vermeintlichen »Bad Guys«, den Hackern in Umlauf gebracht werden können.

Eine klare Trennlinie zwischen Trojaner und Wurmprogrammen gibt es genauso wenig wie zwischen einem Virus und einem Wurm. Ein Trojaner zeichnet sich durch den Umstand aus, dass er sich eine Zeit lang unauffällig verhält und entweder erst zu einem vom Programmierer festgelegten Zeitpunkt aktiv wird oder auf ein Signal von außen wartet. Da Trojaner relativ selten gibt, gibt es auch keine typischen Symptome. Doch wehe, wenn sie einmal aktiv sind. Wie es im letzten Abschnitt bereits angedeutet wurde, steht ihnen dann Tür und Tor offen. Hier schützt nur eine Firewall, wobei jene, die von Anfang an bei Windows XP Home dabei ist, nur einen bedingten Schutz bietet, da sie keine Datenpakete filtert, die vom Betriebssystem nach außen an andere Computer im Internet geschickt werden. Haben Sie daher erst einmal einen Trojaner an Bord, kann dieser ungehindert aktiv werden.

Vielleicht stellen Sie sich die Frage, wie überhaupt ein Virus, Wurm oder Trojaner auf Ihren Computer gelangen kann, wenn Sie sich keine Datei herunterladen, keinen E-Mail-Anhang öffnen und auch ansonsten keine

Datei im Spiel ist, in der die verdächtigen Befehle enthalten sein können. Die Antwort besteht darin, dass Angreifer Sicherheitslücken ausnutzen, die entweder bekannt sind, oder sie sie selber herausgefunden haben (was aber eine gewisse Intelligenz voraussetzt, die nicht immer vorhanden sein muss). Dieses Ausnutzen einer Lücke wird als *Exploit* bezeichnet (engl. *to exploit = ausnutzen oder ausbeuten*), womit auch dieser Begriff einmal erklärt wurde. Exploits dienen in erster Linie dazu, einem Administrator Schwächen seines Systems aufzuzeigen. Allerdings werden diese auch von Angreifern genutzt, um in ein System einzudringen (die neuesten Exploits finden Sie unter `http://packetstormsecurity.nl`).

An einem sehr »beliebten« Exploit sind die Programmierer der jeweiligen Software meistens schuld. Sie verwenden nämlich in ihrem Programm intern Ablagebereiche, die in diesem Zusammenhang *Buffer* genannt werden, für die Speicherung von Daten und ignorieren dabei die Frage, was passiert, wenn jemand mehr Daten dort abgelegt, als Platz in der Ablage vorgesehen ist. Angenommen, ein Programmierer reserviert einen Ablagebereich für 100 Zeichen. Dies erscheint ihm eine vernünftige Annahme, da in diesem speziellen Fall selten mehr als zehn Zeichen abgelegt werden. Doch an den Fall, dass jemand absichtlich zu viele Zeichen ablegen könnte, denkt er erst einmal nicht. Tritt dieser Fall ein, überschreiben die überzähligen Daten Bereiche, die für ganz andere Dinge vorgesehen waren. Dieses Phänomen wird als »Buffer overrun«, kurz Pufferüberlauf bezeichnet. Es führt unter anderem dazu, dass der Angreifer die Gelegenheit erhält, eigene Befehle in das Programm einzuschleusen, die dann von dem Programm nichts ahnend ob ihrer Wirkung und Herkunft ausgeführt werden. Damit kann ein geschickter Angreifer einem vollkommen harmlosen Programm gefährliche Befehle unterjubeln. Eine Analogie zu dem sehr technischen Phänomen wäre eine Badewanne, die langsam mit Wasser überläuft, und das überlaufende Wasser weicht die Wände auf, so dass diese ein Einbrecher leichter durchbrechen kann. Weder der Wohnungsbesitzer noch der Erfinder der Badewanne rechnen mit diesem Trick, doch wird er angewandt, könnte er (natürlich nur in der Theorie und im Rahmen der beschriebenen Analogie) äußerst wirkungsvoll sein. Wenn Sie einmal die Microsoft-Datenbank mit den Sicherheitshinweisen (z.B. unter `www.microsoft.com/germany/security`) durchforsten, werden Sie feststellen, dass viele (wenn nicht sogar die Mehrheit) der Sicherheitswarnungen auf solchen Buffer overruns basiert. Sie können sich vor diesem Phänomen nur schützen, indem Sie vom Hersteller einen Patch (zu Deutsch »Flicken«) oder ein Update erhalten, das diese Lücke beseitigt.

Würmer und Trojaner werden normalerweise nicht getrennt behandelt, da sie eng verwandt sind und viele Würmer (und Viren) auch als Trojaner aktiv sind. Dennoch werden sie einzeln aufgeführt, damit Sie sie als eigene Spezies kennen lernen. Trojaner stellen eine genauso ernste Gefahr dar wie Viren, auch wenn sie zurzeit noch nicht durch ein schädigendes Verhalten auffallen. Einige Experten gehen davon aus, dass sich dies in Zukunft ändern könnte, und vermuten, dass Spamer und kriminelle Vereinigungen erst noch dabei sind, die Möglichkeiten, die sich durch die massenhafte Verbreitung von Würmern und Trojaner ergeben könnten, auszuloten, bevor sie diese wirklich eines Tages gezielt einsetzen (der sich massenhaft verbreitende, ansonsten aber relativ harmlose Virus *SoBig.F* wurde nur zu diesem Zweck in Umlauf gebracht – `http://zdnet.com.com/2100-1105_2-5067494.html`).

Es wird Sie inzwischen nicht mehr überraschen, dass Windows XP auch für Trojaner keine hauseigenen Mittel bereithält. Auch hier kümmert sich der Virenscanner um das Erkennen und Entfernen des Trojaners. Allerdings treten Trojaner zum Glück nicht in Massen auf, so dass es alternativ oder besser ergänzend sinnvoll ist, entweder alle 14 Tage oder wenn ein neue Warnung öffentlich gemacht wird, auf den Webseiten der Hersteller (entweder bei Microsoft oder den bekannten Herstellern von Antivirenprogrammen, etwa `www.symantec.de`) vorbeizuschauen, um sich den passenden Patch herunterzuladen – diese werden im Allgemeinen auch dann kostenlos angeboten, wenn Sie kein Kunde des jeweiligen Anbieters sind).

23.2.4 Gefahren durch unseriöse Dialer

Ein *Dialer* ist ein kleines Programm, das eine kostenpflichtige Nummer anwählt und auf diese Weise Kosten verursacht, die auf der Telefonrechnung des Benutzers erscheinen. Dialer werden bei einer Reihe von Bezahlangeboten (bei einigen können Sie sich sicherlich denken, welche das sind) als eine sowohl für den Betreiber als auch den Kunden einfache Möglichkeit des Bezahlens genutzt. Damit ein Dialer funktionieren kann, muss eine Modem- oder ISDN-Verbindung vorhanden sein, die mit dem Computer verbunden ist. Bei DSL- oder einer Kabelmodemverbindung funktionieren Dialer nicht. Dass dort, wo leicht Geld zu verdienen ist, schnell kriminelle Strukturen entstehen, ist alles andere als eine neue Erkenntnis. So dauerte es auch bei den Dialern nicht lange, bis schwarze Schafe Dialer in Umlauf brachten, deren einziger Zweck darin bestand, 0190er-Nummern anrufen, so dass ein bestimmter Betrag (meistens 1.86 +E+U+R+O+ pro Minute) auf der Telefonrechnung erschien, den sich der (meistens anonyme) Betreiber und die Telefongesellschaft brüderlich teilten.

Unseriöse Dialer sind eine sehr unerfreuliche Erscheinung, da sie einzig und allein zum Abzocken der Benutzer in den Umlauf gebracht werden und von unerfahrenen Benutzern nur schwer zu erkennen sind. Sie werden vom Benutzer entweder im Glauben installiert, es handele sich um ein Programm, das eine ganz andere Aufgabe übernehmen soll, oder sie verbergen sich in einer (meistens überflüssigen) Anwendung. Es gibt auch Dialer, die einmalig in Aktion treten und sich dann selber löschen. Die meisten Dialer erscheinen bei Windows XP als zusätzliche Einträge im Ordner *Netzwerkverbindungen* und sind dort relativ leicht aufzuspüren.

Bedingt durch die große Medienresonanz der Dialer sind viele Menschen für dieses Thema sensibilisiert und achten verstärkt darauf, ob sich ein Dialer eingeschlichen hat. Der zunehmende Trend zu DSL, Anti-Dialer-Programme, die Dialer aufspüren, und Änderungen im Gesetz, die es unseriösen Anbietern unmöglich machen, ihre überzogenen Forderungen vor Gericht einzuklagen, führten dazu, dass das Dialer-Problem 2003 nicht mehr so akut ist wie in den Jahren davor. Auch die neuen 0900er-Servicenummern machen es unseriösen Dialer sehr schwer, denn jeder Anbieter muss sich namentlich registrieren (die problematischen 0190er-Nummern sollen bis 2005 auslaufen).

Einen zuverlässige Anti-Dialer als Rundumschutz gibt es leider nicht, allerdings eine Reihe von Programmen, die sich dem Problem zumindest annehmen und einige Dialer unschädlich machen können. Der beste Schutz ist, unseriös erscheinende Programme gar nicht erst zu installieren und bestimmte Angebote im Web nicht zu benutzen (das dürfte allerdings nur ein frommer Wunsch sein, da es hier offenbar einen gewissen Bedarf gibt). Auch der Umstieg auf DSL (und damit verbunden das Deaktivieren der Modem- und ISDN-Leitung) ist eine gute Maßnahme, da hier Dialer nicht aktiv werden können.

Informieren Sie sich im Internet unter `www.dialerschutz.de` über das Auftreten von Dialern, mögliche Schutzmaßnahmen und aktuelle Entwicklungen.

23.2.5 Gefahren durch E-Mail

Kann denn eine harmlose Nachricht eine Gefahr sein? Sie kann, insbesondere wenn sie im Betreff den harmlosen, eher ein wenig ablenkenden Zusatz »I love you« trägt. In vielen Fällen trifft ein Virus, Wurm oder Trojaner als Anhang einer E-Mail-Nachricht ein. Der ahnungslose Empfänger klickt den Anhang doppelt an, und schon erhält der ungebetene Besucher die Gelegenheit, aktiv zu werden.

E-Mail-Nachrichten können auch ohne Anhang eine Gefahr darstellen, insbesondere dann, wenn Ihr E-Mail-Programm Microsoft Outlook heißt (nicht Outlook Express, hier gelten andere Regeln). Ist die E-Mail-Nachricht eine HTML-Datei, was heutzutage meistens der Fall ist, kann sie ein kleines Skript enthalten, das entweder mit dem Öffnen der Nachricht in der HTML-Ansicht oder, und das ist besonders gemein, bereits beim Betrachten der Nachricht im Vorschaufenster bei Microsoft Outlook und bei Outlook Express aktiv wird. Das auf diese Weise gestartete Skript kann nun andere Programme starten, Dateien aus dem Internet herunterladen, beliebige Dateien löschen, den Rechner herunterfahren und im Prinzip sogar die Festplatte formatieren.

Die Bedrohung lässt sich bei E-Mail sehr einfach identifizieren, denn sie besteht aus einer Nachricht, die den Angreifer entweder als Anhang oder eingebettet in das HTML-Dokument enthält. Die Gefahr ist allerdings relativ, denn der potenzielle Angreifer kann nur dann in Aktion treten, wenn die Nachricht geöffnet wird. Verbleibt die Nachricht ungeöffnet im Posteingang, kann nichts passieren. Wird sie dagegen geöffnet, passiert entweder sofort etwas, oder der Angreifer macht es sich lediglich im Betriebssystem gemütlich, um zu einem späteren Zeitpunkt aktiv zu werden. Da E-Mail lediglich das Transportmedium ist, treten die gleichen Symptome wie beim Befall des Computers durch einen Virus, Wurm oder Trojaner auf. Auch Dialer könnten theoretisch als E-Mail-Anhang (oder eingebettet in die HTML-Nachricht) übertragen werden.

Die Gefahr, sich per E-Mail einen ungebetenen Gast einzufangen, ist relativ groß, wenngleich es keinen Grund gibt, auf E-Mail zu verzichten. Zum einen ist E-Mail inzwischen ein beinahe unverzichtbarer Bestandteil unserer privaten und geschäftlichen Kommunikation geworden (das wird in den nächsten Jahren noch deutlich zunehmen), zum anderen ist es relativ einfach, sich vor E-Mail-Angriffen zu schützen.

Zu den erfreulicheren Themen gehört, dass es eine Reihe von Schutzmaßnahmen gibt, die auch für unerfahrene Benutzer in Frage kommen:

- Virenscanner erfassen auch per E-Mail eingetroffene Viren zuverlässig.
- Wenn Sie Anhänge von E-Mail-Nachrichten nur per Doppelklick öffnen, wenn Sie eine solche Nachricht erwarten oder wissen, dass Ihnen der Absender einen Anhang schicken wollte, oder es wahrscheinlich ist, dass er Ihnen einen geschickt hat, sind Sie auf der (relativ) sicheren Seite.
- Wenn Sie bei Outlook Express und Microsoft Outlook das Vorschaufenster deaktivieren, kann ein Skript in einer HTML-Nachricht nicht bereits aktiv werden, wenn die Nachricht im Posteingang ausgewählt wird.
- Wenn Sie die HTML-Ansicht im Nachrichtenfenster deaktivieren, kann ein eingebettetes Skript nicht aktiv werden.
- Der Hersteller Microsoft hat mit dem Service Pack Nr. 1 (SP1) sowohl bei Outlook Express als auch bei Outlook 2000/XP/2003 kleine Änderungen vorgenommen, die einen E-Mail-Angriff deutlich erschweren.

23.3 Was ist ein Blaster?

Sicherlich haben Sie bereits von dem Blaster-Wurm gehört, der im August 2003 im Internet weltweit für Aufregung sorgte, tagelang in den Nachrichten war und bei nicht wenigen Anwendern zu reichlich Frust und Verunsicherung geführt hat[4]. Im Folgenden erfahren Sie, was sich dahinter verbarg. Am Samstag, dem 31. August 2003, sollte einer der größten DoS-Attacken starten, die das Internet bis dahin erlebt hatte. Der Angreifer: der *Win32.Blaster*-Wurm und Varianten dieses Wurms, die bereits einige Wochen zuvor aufgetreten waren und sich rasend schnell verbreiteten. Das Ziel: der Windows-Update-Server von Microsoft. Der Plan der Angreifer war simpel wie effektiv. Über eine Sicherheitslücke des DCOM-Dienstes von Windows war ein bestimmter Port über das Internet relativ schutzlos. Genau über diesen Port drangen Blaster & Co. in die Windows-Computer ein. Sie mussten dazu nur ein paar Minuten online sein und dabei Ihren Computer entweder ohne Firewall betreiben oder, etwa weil Sie an einem Tauschring teilnehmen wollten, gezielt einzelne Ports geöffnet haben, und die Wahrscheinlichkeit war groß, dass der Blaster-Wurm sich über eine bekannte Sicherheitslücke Zutritt zu Ihrem Computer verschaffte und sich unter dem Namen *Msblast.exe* in das *System32*-Systemverzeichnis kopierte. Auch wenn einige Experten voraussagten, dass das Internet unter der Last der von allen Seiten gestarteten DoS-Angriffe zum Erliegen kommen könnte, blieb das große Chaos aus. Zum einen gelang es Microsoft, die Angriffe umzulenken und durch das Hinzuschalten zusätzlicher Kapazitäten im großen Stil die eigenen Server zu wappnen, zum anderen wurden auch die User aktiv, indem sie den Blaster-Wurm aufspürten und aus ihren Systemen entfernten. Das Internet als großer sozialer Organismus besitzt eine »Selbstheilungskraft«, die offenbar selbst Experten unterschätzten. Dass zwei Programmierer von Blaster-Varianten, die nach dem Auftreten des Blaster-Wurms in Umlauf gebracht wurden, kurz danach von der Polizei verhaftet wurden und nun unter Anklage stehen, beweist zudem, dass das Internet längst kein rechtsfreier Raum mehr ist, sondern dass die Verursacher zumindest theoretisch mit mehrjährigen Gefängnisstrafen rechnen müssen.

23.4 Die Windows XP-Firewall im Detail

In diesem Abschnitt erfahren Sie einige technische Details über die in Windows XP Home eingebaute Firewall, die im Folgenden mit *ICF* für *Internet Connection Firewall* (zu Deutsch *Internet-Verbindungs-Firewall*) abgekürzt wird.

23.4.1 Die Funktionsweise der ICF

Die ICF ist ein dynamischer Paketfilter, manchmal auch *Stateful Inspection* (zu Deutsch »statusbehaftet«) genannt. Das heißt, sie berücksichtigt eingehende Datenpakete im Zusammenhang mit vorher ausgehenden Datenpaketen. Generell besteht die Aufgabe einer Firewall in der Unterbindung jeglichen ein- sowie ausgehenden Datenverkehrs. Da Prozesse auf vernetzten

4 Alleine aus diesem Grund verdienen die Verursacher eine empfindliche Strafe und dürfen auf keinen Fall von einigen als »Helden des Untergrunds« auf ein kleines Podest gestellt werden. Die Versucher sind nicht nur Kriminelle, sondern meistens auch noch schlechte Programmierer.

Rechnern über so genannten Sockets (IP-Adresse plus Portnummer) miteinander kommunizieren, blockiert die Firewall alle Ports und unterbindet damit jegliche Datenströme. Ist zum Beispiel ein Dienst wie ein Web-Server auf einem PC im LAN oder auf einem Einzelrechner installiert und soll aus dem Internet darauf zugegriffen werden, so ist auf der Firewall der entsprechende Port – in diesem Fall Port 80 – zu öffnen, und zwar für ein- und ausgehenden Datenverkehr. Dadurch kann ein Sicherheitsloch entstehen, das durch Programmierfehler in der Server-Software zustande kommt. In der Vergangenheit sind Hunderte solcher Lücken bekannt geworden.

Sendet ein PC zum Beispiel eine DNS-Anfrage (Zuordnung eines Domänennamens, FQDN, zu seiner IP-Adresse) an einen DNS-Server, so erhält er kurze Zeit später Datenpakete aus dem Internet, die im Prinzip von der Firewall geblockt würden. Die Firewall weiß aber, dass die Anfrage von einem Client aus dem Netz initiiert wurde, und lässt deswegen die Antwort passieren. Die Berücksichtigung dieser Umstände ist das, was mit *Stateful Inspection* bezeichnet wird. All das passiert im Hintergrund, ohne dass Sie als Benutzer davon etwas bemerken. Die ICF verfügt weiterhin über ein so genanntes *Port-Mapping* sowie über eine Blockierung von ICMP (mehr zu diesem Fachbegriff später in diesem Kapitel). Über ein Port-Mapping wird ein Zugang aus dem Internet zum Beispiel zu einem Web-Server im LAN durch die Firewall hindurch ermöglicht. Das Blocken von ICMP verhindert den Austausch von Status- und Fehlermeldungen. Die populärste ICMP-Anwendung ist der *Ping*-Befehl, den Sie in der Eingabeaufforderung dazu benutzen, einen anderen Computer im Netzwerk »anzupingen«, das heißt, diesem eine kleine »Bitte melde Dich mal kurz«-Aufforderung zu schicken, die dieser normalerweise mit einer »Ja, hier bin ich«-Antwort quittiert.

23.4.2 Die Konfiguration der ICF

Die ICF kann für jedes Verbindungsgerät wie DFÜ-Adapter oder Netzwerkkarte getrennt konfiguriert werden. Damit ist einerseits ein Schutz vor Zugriffen aus dem Internet gegeben, andererseits lässt sich damit auch ein PC in einem LAN vor Zugriffen aus dem LAN schützen. Bevor man spezielle Einstellungen an der Firewall vornimmt, ist ein Test angebracht, der die Sicherheit dokumentiert. Diese Tests werden auch Scans oder Portscans genannt, da es hier darum geht, bei einzelnen Ports gezielt nachzufragen, ob sie a) existieren und b) geöffnet sind. Das ist in etwa so, als wenn ein Einbrecher vorher an verschiedenen Türen rüttelt, um festzustellen, ob sie gesichert oder vielleicht sogar offen sind. Für diese Portscans benötigen Sie kein teures Equipment, Sie rufen in der Regel eine Webseite auf, die das für Sie erledigt.

:-) TIPP

Ein wirklich beeindruckendes Testwerkzeug bietet die Firma GFI mit ihrem GFI LANguard Network Security Scanner (kurz NSS), das eindrucksvoll zeigt, welche Sicherheitslücken auf einem normalen Internet-Computer bestehen. Sie können die aktuellste Version für 30 Tage zum Testen unter `http://www.gfisoftware.com/de/pages/files.htm` *herunterladen (über die genauen Nutzungsbedingungen dieser Software müssen Sie sich auf der Webseite von GFI informieren). GFI LANguard gibt keine Bewertung ab, sondern listet sämtliche Soft- und Hardwarekonfigurationsdaten auf und weist auf potenzielle Sicherheitslücken hin. Vor allem erhalten Sie eine Liste aller verwendeten TCP- und UDP-Ports, die oft einen zeitaufwändigen Portscan überflüssig macht.*

Test-Scans

Bei einem PC mit direktem Internetanschluss (ISDN, DSL oder analog) kann der Sicherheitscheck über einen Online-Portscanner wie zum Beispiel bei *Sygate*

`http://scan.sygatetech.com/quickscan.html`

durchgeführt werden. Dieser testet ausgewählte Ports und zeigt ihren Zustand an: *Open*, *Closed* oder *Stealth*. In der Sygate-Terminologie steht *Blocked* für den Stealth-Zustand.

STEP

Durchführen eines Portscans auf der Sygate-Webseite

1. Rufen Sie im Internet Explorer die folgende Seite auf:

   `http://scan.sygatetech.com/quickscan.html`

2. Warten Sie, bis der Test beendet ist, und kontrollieren Sie dann den Zustand der Ports. Ein mögliches Ergebnis ist in Abbildung 23.13 zu sehen.

Abbildung 23.13: Ergebnis eines Quick-Scans bei SOS (Ausschnitt). Alle Ports sind blocked.

Service	Ports	Status	Additional Information
FTP DATA	20	BLOCKED	This port has not responded to any of our probes. It appears to be completely stealthed.
FTP	21	BLOCKED	This port has not responded to any of our probes. It appears to be completely stealthed.
SSH	22	BLOCKED	This port has not responded to any of our probes. It appears to be completely stealthed.
TELNET	23	BLOCKED	This port has not responded to any of our probes. It appears to be completely stealthed.
SMTP	25	BLOCKED	This port has not responded to any of our probes. It appears to be completely stealthed.
DNS	53	BLOCKED	This port has not responded to any of our probes. It appears to be completely stealthed.
DCC	59	BLOCKED	This port has not responded to any of our probes. It appears to be completely stealthed.
FINGER	79	BLOCKED	This port has not responded to any of our probes. It appears to be completely stealthed.

Sofern keine Server-Anwendungen laufen, sollten alle Ports blockiert sein (*Blocked*). Ein blockierter Port befindet sich im Stealth-Zustand und antwortet nicht auf Verbindungswünsche von außen. Es sieht so aus, als wenn er nicht vorhanden wäre. Ein Port, der nur *Closed* ist, muss dagegen laut Spezifikation eine Antwort senden. Damit ist dann immerhin das Vorhandensein dieses Ports bekannt, was sich für weitere Untersuchungen als nützlich erweisen könnte.

Auch die NetBIOS-Ports UDP und TCP 135 bis 139, die für die Freigaben verantwortlich sind, blockiert die Firewall. Damit ist der Zugriff auf die eigenen Freigaben über das Internet unterbunden.

Exkurs

Warum sind Netzwerkfreigaben gefährlich?

Die häufigste Arbeit im Netzwerk ist wohl das Kopieren von Daten zwischen verschiedenen Rechnern. Dazu legt man auf einem Rechner eine Netzwerkfreigabe an, die von anderen Rechnern erreichbar ist. Sind solche Freigaben falsch konfiguriert, kann ein (un)absichtliches Löscher wichtiger Daten die Folge sein. Innerhalb eines LAN ist das bereits gefährlich genug, im Internet jedoch können die Folgen dramatisch sein, wenn ein Zugriff über das Internet möglich ist.

Für die Freigaben ist das Protokoll NetBIOS zuständig. Für einen Zugriff über das Internet muss es an die Internetschnittstelle gebunden sein. NetBIOS funktioniert im Internet aber nicht, weil es nicht geroutet werden kann. Deswegen verwendet Windows XP eine Modifikation – das *NetBIOS over TCP/IP (NBT)*. Damit lassen sich Daten mit dem Explorer über das Internet kopieren! Aus Sicherheitsgründen darf NBT daher nie an die Internetschnittstelle gebunden sein.

Sollte der Test ergeben, dass einer der Ports 135 bis 139 UDP oder TCP offen ist, besteht Gefahr für Ihren PC. Diese Sicherheitslücke entsteht, wenn NetBIOS über TCP/IP (NBT) am DFÜ-Adapter eingeschaltet ist. Dadurch wird ein Zugriff auf die eigenen Freigaben über das Internet ermöglicht. In den erweiterten TCP/IP-Einstellungen des DFÜ-Adapters ist das Kontrollkästchen *NetBIOS über TCP/IP deaktivieren* anzukreuzen.

STEP

NetBIOS über TCP/IP deaktivieren

1. Öffnen Sie die Systemsteuerung über START/SYSTEMSTEUERUNG.
2. Klicken Sie mit der rechten Maustaste auf den Eintrag DFÜ-VERBINDUNG, und wählen Sie aus dem Kontextmenü *Eigenschaften*.
3. Markieren Sie den Eintrag *Internetprotokoll TCP/IP*, und klicken Sie auf EIGENSCHAFTEN.
4. Im Register *Allgemein* klicken Sie auf ERWEITERT.
5. Im Register *WINS* markieren Sie das Kontrollkästchen *NetBIOS over TCP/IP deaktivieren*.

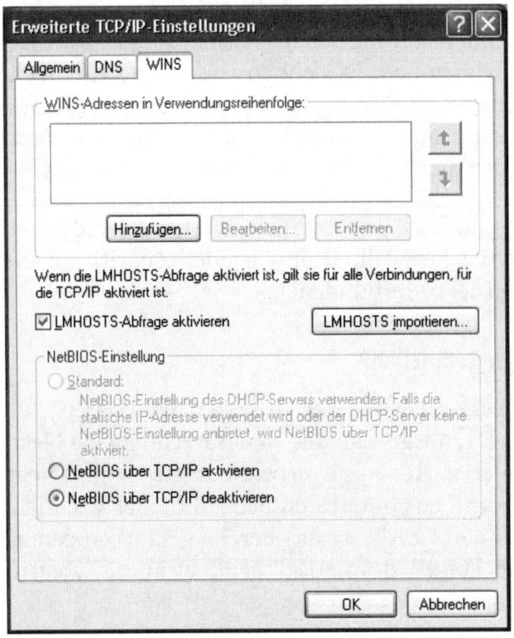

Abbildung 23.14: NBT darf nicht am DFÜ-Adapter aktiviert sein, sonst sind die eigenen Freigaben im Internet sichtbar.

Ist der Client für Microsoft-Netzwerke an den DFÜ-Adapter gebunden, ist NBT ebenfalls über das Internet möglich. Das automatische Binden dieses Clients an TCP/IP für den DFÜ-Adapter unterlässt Windows XP allerdings. Bei früheren Windows-Versionen hat dieses Verhalten zu großen Sicherheitslücken geführt. Eine falsche Konfiguration ist natürlich weiterhin möglich.

Ebenso darf die Datei- und Druckerfreigabe nicht am DFÜ-Adapter aktiv sein. Auch hiermit werden Freigaben im Internet sichtbar.

Überzeugen Sie sich davon, dass weder der Client für Microsoft-Netzwerke noch die Datei- und Druckerfreigabe an der DFÜ-Verbindung eingeschaltet ist.

STEP

Datei- und Druckerfreigabe für eine DFÜ-Verbindung deaktivieren

1. Öffnen Sie die Eigenschaften der DFÜ-Verbindung wie beschrieben.
2. Die Kontrollkästchen *Client für Microsoft-Netzwerke* und *Datei- und Druckerfreigabe für Microsoft-Netzwerke* dürfen nicht markiert sein.

Läuft die ICF auf einem LAN-Client, kann kein Online-Scanner verwendet werden. Dieser würde lediglich das Internet-Gateway bzw. den Router prüfen. In diesem Fall kann man die Portscans im LAN von einem anderen Client aus mit einem Portscanner wie zum Beispiel LANGuard durchführen:

`http://www.gfisoftware.de/de/lannetscan/`

Allerdings bemerkt die ICF keinen ausgehenden Datenverkehr, Spyware oder Trojaner bleiben damit unbemerkt. Der Betrieb einer zusätzlichen Personal Firewall wie Norton Personal Firewall, Outpost oder ZoneAlarm ist daher sinnvoll.

Port-Mapping

Wenn ein Dienst im LAN wie zum Beispiel ein Web- oder FTP-Server vom Internet aus zugänglich sein soll, müssen »Löcher« in der Firewall geöffnet werden. Dazu wird ein so genanntes Port-Mapping durchgeführt, das eingehende Anfragen an einen Rechner im LAN umleitet. Quell- und Zielport müssen beim Mapping eines Web-Servers zum Beispiel auf 80 eingestellt sein.

Port-Mapping für einen FTP-Server anlegen

STEP

1. Öffnen Sie die Eigenschaften der DFÜ-Verbindung. Im Register *Erweitert* muss die Internet-Verbindungs-Firewall eingeschaltet sein.
2. Klicken Sie unten rechts auf EINSTELLUNGEN.
3. Markieren Sie das Kontrollkästchen FTP-SERVER. Es öffnet sich ein Dialogfeld. Hier wird der Name des Computers eingetragen, auf den umgeleitet wird. Für eine Umleitung auf diesen Rechner tragen Sie hier den Namen des Rechners ein, auf dem der FTP-Server läuft.
4. Bestätigen Sie die Änderung mit OK. Das Kontrollkästchen *FTP-Server* ist nun markiert.

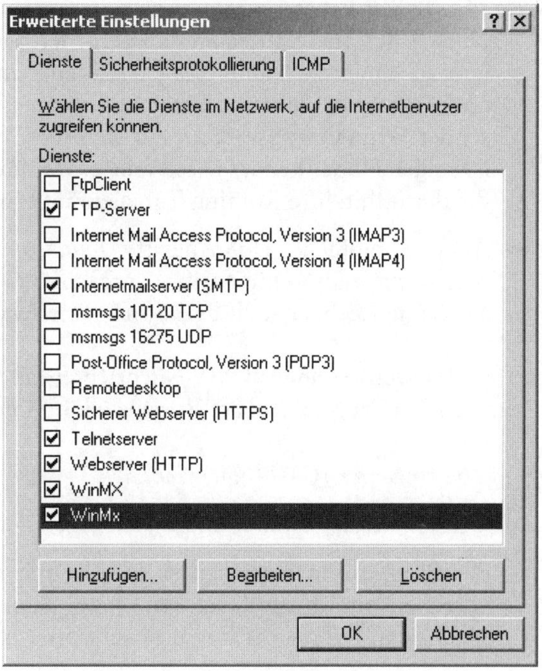

Abbildung 23.15: Dienste im LAN können hier für den Zugriff aus dem Internet geöffnet werden.

In der Praxis erfolgt der Zugriff auf diesen FTP-Server so: Eine FTP-Anfrage aus dem Internet kommt beim Host an. Die ICF sieht in einer Tabelle nach, ob Port 21 irgendwo umgeleitet wird, und sendet dann die Anfrage an den internen FTP-Server »Hannover«, der die Verbindung entgegennimmt. Auch Hardware-Router führen ein Port-Mapping durch, dort wird es meistens als *Port-Forwarding* bezeichnet.

Die Rolle von ICMP bei der ICF

Die zweite wesentliche Schutzfunktion der ICF besteht im Blocken von ICMP-Nachrichten. Über ICMP werden Status- und Fehlermeldungen zwischen Rechnern ausgetauscht. ICMP-Pakete reisen in IP-Paketen und enthalten ein Typ-Feld, das die Art der Nachricht festlegt. ICMP wird in erster Linien deswegen blockiert, weil damit die Anwesenheit eines Rechners mit dem *Ping*-Kommando festgestellt werden kann. *Ping* sendet ein Echo Request an das Ziel und erwartet eine Antwort. Ist der Zielrechner online, muss er ein Echo Reply zurücksenden, damit ist dann seine Anwesenheit bewiesen. Ping ist eigentlich ein Diagnose-Werkzeug, um Rechner im Netzwerk aufzuspüren und die Zeiten zu messen, die Datenpakete für den Transport dorthin benötigen. Mit *Ping* lassen sich aber auch Angriffe auf vernetzte Rechner einleiten:

- Zu Beginn eines Angriffs werden in der Regel Subnetze mit so genannten *Ping-Sweeps* (einer Folge von *Ping*-Befehlen) abgesucht, die gefundenen IP-Adressen gespeichert und später mit Portscans bombardiert.
- Mit ICMP-Paketen lässt sich einiges anstellen: Über eine Redirect-Nachricht kann ein Rechner aufgefordert werden, seine Routing-Tabellen zu ändern. Damit lässt sich ein unerwünschtes Zielnetzwerk erzwingen, wo vielleicht Daten abgefangen werden können. Ein Router sendet normalerweise dann ein Redirect, wenn er eine bessere Route (weniger Hops) kennt. Diese teilt er den ihm bekannten Routern mit, die daraufhin ihre Routing-Tabellen ändern.
- Auch ein einfacher DoS-Angriff (*Denial of Service*) lässt sich durchführen, wenn man »Destination Unreachable« an ein System sendet. Der sendende Rechner stellt daraufhin seine Aktivitäten ein.

Bei der ICF werden einige ICMP-Nachrichten einfach per Kontrollkästchen im Register *ICMP* zugelassen. Per Voreinstellung sind alle Nachrichten blockiert.

STEP

Freigabe einzelner ICMP-Nachrichten

1. Öffnen Sie die erweiterten Einstellungen der DFÜ-Verbindung.
2. Wechseln Sie in das Register *ICMP,* und markieren Sie dort die entsprechenden Kontrollkästchen. Jedes Kontrollkästchen definiert eine Nachricht, auf die der Rechner antwortet bzw. die er akzeptiert.

Abbildung 23.16: ICMP-Blocking bei der ICF: In der Voreinstellung sind diese Nachrichten blockiert.

Sicherheitshalber sollte hier nichts angekreuzt werden. ICMP-Blocking kann aber bei einem LAN-Client unerwünscht sein, weil dann ein Trouble Shooting mit *Ping* nicht mehr durchführbar ist. Online-Scanner prüfen auch auf ICMP, so dass die Wirkung dieser Maßnahme leicht überprüfbar ist.

23.4.3 Ein Blick in das Protokoll der ICF

Es ist sehr lehrreich, einmal einen Blick in das Protokoll der ICF zu werfen, da Sie auf diese Weise erfahren, wann wer eine »Verbindungsanfrage« an Ihren Computer geschickt hat. Bei „Wer" steht natürlich nicht Name, Adresse und Haarfarbe, sondern lediglich die IP-Adresse des anderen Computers. Doch selbst diese anonyme Hausnummer kann Experten bereits gewisse Anhaltspunkte geben.

Aktivieren der Protokollfunktion bei der Windows XP Home-Firewall

STEP

1. Wählen Sie START/VERBINDEN MIT/ALLE VERBINDUNGEN ANZEIGEN.
2. Das Symbol, das für die Verbindung mit dem Internet steht, mit der rechten Maustaste anklicken und *Eigenschaften* wählen.
3. Auf *Erweitert* umschalten (die Internet-Verbindungs-Firewall gegebenenfalls aktivieren, was aber hoffentlich bereits der Fall sein sollte) und auf EINSTELLUNGEN klicken.
4. Auf *Sicherheitsprotokollierung* umschalten und beide Optionen in den Protokollierungsoptionen ankreuzen.

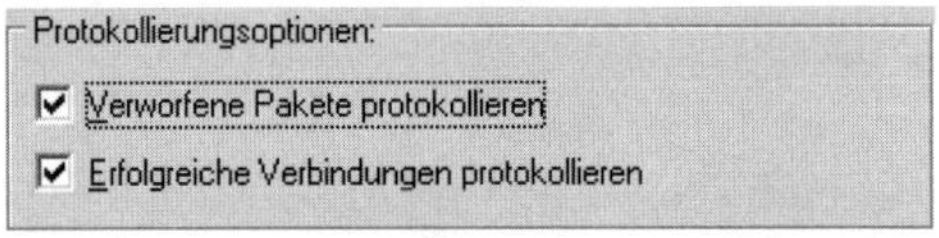

Abbildung 23.17: Werden beide Kreuzchen gesetzt, schreibt die Firewall von Windows XP Home fleißig alles mit.

Verworfene Pakete und erfolgreiche Verbindungen schreibt die ICF auf Wunsch in eine Protokolldatei. Die Protokollierung muss dafür im Register *Sicherheitsprotokollierung* eingeschaltet werden. Die Protokolldatei heißt *Pfirewall.log* und befindet sich im Windows-Verzeichnis. Name, Ort und Größe sind frei wählbar. Sie besteht aus vielen Zeilen mit mehreren Spalten, die sich recht schwer lesen lassen.

Für jeden Eintrag werden Datum, Zeit und Aktion erfasst. Wird ein Datenpaket an einen inaktiven Port gesendet, verwirft es die Firewall – als Aktion wird »DROP« geloggt. Ist jedoch auf diesem Port ein Dienst wie etwa ein SMTP-Server aktiv, kommt eine Verbindung zustande, und ein »OPEN-INBOUND« wird erfasst. Einzelne DROPs sind ungefährlich: Jemand hat Ihnen ein Datenpaket gesendet, das die Firewall verworfen hat. Sehr viele DROPs deuten möglicherweise auf einen Portscan hin. Jemand hat also über das Netzwerk versucht, Informationen über Ihren Rechner zu bekommen. Gegen Portscans kann man sich nur schwer wehren – sie sind im Internet an der Tagesordnung. Kommen sehr viele Portscans von der gleichen IP-Adresse an, kann man versuchen, Informationen über diese Adresse mit den Hilfsprogrammen *Ping* und *Tracert* (über die Eingabeaufforderung) zu bekommen.

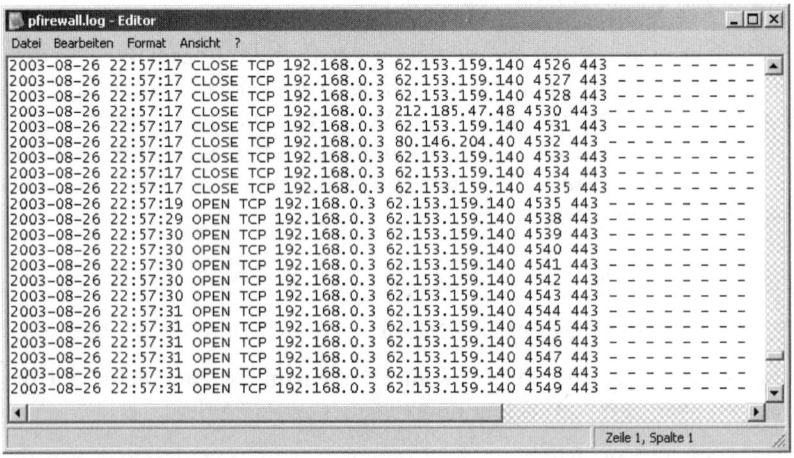

Abbildung 23.18: Ein Blick in die Protokolldatei Pfirewall.log der Windows XP Home-Firewall

Verwendetes Transportprotokoll (TCP oder UDP) sowie IP-Adressen und Ports der Verbindungspartner werden vermerkt. Die Größe des Pakets sowie ein Zeichen für die TCP-Flags werden ebenfalls geloggt. Als Flags ist allerdings immer nur »S« verzeichnet. Es steht für *Synchronize* und signalisiert einen Verbindungswunsch. Es folgt eine zehnstellige Zahl, bei der es sich um die TCP-Sequenznummer handelt (*tcpsyn*). Danach folgen die *Acknowledgement-Nummer* (*tcpack*) sowie die Fenstergröße in Byte (*tcpwin*).

Die ICF ist zwar nicht gerade reich mit Funktionen gesegnet, die Schutzwirkung ist jedoch gut. Das Port-Mapping ist eine Besonderheit, die viele andere Produkte nicht zu bieten haben. Da ausgehende Verbindungen nicht bemerkt werden, ist der Betrieb eines zusätzlichen Firewall-Produkts wie Norton Personal Firewall oder Outpost Free Firewall ratsam.

23.5 Optimaler Schutz vor aktiven Webinhalten mit dem Internet Explorer

Eine »optimale« Strategie (die Anführungszeichen sollen stets daran erinnern, dass es keine 100% optimale Strategie geben kann, weil es viele unterschiedliche Ansichten über die Frage gibt, wie viel Arbeit man bereit ist zu investieren und wie sicher sicher ist) sieht wie folgt aus:

- Sie nehmen ein paar Einstellungen in der Internet-Zone zurück.
- Sie fügen alle Webseiten, die Sie besuchen möchten, der Zone der vertrauenswürdigen Sites hinzu.

Folgende Einstellungen sollten Sie in der Internet-Zone ändern:

ActiveX-Steuerelemente ausführen, die für Scripting sicher sind	Deaktivieren
ActiveX-Steuerelemente initialisieren und ausführen, die nicht sicher sind	Deaktivieren
ActiveX-Steuerelemente und Plug-Ins und ausführen	Deaktivieren
Download von signierten ActiveX-Steuerelementen	Deaktivieren
Download von unsignierten ActiveX-Steuerelementen	Deaktivieren
Datei-Download	Aktivieren
Microsoft VM	Hohe Sicherheit
ActiveScripting	Deaktivieren (aber Websites, die Sie benutzen wollen, zur Zone der vertrauenswürdigen Sites hinzufügen).
Einfügeoperationen über ein Skript zulassen	Deaktivieren
Scripting von Java-Applets	Deaktivieren

Mit diesen Einstellungen erreichen Sie ein hohes (vielleicht sogar maximales) Maß an Sicherheit beim Aufruf unbekannter Webseiten. Allerdings werden Sie auch feststellen, dass vieles nicht mehr funktioniert und dass Sie wichtige Seiten, wie Amazon, Ebay, Bahn AG, die Homepage Ihrer Bank usw., in die Webinhaltszone *Vertrauenswürdige Sites* aufnehmen müssen. Das ist ein relativ kleiner Preis für die Sicherheit, die Sie nun mit dem Internet Explorer genießen.

:-) TIPP

Der Heise-Verlag (unter anderem Herausgeber der Zeitschrift c't und einer der besten Sicherheits-Newsletter) bietet unter dem Namen IE Controller ein sehr nützliches Werkzeug von Matthias Withopf an, mit dem auch wenig erfahrene Anwender Sicherheitseinstellungen beim Internet Explorer vornehmen können. Eine Besonderheit des kostenlosen Programms (Download unter `http://www.heise.de/ct/ftp/projekte/iecontroller/`*) besteht darin, dass sich mehrere Konfigurationssätze anlegen lassen, so dass mehrere Benutzer ihre eigenen Einstellungen verwalten können. Der IE Controller verhindert den Start »aktiver Inhalte«, indem er sich als Programm in das Betriebssystem einklinkt, so dass diese nichts ausrichten können. Da bestimmte aktive Inhalte natürlich erwünscht sind, werden diese nach und nach in die Liste mit den erlaubten Programmen übernommen. Darüber hinaus gibt es eine Liste mit »verbotenen« Programmen, die vom Benutzer ebenfalls editiert werden kann. Auf diese Weise sollte sich eine bessere Sicherheit ergeben, als sie mit den Einstellungen beim Internet Explorer alleine möglich ist. Gerade unerfahrene Anwender profitieren von diesem Programm, da sie sich nicht überlegen müssen, was die teilweise recht kryptischen Einstellungsnamen beim Internet Explorer zu bedeuten haben. Der IE Controller muss nicht installiert werden, die Dateien IEController.exe und Iecsupp.dll werden lediglich in ein Verzeichnis kopiert. Ein Tipp zum Schluss: Damit bei weiteren Starts nicht der Internet Explorer, sondern das Konfigurationsprogramm angezeigt wird, halten Sie beim Doppelklick auf die Exe-Datei die linke Maustaste gedrückt. Und: Lesen Sie die Datei Readme.txt.*

23.6 Ein Wort zur Privatsphäre

Die *Privatsphäre* ist ein Begriff, der im Zusammenhang mit Windows XP und dem Internet etwas genauer definiert werden muss. Wenn Sie zu Hause an Ihrem Schreibtisch (oder dank WLAN auf dem Balkon oder im Bett) durch das Web surfen, kann Ihnen dabei niemand über die Schulter schauen. Allerdings wird jeder Aufruf einer Seite von Ihrem Internet-Provider protokolliert; zwar nicht mit ihrem Namen, aber mit jener IP-Adresse, die Ihnen beim Herstellen der Verbindung zugewiesen wurde, so dass über den Zeitpunkt des Aufrufs ein direkter Rückschluss auf die Person, die eine bestimmte Seite aufgerufen hat, möglich ist. Ihr Provider weiß also über alle Ihre Aktivitäten Bescheid, doch ist dies eher ein theoretisches Wissen, das in der Praxis nicht ausgewertet werden darf und höchstens dann eine Rolle spielt, wenn sich der Staatsanwalt aus irgendeinem Grund dafür interessieren sollte, welche Personen bestimmte Webseiten in einem bestimmten Zeitraum aufgerufen haben. Ansonsten können Sie diesen Umstand ignorieren oder mit Hilfe eines *Anonymisierers* (wie etwa `http://anon.inf.tu-dresden.de/`) anonym durch das Web surfen.

Auch wenn kein Webanbieter an die Nutzerdaten Ihres Providers herankommt (zumindest nicht auf legalem Weg), würden Sie (und das nicht gerade freudig) überrascht sein, wie viel einzelne Anbieter (Namen sollen an dieser Stelle natürlich nicht genannt werden, stellen Sie sich einfach die ganz Großen der Branche vor, die Waren über das Internet verkaufen und daher darauf angewiesen sind, etwas über den Kunden, das ansonsten unbekannte und scheue Wesen, zu erfahren) über Sie wissen. Ohne es an dieser Stelle aus Platzgründen im Detail belegen zu können: Sie werden im Web praktisch auf Schritt und Tritt »ausspioniert«. Wann immer Sie eine kommerzielle Webseite aufrufen, wird im Auftrag einer der zahlreichen Agenturen, die sich auf Datensammlung im großen Stil spezialisiert haben, eine kleine Datei, *Cookie* genannt, auf Ihrem Rechner platziert, in der ein für die Webseite typischer Code abgelegt wird[5]. Das Cookie selber ist vollkommen harmlos, auch sein Inhalt alleine ist nicht brisant. Bedenklich wird es erst, wenn jemand die gestreuten Cookies der Reihe nach wieder einsammelt (was aber stets nur derjenige darf, der das Cookie auch platziert hat). Rufen Sie die nächste Webseite auf, die von der gleichen Agentur betreut wird (ansonsten wäre das Auslesen nicht so ohne weiteres möglich), liest diese eben einmal schnell das zuvor platzierte Cookie aus und erfährt, wo Sie zuletzt gewesen sind. Das mag bei einer einzelnen Person relativ uninteressant sein, doch in Anbetracht der Tatsache, dass die großen Webangebote täglich von Millionen Menschen aufgerufen werden, ergeben sich so detaillierte Analysen über das Konsum- und Surfverhalten der Massen. Auch wenn dies alleine ebenfalls noch nicht so beunruhigend erscheinen mag (schließlich wird jeder Konsument, der sich eine dieser unnützen Rabattkarten hat aufschwätzen lassen, ebenfalls systematisch analysiert und ausgewertet), wird es spätestens dann »kriminell«, wenn die anonymen Daten mit personenbezogenen Daten verknüpft werden, wofür Sie immer dann die Voraussetzung schaffen, wenn Sie Ihre Adresse beim Kauf eines Artikels auf einer Webseite eingeben. Jetzt ist es theoretisch möglich, die anonymen Daten mit den konkreten Daten einer Person, die sehr leicht auch einer Region zugeordnet werden kann, zu verknüpfen, um so Eigenheiten und Verhaltensprofile über diese Person zu erstellen, die (naturgemäß) weit über das hinausgehen, was außerhalb des Internets (etwa über das Bezahlen mit EC-Karte) möglich ist. Die Folgen dieses Ausspionierens und dieser Datensammelwut im ganz großen Stil sind, dass auf einmal jemand weiß, dass, wenn Sie das nächste Mal online gehen, dies höchstwahrscheinlich mit

5 Wenn Sie im Web ein wenig »googlen« finden Sie schnell heraus wie es zu diesem etwas ungewöhnlichen Namen kam. Vielleicht schaffen Sie es mit diesem Wissen eines Tages in das Finale einer Quizshow.

einem am 1.7.2003 gekauften Notebook geschieht und dass in Ihrer Wohnung ein vielleicht noch ein paar Wochen zuvor auf Raten gekauftes Sofa und ein in einer Aktion ersteigerter Fernseher stehen und dass Ihr Lebensstil nicht ganz zu dem Muster passt, dass für Ihre Nachbarn in der Wohngegend aufgrund frei zugänglicher statistischer Daten ermittelt wurde. Auch wenn diese beängstigend klingenden Verhältnisse im Jahre 2004 vielleicht noch nicht Realität sind, in ein paar Jahren könnten sie es sein, vor allem dann, wenn der zunehmende Wettbewerb die Anbieter zwingt, einfallsreicher bei der Akquise und vorsichtiger im Abschluss von Online-Geschäften zu sein. Zum Glück können Sie sich bei Windows XP (womit wir wieder beim eigentlichen Thema wären) relativ einfach vor dem Ausspionieren im großen Stil schützen, indem Sie »keine Kekse von Fremden« annehmen, sprich, das Abspeichern von Cookies nur von jenen Webseiten zulassen, bei denen es notwendig ist, denn viele Aktionen im Web sind nur möglich, wenn die Webseite ein Cookie speichern kann.

Sicher ist Ihnen bereits das kleine rote Symbol aufgefallen, das beim Aufruf praktisch jeder Webseite in der Statusleiste des Internet Explorers 6.0 erscheint. Dieses zeigt an, dass die aufgerufene Webseite keine Datenschutzrichtliniendatei zur Verfügung stellt, aus der hervorgehen würde, ob und auf welche Weise Cookies verwendet werden. Auch wenn kein Anbieter gezwungen wird, dies zu tun, sollte es ein Anbieter, der es ehrlich mit seinen Besuchern in puncto Datenschutz meint, tun (nähere Auskünfte zum »Platform for Privacy Preferences«, kurz P3P, erhalten Sie unter `http://www.w3c.org/p3p`). Der erste Schritt zum Schutz Ihrer Privatsphäre besteht darin, das Abspeichern von Cookies für alle diese Websites zu unterbinden. Nun kann niemand mehr Cookies bei Ihnen platzieren, der keine Datenschutzrichtlinien zur Verfügung stellt. Der zweite Schritt besteht darin, das Platzieren von Cookies bei allen jenen Webseiten wieder zuzulassen, bei denen dies notwendig ist.

STEP

Verhindern, dass Webseiten ohne Datenschutzrichtlinien Cookies platzieren können

1. Öffnen Sie die Internetoptionen, und wechseln Sie in das Register *Datenschutz*.
2. Setzen Sie den Regler auf *Hoch*. Damit erreichen Sie, dass keine Cookies von Anbietern mehr angenommen werden, die keine Datenschutzrichtlinie anbieten.
3. Bestätigen Sie die Einstellung mit OK oder ÜBERNEHMEN.

Da Sie nun im Web relativ wenig unternehmen können (oft erfahren Sie gar nicht, warum eine Anmeldung scheinbar keine Folgen hat oder ein Warenkorb hartnäckig leer bleibt), müssen Sie für einzelne Websites die Annahme von Cookies wieder aktivieren.

Das Speichern von Cookies gezielt zulassen

1. Auch wenn es mehrere Wege gibt, ist der folgende der einfachste. Rufen Sie die Seite auf, die Cookies abspeichern will, aber im Moment noch nicht darf.
2. Klicken Sie das rote Einbahnstraßensymbol in der Statusleiste des Internet Explorers doppelt an. Daraufhin wird die aktuelle Webadresse mit ihrer aktuellen Einstellung, was das Speichern von Cookies angeht, angezeigt.
3. Klicken Sie die Webadresse mit der rechten Maustaste an, und wählen Sie *Cookies von dieser Site immer annehmen*, und klicken Sie anschließend auf SCHLIEẞEN.

Wenn Sie die Webseite nun erneut abrufen (F5-Taste), kann diese ihr Cookie speichern und wird ordnungsgemäß funktionieren.

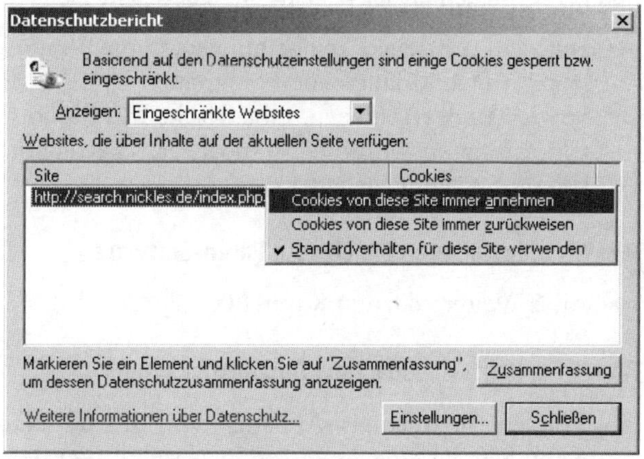

Abbildung 23.19: In diesem Dialog wird das Annehmen von Cookies für die aktuelle Site erlaubt.

Im Register Datenschutz können Sie über die Schaltfläche BEARBEITEN *das Ablegen von Cookies für einzelne Websites ebenfalls dauerhaft zulassen oder sperren, unabhängig von den aktuellen Datenschutzeinstellungen.*

Lohnt sich der ganze Aufwand? Wenn ich die Datenschutzeinstellung des Internet Explorers bei der Voreinstellung *Mittel* belasse, werden doch immerhin die Cookies von Drittanbietern gesperrt, die entweder über keine Datenschutzrichtlinie verfügen oder erkennbar private Informationen, wie eine E-Mail-Adresse, speichern – genügt das denn nicht? Dieser Einwand ist natürlich berechtigt, und die Antwort auf die fiktive Frage muss jeder für sich selber finden. Wem seine Privatsphäre wichtig ist, der sollte dies durch eine hohe Einstellung zum Ausdruck bringen. Wer wichtigere Probleme hat, kann dieses Thema auch ignorieren. Die Sicherheit wird dadurch nicht gefährdet, doch womöglich steht ein mindestens genauso wichtiges Gut auf dem Spiel.

:-) TIPP

Wie Anbieter von Webseiten mit gutem Beispiel vorangehen und für Ihre Website eine Datenschutzrichtlinie gemäß P3P-Standard implementieren, ist an verschiedenen Stellen im Web beschrieben. Unter `http://www.xp-zone.de` *finden Sie ein kleines E-Book, das dies mit besonders einfachen Worten beschreibt.*

23.7 Die besten Tipps zum Schluss

Zum »Grande Finale« sowohl dieses Kapitels als auch des gesamten Buches ein paar Hinweise, die Sie unbedingt beherzigen sollten.

Tipp Nr. 1: Aktivieren Sie die XP-Firewall, oder arbeiten Sie mit einer Alternative

- Dazu muss nicht mehr viel geschrieben werden, denn das war Thema in Kapitel 0.

Tipp Nr. 2: Bringen Sie Ihr Windows XP auf den neuesten Stand.

- Seit dem offiziellen Erscheinungstag von Windows XP (dem 25. Oktober 2001) sind Dutzende von kleinen Updates, Patches und ein großes Service-Pack erschienen. Eine frische Installation von der Windows XP-CD ist damit unter Umständen ein beträchtliches Sicherheitsrisiko, sobald Sie online gehen[6].

Tipp Nr. 3: Installieren Sie eine Antiviren-Software

- Alles Weitere dazu in Kapitel 0.

Tipp Nr. 4: Keine unbedachten Doppelklicks mehr

- Klicken Sie niemals Anhänge von E-Mail-Nachrichten doppelt an, wenn Sie nicht genau wissen, was sich hinter dem Anhang verbirgt.

Tipp Nr. 5: Machen Sie ein Backup Ihrer wichtigsten Dateien

- Bevor Sie leicht genervt weiter lesen: Sie müssen nicht jede Woche ein komplettes Backup aller Ihrer Daten anfertigen und dabei Stapel von CDs produzieren, die Sie (vermeintlich) doch nie benötigen werden. Heute sind Festplatten so robust geworden, dass sie scheinbar nicht mehr kaputtgehen können. Zum einen ist das natürlich ein Trugschluss, zum anderen müssen Sie sich die Frage stellen, was wäre, wenn Ihr Computer morgen bei einem Einbruch gestohlen oder einem Brand oder Wasserschaden zum Opfer fallen würde und sämtliche Daten unwiederbringlich weg wären. Wenn Sie dabei zu dem Schluss kommen, dass dies ein beträchtlicher Schaden wäre, weil Sie Ihre Diplomarbeit, wichtige Briefe und finanzielle Belege, Bilder, von denen es keine Kopie gibt (wir leben

6 Wer hätte das beim Kauf gedacht? Doch so ist das nun einmal, wenn eine anfängliche gewisse Sorglosigkeit beim Hersteller auf unbedarfte Anwender und kriminelle Energien im Internet treffen.

im digitalen Zeitalter), oder andere Dokumente auf Ihrer Festplatte speichern, dann wird es höchste Zeit, diese Dateien auf eine CD zu schreiben. Das kostet Sie vielleicht maximal zehn Minuten und bringt Ihnen die sehr angenehme Gewissheit, dass egal, was an Bedrohung aus dem Internet kommen mag, zumindest Ihre wichtigen Daten sicher sind[7].

Tipp Nr. 6: Deaktivieren Sie die Datei- und Druckerfreigabe für Windows-Netzwerke bei der Internet-Verbindung

- Sicher kennen Sie die Umschreibung »Offen wie ein Scheunentor«. Diese Umschreibung gilt womöglich für Ihren Computer, wenn Sie für die Internet-Verbindung nicht die Datei- und Druckerfreigabe für Windows-Netzwerke deaktivieren. Diese macht es nämlich Angreifern möglich, über die Internet-Verbindung auf freigegebene Ordner in Ihrem lokalen Netzwerk zuzugreifen. Und das möchten Sie sicherlich nicht so gerne.

Tipp Nr. 7: Deaktivieren Sie die aktiven Webinhalte beim Internet Explorer

- Dieser Schritt mag Kennern vielleicht als ein wenig zu drastisch erscheinen, aber er ist die einzige Maßnahme, um vor aktiven Inhalten wirklich sicher zu sein.
- Und hier noch ein weiterer Tipp: Besorgen Sie sich den kostenlosen IE Controller, der in Kapitel 0 kurz vorgestellt wird.

Tipp Nr. 8: Stellen Sie bei Outlook Express ein, dass Anhänge mit aktiven Inhalten nicht geöffnet werden

- Dazu müssen Sie lediglich, wie in Kapitel 0 beschrieben, sicherstellen, dass die Option *Speichern oder Öffnen von Anlagen, die möglicherweise einen Virus enthalten könnten, nicht zulassen* in den Optionen von Outlook Express (Register *Sicherheit*) gesetzt ist.

Tipp Nr. 9: Stellen Sie sicher, dass bei Outlook Express die Zone mit eingeschränkter Sicherheit gilt

- Dazu müssen Sie lediglich, wie in Kapitel 0 beschrieben, sicherstellen, dass die Zone für eingeschränkte Sites in den Optionen von Outlook Express (Register *Sicherheit*) gesetzt ist.

Tipp Nr. 10: Verlieren Sie den Spaß am Computer und am Internet nicht

- Auch dieser Tipp ist ernst gemeint, denn bei allen Bedrohungen, die irgendwo lauern, sollten Sie den Sinn und Zweck Ihres Computers und auch des Internets nicht vergessen.

---

7 Und damit ich endlich einmal mit gutem Beispiel vorangehen kann, unterbreche ich das Schreiben an dieser Stelle und führe erst einmal eine Sicherung durch. Wie es sich natürlich herausstellte, war das mit den 10 Minuten »leicht untertrieben«. Knapp 2 Stunden und eine unbrauchbar gewordene CD später war das Backup endlich erledigt.

23.8 Zusammenfassung

Die Sicherheit ist bei Windows XP ein Thema, das auch für den Privatanwender eine zunehmend wichtige Rolle spielt. Es steht nicht zu erwarten, dass die Aktivitäten in diesem Bereich zukünftig abnehmen werden. Im Gegenteil, Experten sehen mit der bereits beängstigenden Entwicklung des Jahres 2003 eher die Spitze des Eisbergs. Dennoch gibt es keinen Grund, in Panik zu verfallen oder gar den Spaß am Websurfen zu verlieren. Mit den in diesem Kapitel vorgestellten Sofortmaßnamen sollten Sie den möglichen Gefahren relativ gelassen entgegensehen können. Und zu guter Letzt: Trotz der oft sehr reißerischen Wortwahl, der sich gerade die Medien bedienen, sind weder Ihre Gesundheit noch Ihr Bankkonto in Gefahr. Den meisten Angreifern geht es lediglich darum, Ihren Computer als Verteilstation für ihre oft groß angelegten Angriffe zu benutzen, und sind nicht daran interessiert, Passwörter zu stehen oder Dateien zu löschen (wenngleich dies nicht bedeuten soll, dass dies in Zukunft nicht passieren kann). Das Internet hat auch in diesem Punkt mit dem richtigen Leben gleichgezogen, wo wir uns von weit oben betrachtet in einer sehr gefährlichen Welt befinden, in der sich diese Gefahr aber im Alltag in den meisten Regionen dieser Welt lediglich als abstrakte Gefahr zeigt.

Möchten Sie mehr zum Thema Windows XP und Sicherheit erfahren? Dann empfehle ich Ihnen (ganz uneigennützig natürlich) mein neues Buch »Windows XP Hackers Guide«, bei dem es auf knapp 400 Seiten um dieses wichtige Thema geht. Coautor ist der bekannte Computerjournalist *Burkhard Müller*. Weitere Infos und ein Probekapitel erhalten Sie unter `http://www.xp-zone.de`.

23.9 Technischer Nachtrag: TCP/IP&Co

Die folgenden Abschnitte sind für jene Leserinnen und Leser, die es gerne etwas genauer wissen möchten. Sie erfahren auf den folgenden Seiten, was hinter dem TCP/IP-Protokoll steht, der »Muttersprache« des Internets, wie Portscanner und bekannte Trojaner wie Back Orifice arbeiten und einiges mehr. Eine »Warnung« vorweg, es wartet Sie eine erhöhte Dosis »Techno-Slang«. Doch der Aufwand lohnt sich, denn wer verstehen will, wie das Internet funktioniert, muss sich mit diesen Themen ausführlich beschäftigen.

23.9.1 Das TCP/IP-Modell

Der folgende Abschnitt erklärt das TCP/IP-Modell, das der gesamten Kommunikation im Internet zugrunde liegt. Auch wenn Grundkenntnisse über TCP/IP nicht notwendig sind, um den eigenen Computer vor Angriffen aus dem Internet zu schützen, sind sie natürlich sehr hilfreich und vor allem wichtig, um der Diskussion über Angriffe aus dem Internet und vor allem den Möglichkeiten, sich davor zu schützen, folgen zu können. Alle Firewalls lehnen sich eng an das TCP/IP-Modell an. Es basiert auf dem OSI-Modell (*Open Systems Interconnection*), ist aber einfacher aufgebaut. Solche Modelle beschreiben die Architektur eines Netzwerks. Um die Funktionsweise darzustellen, hat sich ein Schichtenaufbau bewährt. Jede Schicht hat eine bestimmte Aufgabe und arbeitet mit der darüber sowie der darunter liegenden Schicht zusammen. Abbildung 23.20 zeigt die Architektur des TCP/IP-Modells im Vergleich zum OSI-Modell und zeigt, in welcher Schicht die einzelnen TCP/IP-Protokolle arbeiten.

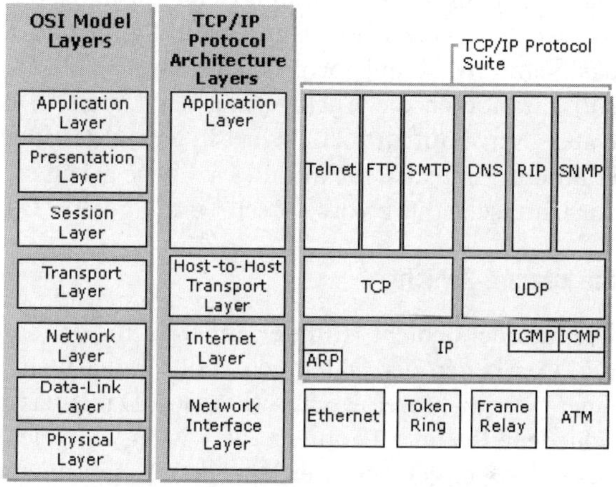

Abbildung 23.20: Netzwerkmodelle basieren auf verschiedenen Schichten, die jeweils bestimmte Aufgaben übernehmen (Quelle: Microsoft Corp.).

Werden Daten gesendet, so durchlaufen sie alle Schichten auf der Senderseite von der obersten Schicht, der Anwendungsschicht (*Application Layer*), durch alle Schichten hinunter bis zur Netzwerk-Schicht. Dort werden sie auf das Kabel ausgegeben. Beim Empfänger durchlaufen die Daten den Stapel von unten nach oben bis zur Anwendungsschicht. Die verschiedenen Firewall-Typen arbeiten auf verschiedenen Schichten und bieten jeweils sehr unterschiedliche Funktionen. Der Vorteil eines Schichtaufbaus besteht in der Flexibilität: Jede Schicht muss nur mit der darüber und der darunter liegenden kommunizieren. Zum Beispiel könnte man leicht ein weiteres Transportprotokoll hinzufügen, ohne zu wissen, dass es noch weitere Schichten gibt, dass es ein Routing gibt usw.

Jeder Schicht sind Protokolle zugeordnet, die zusammen als *Protokollstapel* bezeichnet werden (zum Beispiel *TCP/IP-Stack*). Sie bestimmen, wie die Daten wohin geleitet werden.

Die Anwendungsschicht

Ganz oben im Stapel befindet sich die Anwendungsschicht. Hier arbeiten aber nicht etwa Anwendungen wie zum Beispiel Internet-Browser oder Mail-Clients, sondern die Anwendungsprotokolle. Dazu gehören HTTP (*Hypertext Transfer Protocol*) für das Web, SMTP (*Simple Mail Transport*

Protocol) für den Versand von E-Mail oder FTP (*File Transport Protocol*) für den Austausch von Dateien. Anwendungen verwenden diese Protokolle, um Daten zu übertragen. Würde man sie in das Diagramm einzeichnen, so befänden sie sich über der Anwendungsschicht.

Einige Firewalls arbeiten auf dieser Ebene. Sie regulieren den Zugriff von Programmen, die diese Protokolle benutzen.

Die Transportschicht

Die Daten aus der Anwendungsschicht gelangen in die Transportschicht. Sie ist, wie ihr Name schon sagt, zuständig für den Transport der Daten durch das Netzwerk. Transportprotokolle wie TCP (*Transmission Control Protocol*) garantieren die Auslieferung der Daten an den Empfänger, ohne dass Datenverlust auftritt. TCP wird in einem der folgenden Abschnitte genauer erläutert. Firewalls, die auf dieser Ebene arbeiten, verwenden Paketfilterung zur Unterscheidung von »bösen« und »guten« Daten-Paketen.

Die Internet-Schicht

Die Internet-Schicht ist unter anderem für das so genannte *Routing* zuständig. Das Leiten der Datenpakete durch die Weiten des Internets erfolgt auf einer oder mehreren Routen (Pfaden). Dabei passieren die Datenpakete verschiedene Rechner (Router), die wissen, an welchen Rechner die Pakete am besten weitergeleitet werden, damit sie möglichst schnell ankommen. Zuständig dafür ist das *Internet Protocol* (IP). Router verfügen ebenfalls über die Möglichkeit zur Paketfilterung. Eine zweite wichtige Aufgabe besteht in der so genannten Fragmentierung der Pakete. Router können nur Pakete bis zu einer bestimmten Größe verarbeiten. Sind die Pakete zu groß, werden sie in kleinere aufgeteilt. Diese werden beim Empfänger wieder richtig zusammengesetzt.

Die Netzwerkschicht

Auf der Netzwerkschicht werden die Datenpakete aus der Internet-Schicht in elektrische Signale umgewandelt und auf das Kabel ausgegeben.

Der Header

Kommt ein Paket aus der Internet-Schicht in der Netzwerkschicht an, erhält es einen *Header* (Kopf) und eine Prüfsumme und wird an das Ziel gesendet. Dort wird der Header entfernt und eine neue Prüfsumme berechnet. Stimmt sie mit der im Paket enthaltenen überein, wird die Hardware-Adresse ausgewertet. Diese ist im Header enthalten und 6 Byte groß (MAC-Adresse). Stimmt die Hardware-Adresse im Paket mit der des Hosts (der das Paket gerade untersucht) überein, wird das Paket an die höheren Schichten weitergeleitet, sonst wird es verworfen. Stimmt die Prüfsumme nicht, wird das Paket ebenfalls verworfen. Die Netzwerkschicht erhält ihre Daten aus der

Internet-Schicht, die ihrerseits einen eigenen Header anfügt. Auch die Transportschicht (mit TCP oder UDP) versieht jedes Datenpaket mit einem entsprechenden Header. In der folgenden Besprechung der Protokolle werden diese Header im Detail erläutert.

Für das Verständnis der Funktionsweise von Firewalls ist die Kenntnis der Protokolle von entscheidender Bedeutung.

23.9.2 Das TCP-Protokoll

TCP ist das Transport-Protokoll, mit dem Daten zwischen zwei Hosts ausgetauscht werden. Die meisten populären Internet-Anwendungen nutzen TCP: Browser, Mail-, News- und FTP-Clients und noch viele andere.

Daten heißen im TCP-Jargon Segmente. TCP garantiert eine hohe Sicherheit, da die gesendeten Daten vom Empfänger bestätigt werden müssen. Fehlt diese Bestätigung, wird nach Ablauf einer einstellbaren Zeitspanne (Retransmit-Timer) das Segment erneut gesendet. In der Registrierung von Windows kann eingestellt werden, wie oft ein Segment gesendet werden soll, bis es als endgültig unzustellbar verworfen und eine Fehlermeldung erzeugt wird.

```
 0                   1                   2                   3
 0 1 2 3 4 5 6 7 8 9 0 1 2 3 4 5 6 7 8 9 0 1 2 3 4 5 6 7 8 9 0 1
+-+-+-+-+-+-+-+-+-+-+-+-+-+-+-+-+-+-+-+-+-+-+-+-+-+-+-+-+-+-+-+-+
|          Source Port          |       Destination Port        |
+-+-+-+-+-+-+-+-+-+-+-+-+-+-+-+-+-+-+-+-+-+-+-+-+-+-+-+-+-+-+-+-+
|                        Sequence Number                        |
+-+-+-+-+-+-+-+-+-+-+-+-+-+-+-+-+-+-+-+-+-+-+-+-+-+-+-+-+-+-+-+-+
|                    Acknowledgment Number                      |
+-+-+-+-+-+-+-+-+-+-+-+-+-+-+-+-+-+-+-+-+-+-+-+-+-+-+-+-+-+-+-+-+
|  Data |           |U|A|P|R|S|F|                               |
| Offset| Reserved  |R|C|S|S|Y|I|            Window             |
|       |           |G|K|H|T|N|N|                               |
+-+-+-+-+-+-+-+-+-+-+-+-+-+-+-+-+-+-+-+-+-+-+-+-+-+-+-+-+-+-+-+-+
|           Checksum            |         Urgent Pointer        |
+-+-+-+-+-+-+-+-+-+-+-+-+-+-+-+-+-+-+-+-+-+-+-+-+-+-+-+-+-+-+-+-+
|                    Options                    |    Padding    |
+-+-+-+-+-+-+-+-+-+-+-+-+-+-+-+-+-+-+-+-+-+-+-+-+-+-+-+-+-+-+-+-+
|                             data                              |
+-+-+-+-+-+-+-+-+-+-+-+-+-+-+-+-+-+-+-+-+-+-+-+-+-+-+-+-+-+-+-+-+

                    TCP Header Format
```

Abbildung 23.21: Die Datenstruktur des TCP-Headers enthält die Portnummern für die Verbindung, die Sequenznummern sowie weitere Flags und eine Prüfsumme.

Tabelle 23.1: Aufbau des TCP-Headers

Feld	Breite in Bit	Erklärung
Source Port	16	Portnummer des Quell-Hosts
Destination Port	16	Portnummer des Ziel-Hosts
Sequence Number	32	Nummer des ersten Datenbytes im Segment, vom Sender festgelegt. Zusammen mit dem folgenden Feld ist durch diese Nummern garantiert, dass Segmente am Ziel in der richtigen Reihenfolge zusammengesetzt werden können.
Acknowledgement Number	32	Nummer für die Bestätigung
Data Offset	4	Größe des TCP-Headers in 32-Bit-Worten (normalerweise fünf, wenn das Optionsfeld besetzt ist, dann sechs)
Reserved	6	Reserviert für zukünftigen Gebrauch (muss 0 sein)
Flags	6	URG: Urgent Pointer. ACK: Acknowledgement. PSH: sofort Senden und Empfangen und nicht erst den Empfangs-/Sendepuffer füllen. RST: Verbindung abbauen. SYN: Synchronize, Verbindungsaufbau initiieren. FIN: Verbindung abbauen.
Window	16	Größe des Sliding Window
Checksum	16	Prüfsumme über Header und Daten
Urgent Pointer	15	Spezifiziert einen Teil der Daten als dringend.
Options	24	Austausch von Informationen wie zum Beispiel der Segmentgröße
Padding	8	Füllbits, um sicherzustellen, dass der Header an einer 32-Bit-Grenze endet

TCP ist ein sitzungsorientiertes Protokoll. Bevor Daten ausgetauscht werden können, muss in drei Schritten eine Sitzung aufgebaut werden, und zwar mit dem TCP-Handshake.

Das TCP-Handshake

Um eine Verbindung zu initiieren, sendet der Client ein TCP-Segment mit gesetztem SYN-Bit an den Server. Bei einem Web-Server zum Beispiel wird an Port 80 gesendet. Die eigene Port-Nummer ist egal, solange sie größer als 1023 und noch nicht anderweitig belegt ist. Der Client setzt seine *Initial Sequence Number* (ISN) und seine Fenstergröße. Die ISN ist eine Zahl, ab der die übertragenen Bytes mitgezählt werden. Sie ist »quasi« zufällig gewählt und eindeutig während der Lebenszeit des Segments (etwa vier Stunden) im gesamten Internet. Die Fenstergröße in Bytes ermöglicht die Flusskontrolle: Das Fenster wird erst gefüllt, dann wird gesendet oder empfangen. Die Fenstergröße wird in diesem und den folgenden zwei Schritten zwischen Client und Server ausgehandelt.

Der Server erhält das Segment und antwortet mit gesetztem ACK- und SYN-Bit. Die ISN übernimmt er in seine *Acknowledgement Number* und sendet seinerseits seine ISN, bei der er anfängt zu zählen. Außerdem bietet er seine Fenstergröße an.

Im dritten Schritt akzeptiert der Client mit gesetztem ACK und passt die Fenstergröße an. Damit ist die Verbindung aufgebaut. Der Abbau einer Verbindung erfolgt so ähnlich, allerdings mit dem FIN-Bit anstelle des SYN-Bits.

Um eine TCP-Verbindung zu kompromittieren, gibt es verschiedene Möglichkeiten, die immer ausgefeilter werden. Kommt zum Beispiel kein vollständiger Handshake zustande, liegt ein Fehler oder ein Angriff vor. Firewalls erkennen teilweise diese Missstände und brechen in diesem Fall die Verbindung ab.

Sliding Window

Höherschichtige Protokolle senden ihre Daten in Form eines Bytestroms an das TCP, das sie in Segmente aufteilt. Das *Sliding Window* (Schiebefenster) ist ein Speicherbereich für die Pufferung von Daten. Jeder Host verfügt über zwei Sliding Windows: eins zum Senden und eins zum Empfangen von Daten. TCP ist duplexfähig, d.h., Senden und Empfangen erfolgen gleichzeitig. Während des TCP-Handshakes wird die Größe des Empfangsfensters auf die des Sendefensters der Gegenstation gesetzt. Bei einer Datenübertragung wird das Sendefenster mit TCP-Segmenten vollständig aufgefüllt, und dann werden alle Segmente nacheinander gesendet. Außerdem wird der Retransmit-Timer gestartet, der bestimmt, wann die Segmente erneut gesendet werden, falls keine Bestätigung durch den Empfänger erfolgt.

Das Sliding Window des Senders behält die Segmente so lange, bis sie vom Empfänger quittiert wurden. Wird der Empfang aller Segmente bestätigt, wird das Sendefenster geleert und mit den nächsten Segmenten gefüllt. Gehen Segmente verloren, erfolgt für diese keine Bestätigung, und der Client sendet diese nach Ablauf des Retransmit-Timers erneut.

Auf dem Empfänger werden die empfangenen Segmente anhand der Acknowledgement-Nummer wieder in die richtige Reihenfolge gebracht. Sind zwei Segmente in der richtigen Reihenfolge und an der richtigen Anschlussstelle angekommen, wird eine Bestätigung gesendet, und der Sender kann sein Sliding Window weiter schieben und mit neuen Daten (Segmenten) füllen. Das heißt, die gesendeten und bestätigten Segmente werden sozusagen auf der einen Seite aus dem Fenster hinausgeschoben, auf der anderen Seite kommen neue Segmente hinzu.

23.9.3 Das UDP-Protokoll

Ein wesentlich einfacheres Transportprotokoll als TCP stellt das UDP (*User Datagram Protocol*) dar. Es ist ein verbindungsloses Protokoll, das die Auslieferung der Datagramme nicht garantiert und auch keine Flusskontrolle benötigt (Sliding Window). Es kommt dann zum Einsatz, wenn auf einzelne Datagramme verzichtet werden kann, wie zum Beispiel bei IP-Radio oder -Video. Der UDP-Header enthält Quell- und Ziel-IP, die Länge des Datagramms in Byte sowie eine Prüfsumme. Wie bei TCP erfolgen die Verbindungen über Portnummern.

23.9.4 Das IP-Protokoll

In der Internet-Schicht findet das bereits angesprochene Routing über das IP statt. IP garantiert nicht die korrekte Auslieferung der Pakete (bei IP *Datagramme* genannt): Es können jederzeit Pakete verloren gehen, defekt sein, oder die Reihenfolge der Pakete kann durcheinander kommen. Es ist ein so genanntes zustandsloses Protokoll, da keine Sitzung mit dem Ziel-Host aufgebaut werden muss, wie es etwa bei TCP der Fall ist.

Gelangt ein Paket von der Transportschicht in die Internet-Schicht, erhält es vom IP-Protokoll einen weiteren Header, der unter anderem Quell- und Ziel-IP enthält, das verwendete Transportprotokoll (TCP oder UDP), eine Prüfsumme sowie die *TTL* (*Time To Live*) (siehe Tabelle 23.2). Die TTL gibt an, wann das Paket vernichtet wird, damit es nicht endlos durch die Kabel geistert. Die Einheit heißt *Hop* und nicht etwa Sekunden. Jeder Router, der passiert wird, stellt einen Hop dar (diese Route lässt sich mit dem *Tracert*-Kommando in der Eingabeaufforderung auflisten). Der Standard sind 128 Hops.

```
 0                   1                   2                   3
 0 1 2 3 4 5 6 7 8 9 0 1 2 3 4 5 6 7 8 9 0 1 2 3 4 5 6 7 8 9 0 1
+-+-+-+-+-+-+-+-+-+-+-+-+-+-+-+-+-+-+-+-+-+-+-+-+-+-+-+-+-+-+-+-+
|Version|  IHL  |Type of Service|          Total Length         |
+-+-+-+-+-+-+-+-+-+-+-+-+-+-+-+-+-+-+-+-+-+-+-+-+-+-+-+-+-+-+-+-+
|         Identification        |Flags|      Fragment Offset    |
+-+-+-+-+-+-+-+-+-+-+-+-+-+-+-+-+-+-+-+-+-+-+-+-+-+-+-+-+-+-+-+-+
|  Time to Live |    Protocol   |         Header Checksum       |
+-+-+-+-+-+-+-+-+-+-+-+-+-+-+-+-+-+-+-+-+-+-+-+-+-+-+-+-+-+-+-+-+
|                       Source Address                          |
+-+-+-+-+-+-+-+-+-+-+-+-+-+-+-+-+-+-+-+-+-+-+-+-+-+-+-+-+-+-+-+-+
|                    Destination Address                        |
+-+-+-+-+-+-+-+-+-+-+-+-+-+-+-+-+-+-+-+-+-+-+-+-+-+-+-+-+-+-+-+-+
|                    Options                    |    Padding    |
+-+-+-+-+-+-+-+-+-+-+-+-+-+-+-+-+-+-+-+-+-+-+-+-+-+-+-+-+-+-+-+-+

                 Example Internet Datagram Header
```

Abbildung 23.22: Der IP-Header enthält Quell- und Ziel-IP-Adresse sowie weitere interessante Daten über ein IP-Datagramm.

Tabelle 23.2: Die Felder im IP-Header

Feld	Breite in Bit	Beschreibung
Version	4	Die Versionsnummer des IP-Protokolls: Version 4
IHL	4	Die Internet Header Length enthält die Anzahl 32-Bit-Wörter im Header. Die minimale Größe beträgt fünf Wörter.
Type of Service	8	Beschreibt die Art des Dienstes genauer. Bit 0 bis 2 geben die Priorität an. Folgende Kombinationen sind möglich: 111: Network Control, 110: Internetwork Control, 101: CRITIC/ECP, 100: Flash Override, 011: Flash, 010: Immediate, 001: Priority, 000:Routine. Bit 3 gibt die Verzögerung an: 0 = normal (Vorgabe), 1 = dringlich. Bit 4 gibt den Durchsatz an: 0 für normal oder 1 für hoch. Bit 5 gibt die Zuverlässigkeit an: 0 für normal, 1 für hoch. Bit 6 und 7 sind reserviert.
Total Length	16	Gesamtlänge des Datagramms in Bytes (max. 64 KByte)
Identification	16	Dieses und die beiden nächsten Felder steuern die Fragmentierung. Die Identification ist eine Zahl, die das Fragment eindeutig einem Datagramm zuordnet, so dass es nicht mit Fragmenten anderer Datagramme verwechselt wird.

Tabelle 23.2: Die Felder im IP-Header (Forts.)

Feld	Breite in Bit	Beschreibung
Flags	3	Bit 0 ist reserviert und muss 0 sein. Bit 1 ist das DF-Bit (Don't Fragment). Bei 0 darf fragmentiert werden, bei 1 nicht. Bit 2 ist das MF-Bit (More Fragments). Bei dem letzten Fragment ist dieses Bit 0. In jedem Fragment eines IP-Datagramms ist dieses Bit auf 1 gesetzt (bis auf das letzte Fragment).
Fragment Offset	13	Anzahl Bytes des Datagramms, die bereits in anderen Fragmenten übertragen wurden. Das erste Fragment hat einen Offset von 0. Dann wird der Offset jeweils um die bereits übertragenen Daten (in Bytes) erhöht.
TTL	8	Time To Live nimmt Werte zwischen 0 und 255 an. Wird bei jedem Hop dekrementiert. Bei TTL=0 wird das Datagramm verworfen.
Protocol	8	Definiert das Protokoll, welches das Datagramm an IP übergeben hat, zum Beispiel steht bei ICMP in diesem Feld eine 1 oder bei TCP eine 6. RFC 790 definiert weitere Protokollnummern.
Header Checksum	16	Prüfsumme für den Header. Bei jeder Änderung des Headers wird diese Prüfsumme neu berechnet.
Source Address	32	Quell-Adresse
Destination Address	32	Ziel-Adresse

Befindet sich die Ziel-Adresse im gleichen Subnetz wie die Quell-Adresse, kann IP das Paket direkt zustellen, sonst sieht es in der Routing-Tabelle nach, ob dort ein Weg zum Zielnetz angegeben ist. Wenn nicht, wird das Paket einfach an das Default-Gateway weitergeleitet. Dieses fungiert seinerseits als Router und muss nun das Paket routen. Kennt das Default-Gateway keinen Weg, wird das Paket vernichtet. Dieses Gateway dekrementiert zum Beispiel auch die TTL (bei TTL = 0 wird das Paket vernichtet). Auf diese Weise werden die Pakete von Router zu Router bis zum Ziel-Host weitergeleitet.

Fragmentierung

Datenpakete haben in verschiedenen Netzwerken unterschiedliche Größen. In jedem Netzwerk legt die so genannte *MTU* (*Maximum Transmission Unit*) die maximale Paketgröße fest. Beim Übergang in ein Netz mit kleinerer Paketgröße fragmentieren die Router das Paket, wobei sie die Angaben im IP-Header beachten. Die Fragmente können dann auf unterschiedlichen Wegen zum Ziel gelangen. Dort setzt sie das IP wieder in der richtigen Reihenfolge zusammen.

23.9.5 Das ICMP-Protokoll

Das *Internet Control Message Protocol* (ICMP) arbeitet wie das IP in der Internet-Schicht. Es dient zum Austausch von Statusmeldungen zwischen Hosts. Je nach Meldung sieht der Header etwas anders aus. Abbildung 23.23 zeigt den Aufbau für die Meldung »Host nicht erreichbar« (im Original »Destination unreachable«).

```
0                   1                   2                   3
0 1 2 3 4 5 6 7 8 9 0 1 2 3 4 5 6 7 8 9 0 1 2 3 4 5 6 7 8 9 0 1
+-+-+-+-+-+-+-+-+-+-+-+-+-+-+-+-+-+-+-+-+-+-+-+-+-+-+-+-+-+-+-+-+
|     Type      |     Code      |          Checksum             |
+-+-+-+-+-+-+-+-+-+-+-+-+-+-+-+-+-+-+-+-+-+-+-+-+-+-+-+-+-+-+-+-+
|                             unused                            |
+-+-+-+-+-+-+-+-+-+-+-+-+-+-+-+-+-+-+-+-+-+-+-+-+-+-+-+-+-+-+-+-+
|      Internet Header + 64 bits of Original Data Datagram      |
+-+-+-+-+-+-+-+-+-+-+-+-+-+-+-+-+-+-+-+-+-+-+-+-+-+-+-+-+-+-+-+-+
```

Abbildung 23.23: Ein ICMP-Header: Er sieht je nach Statusmeldung etwas anders aus.

Das Type-Feld bestimmt die Art der Nachricht.

Die bekannteste ICMP-Anwendung ist das *Ping*-Kommando. Mit der folgenden Zeile wird zum Beispiel ein Ping an einen Host gesendet:

```
Ping IP-Adresse
```

Das ist eine so genannte *Echo-Request*-Anfrage. Der Host muss entsprechend den Standards mit einem Echo-Reply (Typ 0) antworten. Kommt zum Beispiel eine Typ-3-Antwort zurück, ist das Ziel nicht erreichbar. Tabelle 23.3 listet die verschiedenen Statusmeldungen auf.

Tabelle 23.3: ICMP-Nachrichten

Typ	Nachricht	Beschreibung
0	Echo Reply	Auf ein Ping wird geantwortet.
3	Destination Unreachable	Der Zielrechner ist nicht erreichbar.
4	Source Quench	Die Datagrammgröße ist zu hoch. Der sendende Host bittet um kleinere Pakete.

Tabelle 23.3: ICMP-Nachrichten (Forts.)

Typ	Nachricht	Beschreibung
5	Redirect	Der Router meldet an den sendenden Host, dass er einen besseren Router kennt, den der Host verwenden sollte.
8	Echo Request	Ein Ping wird gesendet.
11	Time Exceeded	Die TTL ist abgelaufen.
12	Parameter Problem	Falsche Parameter im Header
13	Timestamp	Austausch von Zeitstempeln zwischen zwei Hosts
14	Timestamp Reply	Austausch von Zeitstempeln zwischen zwei Hosts
15	Information Request	Erfragt die Netzwerknummer
16	Information Reply	Erfragt die Netzwerknummer

Erhält man ein Echo-Reply, so ist der Rechner mit dieser IP-Adresse vorhanden. Das wird im Allgemeinen als Sicherheitsrisiko eingestuft. Als so genannte *Ping-Sweeps* bezeichnet man das Scannen von Subnetzen nach vorhandenen Rechnern per Ping. Das ist immer der erste Schritt bei einem Angriff: Das Aufspüren der potenziellen »Opfer«. Firewalls wie zum Beispiel auch die Windows XP-Firewall blockieren daher einzelne Ping-Meldungen, so dass der eigene Rechner nicht mehr darauf reagiert – er ist quasi unsichtbar. Nicht jedes ankommende Ping ist gleich ein Angriff. Manchmal werden nur »falsche« IP-Adressen angepingt, und nichts weiter passiert. Kommen jedoch viele Pings nacheinander an, könnte es sich um den Anfang eines Angriffs handeln.

Bei Windows XP lassen sich einzelne Nachrichten selektiv blockieren. Ist zum Beispiel Echo Reply abgeschaltet, funktioniert natürlich auch das Troubleshooting in einem lokalen Netzwerk per *Ping*-Kommando nicht mehr.

23.9.6 Ports-Verbindungen zur Außenwelt

Damit jemand über ein Netzwerk auf einen Rechner zugreifen kann, benötigt er außer der IP-Adresse noch die so genannte *Port-Adresse* (Anschlussnummer). IP-Adresse und Portnummer bilden zusammen ein so genanntes *Socket*. Sockets stellen die Endpunkte einer Verbindung dar. Die Port-Adresse ist eine 16-Bit-Zahl mit Werten zwischen 0 und 65.535. Die Aufteilung in drei Bereiche ist in Tabelle 23.4 dargestellt.

Tabelle 23.4: Einteilung der Ports

Bereich	Bezeichnung
0–1.023	Wellknown Ports
1.024–49.151	registrierte Ports
49.152–65.535	dynamische oder private Ports

Mit Ports werden Dienste unterschieden. Zum Beispiel läuft ein Web-Server gewöhnlich auf Port 80, ein FTP-Server auf Port 21 und so weiter (das lässt sich aber auch ändern). Die ersten 1.023 Ports – die so genannten Wellknown Ports – sind fest für bestimmte Dienste vergeben. Diese Ports dürfen nur vom System (root) oder von berechtigten Usern verwendet werden. Tabelle 23.5 listet die Wellknown Ports einiger Dienste auf.

Tabelle 23.5: Ports bekannter Dienste

Port	Bedeutung	Beschreibung
20	FTP	Vom FTP benutzt.
21	FTP	Wird zum Transport beliebiger Daten verwendet. Bei falscher Konfiguration können Daten wie Trojaner auf den eigenen Rechner hochgeladen werden.
23	Telnet	Fernsteuerung eines Rechners. Über Telnet bedienen Sie einen fernen PC, als ob Sie direkt davor sitzen würden.
25	SMTP	Mit diesem Protokoll wird E-Mail über das Internet versendet. Angreifer können vorhandene E-Mail-Accounts ausspähen.
53	DNS	Löst Namen in IP-Adressen auf
59	IDENT	Wird im IRC benutzt und liefert Informationen über PC und Anwender.
79	Finger	Liefert Informationen darüber, wer gerade am Rechner angemeldet ist.

Tabelle 23.5: Ports bekannter Dienste (Forts.)

Port	Bedeutung	Beschreibung
80	HTTP	Web-Server versenden ihre HTML-Seiten über diesen Port. Web-Server liefern Informationen über das System. Zahlreiche bekannte Sicherheitslöcher liefern Angriffsziele.
110	POP3	Abholen von E-Mail. Wird oft für falsche E-Mail-Adressen missbraucht.
139	NetBIOS	Freigaben im Netzwerk laufen über diesen Port. Ist er offen und sind Sie mit dem Internet verbunden, sind Ihre Freigaben im Internet sichtbar. Sehr gefährlich!
443	HTTPS	Port für die verschlüsselte Übertragung von Web-Seiten.

Ab Nummer 1.024 beginnen die registrierten Ports. Sie sind für bestimmte Dienste oder Anwendungen einiger Hersteller registriert wie zum Beispiel 1.080 für Socks. Registrierte Ports können von normalen Anwendern genutzt werden. Dynamische Ports können frei verwendet werden, zum Beispiel auch von Schädlingen wie Trojanern. Diese lauschen auf ganz bestimmten Ports, das bekannte Hacker-Tool *Back Orifice* zum Beispiel auf 31.337.

Die Verwendung der Ports während einer Sitzung verläuft nach folgendem Schema: Ein Web-Server erwartet auf Port 80 Anfragen. Fordert ein Internet-Browser eine Seite an, benutzt er ebenfalls Port 80 am Web-Server. Während des TCP-Handshakes werden für die folgende Verbindung jedoch freie Ports jenseits der 1.023 ausgehandelt, damit wird Port 80 am Web-Server schnell frei für weitere Anfragen. Sichtbar machen kann man dieses Verhalten durch Paketanalyse mit einem Sniffer-Programm.

Es gibt für jede Nummer zwei Ports: TCP und UDP. Beides sind Transport-Protokolle, die von den Anwendungsprotokollen wie HTTP, FTP oder NNTP benutzt werden. Meistens wird TCP verwendet, weil es die Zustellung der Datenpakete garantiert, während bei UDP auch welche verloren gehen können.

Die Bedeutung der einzelnen Ports wird von der *IANA* (*Internet Assigned Numbers Authority*, im Internet `www.iana.org`) festgelegt. Die aktuelle Portliste steht unter:

`www.iana.org/assignments/port-numbers`

bereit. Die registrierten Ports können jedoch für unterschiedliche Betriebssysteme verschieden sein.

Ein Server-Port ist ein offener Port: Er wartet auf eingehende Verbindungswünsche und gibt eine positive Antwort. Erhält der Client eine negative Antwort, ist dieser Port geschlossen. Auch in diesem Fall weiß der Client, dass der Server vorhanden ist. Die dritte Betriebsart heißt geschützt, oft auch als blocked oder stealth bezeichnet. Dabei erhält der Client keine Antwort. Er weiß also nicht, ob der Server überhaupt vorhanden ist. Das ist die sicherste Betriebsart. Ports spielen für Firewalls eine wichtige Rolle, da über sie Verbindungen zu Diensten im LAN oder zumindest auf dem Gateway hergestellt werden. Sie sind Bestandteil der Filterregeln, die außer dem Transportprotokoll und der Richtung (ein- und ausgehend) immer den oder die verwendeten Ports betreffen.

23.9.7 Portscanner

Nachdem zum Beispiel über Ping-Sweeps IP-Adressen gefunden wurden, kann jede IP-Adresse nach laufenden Diensten untersucht werden. Dazu verwendet man Portscanner, die einzelne Ports oder bestimmte Bereiche absuchen. Das Ergebnis ist eine Liste der laufenden Dienste. Wer zum Beispiel in einem LAN nach Freigaben suchen möchte, scannt nach Port 139. Dieser ist neben anderen für NetBIOS reserviert und damit für die Freigaben verantwortlich. Ein Scanner wie *Ultrascan* (`www.point1.com/ultrascan`) liefert ein Ergebnis, das in Abbildung 23.24 zu sehen ist.

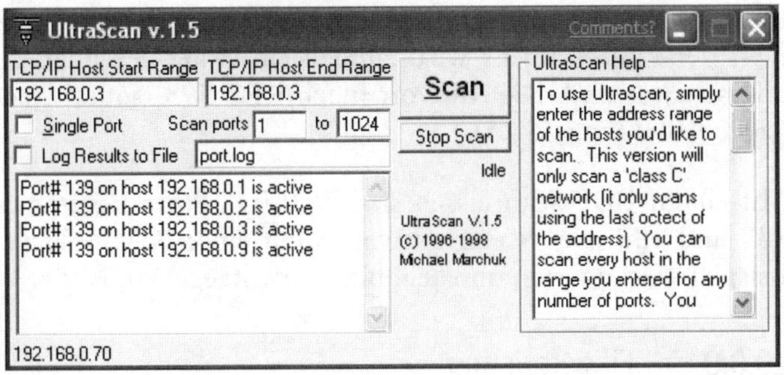

Abbildung 23.24: Der Portscanner Ultrascan hat vier PCs mit Freigaben in einem LAN entdeckt.

Ein sicherer Rechner antwortet niemals außer auf den Ports, für die er konfiguriert wurde.

Portscans im Internet können sehr lange dauern, manchmal sogar mehrere Tage, wenn sehr viele IP-Adressen gescannt werden. Gute Firewalls, wie die von *Sygate*, bieten einen so genannten Stealth-Mode. Bei richtiger Konfiguration antwortet der eigene Computer überhaupt nicht mehr, nicht mal mehr auf ein Ping. Es sieht so aus, als wenn er nicht vorhanden wäre.

23.9.8 Scan-Tricks

Einer der besten Scanner ist *Nmap* (*Network Mapper*, `www.insecure.org/nmap`) für Linux/Unix und Windows. Die Windows-Versionen lassen sich allerdings nur schwer installieren oder funktionieren nicht richtig. Nmap bietet verschiedene Varianten des Portscannens, die ein wenig Wissen über TCP erfordern. Scans werden im Allgemeinen nur über TCP-Ports durchgeführt, Nmap ist einer der wenigen Scanner, mit dem sich auch UDP-Ports untersuchen lassen. TCP-Datenpakete enthalten in ihrem Header sechs Kontrollbits, die unter anderem für die Verbindungsaufnahme über den TCP-Handshake benutzt werden. Server beachten den Zustand dieser Bits, so dass sich gewisse Steuermöglichkeiten ergeben.

Wichtig sind die Bits *SYN* (Synchronize) zur Herstellung einer Verbindung, *ACK* (Acknowledge) für eine Bestätigung, *FIN* (Finalize) zum Beenden einer Verbindung und *RST* (Reset) zum Zurücksetzen einer Verbindung. Genaueres ist in *RFC 793* (`www.ietf.org/rfc/rfc0793.txt`) nachzulesen.

Einfache Portscans verwenden den vollen TCP-Handshake und werden auch komplett in die Logfiles des gescannten Hosts eingetragen, sie werden also leicht bemerkt. Geschickter ist der so genannte *SYN*-Scan. Dabei sendet der Client im dritten Schritt kein *ACK*, sondern ein *RST*, wodurch keine Verbindung zustande kommt. Solche halb offenen Verbindungen werden von den meisten Hosts nicht geloggt. Beim FIN-Scanning sendet der Client ein Paket mit gesetztem FIN-Bit, worauf der Server mit RST antworten sollte, womit sich ebenfalls aktive Ports erkennen lassen. Wie der SYN-Scan ist auch der FIN-Scan meistens unbemerkt (stealth). Ganz ähnlich funktioniert der Null-Scan: Es wird einfach ein Paket gesendet, bei dem alle Bits abgeschaltet sind. Die Antwort (nach RFC 793) sollte wieder ein RST sein (siehe Abbildung 23.25).

Mit einem UDP-Scan lassen sich NetBIOS-Ports bestimmen, zum Beispiel 137 und 138. Der Server antwortet mit einer ICMP-Nachricht. Wird zum Beispiel »Destination unreachable« zurückgegeben, ist der Port nicht aktiv.

23.9.9 Fingerprinting

Beim *Fingerprinting* versucht der Scanner, das Betriebssystem herauszufinden. Dazu lassen sich die offenen Ports eines Systems verwenden. Jedes System hat »ab Werk« eine charakteristische Belegung offener Ports, die leicht erkennbar ist. Zudem lassen sich Banner auswerten, also Meldungen, die ein Dienst zurückgibt, sobald eine Verbindung zustande gekommen ist. Nmaps-Fingerprints beruhen weiterhin auf charakteristischen TCP-Sequenzen, die eine ziemlich genaue Bestimmung des Systems erlauben.

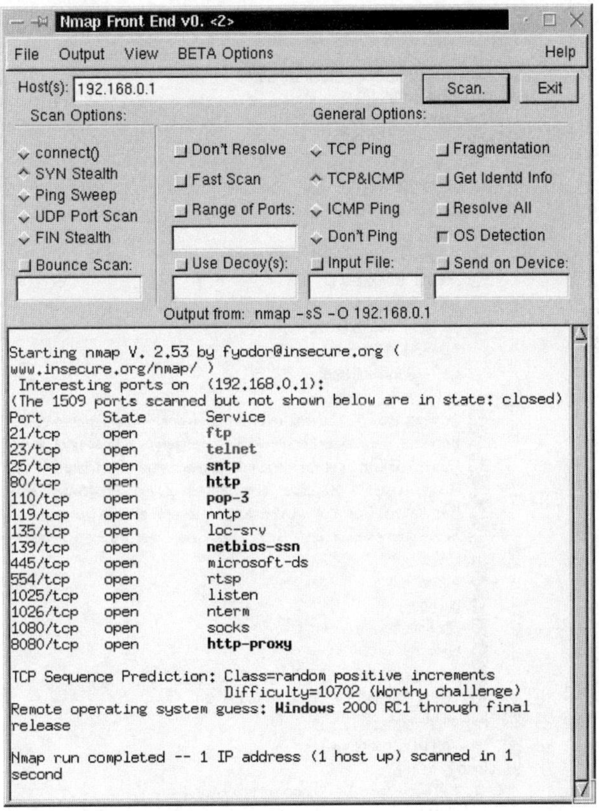

Abbildung 23.25: Nmap hat diesen Windows-Computer nach offenen Ports gescannt und zeigt die Liste der gefundenen Dienste an.

Nmap bewertet bestimmte TCP-Sequenzen mit einem »Schwierigkeitsgrad«, der umso höher liegt, je besser die Implementierung ist. Bei NT4SP6-Servern ergeben sich wenige kärgliche Pünktchen, bei W2kSP1-Servern immerhin schon 10.702. Unter Linux ergeben sich Werte, die nicht selten über 1.000.000 liegen. Windows 98, zweite Ausgabe mit Jana-Server, ergibt zum Beispiel nur einen Schwierigkeitsgrad von 3, was Nmap ironisch mit »Trivial Joke« kommentiert!

In der Windows-Welt gibt es seit einiger Zeit einen weiteren hervorragenden Scanner: *LANGuard* (`www.languard.com`). Er zeigt zusätzlich zu den Ports die Liste mit den registrierten NetBIOS-Namen sowie alle registrierten User und Gruppen an. Zu Usern liefert er weitere Informationen über den Status, ob jemand etwa Administratorrechte hat. Obwohl die Ausgaben dieses Tools nicht immer stimmen – zum Beispiel wird das Betriebssystem nicht immer korrekt erkannt –, ist LANGuard doch ein außerordentlich nützliches Tool zur Netzwerkanalyse.

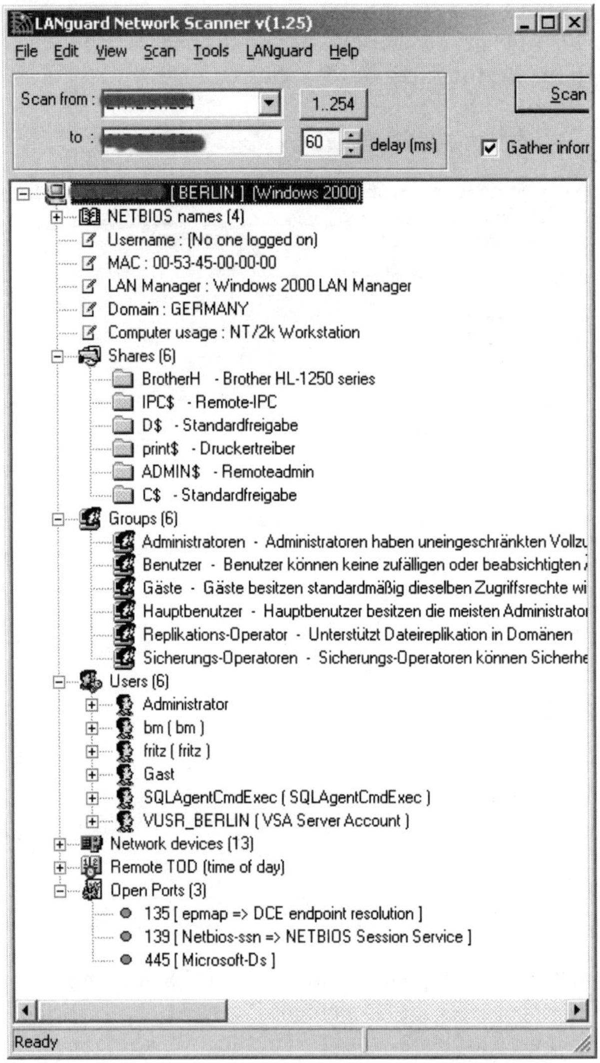

Abbildung 23.26: Netzwerkanalyse mit LANGuard: Diese Informationen über PCs sind in Netzwerken für jeden frei zugänglich.

LANGuard ist auch zur Analyse von Freigabepasswörtern brauchbar: Es bietet Wörterbuchattacken und Brute-Force-Angriffe. Die Qualität eines Passworts wird damit schnell offensichtlich.

23.9.10 Portscans online durchführen

Um seinen Computer schnell nach offenen Ports oder Reaktionen auf ICMP zu prüfen, muss man nicht gleich einen Portscanner installieren. Einfacher geht es über Online-Portscanner im Web. Tabelle 23.6 enthält einige Testseiten:

Tabelle 23.6: Adressen für Online-Portscanner

URL	Beschreibung
http://www.grc.com	Sicherheitsseite von Gibson Research mit vielen interessanten Informationen
http://www.lfd.niedersachsen.de	Der Landesbeauftragte für den Datenschutz Niedersachsen – auf den Serviceseiten gibt es die Möglichkeit, den eigenen Computer auf seine Sicherheit im Internet testen zu lassen.
http://www.privacy.net/	Beschäftigt sich mit Anonymität im Internet
http://scan.sygatetech.com/	Online-Scanner des Personal-Firewall-Herstellers Sygate mit vielen verschiedenen Scan-Optionen
http://www.trojanscan.com/	Prüft, ob sich Trojaner eingenistet haben.

Allerdings scannen diese Seiten immer nur einige bestimmte Wellknown Ports. Um aber zum Beispiel auf einen offenen Port 139 zu testen, reichen sie aus. Zu beachten ist, dass Windows XP nach der Installation zunächst keine Java Virtual Machine mehr enthält. Die Testseite des Landesbeauftragten für den Datenschutz in Niedersachsen läuft deswegen nicht korrekt. Wird zum ersten Mal Java-Unterstützung angefordert, bietet Windows XP allerdings den Download der ca. 5 MByte großen Virtual Machine an.

23.10 Gefahren aus dem Internet – praktische Beispiele

Damit die aus dem Internet drohenden Gefahren nicht eine abstrakte Größe bleiben (wie etwa die »Gefahren aus dem Weltraum«), werden in diesem Abschnitt ein paar bekannte Fälle beschrieben.

23.10.1 Das »NetBIOS-Desaster«

Eine der größten Gefahren für Windows-Computer überhaupt stellen die Freigaben da. Sind sie falsch konfiguriert, kann man über das Internet auf sie zugreifen. Mit Tools wie LANGuard oder anderen NetBIOS-Scannern kann jeder in wenigen Minuten Dutzende Festplatten im Internet finden, einige sind sogar beschreibbar. Neben der Gefahr des Ausspähens oder Vernichtung und Diebstahl von Daten gibt es noch eine richtig gemeine Hacker-Methode: Die Installation eines Trojaners auf einem fremden Computer. Dazu mehr im Abschnitt über Trojaner – Kapitel 0. Hier zunächst der technische Hintergrund, warum Freigaben so richtig gefährlich sein können.

Details zu Angriffen auf SMB-Shares

Der Zugriff auf Freigaben wird in Microsoft-Netzwerken mit dem SMB-Protokoll (*Server Message Block*) gesteuert. Es ist Microsofts Haus-Netzwerk-Protokoll und entwickelte sich aus den ersten Netzwerkprotokollen (LAN Manager etc.) überhaupt. Microsoft versucht, es mit der *CIFS*-Spezifikation (*Common Internet File System*) als Internet-Standard durchzusetzen. In der Unix-Welt wird Samba als SMB-Server eingesetzt. Wer es also ganz genau wissen möchte, kann sich die Samba-Quellen ansehen. Jedes Mal, wenn eine neue Windows-Version herauskommt, hat Samba Probleme, weil die Authentifizierungsmechanismen wieder geändert wurden und CIFS einige Dinge offen lässt. Durch Paketanalyse wird das Verhalten der Windows MB-Server aufgeschlüsselt und Samba entsprechend angepasst. Die oiginal CIFS-Spezifikation stammt aus dem Jahre 1997 (*ftp.microsoft.com/developr/drg/cifs*). Im gleichen Jahr veröffentlichte Hobbit den Ablauf eines Share-Angriffs über SMB. Dazu modifizierte er den Samba-Client geringfügig, so dass damit ein Angriff durchführbar ist. Ein SMB-Angriff umfasst laut Hobbit die folgenden Schritte:

- Um SMB-Server einigermaßen sicher zu erkennen, scannt man Subnetze nach TCP Port 139.
- Läuft dort der SMB-Dienst,wird ein Verbindungsversuch zugelassen oder abgelehnt, ein Timeout ist nicht abzuwarten, der Scan kann sofort weiter durchgeführt werden.
- Findet keine Reaktion statt, so läuft der Dienst nicht oder wird von einer Firewall blockiert.

Außer der IP-Adresse des Clients sind die NetBIOS-Namen des Zielsystems von großem Interesse. Diese gibt ein SMB-Server auf eine simple Anfrage hin preis. Er sendet seine NetBIOS-Namens-Tabelle. Lokal kann man sie mit dem Befehl

```
nbtstat -A 192.168.0.1
```

anzeigen lassen. NetBIOS-Namen sind immer 16 Zeichen lang. Sind sie kürzer, wird der Rest mit Nullen aufgefüllt. Das 16. Zeichen gibt den Typ des Dienstes an, der auf dem SMB-Server läuft. Die folgende Tabelle zeigt einige dieser Typen:

Tabelle 23.7: NetBIOS-Namenstypen

Nummer	Beschreibung
0x00	Computername, Name der Arbeitsgruppe oder Domäne
0x01	Master Browser
0x03	Messaging Service, Name des eingeloggten Anwenders

Tabelle 23.7: NetBIOS-Namenstypen (Forts.)

Nummer	Beschreibung
0x20	Filesharing-Dienst läuft
0x1B	Server ist der Domänen-Master-Browser
0x1C	Server ist ein Domänencontroller

Wird ein SMB-Server angezapft, so ist außer dem Computernamen immer der gewünschte Dienst über den Namenstyp anzugeben.

```
       Name                 Typ          Status
------------------------------------------------------
BERLIN             <00>  UNIQUE       Registriert
GERMANY            <00>  GROUP        Registriert
BERLIN             <03>  UNIQUE       Registriert
BERLIN             <20>  UNIQUE       Registriert
GERMANY            <1E>  GROUP        Registriert
ADMINISTRATOR      <03>  UNIQUE       Registriert
GERMANY            <1D>  UNIQUE       Registriert
..__MSBROWSE__.<01>  GROUP        Registriert
```

Abbildung 23.27: Die NetBIOS-Namenstabelle schlüsselt auch die Dienste auf, die auf einem SMB-Server laufen.

Typ 1 ist von besonderem Interesse: Er kennzeichnet den so genannten *Master-Browser* unter Windows, der eine Tabelle mit Hosts seiner näheren Umgebung unterhält, eine unschätzbare Information für weitere Angriffe. Typ 3 zeigt an, dass der Message-Dienst läuft, was zum Beispiel bei allen Windows 9x-Systemen grundsätzlich der Fall ist. Damit kann man eine einfache Nachricht an einen Host senden. Außerdem wird von diesem Dienst der Name des aktuell eingeloggten Users gesendet. LANGuard-Scans zeigen noch viel mehr Informationen: Bei Windows 2000 Professional werden zum Beispiel nicht nur Listen mit Shares, sondern auch alle eingetragenen Gruppen- und Benutzernamen ausgegeben. Zu jedem Benutzernamen werden weitere Infos gesendet, zum Beispiel ob ein User Admin-Rechte hat. Sicherheitstechnisch gesehen, ist das der Anfang vom Ende jedes Windows 2000-Rechners, denn nun weiß der Angreifer, dass der User »xyz «Administratorrechte hat, und braucht in einer späteren Phase des Angriffs nur noch das Passwort zu knacken. Wie bereits erwähnt, sind die Ausgaben von LANGuard jedoch nicht immer zuverlässig.

Interessant ist hier der Typ-20-Dienst, der anzeigt, dass Filesharing eingeschaltet ist. Damit kann ein Client eine Typ-20-Anfrage an den SMB-Server absetzen. Er öffnet dazu eine TCP-Verbindung und sendet einen *Session Request Block* (zur Struktur siehe CIFS-Spezifikation), der unter anderem seinen Namen enthält, der frei wählbar ist. Dieser Name taucht später eventuell in den Logfiles des Servers auf (falls die Überwachungsfunktion – Auditing genannt – eingeschaltet ist), jedoch nicht seine IP-Adresse. Sieht man sich das Anmelde-Logging von Windows 2000 an, so erkennt man, dass auch dort im Sicherheitsprotokoll nicht die IP-Adresse geloggt ist, sondern dieser »Mickymaus-Name«, was sich beim Zurückverfolgen des Angriffs als völlig unbrauchbar erweist. Als Nächstes wird der Dialekt des SMB-Protokolls ausgehandelt. SMB ist abwärtskompatibel und unterstützt alte Standards wie LAN-Manager 1 oder 2 (zwei früher verwendete Microsoft-Netzwerkbetriebssysteme). Dazu sendet der Client eine Liste mit den Dialekten, die er versteht, an den Server, dieser sucht den neuesten aus und antwortet. Die neueren Dialekte verfügen über bessere Verfahren zur Authentifizierung, deswegen sucht der Server den neuesten Dialekt aus. Windows-Clients müssen diesen Dialekt verwenden, nicht jedoch eigene Kreationen wie Hobbits modifizierter Samba-Clients: Er »lügt« einfach und behauptet, er unterstützt nur LAN-Manager 1. Glaubt ihm der Server, sind Authentifizierungsverfahren wie NTLM oder das mit Windows 2000 eingeführte Kerberos nutzlos, denn Passwörter werden einfach im Klartext übertragen, obwohl Client und Server verschlüsseln könnten und natürlich auch sollten.

Da die letzten Klarheiten bezüglich des Protokolls nun beseitigt sind, findet die User-Authentifizierung statt, falls mit Zugriff auf Benutzerebene gearbeitet wird, sonst wird dieser Schritt übersprungen. Diese Phase ist nach Hobbit geeignet für einen Brute-Force-Angriff auf ein User-Passwort, der User-Name ist ja freundlicherweise schon durch die NetBIOS-Namensliste mitgeteilt worden.

Windows 9x verwendet jedoch Zugriff auf Freigabeebene (außer in Domänen in einem Windows NT/2000-Netzwerk). Bei diesem einfachen Modell hängt der Zugriff nicht vom User ab, sondern von einem Passwort, falls überhaupt eins verwendet wird. Jeder, der das Passwort kennt, hat Zugriff. Wie bereits erwähnt wurde, sind diese Freigabepasswörter praktisch wertlos. An dieser Stelle beginnen die meisten SMB-Server mit dem Logging. Sollte etwa Samba die IP loggen, so lässt sich diese über einen Proxy (Relay-Host) verschleiern. Ob mit oder ohne User-Authentifizierung – nun kann Zugriff auf die Shares angefordert werden. Das SMB-Protokoll sieht dafür eine spezielle Freigabe vor – das ominöse *IPC$* (*Inter Process Communication*), das zum Beispiel in den Share-Scans aller Windows 9x-PCs auftaucht. Das Dollar-Zeichen versteckt übrigens die Freigabe. IPC funktioniert über so genannte *Named Pipes* (Kommunikationskanäle, die das Betriebssystem Programmen anbietet, damit diese Daten an andere Programme übermitteln können), die es erlauben, API-Funktionen auf einem fernen Rechner aufzurufen. Eigentlich sollte heute dafür das modernere *RPC* (*Remote Procedure Call*) verwendet werden, IPC wird aber weiterhin unterstützt. Um die Share-Liste anzufordern, wird ein so genannter *IPC-Tree-Connect* (*TCon*) abgesetzt – damit wird die Verzeichnisliste angefordert. Für diese Liste sendet der Server eine Tree-ID (TID) zur Unterscheidung von weiteren Listen. Zum Beispiel lässt sich mit einem DOS-Client mit

```
net view \\servername
```

die Liste der Freigaben anzeigen und mit

```
net use * \\servername\sharename
```

ein Laufwerks-Mapping durchführen, wobei der Freigabe der nächste freie Laufwerksbuchstabe zugeordnet wird. An diesem Punkt besteht voller Zugriff auf das ferne Dateisystem. Mit dem $-Zeichen versteckte Laufwerke lassen sich auch mappen, sofern man den Freigabenamen kennt. Der Samba-Client zeigt übrigens diese Freigaben an, nur Windows-Clients wie der Explorer nicht, womit in Summe die versteckten Freigaben nutzlos sind.

Zu den Freigaben gehören auch die administrativen Freigaben, die von LANGuard ebenfalls angezeigt werden, obwohl sie versteckt sind. Beim Systemstart werden alle Laufwerke freigegeben: Das Festplattenlaufwerk C: erhält die Freigabe C$, Laufwerk D: entsprechend D$ und so weiter, allerdings kann sich nur ein Administrator dorthin verbinden.

23.10.2 Schutzmaßnahmen

Ist *NBT* (*NetBIOS over TCP/IP*) im Internet nötig, kann bei älteren Windows-Systemen auch die wenig bekannte NetBIOS-Bereichs-ID zum Schutz eingesetzt werden. Sie ist eine Erweiterung dües NetBIOS-Namens zur Segmentierung des Namensraums. Zum Beispiel wird so aus dem Computernamen »Berlin« der erweiterte Name »Berlin.GERMANY« mit der Bereichs-ID »GERMANY«. Nur Computer mit der gleichen Bereichs-ID können miteinander kommunizieren. Da die Bereichs-ID im Internet nicht sichtbar ist, funktioniert sie wie ein Passwort. Im LAN ist sie natürlich bekannt.

Um NetBIOS komplett auszuschalten, sperrt man die TCP- und UDP-Ports von 135 bis 139. Viele Firewalls sperren lediglich TCP-Port 139, das reicht als Schutz meistens aus. Ist keine diesbezügliche Option vorhanden, erstellt man eine Regel, die ein- und ausgehenden Datenverkehr mit diesen Transportprotokollen über diese Ports grundsätzlich ablehnt.

Nach dieser Maßnahme funktionieren die Freigaben im Heimnetzwerk allerdings meistens nicht mehr. Hier zeigt sich eine Schwachstelle fast aller »kleinen« Firewalls: Sie unterscheiden nicht zwischen DFÜ-Adapter und interner Netzwerkkarte, sondern sperren einfach beide Schnittstellen. Jedoch bieten die meisten Produkte eine einfache Lösung: Die IP-Adressen im LAN werden in einer *Trusted List* (auch *White List* genannt im Gegensatz zur *Black List*) eingetragen. Damit unterliegen sie nicht mehr den Einschränkungen durch die Firewall.

Bei Windows XP können die Freigaben getrennt für Internet und LAN eingeschaltet werden. Die Konfiguration der Firewall (IVF für *Internet-Verbindungs-Firewall*) erfolgt mit dem Netzwerkinstallationsassistenten. Verfügt der Computer über eine direkte Verbindung ins Internet, kann die ICF sowohl für diese als auch für den Netzwerkadapter aktiviert werden. Ist die IVF im LAN aktiv, ist kein Zugriff auf die eigenen Freigaben möglich – die NetBIOS-Ports sind blockiert. Dazu muss erst eine Regel erstellt werden, die TCP-Port 139 freischaltet.

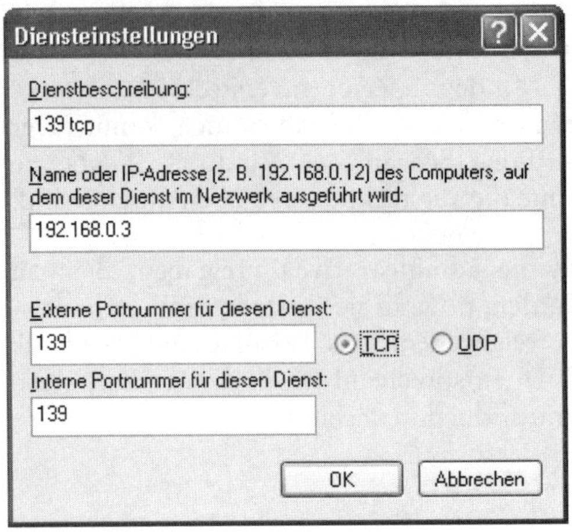

Abbildung 23.28: Mit dieser Regel gibt die IVF den NetBIOS-Port 139 für Filesharing im LAN frei.

Ist die Regel hinzugefügt, muss Windows neu gestartet werden. Ein entsprechender Hinweis fehlt allerdings.

23.10.3 Trojanische Pferde

Neben den Freigaben gibt es noch eine viel größere Bedrohung: die in diesem Kapitel bereits mehrfach erwähnten *Trojanischen Pferde* (oft auch nur Trojaner genannt). Das Ziel eines Trojaners besteht im Ausspähen und Diebstahl vertraulicher Daten. Genau dafür sind sie programmiert. Sieht man sich den Funktionsumfang bekannter Trojaner wie *Back Orifice2000*, *NetBus* oder *SubSeven* an, lässt sich leicht erkennen, wozu sie gedacht sind: zur Fernsteuerung eines Computers über das Internet.

Gute Trojaner bieten Vollzugriff auf das gesamte Dateisystem des Opfer-Rechners. Damit sind alle Daten beliebig manipulierbar. Dokumente können von fremden Rechnern so leicht geöffnet oder abgeholt werden, als befänden sie sich auf dem eigenen Computer. In einigen Fällen besteht sogar Schreibzugriff auf das ferne System. Dann lassen sich die fremden Daten auch löschen. Zu den interessanten Daten gehören Passwörter für Online-Zugänge, aber auch Kreditkartennummern oder PINs und TANs für Online-Banking, sofern diese (was im Allgemeinen nicht zu empfehlen ist) auf Vorrat eingegeben wurden.

So genannte *Keylogger* schreiben jeden Tastendruck des fernen Anwenders in eine Datei – damit lässt sich jedes eingegebene Passwort erschnüffeln. Da nützt es auch nichts, wenn die Passwörter nicht lokal gespeichert, sondern jedes Mal von Hand eingegeben werden, wie es oft geraten wird. Die Passwortdatei kann der Hacker dann leicht abholen.

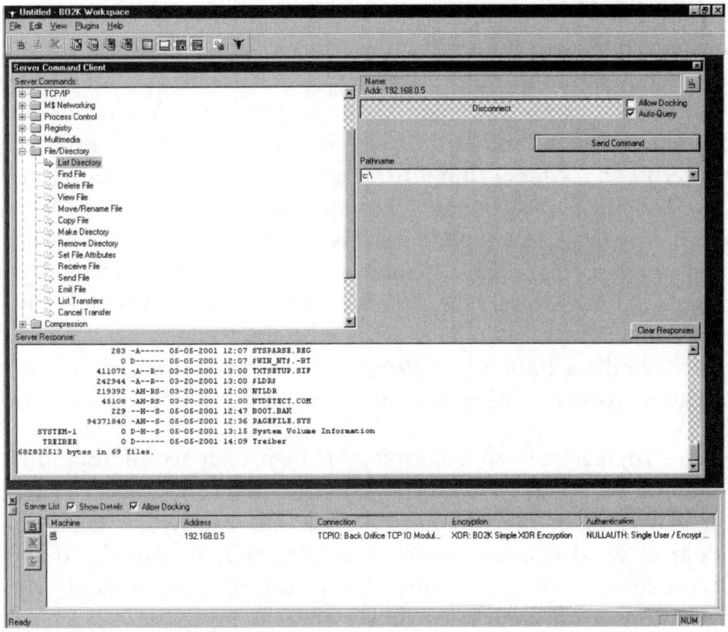

Abbildung 23.29: Zugriff auf das Dateisystem eines fernen PC mit Hilfe eines Trojaners

Was man alles mit Trojanern machen kann, zeigt ein Plug-In für Back Orifice 2000 sehr schön: Das Peep-Plug-In zeigt ein Video des fernen Desktops. Damit kann der Hacker exakt verfolgen, was auf dem fernen System gerade passiert.

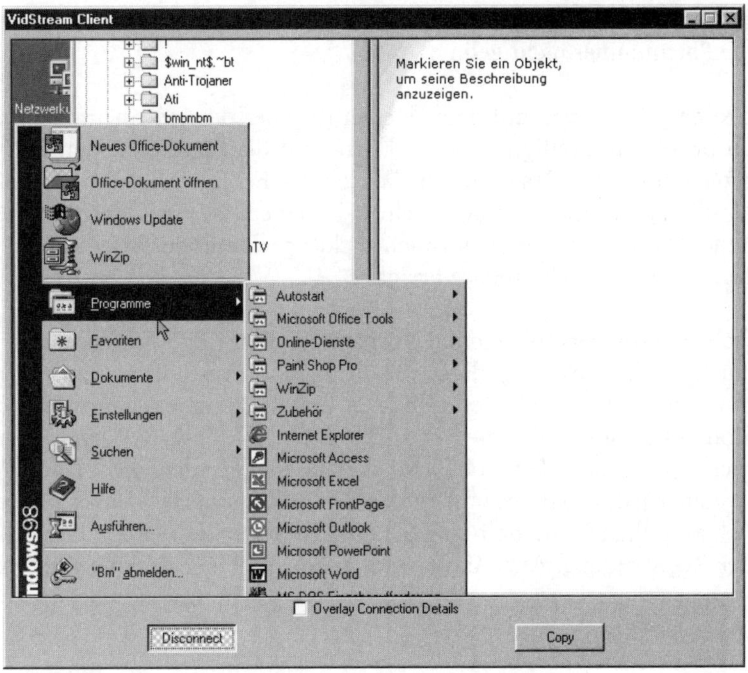

Abbildung 23.30: Ein Video überträgt Bilder eines fernen Desktops über das Internet. Aufgenommen mit Back Orifice.

Trojaner sind Heimlichtuer. Sind sie erst einmal auf einem System vorhanden, verstecken sie sich hinter harmlos klingenden Namen wie »winsystem.exe« an einem unauffälligen Ort der Festplatte, zum Beispiel im *System*-Verzeichnis. Anders als Viren zeigen sie kein aggressives Verhalten, sondern sind bemüht, möglichst nicht aufzufallen. Sie dienen ihrem Programmierer als Hintertür (*Backdoor*) zum infizierten System, durch die jederzeit immer wieder ein Zugriff erfolgen kann. Trojaner sind auch deswegen tückisch, weil sie sich häufig nicht als laufende Prozesse im System erkennen lassen. Unter Windows 9x kann man alle laufenden Prozesse mit [Strg]+[Alt]+[Del] anzeigen lassen, bei Windows NT/2000/XP mit dem Task-Manager. Ein Trojaner muss in der Auflistung nicht enthalten sein, wenn er als versteckter Prozess läuft. Abhilfe schaffen hier Programme (Prozess-Viewer), die auch die versteckten Prozesse anzeigen. Trojaner-Scanner enthalten solche Tools.

Viele Trojaner, wie zum Beispiel das mehrfach erwähnte und in der Szene »legendäre« *Back Orifice 2000* (BO2k), bestehen aus drei Teilen: einer Server-Anwendung, die »irgendwie« auf das Zielsystem gelangen und dort gestartet werden muss, einer Client-Anwendung, mit der der Hacker den Server steuert, sowie aus einem Server-Konfigurations-Tool. Mit dem Konfigurations-Tool kann jeder Server speziell angepasst werden, bevor er auf das Opfer losgelassen wird. Unter anderem kann der Funktionsumfang festgelegt werden, E-Mail-Adressen und -Server lassen sich eintragen und der Port, über den der Trojaner erreichbar ist. Der Port ist eine Art Anschlussnummer zur Kommunikation zwischen zwei Prozessen. BO2k verwendet zum Beispiel in der Voreinstellung Port 31.337. Diese Ports lassen sich häufig beliebig einstellen, so dass eine sichere Identifizierung des Trojaners über die Portnummer nicht gelingt.

Trojaner kann man auf dem eigenen Rechner oder in einem Heimnetzwerk ausprobieren, konfigurieren und dann auf die Reise schicken. Die Verbreitung erfolgt auf den üblichen Wegen als E-Mail-Anhang oder auf einem Datenträger. Das Installieren eines Trojaners ist eines der größeren Probleme. Dafür gibt es eine wirklich tückische Methode: Man kopiert ihn einfach auf eine beschreibbare Freigabe.

Ist der Trojaner erst einmal vorhanden, muss er noch gestartet werden. Auch das ist schwierig, da es für die Remote-Ausführung eines Programms nur wenige Möglichkeiten gibt. Das einfachste ist ein Eintrag in der alten Konfigurationsdatei *Config.sys*, die unter Windows XP zwar keine Rolle mehr spielt, nach dem Start aber dennoch aufgerufen wird. Damit wird der Trojaner jedes Mal zusammen mit Windows gestartet. Das ist jedoch ziemlich auffällig und deshalb ungeschickt. Besser sind die Autostart-Schlüssel in der Registrierung. Auch diese werden von Trojaner-Scannern überwacht.

23.10.4 Ad- und Spyware

Firewalls schützen auch gegen die so genannten werbefinanzierten Programme: freie Software, die sich durch Bannerwerbung finanziert. Je nach Umfang der »Belästigung« laden diese Programme mehr oder weniger häufig Werbebanner aus dem Netz (Ad- oder Spyware genannt). Das Problem besteht im Senden von Informationen durch das Adware-Programm vom eigenen Computer an eine beliebige andere Adresse. Meistens landen die Informationen auf den Servern der Werbefirmen und werden dort in Datenbanken gespeichert mit dem Ziel, sie zu verkaufen. Das Ganze wird dadurch undurchsichtig, weil nicht klar ist, was für Informationen genau übertragen werden. Denkbar ist alles: Passwörter jeder Art, Kreditkarten-Informationen – einfach alles. Weist das werbefinanzierte Programm eindeutig und verständlich darauf hin, dass es Informationen versendet (wie es zum Beispiel bei *CuteFTP* der Fall ist), handelt es sich um Adware. »Telefoniert« das Programm heimlich nach Hause, d.h., stellt es ohne darauf hinzuweisen eine Verbindung zu einem Server im Internet her, liegt Spyware vor. Ausgewertet werden Informationen wie zum Beispiel das Banner, auf das man geklickt hat, oder wie lange man sich auf einer bestimmten Website aufgehalten hat. Auch mit Hilfe von Cookies versuchen die Werbefirmen, Profile des Surfverhaltens zu erstellen, um dann gezielt Werbebanner zu senden. Die Werbefirmen dagegen versuchen sich zu rechtfertigen und weisen in ihren »Geschäftsbedingungen« (den »Privacy Policies«) darauf hin, dass keine sensitiven Daten übermittelt werden und die Surfer anonym bleiben. Betroffen ist nahezu jede Programmgattung. Besonders die Download-Manager sind verseucht. *Go!Zilla* zum Beispiel enthält ein kleines Programm, das eine rege Internettätigkeit zeigt. Aber auch kleinere Berühmtheiten wie der Internet-Browser *Opera* oder das bereits erwähnte FTP-Programm *CuteFTP* gelten zumindest als Adware. In Online-Datenbanken finden sich weit über 1.000 suspekte Programme, einige davon gehören zu den Top-Downloads. Eine Deinstallation verseuchter Programme gelingt nicht immer: Der Werbe-Trojaner sendet weiterhin Informationen. Außerdem besteht die Gefahr, dass das eigentliche Programm nicht ohne den Werbe-Trojaner funktioniert.

Der Einsatz spezieller Tools oder Firewalls ist ein gutes Mittel zum Entdecken solcher Werbe-Trojaner, die sich im Übrigen fast immer ohne Schaden aus dem System entfernen lassen.

Nicht jedes Programm, das »Heimweh« entwickelt, ist gleichbedeutend mit Spyware, es gibt durchaus sinnvolle Einsatzmöglichkeiten. Online-Hardware-Checks, Online-Benchmarks oder das Windows-Update senden, ebenfalls meistens unbemerkt, Informationen in das Internet. Beta-Tester von Windows XP haben zum Beispiel mit der Norton Personal Firewall festgestellt, dass der Bildschirmschoner *3D Flower Power* während seiner Leerlaufzeit Informationen an einen Microsoft-Computer über das Internet sendet. Spioniert Microsoft also heimlich seine Anwender aus? Weit gefehlt, das Ganze besaß einen harmlosen Hintergrund: Befindet sich der Rechner im Leerlauf, lädt der Internet Explorer die Zertifikatrückzugsliste (*Certificate Revocation List*, kurz CRL), die bei SSL-verschlüsselten Verbindungen wichtig ist, um festzustellen, ob das vom Server gelieferte Zertifikat überhaupt noch gültig ist. Eine »heimliche« Verbindung muss also nicht gleich mit illegalen Aktivitäten zu tun haben. Dennoch ist es ein gutes Gefühl, über solche Aktivitäten Bescheid zu wissen.

24 Das Windows XP Service Pack Nr. 1

Anfang September 2002 wurde von Microsoft das Service Pack Nr. 1 freigegeben. Ein Service Pack ist allgemein ein kleines Update, das in erster Linie kleine Fehlerkorrekturen und aktuelle Systemdateien enthält. In Ausnahmefällen gibt es auch ein paar neue Funktionen. In diesem Zusammenhang muss auch das Service Pack Nr. 1 gesehen werden, wenngleich ein Umfang von stolzen 130 Mbyte mehr vermuten lässt (entsprechend lange dauert auch die Installation, die ca. 30 Minuten in Anspruch nimmt und von einem Assistenten erledigt wird, der eine Auswahl der zu installierenden Komponenten erlaubt). Eine erfolgreiche Installation wird im Systemdialogfeld mit dem Hinweis »Version 2002« angezeigt. Die Versionsnummer ändert sich zu 5.1.2600. Folgende Eigenschaften zeichnen das SP1 für Windows XP aus:

- aktuelle Systemdateien, die Sicherheitslöcher stopfen
- Internet Explorer 6.0 SP1 (hier gibt es u.a. ein neues Sicherheitsdialogfeld, das vor dem Abspeichern einer Datei erscheint)
- eine aktuelle Version (4.7) von Msn Messenger
- Unterstützung für den relativ neuen USB 2.0 -Standard
- die Laufzeitdateien für das .NET Framework
- die Möglichkeit, bestimmte Programme (den Webbrowser, das E-Mail-Programm, den Windows Media Player, den Windows Messenger sowie die Java Virtual Machine) auswählen und auch deinstallieren zu können (das war in der Vergangenheit offiziell nicht möglich)

24.1 Internet Explorer & Co austauschen

Nach der Installation des SP 1 findet sich im Startmenü unter PROGRAMME der Eintrag *Programmzugriff und -standards festlegen.* Dieser zeigt ein neues Dialogfeld im *Software*-Applet an, in dem diese Einstellungen vorgenommen werden können.

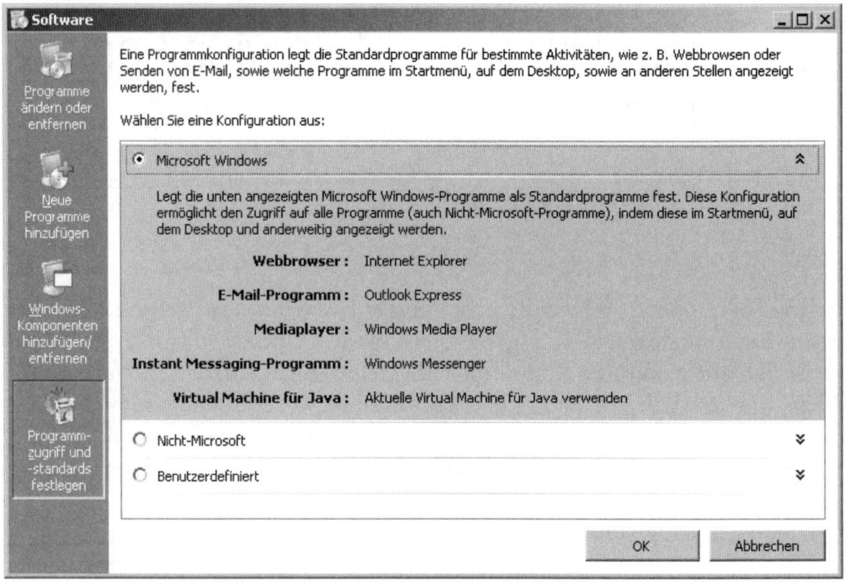

Abbildung 24.1: Über Programmzugriff und -standards festlegen werden Windows XP-Standardprogramme ausgetauscht

Es ist wichtig zu verstehen, dass diese Maßnahme nicht bedeutet, dass Windows-Anwender auf einmal mit Netscape oder Opera als Alternative zum Internet Explorer durch das Web surfen können, denn das ging bereits immer. Nicht nur, dass sich diese Anwendungen problemlos installieren und betreiben lassen, es ist jederzeit möglich, die Dateiverknüpfung zu einer HTML-Dateierweiterung so zu ändern, dass diese Dateien mit dem Netscape Navigator oder dem Opera Browser angezeigt werden. Auch bei den E-Mail-Programmen gibt es schon immer eine reichhaltige Auswahl, und niemand wird dazu gezwungen, mit Outlook Express zu arbeiten. Die Neuerungen bedeuten vielmehr zwei Dinge:

- Internet Explorer, Outlook Express und Windows Messenger lassen sich jetzt ganz offiziell über die Windows-Komponenten im Software-Applet der Systemsteuerung entfernen.
- Hersteller von alternativen Programmen können erreichen, dass ihre Programme in der Auswahlliste der alternativen Anwendungen erscheinen oder durch den PC-Hersteller von Anfang voreingestellt werden (dies ist eine Konzession von Microsoft an das US-Bundesgericht, welche der Konzern im Rahmen einer langjährigen Gerichtsverhandlung, die aufgrund von Vorwürfen über unlautere Geschäftspraktiken geführt wurde, gemacht hat).

Und warum erscheinen in der Auswahlliste in der Kategorie *Nicht-Microsoft* keine anderen Programme als die von Microsoft? Weil die Hersteller dieser Programme ihre Anwendungen entsprechend vorbereiten müssen (dazu sind laut Microsoft lediglich kleinere Änderungen notwendig).

24.2 Raubkopien haben es schwerer

Mit SP1 hat Microsoft die Benutzung einer »Raubkopie«, also einer Version ohne einen gültigen Produktschlüssel, weiter erschwert. Grund für diese Maßnahme war die Verbreitung von allgemeinen Aktivierungsschlüsseln über das Internet, die ursprünglich als Universalschlüssel für Großkunden gedacht waren, als solche in Umlauf gelangten und entsprechend zweckentfremdet wurden. Installationen, die mit diesen Produktschlüsseln installiert wurden, lassen sich mit SP1 nicht mehr starten (welche Produktschlüssel dies sind, wurde nicht offiziell bekannt gegeben). Da SP1 auch jene Systemdateien ersetzt, die durch einen entsprechenden (illegalen) »Patch« manipuliert wurden, um die Aktivierung zu umgehen, wird nach der Installation von SP1 wieder eine Aktivierung notwendig, die ohne gültigen Schlüssel jedoch nicht durchgeführt werden kann. Auch bei der Windows-Update-Funktion wird geprüft, ob das System mit einem nicht erlaubten Produktschlüssel installiert wurde.

Durch die Installation von SP1 muss eine Windows-Installation nicht erneut aktiviert werden, wenn dies bereits geschehen ist (es sei denn, es wurde ein unerlaubter Produktschlüssel festgestellt).

Weitere Informationen zu den Änderungen, die bezüglich der Produktaktivierung bei SP1 einhergehen, werden unter der folgenden (englischsprachigen) Website angeboten:

`http://www.microsoft.com/piracy/basics/activation/mpafaq.asp#wxpsp1`

Immerhin gibt es auch eine kleine positive Neuerung in diesem Punkt. Bei umfangreicheren Änderungen an der Hardware-Konfiguration haben Sie nun drei Tage Zeit für die erneute Produktaktivierung (bislang musste Windows XP sofort neu aktiviert werden).

Teil 5 Anhang

A Tipps und Tricks zu Windows XP

Was wäre ein Buch, zumal wenn es ein wenig mehr bieten soll als die offizielle Hilfe, ohne eine Tipps & Tricks-Rubrik, in der es um nicht dokumentierte Einstellungen, verborgene Schalter, Abkürzungen, kleine Arbeitserleichterungen und andere Dinge geht, die den täglichen Umgang mit dem Betriebssystem ein wenig vereinfachen? Auch wenn Sie im Internet, auf den einschlägigen IT-Portalseiten (etwa `www.vnunet.de`) und natürlich in den Fachzeitschriften eine Fülle von Tipps und guten Ratschlägen rund um Windows XP finden werden, geht dieses Kapitel mit ein paar Appetithäppchen voran. Einige Tipps wurden bereits über das Buch verteilt, sodass Sie sie an dieser Stelle nicht noch einmal finden werden. Dass dieses Kapitel nicht mehr so umfangreich ist wie bei früheren Versionen, liegt zum einen nicht unwesentlichen Teil daran, dass viele Einstellungen, die in der Vergangenheit Eingriffe in die Registrierung erforderlich machten und damit in die typische »Trickkiste« fielen, nun über die Benutzeroberfläche einstellbar sind.

Die Themen dieses Kapitels:

- Erweiterungen für Verknüpfungen anzeigen
- Den Vorsatz »Verknüpfung mit« entfernen
- Ordnerfenster nach dem Start wieder anzeigen
- Ordner von Anfang in der Ordneransicht (Explorer-Modus) öffnen
- Standarddatei-Dialogfelder ändern
- Zeitzonen editieren
- Zubehörprogramm einzeln installieren und deinstallieren
- Die Windows XP-PowerToys
- TweakUI als »magisches« Werkzeug

Hier haben Sie bereits den »ultimativen« Tipp vorweg: Besorgen Sie sich das kostenlos erhältliche TweakUI für Windows XP von Microsoft. Damit werden viele Eingriffe in die Registrierung überflüssig. Chip-Online bietet die deutsche Version zum Download an: `www.chip.de/downloads_updates/downloads_updates_54956.html`

A.1 Tipps rund um den Explorer

In diesem Abschnitt geht es um Tipps und Arbeitserleichterungen, die den Explorer, das heißt die Ordnerfenster betreffen.

A.1.1 Erweiterungen für Verknüpfungen anzeigen

Erfahrene Anwender dürfte es manches Mal stören, dass bei einigen Dateitypen auch dann keine Erweiterung angezeigt wird, wenn die Option ERWEITERUNGEN BEI BEKANNTEN DATEITYPEN AUSBLENDEN in den Ordner-Optionen nicht gesetzt ist. Das liegt daran, dass weniger erfahrene Anwender dieses im Grunde unwichtige Detail nicht interessieren dürfte und gleichzeitig verhindert werden soll, dass durch Umbenennen oder andere Aktionen etwas durcheinander gebracht werden kann. Möchten Sie die Erweiterung *.lnk* für Verknüpfungen dennoch sehen, müssen Sie lediglich den dafür zuständigen Eintrag in der Registrierung ändern. Der Name des Schlüssels ist *HKey_Classes_Root\lnkfile*. Hier muss der Eintrag *NeverShowExt* in *OldNeverShowExt* (oder in einen beliebigen anderen Namen) umbenannt oder gleich gelöscht werden. Außerdem ist ein Neustart erforderlich. Die gleiche Maßnahme ist bei allen Dateitypen erforderlich, deren Erweiterungen ebenfalls nicht angezeigt werden.

Anzeigen der Erweiterung bei Verknüpfungen

1. Starten Sie den Registrierungs-Editor durch Eingabe von *Regedit* über den AUSFÜHREN-Befehl im Startmenü.
2. Öffnen Sie den Schlüssel *HKey_Classes_Root\lnkfile*.
3. Klicken Sie den Eintrag *NeverShowExt* in der rechten Fensterhälfte mit der sekundären Maustaste an, wählen Sie ÄNDERN und geben Sie den neuen Namen ein.
4. Starten Sie das System neu. Anschließend sollte bei Verknüpfungen die Erweiterung *.lnk* angezeigt werden.

A.1.2 Den Vorsatz »Verknüpfung mit« entfernen

Wird eine Verknüpfung angelegt, trägt diese automatisch den Namensvorsatz »Verknüpfung mit«, auf den der Name der Datei folgt, auf den die Verknüpfung zeigt. Wem diese Namenswahl nicht gefällt, der kann sie über einen Eingriff in die Registrierung auch unter den Tisch fallen lassen.

Entfernen von »Verknüpfung mit« bei Verknüpfungen

1. Starten Sie den Registrierungs-Editor durch Eingabe von *Regedit* über den AUSFÜHREN-Befehl im Startmenü.

2. Öffnen Sie den Schlüssel *HKey_Current_User\Software\Microsoft\Windows\Current Version\Explorer*.
3. Klicken Sie in der rechten Fensterhälfte den Eintrag *link* mit der sekundären Maustaste an, wählen Sie ÄNDERN und tragen Sie für den neuen Wert (der alte Wert dürfte »18 00 00 00« lauten) »00 00 00 00« ein.
4. Starten Sie das System neu oder melden Sie sich ab und anschließend an, damit der Explorer neu gestartet wird.

A.1.3 Das Pfeilsymbol bei Verknüpfungen austauschen

Da wir gerade beim Thema sind: auch das kleine Pfeilsymbol, das dem Dateisymbol einer Verknüpfung übergelagert wird, lässt sich über einen Eingriff in die Registrierung austauschen oder entfernen, denn es handelt sich um eines der zahlreichen Shell-Icons.

Entfernen des Verknüpfungspfeils

STEP

1. Starten Sie den Registrierungs-Editor durch Eingabe von *Regedit* über den AUSFÜHREN-Befehl im Startmenü.
2. Öffnen Sie den Schlüssel *HKey_Classes_Root\lnkfile*.
3. Klicken Sie den Eintrag *IsShortcut* in der rechten Fensterhälfte an und löschen Sie ihn entweder oder benennen Sie ihn geringfügig um (dadurch lässt er sich später leichter wieder herstellen).
4. Starten Sie das System neu oder melden Sie sich ab und anschließend an, damit der Explorer neu gestartet wird. (Sie können den Explorer im Task-Manager auch beenden und anschließend neu starten.)

A.1.4 Ordnerfenster nach dem Start wieder anzeigen

Möchten Sie erreichen, dass nach dem Start oder dem erneuten Anmelden alle Ordnerfenster, die vor dem Verlassen geöffnet werden, wieder geöffnet sind, muss die Option VORHERIGE ORDNERFENSTER BEI DER ANMELDUNG WIEDERHERSTELLEN in den Ordner-Optionen gesetzt werden.

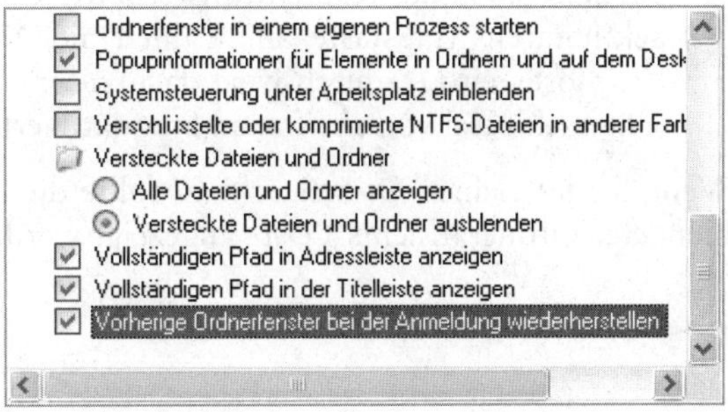

Abbildung A.1: Diese Option in den Ordner-Optionen sorgt dafür, dass nach dem Neustart alles wieder so ist wie vor dem Neustart

A.1.5 Dateiattribute immer anzeigen

Um zu erreichen, dass die Dateiattribute in einem Ordnerfenster in der Detailansicht angezeigt werden, gibt es bei Windows XP einen sehr einfachen Weg:

➠ Anklicken der Kopfspalte mit der sekundären Maustaste und Auswahl von ATTRIBUTE. Diese Einstellung gilt stets für den aktuellen Ordner.

INFO

Das Setzen des Eintrags ShowAttribCol *(Datentyp* REG_DWORD) *im Schlüssel* HKey_Current_User\Software\Microsoft\Windows\CurrentVersion\Explorer\Advanced *auf den Wert 1 funktioniert bei Windows XP offenbar nicht mehr.*

A.1.6 Ordner von Anfang in der Ordneransicht (Explorer-Modus) öffnen

Echte Kenner kennen nur den Explorer-Modus, sprich die Ordneransicht, in der in der linken Spalte stets die Ordnerhierarchie eingeblendet wird (was den Wechsel zwischen den verschiedenen Ordner zwar erleichtert, dafür aber auch ein gewisses »Abstraktionsvermögen« verlangt). Möchten Sie erreichen, dass Ordnerfenster grundsätzlich im Explorer-Modus geöffnet werden, müssen Sie lediglich das Standardverb ändern, was wahlweise über die Ordner-Optionen oder über die Registrierung geschehen kann.

INFO

Dieser Hinweis gilt generell für alle »Registry-Tipps«, auch für die, die Sie im Internet finden. Sollten in Schritt für Schritt-Anleitungen Schlüssel oder Einträge vorkommen, die in Ihrer Registrierung nicht vorhanden sind, müssen Sie diese anlegen. Achten Sie bei den Einträgen immer auf den Datentyp (im Zweifelsfalle Zeichenkette*).*

STEP

Ordnerfenster stets in der Explorer-Ansicht öffnen

1. Starten Sie den Registrierungs-Editor durch Eingabe von *Regedit* über den AUSFÜHREN-Befehl im Startmenü.
2. Öffnen Sie den Schlüssel *HKey_Classes_Root\Folder\shell.*
3. Klicken Sie in der rechten Fensterhälfte den Eintrag *(Standard)* mit der sekundären Maustaste an, wählen Sie ÄNDERN und tragen Sie hier »explore« ein. Dadurch wird das *explore*-Verb (linke Fensterhälfte als Unterschlüssel von *shell*) zum Standardverb.

Wenn Sie jetzt einen Ordner öffnen, sollte dieser von Anfang an mit eingeblendeter Ordneransichts-Leiste angezeigt werden.

A.1.7 Windows-Datei-Dialogfelder anpassen

Windows XP verwendet im Vergleich zu Windows 9x und Windows NT 4.0 neue Dialogfelder für die Auswahl einer Datei, die sich nicht nur durch eine modernere Optik, sondern auch durch eine sehr nützliche Eigenschaft von ihren Vorgängern unterscheiden. Am linken Rand wird ein Leiste mit prominenten Orten, wie dem Ordner EIGENE DATEIEN oder dem ARBEITSPLATZ angezeigt. Es können entweder fünf große oder zehn kleine dieser besonderen Orte, sie werden in diesem Zusammenhang als »Places« (zu deutsch »Orte«) bezeichnet, angezeigt werden. Und es kommt noch besser. Welche Verzeichnisse oder Spezialordner angezeigt werden, lässt sich über die Registrierung einstellen. Der dafür zuständige Schlüssel heißt *Hkey_Current_User\ Software\ Microsoft\Windows\CurrentVersion\Policies.* Enthält dieser einen Unterschlüssel mit dem Namen *ComDlg32\Placesbar,* wird eine individuelle Leiste angezeigt; ist der Unterschlüssel nicht vorhanden, was am Anfang der Fall ist, werden die folgenden Standard-Places angezeigt:

- Zuletzt verwendete Dokumente
- Desktop
- Eigene Dateien
- Arbeitsplatz
- Netzwerkumgebung

Möchten Sie erreichen, dass alternativ andere Verzeichnisse oder Systemordner angezeigt werden, muss der Unterschlüssel *ComDlg32\Placesbar* angelegt werden. Dieser Schlüssel besitzt insgesamt fünf Einträge, die Place0, Place1, Place2 usw. heißen. Der Wert eines Eintrags ist entweder ein Verzeichnispfad (in diesem Fall ist sein Typ *REG_SZ*) oder eine Zahl, die für einen Systemordner steht (in diesem Fall ist sein Typ *REG_DWORD*. Auch wenn Sie, wie in Kapitel 20 gezeigt, die Einträge direkt über den Registrierungs-Editor vornehmen könnten, ist ein (relativ) kleines Script dafür besser geeignet. Das Script in Listing A.1 nimmt Ihnen eine Menge Arbeit ab.[1] Unmittelbar nach dem Start müssen Sie über eine Zahl zwischen 0 und 4 angeben, welches der fünf Symbole geändert werden soll. Da das Script eine Programmschleife abarbeitet, können Sie nacheinander bequem alle fünf Symbole ändern, ohne das Script neu starten zu müssen. Nach Eingabe der Nummer erscheint ein zweites Eingabefeld, in dem Sie durch Anklicken von JA festlegen, dass Sie einen Verzeichnispfad ändern möchten. Über NEIN geben Sie dagegen an, dass Sie einen Systemordner auswählen möchten. Möchten Sie gar nichts ändern, klicken Sie auf ABBRECHEN. Im letzten Dialogfeld geben Sie entweder den Verzeichnispfad des Ordners an oder eine

1 Es basiert auf einer Idee von *Dino Esposito*, die dieser in der August 2001-Ausgabe des sehr empfehlenswerten Windows 2000-Magazins (`www.win2000mag.com`) veröffentlicht hat.

Nummer ein, die für einen Systemordner steht. Tabelle A.1 enthält die Nummern der gängigsten Systemordner. Um festzustellen, ob die Änderung Erfolg hatte, starten Sie ein Zubehörprogramm (etwa den Windows-Editor) und öffnen eine Datei. In dem ÖFFNEN-Dialofeld sollte an der ausgewählten Position der entsprechende Ordner angezeigt werden. Eine Besonderheit gilt es zu beachten: Wenn Sie nur einen Ordner ändern, wird auch nur ein Ordner angezeigt, da die Standard-Places nicht mehr angezeigt werden, sobald der Unterschlüssel existiert. Auch sollten Sie die Reihenfolge einhalten und nicht zum Beispiel *Place02* anlegen, dafür aber *Place01* auslassen.

Abbildung A.2: Ein Standarddialog zeigt bei Windows XP in der linken Spalte die »Standard-Places« an

Möchten Sie wieder die Standard-Places sehen, müssen Sie den Unterschlüssel einfach komplett löschen. Diesen Job übernimmt das Script in Listing A.2.

Abbildung A.3: Der Standarddialog wurde mit neuen Places belegt

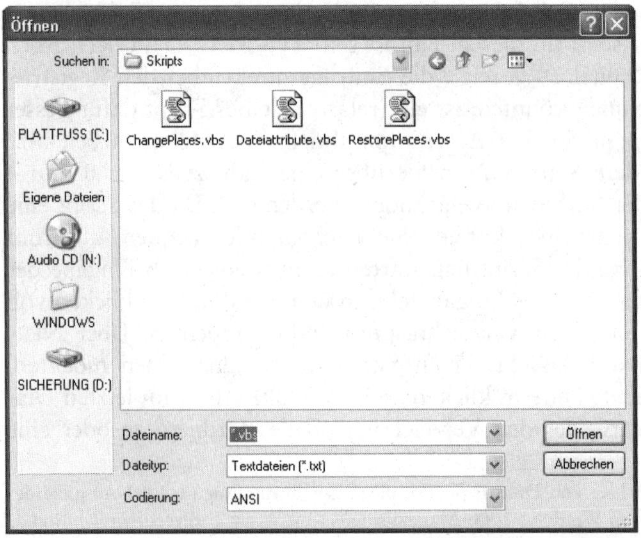

:-) TIPP

Mit TweakUI für Windows XP lassen sich Places etwas einfacher austauschen (mehr dazu in Kapitel A.4) Die hier vorgestellte Script-Lösung ist in jedem Fall ein schönes Lehrbeispiel für die vielseitigen Möglichkeiten, die sich durch die Script-Programmierung ergeben können.

Tabelle A.1: Die gängigsten Systemordner und ihre Nummern

Systemordner	Nummer
Fonts	20
Papierkorb	10
Arbeitsplatz	17
Netzwerkverbindungen	49
Drucker	4
Favoriten	6
Senden An	9
Eigene Bilder	39
Verlauf	34
Netzwerkumgebung	18
Eigene Dateien	5
Windows	36

Listing A.1: Dieses Script ermöglicht das Ändern der Places in einem Datei-Dialogfeld

```
' ------------------------------------
' Austauschen eines Places-Symbols
' gegen einen Verzeichnispfad oder Systemordner
' 28/08/2001 - Windows XP Kompendium
' ------------------------------------
Option Explicit
Const APP_TITEL = "Ändern eines Places"
Const REG_PFAD =
"HKCU\Software\Microsoft\Windows\CurrentVersion\Policies\ComDlg32\Placesbar\"
Dim Place, Weiter

Weiter = True
While Weiter
  Place = Inputbox("Nummer des Places (0-4)", APP_TITEL, 0)
  If Place = "" Then
     WScript.Quit
  End If

  If Place > 4 Then
     Msgbox "Place-Nummer muss zwischen 0 und 4 liegen", 16, APP_TITEL
  Else
     PlaceAendern
  End If
```

```
  WScript.Echo "Place wurde geändert!"
Wend
WScript.Echo "Auftrag ausgeführt!"

' --------------------------------
' PlaceAendern-Prozedur
' --------------------------------

Sub PlaceAendern ()
  Dim Shell, curPfad, MsgText, Antwort, newPfad, WertTyp
  Set Shell = CreateObject("WScript.Shell")
  On Error Resume Next
  curPfad = Shell.RegRead(REG_PFAD & "Place" & Place)
  On Error Goto 0
  If curPfad = "" Then
     curPfad = "Standardwert"
  End If
  MsgText = ""
  MsgText = MsgText & "Place Nr. " & Place & _
   " besitzt aktuell den Wert: " & Chr(34) & _
   curPfad & chr(34) & vbCrLf & vbCrLf & _
   "Ja=Eigener Pfad Nein=Systemordner Cancel=Abbruch"
  Antwort = Msgbox(MsgText, 3, APP_TITEL)
  If Antwort = vbCancel Then
     Exit Sub
  End If
  Select Case Antwort
     Case vbYes
       newPfad = Inputbox("Neuer Pfad: ", APP_TITEL, curPfad)
       If newPfad = "" Then
          Exit Sub
       End If
       WertTyp = "REG_SZ"
     Case vbNo
       MsgText = ""
       MsgText = MsgText & "Neuen Ordner auswählen" _
        vbCrLf & vbCrlf & _
         " 5 - Eigene Dateien" & vbCrLf & _
         " 6 - Favoriten" & vbCrLf & _
         "17 - Arbeitsplatz" & vbCrLf & _
         "18 - Netzwerkumgebung" & vbCrLf & _
         "34 - Verlauf" & vbCrLf & _
         "36 - Windows"
         newPfad = Inputbox(MsgText, APP_TITEL, curPfad)
         If newPfad = "" Then
            Exit Sub
         End If
         WertTyp = "REG_DWORD"
    End Select
```

```
    Shell.RegWrite REG_PFAD & "Place" & Place, _
      newPfad, WertTyp
  End Sub

  ' -----------------------------------------
  ' Wiederherstellen der Places
  ' in einem Standard-Dialogfeld
  ' 28/08/2001 - Windows XP Kompendium
  ' -----------------------------------------
Option Explicit
Const APP_TITEL = "Wiederherstellen der Places"
Const REG_PFAD =
"HKCU\Software\Microsoft\Windows\CurrentVersion\Policies\ComDlg32\Placesbar\"
Dim Antwort, Shell

Antwort = Msgbox("Standard-Places wiederherstellen - mit OK bestätigen", 1,
APP_TITEL)
If Antwort <> vbOK Then
   WScript.Quit
End If
Set Shell = CreateObject("WScript.Shell")
' Fuer den Fall, dass der Schlüssel bereits gelöscht
' wurde
On Error Resume Next
curPfad = Shell.RegDelete(REG_PFAD)
On Error Goto 0
Msgbox "Alles klar!", , APP_TITEL
```

Listing A.2: Dieses Script stellt die Standard-Places wieder her

A.1.8 Zubehörprogramme einzeln installieren und deinstallieren

Anders als noch bei Windows 9x lassen sich viele Zubehörprogramme bei Windows XP nicht einzeln installieren und deinstallieren. Dazu gehört zum Beispiel auch der Windows Messenger, der in der Liste der installierten Zubehörprogramme gar nicht auftaucht. Wenn Sie das SOFTWARE-Applet der Systemsteuerung öffnen, den *Eintrag Windows-Komponenten hinzufügen/Entfernen* anklicken und die Liste bis ans Ende scrollen, taucht der Eintrag *Zubehör- und Dienstprogramme*« auf. Über ein Anklicken von Details werden die Unterkategorien *Spiele* und *Zubehör* angezeigt, wobei das weitere Anklicken von Details die in diese Kategorie gehörenden Zubehörprogramme auflistet, die an dieser Stelle deinstalliert und installiert werden können.

Im Vergleich zu früheren Windows-Versionen ist diese Liste jedoch nicht vollständig. Mit dem folgenden relativ einfach durchzuführenden Trick werden auf einmal jene Zubehörprogramme angezeigt, die Windows XP zunächst nicht zu kennen scheint. Verantwortlich für die Komponenten, die sich über das SOFTWARE-Applet entfernen lassen, ist die Datei *Sysoc.inf* im *%Systemroot%\Inf*-Verzeichnis. Öffnen Sie diese Datei mit dem Editor und lokalisieren Sie den Bereich *[Components]*. Hier werden alle Komponenten aufgelistet, die in der Kategorie *Zubehör* erscheinen könnten. Einträge, bei denen an vorletzter Stelle das Wort »Hide« auftaucht, werden nicht angezeigt. Entfernen Sie das »Hide«, erscheint der Eintrag auf einmal in der Liste und die Komponente kann wie gewohnt installiert und deinstalliert werden (siehe Abbildung A.4).

Abbildung A.4: Die Datei»Sysoc.inf« bestimmt, welche Windows-Komponenten sich nachträglich entfernen lassen

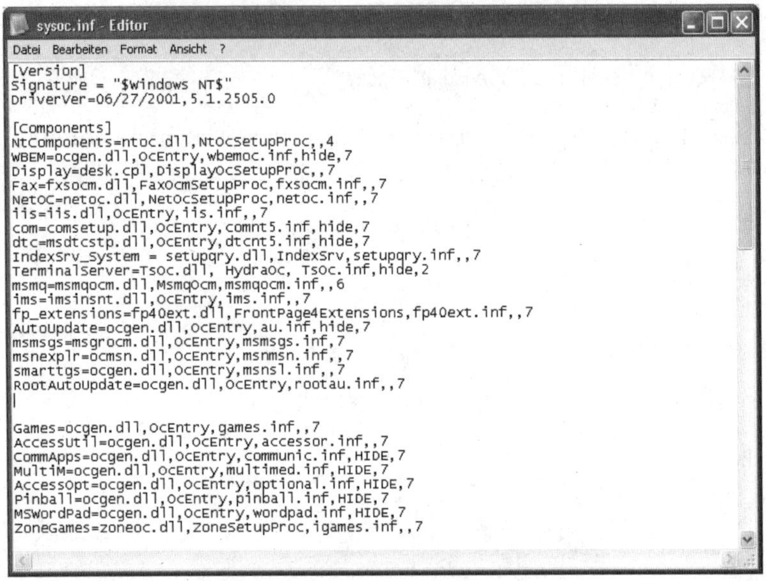

Abbildung A.5: Nach Editieren von »Sysoc.inf« stehen in der Komponentenauswahl zusätzliche Einträge zur Verfügung

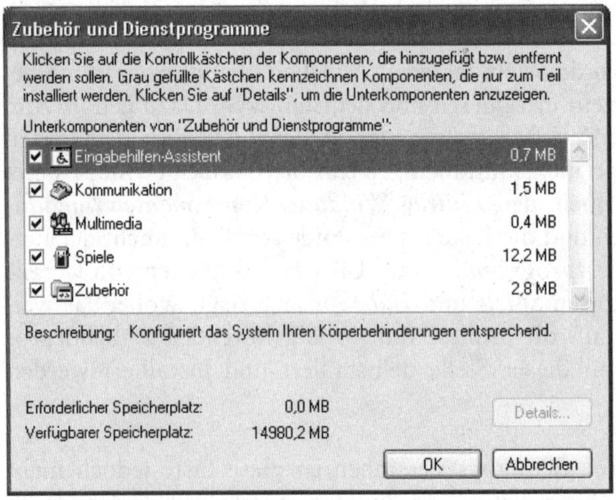

A.1.9 Windows Messenger nachträglich entfernen

Um Windows Messenger nachträglich entfernen und gegebenenfalls neu installieren zu können, muss die Datei *Sysoc.inf* im Bereich *[Components]* um den folgenden Eintrag ergänzt werden:

```
msmsgs=msgrocm.dll,OcEntry,msmsgs.inf,7
```

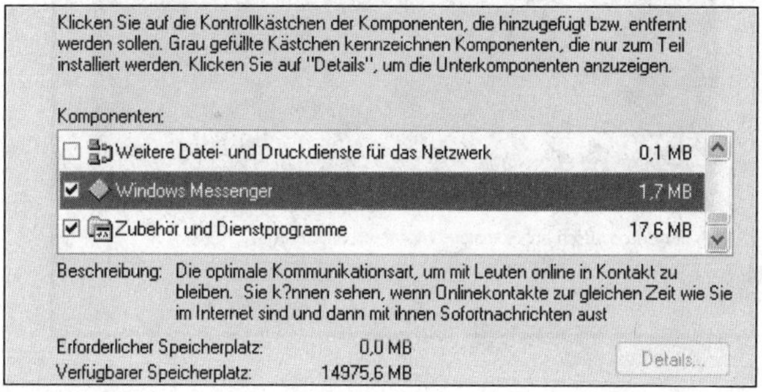

Abbildung A.6: Nach einem kleinen Eingriff in »Sysoc.inf« lässt sich der Windows Messenger nachträglich deinstallieren

A.1.10 Zeitzonen editieren

Möchten Sie Ihrem Windows XP eine ganz persönliche Note, gewürzt mit einer Prise Lokalkolorit, verleihen? Dann editieren Sie die Zeitzonen, genauer gesagt die Städtenamen, die mit den einzelnen Zeitzonen assoziiert sind. Ein kleiner und vor allem harmloser Eingriff in die Registrierung genügt dazu.

Editieren der Städtenamen der Zeitzonen

STEP

1. Starten Sie den Registrierungs-Editor durch Eingabe von *Regedit* über den AUSFÜHREN-Befehl im Startmenü.
2. Öffnen Sie den Schlüssel *HKEY_LOCAL_MACHINE\SOFTWARE\Microsoft\ Windows NT\CurrentVersion\Time Zones.*
3. Wählen Sie Ihre Zeitzone als Unterschlüssel aus. In der rechten Fensterhälfte sehen Sie alle mit dieser Zeitzone verbundenen Einträge. Einer dieser Einträge lautet *Display*. Sein Wert legt fest, welche Städtennamen bei der Auswahl einer Zeitzone angezeigt werden.
4. Klicken Sie den Eintrag *Display* mit der sekundären Maustaste an und wählen Sie *Ändern*. Sie können nun die Städtenamen beliebig editieren und erreichen, dass anstelle von »Amsterdam, Berlin, Bern, Rom, Stockholm, Wien« Ihre persönlichen Favoriten erscheinen. Ein Abspeichern der Änderungen ist nicht notwendig (bzw. gar nicht möglich). Die neuen Namen werden angezeigt, sobald Sie die Zeitzonenauswahl (zum Beispiel über die Uhr im Infofeld der Taskleiste) das nächste Mal aufrufen.

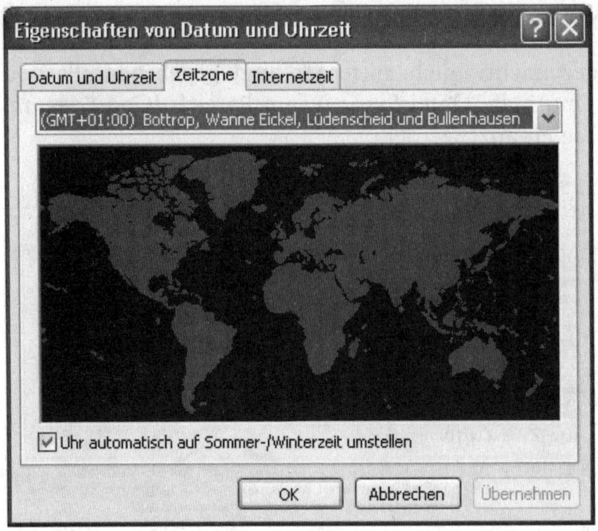

Abbildung A.7: Unser Dorf soll bekannter werden – bei der Auswahl der Zeitzone ist dies bereits geglückt

A.2 Sonstiges

In diesem Abschnitt werden jene Tipps, Kniffe und Besonderheiten ver(b)raten, die in keine der übrigen Kategorien passten.

A.2.1 Punkt statt Komma

Normalerweise führt die Eingabe des Kommas auf dem numerischen Tastenblock dazu, dass ein Komma ausgegeben wird. Möchte man erreichen, dass statt dessen ein Punkt erscheint, ist ein Eingriff in die Registrierung notwendig.

STEP

Anzeige eines Punktes anstelle eines Kommas auf dem Ziffernblock der Tastatur

1. Starten Sie den Registrierungs-Editor durch Eingabe von *Regedit* über den AUSFÜHREN-Befehl im Startmenü.
2. Öffnen Sie den Zweig *HKEY_LOCAL_MACHINE\SYSTEM\CurrentControlSet\Control\Keyboard Layout* und legen Sie dort einen Eintrag vom Typ Binärwert mit dem Namen *Keyboard Layout* an und geben Sie hier die folgende Zahlenfolge ein: »00,00,00,00,00,00,00,00,02,00,00, 00,34,00,53,00,00,00,00,00«.
3. Führen Sie einen Neustart aus. Anschließend sollte die [Entf]-Taste auf dem Ziffernblock dazu führen, dass anstelle des Kommas ein Punkt erscheint. Möchten Sie dies wieder rückgängig machen, löschen Sie den

Eintrag *Keyboard Layout* wieder oder stellen Sie dem Schlüsselnamen in der Reg-Datei (mehr dazu gleich) einfach ein Minuszeichen voraus (legen Sie dazu am besten eine neue Reg-Datei an):

```
[HKEY_LOCAL_MACHINE\SYSTEM\CurrentControlSet\Control\ Keyboard Layout]
```

Es gibt eine Alternative, die unter Umständen etwas einfacher ist und die für alle Änderungen in der Registrierung geeignet ist (insbesondere, wenn diese reproduzierbar, d.h. beliebig oft ausführbar sein sollen). Legen Sie eine Textdatei an und geben Sie den folgenden Inhalt ein:

```
REGEDIT4

[HKEY_LOCAL_MACHINE\SYSTEM\CurrentControlSet\Control\ Keyboard Layout]

"Scancode Map"=
hex:00,00,00,00,00,00,00,00,02,00,00,00,34,00,53,00,00,00,00,00
```

Speichern Sie die Datei unter einem Namen ab, der mit der Erweiterung *.reg* endet. Indem Sie diese Datei öffnen, wird ihr Inhalt in die Registrierung übernommen und der Eintrag mit dem angegebenen Binärwert angelegt.

A.2.2 Kein Startbildschirm

Um den »Splash Screen« beim Starten von Windows XP zu vermeiden, muss einfach in der *Boot.ini* die Option */noguiboot* hinzugefügt werden. Diese Option muss an den Eintrag für das zu bootende Betriebssystem gehängt werden.

Anders als bei früheren Versionen ist der Startbildschirm von Windows XP optisch recht angenehm. Da der Bildschirm ohne Startbildschirm eine lange Zeit dunkel bleibt und (offenbar) auch kein blauer Bildschirm, der auf schwerwiegende Fehler beim Booten hinweisen würde, angezeigt wird, sollte man von dieser Option Abstand nehmen.

A.2.3 Liste der aufgerufenen Dateien beim Windows Media Player löschen

Wie die meisten Programme zeigt auch der Windows Media Player in seinem Dateimenü eine Liste der zuletzt abgespielten Mediendateien an. Wer es aus irgendeinem Grund bevorzugt, dass die eigenen Hör- und Sehgewohnheiten nicht dokumentiert werden, kann dies über einen Eingriff in die Registrierung verhindern.

Liste der zuletzt gespielten Titel beim Windows Media Player abschalten

1. Starten Sie den Registrierungs-Editor *Regedit* und öffnen Sie den Schlüssel *HKEY_CURRENT_USER\Software\Microsoft\MediaPlayer\Player\Recent FileList.*
2. Löschen Sie den Schlüssel *\RecentFileList.*

A.2.4 Unschlagbar werden bei Hearts

Hearts ist zwar nicht gerade das Top-Spiel bei Windows XP und dürfte eigentlich niemanden mehr so recht interessieren, doch vielleicht sieht es mit einer garantierten Gewinnstrategie anders aus. Mit der folgenden Mogelanleitung erreichen Sie nämlich, dass Sie Ihren Mitspielern in die Karten schauen können.

Mogelpackung für Hearts installieren

1. Starten Sie den Registrierungs-Editor *RegEdit* und öffnen Sie den Schlüssel *HKEY_CURRENT_USER\Software\Microsoft\Windows\Current Version\Applets.*
2. Halten Sie einen Augenblick inne, denn der Unterschlüssel *Hearts* dürfte vermutlich noch nicht existieren. Sollte dies der Fall sein, legen Sie diesen Unterschlüssel an.
3. Fügen Sie in der rechten Fensterhälfte einen Eintrag mit dem Namen »ZB« hinzu und geben Sie diesem den (legendären) Wert »42«.[2]

Das war's. Starten Sie jetzt Hearts, das Kartenspiel mit Herz, und wann immer Sie Ihren drei Mitspielerinnen in die Karten schauen möchten, drücken Sie `Strg` + `Alt` + `⇧` + `F12` Das erneute Drücken dieser Tastenfolge macht die Karten wieder unsichtbar (siehe Abbildung A.8).

A.2.5 E-Mail-Nachrichtenfenster über Verknüpfungen öffnen

Auch wenn Outlook Express direkt über das Startmenü angeboten wird, kann es manchmal wünschenswert sein, es auch über andere Stellen der Benutzeroberfläche aufrufen zu können. Das erspart erst einmal, das E-Mail-Programm öffnen zu müssen, und kommt spontanen Briefschreibern etwas entgegen. Legen Sie dazu, zum Beispiel auf dem Desktop oder in der Schnellstartleiste, einfach eine Verknüpfung auf

```
"%ProgramFiles%\Outlook Express\msimn.exe" /mailto:%1
```

an. Das Öffnen der Verknüpfung startet zwar Outlook Express, es wird aber lediglich das Nachrichtenfenster angezeigt.

2 Bezogen auf den Kultroman »Per Anhalter durch die Galaxis« von Douglas Adams.

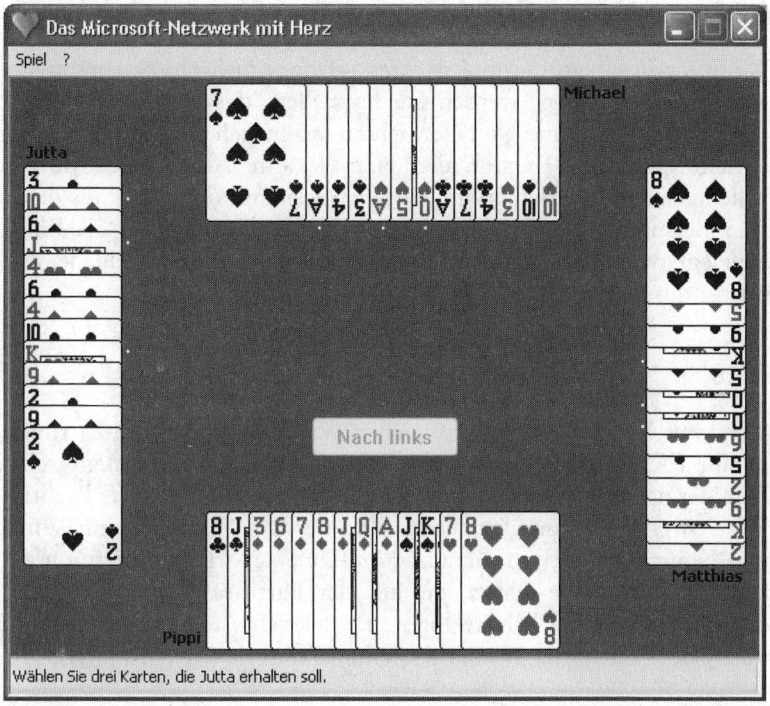

Abbildung A.8: Hearts einmal anders – mit dieser Strategie sollte es etwas schwieriger werden zu verlieren

A.2.6 Programme-Verzeichnis in der Eingabeaufforderung einstellen

Möchten Sie erreichen, dass sich die Eingabeaufforderung öffnet und gleich das *Programme*-Verzeichnis eingestellt ist, legen Sie eine Verknüpfung auf

```
cmd /k cd %programFiles%
```

an. Die Umgebungsvariable *%programFiles%* steht dabei für das *Programme*-Verzeichnis.

A.2.7 Programme automatisch starten

Es gibt gleich mehrere Varianten, mit denen sich Programme mit dem Windows-Start starten lassen:

- Der AUTOSTART-Ordner
- Der Schlüssel *Software\Microsoft\Windows\CurrentVersion\Run* entweder im Schlüssel *HKEY_CURRENT_USER* oder *HKEY_LOCAL_MACHINE*
- Der Eintrag »run=« in der nur noch aus Kompatibilitätsgründen vorhandenen Datei *Win.ini*

A.2.8 Mehrere Nachrichten in Outlook Express auf einmal speichern

Wenn Sie in einem Outlook Express-Ordner mehrere Nachrichten auf einmal markiert haben, werden Sie feststellen, dass der SPEICHERN UNTER-Befehl nicht verfügbar ist. Nachrichten lassen sich auf diese Weise leider nur einzeln speichern. Es gibt aber eine elegante Abkürzung. Markieren Sie beliebig viele Nachrichten und ziehen Sie sie mit der Maus aus dem Ordner zum Beispiel auf den Desktop. Sie werden dort einzeln als Eml-Dateien abgelegt, wobei der Name der Datei aus dem *Betreff*-Feld der Nachricht übernommen wird.

A.2.9 NTFS-Partition wieder entfernen

Windows XP bietet keinen offiziellen Weg, um eine NTFS-Partition wieder in eine FAT32-Partition zurückzuverwandeln. Entweder man greift auf ein kommerzielles Werkzeug wie das stets sehr empfehlenswerte PartitionMagic von PowerQuest zurück oder man bootet den Computer mit Windows 98 und benutzt FDISK, um die als »Non-DOS« markierte Partition zu entfernen. Vorsicht: Alle Daten, die auf der Partition gespeichert sind, gehen dadurch unwiderruflich verloren. Die eleganteste und sicherste Methode dürfte der Aufruf der Wiederherstellungskonsole (siehe Kapitel 22) sein:

NTFS-Partition wieder entfernen

1. Installieren Sie, wie in Kapitel 22.10 beschrieben, die Wiederherstellungskonsole.
2. Wählen Sie die Installation von Windows XP aus und melden Sie sich mit dem Administratorkonto beim Computer an.
3. Führen Sie den Befehl MAP aus, um den Laufwerksbuchstaben des zu rekonvertierenden Laufwerks herauszufinden (dieser kann von jenem Buchstaben abweichen, der unter Windows XP verwendet wird).
4. Führen Sie den Befehl

```
Format <Laufwerksbuchstabe:> /fs:fat32
```

aus. Dadurch wird das Laufwerk mit Fat32 als Dateisystem neu formatiert, wodurch natürlich ebenfalls alle Daten verloren gehen.

A.2.10 Taktrate des Prozessors herausfinden

Die Taktrate des Prozessors ist natürlich kein Geheimnis, meistens steht sie entweder in fetten Buchstaben auf der Verpackung oder zumindest auf der Rechnung. Doch nach dem bekannten Zitat, in dem die Wörtchen Vertrauen und Kontrolle vorkommen, sollte man sich die Taktfrequenz auch von einer unabhängigen Instanz bestätigen lassen. Sowohl in den Systemeigenschaften als auch in den Systeminformationen (*Winmsd.exe*) wird die Taktfrequenz nur gerundet angegeben.

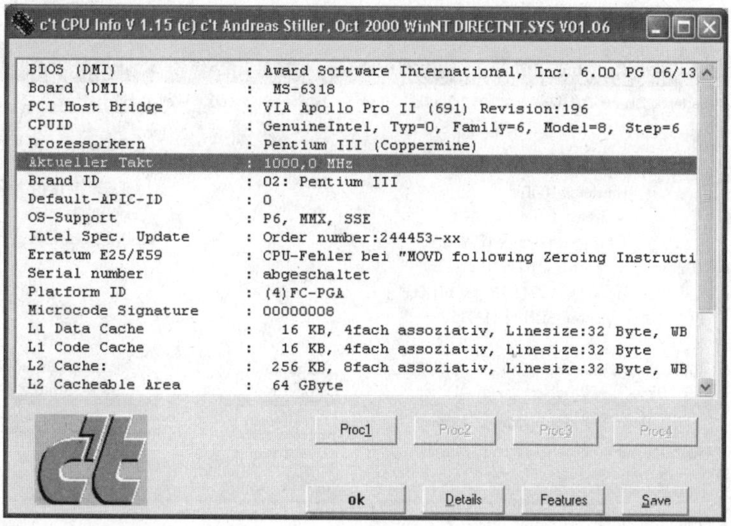

Abbildung A.9: Das Freeware-Testprogramm Ctp2infw.exe gibt detailliert über die Prozessordaten Auskunft

Den genauesten Wert erhalten Sie über das Freeware-Programm CPU-Info, das es unter der Adresse »www.heise.de/ct/ftp/ctsi.shtml« in Gestalt der Datei *ctpinfo.zip* zum Download gibt (die Datei ist ca. 300.000 Bytes groß) Um das Programm starten zu können, muss der Treiber *Directnt.sys* in das *%Systemroot%\System32*-Verzeichnis kopiert werden. Anschließend wird der Test (ohne Neustart) über den Aufruf von *Ctp2infw.exe* gestartet.

A.2.11 DirectX-Konfiguration und Grafikkartendaten anzeigen

Einen detaillierten Überblick über die DirectX-Konfiguration des Computers (*DirectX* ist der Name der umfangreichen Spiele- und Multimedia-Erweiterung von Windows, die bei Windows XP in der Version 8.0 vorliegt), die unter anderem auch einen Test der 3D-Beschleunigung der Grafikkarte erlaubt und alle relevanten Daten der Grafikkarte anzeigt, liefert das DirectX-Konfigurationsprogramm *Dxdiag.exe (siehe Abbildung A.10)*.

A.2.12 Schreibschutz bei Dateien entfernen

Dateien, die von einer CD-ROM auf die Festplatte kopiert werden, behalten ihren Dateischutz bei. Da es auf die Dauer etwas umständlich ist, alle Dateien zu markieren, um den Schreibschutz aufzuheben, zeigt das folgende Script, wie sich dieser Vorgang automatisieren lässt. Es ist gleichzeitig ein anschauliches Beispiel für etwas anspruchsvollere Scriptprogrammierung, da es eine Ordnerauswahldialogbox (über die *BrowseFolder*-Methode des

Shell.Application-Objekts) anzeigt. Der Schreibschutz selber wird durch das Zurücksetzen des Bits Nr.1 in der *Attributes*-Eigenschaft des *File*-Objekts entfernt, was durch eine logische UND-Verknüpfung mit 254 erreicht wird (die übrigen Attribute werden dadurch nicht verändert).

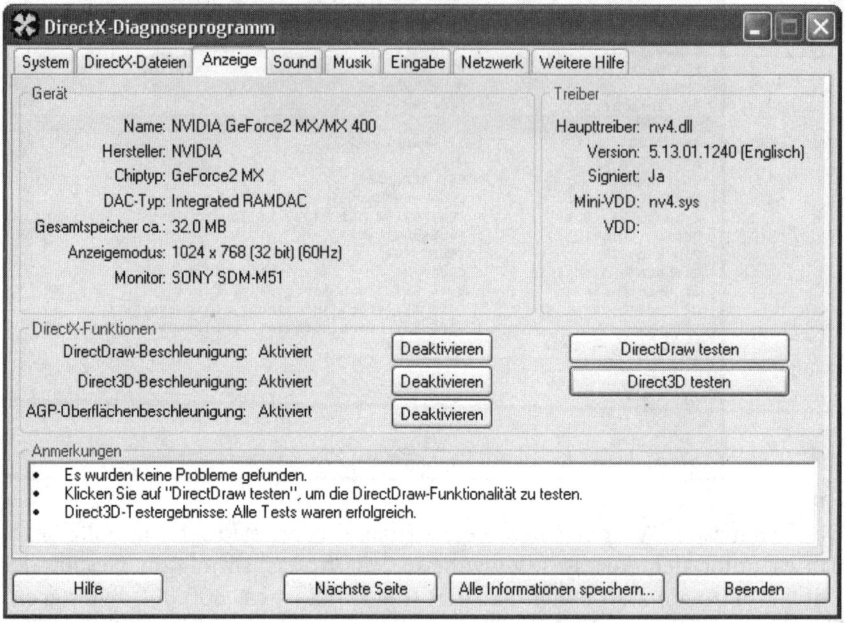

Abbildung A.10: Das DirectX-Diagnose-Programm Dxdiag.exe liefert alle Daten, die etwas mit der Grafikausgabe des Computers zu tun haben

```
' ----------------------------------------------------
' Schreibschutz bei allen Dateien eines Verzeichnisses
' entfernen
' ----------------------------------------------------

Option Explicit
Dim Fso, Fo, FI, Sh, Anzahl
Set Fso = WScript.CreateObject("Scripting.FileSystemObject")
Set Sh = CreateObject("Shell.Application")
' Ordnerauswahl anzeigen
Set Fo = Sh.BrowseForFolder(0, "Wähle einen Ordner", 0)
' Shell-Folder-Objekt in FilesystemObject-Folder-Objekt umwandeln
' Wurde etwas ausgewählt?
If Fo Is Nothing Then
   WScript.Quit(-1)
End If
Set Fo = Fso.GetFolder(Fo.Self.Path)
Anzahl = 0
For Each Fi In Fo.Files
    ' Ist Read-Only Bit 1 gesetzt?
    If (Fi.Attributes AND 1) = 1 Then
       Fi.Attributes = Fi.Attributes AND 254
```

```
        Anzahl = Anzahl + 1
    End If
Next
' Anzahl der bearbeiteten Dateien auswählen
WScript.Echo Anzahl &  " Dateien bearbeitet - Danke für Ihre Kooperation"'
```

A.2.13 Installationspfad von Windows XP ändern

Dies ist ein »Klassiker« unter den Windows-Tipps. Auch wenn es bei Windows XP relativ selten vorkommt, dass Installationsdateien nachträglich angefordert werden, ganz ausgeschlossen werden kann dieser Fall nicht (anders als bei Windows ME werden die Installationsdateien offenbar nicht alle bei der Installation auf die Festplatte kopiert). Um zu vermeiden, dass ein lästiges Dialogfeld erscheint, wenn sich der Laufwerksbuchstabe des CD-ROM-Laufwerks geändert haben sollte, kann man den Pfad der Installationsdateien in der Registrierung anpassen. Der Schlüssel lautet *HKEY_LOCAL_MACHINE\Software\Micro-soft\Windows\CurrentVersion\Setup*. Ändern Sie den Eintrag (rechte Fensterhälfte) *SourcePath* auf den aktuellen Pfad der Installationsdateien, die sich auch auf der Festplatte befinden können (für den Fall, dass Sie die komplette Windows XP-CD auf die Festplatte kopiert haben).

A.2.14 Undo-Dateien löschen

Auch wenn es im Zeitalter der 160-Gbyte-Festplatten im Grunde keine Rolle mehr spielen sollte, kann es vielleicht doch noch hin und wieder interessant sein (etwa auf Notebooks mit chronisch zu kleiner Festplatte), wie sich ca. 400 Mbyte einsparen lassen. Falls Sie Windows XP über eine bereits vorhandene Windows-Version installiert haben, legt das Setup-Programm ein *Undo*-Verzeichnis (meistens *C:\Undo* – den Pfad finden Sie im Setup-Schlüssel der Registrierung) an, das Sie später problemlos löschen können (vorausgesetzt, Sie möchten die alte Windows-Version nicht mehr reanimieren).

A.2.15 Registrierungs-Editor »zähmen«

Die einen finden es sehr praktisch, die anderen eher nicht. Die Rede ist von der Eigenheit des Registrierungs-Editors, nach jedem Start den zuletzt angezeigten Schlüssel erneut anzusteuern. Das lässt sich natürlich abstellen, es ist aber nicht ganz so einfach.

Registrierungs-Editor »zähmen«

STEP

1. Starten Sie den Registrierungs-Editor und öffnen Sie den Schlüssel *HKEY_CURRENT_USER\Software\Microsoft\Windows\CurrentVersi on\ Applets\Regedit.*
2. Wechseln Sie in die rechte Fensterhälfte und löschen Sie den Wert des Eintrags *LastKey*. Hier wird der letzte Schlüssel eingetragen.
3. Das Löschen des Eintrags reicht aber (offenbar) nicht, der aktuelle Benutzer muss auch aus der Liste der für den Zugriff auf den Schlüssel berechtigten Benutzer entfernt werden. Klicken Sie dazu den Schlüssel *RegEdit* mit der sekundären Maustaste an und wählen Sie aus dem Kontextmenü BERECHTIGUNGEN. Es erscheint das typische Berechtigungen-Dialogfeld mit den Namen aller berechtigten Benutzer.
4. Entfernen Sie nun jene Benutzer aus der Liste, die keinen Zugriff auf den Schlüssel besitzen sollen.
5. Klicken Sie auf ERWEITERT, deaktivieren Sie die Option BERECHTIGUNGEN ÜBERGEORDNETER OBJEKTE AUF UNTERGEORDNETE OBJEKTE... und wählen Sie anschließen KOPIEREN.
6. Bestätigen Sie die beiden Dialogfelder mit OK. Beim nächsten Start von *RegEdit* sollte kein Schlüssel mehr voreingestellt sein.

A.2.16 Eigenschaften schnell anzeigen

Der vermutlich schnellste Weg, um das EIGENSCHAFTEN-Dialogfeld eines Objekts anzuzeigen, besteht darin, beim Doppelklick auf das Objekt die [Alt]-Taste zu drücken.

A.2.17 Eigenes Logo in den Systemeigenschaften anzeigen

Mit diesem kleinen Trick können Sie Freunde und Verwandte beeindrucken. Wie schon bei früheren Windows-Versionen kann im Register ALLGEMEIN der Systemeigenschaften eine beliebige Bitmap angezeigt werden. Microsoft schuf diese Möglichkeit zwar in erster Linie, damit PC-Hersteller an dieser Stelle ihr eigenes Logo sowie zusätzliche Support-Informationen anzeigen können, es spricht aber nichts dagegen, hier eine persönliche Bitmap anzuzeigen. Folgende Voraussetzungen müssen dafür erfüllt sein:

- Die Bitmap muss (oder besser sollte) eine Größe von 160 Pixel (Höhe) und 120 Pixel (Breite) besitzen.
- Der Dateiname der Bitmap muss *Oemlogo.bmp* lauten. Sie muss sich im *%Systemroot%\System32*-Verzeichnis befinden (falls eine gleichnamige Datei bereits existiert, benennen Sie sie vorher um, damit sie wiederherstellbar ist).

Sollen über die Schaltfläche SUPPORTINFORMATIONEN zusätzliche Informationen angezeigt werden, müssen diese in der Datei *Oeminfo.ini* enthalten sein. Die Datei besitzt den folgenden allgemeinen Aufbau:

```
[Version]
Microsoft Windows XP

[General]
Manufacturer=
Model=
SupportURL=

[Support Information]
Line1=
Line2=
Line3=
Line4=
Line5=
Line6=
Line7=
Linie8=
```

Abbildung A.11: Eigenwerbung an prominenter Stelle – Oemlogo.bmp macht es möglich

A.3 Die Windows XP PowerToys

Unter dem Namen Windows XP PowerToys bietet Microsoft eine Reihe technischer »Spielzeuge« an, die es in der einen oder anderen Form auch anderswo gibt, die aber in jedem Fall eine Bereicherung der Palette der Systemtools darstellen. Eine Aufstellung der PowerToys finden Sie in Tabelle A.2. Das prominenteste Mitglied ist *TweakUI*, das in Kapitel A.4 vorgestellt wird. Sie können sich die PowerToys kostenlos downloaden: `www.microsoft.com/windowsxp/downloads/powertoys.asp`

Tabelle A.2: Die PowerToys für Windows XP in der Übersicht

Spielzeug	Für was ist es da?
TweakUI	Vielseitiges Tool für spezielle Einstellungen in der Benutzeroberfläche, das einen Zugriff auf die Registrierung überflüssig macht. In der XP-Version wurde es um zahlreiche Einstellungen erweitert, etwa jene, mit der sich manchmal reichlich lästige Sprechblasen über dem Infofeld der Taskleiste deaktivieren lassen.
Fast User Switcher	Ermöglicht ein schnelles Umschalten zwischen angemeldeten Benutzern über die Tastenkombination `WinKey`+`Q`
Shell Audio Player	Erweitert die Taskleiste um eine Explorerleiste, über die sich die eine Liste mit Musiktiteln abspielen lässt
Task Switcher	Erlaubt ein etwas komfortableres Umschalten zwischen verschiedenen aktiven Tasks über `Umschalt`+`Tab`
IE Find Toolbar	Erweitert den Internet Explorer um eine SUCHEN-Explorerleiste, die das aktuelle Dokument durchsucht, ohne dass ein Dialogfeld geöffnet werden muss
Open Command Windows Here	Ein Klassiker unter den Desktop-Erweiterungen. Im Kontextmenü eines jeden Ordners erscheint ein neuer Eintrag, über den die Eingabeaufforderung geöffnet und der Verzeichnispfad des Ordners voreingestellt wird.
PowerToy Calculator	Eine neue Variante eines Rechners, der dem klassischen Taschenrechner eines bekannten Herstellers nachempfunden ist
Bulk Resize	Ermöglicht das Vergrößern oder Verkleinern einer zuvor selektierten Gruppe von Bildern

A.4 TweakUI als »magisches« Werkzeug

Sicher haben Sie schon einen dieser Kartenkünstler erlebt, der Sie aus einem Stoß Karten eine Karte ziehen lässt und diese anschließend als Duplikat aus Ihrer Tasche zieht. Man weiß, dass es keine Zauberei ist, doch fragt man sich, wie in aller Welt das möglich ist. Ähnlich geht es jenen Anwendern, die bereits die ersten Stufen zur »Erleuchtung« als Windows-Guru genommen haben und ihnen zeigt ein wohlmeinender Bekannter was sich alles mit TweakUI anfangen lässt. TweakUI ist eine Art Klassiker unter den »Hacker-Tools« für Windows. Es stammt allerdings nicht aus einer indischen Codeküche, sondern von

Microsoft höchstpersönlich. Nur ist es kein offizieller Bestandteil von Windows XP. Da es eine Reihe von Eingriffen erlaubt, die (lästige) Supportanfragen nach sich ziehen können, hat man sich dazu entschlossen, es lediglich als »nicht unterstütztes« Werkzeug separat für alle anzubieten, die an etwas weiter reichenden Eingriffen in das System interessiert sind. TweakUI vollbringt keine Wunder, es stellt lediglich einige nützliche Einstellungen, bei einigen davon dürften Sie bislang noch nicht einmal geahnt haben, dass diese überhaupt möglich sind, in der Registrierung auf eine sehr einfache Weise zur Verfügung. Statt in der Registrierung zu wühlen, nehmen Sie die Einstellung einfach per TweakUI vor. TweakUI ist auch nicht gefährlich, da sich 90% der angebotenen Einstellungen auf das »tweaken« (zu deutsch »herumfrikeln«) der »UI« (zu deutsch »Benutzeroberfläche«) beziehen.

NEU

Im Unterschied zu früheren Versionen ist TweakUI kein Applet der Systemsteuerung mehr, sondern eine eigenständige Datei mit dem Namen Tweakui.exe.

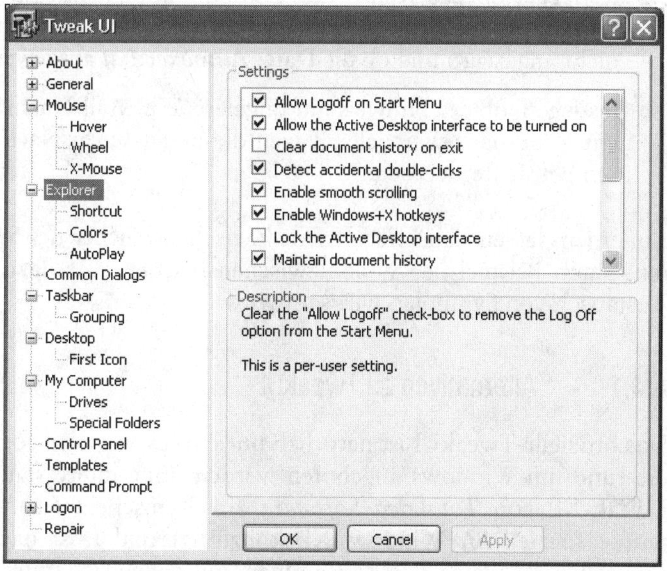

Abbildung A.12: Tweak UI für Windows XP ist ein »überlebenswichtiger« Helfer für diverse Einstellungen am System

Die folgende Aufstellung soll einen ersten Überblick über die vielseitigen Möglichkeiten von TweakUI bieten.[3] Mithilfe von TweakUI lassen sich bzw. lässt sich unter anderem:

- verhindern, dass die Fenster anderer Anwendungen den Fokus »an sich reißen«. Statt dessen blinkt das Fenster lediglich dezent in der Taskleiste;
- das Symbol für Verknüpfungen abschalten oder ändern,

3 Es ist natürlich richtig, dass einige der Tricks in diesem Kapitel durch TweakUI überflüssig werden. Doch zum einen wird nicht jeder TweakUI besitzen, zum anderen ist es lehrreich, einmal hinter die Kulissen schauen zu können.

- die verschiedenen »Places« in den Standard-Dialogfeldern ändern,
- die Gruppierungen der Taskbar einstellen,
- festlegen, welches Symbol in der linken oberen Ecke des Desktops erscheinen soll,
- festlegen, welche Laufwerke im ARBEITSPLATZ-Ordner erscheinen sollen,
- festlegen, welches Verzeichnis hinter den verschiedenen EIGENEN ORDNERN steht,
- festlegen, welche Applets in der Systemsteuerung erscheinen und welche nicht,
- festlegen, welche Vorlagen über das NEU-Untermenü zur Verfügung stehen,
- festlegen, über welche Tastenkombination die Autovervollständigung von Datei- und Verzeichnisnamen in der Eingabeaufforderung geschieht (nett!),
- festlegen, ob das Konto des Computeradministrators auch im Login-Bildschirm erscheint (normalerweise wird es aus Sicherheitsgründen nicht angezeigt) und ob die Datei *Autoexec.bat* ausgewertet werden soll,
- festlegen, ob der Hinweis auf ungelesene E-Mail-Nachrichten angezeigt wird und nach wie vielen Tagen die ungelesenen Nachrichten als gelesen betrachtet werden.

Außerdem lassen sich verschiedene Zwischenspeicher des Systems »reparieren«, zum Beispiel der Symbolzwischenspeicher, was dazu führt, dass der Austausch von Symbolen wirksam wird.

A.4.1 Alternativen zu TweakUI

Das offizielle TweakUI ist natürlich nur eines von vielen sog. *Hacker-Tools*, die rund um Windows angeboten werden. Eine interessante Ergänzung ist Tweak-XP von *Totalidea Software* aus Remscheid (`www.totalidea.de`). Es wurde speziell für Windows XP konzipiert und fasst nach Angaben des Herstellers 22 kleine Tools zusammen, mit denen sich unter anderem Hardware-Informationen anzeigen (unter anderem auch die Taktfrequenz des Prozessors), verschiedene CPU-Tweaks durchführen, der DMA-66-Transfermodus aktivieren, die Systemzeit mit einer Atomuhr über das Internet abgleichen lassen und einiges mehr. Auch wenn Tweak-XP keine Freeware ist (eine Lizenz kostet 29,95 US$), lohnt sich der Download der knapp 3 Mbyte großen Probierversion.

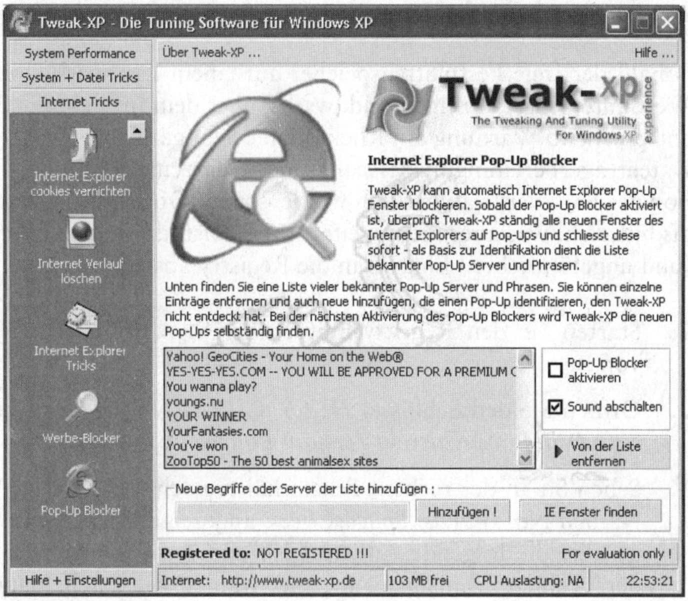

Abbildung A.13: Tweak-XP von Totalidea Software fasst 22 kleine Utilities in einer ansprechenden Oberfläche zusammen

A.4.2 Einen beliebigen Ordnerinhalt als Diashow anzeigen

Bei Windows XP kann jeder (Bild-) Inhalt eines Ordners als Diashow angezeigt werden. Der Ordner muss dazu lediglich über den Menübefehl ANSICHT|ORDNER ANPASSEN den Ordnertyp BILDER enthalten (dieser Eintrag steht nicht in EIGENE DATEIEN und EIGENE BILDER zur Verfügung). Der Eintrag ALS DIASHOW ANZEIGEN erscheint daraufhin in linken Aktionsleiste (ob der Ordner tatsächlich Bilder enthält spielt keine Rolle). Soll der Ordnerinhalt als Diashow angezeigt werden, gehen Sie wie folgt vor:

1. Öffnen Sie die Systemsteuerung und klicken Sie dort ANZEIGE doppelt an oder klicken Sie das Symbol für den Desktopordner mit der rechten Maustaste an (das geht übrigens auch, wenn es beispielsweise in der Aktionsleiste unter »Andere Orte« angezeigt wird) und wählen Sie EIGENSCHAFTEN.
2. Selektieren Sie das Register BILDSCHIRMSCHONER.
3. Wählen Sie in der Liste der Bildschirmschoner den Eintrag DIASHOW EIGENER BILDER und klicken Sie auf EINSTELLUNGEN.
4. Es erscheint eine Dialogbox, in der unter anderem auch den Ordner mit den anzuzeigenden Bildern auswählen können (voreingestellt ist *Eigene Bilder* im Benutzerprofil). Hier legen Sie auch fest, ob kleinere Bilder auf volle Bildschirmgröße vergrößert und die Bilder mit einem Übergangseffekt angezeigt werden.

A.4.3 Die »Zu wenig Arbeitsspeicher«-Meldung abschalten

Sobald der freie Festplattenspeicher auf einem Laufwerk einen bestimmten Wert unterschreitet zeigt Windows XP über dem Infofeld der Taskleiste eine entsprechend Warnung an. Klickt man das angezeigte Symbol an, startet der Datenträgerbereiningungsassistent, der jederzeit auch in der Eigenschaftenbox des Laufwerks aufgerufen werden kann. Oft ist die Warnung eher lästig als hilfreich, was aber nicht weiter tragisch ist, da sie sich über einen kleinen (und ungefährlichen) Eingriff in die Registry abstellen lässt.

STEP

1. Starten Sie den Registry-Editor über START|AUSFÜHREN und Eingabe von `Regedit`.
2. Öffnen Sie den Schlüssel *HKEY_CURRENT_USER\ Software\ Microsoft\ Windows\ CurrentVersion\ Policies\ Explorer.*
3. Sehen Sie in der rechten Fensterhälfte nach, ob dort ein Wert mit dem Namen *NoLowDiskSpacesCheck* angezeigt wird. Wenn Ja, überspringen Sie die folgende Anleitung. Wenn Nein, klicken Sie Explorer mit der rechten Maustaste an und wählen Sie nacheinander Neu und DWord-Wert. Geben Sie in das Namenfeld für den neuen Eintrag NoLowDiskSpaceChecks ein.
4. Klicken Sie in der rechten Fensterhälfte *NoLowDiskSpaceChecks* doppelt an und geben Sie in die Eingabebox 1 ein. Die Warnung sollte nun nicht mehr erscheinen.

Wann zeigt Windows XP die »Zu wenig Arbeitsspeicher«-Warnung an?

1. Bei weniger als 200 Mbyte wird eine Warnung für 10s pro Sitzung angezeigt.
2. Bei weniger als 80 MByte wird eine etwas deutlichere Warnung für 30s alle vier Stunden und mindestens zwei Mal pro Sitzung angezeigt.
3. Bei weniger als 50 MByte wird die gleiche Warnung für 30s alle fünf Minuten angezeigt bis der freie Speicher wieder 50 MByte übersteigt.

A.4.4 Den Computer auf Mausklick sperren

Der Bildschirmschoner hat bei Windows XP eine zusätzliche Funktion erhalten. Sobald er aktiv wird, sperrt er gleichzeitig die Arbeitsstation, die sich nur noch durch Eingabe des Kennwortes des aktuell angemeldeten Benutzers entsperren lässt. Diese sehr nützliche Sperrfunktion lässt sich auch per Mausklick aktivieren. Dazu muss nur eine Verknüpfung auf die folgende Kommandozeile angelegt werden:

```
rundll32.exe user32.dll,LockWorkStation
```

1. Klicken Sie den Desktop oder die Innenfläche eines Ordnerfensters mit der rechten Maustaste an und wählen Sie nacheinander NEU und VERKNÜPFUNG. Möchten Sie die Verknüpfung in der Schnellstartleiste anlegen, sofern diese sichtbar ist, klicken Sie diese mit an einer leeren Stelle mit der rechten Maustaste an und wählen Sie ORDNER ÖFFNEN. Wählen Sie nun ebenfalls nacheinander NEU und VERKNÜPFUNG.
2. Geben Sie in das Dialogfeld die obige Kommandozeile ein und klicken Sie auf WEITER.
3. Geben Sie in das nächste Dialogfeld für den Namen der Verknüpfung *Arbeitsstation sperren* ein und wählen Sie FERTIG STELLEN.
4. Durch einen Doppelklick (bzw. einen einfachen Klick, falls die Verknüpfung in der Schnellstartleiste angelegt wurde) wird die Arbeitsstation gesperrt.

Über die Eigenschaften der Verknüpfung erhält diese ein anderes Symbol (ein passendes Symbol finden Sie z.B. in *Shell32.dll*).

A.4.5 Update für Microsoft PowerToys installieren

Das ist nach wie vor einer der besten Tipps für Windows XP. Die PowerToys für Windows XP, die bereits kurz nach der Auslieferung von Windows XP in einer ersten Version erhältlich waren, anschließend aber für einige Monate aus dem Verkehr gezogen wurden, sind in einer aktualisierten Fassung erhältlich. Alleine die Möglichkeit mit TweakUI über 100 Einstellungen vornehmen zu können, die ansonsten einen umständlichen und oft gar nicht dokumentierten Eingriff in die Registry erfordern würden, sind die Installation wert. Im Einzelnen umfassen die Microsoft PowerToys for Windows XP folgende Möglichkeiten:

- Tweak UI
- Power Calculator
- Super-Fast User Switcher
- Open Command Window Here
- Task Switcher
- Image Resizer
- CD Slide Show Generator
- Virtual Desktop Manager
- Taskbar Magnifier
- HTML Slide Show Wizard
- Webcam Timershot

Die beiden Erweiterungen Shell Player und ISO Burner stehen in der aktuellen Version nicht mehr zur Verfügung (man findet sie aber noch im Internet, z.B. auf der Website von ZD Net – `www.zdnet.de` – in der Rubrik zu Windows XP).

INFO

Es wird empfohlen, vor der Installation der neuen XP PowerToys eine bereits installierte alte Version zu deinstallieren.

A.4.6 Google als Suchmaschine einbauen

Die beliebte (und extrem schnelle) Suchmaschine Google kann auch in die Suche über die Adressleiste des Internet Explorer integriert werden. Entweder über eine kleine Reg-Datei (*Degoogle.reg*), die Sie z.B. unter der sehr empfehlenswerten Website von Zdnet (`www.zdnet.de` und dann in die Windows XP-Rubrik wechseln) finden, und die folgenden Inhalt besitzt:

```
REGEDIT4

[HKEY_CURRENT_USER\Software\Microsoft\Internet Explorer\Main]
"Search Page"="http://www.google.com"
"Search Bar"=http://www.google.com/ie

[HKEY_CURRENT_USER\Software\Microsoft\Internet Explorer\SearchURL]
""="http://www.google.com/keyword/%s"

[HKEY_LOCAL_MACHINE\SOFTWARE\Microsoft\Internet Explorer\Search]
"SearchAssistant"="http://www.google.com/ie"
```

oder über ein TweakUI PowerToy, das Sie z.B. bei folgender Adresse finden:

```
http://www.microsoft.com/windowsxp/home/downloads/default.asp
```

Das Einrichten mit dem PowerToy geschieht wie folgt:

1. Starten Sie Tweak UI und wechseln Sie in den Bereich INTERNET EXPLORER|SEARCH.
2. Klicken Sie auf CREATE.
3. Geben Sie im Feld Prefix die Zeichenfolge `gg` ein.
4. Geben Sie im Feld *URL* die folgende URL ein: `http://www.google.com/search?q=%s`.
5. Klicken Sie zwei Mal auf OK.

Anschließend kann die Suche in der Adresseleiste des Internet Explorer durch Eingabe von `gg <Suchbegriff>` gestartet werden.

B Faxen mit Windows XP

Windows XP Home Edition bietet eine kleine, aber feine Fax-Software. Mit ihr können Sie Faxnachrichten über das Modem des Computers wie mit einem normalen Faxgerät versenden und auch empfangen. Eingetroffene Faxnachrichten werden als Tif-Dateien im Verzeichnis *%userprofile%\Eigene Faxe* abgelegt. Als kleine Zugabe gibt es einen komfortablen Deckblatt-Editor, mit dem sich im Prinzip beliebige Deckblätter erstellen lassen, die jeder Faxnachricht vorangestellt werden und mit denen an die entsprechenden Stellen automatisch die Adressangaben des Absenders eingefügt werden.

Die Themen dieses Kapitels:

- Die Faxkonsole
- Versenden einer Faxnachricht
- Empfangen von Faxnachrichten
- Der Deckblatt-Editor

B.1 Die Faxkonsole

Die Faxkonsole wird nicht standardmäßig mit installiert. Das Faxprogramm wird im Startmenü über PROGRAMME/ZUBEHÖR/KOMMUNIKATION/FAX/FAX.KONSOLE gestartet. Die Faxkonsole ist das Programm, in dem unter anderem Faxnachrichten verschickt werden (ein wenig schneller geht es über den direkten Aufruf des Assistenten) und der Faxmonitor aufgerufen wird, der den aktuellen Zustand des Faxgeräts anzeigt. Damit auch dieser Punkt nicht zu einem unnötigen Missverständnis führt: Mit Faxgerät ist im Zusammenhang mit Windows ein (gewöhnliches, faxfähiges) Modem gemeint, das unter Windows wie ein Drucker angesprochen wird. Windows verwendet ein installiertes Modem automatisch als Faxmodem, sodass dies nicht separat geschehen muss. Es gibt allerdings eine Reihe zusätzlicher Einstellungen beim »Faxmodem«, die ebenfalls in der Faxkonsole getroffen werden.

B.2 Versenden einer Faxnachricht

Ein Fax wird über den Menübefehl DATEI|FAX SENDEN verschickt. Dies startet einen Assistenten, der auch direkt über PROGRAMME|ZUBEHÖR|KOMMUNIKATION|FAX|FAX.KONSOLE|FAX SENDEN gestartet werden kann.

Versenden eines Dokuments per Fax

1. Starten Sie eine Anwendung, z.B. WordPad, und geben Sie die Nachricht ein oder laden Sie das zu versendende Dokument.
2. Wählen Sie im DATEI-Menü den Befehl DRUCKEN und als Drucker das Fax aus.

Abbildung B.1: Das Fax wird bei Windows XP wie ein Drucker angesprochen

3. Das Bestätigen des Faxdruckers startet einen Assistenten, der Sie durch alle weiteren Schritte führt.
4. Nach Bestätigen des Begrüßungsdialoges erhalten Sie als Erstes die Gelegenheit, die Empfängeradresse anzugeben. Selbstverständlich lassen sich auch Adressen aus dem (allgemeinen) Adressbuch übernehmen. Ein wenig irritierend ist der Umstand, dass die bereits unter Outlook Express (oder einer anderen Anwendung) angelegten persönlichen Adressen jedes Mal unter dem Eintrag »Hauptidentitätskontakte« ausgewählt werden müssen. Eine Adresse wird erst dann übernommen, wenn Sie über An> in die Empfängerliste übertragen wurde. Wichtig bei der Übernahme einer Adresse ist, dass es sich um eine Faxadresse handelt, d.h. im Adressfeld *Fax* (privat oder geschäftlich) eine Faxnummer eingetragen ist. Sollten beide Felder belegt sein, müssen Sie sich vor der Übernahme für eine Nummer entscheiden, denn pro Eintrag wird nur eine Nummer gewählt (es ist aber kein Problem, das Dokument an

mehrere Empfänger zu senden, in dem nacheinander mehrere Empfänger ausgewählt werden). Über Wählregeln wird ein Standort ausgewählt, was z.B. immer dann erforderlich ist, wenn das Versenden von unterwegs erfolgt und z.B. über eine Telefonkarte abgewickelt wird.

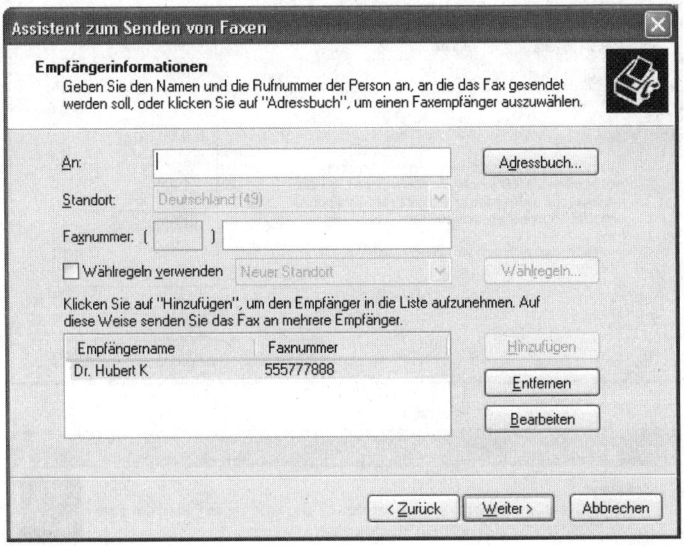

Abbildung B.2: In diesem Dialogfeld des Fax-Assistenten werden die Empfänger ausgewählt

5. Im nächsten Dialogfeld kann ein Deckblatt ausgewählt werden, das dem Dokument vorangestellt wird. Das ist im Allgemeinen empfehlenswert, da die Faxnachricht so einen offiziellen Vorspann erhält. Von Anfang an stehen eine Reihe von (gut gemachten) Deckblättern zur Auswahl, in denen Ihre Absenderdaten (etwa Firmenname oder Name) automatisch eingetragen werden (sie werden über die Eigenschaften des Faxdruckers festgelegt – siehe Anhang B.5). Es ist jedoch auch mit relativ wenig Aufwand möglich, eigene Deckblätter zu entwerfen (siehe Anhang B.6). Wichtig ist das *Betreff*-Feld, denn eine Faxnachricht sollte im allgemeinen eine Betreffzeile enthalten. Aus diesem Grund muss entweder dieses Feld oder das Feld *Anmerkung* einen Inhalt besitzen. Letzteres dient dazu, einen kurzen Begleittext aufzunehmen. Das kann aber auch der einzige Text der Nachricht sein (siehe Anhang B.2).

6. Nun wird es ernst, denn Sie müssen angeben, wann die Faxnachricht gesendet werden soll. Jetzt, zu einem verbilligten Tarif (dieser lässt sich in den Eigenschaften des Faxdienstes einstellen) oder zu einem festgelegten Zeitpunkt. Außerdem lässt sich ein Rechnungscode eingeben.[1]

7. Zum Schluss fasst der Assistent alle angegebenen Daten noch einmal zusammen. Durch Anklicken auf FERTIG STELLEN wird das Fax »gedruckt«, d.h. entweder sofort auf die Reise geschickt oder in die

1 Was immer das genau sein mag. Offenbar hat dieser nur für interne Verrechnungseinheiten eine Bedeutung.

Abbildung B.3: In diesem Dialogfeld erhält die Nachricht ein Deckblatt, einen Betreff und auf Wunsch einen kurzen Text

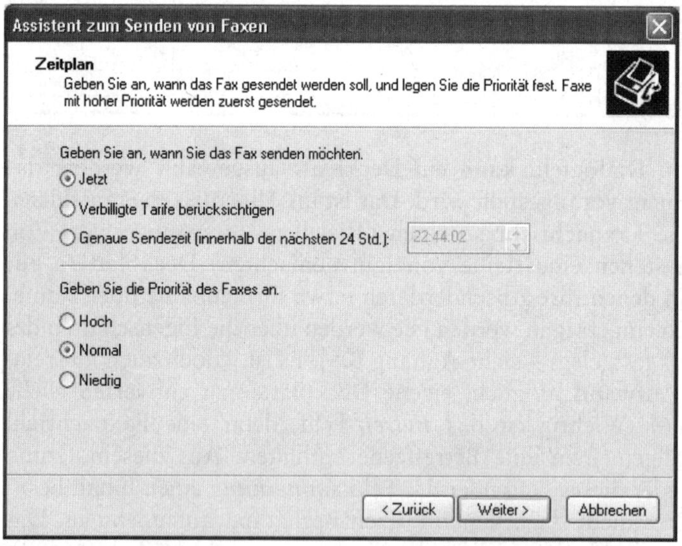

Abbildung B.4: In diesem Dialogfeld wird eingestellt, wann das Fax verschickt werden soll

Warteschlange eingereiht. Diese ist im Druckerordner durch Öffnen des Faxsymbols einsehbar. Ihr Inhalt entspricht dem einer gewöhnlichen Druckerwarteschlange, nur dass es sich diesmal um Dokumente handelt, die per Fax verschickt werden. Das Faxsymbol in der Taskleiste zeigt den Faxmonitor an. War das Versenden aus irgendeinem Grund nicht erfolgreich, verbleibt das Dokument zunächst in der Warteschlage (um alle Aufträge zu sehen, muss unter Umständen erst Aktualisieren gedrückt werden).

B.3 Empfangen von Faxnachrichten

Für das Empfangen von Faxnachrichten sind keine besonderen Vorkehrungen erforderlich. Vorausgesetzt, das Faxmodem ist an ein Telefon angeschlossen, nimmt ein Windows XP-Computer eintreffende Faxnachrichten automatisch entgegen und legt sie als Tif-Dateien mit der Erweiterung *.tif* (also als Bitmap-Datei) im Verzeichnis *%AllUsersprofile%\Anwendungsdaten\ Microsoft\Windows NT\MSFax\Inbox* ab (dies kann in den Eigenschaften des Faxdruckers geändert werden). Dass neue Faxnachrichten vorliegen, wird unübersehbar durch einen Hinweis über dem Infofeld der Taskleiste angezeigt.

Prüfen Sie in der Faxkonsole über die Faxkonfiguration (Menübefehl EXTRAS|FAXKONFIGURATION *nach, ob das Fax auch für den Empfang aktiviert ist (rufen Sie dazu über den Assistenten das zuständige Dialogfeld auf).*

INFO

B.3.1 Anzeigen von mehrseitigen Faxnachrichten

Das Tif-Grafikformat ist in der Lage, mehrseitige Nachrichten so zu speichern, dass die einzelnen Seiten unterschieden werden (ist eine Seite in einer aus mehreren Seiten bestehenden Nachricht zu groß, nimmt das Faxprogramm automatisch eine Skalierung vor, was nicht immer günstig ist, da einzelne Seiten dadurch zu klein werden). Sollte die Vorschau lediglich die erste Seite anzeigen, heißt das nicht, dass die Nachricht lediglich aus einer Seite besteht.

B.4 Fax konfigurieren

Das »Faxgerät« wird über den Menübefehl EXTRAS|FAX KONFIGURIEREN der Faxkonsole konfiguriert. Der Befehl startet einen Assistenten, in dem folgende Eigenschaften eingestellt werden können:

- Die Absenderinformationen für die Deckblätter
- Das Modem und ob es auch für den Empfang aktiviert werden soll (dies ist standardmäßig nicht der Fall)
- Nach wie vielen Rufzeichen der Computer »ans Telefon gehen« soll, um das Fax entgegenzunehmen
- Welche Kennung das Faxgerät an einen Empfänger schicken soll (die so genannte Absenderkennung, TSID), und welche Kennung es an einen Absender als Bestätigung schicken soll (dies ist die so genannte Empfängerkennung, CSID). Beide Kennungen dürfen nur 20 Zeichen umfassen.

- Ob und auf welchem Drucker ein eingetroffenes Fax gleich ausgedruckt werden soll
- In welchem Ordner eine Kopie der Faxnachricht abgelegt werden soll

B.5 Faxdruckerkonfiguration

Die Fax-Software bei Windows XP ist in »Wirklichkeit« ein Druckertreiber. Aus diesem Grund heißt der Druckerordner bei Windows XP auch Drucker und Faxgeräte. Der Menübefehl EXTRAS|FAXDRUCKERKONFIGURATION ruft daher lediglich das Eigenschaftendialog des Fax-Druckers auf. Hier werden allgemeine Einstellungen vorgenommen. Im Einzelnen handelt es sich um:

- die Faxsicherheit – hier kann eingestellt werden, welche Benutzer Faxe versenden dürfen,
- die Verzeichnispfade, in denen eingegangene und versendete Faxe abgelegt werden.

B.6 Der Deckblatt-Editor

Wer mag, kann sich seine eigenen Deckblätter erstellen. Windows XP bietet dazu einen kleinen Deckblatt-Editor, der mit jener Variante enge verwandtschaftliche Beziehungen pflegt, die bereits bei Windows 95 dabei war. Da das Programm praktisch selbsterklärend ist, bleibt es im Folgenden lediglich bei einer kurzen Übersicht.

Abbildung B.5: Der Faxdeckblatt-Editor ist zum Erstellen und Nachbearbeiten von Faxdeckblättern da

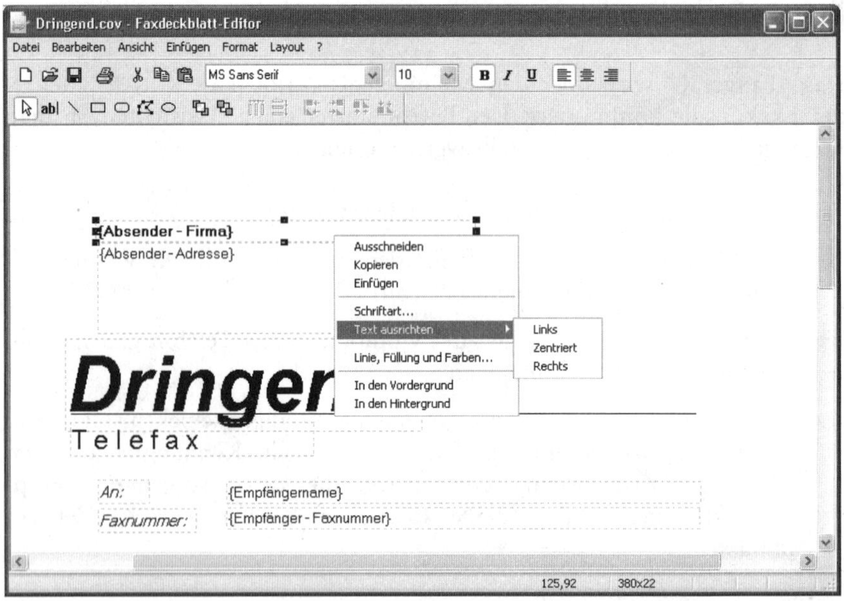

Der Faxdeckblatt-Editor wird entweder im Rahmen der Faxkonsole über den Menübefehl EXTRAS/PERSÖNLICHE DECKBLÄTTER und dem Anklicken der NEU-Schaltfläche oder direkt über die Programmgruppe FAX aufgerufen. Eine dritte Möglichkeit besteht darin, eine Deckblattdatei (Erweiterung *.cov*) zu öffnen.

Wenn Sie den Deckblatt-Editor häufiger benötigen, empfiehlt es sich, eine Verknüpfung auf dem Desktop anzulegen, damit er sich etwas bequemer starten lässt. Unmittelbar nach dem Start des Deckblatt-Editors werden Sie mit einem Tipp begrüßt. Sie sollten sich die Tipps (vermutlich entgegen sonstiger Gewohnheiten) alle nacheinander durchlesen, denn Sie lernen das Programm auf diese Weise im Schnelldurchgang kennen.

Das Erstellen eines Deckblatts ist ein Vorgang, der nicht nur selbsterklärend ist, sondern sogar Spaß machen kann. Lassen Sie Ihrer Kreativität einfach freien Lauf. Sie beginnen mit einem leeren Deckblatt (vergrößern Sie das Fenster des Deckblatt-Editors am besten auf Maximalgröße), auf dem Sie im Allgemeinen als Erstes Ihren Namen, den Firmennamen, ein Datum oder weitere Absenderangaben einfügen. Diese Einträge werden aus dem Menü EINFÜGEN übernommen. Während das EMPFÄNGER-Untermenü lediglich Namen und Faxnummer des Empfängers enthält, werden über das ABSENDER-Untermenü jene Absenderdaten angeboten, die aus dem Register BENUTZERINFORMATIONEN im EIGENSCHAFTEN-Dialogfeld des Faxdruckers stammen. Das Untermenü NACHRICHT stellt dagegen eine Reihe allgemeiner Angaben wie das Betreff-Feld oder die aktuelle Seitenanzahl, zur Verfügung.

Nach der Auswahl eines Eintrags erscheinen zwei Felder in Form eines Rahmens auf dem Deckblatt, die mit der Maus an die gewünschte Position verschoben und durch Selektieren und Festhalten der Eckpunkte in die gewünschte Größe gebracht werden. Während das erste Feld ausschließlich der Beschriftung dient, spielt das zweite Feld die Rolle eines Platzhalters, in der beim späteren Versand der Faxnachricht ein Wert eingetragen wird. Der Inhalt dieses Feldes wird daher in geschweifte Klammern gesetzt, um anzudeuten, dass sein jetziger Inhalt nicht auf dem Deckblatt erscheinen wird. Beachten Sie, dass sie nicht direkt zusammengehören, auch wenn beide Felder zusammen auf dem Deckblatt angeordnet werden. Sie können beide Felder unabhängig voneinander verschieben (was nicht immer günstig ist).

Jedes (markierte) Rahmenfeld besitzt ein Kontextmenü mit einer Vielzahl von Einträgen, über die Sie zum Beispiel die Schriftart, die Ausrichtung des Inhalts, die Füllfarbe oder die Linienstärke der Umrandung auswählen können.

Für die grafische Gestaltung bietet der Faxdeckblatt-Editor über fünf Symbolschaltflächen einfache geometrische Figuren (Linien, Rechtecke mit runden Ecken, Vielecke und Ellipsen (Kreise).

B.6.1 Ausrichten der Objekte

Sobald sich das Deckblatt mit Objekten zu füllen beginnt, werden Sie damit beschäftigt sein, die einzelnen Felder schön säuberlich über- oder nebeneinander anzuordnen. Auf Wunsch kann das Deckblatt über den Eintrag RASTERLINIEN im ANSICHT-Menü mit einem Raster versehen werden, das die Anordnung ein wenig erleichtert. Das Justieren der Elemente erfordert ein gewisses Fingerspitzengefühl. Die Symbolleiste bietet dafür eine Reihe von Symbolschaltflächen, die die Feinjustierung übernehmen. Damit können Sie markierte Objekte (wahlweise durch Aufspannen eines Rahmens oder Drücken der [Strg]-Taste)

- links- oder rechtsbündig anordnen,
- bündig am oberen oder unteren Rand ausrichten,
- hrizontal oder vertikal zentriert anordnen,
- horizontal oder vertikal gleichmäßig verteilen.

Weitere Befehle finden Sie im LAYOUT-Menü. Es lohnt sich also meistens gar nicht, die Objekte mit der Maus genau anzuordnen, da es mit den Symbolschaltflächen sehr viel einfacher und vor allem genauer geht.

:-) TIPP

Besonders nützlich ist in diesem Zusammenhang der RÜCKGÄNGIG-*Befehl im* BEARBEITEN-*Menü (oder die Tastenkombination* [Strg]+[Z]*), mit dem Sie die letzten Aktionen wieder rückgängig machen können.*

B.6.2 Die Eingabe von Texten

Da ein Deckblatt in der Regel nicht nur aus vordefinierten Feldern besteht, sondern auch eigenen Text (und sei es nur der Hinweis »Dies ist ein Fax«) enthalten soll, muss es auch eine Möglichkeit der Texteingabe geben. Diese steht über das Textsymbol in der Symbolleiste (es trägt die Inschrift »Ab«) zur Verfügung. Klicken Sie dieses Symbol mit der Maus an und spannen Sie anschließend ein Texteingabefeld auf dem Deckblatt in der gewünschten Größe aus. Der eingegebene Text kann entweder über die Formatierungssymbole und Auswahllisten der Symbolleiste oder ähnlich wie bei Paint über das Kontextmenü des Textrahmens formatiert werden.

:-) TIPP

Über mehrfaches Betätigen der [Tab]*-Taste werden die einzelnen Objekte nacheinander markiert.*

B.6.3 Einstellen der Absenderangaben

Die Angaben, die automatisch in ein Faxdeckblatt eingefügt werden, stammen aus den Absenderinformationen. Sie werden zum Beispiel in der Faxkonsole über den Menübefehl EXTRAS/ABSENDERINFORMATIONEN eingetragen.

Abbildung B.6: In diesem Register werden die Absenderdaten für den Deckblatt-Editor eingetragen

B.6.4 Das Deckblatt ist fertig

Ist das Deckblatt fertig, wird es in einer Deckblattdatei (*.cov)* gespeichert. Standardmäßig wird das Verzeichnis *Persönliche Deckblätter* angeboten, was bewirkt, dass das Deckblatt ebenfalls in der Auswahlliste beim Erstellen einer Faxnachricht erscheint. Über den Befehl SEITE EINRICHTEN im DATEI-Menü besteht wie bei einem Textprogramm die Möglichkeit, ein Seitenformat auszuwählen sowie die Randabstände einzustellen.

C Windows XP von A bis Z

In diesem Anhang werden jene Begriffe und Abkürzungen erläutert, über die Sie beim Kennen lernen von Windows XP mit Sicherheit irgendwann einmal »stolpern« werden und die nicht unbedingt in der Hilfe zu finden sind. Es sind in erster Linie Begriffe und Kürzel, die im Umfeld von Windows XP eine Rolle spielen.

ACPI

Die *Advanced Configuration and Power Interface*-Spezifikation ist die Grundlage für die Energieverwaltung von Windows XP. Sie sorgt unter anderem dafür, dass sich der Monitor nach einer einstellbaren Zeitspanne automatisch abschaltet oder dass sich der Computer mit dem Herunterfahren automatisch abschaltet. Ältere Computer entsprechen nicht der ACPI-Spezifikation, sodass diese Optionen nur eingeschränkt oder gar nicht zur Verfügung stehen.

BIOS

Das *Basic Input Output System* (BIOS) ist das »Betriebssystem« des Computers, das ein fester Bestandteil der Hardware ist. Es stellt die elementaren Funktionen zur Verfügung, die für die Ansteuerung von Tastatur, Bildschirm und Festplatte benötigt werden und kümmert sich auch um die Plug&Play-Unterstützung. Im BIOS-Setup können viele Einstellungen vorgenommen werden, die aber so speziell sind, dass bereits gute Grundkenntnisse erforderlich sind. Ob für die Installation von Windows XP unter Umständen ein BIOS-Update erforderlich ist, erfahren Sie unter anderem von den einschlägigen Ratgeber-Webseiten im Internet (z.B. »www.nickles.de«).

CAPI

Common Application ISDN Programming Interface. Systemkomponente, die die Verbindung zwischen der ISDN-Karte und speziellen Anwendungen, die es aber offenbar nicht mehr gibt, herstellt. Für Windows XP hat CAPI im Grunde keine Bedeutung, da 95% aller ISDN-Anwendungen über die

NDIS WAN-Schnittstelle laufen, bei der die ISDN-Karte wie eine Netzwerkkarte eingebunden und im Rahmen eines DFÜ-Netzwerks über einen CAPI Port-Treiber wie ein Modem angesprochen wird.

Default

Eine »werksseitig« (d.h. durch die Installation) vorgenommene Einstellung, die solange gültig ist, wie sie nicht geändert wird

DirectX

Name der von Microsoft entwickelten Spiele- und Multimedia-Erweiterung für Windows, die sich zu einem Standard für Computerspiele entwickelt hat und den Spieleprogrammierern sehr leistungsfähige Funktionen zur Verfügung stellt. DirectX wird unabhängig von Windows entwickelt und liegt inzwischen in der Version 8 vor. Dass DirectX ein Bestandteil von Windows XP ist, hat nur insofern eine Bedeutung, als Sie Computerspiele aus dem Internet herunterladen können, ohne die DirectX-Dateien ebenfalls herunterladen zu müssen.

DFÜ

Datenfernübertragung. Im Grunde ein (völlig) veralteter Begriff, der seinen Ursprung in den 60er Jahren hat, der mit den Aufgaben der Einwählverbindungen in den Computer eines Internetdienstanbieters aber wieder modern geworden ist (in erster Linie wohl in Ermangelung einer direkten Alternative zum Originalbegriff »Dial Up«). Im Zusammenhang mit Windows steht DFÜ (ausschließlich = für die Möglichkeit, über ein Modem oder eine ISDN-Karte eine Netzwerkverbindung (über das Point-to-Point-Protokoll, PPP) zu einem Internetdienstanbieter herstellen zu können.

DLL

Dynamic Link Library. Anderer Name für Systemdateien unter Windows

DVD

DVDs (die ursprüngliche Abkürzung stand für *Digital Versatile Disk* und hat inzwischen keine Bedeutung mehr) sehen aus wie CD-ROMs (*Compact Disk Read Only Memory*), bieten aber ein Vielfaches der Speicherkapazität, weswegen sie sich besonders gut für die Speicherung von Kinofilmen eignen. Hier wird das MPEG-2-Format eingesetzt. Windows XP unterstützt das Abspielen von DVDs zwar über den Windows Media Player, setzt aber einen zusätzlich zu installierenden MPEG-Decoder voraus, der nicht im Lieferumfang von Windows XP enthalten ist (zum Beispiel WinDVD). Normale DVDs, die zum Beispiel lediglich Dateien enthalten, werden wie CDs behandelt. Windows XP unterstützt auch DVD-RAM-Laufwerke, die aufgrund eines fehlenden einheitlichen Standards und ihres hohen Preises im Jahre 2001 aber noch keine Rolle spielen. Das Freigeben von DVD-Laufwerken im Netzwerk ist zwar prinzipiell möglich, scheitert aber bei Kinofilmen in der Regel daran, dass beim Abspielen der Kopierschutz von der DVD abgefragt wird.

FTP

File Transfer Protocol. Dieses Internetprotokoll wird ausschließlich für die Übertragung kompletter Dateien zwischen einem FTP-Server und einem Computer, auf dem ein FTP-Client ausgeführt wird, da ist. Bei Windows XP kommen für den FTP-Client sowohl der Internet Explorer als auch das *FTP*-Kommando der Eingabeaufforderung in Frage. Windows XP Professional kann auch als FTP-Server fungieren.

HTML

HyperText Markup Language. HTML ist eine relativ einfache Seitenbeschreibungssprache, bei der einfache Markierungen (z.B. <B> für Fettdruck einschalten) die Ausgabe der folgenden Textzeichen festlegen. HTML-Dateien werden von einem Internetbrowser oder den meisten Textverarbeitungsprogrammen (allerdings nicht WordPad) angezeigt. Wenn im Zusammenhang mit Windows XP von HTML die Rede ist, so ist damit jene HTML-Erweiterung gemeint, die von Microsoft als *Dynamic HTML* (DHTML) bezeichnet wird und nur vom Internet Explorer vollständig umgesetzt werden kann.

HTTP

Hypertext Transmission Protocol. HTTP legt fest, auf welche Weise Anfragen an einen Webserver, etwa durch einen Internetbrowser, gestellt werden, etwa um eine Webseite abzurufen.

HTTPS

Sichere Variante von HTTP, bei der die zu übertragenden Daten durch das *Secure Sockets Layer* (SSL)-Protokoll verschlüsselt werden

IEEE 1394

Bei diesem Standard, der auch Firewire genannt wird, hält sich seit Jahren hartnäckig das Gerücht, dass sein Durchbruch kurz bevorstehen würde. Wenn man nicht gerade einen Notebook der Firmen Apple (hier läuft allerdings kein Windows) oder Sony besitzt, kann man dies glatt übersehen (wenngleich es in den Computermärkten externe Festplatten und nachrüstbare Schnittstellen dafür zu kaufen gibt). Vor allem im High-End-Bereich der Unterhaltungselektronik spielt Firewire eine Rolle. IEEE 1394 verspricht das problemlose Anschließen von Peripheriegeräten und stellt hohe Übertragungsraten in Aussicht, was es vor allem für Geräte mit hohen Datenvolumen (Festplatte, CD-ROM, aber auch digitale Videokameras) interessant macht. Auch wenn Windows XP Firewire (bereits seit Windows 98) unterstützt, steht Firewire auch im Jahre 2001 im Schatten von USB, das allerdings nicht so leistungsfähig (dafür preiswert und weit verbreitet) ist.

IEEE 802.11

Das *Institute of Electrical and Eletronics Engineering* (ausgesprochen wie »Ei-Trippel-Ieeh«) definiert viele Standards. Einer davon ist 802.11, der die Zusammenarbeit von drahtlosen Netzwerken spezifiziert. Dieser ist insofern von Bedeutung, da drahtlosen Verbindungen eine große Zukunft vorausgesagt wird und der 802.11b-Standard von Windows XP bereits unterstützt wird. Wer sich für die genauen Spezifikationen interessiert: http://grouper.ieee.org/groups/802/11/index.html

IP

Internet Protocol. Grundlage für die Vergabe von »Hausnummern« (den IP-Adressen) an alle im Internet verbundenen Computer. IP bildet zusammen mit TCP das TCP/IP-Protokoll und sicherlich inzwischen das »wichtigste Protokoll der Welt«.

IrDA

Infrared Data Association. Name eines Gremiums, das einen verbindlichen Standard für die Übertragung von Daten per Infrarot zwischen zwei Computern mit einer Übertragungsgeschwindigkeit von bis zu 4 MBit/s festlegt. Windows XP unterstützt die IR-Übertragung im Rahmen des Anlegens einer Netzwerkverbindung. Das »virtuelle« IR-Gerät wird über das Applet DRAHTLOSE VERBINDUNGEN in der Systemsteuerung konfiguriert.

ISDN

Integrated Services Digital Network. Auch wenn die Bedeutung der Buchstaben im Jahre 2001 niemanden mehr interessieren dürfte, soll sie zumindest kurz erklärt werden.

LAN

Local Area Network. Andere Bezeichnung für ein »kleines« Netzwerk, wobei es keine offizielle Limitierung für die Anzahl der verbundenen Computer gibt. Werden mehrere LANs durch Router verbunden, spricht man auch von einem *Wide Area Network* (WAN).

MP3

MPEG Audio Layer-3 beschreibt ein am deutschen Fraunhofer-Institut entwickeltes und patentiertes Verfahren, das die Abspeicherung von Audiodaten fast in CD-Qualität ermöglicht, wobei MP3 nur einen Bruchteil des Speicherplatzes anderer bis dahin üblicher Verfahren benötigt. MP3 ist inzwischen schon in die Jahre gekommen und bietet längst nicht mehr die beste Qualität. Microsoft hat mit seinem *Windows Media Audio-Format* (Wma) einen Konkurrenzstandard entwickelt, der eine bessere Qualität bietet, deutlich weniger Platz in Anspruch nimmt, selbstverständlich einen optionalen Copyright-Schutz enthält und vom Windows Media Player natürlich favorisiert wird, in dem sich »gerippte«, das heißt von einer Audio-CD kopierte Sounddateien, nur im Wma-Format auf der Festplatte speichern lassen.

MPEG-2

Motion Picture Experts Group Version 2. MPEG-2 ist derzeit der Standard für die Abspeicherung von Kinofilmen auf einer DVD, wenngleich der von Microsoft mitentwickelte MPEG-4-Standard eine sehr viel bessere Platzersparnis bietet und erstmals auch das Abspeichern von Kinofilmen auf eine CD-ROM ermöglicht.

NTFS

Name des Dateisystems von Windows XP, das von den Vorgängern Windows 2000 und Windows NT übernommen wurde und gegenüber FAT/FAT32 viele Vorteile bietet. FAT32 sollte bei Windows XP nur in Ausnahmefällen (zum Beispiel, um von Windows 9x auf die Partition zugreifen zu können) eingesetzt werden, da es zum Beispiel keine Sicherheit bietet.

PCMCIA

Personal Computer Memory Card International Association. Damit werden die kleinen Einsteckkarten bei Notebook-Computern bezeichnet. Diese heißen schon seit längerem PC-Cards.

POP3

Postoffice Protocol Version 3. Wird im Internet für das Abholen von E-Mail-Nachrichten vom Mail-Server eines Internetdienstanbieters benutzt

SMTP

Simple Mail Transfer Protocol. Wird im Internet für das Versenden von E-Mail-Nachrichten an den Mail-Server eines Internetdienstanbieters benutzt

TCP

Transmission Control Protocol. Die zweite Hälfte des TCP/IP-Protokolls, die für die Kommunikation im Internet die Grundlage darstellt

UNC

Universal Naming Convention. Legt fest, auf welche Weise Freigaben im Netzwerk angesprochen werden (allgemein \\Servername\Freigabename)

URI

Uniform Resource Information. Allgemeine Form einer URL

URL

Uniform Resource Locator. URLs sind Adressangaben im Internet (z.B. »http://www.microsoft.com«)

USB

Universal Serial Bus. Hardware-Spezifikation, die den Anschluss universeller Peripheriegeräte an einen Computer beschreibt. USB bietet viele Vorteile für den Anwender. Unter anderem lassen sich bis zu 127 Geräte an einen Anschluss anschließen, die meisten Geräte können die Stromversorgung des Computers benutzen und kommen daher ohne Netzgerät aus. Windows XP unterstützt bereits USB 2.0 (auch wenn Microsoft im Vorfeld der Einführung von Windows XP zeitweise angekündigt hatte, diese zugunsten von IEEE 1394 wegzulassen).

USV

Unterbrechungsfreie Stromversorgung. Wird ein Computer an ein USV-Gerät angeschlossen, schaltet die USV bei einem Stromausfall automatisch auf die eingebaute Akkubatterie um.

VPN

Virtual Private Network. Eine VPN ist eine sichere Netzwerkverbindung über das Internet, die wie eine normale Netzwerkverbindung behandelt wird. Die VPN-Unterstützung ist bei Windows XP eingebaut[1].

WWW

World Wide Web. Muss sicherlich nicht mehr beschrieben werden. Nur soviel zur offiziellen Entstehungsgeschichte (das Web wurde nämlich nicht von Microsoft erfunden). »Erfunden« wurde das Web 1990 am Schweizer Forschungslabor CERN von *Robert Cailliau* und *Tim Berners-Lee*. Den beiden Wissenschaftlern ging es in erster Linie darum, einen einfacheren und aus der Sicht eines technisch nicht versierten Anwenders natürlicheren Weg zu finden, um auf das (damals noch nicht sehr umfangreiche und nahezu ausschließlich auf wissenschaftliche Forschungsarbeiten beschränkte) Informationsangebot im Internet zugreifen zu können. Inspiriert wurden die beiden Forscher von dem damals sehr populären Softwaresystem Hypercard des Apple Macintosh. Der Durchbruch des Webs fand Anfang der 90er Jahre statt als der kostenlos erhältliche Internetbrowser Netscape Navigator auf den Markt kam und damit die Internet-Revolution auslöste. Der Rest ist inzwischen Geschichte. Heutzutage kennen in den Industrieländern bereits Sechsjährige das Kürzel »www« und surfen (damit wird lediglich das Anklicken der in einer Seite enthalten Verknüpfungen, um auf eine andere Seite zu gelangen, beschrieben) durch das Web, während (laut einem Artikel des amerikanischen Nachrichtenmagazins Time, der vor einigen Jahren erschien) 50% der Menschheit noch nie einen Telefonanruf gemacht hat.

1 Ob sich allerdings auch Windows XP Home wie die Professional-Version als VPN-Server einsetzen lässt, ließ sich leider nicht mehr rechtzeitig in Erfahrung bringen.

D Inhalt der Buch-CD-ROM

D.1 Antivirenprogramme

Diese Software schützt Windows-PCs vor gefährlichen Viren, die nicht nur die Systemleistung beeinflussen, sondern auch für Datenverlust sorgen können. Ein solcher Schutz gegen Trojanern, Würmern und gefährlichen Scripts ist unerlässlich.

D.1.1 Antivir Personal Edition 6.23

Ob Dateiviren, Makroviren oder Trojanische Pferde aus dem Internet, Antivir Personal Edition entdeckt alle befallenen Dateien und verhindert die Ausbreitung. Sie können sogar Makroviren in Word- und Excel-Dateien oder in E-Mails und deren Anlagen aufspüren. H+BEDV bietet die kostenfreie Antivir Personal Edition ausschließlich für den privaten Einsatz auf einem Einzelplatz-PC (Workstation).

`VIRENSCANNER\ANTIVIR\AVWINSFX.EXE`

D.1.2 AVG AntiVirus 6.0 Free Edition

Der kostenlose Virenscanner schützt gegen Viren und Trojaner. Dabei werden alle Windows-Aktivitäten überwacht und Dateien direkt beim Öffnen beziehungsweise Ausführen geprüft. AVG FE bezieht die Aktualisierungen für Signaturen automatisch aus dem Internet. Der Virenscanner klinkt sich in Outlook und Outlook Express ein und untersucht alle ein- und ausgehenden Nachrichten samt Dateianlagen.

`VIRENSCANNER\AVG\AVG6559FU_FREE.EXE`

D.1.3 ewido Security-Suite 1.0

Das Programm dient als Schutzwall vor Trojanern und Backdoors. Neben dem Datei-Scanner, der einzelne Dateien, Ordner oder ganze Laufwerke nach Gefahren absucht, stehen weitere Module bereit. Das Analyse-Modul checkt Autostart-Einträge, zudem durchforstet ewido das System auf unbekannte Verbindungen und auf schädliche aktive Prozesse. Dank Online-Update bleibt das Programm aktuell.

VIRENSCANNER\EVIDO\SETUP.EXE

D.1.4 0190/0900 Warner 4.01

Die Software überwacht den Aufbau von DFÜ-Netzwerk, CAPI 2.0, TAPI-Verbindungen sowie den die serielle Schnittstelle. Das Tool arbeitet nach dem Firewall-Prinzip. Dies bedeutet Sie müssen jede Verbindung erlauben, bevor Sie diese nutzen können, damit kann keine ungewollte Dialereinwahl entgehen. Zusätzlich ermöglicht das Tool den anwählenden Dialer aus dem Speicher zu entfernen und von der Festplatte zu löschen.

VIRENSCANNER\0190WARNER\WARN0190SETUP.EXE

D.1.5 SpyBot Search & Destroy 1.2

Das Tool sucht Ihr System nach Spyware ab und löscht diese. Es ist jedoch auch imstande, etwa Listen der zuletzt besuchten Webseiten, geöffneten Dateien, gestartete Programme, Cookies, usw. zu löschen, wobei es keine Rolle spielt, ob Sie als Browser den Internet Explorer, Netscape oder Opera verwenden. Bei Problemen können Sie über WIEDERHERSTELLEN den Löschvorgang gezielt zurücknehmen.

VIRENSCANNER\SPYBOT\SPYBOTSD12.EXE

D.2 Audio & Video

In dieser Rubrik finden Sie Video- und Sound-Editoren, Player sowie weitere interessante Tools und beste Programme zum Thema Sound und Video am PC. Damit können Sie etwa auch eigene Kompositionen entwerfen und Videos und Sounds schneiden.

D.2.1 JetAudio 5.1

JetAudio ist eine ausgezeichnete All-in-One-Software für Ihre Multimediasammlung. Neben dem Audio- und DVD-Player kann die Suite Audio-CDs auf Ihre Festplatte kopieren. Dabei werden auf Wunsch ID3-Tags im Dateinamen eingebunden. Das CD-Brenntool gleicht die Lautstärke der einzelnen Tracks automatisch an. Zudem lässt sich Musik aufnehmen, die über die Soundkarte zu hören ist.

SOUND+VIDEO\JETAUDIO\JAD5.EXE

SOUND+VIDEO\JETAUDIO\INSTALL_DEU_LPACK.EXE (Sprachdatei)

D.2.2 WinAmp 5.01

Der Multimediaplayer beherrscht Audio-Formate wie MP3, WMA, MOD, S3M, MID, XM, CD-Audio, Line-In, WAV, OGG-Vorbis und VOC sowie Video-Formate wie MPEG, AVI und ASF an. Die Plugin-Schnittstelle erlaubt das Erweitern von Grafik- und Audioeffekten. Zudem gibt es Module wie Visualisierungsstudio, Videofenster, Medienkatalog und Playlist-Editor. Mit dem Equalizer können Sie Bass und Höhen der Musikdatei anpassen.

SOUND+VIDEO\WINAMP\WINAMP.EXE

D.2.3 Kool-Playa 1.0.85

Der Kool-Playa kann alle Medienformate abspielen, die der Microsoft Media Player wiedergeben kann. Möglich ist das Verkleinern und Vergrößern von Videos, die Aspect-Ratio des Videos ist ein- und ausschaltbar. Die Playlist ist dann nützlich, wenn Filme nur in mehreren Teilen vorliegen. Integriert ist ein Programm-Update über das Internet. Zudem gibt es Bookmark der zuletzt geöffneten Filme inklusive Speicherung.

SOUND+VIDEO\KOOLPLAYA\KOOLPLAYA.EXE

D.2.4 Quartz Audio Master 4.6

Wie wäre es denn, wenn Sie sich Ihre eigene Musik komponieren und aufnehmen? Mit dem Quartz Audio Master, einem virtuellen Mischpult, dürfte das kein Problem mehr darstellen. So können Sie bereits bestehende Wave- und MIDI-Dateien über den Menüeintrag FILE/IMPORT importieren und nach Herzenslust bearbeiten. Das Programm startet standardmäßig mit einem Track-, Master- und Mixer-Fenster.

SOUND+VIDEO\QUARTZ\SETUPEX_QUARTZAUDIOMASTERFREEWAREE.EXE

D.2.5 dbpowerAMP Music Converter 10

Programme zum Konvertieren von Sounds können meist MP3- in Wave-Dateien umwandeln, einige nehmen auch den umgekehrten Weg. Das Tool dbpower AMP Music Converter (kurz: DMC) beherrscht beide Richtungen. Die Funktionen stehen über das Kontextmenü im Windows-Explorer zur Verfügung. Weitere Optionen sind die Bearbeitung der ID-Tag und das Beziehen der Programmtitel aus dem Internet.

SOUND+VIDEO\DMC\DMC-R10.EXE

D.2.6 VirtualDub 1.510

Ausgezeichnetes Tool zur Videobearbeitung und dem Videocapturing von digitalen Signalen. Sie können populäre Videoformate wie beispielsweise Motion-JPEG, MPEG-1 Video, Layer 1 und 3 Audio oder AVI öffnen und sogar von MPEG nach AVI konvertieren, wobei auch die Audio-Tracks eingeschlossen werden. Per Video-Histogramm lassen sich Helligkeit und Kontrast festlegen.

`SOUND+VIDEO\VIRTUALDUB-1.5.10.EXE`

`SOUND+VIDEO\VIRTUALDUB\FILTER.EXE` (111 Zusatzfilter)

D.2.7 MP3 CD-Doctor 1.0

Das Programm brennt MP3- und WAV-Dateien auf CD. Das etwas spartanische Funktionsangebot hat den Vorteil, dass Sie sich schnell zurechtfinden und mit wenigen Mausklicks an das Ziel gelangen. Das Tool verwendet auf Wunsch die Burn-Proof-Technologie zum Schutz vor Buffer-Underruns. Vor dem Brennvorgang teilen Sie dem Programm mit, ob der CD-Rohling 74 oder 80 Minuten Kapazität aufweist.

`SOUND+VIDEO\MP3DOCTOR\CDDOCTOR.EXE`

D.2.8 Ian's iBeat engine 1.4d

Mit diesem 8-Spur-Audio-Generator erstellen Sie eigene Muster, die Sie später zusammenfügen und als Wav-Datei aufnehmen können. Somit wird die schnelle und einfache Produktion von Musik-Tracks in den Formaten WAV, AIFF, MP3, SWA und Sun AU möglich. Schaltflächen gibt es für Geschwindigkeitsregulierung, Play, Edit und New sowie Bearbeitung, Aufnahme und zum Umschalten auf Endlosbetrieb.

`SOUND+VIDEO\IBEAT\SETUP.EXE`

D.2.9 MPEG Audio Collection 2.9

Das Tool durchsucht Festplatten, Netzlaufwerke und CDs nach Audiodateien und stellt eine Treffer-Liste zusammen. Unterstützt werden die Formate MP3, WAV und Ogg Vorbis. Angezeigt werden die ID3-Tags, die sich auch bearbeiten lassen. Die Suchfunktion erlaubt auch das Auffinden doppelter Dateien. Eine Playliste erstellen Sie per Mausklick auf einen Ordner oder eine Dateiauswahl. Zudem gibt es einen Editor für CD-Cover.

`SOUND+VIDEO\MPEGCOLLECTION\MAC.EXE`

D.3 Büro

Wer den PC nicht nur zum Surfen oder Spielen, sondern auch als Arbeitsmittel benutzt, findet hier die wichtigsten Büroanwendungen. Angefangen bei der Terminplanung über die Adressverwaltung bis hin zur ausgewachsenen BWL-Anwendung.

D.3.1 OpenOffice 1.1

Die Software OpenOffice ist aus dem StarOffice-Projekt hervorgegangen und besteht aus den Modulen Writer (Textverarbeitung), Calc (Tabellenkalkulation), Impress (Präsentation), Draw (Zeichnen), Math (Formelgenerator) sowie der Programmiersprache OpenOffice-Basic. Das Programm ist intuitiv zu bedienen und erfordert keine lange Einarbeitungszeit. Die angebotenen Funktionen entsprechen denen marktüblicher Office-Pakete.

`BÜRO\OPENOFF\OPENOFF.EXE`

D.3.2 ALF-BanCo 1.15

ALF-BanCo ist die innovative Homebanking-Software der neuen Generation. Das Programm integriert Funktionen für Salden, Umsätze mit Kategorien, Dauer- und Sammelaufträge, Einzel- und Terminüberweisung sowie Kontoverwaltung und Auswertungen. Zugang wahlweise mit HBCI oder PIN/TAN oder HBCI-PIN/TAN. Die Software ist kompatibel zu T-Online 5.0 und bietet eine Verschlüsselung der Daten.

`BÜRO\ALFBANCO\ALFHOMEBANKING.EXE`

D.3.3 Budget 3.52

Mit der Freeware verwalten Sie Ihre Einnahmen und Ausgaben. Zudem erstellt Ihnen das Programm einen maßgeschneiderten Einkaufszettel, für den Sie eine Datenbank mit unzähligen Artikel-Datensätzen aus mehreren deutschen Discountmärkten mit Preisen heranziehen können. Alle gewünschten Waren werden mit dem Symbol Einkaufszettel erstellen aufgelistet. Das Ergebnis wird in der Druckvorschau angezeigt.

`BÜRO\BUDGET\BUDGET.EXE`

D.3.4 EasyCash & Tax 1.15

Leistungsmerkmale dieses Programmes sind Erfassung von Buchungen, Abschreibung von Anlagevermögen über mehrere Jahre, automatisierte Dauerbuchungen, Formulardruck für die Vorsteueranmeldung, Druck der

Umsatzsteuererklärung, Druck der Einnahme-Überschussrechnung, permanente Anzeige des Buchungsjournals, Jahreswechsel und -abschluss, Kassenbuch und die Ermittlung des Gewinns.

BÜRO\EASYCASH\ECTSETUP.EXE

D.3.5 EasyNoter 3.7 Lite

Der Personal-Information-Manager (PIM) vereint Tagebuch, Reminder, Notiz- und Adressbuch sowie ein Photoalbum. Neben Text lassen sich auch Objekte einfügen. Zum Beispiel binden Sie eine Verknüpfung zu einem Bild ein, das Sie mit einem Doppelklick öffnen. Jeder Eintrag lässt sich als RTF-Datei exportieren oder ausdrucken. Das Photoalbum nimmt Bilder in den Formaten JPG, BMP, ICO, EMF und WMF auf.

BÜRO\EASYNOTER\ENLITE.EXE

D.3.6 Info Angel 1.7

Diese frei konfigurierbare Datenbank hilft, unterschiedliche grafische und textliche Informationen zu verwalten. Dabei stehen Ihnen die wichtigsten Formatierungsfunktionen zur Verfügung. Sie können auch Text aus RTF-, Word-, TXT-Dateien direkt einfügen. Zudem können Sie Bilder in den Formaten BMP, JPG, ICO und WMF zu platzieren. Info Angel bietet zudem ein Adressbuch, einen Organizer und einen Bookmark-Manager.

BÜRO\INFOANGEL\INFOANGEL.EXE

D.3.7 Keynote 1.65

Falls Sie den Überblick über Ihre CDs, DVDs, Bücher und Textdokumente verloren haben, hilft Keynote weiter. Das Programm kann mit Makros, Plugins und Vorlagen individuell angepasst werden. Das multifunktionale Tool verwaltet nicht nur Textdokumente, sondern auch vollständige Dateiinhalte, Webadressen oder Bilder in den gängigen Formaten BMP, GIF und WMF. Komfortabel editieren und formatieren Sie eingefügte Texte.

BÜRO\KEYNOTE\KNTSETUP.EXE

D.3.8 Mehrwertsteuerrechner 3.11

Der Rechner splittet eine Rechnungssumme in Nettobetrag und enthaltene Umsatzsteuer auf. Zudem können Sie die Umsatzsteuer für einen Nettobetrag anzeigen lassen. Rechts von jedem Eingabefeld finden Sie einen Rechner. Klicken Sie auf den Pfeil unten rechts, so gelangen Sie unter anderem zu den Mehrwertsteuersätzen verschiedener europäischer Länder.

BÜRO\MWSTRECHNER\INSTMEHR.EXE

D.3.9 WinTer 4.01

Die Software kümmert sich um sämtliche Termine und koordiniert alle Aktivitäten. Zu jedem Tag können mehrere Termine gespeichert werden, bei denen Sie jeweils die Uhrzeit und die Länge des Termins eintragen. Geburtstage, Vereinsabende und andere sich wiederholende Termine werden als Wiederholung gekennzeichnet und brauchen nicht mehrfach eingegeben zu werden.

BÜRO\WINTER\WINTER32.EXE

D.3.10 Address Office 4.0

Address Office sichert Ihre Geschäfts- und Privatadressen. Neben den üblichen Personendaten können Sie u.a. eine Steuernummer, eine ICQ-Nummer, eine Email- und eine Internetadresse festhalten. Mit einem Klick auf diese Adresse wird sie in Ihrem Standardbrowser aufgerufen. Jede Adresse bewerten Sie mit einer Note von 1 bis 10 und fügen bei Bedarf weitere Notizen hinzu.

BÜRO\ADRESSOFFICE\ADDRESSOFFICE.EXE

D.3.11 PowerISDN-Monitor 4.06

Als klassisches Monitoring-Tool überwacht er die ISDN-CAPI-Schnittstelle und meldet, je nach Konfiguration, eingehende Anrufe und Faxe auf Ihren MSNs. Mit dem Regel-Assistenten weisen Sie einzelne Dienste einer bestimmten MSN zu. Im Anrufer-Editor verwalten Sie die persönlichen Daten eines Anrufers und Sie können hier festlegen, ob dessen Anrufe abgelehnt werden sollen.

BÜRO\POWERISDN\PIM40.EXE

D.4 Grafik

An Besitzer von Digitalkameras richtet sich die Sammlung der besten kostenlosen Programme. Damit optimieren, Verwalten, Betrachten, Organisieren und Konvertieren Sie Bilder in verschiedenen Formaten – schnell und einfach.

D.4.1 cam2pc Freeware Edition 4.02

Mit der Software übertragen Sie Bilddateien von einer Digitalkamera oder einem Kartenleser für Speicherkarten ganz einfach per Mausklick auf die Festplatte. So können Sie etwa schon während der Übertragung die Bilder nach eigenen Wünschen umbenennen, in spezielle Verzeichnisse speichern und daraus Diashows anfertigen. Zudem gibt es einige Bearbeitungswerkzeuge und einen Viewer.

`GRAFIK\CAM2PC\CAM2PC-FREE.EXE`

`GRAFIK\CAM2PC\CAM2PC-CANON.EXE` (für Canon-Modelle)

`GRAFIK\CAM2PC\CAM2PC-DEUTSCH.EXE` (deutsche Sprachdatei)

D.4.2 Gimp 1.25

Der kostenlose Photoshop-Klone ist ein sehr umfangreiches Grafikpaket, das insbesondere der Bearbeitung von Fotos oder anderen Pixelbildern dient. Ebenen, Kanäle und Pfade sind in eigenen Paletten angelegt. Gimp lässt sich als einfaches Malprogramm benutzen, zum professionellen Retuschieren von Fotos, als Batch-System zur automatischen Bearbeitung von Bildern und als Grafikformat-Konverter.

`GRAFIK\GIMP\GIMP-1.2.5-SETUP.EXE`

`GRAFIK\GIMP\GTK1.3.0-20030717-SETUP.EXE` (Benötigter Installer)

D.4.3 Mediachance-Digi-Pack

Selten liegen Digitalfotos nach dem Überspielen von Kamera auf den PC in optimaler Qualität vor, sodass eine Nachbearbeitung erforderlich ist. Das kostenlose Media-Chance-Digi-Paket besteht aus fünf einzelnen Spezialprogrammen. Diese verbessern die Qualität der Fotos mit den jeweiligen Modulen. So können Sie etwa Farbverfälschungen, Unregelmäßigkeiten und Bildfehler beseitigen.

`GRAFIK\MEDIACHANCE\CLEARSKINFX\SETUP.EXE`

`GRAFIK\MEDIACHANCE\COLORCASTFX\SETUP.EXE`

`GRAFIK\MEDIACHANCE\DCENHANCER\SETUP.EXE`

`GRAFIK\MEDIACHANCE\FILTERSIM\SETUP.EXE`

`GRAFIK\MEDIACHANCE\HOTPIXELS\SETUP.EXE`

D.4.4 MyAlbum 2.3

Das Tool My Album kennt die gängigen Formate wie etwa JPG, BMP, GIF, TIFF, TGA sowie PCX und hilft dabei, den Überblick zu behalten und Bildkataloge anfertigen. Hierbei können Bilder mit Beschreibungen, Datum und Schlüsselwörtern versehen werden. Das Wiederfinden erleichtern Suchfunktionen, die auch Dateinamen, Kommentare oder Schlüsselworte einschließen. Eine Thumbnail-Ansicht erleichtert die Navigation.

`GRAFIK\MYALBUM\MYALBUMSETUP.EXE`

`GRAFIK\MYALBUM\MYALBUMGR.EXE` (deutsche Sprachdatei)

D.4.5 Oriens Enhancer 2.6

Die Software überzeugt durch die vielen Effekte und Filter, mit denen Sie die Qualität Ihrer Bilder verbessern. Das Programm öffnet und bearbeitet auch mehrere Bilder gleichzeitig. Oriens Enhancer öffnet und speichert die populären Formate BMP, JPG, PNG, GIF, PCD, ICO und TIF. Neben den Funktionen der Werkzeugleiste, finden Sie in den einzelnen Menüs weitere Bearbeitungsoptionen.

`GRAFIK\ORIENS\ORIENSENHANCERGOLD.MSI`

D.4.6 Photo Printer 2.0 LE

Die Software teilt Fotos Platz sparend ein und erspart dadurch Zeit und Fotopapier. Zuerst importieren Sie ein Foto in das Arbeitsfenster und stellen dabei gleich ein, wie viele Bilder insgesamt auf der Seite platziert werden sollen. Die Größe der Bilder lässt sich beliebig verändern. Die Abstände zwischen den Fotos passen Sie über den Schieberegler an. Über den Werkzeug-Button gelangen Sie zu den Drucker-Einstellungen.

`GRAFIK\PHOTOPRINTER\PP20LE.EXE`

D.4.7 Slideshow Movie Maker 3.5.3

Die Software erzeugt aus digitalen Fotos ansprechende Präsentationen, die sich als AVI-Videodatei auf Festplatte speichern oder auf CD weitergeben lassen. Dabei sind musikalische Untermalungen, Texteinblendungen und Bildübergänge möglich. Die Handhabung ist denkbar einfach: Der Slide Show Movie Maker liest Bilder in populären Dateiformaten ein und erstellt daraus interaktiv mit der Maus eine Diashow.

`GRAFIK\SSMM\SSMM353.EXE`

D.4.8 VicMan's Photo Editor 7.51

Das Bildbearbeitungstool unterstützt bei der kreativen Gestaltung von Fotos mit einer Vielzahl von Effekten. Mit wenigen Mausklicks verformen, verfremden, vergrößern und transformieren Anwender ihre Bilder. Darüber hinaus können Sie Bildausschnitte markieren und beliebig verschieben. Zudem unterstützt die Textfunktion Anti-Aliasing zum Glätten. Der Editor arbeitet mit mehr als 30 verschiedenen Dateiformaten.

`GRAFIK\VICMAN\PHEDINST.EXE`

D.4.9 WinMorph 3.01

Mit dem Programm erstellen Sie einfache bis anspruchsvolle Animationen. Winmorph unterstützt unter anderem JPG-, PNG- und BMP-Formate. Im Warp-Modus wenden Sie Effekte auf Einzelbilder an. Bei der Morph-Funktion wählen Sie zwei Bilder aus und lassen diese kombinieren. Winmorph errechnet die Sequenzen, die vom ersten zum zweiten Bild führen. Das Ergebnis speichern Sie als MPG-, Flash- oder AVI-Film ab.

`GRAFIK\WINMORPH\SETUP.EXE`

D.4.10 xnView 1.66

Das sehr schnelle Tool eignet sich ideal zum Betrachten und Konvertieren von Digitalfotos und Grafiken. Außerdem können Sie Bilder vielfältig bearbeiten. Dazu zählen etwa das Ausschneiden, Vergrößern oder Verkleinern sowie die Anpassung von Helligkeit und Kontrast. Bilderserien lassen sich als fertige Diashows ausgeben oder als Web-Album speichern. Die Software kennt weit über 400 verschiedene Grafikformate.

`GRAFIK\XNVIEW\XNVIEW-WIN.EXE`

D.5 HTML-Editoren

Hier finden Sie einige Tools, die Ihnen beim Design der eigenen Homepage hilfreich zur Seite stehen. Dazu gehören HTML-Editoren mit eingebauten Image-Mappern, Animations-Tools und Script-Applikationen, mit denen sich sehr professionelle Webseiten entwickelt und veröffentlichen lassen.

D.5.1 Ed HTML 5.01

Das Programm bietet Funktionen, die auch professionellen Ansprüchen gerecht werden. So lassen sich etwa HTML-, CSS-, Javascript-, PHP- und Perl-Templates erstellen. Zudem sind Vorlagen für WML, Java, C und C++

vorhanden. Assistenten führen durch die einzelnen Schritte, etwa bei der Eingabe von Meta-Tags, Dokument-Formatierungen und Anpassungen an einzelne Browser für neue HTML-Quelltexte.

HTML\EDHTML\EDHTMLV5.0.EXE

D.5.2 1st Page 2000 2.0

Angefangen bei der eingängigen Benutzeroberfläche, über die unzähligen hilfreichen Assistenten bis hin zu den knapp 450 vorgefertigten Java-, Perl- und CGI-Scripts – das kostenlose Tool steht ähnlich aufgebauten Vollpreis-Editoren in nichts nach. Dabei kommt der Editor mit HTML 4.0 inklusive browserspezifischen Erweiterungen, Cascading StyleSheets CSS und auch DHTML zurecht.

HTML\FIRSTPAGE\SETUP.EXE

D.5.3 CSE HTML Validator 3.5 Lite

Das Programm ist im Prinzip ein HTML-Editor mit einer Reihe von Zusatzfunktionen, zu denen auch eine Syntax-Prüfung zählt. In der Gratisausgabe erlaubt das Tool das gleichzeitige Öffnen von maximal fünf HTML-Dateien. Nach Abschluss der Prüfung werden gefundene Fehler angezeigt. Mit einem Klick auf die Meldung gelangen Sie im Quelltext direkt zur entsprechenden Zeile im Dokument und können Fehler beseitigen.

HTML\CSELITE\CSELITE.EXE

D.5.4 DHE Editor 1.6 Basic

Der Gratis-WYSIWYG-Editor nimmt Ihnen viel Arbeit ab. Denn Sie müssen keine einzige Zeile Code schreiben oder HTML lernen, um zur fertigen Webseite zu kommen. Die Software ist ähnlich einfach und intuitiv zu bedienen wie ein Zeichen- oder Layout-Programm. Aus Ihren Angaben erzeugt das Programm HTML-Seiten mit absoluter Positionierung, die im Browser genau so aussehen, wie auf dem Arbeitsblatt.

HTML/DHEEDITOR/DHE.EXE

D.5.5 XENU's Link Sleuth 1.2

Das Gratis-Tool überprüft alle Links einer Webseite zu Grafiken, Dokumenten, URLs oder sonstigen eingebundenen Dateien. Dabei spielt es keine Rolle, ob die Seiten lokal auf Festplatte gespeichert oder bereits online beim Provider gehostet sind: Ausgehend von einer gewählten HTML-Datei oder einer URL scannt Link Sleuth systematisch alle verlinkten Dokumente und prüft alle internen und externen Links.

HTML\XENU\XENU12.EXE

D.5.6 Flash-Toolset 1.1.0

Flashfilme werden immer beliebter. Das Programm Flash-Toolset verschafft nicht nur einen Überblick über Flash-Filme, sondern ist auch imstande, diese abzuspielen und zu verändern. Das Tool verwenden Sie wie einen Dateimanager, der entweder alle Dateien oder auf Wunsch nur die für Flash relevanten Formaten SWF, FLA, AS, SWT, SPL und EXE auflistet. In der Attributes-Spalte erfahren Sie die Auflösung und die Anzahl der Frames.

HTML\FLASHTOOL\SETUPFLASHTOOLSET11.EXE

D.6 Internet-Tools

Wer nur mit den Windows-Bordmitteln im Internet surft, Mails verschicken und empfangen möchte und Dateien lädt, muss auf viele Funktionen und eine Menge Komfort verzichten. Das trifft vor allem Anwender, die ihren PC neu gekauft oder das Betriebssystem neu installiert haben. Abhilfe schaffen Freeware-Programme.

D.6.1 Avant Browser 8.02

Das Programm erweitert den Internet Explorer um viele nützliche Features. Das Add-on öffnet mehrere Fenster in einer Programminstanz. Dazu müssen Sie jedoch zunächst die Optionen im Extras-Menü editieren. Tabs oder Fenster können Sie über das Fenster-Menü beispielsweise nebeneinander oder untereinander anzeigen lassen. Auch an einen PopUp-Blocker wurde gedacht. Mit dem Zusatztool Robo-Form füllen Sie Formulare aus.

INTERNET\AVANT\ABSETUP.EXE

D.6.2 Bookmark Manager 4

Das Programm ist die zentrale Verwaltung Ihrer Lesezeichen und von Interesse, wenn mehr als ein Browser verwendet wird. Sie können Favoriten des Internet Explorers, Bookmarks aus Netscape, Mozilla und Firebird sowie Opera-Lesezeichen einlesen. Außerdem ist der Import aus HTML-Dateien und von Webseiten möglich. Sie können Lesezeichen mit einer Beschreibung und Stichworten versehen.

INTERNET\BOOKMARK\BKM_DE-4.0.0-PRE5.EXE

D.6.3 Check & Get 1.14

Das Tool hilft bei der Verwaltung Ihrer Bookmarks. Durch dessen explorerähnliche Oberfläche wird der Umgang mit den Bookmarks sehr vereinfacht. Es erlaubt aber nicht nur eine übersichtliche Einteilung Ihrer Lesezeichen, sondern überprüft sie auch. Hat sich der Inhalt einer Seite geändert, haben Sie Adressen mehrfach gespeichert oder eine Seite ist nicht mehr erreichbar, so meldet sich Programm per Popup-Nachricht.

`INTERNET\CHECKGET\CNGSETUP.EXE`

D.6.4 Connection Keeper 6.1

Der Einsatz des Tools Connection Keeper ist sinnvoll, um die Zwangstrennung mancher Internet-Provider zu umgehen. Das Tool verursacht daher in regelmäßigen Intervallen automatisch Aktivitäten und stellt auf Wunsch die Verbindung bei einem Abbruch wieder her. Als Bonus bietet das Programm einen wirkungsvollen Pop-up-Blocker. Die Programmoberfläche lässt sich per Skin mit einer anderen Optik versehen.

`INTERNET\CONNKEEPER\CONKEEP.EXE`

D.6.5 Copernic Agent 6.11 Basic

Die Abfrage nur einer Suchmaschine führt häufig nicht zu den gewünschten Resultaten. Für bessere Ergebnisse sorgt Copernic Agent Basic. Das Tool durchforstet über 90 nationale und internationale Websuchdienste, Newsgroups-Verzeichnisse sowie E-Mail-Adressdatenbanken nach gewünschten Stichwörtern. Die Ergebnisse lassen sich auf Aktualität und tatsächliche Verfügbarkeit testen und in Text-Formaten speichern.

`INTERNET\COPERNIC\COPERNICAGENTBASICDE.EXE`

D.6.6 Down2Home 1.3

Mit dem Tool führen Sie Statistik über das Datenvolumen pro Tag, Woche oder Monat. Dabei spielt es keine Rolle, ob Sie per DSL, Modem, ISDN oder LAN online sind. Das Programm setzt sich nach der Installation in die Systray protokolliert zuverlässig den Up- und Download-Traffic. Die Daten werden in Form von Linien, Balken oder Flächen in einer 2D- oder 3D-Ansicht dargestellt. Das Tool registriert auch die Transfer-Geschwindigkeit.

`INTERNET\DOWN2HOME\D2HSETUP.EXE`

D.6.7 FastNet 4.3

Neben der Optimierung der TCP/IP-Einstellungen bietet es sich daher an, auch die DNS-Parameter optimal zu nutzen. FastNet extrahiert die bei einer DNS-Abfrage gewonnenen IP-Adressen und trägt sie in die lokale hosts-Datei von Windows ein. Beim nächsten Besuch der entsprechenden Website entfällt dann die Abfrage des DNS-Servers. FastNet scannt auf Wunsch die IP-Adressen Ihrer Lesezeichen aus allen Browsern.

`INTERNET\FASTNET\FASTNET99.EXE`

D.6.8 Firebird 0.7

Die größte Schwachstelle von Windows und Hacker-Angriffsziel ist der Internet Explorer. Ein Umstieg auf die Gratis-Alternative Firebird garantiert mehr Sicherheit. Der Browser zeigt keine Anfälligkeiten für aktive Webkomponenten wie etwa ActiveX-Controls oder andere Script-Sprachen. In den Optionen können etwa Datenschutzrichtlinien, Webfeatures, Erweiterungen, Themes, Farben sowie Verbindungen festgelegt werden.

`INTERNET\FIREBIRD\MOZILLAFIREBIRD-0.7-WIN32-DEDE-INSTALLER.EXE`

D.6.9 LeechGet Personal 2004

Der Download-Manager sorgt für eine optimale Geschwindigkeit und Auslastung der Bandbreite bei Datentransfers via HTTP- und FTP-Protokoll. Sollte die Verbindung zum Download-Server unterbrochen werden, setzt das Tool die Übertragung ohne Datenverlust fort. Zu den Funktionen des zählen parallele Übertragungen sowie eine Mirror-Suche, Proxy-Unterstützung, segmentiertes Laden sowie eine Zeitsteuerung.

`INTERNET\LEECHGET\LEECHGET.EXE`

D.6.10 Miranda Instant Messenger 0.32

Fast jeder große Onlinedienst hat inzwischen einen eigenen Instant-Messenger im Angebot. Dabei arbeiten die Programme von AOL, CompuServe, T-Online, MSN und Yahoo sowie ICQ nur sehr eingeschränkt zusammen. Miranda arbeitet sowohl mit AOL und ICQ, als auch mit MSN und Yahoo zusammen. Das Tool beherrscht deren Protokolle und kann eine sichere Kommunikation zwischen zwei Teilnehmern herstellen.

`INTERNET\MIRANDA\MIRANDA-IM-0.3.2.EXE`

`INTERNET\MIRANDA\LANGPACKGERMAN.EXE` (deutsche Sprachdatei)

D.6.11 Naviscope 8.70

Ein Multifunktionstool, das Ihnen beim Internet-Surfen in vielen Bereichen sehr hilfreich zur Seite steht. Die Toolbar können Sie bei Bedarf anpassen. Zu den Features zählt unter anderem das so genannte Prefetching. Dabei lädt das Tool im Hintergrund alle Links, die sich auf der angesteuerten Seite befinden. Sobald Sie auf einen dieser Links klicken, wird die entsprechende Seite in Windeseile aus dem Cache geladen.

`INTERNET\NAVISCOPE\NSCOPE.EXE`

D.6.12 SmartFTP 1.0.978

Für den FTP-Up- und Download benötigen Anwender einen entsprechenden Client, da die Browserfunktionen nur unzureichend arbeiten. Die Software Smart FTP ist komfortabel zu bedienen und verfügt über wichtige Zusatzfunktionen. Das Programm unterstützt Simultanverbindungen zu mehreren Servern, den zeitgesteuerten Download und die Zwischenspeicherung bereits besuchter FTP-Ordner.

`INTERNET\SMARTFTP\SFTPFULL.EXE`

`INTERNET\SMARTFTP\RESGER.1.0.980.0.EXE` (deutsche Sprachdatei)

D.6.13 Spamihilator 0.972

Unerwünschte Mails, wie Spam, kosten Zeit und Geld. Abhilfe schafft ein wirksamer Spam-Schutz. Mit dem Spamihilator entfernen Sie einen Großteil der Spam-Mails bereits beim Herunterladen vom Server. Das Tool schaltet sich dabei zwischen E-Mail-Client und POP3-Server des Providers und überprüft jede eingehende Mail auf Spam. Spamihilator arbeitet mit allen populären E-Mail-Clients zuverlässig zusammen.

`INTERNET\SPAMIHALIATOR\SPAMIHILATOR_0_9_7.EXE`

D.6.14 STG Cache Audit 1.0

Das Programm liest den Cache Ihres Internet Explorers aus und listet die gefundenen Internetadressen und Cookies auf. Dabei werden die Suchergebnisse zur besseren Übersicht automatisch den Rubriken Site View, Link View, Cookie View und History View zugeordnet. Zu den Einträgen Url und Filename erfahren Sie jeweils noch die Anzahl der Hits, die Dateigröße, das Datum der letzten Änderung und des letzten Zugriffs.

`INTERNET\STGCACHE\AUDIT.EXE`

D.6.15 SuperGravity 2.6

Das professionelle News-Werkzeug stellt eine Reihe von Funktionen und Filtern bereitstellt und überträgt Nachrichten zum späteren Lesen vom News-Server. Eine Suchfunktion unterstützt Anwender bei der schnellen Auswahl, wobei Sie außerdem Binärdateien automatisiert dekodieren und anschauen können. Mithilfe von Filtern zeigen Sie etwa nur ungelesene Beiträge in einer Übersicht an.

INTERNET\SUPERGRAVITY\INST2046.EXE

D.6.16 Thunderbird 0.4

Da Thunderbird auf eine eigene Engine zur Anzeige HTML-formatierter Nachrichten setzt, laufen Wurmattacken ins Leere. Thunderbird integriert außerdem einen anpassbaren und lernfähigen Spam-Filter. Nach einigen Tagen soll die Erkennungsquote auf mehr als 99 Prozent steigen. Auch das Laden von Bildern in HTML-formatierten Mails wird verhindert, sodass keine Verbindung zum Server des Absenders zustande kommt.

INTERNET\THUNDERBIRD\THUNDERBIRD-0.4-WIN32-DEDE-INSTALLER.EXE

D.6.17 WebWasher 3.3 Classic

Die für den privaten Einsatz kostenlose Software ist ein Filterprogramm, das bestimmte Daten, zum Beispiel Werbung, aus den aufgerufenen Seiten schon vor dem Laden abblockt. Dadurch können Sie bis zu 40 Prozent der übertragenen Datenmenge einsparen. WebWasher erkennt die Werbebanner anhand von charakteristischen Abmessungen der Grafiken, speziellen HTML-Mustern oder anderen analytischen Verfahren.

INTERNET\WEBWASHER\WASH33.EXE

D.6.18 ZoneAlarm 4.5 Free

Die kostenlose Software arbeitet zuverlässig und bietet Einstellungen für maximale Sicherheit. Ohne Fachwissen können Anwender aus vorkonfigurierten Sicherheitszonen auswählen. Nach Installation und Neustart des Rechners ist sofort Zone Alarm aktiv. Konfiguration und Bedienung von Zone Alarm erfolgt über die linke Navigations-Leiste. Der Emergency-Button ermöglicht den sofortigen Abbruch der Internet-Sitzung.

INTERNET\ZONEALARM\ZLSSETUP_45_532.EXE

D.7 Windows-Tools

Auch in der neuesten XP-Version fehlen Windows immer noch viele praktische und nützliche Funktionen. Doch auch hier springen die passenden Freeware-Programme in die Bresche und sorgen für mehr Komfort und neue Features.

D.7.1 2xExplorer 1.4.1.12

Der Windows Explorer ist leider nicht in der Lage, zwei Fenster in einer Instanz anzuzeigen. Das Programm 2xExplorer ist ein alternativer und sehr schneller Dateimanager mit vielem Zusatzfunktionen. Er besteht gar aus drei Fenstern: Ganz links wird der Verzeichnisbaum des gewählten Laufwerkes angezeigt und in den anderen beiden Fenstern sind die Inhalte der jeweils gewählten Verzeichnisse zu sehen.

TOOLS\2XEXPLORER\2XEX1412.EXE

D.7.2 AIDA32 Enterprise System 3.90

Für die schnelle Anzeige detaillierter Informationen über das Innenleben eines PCs sind die Windows-eigenen Mittel nur bedingt geeignet. Mit Aida 32 erhalten Anwender ein sehr gutes Systemdiagnose-Tool, das kostenlos verfügbar ist. Der Explorer-ähnliche Aufbau gewährleistet eine einfache Bedienung durch die einzelnen Kategorien. Aida 32 unterstützt derzeit über 26 000 Hardware-Komponenten verschiedener Hersteller.

TOOLS\AIDA\AIDA32EE_390.EXE

D.7.3 clone maxx 1.0

Bei einem Festplattenwechsel ist es meistens leichter, die Daten komplett 1:1 vom alten Datenträger zu übernehmen, anstatt das Betriebssystem neu zu installieren. Clone-maxx hilft Ihnen beim Erstellen eines Harddisk-Abbildes – völlig unabhängig vom verwendeten Dateisystem oder der Anzahl von Partitionen. Somit können auch mit FAT32, HPFS, NTFS sowie Linux-Ext2 oder -Reiser formatierte Festplatten kopiert werden.

TOOLS\CLONEMAXX\PCI_CLONEMAXX.EXE

D.7.4 EasyCrypto Deluxe 5.5

Zum Verstecken oder Sperren von Dateien oder Verzeichnissen eignet sich das für den privaten Einsatz kostenlose Programm Easy Crypto Deluxe. Das Verschlüsselungs-Tool arbeitet mit dem Blow-Fish-Algorithmus, der einen 128-Bit langen Schlüssel verwendet. Nach der Installation bindet sich das

Tool in das Explorer-Kontextmenü ein und stellt dort die Funktionen Verschlüsseln und Easy Crypto Zip bereit.

TOOLS\EASYCRYPTO\ECSETUP.EXE

D.7.5 e-maxx 1.0

Möchten Sie Daten sicher und schnell löschen, sollten Sie keinesfalls der Windows-Löschfunktion vertrauen. PC Inspector e-maxx hingegen ist ein professionelles Datenlöschprogramm. Die zugrunde liegenden Löschverfahren entsprechen den strengen Anforderungen der US-Militärs und die Daten lassen sich auch mit Spezialprogrammen nicht wieder herstellen.

TOOLS\EMAXX\PCI_EMAXX.EXE

D.7.6 ERUNT 1.1a

Eingriffe an der Registry werden gerne zum System-Tuning vorgenommen. Ein kleiner Fehler dabei und die Windows-Installation kann zerstört sein. Erunt hilft dabei, die Registry unter Windows NT, 2000 und XP zu sichern und wieder herzustellen. Zwar sind bei diesen Betriebssystemen die Registry-Dateien im normalen Betrieb gesperrt, das Programm kann die Dateien dennoch auslesen.

TOOLS\ERUNT\ERUNT11.EXE

D.7.7 File Recovery 3

Es ist manchmal schnell passiert: Eine wichtige Datei wurde aus Versehen gelöscht und die Verzweiflung ist groß. Gab es zu DOS-Zeiten noch die rettende Undelete-Funktion, ist bei aktuellen Windows-Versionen nur noch die Systemwiederherstellung in den Bordmitteln vorhanden. File Recovery füllt diese Lücke als Tool zur Datenrettung und Datenwiederherstellung und unterstützt alle Windows Dateisysteme.

TOOLS\FILERECOVER\PCI_FILERECOVERY.EXE

D.7.8 Qlock 1.44

Eine sehr flexible Weltzeituhr, denn jedes Zeitfenster ist unabhängig von den jeweils Anderen. Ohne die anderen Zeitanzeigen-Fenster zu beeinflussen, können Sie die einzelnen Fenster auf dem Desktop verschieben, deren Größe verändern, auf eine 12- oder 24-Stunden Anzeige umstellen, eine Alarmzeit bestimmen und einiges mehr. Ein neues Zeitfenster erstellen Sie über das Create-Menü.

TOOLS\QLOCK\QLOCK.EXE

D.7.9 RegSeeker 1.35

Langsame Rechner oder Programmabstürze sind oft die Folge falscher oder überflüssiger Einträge in der Windows-Registrierungsdatenbank. Das Tool hilft mit nützlichen Funktionen beim Aufspüren und Löschen ungültiger Einträge. Mit einem Klick auf Registry säubern wird die Windows-Registry untersucht und von fehlerhaften Einträgen befreit. Sie können bestimmte Schlüssel von der Suche ausschließen.

TOOLS\REGSEEKER\REGSEEKER135.EXE

D.7.10 Smart Recovery 4.42

Das kostenlose Tool ist darauf spezialisiert, Daten zu retten, die nicht mehr zugänglich sind. Zu den unterstützten Speichermedien zählen beispielsweise Flash-Card, Smart-Media, Sony Memory Stick, Secure-Digital-Card und einige weitere mehr wieder herstellen. Smart Recovery unterstützt die Bildformate JPG, TIF, CRW, RAF, ORF sowie AVI- oder MOV-Videodateien und Audiodateien im WAV- oder DSS-Format.

TOOLS\SMART\PCI_DE_SMARTRECOVERY.EXE

D.7.11 TweakPower 1.033

Erst durch optimale Konfiguration der Registry erreichen Windows-XP-Rechner Höchstleistungen. Tweak-Power eignet sich als hervorragendes Tuning-Werkzeug und bietet Einstellungsmöglichkeiten, die Anwendern sonst gar nicht oder nur über Umwege in der Windows-Registry bereit stehen. Die einzelnen Funktionen werden in einer übersichtlichen Baumstruktur am linken Rand dargestellt.

TOOLS\TWEAKPOWER\TWEAKPOWER.EXE

D.7.12 WinGuard Pro 2004

Das Programm schränkt den Zugang zu Windows-Systemen ein. Sie können vor dem Start eines beliebigen Programms ein Passwort abfragen lassen und Dateien ver- und wieder entschlüsseln. Im Register *Lock Files* werden Dateien oder ganze Ordner verschlüsselt. Im Advanced-Register können Sie den Desktop mit einem Passwort sperren. Alle Sperren bleiben nach einem Systemneustart aktiv.

TOOLS\WINGUARD\WGPRO.EXE

D.7.13 FreeRAM XP Pro 1.4

FreeRAM XP Pro verwaltet und optimiert auf intelligente Art den RAM-Speicher unter allen Windows-Systemen. Es bringt Ihren RAM-Speicher zu jeder Zeit wieder in den Zustand, den Sie normalerweise nur nach einem Systemneustart erreichen. Das Tool bietet mehrere Einstellungsmöglichkeiten. So können Sie den Hauptspeicher entweder manuell oder automatisch bereinigen.

TOOLS\FREERAM\FREERAMXPPRO.EXE

D.7.14 XP-Clean 5.02

XP Clean bietet unzählige Reinigungsmechanismen. Die Funktionen sind nach den Kategorien Internet- und Windowsspuren, Sicherheit, Netzwerk, Spyware, Dateien und Sonstiges unterteilt. Wir können hier nur eine kleine Auswahl der Features anführen: Entfernt Spyware und verwaiste Dateien, löscht old-, bak-, syd- und Null-Byte-Dateien, überschreibt die index.dat-Dateien, löscht Cookies und Temporary-Internet-Files.

TOOLS\XPCLEAN\XPCLEANV502.MSI

D.7.15 ZipGenius Suite 5.5

Als gute Alternative zu Winzip eignet sich das Packprogramm ZipGenius. Sie können damit mehr als 20 Formate wie ZIP, CAB, LZH, JAR, ACE und RAR packen und entpacken. Außerdem lassen sich selbst-extrahierende sowie verschlüsselte Archive erstellen. ZipGenius fügt sich in das Explorer-Kontextmenü ein. Komfortabel lassen sich Archive und Dateien aus dem Programm heraus als E-Mail verschicken.

TOOLS\ZIPGENIUS\ZG55SUI.EXE

D.7.16 RegCool 2.408

Wer sein System ordentlich tunen möchte, ist mit RegCool besser beraten als mit dem Windows-eigenen Regeditor. Der Editor bietet eine Explorer-ähnliche Oberfläche. Links erscheint eine hierarchische Baumstruktur mit den Registry-Schlüsseln, im rechten Fenster erfolgt die Darstellung der einzelnen Registry-Werte. Die Suche erlaubt die Eingabe von Schlüsseln, Namen und Werten mit einer AND & OR Verknüpfung.

TOOLS\REGCOOL\REGCOOL.EXE

E Kommandozeilenreferenz

Die Eingabeaufforderung von Windows XP kennt eine Vielzahl von Kommandos (insgesamt sind es 69, wobei diese Zahl lediglich den »harten« Kern darstellt – wurde zum Beispiel das *Windows 2000 Resource Kit* – das auch für Windows XP geeignet ist – installiert, stehen weitere Kommandos zur Verfügung), die in diesem Anhang alphabetisch aufgelistet werden. Da die Syntax dieser Kommandos über die Hilfefunktion */?* beschrieben wird, über die jedes dieser Kommandos verfügt, geht es in diesem Abschnitt in erster Linie um eine Übersicht, bei der zu jedem Kommando seine Nützlichkeit angegeben ist.

Tabelle F.1 gibt eine Gesamtübersicht über alle zur Verfügung stehenden Kommandos. Wie bereits in Kapitel 21 erwähnt wurde, in dem die Eingabeaufforderung vorgestellt wird, ist diese kein »Überbleibsel« aus der DOS-Ära, sondern ein wichtiges Element des Betriebssystems, mit dem erfahrene (und tippfreudige) Anwender komplexere Operationen unter Umständen schneller ausführen und genauer spezifizieren können als es im Rahmen der Benutzeroberfläche möglich ist. Insbesondere das *XCopy*-Kommando bietet sehr viel mehr Möglichkeiten, als sie über das Ziehen und Ablegen der Dateisymbole zur Verfügung gestellt werden. Wird dieses Kommando zum Beispiel im Rahmen einer Stapeldatei oder eines Scripts (in diesem Fall wird die Stapeldatei ganz einfach über die *Run*-Methode des *WshShell*-Objekts aufgerufen) ausgeführt, ergeben sich sehr leistungsfähige Erweiterungen.

Tabelle E.1: Die Kommandos der Eingabeaufforderung bei Windows XP in der Gesamtübersicht

Kommando	Beschreibung
Assoc	
At	Führt ein Programm oder Kommando zu einem angegebenen Zeitpunkt oder in einem angegebenen Intervall aus. Der Ordner GEPLANTE VORGÄNGE ist dafür im Allgemeinen besser geeignet.
Attrib	Zeigt die verschiedenen Attribute einer Datei oder eines Ordners an oder ändert sie. Das Kommando *Attrib *.** ist oft der schnellste Weg, um alle versteckten Dateien eines Ordners aufzulisten. Bei *Attrib* wird auch die Option */S* (durchsuche alle Unterverzeichnisse) unterstützt.

Tabelle E.1: Die Kommandos der Eingabeaufforderung bei Windows XP in der Gesamtübersicht (Forts.)

Kommando	Beschreibung
Break	Ist nur aus Kompatibilitätsgründen vorhanden und hat bei Windows XP keine Wirkung
Cacls	Zeigt die Zugriffsrechte (*Access Control List*) für einen Ordner oder eine Datei auf einem NTFS-Laufwerk an oder ändert sie
Call	Ruft während der Ausführung einer Stapeldatei eine andere Stapeldatei auf (Stapelkommando)
Cd	Macht ein anderes Verzeichnis auf dem gleichen Laufwerk zum aktuellen Verzeichnis
Chcp	Aktiviert eine andere Codepage (Zeichensatz) oder zeigt die Nummer der aktuellen Codepage (für Deutschland 850) an
Chkdsk	Überprüft das aktuelle Laufwerk und zeigt am Ende eine Laufwerksstatistik an
Cls	Löscht den Inhalt des Fensters
Cmd	Startet eine weitere Instanz des Kommandointerpreters
Color	Legt die Hinter- und Vordergrundfarbe für das Fenster fest
Comp	Vergleicht den Inhalt zweier Dateien und zeigt die Unterschiede an
Compact	Zeigt den Komprimierungsfaktor von Dateien auf NTFS-Partitionen an und ändert diesen
Convert	Wandelt eine FAT/FAT32-Partition in eine NTFS-Partition um
Copy	Kopiert eine oder mehrere Dateien von A nach B
Date	Zeigt das Datum an und ändert es
Del	Löscht eine oder mehrere Dateien. Über die Option */P* muss das Löschen bestätigt werden.
Dir	Listet die Dateien in einem Verzeichnis auf. Besitzt eine große Auswahl an Optionen
Diskcomp	Vergleicht den Inhalt zweier Disketten
Diskcopy	Kopiert den Inhalt einer Diskette auf eine andere
Doskey	Startet eine praktische Erweiterung für das Fenster der Eingabeaufforderung, die sich unter anderem die Kommandozeilen merken kann, die über die Funktionstasten (zum Beispiel [F7]) wieder abgerufen werden können
Echo	Gibt den folgenden Text auf den Bildschirm aus (Stapelkommando)

Tabelle F.1: Die Kommandos der Eingabeaufforderung bei Windows XP in der Gesamtübersicht (Forts.)

Kommando	**Beschreibung**
Endlocal	Beendet einen eigenen »Gültigkeitsbereich« für Änderungen an Umgebungsvariablen bei der Ausführung von Stapeldateien (Stapelkommando)
Erase	Löscht eine oder mehrere Dateien. Stellvertreter für das *Del*-Kommando
Exit	Beendet die aktuelle Instanz des Kommandointerpreters
Fc	Vergleicht zwei oder mehrere Sätze von Dateien und zeigt die Unterschiede an
Find	Durchsucht Dateien nach dem Vorkommen angegebener Zeichenketten
Findstr	Entspricht dem *Find*-Kommando
For	Wiederholt das folgende Kommando so oft, wie zum Beispiel Dateien in einem Verzeichnis enthalten sind (Stapelkommando)
Format	Formatiert ein Laufwerk. Das Dateisystem wird über die Kommandozeilen-Option */FS:* festgelegt.
Ftype	Zeigt das Programm an, mit dem eine Datei des angegebenen Dateityps geöffnet wird. Ohne Angabe eines Dateityps werden alle Zuordnungen aufgelistet.
Goto	Setzt die Ausführung einer Stapeldatei an einer anderen Stelle der Datei fort (Stapelkommando)
Graftabl	Ermöglicht die Anzeige von Sonderzeichen im Grafikmodus
Help	Listet alle vorhandenen Kommandos aus
If	Macht die Ausführung des folgenden Kommandos von einer Bedingung abhängig (Stapelkommando)
Label	Zeigt den Namen eines Datenträgers an bzw. ändert diesen
Md	Legt ein neues Verzeichnis an
MkDir	Legt ein neues Verzeichnis an. Stellvertreter für *Md*
Mode	Legt die Einstellungen für ein Systemgerät (in der Regel die serielle Schnittstelle) fest
More	Hält die Bildschirmausgabe an, sobald das Fenster ausgefüllt ist
Move	Verschiebt eine oder mehrere Dateien in ein anderes Verzeichnis

Tabelle E.1: Die Kommandos der Eingabeaufforderung bei Windows XP in der Gesamtübersicht (Forts.)

Kommando	Beschreibung
Path	Legt den Suchpfad fest, den Windows für die Ausführung von Programmdateien benutzt, die ohne Verzeichnispfad aufgerufen werden
Pause	Hält die Ausführung einer Stapeldatei an (Stapelkommando)
Popd	Löscht die vom *Pushd*-Kommando angelegten temporären Laufwerksbuchstaben
Print	Gibt den Inhalt einer Textdatei auf dem Drucker aus
Prompt	Ändert den System-Prompt der Eingabeaufforderung, sodass zum Beispiel die Systemzeit angezeigt wird
Pushd	Ermöglicht, dass ein Netzwerklaufwerk vorübergehend über einen Laufwerksbuchstaben angesprochen werden kann, der temporär angelegt wird
Rd	Entfernt ein leeres Verzeichnis. Nicht leere Verzeichnisse können erst entfernt werden, wenn ihr Inhalt gelöscht wurde.
Recover	-
Rem	Leitet eine Kommentarzeile in einer Stapeldatei ein (Stapelkommando)
Ren	Benennt eine Datei oder ein Verzeichnis um
Rename	Benennt eine Datei oder ein Verzeichnis um. Stellvertreter für Ren
Replace	-
Rmdir	Entfernt ein leeres Verzeichnis. Nicht leere Verzeichnisse können erst entfernt werden wenn ihr Inhalt gelöscht wurde. Stellvertreter für *Rd*
Set	Zeigt den Inhalt der angegebenen (oder aller) Umgebungsvariable(n) an und ermöglicht es, diese zu ändern
Setlocal	Startet einen eigenen Gültigkeitsbereich für Änderungen an Umgebungsvariablen. Durch Beenden dieses Gültigkeitsbereichs mit *Endlocal* werden auch diese Änderungen wieder rückgängig gemacht (Stapelkommando).
Shift	Ändert die Position des aktuellen Platzhalters bei der Ausführung einer Stapeldatei, zum Beispiel im Rahmen eines *For*-Kommandos (Stapelkommando)
Sort	Sortiert die Ausgabe, die dem Kommando über den *Pipe*-Operator (|) zugeführt wird (Beispiel: *Type Namen.txt | Sort* – gibt den Inhalt der Datei *Namen.txt* sortiert aus)

Tabelle F.1: Die Kommandos der Eingabeaufforderung bei Windows XP in der Gesamtübersicht (Forts.)

Kommando	**Beschreibung**
Start	Startet ein Programm in einem eigenen Fenster
Subst	Weist einen Verzeichnispfad einem Laufwerksbuchstaben zu
Time	Zeigt die Systemzeit an und ändert sie
Title	Legt den Titel des Fensters der Eingabeaufforderung fest
Tree	Zeigt die Struktur eines Verzeichnisses grafisch (durch Strichsymbole) an
Type	Gibt den Inhalt einer Datei im Fenster der Eingabeaufforderung aus
Ver	Zeigt die Version des Betriebssystems an
Verify	Legt fest, ob nach dem Kopieren oder Verschieben einer Datei geprüft werden soll, ob alle Bytes korrekt geschrieben wurden. Ist im Allgemeinen überflüssig
Vol	Zeigt den Volume-Namen eines Datenträgers und dessen Seriennummer an
XCopy	Leistungsfähiges Kopierkommando mit einer Vielzahl von Möglichkeiten, was die Festlegung angeht, welche Dateien kopiert werden sollen

Stichwortverzeichnis

Q

R

S

T

U

V